묵점 기세춘 선생과 함께 하는

묵자 墨子

초판 1쇄 발행 _ 2009년 2월 16일
개정판 1쇄 발행 _ 2021년 5월 15일

역저 _ 기세춘

펴낸곳 _ 바이북스
펴낸이 _ 윤옥초
책임 편집 _ 김주범
편집팀 _ 김태윤
표지디자인 _ 방유선
디자인팀 _ 이민영

ISBN _ 979-11-5877-236-9 03150

등록 _ 2005. 7. 12 | 제 313-2005-000148호

서울시 영등포구 선유로49길 23 아이에스비즈타워2차 1005호
편집 02)333-0812 | 마케팅 02)333-9918 | 팩스 02)333-9960
이메일 postmaster@bybooks.co.kr
홈페이지 www.bybooks.co.kr

저작권자 _ ⓒ 2021 기세춘

책값은 뒤표지에 있습니다.
책으로 아름다운 세상을 만듭니다. — 바이북스

미래를 함께 꿈꿀 작가님의 참신한 아이디어나 원고를 기다립니다.
이메일로 접수한 원고는 검토 후 연락드리겠습니다.

묵점 기세춘 선생과 함께하는

묵자 墨子

기세춘 역저

바이북스
ByBooks

다시 책을 펴내며

내가 동양고전의 번역에 관심을 갖기 시작한 것은 40년 전인 1968년 무렵이다. 가까운 사람들의 생일조차 기억 못 하는 내가 이처럼 뚜렷이 알고 있는 것은 그해 이른바 통일혁명당 사건에 연루되어 어쩔 수 없이 사회로부터 격리 칩거해야 했기 때문이다. 그로부터 24년 만인 1992년에야 처음으로 『묵자』 완역판을 세상에 내놓았는데 그것이 나의 첫 번째 책이다. 이처럼 『묵자』 출간은 나에게는 회한의 추억이다. 그런데 그것이 어느덧 17년이 지났다니 감회가 새롭다. 특히 고 문익환 목사님께서 옥중에서 『묵자』를 읽으시고 나에게 토론의 편지를 보내오기 시작하여 2년 후인 1994년에 그것을 묶어 『예수와 묵자』를 펴낸 것은 잊을 수 없는 사건이다. 그리고 8년 후인 2002년에는 〈신세대를 위한 동양사상 새로 읽기〉 시리즈로 『묵가』를 냈다. 또 중간에 묵자를 널리 알리기 위해 작은 단행본인 『우리는 왜 묵자인가?』를 내기도 했다.

이제 생각해 보니 내 평생 20권 남짓의 책을 냈는데 그중에서 묵자에 관한 것이 4분의 1이나 되는 셈이다. 그래서인지 벗들이 나를 소개할 땐 으레 '묵자 전문가'라는 딱지를 붙이곤 한다. 또 처음 나를 만나는 사람이면 '묵점墨店'이라는 아호가 묵자에서 연유된 것이냐고 묻곤 한다. 사실을 밝히자면 내가 태어난 마을 이름이 '묵점'이어서 그렇게 지은 것인데 공교롭게도 '묵墨'이라는 글자가 돌림자가 되었다. 또 잊을 수 없는 사연이 있다. 어느 날 외우 신영복 교수와 함께 노촌 이구영 선생님을 찾아뵈었는데 교실에 들어서니 스승님께서 벽에 걸어놓은 '겸치별란兼治別亂'이라 쓴 편액을 떼어 주시면서 "이제 이것은 기 선생이 가져야 할 것 같다"고 말씀하셨다. '겸치별란'이란 스승님께서 묵자 사상을 한 마디로 압축 표현한 것으로 강의실의 교훈이었는데 그것을 주신 것은 이제부터 날더러 묵자 강의를 맡으라는 당부였던 것이다. 이렇게 하여 묵자는 나에게 뗄 수 없는 운명처럼 되어버렸다. 그러나 나로서는 '전문가'라는 딱지가 싫지는 않지만 너무 과분하니 그냥 '묵자 학생'이나 '묵자 마니아'라고 했으면 좋겠다.

　이제는 후학들의 『묵자』 번역본이 여러 종류 나오기도 했으니 웬만큼은 묵자라는 이름이 알려졌을 것이다. 그러나 그동안 나는 『논어』·『노자』·『장자』·『주역』·성리학·실학을 강의해 오면서도 정작 묵자에 대해서는 관심 밖이었다. 그것은 딱히 집어서 『묵자』를 강의해 달라는 요구가 없었기 때문이다. 이로 본다면 묵자는 공자나 노장에 비한다면 아직은 미지의 사상가로 남아 있는 것 같다.

　이제 『노자강의』·『장자』·『성리학개론』은 이미 출간됐고 『논어』와 『실학개론』의 출간을 기다리고 있는 차제에 출판사에서 『묵자』 개정판을 먼저 내겠다고 했다. 그동안의 내 묵자 책들이 절판됐으므로 독자들의 문의가 많아 그런 결정을 내린 것이다. 『묵자』 원고가 내 손을 떠난 지 20여 년이 지났으니 개정판을 낼 필요도 있었고, 묵자에 관한 나의 여러 책을 하나로 묶을 필요도 있고 해서 이번에 결정판을 내기로 한 것이다.

번역문은 초판본에 구애되지 않고 새로 번역하는 기분으로 교정했고, 장별로 붙여진 초판본의 해설은 없애고 그 대신 2002년 판본 『묵가』를 손질하여 합본했다.

독자 여러분에게 몇 가지만 미리 말씀드린다.

첫째, 묵자를 읽지 않고는 결코 동양사상을 안다고 할 수 없다. 인류가 최초로 책을 펴내기 시작한 이른바 차축시대(axle age)에 활동했던 공자와 묵자는 보수와 진보의 쌍벽을 이루는 사상가다. 그래서 일찍이 유가의 정통인 한유는 공자의 진면목을 알기 위해서는 반드시 묵자를 알아야 한다고 말했다. 한쪽 벽만 보고는 그 골짜기를 안다고 할 수 없기 때문이다.

둘째, 사람들은 흔히 동양고전이라면 고루한 봉건사상이라고 예단해 버리기 일쑤다. 그러나 일찍이 순자는 묵자를 '노동자의 도'라고 말했다. 묵자야말로 2,500년 전 인류 최초로 반전 평화운동과 절용 문화운동을 조직적으로 전개한 인류 최초의 진보주의 사상가이며 노동자의 시조다. 그러므로 보수를 알려면 공자를 읽어야 하고 진보를 알려면 묵자를 읽어야 한다. 그래서 나는 사회운동가들에게 묵자를 읽지 않고는 감히 진보를 말하지 말라고 충고한다.

셋째, 일찍이 중국의 쑨원은 "고대에 사랑을 말한 사람으로 묵자를 능가할 사람은 없다. 묵자가 말한 겸애는 예수의 박애와 같은 것이다"라고 말했으며, 한국의 유명한 성서학자 고 문익환 목사는 "묵자의 하느님은 예수의 하느님과 쌍둥이처럼 닮았으며, 석가·묵자·예수는 한 뿌리에서 나온 세 가지"라고 천명했다. 그러므로 기독교 신자들은 묵자를 읽음으로써 예수의 진면목을 다시 볼 수 있을 것이다.

끝으로 바이북스 윤옥초 대표님을 비롯하여 편집실 여러 분, 제자를 써주신 박양준 님께 감사의 말씀을 드린다. 이번 개정판을 내는 데는 초판과 다름없는 공력이 필요했다. 『묵자』 초판본은 활자본이라서 새로 컴퓨터에 입력해야 했고, 번역문과 원문을 나란히 배열하는 까다로운 수고를 해야 했다. 그리고 20여 년 동안 끝까지 저를 아껴주시는 독자 여러분께 다시 한 번 감사의 인사를 올린다. 내내 건승하시길!

2008년 가을 어느 날
대전 삼천동에서 묵점 기세춘

1992년 완역판 서문

인류사에 가장 큰 영향을 끼친 사상가는 누구일까? 우리로선 우선 공자·예수·마르크스 세 분을 꼽는다면 과히 틀리지 않을 것이다. 그러면 묵자는 이분들과 비교하면 어떤 위치에 있는가? 우선 이분들을 한 장의 만화로 그려보기로 하자.

세상에 회의와 염증을 느껴 속세의 모든 문화와 제도를 거부하고 산속에서 불사약초를 캐 먹고 숨어 사는 백발노인 노자와 장자와는 달리, 이 세 분들은 모두 속세에서 '인민들과 더불어' 살았다는 점에서는 동일하다. 공자는 귀족 지배계급에 유세하며 출세를 얻고자 권세가들을 찾아다니고, 상갓집마다 찾아가 두건을 얻어 쓰며 감 놔라 배 놔라 하는 유식하고 똑똑한 호상으로 그릴 수 있으며, 묵자는 학벌도 없는 목수 출신으로 세상을 완전히 뜯어고쳐야 한다고 주장하는 종교사상가며 또한 반전·노동운동을 지도하는 노동자로 그릴 수 있고, 예수는 정치에는 눈을 돌리고 광야에서 양을 치며 지옥 같은 난세가 끝나고 새 세상이 오기를 별을 보고 점을 치는 착한 예언자로 그릴 수 있겠으며, 마르크스는 자본가계급을 몰아내고 노동자 권력을 쟁취하려는 탁월한 사회사상가며 동시에 지하혁명당 이론가의 모습일 것이다. 그러나 이 만화는 어디까지나 만화일 뿐이다.

잠시 그들의 행적을 살펴보자! 혁명적인 사회개혁을 주장한 혁신주의자였던 묵자는 공자가 봉건 귀족 계급을 편들고 입신 출신하려 한다며 '어린이만도 못한 지혜를 뽐내는 자', '남의 창고로 배부르고 남의 밭으로 술 취하는 자' 또는 '희대의 간악하고 간사한 위선자'라고 비난했다. 즉 같은 시대에 살았던 공자와 묵자는 보수·혁신의 견원지간이었다. 묵자는 또한 고귀하고 지혜로운 분은 오직 하느님 한 분뿐이므로 의義는 오로지 하느님으로부터만 나온다고 주장하며 모든 가치의 근원이었던 왕권을 인민주권의 밑으로 끌어내리고 하느님은 온 인류를 평등하게 사랑하시므로 사람은 제 이웃을 제 몸같이 사랑하고 누구나 차별하지 말아야 한다는 겸애兼愛를 주장하여 전국시대에는 가장 많은 인민의 지지를 받았다. 그러나 예수 탄생 70~80년 전인 한漢 무제武帝 때 공자의 유교가 국교가 된 이후 묵자의 제자들은 자취도 없이 사라져 버린다.

마침 그때 예수가 동방박사의 축복을 받으며 태어나서 묵자가 하던 말을 다시 주장하기 시작한다. 그러나 그는 묵자의 '인류적 하느님의 평등한 사랑'은 그대로 계승하면서도 그 해방 공동체를 이 세상에서 실현하기 위하여 평등과 비전非戰과 개혁과 노동을 강조하는 묵자의 겸兼의 교리는 강조하지 않는다. 그것은 예수의 '아버지 하느님'은 모세의 '야훼 하느님'이나 묵자의 '평등의 하느님'과는 다른 점이 많다는 뜻이다.

묵자는 이 세상을 대동大同·평등 공동체 사회로 개혁하기 위하여 지배 문화와 착취 제도 및 지배계급에 대하여 전면적인 혁명을 주장했으나, 예수는 노예의 나라인 로마의 식민 세력과 그들과 야합한 매국적 귀족 계급과는 대결을 피하고 부패한 종교 세력들과의 투쟁만으로 이 세상에서의 인류 해방 사업을 제한했으므로 모세의 민족 해방 투쟁이나 묵자의 민중 해방 투쟁은 예수에게 계승되지 않았던 것이다. 그 결과 스승을 죽인 로마 제국주의에 협력한 제자들의 덕분으로 노예의 나라 로마의 인정을 받아, 동방의 예수는 서양의 신이 되었다. 묵자로서는 예수를 자기의 후계자라고 인정하지 않겠지만, 그럼에도 예수는 중요한 부분에서 묵자의 말을 그대로 인용할 뿐 아니라 하느님에 대한 인식이 동일하므로 종교적으로 묵자의 계승자라 해야 할 것이다.

또한 노동자 출신인 묵자는 억압·착취당하는 기층 민중 편에 서서 평생을 바쳐 투쟁한 평등주의자로서, 그 억압과 착취의 고리가 재화의 소비구조 즉, 문화·제도 등 상부구조에 있다고 보고 재화의 본래 목적을 초과하는 소비의 전형적인 제도인 전쟁을 없애고, 지배계급의 무용한 낭비, 인민을 떠난 음악, 호화로운 장례 제도 등 과시 소비를 토대로 한 지배 착취 문화를 혁신함으로써, 노동 착취의 목적을 제거하여 착취 구조를 차단하려 했던 것이다. 이러한 평등주의와 노동자주의는 200년 후에 순자荀子로부터 '묵가墨家의 주장은 노동자의 도道'일 뿐이라고 비난받았지만 2천 년 후에는 그의 사상이 마르크스에게 계승된다.

마르크스는 자본제 생산 양식에서의 착취의 고리를 자본의 물신화物神化와 임노동관계 등 생산관계의 사적 소유에서 찾았으나 그보다 2천 년 전, 신분적 농노제 생산 양식과 소비구조에서 착취의 고리를 찾은 묵자와는 그들의 휴머니즘, 평등사상, 상부구조의 물적 토대에 대한 인식, 사적 소유에 대한 시각 등에서 기본적으로 동일하다. 따라서 묵자는 마르크스에게 있어서 선각자였던 것이다.

어쨌든 이들 묵자·예수·마르크스 등 세 사람이 지향한 이상사회는 모두 똑같이 천하무인天下無人(천하에 남이란 없다)의 대동사회大同社會 즉, 해방된 평등 공동체였다는 것만으로도 피압박·피착취의 기층 민중에게는 어둠 속의 힘찬 햇살이었다.

그런데 이러한 위대한 사상가며 혁명가인 묵자가 지금까지 왜 우리에게 생소해야 했던가? 위대한 과학자이자 논리학자였으며, 많은 전쟁을 방지한 평화운동가였고, 인민주권과 사회계약론을 주장한 노동자로서 인민의 열렬한 지지를 받았던, 노동자와 농민을 위한 민주투사였음에도 인류는 왜 그를 잊었는가?

전국시대의 사상을 지도했던 묵자의 반봉건 사상은 유가의 법통을 이은 순자로 하여금 공맹孔孟의 봉건 유교를 개혁하도록 영향을 미쳤으

11

며 급기야 봉건제도를 무너뜨렸다. 그러나 귀족들의 반격으로 무너졌던 봉건제도가 다시 부활되면서 그 반동 세력의 지도이념이었던 공맹의 유교가 국교가 되어 유교 유일사상이 되면서부터 묵자의 글은 그들 지배 세력의 극심한 탄압으로 2천 년이 넘도록 이 세상에서 사라져 버렸다. 다만 묵자를 반대하는 유가들인 맹자·순자 등과 도가인 장자 등이 그들의 책에서 단편적으로 묵자를 비난한 글을 유일한 자료로 하여 간접적으로 묵자를 알았을 뿐이다.

그러다가 17세기 초 명나라 때에 이르러서야 묵자의 글이 도가들의 경전 속에서 발견되었다. 도가들이 자신들의 경전인 줄로 알고 『묵자』의 글을 끼워 간행한 것이다. 그리고 18세기에 와서야 최초의 주해서가 나왔으며, 19세기에 들어와서 마르크스의 『자본론』이 출간된 후에야 겨우 뜻을 통하여 읽을 수 있는 결정판이 나왔던 것이다.

그러나 복권된 묵자는 초기 중국 공산당으로부터 제자백가 중 가장 위대한 경험론자이며 평등주의자로 인정받으면서도, 비폭력과 사랑을 강조하는 하느님 사상으로 인하여 유물론과 계급투쟁의 적으로 간주되어 비판을 받았고, 우파에서는 그의 세습·상속을 반대하는 평등사상으로 인하여 좌파의 시조로 배척당했던 것이다.

우리나라에서는 20세기 중엽에 처음으로 간략하게 소개됐으나 유가

적 시각에 구애된 중국 학자들의 왜곡된 교주校注를 무비판적으로 수용
했고, 그 위에 묵자 사상을 모르는 고루한 한문학자들의 오역이 더해져
묵자는 전면적으로 왜곡됐으며, 그로써 뜻이 통하지 않으며 앞뒤가 맞
지 않고, 유가儒家 같기도 하고 도가道家 같기도 한, 의미도 없는 이상야
릇한 책으로 둔갑하여 독자들의 관심 밖으로 버려졌다. 게다가 요즘에
는 일부 좌파들이 중국 공산당 초기의 광적이며 좌편향적인 천박한 좌
파 이론가들의 묵자 반동론을 되뇌이고 있어 혼란을 가중시키고 있다.

그래서 춘추전국시대의 제자백가라면 누구나 공묵孔墨을 거론함에도
정작 우리나라에서는 학생들뿐 아니라 학계에서조차 유독 묵자에 대해
서는 '묵자=겸애설'이라는 한 마디를 아는 정도에 그치고 있는 실정이
다. 이것은 괴이한 일이다.

오늘날 세계는 좌편향으로 좌절한 좌파에서 다시 신神이 부활하려 하
고, 우파에서는 이데올로기가 부활하려 한다. 새로운 진로를 모색하는
시대다. 막다른 골목에 막히면 돌아가야 한다. 과거를 돌아보는 것은 새
길을 찾기 위한 부흥이다.

그러나 좌절에 빠진 은둔주의자들의 넋두리에 넋을 잃고 주저앉을
수는 없다. 세상을 버리고 신선이 되려는 도피는 망상이다. 인도나 중국
의 은둔주의자들의 난센스는 지친 한때 쉴 참의 덕담으로 그쳐야 한다.

역사상 그런 것들은 언제나 힘을 가진 착취자가 힘없는 민중에게 도피할 수 있는 퇴로를 열어주기 위하여 장려했던 것들이다.

지금까지 묵자를 모르던 독자는 물론이거니와 기존의 왜곡된 묵자를 읽었던 독자들도 다시 읽어야 한다. 대학생뿐 아니라 교육자, 종교인, 정치·경제 지도자들 특히 개혁을 열망하는 지성인들이 묵자를 모른다면 잘못된 일이다. 더구나 마르크스가 난삽하여 읽지 못한 노동자들은 묵자를 읽으면 신선한 용기가 날 것이다. 하느님에게서 보편성을 찾는 평등주의자인 묵자는 우리에게 시사하는 바가 클 것이다.

이 역서는 중국의 최근 주해注解를 참고로 했으나 많은 부분에서 역자의 독자적인 주해로 묵자 사상을 새로 바로잡은 것이다. 그러나 이 책은 지금까지 왜곡된 묵자 사상을 바르게 복원하고자 하는 최초의 시도일 뿐 그 완성은 아니다.

또한 묵자 사상의 기본 명제들인 「경經」·「경설經說」·「대취大取」·「소취小取」편은 우리글로는 처음으로 완역한 것이며 중국 학계에서도 미상未詳이라 한 것을 역자 나름으로 새로운 교주를 시도한 것이 많으므로 미치지 못한 점이 많았을 것으로 생각된다.

더구나 철학, 종교, 도덕 등 각 권의 해설은 역자의 역량으로는 외람된 모험임을 알면서도 감행했다. 오늘의 왜곡·편향된 학계의 시각에 자극이 되었으면 하는 욕심이 앞섰기 때문이다. 다만 이를 계기로 국내외 각 분야의 역량 있는 학자들의 연구 참여와 비판이 있었으면 한다.

제자를 써주신 외우 신영복 님과 선배 배갑제 님께 감사를 드린다. 그리고 많은 조언을 준 외우 노인영 님, 시인 윤중호 님, 배달환경연구소의 변강훈 군과 자료를 힘써 구해 준 한양대학교 중·소 연구소 연구원인 중국교포 김향철 군과 도서출판 나루의 송경수 사장 등의 도움이 없었다면 이 책이 나올 수 없었을 것이다. 감사를 드린다.

끝으로 뜻있는 독자들의 아낌없는 질정을 고대한다.

1991년 10월 3일 하늘 열린 날
기세춘

목차

《 원전 읽기 》

＊闕로 표시된 편은 제목만 전하고 내용은 전하지 않는다. □□로 표시된 편은 제목조차 전하지 않는 것이다. 52, 53, 56, 58, 61~63, 68~71편은 묵자의 방위 전술을 담은 부분으로 이 책에서는 다루지 않았다.

【 찾아보기 】

1 현재까지 전하는 『묵자』 총 53편 중 「비성문備城門」·「영적사迎敵祠」 등 방위 전술을 기록한 11편의 병서兵書를 제외하고 「경經」·「경설經說」·「대취大取」·「소취小取」 등 이른바 『묵경墨經』을 포함하여 나머지 42편을 모두 한 구절도 빠짐없이 번역·수록했다.

2 원문에는 각 편마다 상上, 중中, 하下 3편으로 되어 있으나 이것은 묵가들이 3파로 분열되면서 각자 기록 보관했던 탓으로 조금씩 표현이 다를 뿐 그 내용과 본지는 동일한 것이다. 그러나 상호 보충하여 이해할 수 있도록 모두 번역했다.

3 이 책의 원문은 구본舊本을 찾아 표기했다. 다만 아무 이론異論이 없는 부분에서는 일부 인쇄를 위해 교정문校正文을 원문으로 표기했으므로 원문과는 다른 곳이 많다.

4 주해註解는 본문을 읽다가 의심이 생기거나, 기존의 역본과 다른 대목에서는 반드시 참고하기 바란다. 특히 이 책은 여러 학자들의 많은 업적을 기초로 이루어졌으나 중요 부분에서 기존 학자들의 주해를 따르지 않고 새롭게 주해를 한 것이 많으며 또한 다른 학자들의 업적이나 역자와 다른 이설異說을 일일이 밝히지 않았으나 문文의 전체 뜻과 묵자 사상자체가 달라지는 중요한 부분에서는 이설을 모두 소개했다.

5 이 책은 1932년간 장춴이張純一의 『묵자집해墨子集解』를 저본底本으로 사용했으며 중국 저장浙江성 문예출판사의 1984년간 왕환뱌오王煥鑣의 『묵자교석墨子校釋』, 중화서국의 1980년간 탄제푸譚戒甫의 『묵경분류역주墨經分類譯注』를 부본副本으로 삼았다.

6 참고로 한 묵자 연구가들과 그 저서는 다음과 같다.

- 필원畢沅 『묵자주墨子注』(1783)
- 왕염손王念孫 『독묵자잡지讀墨子雜志』
- 장혜언張惠言 『묵자경설해墨子經說解』
- 왕중汪中 『묵자표미墨子表微』
- 소시학蘇時學 『묵자간담墨子刊談』(1828)
- 왕인지王引之 『묵자교정墨子校正』
- 홍이훤洪頤煊 『묵자교정墨子校正』
- 유월俞樾 『묵자평의墨子平儀』(1881)
- 손이양孫詒讓 『묵자한고墨子閒詁』(초판 1894, 정본 1910)
- 차오야오샹曹耀湘 『묵자전墨子箋』(1922)
- 리리李笠 『정본묵자한고교보定本墨子閒詁校補』(1922)
- 류창劉昶 『독묵자한고讀墨子閒詁』(1925)
- 장춘이張純一 『독묵자한고전讀墨子閒詁箋』(1922), 『묵자집해墨子集解』(1932)
- 천주陳柱 『묵자간오墨子刊誤』(1928), 『묵자십론墨學十論』(1928), 『정본묵자한고보정定本墨子閒詁補正』(1934)
- 위성우于省吾 『묵자신증墨子新証』(1937)
- 정수민正叔岷 『묵자각증墨子斠證』(1959)
- 가오헝高亨 『묵자신전墨子新箋』(1926)
- 량치차오梁啓超 『묵경교석墨經校釋』(1926), 『묵자학안墨子學案』(1929), 『자묵자학설子墨子學說』(1942), 『묵자미墨子微』(1942)
- 첸무錢穆 『묵자墨子』(1930)
- 장웨이차오蔣維喬 『묵자철학墨子哲學』(1928)
- 덩가오칭鄧高頃 『묵자신석墨子新釋』(1931), 『묵경철학墨經哲學』(민국 초간)
- 후스胡適 『묵변신고墨辯新詁』, 『중국철학사대강中國哲學史大綱』(1909)
- 팡슈추方授楚 『묵학원류墨學源流』(1937)
- 장치황張其鍠 『묵학통해墨學通解』(1931)
- 펑유란馮友蘭 『중국철학사中國哲學史』(1934)
- 스모칭史墨卿 『묵학탐미墨學探微』(1965)
- 판완경范耕研 『묵자소증墨辯疏證』(1934)
- 루다둥魯大東 『묵변신주墨辯新註』(1936)
- 탄제푸譚戒甫 『묵경역해墨經易解』(1929), 『묵변발미墨辯發微』(1958), 『묵경분류역주墨經分類譯註』(1981)
- 가오헝高亨 『묵경교전墨經校詮』(1958)
- 우페이바이伍非百 『묵변해고墨辯解詁』(1983), 『대취·소취장구大取·小取章句』(1983)
- 왕환뱌오王煥鑣 『묵자교석墨子校釋』(1984)

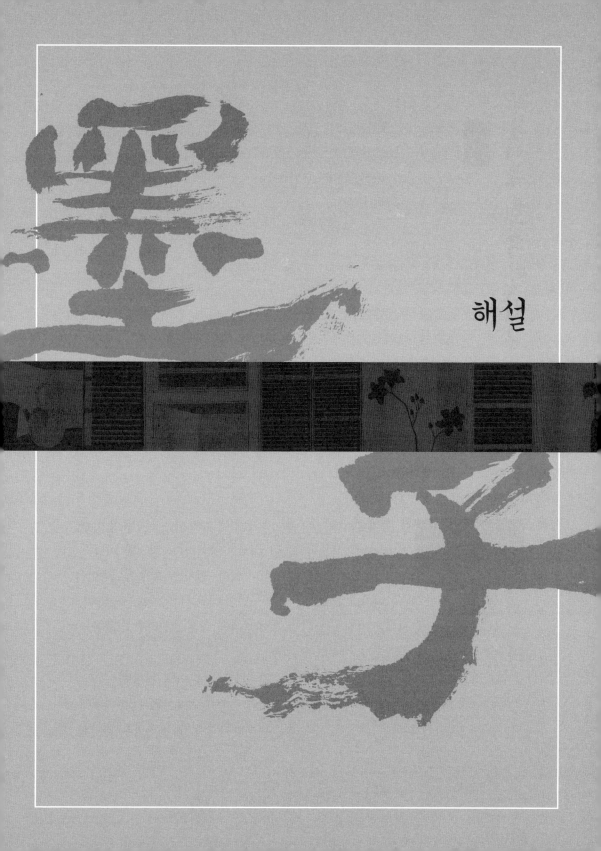

해설

묵자는 철학자이며, 과학자요, 경제학자요, 반전 평화운동가였으나 그보다는 혁명가라고 해야 옳을 것 같다. 그는 실천하고 조직하고 투쟁한 사회혁명가였다. 그는 "내 말은 반석과 같으니 깨뜨릴 수 없다"고 외치며 "의義를 위해 목숨을 버리라"고 요구했다.

묵자는
누구인가?

1장

출신 성분

동이족의 후예

묵자墨子(BC 470?~390?)의 출신에 대해서는 한漢족이 아닐 것이라는 데는 학자들이 대체로 동의한다. 하지만 아랍족 설혹은 동이족 설 등 정설이 없다. 필자는 그가 동이족이라고 믿는다. 설사 동이족이 아니라고 해도 묵자의 하느님에 대한 시각(天神觀)을 볼 때, 그는 어렵문화인 난생 신화를 가진 남방의 토착 한족과는 다른 천신하강 신화를 가진 외래의 유목 또는 수렵 민족의 후예가 분명하다.

송宋 정초鄭樵(1102~1162)가 지은 『통지通志』의 「씨족략氏族略」에 의하면 "묵墨씨는 고죽군孤竹君의 후손으로 본래 묵태墨胎씨인데 뒤에 묵씨로 고쳤으며, 전국시대에 송나라 묵적墨翟이 책을 짓고 『묵자墨子』라 했다"고 기록되어 있다. 고죽국孤竹國이란 나라는 기원전 650년경 제齊 환공桓公(재위 BC 685~643)에 의해 멸망했다.

관자管子/권8/소광小匡

제후들의 침략과 반란이 허다했고 천자에 복종하지 않았다.	諸侯多沈亂 不服於天子
이에 제나라 환공은 북으로 산융을 정벌했고	於是乎桓公 北伐山戎
영지를 제재했으며 고죽의 군주를 베었다.	制令支斬孤竹
이에 아홉 오랑캐들도 말을 잘 듣기 시작했고	而九夷始聽
바닷가 제후들도 복속하지 않는 자가 없었다.	海濱諸侯莫不來服.

그렇다면 묵자는 백이숙제伯夷叔齊의 후손이 된다. 백이숙제의 행적에 대해서는 기록들이 모두 일치하는 것은 아니지만 고죽국의 왕자이며 성姓은 묵태씨였다는 점에서는 일치한다. 백이숙제는 반전평화 사상의 원조이니 묵자의 평화사상도 그 조상 때부터 전승된 것으로 보아야 할 것이다.

논어論語/계씨季氏 12

제나라 경공景公은 말 사천 마리가 있었으나	齊景公有馬千駟
죽는 날에 백성들은 그의 덕을 칭송하는 자가 없었고,	死之日民無德而稱焉
백이와 숙제는 수양산首陽山 아래서 굶어 죽었으나	伯夷叔齊餓于首陽之下
지금까지 칭송하고 있다.	民到于今稱之.

장자莊子/잡편雜篇/도척盜跖

세상 사람들이 모두 어진 선비라고 말하는 백이와 숙제는	世之所謂賢士 伯夷叔齊
고죽국의 군주를 사양하고	辭孤竹之君
수양산에서 굶어 죽어	而餓死於首陽之山
골육을 장사 지내지도 못했다.	骨肉不葬.

맹자孟子/이루離婁 상

백이는 폭군 주紂를 피해 북해의 바닷가에 살다가　　　　伯夷辟紂 居北海之濱

문왕文王이 일어났다는 소문을 듣고　　　　　　　　　　聞文王作興

"어찌 찾아가지 않겠는가?"라고 말했다.　　　　　　　　曰盍[1]歸乎來.

단군세기檀君世紀/을미乙未52년

이해에 백이와 숙제는　　　　　　　　　　　　　　　　是歲伯夷叔齊

고죽국 군주의 아들로서　　　　　　　　　　　　　　　亦以孤竹君之子

나라를 버리고 동해 바닷가로 도피하여　　　　　　　　遜國而逃居東海濱

열심히 땅을 갈아 자급하며 살았다.　　　　　　　　　力田自給.

사기史記/백이열전伯夷列傳

전기傳記에 의하면　　　　　　　　　　　　　　　　　其傳曰 伯夷叔齊

백이와 숙제는 고죽군의 두 아들이라 한다.　　　　　孤竹君之二子也.

고죽국은 탕湯임금 때 봉건된 나라이며　　　　　　　孤竹國 殷湯三月所封.

성은 묵태씨다.　　　　　　　　　　　　　　　　　　姓墨胎氏.

무왕武王이 은殷나라를 평정하자　　　　　　　　　　武王已平殷亂

천하는 모두 그를 머리로 삼았으나　　　　　　　　　天下宗周

백이숙제는 그것을 부끄럽게 생각했다.　　　　　　　而伯夷叔齊恥之.

그는 주周나라의 곡식을 먹지 않으려고　　　　　　　義不食周粟

수양산에 숨어 고사리를 캐 먹었다.　　　　　　　　隱於首陽山 采薇而食之.

굶주려 죽게 되자 다음과 같이 노래를 지어 불렀다고 한다.　及餓且死 作歌其辭曰

"저 서산에 올라 고사리를 캐자꾸나.　　　　　　　　登彼西山兮 采其薇矣.

폭력으로 폭력을 바꾸었는데 그 잘못을 모르는구나!　以暴易暴兮 不知其非矣.

1_ 盍(합)=疑詞. 何不也.

신농神農씨와 순舜임금과 우禹임금이 홀연 죽으니

나는 어디에 귀의한단 말인가?

오호 죽음뿐이구나, 운명이 쇠잔한 것을!"

결국 그는 수양산에서 굶어 죽었다.

이로 볼 때, 원망해야 할 것인가? 비난해야 할 것인가?

神農虞夏忽焉沒兮

我安適歸矣.

于嗟徂兮 命之衰矣.

遂俄死於首陽山.

由此觀之 怨邪非邪.

열하일기熱河日記/관내정사關內程史/이제묘기夷齊廟記

란허灤河강 기슭에 자그마한 언덕을 수양산이라 하고

그 산 북쪽에 조그만 성이 있어 고죽성孤竹城이라 한다.

성문에는 '현인구리賢人舊里'라 써 붙였고

문 오른쪽 비석에는 '효자충신孝子忠臣'이라 썼으며

문 왼쪽 비석에는 '지금칭성至今稱聖'이라 썼으며

묘문 앞 비석에는 '천지강상天地綱常'이라 썼고

문 남쪽 비에는 '고금사표古今師表'라 썼으며

문 위에는 '상고일민上古逸民'이란 간판이 걸렸다.

문 안에 비석 셋, 뜰 가운데 비석 둘,

섬돌 좌우에 비석 넷이 있는데

이 모두가 명明나라 청淸나라 때에 임금이 만든 것들이다.

뜰에는 고송 수십 그루가 서 있고

섬돌 가에는 흰 돌로 난간을 둘렀다.

가운데 큰 전각이 있어 이름을 '고현인전古賢人殿'이라 하고

전각 안에 곤룡포와 면류관을 갖추고

홀을 들고 서 있는 것이 백이숙제의 상이다.

전각 문에는 '백세지사百世之師'라 써 붙였고

전각 안에 '만세표준萬世標準'이란 큰 글씨는

강희제康熙帝의 글씨이고

灤河之上 有小皁曰首陽山.

山之北有小郭曰 孤竹城.

城門之題曰 賢人舊里.

門之右碑曰 孝子忠臣

左碑曰 至今稱聖.

廟門有碑曰 天地綱常.

門之南 有碑曰 古今師表.

門上有扁曰 上古逸民.

門內有三碑 庭中有二碑

階上左右四碑.

皆明淸御製也.

庭有古松數十株

繚階白石欄

中有大殿曰 古賢人殿.

殿中袞冕

正圭而立者 伯夷叔齊也.

殿門題曰 百世之師.

殿內大書 萬世標準者

康熙帝筆也.

또 '윤상사범倫常師範'이란 글씨는   又曰 倫常師範者
옹정제雍正帝의 글씨다.   雍正帝筆也.
그 주련에는 다음과 같이 쓰여 있다.   柱聯曰
"인仁을 찾아 인을 행했으니 만고에 청풍淸風은 고죽국이요,   求仁得仁萬古淸風孤竹國
폭력으로 폭력을 바꾸었으니   以暴易暴
천추에 외로운 절개는 수양산이로다."   千秋孤節首陽山.

중국에서 수양산이라 하는 곳은 다섯 곳이나 되는데   中國之稱首陽山 有五處.
그러나 『맹자孟子』에서는   而孟子曰
"백이가 주紂를 피해 북해北海로 가서 살았다"고 했다.   伯夷避紂 居北海之濱.
우리나라 해주海州에도 수양산이 있어   我國海州 亦有首陽山
백이숙제를 제사 지내고 있으니   而祠夷齊.
천하가 정확히 알지 못하는 일이다.   而天下之所不識也.
나는 생각해 본다.   余謂
기자箕子가 동으로 조선에 온 것은   箕子東出朝鮮者
오로지 주周의 땅에 살기 싫어서 그랬으니   不欲居周五服之內
백이도 주나라의 곡식을 먹을 수 없었다면   而伯夷義不食周粟則
혹 기자를 따라 와서 기자는 평양平壤에 도읍하고   或隨箕子而來 箕子都平壤
백이는 해주에 살지 않았을까?   夷齊居海州歟.

　고죽국의 위치는 지금의 베이징 근처이다. 그런데 『당서唐書』에 의하면 고죽국은
고려의 뿌리라고 한다. 이는 고죽국의 후예인 백이숙제와 묵자는 고려인高麗人이라는
이야기가 된다.

열하일기熱河日記/도강록渡江錄
『당서』「배구전裵矩傳」에 의하면   唐書裵矩傳言

"고려高麗는 본시 고죽국孤竹國인데　　　　　　　　高麗本孤竹國

주周나라가 이곳에 기자를 봉했고　　　　　　　　周以封箕子

한漢나라 때에 이르러 사군으로 나뉘었으며　　　漢分四郡.

고죽국의 영지는 지금의 영평부永平府에 있었다고 한다.　　所謂孤竹地 在今永平府.

광녕현廣寧縣에는 예부터 기자의 묘당이 있었는데　　又廣寧縣 舊有箕子廟

후관冔冠[2]을 쓴 기자의 소상이 안치되어 있었으나　　戴冔冠[2]塑像

명나라 가정嘉靖 연간에 병화로 불타 버렸다.　　　明皇嘉靖時 冔於兵火.

사람들은 광녕현을 평양이라고 부른다.　　　　　廣寧人或稱平壤.

『금사金史』와 『문헌통고文獻通考』에는　　　　　金史及文獻通考

"광녕 함평咸平이 모두 기자가 봉해졌던 땅이라고 했으니　　俱言廣寧咸平 皆箕子封地.

이로 미루어본다면　　　　　　　　　　　　　　以此推之

영평永平과 광녕 사이가 또 하나의 평양일 것이다.　　永平廣寧之間 爲一平壤也.

『요사遼史』에 의하면 발해의 현덕부顯德府는　　　遼史 渤海顯德府

본시 조선의 땅으로 기자를 봉했던 평양성이었는데　　本朝鮮地 箕子所封平壤城.

요遼나라가 발해를 쳐부수고 동경東京이라 고쳤는데　　遼破渤海 改爲東京.

바로 지금의 요양遼陽현이 이곳이다.　　　　　　卽今之遼陽縣是也.

이로 미루어 본다면　　　　　　　　　　　　　以此推之

요양현도 또 하나의 평양일 것이다.　　　　　　遼陽縣爲一平壤也.

대명통지大明統誌/영평부永平府

군 명칭인 고죽은 옛날에는 북평北平이라 불렸고　　郡名孤竹 爲古名北平

진秦나라 때는 북연의 평주北燕 또는 낙랑樂浪군이라 불렸고　　爲秦名北燕平州及樂浪郡

2_ 冔冠(후관)=殷나라의 候冠.

북위北魏는 낙랑군을 바꾸어 북평군이라 했다.　　　　北魏改樂浪爲北平郡.

사기史記/백이열전伯夷列傳 색은索隱
고죽성은 랴오시遼西 영지令支현에 있다.　　　　孤竹城 在遼西令支縣.

사기史記/백이열전伯夷列傳 정의正義
고죽이라는 고성은　　　　孤竹古城
노룡盧龍현 남쪽 백이십 리에 있는데　　　　在盧龍縣 南十二里
은나라 때 제후 고죽국이다.　　　　殷時諸侯 孤竹國也.

　　순임금이 동이족이라는 『맹자』의 기록을 부인하는 학자는 아직 없다. 그렇다면 『사기史記』의 「세가世家」에 의하면 동이족인 순임금이 황제黃帝의 후손으로 기록되어 있으므로 황제 헌원軒轅씨 이하 중국 고대의 역대 왕들도 동이족이어야 한다.

맹자孟子/이루離婁 하
순임금은 제풍諸馮에서 태어났고 부하負夏로 이사했고　　　　舜生於諸馮 遷於負夏
명조鳴條에서 죽었는데 동이족 사람이다.　　　　卒於鳴條 東夷之人也.

포박자抱朴子/내편內篇/지진地眞
옛날 황제 헌원이 동쪽으로 청구靑丘 땅에 이르러　　　　昔黃帝東到靑丘[3]
풍산을 지나다가 자부紫府 선생을 알현했다.　　　　過風山 見紫府先生
이때 삼황의 내밀한 글을 전수받아　　　　受三皇內文
만신을 마음대로 부렸다고 한다.　　　　以劾召萬神.

3_ 靑丘(청구)=고조선.

회남자淮南子/시칙훈時則訓

동방의 끝은 갈석碣石산에서	東方之極 自碣石山
조선朝鮮을 지나 대인大人국을 관통하면	過朝鮮 貫大人之國
동쪽으로 해가 떠서 머무는	東至日出之次
부상의 땅인데 수목이 우거진 청구의 들에 이른다.	榑木[4]之地靑丘 樹木之野.
이것은 동방의 신 소호少昊(太皞) 구망句芒이 관할하는 땅이며	太皞句芒之所司者
일만 이천 리다.	萬二千里.

사기史記/오제본기五帝本紀

염제炎帝 신농씨가 제후들을 침략하자	炎帝欲侵陵諸侯
제후들은 모두 황제 헌원씨에게 귀복했다.	諸侯咸歸軒轅.
급기야 헌원은 염제와	軒轅以與炎帝
판천阪泉의 들에서 전쟁을 했고	戰於阪泉之野.
세 번 싸워 그 뜻을 이루었다.	三戰然後得其志.
단군 치우蚩尤[5]가 난을 일으켜	蚩尤作亂
황제의 명을 따르지 않았다.	不用帝命 於是黃帝
이에 황제는 제후들에게 군사를 징집하여	乃徵師諸侯
치우와 탁록涿鹿의 들에서 전쟁을 했고	與蚩尤戰於涿鹿之野.
드디어 치우를 사로잡아 죽였다.	遂禽殺蚩尤
이에 제후들은 모두 헌원을 존숭하여 천자天子로	而諸侯咸尊軒轅爲天子
삼고 신농의 대를 잇게 했다.	代神農氏.

4_ 木(부목)=扶桑.

5_ 조선의 단군.

묵자의 출생 연도에 대한 정확한 기록은 없다. 사마천司馬遷 (BC 145?~86?)의 『사기』에는 '묵자는 공자孔子(BC 551~479)와 같은 때이거나 그보다 조금 뒤'라고 기록하고 있다. 중국의 학자 첸무錢穆(1895~1990)는 기원전 479년경에 태어나서 기원전 381년경에 죽었을 것이라고 고증하고 있다. 그러나 여러 문헌을 종합해 볼 때 묵자는 기원전 5세기경에 활동한 과학자이며 사상가며 운동가임에 틀림없다.

묵자의 출생 성분도 정확하지 않다. 다만 그가 목수 출신으로 방어 무기를 발명하고 제작한 과학자요, 기술자인 것만은 분명하다(「공수公輸」편 참조). 그가 목수 신분으로 방대한 학문적 성취를 이룩할 수 있었던 것은 몰락한 고죽군孤竹君의 후손으로서 많은 학문적 유산이 있어 가능했을 것으로 추측된다.

또한 묵자는 초楚나라와 월越나라 등 여러 곳에서 봉토를 주겠다고 하며 초빙을 받았으나 귀족의 신분이 되는 것을 거절하고 노동자의 검은 옷을 입고 전쟁 반대 운동에 목숨을 걸었으며 평등사회 건설을 위한 사회운동에 평생을 바쳤다. 그러므로 그의 제자들은 모두 노동자·농민·종묘지기 등 천민 출신이었다. 『순자荀子』「왕패王霸」편에 기록된 바에 의하면, 묵가墨家들은 사해 평등을 주장하며 수고로운 노동자의 길을 왕의 부귀와도 바꾸려 하지 않았던 노동 숭배자들이었다고 한다.

묵자墨子/노문魯問

공수자公輸子가 대와 나무를 깎아 까치를 만들어	公輸子削竹木以爲鵲
하늘에 날려 보냈는데 사흘 동안이나 내려오지 않았다.	成而飛之 三日不下.
공수자는 스스로 지극히 훌륭한 기술이라고 생각했다.	公輸子自以爲至巧
이때 묵자가 공수자에게 말했다.	子墨子謂公輸子曰
"그대가 까치를 만든 것은	子之爲鵲也
공인이 수레의 굴대 빗장을 만든 것보다는 못한 것입니다.	不如匠之爲車轄
잠시 동안에 세 치의 나무를 깎아 굴대 빗장을 만들면	須臾 削三寸之木
오십 석의 무거운 짐을 싣고 견딜 수 있습니다.	而任五十石之重

그러므로 사람의 공적이라 하는 것은	故所爲功
사람에게 이로운 것이어야 훌륭한 기술이라고 말하는 것이며	利於人 謂之巧
사람에게 이롭지 않은 것은 졸렬하다고 말하는 것입니다."	不利於人 謂之拙.

한비자韓非子/**외저설좌**外儲說左 **상**

묵자가 나무솔개를	墨子爲木鳶
삼 년 만에 완성했는데 하루를 날고 떨어졌다.	三年而成 蜚一日而敗
혜자惠子가 이 소문을 듣고 말했다.	惠子聞之曰
"묵자는 훌륭한 기술자였는데	墨子大巧
수레 굴대 만드는 일은 정교했으나	巧爲輗
솔개 만드는 일은 졸렬했다."	拙爲鳶.

묵자의 사상적 위상

중국 최초의 철학자

중국의 선진先秦시대의 학문은 대체로 경세치학經世治學이었다. 즉 정치론과 지도자의 풍성론과 도덕론이었을 뿐 그리스 철학처럼 형이상학이 아니었다. 그래서 그들은 노자老子의 『도덕경道德經』을 철학적으로 해석하고 『주역周易』을 해설한 이른바 〈십익十翼〉을 붙여 이를 형이상학으로 삼았던 것이다. 그러나 묵자는 이러한 중국의 전통과는 색다르게 형이상학과 인식론을 말한 철학자였다. 중국의 고대 문헌은 대체로 역사서이거나 언행록인 데 비해 『묵자』는 유일하게 체계적 논변으로 되어 있다.

이처럼 중국에서 체계적 논변은 묵자에서 처음으로 시작된 것이다. '론論'이라는 제목의 글도 『묵자』라는 책에서 처음으로 발견할 수 있다. 공자의 『논어論語』는 아무런 체계가 없는 언행록이다. 대안을 주장한다는 의미의 '변辯'이라는 말을 처음 만나게 되는 것도 묵자에서부터다. 변辯은 구별한다는 의미인 변辨의 파생어이며 '시비를 가리는 합리적 담론'을 의미한다.

묵자墨子/공맹公孟

묵자가 정자程子와 더불어 변론하다가	子墨子與程子辯
공자를 칭찬했다.	稱於孔子.
정자가 말했다.	程子曰.
"선생님은 유가를 비난하면서 어찌하여 공자를 칭찬합니까?"	非儒 何故稱于孔子也.
묵자가 말했다.	子墨子曰.
"이는 그가 합당하면 바꿀 수 없기 때문이다.	是亦當 而不可易者也.
새들은 덥고 가물면 높이 올라가고	今鳥聞熱旱之憂則高
물고기는 덥고 가물면 물 밑으로 내려간다.	魚聞熱旱之憂則下.
이것에 대해서는 비록 우임금이나 탕임금의 지모로도	當此 雖禹湯爲之謀
결코 바꿀 수 없는 것이다.	必不能易矣.
새와 물고기가 어리석다고 하지만	鳥魚可謂愚矣
우임금이나 탕임금도 그것들을 따라 말할 수밖에 없는데,	禹湯猶云因焉
지금 내가 어찌하여 공자를 칭찬하지 않겠는가!"	今翟曾無稱於孔子乎.

노동계급의 지도자

묵자가 활동할 당시는 춘추 말기였다. 해마다 몇 차례씩 일어나는 전쟁으로 노동자계급인 사농공상士農工商 중 공민工民의 역할이 커지면서 그들의 불만도 점점 높아갔다. 그리고 난을 일으키는 데에 공민들이 큰 역할을 할 정도로 계급적 자각이 싹트기 시작했다. 그러나 이는 무엇보다 공민 계급의 지도자인 묵자의 영향이 컸을 것으로 짐작된다.

혹자는 묵자가 선비 계급이 아니고 노동자계급이라면 어떻게 그 많은 지식을 쌓을

수 있었는지 의문을 제기하기도 한다. 그러나 묵자는 가문이 몰락하여 목수라는 공민
신분이 되었으나 본래 고죽국의 왕자인 백이와 숙제의 후손이므로 그처럼 많은 책을
읽을 수 있었을 것으로 추측된다.

좌전左傳/소공昭公22년(BC 520)

왕자 조朝는	王子朝
직업과 봉급을 상실한 옛 관리와 여러 공민들에게 의탁하여	因⁶舊官百工之喪職秩者
영왕靈王과 경왕景王의 친족들과 더불어 난을 일으켜,	與靈景之族以作亂.
교郊·요要·전餞 지방의 군사를 통솔하여 유자를 축출했다.	帥郊要餞⁷之甲 以逐劉子.

좌전左傳/애공哀公17년(BC 478)

위衛나라 장공莊公은	衛侯 莊公曰
"나는 주周 왕실과 마찬가지로 희姬씨 성이다.	我姬姓也
어찌 융족이 도읍에 있단 말이냐?" 말하고	何戎之有焉
그들을 죽였다.	翦⁸之.
장공은 공민들을 오랫동안 부리고 쉬게 하지 않았다.	公使匠久.
그는 석포石圃를 축출하려 했으나	公欲逐石圃
미처 단행하지 못하고 있던 중 난이 일어났다.	未及而亂作.
석포가 도리어 공민들에게 의탁하여 장공을 공격한 것이다.	辛巳 石圃因 匠氏攻公.
장공은 성을 도망쳐 융족 마을의 기근씨 집으로 들어갔다.	入于戎州己氏.
그는 구슬을 보이고 "나를 살려주면	而示之璧曰 活我
이 구슬을 너에게 주겠다"고 말했다.	吾與女璧.

6_ 因(인)=依託也.

7_ 郊要餞(교요전)=모두 地名.

8_ 翦(전)= 去也, 斷滅也, 殺也.

기씨는 "너를 죽이면 구슬은 어디로 가겠는가?"라고 말하고
곧 장공을 죽이고 구슬을 차지했다.

己氏日 殺女 璧其焉往.
遂殺之而取其璧.

묵자墨子/상현尙賢 상

비록 농업이나 상공업에 종사하는 천한 사람이라도
능력이 있으면 그들을 등용했다.

雖在農與工肆之人
有能則擧之.

순자荀子/왕패王覇

만약 천자나 제후가
반드시 스스로 일을 해야 한다면
정신적 육체적 수고가 너무도 심할 것이다.
그렇게 한다면 노예라도
천자의 지위와
자기의 농사짓는 일을 바꾸려 하지 않을 것이다.
이처럼 천하를 돌보고 사해를 통일하는 일을
어찌 자기 스스로 할 수 있겠는가?
그렇게 하려는 것은 노동자의 도道요,
묵자의 학설이다.

大有天下 小有一國
必自爲之然後可
則勞苦耗顇莫甚焉.
如是則 雖臧獲
不肯與天子
易藝業.
以是縣天下一四海
何故必自爲之.
爲之者役夫之道也
墨子之說也.

묵자墨子/귀의貴義

묵자가 남쪽으로 위나라를 유세할 때
수레 속에 많은 책을 싣고 있었다.
그것을 본 현당자弦唐子는 이상히 여겨 물었다.
"선생님께서 공상과公尙過에게 가르쳐 말할 때는
'곧고 굽은 것을 헤아릴 따름'이라고 하셨습니다.
그런데 지금은 많은 책을 싣고 계시니 어찌된 일입니까?"

子墨子南游使衛
關中載書甚多.
弦唐子見而怪之. 日
吾夫子敎公尙過曰
揣曲直而已
今夫子載書甚多 何有也.

묵자가 말했다.

"옛날 주공周公 단旦은 매일 아침이면 백 편의 글을 읽고
저녁엔 열 명의 검은 옷을 입은 선비들을 만났다.
그래서 주공 단은 천자를 보좌하는 재상이 되었고
그를 공경함이 오늘까지 지극한 것이다.
나는 위로 섬겨야 할 임금이 없고
아래로는 농사를 지어야 하는 어려움도 없으니
내 어찌 주공 단이 하던 일을 버리겠는가?"

子墨子曰

昔者周公旦 朝讀書百篇

夕見漆十士

故周公旦佐相天子

其修至於今

翟上無君上之事

下無耕農之難

吾安敢廢此.

**인류 최초의
반전 평화운동가**

묵자가 활동한 기원전 5세기는 주周나라의 노예제적 봉건제
도가 무너지기 시작한 춘추 말에서 전국 초에 해당된다. 이때
는 이미 철기 사용이 보편화됐고 대규모의 쌀농사로 농업혁
명이 일어난 제1물결의 변혁기였다. 그러므로 이 시기에는 주周의 봉건 왕권이 쇠약
해지자 국유지였던 농지의 사적 소유가 성행하고 이에 따라 귀족과는 별도로 농업자
본가 내지 상업자본가가 등장했으며, 빈부의 격차가 심해지면서 생산을 담당하던 농
노들이 사적 노예로 전락했다. 뿐만 아니라 대인大人이라 일컬어지는 봉건귀족의 힘이
약화되고 소인小人이라 일컬어지는 패권을 추구하는 일부 귀족들과 신흥 자본가와 엘
리트 관료 계급이 군웅할거하며 약육강식의 토지겸병 전쟁이 끊임없던 난세였다.

백성들은 전쟁에 나가 죽고 다칠 뿐만 아니라 전쟁 비용 조달을 위해 더욱 착취를
당해야만 했다. 그러나 한편으로는 전쟁을 감당하고 수행했던 민중들이 자기들의 힘
을 자각하기 시작했다. 이때 묵자가 나타난 것이다. 묵자는 평등과 사랑의 하느님 사
상을 전파하고 전쟁을 반대하는 민중운동을 펼치며 사회개혁을 주장했다.

묵자墨子/공수公輸

묵자가 초나라 왕을 알현하고 말했다.

子墨子見王 曰.

…"대왕께서 송나라를 공격하면 의리만 손상할 뿐
송나라를 차지할 수 없습니다.
…저의 제자인
금골회禽滑釐 등 삼백 명이
이미 나의 방어 무기를 가지고
송나라 성 위에서 초나라의 침략을 기다리고 있습니다.
비록 나를 죽인다 해도 저들을 다 없앨 수는 없습니다."
초나라 왕이 말했다.
"좋소. 나는 송나라를 공격하지 않겠소."
묵자는 이렇게 초나라의 공격을 중지시키고 돌아가는 길에
송나라를 지나게 되었는데 마침 비가 내려서
그곳 마을 문 안에서 비를 피하고자 했다.
그러나 마을 문지기가 그를 들여보내 주지 않았다.
그래서 옛말에 이르기를
'사람들은 다스림이 신묘한 이의 공은 모르고
싸움에 밝은 이의 공로는 알아준다'고 말하는 것이다.

…大王之必傷義
而不得宋.
…然臣之弟子
禽滑釐等三百人
已持臣守圉之器
在宋城上 而待楚寇矣.
雖殺臣 不能絕也.
楚王曰
善哉. 吾請無攻宋矣.
子墨子歸
過宋 天雨
庇其閭中
守閭者不內也.
故曰
治於神者 衆人不知其功
爭於明者 衆人知之.

묵자墨子/천지天志 상

의로운 정치는 어떻게 하는가?	然義政將奈何哉.
묵자가 말했다.	子墨子言曰
대국이 소국을 공격하지 않고	處大國不攻小國
큰 가문이 작은 가문을 찬탈하지 않고	處大家不篡小家
강한 자가 약한 자를 겁탈하지 않고	强者不劫弱
귀한 자가 천한 자를 업신여기지 않고	多者不賊寡
다수가 소수를 학대하지 않고	詐者不欺愚.
지혜로운 자가 어리석은 자를 속이지 않는 것이다.	貴者不傲賤.

묵자墨子/노문魯問

공수자가 묵자에게 말했다.

"내가 선생을 만나지 않았을 때는

나는 송나라를 쳐서 차지하려고 생각했습니다.

그러나 선생을 만나본 후로는

나에게 송나라를 준다 해도 의롭지 않다면

받지 않으려 합니다."

公輸子謂子墨子曰.

吾未得見之時

我欲得宋

自我得見之後

子我宋而不義

我不爲.

미신을 반대한
동양 최초의 과학자

묵자는 목수 출신의 동양 최초의 과학자였다. 그의 수많은 과학 이론은 「경설經說」편에 수록되어 있다. 다만 여기서는 상론을 생략하기로 한다. 또한 그는 미신을 반대한 실용주의자이기도 했다. 그는 천신과 산천 귀신, 사람 귀신 등 모든 귀신은 국가를 통치하고 인민을 이롭게 하는 수단이라고 생각했다. 마찬가지로 제사도 복을 비는 행위가 아니라 이웃들이 모여 친해지기 위한 문화 양식으로 이해했다. 따라서 무속 등 미신을 철저하게 반대했다. 2,500년 전의 학자로서는 놀라운 혜안이 아닐 수 없다.

묵자墨子/명귀明鬼 하

일찍이 귀신이 능히 어진 자에게 상을 주고

포악한 자에게 벌을 준다는 신앙을

나라와 인민에게 펴는 근본 취지는

그것이 실로 나라를 다스리고

만민을 이롭게 하는 도리이기 때문이다.

지금 우리가 제사를 지내는 것은

재물을 곧바로 더러운 시궁창에 버리는 것은 아니다.

嘗若鬼神之能賞賢

如罰暴也

蓋本施之國家 施之萬民

實所以治國家

利萬民之道也.

今吾爲祭祀也

非直注之汚壑而棄之也.

위로 귀신을 복되게 하고 　　　　　　　　　　　上以交鬼之福

아래로 많은 사람을 모아 즐겁게 화합하며 　　　　下以合驩聚衆

향리 사람들과 친애하는 것이다. 　　　　　　　　取親乎鄕里.

묵자墨子/노문魯問

노魯나라 축관이 한 마리의 돼지를 놓고 제사를 지내면서 　　魯祝以一豚祭

귀신에게 백 가지 복을 빌었다는 소문을 　　　　　　　　而求百福於鬼神.

묵자가 듣고 말했다. 　　　　　　　　　　　　　　　子墨子聞之曰

"이것은 안 된다. 　　　　　　　　　　　　　　　　是不可.

남에게 베풂은 작으면서 많은 보답을 바란다면 　　　　　今施人薄 而望人厚

남들은 그의 베풂을 겁내고 의심할 것이다. 　　　　　　則人唯恐其有賜於已也.

지금 한 마리 돼지로 제사를 지내면서 　　　　　　　　今以一豚祭

귀신에게 백 가지 복을 구한다면 　　　　　　　　　　而求百福於鬼神

귀신은 그들이 부해져 소·양으로 제사를 지낼까 꺼릴 것이다. 　唯恐其以牛羊祀也.

옛날 성왕들은 귀신을 섬기고자 그저 제사를 올렸을 뿐이다. 　古者聖王事鬼神 祭而已矣.

만약 한 마리 돼지로 제사를 드리면서 백 가지 복을 빈다면 　今以豚祭 而求百福

귀신으로서는 그가 부해지기보다 　　　　　　　　　　則其富

도리어 가난해지기를 바랄 것이다." 　　　　　　　　　不如其貧也.

묵자墨子/공맹公孟

공맹자公孟子가 말했다. "귀신은 없습니다." 　　　　　　公孟子曰. 無鬼神.

또 이른다. 　　　　　　　　　　　　　　　　　　又曰.

"군자는 제사 지내는 예절은 반드시 배워야 합니다." 　　　君子必學祭禮

묵자가 말했다. 　　　　　　　　　　　　　　　　　子墨子曰.

"귀신은 없다고 말하면서 　　　　　　　　　　　　執無鬼

귀신을 제사하는 예법을 배워야 한다고 주장하는 것은 　　而學祭禮

마치 손님은 없으나   是猶無客

손님 접대의 예절은 배워야 한다는 말과 같습니다.   而學客禮也

또 이것은 물고기는 없으나   是猶無魚

어망을 만들라고 하는 것과 같이 모순된 말입니다."   而爲魚罟也.

묵자墨子/귀의貴義

묵자가 북쪽 제齊나라로 가려다 점쟁이를 만났다.   子墨子北之齊 遇日者

점쟁이가 말했다.   日者日.

"살펴보니 오늘은 북방 흑룡에 살이 있습니다.   帝以今日殺黑龍於北方

선생의 얼굴색을 보니 검어졌습니다.   而先生之色黑

북행을 그만두시지요!"   不可以北.

묵자는 듣지 않고 기어코 북행을 결행했다.   子墨子不聽 遂北.

…묵자가 말했다.   …子墨子日.

…"그대의 말을 따른다면   …若用子之言

천하에 다니는 것을 금하는 꼴이 될 것이다.[9]   則是禁天下之行者也.

이렇게 되면 사람의 마음이 얽매여   是圍心

천하를 적막하게 할 것이다.   而虛天下也

그대의 말은 쓸모없는 것이다."   子之言不可用也.

9_ 여기서 북방은 齊나라지만 제나라에서 북방은 北狄이며 북적에서 북방은 북극일 것이며, 북극의 북방은 다시 제나라
이기 때문.

묵자는 혁명가

의를 위해
목숨을 버리라

묵자는 철학자이며, 과학자요, 경제학자요, 반전 평화운동가
였으나 그보다는 혁명가라고 해야 옳을 것 같다. 그는 실천
하고 조직하고 투쟁한 사회혁명가였다. 그는 "내 말은 반석
과 같으니 깨뜨릴 수 없다"고 외치며 "의義를 위해 목숨을 버리라"고 요구했다.

묵자墨子/귀의貴義

'의義'를 행함에 있어 능하지 못할지언정   爲義 而不能

반드시 그 '도道'를 어기면 안 된다.   必無排其道

비유를 들면 목수가 나무를 깎는 데 능하지 못할지언정   譬若匠人之斷 而不能

그 먹줄을 어기지는 않는 것과 같다.   無排其繩

내 말은 충분히 실용적인 것이다.   吾言足用矣.

그럼에도 내 말을 버리고 다른 생각을 하는 것은   舍吾言革思者

마치 추숫감을 버려두고 이삭이나 좁쌀을 줍는 것이다.   是猶舍穫 而攘粟也

다른 말로 내 말을 비난하는 것은   以他言非吾言者

마치 달걀로 바위를 치는 것이다.   是猶以卵投石也.

천하의 계란을 모두 던진다 해도   盡天下之卵

나의 말은 반석과 같아 깨지지 않을 것이다.   其石猶是也 不可毀也.

묵자墨子/천지天志 상

내가 하늘의 뜻을 가지고 있다는 것은   我有天志

비유컨대 바퀴 만드는 사람이 그림쇠를 가지고 있고   譬若輪人之有規

목수(匠人)가 곱자를 가지고 있는 것과 같다.   匠人之有矩.

바퀴를 만드는 사람과 목수는 그림쇠와 곱자를 가지고　輪匠執其規矩

천하의 모와 원을 재면서 말하기를　以度天下之方員 曰

맞으면 옳다고 하고 맞지 않으면 그르다고 한다.　中者是也不中者非也.

지금 천하의 선비와 군자들의 책은　今天下之士君子之書

다 기록할 수 없을 만큼 많고　不可勝載

사군자의 이론은 셀 수 없을 만큼 많다.　言語不可盡計.

위로는 제후를 설복하고 아래로는 선비를 설복하지만　上說諸侯 下說列士.

그것은 어짊과 의로움에 너무도 어긋난다.　其於仁義 則大相遠也.

무엇으로 그것을 아는가?　何以知之

나는 하늘의 밝은 법도를 가지고 그것을 재기 때문이다.　曰 我得天下之明法以度之.

묵자墨子/대취大取

한 사람을 죽여 천하가 보존됐다 해도　殺一人以存天下

살인은 천하를 이롭게 하는 것이라고 말할 수 없다.　非殺一人以利天下也.

그러나 자기를 죽여 천하가 보전됐다면　殺己以存天下

자기를 죽인 것은 천하를 이롭게 한 것이라고 말할 수 있다.　是殺己以利天下.

묵자墨子/귀의貴義

지금 그대에게 이르기를　今謂人曰

'고귀한 신분이 될 수 있는 관과 신발을 줄 것이니　子子冠履

대신 그대의 손발을 자르라'고 한다면 그렇게 하겠는가?　而斷子之手足 子爲之乎.

반드시 그렇게 하지 않을 것이다.　必不爲.

왜냐하면 사람의 신분이 아무리 고귀하다 한들　何故 則冠履

손발보다는 귀하지 않기 때문이다.　不若手足之貴也.

또 이르기를 '그대에게 천하를 줄 것이니　又曰. 子子天下

그 대신 그대의 목숨을 버리라'고 한다면 그렇게 하겠는가?　而殺子之身 子爲之乎.

반드시 그렇게 하지 않을 것이다.	必不爲.
왜냐하면 아무리 천하를 얻어 임금이 되는 것이 귀하다 한들	何故 則天下
제 목숨보다는 귀하지 않기 때문이다.	不若身之貴也.
그런데 사람들이 말 한 마디로 다투며	爭一言
서로를 죽이는 것은 무엇 때문인가?	以相殺
이것은 의로움이 사람의 목숨보다도 귀중하기 때문이다.	是貴義於其身也.
그러므로	故曰.
천하 만사에 의로움보다 귀한 것은 없다고 말하는 것이다.	萬事莫貴於義也.

구체제를 혁파하라!

백성(民)의 입장을 대변한 묵자는 기존 체제를 지키는 것을 거부한다. 성왕의 역사, 백성이 보고 들은 것, 백성의 이익, 이 세 가지를 모든 가치의 절대 조건이라고 하며, 이 삼표론 三表論을 근거로 전통적 도덕 체계를 모두 뒤엎어 버린다. 그는 천자 통치의 근원인 왕권신수설인 천명론天命論을 부인했으며, 통치의 두 수레바퀴인 주례周禮와 숭악崇樂을 비판했다. 그리고 그것들의 대표적인 상징이라 할 장례葬禮와 상례喪禮 제도의 낭비를 반대했다.

묵자墨子/비유非儒 하

또 유가들이 이르기를	又曰
'군자는 옛것을 따를 뿐 새로 짓지 않는다'고 말한다.	君子循而不作.
이에 대답하겠다.	應之曰
옛날 예羿는 처음으로 활을 만들었고	古者羿作弓
여仔는 갑옷을 만들었고	仔作甲
해중奚仲은 수레를 만들었고	奚仲作車
공수工垂(巧垂)는 처음으로 배를 만들었다.	巧垂作舟.

그러면 오늘날 공인들이	然則今之
그들을 따라서 활과 갑옷과 수레와 배를 만들면	鮑函車匠
모두 군자가 될 것이나	皆君子也
처음 이것을 만들었던 예와 해중과 공수는 새로 지었으니	而羿仔奚仲巧垂
소인인가? 이것은 너무도 큰 모순이다.	皆小人邪.
또 오늘날 인민이 따르는 옛것은	且其所循
반드시 누군가가 옛날 새로 지어낸 것이므로	人必或作之
옛것을 따르는 자는 곧 소인의 도道를 따르는 것이다.	然則其所循 皆小人道也.

묵자墨子/공맹公孟

공맹자가 말했다.	公孟子曰.
"군자는 반드시 옛 말씀과 옛 의복을 한 후에야	君子必古言服
어질다고 할 수 있습니다."	然後仁.
묵자가 말했다.	子墨子曰.
"옛날 상商나라(은나라) 주왕과 그의 집정관 비중費仲은	昔者商王紂 卿士費仲
천하의 폭인이며	爲天下之暴人.
기자와 미자微子는 천하의 성인입니다.	箕子微子 爲天下之聖人
이들은 똑같은 옛말을 했으나	此同言
하나는 어질고 하나는 포악했습니다.	而或仁不仁也.
주周나라 주공 단은 천하의 성인이며	周公旦爲天下之聖人
관숙關叔은 천하의 폭인입니다.	關叔爲天下之暴人.
똑같은 의복을 입었으나 하나는 어질고 하나는 포악했습니다.	此同服 或仁或不仁.
그러므로 어짊은 옛 말씀이나 옛 의복에 달린 것이 아닙니다.	然則 不在古服與古言矣.
또한 그대 유가들은 주나라는 본받지만	且子法周
하夏나라(우왕)는 본받지 못했으니	而未法夏也.
그대들의 옛것은 옛것이 아닙니다!"	子之古非古也.

묵자墨子/경주耕柱

유가인 공맹자가 말했다.   公孟子曰

"군자는 창작하지 않고 계승할 뿐입니다!"   君子不作 術而已

묵자가 말했다. "그렇지 않습니다.   子墨子曰 不然

…오늘날 계승만 하고 창조하지 못하는 것은   …今述而不作

옛것을 계승하지 못하면서   是無所異於不好述

새것만 창조해 낸다고 떠드는 것과 다를 바 없습니다.   而作者矣.

저는 옛날의 좋은 것을 계승·발전시키고   吾以爲古之善者則述之

오늘날 좋은 것은 새로 창조해 내야 한다고 생각합니다.   今之善者則作之.

좋은 것이 더욱 많아지기를 바라기 때문입니다."   欲善之益多也.

묵자墨子/귀의貴義

무릇 말과 행동은   凡言凡動

하느님과 귀신과 인민에게 이로우면 행하고   利於天鬼百姓者爲之

무릇 말과 행동이   凡言凡動

하느님과 귀신과 인민에게 해로우면 버린다.   害於天鬼百姓者舍之.

무릇 언행은 삼대 성왕들인   凡言凡動 合於三代聖王

요·순·우·탕·문·무 등에 합치되면 행하고   堯舜禹湯文武者爲之.

무릇 언행은 삼대 폭군들인   凡言凡動 合於三代暴王

걸·주·유·려 등에 합치되면 버린다.   桀紂幽厲者舍之.

회남자淮南子/수무훈脩務訓

세속 사람들은 대부분 옛날을 받들고 현재를 천시한다.   世俗之人 多尊古而賤今.

그러므로 도를 위한다는   故爲道者

사람들은 반드시 신농과 황제에 의탁한   必托之於神農黃帝

후에야 설복된다.   而後能入說.

난세의 어리석은 군주는 그 유래가 높고 멀다는 것 때문에   亂世闇主 高遠其所從來

존귀하게 여긴다.   因而貴之.

학문을 하는 사람은 이론에 가리고   爲學者蔽於論

스승에게서 들은 바를 존중하며   而尊其所聞

끼리끼리 거만하게 앉아 칭찬하며   相與危坐而稱之

옷깃을 여미고 암송한다.   正領而誦之.

그런즉 시비를 분별하는 데 어둡다.   此見是非之分不明.

대저 곱자와 그림쇠가 없다면   夫無規矩

수레를 처음 만든 해중이라도 네모와 원을 만들 수 없으며,   雖奚仲不能以定方圓

수준기와 먹줄이 없으면 운제를 만든 노반공魯般公이라도   無準繩 雖魯般

굽고 바른 것을 만들 수 없는 것이다.   不能以定曲直.[10]

묵자墨子/경주耕柱

무마자巫馬子가 묵자에게 물었다.   巫馬子謂子墨子 曰

"지금 사람을 버리고 옛 임금을 칭송하는 것은   舍今之人 而譽先王

해골을 칭송하는 것입니다.   是譽槁骨也

마치 목수들처럼 죽은 나무만 알고   譬若匠人然 智槁木也

산 나무는 모르는 것과 같습니다."   而不智生木.

묵자가 말했다.   子墨子曰

"천하가 살아갈 수 있는 까닭은   天下之所以生者

선왕의 도리와 가르침 때문이다.   以先王之道教也

오늘날 선왕을 칭송하는 것은   今譽先王

천하 만민의 오늘의 삶을 영위하는 도구로서 칭송하는 것이다.   是譽天下之所以生也

그러므로 기려야 할 것을 기리지 않는 것은 도리가 아니다."   可譽而不譽 非仁也.

10_ 이 『淮南子』의 글은 후기 묵가들의 것으로 본다.

묵자墨子/대취大取

천하를 위해 우임금을 후대한 것은

우임금이 인민을 사랑한 것을 위해 주는 것이다.

우임금의 한 일을 후대하는 것은 천하에 이익이 되지만

우임금을 후대하는 것은 천하에 이익이 되지 않는다.

爲天下厚愛禹

乃爲禹之人愛也

厚禹之爲 加於天下

而厚禹 不加於天下.

천하의 만국 만민을 두루 평등하게 사랑하라!

공자와 묵자는 다 같이 치국평천하治國平天下를 목표로 했다는 점에서는 같다. 그리고 옛 성왕의 도道를 계승했다고 주장하는 것도 일치한다.

공자는 관료 출신으로 당시 패도주의가 풍미할 때 왕도주의와 귀족주의 깃발을 들고 천하를 유세하고 돌아다녔다. 노魯나라에서 쫓겨난 후 13년 동안 벼슬을 구하려 했지만 어느 나라에서도 그를 채용해 주지 않았다. 큰 나라 제후들은 그의 왕도주의가 싫었고, 당시 실권자인 신흥 관료와 지주 계급은 그가 귀족을 편들고 자기들을 소인이라고 비난했기 때문에 공자를 지지하지 않았다. 그러므로 요즘 말로 하면 공자도 정치가이며 운동가였다.

그러나 공자에게 '성왕의 도'는 '천명天命을 받은 성인聖人인 천자天子가 신민臣民을 다스린 말씀'이었으나, 묵자가 말하는 '성왕의 도'는 '백성에 의해 선출된 천자가 천제天帝의 뜻'을 실천하는 것이다. 그리고 그 하느님의 뜻(天志)은 '하늘의 신민인 백성의 뜻과 민民의 이익'이라고 보았다. 이 점에서 공자와 전혀 다르다. 또한 공자는 성왕의 도를 '주례周禮'라고 했으나, 묵자는 성왕의 도를 '겸애兼愛'라고 했다는 점에서 다르다. 다시 말하면 공묵孔墨이 다 같이 사회 평화와 민생을 걱정하지만, 공자는 지배계급의 시각이었고, 묵자는 민중적 시각이었다는 차이가 있다.

묵자墨子/겸애兼愛 중

옛날 주나라 무왕은

昔者武王

타이산泰山의 고구려 신굴神窟에 제사를 올리고 고했다.　　將事[11]太山隧[12] 傳[13]曰

"신령스러운 타이산이여!　　泰山有道[14]

삼가 주나라 발發이 제사를 올립니다.　　曾孫周王有事

하늘제사는 주왕紂王에 의해 더럽혀졌으나　　大事旣獲[15]

어진 사람이 일어났으니 중국과　　仁人[16]尙作 以祗[17]商夏

남만蠻夷과 동이東夷의 백성들을 구제하려 합니다.　　蠻夷醜[18]貊.

비록 주나라에 친척이 있다 하나　　雖有周親

어진 분에게는 미치지 못할 것입니다.　　不若仁人.

만방에 죄가 있다면 오직 저의 허물입니다."　　萬方有罪 維子一人.

이것은 무왕의 일을 말한 것인데　　此言武王之事

나는 지금 그의 겸애를 행하고자 하는 것이다.　　吾今行兼矣.

묵자墨子/상현尙賢 상

그런 까닭에 옛 성왕들이 정사를 다스릴 때는　　是故古者聖王之爲政也

다음과 같이 언명했다.　　言曰.

'의롭지 않은 자는 부유해선 안 되며　　不義不富

의롭지 않은 자는 고귀해서도 안 되며　　不義不貴

의롭지 않은 자는 사랑하지 않을 것이며　　不義不親

의롭지 않은 자는 가까이하지 않을 것이다!'[19]　　不義不近.

11_ 將事(장사)=行祀.

12_ 隧(수)=神隧(高句麗國左有大穴 曰神隧：正字通).

13_ 傳(전)=禪也.

14_ 道(도)=德也.

15_ 獲(획)=辱也.

16_ 仁人(인인)=伊尹을 칭함.

17_ 祗(지)=安也, 或作振(救也).

18_ 醜(추)=衆也.

묵자墨子/귀의貴義

지금 농부들이 영주에게 세를 바치고	今農夫入其稅於大人
영주는 그것으로 술과 젯밥을 만들어	大人爲酒醴粢盛
하느님과 귀신에게 제사를 올린다.	以祭上帝鬼神
그런데 어찌 천한 사람이 만든 것이라고 하여	豈曰 賤人之所爲
귀신이 흠향하지 않겠는가?	而不享哉.

운명론은 폭군이 지어낸 속임수

묵자는 천제와 귀신을 인정했으나 운명론에 대해서는 강력히 반대했다. 그는 운명론은 지배자들이 민중을 속이려고 퍼뜨린 정치적 술수라고 주장했다. 민중이 모든 개혁과 혁명에 소극적인 까닭은 운명론 때문이다. 그러므로 이를 혁파하지 않고는 혁명을 할 수 없다.

묵자墨子/비명非命 상

이제 운명론자의 말을 채용한다면	今用執有命者之言
이는 천하의 의義를 제거하자는 것이다.	是覆天下之義
천하의 의를 제거하려는 자들은	覆天下之義者
운명론을 퍼뜨려	是立命者也.
백성들이 실망하도록 유세한다.	百姓之誶也.
백성들이 실망하도록 유세하는 것은	說百姓之誶者
어진 사람을 없애버리자는 수작이다.	是滅天下之人也
그러면 의로운 사람을 윗자리에 앉히려는 노력은	然則所爲欲義在上者
무엇 때문이란 말인가?	何也
의로운 사람이 임금으로 선출되면	曰 義人在上

19_ 이것은 오늘날 국가의 임무를 말한 것이다.

천하는 반드시 다스려지고 　　　　　　　　　　　　天下必治.

하느님과 산천귀신들도 제주祭主를 얻고 　　　　　上帝山川鬼神必有幹主

인민은 큰 이익을 얻을 것이다. 　　　　　　　　　萬民被其大利.

묵자墨子/비명非命 중

내가 운명이 있고 없는가를 알 수 있는 방법은 　　　　我所以知命之有與亡者

사람들이 보고 들은 사실을 근거로 해서만 알 수 있다. 　以衆人耳目之情 知有與亡.

사람들이 운명을 보고 들었다면 운명이 있다고 할 것이며, 　有聞之 有見之 謂之有

보고 들은 일이 없다면 없다고 해야 할 것이다. 　　　莫之聞 莫之見 謂之亡.

그러면 왜 인민들이 보고 들은 실상을 고찰하지 않는가? 　然胡不嘗考之百姓之情

옛날부터 지금까지 사람이 생겨난 이래 　　　　　自古以及今 生民以來者

일찍이 운명이라는 것을 본 적이 있는가? 　　　　亦嘗見命之物

또 운명의 목소리를 들어본 사람이 있었던가? 　　　聞命之聲者乎.

자고이래로 그런 사람은 없다. 　　　　　　　則未嘗有也.

폭군들은 자신이 어리석어서 　　　　　　　我罷不肖

정치를 잘못했다고는 말하지 않고 　　　　　我爲刑政不善.

반드시 운명 때문에 망했다고 말할 것이다. 　　必曰 我命故且亡.

…운명이 있다고 번거롭게 꾸며서 　　　　　…繁飾有命

어리석고 질박한 사람들을 가르친 지 오래됐다. 　以教衆愚朴人 久矣.

…또 상商과 하夏의 시서詩書에서도 말했다. 　…在於商夏之詩書曰

"운명이란 폭군이 지어낸 것이다!" 　　　　　命者暴王作之.

묵자가 운명을 존재하지 않는 허구임을 입증하고, 유가들의 운명론을 폭군의 속임수라고 비난한 것은 정치적인 것이었다. 그러나 개인 생활에서 보면 운명론을 믿는 유가들이나 부정하는 묵가들이나 하늘이 선한 사람을 편든다는 믿음에서는 동일하다. 다만 유사 계급인 유가들은 현상이 유지되어야 이로웠고, 공민工民 계급인 묵가들은 현상이 파괴되어야 이로웠다. 그러므로 귀족들과 유가들은 정해진 운명을 받아들여도 좋지만, 공상工商과 천민들은 정해진 운명이 너무도 고통스러웠던 것이다.

운명론을 지어낸 성인(군주는 모두 성인 계급이다)은 빈부수요貧富壽夭를 천명天命에 속한 것으로 믿으면 이익을 위해 불의를 행하고 싶은 유혹으로부터 벗어날 수 있다고 생각했던 것이다. 그 결과 유가들은 운명론을 믿음으로써 결과는 하늘에 맡기고 그것이 정의이기 때문에 실행한다는, 이익을 초월한 의연함을 존귀한 것으로 여기게 되었다. 그러므로 유가들은 천제와 귀신에게 제사를 지내면서도 천제와 귀신이 정말 존재하는가에는 별 관심이 없었다. 품위를 잃지 않고 예를 어떻게 표현하는가에만 관심이 있었다. 그러므로 그들은 제사를 지내면서 복을 빌지 않았다.

반면 묵가들은 운명이 정해진 것이 아니라 지금 정의를 행하면 반드시 보상을 받는다는 믿음이 있었다. 그렇기에 도덕적 생활을 해야 한다고 생각했다. 그리고 유가들의 운명론은 비참한 처지의 민중을 자포자기하게 하고, 도덕적 생활을 방해하는 것이라고 생각했다. 이 점은 신상필벌의 인격신을 믿는 기독교나 이슬람교 등 오늘날 고등 종교들과도 유사하다.

묵자墨子/비유非儒 하

또한 유가들은 운명론을 고집하며 말하기를	有强執有命以說議曰
'오래 살고 일찍 죽는 것, 부유하고 가난한 것	壽夭貧富
편안하고 위태한 것, 태평하고 어지러운 것	安危治亂
이것들은 본래부터 하늘이 정한 운명이어서	固有天命
덜하거나 더할 수 없는 것이며	不可損益.
곤궁하고 영달하며, 상을 받고 벌을 받으며	窮達賞罰
행幸·불행도 이미 정해져 있는 것이므로	幸否 有極
사람의 지혜나 힘으로는 어찌할 수 없다'고 한다.	人之知力 不能爲焉
…그러니 유가들이 도라고 가르치는 것은	…而儒者以爲道教.

천하 인민을 해치고 있다.　　　　　　　　　　　　是賊天下之人者也.

묵자墨子/비명非命 상

옛날 가난한 민중이 있어 먹고 마시기를 탐하면서도　　　昔上世之窮民 貪於飮食

일하기를 게을리 했다.　　　　　　　　　　　　　　　惰於從事

그래서 입고 먹을 재물이 부족하여　　　　　　　　　　是以衣食之財不足

배고픔과 추위에 떨며 굶어 죽고 얼어 죽을 지경이 되었다.　而飢寒凍餒之憂至.

무지한 그들은 이르기를 자신이 무능력하고　　　　　　　不知曰 我罷[20]不肯

부지런히 일하지 않았다고 말하지 않고,　　　　　　　　從事不疾[21]

'나는 이미 가난하게 될 운명이었다'고 말할 것이다.　　　必曰 我命固[22]且貧.

옛날 포악한 임금들은　　　　　　　　　　　　　　　昔上世暴王

눈과 귀의 음란함과 마음과 뜻의 편벽됨을 참지 못하고　　不忍其耳目之淫 心涂之辟

부모에게 순종하지 않고　　　　　　　　　　　　　　不順其親戚

끝내는 국가를 멸망시키고 사직을 무너뜨렸다.　　　　　遂以亡失國家 傾覆社稷.

그들은 자신이 무능하고　　　　　　　　　　　　　　不知曰 我罷不肯

정치를 잘못했다고는 말하지 않고,　　　　　　　　　　爲政不善.

반드시 말하길　　　　　　　　　　　　　　　　　　必曰

'내 운명이 본래 나라를 잃도록 되어 있었다'고 할 것이다.　吾命固失之.

묵자墨子/비명非命 중

옛날 폭군 걸桀이 어지럽힌 것을 탕임금이 다스렸고　　　昔者桀之所亂 湯治之

폭군 주紂가 어지럽힌 것을 무왕이 다스렸던 것은　　　紂之所亂 武王治之.

20_ 罷(파)=極也.

21_ 疾(질)=力也.

22_ 固(고)=四塞也, 陋也.

세상이 변하고 인민이 바뀐 것이 아니고	此世不渝而民不改
지도자가 정사를 변경했고, 인민이 교화를 바꾼 것이다.	上變政而民易敎.
탕임금과 무왕에게 맡기면 잘 다스려질 천하가	其在湯武則治
폭군인 걸주에게 맡기면 어지러워졌으니	其在桀紂則亂.
안정과 위험, 다스림과 어지러움은	安危治亂
지도자의 정치에 달려 있음을 알 수 있다.	在上之發政也.
어찌 운명이 있다고 말하겠는가?	則豈可謂有命哉.
삼가라! 천명天命은 없다!	敬哉 無天命.
오직 나는 사람을 높이고 말을 지어내지는 않는다.	惟子二[23]人而無造言
하늘에서 내리는 것이 아니고 스스로 얻는 것이다!	不自天降 自我得之.

묵가는 협객 집단

　묵가들은 묵자 당시부터 협객 집단으로 출발한 듯하다. 묵자 스스로도 어느 군주에게도 예속되지 않았다. 그는 봉토를 떼어 주겠다고 초청해도 가지 않았고 목숨을 걸고 반전운동을 했던 협객이었다. 묵자를 따르는 무리는 180여 명인데 칼날 위를 걷고 불길 속에 뛰어드는, 목숨을 초개같이 여기는 용사들이었다고 한다. 묵가들은 공동체 생활을 한 것 같다. 그리고 겸애를 실천하기 위해 자기 자식도 남과 구분하지 않고 똑같이 사랑했다. 그러나 오히려 그러한 냉엄함으로 묵가의 겸애는 비정하고, 공자의 인仁은 자비로운 것으로 비쳤을 것이다.

23_ 二(이)=上字의 誤.

묵자墨子/노문魯問

묵자가 제자인 공상과를 월越나라에 보내   子墨子游公尚過於越

월 왕에게 유세하게 했다.   公尚過說越王

공상과가 월 왕 구천勾踐에게 유세하니 크게 기뻐하며 말했다.   越王大說. 公尚過曰

"선생이 진실로 묵자를 월나라로 오시게 하여   先生苟能使子墨子於越

나를 가르치게 한다면   而敎寡人.

나는 옛 오吳나라 땅 오백 리를   請裂故吳之地 方五百里

묵자에게 봉해 드리겠습니다."   以封子墨子.

이 제의에 공상과는 크게 기뻐하며 승낙하고   公尚過許諾

수레 오십 필을 받아   遂爲公尚過束車五十乘

묵자를 모셔 가려고 노魯나라로 돌아와 보고했다.   以迎子墨子於魯 曰

…묵자가 공상과에게 말했다.   …子墨子謂公尚過曰

"그대는 월 왕의 속마음을 어떻다고 보았는가?   子觀越王之志何若.

만약 월 왕이 나의 말을 받아들여   意越王將聽吾言

나의 도를 쓴다면 나는 가겠다.   用我道 則翟將往.

그러나 나는 (나의 평등사상에 따라) 밥은 양을 헤아려 먹고   量腹而食

옷은 몸을 헤아려 입어 절검할 것이며   度身而衣

여러 신하들과 평등하게 친애할 것이니   自比於群臣

어찌 이러한 평등주의자에게 땅을 봉해 주겠는가?   奚能以封爲哉

반대로 월 왕이 나의 말을 듣지 않고   抑越不聽吾言

나의 도를 채용하지 않는데도 내가 그에게 간다면   不用吾道 而吾往焉

이는 내가 의義를 팔아먹은 것이 된다.   則是我以義糶也.

기왕에 의를 팔려면 중원에서 팔 일이지   鈞之糶 亦於中國耳

어찌 하필 월나라에 팔 것인가?"   何必於越哉.

회남자淮南子[24]/태족훈泰族訓

공자의 제자는 칠십 인이고	孔子弟子七十
가르친 사람은 삼천 명에 이른다.	養徒三千人 皆入孝出悌.
묵자에게 복역하는 무리는 백팔십 명이었으며	墨子服役者百八十人
모두가 불 섶을 짊어지고 칼날을 밟으며	皆可使赴火蹈刃
죽어도 돌아서지 않았으니, 교화되어 그렇게 되었다.	死不還踵. 化之所致也.

여씨춘추呂氏春秋/권1/맹춘기孟春紀/거사去私

묵가의 지도자(巨子라고 불렀다) 복돈腹䵍이	墨者有鉅子腹䵍
진秦에서 살았는데 그의 아들이 살인을 했다.	居秦. 其子殺人.
혜왕惠王이 말했다.	秦惠王曰
"복돈 선생께서는 연로하시고 다른 아들이 없으므로	先生之年長矣. 非有他子也
내가 이미 관리에게 명하여 죽이지 말라고 했습니다."	寡人已令吏不誅.
복돈이 말했다.	腹䵍對曰.
"묵자의 법에 이르기를 살인자는 죽이고	墨子之法曰 殺人者死.
남을 상한 자는 형벌을 내린다고 했습니다.	傷人者刑.
이것은 남을 죽이고 상하게 하는 것을 막기 위한 수단입니다.	此所以禁殺傷人也.
대저 남을 죽이고 상하는 것을 금하는 것은	夫禁殺傷人者
천하의 대의입니다.	天下之大義也.
왕께서 비록 사면했으나	王雖爲之賜.
저는 묵자의 법을 시행하지 않을 수 없습니다."	腹䵍不可不行墨子之法
복돈은 혜왕이 만류했으나 기어코 자기 아들을 처형했다.	不許惠王 而遂殺之子.

24_ 淮南子 劉安(BC 179~122)은 회남 왕이었으며 학문을 좋아하여 『회남자』라는 책을 남겼고 회남자(지금은 두부라고
함)를 처음으로 발명했다. 그는 儒·墨·道家를 종합하려 했으나 반역죄로 처단됐다.

그들은 실천 목표로 십 개 강령을 강조한다. 이것은 천하에 유세하는 것이 목적이었으나 자신들의 생활신조이기도 했다. 이것은 모세의 십계명과 유사한 것이다.

묵자墨子/노문魯問

나라가 혼란하면	國家昏亂
어진 인재 등용(尙賢)과 화동 일치(尙同)를 말해 주고,	則語之尙賢尙同.
나라가 가난하면	國家貧
절도 있는 소비(節用)와 간소한 장례(節葬)를 권하고,	則語之節用節葬.
나라가 음악과 술에 탐닉해 있으면	國家憙音湛湎
음악을 절제하고(非樂) 운명론을 없애도록(非命) 하고,	則語之非樂非命.
나라가 음란하고 예가 없으면	國家淫僻無禮
하느님을 섬기고(尊天) 귀신을 섬기도록(事鬼) 하고,	則語之尊天事鬼.
다른 나라를 속이고 약탈하고 침략하고 능욕하려 하거든	國家務奪侵凌
평등한 사랑(兼愛)과	卽語之兼愛
전쟁의 무익함(非功)을 깨우쳐주도록 하라!	非攻.

후기 묵가들은 군주나 가문들로부터 방위 임무를 전문적으로 위탁받았던 것 같다. 묵가의 3대 거자巨子인 맹승孟勝이 초나라 양성군陽城君으로부터 방어 임무를 맡았다. 그러나 양성군이 반란에 가담했다가 실패하여 국외로 탈출하자 초나라는 양성군의 소국을 접수해 버렸다(BC 381). 맹승은 양성군으로부터 구원을 요청받지는 못했으나, 결과적으로 그를 지켜주지 못한 것을 자책하고 자결했다. 그러자 제자 서약徐弱을 비롯한 183명의 제자들이 그를 따라 순사했다. 이때 맹승의 다음과 같은 말은 묵가들이 협객 집단이었음을 증거하고 있다.

여씨춘추呂氏春秋/권19/이속람離俗覽/상덕上德

맹승이 말했다.	孟勝曰

"나는 남의 나라를 위임받아 더불어 부절을 나누어 가졌다.   受人之國 與之有符.

그의 명령을 전하는 부절은 볼 수 없었지만   今不見符

이제 힘으로는 막을 수 없게 되었으니   而力不能禁

내가 책임을 지고 죽을 수밖에 없다."   不能死不可.

그의 제자 서약이 맹승에게 간했다.   其弟子徐弱 諫孟勝 曰

"죽음으로써 양성군에게 도움이 된다면   死而有益陽城君

죽는 것이 옳습니다.   死之可矣.

그러나 아무 도움도 되지 않는다면   無益也

선생의 죽음은 세상에서 묵가를 끊어지게 할 뿐이니   而絕墨者於世.

옳지 않습니다."   不可.

맹승이 말했다. "아니다.   孟勝曰 不然.

나는 양성군에게 스승이 아니라 벗이었고,   吾於陽城君也

벗이 아니라면 신하였다.   非師則友也. 非友則臣也.

내가 죽지 않는다면 지금부터 앞으로는   不死 自今以來

엄격한 스승을 묵가에서 찾지 않을 것이며   求嚴師必不於墨者矣.

어진 벗을 묵가에서 찾지 않을 것이며   求賢友必不於墨者矣.

훌륭한 신하를 묵가에서 찾지 않을 것이다.   求良臣必不於墨者矣.

나의 죽음은 묵자 선생의 뜻을 실행하기 위한 것이며   死之所以行墨子之義

선생의 사업을 계승하기 위한 것이다."   而繼其業者也.

서약이 말했다. "선생님의 말씀이 이러하시다면   徐弱曰 若夫子之言

제가 먼저 죽어 저승길을 소제하려 합니다."   弱請先死以除路.

서약은 돌아서서 맹승의 앞에서 목을 베었다.   還歿頭前於孟勝.

맹승은 두 사람을 시켜   因使二人

전양자田襄子에게 거자巨子의 직책을 전하게 하고 자결했다.   傳鉅子於田襄子. 孟勝死

그를 따라 죽은 제자들이 백팔십삼 명이었다.   弟子死之者百八十三人.

전양자에게 간 두 사람도 명령을 전달하고는   二人以致令於田襄子

전양자의 만류를 뿌리치고

끝내 초나라로 돌아가 그를 따라 죽었다.

欲反死孟勝於荊

田襄子止之 遂反死之.

묵자의 제자들은 장자莊子(BC 369~289?)가 활동하던 전국 중기에는 3파로 분열된 것 같다. 어느 종교에서나 마찬가지로 장소나 시대에 따라 현실에서 살아남기 위해 교의의 순수성이나 정치적 현실에 적응하는 문제로 분파가 생기기 마련이다. 묵가 3파는 묵자 본연의 가르침을 지키려는 순수파, 현실에 영합하려는 반동파, 그리고 이들을 절충하려는 절충파 등이다.

『묵자』라는 책이 상·중·하로 나누어진 것은 이 3파의 글을 모은 것이기 때문이다. 대체로 상편을 순수파, 중편을 절충파, 하편을 반동파의 글이라고 본다.

예컨대 「천지天志」 하편에서 천제를 천자에 비유한 글과, 「상현尙賢」 중편과 하편에서 전쟁을 긍정하는 글은 묵자의 뜻을 왜곡한 반동파의 글이라고 본다. 그리고 「비명非命」 중편은 삼표론三表論에 대해 언급하지 않았고, 하편은 삼표론 제2표의 '백성들의 이목'을 '선왕들의 글'로 바꾸어버린 것은 절충파 내지 반동파의 왜곡이 분명하다.

한비자韓非子/현학顯學

묵자가 죽은 후로

상리相里가 이끄는 묵가가 있었고

상부相夫가 이끄는 묵가가 있었고

등릉鄧陵이 이끄는 묵가가 있었다.

그러므로 공묵 이후 유가는 여덟 개로 분열했고

묵가는 삼파로 분열했다.

自墨子之死也

有相里氏之墨

有相夫氏之墨

有鄧陵氏之墨.

故孔墨之後 儒分爲八

墨離爲三.

장자莊子/잡편雜篇/천하天下

이들은 서로 상대방에 대해 묵자를 배반한 별묵別墨이라 하고

단단한 것(堅)과 흰 것(白)이 같은가 다른가의 궤변으로

相謂別墨

以堅白同異之辯

서로 비난했다.

흩어지고 모이며 짝이 맞지 않는 말로 서로를 공격하며

자기네들의 거자를 성인이라 하고,

모두 묵가의 종주가 되고

후계자를 차지하려고 해서 지금까지 해결이 나지 않았다.

相訾.[25]

以觭偶不仵[26]之辭相應[27]

以巨子爲聖人

皆願爲之尸[28]

冀得爲其後世 只今不決.

25_ 訾(자)=毁也.

26_ 仵(오)=偶敵也.

27_ 應(응)=擊也.

28_ 尸(시)=主也, 神象也.

공자의 인仁은 극기克己였으나 묵자의 겸애는 극기가 아니다. 겸애는 애기愛己를 부정하지 않고 그 안에 포함시킨다. 묵자는 의義를 이로움(利)으로 보았으므로 극기를 말하지 않았다. 이것이 공묵이 다른 가장 중요한 특색이다.

2장 보수와 진보의 쌍벽

천하가 공묵에 기울다

묵가墨家는 춘추전국시대 제자백가 중에서 유가儒家와 쌍벽을 이루는 학파였다. 회남淮南 왕 유안劉安이 기원전 122년 『회남자淮南子』를 지을 때까지도 묵가들이 활발하게 활동한 듯하다. 그런데 사마천이 『사기』를 쓸 때는 묵가를 찾아볼 수 없었다고 한다. 이런 정황으로 볼 때 묵가는 기원전 1세기경에 동중서董仲舒(BC 170?~120?)가 유교를 국교로 삼으면서(BC 136) 전멸했다는 주장은 신빙성이 있다. 아래 예문에서 확인할 수 있는 것처럼 회남 왕 유안이 한漢 무제武帝(재위 BC 141~87)에게 역적으로 몰려 죽은 해인 기원전 122년 이후부터 묵가들의 활동이 사라진 것으로 보는 것이 타당한 것 같다.

그리고 맹자孟子(BC 372?~289?), 순자荀子(BC 298?~238?), 한비韓非(BC 280?~233) 등 유가와 법가들의 책에서 거론하긴 했지만, 묵자의 어록을 적은 책은 이름만 전해질 뿐 없어졌던 것이다. 그러다 2천여 년이 지난 1783년 천만다행으로 도가들의 경전 속에서 어록이 발견됐다. 그러므로 일반인들은 물론 한문학자들까지도 묵자에 대해 잘 알지 못한다.

맹자孟子/등문공滕文公 하

양자楊子(楊朱)와 묵자의 말이 가득하여	楊朱墨翟之言盈天下
천하의 언론은 양자로 돌아가지 않으면 묵자로 돌아간다.	天下之言不歸楊則歸墨.

장자莊子/잡편雜篇/도척盜跖

자장子張이 말했다.	子張曰
"공자(仲尼)와 묵자(墨翟)는 궁하기로는 필부에 지나지 않지만	仲尼墨翟 窮爲匹夫.
지금 재상에게	今謂宰相曰
'그대는 공자와 묵자와 같다'고 말한다면	子行如仲尼墨翟
그는 안색을 바꾸며	則變容易色
'나는 그분들과 비교하면 부족한 사람'이라고 말할 것이다.	稱不足者
선비들이 진실로 그들을 귀하게 여기기 때문이다."	士誠貴也.

한비자韓非子/현학顯學

세상에 훌륭한 학문은 유가와 묵가들이다.	世之顯學儒墨也.
공묵孔墨은 다 같이 요순堯舜을 말하지만	孔墨俱道堯舜
취하고 버리는 것이 같지 않다.	而取捨不同
모두 스스로 진짜 요순이라고 말하니	皆自謂眞堯舜
요순이 다시 살아나지 않는 한	堯舜不復生
공묵 중 누가 진짜 옳은지 어찌 밝힐 것인가?	將誰使定孔墨之誠乎.

열자列子/황제黃帝

혜앙惠盎이 송宋나라 강왕康王을 알현했는데

강왕은 발을 구르고 헛기침을 하며 빠른 말로 말했다.

"과인은 용감하고 힘 있는 자를 좋아하오.

인의仁義를 말하는 자는 내 싫어하는 바이오.

손님은 무엇으로 과인을 가르치겠소?"

(혜앙이 말했다.) "신에게 한 가지 도가 있습니다.

천하 만민으로 하여금

당신을 사랑하고 이롭게 하지 않을 수 없게 만드는 것입니다.

이것은 현명하기로 말한다면 용감하고 힘 있는 것보다

네 배 이상일 것입니다.

대왕께서는 유독 그럴 의향이 없습니까?"

강왕이 말했다. "이것은 과인도 얻기를 바라는 바이오."

혜앙이 말했다. "공자와 묵자가 바로 그런 분입니다.

공자와 묵자는 땅이 없어도 군주였으며

벼슬이 없어도 관장이었습니다.

천하의 남녀노소 모두가

목을 빼고 발돋움을 하며

그들을 편안하고 이롭게 해주고자 소원했습니다."

강왕이 아무런 반응이 없자 혜앙은 달아나듯 물러 나왔다.

이윽고 강왕이 신하들에게 말했다.

"과연 변론가로다! 손님은 나를 설복시켰구나."

惠盎見宋康王

康王蹀足響欬 疾言曰

寡人之所說者 勇有力也.

不說爲仁義者也.

客將何以敎寡人.

臣有道於此

使天下丈夫女子

莫不驩然皆欲愛利之.

此其賢於勇有力也

四累之上也.

大王獨無意邪.

宋王曰 此寡人之所欲得也.

惠盎對曰 孔墨是已.

孔丘墨翟 無地而爲君

無官而爲長.

天下丈夫女子

莫不延頸擧踵

而願安利之.

宋王無以應 惠盎趨而出.

宋王謂左右曰

辯矣 客之以說服寡人也.

한비자韓非子/팔설八說

양자와 묵자는 천하의 밝은 학문으로써

난세를 종식시키려 했지만 끝내 해결하지 못했다.

楊朱墨翟 天下之所謂察也.

干世亂而卒不決.

아쉽게도 그것이 정책으로 채택되지 못했기 때문이다.　　　　雖察 而不可以爲官職之令.

여불위[1]

여씨춘추呂氏春秋/권25/사순론似順論/유도有度

공자와 묵자의 제자들과 무리들이 천하에 가득했다.　　　　孔墨弟子徒屬充滿天下.

여씨춘추呂氏春秋/권2/중춘기仲春紀/당염當染

공자와 묵자의 후학 중에는　　　　　　　　　　　　孔墨之後學

천하에 이름을 날리고 영달한 사람이 많아　　　　　顯榮於天下者衆矣

그 수를 셀 수 없을 정도다.　　　　　　　　　　不可勝數.

이들은 모두 '물들인 것'이 합당했기 때문이다.　　皆所染者得當也.

회남자淮南子/주술훈主術訓

열 아름의 나무는 천균의 집을 지탱하고　　　　　　　是故十圍之木 持千鈞之屋

다섯 치의 자물쇠는 문을 열고 닫게 한다.　　　　　　五寸之鍵 制開闔之門

어쩌면 그것은 재능의 크고 작은 것으로 족한 것이 아니라　豈其材之巨小足哉

처한 곳이 중요한 것인지도 모른다.　　　　　　　　　所居要也.

공자와 묵자는 선왕의 도술을 닦고　　　　　　　　　孔丘墨翟脩先王之術

육예의 이론을 통달하여　　　　　　　　　　　　　通六藝之論

입으로는 선왕의 말을 하고 몸으로는 성왕의 뜻을 실천했다.　口道其言 身行其志

그들의 뜻을 사모하고 기풍을 따르며　　　　　　　　慕義從風

복역한 자는 수십 인에 불과했으나　　　　　　　　　而爲之服役者 不過數十人

그들의 도는 천자의 지위를 누렸고　　　　　　　　　使居天子之位

천하를 유·묵에 기울게 했다.　　　　　　　　　　則天下徧爲儒墨矣.

1_ 呂不韋, ?~BC 235.

염철론鹽鐵論/제8/조착晁錯

지난날 회남淮南 왕과 형산衡山 왕 형제는 학문을 수양하고	日者淮南衡山修文學
천하의 선비들을 초빙했는데	招四方遊士
산둥山東의 유가와 묵가들이	山東儒墨
장화이江淮로 모여들어 강론했다.	咸聚於江淮之間
그리고 그 강론을 모아 수십 편의 책(『회남자』)을 저술했다.	講義集論 著書數十篇
그러나 끝내는 의를 배반하고 반역을 도모하여	然卒於背義謀叛逆
종족이 주륙을 당했다.	誅及宗族.

묵가들의 유가 비판

유가의 지혜가 어찌 갓난아기보다 낫겠는가? 묵자는 보수적인 유가들을 혹독하게 비판했다. 묵자는 사민四民 중에서 선비 계급과 농민 계급의 다음 차례인 공민工民 계급이었으며 유명한 과학자요, 기술자였다. 그런 그에게 유가는 합리적이고 과학적인 사고도 없이 옛것만을 지키려는 어리석은 자들로 보였을 것이다. 그래서 맹자는 묵자와 양자楊子(BC 440?~360?)를 타도하지 않으면 공자의 도道가 설 수 없다고 공언한 바 있다. 이로 비추어볼 때 유교가 국교가 되자 묵가를 멸절시키려 했고, 이에 묵가들은 자취를 감추었을 것으로 짐작된다.

이처럼 묵가들은 천민이나 다름없는 노동자계급이면서 엄정한 논리로 유사 계급을 비난했으므로 중용의 덕과 온화함을 숭상하는 중국 문명에서 이질적 존재가 되었

2_ 桓寬, 漢 宣帝(재위 BC 74~49) 때 사람으로 字는 次公.

던 것이다.

묵자墨子/공맹公孟

공맹자가 묵자에게 물었다.

"옛 성왕의 차례 짓는 법은

최고의 성인은 천자가 되고

그다음 성인은 경대부가 되게 했습니다.

지금 공자는 『시경詩經』·『서경書經』을 잘 알고

예악에 밝으며 만사를 상세히 압니다.

만약 공자가 성왕에 합당하다면

어찌 공자가 천자가 되지 말라는 법이 있습니까?"

묵자가 말했다.

"대저 지혜로움이란 반드시 하느님을 존숭하고 귀신을 섬기며

인민을 사랑하고 소비 생활을 절도 있게 검약하는

네 가지를 갖추어야 하는 것입니다.

지금 당신은 말하기를

공자는 『시경』·『서경』에 해박하고

예악에 밝으며 만사를 깊이 안다고 하면서

천자가 되어야 할 분이라고 했습니다.

이는 남의 장부를 보고

자기가 부자라고 착각하는 것입니다.

…옛날 삼대 폭군인

걸·주·유·려는 음악을 성대하게 하면서

인민을 돌보지 않아

결국 제 몸이 찢기는 죽음의 형벌을 당했던 것이며

나라는 망하고 후사도 끊겼으니

公孟子謂子墨子曰

昔者聖王之列也

上聖立爲天子

其次立爲卿大夫.

今孔子博於詩書

察於禮樂 詳於萬物

若使孔子當聖王

則豈不以孔子爲天子哉

子墨子曰

夫知者 必尊天事鬼

愛人節用

合焉爲知矣.

今子曰

孔子博於詩書

察於禮樂 詳於萬物

而曰 可以爲天子.

是數人之齒

而以爲富.

…古者三代暴王

桀紂幽厲 薾爲聲樂

不顧其民

是以身爲刑僇

國爲虛戻者

모두 그대와 같은 유가들의 이런 도리를 따랐기 때문입니다.　皆從此道也.

…그러므로 유가들의 지혜를　…然則儒者之知

어찌 어린아이의 지혜보다 더 어질다고 하겠습니까?"　豈有以賢於嬰兒子哉.

**군주는
가치의 표준이 아니다**

묵자가 하늘(天)을 강조한 것은 가치의 표준으로서 필요했기 때문이다. 묵자 당시 지배계급들에게 하늘은 천명론, 즉 왕권신수설의 주체였으므로 천자天子만이 하늘제사를 주관할 수 있었다. 그러므로 하늘은 천자와 귀족 등 지배계급의 특권을 담보해 주는 수호신이었다.

그러나 묵자는 본래 하늘은 천자에게 천명을 내리는 하늘이 아니라 겸兼과 애愛의 표상이며 민중을 위한 해방신이라고 주장했다. 그러므로 가치의 표준은 천자, 군주, 관리, 부모가 아니라는 것이다. 이것은 공자의 천명天命과 종법 질서와 그것을 지지하는 주례周禮와 군사부일체론君師父一體論을 거부하는 혁명적인 주장이었다.

묵자墨子/천지天志 상

하늘은 무엇을 바라고 무엇을 싫어하는가?　然則天亦何欲何惡

하늘은 의로움을 바라고 불의를 싫어한다.　天欲義而惡不義.

그래서 천하 백성을 이끌고　然則率天下之百姓

의로움을 힘쓰면　以從事於義

곧 내가 하늘이 바라는 것을 하는 것이다.　則我乃爲天之所欲也.

내가 하늘이 바라는 것을 하면　我爲天之欲

하늘도 역시 내가 바라는 것을 해주신다.　天亦爲我所欲.

묵자墨子/천지天志 중

의로움은 어리석고 천한 자로부터 나오지 않고　義不從愚且賤者出

반드시 고귀하고 지혜로운 자로부터 나온다.

…그러면 누가 고귀하며 누가 지혜로운가?

하늘만이 고귀하고 하늘만이 지혜로울 뿐이다.

그러므로 의로움은 결국 하늘로부터 나오는 것이다.

…그러나 지금 하늘은 천하를 평등하게 아울러

그들을 사랑하고

만물을 서로서로 자라게 하여, 이롭게 하고 있다.

털끝 하나라도 하늘의 하심이 아닌 것은 없으며

백성들은 그것을 얻어 이롭게 되는 것인즉

참으로 크다 할 것이다.

必自貴且知者出.

…然則 孰爲貴 孰爲知

曰 天爲貴天爲知而已矣.

然則 義果自天出矣.

…今夫天兼天下

而愛之

撽遂萬物以利之

若豪之末 非天之所爲也

而民得而利之

則可謂否矣.

묵자墨子/법의法儀

그러므로 부모와 스승과 군주는

다스리는 법도로 삼을 수 없는 것이다.

그러면 무엇으로 다스리는 법도로 삼아야 옳은가?

예부터 이르기를

하느님을 법도로 삼는 것보다 더 좋은 것은 없다.

하느님의 도는 넓고 사사로움이 없으며

베풂은 크지만 덕이라 자랑하지 않고

밝음은 영원하여 쇠함이 없다.

그러므로 성왕은 하늘을 법도로 삼았다.

하늘을 법도로 삼는다면 모든 행실과 다스림은

반드시 하늘을 표준으로 헤아릴 것이다.

그래서 하늘이 바라면 그것을 하고

하늘이 바라지 않으면 금지했다.

故父母學君三者

莫可以爲治法.

然則奚以爲治法而可.

故曰

莫若法天.

天之行廣而無私.

其施厚而不德.

其明久而不衰.

故聖王法之.

旣以天爲法 動作有爲

必度於天.

天之所欲則爲之.

天所不欲則止.

**공자의 학문은
민중을 도울 수 없다**

묵자는 평등주의자이며 대동大同사회를 지향했으므로 노예
제적 종법 질서와 소강小康사회를 지향하는 주례周禮에 찬성
할 수 없었다. 그러나 예禮 자체를 반대한 것이 아니라 주례
에 대한 묵수墨守를 반대했다. 그는 예를 상대방에 대한 공경이라고 정의했지만, 그
경敬이란 것이 높은 자에게는 공평하지만, 천민에게는 직분에 얽매이게 하는 것에 불
과하다는 것을 예리하게 지적했다. 특히 묵자는 옛날 주周나라의 노예제로 돌아가자
는 공자의 가르침은 민중의 이익에 반하는 것으로 판단했다. 그러므로 그는 새것을
지어내야 한다고 생각했다. 그러기 위해서는 옛것이 필요하지만 주례만이 아니라 하
례夏禮를 참고할 것을 주장했다.

묵자墨子/비유非儒 하

공자가 제나라로 가서 경공을 알현했다.	孔某之齊 見景公.
경공은 그를 이계尼谿의 땅에 봉하려고	景公說 欲封之以尼谿.
안자晏子에게 상의했다.	以告晏子.
안자는 반대하며 말했다.	晏子曰 不可.
"…공자는 용모를 성대하게 하고	…孔某盛容
꾸미는 것을 공경하여 세상을 속이고	修飾以蠱世
악기와 노래와 춤으로 무리를 모으며	弦歌鼓舞 以聚徒
오르고 내리는 예를 번거롭게 하여 위의를 보이고	繁登降之禮 以示儀
허리를 굽히고 엄숙하게 걷는 예절을 힘써	務趨翔之節
백성들에게 보여주고 있습니다.	以觀衆.
그들의 유학은 아무리 박학해도	儒學
세상살이를 의논하는 것이 아니며	不可使議世
노심초사하여 백성들을 돕자는 것이 아닙니다.	勞思不可以補民.
…결국 그들은 사설을 번거롭게 꾸며 세상과 임금을 속이고	…繁飾邪術 以營世君.
성대하게 음악을 꾸며	盛爲聲樂

어리석은 백성을 게으르고 음탕하게 하고 있으니　　　　以淫遇民.

그들의 도는 세상에 내세울 것이 못 되고　　　　　　其道不可以期世

그들의 학문은 대중을 인도할 수 없습니다."　　　　　其學不可以導衆.

회남자淮南子/요략要略

묵자는 본래 유자儒者의 직업을 배우고　　　　　　墨子·學儒者之業

공자의 학술을 이어받았으나　　　　　　　　　　受孔子之術

그들의 예가 번잡하다고 생각했고　　　　　　　　以爲其禮煩擾

후한 장례와 재물의 낭비로　　　　　　　　　　而不悅厚葬靡財

백성을 가난하게 하고 생명을 상하고 생업을 해치는 것을　而貧民復傷生而害事

좋지 않게 생각하여 주나라 제도를(周禮)를 버리고　　故背周道

하나라 제도를(夏禮)를 수용했다.　　　　　　　　而用夏政.

우임금 때 천하의 대홍수를 만나　　　　　　　　禹之時天下大水

임금이 몸소 백성을 위해 삼태기를 들고 앞장섰다.　　禹身執虆垂以爲民先

그로부터 재물을 절용하고　　　　　　　　　　故絕財

간소한 장례와 간소한 복장의 기풍이 생긴 것이다.　　薄葬閑服生焉.

묵자墨子/공맹公孟

묵자가 정자에게 말했다.　　　　　　　　　　子·墨子謂程子 曰

"유가들의 도는　　　　　　　　　　　　　儒之道

족히 천하를 해치는 네 가지 정치가 있다.　　　　足以喪天下者 四政焉

첫째, 유가들은 하느님을 밝지 않다고 말하고　　　儒以天爲不明

귀신을 신령스럽지 않다고 말한다.　　　　　　　以鬼爲不神

그래서 하늘과 귀신을 기쁘게 하지 않으니　　　　天鬼不說

이것이 족히 천하를 해친다.　　　　　　　　　此足以喪天下.

둘째, 후한 장례와 오랜 상례이니　　　　　　　又厚葬久喪

관곽을 겹으로 하고 수의를 많이 하여	重爲棺槨 多爲衣衾
죽은 사람 보내는 것을 산 사람이 이사 가듯이 하여	送死若徙
삼 년 동안 곡을 하며 복을 입어	三年哭泣
상주는 부축해야 일어나고 지팡이를 짚어야 다닐 수 있으며	扶後起 杖後行
귀는 들리지 않고 눈은 보이지 않을 정도니	耳無聞 目無見
이것이 족히 천하를 해치는 것이다.	此足以喪天下.
셋째, 노래와 악기와 춤을 추며 음악으로 생업을 삼으니	又弦歌鼓舞 習爲聲樂
이것이 족히 천하를 해친다.	此足以喪天下.
넷째, 운명이 있다고 하여 가난하고 부유한 것,	又以命爲有 貧富壽夭
오래 살고 일찍 죽는 것, 다스려지고 어지러운 것 등이	治亂安危
모두 미리 정해진 것이므로	有極矣.
사람의 노력으로는 한 치도 덜고 더할 수 없다고 함으로써,	不可損益也.
윗사람으로 하여금 운명을 믿게 하니	爲上者行之
반드시 다스림에 힘쓰지 않고,	必不聽治矣
아랫사람에게 운명을 믿게 하니	爲下者行之
반드시 열심히 일에 종사하지 않는다.	必不從事矣
이것이 족히 천하를 해치고 있다."	此足以喪天下.

장님은 흑백을 가릴 줄 모른다

유가들의 최종 목표는 군자가 되는 것이다. 군자란 대부 이상의 관리를 지칭한다. 그러므로 유사들은 군자 준비생들인 셈이다. 오늘날의 고시 준비생들과 유사하다. 묵자는 이러한 군자 내지 군자 지망생들을 혹독하게 비판한다. 그들은 작은 것은 알지만 큰 것을 모르며, 검은 것과 흰 것에 대해 말은 하지만 그것을 섞어놓으면 선택할 줄 모르는 장님과 같다고 비판한다. 즉 유가들은 옛것만을 모조건 따를 뿐 인식론도 가치론도 없는 맹목이라고 비판한 것이다.

묵자墨子/천지天志 하

천하가 어지러운 까닭은
무엇 때문이라고 말할 수 있을까?
이것은 천하의 선비와 군자들이
모두 작은 것에는 밝으나 큰 것은 밝지 못하기 때문이다.

天下之所以亂者
其說將何哉.
則是天下士君子
皆明於小 而不明於大.

묵자墨子/비공非攻 상

지금 작은 불의를 보고는 그것을 비난하다가
정작 남의 나라를 공격하는 더 큰 불의를 보고는
비난하기는커녕
도리어 칭송하고 좇으며 의로움이라 말하고 있다.
이들이 정말 정의와 불의를 분별한다고 말할 수 있겠는가?
이것으로 볼 때 오늘날 천하의 군자들은
정의와 불의를 분별하지 못하고
혼란에 빠져 있음을 알 수 있다.

今小爲非 則知而非之
大爲非攻國
則不知非
從而譽之 謂之義.
此可謂知義與不義之辯乎.
是以知天下之君子也
辯義與不義之
亂也.

묵자墨子/귀의貴義

오늘날 천하 군자들이 말하는 '인仁'이라는 명칭은
우임금과 탕임금도 그것을 바꿀 수 없을 것이다.
그러나 어짊과 어질지 못한 것을 함께 섞어놓고
그것을 천하 군자들로 하여금 분별하여 선택하라 하면
알지 못할 것이다.
그러므로 내가
천하의 군자들이 어짊을 모른다고 말한 것은
그것의 명칭을 말하는 것이 아니고 선택을 말하는 것이다.

今天下之君子之名仁也
雖禹湯無以易之.
兼仁與不仁
而使天下之君子取焉
不能知也
故我曰.
天下之君子不知仁者
非以其名也 亦以其取也.

묵자墨子/비공非攻 하

오늘날까지 천하가 한가지로 의롭다고 하는 것은   今天下之所同意者
성왕의 법도다.   聖王之法也
오늘날 천하 제후들은 거의 대부분   今天下之諸侯 將猶多
모두가 전쟁과 병탄에 힘쓰면서   皆免攻伐幷兼
이것을 의로운 일이라고 이름으로 기리지만   則是有譽義之名
그 진실을 살피지 못하고 있다.   而不察其實也.
비유컨대 눈먼 봉사도   此譬猶盲者之
남들과 똑같이 검고 희다는 이름을 말할 수 있지만   與人同命白墨之名
사실은 그 물건의 색깔을 분별할 수 없는 것과 같다.   而不能分其物也.

묵자墨子/천지天志 상

지금 천하의 선비와 군자들의 책은   今天下之士君子之書
다 기록할 수 없을 만큼 많고   不可勝載
사군자의 이론은 셀 수 없을 만큼 많다.   言語不可盡計.
위로는 제후를 설복하고 아래로는 선비를 설복하지만   上說諸侯 下說列士.
그것은 어짊과 의로움에 너무도 어긋난다.   其於仁義 則大相遠也.
무엇으로 그것을 아는가?   何以知之
나는 하늘의 밝은 법도를 가지고 그것을 재기 때문이다.   曰 我得天下之明法以度之.

묵자墨子/비공非攻 중

옛말에 이르기를 '군자는 물을 거울로 삼지 않고   古者有語曰 君子不鏡於水
사람을 거울로 삼는다'고 했다.   而鏡於人
물을 거울로 삼으면 얼굴 모습을 볼 수 있으나   鏡於水 見面之容
사람을 거울로 삼으면(역사를 거울로 삼으면)   鏡於人
사람의 길흉을 알 수 있는 것이다.   則知吉與凶.

또한 유가들은 노동을 싫어하여 천민의 노동에 의지하지 않으면 살아갈 수 없는 퇴화된 인간으로 전락한다. 그래서 군자는 굶어 죽고, 얼어 죽어도 스스로의 힘으로는 해결할 수 없는 존재가 되었다고 말한다. 묵자의 이러한 발견은 실로 독일의 헤겔Georg Hegel(1770~1831)이 발견한 '노예변증법'의 선구였던 것이다.

묵자墨子/비유非儒 하

또한 그들은 예와 음악을 번거롭게 꾸며	且夫繁飾禮樂
인민을 방탕하게 만들며,	以淫人
오랜 복상과 거짓 슬픔으로 죽은 부모를 속이고	久喪僞哀以謾親.
운명을 내세우며 게으르고 가난하면서도 고고한 척하며	立命緩貧 而高浩居
생산 활동을 천시하고 오만하고 안일을 탐한다.	倍本棄事而安怠傲
먹고 마시는 것은 탐내면서도 노동은 싫어하여	貪於飮食 惰於作務
헐벗고 굶주려 굶어 죽고, 얼어 죽어도	陷於飢寒 危於凍餒
거기서 벗어날 길이 없다(노예변증법).	無以違之.
이것은 거지와 같으니	是若乞人
들쥐처럼 훔쳐 감추고, 숫양처럼 눈을 번뜩이고	鼶鼠藏 而羝羊視
멧돼지처럼 달려든다.	賁彘起.

묵자墨子/수신修身

참된 군자는 힘써 일하여 날마다 분발하고	故君子力事日彊
이상理想을 향하여 날마다 정진하며	願欲日逾
정중하고 공경한 품행을 날마다 닦아나간다.	設壯日盛
군자의 도는 가난할 때는 청렴을 보여주고	君子之道也 貧則見廉
부할 때는 의로움을 보여주고	富則見義
살았을 때는 사랑을 보여주고	生則見愛

죽었을 때는 슬픔을 보여주는 것이다.　　　　　　　死則見哀

이 네 가지 행실은 헛된 거짓으로 되는 것이 아니며　四行者不可虛假

자기 자신을 먼저 반성해야 한다.　　　　　　　　反之身者也.

**유가는 두드려야
울리는 종인가?**

군자들은 높은 종각에 걸려 있는 종처럼 누군가가 때리면 울리고 그렇지 않으면 조용히 있는 것을 덕으로 삼는다. 그러므로 나라에 도道가 있으면 몸이 도를 따라 나아가 섬기며 그 대가로 밥을 얻어먹고, 나라에 도가 없으면 몸은 도를 따라 밥을 버리고 그곳을 떠나야 한다. 주인이 부르면 나아가고 부르지 않으면 부를 때까지 음풍농월하면서 신선 노릇을 하는 것이 그들의 이상이었다.

　그러나 묵자는 유가와는 반대로 도가 없는 곳을 찾아가 도를 펴는 것이 하느님의 뜻을 따르는 것이라고 생각했다. 그는 침략을 획책하는 도가 없는 나라를 찾아가 목숨을 걸고 전쟁 중지를 요구했다. 그리고 전쟁이 일어나면 제자들을 이끌고 모든 사람들이 피난을 가는 침략받는 나라로 찾아가 방어 임무를 스스로 담당했다. 그는 도가 있는 나라를 찾아가 일자리를 달라고 구걸하지 않았다. 오히려 그는 한 고을을 떼어 주겠다고 초청해도 특권 계급이 되지 않겠다고 거절했다.

묵자墨子/공맹公孟

유가인 공맹자가 묵자에게 말했다.　　　　　　　公孟子 謂子墨子曰

"군자는 팔짱을 끼고 기다리다가　　　　　　　君子共己以待

묻거든 대답하고 묻지 않으면 가만히 있어야 합니다.　問焉則言 不問焉則止.

비유컨대 종과 같아서　　　　　　　　　　　　譬若鍾然

두드리면 울리고 두드리지 않으면 울지 않는 것입니다."　扣則鳴 不扣則不鳴.

묵자가 반박하며 말했다.　　　　　　　　　　　子墨子曰.

"…만약 대인이 나라와 가문을 다스림이 간악하여　　…若大人行淫暴於國家

나서서 간언을 하면 불손하다고 꾸짖고

좌우를 통하여 간언을 올리면

쓸데없이 논의만 분분하게 한다고 비난한다면

이런 경우 군자들은 머뭇거리는 것입니다.

그러나 만약 대인들이 정사를 다스림에

장차 나라와 가문에 곤경을 초래하여

마치 쇠뇌가 발사되려는 찰나처럼 위급한 지경이라면

군자가 그것을 알았다면 반드시 간언을 해야 합니다.

이것이 결국 대인에게도 이익이 될 것입니다.

이것이 두드리지 않아도 울어야 하는 경우입니다.

…방금 그대는 두드리지도 않았는데 나에게 말했습니다.

이것은 그대가 말한 '두드리지 않아도 운 것'에 해당하며

그렇다면 그대는 군자가 아닌 것입니다."

進而諫 則謂之不遜

因左右而獻諫

則謂之言議

此君子之所疑惑也.

若大人爲政

將因於國家之難

譬若機之將發也然

君子知之 必以諫

然而大人之利

若此者 雖不扣 必鳴者也.

…今未有扣子而言

是子之謂不扣而鳴邪.

是子之所謂非君子邪.

묵자墨子/귀의貴義

묵자가 노魯나라로부터 제齊나라에 들러

친구를 방문했더니 그 친구가 묵자에게 말했다.

"오늘날 천하에는 의義를 행하는 사람이 없는데

자네는 홀로 괴로움을 무릅쓰고 의로움을 행하고 있네.

이제는 자네도 그만두게나!"

묵자가 말했다.

"지금 여기에 한 사람이 있는데

자식이 열 명이나 되어

한 사람이 농사를 지어 아홉 식구를 부양해야 할 처지라면

그는 농사일을 더욱 힘쓰지 않으면 안 될 처지가 아닌가?

왜냐하면 식구는 많은데

子墨子 自魯卽齊

過故人. 謂子墨子曰.

今天下莫爲義

子獨自若而爲義

子不若已.

子墨子曰

今有人於此

有子十人

一人耕而九人處

則耕者不可以不益急矣.

何故 則食者衆

농사꾼은 적기 때문이네.							而耕者寡也.

오늘날 천하에는 의를 행하는 이가 없으니					今天下莫爲義

자네는 마땅히 내게 더욱 힘써 의를 행하기를 권면해야 하거늘		則子如勸我者也

어째서 나를 말리는가?"							何故止我.

공자의 인애는 신분차별적이다

**묵자의 사랑은
공자의 사랑과 다르다**
공자와 묵자는 다 같이 사랑을 말하지만 그 내용은 전혀 다
르다. 공자는 근친애近親愛이며 묵자는 이웃사랑이다. 공자
는 혈연 공동체를 지향했고 묵자는 인류 공동체를 지향했기

때문이다. 묵자의 가르침을 한마디로 말하면 '천하무인天下無人'이다. 이는 혈연을 초

월한다. 그래서 맹자는 묵자를 아비 없는 놈이라고 비난했던 것이다.

묵자墨子/대취大取

성인은 아들로서 부모에 대한 섬김을 다할 수도 없다.			聖人不得爲子之事.[3]

성인의 법은 어버이가 죽으면 잊고					聖人之法 死亡親

천하를 위하는 것이 천하의 어버이를 후대하는 분별이다.			爲天下也. 厚親分也.

이미 죽으면 곧 그를 잊고						以死亡之.

제 몸을 다하여 천하의 이익을 일으켜야 하기 때문이다.			體渴興利.

천하 인민에게 후하게 할 뿐 박하게 하지 않으니				有厚而毋薄

도리와 차서는								倫列之

3_ 事(사)=奉也, 役使也, 職事也.

이익을 일으키고 결국 자기를 위하는 길이다.   興利爲己.

유가들이 말하는 성인이 기르고 강조한 것은   聖人之拊濆⁴也
인仁일 뿐 이利와 애愛는 없었다.   仁而無利愛.
이利와 애愛는 지혜로써 추구하고 염려하는 데서 생긴다.   利愛生於慮.
성인의 염려는 오늘 묵자의 염려가 아니었다.   昔者之慮也 非今日之慮⁵也
옛 성인의 애인愛人은   昔者之愛人也
오늘날 묵자가 말하는 애인은 아니다.   非今之愛人也.
그들이 노비를 사랑하는 것은 애인이지만   愛獲之愛人也
그것은 노비의 이로움을 고려해서 생긴 것이다.   生於慮獲之利.
노예의 이로움을 고려하지 않고   非慮臧之利也.
남자 노예를 사랑했다면 진정한 애인이며   而愛臧之愛人也
여자 노비를 사랑했다면 진정한 애인이다.   乃愛獲之愛人也.
묵자는 노예에 대한 사랑을 버려 천하가 이롭다 해도   去其愛而天下利
그 사랑을 버릴 수 없었던 것이다.   弗能去也.

**묵자의 겸애는
부처의 자비와 같다**

묵자는 평등한 사랑(兼愛)을 주장하고, 공자의 인仁을 체애體愛, 즉 차별적인 사랑(別愛)이라고 비판한다. 겸兼이란 아우름과 평등을 의미하며, 그 반대는 개별의 체體와 차별의 별別이다. 공자의 인은 개인의 혈연에 대한 사랑을 말하지만 묵자의 겸애는 혈연적 신분관계를 초월한 공동체 안에서 인간 각자의 주체에 대한 관심에서 비롯한다. 주목되는 것은 평등한 사랑(兼愛)을 부처님의 자비와 같은 것이라고 말하고 있다는 점이다.

4_ 拊濆(부육)=성인이 기르고 강조한 것. 拊=摩也, 求也, 慮也. 濆=淯의 錯簡. 淯=育의 古文.
5_ 慮(려)=求也, 謀也.

묵자墨子/경경經·경설經說 상/상

어짊. 개별적인 사랑이다.

어짊은 자기를 사랑하는 것(自己愛)이지만

자기를 이용利用하기 위한 것이 아니다.

말을 사랑하는 것과는 다르다.

仁. 體愛也.

仁. 愛己者

非爲用己也

不若愛馬.

묵자墨子/대취大取

친애함이 크면 후하게 대하고

친애함이 작으면 박하게 대한다고 한다.

그러나 친애하는 사람을 후대하는 것은 좋은 일이지만

친애함이 적다고 박하게 하는 것은 좋은 일이 아니다.

의리상 가까운 사람에게 후하게 한다는 것은

평등하게 하는 것이 아니고

좋아하는 사람에게 편파적으로 대하는 것이다.

親厚厚

親薄薄.

親至[6]

薄不至

義厚親

不稱行

而類[7]行

무릇 도술을 배운 사람이 사람을 사랑하는 방법은

삼천대천세계를 사랑하는 것이나

사바세계를 사랑하는 것이나 다 같다.

묵자가 말한 두루 평등한 사랑도 이와 같다.

상세를 사랑하는 것이나 후세를 사랑하는 것이나

금세를 사랑하는 것과 하나처럼 같다.

사람의 귀신은 사람이 아니지만

형의 귀신은 형이라고 부른다.

凡學愛人

愛衆衆世

與愛寡世相若

兼愛之有相若.

愛尙世與愛後世

一若今之世.

人之鬼 非人也

兄之鬼 兄也

6_ 至(지)=善也.

7_ 類(류)=偏頗也.

(귀신이고 사람이고 간에)

천하가 두루 이로운 것은 모두 기뻐하는 것이다.	天下之利驩
성인은 사랑만 있을 뿐 이利는 없다고 하는 것은	聖人有愛而無利
유가들의 말이거나	倪曰之言也
외계인과 신선이나 하는 말이다.	乃客[8]之言也
천하에 남이란 없다!	天下無人
이것이 묵자의 말이다. 오직 이것뿐이다.	子墨子之言也 猶在耳也.

묵자墨子/소취小取

사람을 사랑한다는 것은	愛人
모든 사람을 두루 사랑한 연후에야 사람을 사랑한 것이다.	待周愛人而後爲愛人
그러나 사람을 사랑하지 않는다는 것은	不愛人
모든 사람을 두루 사랑하지 않기를 기다릴 필요가 없다.	不待周不愛人
한 사람을 사랑하지 않았어도	不周愛
사람을 사랑하지 않은 것이라고 말할 수 있다.	因爲不愛人矣.

　묵자의 '겸애兼愛'는 '애愛'라는 점에서는 부처의 자비와 같지만, '겸兼'은 묵자만의 독특한 의미를 내포하고 있다. 묵자는 겸의 부분인 체體를 잣대의 눈금으로 비유했다. 눈금이 없으면 자(尺)는 성립될 수 없지만 그렇다고 눈금만으로는 자가 될 수 없다. 유기체로 말하면 세포와 같다고 할 수 있다. 유기체는 세포 없이는 존재할 수 없지만 세포가 자기만 알면 유기체의 생명을 파괴하는 암세포가 되는 것과 같다. 묵자는 겸의 부분인 '체'를 단端으로 비유했는데 그 단을 두 가지로 설명하고 있다. 하나는 '점'으로, 하나는 '원자'로 설명한다. '점'은 서로 포용하면 소진되어 버리지만 '길이'는 서로 포용하면 소진되지 않으며, '원자'는 서로 포용하면 소진되지 않고 개

8_ 客(객)=外之人.

체성을 유지한다.

  우리는 이를 겸과 체 즉 공동체와 개인으로 환원할 수 있을 것이다. 공동체와 개인의 관계 설정은 마르크스Karl Marx(1818~1883)의 문제였고 21세기에도 고심하는 문제로 남아 있다. 마르크스는 개개인이 소외되지 않는 '유적 존재(Gattungswesen)'를 실현하는 공동체를 공산사회라고 말한 바 있다(이 책 7장의 '서양의 공동체론' 중 '마르크스의 공산사회' 참조). 즉 공동체는 그 성원인 개인들이 소외되지 않는 것을 조건으로 결속되어야 한다. 묵자가 소망했던 겸애 공동체도 개체가 공동체로 환원 흡수되어 소진되지 않고 도리어 개성을 유지 발현하는 연합체였던 것이다. 이 점에서 마르크스의 '유적 존재'와 맥을 같이 한다고 볼 수 있다.

묵자墨子/경經·경설經說 상/상

개체. 전체를 나눈 것이다.	體. 分於兼也.
개체라는 것은 비롯된 싹이다.	體. 體也 若有端
마치 둘 중에 하나 또는 길이에 있어서 점과 같은 것이다.	若二之一. 一尺之端也.

묵자墨子/경經·경설經說 상/하

점. 개체가 공간이 없는 것이다.	端. 體之無序
겸兼을 극단까지 나누고 나누었기 때문이다.	而最前者也.
점. 이것은 합동될 수 없다.	端. 是無同也.

묵자墨子/경經·경설經說 하/하

원자原子. 반으로 나눌 수 없고, 쪼갤 수 없는 것은	非半弗斫
움직이지 않는 것이다(부피가 없을 때까지 쪼갠 것).	則不動
원자에 대하여 말하는 것이다.	說在端.
쪼개서 절반이 될 수 없는 것.	非斫半
계속 쪼개나가면 처음 비롯됨을 얻는다.	進前取也

끝까지 쪼개나가면 중심이 남을 것이며	前則中
이것은 다시 반으로 나눌 수 없는 것이다.	無爲半
점과 같은 것이다.	猶端也
끝까지 쪼갠 후에야 얻는 것이므로 점 자체가 중심이다.	前後取 則端中也.
쪼개면 반드시 반으로 나뉘는 것인데	斮必半
아마도 반쪽으로 나눌 수 없으면 쪼갤 수도 없는 것이다.	毋與非半 不可斮也.

묵자墨子/경經·경설經說 상/하

포용. 서로 합치되는 것이다.	攖. 相得也.
포용. 길이와 길이가 포용하면	攖. 尺與尺
서로 이어질 뿐 소진되지 않는다.	俱不盡
점과 점이 포용하면 모두 소진되어 버린다.	端與端 俱盡
길이와 점이 포용하면	尺與端
점은 소진되고 길이는 소진되지 않는다.	或盡 或不盡.
단단한 것과 흰 것이 포용하면 포괄하여 서로를 소진시킨다.	堅白之攖 相盡
개체끼리 포괄하면 서로 소진되지 않는다.	體攖 不相盡.

**인은 극기지만
겸애는 이기를 포함한다**

공자의 인仁은 극기克己였으나 묵자의 겸애는 극기가 아니다. 겸애는 애기愛己를 부정하지 않고 그 안에 포함시킨다. 묵자는 의義를 이로움(利)으로 보았으므로 극기를 말하지 않았다. 이것이 공묵이 다른 가장 중요한 특색이다.

묵자墨子/대취大取

사재私財를 저장하는 것은 자기 자신을 사랑하는 것이지만	臧之愛己
자기와 인민을 동시에 사랑하는 것이 아니다.	非爲愛己之人也.

남에게 후한 것은 자기를 버리는 것이 아니다.　　　　厚人不外己.

사랑은 후하고 박한 것이 없다.　　　　　　　　　　愛無厚薄

자기 자신만을 내세우면 어진 이가 아니다.　　　　　舉⁹己 非賢也.

의는 이로운 것이며 불의는 해로운 것이다.　　　　　義 利. 不義 害.

뜻은 인민을 이롭게 한 공적으로 분별해야 한다.　　志 功爲辯.

**평등한 사랑은
공동체의 필수조건**
유가들은 평등한 사랑이란 인정상 불가능하다고 말한다. 이에 대해 묵자는 평등한 사랑(겸애)은 인간이 공동체를 이루며 살아가기 위해서는 불가피한 조건이며 불가능한 것도 아니라고 주장한다.

묵자墨子/경주耕柱

유가인 무마자가 묵자에게 말했다.　　　　　　　　巫馬子謂子墨子曰

"저는 선생과는 의견이 다릅니다.　　　　　　　　　我與子異

저는 두루 평등하게 사랑할 수 없습니다.　　　　　　我不能兼愛

저는 월越나라 사람보다 이웃 추鄒나라 사람을 더 사랑하며　　我愛鄒人於越人

추나라 사람보다는 제 나라 노魯나라 사람을 더욱 사랑하며　　愛魯人於鄒人

노나라 사람보다는 제 마을 사람을 더욱 사랑하며　　愛我鄉人於魯人

제 고장 사람보다는 제 집안사람을 더욱 사랑하며　　愛我家人於鄉人

제 집안사람보다는 제 부모를 더욱 사랑하며　　愛我親於我家人

세 부모보다는 제 자신을 더욱 사랑합니다.　　愛我身於吾親

제 자신을 제일 친근하게 여기기 때문입니다.　　以爲近我也.

왜냐하면 제가 맞으면 아프지만　　　　　　　　擊我則疾

9_ 舉(거)=擎也.

그들이 맞으면 저는 아프지 않습니다.　　　　　　　　　　　擊彼則不疾於我

제가 어찌 아픈 저를 돕지 않고　　　　　　　　　　　　　　我何故疾者之不拂

아프지도 않은 그들을 도울 수 있겠습니까?　　　　　　　　　而不疾者之拂.

그러므로 저는 남을 희생시켜 저를 이롭게 할 수는 있어도　故我有殺彼以利我

저를 희생하여 남을 이롭게 할 수는 없습니다."　　　　　　無殺我以利彼.

…묵자가 말했다.　　　　　　　　　　　　　　　　　　　…子墨子曰

"그렇다면 어떤 사람이 그대의 뜻에 동조하여 행동한다면　然則一人說子

그 사람은 자기에게 이롭다면 그대를 죽이려 할 것이다.　　一人欲殺子以利己

…또한 천하가 모두 그대의 뜻을 따라 행동한다면　　　　…天下說子

천하 인민이 모두 그대를 죽여서라도　　　　　　　　　　天下欲殺子

자기들의 이익만을 도모할 것이다.　　　　　　　　　　　以利己.

한편, 어떤 사람이 그대의 뜻에 동조하지 않는다면　　　　一人不說子

그들도 그대를 죽이려 할 것이다.　　　　　　　　　　　一人欲殺子

왜냐하면 그대는 이익을 위해서는 남을 죽이는　　　　　　以子爲施

상서롭지 못한 말을 하는 자라고 생각할 것이기 때문이다.　不祥言者也

…천하가 그대의 뜻에 동조하지 않는다면　　　　　　　　…天下不說子

천하 인민이 그대를 없애려 할 것이니,　　　　　　　　　天下欲殺子

그대를 불길한 말을 행하는 자라고 여기기 때문이다.　　　以子爲施不祥言者也.

결국 그대의 뜻을 따르는 자도 그대를 죽이려 할 것이고　　說子亦欲殺子

반대하여 따르지 않는 자도 그대를 죽이려 할 것이므로　　不說子亦欲殺子

이를 일러 '자기 목을 조르는 것은 자기 입'이라는 것이니　是所謂經者口也

죽음이 늘 그대의 몸에 이를 것이다."　　　　　　　　　　殺常之身者也.

이처럼 겸애兼愛는 각 개인에 대한 평등한 사랑, 공동체적인 사랑, 모든 사람에 대한 보편적인 사랑을 의미한다. 그런데 궤변론자들은 무궁한 사람을 모두 아우를 수 없는 것이며, 따라서 모두를 다 사랑한다는 것은 허구이며, 알지도 못하는 사람을 사랑한다는 것은 거짓이라고 비판한다. 이에 대해 묵가들은 다음과 같이 답변한다.

잃어버린 아들을 더욱 사랑하듯 모르는 사람도 사랑할 수 있다

묵자墨子/경經·경설經說 하/하

무궁하다는 것은 아우름(兼)을 방해하지 않는다.	無窮不害兼
가득한가 가득하지 않은가에 대해 말한 것이다.	說在盈否.
무궁.	無
남방南方이 유궁(끝이 있음)하다면 다함(盡)이 있을 것이며	南方有窮則可盡
무궁(끝이 없음)하다면 다함이 없을 것이나	無窮則不可盡.
끝이 있는지 없는지는 알 수 없다.	有窮無窮 未可智
그런즉 다함이 있는지 없는지도 알 수 없으며,	則可盡不可盡 未可智.
그 속에 사람이 가득한지 그렇지 않은지도 알 수 없다.	人之盈之否 未可智
따라서 사람이 반드시 다함이 있는지 없는지도	而必人之可盡不可盡
알 수 없다.	亦未可智
그러므로 사람이 반드시 모두를 사랑할 수 없다는 말도	而必人之不可盡愛也
도리에 어긋난다.	誖.
만약 사람이 무궁한 우주에 가득 차지 않았다면	人若不盈無窮
사람은 유궁(끝이 있는 것)한 것이다.	則人有窮也.
따라서 유궁한 사람을 모두 사랑하는 것도 무난할 것이다.	盡愛有窮無難.
또한 만약 무궁한 우주에 사람이 가득 찼다면	盈無窮
무궁한 우주도 다함이 있는 것이다.	則無窮盡也
따라서 무궁한 사람을 모두 사랑하는 것도 무난할 것이다.	盡愛無窮無難.

묵자墨子/경經·경설經說 하/하

사람의 수는 모르지만	不知其數
그것이 다함이 있는 것만은 알 수 있다.	而知其盡也.
밝게 비추어주는 하느님에 대하여 말하는 것이다.	說在明者.
그 수를 모르면서	不知其數
백성들을 모두 사랑하는 것을 어떻게 아는가?	惡知愛民之盡也.
어떤 사람이 그가 비추어준 것을 잊었지만	或者遺乎其明也.
사람들을 모두 비추었다면 그들을 모두 사랑한 것이다.	盡明人 則盡愛其所明.
만약 그 숫자를 모른다 해도	若不智其數
모두를 사랑했음을 아는 것은 불가능하지 않다.	而智愛之盡也 無難.

묵자墨子/경經 하/하

그가 있는 곳을 몰라도	不知其所處
그를 사랑하는 것을 방해하지 못한다.	而不害愛之.
잃어버린 아이를 사랑하는 것에 대해 말하는 것이다.	說在喪子者.

인은 안, 의는 밖이라는 주장은 잘못이다

묵자는 겸애兼愛를 공자의 인仁과 대립시켰다. 예컨대 묵자는 관자管子(?~BC 645)의 인내의외설仁內義外說을 부정했다. 후에 맹자는 인내의외설을 지지하고, 공자의 혈연적 체애體愛 즉 별애別愛 하나만이 존재할 뿐, 묵자의 겸애는 허구라고 보았다. 그러나 공맹의 도통道統을 이은 한유韓愈(768~824)는 양립해야 한다고 본 것 같다. 그리고 『사기』의 「태사공자서太史公自序」에서도 공묵의 차이를 크게 보지 않은 것 같다.

묵자墨子/경經·경설經說 하/하

인仁은 마음(內)이요, 의義는 행동(外)이라 하지만	仁義之爲內外也

이는 망언이다.　　　　　　　　　　　　　　　　　　　　　　內.

얼굴을 안과 밖으로 나누는 것에 대해 말한 것이다.　　　說在仵顏.

인仁은 애愛요, 의義는 이利다.　　　　　　　　　　　仁愛也 義利也.

사랑과 이로움은 나의 마음이요,　　　　　　　　　　愛利此也.

사랑한 것과 이롭게 한 것은 너에 대한 행동이다.　　　所愛所利 彼也

사랑(愛)과 이로움(利)은 서로 안과 밖이 될 수 없으며　愛利不相爲內外

사랑한 것(所愛)과 이롭게 한 것(所利)도　　　　　　　所愛所利

역시 서로 안과 밖이 될 수 없다.　　　　　　　　　　亦不相爲外內.

유가들이 말하는 인내의외설仁內義外說은　　　　　　其爲仁內也 義外也.

사랑하는 마음과 이로운 것을 말한 것에 불과할 뿐,　　擧[10]愛與所利也

이것은 망언이다.　　　　　　　　　　　　　　　　　是狂擧也

오른쪽 눈으로 들어가 왼쪽 눈으로 나온다는 말과 같다.　若左目出 右目入.[11]

관자管子/권10/계戒

인仁은 내부로부터 나오고 의義는 외부에서 나온다.　　　仁從中出 義從外作.

인하기 때문에 천하를 자신의 이익을 위해 사용하지 않으며　仁故不以天下爲利.

의롭기 때문에 천하를 자기의 명성을 위해 사용하지 않는다.　義故不以天下爲名.

맹자孟子/고자告子 상

고자가 말했다.　　　　　　　　　　　　　　　　　　告子曰

"먹고 싶고 여자를 좋아하는 것은 천성이니　　　　　　食色性也

인仁은 안(주관적)이고 밖(객관적)이 아니다.　　　　　仁內也 非外也.

의義는 객관적이고 주관적이 아니다."　　　　　　　　義外也 非內也.

10_ 擧(거)=言也.

11_ '인내의외설'을 부정한 이 문장은 맹자를 비판하기 위해 후기 묵가들이 첨가한 것일 수도 있다.

인은 사람의 마음이며, 의는 사람의 길이다.	仁 人心也. 義 人路也.
길을 버리고 따르지 않으며	舍其路而弗由
마음을 버리고 찾지 않으니 슬픈 일이다.	放其心而不知求 哀哉.
학문의 도리는 다른 것이 아니라	學問之道無他
잃어버린 마음을 찾는 것일 뿐이다.	求其放心而已矣.

맹자孟子/등문공滕文公 상

이자夷子가 말했다.	夷子曰
"유가의 도道는	儒者之道
옛사람들이 이르기를 '갓난아이 돌보는 것과 같다'고 했는데	古之人若保赤子.
이 말은 무슨 뜻일까요?	此言何謂也.
지극하면 사랑은 차등이 없으나	之[12]則以爲愛無差等
베풀기는 가까운 데서부터 시작하라는 뜻이 아닐까요?"	施由親始.
맹자가 말했다.	孟子曰
"이夷 선생은 진실로	夫夷子信以爲
사람이 자기 형의 아들 사랑하기를	人之親其兄之子
자기 아기를 사랑하는 것과 같게 할 수 있다고 생각한 것 같다.	爲若親其人之赤子乎.
갓난아기가 우물 속으로 기어 들어가는 것은	赤子匍匐將入井
갓난아기의 죄가 아니다.	非赤子之罪也.
이는 천지가 만물을 낳음에 그것을 한 뿌리로 했는데	此天地生物也 使之一本
이 선생은 두 뿌리라고 생각하기 때문이다."	而夷子二本故也.[13]

12_ 之(지)=是也, 若也, 至也.

13_ 맹자는 묵자가 體愛와 兼愛를 구분하는 것을 반대한다. 맹자는 어버이 사랑이 밖으로 표현되면 이웃과 군주에 대한 사랑이 된다는 것이다. 즉 겸애도 체애의 확장에 불과한 것이므로 둘이 아니고 하나라는 것이다.

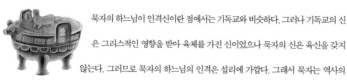

묵자의 하느님이 인격신이란 점에서는 기독교와 비슷하다. 그러나 기독교의 신은 그리스적인 영향을 받아 육체를 가진 신이었으나 묵자의 신은 육신을 갖지 않는다. 그러므로 묵자의 하느님의 인격은 섭리에 가깝다. 그래서 묵자는 역사의 주체는 신이 아니고 인간 자신이라고 주장한 것이다. 즉 역사에 있어서는 하느님은 민중과 별도의 인격을 갖지 않고 민중의 뜻이 바로 하느님의 인격이었다.

동양의 하느님

조선 고기의 하느님

인류의 상고시대는 동서양이 대체로 같지만 특히 동양에서는 일찍이 일월성신, 풍우뇌전, 산천초목 등 자연의 위력에 공포감과 경외감을 품고 자연현상의 배후에는 영혼, 즉 신이 있어 인간의 운명을 좌우한다고 믿고 제사 의식을 공동체의 중요한 행사로 지켜왔다. 이와 같은 자연 신앙의 범신론으로부터 발전하여 다신多神을 지배하는 상신上神인 천제 또는 상제로 발전한 것이다.

묵자墨子/명귀明鬼 하

묵자가 말했다.

子墨子曰

옛날이나 지금이나 귀신이란 다른 것이 아니다.　　　　　　　古之今之爲鬼 非他也
하늘에 귀신이 있고, 산과 물에 귀신이 있고　　　　　　　　有天鬼 亦有山水鬼神者
사람이 죽으면 귀신이 된다.　　　　　　　　　　　　　　　亦有人死而爲鬼者.

　한편 부족들이 서로 쟁탈하면서 자기 부족의 정체성을 지키기 위하여 부족신을 자기의 조상신으로 모시기 시작한다. 그러나 부족들이 모여 국가를 만들면서 모든 부족들이 공통으로 모실 수 있도록 부족신보다도 상위의 신을 발명해 낸다. 예컨대 수렵이나 유목 민족은 천신天神을, 어렵이나 농경 민족은 수신水神을 자기의 조상신으로 삼는 경우가 그것이다. 천신하강天神下降 신화와 난생설화卵生說話는 이때 만들어진 것으로 추정할 수 있을 것이다. 조선의 '단군신화'나 주周나라의 '후직신화'는 자기 조상이 하느님의 아들(天子)이라는 천신하강 신화이며, 농경사회에 널리 퍼진 용신龍神은 난생설화의 유산이다.

　우리의 고기古記에 의하면 한님(桓因)이 백산白山에 내려와 불을 일으켜 음식을 익혀 먹도록 가르치고 한국(桓國)을 열었으며, 뒤를 이어 한웅(桓雄)이 백산 천평天坪의 청구靑邱 땅에 우물을 팠는데 이곳에 도읍하여 신시神市라 부르고 배달국倍達國을 열었고, 이때 천신 한님에게 제사를 드렸으며 천부인天符印을 가지고 곡식·질병·형벌 등 오사를 주관하고 세상에 임하여 이치로 교화하고 인간세상을 널리 이롭게 했다(在世理化 弘益人間). 여기서 '개천開天'이라 함은 하늘과 교통한다는 뜻으로 '천제天祭'를 의미한다. 오늘날 우리의 '개천절'은 처음으로 하늘에 제사를 지낸 것을 기념하는 '제천절祭天節'인 셈이다.

단군신화

한단고기桓壇古記/삼성기三聖記 상

우리 한(桓)의 건국은 세상에서 가장 오랜 옛날이었다.　　　　吾桓建國最古
북극 시베리아의 하늘에 한 신神이 있었는데　　　　　　　　有一神在斯白力之天
홀로 조화하는 신이시라　　　　　　　　　　　　　　　　獨化之神.

밝은 빛은 온 우주를 비추고, 큰 교화는 만물을 낳았다.　　　　　　光明照宇宙 權化生萬物.

어느 날 동남동녀 팔백 인이　　　　　　　　　　　　　　　　　日降童女童男八白

흑수黑水 백산白山에 내려왔는데　　　　　　　　　　　　　　　　於黑水白山之地

이에 한님은 이들 무리를 감독하시며　　　　　　　　　　　　　　於是桓因亦以監群

천계에 계시면서　　　　　　　　　　　　　　　　　　　　　　　居于天界.

돌을 쳐 불을 일으켜 음식을 익혀 먹는 법을 가르치셨다.　　　　　培石發火 始教熟食

이를 하느님 나라(桓國)라 하고　　　　　　　　　　　　　　　　謂之桓國

그분을 천제天帝 한님이라 불렀다.　　　　　　　　　　　　　　是謂天帝桓因氏

또한 안파견安巴堅이라고 부르기도 했다.　　　　　　　　　　　　亦稱安巴堅也.

한님은 일곱 대를 전했는데 그 연대는 알 수 없다.　　　　　　　傳七世 年代不可考也.

뒤에 한웅씨가 계속하여 일어나　　　　　　　　　　　　　　　後桓雄氏繼興

하느님의 뜻을 받들어　　　　　　　　　　　　　　　　　　　奉天神之詔

백산과 흑수 사이에 내려왔다.　　　　　　　　　　　　　　　　降于白山黑水之間.

천평天坪에 우물을 파고　　　　　　　　　　　　　　　　　　　鑿子井女井於天坪

청구靑丘에 밭을 일구었으며　　　　　　　　　　　　　　　　　劃井地於靑邱.

하늘의 징표를 지니시고 오행을 주관하시며　　　　　　　　　　持天符印主五事

세상을 다스리고 교화하시니 인간을 크게 유익하게 했다.　　　　在世理化 弘益人間.

이에 신시神市에 도읍을 세우고 나라를 배달倍達이라 부르고,　　立都神市 國稱倍達

삼칠三七일을 택하여 하느님에게 제사했다.　　　　　　　　　　擇三七日祭天神

뒤에 신인神人 왕검王儉이　　　　　　　　　　　　　　　　　　後神人王儉

불함산不咸山 박달나무 터에 내려오셨다.　　　　　　　　　　　降到于不咸之山檀木之墟.

그는 신의 덕과 성인의 어짊을 함께 갖추었으므로　　　　　　　其至神之德 兼聖之仁.

능히 천명을 받들어 하늘의 뜻을 이었으니　　　　　　　　　　乃能承詔繼天.

나라를 세우려는 뜻이 높고 열렬했다.　　　　　　　　　　　　而建極巍蕩惟烈.

이에 구한(九桓)의 백성들이 그에게 심복하여	九桓之民 咸悅誠服
천제天帝의 화신으로 추대하고 제왕으로 모셨다.	推爲天帝化身而帝之.
그가 곧 단군왕검으로	是謂檀君王儉.
신시의 오랜 법통을 되찾고,	復神市舊規.
서울을 아사달阿斯達에 설치하여 나라를 열고	設都阿斯達開國
조선朝鮮이라 했다.	號朝鮮.

삼국유사三國遺事/기이紀異 1/고조선古朝鮮

고기古記에 이르기를	古記云
옛날 한님(帝釋을 칭함)의 나라가 있었는데,	昔有桓國 謂帝釋也
그의 서자 한웅이 천하에 뜻을 펴고자	庶子桓雄 數意天下
인간세상을 찾았다.	貪求人世.
아들의 뜻을 안 제석帝釋은 삼위태백三危太伯을 내려다보니	父知子意 下視三危太伯
가히 인간을 널리 이롭게 할 수 있는 땅이었다.	可以弘益人間
이에 천부인 세 개를 주어 내려가 다스리게 했다.	乃授天符印三箇 遣往理之.
한웅은 무리 삼천을 이끌고	雄率徒三千
태백산 신단수 아래로 내려와	降於太伯山頂神壇樹下
신시라 불렀으니	謂之神市.
이분이 바로 한웅 천왕이시다.	是謂桓雄天王也.

신시 말기에 황제 헌원씨가 반란을 일으켜 염제 신농씨의 나라를 차지하자 청구의 치우 천황이 즉시 탁록涿鹿으로 쳐들어가 황제黃帝를 사로잡아 신하로 삼았다는 기록이 있다(『한단고기桓檀古記』「삼성기三聖記」상).

이런 점으로 미루어보면 고대 황허黃河와 랴오허遼河를 중심으로 강남 강북에서 어렵·농경민족과 수렵·유목민족이 각축했고, 조상신이 각각 다르고 숭배하는 동물신이 각각 다른 부족들이 천제天帝 신앙을 공유함으로써 부족국가로 통합할 수 있는 고리가 되었던 것이다. 그러므로 인류적 보편신인 천신天神에 대한 제사는 국가의 존립을 위한 중요한 통치 수단이었던 것이다.

　동양 고대사를 보면 대체로 수렵·유목 계통의 북방계인 동이東夷 조선족이 어렵·농업 계통의 남방족인 한족漢族을 문화적으로 지배했다고 추측된다. 여기서 한족이라고 말하는 것은 중국 민족이란 이 지구상에 존재하지 않는다는 것을 암시하기 위한 것이다. 오늘날 중국은 다민족 국가로 20세기에 쑨원孫文(1866~1925)이 처음으로 건국한 것이다. 그러므로 고대사에 중국이란 나라는 존재하지 않는다. 다만 편의상 그렇게 부를 뿐이다.

　학자에 따라서는 수인燧人씨·복희伏羲씨·신농神農씨 등 삼황三皇은 모두 한웅 천황의 신시 단국壇國 후예들이며, 소호少昊·전욱顓頊·제곡帝嚳·당요唐堯·우순虞舜 등 오제五帝와 우임금·탕임금도 모두 동이 조선의 단군왕검이었다고 주장한다. 단군은 제사장을 칭하고 왕검은 통치자를 칭한다.

　그들은 오늘날 중국인이 자기들의 역사상 최초의 임금으로 알고 있는 황제 헌원씨가 동이족인 동방 청구국의 자부 선생에게서 삼황의 비전(三皇內文)을 받아 만신을 마음대로 부리는 지배자가 되었다는 『포박자抱朴子』의 기록이나, 동이족의 단군 치우 천황과 황허 남쪽의 탁록에서 전쟁을 하여 승리함으로써 서쪽의 지배자가 되었다는 『사기』의 기록으로 볼 때 황제 헌원씨는 동이족의 한 부족장이었음이 분명하다고 주장한다.

　또 어떤 학자는 『산해경山海經』과 『열자列子』의 기록을 들어 황제 소호와 전욱이 백두산 천지에서 태어났고 이들이 모두 동이족의 단군이라고 주장한다.

　특히 순임금이 동이족이라는 『맹자』의 기록에 대해 학계의 반론을 보지 못했다. 『맹자』의 기록이 사실이라면 순의 조상인 황제 헌원씨도 동이족일 것이다.

　이처럼 『사기』의 기록과 『한단고기』의 기록은 승패는 정반대지만 사건의 윤곽은 대체적으로 일치하고 있다. 이상으로 미루어볼 때 고대에는 외래 유목족인 동이족이 토착 한족을 지배했다고 볼 수 있으며, 천제天帝에 대한 제사는 약 6천 년 전 부족사회로부터 시작된 동이족의 문화유산이라고 보아야 할 것이다. 그러므로 조선족은 6천 년 전부터 하느님을 믿고 예배를 드렸다고 볼 수 있다.

포박자抱朴子/내편內篇/지진地眞

옛날 황제 헌원씨가 동쪽으로 청구에 이르러 풍산을 지나다가
자부 선생을 알현하고 삼황이 지은 신비로운 글을 받았는데
이로써 만신을 마음대로 부릴 수 있었다.

昔黃帝東到靑丘 過風山
見紫府先生 受三皇內文
以勅召萬神.

사기史記/오제본기五帝本紀

황제 헌원씨는 염제 신농씨와 판전의 들판에서 전쟁을 했다.
전쟁이 있은 연후에 천자가 되려는 뜻을 이루었으나
단군 치우가 난을 일으켜 황제黃帝의 명을 따르지 않았다.
이에 황제는 군사와 제후들을 소집하여
단군 치우와 탁록의 들판에서 전쟁을 했다.
마침내 치우를 사로잡아 죽이자
제후들이 모두 헌원씨를 존숭하여
천자天子가 되어 신농씨를 이었다.

以與炎帝 戰於阪泉之野
戰然後得其志.
蚩尤作亂 不用帝命
於是黃帝 乃徵師諸侯
與蚩尤戰於涿鹿之野.
遂禽殺蚩尤
而諸侯咸尊軒轅
爲天子代神農氏.

산해경山海經/대황동경大荒東經

동해의 밖에 커다란 골짜기가 있는데 소호의 나라다.
소호 금천金天씨가 전욱을 여기서 키웠는데
이때 거문고와 비파를 버렸다.
감산甘山이 있는데 감수甘水가 여기서 나와
감연甘淵이란 큰 못을 이루었다.

東海之外有大壑 小昊之國
小昊孺顓頊于此
棄其琴瑟.
有甘山者 甘水出焉
生甘淵.

산해경山海經/해내동경海内東經

랴오허가 위고의 동쪽에서 나와

潦水出衛皐東

동남쪽으로 발해渤海에 흘러 들어간다.　　　　　　　　　　東南注渤海.

열자列子/탕문湯問

발해의 동쪽에　　　　　　　　　　　　　　　　　　　　渤海之東
몇억만 리인지 알 수 없는 큰 골짜기가 있다.　　　　　　　不知其幾億萬里 有大壑焉.
사실은 바닥이 없는 골짜기라　　　　　　　　　　　　　實惟無底之谷 其下無底
이름을 귀허歸墟라 한다.　　　　　　　　　　　　　　　名曰歸墟.
팔굉 구야의 물이　　　　　　　　　　　　　　　　　　八紘九野之水
은하로 흘러들지 않음이 없으나　　　　　　　　　　　　天漢之流 莫不注之
물이 불어나거나 줄어들지 않는다.　　　　　　　　　　　而無增減焉.

맹자孟子/이루離婁 하

순임금은 저풍諸馮에서 태어나서 부하負夏로 이사했다가　　舜生於諸馮 遷於負夏
명조鳴條에서 죽었는데, 동이東夷 사람이다.　　　　　　卒於鳴條 東夷之人也.

중국 고기의 하느님

　　하느님을 한문으로는 천제天帝라 한다. 천天과 제帝는 같은 하느님을 가리키지만, 천은 그 공용功用을, 제는 주재자임을 강조한 말이다.

　원래 천이라는 글자는 꼭대기라는 뜻이었다. 천은 더없이 높고 유일하고 크다는 것이다. 그리고 제라는 글자는 천의 한 명칭이며 살핀다는 뜻의 체諦의 뜻에서 유래됐다. 즉 천 혹은 천제는 꼭대기에서 천하를 두루 살피고 다스리는 것으로 이해된 것이다. 그리고 나라의 황제라는 이름도 하늘의 이름을 따서 지은 것이다. 그러므로 문자가 만들어지기 이전부터 천을 인격신으로 믿고 있었다는 것을 말해 주고 있다.

이아爾雅 소소疏[1]

제帝는 본래 하늘을 가리키는 이름인데

또한 왕자를 칭하게 되었다.

帝本天之號.

又爲王者之稱.

설문해자說文解字 주注

천天은 꼭대기라는 뜻이다.

지극히 높아 그보다 높은 것이 없으므로

'일一' 자와 '대大' 자를 따라 만든 글자다.

제帝는 살핀다는 뜻이다.

천하를 다스린다는 이름으로

상성上聲을 따라 글자를 만든 것이다.

天 顚也.

至高無上

從一大.

帝[2] 諦也

王天下之號

從上聲.

상서尙書 소소疏[3]

제帝라는 말은 천의 한 이름이다.

제라고 이름 붙인 까닭은 황제처럼 살핀다는 뜻이다.

하늘은 넓고 무심하여

사물과 나를 잊고 공평하고 멀리 통하여

일마다 잘 살피는 존재이므로 제帝라고 말한 것이다.

오제五帝의 도리도 이와 같아서 역시 능히 살피는 존재이므로

하늘의 이름을 취한 것이다.

言帝者天之一名.

所以名帝 帝者諦也.

言天蕩然無心

忘於物我 言公平通遠

擧事審諦 故謂之帝也.

五帝道同於此 亦能審諦

故取其名.

순임금 때 사서史書인 「우서虞書」에는 요임금이 (BC 2300년경) 희羲씨와 화和씨에게

1_ 郝懿行 著.

2_ 帝(제)=諟(審)也(廣雅/疏證).

3_ 孔穎達(574~648) 著. 공영달은 唐 經學家.

"흠약호천欽若昊天하고 일월성신을 관찰하여 달력을 만들어(曆象日月星辰) 사람들에게 농사의 때를 알려주어라(敬授人時)"라고 명했다는 기록이 보인다. 여기서 '흠약欽若'은 해석이 둘로 갈린다. 즉 약若을 순順으로 해석하면 '천제天帝를 경순敬順함'이 되어 호천昊天은 인격신이 되고, 여如로 읽으면 '삼가 하늘을 본받음'이 되어 호천은 원기 광대한 자연이 된다.

순임금의 어진 신하였던 고요皐陶는 (BC 2280년경) 하늘은 백성의 눈과 귀를 통해서만 보고 듣는다고 말했다. 그러므로 「우서」의 호천은 인격신 황천皇天의 의미로 사용된 것으로 해석하는 것이 옳다.

서경書經/우서虞書/고요모皐陶謨

하늘이 눈과 귀가 밝은 것은 백성의 눈과 귀가 밝은 때문이며   天聰明 自我民聰明

하늘의 밝은 위엄은 우리 백성의 밝게 살피는 위엄 때문이요,   天明畏 自我民明威

천지 상하가 통하는 것이니 땅을 다스리는 이는 공경할지어다.   達于上下 敬哉有土.

그런데 후대로 갈수록 하느님의 개념이 분화 발전한다. 주나라 때가 되면 하느님은 공용功用에 따라 천天 위에 글자를 붙여 여러 이름으로 호칭된다.

주례周禮/태종백太宗伯 소소疏

천天은 다섯 가지 이름이 있어   天有五號

각각 쓰임에 따라 마땅한 이름으로 호칭한다.   各用所宜稱之.

존귀하고 군주와 같다는 뜻으로는 황천皇天이라 하고   尊而君之則 曰皇天.

원기가 광대하다는 뜻으로는 호천昊天이라 하고   元氣廣大則 稱昊天.

백성을 불쌍히 여겨 감싸준다는 뜻으로는 민천旻天이라 하고 仁覆愍下則 稱旻天.

위에서 백성을 감시한다는 뜻으로는 상천上天이라 하고   自上監下則 稱上天.

멀고 푸르다는 뜻으로는 창천蒼天이라 호칭한다.   據遠視蒼蒼然則稱蒼天

등등.   云云.

또 『서경』의 기록에 의하면 우임금은 (BC 2220년경) 처음으로 천신의 주재성主宰性과 인격성을 직접 말하고 있다. 그는 삼묘족三苗族이 하늘을 공경하지 않고 백성을 돌보지 않아 하느님이 벌을 내렸으므로 주벌할 것을 선언한다. 다음은 우임금의 연설 내용이다.

서경書經/우서虞書/대우모大禹謨

우禹는 순임금의 명령을 받고 곧 뭇 제후들을 소집하고	禹乃會群后
군사들에게 훈시했다.	誓于師曰.
"여러 군사들이여! 나의 명령을 잘 들어라!	濟濟有衆 咸聽朕命.
준동하는 삼묘는 혼미하고, 불공하며, 남을 업신여기고	蠢茲有苗 昏迷不恭
오만하게 스스로 어질다 하나 도리에 반하고 덕을 잃었다.	侮慢自賢 反道敗德.
군자는 초야에 묻히고 소인배들이 자리를 차지하여	君子在野 小人在位
민중을 버리고 돌보지 않음으로 하늘이 재앙을 내리려 한다.	民棄不保 天降之咎.
그래서 나는 드디어 너희들 병사들과 함께	肆予以爾衆士
천자의 명을 받들어 그들의 죄를 묻고자 한다.	奉辭伐罪.
여러분은 일치단결하여 마음과 힘을 다해	爾尚一乃心力
적을 이겨 공을 세우라!"	其克有勳.

공자가 흠모한 주나라 때는 더욱 하늘의 인격성이 부각되던 시대였다. 주나라는 자기들의 시조인 후직后稷이 하느님의 성령으로 잉태한 사생아라는 신화를 가지고 있었다.

『시경』에 의하면 후직은 고신高辛씨의 아내인 강원姜嫄이 아들이 없어 하느님에게 제사를 올리니 감응하여 하느님의 발자국을 밟고 잉태했다고 한다. 사생아였으므로 핍박을 받아 길가에 버렸더니 소와 양이 젖을 먹이고, 숲 속에 버렸더니 목동이 돌봐주고, 얼음 위에 버렸더니 새들이 날개로 덮어주었다고 한다.

그러나 『사기』는 이 신화와는 다르게 기록하고 있다. 이에 의하면 한족의 시조는

황제黃帝인데 그 황제의 증손 제곡이 삼형제를 두었는데 요임금, 설契(은나라 시조),
후직(주나라 시조) 등 3형제를 낳았다고 기록하고 있다.

시경詩經/대아大雅/생민生民

맨 처음 주나라 시조를 낳으신 분은 바로 '강원'님이시라네!	厥初生民 時有姜嫄.
어떻게 낳으셨던가?	生民如何
정성껏 치성을 드려 자식을 빌었더니	克禋克祀 以弗[4]無子.
하느님 발자국을 밟고	履帝武[5]敏.[6]
큰 은총을 받아 잉태하시고	歆[7]攸介攸止 載震[8]載夙[9]
몰래 낳아 기르신 분이 바로 후직이시다.	載生載育 時維后稷.
이윽고 달이 차서 어린 양처럼 머리부터 나오니	誕[10]彌厥月. 先生如達.[11]
어미 몸을 찢지 않고, 태를 끊지 않고, 고통도 아픔도 없이	不坼不副 無菑無害.
성령으로 태어나셨으니 상제의 보살핌이 아닌가?	以赫[12]厥靈 上帝不寧
치성을 흠향하심이 아닌가? 아들을 순산했다네!	不康禋祀 居然生子.
낳자마자 거리에 버렸더니	誕置之隘巷.
소와 양이 젖을 주고	牛羊腓[13]字之.
숲에 버렸더니 벌목꾼이 나무를 베어 돌보아주고	誕置之平林. 會[14]伐平林.

4_ 弗(불)=祓.

5_ 武(무)=迹.

6_ 敏(민)=拇.

7_ 歆(흠)=動也.

8_ 震(진)=娠.

9_ 夙(숙)=肅.

10_ 誕(탄)=發語詞.

11_ 達(달)=小羊.

12_ 赫(혁)=顯.

13_ 腓(비)=避也, 芘(覆)也.

14_ 會(회)=値也.

찬 빙판에 버렸더니 새들이 날개를 펴 덮어주었네.   誕置之寒氷 鳥覆翼[15]之

새들이 날아가자 후직이 소리 내어 우는데   鳥乃去矣 后稷呱矣.

울음소리 우렁차서 온 길에 울려 퍼졌다네.   實覃[16]實訏 厥聲載[17]路.

또한 주周 무왕의 훈시를 보면 하느님은 인격신이라고 분명하게 언급하고 있다. 다음은 주 무왕의 연설문이다.

서경書經/주서周書/태서泰誓 상

천지天地는 만물의 부모요,   惟天地萬物父母.

사람은 만물의 영장이니   惟人萬物之靈.

진실로 총명해야 천자가 될 수 있고   亶聰明作元后

민중의 부모가 됩니다.   元后作民父母.

지금 상商나라 왕 수受는 위로 하늘을 공경하지 않음으로써   今商王受 不敬上天

아래로 백성에게 재앙을 내리게 하고 있습니다.   降災下民.

이것은 상나라의 죄가 넘쳐 하늘이 벌주라고 명하는 것입니다.   商罪貫盈 天命誅之

내가 하늘의 명을 따르지 않는다면   子不順天

나도 상나라 임금의 죄와 똑같이 천명을 어기는 것입니다.   厥罪惟鈞.

나는 하느님께 제사를 올리고   子小子 類于上帝

토지 신에게도 제사를 드려   宜于冢土

여러분과 함께 하늘의 벌을 내리기로 맹세했습니다.   以爾有衆 底天之罰.

하늘은 민중을 긍휼히 여기시니   天矜于民

민중이 하고자 하면 하늘은 반드시 따를 것입니다.   民之所欲 天必從之.

15_ 翼(익)=藉也.

16_ 覃(담)=長也.

17_ 載(재)=滿也.

그대들에게 바라노니 나를 도와
온 세상을 영원히 맑은 세상으로 만듭시다.
때는 왔습니다. 때를 놓치지 맙시다!

爾尙弼予一人
永淸四海.
時哉 不可失.

또 무왕은 무오일에 황허 북안에 진영을 구축했다. 여러 제후들은 군사를 이끌고 와서 합세했다. 무왕은 군사를 순시한 후 다음과 같이 훈시했다.

서경書經/주서周書/태서泰誓 중

오! 서방의 무리들이여!
지금 상나라 왕 수는 무도한 일에만 힘쓰고 있으니
음탕한 술주정과 방종한 포악을 일삼고 있습니다.
이에 무고한 사람들이 하늘에 울부짖고 있으니
하느님께서 그 추악한 행동을 알게 되었습니다.
하늘은 민중에게 은혜로우시니
임금은 하늘을 받들어야 합니다.
옛날 하나라 걸이 하늘의 뜻을 따르지 않고
이웃 나라에 해독만 끼치니
하늘은 탕임금에게 명을 내려
하나라의 천명을 끊어버렸습니다.
오! 상나라 임금 수의 죄는 포악했던 걸보다 더하니
하늘은 나로 하여금 그 민중을 보살피라 했으며,
내 꿈은 점과 일치하고 좋은 조짐이 겹치니
상나라를 치면 반드시 이길 것입니다.
하늘이 보는 것은 민중을 통하여 보는 것이며,

嗚呼 西土有衆.
今商王受力行無度
淫酗肆虐.
無辜籲[18]天
穢德彰聞.
惟天惠民
惟辟奉天.
有夏桀不克若天
有毒下國.
天乃佑命成湯
降黜夏命.
惟受罪浮于桀
天其以予乂民.
朕夢協朕卜 襲于休祥
戎商必克.
天視自我民視

18_ 籲(유)=부르짖다.

하늘이 듣는 것은 민중을 통하여 듣는 것입니다.	天聽自我民聽.
백관들에게 허물이 있으면 나에게 책임이 있습니다.	百姓[19]有過 在子一人
나는 반드시 정벌할 것입니다.	今朕必往.
오! 그대들은 한마음 한 행동으로 공을 세웁시다.	嗚呼 乃一德一心 立定厥功
승리하여 영원한 세상을 이룹시다.	惟克永世.

이 유명한 연설문에서 우리는 두 가지를 유념해야 한다.

첫째, 인간의 가치 기준은 하느님이라는 것이다. 인류 역사 수만 년을 걸쳐 찾아낸 보편개념인 하느님이라는 가치판단의 기준은 인류사에 획기적인 발전의 계기가 되었다는 점이다. 근대 이후 하느님을 버리고 그 대신 인간은 이성을 내세웠지만 지금도 여전히 하느님은 유효한 개념으로 남아 있다.

둘째는 무왕의 무력 행동은 임금이 신하를 임명하는 이른바 '상이하上而下'의 논리로 보면 분명히 반역反逆이지만 신하가 임금을 추대한다는 이른바 '하이상下而上'의 논리로 보면 순리順理다. 무왕은 하이상下而上의 논리를 내세워 자신의 정벌을 정당화하고 있다는 점이다. 그러므로 무왕의 이 연설은 민본주의 내지 후대론侯戴論(왕후를 추대함)을 말하고 있는 것이다.

공자의 하느님 신앙 공자 당시에는 제정일치 시대의 유습이 남아 있었고 왕권신수설인 천명론天命論이 국시國是와 다름없던 시대였다. 더구나 공자는 주례周禮의 부흥을 주장했으므로 천제天帝를 공경했고 산천의 신神들도 인정했다.

19_ 百姓(백성)=百官, 土豪. 민이 아니다.

논어論語/요왈堯曰 1

요임금이 말했다. "아! 그대 순舜이여!

하늘의 운수가 네 몸에 있으니 삼가 중中을 잡아라.

천하의 백성이 곤궁하면 하늘의 녹이 영영 끊어지리라."

순임금도 역시 우임금에게 이 말을 전했다.

堯曰 咨爾舜

天之曆數在爾躬 允執厥中

四海困窮 天祿永終.

舜亦以命禹.

논어論語/계씨季氏 8

군자에게는 세 가지 두려운 것이 있으니

천명天命을 두려워하라!

가문의 대인大人을 두려워하라!

성왕聖王의 말씀을 두려워하라!

君子有三畏

畏天命

畏大人

畏聖人之言.

논어論語/요왈堯曰 3

천명天命을 모르면 군자라 할 수 없고

예禮를 모르면 바르게 처신할 수 없고

말을 깨닫지 못하면 남을 알 수 없다.

不知命 無以爲君子也.

不知禮 無以立[20]也

不知言 無以知人也.[21]

그런데도 공자는 천제天帝와 신神에 대해 언급하려 하지 않았다. 어느 날 자공子貢 (BC 520?~456?)이 "사람이 죽으면 지각(영혼)이 있습니까?" 하고 물었을 때 공자는 다음과 같이 대답한다. "내가 만약 죽어도 지각이 있다고 말하면 사람이 죽는 것을 내버려둘까 걱정이고, 만약 지각이 없다고 말하면 장례도 치르지 않고 그냥 내버릴까 두렵다. 네가 정말 알고 싶다면 네가 죽은 후에 알아도 늦지 않을 것이다(『설원說苑』 「변물辨物」)."

20_ 立(입)=象人正立地上形. 成也(三十而立).

21_ 不知禮 則耳目無所加 手足無所措(朱注).

논어論語/술이述而 20

공자는 괴이한 힘이나 어지러운 귀신에 대해 말하지 않았다.　　子不語怪力亂神.

논어論語/자한子罕 1

공자는 이利·천명天命·인仁에 대해서 말하는 일이 드물었다.　　子罕言利與命與仁.

논어論語/공야장公冶長 12

자공이 말했다.　　　　　　　　　　　　　　　　　　子貢曰

"선생님께 학문에 대한 말씀은 들었지만　　　　　　夫子之文²²章 可得而聞也.

인간의 본성과 천도天道에 대해서는　　　　　　　　夫子之言性與天道

들은 적이 없다."　　　　　　　　　　　　　　　　不可得而聞也.

논어論語/선진先進 11

자로子路가 귀신 섬기는 일을 묻자 공자가 말했다.　　季路²³問事鬼神 子曰

"사람도 섬기지 못하면서 어찌 귀신을 섬길 수 있겠느냐?"　　未能事人 焉能事鬼.

자로가 죽음을 묻자 공자가 말했다.　　　　　　　　敢問死 曰

"삶도 모르면서 어찌 죽음을 알 수 있겠느냐?"　　　未知生 焉知死.

　　그래서인지 『논어』에서는 천天을 제帝로 표기한 곳이 없고 '천명天命'으로 쓰고 있다. 이로 볼 때 그의 태도는 완강하고 일관된 소신에 따른 의도적이었던 것인 모양이다. 그래서 학자들 사이에 논쟁거리가 되었다. 묵자는 이를 다음과 같이 비난했다.

22_ 文(문)=先王의 遺文=禮.

23_ 季路(계로)=子路.

묵자墨子/공맹公孟

공맹자는 말한다. "귀신은 없습니다."	公孟子曰. 無鬼神.
또 이른다.	又曰.
"군자는 제사 지내는 예절은 반드시 배워야 합니다."	君子必學祭禮
묵자가 말했다.	子墨子曰.
"귀신은 없다고 말하면서	執無鬼
귀신을 제사하는 예법을 배워야 한다고 주장하는 것은	而學祭禮
마치 손님은 없으나	是猶無客
손님 접대의 예절은 배워야 한다는 말과 같습니다.	而學客禮也
또 이것은 물고기는 없으나	是猶無魚
어망을 만들라고 하는 것과 같이 모순된 말입니다."	而爲魚罟也.

왜 이처럼 공자는 천제天祭에 대해서 모른다고 말하고, 천신天神 불가지론의 입장을 취했는가? 그것은 천제天祭에 대한 제사 문제는 천자와 제후들 간의 관계로서 재상도 함부로 말할 수 없는 중대한 문제이며 더구나 한낱 제후국의 대부 신분인 공자로서는 정치적으로 예민한 부분을 언급할 수 없었기 때문이었을 것이다.

또한 공자의 가장 중요한 특징은 명분론名分論이다. 공자가 말하는 군자는 자기 직위와 직책이 아니면 간여하거나 용훼하지 않아야 한다. 증자曾子(BC 506~436)는 한 걸음 더 나아가 군자는 그 생각이 자신의 지위를 벗어나지 말아야 한다고 했다. 그래서 혹자가 천제天祭에 대해 물었을 때도 공자는 모른다고 대답을 회피한 것이다.

그뿐 아니라 신이나 천도에 대해서는 말하거나 가르치지도 않았다. 그것은 공자가 유신론과 유물론에 대해 중립을 취하고 신神에 대한 불가지론을 폈기 때문이라고 생각된다. 공자 당시 춘추시대의 사상적 경향은 기존 가치 체계와 그 중심에 있는 천제天祭에 대한 회의가 팽배해 있었고 이러한 경향이 공자로 하여금 인본주의에 다가서는 자양이 되었을 것이다.

논어論語/팔일八佾 11

혹자가 대제大祭인 체禘의 뜻을 물었다.　　　　　　　　　或問禘之說.

공자가 말하기를 "나도 모른다.　　　　　　　　　　　　子曰 不知也.

그 뜻을 아는 사람은 천하를 다스리는 것이　　　　　　知其說者之 於²⁴天下也

이것을 보여주는 것과 같으리라!" 하면서 손바닥을 가리켰다.　其如示諸斯乎 指其掌.

중용中庸/19장

교郊(天神祭)와 사社(地神祭)의 예는　　　　　　　　　　郊社之禮

천제天帝와 지신地神을 섬기는 것이요,　　　　　　　　所以事上帝也.

종묘의 예는 선조를 제사하는 것이다.　　　　　　　　宗廟之禮 所以祀乎其先也.

교제와 사제의 예와 체禘와 상嘗의 뜻에 밝다면　　　　明乎郊社之禮 禘嘗²⁵之義

나라를 다스리는 것은 손바닥 들여다보듯 쉬우리라.　　治國其如示諸掌乎.

예기禮記/중니연거仲尼燕居

교제·사제의 뜻과 체·상의 예를 밝게 안다면　　　　　明乎郊社之義 禘嘗之禮

나라를 다스리기는 손가락질하고 손바닥 뒤집듯 쉬우리라.　治國其如指諸掌而已乎.

　공자는 천제天帝에 대한 신앙과 권위가 추락해 가는 난세인 전란 시대에 당시 가장 중대한 통치행위인 천제天祭와 조상신의 제사 등에 대해 어떤 정책적 대안을 가지고 있었는가?

　공자는 우임금에 대해 말하면서 "그는 귀신鬼神에게 효를 다했다"고 찬양한다. 그러나 번지樊遲가 지혜를 물었을 때 공자는 "백성의 도리를 힘쓰고 귀신을 공경하되 멀리하라(敬神而遠之)"고 말한다. 그런데 번지가 지혜를 묻자 '지인知人'이라고 대답한

24_ 於(어)=爲也.

25_ 嘗(상)=秋祭. 四時祭를 總稱함.

다. 즉 '경신敬神' 보다 '지인'이 우선이라는 뜻이다. 즉 경신敬神 원신遠神이 바로 공자의 종교관이었던 것이다.

논어論語/옹야雍也 20

번지가 지혜에 대해 물었다.	樊遲問知.
공자가 말했다. "민중의 뜻을 이루고자 힘쓰고	子曰 務民之義
귀신을 공경하되 멀리하면 가히 지혜롭다고 할 것이다."	敬鬼神而遠之 可謂知矣.

논어論語/팔일八佾 9

하夏나라 예禮에 대해서는 내가 말할 수는 있으나	夏禮 吾能言之.
하를 계승한 기杞나라는 그것을 밝히는 데 부족하다.	杞不足徵²⁶也.
은나라 예는 내가 말할 수는 있으나	殷禮 吾能言之.
은殷을 계승한 송宋나라는 그것을 밝히는 데 부족하다.	宋不足徵也.
문헌이 부족하기 때문이다.	文獻不足故也.
문헌만 충분하다면 내가 밝혀 보여줄 수 있다.	足則吾能徵之矣.

『논어』에서 언급한 '경신·원신'의 테제에 대해서는 『예기禮記』에서 그 이론적 근거를 자세히 설명하고 있다. '원신'은 두 가지 상반된 의미를 내포하고 있다.

첫째는 신神을 공경하되 인간을 우선하라는 인본주의를 말한 것이며, 둘째는 신을 공경하되 제후와 사대부는 물론이고 민중은 함부로 신을 가까이해서는 안 된다는 뜻이다. 공자에게 천天은 천자天子에게 천명天命을 내려주는 최고의 신이었다. 묵자의 경우 천은 민중의 수호신이었지만 공자에게 천은 천자의 수호신이었던 것이다. 그러므로 공자에게 천제天帝는 민중은 물론 제후까지도 제사를 지낼 수 없는 금기의 대상이었다.

26_ 徵(징)=證也.

이처럼 공자는 주례周禮의 전문가이며 따라서 제정祭政에 정통한 전문가였다. 그는 하례夏禮, 은례殷禮, 주례를 깊이 연구했고 그 장단점을 면밀히 고찰했다. 그리고 앞에서 언급한 것처럼 공자는 춘추시대의 사상적 혼돈 속에서 선왕先王들의 천인감응설天人感應說과 당시에 새로 일어나는 유물론적 경향과 인본주의적 주장들을 종합하여 '경신이원지敬神而遠之'로 표현되는 인본주의적 제정론을 폈던 것이다. 그리고 이를 사서史書로 산정刪定하여 드러내고 예학禮學으로 정립했다.

예기禮記/표기表記

하나라의 도道는 천명을 존중하고 귀신을 섬겼으니	夏道 尊命事鬼.
신을 공경하되 멀리했고, 사람을 가까이하고 충실했다.	敬神而遠之 近人而忠焉.
그러나 녹을 앞세우고 위엄을 뒤로했고	先祿而後威
상賞을 앞세우고 벌罰을 뒤로했다.	先賞而後罰
이처럼 백성을 사랑했으나 군왕을 존중하지 않았으므로	親而不尊.
백성들이 교화되지 못하여 어리석고 준동하며	其民之敝[27] 惷而愚
교만하고 조야하여 소박할 뿐 문채가 없었다.	喬而野 朴而不文.
은나라 왕실은 신을 높이기만 하여	殷人尊神
백성을 통솔하여 신을 섬기도록 했다.	率民以事神.
귀신을 앞세우고 예를 뒤로했고	先鬼而後禮
벌을 앞세우고 상을 뒤로했다.	先罰而後賞
이처럼 군왕을 존중했으나 백성을 사랑하지 않았으므로	尊而不親.
백성들이 교화되지 못하여 방탕해도 안정시킬 수 없었고	其民之敝 蕩而不靜
형벌을 면하려 할 뿐 부끄러워하지 않게 되었다.	勝而無恥.

27_ 敝(폐)=敝 弊也. 政敎가 쇠하여 蔽塞됨.

주나라 지배자들은	周人
예禮를 높이고 베푸는 것을 숭상하며 귀신을 섬겼다.	尊禮尙施事鬼
신을 공경하되 멀리했으며, 사람을 가까이하고 충실했다.	敬神而遠之 近人而忠焉.
그러나 상벌로 작위와 서열을 정했고	其賞罰用爵列
백성을 사랑했지만 군왕을 존중하지 않았으므로,	親而不尊.
백성들이 교화되지 못하여 이利를 쫓고 거짓되며	其民之敝 利而巧.[28]
꾸미는 것만 알고 부끄러운 줄 몰랐으며	文而不慚
서로 해치고 미개했다.	賊而蔽.

하나라의 도는 정령政令과 교화敎化를 통창하지 않았으므로	夏道未瀆辭[29]
순종을 요구하지 않고 백성에게 크게 요구하지 않았으므로	不求備[30] 不大望於民.
백성들이 친애함을 싫어하지 않았다.	民未厭其親.
은나라는 예를 통창하지 않으면서	殷人未瀆禮
백성들에게 도에 순종하기를 요구했다.	而求備於民.
주나라는 민民을 권면하되 신神을 통창하지 않았으므로	周人 强民未瀆[31]神
상작과 형벌이 궁해진 것이다.	而賞爵刑罰窮矣.

　　결론적으로 그는 하·은·주 3대의 정치는 존명尊命→존신尊神→존례尊禮로 변천됐다고 분석했다. 그 결과 하夏는 존명사귀尊命事鬼하여 정교政教가 부족하여 조야했으며, 은殷은 선귀후례先鬼後禮하여 친민親民의 예禮가 부족했으며, 주周는 존례상시尊禮尙施하여 신神을 통창함이 부족했다고 진단했다.

　　공자는 그 대안으로 신神을 공경하되 민民을 우선하며, 신神과 예禮와 문文을 조화

28_ 巧(교)=僞.
29_ 辭(사)=令也, 政教.
30_ 備(비)=愼, 無所不順者.
31_ 瀆(독)=溝→注瀆→通也.

롭게 창달해야 한다고 주장한 것이다. 『논어』와 『예기』에서는 그것을 한마디로 요약하여 '경신이원지敬神而遠之'라고 말한 것이다.

한편으로는 부정적인 이미지도 포함되어 있다. 공자에게 천天은 천자天子에게 천명天命을 내려주는 최고의 신이었다. 천은 민民의 신이 아니라 천자의 수호신이었던 것이다. 그러므로 '경신敬神'은 천자주권인 천명에 순종할 뿐 다른 말을 해서는 안 된다는 경고의 뜻을 포함한다. 그래서 공자는 "군자에게 세 가지 두려운 것이 있으니 그것은 천명과 대인과 성인의 말씀"이라고 말했던 것이다.

공자의 제정祭政의 요점은 천자만이 '근신近神'해야 하며, 제후와 사대부는 물론이고 민중은 '원신遠神'해야 한다는 것이다. 따라서 원신은 제정을 함부로 논하지 말라는 뜻을 내포하고 있다. 그러므로 원신과 '신불가지론神不可知論'은 쌍생아였던 것이다.

중국의 지신과 여왜

동양에서는 풍요의 신으로 천신天神과 함께 지신地神을 숭배했지만, 여신女神 숭배는 서양처럼 일반적 현상이 아니었다. 중국의 유일 최고의 신은 천제天帝이며 그 천제는 창조주였다.

춘추번로春秋繁露/권15/순명順命

하늘은 만물의 조상이니	天者萬物之祖也.
만물은 하늘이 낳지 않은 것이 없다.	萬物非天不生.

공자는 가부장제 사회에서 지배계급에 협조하여 출세하려는 경향이 강했으므로 어디까지나 지배적인 천신天神을 신앙했고, 지배계급에 참여할 수도 없고 출세도 포기한 노장老莊은 비주류의 페미니즘적인 여신과 친숙하다.

그런데 비주류의 신관에서는 천지창조의 영광을 천신에게만 돌리지 않는다. 그 상징적인 사례가 천지를 창조한 여신 여왜女媧다. 여왜는 중국 고대 신화에 나오는 여신이다. 굴원屈原(BC 343?~278?)의 시「천문天問」, 유안이 지은『회남자』「남명훈覽冥訓」, 곽박郭璞(276~324)이 지은『산해경』「해경海經」·「대황서경大荒西經」, 그리고『사기』「부사마정보사기附司馬貞補史記」·「삼황본기三皇本紀」,『풍속통의風俗通義』,『형초세시기荊楚世時記』,『자전字典』등에 언급되고 있는데 그 내용을 종합하면 다음과 같다.

여왜는 신녀神女로 사람 얼굴에 뱀의 몸을 가졌으며, 그녀는 하루에 70번을 변하며 생황을 만들어 불고 있다. 그녀는 만물을 지었는데, 그것만으로는 너무 쓸쓸하여 7일째 되는 날에 황토를 빚어 사람을 만들었는데 너무 더디어 새끼를 진흙탕에 넣었다 뿌리면 모두 사람이 되었다. 황토를 빚어 만든 사람은 부귀하고 새끼를 뿌려 만든 사람은 비천했으며, 스스로 태호太昊 복희伏羲씨와 결혼했고, 혼인제도를 만들어 번성하게 했다. 그러나 수신水神 공공共工과 화신火神 축융祝融이 서로 싸워 하늘이 무너지자 산에는 불이 나고 들에는 대홍수가 져 사람이 살 수 없게 되었다. 여왜는 오색 돌을 구워 하늘을 깁고, 큰 자라의 발을 잘라 사극을 받치고, 검은 용을 잡아 기주 땅을 건지고, 갈대 재를 쌓아 큰물을 잦아들게 했다. 이에 땅이 태평해지고 사나운 짐승과 벌레들이 죽으니 사람이 살 수 있게 되었다.

여왜신화는 노자의 암컷을 숭상하는 곡신谷神 신화와 함께 중국 남방의 어렵문화의 소산이다. 여왜라는 이름이 마치 유대족의 신 야훼와 비슷하지만 그 생성의 토양은 전혀 다르다. 야훼는 어렵문화와는 너무도 거리가 먼 유목문화의 소산이기 때문이다. 그러나 천지창조에 대한 여왜신화 내용은 창세기와 한 사람의 작품처럼 빼닮았다. 인류의 조상이 하나이며 그들이 강가에서 어렵을 하며 살았을 것이라는 가정이 성립된다면 천지창조 신화가 비슷한 것은 어쩌면 당연한 것인지도 모른다.

중국의 천신하강 신화는 수렵 또는 유목 민족인 북방 동이족의 문화이고 난생설화는 어렵 또는 농경 민족인 남방 한족漢族의 문화다. 여왜와 곡신은 어렵민족의 유산이다. 북방의 신들은『시경』에 기록되어 있고, 남방의 신들은 굴원의『초사楚辭』에 기록이 많다. 한반도에서도 돌덧널무덤과 고인돌이 공존하는데 돌덧널무덤은 북방계요,

고인돌은 남방계로 보고 있다. 지금 한반도 남방에 널리 흩어져 있는 고인돌도 남방계의 고인돌이라고 한다.

노자老子/6장

골짜기 신神은 죽지 않는다. 이를 현묘한 암컷이라 한다.　　　　　　谷神不死. 是謂玄牝.
현묘한 암컷의 문은 이를 천지의 뿌리라고 말한다.　　　　　　　　玄牝之門 是謂天地根
면면히 존재하고 아무리 써도 마르지 않는다.　　　　　　　　　　綿綿若存 用之不勤.

　주대周代에 이르러서는 천신天神과 지신地神이 음양사상으로 발전한다. 해가 가장 짧은 동지에 천신을 제사하고, 해가 가장 긴 하지에 지신을 제사한 것은 음양 상생사상의 영향일 것으로 이해된다(『주례』「대사악大司樂」).

예기禮記/제법祭法

천자는 여러 씨족을 위해 지신의 사당을 짓는데　　　　　　　　王爲群姓立社
이것을 대사大社라 하고　　　　　　　　　　　　　　　　　日大社
천자가 자기 땅을 위해 세운 지신당地神堂은 왕사王社라 한다.　　王自爲立社曰王社.
제후가 자기 나라 안의 여러 씨족을 위해 세운 지신당은　　　　諸侯爲百姓立社
국사國社라 하고　　　　　　　　　　　　　　　　　　　日國社
제후 자신의 땅을 위해 세운 지신당은 후사候社라 한다.　　　　諸侯自爲立社曰候社.
대부 이하의 가문이 무리를 이루어 세운 지신당은　　　　　　大夫以下成群立社
치사置社라 한다.　　　　　　　　　　　　　　　　　　日置社.

옥과 희생을 굽는 연기를　　　　　　　　　　　　　　　　燔柴
둥근 원구圓丘에서 나뭇단 위에 피우는 것은　　　　　　　　於泰壇
하늘에 제사하는 법이요,　　　　　　　　　　　　　　　祭天也.
네모진 방구方丘에서 비단과 희생을 묻는 것은　　　　　　　瘞埋於泰折

지신에게 제사하는 법이다.　　　　　　　　　　　　祭地也.

그런데 고대 중국에서는 천신의 제사는 왕이 독점했고 제후들에게는 지신의 제사만 허용됐다. 우리는 여기서 고대 중국의 지배 세력을 추론할 수 있을 것이다. 즉 왕 또는 천자만이 천신의 제사를 독점한 것은 북방의 수렵 또는 유목 민족이 남방의 어렵 또는 농경 민족을 지배했음을 방증하는 것으로 추론할 수 있다. 그러므로 중국의 지배 문화는 항상『시경』·공자·묵자 등 북방의 천신 문화였고, 민중 문화는『초사』· 노자·장자 등 남방의 용신龍神 문화였음을 알 수 있다.

유교의 하느님

① 천인부합설

동중서는 금문학今文學의 비조라 불리는 훈고학자로 한나라 무제로 하여금 독존유술獨尊儒術을 시행케 함으로써 고조高祖와 여태후呂太后의 도가道家 정치를 뒤집고 유가의 경학經學을 국교로 만든 사람이다(『한서漢書』「동중서전董仲舒傳」「거현량대책擧賢良對策」). 그는 공자의 예학禮學을 씨줄로 하고(이를 경학經學이라 한다) 민간 신앙인 도참설圖讖說과 음양오행론陰陽五行論을 날줄로 엮어(이를 위학緯學이라 한다) 종교로 만들었고, 한나라 무제는 그의 건의를 받아들여 기원전 136년 유교를 국교로 삼았던 것이다.

동중서가 말하는 유교 교리의 제1의 특성은 하늘과 사람이 하나라는 것이다. 즉 인간은 천지天地의 축소판으로 천지는 대우주大宇宙이고 인간은 소우주小宇宙이다. 이로써 인간에게는 신성神性이 들어 있으며 만민이 한 형제인 천하일가의 혈연적 공동체를 지향하는 교리가 된다. 이러한 인간 소우주론은 훗날 주희朱熹(1130~1200)의 성리학에서 천인합일天人合一 사상으로 계승된다.

춘추번로春秋繁露/권13/인부천수人副天數

하늘은 세월의 이치를 따라 사람의 몸을 만들었다.　　　　　　天以從歲之數 成人之身.

그러므로 작은 골절이 삼백육십육 개인 것은   故小節三百六十六

일 년 삼백육십육 일의 이치와 부합하고,   副日數也.

큰 골절이 열두 개로 나뉜 것은   大節十二分

일 년 열두 달의 이치와 부합하고,   副月數也.

속에 오장이 있는 것은 오행의 이치와 부합하고,   內有五臟副五行數也

밖에 사지가 있는 것은 사계절의 이치와 부합한다.   外有四肢副四時數也.

춘추번로春秋繁露/권12/음양의陰陽義

천天은 만물의 시조다.   天者萬物之祖也.

천은 만물처럼 기쁘고 분노하는 기운이 있고   天亦有喜怒之氣

슬프고 즐거운 마음이 있다.   哀樂之心

사람과는 쪼개어 나누어진 것이어서 서로 유사하여 합쳐진다.   與人相副 以類合之

천과 인人은 하나다.   天人一也.

봄은 기쁜 기운이므로 낳고   春喜氣也故生.

여름은 즐거운 기운이므로 기르고   夏樂氣也故養.

가을은 성난 기운이므로 죽고   秋怒氣也故殺.

겨울은 슬픈 기운이므로 감춘다.   冬哀氣也故藏.

이 네 가지는 하늘과 사람이 똑같이 가지고 있다.   四者天人同有之.

그는 나아가 사람은 하느님을 본받은 하느님의 자손이므로 하느님께 제사를 지내는 것이라고 말한다. 이에 따르면 하느님께 제사를 드리는 것이 인간 됨의 특질이며, 따라서 하느님을 섬기지 않으면 인간 됨을 포기하는 것이 된다. 인간의 인간 됨의 특징은 하느님에게 제사를 드리는 것이라는 그의 말은 확실히 탁견이며 유교의 하느님 신앙의 특성이 된다.

춘추번로春秋繁露/권11/위인자천爲人者天

생명이 붙어 있다고 사람이 되는 것은 아니다.	爲生不能爲人.
사람이 될 수 있게 하는 것은 하느님이다.	爲人者天也.
사람이 사람인 것은 하느님을 본받았기 때문이다.	人之爲人本于天.
하느님은 사람의 먼 조상이다.	天亦人之曾祖父也.
이 때문에 사람들은 하느님을 숭상하고 제사하는 것이다.	此人之所以乃上類[32]天也.

② 천인감응설

　둘째의 특성은 천인天人이 부합副合하는 동류이므로 서로 소통하고 감응한다는 것이다. 이는 제정일치祭政一致 시대부터 전승되어 온 전통으로 만약 천天과 인人이 서로 감응하지 않는다면 제사도 기도도 아무 소용없는 짓이 된다. 다만 동중서의 천인감응설은 추연鄒衍(BC 305~240)의 오덕종시설五德終始說을 계승하고 자신의 천인부합설에 따른 것이어서 더욱 일반적이고 직접적이어서 특이하다. 물론 이때의 하느님은 감정感情도 정의情意도 있는 인격신이어야 한다.

한서漢書/동중서전董仲舒傳/거현량대책擧賢良對策

나라가 장차 도를 잃어 멸망하려 하면	國家將有失道之敗
하늘은 먼저 재해를 내려 옛일을 꾸짖고,	而天乃先出災害之譴古之.
스스로 반성하지 못하면	不知自省
또 다시 괴변과 이변을 나타내어 놀라고 두렵게 한다.	又出怪異 以警惕之.
그래도 회개할 줄 모르면 멸망에 이르게 한다.	尙不知變 而傷敗乃至.

춘추번로春秋繁露/권13/동류상동同類相動

제왕이 장차 일어나려면	帝王之將興也

32_ 類(류)=天子將出 類乎上帝 宜乎社 造乎禰(禮記/王帝).

그와 비슷한 상서로움을 먼저 보여준다.　　　　　　　其類祥亦先見

사물은 진실로 무리끼리 서로 부른다.　　　　　　　物固以類相召也.

③ 오상설

셋째는 천도天道와 인륜人倫을 동일시한 것이다. 그러므로 동중서는 인간 만사를 오행론五行論으로 해석한다. 이처럼 유물론적 오행론을 '천제天帝의 오덕五德'으로 관념화하고 이로써 우주와 인간사를 설명하는 이론을 '오상설五常說'이라 한다. 여기서 '상常'은 상도常道를 뜻한다. 즉 오상설에 따르면 천지의 운행과 인간의 역사는 오행의 상극 상생의 법칙에 따라 이루어진다는 것이다. 마찬가지로 인간정신과 그 산물인 도덕률은 당연히 천도에서 나온 것이 된다. 이러한 오상설은 음양오행설을 공맹의 오덕에 결합시킨 추연의 이른바 오덕종시설五德終始說을 유교의 우주론으로 교리화한 것이다.

그에게 인간의 역사와 사회를 포함한 자연계는 모두 하느님의 뜻(天志)의 실현인 음양오행에 의한 의지적이고 목적적 활동이다. 그러므로 자연 질서에도 도덕적 속성이 부여된다. 그러므로 자연과 인간의 모든 조화의 근원은 천지天志의 오관五官인 오행의 덕에 지나지 않는다. 이처럼 음양오행은 천지(하늘님 의지)의 활동이므로, 방위와 계절과 맛뿐만 아니라 관직과 인의예지仁義禮智까지도 음양오행으로 설명한다. 이처럼 동중서의 인격신 천제天帝의 특징은 유물론적인 자연 섭리로서의 천연天然을 천제의 덕성으로 결합시킨 데 있다. 즉 유물론을 유신론에 흡수했다고도 말할 수 있을 것이다.

그는 유교의 덕치주의德治主義도 음양론으로 해석한다. 덕德을 양陽으로, 법法을 음陰으로 비교하고 양존음비陽尊陰卑 사상에 의해 덕존법비德尊法卑로 풀이한다. 그러므로 군주가 덕을 앞세우고 법을 뒤로하면 음양오행의 운행이 고르며, 만약 군주가 부덕하면 이변이 생긴다는 것이다. 따라서 음양오행의 운동을 알면 천지의 실현인 천도를 알 수 있다고 말한다.

춘추번로春秋繁露/권13/오행상생五行相生

천지天地의 기氣가

합하면 하나가 되고, 분별하면 음양陰陽이 되고

구분하면 사시四時가 되고, 벌여놓으면 오행五行이 된다.

행行은 운행이니 그 운행이 같지 않으므로

오행이라 한 것이다.

오행은 오관五官이니

서로 좇으면 상생相生하고 이간하면 상극相克한다.

그러므로 정사政事를 함에

거역하면 어지럽고 따르면 다스려진다.

동방은 목木이요 농사의 근본이다.

사농司農은 인仁을 귀히 한다.

남방은 화火요, 조정의 기초를 세운다.

군사를 맡은 사마司馬는 지智를 귀히 한다.

중앙은 토土이며 군주와 관리다.

법전을 만드는 사영司營은 신의를 귀히 한다.

서방은 금金이요, 도리를 키우는 사도司徒다.

교육을 담당하는 사도는 의리를 귀히 한다.

북방은 수水요, 법을 집행하는 사구司寇다.

형벌을 맡은 사구는 예禮를 귀히 한다.

天地之氣

合而爲一 分爲陰陽.

判爲四時. 列爲五行.

行者行也 其行不同

故謂之五行.

五行者五官也

比相生 而間相勝也.

故爲治

逆之則亂 順之則治.

東方者木 農之本

司農尙仁.

南方者火也 本朝

司馬尙智.

中央者土 君官也

司營尙信.

西方者金 大理司徒也

司徒尙義.

北方者水 執法司寇也

司寇尙禮.

춘추번로春秋繁露/권17/천지음양天地陰陽

그러므로 음양의 출입과 허실을 밝히는 것은

하느님의 뜻(天志)을 관찰하려는 것이다.

是故 明陰陽入出實虛之處

所以觀天之志.

오행의 본말과 순역,	辨五行之本末順逆
대소, 광협을 분별하는 것은	大小廣狹
하느님의 도(天道)를 관찰하기 위한 수단이다.	所以觀天道也.

춘추번로春秋繁露/권12/기의基義

인의仁義와 제도의 이치는 모두 하느님에서 취한 것이다.	仁義制度之數 盡取之天.
왕도王道의 삼강三綱도 하느님에서 구한 것이다.	王道之三綱 可求于天.

춘추번로春秋繁露/권10/오행대五行對

하늘엔 오행이 있으니 목·화·토·금·수가 이것이다.	天有五行 木火土金水是也.
나무(木)는 불(火)을 낳고, 불은 흙(土)을 낳으며	木生火 火生土
흙은 쇠(金)를 낳고, 쇠는 물(水)을 낳고, 물은 나무를 낳는다.	土生金 金生水 水生木.
물은 겨울을 다스리고, 쇠는 가을을 다스리며	水爲冬 金爲秋
흙은 초여름을 다스리고, 불은 여름을 다스리고	土爲季夏 火爲夏
나무는 봄을 다스린다.	木爲春
봄은 생명을 낳고, 여름은 성장을 주도하며	春生生 夏主長
초여름은 양생을 주관한다.	季夏主養
가을은 거두는 것을 주관하고, 겨울은 저장을 주관한다.	秋主收 冬主藏
저장하는 겨울은 안민입정安民立政을 할 때이다.	藏冬之所成[33]也.

춘추번로春秋繁露/권9/신지양중어의身之養重於義

하늘은 만물을 낳고, 만물로써 사람을 기른다.	天之生物也 以養人.
하늘은 사람을 낳고,	天之生人也
사람으로 하여금 의義와 이利를 낳게 한다.	使之生義與利.

33_ 成(성)=安民立政.

이利로써 몸을 기르고, 의로써 마음을 기른다.　　　　利以養其體 義以養其心.

한서漢書/동중서전董仲舒傳/거현량대책擧賢良對策

천도天道의 큰 것은 음양에 있다.　　　　天道之大者在陰陽.

양은 덕이 되고, 음은 법이 된다.　　　　陽爲德 陰爲刑

법은 죽음을 주관하고, 덕은 생명을 주관한다.　　　　刑主殺 而德主生.

　그러나 그의 양존음비 사상은 허구요 가설일 뿐이다. 이로써 유교는 남녀차별 종교로 비난받게 되었고, 인류사에 커다란 죄인으로 비판받았다.

춘추번로春秋繁露/권11/양존음비陽尊陰卑

음양은 사람의 법을 다스린다.　　　　陰陽理人之法也.

음은 형벌의 기운이요, 양은 덕의 기운이다.　　　　陰刑氣也. 陽德氣也.

그러므로 하늘의 이치는　　　　是故天數

양을 높이고 음을 높이지 않으며　　　　右[34]陽而不右陰.

덕을 힘쓰고 형벌을 힘쓰지 않는다.　　　　務德而不務刑.

정사를 다스림에 형벌로 군림하는 것은　　　　爲政而任刑

이르기를 하늘을 거역함이니 왕도가 아니라고 말한다.　　　　謂之逆天非王道也.

춘추번로春秋繁露/권11/왕도통삼王道通三

악惡의 부류는 모두 음이 되며　　　　惡之屬盡爲陰.

선善의 부류는 모두 양이 된다.　　　　善之屬盡爲陽.

양은 덕이 되며, 음은 형벌이 된다.　　　　陽爲德 陰爲刑.

형벌이 덕으로 돌아가 덕을 따르게 하기 위한 것이　　　　刑反德而順于德

34_ 右(우)=上, 尊, 尙也.

권도의 법이다.	亦權之類也.
그러므로 양은 천天의 덕이요,	故曰 陽天之德
음은 천의 형벌이라 말하는 것이다.	陰天之刑也.
양기는 따뜻하고 음기는 차니	陽氣暖而陰氣寒
양기는 주고 음기는 빼앗는다.	陽氣予而陰氣奪.
양기는 어질고 음기는 사나우니	陽氣仁而陰氣戾
양기는 너그럽고 음기는 조급하다.	陽氣寬而陰氣急.
양기는 사랑하고 음기는 미워하니	陽氣愛而陰氣惡
양기는 낳고 음기는 죽인다.	陽氣生而陰氣殺.
그러므로 양은 항상 실위實位에 거하며 성하도록 행한다.	是故陽常居實位而行于盛.
음은 항상 공위空位에 거하며 쇠하는 데로 운행한다.	陰常居空位而行于末.

④ 귀명주의

넷째는 성인의 말씀을 바로 하느님의 뜻이라고 보는 것이다. 이로써 유교는 하느님을 믿는 '천교天教'에서 이제는 성인이 만든 제도를 따르는 '예교禮教'가 되고 동시에 성인의 말씀을 믿는 '명교名教'가 된다. 그것은 천제天祭보다도 성인의 말씀과 문자를 더 존숭하게 되었다는 것을 의미한다. 또한 이는 제사종교에서 경전經傳과 말씀 종교로 교리화된 것을 의미하고, 이로써 경전을 해설하는 유사 집단이 권력 계급으로 상승된 것이다.

논어論語/자로子路 3

자로가 말했다.	子路曰
"위나라 군주가 선생님을 초대하여 정치를 맡긴다면	衛君待子而爲政
선생은 무엇을 제일 먼저 하겠습니까?"	子將奚先.
공자가 말했다. "반드시 명분名分을 바르게 할 것이다."	子曰 必也正名乎.

위 글은 공자가 처음으로 정명론正名論을 밝힌 글이다. 동중서는 이 글을 '신분과 직분의 명名은 천명天命이므로 명에 따른 분수를 지켜야 한다'는 뜻으로 풀이했다. 이는 실로 중대한 발언으로 명이 곧 천명이라는 것이다. 이는 명을 절대화하여 명 속에 천리天理가 있다는 것이므로 실實보다 명을 중시하는 '귀명주의貴名主義'라고 부른다. 귀명주의란 요즘의 경전주의·말씀주의·복음주의와 비슷한 말이다.

그는 문자란 성인이 천명을 받아 지은 것이므로 절대적 진리를 내포하고 있다고 보았다. '명名은 곧 진眞'이라는 테제는 공자와 순자의 정명론과도 다른 교조적이고 신비적인 면이 있었다. 도교에서 유행시킨 '부적符籍'이란 것은 몇 개의 문자를 중복시켜 하나의 문자 도안을 만든 이른바 '복문複文'인데 그것은 사악한 귀신도 물리칠 수 있는 신통력이 있어 재앙을 물리칠 수 있다고 믿었다. 이런 믿음도 문자의 신비화에 영향을 받은 것이다. 그래서 동중서에 의한 한대漢代의 미신화된 유학을 참위讖緯유학으로 폄하하기도 한다. 어쨌든 동중서의 귀명주의는 문자 숭배주의를 낳았고 이것이 당시에 크게 유행했고 오늘날까지도 고루한 한학자들에게 계승되고 있다.

'명교名敎'라는 명칭은 호칭 문제로 그치는 것이 아니라 이는 천제天帝를 섬기기보다는 이제 명名과 예禮를 중시하는 종교로 바뀌었음을 뜻하는 것이다. 공자가 전래의 하느님 신앙을 1차 개혁했다면 동중서의 참위유학은 제2차 유교개혁으로 평가할 수 있을 것이다. 그러나 이는 종교를 통치 수단으로 삼기 위해 하느님 해석을 통일하고 독점하기 위한 것으로 이해할 수 있지만, 이로써 하느님보다는 명과 예를 만든 성군聖君을 섬기는 것으로, 제사와 의례 중심에서 말씀주의·문자주의로 변질된 것이다.

춘추번로春秋繁露/권10/심찰명호審察名號

천하를 다스리는 실마리는 큰 것을 살펴 분별하는 데 있고	治天下之端 在審辨大.
큰 것을 분별하는 실마리는 명名을 살펴 밝히는 데 달려 있다.	辨大之端 在審察名號.
명이란 큰 도리의 머리 되는 장전章典이다.	名者 大理之首章[35]也.

35_ 章(장)=條也, 式也.

장전의 뜻을 검색하여

이로써 그 속의 사물을 규정하면

시비를 알 수 있고 역리와 순리가 저절로 드러날 것이니

진실로 천지를 소통하게 할 것이다.

시비는 선택이 역리냐 순리냐에 따라 정해지고

역리와 순리는 명을 취하는 데 따라 정해지며

명은 천지天地를 취하여 정해진 것이니

천지는 명을 짓는 대의大義다.

이처럼 명은 성인이 하늘의 뜻을 발현한 것이니

깊이 살피지 않으면 안 된다.

천명天命을 받은 군주란 천의天意가 준 것이라는 뜻이다.

그러므로 천자天子라 부르는 것이니

마땅히 하늘처럼 아비처럼 보아야 하며

하늘 섬기기를 효도로써 하는 것이다.

그러므로 정사政事는 각각 명名을 따르고

명은 각각 하느님을 따르면

하늘과 사람 사이는 합하여 하나가 되고

다 함께 이理를 통창하고

감동하여 서로 더해 주고 따르며 서로 받으니

그것을 일러 덕으로 인도한다고 말하는 것이다.

『시경』에 이르기를

錄其首章之意

以規[36]其中之事

則是非可知 逆順自著

其幾通於天地矣.

是非之正[37]取之逆順.

逆順之正取之名號.

名號之正取之天地

天地爲名號之大義也.

名則聖人所發天意.

不可不審觀也.

受命之君 天意之所予也.

故號爲天子者

宜視天如父

事天以孝道也.

是故事各順於名.

名各順於天.

天人之際 合而爲一.

同而通理

動而相益 順而相受

謂之德道.

詩曰

36_ 規(규)=檢束也.

37_ 正(정)=定也, 決也.

"호명號名은 곧 말이니 무리가 질서 있게 좇는구나!"라고
노래한 것은 이것을 말한 것이다.

維號斯言 有倫有迹
此之謂也.

이름(名)은 진실(眞)에서 생긴 것이다.
진실이 아닌 것은 명을 만들 수 없다.
명이란 성인이 사물을 참되게 하는 수단이었다.
명이 말하는 것은 진실이다.
그러므로 무릇 온갖 혐의가 분명치 않은 것도
각각 명의 진실로 되돌아가면
분명치 않은 것도 다시 분명하게 될 것이다.
곡직을 가려내려면 먹줄로 재는 것보다 좋은 방법은 없다.
시비를 가려내려면 명으로 재는 것보다 좋은 방법은 없다.
명과 실을 따져 그 부합 여부를 관찰하면
시비의 정황을 가히 서로 속이지 못할 것이다.

名生於眞.
非其眞弗以爲名.
名者聖人之所以眞物也.
名之爲言眞也.
故凡百譏[38]有黮黮者
各反其眞則
黮黮者還昭昭耳.
欲審曲直 莫如引[39]繩.
欲審是非 莫如引名.
詰其名實 觀其離合則
是非之情 不可以相譖[40]已.

성리학의 하느님

수천 년 이어온 천제天帝 신앙을 처음 개혁한 사람은 공자이고, 두 번째 개혁한 사람은 한대漢代의 동중서이고, 세 번째 개혁한 사람은 송대宋代의 이기론理氣論자들이다. 첫 번째로 공자는 새로 등장한 유물론적인 음양오행론의 세계관에 대응하기 위해 '경신敬神 원신遠神'의 테제를 들고 나와 천제 신앙을 신본주의에서 인본주의적 신론神論으로 개혁했으며, 두 번째로 동중서의 개혁은 천인분이설天人分異說에 대항하여 천인부합설天人

38_ 譏(기)=嫌也.
39_ 引(인)=正也, 衡名.
40_ 譖(란)=誣言相加也, 誣譖也.

符合說과 귀명론貴名論을 들고 나와 천제 신앙을 신비화·교조화했으며, 세 번째로 성리학자들의 개혁은 신멸론神滅論에 대항하여 인심人心이 곧 천심天心이라거나 또는 마음에 천리天理가 들어 있다는 테제를 들고 천제 신앙을 이신론理神論으로 내면화시킨 것이라 말할 수 있을 것이다. 성리학의 특징은 인격신 천제라는 일자一者를 대신하여 태극 곧 이理를 일자로 내세웠으며, 더 나아가 그 천리를 인성人性에 내재한 것으로 본다는 점이다. 그것은 인성이 곧 천리라는 뜻이므로 계몽적이며 인본주의적이다.

유교는 한대 400여 년 동안 국교의 지위를 누렸으나, 뒤를 이은 진대晉代 300여 년 동안은 불교의 흥성과 도교의 발흥으로 쇠락의 길로 들어섰다. 이윽고 당唐이 들어서자 유교를 물리치고 도교가 국교가 됨으로써 유교는 300여 년 동안 도교의 그늘에서 도학道學 또는 현학玄學의 이름으로 잔명을 보존해야 했다. 도교를 국교로 삼은 당나라가 망하고 송宋이 들어서자 유교는 다시 살아날 수 있었다.

그러나 말씀주의·경전주의 혹은 복음주의라는 명교名教로서의 유교는 이미 시대에 적응할 수 없었다. 성왕들의 말씀(名)은 이제 불교와 도교의 여세가 살아 있는 한 그 신성함을 상실해 가고 있었기 때문이다. 급기야 송은 60여 년 만에 북방의 금金나라에 굴복하고 남쪽으로 내려가 남송南宋이란 이름으로 오랑캐에 조공을 바치며 잔명을 유지할 수밖에 없었다. 이때 항금抗金이라는 깃발을 들고 나타난 주희가 북송北宋 오자五子를 종합하고 불교와 도교의 장점을 수용하여 새로운 유교를 창립했으니 이를 성리학性理學이라 한다.

이를 정리한다면 한나라 이전의 원시 유교는 통치권자가 천제天祭를 통해 개천開天할 수 있는 신성한 제사장인 성왕聖王을 자처함으로써 통치하는 제정일치 시대의 신성 종교였으며, 한나라 동중서의 유교는 하느님을 대신하는 성왕의 말씀을 증언하는 선지자로서 공자를 따르는 복음주의 종교라고 말할 수 있다. 그리고 성리학은 우주는 천리天理에 따라 운행한다는 이신론理神論과 그 천리가 사람의 마음에 내재해 있다는 이른바 '인심人心이 곧 천리'라고 하는 이념理念(theory of idea)주의 종교라고 말할 수 있을 것이다.

이신론은 범신론과는 달리 신을 세계의 창조자로 인정하지만, 기독교와는 달리 그

신은 인격신이 아니며, 세계는 신이 주재하는 것이 아니라 자연법칙인 이理에 따라 운동한다고 본다. 그런데 성리학은 자연의 존재적 이理뿐만 아니라 인간의 당위적 이理까지를 하나의 이理로 보았고, 그 이理는 곧 성性이라고 확대·발전시킨다. 그러므로 성리학적 이신론은 세계를 움직이는 것은 이성理性＝인성人性＝심心이라는 결론에 도달한다. 비유하자면 인간이 금기의 선악과를 따먹어 시비 분별을 자기 마음대로 하려하자 하느님이 징벌을 내려 에덴동산에서 추방했다는 이른바 원죄를 사면하고 인간에게 다시 신성을 부여한 셈이다.

서양에서는 17~18세기에 처음으로 로크John Locke(1632~1704), 뉴턴Isaac Newton(1642~1727), 볼테르Voltaire(1694~1778) 등 계몽철학자들이 주희의 성리학에 영향을 받아 이신론(deism)을 주장했는데, 신본적인 중세에서 인본적인 근세로 넘어가는 계몽적인 우주론이다. 한편 이러한 이신론은 '태초에 로고스(이성 또는 말씀)가 있으니 이 곧 하나님'이라는 성경 말씀과 인간 개개인은 전체이성全體理性인 하나님을 통해서만 서로 교통 대화할 수 있다는 진보적인 기독교 신학의 기초가 된다(졸저『성리학개론』참조).

서양의 신

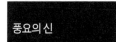

서양에서는 태양, 토지, 일월, 산천 등 구체적인 사물의 신들이 오랫동안 군림함으로써 하느님 같은 보편적인 신의 탄생은 동양보다 훨씬 늦은 것 같다.

그리스의 신들은 지배자들의 전쟁신과 민중들의 풍요의 여신으로 확연히 구별된다. 민중 종교는 모두 풍요의 신 디오니소스Dionysos(로마 신화의 바쿠스)와 윤회설이 기본이 된다. 풍요의 신은 에로스Eros의 여신으로 나타나는 것이 일반적이다.

기원전 4천 년부터 이집트, 바빌론 등의 고대 종교에서는 땅은 여성, 태양은 남성으로 보았고 풍작을 기원하는 모신母神 숭배 사상이 있었다. 황소(黃牛) 신은 남성의 생식력을 상징했다. 바빌론 땅의 여신 이슈타르Ištar는 모든 여신 가운데 최고의 여신이었다. 그리스인들은 에페소스Ephesos 모신의 신전을 발견하고 이 모신을 아르테미스Artemis 혹은 디아나Diana라 불렀다. 기독교는 이러한 모신 신앙을 수용하여 '에베소(=에페소스) 종교회의'에서 예수의 모친 마리아를 '산타 마리아' 즉 성모聖母로 숭배하기로 결정했던 것이다.

디오니소스는 원래 트라키아Thracia 사람들의 풍작의 신이었다. 저들이 포도주를 발명하고 그 신적인 도취의 황홀경을 디오니소스의 명예로 돌린 것이다. 언제 그리스로 유입됐는지는 모르나 디오니소스는 그리스 지배자들을 매료시켰다. 문명화된 그리스인들은 도덕적이며 이성적인 아폴론Apollōn적인 삶의 반동으로 원시와 본능과 정열적인 삶을 동경했는지도 모른다.

헤시오도스Hēsiodos는 기원전 8세기경 『신통기Theogoniā』를 써서 천지개벽을 설명하고 있다. 태초에 암흑과 혼돈(Chaos) 속에서 밤과 어둠의 여신 에로스가 대지로 변하고 또한 하늘, 구릉, 계곡, 바다를 낳는다. 대지와 하늘이 결혼하여 거신을 낳고, 거신들이 결혼하여 태양, 달, 별, 새벽, 바람을 낳았다고 한다.

오르페우스Orpheus는 거의 같은 시기에 술을 마시고 난무亂舞(Orgy)하며 디오니소스의 육체적 도취를 경험하는 것을 신이 되는 정결 의식으로 교리화하여 종교를 창설했다. 즉 육체적 도취를 정신적 도취로 바꾸고, 정결 의식과 윤회사상을 중심으로 새로운 종교를 만든 것이다. 그는 신이었는지 또는 실존의 사제였는지 알 수 없는 애매한 존재다. 오르페우스교도들은 영혼의 윤회를 믿는다. 즉 인간은 하늘 부분인 영혼과 땅 부분이 육신이 있는데 육식을 피하고 정결한 생활을 함으로써 땅 부분을 감소시키고 하늘 부분을 증대시키면 디오니소스가 된다는 것이다. 그리하여 내세에 천상의 영원한 축복을 누릴 수 있으며 그 반대면 영원한 고문 또는 일시적 고문을 당해야 한다는 것이다.

피타고라스Pythagoras(BC 582?~497?)는 수학의 연역적 변증의 창시자이기도 한데 기원전 532년경 이탈리아 크로톤Croton에서 제자들을 종교적 결사체로 창설했다. 피타고라스는 디오니소스와 교감하는 의식으로서 오르페우스의 오르기Orgy를 동감同感의 명상(Theory), 즉 지적인 쾌락으로 바꾸고 여기에 원시적인 금기사상을 덧붙여 신비 종교로 개혁한다.

그가 창설한 종교는 영혼의 윤회를 믿고 한길을 다니지 말고 콩을 먹지 말 것을 요구한다. 그 외에도 많은 원시적 금기 사항을 계율로 한다. 흰 수탉을 잡지 말 것, 빵을 뜯어 먹지 말 것, 심장을 먹지 말 것, 제비에게 지붕을 빌려주지 말 것, 재 가루에 냄비 자리를 남기지 말 것, 불빛에서 거울을 보지 말 것, 침상에서 일어나면 잠자리를 없앨 것 등이다.

이른바 피타고라스학파라는 종교 집단은 이승에서 해탈하여 저승을 지향하는 내세적인 경향이 강하다. 그리고 남녀가 같은 조건으로 가입했고 재산도 공동으로 소유했고 생활도 공동으로 영위했으며 과학과 수학의 발견도 집단을 통해 이루어졌다. 이처럼 피타고라스학파는 종교 공동체였던 것이다.

버넷John Burnet(1863~1928)은 『초기 그리스철학Early Greek Philosophy』(1892)에서 다음과 같이 쓰고 있다.

초기 그리스철학Early Greek Philosophy

우리는 이 세상에서 손님이다. 우리의 육신은 영혼의 무덤이다. 그러나
자살함으로써 이 무덤에서 도피하려 해서는 안 된다. 왜냐하면 우리는
모두 목자인 신의 소유물이며 그의 명령 없이는 스스로 도피할 아무런
권리도 가지지 못한다. 모든 것 가운데 최고의 정화는 공평무사한 학문
이다. 이 학문에 전념하는 사람이야말로 참 철인이요, 그만이 '출생의
바퀴'에서 스스로 해방될 수 있다.

그들의 교리를 듣고 있으면 어느 불교 스님의 설법을 듣는 것 같다. 특히 신기한 것

은 같은 시기에 인도에서는 부처가 윤회 신앙을 설법하고 있었다는 점이다. 그러나 이들 두 종교 사이에 교류가 있었다는 증거는 아무것도 없다.

윤회설

소크라테스Socrates(BC 469~399)는 기원전 399년에 민주당파들에게 고발되어 70세 나이로 사형을 당했다. 그가 죽을 때 죄목은 '하늘 위에 있는 것들을 사색하고 땅 밑에 있는 것들을 탐구하여 악한 것을 좋은 것으로 만들어 청년들을 타락시켰다'는 것이다. 그리고 '태양은 돌덩이이며 달은 흙이라고 주장한 무신론자'라는 것이 첨부됐다. 그는 변명했지만 '국가의 신을 경배하지 않고 다른 신을 끌어들였다'고 판결했다. 그래서 소크라테스를 최초의 무신론자라고 말하는 이도 있지만 그는 유신론자였다. 오히려 그는 윤회설을 믿었다.

이처럼 그는 무신론자가 아니었다. 그는 신만이 현명하며 인간의 지혜는 아무 가치도 없다고 믿었기 때문에 지혜롭다고 뽐내던 많은 사람들의 미움을 산 것뿐이다.

그는 사형을 받기 전 최후의 연설에서 다음과 같이 윤회설과 내세에 대해 말한다.

파이돈Phaidon

우리 가운데 죽음이 악이라고 생각하는 사람은 잘못이다. 영혼이 다른
세상으로 옮겨 사는 것일 것이다. 떠날 시간은 왔다. 우리는 각각 우리
들의 길을 가자. 나는 죽음에로! 그리고 여러분은 삶에로! 그러나 어느
편이 더 좋은지는 신만이 알 것이다.

그는 훗날 스토아학파처럼 덕을 숭상했고 키니코스학파처럼 재물을 천시했다. 그는 금욕과 경건을 말하는 오르페우스교의 성자였던 것이다. 다만 그는 덕스럽게 되기 위해서 지혜를 찾으려 함으로써, 다시 말하면 끝없이 질문을 하는 철학을 함으로써 미움을 사서 사형에 처해진 것이다. 그러므로 그는 서양철학의 아버지로 또한 성자로 칭송되고 있다.

플라톤Platon(BC 428?~348?)의 대화편인 『파이돈Phaidon』에 기술된 소크라테스가 순교한 모습은 영혼불멸에 대한 신앙과 그리스도의 수난과 십자가의 원형을 보는 것 같다. 실제로 대화편에는 기독교 교리로 될 만한 많은 교리가 있다. 성 바울Paul이나 교부들의 신학은 직접적으로나 간접적으로나 대체로 여기서 영향을 받았다.

『파이돈』보다 먼저 쓰인 대화편인 『크리톤Criton』에 의하면 소크라테스의 친구들과 제자들이 그를 테살리아Thessalia로 도망치도록 계획한다. 그러나 자기는 법의 정당한 절차로 유죄 판결을 받았으므로 이러한 합법적인 벌을 피함으로써 불법을 행하는 것은 잘못이라고 타이른다. 그리고 그는 "다른 사람에게 해를 받았을지라도 그에게 악을 악으로 갚아서는 안 된다"는 산상수훈을 상기시키는 원리를 선포한다.

그는 덧붙여 "철학의 정신을 가진 사람은 죽음을 두려워하지 않고 오히려 환영할 것이다. 그러나 자살은 하지 않는다"고 말한다. 이에 대해 친구들이 묻자 그는 오르페우스교의 교리에 따라 다음과 같이 대답한다.

크리톤Criton

비밀 속에 속삭이는 한 교리가 있다. 이에 의하면 사람은 문을 열고 달아날 권한이 부여되지 않은 죄수와 같다. 이것은 나에게는 이해하기 어려운 큰 신비이다. 나는 지금 현명하고 선한 다른 신들에게 가려고 한다.

이것은 기독교 신자가 할 답변과 거의 같은 것이다. 이들은 죽음을 영혼과 육신의 분리라고 생각한 것이다. 여기서부터 정신과 물질이라는 이원론이 탄생한다.

당시 사람들은 병에 걸렸다가 나으면 아스클레피오스Asklēpios 신에게 닭을 한 마리를 바치는 관습이 있었다. 소크라테스는 위독한 열병에 걸렸다 나은 적이 있다. 그는 죽을 때 그것을 생각해 냈다. 그리고 죽기 직전 크리톤Criton에게 "신에게 닭 한 마리를 바치기로 약속했으니 그것을 갚아달라"고 마지막 유언을 했다.

플라톤은 『티마이오스Timaios』에서 피타고라스학파의 천문학자인 티마이오스 Timaios라는 사람의 입을 빌려 세계 창조의 역사를 이야기한다. 창조주는 모든 동물들의 죽지 않는 신적 부분을 만든 후에, 그 동물들의 죽는 부분은 다른 신들에게 만들도록 남겨놓았다는 것이다. 그리고 다음과 같이 말한다.

티마이오스Timaios

창조주는 모든 별에게 각각 영혼 하나씩을 창조했다. 영혼은 감각과 애정과 공포와 성냄을 갖고 있다. 만일 이것들을 극복한다면 영혼은 바르게 살 수 있고 만일 극복하지 못하면 정의롭지 못하게 된다. 만일 어떤 사람이 살아 있는 동안 훌륭하게 산다면 그는 죽은 후에 그의 별 속에서 영원히 행복하게 살게 된다. 그러나 그가 악하게 살면 그는 내세에서 여자가 될 것이며, 만일 그때에도 악하게 산다면 그때는 금수가 될 것이다. 이와 같이 윤회를 통하여 마침내 이성이 승리를 하게 된다.

창조주는 어떤 영혼은 지상에, 또 어떤 영혼은 달에, 또 어떤 영혼은 다른 유성이나 별에 두었다. 그리고 그 영혼들의 육신은 신들에게 만들도록 남겨두었다. 피조물은 두 가지 종류의 원인이 혼합되어 있다. 하나는 지혜의 원인으로서 정신에 부여되어 있고 아름답고 선한 것을 만들어 내며, 다른 하나는 운동의 원인으로서 필연성이며 무질서하고 무계획적인 결과를 낳는다.

전쟁의 신

그리스에는 대중들의 풍요의 신 이외에 헬라스 문명 제1의 산물인 호메로스Homeros의 서사시에서 노래한 지배자들의 전쟁신이 있다. 『일리아스Ilias』와 『오디세이아Odysseia』는 기원전 750~550년경까지 약 200년에 걸쳐 쓰인 것이라고 한다. 이 서사시들은 기원전 500년경부터 아테네 교육의 중요한 부분을 차지하고 있었고, 청년들은 호메로스를 외우기 시작했다. 그리고 오늘날까지 인류는 호메로스를 사랑하고 전쟁을 사랑하고 있다.

노예들이나 천민들은 자연의 땅을 파고 농사를 짓는 것만이 살길이었으므로 풍작을 기원하기 위해 모신母神을 믿었으나, 약탈만이 살길이라고 생각한 귀족들은 전쟁신을 숭배했다. 이 신들은 세계를 정복하기를 원할 뿐 세계의 창조자임을 요구하지 않는다. 그리고 귀족들은 왕국을 점령하여 세금으로 산다. 그러므로 세금을 내지 않는 자들을 벼락으로 치는 신이 필요할 뿐, 풍작의 신은 관심이 없었다. 저들은 정복자며 추장이요, 왕권을 가진 해적이었다. 저들은 싸우고 축하하고 마시고 취하며 노래하고 노획한 노예들을 보고 즐거워했다.

헤라클레이토스Herakleitos(BC 540?~480?)는 세계의 근원을 불(火)이라는 일자一者의 유전으로 보았다. 그 불은 전쟁의 신이다. 그에게 세계는 모든 것에 대해 동일하며 신도 사람도 누가 만든 것이 아니다. 이 불은 과거·현재·미래를 통하여 법칙에 따라 타고, 법칙에 따라 사라지며, 영원히 살아 있는 존재다. 불의 변형은 제일 먼저 바다요, 바다의 반은 육지요, 반은 회오리바람이다. 아무것도 항존恒存하지 않으며 모든 것은 생성된다. 태양은 매일매일 새롭다. 모든 것은 유전한다. 불은 공기의 죽음으로 살고, 공기는 불의 죽음으로 살며, 물은 흙의 죽음으로 살고, 흙은 물의 죽음으로 산다. 전쟁은 모든 것에 보편적인 것이요, 투쟁은 정의다.

유대인의 부족신 야훼 인도의 고대 신화집인 『베다Veda』에는 3억이 넘는 신들의 이름이 나온다. 이처럼 인도에는 수많은 신들이 있으나 헬라스와 가나안의 다신론多神論과는 달리 그들은 근원적 실재인 브라만Brahman이 여러 모습으로 현신現身한 것에 불과하다고 생각했다. 이를 아바타르Avartar라 하는데 세상에 자연 질서가 손상되면 그것을 복원하기 위해 여러 모습으로 지상에 내려온다는 것이다.

고대 그리스인들의 신(Theos)은 다신多神이었으므로 유일자나 절대자가 아니었다. 기원전 8세기 헤시오도스의 『신통기』에 의하면 300여 명의 신들의 이름이 나온다.

그 신들은 다만 초인적인 능력을 가졌을 뿐 인간과 똑같이 고유한 이름을 가지고 감정을 가진 인간적인 존재였다. 이처럼 이들의 신들은 동양의 보편적이고 유일 최고의 신인 하느님 즉 천제天帝와는 달리 창조주가 아니었다. 그들은 무無에서 유有를 창조한 것이 아니라 카오스(혼돈 또는 흑암)에 무늬와 질서를 줄 뿐이었다.

이 점은 수메르의 신들도 마찬가지다. 인류 문명의 기원은 수메르 문명이라고 한다. 그런데 지금까지 발견된 수메르 토판에는 3,600명의 신들의 이름이 나온다고 한다. 이처럼 신들이 많은 이유는 하늘의 신과 땅의 신이 결혼하여 정기의 신을 낳고, 하늘의 신과 지하의 신이 결혼하여 샘물의 신을 낳는 것을 시작으로 이들 신들이 결혼하여 계속 신들을 낳기 때문이다.

또한 지중해 연안 가나안 지방에 널리 퍼진 토착신으로 만신전萬神殿의 최고의 신 엘El과 주신主神인 '바알Baal'도 보편적인 유일신이 아니었다. 바람과 비의 신 '바알'은 바다와 강의 신 '얌Yam'과 우물과 샘의 신 '아스타르테Astarte'와 죽음의 신인 '모트Mot'를 물리치고 왕이 된 만신전의 주신이었다. '바알'은 농경민족의 비와 풍요의 신이라는 점에서 그리스인의 포도와 풍요의 신 디오니소스와 상통한다.

소수 민족인 유대민족의 신 '야훼'도 여러 신(God)들 중 하나였을 뿐 인류적이며 보편적인 창조주 유일신은 아니었다. 특히 전쟁의 영웅인 모세가 믿은 야훼는 다른 민족을 말살하라고 요구하는 전쟁신이었다. 이 점에서 평화와 민중 해방의 신인 묵자의 하느님과는 첨예하게 대립한다. 다만 동방의 예수가 나타나 부족신 야훼를 인류적 평화의 신으로 종교개혁을 했다.

동양의 '하느님'은 고유명사가 아니라 유일 최고의 신에 대한 보편명사다. 그러나 신(God)이라는 명사는 여러 신들의 이름을 부르는 대명사이므로 하느님과는 구별한다. 이처럼 '하느님' 또는 '천제' 또는 '상제上帝'는 사람의 이름이 아니라 관직 이름과 비슷한 보통명사일 뿐이다. 그러나 서양의 '야훼'는 유대족의 부족신이므로 이 점에서 동양의 여신 '여왜'와 비슷하다. 그러므로 야훼는 동양의 보편명사인 하느님과는 다른 것이다. 그래서 학자들은 하느님 또는 상제는 유일신唯一神이라 부르고 야훼는 단일신單一神이라 부른다.

또한 야훼는 전쟁신이고 창조주이며 해방의 신이라는 점에서, 초능력적인 인간의 모습을 한 그리스의 신(God)들과는 다르다. 그리고 전쟁신이라는 점에서 묵자의 천제와도 다르다. 야훼는 다음과 같이 다른 종족의 인종청소를 좋아하는 잔인한 전쟁신이다. 그러니 야훼가 예수님 말씀대로 회개를 하고 거듭나지 않는다면 어찌 인류적 보편신인 하느님이 될 수 있겠는가?

신명기/7장/1~5절

너희 신 야훼께서 이제 너희가 쳐들어가 차지하려는 땅에 너희를 이끌어

들이시고 인구가 많은 민족들을 너희 앞에서 모조리 쫓아내실 것이다.

그들은 너희보다 인구가 많고 강대한 헷족, 기르가스족, 아무리족, 가나

안족, 부리즈족, 히위족, 여부스족 등 일곱 민족이다.

너희 신 야훼는 그들을 너희 손에 붙여 꺾으실 것이다.

신명기/20장/15~18절

너희 신 야훼께서 유산으로 받은 이민족의 성읍들에서는 숨 쉬는 것을

하나도 남김없이 살려두지 말라!

그러니 헷족, 아모리족, 가나안족, 브리즈족, 히위족, 여부스족은 너희

신 야훼께서 명령하신 대로 전멸시켜야 한다.

신명기/2장/31~34절

야훼께서 나에게 이르셨다.

"보아라! 내가 바야흐로 시혼과 그의 땅을 너희에게 넘겨 줄 터이니

이제부터 그의 땅을 하나씩 차지하도록 해라!"

그때 우리는 그의 성읍들을 모조리 점령하고 남자, 여자, 아이 구별하지

않고 모든 주민을 전멸시켰다.

신명기/3장/3~4절

우리 신 야훼께서 바산의 왕 옥과 그의 온 백성도 우리의 손에 붙여주셨으므로 우리는 그들을 하나 남기지 않고 쳐 죽일 수 있었다.

민수기/21장/1~3절

내겝에는 가나안 사람 아랏왕이 자리 잡고 있었다.

야훼께서는 이스라엘의 호소를 들으시고 가나안 사람을 그들의 손에 붙이셨다.

이스라엘은 그들의 성읍을 모조리 전멸시켰다.

여호수아/12장/7~24절

여호수아가 이스라엘 백성을 거느리고 요르단 강 서편에서 쳐 죽인 왕의 총수는 서른한 명이었다.

사무엘 상/15장/1~23절

사무엘이 사울에게 전했다.

"만군의 대장이신 야훼의 말씀을 들으시오. 너는 당장에 가서 아말렉을 치고 그 재산을 사정 보지 말고 모조리 없애라! 남자와 여자, 아이와 젖먹이, 소떼와 양떼, 낙타와 나귀 할 것 없이 모조리 죽여야 한다."

동양의 유물론

천기론 공자가 활동하던 춘추시대는 천신天神 외에 지신地神과 산천신山川神, 곡신穀神과 조상신祖上神을 섬기던 신국神國 시대였다. 그런데도 『논어』의 글들을 읽어보면 공자는 신불가지론神不可知論을 펴고 있다. 이러한 현상은 당시 전란으로 천자의 권위와 함께 신의 권위가 실추하고 유물론唯物論적 경향이 풍미한 것에 영향을 받았을 것이라는 추측을 하게 된다.

사실 소박한 유물론은 공자 이전부터 널리 펴져 있었다. 서주西周 말에 이르자 세상이 어지러워지면서 천제天帝에 의문을 품기 시작한 때부터 유물론이 부상했고 춘추시대에는 천명론을 위협할 정도로 관민에 널리 유포됐던 것이다.

기원전 780년에 경기 지방에 지진이 일어났는데 주나라 대부 백양보伯陽父는 "양기가 올바른 자리를 잃고 음기에 눌린 탓"이라고 설명했고(『국어國語』「주어周語」상), 기원전 644년에 송나라에 5개의 운석이 떨어졌는데 이에 대해 대부 숙흥叔興은 "신神의 진노가 아니라 음양조화陰陽造化의 자연현상"일 뿐이라고 말했다(『좌전左傳』「희공僖公 16년」). 이는 음양론이 지배계급에게도 널리 유포되고 있었음을 말해 주고 있다.

대체로 우리는 유물론은 서양사상이고 마르크스를 연상하지만 그렇지 않다. 고대로부터 기존 체제를 부정하는 개혁론자들이 대체로 유물론적인 경향이 있는 것은 동서양을 막론하고 마찬가지였다. 왕권신수설王權神授說을 부정하기 위해서는 신을 부정하거나 그 신이 민중 해방의 신이 되어야 하기 때문이다. 춘추전국시대에 왕권 천명론天命論을 부인하며 변법變法을 주장한 패도주의자들은 대부분 유물론적이었다.

그리고 이러한 소박한 유물론은 천지와 인간을 설명하는 이론으로 발전해 나간다. 특히 관자는 인류 최초의 철학자라고 불리는 그리스의 탈레스보다 100여 년 앞서 만물의 본원은 천제가 아니라 물(水)이라고 주장했으며, 천지天地의 근원은 기氣라고 말했다. 이처럼 천天은 인격신이 아니라 음양조화에 불과하다는 생각을 천기론天氣論이라고 말한다(이 책 4장의 '존재론' 참조).

<table>
<tr><td>**천인분이설**</td></tr>
</table>

천인분이설天人分異說이란 이상 설명한 정기론에 영향을 받았지만 유물론처럼 신神을 부인하지는 않고 다만 신이 있다고 해도 인간의 역사에 관여하지 않는다는 주장을 말한다. 이것은 유신론唯神論과 유물론唯物論을 절충한 것으로 보인다. 이러한 경향은 인본주의를 촉발하고 유교의 천제 신앙에 대한 종교개혁의 동력으로 작용한다. 유교 교리로 굳어진 동중서의 '천인감응설天人感應說'은 공맹의 천명론天命論을 근거로 한 것이지만, 그의 종교적 위학(讖緯儒學)이 민간신앙으로 득세하면 할수록 공자의 경학(經世治學)을 누르고 미신화되는 경향으로 흐른다. 이에 혁신적인 유가들이 위학을 억누르고 경학을 복원시키기 위해 '천인분이설'을 수용하여 천天의 주재성主宰性을 거부하고 역사의 주인은 인간이라고 주장한 것이다.

'천인분이설'의 시조는 정鄭나라의 자산子産(?~BC 522)이다. 일찍이 자산은 "천도天道는 멀고 인도人道는 가까운 것이며 소급하는 것이 아니다"라고 말했다. 이것은 천명론과 정면으로 배치되는 것으로 유물론적인 천기론에 영향을 받은 신관이라고 할 것이다.

좌전左傳/희공僖公15년(BC 645)

진晉 혜공惠公이 진秦나라에 볼모로 있을 때 한탄하며 말했다.	及惠公在秦日
"선왕께서 사소史蘇의 점괘를 따랐더라면	先君若從史蘇之占
내 신세가 이 지경이 되지는 않았을 것이다."	吾不及此
한간韓簡이 모시고 있다가 말했다.	韓簡侍日
"거북점은 상象으로 나타내고, 주역점은 수數로 나타냅니다.	龜象也 筮數也
만물이 태어나면 상이 있고	物生而後象
상이 번성하니 수가 생겼습니다.	象而後滋 滋而後有數.

선대의 패덕이 얼마나 많은데   先君之敗德 及可數乎

점괘를 따랐던들 무슨 이익이 있었겠습니까?   史蘇是占 勿從何益

『시경』에 이르기를   詩曰[41]

'민중의 재앙은 하늘에서 내리는 것이 아니고,   下民之孼[42]

앞에서는 알랑거리고   僔[43]沓[44]背憎

뒤에서는 증오하는 귀인貴人들 때문'이라 했습니다."   職競由人.

좌전左傳/소공昭公18년(BC 524)

정나라 자산이 말했다.   子産曰

"천도는 멀고 인도는 가까운 것이며   天道遠人道邇

소급하는 것이 아니다.   非所及也.

어찌 그것을 아는가?   何以知之.

거북이를 구워서 천도를 안다고 하지만   龜焉知天道

이 역시 말이 많다 보면 혹시 맞을 때도 있지 않겠느냐?" 是亦多言矣 豈不或信.

관자와 자산에 이어 장자와 순자도 천天의 인격성을 제거하고 천을 자연自然으로 해석했다. 따라서 이들은 천을 주재主宰의 신으로 보지 않으며 따라서 천인감응설을 부인한다. 즉 천은 자연법칙일 뿐 역사에 관여하지 않는다고 본 것이다.

장자莊子/내편內篇/대종사大宗師

하늘은 사사로이 덮어주지 않고   天無私覆

땅은 사사로이 실어주지 않는다.   地無私載.

41_ 『詩經』「小雅」「節南山之什」「十月之交」.

42_ 孼(얼)=庶出. 災也. 匪降自天.

43_ 僔(준)=恭敬也.

44_ 沓(답)=合也.

천지天地가 어찌 사사로이 나를 가난하게 하겠는가?　　　　天地豈使貧我哉.

순자荀子/천론天論

하늘은 사람이 추위를 싫어한다고 겨울을 거두지 않으며　　　天不爲人之惡寒也輟冬.

땅은 사람이 먼 것을 싫어한다고 넓이를 줄이지 않는다.　　　地不爲人之惡遠也輟廣.

하늘은 변함없는 도를 운행하고　　　天有常道矣

땅은 변함없는 도리를 행하고　　　地有常數矣

군자는 변함없이 그것을 체현할 뿐이다.　　　君子有常體矣.

하늘의 운행은 상도常道가 있을 뿐　　　天行有常

요임금을 존속게 하고, 걸왕을 멸망케 하지 않는다.　　　不爲堯存 不爲桀亡.

상도에 따라 다스리면 흥하고　　　應之以治則吉

상도를 어지럽히면 흉하다.　　　應之以亂則凶.

산업을 힘쓰고 소비를 절검하면 하늘도 가난하게 할 수 없고　　　彊本而節用 則天不能貧

순리로 양생하고 때에 알맞게 행동하면　　　養備而動時

하늘도 병들게 할 수 없고　　　則天不能病

도를 따르고 배반하지 않으면　　　修[45]道而不貳[46]

하늘도 재앙을 내릴 수 없다.　　　則天不能禍

그러므로 천天과 인人의 각각의 분수를 밝히면　　　故明於天人之分

지인至人이라 할 것이다.　　　則可謂至人矣

기우제를 지내면 비가 오는 것은 무슨 까닭인가?　　　雩[47]而雨何也.

45_ 修(수)=循의 誤.

46_ 貳(이)=倍也.

47_ 雩(우)=夏祭樂於赤帝 以祈甘雨也.

아무런 까닭이 없다.	曰 無何也
기우제를 지내지 않아도 비가 오는 것과 같다.	猶不雩而雨也.
일식 월식을 하면 회복되기를 빌고	日月食而救之
가뭄이 들면 기우제를 지내듯이,	天旱而雩
점친 연후에 큰일을 결정하는 것은	筮然後決大事
그것으로 해결된다고 생각해서가 아니라	非以爲得求也
문화로 꾸미는 것뿐이다.	以文之也.
그러므로 군자는 그것들을 문화로 생각하고	故君子以爲文
백성들은 귀신의 신통력이라 생각한다.	而百姓以爲神.

신본에서 인본으로

관자와 순자의 '천인분이설天人分異說'은 전승되어, 당대唐代에는 '천天·인人은 서로 미치지 않는다'는 '천인불상예설天人不相預說'을 주장한 유종원柳宗元(773~819)과 '천의 직능을 인이 할 수 없고 인의 직능을 천이 할 수 없다'는 '천인상승설天人相勝說'을 주장한 유우석劉禹錫(772~842)으로 계승된다. 이러한 천인분이설은 훗날 신본주의神本主義를 후퇴시키고 인본주의人本主義를 강화하는 동력으로 작용한다.

그러나 이보다 앞서 인본주의는 유물론의 대두와 함께 제기된 문제였다. 기원전 706년(『좌전』「환공桓公6년」) 수隨나라의 명신 계량季梁은 "백성은 신神의 주인"이라고 주장한 바 있다. 기원전 662년에 주나라 태사 은囂은 "민民을 따르면 나라가 흥하고, 신을 따르면 나라가 망한다"고 말했다. 그 외에도 『서경』의 기록을 보면 요순 때나 주초周初에도 경신敬神을 하면서도 인간 중심적이었음을 알 수 있다. 이처럼 공자 이전부터 제사는 이미 신을 위한 것이 아니라 백성을 위한 것이 되어 있었다. 이러한 유물론적 경향을 천명론에 종합한 것이 바로 공자의 제정祭政이었다.

서경書經/우서虞書/고요모皐陶謨

하느님이 총명함은 우리 백성이 총명하기 때문이며

하느님이 밝고 두려운 것은 백성이 밝고 두려운 것이다.

하느님은 상하를 두루 살피시니 공경하라!

땅을 가진 자들이여!

天聰明自我民聰明.

天明畏自我民明威.

達于上下

敬哉有土.

좌전左傳/환공桓公6년(BC 706)

계량이 말했다. "소신이 말하는 도道란

민民에게 충실하고, 신神에게 신실한 것을 말합니다.

윗사람이 백성을 이롭게 하려고 고심하는 것이 충忠이고

제관과 점관이 바르게 말하는 것이 신信입니다.

그런데 지금 민은 굶주리는데

군주는 욕심만 채우려 하고

축관과 제관은 거짓으로 제사를 올리니

소신은 그것이 옳은지 알 수 없습니다."

군주가 말했다.

"희생물은 완전하고 살졌으며 젯밥은 풍성한데

무엇 때문에 믿지 않는 것이오?"

계량이 답했다.

"무릇 민중은 신의 주인입니다.

그러므로 성인은 먼저 민중을 고르게 살게 한 연후에

신에게 치성을 드리는 것입니다."

所謂道

忠於民 而信於神也.

上思利民 忠也

祝史正辭 信也.

今民餒

而君逞[48]欲也.

祝史矯擧以祭

臣不知其可也.

公曰

吾牲牷肥腯 粢盛豊備

何則不信.

對曰

夫民 神之主也

是以聖王先成[49]民

而後致力於神.

48_ 逞(영)=盡, 縱也.

49_ 成(성)=平也.

좌전左傳/장공莊公32년(BC 662)

국어國語/주어周語 상/내사과론신內史過論神

신神이 내려와 신莘이라는 땅에 머문 지가 육 개월이었다.	神居莘六月
괵虢나라 군주가 대축大祝 응應과 대종大宗 구區와	虢公使祝應宗區
태사太史 은을 시켜 제사를 올리고	史囂享焉
토지를 내려준다는 신탁을 받았다.	神賜之土田.
태사 은이 물러나서 말했다. "괵나라는 망할 것이다.	史囂曰 虢其亡乎
내가 들은 바로는 '나라가 흥하려면 민중에게 듣고	吾聞之 國將興聽於民
망하려면 신에게 듣는다'고 했다.	將亡聽於神.
신은 총명하고 정직하며 한결같으니	神聰明正直 而一者也
사람에 의지하여 행한다.	依人而行.
괵나라는 너무 덕이 박한데 어찌 땅을 얻을 수 있겠는가?"	虢多涼德 其何土之能得.

묵자의 하느님과 예수

묵자의 하느님

이상 살펴본 것처럼 하느님 신앙은 고대 동서양에 공통된 문화 현상이었음을 알 수 있다. 그러므로 묵자의 하느님 신앙이 특별히 중국의 독단적인 현상은 아니었다. 그렇지만 그 내용에 있어서는 현저히 다른 모습인 것을 유의해야 한다. 특이한 것은 요순과 공자의 하느님은 그리스의 신들이나 유대족의 야훼와는 전혀 다른 모습인데 묵자의 하느님은 조선의 한울님이나 예수의 하느님과 너무도 닮은 모습이라 놀라지 않을 수 없다. 우리는 이 점을 유의하면서 묵자의 하느님에 대한 말을 읽어야 한다.

① 조물주

이 점에서 묵자의 하느님은 기독교와 같다. 조물주와 피조물의 관계는 하느님을 시조로 믿는 혈연관계와는 달리 절대적인 상하 관계다. 그러므로 인간은 하느님을 경배하고 복종해야 한다. 다만 묵자는 보답해야 한다고 말할 뿐 복종과 경배를 요구하지 않는다는 점에서 기독교의 신관과 다르다.

묵자墨子/법의法儀

천하의 크고 작은 모든 나라는	今天下 無小大國
모두 하느님의 고을이다.	皆天之邑也.
사람은 어린이나 어른이나 귀하거나 천하거나	人無幼長貴賤
모두 똑같은 하느님의 신하다.	皆天之臣也.

묵자墨子/천지天志 중

지금 하늘은 천하를 평등하게 아울러 그들을 사랑하고	今夫天兼天下而愛之
만물을 서로서로 자라게 하여, 이롭게 하고 있다.	撽遂萬物以利之
털끝 하나라도 하늘의 하심이 아닌 것은 없으며	若豪之末 非天之所爲也
백성들은 그것을 얻어 이롭게 하는 것인즉	而民得而利之
참으로 크다 할 것이다.	則可謂否矣
그런데도 유독 하느님께 보답할 줄 모르니	然獨無報夫天
그것이 어질지 않고 상서롭지 못한 일인 줄을 모르고 있다.	而不知其爲不仁不祥也.

② 유일신

기독교의 야훼는 원래 유일 최고의 하느님이 아니고 이스라엘 민족의 부족신이었다. 그러므로 야훼는 자기 후손들에게 내 앞에 다른 신을 두지 말고 자기만을 섬기라고 요구한다. 이것을 학자들은 단일신이라고 말한다. 만약 야훼가 묵자의 하느님과 같이 유일신이었다면 내 앞에 다른 신을 두지 말라는 계명이 필요치 않았을 것이다.

그러나 유대인들이 기원전 6~8세기경 수메르의 유일신 문명권인 바빌론에 유폐되는 민족 수난기를 겪고 난 이후부터 바빌론의 영향을 받은 이사야Isaiah 등 선지자들이 야훼를 부족신에서 인류의 신으로 보편화하기 시작했다. 즉 야훼는 천지의 창조주이며 모든 인류와 역사의 심판자라고 가르치기 시작한 것이다(「이사야」 40장 이하, 「아모스」 1장 이하 참조).

이러한 이사야의 가르침과 묵자의 하느님에 영향을 받은 예수의 하느님은 유일신이 되었고, 유일신이었으므로 질투의 신이 아니라 관대한 사랑의 신이 되었다. 그러나 이러한 예수의 하느님이 로마에 귀화하면서 동양적인 요소가 탈각되고 본래의 배타적인 신으로 되돌아간다. 그래서 서양의 하느님은 약탈자이며 무사들인 그리스 신들과 여기에 부족신이며 전쟁신인 야훼가 결합되어 분노와 질투의 신이 되었던 것이다.

그러나 묵자의 하느님은 부족신의 요소가 전혀 없으며 또한 전쟁신의 요소도 전혀 없다.

묵자墨子/천지天志 상

그러므로 하느님은 천하의 가장 고귀한 분이며   故天子者天下之窮貴也
가장 부유한 분이다.   天下之窮富也.

③ 인격신

묵자의 하느님이 인격신이란 점에서는 기독교와 비슷하다. 그러나 기독교의 신은 그리스적인 영향을 받아 육체를 가진 신이었으나 묵자의 신은 육신을 갖지 않는다. 그러므로 묵자의 하느님의 인격은 섭리에 가깝다. 그래서 묵자는 역사의 주체는 신이 아니고 인간 자신이라고 주장한 것이다. 즉 역사에 있어서는 하느님은 민중과 별도의 인격을 갖지 않고 민중의 뜻이 바로 하느님의 인격이었다. 이 점은 한국의 서남동徐南同(1918~1984), 안병무安炳茂(1922~1996), 문익환文益煥(1918~1994) 목사 등의 민중신학과 출발점과 지평이 매우 유사하다.

묵자墨子/상현尙賢 중

옛날 성왕들이 잘 살펴	故古聖王 以審
어진 이를 찾아 숭상하고 능한 이를 부려 정치를 한 것은	以尙賢使能爲政
하늘을 본받아 그렇게 했던 것이다.	而取法於天.
비록 하늘은 가난한 자와 부유한 자, 귀한 자와 천한 자,	雖天亦不辯貧富貴賤
먼 자와 가까운 자, 측근자와 소원한 자를 차별하지는 않지만	遠邇親疏
어진 이는 들어 높이고	賢者擧而尙之
어질지 못한 자는 억누르고 내친다.	不肖者抑而廢之.

묵자墨子/천지天志 중

하늘의 뜻은	天之意
큰 나라가 작은 나라를 공격하고	不欲大國之攻小國也
큰 가문이 작은 가문을 어지럽히고	大家之亂小家也
강자가 약자를 겁탈하고 다수가 소수를 폭압하고	强之暴寡
지혜로운 자가 어리석은 자를 속이고	詐之謀愚
귀한 자가 천한 자를 업신여기는 것을 바라지 않는다.	貴之傲賤
이것은 하늘이 원하지 않는 것들이다.	此天之所不欲也.
여기에 그치지 않고 더 나아가	不止此而已
하늘은 사람들에게 힘을 가진 자는 서로 도와주고	欲人之有力相營
도리를 가진 자는 서로 가르쳐 인도하고	有道相敎
재물을 가진 자는 서로 나누어주고	有財相分也
또한 윗사람은 힘써 다스리고	又欲上之强聽治也
아랫사람은 힘써 일을 하기를 바란다.	下之强從事也.

④ 강림하는 신

묵자의 하느님은 자신의 뜻이 이 땅에 실현되기를 바라기 때문에 자기의 뜻을 순종하는 자에게는 상을 주고, 자기의 뜻을 거역하는 자에게는 벌을 내리는 신이다. 이 점에서 기독교의 하느님과 기본적으로는 동일하지만 약간 다른 점이 있다.

첫째, 묵자의 하느님은 때가 되면 육신으로 부활하여 이 땅에 강림한 뒤 심판을 한다는 구도가 없다. 오직 오늘 이 땅 위에 자신의 뜻인 겸애와 교리를 펴 대동의 안생생 사회를 이룰 것을 민중에게 명령할 뿐이다. 그러므로 부족신처럼 자기 부족과 자기를 믿는 자들을 위해 복을 내리고 적들을 심판하는 질투의 신이 아니므로 금기와 기복이 없다.

이처럼 묵자의 하느님은 육신으로 강림하지 않고 뜻으로 강림하므로 하느님의 뜻을 이 땅에 펴는 임무는 민중의 몫이다. 다만 하느님은 민중의 뜻이므로 이 땅에 상벌을 시행하는 방법은 하느님의 뜻인 민중의 뜻에 따라 민중과 민중의 귀신들이 상벌을 대신 시행할 뿐이다(「명귀明鬼」편 참조). 그러므로 묵자의 하느님은 역사의 주체가 아니었고, 인간이 자기의 뜻을 이 땅 위에 실현하는 만큼만 복을 내린다.

둘째, 그 상벌을 시행하는 시기에 있어서도 다르다.

묵자의 하느님은 하느님의 뜻을 당장 실현하려 하지만, 예수의 하느님은 최후의 심판 때까지 기다린다. 묵자는 천당을 예비하지 않고 이 땅 위에 천국을 건설하려 하지만, 예수는 천당을 예비하고 심판의 때를 기다린다. 그러므로 묵자의 제자들은 행동으로 투쟁한 협객 집단이었고, 예수의 제자들은 종말과 심판의 때를 예비하며 인내하는 비밀 종교 집단이었다.

묵자墨子/천지天志 중

또 선왕들의 책에서는	又以先王之書
하늘의 밝고 영원한 도를 훈도하시어 알게 하셨으니	馴[50]天明不解之道也知之.
이르기를 '밝은 벼리이신 하느님	曰 明哲維天
권세로 이 땅에 임하소서!'라고 했다.	臨君下[51]土.

50_ 馴(순)=馬順也, 奉令也, 訓也.

오직 하느님의 뜻을 밝히고 순종하며	故唯毋明乎順天之意
받들어 천하에 널리 편다면	奉而光施之天下
형벌과 정치가 다스려지고 만인은 화목하며	則刑政治 萬民和
국가는 부유하고 재화와 이용후생은 풍족하며	國家富 財用足
백성들은 모두가 따뜻한 옷을 입고 배부르게 먹으며	百姓皆得 煖衣飽食
편리하고 안녕하여 근심이 없을 것이다.	便寧無憂.

⑤ 사랑의 신

묵자 사상의 핵심은 겸애兼愛(평등한 사랑)라 할 수 있으며 이것은 하느님에게서 나온 것이다. 겸兼은 별別의 반대로 두루 평등하다는 뜻이다. 묵자는 유가들의 인仁은 개인적이며 차별적인 사랑 즉 체애體愛라고 비판한다. 그래서 공자의 인은 노예나 농노의 불평등을 인정한다. 그러므로 사회적 평등인 겸애와는 다르다고 강조한다.

그러므로 평등 공동체를 지향하는 묵자의 겸애는 효孝와 충忠을 강조하지 않지만, 공맹孔孟의 인은 가부장적 가족 질서와 씨족의 가문 질서를 국가로 확대하려는 봉건제를 지향하므로 효와 충이 강조된다. 묵자는 겸애를 사회관계 속에서 이웃을 내 몸처럼, 남의 가족을 내 가족처럼, 남의 나라를 내 나라처럼 생각하고 이롭게 하는 것이라고 말한다. 그러므로 겸애는 마르크스가 공산사회의 소외되지 않는 인간을 말한 '유적 존재'와 맥락을 같이한다고 볼 수 있을 것이다.

묵자墨子/천지天志 상

하늘은 고을과 인민을 보존해 주시는데	天有邑人
어찌 (그분의 소유인 사람을) 사랑하지 않겠는가!	何用弗愛也.

51_ 下(하)=底也, 降也.

묵자墨子/법의法儀

하늘이 사람을 평등하게 사랑하고	奚以知天兼而愛之
이롭게 해주는 것을 어떻게 알 수 있는가?	兼而利之也.
하느님은 사람을 두루 보전하고	以其兼而有之
두루 평등하게 먹여주기 때문이다.	兼而食之也.

⑥ 정의의 신

묵자의 하느님은 정의의 근원이 되는 신이다. 정의는 부모와 학문과 천자로부터 나온다는 유가의 주장과 정면으로 반대된다. 그래서 유가들은 묵가를 부모를 모르는 금수와 같은 자들이라고 공격한 것이다. 그런데 묵자가 말하는 의義는 영구불변의 관념론적인 도리가 아니라 민중의 이익이라고 말한다. 묵자가 말하는 정의는 민중과는 상관없이 미리 정해져 있는 신비한 것이 아니라 민중이 결정하는 민중의 이익이었다.

다시 말하면 하느님을 의義의 근원이라고 하는 것은 하느님께서 민중의 뜻과 선택을 정의로써 재가한다는 뜻이다. 그래서 옛날 민중이 선출한 군주들은 하느님의 뜻을 따라 하느님이 바라는 대로 민중에게 이로운 것을 행하고, 민중에게 해로운 것을 하지 않았기에 성왕이라고 칭송한다는 것이다.

묵자에게는 목숨보다 귀중한 것이 정의였으므로 "자기를 죽여 천하가 보존된다면 그것은 천하에 이롭게 한 것"이라고 말했다. 즉 인민을 이롭게 하는 것, 그것이 내 생명보다 더 귀하고, 또한 그것이 하느님의 뜻이라는 것이다. 마치 정의의 투사와 같다.

그러나 주의할 것은 성경에서의 '말씀'과 묵자의 '천지天志'는 다르다는 점이다. 『신약성경』「요한복음」첫 구절은 "태초에 말씀(로고스)이 있었다. 이 말씀은 신과 함께 있었으니 이 말씀은 곧 신이다"라고 기록하고 있다. 여기서 '로고스logos'는 언어라는 뜻 외에도 이성, 정의, 법칙이라는 뜻을 포함하고 있다. 그러므로 성경에서의 '말씀'은 이성 또는 관념적인 정의를 뜻하지만, 묵자에서의 '하느님의 뜻(天志)'은 경험적인 민중의 이익을 뜻한다.

묵자墨子/천지天志 중

하늘만이 고귀하고 하늘만이 지혜로울 뿐이다.　　　　　天爲貴天爲知而已矣.

그러므로 의로움은 결국 하늘로부터 나오는 것이다.　　然則 義果自天出矣.[52]

묵자墨子/천지天志 상

하늘은 의로움을 바라고 불의를 싫어한다.　　　　　　　天欲義而惡不義.

…천하에 의로움을 얻으면 살고 의로움이 없으면 죽으며　…天下有義則生 無義則死

의로움을 얻으면 부하고 의로움이 없으면 가난하며　　　有義則富 無義則貧

의로움을 얻으면 다스려 태평하고　　　　　　　　　　有義則治

의로움이 없으면 어지럽다.　　　　　　　　　　　　　無義則亂.

…이것이 내가 하늘이 의로움을 바라고　　　　　　　　…此我所以知天欲義

불의를 싫어한다는 것을 알게 된 까닭이다.　　　　　　而惡不義也.

묵자墨子/귀의貴義

지금 그대에게 이르기를　　　　　　　　　　　　　　今謂人曰.

'고귀한 신분이 될 수 있는 관과 신발을 줄 것이니　　子子冠履

대신 그대의 손발을 자르라'고 한다면 그렇게 하겠는가?　而斷子之手足 子爲之乎.

반드시 그렇게 하지 않을 것이다.　　　　　　　　　　必不爲.

왜냐하면 사람의 신분이 아무리 고귀하다 한들　　　　何故 則冠履

손발보다는 귀하지 않기 때문이다.　　　　　　　　　不若手足之貴也.

또 이르기를 '그대에게 천하를 줄 것이니　　　　　　又曰. 子子天下

그 대신 그대의 목숨을 버리라'고 한다면 그렇게 하겠는가?　而殺子之身 子爲之乎.

반드시 그렇게 하지 않을 것이다.　　　　　　　　　　必不爲.

왜냐하면 아무리 천하를 얻어 임금이 되는 것이 귀하다 한들　何故 則天下

52_ 유가들의 義는 천자와 성인과 부모로부터 나온다. 근대에 義는 인간의 이성으로부터 나온다.

제 목숨보다는 귀하지 않기 때문이다.	不若身之貴也.
그런데 사람들이 말 한 마디로 다투며	爭一言
서로를 죽이는 것은 무엇 때문인가?	以相殺
이것은 의로움이 사람의 목숨보다도 귀중하기 때문이다.	是貴義於其身也.
그러므로	故曰.
천하만사에 의로움보다 귀한 것은 없다고 말하는 것이다.	萬事莫貴於義也.

⑦ 가치의 근원

유가들은 모든 법도의 근원이 천자에게 있었지만 묵자에게는 법도의 근원은 천자가 아니라 하느님이며, 그 하느님은 민중의 뜻으로 나타난다.

유가들은 군주, 성인, 부모는 일체이며 이 일체에게 총체성(Totalität)을 인정한다. 그러나 묵자는 민중의 뜻인 하느님 외에는 군주, 계급, 성인 등 그 어떤 것에도 총체성을 인정하지 않았다.

『묵자』에서는 하느님을 말할 때 상제 혹은 천제라고 쓰기보다는 항상 '천지天志'로 표기하는 경우가 많았으며, 천天 혹은 천제로 표기할 때에도 그 의미는 천지의 뜻으로 사용하고 있다. 이것은 묵자가 하느님을 '인민의 뜻'으로 인식했기 때문에 의도적으로 그렇게 표현한 것이다.

또한 이러한 묵자의 인식의 틀은 자연의 생멸生滅이나 인간의 이익 곧 정의의 충돌을 모순으로 보지 않고 있다. 그러므로 묵자의 신들은 서양처럼 악마와 천사가 따로 없다. 조상귀신과 산천귀신들이 한을 풀지 못하여 신이 되지 못한 것이 귀鬼일 뿐, 귀는 악마가 아니며 한을 풀면 곧 천사와 같은 신神이 되는 것이다.

그러므로 묵자에게는 악마와 천사는 하나일 뿐이므로 영원한 선과 악의 모순이 있을 수 없으며, 또한 서양적 사고의 틀인 정반합의 변증법도 존재하지 않는다.

그의 가치론은 관념론적이 아니고 경험론적이며, 또한 동양의 귀신관을 기초로 한다. 그러므로 모순과 대립 또는 그것의 지양이라는 단선적인 것이 아니라 상보와 상생의 순환적인 역易의 원리를 기초로 하는 실천적인 것이라고 말할 수 있다.

묵자墨子/법의法儀

그러므로 부모와 스승과 군주는	故父母學君三者
다스리는 법도로 삼을 수 없는 것이다.	莫可以爲治法.
그러면 무엇으로 다스리는 법도로 삼아야 옳은가?	然則奚以爲治法而可.
그래서 이르기를	故曰
하느님을 법도로 삼는 것보다 더 좋은 것은 없다.	莫若法天.
하느님의 도는 넓고 사사로움이 없으며	天之行廣而無私.
베풂은 크지만 덕이라 자랑하지 않고	其施厚而不德.
밝음은 영원하여 쇠함이 없다.	其明久而不衰.
그러므로 성왕은 하늘을 법도로 삼았다.	故聖王法之.
…그래서 하늘이 바라면 그것을 하고	…天之所欲則爲之.
하늘이 바라지 않으면 금지했다.	天所不欲則止.

묵자墨子/천지天志 상

묵자가 말했다.	子墨子言曰
내가 하늘의 뜻을 가지고 있다는 것은	我有天志
비유컨대 바퀴 만드는 사람이 그림쇠를 가지고 있고	譬若輪人之有規
목수(匠人)가 곱자를 가지고 있는 것과 같다.	匠人之有矩.

묵자墨子/천지天志 중

그러므로 묵자가 하늘의 뜻을 품고 있다는 것은	故子墨子之有天之也
이와 같이 위로는 천하 왕공대인들의	上將以度天下之王公大人
법과 정치를 판단하고	爲刑政也
아래로는 천하 인민의	下將以量天下之萬民
학문과 담론을 헤아릴 수 있다는 것이다.	爲文學出言談也.

⑧ 민중의 신

이 점에서 묵자의 하느님은 예수의 하느님의 전범이다. 묵자는 하느님의 뜻인 평등을 이 땅에 실현하는 것을 의로운 정치라 하고, 이러한 정의 정치는 억눌리고 가난한 자들 즉 소국, 약자, 소수, 천한 사람, 어리석은 사람, 가난한 사람, 힘없는 늙은이, 어린이와 고아 등 소외된 민중을 해방하는 것이라고 설명했다.

특히 묵자는 노예와 도적까지도 평등하게 사랑했다. 묵자는 잃어버린 양 한 마리를 위해 날이 저물어 가는데도 오던 길을 다시 돌아서는 선한 목자였으며, 그의 사랑은 집을 나가 어디론가 떠도는 자식에 대한 사랑을 결코 버리지 못하는 부모의 마음이었다.

특히 묵자가 평생 동안 목숨을 걸고 반전 평화운동을 한 것은 전쟁이야말로 패배한 소국 인민들을 노예로 삼는 제도였기 때문이며, 인민의 생명을 앗아 가고 재물을 강탈하는 제도였기 때문이며, 지배자들이 자신들의 압제와 수탈을 유지 확대하는 제도였기 때문이다. 그는 반전운동을 민중 해방운동의 고리로 여겼던 것이다.

묵자墨子/천지天志 중

하늘의 뜻은	天之意
큰 나라가 작은 나라를 공격하고	不欲大國之攻小國也
큰 가문이 작은 가문을 어지럽히고	大家之亂小家也
강자가 약자를 겁탈하고 다수가 소수를 폭압하고	强之暴寡
지혜로운 자가 어리석은 자를 속이고	詐之謀愚
귀한 자가 천한 자를 업신여기는 것을 바라지 않는다.	貴之傲賤
이것은 하늘이 원하지 않는 것들이다.	此天之所不欲也.
여기에 그치지 않고 더 나아가	不止此而已
하늘은 사람들에게 힘을 가진 자는 서로 도와주고	欲人之有力相營
도리를 가진 자는 서로 가르쳐 인도하고	有道相敎
재물을 가진 자는 서로 나누기를 바라는 것이다.	有財相分也.

묵자墨子/대취大取

성인은 재물을 자기 집에 저장하지 않는다.	聖人不爲其室臧之
그러므로 사유私有를 비난한다.	故在於臧
…사재私財를 저장하는 것은 자기 자신을 사랑하는 것이지만	…臧之愛己
자기와 인민을 동시에 사랑하는 것이 아니다.	非爲愛己之人也.
재산을 감추어두려는 소유욕을 줄이지 않는다면	非殺臧也
아무리 도둑을 줄이려 해도 줄일 방법이 없다.	專殺盜非殺盜也.
노예의 이로움을 고려하지 않고	非慮臧之利也.
남자 노예를 사랑했다면 진정한 애인愛人이며	而愛臧之愛人也
여자 노비를 사랑했다면 진정한 애인이다.	乃愛獲之愛人也.
묵자는 노예에 대한 사랑을 버려 천하가 이롭다 해도	去其愛而天下利
그 사랑을 버릴 수 없었던 것이다.	弗能去也.

묵자墨子/경經 하/하

그가 있는 곳을 몰라도 그를 사랑하는 것은 방해하지 못한다.	不知其所處 不害愛之.
잃어버린 아이를 사랑하는 것에 대해 말하는 것이다.	說在喪子者.

⑨ 해방의 신

묵자의 하느님은 인간을 자기의 종으로 삼지 않는다. 하느님의 뜻이 민중의 뜻이었으므로 하느님의 뜻을 실현하려면 인간을 소외로부터 해방해야 한다. 그러므로 하느님은 자신이 바라는 인간의 해방을 위해 인간 스스로 자기 목숨을 바쳐 투쟁할 것을 요구하는 것이다. 그래야만 하느님도 인간의 요구를 들어주신다. 이처럼 묵자에게는 기독교와는 달리 메시아가 없으므로 민중 스스로 메시아가 되어야 한다.

거듭 지적한 바와 같이 예수의 의義는 하느님이 정한 영원불변의 관념론적인 로고

스였으나, 묵자가 말한 의는 민중의 사회·경제·정치적 이익이었던 것이다. 예수는 신 중심이지만 묵자는 인간 중심이다.

　묵자가 말하고자 하는 것은 '민중의 이익은 하느님의 뜻이므로 목숨을 바쳐 투쟁하라'는 강력한 메시지였다. 당시 이러한 묵자의 언행은 봉건제도에 반기를 드는 것이므로 목숨이 위태로운 혁명적인 것이었다.

묵자墨子/겸애兼愛 하

그래서 묵자가 이르기를	是故子墨子曰
'차별은 그른 것이요, 평등은 옳은 것'이라고 한 것은	別非而兼是也
이러한 도리에서 나온 것이다.	出乎若方也.
…이로써 귀 밝은 장님과 눈 밝은 귀머거리가 협동하면	…是以聰耳明目
장님도 볼 수 있고 귀머거리도 들을 수 있으며	相與視聽乎.
팔 없는 사람과 다리 없는 사람이 서로 협동하면	是以股肱畢强
모두 동작을 온전하게 할 수 있을 것이다.	相爲動宰乎.
…이러한 평등사상이 있음으로써 처자가 없는 늙은이도	…是以老而無妻子者
부양받을 수 있어 수명을 다할 수 있고	有所侍養以終其壽
부모가 없는 어리고 약한 고아들도	幼弱孤童之無父母者
의지하여 살 곳이 있어 장성할 수 있는 것이다.	有所放依 以長其身.

묵자墨子/천지天志 상

하늘은 의로움을 바라고 불의를 싫어한다.	天欲義而惡不義.
…내가 하늘이 바라는 것을 하면	…我爲天之所欲
하늘도 역시 내가 바라는 것을 해주신다.	天亦爲我所欲.

묵자墨子/대취大取

한 사람을 죽여 천하가 보존됐다 해도	殺一人以存天下

살인은 천하를 이롭게 하는 것이라고 말할 수 없다.　　　非殺一人以利天下也.

그러나 자기를 죽여 천하가 보전됐다면　　　殺已以存天下

자기를 죽인 것은 천하를 이롭게 한 것이라고 말할 수 있다.　　　是殺已以利天下.

⑩ 평등의 신

겸애兼愛의 '겸兼'은 온 천하에 '두루' 편다는 보편성이라는 뜻과 사회적 평등이라는 뜻이 함축된 개념이다. 묵자는 자신의 사상을 한마디로 요약하여 '천하무인天下無人(천하에 남이 없다)'이라고 했다. 이는 겸의 다른 표현이다. 그러나 부모와 자식이 평등하다는 묵자의 말을 유가들은 도저히 이해할 수 없었다. 그래서 맹자는 묵가를 부모를 모르는 금수와 같은 자들이라고 공격한 것이다.

묵자의 평등사상은 사람은 누구나 하느님의 백성이므로 천하 만민을 평등하게 사랑하고 차별을 반대한다는 하느님 사상을 기초로 한다. 이에 따라 묵자는 서양의 천부인권설보다 2천 년을 앞서 인민주권설, 군주계약설, 천자선출론을 주장했다.

또한 묵자는 국가의 목적에 대해 소극적으로는 불의한 자가 세도를 부리거나 부귀를 누리지 못하도록 억제해야 하는 것이며, 적극적으로는 노동자·농민·장사치 등 누구나 유능하면 왕후장상으로 선출될 수 있는 평등을 실현하는 것이라고 말한다.

묵자墨子/천지天志 하

하늘의 뜻을 순종하는 자는 두루 평등(兼)하고　　　順天之意者兼也

하늘의 뜻을 배반하는 자는 차별(別)한다.　　　反天之意者別也.

평등을 도道로 하는 것은 의로운 정치요,　　　兼之爲道也義正

차별을 도로 하는 것은 폭력의 정치다.　　　別之爲道也力正.

묵자墨子/겸애兼愛 하

평등하게 아우르는 임금은 말할 것이다.　　　兼君之言

… '내가 듣건대 천하에 밝은 임금이 되려면　　　…曰 吾聞爲明君於天下者

반드시 만백성의 몸을 먼저 생각하고	必先萬民之身
뒤에 제 몸을 생각한다고 한다.	後爲其身
그렇게 한 연후에야 천하에 명군이라 할 것이다.'	然後可以爲明君於天下.
이들은 물러나 백성을 돌보기를	是故退睹其萬民
굶주리면 먹여주고, 헐벗으면 입혀주고	飢卽食之 寒卽衣之
병이 나면 보살펴 주고, 죽으면 장례를 치러줄 것이다.	疾病侍養之 死喪葬埋之.
…그러면 두 임금 중에서 누구를 선택하고	…不識將擇之二君者
누구를 따를 것인지 묻지 않을 수 없다.	將何從也.
…비록 평등주의를 비난했을지라도	…雖非兼者
반드시 평등주의 임금을 선택하는 게 옳을 것이다.	必從兼君是也.

⑪ 평화의 신

묵자의 하느님은 모세의 야훼처럼 전쟁신이 아니고 오히려 전쟁을 반대하고 평화를 바라는 자애로운 신이다. 이 점에서 서양 기독교와는 다르다.

그러므로 묵자는 한 사람의 목숨을 죽여 천하가 보존된다 해도 그 살인은 정의가될 수 없다고 주장하며, 전쟁을 반대하고 목숨을 걸고 조직적 집단적으로 침략전쟁반대운동을 전개한 반전 평화주의였다.

그러나 예수는 제도적 전쟁에 대한 태도가 분명하지 않다. 예수는 "내 이웃을 내몸처럼 사랑하라", "칼을 쓰는 자는 칼로 망하리라" 등 묵자의 말을 그대로 인용하면서 내면적인 부쟁不爭을 훈계할 뿐 "남의 나라를 내 나라처럼 사랑하라"는 묵자의 말은 모른 체하며 제도적 전쟁에 대해서는 침묵했다.

예수가 이처럼 야훼를 단절하지 못함으로써 기독교의 역사는 남의 나라를 침략하거나 민중을 억압하는 전쟁의 역사가 되었으며, 그리스도를 위하여, 예루살렘을 위하여, 상속받은 땅을 위하여, 거룩한 땅을 위하여 목숨을 잃는 자는 지옥의 고통을 받지않고 천당의 낙원으로 올라가 빛나는 면류관을 얻어 영원한 안식, 영원한 생명, 영원한 행복을 얻게 될 것이라는 살인 면죄부를 파는 거룩한 전쟁의 역사였다.

급기야 로마화, 서양화한 기독교는 예수를 전쟁의 지휘관, 왕 중 왕, 승리자로 찬양하기에 이르렀다. 오늘날 기독교인들은 핵폭탄을 축복하며 인류 구원을 위해 공산주의자를 말살하는 성전을 승리로 이끈 여세를 몰아 이제는 이교도들과 자기와 다른 문화를 말살하려는 또 다른 십자군전쟁을 계속하고 있는 것이다.

묵자墨子/비공非攻 하

과연 (전쟁이) 하늘을 이롭게 하는 것인가?	意將以爲利天乎.
대저 하느님의 백성을 취하여 하느님의 도읍을 침공하고	夫取天之人 以攻天之邑
하느님의 백성을 찔러 죽이는 것은	此刺殺天民
…반드시 하느님의 이익에 맞지 않는다.	…則此上不中天之利矣.
…아니면 인민에게 이로운 것인가?	…意將以爲利人乎.
대저 사람을 죽이는 것이	夫殺之人
사람에게 이롭다는 것은 야박하다.	爲利人也博矣
또 전쟁의 낭비를 계산해 보면	又計其費
이것이야말로 삶의 근본을 해치는 것으로	此爲害生之本
천하 인민의 재물과 이용을 고갈시킴이	竭天下百姓之財用
다 셀 수조차 없다.	不可勝數也.
그러므로 전쟁은 인민의 이익에 맞지 않는 것이다.	則此下不中人之利矣.
이것은 천하 인민을 해치고 멸망시키는 것을 즐기는 것으로	則此樂賊滅天下之萬民也
어찌 인류의 도리에 어긋난 짓이 아니겠는가?	豈不悖哉.

⑫ 인간을 자주하게 하는 신

묵자는 고대 사상가 중에서 유일하게 '인간만이 노동을 하는 동물' 임을 발견했다. 이것은 혁명적인 발견이었으며, 인간이 자주적 존재라는 선언이다. 이것은 노동을 할 수 없는 동물은 하느님이 직접 주재하는 것이므로 역사의 주체가 될 수 없으나 하느님으로부터 노동의 특권을 부여받은 인간은 자유의지가 주어졌으므로 역사의 주체가 되어야 한다는 것을 뜻한다.

그러므로 묵자는 천명론天命論 내지 운명론運命論을 비난한다. 인간은 자기 운명의 주인이며 민중은 역사의 주인이다. 그러므로 인간의 운명은 하느님이 미리 결정해 놓은 것이 아니라 인간 자신이 스스로 선택하고 창조하는 것이다.

또한 하느님은 백성 개개인을 모두 주권자로 창조했으므로 사람마다 각자의 의義가 다를 수 있다. 그러므로 서로 다른 것들이 서로 싸우지 않고 공존하기 위해서는 천자를 선출하여 만인의 의를 하느님의 뜻으로 통합해야 한다.

이러한 통합된 민중의 의가 바로 하느님의 뜻이며, 이러한 민중의 의와 일치하지 않는 개인이나 천자는 하느님의 재앙을 면할 수 없다. 이 점이 기독교의 야훼와 다른 점이다.

묵자墨子/비악非樂 상

뿔 달린 사슴, 날아다니는 새들 같은 금수와	今之禽獸麋鹿蜚鳥
벌, 나비 같은 벌레들은	貞蟲
…수놈은 밭 갈거나 씨 뿌리지 않고	…故唯使雄不耕稼樹藝
암놈은 실을 잣거나 길쌈하지 않는다.	雌亦不紡績織絍
먹고 입을 것을 걱정하지 않아도	衣食之財
하늘이 이미 마련해 주었던 것이다.	固已具矣.
그러나 사람은 이들 짐승과는 달리	今人與此異者也
노동에 의지해야만 살아갈 수 있고	賴其力者生
노동하지 않으면 살아갈 수 없는 존재다.	不賴其力者不生.

묵자墨子/비명非命 중

소공이 운명론을 비난한 것도 역시 마찬가지다.	於召公之非執命亦然
"삼가라! 천명天命은 없다!	曰 敬哉 無天命.

오직 나는 사람을 높이고 말을 지어내지는 않는다.　　　　惟子二人而無造言

운명은 하늘에서 내리는 것이 아니고　　　　　　　　　　不自天降

스스로 얻는 것이다!"　　　　　　　　　　　　　　　　自我得之

또 상商과 하夏의 시서詩書에서도 이르기를　　　　　　　在於商夏之詩書曰

"운명이란 폭군이 지어낸 것"이라고 했다.　　　　　　　　命者暴王作之.

묵자墨子/상동尙同 상

천하가 다스려진 까닭이 무엇인가 살펴보면　　　　　　　察天下之所以治者何也.

천자가 능히 천하의 뜻을 하나로 통일할 수 있었기 때문이다.　天子唯能壹同天下之義

이로써 천하가 다스려진 것이다.　　　　　　　　　　　　是以天下治也.

그러나 천하 백성들이　　　　　　　　　　　　　　　　天下之百姓

모두 위로 천자와 화동했다 하더라도　　　　　　　　　皆上同於天子

하느님을 숭상하고 화동하지 않으면　　　　　　　　　　而不上同於天

아직 재앙을 물리칠 수는 없는 것이다.　　　　　　　　　則菑猶未去也.

묵자墨子/경설經說 하/하

나는 나를 부린다.　　　　　　　　　　　　　　　　　我使我

내가 나를 부리지 못하면 남이 나를 물들여 부린다.　　　我不使亦使我.

묵자와 예수의 다른 점

① 독생자도 사생아도 아니다

묵자와 예수는 다 같이 인간을 하느님의 피조물로 본다. 인간은 신의 자손이라는 신성神性이 사라진 것이다. 이 점에서 중국의 여왜신화와 같고 천민신관天民神觀인 후직신화나 단군신화와는 다르다. 그것은 묵자와 예수의 하느님은 다 같이 수메르인과 동이족을 포함한 수렵·기마민족의 천신하강 신화 또는 천민신관의 뿌리에서 나왔으나, 묵자는 여왜신화에서 영향을 받았고, 예수는 야훼와 그리스신화에서 영향을 받았기 때문이다.

그러나 묵자와 예수의 하느님은 근본적으로 하나다. 다만 약 500년이라는 시대의 간격, 유목국가인 유대 나라와 농업국가인 중국이라는 문화의 차이, 활동할 당시의 사회 정치적 상황의 차이로 달리 표현됐을 뿐이다. 그런데도 두 분의 말씀이 쌍둥이처럼 닮았다. 고 문익환 목사가 지적한 대로 묵자와 예수는 한 뿌리에서 나온 두 가지였던 것이다.

동이족의 천민신관은 하느님을 그들의 시조이며 군장이며 아버지로 생각했다. 로마인들은 신이 예수라는 외아들(독생자)을 낳은 것으로 생각했으나, 동이족은 사람은 누구나 모두 하느님의 아들이었던 것이다. 그러나 자연에 순응해야만 하는 수렵경제로부터 자연을 극복하는 농업, 목축 등 재배경제로 발전하면서 인간과 신의 사이는 멀어지고 인간에게서 신성이 사라진 것이다.

그래서 인간은 하느님의 아들의 지위를 잃고 소외됐으며, 다만 임금이나 특정한 초인(메시아=그리스도)만이 하느님의 아들로 인정되고 유일한 존재임을 강조하기 위해 '독생자'로 '사생아'로 신비화된다.

이에 하느님은 인간에게서 멀어지며 초월자가 되었고, 동시에 민족국가가 성립되고 국가 간에 쟁패하면서 세계라는 인식이 확산되면서 한 종족의 조상신으로 만족하지 않고 온 인류의 하느님이라는 보편성을 띠게 된다.

특히 예수의 경우는 독특한 경로를 밟는다. 당초 유대민족의 수호신 야훼는 출애굽을 계기로 더욱 한 종족의 배타적인 신이 된다(「출애굽」 19장 4~6절 참조). 그러나 이와 달리 예수의 하느님은 야훼를 모태로 했으나 거기에 동이족인 묵자 혹은 수메르의 신관을 수용하여 인류적 평화의 하느님으로 보편화된다. 이때 예수가 말한 하느님도 동이족과 똑같이 신정神政 체제의 군장이면서 동시에 아버지며 조상신이었을 것이다(「이사야」 2장 1~5 참조). 또한 그의 하느님은 조상신일지라도 야훼와는 달리 만신萬神의 우두머리인 유일신이므로 야훼처럼 배타하고 질투하는 신이 아니었을 것이다.

특히 예수를 '하느님의 아들'이라고 한 것은 모세의 메시아와는 그 구도가 다른 것이다. 『구약성경』에는 하느님의 아들이라는 개념이 나타나지 않는다. 따라서 야훼가 외아들을 갖는다는 것은 있을 수 없다. 결국 '하느님의 아들' 이라는 생각은 수메르족 또는 동이족의 천민신관(민중은 모두 하늘의 아들이라는 신관) 즉 인내천人乃天(사람이 곧 하늘이라는 신관) 사상에서 나온 것으로 보아야 한다. 이러한 '하느님의 아들' 이라는 유산이 메시아와 결합하여 로마화되면서 예수를 '독생자＋구세주' 로 보는 오늘날의 예수 개념이 탄생한다.

메시아는 '기름 부음을 받은 자' 로서 '영웅 중의 영웅', '왕' 혹은 '예언자' 등 신적인 은사를 받은 초인을 말한다. 이 개념도 유대적인 전통이 아니고 그리스적인 개념이지만 유대에 수용되면서 해방자 혹은 구원자의 의미로 발전한다.

따라서 예수가 말한 '하느님의 아들' 은 본래는 동이족의 사상인 '사람은 모두 하느님의 아들' 이라는 뜻이었지만, 그것을 받아들인 이스라엘 민중은 모세의 야훼 신앙의 영향으로 예수만이 하느님의 외아들이라는 '독생자' 로, 그리스적인 메시아사상의 영향으로 '이스라엘의 지배자' 혹은 '왕 중 왕' 의 뜻으로 오해한 것으로 보아야 한다. 본래 똑같은 묵자와 예수의 하느님이 이 지점에서 갈라지게 된다.

동이족이나 수메르족은 누구나 자신이 하느님의 아들이라고 생각했으므로 예수도 그렇게 말했을 것이다. 그러나 이에 생소한 야훼를 믿는 이스라엘 민중은 자기들을 해방시키기 위해 온 새로운 지배자인 왕이 나타났다고 받아들였던 것이다. 더구나 예수를 독생자라고 했다면 오직 하나뿐인 하느님의 외아들이므로 결국 '왕 중 왕' 을 뜻하는 것이 된다.

예수가 요셉의 아들이 아니고 성령으로 잉태한 사생아라는 주장은 더욱 '왕 중 왕' 의 권위를 높이기 위한 수사일 것이다. '사생아 신화' 는 중국 주周나라 시조인 후직이 하느님의 성령으로 잉태됐다는 것처럼, 지배자의 탄생에 신비성을 덧붙여 인민들과의 차별성과 우월성을 강조하는 신화의 일반적인 현상이다.

시경詩經/대아大雅/생민生民

맨 처음 주나라 시조를 낳으신 분은 바로 '강원' 님이라네.　　厥初生民 時維姜嫄

하느님 발자국을 밟았더니 감응하사 성령으로 잉태하셨네.　　履帝武敏歆 誕彌厥月

달이 차서 순산하시니 어미 몸을 찢거나 태를 끊지 않고　　　先生如達 不坼不副

고통도 아픔도 없이 성령으로 태어나셨네!　　　　　　　　　無菑無害 以赫厥靈.

원래 사생아 신화는 인민으로부터 하느님을 빼앗아 지배계급 자신들만의 수호신으로 만들고 나아가 지배자만이 하느님의 아들인 '천자天子'가 되기 위한 중국 절대 왕조의 탄생 신화였다.

이로 미루어볼 때 예수가 '하느님의 아들'이라는 것은 인간이 누구나 하느님의 아들이라는 수메르의 천민신관의 평등사상을 설파하려고 한 것이었으나 이스라엘 민중들은 예수를 자기들이 기다리던 메시아인 절대군주로 받아들였던 것이다. 그리하여 예수는 유대의 왕에 의해 죽을 수밖에 없었던 것이다.

그러면 어떻게 천민신관이 예수에게 전파됐을까? 예수 탄생일을 맞추어 동방박사가 축하하기 위해 찾아갔다는 것은 지금까지는 신의 계시로만 이해했으나 그것이 역사적 사실이라면 큰 사건이 아닐 수 없다.

이 사건은 동방박사와 예수의 아버지 또는 어머니와 매우 긴밀한 관계였거나, 예수의 집안 내력이 '동방의 종교적 전통'을 이어받은 특별한 가문이었음을 증거하는 것이다. 다만 묵자의 제자들과 예수의 집안과의 그 어떤 관계도 아직은 고증된 바가 없다. 그러나 다음과 같은 추측을 할 수는 있다.

첫째, 예수가 태어난 때는 그 많은 묵자의 제자들이 중국에서 흩어졌을 때이며 그때 서방으로 망명한 묵자의 제자들이 묵자의 하느님을 전파하며 동방박사로 행세했을 것이라는 추측이다.

둘째, 그렇지 않다면 동방박사는 동이족과 같은 종족인 수메르의 전통을 이은 종교 지도자였을 것이라는 추측이다.

셋째, 묵자는 목수였으며 그 제자들도 목수가 많았으니 목수인 요셉도 묵가들의 제자였을 것이라는 추측이다.

넷째, 예수가 열두 살 때 사원에 가서 학자들과 담론할 정도로 해박했던 것은 아버지 요셉의 교육 덕분이며 요셉은 동방박사가 방문할 정도로 동방 종교에 정통했을 것이라는 추측이다.

다섯째, 예수가 공적 활동을 시작했던 30세 전후까지 약 18년 동안의 기록이 전혀 없었던 것은 그 사이에 동방으로 구법 여행을 떠났을 것이라는 추측이다.

여섯째, 요셉 가문은 모세가 이집트에서 이끌고 온 집안이 아니라 아브라함의 부인 사라처럼 동이족과 같은 족속인 수메르의 명문 집안의 후손이었을 것이라는 추측 등이다.

그러나 어떤 학자는 예수가 묵자의 영향을 받은 것이 아니라 반대로 묵자가 아랍인이며, 묵자가 고대 유목민족 또는 유대민족의 구약적 신관을 가지고 중국으로 들어왔기 때문에 묵자와 예수의 말이 같았을 것이라고 주장하기도 한다.

그러나 그런 주장은 앞뒤가 맞지 않는다. 왜냐하면 묵자의 하느님은 유목민족의 부족신 야훼처럼 용감한 전쟁신의 모습이 아니며, 그리스적인 요소인 인간의 모습을 한 메시아, 즉 초인적인 왕 또는 예언자적인 요소도 전혀 없기 때문이다. 또한 묵자의 신관은 오히려 동이족의 원시 수렵문화인 공산 평등사회의 신관과 유사하기 때문이다.

② 묵자는 땅나라 예수는 하늘나라

묵자와 예수의 하느님은 다 같이 구세주였다. 그러나 묵자는 현세의 구원이었고 예수는 내세의 구원이었다. 묵자는 '땅의 나라'를 말하고 예수는 '하늘나라'를 말한다. 묵자는 혁명가였고 예수는 종교가였기 때문에 시각이 달랐던 것이다.

묵자가 이 땅 위에 실현하고자 한 이상향은 만민이 하느님 앞에 평등한 공동체인 천하무인天下無人의 대동사회大同社會였다. 묵자의 대동사회는 구원의 주체인 소외된 민중이 다시 주인이 되는 공동체 사회다. 그 사회는 하느님의 뜻을 따라 평등이 실현되는 의로운 정치가 행해져, 굶주린 자는 먹을 것을 얻고, 헐벗은 자는 옷을 얻고, 피곤한 자는 휴식을 얻고, 난리를 당한 자에게 평화를 주는, 만민이 자유롭고 풍요롭고 평화로운 '안생생安生生(안락한 생명 살림)' 사회를 말한다.

묵자가 이상사회의 표상으로 삼은 우임금의 평등사회(BC 2000~1500)는 이스라엘의 가나안 공동체와 비슷하다. 마르크스가 구분한 역사 발전 단계로 보면 이때의 토지 소유 제도는 '부족 소유제'라고 말할 수 있다.

우임금의 나라는 평등한 분배가 이루어지고 신분 계급이 없으며 인민주권과 보통 선거에 의한 통치자의 선출 등 완전한 평등 공동체였다. 또한 군장이신 하느님은 유 목사회의 야훼와 같은 절대 지배자, 즉 '왕 중 왕'이 아니고 천하 만민의 아버지였다. 묵자는 이러한 평등 공동체를 이 땅 위에 다시 건설하는 것이 하느님의 뜻이라고 보고 그것을 위해 목숨을 걸고 투쟁했다.

그러나 예수의 구원의 이상은 하늘나라였다. 예수가 말하는 하느님의 주권이 지배하는 '하느님 나라'는 그것이 땅 위의 나라가 아니라는 점 이외에는 묵자의 '안생생 사회'와 거의 일치한다.

유대민족은 동이족의 한 족속인 수메르 문명권에 인접해 있었으므로, 모든 사람은 하느님의 아들이며 그들로 이루어진 운명 공동체 즉 천민天民 공동체를 지향하는 수 메르의 하느님 신관에 영향을 받았으며, 급기야 출애굽 이후 가나안 땅에 이스라엘 해방 공동체를 건설했으나 왕정王政에 의하여 곧 붕괴됐다. 그러므로 이스라엘 민족 의 원래 이상향은 땅 위의 해방 공동체인 평등사회였던 것이다.

그러나 예수는 야훼가 지배하는 평등 공동체인 아버지 나라가 다가왔다고 말하며 회개하라고 말할 뿐, 로마의 절대왕정 및 유대의 왕정과 충돌을 피하고자 지금 이 땅 의 평등사회를 말하지 않았다.

③ 구원의 표상이 천제인가, 성왕인가?

혁명가로서 묵자가 할 일은 인간 해방을 위하여 해방의 표상을 세우는 것이었다. 그래서 묵자는 당시 지배자들이 하느님을 독점하여 자기들의 수호신으로 변질시킨 것을 폭로하고, 본래의 모습인 민중의 해방신으로 복원시키기 위해 투쟁했다.

첫째, 묵자에게 구원의 궁극적인 표상은 해방신 하느님 한 분뿐이었으며, 그 하느 님은 민중의 뜻이었다. 묵자의 하느님은 민중의 뜻이 하느님의 뜻이라는 것을 재가해

주는 가치표준이며 구원의 궁극적인 표상이었다. 그러므로 하늘제사는 인간 해방이 하느님의 뜻이라는 것을 확인하고 재가받는 종교 의식이었던 것이다.

그러나 예수에게 인간은 하느님의 뜻을 배반한 죄인에 불과하다. 그러므로 인간은 자기를 버리고 하느님에게 경배하고 귀의해야 한다. 그들의 예배는 인간이 죄인임을 고백하고 하느님께 영광을 돌리는 행사인 것이다.

묵자의 하느님은 인간에게 경배를 요구하지 않는다. 그러므로 묵자는 하느님께 경배하라는 말을 한 번도 하지 않았다. 하느님은 경배의 대상이 아니고 우리에게 아버지와 같은 존재였기 때문이다. 이 점에서 묵자는 '인간은 누구나 하느님의 아들'이라는 동이족의 천민신관天民神觀과 일치한다.

둘째, 묵자에게는 인간 구원의 역사적인 표상이 필요했다. 해방의 궁극적인 표상은 하느님이지만 그 하느님의 뜻에 순종하여 민중의 이익을 위해 헌신한 성왕들은 인간 해방의 역사적 귀감이다. 그러므로 묵자는 하느님의 뜻인 인간 해방을 역사적으로 재가하는 성왕을 구원의 표상으로 제시한 것이다. 다만 그 성왕들은 인민이 선출한 정치적 지도자였으므로 메시아는 아니다. 그러므로 성왕들도 경배의 대상이 아니었다.

묵자墨子/대취大取

천하를 위해 우임금을 후대한 것은 우임금을 위한 것이다.	爲天下厚禹 爲禹也.
천하를 위해 우임금을 후대한 것은	爲天下厚愛禹
우임금이 인민을 사랑한 것을 위해 주는 것이다.	乃爲禹之人愛也
우임금의 한 일을 후대하는 것은 천하에 이익이 되지만	厚禹之爲 加於天下
우임금을 후대하는 것은 천하에 이익이 되지 않는다.	而厚禹 不加於天下
도둑의 도둑질을 미워하는 것은 천하에 보탬이 되지만	若惡盜之爲 加於天下
도둑을 미워하는 것은 천하에 보탬이 되지 않는다.	而惡盜 不加於天下.

묵자가 성왕을 말하는 것은 성왕을 숭배하자는 것이 아니라, 성왕이 민중을 사랑한 역사적 사건이 하느님의 뜻을 실천한 구원의 계시임을 밝히고자 함이었다. 묵자에게

임금은 인민 개개인의 뜻을 하느님의 뜻과 일치시키는 일을 하기 위해 선출된 지도자이므로 오히려 인민이 언론을 통해 그를 비판하고 감시해야 하는 존재였다.

묵자에게는 성왕도 원래 민중의 한 사람에 불과하다. 다만 그들은 하느님의 뜻을 받들어 민중을 제 몸처럼 사랑하고 이롭게 한 현인이었기 때문에 지도자로 선출됐으며 하느님의 복을 받은 사람이었다.

이처럼 묵자에게 하느님의 말씀은 인민의 목소리였으며 그것을 실천한 성왕들의 선행이었다. 그러나 예수에게는 자기의 말씀만이 지상에서 하느님의 표상이 될 수 있으며 그 복음을 해석하는 교부들만이 하느님을 대행할 수 있었다.

④ 구원의 주체가 민중인가, 신인가?

묵자가 말한 해방된 평등사회 혹은 '안생생 사회'의 주인은 헐벗고, 굶주리고, 피로한 민중들이다. 그들은 도둑, 노예, 약자, 빈천한 자, 어리석은 자, 소수, 소국, 홀아비와 과부, 고아, 불구자들이다. 이처럼 묵자의 구원의 주체는 민중이었다.

그러므로 묵자는 지배자들의 사치와 낭비로 인민들은 헐벗고 굶주리는 초과 소비문화를 절용 문화로 변혁할 것을 주장했다. 묵자가 이상적인 인간으로 설정한 현인賢人은 하느님을 가치의 표준으로 삼고 하느님의 뜻에 따라 민중에게 봉사하는 의로운 민중이다. 그러므로 그들은 하느님의 상을 받을 축복받은 자들이다. 그들은 바로 예수가 산상수훈에서 축복한 '고난받는 자'들이었다.

그러나 묵자의 민중들은 하느님을 믿기만 하는 것으로는 구원받지 못한다. 그들은 스스로 투쟁하여 구원을 쟁취해야 한다. 다만 하느님은 민중의 편이다. 반면 예수의 고난받는 자들은 역사와 구원의 주체인 하느님의 축복을 받는 은혜의 대상일 뿐 구원의 주체가 아니라는 점에서 묵자가 말한 역사의 주체인 의식화된 민중과는 차이가 있다.

묵자墨子/공맹公孟

유가인 공맹자가 묵자에게 말했다.

"군자는 팔짱을 끼고 기다리다가

公孟子 謂子墨子曰

君子共己以待

묻거든 대답하고 묻지 않으면 가만히 있어야 합니다. 問焉則言 不問焉則止.

비유컨대 종과 같아서 譬若鍾然

두드리면 울리고 두드리지 않으면 울지 않는 것입니다." 扣則鳴 不扣則不鳴.

묵자가 반박하며 말했다. 子墨子曰.

"…만약 대인들이 정사를 다스림에 …若大人爲政

장차 나라와 가문에 곤경을 초래하여 將因於國家之難

마치 쇠뇌가 발사되려는 찰나처럼 위급한 지경이라면 譬若機之將發也然

군자가 그것을 알았다면 반드시 간언을 해야 합니다. 君子知之 必以諫

이것이 결국 대인에게도 이익이 될 것입니다. 然而大人之利

이것은 두드리지 않아도 울어야 되는 경우입니다." 若此者 雖不扣 必鳴者也.

묵자墨子/귀의貴義

묵자가 노나라로부터 제나라에 들러 子墨子 自魯卽齊

친구를 방문했더니 그 친구가 묵자에게 말했다. 過故人. 謂子墨子曰.

"오늘날 천하에는 의를 행하는 사람이 없는데 今天下莫爲義

자네는 홀로 괴로움을 무릅쓰고 의로움을 행하고 있네. 子獨自苦而爲義

이제는 자네도 그만두게나!" 子不若已.

묵자가 말했다. 子墨子曰

"지금 여기에 한 사람이 있는데 今有人於此

자식이 열 명이나 되어 有子十人

한 사람이 농사를 지어 아홉 식구를 부양해야 할 처지라면 一人耕而九人處

그는 농사일을 더욱 힘쓰지 않으면 안 될 처지가 아닌가?" 則耕者不可以不益急矣.

⑤ 전쟁신인가, 자비신인가?

모세의 야훼 하느님은 인간을 지배하는 절대 권력자로서 경배를 요구하는 징벌과 질투의 신이며, 이스라엘 민족과 계약을 맺은 신으로 그 약속대로 자기를 믿는 자에게는 구원을 주고, 자기를 믿지 않는 자에게는 불의 심판을 내리는 전쟁신이다.

그러나 묵자의 하느님은 섭리에 가까운 인민의 뜻 그 자체였으므로 희생을 요구하지 않고 자기의 뜻인 겸애와 교리交利를 이 땅 위에 실천하기를 바라는 자애로운 아버지였다.

예수는 유대의 할례 등 정결 의식과 율법주의를 고집하지 않고 전쟁신 야훼 하느님을 묵자와 같은 인간 중심의 하느님으로 종교개혁하려고 노력했지만(「마가」 7장 1~23절, 「마태오」 15장 1~20절 참조), 결국 그의 하느님은 자기를 믿지 않는 자들은 쭉정이를 불로 태우듯 가라지를 뽑아버리듯 무서운 심판을 하는 모세적인 징벌의 신관神觀은 변하지 않고 그대로였다.

그러나 묵자의 하느님은 종말과 최후의 심판이나 천지개벽을 예정하지 않으며 다만 하느님의 뜻을 거역하는 자, 즉 인민을 해치는 사람에게 오늘 이 세상에서 주벌誅罰을 내릴 뿐이다.

⑥ 심판인가, 선택인가?

그러므로 묵자의 하느님은 인간의 역사를 지배 결정하지 않는다. 그러나 예수의 하느님은 인간의 역사를 지배하고 결정한다. 묵자의 역사관은 기독교의 하느님 사상인 예정된 심판과 천국 건설 등 결정론이 아니다. 또한 유가들의 하늘 사상인 역사결정론적인 운명론도 아니다. 묵자에게는 천국과 해방이 예정되어 있지 않다. 그것은 민중의 노력 여하에 달려 있을 뿐이다. 묵자의 하느님은 인간을 자주自主하게 하는 하느님이기 때문이다. 그러므로 묵자에게 역사는 미리 결정된 것이 아니라 인간 스스로의 선택이었다.

따라서 묵자는 운명론을 강력히 반대했다. 유가들의 운명론은 어질고 의로운 자를 선출하여 천자로 삼으려는 민주 선출 제도를 부정하려는 지배자들의 거짓된 술수라고 폭로했다. 또한 이러한 운명론은 인민을 낙담시켜 인민의 편에 선 의인義人을 배척하려는 폭군이 지어낸 술책이라 비판했다.

묵자墨子/비명非命 상

운명론은 천하의 의義를 제거하자는 것이다.	是覆天下之義
천하의 의를 제거하려는 자들은	覆天下之義者
운명론을 퍼뜨려 백성들이 실망하도록 유세한다.	是立命者也. 百姓之諄也.
백성들이 실망하도록 유세하는 것은	說百姓之諄者
어진 사람을 없애버리자는 수작이다.	是滅天下之人
그러면 의로운 사람을 윗자리에 앉히려는 노력은	然則所爲欲義在上者
무엇 때문이란 말인가?	何也.

⑦ 투쟁인가, 인내인가?

묵자의 하느님은 예수의 하느님과는 달리 죽은 후 하늘나라를 약속하지 않으며, 오늘 이 땅의 해방을 실현하기를 요구한다. 그러므로 묵자는 투쟁을 요구할 뿐, 인내를 말한 적이 없다.

예수는 현재의 땅 위의 불평등을 용납하는 대신 죽은 후에 하늘나라의 평등사회를 약속하지만, 묵자는 지금 이 땅 위에 인간 자신의 힘으로 평등 공동체를 이루어내려고 투쟁했다. 따라서 예수는 당시 로마의 전제적 노예제 지배 체제를 뒤엎고 자유·평등사회를 구현하려고 투쟁하지 않았지만 묵자는 체제혁명을 외치며 행동으로 실천한다. 그러므로 묵자는 인간에게 의를 위해 싸우라고 요구하며, 천하에 의로움보다 더 귀한 것은 없다고 한다.

'가장 보잘것없는 자들'의 사상이었던 기독교가 노예의 나라 로마의 국교가 되어 지배자들의 종교로 변질됐고, 공자는 한漢나라의, 불교는 양梁나라의, 노자는 당唐나라의, 성리학은 송宋나라의 국교가 됨으로써 그들의 사상이 봉건 지배계급의 통치 이념이 되는 등 세계의 모든 사상이 압제자들에게 복무했으나, 묵자의 학문은 지배자들에게 복무하지 않은 유일한 민중 사상이며, 인류 역사상 한 번도 실험하지 못한 귀중하고 이색적인 사상이기도 하다.

묵자와 예수는 모두 기층 민중 편에 서서 인간 해방을 설교하고 그것을 위해 노력했으며 그 사상적 기초는 하느님의 사랑이었다는 점에서는 일치한다. 다만 처한 상황에 따라 묵자는 현실 투쟁을 중시했으며, 예수는 우선 위로와 희망이 중시했던 것 같다. 또한 당시 묵자에게는 목숨보다 귀중한 것이 의義였으나 예수에게는 민족과 개인의 생존보다 귀중한 것은 없었다. 그래서 묵자에게는 투쟁이 중요했고 예수에게는 인내가 더 중요했는지도 모른다. 묵자와 예수는 모두 전쟁과 폭력을 반대했지만 예수는 용서를, 묵자는 저항을 외친 것이라고 이해할 수도 있다.

묵자는 네 이웃을 내 몸같이 사랑하라는 하느님의 평화를 실현하기 위해서 전쟁을 거부하고 전쟁 도발자를 찾아가 그들을 설득하여 전쟁을 중지시켰으며 목숨을 걸고 침략받는 나라라면 어디든 찾아가 방어전에 참여했으나, 예수는 침략자 로마 제국주의를 위해 기도했다.

예수는 왼뺨을 때리는 자에게 오른뺨을 내밀었지만, 묵자는 왼뺨을 치려는 자의 손목을 잘라버렸던 것이다. 그러나 두 성자는 모두 민중을 위해 자기 목숨을 바치려 했으며 결국 예수는 자기 목숨을 바쳤다. 묵자는 "천하만사가 의義보다 더 귀한 것은 없다"고 말하면서 다음과 같이 덧붙인다.

묵자墨子/대취大取

손가락을 잘라서 팔뚝을 보존할 수 있었다면	斷指以存腕
이익 중에서 큰 것을 취했고	利之中取大
해害 중에서 작은 것을 취한 것이다.	害之中取小也.
해 중에서 작은 것을 취한 것은	害之中取小也
해를 취한 것이 아니고 이利를 취한 것이다.	非取害也 取利也.
한 사람을 죽여 천하가 보존됐다 해도	殺一人以存天下
살인은 천하를 이롭게 하는 것이라고 말할 수 없다.	非殺一人以利天下也.
그러나 자기를 죽여 천하가 보전됐다면	殺已以存天下
자기를 죽인 것은 천하를 이롭게 한 것이라고 말할 수 있다.	是殺已以利天下.

① 묵자는 혁명가로서 민중적 하느님을 증언했다

예수보다 약 500년 앞선 묵자의 시대는 대변혁의 시대였다. 이른바 춘추전국시대는 철기의 발달과 농업혁명으로 대단위 쌀농사가 기업농으로 발전하면서 성장한 농업자본가들, 그리고 생산 수단인 토지를 쟁탈하기 위한 전쟁 과정에서 성장한 관료 계급들, 그리고 전쟁을 통해 자기들의 힘을 키운 기층 민중들, 이들 새로운 세력들로부터 귀족 지배 체제인 노예제적 봉건제도가 도전받은 혼란기요 난세였다.

이때 묵자는 노동자 출신으로 이른바 제1의 물결이 일어나는 전환기적 상황에서 전쟁과 토지 사유 제도에 의한 착취로 도탄에 허덕이는 기층 민중 편에 서서, 귀족들의 편에 선 공자를 필두로 하는 유가들의 봉건 지배 이데올로기에 대항하여 새로운 세상을 위해 투쟁한 사상가였다.

그는 평등(兼)만이 하느님의 뜻이며 이 뜻을 따르는 통치만이 의로운 정치이며, 차별(別)하는 정치제도는 하느님의 뜻을 배반한 폭력정치라고 선언했다. 그래서 그는 차별정치 제도를 평등정치 제도로 바꾸기 위해서 목숨을 바쳐 싸웠다. 그리고 그러한 평등사회는 죽은 후의 일이 아니고 이미 성왕들이 이 땅 위에 건설한 사례가 있는 현실적인 것이었다. 그래서 그는 전쟁 반대, 세습·상속 등 신분차별 제도 반대, 귀족과 자본가들의 토지 사유 반대, 노예제도 반대, 지배자들의 사치·낭비 문화 반대, 운명론 반대 등 구체제의 문화와 이데올로기와 제도를 전면적으로 개혁할 것을 주장하며 제자들을 조직하여 몸소 투쟁했다. 이러한 투쟁을 위한 사상적 기초로서 '겸애兼愛(평등과 사랑)의 하느님'을 들고 나온 것이다.

당시 인人 계급(귀족 계급)들은 공자 등 유가들을 앞세워 자기들의 수장을 천자天子 즉 '하느님의 독생자'로 선언하고, 모든 가치의 근원을 천자에게 돌리는 '천명론' 즉 왕권신수설을 교리로 하는 지배 이데올로기를 내세움으로써 인민의 수호신이었던 하느님을 자기들이 독점하여 지배계급의 수호신으로 만들었다.

이에 묵자는 하느님의 평등한 사랑을 설파하며 하느님을 인민에게 되돌려 줌으로써 천자주권론에 대항하여 '만민평등론', '군주계약설', '인민주권론'을 주장하고 운명론에 대항하여 '하느님의 상벌론'을 내세웠다. 그러므로 묵자는 죽은 후에 천국을 약속하는 하느님의 상속자가 아니라 이 땅 위에 평등 공동체를 실현하기 위해 목숨을 걸고 투쟁한 혁명가로서 하느님을 증언했던 것이다.

② 예수는 종말과 천국을 증언했다

예수는 묵자보다 약 500년 후에 제국주의 로마의 식민지였던 유대 나라에서 목수의 아들로 태어났다. 당시 유대는 정치적으로는 절대왕정 국가였으며 경제적으로는 반半유목경제이며 사회적으로는 노예제 사회였다. 이와 같은 외세의 압제와 부패한 지배계급의 착취에 신음하던 민중들은 젤롯 독립당을 중심으로 납세 거부 운동을 펼쳐 수천 명이 학살되는 등 민족 해방 운동의 열기가 고조되던 때였다.

그러나 막강한 로마 제국주의에 대항하여 무력으로 항쟁한다는 것은 무모한 짓이었고 외세와 부패한 지배계급의 착취에 시달리는 민중은 오직 메시아(그리스도)의 도래만을 기다리는 처지였다.

예수는 이처럼 민족 해방도 민중 해방도 절망적인 상황에서 묵자의 인류적 하느님을 만나게 된다. 이에 그는 모세의 전쟁신 야훼를 따르지 않고 무력에 의한 민족 해방 전쟁을 거부했으며, 따라서 민중이 요구하는 메시아가 되기를 거부했다.

그리하여 그는 로마의 침략과 압제 그리고 이에 빌붙은 지배계급의 착취와 노예제도 등의 모순에 직접적으로 투쟁하지 않고(「마태」 22장 21절, 「마가」 12장 17절 참조), 그 대신 사랑과 평화와 용서의 인류적 하느님을 설파했고 종말과 천국의 도래라는 이른바 복음을 전파하며 민중에게 희망을 심어주려고 노력했다.

그러나 민중들은 예수의 참뜻을 이해할 수 없었고 자기들의 마음속에서 그려왔던 '왕 중 왕' 또는 모세적 '해방자(그리스도)'로 예수를 받아들였다. 당시 지식인이었던 유다도 예수가 '왕 중 왕'이 되어주기를 바랐다. 그 결과 예수는 본의 아니게 '왕 중 왕'이 되었고 죽음을 피할 수 없게 된 것이다.

이처럼 예수의 본래 모습은 해방 투쟁의 혁명가가 아니라 죽은 후 천국을 설파한 종교가였다. 예수는 말했다. "황제의 것은 황제에게, 하느님의 것은 하느님에게!" 그래서 그는 로마에 대한 납세 거부 운동에 동참하지 않았을 뿐만 아니라, "황제는 주권자이니 그들에게 복종하라(「베드로전서」 2장 14절, 「디도서」 3장 2절), 인간이 세운 모든 제도에 복종하라, 종들은 주인에게 순종하라(「베드로전서」 2장 13절, 「골로새서」 3장 22절, 「에베소서」 6장 5절)"고 가르쳤을 뿐이다.

그러나 민중은 이러한 무저항주의적 투쟁을 외치는 예수에게 메시아(그리스도)의 기적으로 당장 자기들을 로마의 압제에서 해방시켜 줄 것을 요구했다. 이에 예수는 자기의 피로써 이들의 해방 요구에 응답하지 않을 수 없게 되었던 것이다.

이러한 무저항주의와 타협적 자세에도 불구하고 예수는 죽었으며, 이러한 가르침에 따라 로마에 협력한 제자들의 덕분으로 예수는 로마의 승인을 받아 서양의 신이 되었다. 그는 동양인으로 태어난 하느님의 사도였으나 이제는 얼굴 색깔까지 서양인으로 바뀌어 서양의 수호신이 된 것이다. 오늘날 예수는 서양 제국주의의 수호신이 되어 무지몽매한 동양을 해방시키는 메시아로 등장하기에 이르렀다.

이처럼 변질된 예수는 이제 이 땅 위에 인간의 해방을 열망하는 민중을 억압하는 가장 무서운 힘을 발휘하고 있다. 오늘도 그는 제자들의 입을 통해 '지배자에게 복종하는 사람만 복을 받고 진정한 평등은 죽은 후의 하늘나라로 만족하라'고 민중들을 낙담시키고 있다.

예수는 말했다. "너희들은 천국이 오는 것을 눈으로는 볼 수 없다. 또 보아라! 여기 있다, 혹은 저기 있다고 말할 수도 없다. 천국은 바로 너희 가운데 있다(「누가」 17장 20~21절)."

③ 묵자의 겸애와 예수의 박애는 같다

이상과 같이 묵자와 예수의 하느님 사업을 비교하면 묵자로서는 500년 후의 예수를 자신의 후계자로 인정하지 않을는지도 모르지만, 예수는 묵자의 하느님 사상을 전수받아 유대의 부족적 수호신을 인류적 평화의 하느님으로 발전시킨 종교개혁가라 할 것이다.

일찍이 중국의 국부 쑨원은 "고대에 사랑을 말한 사람으로 묵자를 능가할 사람은 없다. 묵자가 말한 겸애는 예수의 박애와 같은 것이다"라고 말했으며, 한국의 유명한 성서학자 고 문익환 목사는 "묵자의 하느님은 예수의 하느님과 쌍둥이같이 닮았으며 석가, 묵자, 예수는 한 뿌리에서 나온 세 가지다"라고 천명했다.

이것은 중요한 의미를 가지는 것으로 묵자와 예수가 같은 신관 내지 같은 문명권이라는 의미이며, 또한 같은 민족이었다는 가설도 가능하다(『예수와 묵자』 참조, 문익환·기세춘·홍근수 공저).

묵자는 유일한 그의 어록 『묵자』에서 300여 차례나 하느님에 대하여 말하고 있다. 『묵자』 53편은 모두 일관되게 겸애와 교리交利라는 하느님 사상을 기초로 진술된 글이다. 뿐만 아니라 그 내용은 모두 예수교의 교리教理문답이라고 해도 과언이 아닐 정도로 『신약성경』과 똑같은 말이 너무나 많다.

묵자를 따르는 무리들은 공동체적 집단을 이루고 활동한 것으로 보이며, 그들이 공동체적 집단생활을 하지 않았다 해도 종교 집단 내지 종교적 정치 집단이었을 것으로 추측된다.

또한 여기서 특별히 주목하고 싶은 것은 『구약성경』, 『묵자』, 『논어』 등이 거의 같은 시대에 기록된 문서라는 점이다. 이것들은 다 같이 수만 년 동안 발전해 온 인류 문명이 처음으로 문자로 기록된 이른바 차축시대(axial age)의 인류적 문화유산이라는 점이다. 그러나 『구약성경』은 오랫동안 전해 내려온 구두 전승을 기록한 것이고, 『신약성경』은 로마의 폭압 아래서 그들에 의하여 정치범으로 처형된 예수의 가르침을 기록했다는 점에서, 그리고 노예제 사회인 로마의 지배 체제에 순종하며 타협했던 제자들에 의해 기록됐다는 점에서 왜곡될 소지가 많았을 것이다.

그러나 묵자의 경우는 제자들이 비교적 자유롭게 묵자의 말을 기록한 것으로 믿어지며 왜곡·변질될 객관적 요인도 비교적 적었다고 믿어진다.

그러므로 외세와 지배계급에 타협 혹은 복무하기 위하여 변질시킨 서양 예수의 하느님을 동양 예수의 본래의 하느님 모습으로 복원하기 위해서는 그에 앞선 묵자의 하느님이 중요한 단서가 될 수 있을 것으로 기대한다.

철학 사상

묵자는 하늘의 뜻(天志)을 백성의 뜻(民志)인 '겸애兼愛'와 '교리交利'라고 해석하고,

따라서 '의義는 곧 이利'라고 규정한다. 여기서 의義는 이利이므로 가치는 관념적

인 것이 아니고 경험에 기초한 사실과 실용의 기초 위에서 판단하고 선택되어야

한다. 그러므로 그는 유신론有神論자이면서도 당시 지배적인 인식 틀인 유심론唯心論적 관념론을 거부

하고 인간 개개인의 경험을 중시하는 경험론으로 흐른다.

존재론

정기론

우리는 고대인들의 거대한 무덤을 보고 놀란다. 이집트의 피라미드, 진시황의 병마총, 고구려의 장군총, 백제의 무령왕릉의 거대함과 화려함에서 우리는 죽음을 엄숙하게 느낀다. 이처럼 인간은 죽음을 아는 존재이므로 본능적으로 항구적인 것을 찾는 것이다. 죽음을 느끼지 못한다면 사후 저택인 무덤과 장례를 그렇게 큰 문제로 생각하지는 않았을 것이다. 그것은 인간이 땅에 살면서 위험으로부터도 피하고 불안정을 떨쳐버리려는 생의 요구와 동경에서 나오는 것이다.

종교는 신과 영혼의 불멸성에서 항구적인 것을 찾는다. 현세가 격변하고 불안할 때는 더욱 이러한 내세적인 데서 희망을 찾는다. 이 세상이 절망이라고 생각하면 하늘

에서 평화를 찾는다. 자신과 사랑하는 것들이 시간 속에 소멸할 것이라는 슬픔에 잠길 때면 불멸의 영혼에 애착을 가지게 되고 거기서 안식을 찾는다.

그러나 원시 인류는 영원의 대상을 신이나 영혼보다 먼저 천지天地와 일월성신에서 보았다. 그리고 변화무쌍한 현상계 속에서 영원한 존재의 근원을 찾으려 했다. 그것이 형이상학이며 존재론이다. 그리고 춘추시대 말기에 이르러『묵자』와『노자』와『주역』의 해석자들이 이러한 형이상학적인 문제를 언급하기 시작했다. 동양에서는 묵자와 노자 이전까지는 도덕론자는 있으되 철학자는 없었다고 해야 옳을 것이다. 과학도 변화와 유전 속에서 항존하는 근본을 찾지만 그러한 새로운 방법의 발전은 먼 훗날의 일이다.

형이상학은 존재의 근원을 묻는 존재론에서 시작된다. 관자는 그리스의 탈레스보다 100여 년 앞서 만물의 본원은 물(水)이라고 주장했으며, 천지의 운동을 기운(氣)이라고 말했다.

관자管子**/권14/수지**水地

물은 무엇인가?	水者何也
만물의 본원이며	萬物之本原也
모든 생명의 종실이다.	諸生之宗室也.

관자管子**/권1/승마**乘馬

춘하추동 사시는 음양의 추이이며	春秋冬夏 陰陽之推移也.
시절의 장단은 음양의 이용이며	時之短長 陰陽之利用也
낮과 밤이 바뀌는 것은 음양의 조화다.	日夜之易 陰陽之化也.

관자管子**/권2/칠법**七法

천지의 기운氣運을 뿌리로 하여	根天地之氣
추위·더위의 조화와 물·흙의 성품과	寒暑之和 水土之性

인민, 조수, 초목 등 만물을 낳는다.　　　　人民鳥獸草木之生物.

비록 심히 아름답다고 할 수는 없어도　　　人雖不甚多

모두가 평등하게 보유하여　　　　　　　　皆均有焉.

변함이 없는 것을 일러 자연의 법칙이라 말한다.　而未嘗變也 謂之則.

관자管子/권16/내업內業

모든 사물의 정기精氣는 이것이 있어야 생명을 유지한다.　凡物之精 此則爲生.

아래로 오곡을 기르고 위로 별들을 벌여놓으며,　　下生五穀 上爲列星

이것이 천지간에 흐르면 귀신이라 하고　　　　流於天地之間 謂之鬼神

가슴속에 간직하면 성인이라 한다.　　　　　藏於胸中 謂之聖人.

관자管子/권4/추언樞言

도가 하늘에 있으면 해요,　　　　　　　道之在天者日也.

사람에게 있으면 마음이다.　　　　　　　其在人者心也.

그러므로 기氣가 있으면 살고 기가 없으면 죽는다.　故曰有氣則生 無氣則死.

이름이 있으면 다스려지고 이름이 없으면 어지럽다.　有名則治 無名則亂.

　　그러나 이러한 주장은 공자와 묵자에게 주목받지 못했다. 공자나 묵자는 존재의 근원은 천제天帝라고 생각했으므로 존재론이 문제가 될 수 없었다. 다만 묵자는 천제의 인격성을 적극적으로 인정했으나 또 음양론을 말한다. 그는 음양을 '천天의 마음'이라고 말한 것으로 미루어볼 때 천명론과 천기론을 종합한 것으로 볼 수 있을 것이다.

묵자墨子/사과辭過

무릇 하늘과 땅 사이를 두르고　　　　　凡回於天地之間

사해의 만물을 감싸는 하늘과 땅의 마음인　　包於四海之內 天壤之情

음양의 조화가 없는 곳이 없으니　　　　陰陽之和 莫不有也.

아무리 지극한 성인도 바꿀 수 없다.	雖至聖不能更也.
무엇으로 그것을 아는가? 성인들이 전해 주었기 때문이다.	何以知其然 聖人有傳.
하늘과 땅으로 말하면 곧 위아래라 하며	天地也則曰上下
사시四時로 말하면 음양이라 하고	四時也則曰陰陽
사람의 감정을 말하면 남녀라 하고	人情也則曰男女
금수에 있어서는 암수라 하는 것이니	禽獸也則曰牝牡雄雌也.
진실로 하늘과 땅의 마음은	眞天壤之情
비록 옛 성왕이라 해도 변경할 수 없다.	雖有先王 不能更也.

　노자·장자·순자·『주역』도 천天을 비인격적인 자연의 기氣로 보는 천기론天氣論을 주장한다. 특히 『주역』은 음양이기론陰陽二氣論을 대칭구조로 전개하여 자연과 인간사를 설명한다. 신神이란 음양의 측량할 수 없는 조화를 지칭하는 것이라는 『주역』의 명제(陰陽不測之謂神 : 『주역』 「계사繫辭」 상)는 바로 천기론天氣論을 말하고 있는 것이다. 이로써 전국시대에는 이미 천기론이 천명론天命論을 압도하고 있었음을 알 수 있다. 이러한 유물론은 후한의 왕충王充(27~97)의 원기자연론元氣自然論, 진대晉代의 범진范縝(450~510)의 신멸론神滅論으로 이어진다. 이들은 신은 물질 밖의 어떤 존재가 아니라 물질의 작용에 불과하다고 주장한 유물론자들이었다.

노자老子/42장

만물은 음기陰氣와 양기陽氣를 품어	萬物負陰而抱陽
혼륜한 기氣가 조화를 이룬 것이다.	冲[1]氣以爲和.

장자莊子/내편內篇/제물론齊物論

천天은 만물을 총칭하는 말이다.	天者萬物之總名也

1_ 冲(충)=虛也, 和也.

천이란 함이 없어도 저절로 되는 것을 말할 뿐이다.　　　　　無爲爲之之謂天.

장자莊子/외편外篇/지북유知北遊

정기精氣의 신묘함은 도에서 나오고	精神生於道
형체의 근원은 정기에서 나온다.	形本[2]生於精
이로써 만물의 형상이 생기는 것이니	以萬物以形相生
천하를 통틀어 하나의 기氣일 뿐이다.	通[3]天下一氣耳.

주역周易/설괘說卦/6장

신神이란 무엇인가?	神也者
만물을 생성하는 작용을 이름 붙인 것이다.	妙[4]萬物而爲言者也.

주역본의周易本義/계사繫辭 상

하늘과 땅은 음양陰陽과 형기形氣의 실체다.　　　　　天地者 陰陽形氣之實體也.

　오행五行과 오덕五德은 전국시대에 이르면 음양오행론으로 발전한다. 오행론은 주나라 초기부터 유행한 듯하다. 정나라 자산은 은나라 기자의 「홍범洪範」에서 언급된 음양오행설陰陽五行說을 빌려, 인격적인 신 개념 대신 '육기오행설六氣五行說'이라는 자연법칙을 강조했기 때문이다. 특히 추연은 오행五行 상승상극설相勝相克說로 역사발전법칙을 성명하는 이른바 오덕종시설五德終始說을 주장한 것으로 유명하다.

2_ 本(본)=原也.

3_ 通(통)=總也.

4_ 妙(묘)=생명의 탄생, 成也.

백호통의白虎通義/오행五行

오행五行이 어째서 왕王을 바꾸는 원인이 되는가?	五行所以更王何.
오행은 서로 돌아가며 상생하므로	以其轉相生
시작과 끝이 있기 때문이다.	故有終始也.
목은 화를 낳고, 화는 토를 낳고, 토는 금을 낳고,	木生火 火生土 土生金
금은 수를 낳고, 수는 목을 낳는다.	金生水 水生木.
오행이 서로 상극하는 까닭은 천지의 본성이다.	五行所以相害者 天地之性.
많음이 적음을 이긴다. 그러므로 물은 불을 이긴다.	衆勝寡 故水勝火也.
정밀함은 견고함을 이긴다. 그러므로 불이 쇠를 이긴다.	精勝堅 故火勝金.
강한 것은 약한 것을 이긴다. 그러므로 쇠가 나무를 이긴다.	剛勝柔 故金勝木.
전일한 것은 산만한 것을 이긴다.	專勝散
그러므로 나무는 흙을 이긴다.	故木勝土.
실한 것은 허한 것을 이긴다. 그러므로 흙은 물을 이긴다.	實勝虛 故土勝水也.
불은 양이며 군주의 상象이고	火陽 君之象也.
물은 음이고 신하의 상이다.	水陰 臣之義也.

사기史記/역서歷書

이때 추연만이	是時獨有鄒衍
오덕五德의 전이를 밝혀	明於五德之傳
흥망성쇠를 분별했다.	而散消息之分
그는 제후들에게	以顯諸侯
역시 진나라에 의해 육국이 망할 것임을 제시해 주었다.	而亦因秦滅六國.
전쟁이 빈번한 것은	兵戈極煩
지존至尊이 오를 때가 얼마 남지 않음을 말한다고 했다.	又升至尊之日淺
결국 그의 예언대로 숨 돌릴 틈도 없이	未暇遑也
역시 오덕 상승의 추이에 따라 육국이 넘겨졌다.	而亦頗推五勝.

진시황은 수덕의 상서로움을 얻었기 때문이라고 생각하고   而自以爲獲水德之瑞

황허의 이름을 덕수德水로 고쳐 부르게 하고   更名河曰德水

시월을 정월로 삼고, 흑색을 숭상하도록 했다.   而正以十月 色上黑.

　

천기론天氣論은 생산적 토대가 재배농업으로 급속히 변화하는 데 따른 것으로 볼 수 있다. 수렵이나 어렵을 하던 채취경제 시대의 인격신 천관天觀은 농업이 발전하고 재배경제 시대에 이르자 변할 수밖에 없었다. 농작물을 재배하려면 자연을 이용해야 하므로 자연의 변화를 사실적으로 관찰해야 한다. 음양 이론은 이에 부응하여 자연현상을 전체적으로 설명하는 기본 틀로 나타나게 된다. 이로부터 천天은 신격神格이 아니라 자연自然으로 해석되기 시작한다. 다음 예문은 천자天子가 몸소 쟁기를 잡고 밭을 가는 이른바 자전藉田 의식을 설명하고 있는데 지금부터 3천 년 전의 기사인데도 꽤나 과학적이다. 여기서 우리는 천기天氣와 지기地氣를 관찰하고 역법曆法을 만든 것은 천하의 대본인 농사를 위한 것이었음을 알 수 있다. 이처럼 천기론은 농업혁명과 밀접한 관계가 있음을 짐작할 수 있다.

국어國語/주어周語 상

선왕宣王이 즉위하자[5]   宣王卽位

천자가 직접 경작을 시작하는 자전藉田[6] 의식를 행하지 않았다.   不藉千畝.

이에 주 문왕의 아우인 곽숙虢叔의 후손인 곽나라 문공이   虢文公

불가함을 간언했다.   諫曰 不可.

"대저 백성들의 대사는 농사에 있습니다.   夫民之大事在農

5_ 이 예문은 周 宣王元年(BC 827)의 기록임.

6_ 천자가 쟁기와 따비를 잡고 삼공 제후 대부를 이끌고 천자의 몸소 자전을 경작하는 의식(禮記/月令). 농사는 천하의 가장 큰 근본이다. 藉田을 열어 천자가 몸소 경작하여 종묘 제사의 제수를 공급한다(漢書). 자전은 천자가 몸소 경작하는 밭이다. 농사를 권장하려는 목적이다(康熙字典).

    *帝藉(제자) : 天神의 제수를 위하여 民力을 빌려 밭을 경작하는 밭.

그래서 농업을 관장하는 관직을 높은 관직으로 삼는 것입니다.	是故稷爲大官.
예로부터 태사太史를 두어	古者 太史
계절의 변화와 땅의 상황을 세밀히 관찰했습니다.	順時覜土.
양陽의 기운이 상승하면 지기地氣가 떨쳐 일어나고	陽癉憤盈 土氣震發.
농사철의 별자리인 방숙房宿이 새벽하늘의 중앙에 오고	農祥晨正
해와 달이 실숙室宿의 아래에 나타나는 정월이면	日月底于天廟
땅의 맥박이 드러납니다.	土乃脈發
자전 구 일 전에는 태사가 후직에게 보고합니다.	先時九日 太史告稷曰
지금부터 입춘까지는 양의 기운이 상승하고	自今至于初吉. 陽氣俱蒸
땅의 기운이 윤택해지는데 만약 지기가 진작되지 않으면	土膏其動 不震不渝
지맥이 죽고 음수陰水가 많아져서 번식할 수 없습니다."	脈其滿眚 谷[7]乃不殖.

묵자의 우주론

인류는 언제부터 눈에 보이는 해와 달과 별과 같은 개별 명사를 총합한 하늘·땅이라는 보편개념을 발견했을까? 동양에서는 서양과는 달리 존재의 근원 또는 본체에 대해 논란이 별로 없었다. 왜냐하면 존재의 근원은 천지天地이며, 그 하늘의 본체는 천신天神, 땅의 본체는 지신地神이라는 것을 믿었기 때문이다.

고대의 동양사상은 본래 실용적이었으므로 형이상학에는 별로 주목하지 않았다. 『시경』, 『서경』, 『춘추春秋』에도 정치 윤리 등 인간관계론에 대한 기록만 보일 뿐 존재론이나 인식론 등에 대한 언급은 눈에 띄지 않는다. 하늘에 대한 언급은 수없이 많지만 그것의 존재와 본질에 대한 언급은 거의 없다. 공자도 마찬가지다. 그러므로 천지라는 보편개념은 누가 발견한 것이 아니라 점진적으로 발전시킨 개념이라고 보아야 할 것이다.

7_ 谷(곡)=水相屬.

우주宇宙는 천지보다 더욱 발전된 개념이다. 천지는 지구 중심적인 것이지만 우주는 지구를 초월하는 개념이다. 그런데 우리는 이 어렵고 기이한 개념을 어려서『천자문千字文』을 배울 때부터 알고 있다. 우리 조상들은 1천여 년 동안 사람이 태어나서 처음으로 문자를 배울 때 '천지현황天地玄黃 우주홍황宇宙洪荒'부터 배운다. 천지현황은『주역』에서 옮긴 것으로 즉 하늘은 뜻이기에 현묘하여 검푸르고, 땅은 생산이기에 누렇다는 뜻이다.

주역周易/곤괘坤卦

상 육효.	上六
용이 들에서 싸운다. 그 피가 검푸르고 누렇다.	龍戰于野 其血玄黃.

주역周易/곤괘坤卦/문언文言

음이 양을 의심하면 반드시 싸운다.	陰疑於陽必戰.
…검푸르고 누렇다는 것은 하늘과 땅이 섞인 것을 말한다.	…夫玄黃者 天地之雜也
하늘은 검푸르고 땅은 누렇다.	天玄而地黃.

『천자문』의 '우주홍황'은 묵자의 우주론을 옮긴 것이다. '공간인 우宇는 넓고, 시간인 주宙는 공허하다'는 뜻으로 해석한다. 우는 상하, 동서남북, 즉 공간이라는 뜻이고, 주는 어제와 오늘, 아침과 저녁 즉 시간이이라는 뜻이다. 여기서 황荒[8]이란 글자는 거칠다(蕪)는 뜻이 아니고, 헛되다(空虛) 또는 크고 멀다(大遠)는 뜻으로 쓰인 것이다.

이처럼 우주라는 개념은 점진적으로 발전한 것도 아니고, 『천자문』의 저자가 발견한 것도 아니다. 그것은 놀랍게도 2,500년 전 묵자가 처음으로 발견한 것이다. 묵자는 인류 최초로 우주 개념을 발견한 철학자였다.

그는 처음으로 천天·지地를 우宇·주宙라고 말하고, 공간과 시간이라는 개념으로 설

8_ 荒(황)=蕪也, 掩也, 空虛也, 大遠也, 老耄也.

명했다. 묵자는 영원한 하늘과 땅을 생각하고 나아가 상하 사방의 광막하고 무한한 세계인 천지를 우宇라고 한다면, 해와 달과 별이 아침저녁으로 사라졌다가 나타나고 오늘도 내일도 영원히 계속되는 시간의 세계는 주宙라고 보았던 것이다. 그리고 공간의 영원성을 시간이라 생각한 것이다. 묵자의 시간론이 탁월한 것은 시간을 공간과 분리하지 않고 공간의 운동이라고 생각한 점이다.

동서양을 물론이고 오늘날 우리들의 상식은 시간이란 실 꾸러미처럼 어떤 선상에서 끊어지지 않고 이어진다는 개념이다. 시간은 끝없이 이어진다는 의미에서 영원이다. 그러한 시간 개념 속에는 공간이 끼어들 수 없다. 시간은 시간 밖의 신의 영원성과는 다른 영원성인 것이다. 그러나 묵자는 공간의 영원성을 시간의 영원성으로 설명하고, 이것을 신의 영원성과 연결시켰다. 그러므로 묵자는 오히려 시간을 '영원' 하다고 말하지 않고 '공허(荒)' 하다고 말했다.

묵자墨子/경설經說 상/상

시간이란 옛날부터 지금, 아침부터 저녁까지요,   久. 古今旦暮
공간이란 동서남북 상하를 말한다.   宇. 東西南北.

시자尸子[9] 하

사방四方 상하上下를 우宇(공간)라 하고   天地四方 曰宇
지난 옛날과 오는 미래를 주宙(시간)라 한다.   往古來今 曰宙.

문자文子[10]/자연自然

노자가 말했다.   老子曰
"자연(樸)은 지극히 커서 형상이 없고   樸至大者無形狀.

9_ 尸佼(BC 390~330).
10_ 辛鈃. 연대 불명이나 先秦人. 노자의 제자이며 공자와 동시대라는 說도 있음.

도道는 지극히 커서 헤아릴 수 없다.	道至大者無度量
그러므로 하늘은 둥글지만 그림쇠에 맞지 않고	故天圓不中規
땅은 모나지만 곱자에 맞지 않는다.	地方不中矩
옛날이 가고 새날이 오는 것을 주宙(시간)라 하고	往古來今謂之宙
사방과 상하를 우宇(공간)라 한다.	四方上下謂之宇
도는 그 가운데 있지만 그곳을 모른다."	道在其中而莫知其所.

장자莊子/잡편雜篇/경상초庚桑楚

실재하지만 처한 곳이 없는 것을 공간(宇)이라 하며	有實而無乎處者 宇也.
오랜 것이지만 그 근본을 표시할 수 없는 것을	有長而無本剽者
시간(宙)이라 한다.	宙也.

회남자淮南子/제속훈齊俗訓

사방과 상하를 우宇라 하고	四方上下謂之宇
지난 옛날과 미래와 지금을 주宙라 한다.	往古來今謂之宙.

그런데 왜 우리는 이처럼 어려운 천지天地와 우주宇宙라는 글자를 5~6세 때부터 배우게 되었을까? 우리 조상들은 선천적으로 심오한 사색을 한 철학자들이었을까?

그러나 젊은 독자 여러분은 대개 '하늘 천 따 지'를 배우지 않고, '송아지 얼룩송아지! 바둑아 이리 오너라'를 배웠을 것이다. 여러분은 왜 하필 송아지, 강아지를 맨 먼저 배워야 했고, 그것마저도 누런 송아지가 아니고 얼룩송아지며, 누런 강아지가 아니고 바둑이를 배워야 했는가? 의아하게 생각했을 것이다. 그것은 서양의 유목문화를 표현한 것으로 우리를 서양화하기 위한 식민교육이었던 것이다. 서양은 유목문화이므로 가축과 녹색이 생산을 상징하지만 동양은 농경문화이므로 곡식과 누런색이 생산의 상징이다.

오늘날 우리는 우주선을 타고 태양계를 지나 또 다른 은하계로 여행하는 우주 시대에 살고 있으며, 몇백만 분의 일초를 계량하는 극찰나의 시대를 살고 있으며, 몇백만 분의 1밀리미터(mm)를 계량하는 초극미의 전자 시대를 살고 있다. 그리고 빛의 속도와 같거나 빠른 타임머신을 타고 여행하면 영원히 늙지 않거나 과거로 되돌아갈 수 있다는 꿈을 꾸고 있다.

그러나 인류는 기원전 400년 내지 300년 전에 시간적인 우주라는 개념을 발견했지만 그것의 발전은 더디기만 했다. 현상계는 변화만이 진리라는 역易(변화) 사상도 인류사에 획기적인 것이지만 그것은 천지라는 지구에 한정되는 개념이었다. 다만 노자·장자는 지구를 떠난 천상과 신선의 세계를 상상했다. 그들은 인간의 삶터가 공간적으로나 시간적으로 유한함을 슬퍼했다. 그들의 생각은 우주적이었다. 그러나 그들도 묵자가 이미 가르쳐준 공간과 시간이라는 개념을 명확히 이해하지 못했다.

장자莊子/잡편雜篇/칙양則陽

현자 대진인戴晉人이 말했다.	戴晉人曰
"왕께서는 달팽이란 놈을 아십니까?	有所謂蝸者 君知之乎.
달팽이 왼쪽 뿔에 나라가 있는데 촉씨라고 하고	有國於蝸之左角者 曰觸氏
오른쪽 뿔에 있는 나라는	有國於蝸之右角者
촉씨들이 오랑캐라고 깔보는 만씨입니다.	曰蠻氏
마침 이들이 영토를 다투다가 전쟁이 일어났습니다.	時相與爭地而戰
전사자가 몇만이었고	伏尸數萬
십오 일 동안 패잔병을 쫓다가 돌아오곤 합니다."	逐北旬[11]有五日而後反
혜왕이 말했다. "혹시 거짓말이 아닌가요?"	君曰 噫其虛言與
대진인이 말했다. "그럼 왕을 위해 사실을 얘기하겠습니다.	曰 臣請爲君實之
왕께서는 사방 상하의 공간에 끝이 있다고 보십니까?"	君以意在四方上下有窮乎
혜왕이 말했다. "끝이 없소."	君曰 無窮

11_ 旬(순)=十日.

대진인이 말했다.

"아시다시피 마음은 무한 공간에서 노닙니다.

반면 나라는 다 합쳐도

있을까 말까 하는 존재이겠지요!"

曰

知遊心於無窮

而反在通[12]達[13]之國

若存若亡乎.

대주對酒[14]

달팽이 뿔 위에 천하를 다툰들 무엇하리!

부싯돌 번쩍이는 찰나의 몸인 것을

부하면 부한 대로 가난하면 가난한 대로 즐거운 것을

인생을 웃지 못하면 그는 바보로다.

蝸牛角上爭何事

石火光中寄此身

隨富隨貧且歡樂

不開口笑是癡人.

　서양에서도 뉴턴이 만유인력을 발견했지만 그의 공간 개념은 아직도 3차원적이었다. 즉 수학적 좌표로 말하면 그의 공간은 X축과 Y축의 평면에 Z축을 추가한 입체의 한 점이었다. 그 공간 안의 규칙은 어떠한 변화와 운동에도 불변의 것이었다. 즉 그의 좌표에는 T라는 제4축은 없었던 것이다.

　정작 시간이라는 것을 과학에 끌어들인 사람은 아인슈타인Albert Einstein(1879~1955)이었다. 그는 비로소 인류를 3차원의 세계에서 4차원의 세계로 인도한 것이다. 그는 시간이라는 것이 공간의 규칙을 상대적으로 만든다는 사실을 발견한 사람이다. 즉 X·Y·Z축 내에 갇힌 공간 규칙은 시간이라는 T축을 대입하면 상대적이 된다고 보았다. 이러한 상대성 원리는 이미 우주여행에서 날마다 실제로 경험하고 있는 묵은 이야기가 되었다. 오늘날은 이미 아인슈타인은 구시대 물리학이고 '불확정성 원리'가 지배하는 현대물리학의 시대다. 그리고 그보다는 '복잡성'을 규명하는 카오스 과

12_ 通(통)=總也.

13_ 達(달)=皆也.

14_ 白居易(772~846).

학의 시대이기도 하다.

일찍이 묵자가 유가들을 어린이 지혜만도 못하다고 비난한 것은 그들이 4차원의 세계가 아니라 2차원의 평면적 세계에 머물고 있다는 데에 있다. 그러나 우리의 의식구조는 아직도 3차원의 세계에 갇혀 있다. 더구나 우리들에게는 공자를 묵수하려는 경향이 남아 있어 그것이 우리를 아직도 옛 울안에 가두고 있다면, 그래서 우리가 2차원적 평면의 세계에 머물고 있다면 얼마나 불행한 일인가?

서양의 존재론 고대 동양에서는 만물을 다 덮어주고 실어주는 천지에 관심을 갖은 데 반해, 그리스인들은 만물의 현상 뒤에 숨어 있는 존재의 근원에 관심을 가졌다. 즉 운동자는 운동의 근원인 원동자原動者가 있어야 한다고 생각한 것이다. 그리고 그것을 통해 모든 존재자의 공통된 규정을 찾으려 했다. 전자를 천지, 음양, 오행론이라 말하고 후자를 형이상학 또는 존재론이라고 말한다.

그러므로 본질론인 존재론에서는 서양이 동양보다 훨씬 앞서 나갔던 것이다. 그 특징을 말한다면 동양의 존재론은 전체에서 근원으로 나아가는 데 반해 서양은 근원에서 전체로 나아간다. 그래서 동양은 수렴하는 원운동처럼 회귀적이며, 이에 반해 서양은 전진하는 직선운동처럼 발전적이다.

영국 철학자 버트런드 러셀Bertrand Russell(1872~1970)은 다음과 같이 말한다.

서양철학사A History of Western Philosophy

형이상학에 있어서의 진보는 세계의 성질과 구조에 관한 여러 가지 가설들의 점차적인 세련화, 그리고 반대되는 가설의 공격에 대비하기 위한 이론화로 이루어졌다. 이 가설들이 어느 것 하나 증명될 수 없다 할지라도 그 내부적 논리의 일관성과 이미 알고 있는 사실들과 일치시키기 위한 독특한 지식으로부터 우주를 이해하는 일에 있어서 우리의 독단에 대한 해독제가 될 것이다. 현대 철학을 지배해 온 가설들은 거의 모두 그리스 사람들이 먼저 생각한 바 있었다.

서양의 철학사는 일식을 예언한 탈레스로부터 시작한다. 그는 세계 만물의 근원을 '물(水)'이라고 했다. 반면 헤라클레이토스는 "만물의 근원은 불이며 불꽃처럼 유전한다"고 말했다. 그 이후 여러 사람들이 차례로 '수數', '물과 흙', '토土·공기空氣·화火·수水'라고 주장했다. 그러다가 묵자와 동시대인 기원전 5세기경 아테네에서 존재론이 좀더 세련되게 개념화됐고 오늘날까지 영향을 미치고 있다.

아낙사고라스Anaxagoras(BC 500?~428)의 '무수한 원소와 정신', 데모크리토스Dēmokritos(BC 460?~370?)의 '원자론'이 그것이다. 그 후 조금 늦게 소크라테스의 제자인 플라톤은 '이데아' 설을 주장했다. 그는 실재(reality)와 현상(appearance)을 구별하고, 감각으로 느끼는 사물들은 실재가 아닌 현상일 뿐이며, 실재는 사물들의 일반적인 형상(form), 즉 이데아라고 주장했다.

그리고 플라톤의 제자인 아리스토텔레스Aristoteles(BC 384~322)는 스승 플라톤이 형상과 질료를 이원론적으로 보는 것에 반해서 형상을 '질료에 내재하는 본질'이라고 보는 일원론을 제시했다. 그는 질료를 형상실현形相實現의 가능성으로 보고 모든 존재를 질료와 형상의 뗄 수 없는 결합으로, 모든 생성 과정을 가능성인 질료가 현실성인 형상으로 전화 발전하는 것으로 설명했다. 이것은 마치 '이기理氣 이원론二元論'과 '일원론적一元論的 주리론主理論'을 서양식으로 말하는 것 같다.

서양에서는 묵자보다 100여 년 늦게 플라톤이 우주론을 언급했다. 그의 책 『티마이오스』에서 신이 혼돈(chaos)에 질서(order)를 넣어 우주(cosmos)를 만들었다고 말했다. 그래서 비로소 질서 있는 세계, 즉 우주가 되었다는 것이다. 그는 나아가 '일자一者는 구球'라고 말한 파르메니데스Parmenidēs(BC 515?~445?)를 계승하여, 세계를 유기체로 보고 하나의 동물이며 구슬(球)이라고 주장했다. 구球는 아무리 나누어도 그 원형이 변하지 않는 것이므로 '능산자能産者' 또는 '원동자原動者'를 상징한 것이다. 우리나라 원불교에서 하나의 원(一圓)을 법신불法身佛로 상징화한 것도 마찬가지다.

플라톤은 또 여기에서 재미있는 말을 했다. 창조주는 모든 별에게 각각 영혼 하나씩을 창조했다는 것이다. 그리고 그 영혼을 받아 태어난 인간은 감각과 애정, 공포와 분노를 극복하면 바르게 살 수 있고, 바르게 살다가 죽으면 별 속에서 영원한 안식을 얻는다는 것이다. 하지만 만약 악하게 살면 내세에 여자로 태어나고, 여자가 악하게 살면 짐승으로 태어난다고 한다. 그리고 이런 윤회를 통하여 결국 이성이 승리한다는 것이다.

그러나 플라톤도 우주를 공간적으로만 보았고 공간의 운동을 시간이라고 설명하지 못했다. 서양에서는 20세기에 와서야 공간과 시간을 종합한 시간철학을 발견하게 된다.

시간의 철학

묵자의 시간론

우리는 시간과 공간 그리고 이것을 합한 시공時空이라는 말을 일상에서 늘 사용하고 있다. 또한 어느 종교이든 어디를 가든 천국과 영생을 말한다. 그리고 특히 우리는 천지현황天地玄黃(하늘은 뜻이기에 현묘하고 땅은 생산이기에 누렇다)과 우주홍황宇宙洪荒(공간적 우주는 한없이 넓고, 시간적 우주는 황당하고 헛되구나)을 어릴 때부터 배운다. 그러나 정작 시간이 무엇인가를 물으면 시원스럽게 대답할 사람이 몇이나 되겠는가?

인간은 태어남, 늙음, 병고, 죽음 등 자신의 유한성에 좌절하면서도 한편으로 자연의 끝없는 반복을 발견하고 위안을 받는다. 그리고 거기에는 영원히 변치 않는 어떤 것이 존재하리라는 생각에 도달한다. 우리는 그 어떤 것을 본질이라고 말한다. 그리고 변화에 대한 철학적 성찰을 시간론이라고 말하고, 그 본질에 대한 물음을 형이상학 또는 존재론이라고 한다. 앞서 존재론에서 언급한 것처럼 묵자는 인류 역사상 처음으로 우주를 시간과 공간으로 설명했으며, 시간을 '공간의 이동'이라고 말했다. 그리고 시간과 공간을 존재의 필요조건으로 규정한다. 또한 공간적 우주는 시간의 흐름과 상관없이 영원히 존재한다고 갈파했다. 이처럼 묵자는 시간을 자연 시간으로 보았으며, 공간으로 규정한 것이 특색이다. 그리고 이것은 존재의 변화와 변하지 않는 본질을 통합하고 시간과 공간을 통합한 것이다.

그러나 묵자의 시간론은 한 개의 논변으로 정리되지 못했고, 사상의 원리만을 간략하게 기록한 「경설」편에 그 일부가 남아 있을 뿐이다. 또한 묵자의 시간론이 후대에 주목받지 못하고 발전하지 못한 것은 참으로 안타까운 일이다. 그러므로 차제에 서양의 시간론을 간단히 언급하면서 묵자의 시간론의 특색과 의미를 살펴보기로 하겠다.

묵자墨子/경經 상/상

시간이란, 다른 시간까지 두루 가득 찬 것이요,	久. 彌異時也
공간(宇)이란 다른 장소까지 두루 가득 찬 것이다.	宇. 彌異所也

묵자墨子/경經·경설經說 상/상

다함. 만물이 다 그렇지 않은 것이 없다.	盡. 莫不然也
다함이란 다만 운동을 정지시킨 것이다.	盡. 但止動.

교화. 속성이 바뀌는 것이다.	化. 徵易也
교화란 두꺼비가 메추라기로 되는 것과 같다.	化. 若鼃爲鶉.

묵자墨子/경經·경설經說 하/상

대우주, 우주 공간은 이동 변화한다.	長宇 宇或徙
시간에 대하여 말하는 것이다.	說在久
대우주 공간은 이동하지만 역시 공간(宇)에 처해 있다.	長宇徙 而有處宇
우宇는 남과 북이며 아침에도 있고 또 저녁에도 있다.	宇南北在旦有在暮
공간의 이동이 시간이다.	宇徙久.

시간과 공간이 없는 것. 단단하다, 희다라는 것들이다.　　　　無久與宇 堅白

존재의 인과에 대해 말하는 것이다.　　　　　　　　　　　　說在因.

시공이 없는 것. 단단하다는 촉각이 희다는 시각을 만나면　　無 堅得白

반드시 배타하지 않고 서로 공간이 없으므로 채워준다.　　　　必相盈也.

묵자墨子/경經·경설經說 하/하

공간. 가까운 곳으로 나아갈 수 있을 뿐이다.　　　　　　　　宇. 進無近

존재를 펴는 곳에 대하여 말하는 것이다.　　　　　　　　　說在敷.

공간. 존재는 공간을 떨쳐 버릴 수 없다.　　　　　　　　　宇. 區宇不可偏舉也

앞으로 나아간다 해도　　　　　　　　　　　　　　　　　進行者

시간에 따라 가까운 곳에서 먼 곳으로 갈 수 있을 뿐이다.　　先敷近 後敷遠.

행동의 순서가 시간이다.　　　　　　　　　　　　　　　行循以久

선후先後에 대하여 말하는 것이다.　　　　　　　　　　　說在先後

운행. 길을 가는 데는　　　　　　　　　　　　　　　　行 行者

먼저 가까운 곳에서 시작하여 먼 곳으로 간다.　　　　　　必先近而後遠

멀고 가까운 것은 길이요, 먼저 하고 뒤에 하는 것은 시간이다.　遠近修[15]也 先後久也

백성의 행실이 닦이려면 반드시 시간이 필요하다.　　　　　民行修 必以久矣.

| 직선운동적 시간관 |

① 유목민의 시간 관념

　　서구 사상은 대체로 직선적인 시간관을 기초로 한다. 직선
적인 시간관은 시간에는 시작과 끝이 있다는 것을 전제한다. 과거는 뒤고 미래는 앞
이며, 현재는 그 선 위의 한 점이다. 근대적 시간관도 직선적 시간관이다. 19세기 생

15_ 修(수)=길이, 長也.

물학적 진화론과 역사발전 단계설도 직선적 시간관을 전제로 하고 있다.

이러한 직선적 시간관의 근원은 유목민의 시간관이다. 그들은 농경지와 삶터를 빼앗기고 사막으로 쫓겨나 정주 생활을 포기하고 양떼를 몰고 오아시스를 찾아 초원을 한없이 유랑하는 삶을 살아야 했던 소외된 종족들이었다. 그들은 강물과 농지의 자연적인 혜택을 잃어버린 사막의 떠돌이였으므로 그들의 삶의 원동력은 자연이 아니라 신의 구원이라는 소망뿐이었다. 그들에게 인간의 삶은 역사에 있고 그 소망의 역사는 신의 말씀 그 자체였다. 여기서 직선적 시간관인 종말과 심판 사상이 싹텄을 것이다.

유목 생활을 하던 유대 민족의 역사서인 『구약성경』의 「창세기」에는 창조 이전의 상태를 '암흑'으로 표현했다. 혼돈하고 공허한 땅, 깊음 위의 흑암, 수면 위에 운행하는 신을 말한다. 이때 신은 비로소 시간을 동시에 창조했다. 신이 빛을 창조하자 빛과 어둠, 아침과 저녁, 낮과 밤이 생겼다. 그러므로 시간은 천지창조 이전에는 존재하지 않는다. 이것은 시간의 연속성과 영원성을 부정하고 신만이 영원한 존재임을 선언한 것이며, 그리스인과 동양인이 생각했던 '시간은 영원히 순환하는 것'이란 전통적인 순환 시간관 또는 영겁회귀 사상을 부정한 것이다.

"빛이 있으라 하여 빛을 창조하시고, 빛과 어둠을 나누어 낮과 밤이라 칭하고, 저녁이 되고 아침이 되니 첫째 날이니라"라는 「창세기」의 설화는 성리학의 "무극인 태극이 햇빛(陽)과 그늘(陰)을 낳고, 그것이 만물의 형상을 낳는다"는 『태극도설太極圖說』의 구도와 너무도 비슷한 이야기다. 그러나 유대 민족의 신은 종말과 심판의 구세주이므로 시간은 미래의 그날을 향하는 직선운동이 되지만, 무극 또는 태극은 구세주도 아니고 의지의 신도 아니고 시원적인 이理일 뿐이므로 회귀적 시간관을 낳는다. 이처럼 직선적 시간관은 유목민의 구원사상에서 나온 것임을 알 수 있다.

② 중세 기독교의 미래 연원적 시간 관념

원래 그리스의 전통적인 시간관은 동양의 순환적 시간관과 마찬가지로 자연적이며 회귀적이었다. 그것이 중동 유대 민족의 직선적 시간관에 의해 압도당한 것이다. 아리스토텔레스 이후 종교적으로 혼란의 시기였던 헬레니즘 시대의 플로티노스Plotinos

(205~269?)는 플라톤처럼 영원을 시간의 근원으로 생각했으나, 다만 시간은 운동에 수반된 현상이거나 운동에 따르는 어떤 것도 아니고, 영혼 안에서 발견되고 그 속에 포함되어 있는 것으로 생각했다. 그에게 시간은 영혼의 삶의 끊임없는 연속이었다.

이러한 시간관은 아우구스티누스Aurelius Augustinus(354~430)로 이어져 자연적인 시간관에서 벗어나 시간을 의식으로 환원시키는 정신적 시간 사상이 이루어진다. 그는 시간을 의식 속으로 내재화함으로써 그리스의 자연적 회귀적 시간론과 기독교의 정신적 직선적 시간론을 통합한 것이다.

그는 통합을 위해 무無라는 개념을 동원한다. 무라는 개념은 원래 그리스에는 없는 동양적인 개념이다. 그런데 그는 창세기의 천지창조 설화에서 말한 '암흑'을 무(nihil)라는 개념으로 해석한 것이다. 그는 신을 창조주로 믿는 교부였으므로 신 이전에는 아무것도 없는 '무'라야 한다는 것이다. 그의 말을 들어보자.

고백록Confessiones

신께서는 하늘과 땅을 무無로부터 만드셨습니다. 신께서는 존재했고 나머지는 허무虛無였습니다.

그런데 이 말은 역설이다. '시간이 없는 신'으로부터 시간이 연원된다는 말이기 때문이다. 즉 시간은 신이 창조했으므로 창조 이전의 무에서는 시간이 없고, 또한 신은 영원한 존재이고 변화와 운동이 없으므로 시간이 있을 수 없기 때문이다. 그러므로 그로서는 반대 개념인 영원과 시간의 관계를 설명해야 했다. 즉 종말 이후의 영생과 그리고 죽음을 내포한 시간과의 괴리를 봉합해야 하는 문제에 봉착한 것이다, 그는 말한다.

고백록Confessiones

신에게는 세월은 가고 오지도 않지만 우리의 시간은 가고 오는 것이므로 모든 것이 변합니다. 신은 영원하시며 죽음이 없습니다. 변화와 운동

이 없이는 시간은 절대로 있을 수 없고 형상이 없는 데서는 변화가 있을
수 없습니다.

그는 여기서 '평행선의 어느 한 점에 시간의 근원인 신이 하강한다'는 구상을 도입
함으로써 이 모순을 해결하려고 한다. 여기서 평행선의 한 점은 현재이며 그 현재는
언제나 있어 과거로 또는 미래로 이행하는 흐름이라는 것을 암시한다. 다만 그가 말
하는 흐름은 영원한 신이 하강하는 현재가 과거로 흘러가는 것만을 의미한다. 또한
영원은 시간의 상향 운동에 의한 질적 변화가 아니라 신의 하향적인 은총에 의해서만
가능한 것이라고 설명한다.

이것은 종말론 및 영생과 시간의 괴리를 설명하기 위한 새로운 발상이었다. 그리스
나 동양의 사유 전통은 시간이란 과거에서 연원하여 현재를 거쳐 미래로 흘러가는 과
거 연원적 시간관이었다. 그러나 그의 시간관은 역으로 미래→현재→과거로 흐르는
미래 연원적인 시간관을 말하고 있다. 기독교에서는 미래의 소망인 종말론과 최후의
심판은 미래가 현재를 규정하는 것이기 때문이다. 그는 예수의 탄생과 죽음이라는 신
의 재림 사건 이후로는 이러한 전통적인 시간관이 역전됐다고 생각했을 것이다. 그는
다음과 같이 말한다.

고백록Confessiones
미래인 어디로부터 현재인 어디로 해서 과거인 어디로 흐르며, 현재는
어디로부터 와서 어디를 통하여 지나가는가? 물론 미래로부터 온다.

③ 헤겔의 현재 연원적 시간 관념

이러한 교부철학의 시간관에 반기를 든 것은 뉴턴이다. 뉴턴은 시간과 공간을 인간
의 지각이나 개별적 사물로부터 독립된 절대적으로 객관적인 빈 그릇과 같은 것으로
보았다. 그는 공간은 3차원적인 것으로, 시간은 1차원적인 선으로 인식했다. 이것은
자연적이며 과거 연원적인 시간관이다. 그러나 과거 연원이든 미래 연원이든 모두 시

간은 직선 위의 어느 점이라는 선입견에 묶여 있기는 마찬가지다.

칸트Immanuel Kant(1724~1804)는 뉴턴에 만족할 수 없었다. 그는 시간과 공간을 인식의 문제로 보았다. 그러므로 시간을 '의식으로부터 독립된 실체'라고 보는 뉴턴의 자연적 시간관도, '경험으로부터 추상된 사물의 질서'라고 보는 라이프니츠Gottfried Leibniz(1646~1716)의 객관적 시간관도 반대한다. 한마디로 그에게 공간과 시간은 인식의 형식이기 때문이다.

칸트의 인식론은 선험적 관념론이다. 그가 말한 인식의 순서는 먼저 다양한 현상이 질료로서 감관에 주어지면, 직관은 그것을 일정한 관계 즉 공간적 형식인 전후·좌우·상하 등 상호 병렬적 관계로 정리하고, 그다음에는 시간적 형식인 선후 등 상호 계기적 관계로 정리하며, 끝으로 이것을 오성悟性이라는 개념을 통하여 종합적으로 사유한다는 것이다.

이에 따르면 시간과 공간은 직관이 사유하기 위해서 반드시 필요한 조건인 '선험적 형식'이다. 즉 인식은 경험과 더불어 시작하지만 경험 가능한 현상계는 선험적인 시간과 공간에 제약되어 있다는 것이다. 다만 공간은 현상을 외적 질서에 따라 규정하고, 시간은 내적 질서에 따라 규정하는 것이므로, 공간은 외감外感의 형식이라 말하고 시간은 내감內感의 형식이라고 말한다. 즉 그는 공간과 시간을 내외로 분리하고, 시간을 '내감의 선험적 형식'이라고 정의했다.

헤겔은 이러한 칸트의 분리된 공간과 시간의 개념을 통합한다. 즉 시간은 공간이 자기를 전개한 형태라는 것이다. 그는 다음과 같이 말한다.

철학 강요 Enzyklopädie der philosophischen Wissenschaften im Grundrisse
시간의 양상은 필연적으로 오직 기억 두려움 희망 등 주관적 표상에서
만 있다. 자연 속에 존재하는 시간의 과거와 미래는 공간이다. 왜냐하면
공간은 부정된 시간이기 때문이다. 그리하여 지양된 공간이 곧 점이고,
그것이 대자對自적으로 발전하면 시간이다.

그에게 시간과 공간은 칸트와 마찬가지로 '감성 또는 직관의 순수형식'이다. 그렇지만 공간과 시간이 내외로 분리된 것이 아니라, 공간은 마치 빈 그릇과 같은 '직접적 외면성의 추상'이며, 시간은 그 빈 그릇 안에서 일체가 발생하고 소멸하는 '직관된 생성'이라고 보아야 한다는 것이다.

철학 강요 Enzyklopädie der philosophischen Wissenschaften im Grundrisse

지금이라는 시간은 이미 무無이거나 아직 무이면서 유有다. 그것은 유이면서 이미 무로 이행하고, 아직 무이면서 유로 이행한다. 그러므로 지금은 점이면서 생성이다. 이처럼 이행으로서의 지금은 사유되는 것이 아니라 직관되는 것이다. 그러므로 지금은 유이면서 무이고, 무이면서 유인 존재 즉 존재와 비존재를 통일한 '직관된 생성'이다.

헤겔은 역사를 중시한다. 그에게 공간에서 이루어지는 역사는 시간과 정신의 역사였다. 마치 공간은 빈 그릇이고 그것을 채우는 것은 정신이며, 이러한 생성이 시간이며 역사라는 것이다. 그러므로 그에게 역사는 '정신의 시간'이었던 것이다. 이처럼 역사와 시간은 똑같이 정신의 변증법적 자기 전개 과정이라는 점에서 만난다. 결국 그의 시간론은 변증법과 변증법으로 발전하는 역사를 설명하기 위한 것이었다.

이러한 헤겔의 시간관은 "공간의 이동이 시간(宇徙久)"이라는 묵자의 말과 일치하며, 또한 묵자의 시간론은 "공간은 횅하니 넓고 시간은 헛되다(宇洪宙荒)"는 『천자문』과 유사하다.

④ 베르그송의 순수지속인 삶의 시간

베르그송Henri Bergson(1859~1941)은 철학의 방법은 지성이 아니라 직관이어야 한다고 주장한 기독교 철학자다. 그는 심心과 신身을 정신과 물질의 원점으로 본다. 신체는 물질세계와 연계되지만 또 한편으로는 과거와 미래를 연속시켜 시간의 지속성을 보증하는 연결점이기도 하다는 것이다. 이처럼 신체는 외재성이고 물질이며 연장

延長이므로 계량이 가능하다. 그러므로 논리적 지성적 접근을 통해 알려진다. 한편 마음은 의식의 흐름이며 정신이며 지속持續이므로 계량이 불가능하다. 그러므로 직관을 통해서만 알려진다. 따라서 시간도 직관에 의해서만 알려진다. 그래서 철학의 방법은 직관적이어야 한다는 것이다.

이에 따르면 본래의 정신적인 시간 이외에 공간에 사로잡힌 물리적 시간도 있을 수 있다. 공간의 기본적 특징은 동질성과 동시성이다. 이러한 공간이 지속으로서의 시간에 침투하면 동질적 시간 즉 계산 가능한 물리적 시간이 성립한다. 그는 이러한 공간화된 동질적 시간을 공공의 사회적 시간이라고 말한다.

그러나 우리에게 시간은 동질적이지 않다. 그러므로 이러한 시계로 계산되는 물리적 시간은 진정한 지속으로서의 시간을 알려주지 않는다. 그러므로 베르그송은 진정한 시간이란 공간 개념이 전혀 개입되지 않는 지속, 즉 이질적이고 내적 심리적 지속인 '정신의 시간'이라고 말한다. 베르그송은 그것을 '순수지속'이라고 명명한다. 여기서 지속은 중단 없는 활동을 의미한다. 베르그송은 말한다.

물질과 기억 Matière et mémoire

그러므로 나의 현재라는 시간의 심리적 상태는 직접적 과거의 지각이면서 동시에 직접적 미래의 결정이다. 그러므로 현재라는 시간은 본질적으로 감각적 운동인 것이다.

결국 베르그송의 시간은 몸과 마음으로 경험하는 체험적 시간이며, 그것은 곧 다름 아닌 '의식의 부단한 지속' 즉 삶의 운동인 것이다. 더 정확하게 말하면 시간 양식인 과거·현재·미래는 그 자체로서 있는 것이 아니라, 의식의 변화된 양태 즉 기억과 기대에 의해 비로소 있게 되는 것이다. 결국 그에게 시간은 '정신의 창발적 운동'이었던 것이다.

물질과 기억 Matière et mémoire

현재는 존재가 아니라 지속하는 생성이다. 나의 현재라는 심리 상태는
직전의 과거의 지속이면서 동시에 미래의 결정이다. 직전의 과거란 기
억 속에 축적된 의식이며 미래란 지각에 의해 결정되는 행위나 운동이
다. 현재는 운동의 원점이다. 운동은 기억을 물질화하고 감각을 관념화
한다. 현재라는 시간은 그런 운동이 행해지는 현장이다.

　그의 시간론은 이 지점에서 그의 본래 의도였던 종말과 영원을 설명할 수 있게 된
다. 그는 우리의 의식을 위로 진작하는 방향으로 고양할 수도 있고, 아래로 이완하는
방향으로 타락하게 할 수도 있다고 말한다. 상향의 극한에서 우리는 순수지속으로서
의 정신의 시간과 만나게 되고, 하향의 극한에서 공간의 물질과 만나게 된다. 그리고
위로 진작하는 시간이 창발적 운동이 될 때만 우리는 영원과 생명의 비약과 자유를
주체화할 수 있다고 말한다.

　이처럼 그의 시간론의 장점은 현재는 언제나 종말이며 또한 현재는 언제나 새로이
창조되는 것임을 강조하고, 우리로 하여금 영원으로 고양하기 위한 창조적 운동의 발
양을 촉구하고 있다는 점이다. 이 점에서 이동과 변혁과 창작을 강조하는 묵자의 시
간론과 상통한다.

순환운동적 시간관

① 농경민족의 시간 관념

　대체로 정주 생활을 해야 하는 농경민족은 시간이란 사계절
처럼 순환하며 그 순환은 차면 기울고 기울면 차면서 영원
히 상도를 벗어나지 않는다고 믿는다. 그러므로 순환은 상도와 안정을 향하는 것으로
이해한다. 그런데 똑같이 회귀적이지만 유가의 회귀는 낙관적이고 노장의 회귀는 비
관적이다. 비유하자면 유가의 순환은 농사꾼의 사계절처럼 겨울이 가면 봄이 오는 것
이지만, 노자의 순환은 어부의 사계절처럼 혼돈의 폭풍우 속으로 돌아가는 것뿐이다.

예컨대 천지의 덕인 원형이정元亨利貞은 봄·여름·가을·겨울에 해당되며, 그것은 생명의지가 소생하는 봄에 해당하는 '원元'으로 시작하여, 생명의지가 소통과 형통하는 여름인 '형亨'을 거치면, 생명의지가 결실을 맺는 가을에 해당하는 '이利'가 기다리며, 생명의지를 저장해야 하는 겨울에 해당하는 '정貞'으로 돌아가며, 이것이 다시 봄의 소생으로 되풀이되는 것이다. 그러나 농사꾼과 달리 어부의 사계절은 언제 비가 올지 폭풍우가 불어닥칠지 불확실성뿐이다.

장자莊子/잡편雜篇/경상초庚桑楚

실재하지만 처한 곳이 없는 것을 공간(宇)이라 하고	有實而無乎處者 宇也
오랜 것이지만 근본을 표시할 수 없는 것을 시간이라 한다.	有長而無本剽者 宙也.

첫째, 모든 존재는 영원히 변한다고 생각하는 것은 동서양이 모두 동일하다. 그런데 그 변화의 본원인 영원히 변하지 않는 상도常道에 대해서는 유가는 그것을 '천리天理'라 말하고 노장은 모든 분별이 있을 수 없는 '혼돈混沌'이라고 말한다. 그러므로 혼돈은 불가지한 것이며 시원의 극점이므로 시간이 없다. 또한 혼돈은 퇴영으로 귀결되고 모태로의 회귀로 귀착된다. 이처럼 노장의 혼돈은 빛이 없고 분별과 시비가 없고 무시간적이므로 차별과 고통이 없는 낙원이지만 그것은 퇴영으로만 이루어지므로 비극적이다.

둘째, 동양인은 목표 혹은 천국 혹은 완성은 시간의 종말이 아니라 시간의 처음인 태초에 있다고 생각한다. 그러므로 이상향은 원시 혹은 성왕 시대로 회귀하는 순환운동으로 이루어진다. 결국 유가의 회귀는 비관주의가 아니라 상고주의가 된다. 그러므로 유가에게는 행복했던 옛날로 되돌아가는 것만이 해방이요, 이상향으로 향하는 유일한 길이 된다. 반면 노장의 회귀는 시초인 무유無有로 돌아가는 것이며 또한 혼돈과 모태로 돌아가는 것을 의미하므로 허무주의적이다.

② 그리스의 윤회사상은 순환적 시간 관념

그리스와 불교의 윤회사상은 시간을 순환하는 나선운동과 같은 것으로 보았다. 여기서는 인간의 삶은 순환하는 자연의 혜택이기 때문이다. 그러므로 행복한 삶의 길은 영원히 순환하는 자연의 질서에 순응하는 데 있다. 헤라클레이토스는 영원히 타는 불이 쉼이 없이 유전하면서 처음과 끝이 순환한다고 보았다.

플라톤은 『티마이오스』에서 윤회와 전생轉生을 말하고 있다. 그의 시간은 영원한 이데아를 모사模寫하기 위한 수數에 따라 진행하는 천체의 순환운동이다. 또 그에 의하면 우주는 신이 혼돈에 질서를 넣음으로써 이루어진 것이다. 따라서 우주가 있기 이전에는 혼돈일 뿐 밤과 낮, 해와 달의 질서인 시간이 없었다. 그러므로 그의 시간은 공간과 관련이 있고 수가 있으며 진행하는 운동이 있어야 존재할 수 있다. 그러므로 그의 시간은 혼돈에서는 있을 수 없고, 그 혼돈에 헤아리는 분별 즉 질서 또는 수가 침투해야만 있을 수 있다. 이처럼 플라톤은 자연적이며 이성적인 시간관이었다.

③ 근대 서양 회귀사상의 비관적 시간 관념

쇼펜하우어Arthur Schopenhauer(1788~1860)는 앞서 말한 그리스와 불교의 윤회전생 사상에 영향을 받아 생명의 재생과 윤회를 받아들인다. 이어서 니체Friedrich Nietzsche (1844~1900)는 그리스의 윤회사상에 심취하여 영겁회귀永劫回歸의 사도가 된다. 그런데 이들 회귀사상의 계승자는 모두 비관주의로 결말이 난다. 이처럼 서양의 회귀설이 비관주의로 흐르는 까닭은 두 가지 면에서 선입견이 다르기 때문이다.

첫째, 존재는 영원히 변화한다는 것을 전제로 한다는 점은 동양과 같지만 결말은 다르다. 플라톤은 우주를 원구圓球로 생각했다. 그러므로 그 원구는 아무리 굴러도 원주圓周에서의 변화일 뿐, 그 중심은 여전히 제자리로 돌아오는 정靜이다. 그런데 그 중심의 정을 동양에서는 진리인 상도常道로 보는 데 반해 서양에서는 죽음으로 본다는 점이다. 그리고 회귀는 시시포스Sisyphos의 추락처럼 전진이 없는 형벌로 이해된다.

둘째, 서양인은 목표 혹은 천국이 동양에서처럼 원초에 있다고 보지 않고, 직선운동의 종말에 있는 것으로 생각한다. 그러므로 회귀는 종말적 목표 도달이 불가능함을 의미한다.

　이상과 같이 서양의 회귀사상은 비관주의로 결말이 난다. 목표를 향해 직선으로 달려가는 신이 사라짐으로써 신이 부여한 인간의 목적도 사라져버리기 때문이다. 즉 그들에게 회귀는 시시포스의 추락이나 천국의 상실을 의미한다.

　이것은 농경민족과 유목민족의 심리 상태에 관련이 있다고 생각한다. 농경민족에게 정靜과 되돌아옴은 행복한 귀향을 의미하지만 유목민에게 정과 되돌아옴은 죽음을 의미한다. 사막에서 길을 잃고 아무리 앞으로 나가려고 애를 써도 제자리로 되돌아온다면 죽음의 도깨비에게 홀린 것처럼 참담한 일이 아니겠는가?

　이에 니체는 용감하게 나서서 이러한 비관주의를 극복하려고 했다. 그래서 그는 부득이 신을 죽여야 했고 그리하여 신이 만든 시간의 굴레에서 벗어나려 했다. 그에게는 오직 신을 죽이고 신에게서 초월하는 것만이 해방이요, 목적을 되찾을 수 있는 유일한 길이었다. 우리를 홀리는 시간이라는 도깨비를 잡아 죽이자는 것이다.

　따라서 그는 신이 만든 직선적 시간관을 버리고 맞이한 자연적 회귀적 시간을 비극에서 구출할 수 있었다. 직선적 시간은 시원이 있고 종말이 있으나 회귀적 시간은 시원도 종말도 없는 영겁회귀이다. '영겁회귀'는 신이 없는 영원이다.

　다만 그의 신이 없는 영겁회귀의 시간은 하늘의 시간이 아니라 땅의 시간이고, 인간의 권력의지의 시간이며 생명의 시간이다.

　그러나 그의 땅의 시간은 유有의 시간이며 유한하다. 그러므로 여기서 유한한 유는 무한한 영원을 희구한다. 그러므로 유의 완결성은 무유無有로 귀착되게 마련이다. 결국 땅의 시간은 허무주의로 귀결되고 만다.

차라투스트라는 이렇게 말했다 Also sprach Zarathustra

일체는 가고 일체는 되돌아온다. 존재의 바퀴는 영원히 돌아간다. 일체는 헤어지고 일체는 다시 만나 존재의 고리는 영원히 엄정한 것이다. 모든 순간에 존재는 시작한다. 원구圓球는 모든 곳에서 구른다. 중심은 도처에 있다.

지금까지 설명한 직선운동의 시간관이나 순환운동의 시간
관이나 모두 어떤 선 위의 점이라는 선분 관념을 벗어나지
못한다. 다시 말하면 시간을 공간에서 분리하여 생각한다는
것이다. 다만 플라톤이 우주를 원구로 생각하고 그 원구의 자전운동을 시간으로 생각
한 것은 공간을 배제하지 않았다는 점에서 획기적인 발상이다. 하지만 그것은 존재의
근원을 말하고자 한 것이지 시간철학을 말한 것은 아니다. 즉 그의 원구는 동動이 있
으되 스스로는 정靜이며, 항상 변화해도 스스로는 변함이 없으며, 만유를 낳지만 스
스로는 줄지 않는 원동자原動者 또는 능산자能産者의 표상일 뿐 시간의 표상은 아니다.

그러나 플라톤보다 앞서 묵자는 '공간의 운동이 곧 시간'이라고 말했다. 그리고 그
운동은 변화이며 이동이라고 보았다는 점에서 특이하다. 즉 플라톤은 공간의 운동만
생각했지 묵자의 우주의 변화와 이동을 간과하고 담아내지 못했다. 특히 현재를 타파
하려는 혁명적인 묵자에게 변화와 이동은 불가피한 요청이었다. 이 점에서 헤겔의
'직관된 생성'이나 베르그송의 '정신의 창발적 운동'이 묵자에 더 가깝다.

이처럼 묵자의 시간관은 동양의 순환운동의 시간관과는 달리 직선운동의 시간관
에 더 가깝다. 이러한 시간관은 동양의 시간관과는 이질적이고 오히려 기독교적인 것
이다. 다만 그는 인격신 하느님을 증언했으나 그의 시간론에는 종말도 심판도 천국도
없다. 오히려 그는 미래의 구원이 아니라 현재의 땅에서 대동사회의 실현을 주장하고
변혁과 새로운 창조를 강조했다. 그러므로 그는 기독교의 미래 연원의 시간관이 아니
라 자연적이며 현재 연원의 시간관을 말한 것으로 보아야 할 것이다.

이처럼 시간론은 곧바로 생명론에 연결된다. 묵자의 영생은 공간과 시간이 분리되
지 않는 것을 말한다. 다시 말하면 공간의 끊임없는 운동이 영생이요, 공간과 시간의
분리와 정지는 죽음이다(졸저 『노자강의』 제7부 '생명주의' 참조).

묵자는 생명을 하느님이 창조한 것이라고 했으나 한편으로는 현상학적으로 파악
하기도 했다. 그에 의하면 '생명은 물질적인 형체와 정신적인 지각이 머문 곳이며,
시간적인 우주(宙)와 공간적인 우주(宇)가 분리되지 않고 충만하려는 운동'이다. 다
시 말하면 그는 생명을 공간과 시간, 즉 우주의 운동으로 파악한 것이다. 즉 묵자에게

죽음은 단지 운동의 정지다. 그러므로 죽음은 공간의 이동이 없으며 따라서 시간도 없다.

묵자墨子/경經·경설經說 상/상

생명. 육체와 지각이 거처하는 곳이다.	生. 刑與知處也.
생명이란 형체와 지각을 충만하게 하는 것이다.	生. 盈之
생명은 공간적인 우주와 분리될 수 없다.	生 商[16]不可必也.
다함. 만물이 다 그렇지 않은 것이 없다.	盡. 莫不然也.
다함이란 다만 운동을 정지시킨 것이다.	但止動.
비롯됨. 마주친 시간이다.	始. 當時也.
비롯됨. 시간이란 유有의 시간과 무유無有의 시간이 있다.	始. 時或有久 或無久
비롯됨은 존재하지 않는 무유의 시간과 마주침이다.	始當無久.

이처럼 묵자는 생명론에서 생명의 본질인 영혼이나 정신에 관해 말하지 않는다. 이런 점에서 19세기 현상학이나 생철학자들과 상통한다. 그들은 생명이란 더 이상 거슬러 올라갈 수 없는 근원적 현상이므로 생명의 본질은 형이상학적으로 궁구할 수 없는 것으로 보고, 생명 현상 또는 인간의 실존을 사색의 중심에 둔다.

특히 묵자가 생명의 창조성을 강조한 것이나 하느님의 사랑을 언급한 부분은 20세기 생철학의 대표자인 베르그송을 연상하게 한다.

종교에서 보면 시간의 문제는 시간의 유한성을 극복하는 문제가 된다. 죽음에 대한 공포와 극복을 말하는 모든 종교 설화는 시간론이다. 운명론, 종말론, 윤회, 불로장생, 천국과 극락 등이 그것이다. 그러나 묵자의 시간론은 영생을 설파하려는 것이 아

16_ 商(상)=宇의 誤.

니었다. 공간의 변화와 이동이 시간이라는 묵자의 직선운동의 시간론은 수구를 반대하고 개혁을 통한 '안생생安生生의 대동사회大同社會'를 실현하는 데 맞닿아 있다. 그는 종교가가 아니라 혁명가였던 것이다.

인식론

인류 최초의 경험론적 인식론

형이상학은 존재와 그 본질이 무엇인가를 묻는다. 인식론은 인간이 존재를 인식하는 것이 가능한가, 가능하다면 어떻게 가능한가를 묻는다. 인식론이 철학의 주된 과제로 제기된 것은 계몽주의 시대인 17세기부터다. 로크의 『인간오성론An Essay Concerning Human Understanding』(1690)과 칸트의 『순수이성비판Kritik der reinen Vernunft』(1781)은 그 대표적 저술이다.

이미 2,500년 전에 묵자는 하느님과 귀신의 존재를 증명하고, 운명이 존재하지 않음을 인식론적으로 증명하려 했다. 묵자의 이러한 시도는 후에 서양에서 스콜라철학자들에 의해 다시 제기됐다. 사실 서양의 중세철학은 신의 존재를 증명하는 것이 전부였다고 말해도 과언이 아니다.

이처럼 묵자는 소박하나마 인류 역사상 처음으로 인식의 문제를 제기했다. 그는 사실판단과 가치판단을 구분하고, 사실판단은 민중의 이목에 따라야 한다고 주장했다. 이것은 경험만이 사실판단의 기준이 된다는 것으로 경험론을 말하고 있는 것이다.

당시 유가들은 지식이란 이미 마음속에 있으며 다만 그것을 상기해 내는 것뿐이라고 생각했다. 이러한 선험론은 당시에는 동서양을 막론하고 일반적인 경향이었다. 그런데 묵자는 이러한 경향을 뛰어넘었던 것이다.

① 존재판단

묵자墨子/명귀明鬼 하

이것은 아마도 천하에	是與天下之
있고 없음을 밝혀 알 수 있는 방법으로는	所以察知有與無之道者
반드시 여러 사람의 눈과 귀로 보고 들은 것을 근거로	必以衆之耳目之實
있고 없음을 판단하는 표준으로 삼아야 할 것이다.	知有與亡爲儀者也.
누군가 실제로 그것을 보고 들었다면	請惑聞之見之
반드시 있다고 생각하고	則必以爲有
보고 들은 일이 없다면 반드시 없다고 생각해야 한다.	莫聞莫見 則必以爲無.

묵자墨子/천지天志 상

그러면 무엇으로 알 수 있는가?	然則何以知
하늘이 천하 인민을 사랑한다는 것을.	天之愛天下之百姓.
하늘은 인민을 평등하게 비춰주기 때문이다.	以其兼而明之.
무엇으로 하늘이 두루 평등하게 비춰주는 것을 아는가?	何以知其兼而明之.
하늘은 인민을 평등하게 두루 보존해 주기 때문이다.	以其兼而有之.
무엇으로 하늘이 인민을 두루 보존해 줌을 아는가?	何以知其兼而有之.
하늘은 인민을 평등하게 두루 먹여주기 때문이다.	以其兼而食焉.
무엇으로 하늘이 평등하게 두루 먹여주는 것을 아는가?	何以知其兼而食焉.
온 세상에 곡식을 먹는 인민들은 누구나	四海之內 粒食之民
소와 양을 치고 개와 돼지를 기르고	莫不犓牛羊 豢犬彘
젯밥과 술을 깨끗하게 마련하여	潔爲粢盛酒醴
하느님(上帝)과 귀신에게 제사를 올리기 때문이다.	以祭祀上帝鬼神.

하늘은 고을과 인민을 보존해 주시는데   天有邑人
어찌 사랑하지 않겠는가!   何用弗愛也.

귀신의 존재

묵자墨子/명귀明鬼 하

『서경』의 「감서甘誓」편에는 이렇게 말한다.   禹誓曰
"우임금은 감 지방에서 대회전을 앞두고   大戰於甘
좌우 육군六軍의 장수들에게 명하여 즉결심판권을 내리고   王乃命左右六人 下聽
중앙의 군사들에게 다음과 같이 훈시를 했다.   誓於中軍.
'지금 유호씨有扈氏는 오행을 멸시하고 업신여기며   曰 有扈氏 威侮五行
하늘과 땅과 사람의 올바른 길을 태만히 하고 버리니   怠棄三正
하늘은 유호씨의 명을 끊어버리려 한다.'   天用勦絕其命
…조상의 묘당에서 상을 주는 까닭은 무엇인가?   …賞于祖者何也.
분별과 명령이 공평함을 고하는 것이다.   言分命之均也.
사신社神 앞에서 죽이는 것은 무엇인가?   僇于社者何也.
옥사가 합당함을 고하고자 함이다."   言聽獄之事也.
…이런고로 상은 시조신 앞에서 내리고   …是故賞必于祖
죽음의 벌은 토지신 앞에서 내렸던 것이다.   而僇必于社.[17]

운명의 존재

묵자墨子/비명非命 중

그러면 왜 인민들이 보고 들은 실상을 고찰하지 않는가?   然胡不嘗考之百姓之情
옛날부터 지금까지 사람이 생겨난 이래   自古以及今 生民以來者
일찍이 운명이라는 것을 본 적이 있는가?   亦嘗見命之物

17_ 공자의 三正은 夫婦別, 父子親, 君臣嚴. 이 글의 事는 中의 誤임.

또 운명의 목소리를 들어본 사람이 있었던가?　　　　　　　聞命之聲者乎.

자고이래로 그런 사람은 없다.　　　　　　　　　　　　　則未嘗有也.

…어찌 운명이 있다고 말할 수 있겠는가?　　　　　　　…則豈可謂有命哉.

② 마음은 백지와 같다

　묵자에게 지知는 재료이며, 지智는 경험이며, 의意는 선험적 경험 또는 관념이다. 지각에 마음이 보태져야 사실을 일컬을 수 있는 것이다. 그러므로 묵자에게 마음은 아직 물들이지 않은 무지無知한 백지와 같았던 것이다. 묵자는 감각이 사물을 모사模寫하면 경험이 인식하고, 그것을 이름(名)으로 정리한다고 생각한 것 같다. 이처럼 묵자가 지知와 지智, 그리고 의意를 구분한 것으로 미루어 지각과 경험, 의식과 정신을 다 같이 인정했으나 마음보다도 경험을 더 우선시한 것으로 본다. 이것을 동양 최초의 경험론적 인식론이라고 말할 수 있을 것이다.

묵자墨子/대취大取

지각과 의식은 다른 것이다.　　　　　　　　　　　　智與意異.

묵자墨子/경經 하/하

마음은 지각할 수 없다.　　　　　　　　　　　　　意未可知.

묵자墨子/경설經說 하/하

지각이 없이 마음으로만 보면　　　　　　　　　　　先智意相也

마치 기둥을 회초리보다 가볍다고 생각하는 것과 같다.　　若楹輕於秋

마음은 넓은 바다처럼 귀속할 곳이 없기 때문이다.　　　其於意也洋然.

묵자墨子/소취小取

만물의 실상을 요약하여 본뜨고　　　　　　　　　　焉摹略萬物之然

여러 언술의 이동異同·시비是非 등을 비교·논구한다.　　　　　　論求群言之比.

묵자墨子/경설經說 하/상

사실을 꾸며야 말할 수 있고　　　　　　　　　　　有文實也 而後謂之

꾸밈이 없는 사실은 말할 수 없다.　　　　　　　　無文實也 則無謂也.

묵자墨子/경經·경설經說 상/상

지각은 재료다.　　　　　　　　　　　　　　　　知. 知材也.

지각한 것은 앎의 원인이다.　　　　　　　　　　知也者 所以智也.

　이처럼 그는 인식에 있어서 지각 이외에 꾸밈(文)이 필요한데, 그 문文은 '의意'의 역할이라고 보았다. 이것은 주목할 만한 중요한 발견이다. 그런데 그 의意의 실체는 무엇인가? 선험적인가? 아니면 후천적으로 축적된 경험인가? 그러나 그는 인성론에서 지적한 바와 같이 선험론을 부인한다. 다만 그는 축적된 경험을 관념이라고 본 것 같다. 즉 4각형, 6각형, 원형, 직선, 곡선 등 어떤 틀이 반복된 것이 사물의 형상形象이며 이러한 형상形象을 대입시켜야 이름 붙일 수 있다는 것이다. 그러므로 묵자의 '의意(관념)'는 플라톤의 형상形相(이데아)과 비슷한 개념이다. 다만 플라톤의 이데아는 선험적인 존재였으나, 묵자의 의意는 경험론적인 '지智'이며 실체가 아니라는 점에서 다른 것 같다.

③ 같음과 다름은 상보한다

　이처럼 묵자는 존재와 가치의 인식이 가능함을 의심하지 않는다. 그러나 있고 없음(有無), 같고 다름(同異)을 대립시키지 않고 상보적임을 강조한다. 즉 대립적인 것은 상보적이라는 것이다. 이것은 묵자의 겸애주의兼愛主義 대동주의大同主義와도 밀접한 관계가 있다. 그리고 이것은 양자역학의 상보성 원리를 발표한 현대물리학의 아버지 보어Niels Bohr(1885~1962)가 덴마크 국왕으로부터 백작 작위를 받으면서 자기 가문

문장에 새겨 넣은 "대립적인 것은 상보적이다"라는 명문과 같은 맥락이다.

묵자墨子/경經 상/하

같음과 다름은 상보한다. 유무처럼 모순이 아니다.   同異交得 放有無.

묵자墨子/경經 상/상

화동. 서로 다른 것들이 한길로 동반하는 것이다.   同. 異而俱於之一也.

묵자墨子/대취大取

다른 것이 있기에 무엇이 같다고 말할 수 있는 것이다.   有其異也 爲其同也.

묵자墨子/대취大取

키가 큰 사람은 큰 키에 있어서 같다.	長人之異[18]
키가 작은 사람은 작은 키에 있어서 같다.	短人之同
그래서 용모가 같으면 같다고 말한다.	其貌同者也. 故同
사람의 손가락과 머리는 다르다.	人之指與人之首也 異
사람의 개체는 한 모양이 아니다.	人之體[19] 非一貌者也
그래서 다르다고 말한다.	故異.
칼집에 있는 칼과 빼어든 칼은 다르다.	將劍與挺劍異
칼은 형태와 모양으로 이름을 붙였으므로	劍以形貌命者也.
형태가 일치하지 않으면 다르다고 말한다.	其形不一 故異.
버드나무의 나무와 복숭아나무의 나무는 같다.	楊木之木 與桃木之木也同.
수량으로 이름을 붙인 것이 아니고	諸非以擧量數命者

18_ 異(이)=同의 誤로 읽는다.
19_ 體(예)=兼의 분할된 것.

그 이름 붙인 근거를 없애면 모두 같다.   敗之盡是也.

묵자墨子/경經·경설經說 하/상

지혜는 그것이 부정될 수 있음을 아는 것이다(열려 있는 지식).   知 知之否之

따라서 완전무결하다고 생각하면 잘못이다.   足用也誖

그칠 줄 모르는 것에 대해 말한 것이다.   說在無以也.

지혜란 변론할 수 있어야 한다.   智論之

지혜는 그칠 곳이 없는 것이 아니다.   非智無以也.

묵자墨子/경經·경설經說 하/하

앎. 모르는 것이 있음을 아는 것이다.   知其所以不知

명사의 취사선택에 대해 말하는 것이다.   說在名取也.

앎. 아는 것과 모르는 것을 섞어놓고   智. 雜所智與所不智 而問之

묻는다면 반드시 말하기를 '이것은 알고   則必日 是所智也

이것은 모른다'고 말할 것이다.   是所不智也

이와 같이 취하고 버리는 것을 다 할 수 있다면   取去俱能之

이것은 두 가지 모두를 안 것이다.   是兩智之也.

묵자는 명목론인가 실재론인가?

중세의 이른바 신학적 철학, 즉 스콜라철학은 신의 존재를 증명하는 것이 임무였다. 여기서 보편자인 신이 존재한다는 주장을 실재론이라고 하고, 이에 반하여 보편자는 명목名目뿐이고 개별자만이 존재한다고 주장하는 반反실재론자들을 명목론 또는 유명론惟名論이라고 한다. 그리고 이들 간의 존재론적 논쟁을 '보편논쟁普遍論爭'이라고 말한다. 논쟁의 주역은 플라톤 등 고전 철학 이래 철학의 주된 흐름인 실재론을 대표하는 정통파인 토마스 아퀴나스Thomas Aquinas(1225?~1274)와 여기에 의문을 던지는 윌리엄

오컴William of Ockham(1285?~1349), 피에르 아벨라르Pierre Abélard(1079~1142) 등이다.

이들 반실재론자들은 확실한 인식은 연역적 논증으로 얻어지는 것이 아니라 경험과 관찰을 통한 '실험과학'에 의해서만 얻어진다고 주장함으로써, 투옥 등 온갖 박해를 받아야 했던 스콜라철학자인 로저 베이컨Roger Bacon(1214?~1294)에게서 영향을 받은 것으로, 결국 중세의 신앙과 지식의 유대를 단절시켜 스콜라철학을 붕괴시키는 역할을 한다.

실재론은 정신적인 것이 근원적이며 일차적이라고 주장하는 관념론과, 물질이 근원적이라고 주장하는 유물론으로 나뉜다. 또 관념론은 보편개념 즉 감각은 물질과 별개의 것이라는 이원론과, 보편개념은 감각적인 존재에 부수적인 속성 또는 형상이라는 일원론으로 갈린다.

인식론에서는 서구의 합리주의와 관념론은 실재론에 뿌리를 둔 것이며, 영미의 경험주의는 유명론을 모태로 한다.

그렇다면 묵자는 유명론인가, 실재론인가? 그는 유명론자에 가깝다고 볼 수 있다. 그는 감각을 인식의 필요조건으로 보았기 때문이다. 그렇다면 묵자는 보편자인 신을 인정할 수 없지 않는가? 서양의 보편논쟁의 논리로 보면 분명히 그렇다. 그러나 묵자는 실증적이면서도 신을 인정한다. 그것은 모순 같지만 그렇지 않다. 묵자는 신을 보편자이면서 동시에 개별자로 보기 때문이다. 그는 하느님을 보이지도 않고 들리지도 않는 초경험적 존재로 보지 않는다. 오히려 그는 하느님을 경험할 수 있는 실재라고 말한다. 그래서 그는 하느님이 경험적 실재임을 증명하려고 한다. 특히 그는 하느님을 인격체로 인정하고 총체성을 부여했으며, 하느님의 뜻을 민중의 뜻과 동일시했다.

다만 그는 유가들이 주장하는 천명이나 운명에 대해서는 자고이래로 인간이 운명을 본 바 없고 운명의 목소리를 들은 바 없으므로 운명은 존재하지 않는다고 했다. 즉 그는 경험론적 관점에서 운명을 인정할 수 없다는 것이다. 또한 '도道'라고 하는 선험적 실체로 세계를 설명하고 '심心'을 중시하고 '의義'를 관념론적으로 인식하는 중국의 전통적인 인식과는 달리, 묵자는 '의는 이利'라고 선언하고 하느님의 뜻인 겸애兼愛와 교리交利를 표리의 관계로 파악함으로써 보편적인 범주를 개별적이고 경험적인 범주로 환원시켜 버린다.

이처럼 그는 경험론적이고 유물론적이다. 이런 관점에서 보면 묵자는 서양철학의 특징이 된 로저 베이컨의 경험주의보다 약 1,700년 앞선 인류 최초의 유명론자라고 말할 수도 있을 것이다.

실천적 인식론
마르크스, 마오쩌둥과 궤를 같이한다

사실 묵자의 인식론은 존재판단을 위한 것이기보다는 가치판단을 위한 것이었다. 이처럼 묵자의 인식론이 실천적이라는 점에서 2천 년 후 마르크스의 실천적 인식론의 선구였다고 말할 수 있을 것이다. 특히 중국의 마오쩌둥毛澤東(1893~1976)은 묵자의 인식론을 그대로 반복하고 있다. 다음에 언급할 '삼표론三表論'은 그것을 단적으로 증거하고 있다.

묵자의 당면 과제는 과연 가치의 준거는 무엇인가의 문제였다. 묵자는 하느님을 가치의 표준으로 삼았다. 그리고 하느님의 뜻은 겸애兼愛와 교리交利라고 말했다. 그런데 '교리' 즉 민중의 상호 이익을 어떻게 결정해야 하는가의 문제는 복잡하다. '공동선善' 즉 '공통의 이익'을 구하는 문제다. 그것을 찾는 방법에 대한 해답이 바로 '삼표론'이다. 이처럼 그의 인식론은 실천적이었던 것이다.

포이어바흐에 관한 테제Thesen über Feuerbach

모든 사회적 삶은 실천적이다. 신비주의로 호도된 모든 이론은 인간적 실천과 이러한 실천의 개념적 파악 속에서 합리적인 해결책을 찾아낸다. 철학자들은 세계를 단지 여러 가지로 해석해 왔을 뿐이나 중요한 것은 세계를 변혁시키는 일이다. 인간의 사유가 대상의 진리를 포착할 수 있는지의 여부는 결코 이론적인 문제가 아니라 실천적인 문제다. 인간은 실천을 통해 사유의 현실성 즉 진리를 증명하지 않으면 안 된다. 실천과 유리된 사유의 진리를 논하는 것은 공리공론에 불과하다.

이론적인 것이 객관적 진리에 부합하는가의 문제는 감성으로부터 이성
에 이르는 인식 운동에서 완전히 해결되는 것이 아니며, 이성적 인식을
다시 사회적 실천에 이르게 하고 이론을 실천에 응용하여 그것이 예상
했던 목적에 이를 수 있는지를 살펴보아야 한다.

**묵자와 노장의
마음 구멍**

동양의 역易 사상은 사물은 항상 변한다는 것, 그리고 그 변
하는 것이 진리라고 주장한다. 그러므로 인간의 앎은 변증
법적으로 항상 발전하는 것이어야 하며, 모순 대립은 상보
적인 것이다. 묵자가 앎의 상대성과 동이同異의 상보성을 강조한 것이나, 노자와 장자
가 선험적 관념을 경계한 것도 이런 맥락에서 이해할 수 있을 것이다.

그러나 마음의 문제 있어서는 묵자와 노장老莊은 대립적인 것 같다.

중국 속담에 의하면 마음에는 칠규七竅가 있는데 그것은 이耳·목目·구口·비鼻·요
도尿道·항문肛門 등 6개의 구멍과 보이지 않는 '심규心竅(마음 구멍)'을 합해 7개라고
한다. 그런데 묵자는 마음은 백지와 같고 후천적으로 물들여진 것이라는 소염론을 주
장했으므로 그 마음 구멍을 선험적인 것이 아니라 후천적인 경험이라고 생각했다. 그
래서 그는 마음 구멍이 막히면 경험이 막히는 것이므로 인식이 잘못된다고 보았고 따
라서 마음 구멍이 열려 있어야 한다고 강조한다.

묵자墨子/소취小取

도적은 사람이다.	盜人 人也.
도적이 많은 것은 사람이 많은 것은 아니며	多盜 非多人也.
도적이 없는 것은 사람이 없는 것이 아니다.	無盜 非無人也.
…도적이 없기를 바라는 것은	…欲無盜
사람이 없기를 바라는 것이 아니기 때문이다.	非欲無人也.

세상 사람들은 모두 이 같은 말을 옳다고 한다.	世相與共是之若.
만약 그렇다면 다음과 같이 말할 수도 있다.	若是
도적은 비록 사람이지만	則雖盜人人也
도적을 사랑한 것은 사람을 사랑한 것은 아니다.	愛盜 非愛人也.
도적을 사랑하지 않는 것은	不愛盜
사람을 사랑하지 않는 것은 아니다.	非不愛人也
또한 도적을 죽인 것은 사람을 죽인 것은 아니다.	殺盜人 非殺人也
이렇게 말해도 아무런 난점이 없다.	無難矣.
이러한 논리는 앞의 논리와 같은 종류이기 때문이다.	此與彼同類
그런데 세상에서는 뒤의 논리를 취하면 비난하지 않으면서	世有彼而不自非也.
묵자의 앞의 논리를 취하면 그르다고 비난한다.	墨者有此而非之.
그것은 달리 까닭이 있는 것이 아니다.	無他故焉.
이것은 이른바	所謂
속으로는 굳어 있고 밖으로는 막혀 있기 때문이다.	內膠而外閉
마음에 빈 구멍이 없으면	與心毋空乎
마음속이 굳어 이해하지 못한다.	內膠 而不解也.
이런 것들이 바로 명제는 옳지만 사실은 그렇지 않은 경우다.	此乃是而不然者也.

　그러나 노장은 묵자와는 반대로 마음 구멍뿐만 아니라 감각 구멍까지 막으라고 말한다. 묵자는 경험론자이고 노장은 직관주의이므로 반대로 말한 것이다. 묵자는 경험을 신뢰했으나 노장은 경험도 선험도 모두 신뢰하지 않았기 때문이다. 노장은 구멍이 막혀 있어야 뚫어놓으면 오줌싸개와 똥싸개처럼 눈귀에 현혹되고 지식에 묶이게 되어 자연을 보지 못한다고 생각한 것이다. 특히 노장은 절학絶學 무지無知를 강조했다. 이는 기존의 모든 지식을 버리고 마음이 없는 자연, 즉 혼돈으로 돌아가기 위해 마음 구멍을 막아버려야 한다고 말한 것이다(마음 구멍에 대한 상론은 졸저 『노자강의』 제5부 16장의 '일곱 번째 구멍'을 참조할 것).

노자老子/3장

이처럼 무위자연의 성인의 다스림은	是以聖人之治
마음을 비우게 하고, 생리적 욕망을 채우게 하며	虛其心[20] 實其腹[21]
의지를 약하게 하고 골격을 강하게 한다.	弱其志 强其骨
백성으로 하여금 항상 무지無知 무욕無慾하게 함으로써	常使民 無知無欲
지식 있는 자들이 함부로 다스리지 못하도록 한다.	使夫知者不敢爲也
다스림이 무위無爲하면 다스려지지 않음이 없다.	爲無爲 則無不治.

노자老子/52장

구멍(耳目口鼻)을 막고, 마음의 문(心竅)을 닫으면	塞其兌[22] 閉其門
종신토록 수고롭지 않을 것이다.	終身不勤[23]
일곱 구멍(七竅)을 열고 만사를 헤아리면	開其兌 濟[24]其事
종신토록 다스리지 못할 것이다.	終身不救.[25]

노자老子/56장

지자知者는 말하지 않고, 말하는 자는 지자가 아니다.	知者不言 言者不知
구멍을 막고, 마음의 문을 닫으면	塞其兌 閉其門
그 예리함이 꺾이고 엉킨 실(분란)이 풀리며	挫其銳 解其紛
그 광명에 화합하고 그 티끌에 함께한다.	和其光 同其塵
이것을 일러 분별이 없는 현묘한 대동大同의 도道라 한다.	是謂玄同.[26]

20_ 心(심)=七竅의 心官.
21_ 腹(복)=生也(생리적 욕망).
22_ 兌(태)=穴也(耳·目·口·鼻·肛門·尿道·心竅).
23_ 勤(근)=勞也, 苦也.
24_ 濟(제)=度也.
25_ 救(구)=止也, 治也.
26_ 玄同(현동)=왕필본은 元同. 混沌의 道를 칭함.

장자莊子/내편內篇/응제왕應帝王

남해의 황제 숙儵과	南海之帝爲儵
북해의 황제 홀忽이	北海之帝爲忽
중앙의 황제 혼돈混沌과	中央之帝爲渾沌.
어느 날 중앙에서 만났다.	時相與遇於渾沌之地
혼돈은 이들을 극진히 대접했다.	渾沌待之甚善
숙과 홀은 혼돈이 베푼 은혜를 보답하고자 상의한 끝에	儵與忽謀報渾沌之德[27] 曰
모든 사람은 일곱 개의 구멍이 있어	人皆有七竅
보고 듣고 먹고 숨 쉬는데	以視聽食息.
혼돈은 유독 구멍이 없으니 구멍을 뚫어주기로 결정했다.	此獨無有 嘗試鑿之
그들은 혼돈에게 하루에 하나씩 구멍을 뚫어갔다.	日鑿一竅
그러나 이레째 마지막 구멍인 마음 구멍을 뚫자	七日
혼돈은 그만 죽어버렸다.	而渾沌死.

노자老子/12장

오색은 사람의 눈을 멀게 하고	五色令人目盲
오음은 사람의 귀를 먹게 하고	五音令人耳聾
오미는 사람의 입을 상하게 한다.	五味令人口爽.
그러므로 성인은 배를 위할 뿐 눈을 위하지 않는다.	是以聖人爲腹不爲目.

노자老子/19~20장

성인과 단절하고 지혜를 버리면	絶聖棄智
백성의 이로움이 백배가 되리라.	民利百倍.
배움을 끊으면 근심이 없고 많은 사람이 희희낙락할 것이다.	絶學無憂 衆人熙熙.

27_ 德(덕)=恩施也.

유가들은 인식론에 관심이 없었다. 그러므로 유가들의 앎과 묵가들의 앎은 달랐다. 유가들은 『대학大學』의 '격물치지格物致知'라는 하나의 글귀를 인식론 내지 지식론의 유일한 전거로 삼는다. 그러나 지식에 이르는 길은 격물格物이라고 말할 뿐, 격물이 무엇이며 그것이 어떻게 가능한가는 말하지 않는다. 그러므로 그들이 주장하는 가치들도 어떤 사람이 지어낸 허구에 불과한 것이라고 반박해도 변론할 수 없다.

대학大學/경經 1장

몸을 수신하고자 하면 먼저 마음을 바르게 하고   欲修其身者 先正其心.
마음을 바르게 하려면 먼저 뜻을 성실히 하고   欲正其心者 先誠其意
뜻을 성실히 하려면 먼저 지식을 쌓아야 하며   欲誠其意者 先致其知
지식을 쌓으려면 '사물을 궁구格物' 해야 한다.   致知在格物.

이정유서二程遺書/권25

지식을 쌓는 것은 사물을 궁구하는 데 달려 있는데   致知在格物
그것은 밖에서 나를 녹이는 것이 아니라   非由外鑠我也
나에게 본래 있는 것이다.   我固有之也
사물에 끌려 마음이 바뀌면 혼미해져 깨닫지 못하고   因物而遷 迷而不悟
천리天理가 끊어진다.   則天理滅矣.

묵가들에게 앎은 취사선택을 위한 것이었다. 그것은 관념이 아니라 실재성, 진실성이 중요하다. 그것들은 경험으로부터 나온다. 그러므로 묵자는 유가들을 갓난아기와 장님으로 비유했다. 갓난아기는 지각도 있을 것이며, 그들 말대로라면 선험적 관념도 있을 것이다. 그러나 아기는 경험이 없다. 장님은 아기처럼 마음이 있으므로 흑백의 관념은 있으나 경험의 원천 중에 하나인 시각이 없다. 그러므로 장님은 흑백을 말할 수는 있지만 흑백을 분별하여 선택할 수는 없다.

다시 말하면 유가들은 관념론자들이기 때문에 이름(名) 즉 관념으로는 알지만, 실재(實) 즉 경험으로는 모르기 때문에, 시비선악을 선택할 수 있는 지혜가 없다는 뜻이다. 그러므로 유가들은 입으로는 인仁을 말하지만 정작 인을 모른다는 것이다.

묵자墨子/귀의貴義

지금 장님이 말하기를 '은銀'은 흰색이라 말하고	今瞽曰 鉅者白也
검은 재는 검은색이라고 말했다면	黔者黑也
아무리 눈 밝은 사람이라도	雖明目者
그 말을 바꿀 수는 없다.	無以易之.
그러나 흰 것과 검은 것을 함께 섞어놓고	兼白黑
장님에게 골라내라 한다면 장님은 알지 못할 것이다.	使瞽取焉 不能知也.
그러므로 내가 장님은 검고 흰 것을 모른다고 한 것은	故我曰 瞽不知白黑者
그 명칭이 아니고 그 선택을 말한 것이다.	非以其名也 以其取也.

묵자墨子/공맹公孟

그러므로 유가들의 지혜를	然則儒者之知
어찌 어린아이의 지혜보다 더 어질다고 하겠는가?	豈有以賢於嬰兒子哉.

인성론

인성은 물들여진 것이다

인성론人性論을 처음으로 거론한 것은 묵자다. 자공이 증언한 바와 같이 공자는 인성에 대해 말한 바 없다(『논어』「공야장公冶長」). 후에 맹자가 묵자의 소염론所染論을 반대하고 성선설을 주장했다. 이것은 『맹자』「고자告子」편에 상세히 나와 있다. 반면 순자는 맹자의 성선설을 반대하고 성악설을 주장함으로써 묵자의 소염론 즉 학습설에 다가간다.

묵자는 사람의 마음은 백지와 같고 후천적인 환경에 의해 물들여지는 것이라는 소염론所染論을 주장했다. 이것은 성선설과 성악설을 부인한 것이다. 즉 그는 인성 혹은 의식을 선험적인 것으로 보지 않고 사회관계에서 물들여지는 상대적인 것으로 규정한 것이다. 사람은 노란 물감으로 물들이면 노랗게 되고 까만 물감으로 물들이면 까맣게 된다. 국가도 이와 같이 지배자들이 물들여 놓은 것이다. 오늘날 의롭지 못한 전쟁을 찬양하는 이데올로기도 모두 지배자들의 '물들임'이라고 말한다.

묵자墨子/소염所染

묵자가 실을 물들이는 것을 보고 탄식하며 말했다.	子墨子見染絲者 而歎曰
파란 물감을 물들이면 파래지고	染於蒼則蒼
노란 물감으로 물들이면 노래진다.	染於黃則黃
넣는 물감이 변하면 그 색깔도 변한다.	所入者變 其色亦變.
다섯 가지 물감을 넣으면 다섯 가지 색이 된다.	五入必而已 則爲五色矣.
그러니 물들이는 것을 신중하게 하지 않을 수 없다.	故染不可不愼也.
유독 실만 물들여지는 것이 아니라	非獨染絲然也
나라도 역시 물들여진다.	國亦有染.
무릇 군주가 나라를 편안하게 할 수 있는 방도는 무엇인가?	凡君之所以安者 何也
진실로 도리를 행하는 것이다.	以其行理也.
행실과 도리와 성품은 물들여지는 것이다.	行理性於染當.
유독 국가만 물들여지는 것이 아니라	非獨國有染也
선비도 물들여진다.	士亦有染.

묵자墨子/대취大取

폭인이 되는 것은 천성이므로 옳다고 한다면	爲暴人 語天之爲是也

천성이 폭인을 만들었으므로	而性爲暴人
하늘이 옳지 않다는 것을 칭송하는 것이다.	歌天之爲非也.
…폭인이 된 것은 내가 천성대로 된 것이라 해도	…暴人爲 我爲天之
남에게는 옳은 것이 아니다.	以人非爲是也
천성은 스스로 바르게 되는 것이 아니고	而性不可正
바르게 물들어야만 바르게 되는 것이다.	而正之.

물들임을 정치의 수단으로 삼는다

이러한 물들이는 일을 윗사람은 정치의 수단으로 삼고, 아랫사람은 습속으로 삼아 일상화됨으로써, 붙잡고 놓지 못하는 것이다. 이것은 이른바 습관을 편리하게 생각하고 급기야는 그 습속을 정의 또는 도리라고 생각하게 되는 까닭이다.

묵자가 '인성학습론'을 주장한 것은 당시 민중들이 의義 또는 도리라고 생각하는 것들이 사실 노예제적 윤리 도덕에 의해 습관적으로 물들여진 것일 뿐 선험적인 진리이거나 절대적인 것이 아니라는 것을 강조하기 위한 것이었다. 즉 그는 유가들의 선험적 관념론에 대항하여 경험론적인 인성학습론과 유물론적인 소비문화론을 주장함으로써 지배 이데올로기의 절대성을 부정했던 것이다.

묵자墨子/절장節葬 하

지금 후한 장례(후장)와	今執厚葬
오랜 상례(구상)을 고집하는 사람들은 말한다.	久喪者言曰
'만약 후장구상이 과연 성왕의 도가 아니라면	厚葬久喪 果非聖王之道
대체 중국의 군자들이	夫胡說中國之君子
그러한 법도를 그치지 않고	爲而不已
지키는 것을 무엇으로 설명해야 하는가?'	操而不擇[28]哉.
묵자가 말했다.	子墨子曰

이것은 사람들이 그들의 습관을 편리하게 생각하고
자기들의 풍속을 옳은 것으로 여기기 때문이다.
옛날 월나라의 동쪽에 개술국輆沭國이라는 나라가 있는데
그들은 맏아들을 낳으면 쪼개 먹으면서
다음 태어날 동생을 위하는 의식이라고 말하며
할아버지가 죽으면 할머니를 짊어지고 가서 버리면서
말하기를 귀신의 처와는 같이 살 수 없다고 한다.
이것이 윗사람에게는 정치요, 아랫사람에게는 풍속이 되어
그치지 않고 지켜지면 버리지 못하게 된다.
이것을 어찌 진실로 어질고 의로운 도리라고 하겠는가?
이것은 다만 습관을 편리하게 여기고
풍속을 의롭게 여긴 때문이다.
초나라 남쪽에는 담인국啖人國이라는 나라가 있는데
그들은 부모나 친척이 죽으면 그 살은 도려내서 버리고
뼈만을 매장해야 효자가 될 수 있다고 한다.
진나라 서쪽에 의거국儀渠國이라는 나라가 있는데
그들은 부모나 친척이 죽으면 장작불로 화장을 하는데
연기가 오르는 것을 하늘나라에 오른다고 말하고
그렇게 해야만 효자가 될 수 있다고 한다.
이것을 윗사람은 정치로 삼고 아랫사람은 풍속으로 삼아
그치지 않고 행하므로 붙잡고 버리지 못하는 것이다.
곧 이것을 어찌 진실로 어질고 의로운 도리라고 하겠는가?
이것은 이른바 그들의 익힌 습관을 편리하게 여기고
그들의 풍속을 의롭다고 여겼을 뿐이다.

此所謂便其習
而義其俗者也.
昔者越之東有輆沭之國者
其長子生 則解而食之
謂之宜弟.
其大父死 負其大母而棄之
曰 鬼妻不可與居處.
此上以爲政 下以爲俗
爲而不已 操而不擇.
則此豈實仁義之道哉.
此所謂便其習
而義其俗者也.
楚之南有啖人國者
其親戚死 朽其肉而棄之
然後埋其骨 乃成爲孝子.
秦之西有儀渠之國者
其親戚死 聚柴薪而焚之
燻上 謂之登遐
然後成爲孝子
此上以爲政 下以爲俗
爲而不已 操而不擇.
則此豈實仁義之道哉.
此所謂便其習
而義其俗者也.

28_ 擇(택)=이 글에서는 釋의 誤.

묵자墨子/대취大取

물들여진 습관이 이미 만들어져 있다면	諸陳執 旣有所爲
나는 그 습관대로 행동한다.	而我爲之
습관이 하는 대로	陳執之所爲
따라서 나는 행동한 것이다.	因吾所爲也.
만약 물들여진 습관이 아직 만들어져 있지 않다면	若陳執未有所爲
내가 습관을 만들어낸다.	而我爲之陳執
그리고 그 습관에 의지하여 나는 행동한다.	陳執因吾所爲也.
…천성은 스스로 바르게 되는 것이 아니고,	…而性不可正
바르게 물들어야만 바르게 되는 것이다.	而正之.

이러한 묵자의 인성 소염론은 마르크스의 인성에 대한 '사회관계 총체설'과 비슷하다. 마르크스는 다음과 같이 말한다.

포이어바흐에 관한 테제 Thesen über Feuerbach

인간의 본질은 개개인에 내재된 추상물이 아니다. 인간의 본질은 현실성에 있어서는 사회적 관계의 총체다.

정치경제학 비판을 위하여 Zur Kritik der politischen Ökonomie

인간의 존재를 결정하는 것은 그들의 의식이 아니라 반대로 사회적 존재가 그들의 의식을 결정한다. 인류는 스스로 완성할 수 있는 임무들 이외에 어떤 것도 요구하지 않는다.

가치론

묵자의 삼표론

이상 살펴본 대로 존재·시간·인식·인성의 문제는 좋고 나쁘다거나 옳고 그름의 가치문제는 아니었다. 오랜 옛날부터 짐승을 사냥하며 살아가던 수렵민족은 신이 하늘에서 저 멀리 흰 눈이 덮인 신비로운 머리 산으로 내려왔다고 믿었으나 우리는 그것을 좋다거나 나쁘다고 단죄하여 말할 수는 없다. 또한 물고기를 잡아먹고 살아가던 어렵민족은 신이 깊은 물속에서 알로 태어났다고 믿었으나 그것을 옳다거나 그르다고 단죄하여 말할 수 없다. 그리고 사람이 죽으면 그 영혼이 정신精神의 고향인 하늘나라로 올라간다거나, 그 넋이 육신肉身의 고향인 땅속이나 물속으로 돌아간다고 믿었으나 우리는 그것에 대해 좋다거나 나쁘다는 가치판단을 할 수 없을 것이다. 그것들은 수천 년 동안 인류가 각각 다른 환경과 그 환경에 적응하며 살아온 역사에서 자연스럽게 형성된 믿음이기 때문이다.

다만 우리는 그것들이 문화와 사고의 차이를 낳고 가치 지향에도 영향을 주기 때문에 주목하는 것이다. 여기서 논의하고자 하는 가치론은 이러한 좋고 나쁨, 옳고 그름을 선택하는 문제를 다루고자 하는 것이다.

묵자는 하느님의 뜻(天志)만이 가치의 근원이며 표준이라고 주장했다. 그렇다면 누가 어떻게 그 천지天志를 알 수 있단 말인가? 이에 그는 모든 존재판단과 가치판단의 기준으로 세 가지 표준 이른바 '삼표'를 제시한다. 첫째 표준은 본本인데, 하늘의 뜻을 실행한 바 있는 성왕의 역사적 경험을 표본으로 삼는 것이며, 둘째 표준은 원原인데, 판단 주체인 인민人民의 이목에 따르는 것이며, 셋째 표준은 용用인데, 실제로 인민의 이용후생에 이로운 것을 따른다는 것이다. 부연하여 설명한다면 '본'이란 본받을 표본이란 뜻으로 보편적인 선을 의미하는 것이며, '원'이란 근원으로 삼아야 하는 공동 선을 의미하는 것이며, '용'이란 백성의 이익을 위한 구체적인 실용성을 말하는 것으로 이해할 수 있다.

묵자墨子/법의法儀

하느님을 법도로 삼는 것보다 더 좋은 것은 없다.	莫若法天.
하느님의 도道는 넓고 사사로움이 없으며	天之行廣而無私.
베풂은 크지만 덕이라 자랑하지 않고	其施厚而不德.
밝음은 영원하여 쇠함이 없다.	其明久而不衰.
그러므로 성왕은 하늘을 법도로 삼았다.	故聖王法之.
하늘을 법도로 삼는다면 모든 행실과 다스림은	旣以天爲法 動作有爲
반드시 하늘을 표준으로 헤아릴 것이다.	必度於天.
그래서 하늘이 바라면 그것을 하고	天之所欲則爲之.
하늘이 바라지 않으면 금지했다.	天所不欲則止.

묵자墨子/천지天志 중

묵자가 하늘의 뜻을 품고 있다는 것은	故子墨子之有天之意也
위로는 천하 왕공대인들의	上將以度天下之王公大人
법과 정치를 판단하고	爲刑政也
아래로는 천하 인민의	下將以量天下之萬民
학문과 담론을 헤아릴 수가 있다는 것이다.	爲文學出言談也.

삼표론

묵자墨子/비명非命 상

말에는 반드시 판단기준을 세워야 한다.	必立儀.
말을 함에 판단기준이 없으면	言而毌儀
마치 질그릇을 만드는 돌림대 위에	譬猶運鈞之上
해가 뜨고 지는 방향을 표시해 놓는 것과 같아서	而立朝夕者也.
옳고 그르고, 이롭고 해로운 것의 분별을	是非利害之辨
밝게 가려낼 수가 없는 것이다.	不可得而明之知也.

따라서 말에는 반드시 세 가지 표준이 있어야 한다.	故言必有三表.
…즉 근원(本)과, 원인(原)과	…曰 有本之者 有原之者
실용(用)이 그것이다.	有用之者.
무엇에 근원을 둘 것인가?	於何本之.
옛날 성왕들의 사적에 근원을 두어야 한다.	上本之于古者聖王之事.
무엇에 기인하여 추구할 것인가?	於何原之
백성들의 귀와 눈으로 보고 들은 사실에 기인하여 추구한다.	下原察百姓耳目之實.
무엇으로 실용적인가를 판단할 것인가?	於何用之
실제 정서와 형벌을 펴서	發以爲刑政
나라와 인민들에게 이로운가를 살펴보아야 한다.	觀其中國家百姓人民之利.

삼표론의 의의

첫째, 가치의 근원이 군사부君師父가 아니라 백성의 뜻(民志)에 있다는 뜻이다. 이는 봉건 지배 체제를 부정하는 혁명 선언이었다. 당시 봉건 윤리에서는 부모와 스승에 대한 효경孝敬, 남녀와 신분의 차별(有別), 임금에 대한 충의忠義를 나라와 사회를 지탱하는 삼정三正이라 하여 최고의 도덕규범으로 내세우고 있었기 때문이다.

공자는 처음으로 이것을 체계적으로 설명한 사람이다. 즉 하늘의 대리인은 천자天子이며, 천자의 법은 주례周禮이고, 주례를 집행하는 자는 군사부라는 것이다. 그러므로 군사부의 말은 하늘의 말이며 진리이고 가치가 된다. 그래서 군사부는 일체라고 말한다.

그러나 묵자의 삼표론은 이러한 지배자들의 이데올로기인 삼정을 반대하고, 본받을 표준은 오직 인민의 뜻과 이익뿐이라고 선언한 것이다.

묵자墨子/법의法儀

그러므로 부모와 스승과 군주는	故父母學君三者

다스리는 법도로 삼을 수 없는 것이다.	莫可以爲治法.
그러면 무엇으로 다스리는 법도로 삼아야 옳은가?	然則奚以爲治法而可.
예부터 이르기를	故曰
하느님을 법도로 삼는 것보다 더 좋은 것은 없다고 한다.	莫若法天.

둘째, 백성의 뜻(民志)만이 하늘의 뜻(天志)이며 가치의 근원이라는 뜻이다. 이는 전체 인민의 뜻, 즉 민지民志에 총체성總體性(Totalität)을 부여한 것이다.

총체성 또는 전체성이란 모든 부분 현상을 전체의 계기로서 고찰하는 관점으로서 이때 전체는 주체와 객체, 사유와 존재의 통일을 전제로 한다. 총체성의 모태는 정과 반의 모순이 고차원의 세계정신(Weltgeist) 또는 절대정신으로 통합 지양된다는 헤겔의 변증법적 관점이다. 여기서도 전체성은 형이상학적인 고정된 전체가 아니라 역동적인 변증법적 개념이다. 즉 총체성은 상호작용하는 모순의 구체적인 통일을 의미한다. 레닌Vladimir Lenin(1870~1924)은 "현상과 실재 그리고 이것들의 상호관계의 모든 측면의 총체성, 이것으로 진리가 이루어진다"고 말했다. 루카치Lukács György(1885~1971)는 "부분들 위에 전체의 우월을 결정하는 만능적인 총체성의 범주는 마르크스가 헤겔로부터 받아들인 방법의 핵심"이라고 말했다.

셋째, 가치가 충돌할 때 묵자는 그 판단의 주체가 신이 아니라 백성의 선택이라고 선언한 것이다. 이것은 인본주의를 넘어 민본주의 내지 민주주의를 의미한다.

묵자墨子/천지天志 상

그렇다면 하늘은 무엇을 바라고 무엇을 싫어하는가?	然則天亦何欲何惡
하늘은 의로움을 바라고 불의를 싫어한다.	天欲義而惡不義.
…내가 하늘이 바라는 것을 하면	…我爲天之所欲
하늘도 역시 내가 바라는 것을 해주신다.	天亦爲我所欲.

넷째, 도道 또는 인仁 등 관념적인 가치를 부정하고 인민의 실질적인 이익을 최고

가치로 규정한 것이다. 이는 유가의 인仁을 부정하는 혁명 선언이다. 묵자는 하늘의 뜻(天志)을 백성의 뜻(民志)인 '겸애兼愛'와 '교리交利'라고 해석하고, 따라서 '의義는 곧 이利'라고 규정한다. 여기서 의義는 이利이므로 가치는 관념적인 것이 아니고 경험에 기초한 사실과 실용의 기초 위에서 판단하고 선택되어야 한다. 그러므로 그는 유신론有神論자이면서도 당시 지배적인 인식 틀인 유심론唯心論적 관념론을 거부하고 인간 개개인의 경험을 중시하는 경험론으로 흐른다.

묵자墨子/경經 상/상

어짊. 개별적인 사랑이다.	仁. 體愛也.

묵자墨子/경經·경설經說 상/상

의義는 이利다.	義. 利也.
의義는 뜻으로써 천하를 아름답게 하고	義. 志以天下爲芬
힘껏 이롭게 하는 것이다.	而能能利之
반드시 재화일 필요는 없다.	不必用.

묵자墨子/경經 상/상

이로움. 얻으면 기쁜 것이다.	利 所得而喜也
해로움. 얻으면 싫은 것이다.	害 所得而惡也.

다섯째, 인민이 가치의 주체임을 선언한 것이다. 이는 2,500년 전 인류 최초의 주체철학이라고 볼 수 있다. 궁극적인 가치를 인간 주체 외부에 있는 보편적 관념으로서의 신神, 도道, 자연법自然法 등 타자에서 찾지 않고, 주체성으로서의 민중의 뜻과 이利에서 구한다는 점에서 2,500년 앞서 오늘날의 주체철학을 말한 것이다. 특히 묵자는 이로움(利)을 중시했지만 또한 그것이 겸애의 실현이어야 하므로 욕망을 바르게 하여 공사公私 어느 쪽에도 치우침이 없는 저울처럼 균형을 잡아야 한다고 경계한 점

은 오늘날에도 유의할 만하다.

묵자墨子/경經·경설經說 상/하

저울. 욕심이 바르게 된 것은 이익을 저울질한 것이요,	權[29] 欲正權利
미움이 바르게 된 것은 손해를 저울질한 것이다.	惡正權害
저울. 저울질하는 것은 양쪽에 치우치지 말아야 한다.	權者兩而勿偏.

여섯째, 삼표론은 존재판단과 가치판단을 구분하고 이를 종합하려 했다는 점에서 철학사에 획기적인 개념이다. 즉 그는 가치판단은 사실판단의 기초 위에서만 가능하다고 생각한 것이다. 동양적 전통에서는 12세기의 성리학에 이르기까지 존재와 당위를 구분하지 않고 이理로 통합하여 인식한다는 점에서 묵자의 삼표론은 서구적인 것에 근접한다.

삼표론과 실용주의

묵자는 동양 최초의 실용주의자였다. 그가 '의義는 곧 이利'라고 선언한 것만으로도 혁명적이다. 그는 인민에게 이로우면 의라고 생각한 민중주의자였다. 정치, 도덕, 음악, 기술뿐만 아니라 신까지도 인민에게 이롭지 않으면 의가 아니라고 생각했다. 그러므로 그는 귀신과 제사도 국가와 인민을 이롭게 하는 것으로 판단했기에 인정한다.

묵자墨子/노문魯問

공수자가 대와 나무를 깎아 까치를 만들어	公輸子削竹木以爲鵲
하늘에 날려 보냈는데 사흘 동안이나 내려오지 않았다.	成而飛之 三日不下.
공수자가 스스로 지극히 훌륭한 기술이라고 생각했다.	公輸子自以爲至巧

29_ 權(권)=稱也, 平也, 謀也.

이때 묵자가 공수자에게 말했다.   子墨子謂公輸子日
"그대가 까치를 만든 것은   子之爲鵲也
공인이 수레의 굴대 빗장을 만든 것보다는 못한 것입니다.   不如匠之爲車轄
잠시 동안에 세 치의 나무를 깎아 굴대 빗장을 만들면   須臾 削三寸之木
오십 석의 무거운 짐을 싣고 견딜 수 있습니다.   而任五十石之重
그러므로 사람의 공적이라 하는 것은   故所爲功
사람에게 이로운 것이어야 훌륭한 기술이라고 말하는 것이며   利於人 謂之巧
사람에게 이롭지 않은 것은 졸렬하다고 말하는 것입니다."   不利於人 謂之拙.

묵자墨子/명귀明鬼 하

일찍이 귀신이 능히 어진 자에게 상을 주고   嘗若鬼神之能賞賢
포악한 자에게 벌을 준다는 신앙을   如罰暴也
나라와 인민에게 펴는 근본 취지는   蓋本施之國家 施之萬民
그것이 실로 나라를 다스리고   實所以治國家
만민을 이롭게 하는 도리이기 때문이다.   利萬民之道也.

옛날이나 지금이나 귀신이란 다른 것이 아니다.   古之今之爲鬼 非他也
하늘에 귀신이 있고, 산과 물에 귀신이 있고   有天鬼 亦有山水鬼神者
사람이 죽으면 귀신이 된다.   亦有人死而爲鬼者.
…지금 우리가 제사를 지내는 것은   …今吾爲祭祀也
재물을 곧바로 더러운 시궁창에 버리는 것은 아니다.   非直注之汚壑而棄之也.
위로 귀신을 복되게 하고   上以交鬼之福
아래로 많은 사람을 모아 즐겁게 화합하며   下以合驩聚衆
향리 사람들과 친애하는 것이다.   取親乎鄕里.

한비자韓非子/외저설좌상外儲說左 상

초楚 왕이 묵자의 제자인 전구田鳩에게 물었다.	楚王謂田鳩 曰
"묵자는 세상에 유명한 학자이며	墨子者 顯學也
품행도 훌륭한데	其身體則可
변론은 어찌 능하지 못한가?"	其言多不辯 何也.
전구가 말했다.	曰
"초나라 사람이 정나라에 가서 진주를 팔려고	楚人有賣其珠於鄭者
좋은 상자에 담아 보여주었습니다.	爲木蘭之櫝.
그런데 정나라 사람들은 상자만 사고	鄭人買其櫝
진주는 되돌려 주더랍니다.	而還其珠.
지금 세상의 변론가들은	今世之談也
모두 변설과 꾸민 말로 인도하니	皆道辯說文辭之言
군주들은 그 무늬만 보고 그 실용은 잊어버립니다.	人主覽其文 而忘其用.
묵자의 언설은 선왕의 도를 전하고	墨子之說 傳先王之道
성현의 말씀을 세상에 널리 알리는 것이므로	論聖人之言 以宣告人.
만약 변론으로 그것을 꾸미면	若辯其辭
사람들은 꾸민 것만 관심을 두고	則恐人懷其文
실용을 잊을까 염려한 것입니다."	忘其用.

　묵자의 '삼표론'은 미국의 '도구주의' 내지 실용주의(pragmatism)와 유사하다. 삼표론은 결과를 진리의 기준으로 삼는다는 점에서 실용주의와 유사하다. 실용주의의 창시자인 윌리엄 제임스William James(1842~1910)는 다음과 같이 말한다.

실용주의Pragmatism
만일 어떤 가정假定에서 인생에 유익한 결과가 나온다면 우리는 이 가정을 거절할 수가 없다. 만일 신을 가정하는 것이 가장 넓은 의미에서 만족할 만한 결과를 낸다면 이 가정은 참이다.

여기에는 문제점이 있다. '만족할 만한 결과'는 사람마다 다를 수 있으므로 똑같은 하나의 신념이 어떤 사람에게는 참이 되고 어떤 사람에게는 거짓이 되는 것을 허용해야 하는 딜레마에 빠진다는 점이다. 진리는 모든 개인들에게 동일한 것이어야 하기 때문이다. 그래서 제임스는 진리는 공적인 것이지 사적인 것이 아니라고 주장하고, 진리는 많은 사람들이 합동으로 확인하는 명증한 것만을 받아들임으로써 협동적으로 세워지는 것이라고 주장했다. 이 점에서 실용주의는 묵자와 일치한다.

그러나 여기에도 큰 난점이 내포되어 있다는 비판을 면할 수 없다. 이것은 만일 결과만 좋으면 어떤 신앙도 참이라는 것을 가정하고 있기 때문이다. 만일 이런 정의가 유용하다면 우리가 참을 알기 위해서는 무엇이 선善이며, 신앙의 결과가 무엇인가를 알아야 한다. 그러나 이것은 믿기 어려울 만큼 복잡하다. 우리는 어떤 신앙의 결과와 그 결과에 대한 우리들의 윤리적 사실적인 면에서의 평가가 참이라고 주장하지 않으면 안 된다. 그러나 다른 평가도 있을 수 있다. 그러므로 평가에 대한 논의는 끝이 없을 것이다. 결국 순환논법에 빠지고 만다.

제임스의 학설은 유물론적인 회의주의의 기초 위에 기독교 신앙을 상부구조로 세워놓으려고 시도한 것 같다. 이 점은 묵자의 경우도 마찬가지다.

그러나 삼표론과 실용주의는 다른 점도 있다. 존 듀이John Dewey(1859~1952)는 제임스를 계승하되 진리(truth)를 탐구(inquiry)로 대체해 버린다. 탐구란 어떤 미결정의 처지를 통제 또는 조정함으로써 그 미결정된 처지의 각 구성 요소를 통일된 한 전체가 될 수 있도록 그 구성 요소의 특징이나 관계가 결정된 처지로 변형시키는 것을 말한다. 그러므로 듀이에게 진리는 정적이고 적극적이며 완전하고 영원한 것이 아니라 진화적 과정에 불과하다.

이것은 헤겔의 영향일 것이다. 예컨대 헤겔은 인간 지식을 모든 부분에 있어서 점점 더 커지는 유기적 전체로 보았고, 이 전체가 완전한 것으로 되기까지는 어떠한 부분도 완전하지는 못한 것으로 보았다. 다만 헤겔 철학은 절대적 대상을 가지고 있고 그 영원한 세계는 임시적 과정 이상의 실재성을 가지는 것이다. 그러나 듀이에게 있어서 모든 실재성은 일시적이고 과정 자체도 진화적일 뿐이다.

결국 듀이에게 진리는 없어지고 신념으로 대치되어 버리는 것이다. 그리고 그는 신념을 참과 거짓으로 분류하지 않는다. 다만 그는 신념의 결과만을 참과 거짓으로 분류한다. 듀이는 어떤 신념이 일정한 결과를 가질 때에 이 신념은 '보증된 주장 가능성'을 가졌다고 말한다. 이처럼 그에게 사실의 진실성은 중요하지 않다. 그러므로 그의 진리는 주장 가능한 자기 신념에 불과하다.

결국 그가 말하는 '탐구' 또는 '신념'이 진리일 필요는 없다. 그러나 묵자는 사실판단과 가치판단을 구분하고 종합하려 한다. 묵자에게 진리는 진실이고 가치는 진실의 선택이다.

삼표론의 철학사적 평가

서양에서 가치가 철학의 문제로 취급되기 시작한 것은 19세기 말부터이며, 그것은 기존의 가치 체계가 동요하기 시작했기 때문이다. 그 배경을 대변하는 사람은 가치를 전면 부정한 니체다. 니체는 종래의 도덕적 가치 특히 기독교의 도덕적 가치를 부정하고, 지금까지 금지되고 경멸되고 저주되어 온 사물의 모든 것을 긍정하라고 주장했다.

선험적 관념론자들은 대체로 가치는 선험적인 것이며 존재판단이 아니라 당위판단이라고 생각한다. 신칸트파인 빈델반트Wilhelm Windelband(1848~1915), 리케르트 Heinrich Rickert(1863~1936) 등은 최초로 가치를 철학적으로 파악했다. 그들은 인간이 판단을 한다는 것은 이미 가치를 사전에 시인한 것으로 보았다. 그래서 윤리학을 윤리적 가치를 해명하는 '가치윤리학'으로 발전시켜 철학화한 것이다. 그들은 가치를 '형식적 보편적 당위'라고 한다. 그러나 원래 가치는 주관적 욕구를 만족시키는 것이다. 여기서 문제가 되는 주관성과 상대주의를 극복하기 위해 만들어진 것이 '가치 자체'라는 개념으로 이는 주관성을 초월하여 보편적으로 누구에게나 타당한 가치를 의미한다.

하르트만Nicolai Hartmann(1882~1950)은 현상학적 입장에서 가치 실재론을 주장한다. 가치는 존재와 구별되는 독자적이며 본질적 영역으로, 정감적인 직각直覺에 의해 파악된다는 것이다.

화이트헤드Alfred Whitehead(1861~1947)는 이처럼 가치를 시공적 실재 세계와는 별개의 차원에서 찾으려는 것을 플라톤의 이데아론의 재현이라고 비판하고, 가치를 인간에게만 속하는 것으로 보지 않고 우주적인 것으로 확대시킨다.

이상 검토한 바와 같이 2,500년 전의 묵자의 삼표론은 근대적인 가치론에 비교해 보아도 손색이 없는, 오히려 더욱 절실하고 값진 것임을 알 수 있다.

실증주의자들은 가치의 실체를 부정한다. 가치는 검증 가능하지 않기 때문이다. 그들은 가치란 호불호의 취향을 표현한 것에 불과할 뿐이다. 묵자도 실증주의적이므로 가치의 실체성을 인정한 것은 아니다. 그러나 그는 누구보다 가치를 중시하면서도 다만 성왕의 역사적 검증과 민중의 이목과 실용적 검증을 조건으로 제시한 것은 선구적인 탁견이라 할 것이다.

정의론

대취와 소취

묵자는 하느님의 뜻을 '겸애兼愛'와 '교리交利'라 했고 이는 곧 '천하무인天下無人'의 '안생생安生生' 사회의 도덕률이 된다. 이러한 평등·자주사상은 정치적으로는 백성주권론百姓主權論·군주선출론君主選出論·군주계약설君主契約說로 표현된다. 그러나 이것들은 모두 '평등'·'자유'·'기회 균등'이라는 일반론이며, 구체적으로 사회적 경제적 가치가 충돌할 때 적용될 준거를 제시하는 실천적인 각론은 아니다. 그런데 묵자는 놀랍게도 2,500년 전에 이런 문제에 대해 응답했다. 그것이 바로 교리의 실천적 원리로서의 대취大取소취小取론이다.

묵자는 이것을 저울에 비교한다. 부득이 해害를 선택할 수밖에 없을 때는 이利와 해害를 저울질하여 최소화하도록 균형을 잡아야 공정하다는 것이다.

'대취'는 '이익은 큰 것을 취한다'는 원칙이며, '소취'는 '해로운 것은 작은 것을 취한다'는 원칙이다. 즉 자유와 평등은 이로운 것이므로 최대로 해야 하며, 차별과 차등은 해로운 것이므로 최소로 해야 한다는 것이다. 이러한 묵자의 공평 정의의 원리는 2,500년 후에 존 롤스John Rawls(1921~2002)의 정의론으로 구체화된다. 롤스는 평등론을 정의론으로 접근했다. 그는 사회적 경제적 불평등을 부득이 용인할 수밖에 없을 경우에도 그것이 사회적 약자에게 최대한 이익이 되도록 해야만 평등의 대원리를 훼손하지 않고 정의로운 것이 될 수 있다는 것이었다.

묵자의 대취소취론도 정의론이다. 묵자는 "의義는 곧 이利다"라고 말했다. 바꾸어 말하면 이利는 의義요, 해害는 불의不義다. 따라서 해는 불의이므로 최소화하는 것이 하늘의 뜻이다. 부득이 해를 취하는 것도 불의인 것은 마찬가지다. 그러기에 부득이 불의를 취해야 하는 경우에는 불의 중에서 가장 작은 불의를 선택해야 한다는 것이다. 그리고 그 작은 불의도 자기에게 이로운 것은 아니다. 그러므로 묵자는 "해 중에서 작은 해를 취하는 것은 의를 구하고자 함이며 이利를 위한 것은 아니다"라고 말한 것이다.

묵자墨子/경經·경설經說 상/상

의義는 이利다.	義. 利也.
의는 뜻으로써 천하를 아름답게 하고	義. 志以天下爲芬
능히 인민을 이롭게 하는 것이다.	而能能利之
반드시 쓰이는 것은 아니다.	不必用.

묵자墨子/경經 상/상

이利란 그것을 얻으면 기뻐하는 것이요,	利 所得而喜也
해害는 그것을 얻으면 싫어하는 것이다.	害 所得而惡也.

묵자墨子/대취大取

겸兼을 나눈 개체들 가운데는 경중이 있기 마련이다.	於所體[30] 輕重之中
경중을 헤아리는 것을 저울이라고 한다.	而權輕重之謂權.
저울은 옳다고 말할 수도 없고 그르다고 말할 수도 없지만	權非爲是也 亦非爲非也.
저울은 공정한 것이다.	權正也.[31]

오늘날 전해지는 『묵자』에는 「대취」편과 「소취」편이 나뉘어 있으며, 「대취」편의 내용은 정의론으로, 「소취」편의 내용은 논리학적 내용으로 채워져 있다. 이것을 현 상대로 해석한다면 「대취」편은 '의는 큰 것을 취하라'는 뜻의 정의론이고, 「소취」편은 '명제는 작은 것을 취하라'는 뜻의 정명론이다. 그러나 지금의 『묵자』는 죽간들이 흩어져 순서를 바로잡지 못했고 일부는 유실됐다고 보아야 할 것이다. 그리고 「소취」편의 명론名論은 전국시대에 명가名家들이 득세하고 묵가들이 묵변墨辯으로 기울었을 후기에 보충됐다고 보아야 할 것이다. 또한 남아 있는 글의 전체 내용으로 보면 「대취」편과 「소취」편 모두에 정의론과 명론이 혼합되어 있었을 것으로 추측해도 무방할 것이다. 어쨌든 『묵자』에는 대취와 소취의 구체적인 사례를 다음과 같이 예시하고 있다.

불의不義(害) 중에서 작은 것을 취하라

묵자墨子/대취大取

손가락을 잘라서 팔뚝을 보존할 수 있었다면	斷指以存腕
이익 중에서 큰 것을 취했고	利之中取大
해害 중에서 작은 것을 취한 것이다.	害之中取小也.
해 중에서 작은 것을 취한 것은	害之中取小也

30_ 體(체)=兼이 나누어진 것(體分於兼也 : 墨子/經說 上/上).

31_ 이 글은 利는 大取하고 害는 小取함은 權道(저울의 도)라는 것이다.

해를 취한 것이 아니고 이利를 취한 것이다.

非取害也 取利也.

그것을 취하는 것은 사람마다 결정할 일이다.

其所取者 人之所執³²也.

의義(利) 중에서 큰 것을 취하라

묵자墨子/대취大取

하느님이 인민을 사랑하는 것은

天之愛人也

성인이 인민을 사랑하는 것보다 두루 넓고 크다.

薄於聖人之愛人也

하느님이 인민을 이롭게 하는 것은

其利人也

성인이 인민을 이롭게 하는 것보다 두루 넓고 크다.

厚於聖人之利人也.

묵자墨子/법의法儀

그러므로 부모와 스승과 군주는

故父母學君三者

다스리는 법도로 삼을 수 없다.

莫可以爲治法.

그러면 무엇으로 다스리는 법도로 삼아야 옳은가?

然則奚以爲治法而可.

예부터 이르기를 하느님의 뜻을 법도로 삼는 길밖에 없다.

故曰 莫若法天.

하느님은 그 행함이 크고 사사로움이 없으며

天之行廣而無私.

후하게 베풀되 자랑하지 않으며

其施厚而不德.

그 밝음은 영원하여 쇠함이 없다.

其明久而不衰.

그러므로 성왕은 하늘을 법도로 삼아

故聖王法之.

…하느님이 하고자 하는 바를 행하고

…天之所欲則爲之

하느님이 바라지 않는 일을 금했던 것이다.

天所不欲則止.³³

32_ 執(집)=主也, 猶斷.

33_ 이 경우는 大取이며, 聖人보다 天帝를 취함은 義利 중에서 大를 취한 것임.

불의로써 의를 취하지 말라

묵자墨子/대취大取

노예를 사랑하는 것은 진정 인민을 사랑하는 것이니	乃愛獲之愛人也.
노예에 대한 사랑을 버려 천하가 이롭다 해도	去其愛而天下利
노예에 대한 사랑을 버릴 수는 없다.	弗能去也.[34]
한 사람을 죽여 천하가 보존된다 해도	殺一人以存天下
한 사람을 죽인 것은 천하를 이롭게 한 것이 아니다.	非殺一人以利天下也.
그러나 자기를 죽여 천하를 보전했다면	殺己以存天下
자기를 죽인 것은 천하를 이롭게 한 것이다.	是殺己以利天下.
일을 하는 가운데	於事爲之中
이해의 경중을 헤아리는 것은 욕구라고 할 수 있다.	而權輕重之謂求
욕구대로 하는 것은 옳다고 할 수도 없고	求爲之非謂是也
그르다고 말할 수도 없다.	害之中取小
해로운 것 중에서 작은 것을 취한 것은	亦非爲非也.
의를 구하고자 함이지 이利를 위한 것이 아니다.	求爲義 非爲利也.[35]

두루 이利로운 것(公義)을 취하라

묵자墨子/대취大取

성인은 재물을 자기 집에 저장하지 않는다.	聖人不爲其室臧之
오히려 사유私有를 비난한다.	非於臧
…사재私財를 저장하는 것은 자기를 위할 뿐	…臧之愛己
자기와 인민을 다 같이 사랑하는 것이 아니다.	非爲愛己之人也.
인민을 후대하는 것은 자기를 제외하는 것이 아니다.	厚人不外己.

34_ 不義로 義를 행하는 것 즉 不義한 수단으로 善한 목적을 이룬다 해도 역시 不義라는 것이다.

35_ 이것은 小取로, 義를 위해 不義를 행할 수 없다는 것이다.

사랑은 후하고 박함이 없다.   愛無厚薄

자기만을 내세우면 어진 이가 아니다.   舉己非賢也

의義는 이利며 불의不義는 해害다.   義利 不義害.

뜻은 인민을 이롭게 한 실적으로 분별될 뿐이다.   志功爲辯.

묵자는 논리상 명제는 옳으나 사실은 그렇지 않은 것이 있음을 밝혀낸다. 그러
므로 명제의 타당성만이 아니라 사실의 진정성이 있어야 진리라고 주장할 수
있다는 것이다. 묵자는 명제는 사실의 진정성에 제한되어야 하므로 작은 것을 취해
야 한다고 주장한다.

명실론

공자의 정명론

묵자의 명실론名實論을 알기 위해서는 유가들의 정명론正名論
을 먼저 알아야 한다. 명실론은 공자의 정명론에 대한 비판
적 대안이기 때문이다. 정명론은 성왕이 만든 문자와 말씀
등 명名을 바르게 지키자는 뜻이다. 공자가 활동했던 춘추전국시대는 수백 년의 전란
으로 이러한 신분·계급 질서가 문란해졌다. 이에 공자는 이를 회복하고자 주례周禮의
부흥을 주장했고 이를 위해 정명正名을 강조했던 것이다. 그러나 묵자의 명실론은 명
의 절대성을 부정하고 실實에 합당한 명만이 옳은 명이 될 수 있다고 주장한다.

논어論語/자로子路 3

자로가 말했다.   子路曰

"위衛나라 군주가 선생님을 초대하여 정치를 맡긴다면   衛君待子而爲政

선생은 무엇을 제일 먼저 하겠습니까?"   子將奚先.

공자가 말했다. "반드시 명분名分을 바르게 할 것이다.   子曰 必也正名乎.

명분이 바르지 못하면 말이 순리에 맞지 않고   名不正則言不順[1]

말이 불순하면 정사가 이루어지지 않고   言不順則事不成.

정사가 이루어지지 않으면 예악이 일어나지 않고   事不成則禮樂不興

예악이 일어나지 않으면 형벌이 맞지 않고   禮樂不興則刑罰不中

형벌이 맞지 않으면 민중은 어찌 할 바를 모른다."   刑罰不中則民無所措手足.

논어論語/안연顏淵 11

제나라 경공景公이 공자에게 정치를 물었다.   齊景公問政於孔子

공자는 다음과 같이 말했다.   孔子對曰

"군주는 군주답고, 신하는 신하답고   君君 臣臣.

아비는 아비답고, 자식은 자식답게 하는 것입니다."   父父 子子.

관자·묵자의 명실론

관자의 명실일치론名實一致論에서 명名은 명분名分 내지 법도
法度를 뜻하고, 실實은 재화를 뜻한다. 반면 묵자의 명실상부
론名實相符論은 논리학적 의미로 발전했다.

관자管子/권18/구수九守

명名을 갖추어 실實을 나타내고,   修[2]名而督[3]實

1_ 順(순)=理也.

실實에 의거하여 명을 정한다. 　　　　　　　按實而定名.

그러므로 명실은 상생相生하고 　　　　　　　名實相生

서로를 반성하여 마음을 다스린다. 　　　　　反[4]相爲情

명과 실이 합당하면 다스려지고, 부당하면 어지럽다. 　名實當則治 不當則亂.

명은 실에서 생기고, 실은 덕德에서 생기며 　　名生於實 實生於德

덕은 이理에서 생기고, 이는 지혜에서 생기며 　德生於理 理生於智

지혜는 합당한 것에서 생긴다. 　　　　　　　智生於當.[5]

관자管子/권12/치미侈靡

민民이 불복하는 것은 인성 때문이 아니라 　　民不服非人性也

민생이 피폐하기 때문이다. 　　　　　　　　敝也.

땅은 무거워 사람을 실어주지만 　　　　　　地重人載

훼손되고 피폐하면 사람을 기를 수 없다. 　　毁敝而養不足.

정사로 작위하지 않으면 민이 생산을 일으킨다. 事未作而民興之.

그러므로 명분名分을 낮추고 실질實質을 높이는 것이 　是以下名而上實也

성인聖人이다. 　　　　　　　　　　　　聖人者.

근본인 산업을 소홀히 하고 음악으로 놀면 　　省諸本而游諸樂

이것은 어둠을 크게 하고 밤을 길게 하는 것이다. 大昏也博夜也.

묵자墨子/대취大取

성인들에게 급선무는 　　　　　　　　　　諸聖人所先

사람들로 하여금 명名과 실實이 일치하도록 하는 일이다. 爲人效名實

2_ 修(수)=備也.

3_ 督(독)=察視也.

4_ 反(반)=悔也, 報也.

5_ 當(당)=事理合宜也.

말(名)은 반드시 사실(實)이 아니며,　　　　　　　　　名不必實

사실은 반드시 말이 아니다.　　　　　　　　　　　　實不必名.

묵자墨子/소취小取

대저 변론이란 그것으로 옳고 그른 것의 분별을 밝히고　　夫辯者 將以明是非之分

다스림과 어지러움의 근본을 찾아내며　　　　　　　　審治亂之紀

같고 다른 것의 구별을 분명히 하고　　　　　　　　　明同異之處

명사와 실체의 조리를 살피며　　　　　　　　　　　察名實之理

이해를 결정하고 혐의를 해결하는 것이다.　　　　　　處利害 決嫌疑.

노장의 무명론

　　　　　　노자의 무명無名은 공자의 명교名教(유교의 별칭)에 대한 안
티테제다. 공자가 말한 '정명正名'의 명名은 성인의 제도制度
에 대한 것이었으나, 노자의 '무명'의 명은 제도와 가치에 대한 것뿐만 아니라 실체實
體 실사實事에 대한 명까지를 포괄한다. 실체에 대한 명을 거부한 것은 문자 문명을
거부하고 원시 자연 상태로의 회귀를 의미한다. 이것이 바로 무위자연설이 반문명적
성격이 되는 근원이다. 반면 제도적인 명을 거부한 것은 그것을 만든 성왕을 거부하
는 것이 된다. 이것이 곧 군왕과 법이 없는 원시 공산사회를 지향한 무위자연설의 정
치적 함의다. 그러므로 공자는 명교名教이고 노장은 무명교無名教다.

노자老子/1장

도道는 가르쳐 말할 수는 있지만　　　　　　　　　道可道[6]

그것은 '상자연常自然의 도'가 아니다.　　　　　　　非常道

이름을 불러 분별할 수는 있으나　　　　　　　　　名可名[7]

6_ 可道(가도)=論說教令也.

그것은 상자연의 명분名分은 아니다.	非常名
무명無名(명분이 없는 혼돈)은 천지의 비롯됨이요,	無名 天地之始
유명有名(이름으로 분별함)은 만물의 어미다.	有名 萬物之母.

노자老子/32장

도는 자연自然의 상도常道이므로 무명無名이다.	道常無名
소박한 자연은 작은 것들이지만 천하도 신하로 삼을 수 없다.	樸雖小 天下莫能臣也
군왕이 자연의 소박함을 지키면 만물이 스스로 경복할 것이며	侯王若能守之 萬物將自賓[8]
천지가 서로 합하여 감로를 내리듯이	天地相合 以降甘露
민중은 명분의 법령이 없어도 스스로 고르게 될 것이다.	民莫之令而自均.

법령과 제도가 생기고부터	始制[9]
비로소 차별의 명(名分)이 있게 되었다.	有名
혹자는 명분이 있게 되면 역시 그쳐야 할 곳을 알고	名亦旣有 夫亦將知止
그쳐야 할 곳을 알면 위태롭지 않게 된다고 말한다.	知之所以不殆
그러나 비유컨대 자연의 도가 천하에 있으면 (명분이 없어도)	譬道之在天下
냇물과 골짜기가 강과 바다로 흘러가는 것과 같이 될 것이다.	猶川谷之於江海.

노자老子/41장

위대한 형상形象(이데아)은 형체가 없고	大象[10]無形
도道는 드러나지 않으므로 '무명無名'이다.	道隱無名.

7_ 名(명)=夕＋口. 分也. 名分(이름을 붙여 분별함).
8_ 賓(빈)=敬也, 服也.
9_ 制(제)=法度也, 君命也.
10_ 大象(대상)=죽간본과 백서본은 天象으로 됨.

장자莊子/잡편雜篇/칙양則陽

만물은 이理가 다르지만	萬物殊理
도道는 사사로움이 없으므로 무명無名이다.	道不私故無名.
무명이므로 무위無爲이고	無名故無爲
무위이므로 다스려지지 않음이 없다.	無爲而無不爲.

장자莊子/외편外篇/마제馬蹄

이에 성인(군왕)이 나타나 절름발이가 뛰듯 인仁을 만들고	及至聖人 蹩躠[11]爲仁
발꿈치를 들고 달리듯 의義를 만들어	踶跂爲義.
천하에 갈등이 시작된 것이다.	而天下始疑也
방종하게 음악을 만들고 번쇄하게 예禮를 만들고부터	澶漫爲樂 摘僻[12]爲禮
천하에 비로소 분分(명분)이 생긴 것이다.	而天下始分矣.

순자의 정명론

한편 순자는 공자를 옹호했으므로 정명론正命論을 지어 공자의 명교名敎를 반대한 노자의 무명론無名論을 비난한다. 순자는 인간의 성품이 악하다고 생각했으므로 노자의 자연으로 돌아가자는 반문명적인 무위無爲는 악惡으로 돌아가자는 것에 지나지 않는다. 그러므로 그는 무위를 반대하고 '위僞'야말로 선한 것이라고 주장한다. 따라서 노장의 무명無名을 야만적인 것으로 간주했고 도리어 명名이야말로 '위僞'의 위대한 문채요 왕업의 출발점이라고 말한다. 제왕만이 제정할 수 있는 명은 세상을 통일하는 수단이라고 말한다. 심지어 명을 어지럽힌 자는 죄로 다스려 강제해야 한다고 주장하기도 했다. 그는 명에는 실實이 없다는 노자의 주장을 인정한다. 그렇지만 명이 없으면 실을 알

11_ 蹩躠(별설)=절름발이 뜀.
12_ 摘僻(적벽)=摘擗=摘取分析.

려줄 수 없으므로 만인이 약속한 수단이므로 중요하며, 또한 만인을 통일하고 다스리는 왕업의 출발점이므로 공자의 정명론은 옹호되어야 한다는 것이었다.

순자荀子/정명正名

그러므로 제왕帝王이 '명名'을 만드는 것은	故王者之制名
이름을 확정하여 사실을 분별하고	名定而實辨.
도道를 행하고 뜻을 소통시켜	道行而志通
민民을 통솔하여 통일하고자 함이다.	則愼率民而一焉.
그런데 말을 쪼개고 함부로 명을 지어	故析辭擅作名
정명正名을 어지럽히는 것은	以亂正名
민을 의혹시켜 사람들을 쟁송케 하므로	使民疑惑 人多辯訟
'대간大姦'이라 말하고	則謂之大姦.
그 죄는 부절과 도량형의 죄와 같게 하는 것이다.	其罪猶爲符節度量之罪也.

본래 명칭이란 본래 옳은 것이 없으며	名無固宜
명명하기로 약속한 것뿐이다.	約之以命
약속이 정해지고 습속을 이루면 마땅하다고 말하고	約定俗成[13] 謂之宜
약속과 다르면 마땅치 않다고 말한다.	異於約則 謂之不宜.
또한 명사에는 본래 실實이 없으며	名無固實
명명하기로 약속한 것뿐이다.	約之以命
약속이 안정되고 습속을 이루면 '실實한 명名'	約定俗成
즉 실명實名이라고 말한다.	謂之實名
명사가 참되고 좋다고 하는 것은	名有固善
빠르고 평이하여 어긋남이 없으면 좋은 명이라고 말한다.	徑易而不拂 謂之善名.

13_ 俗成(속성)=名의 共時性과 通時成.

유교의 창립자라 할 수 있는 동중서는 공자의 정명론正命論을 교리화했다. 그는 금문학今文學의 시조로 불리는 학자이기도 한데 그의 저서 『춘추번로春秋繁露』에서는 "명名에 도리가 있다"고 말함으로써 실實보다 명을 중시하는 귀명貴名주의를 주창했다. 동중서는 정명에 대해 '신분과 직분의 명은 천명이므로 명에 따른 분수를 지킨다' 는 뜻이라고 풀이했다. 그는 문자는 성인이 천명을 받아 지은 것이므로 절대적 진리를 내포하고 있다고 보았다. 그의 '명은 곧 진眞' 이라는 테제는 공자의 '정명' 이나 순자의 정명론과도 다른 교조적이고 신비적인 면이 있었다. 도교에서 유행시킨 '부적' 이란 것은 몇 개의 문자를 중복시켜 하나의 문자 도안을 만든 이른바 '복문複文' 인데 사악한 귀신도 물리칠 수 있는 신통력이 있어 재앙을 물리칠 수 있다고 믿었다. 이런 믿음도 문자의 신비화에 근거하고 있는 것이다. 이처럼 동중서의 귀명주의는 문자文字 숭배주의를 낳고 이것이 당시에 크게 유행했고 오늘날까지도 한학자들에게 계승되고 있다. 그래서 후세의 학자들은 유교儒教를 '명교名教' 라고 부르는 것이다.

춘추번로春秋繁露/권10/심찰명호審察名號

천하를 다스리는 실마리는 큰 것을 살펴 분별하는 데 있고	治天下之端 在審辨大
큰 것을 분별하는 실마리는 명名을 살펴 밝히는 데 달려 있다.	辨大之端 在審察名號.
명이란 큰 도리의 머리가 되는 법조항이다.	名者 大理之首章[14]也.
머리글자의 뜻을 검색하여	錄其首章之意
이로써 그 속의 사물을 규정하면	以規[15]其中之事
시비를 알 수 있고 역리와 순리가 저절로 드러날 것이니	則是非可知 逆順自著
진실로 천지를 소통함에 이를 것이다.	其幾通於天地矣.
시비는 선택이 역리냐 순리냐에 따라 정해지고	是非之正[16]取之逆順.

14_ 章(장)=條也, 式也.

15_ 規(규)=檢束也.

역리와 순리는 명을 취하는 데 따라 정해지며 　　逆順之正取之名號.

명은 천지를 취하여 정해진 것이니 　　名號之正取之天地

천지는 명을 짓는 대의大義다. 　　天地爲名號之大義也.

명은 성인이 하늘의 뜻을 발현한 것이니 　　名則聖人所發天意.

깊이 살피지 않으면 안 되는 것이다. 　　不可不審觀也.

그러므로 정사政事는 각각 명을 따르고 　　是故事各順於名

명은 각각 하늘을 따르면 　　名各順於天.

하늘과 사람 사이는 합하여 하나가 되고 　　天人之際 合而爲一

다 함께 이리理를 통창하고 감동하여 　　同而通理

서로 더해 주고 따르며 서로 받으니 　　動而相益 順而相受

그것을 일러 '덕으로 인도한다'고 말하는 것이다. 　　謂之德道.

『시경』에 이르기를 　　詩曰

"이름은 곧 말이니 무리가 질서 있게 좇는구나!"라고 　　維號斯言 有倫有迹

노래한 것은 이것을 말한 것이다. 　　此之謂也.

명은 진실에서 생긴 것이다. 　　名生於眞.

진실이 아닌 것은 명을 지을 수 없다. 　　非其眞弗以爲名.

명이란 성인이 사물을 참되게 하려는 수단이었다. 　　名者聖人之所以眞物也.

명이 말하는 것은 진실이다. 　　名之爲言眞也.

그러므로 무릇 온갖 혐의가 분명치 않은 것은 　　故凡百譏[17]有黮黮者

각각 명의 진실로 되돌아가면 　　各反其眞則

분명치 않은 것이 다시 분명하게 될 것이다. 　　黮黮者還昭昭耳.

16_ 正(정)=定也, 決也.

17_ 譏(기)=嫌也.

곡직을 가리려면 먹줄로 재는 것보다 좋은 방법은 없다.	欲審曲直 莫如引[18]繩.
시비를 가리려면 명으로 재는 것보다 좋은 방법은 없다.	欲審是非 莫如引名.
명과 실을 따져 그 부합 여부를 관찰하면	詰其名實 觀其離合則
시비의 정황을 가히 서로 속이지 못할 것이다.	是非之情 不可以相謾[19]已.

우리는 20세기를 사상사적으로 구조주의(structuralism) 시대라고 말한다. 20세기에 들어와서 구조주의를 선도한 음성학·언어학·기호학 등으로 촉발된 언어의 규정력規定力에 대한 관심은 정신분석학·인류학·사회학 등 인문과학 전반에 파급됐고 마르크스주의와 실존주의에 대한 재검토로 이어지는 등 큰 조류를 형성했던 것이다. 결국 '인간이란 자의적인 기호나 상징의 구조에 불과하다'는 이런 흐름은 근대적 인간주의를 해체함으로써 '인간은 죽었다'는 포스트모던의 대명사로까지 불리게 되었기 때문에 20세기의 중심 화제라고 말하는 것이다. 그러므로 명실론은 고대의 중요한 쟁점으로 끝나는 것이 아니라 지금도 유효하며 주목할 가치가 있는 것이다.

묵자의 논리학

명제의 타당성과 사실의 진정성

묵자는 논리상 명제는 옳으나 사실은 그렇지 않은 것이 있음을 밝혀낸다. 그러므로 명제의 타당성만이 아니라 사실의 진정성이 있어야 진리라고 주장할 수 있다는 것이다. 묵자는 명제는 사실의 진정성에 제한되어야 하므로 작은 것을 취해야 한다고 주장한다.

18_ 引(인)=正也, 衡名.

19_ 謾(란)=誣言相加也, 誣謼也.

그는 명과 실이 일치하지 않는 네 가지 경우를 구분하고 그 예를 들고 있다.

묵자墨子/소취小取

대저 사물에는	夫物
어떤 것은 '명제가 옳으면 사실도 그런 것'이 있는가 하면	或乃是而然
어떤 것은 '명제는 옳으면서 사실은 그렇지 않은 것'이 있고,	或是而不然.
어떤 것은 '명제가 어떤 경우는 사실에 두루 통하고	或一周
다른 경우는 두루 통하지 않는 것'이 있으며,	而一不周.
어떤 것은 '한 경우는 옳지만	或一是
다른 한 경우는 그른 것'이 있다.	而一非也.
그러므로 명제는 어느 경우나 항상 써서는 안 된다.	不可常用也.

(첫째) 흰 말은 말이다.	白馬 馬也.
흰 말을 탄 것은 말을 탄 것이다.	乘白馬 乘馬也.
…노예는 사람이다.	…獲 人也.
노예를 사랑한 것은 사람을 사랑한 것이다.	愛獲 愛人也.
…이런 것들이 바로 명제가 옳으면 사실도 그러한 경우다.	…此乃是而然者也.

(둘째) 도적은 사람이다.	盜人 人也.
…도적이 많은 것을 미워하는 것은	…惡多盜
사람이 많은 것을 미워하는 것은 아니며	非惡多人也.
도적이 없기를 바라는 것은	欲無盜
사람이 없기를 바라는 것이 아니다.	非欲無人也.
세상 사람들은 모두 이 같은 말을 옳다고 한다.	世相與共是之.

(셋째) 만약 그렇다면 다음과 같이 말할 수도 있다.	若 若是

…도적을 사랑한 것은 사람을 사랑한 것은 아니다. …愛盜 非愛人也.

도적을 사랑하지 않는 것은 不愛盜

사람을 사랑하지 않는 것은 아니다. 非不愛人也.

또한 도적을 죽인 것은 사람을 죽인 것은 아니다. 殺盜人 非殺人也

이렇게 말해도 아무런 난점이 없다. 無難矣.

…이런 것들이 바로 …此乃

명제는 옳지만 사실은 그렇지 않은 경우다. 是而不然者也.

(넷째) 사람을 사랑한다는 것은 愛人

모든 사람을 두루 사랑한 연후에야 사람을 사랑한 것이다. 待周愛人而後爲愛人

그러나 사람을 사랑하지 않는다는 것은 不愛人

모든 사람을 두루 사랑하지 않기를 기다릴 필요가 없다. 不待周不愛人

한 사람을 사랑하지 않아도 不周愛

사람을 사랑하지 않는 것이라고 말할 수 있다. 因爲不愛人矣.

…이것은 한 경우는 두루 통하고 …此一周

다른 경우는 두루 통하지 않는 사례다. 而一不周者也.

(다섯째) 사람의 병을 위문하는 것은 사람을 위문한 것이다. 問人之病 問人也.

그러나 사람의 병을 미워하는 것은 惡人之病

사람을 미워하는 것이 아니다. 非惡人也.

…이는 한 경우는 옳고 한 경우는 그른 사례다. …此乃一是而一非者也.

삼물론

담론이 하늘의 뜻(天志)인지를 판별하기 위해서는 명사와 사실이 일치하는 바른 담론이 되어야 한다. 그러므로 명제의 타당성과 사실의 진실성이 충돌할 때 이것을 종합하는 기준이 삼표론三表論이라면, 삼물론三物論은 우선 명제의 타당성을 담보하기 위한 것이다. 그러므로 담론이 가치 있는 의의義가 되려면 실질적인 '삼표' 이외에 형식적 조건인 '삼물'이 구비되어야 한다.

'삼물三物'이란 조건(故), 조리(理), 유추(類) 등 세 가지를 말한다. 즉 말(辭)은 조건으로 생겨서, 조리로 자라고, 유추로 펴야만 사실과 합치되는 바른 말이 된다는 것이다. 조건(故)이란 필요조건(小故)과 충분조건(大故)을 말하고, 조리(理)는 논리 규칙을 말하며, 유추(類)는 귀납(類取)과 연역(類予)을 말한다.

묵자墨子/대취大取

대저 명제(辭)는 조건(故)으로 생기고	夫辭[20] 以故生
조리(理)로 자라고, 유추(類)로 편다.	以理長 以類行者也
이처럼 조건, 조리, 유추 등 삼물이 갖추어져야	三物必具
명제의 논리가 바로 선다.	然後足以生
명제를 세웠으나	立辭
그것이 생긴 조건(충분조건과 필요조건)이 분명치 않다면	而不明於其所生
망령된 것이다.	妄也.
사람들은 길이 없으면 다닐 수 없다.	今人非道無所行
아무리 노력을 해도 길이 분명치 않으면	唯有强股肱 而不明於道.
막힐 것은 뻔한 노릇이다.	其困也 可立而待也.
대저 명제는 유추해 나가는 것이므로	夫辭 以類行者也.
유추가 밝지 못하면	立辭而不明於其類
반드시 막히는 것이다.	則必困矣.

묵자墨子/소취小取

만물의 실상을 요약하여 본뜨고	焉摹略萬物之然

20_ 辭(사)=命題 또는 範疇.

여러 언술의 이동異同·시비是非 등을 비교·논구하여	論求群言之比
이름(名詞)으로써 실체를 드러내며	以名[21]擧實
명제(辭)로써 뜻을 표현하고	以辭[22]抒意
논설로써 조건을 밝혀내는 것이다.	以說[23]出故
유추(類推)를 취하기도 하며(歸納) 내려주기도 한다(演繹).	以類取[24] 以類予.[25]

묵자墨子/경經·경설經說 상/상

조건. 그것을 얻으면 이루어지는 것이다.	故. 所得而後成也.
필요조건. 그것이 있다 해도 반드시 그렇게 되는 것은 아니다.	故. 小故 有之不必然
그것이 없으면 반드시 그렇게 되지 않는다.	無之必不然.
충분조건. 그것이 있으면 반드시 그렇게 되고	大故 有之必然
그것이 없으면 반드시 그렇게 되지 않는다.	無之必無然
어떤 것이 나타나면 그것이 나타나는 것과 같다.	若見之成見也.

조리

사물은 자기가 직접 보고 들어 느끼는 것과 언술을 통해 관념으로 아는 것은 반드시 같지는 않다. 그러므로 사물을 설명하는 언술은 화자와 상대가 공유하는 논리 법칙, 즉 조리條理가 반드시 필요한 것이다. 묵자는 바른 명제를 위한 여러 가지 논리 법칙을 설명하고 있다.

21_ 名(명)=名辭.

22_ 辭(사)=範疇, 命題.

23_ 說(설)=辯論.

24_ 類取(류취)=歸納.

25_ 類予(류여)=演繹.

묵자墨子/경經 하/상

물物. 그러한 것과 그것을 아는 것과

남들에게 알린 것 등 이 세 가지는 반드시 같지 않다.

物之所以然 與所以知之

與所以使人知之 不必同.

묵자墨子/소취小取

'비유(譬)라는 것'은

다른 물건을 들어 그것을 밝히는 것이다.

제등齊等이라 함은

가깝고 합치되는 명제를 다 같이 쓰는 것이다.

'원용(援)한다'는 것은 '그대가 그렇다고 하는데

나 홀로 그렇지 않다고 하겠는가'라고 말하는 것이다.

'추론(推)한다'는 것은 그가 용납하지 않은 것이

그가 이미 용납한 것과 같은 것이라고 말하여

미루어 뜻을 주는 것을 말한다.

譬喻也者

擧他物 而以明之也.

侔也者

比辭而俱行也

援也者 曰 子然

我奚獨不可以然也.

推也者 以其所不取之

同於其所取者

予之也

대저 사물은 같은 점이 있다 해도

모두 그것을 같다고 말할 수는 없다.

명제가 같다고 해도 이르러 그칠 곳이 있어야 한다.

그것이 그런 것은 그렇게 된 까닭이 있는데

그렇다는 것이 같다고 해서

그렇게 된 까닭도 반드시 같은 것은 아니다.

그가 그것을 용납한 것은 그것을 용납한 까닭이 있는데

그가 용납한 것이 같다고 해서

그 용납한 까닭도 반드시 같은 것은 아니다.

그러므로 비유(辭)·제등(侔)·원용(援)·유추(推)하는 명제들은

그것을 널리 펴면 달라지고, 이것을 돌리면 궤변이 되고

夫物有以同

而不率遂同

辭之侔也 有所至而止

其然也有所以然也

其然也同

其所以然不必同.

其取之也 有所以取之

其取之也同

其所以取之不必同.

是故闢侔援推之辭

行而異 轉而危

멀면 목표를 잊어버려 그릇되고　　　　　　　遠而失

빗나가면 근본에서 이탈하는 것이니　　　　　流而離本

잘 살피지 않으면 안 되며　　　　　　　　　則不可不審也.

아무 때나 사용해서도 안 된다.　　　　　　　不可常用也.

묵자墨子/경경·경설經說 하/상

지양. 길 가는 사람을 무리 짓는 것이다.　　　止. 類以行人

화동和同에 달려 있음을 말한다.　　　　　　說在同.

지양. 그는 이것이 그렇기 때문에　　　　　　止. 彼以此其然也

이것도 그렇다고 말한다.　　　　　　　　　說是其然也

나는 이것이 그렇지 않기 때문에　　　　　　我以此其不然也

이것도 그렇다는 것을 의심한다.　　　　　　疑是其然也

이것이 그러하므로 이것도 반드시 그렇다면　　此然 是必然

함께 무리로 지양된 것이다.　　　　　　　　則俱.

다른 종류는 비교할 수 없다.　　　　　　　　異類不比

헤아림이 다른 것에 대해 말하는 것이다.　　　說在量.

다른 종류. 큰 나무와 겨울밤은 어느 것이 긴가?　異. 木與夜孰長

지혜와 좁쌀은 어느 것이 많은가?　　　　　　智與粟孰多.

벼슬, 친척, 행실, 가격 중에서 어느 것이 제일 귀한가?　爵. 親. 行. 賈. 四者孰貴.

기린과 학은 어느 것이 높은가?　　　　　　　麋與霍孰高

쓰르라미 소리와 거문고 소리는 어느 것이 더 슬픈가?　蟬與瑟孰悲.

묵자의 명실론과 논리실증주의

묵자의 삼표론과 명실론은 눈과 귀로 보고 들은 사실을 강
조하는 등 경험론적이지만 실증주의와는 대립적이다. 실증
주의는 물론이거니와 서양의 경험론자들은 대체로 가치론
을 부정하기 때문이다.

'실증주의'는 콩트Auguste Comte(1798~1857)의 실증철학에서 시작됐다. 그는 그의
'지식진보설'에서 학문은 신학으로부터 형이상학으로 그리고 최고의 형태인 실증과
학으로 발전한다고 했다. 여기서 실증과학의 방법을 실증주의라고 말한다. 그러나 일
반적으로 실증주의라고 하면 일체의 초월적 사변을 배격하고 인식을 경험적 사실에
한정시키는 입장을 총칭한다. 그러므로 여기서는 선험적(a priori) 인식을 인정하지 않
고, 그것이 대상으로 삼는 객관적 실재에 대해서는 의문을 제기하지 않는다는 것이
특징이다. 그러므로 콩트는 가치론을 부정함으로써 회의론에 빠진다. 그가 말년에 인
류종교를 창시한 것은 그러한 회의론에서 탈출하기 위한 대안이라고 말할 수 있다.

슐리크Friedrich Schlick(1882~1936), 카르납Rudolf Carnap(1891~1970) 등이 1926년 창
설한 빈Wien학단의 '논리실증주의'는 상대성 이론과 양자론의 영향을 받고, 기호논
리학을 끌어들인 실증주의 사상이다. 기호논리학은 19세기에 주로 영미학자들에 의
해 발전된 것으로, 거기서 주제로 삼는 언어 등 기호에는 존재나 본질에 관한 것은 내
포하고 있지 않다. 기호가 '이다'라고 할 때는 존재를 가리키지 않고 문장론적 기능
을 나타낼 뿐이다. 그러므로 진리라고 언술되는 것은 모두 한 개의 약속에 지나지 않
는다고 주장한다. 그것은 결국 진리 발견에 대한 비관론이다.

그들은 감각에 주어진 것(感覺的 所與)에 의한 검증 가능성을 의미 있는 것의 유일한
기준으로 삼는다. 그들은 형이상학적 진술을 무의미한 것으로 간주하고, 오직 수학적
진술과 경험과학적 진술만을 의미 있는 것으로 인정했다. 즉 모든 이전의 형이상적
명제는 논리적 법칙에 따라 그것의 진위가 직접 관찰에 의해 검증될 수 있는 '원자적

原子的 명제(protocol sentence)'로 환원할 수 없는 것이므로 모두 무의미하다는 것이다. 마찬가지로 유물론도 의식으로부터 독립적인 물질이 존재한다고 주장하는 것이므로 이것 또한 형이상학이며 무의미한 것이라고 단정한다.

그들 중에서도 포퍼Karl Popper(1902~1994)는 '검증 가능성'을 비판하고 그 대신 '반증 가능성'을 진리성의 기준으로 제시한다. 이것은 명제의 진실 여부를 증명하는 것이 아니라 거짓으로 판명된 명제를 제외시킴으로써 앞으로 나아가야 한다는 견해다. 이는 진리의 인식 가능성을 포기하고, 그 대신 진리의 잠정성을 인정하는 열린 사고만이 진리에 접근할 가능성이 가장 높다는 것이다.

그러나 이들 논리실증주의는 스스로 모순에 봉착한다. 즉 '논리'는 타당성을 추구하고 '실증주의'는 진실성을 추구한다. 그러나 실증주의는 이미 진리성을 포기하고 진리 가능성에 다가서는 것으로 만족한다. 그러므로 논리실증주의는 진리를 찾기보다는 명제의 타당성만을 찾는 것이다. 결국 그들은 언어분석을 일삼는 것으로 그치고 만다.

우리들이 언표하는 대부분의 명제들은 논리적으로는 수학의 명제들과 비슷하다. 그러나 수학적 진술은 실증적이지 않다. 즉 수학적 진술은 '감각적 소여'로는 검증되지 않는다. 순수수학은 임의로 정의된 공인된 준거(公準)들을 가지고 출발하여 논리학의 원리들에 따라 이 공준들이 내포하는 여러 가지 의미를 전개시키는 연역적인 학문이다. 그러므로 수학은 현상세계, 또는 이 세계의 어떤 사실에 대해서 아무런 발언을 할 수 없다. 그러므로 수학은 진리에 관심을 두는 것이 아니라 오직 타당성에만 관심을 두는 것이다.

진리는 실재하는 상황을 지시할 수 있는 사실적 명제들에서만 고유한 성질이다. 타당성은 하나의 형식적 명제가 또 다른 형식적 명제에 대해서 가지는 필연적 논리 관계를 정확하게 언표하는 명제들의 고유한 성질일 뿐이다.

묵자의 명실론名實論은 서양의 논리실증주의와 명칭도 같고 목적도 같은 것이다. 즉 '명名'은 '논리論理'에, '실實'은 '실증實證'에 해당하는 것이다. 그러므로 묵자의 명실론은 명의 타당성(論理)과 실의 진실성(實證)을 밝혀내기 위한 논리실증학인 것이다. 또한 명실론은 명과 실의 일치를 강조하지만 실을 중시한다는 점에서 실증주의와 가깝다고 할 수 있다.

그러나 앞에서 지적한 것처럼 묵자와 실증주의는 많은 점에서 다르다. 실증주의자들은 '좋다', '옳다', 'ㅁㅁ이어야 한다'는 모든 문장은 화자의 찬성이나 불찬성의 태도를 나타내는 정서적인 것일 뿐, 참도 거짓도 아니다.

하지만 묵자의 삼표론은 다르다. 즉 '옳다', '좋다'는 것은 진정성까지를 담보해야 한다. 명제는 먼저 민중들의 눈과 귀의 사실성에 기초한 참이어야 하며, 다음은 성왕들이 검증한 바 있는 역사적 경험 의해 타당성이 간접적으로 검증되어야 하며, 끝으로 실천에 의해 민중의 이익으로 실용성이 검증되어야 한다. 이처럼 묵자의 삼표론은 사실판단인 진실성, 및 당위판단인 역사적 타당성, 및 실천적 검증인 실용성 등 3가지가 담보되어야만 '옳다', '좋다'고 말할 수 있다는 것이다.

정치사상

6장

묵자는 백성이 주권자라고 선언하고, 천하의 의義를 통일하기 위해 천자를 선출했다고 말한다. 이것은 17세기 홉스의 국가계약설을 상기시킨다. 국가계약설이란 만인 대 만인의 투쟁 상태인 자연 상태를 종식시키기 위해 주권을 양도하여 국가를 세웠다는 것으로 묵자의 국가설과 일치한다.

민주적 정치론

천부 평등권

묵자의 정치사상의 특색을 말한다면 평등론과 대동사회론을 꼽을 수 있다. 대동사회론은 장을 바꾸어 별도로 논할 것이다. 다만 평등론과 대동사회론을 분리하여 논술함으로써 부득이 중복되는 점이 있음을 양해하기 바란다.

묵자의 사상을 한마디로 겸애兼愛라고 한다. 겸兼은 '아우름(共同體)', '평등'의 뜻이다. 겸의 반대는 '개체個體'와 '차별差別'이다. 그리고 겸애의 실천을 교리交利(서로 이롭게 한다)라고 말하고, 겸애와 교리를 하늘의 뜻(天志)이라고 생각했다. '겸상애兼相愛', '교상리交相利'의 제1계율은 '네 이웃을 내 몸처럼 사랑하고 이롭게 하라'이다. 그러므로 평등의 정치(兼政)를 의로운 정치(義政)라 하고, 차별의 정치(別政)를 폭력의 정치(力政)라 한다.

　그래서 공맹의 정치론은 인정仁政이라 하고, 묵자의 정치론은 겸정兼政이라 말한다. 인정의 목표는 예치禮治의 소강사회小康社會이며, 겸정의 목표는 겸애의 대동사회大同社會다(대동사회론은 이 책 7장의 '대동사회'를 참조).

묵자墨子/천지天志 하

하늘의 뜻을 순종하는 자는 두루 평등(兼)하고	曰 順天之意者兼也
하늘의 뜻을 배반하는 자는 차별(別)한다.	反天之意者別也.
평등을 도道로 하는 것은 의로운 정치요,	兼之爲道也義正
차별을 도로 하는 것은 폭력의 정치다.	別之爲道也力正.

묵자墨子/천지天志 중

삼대의 성왕들이 종사한 일은 무엇인가?	堯舜禹湯文武 焉所從事.
이들이 종사한 일은 '평등(兼)'이었고, '차별(別)'이 아니었다.	曰 從事兼 不從事別.
…삼대의 폭군들은 어떤 일을 했는가?	…桀紂幽厲 焉所從事.
이들이 종사한 일은 '차별'이었으며 '평등'이 아니었다.	曰 從事別 不從事兼.

묵자墨子/겸애兼愛 하

명칭을 나누어 분명히 해보자.	分名乎
천하에 남을 미워하고 남을 해치는 자들은	天下惡人而賊人者
평등주의자인가, 차별주의자인가?	兼與別與.
반드시 차별주의자라고 말할 것이다.	卽必曰 別也.
…명칭을 분명하게 나눈다면	…分名乎.
천하에 남을 이롭게 하고 사랑하는 것은	天下愛人而利人者
차별주의자인가? 평등주의자인가?	別與兼與.
반드시 평등주의자라고 말할 것이다.	卽必曰 兼也.

…그러므로 묵자는 차별은 그른 것이고
겸兼은 옳은 것(是)이라고 말한 것이다.

…是故子墨子曰 別非也
兼是也.

옛날 문왕과 무왕의 정치는 고르게 나누고
어진 이에게 상을 주고 포악한 자에게 벌을 주고
친척이나 측근에게 사사로움이 없었으니
이것이 곧 문왕과 무왕의 평등한 아우름(兼)이다.
묵자가 말하는 평등주의도
문왕과 무왕을 본받은 것이다.

古者文武爲正 均分[1]
賞賢罰暴.
勿有親戚弟兄之所阿[2]
卽此文武兼也.
雖子墨子之所謂兼者
於文武取法焉.

겸(평등하게 아우르는 것)은 성왕의 도리며
왕공대인이 편안할 수 있는 수단이며
만민의 의식주가 풍족할 수 있는 수단이다.
…(따라서 겸은) 만민에게 크게 이로운 길이다.

故兼者聖王之道也
王公大人之所以安也
萬民衣食之所以足也.
…而萬民之大利也.

오늘날 자유주의나 사회주의나 평등은 당연히 '자유의 평등'을 의미한다. 그러나 가난한 자들은 공산주의를 반대하면서도 심정적으로는 '소득의 평등'을 요구한다.

묵자는 평등론의 근원을 하늘의 뜻(天志)에 두는 천부인권론을 주장한다. 그러므로 그의 평등론은 신분, 빈부로 인해 차별을 받지 않는 기회의 평등이다. 즉 그는 인권의 평등, 이른바 '자유의 평등'을 주장한 것이지 '소득의 평등'을 주장한 것은 아니다.

묵자墨子/법의法儀

천하의 크고 작은 모든 나라는

今天下 無小大國

1_ 均分(균분)=公.

2_ 阿(아)=私也.

모두 하느님의 고을이다.　　　　　　　　　　　　皆天之邑也.

사람은 어린이나 어른이나 귀하거나 천하거나　　人無幼長貴賤

모두 똑같은 하느님의 신하다.　　　　　　　　　皆天之臣也.

묵자墨子/상현尙賢 중

옛날 성왕들이 잘 살펴 어진 이를 찾아 숭상하고　　故古聖王 以審以尙賢

능한 이를 부려 정사를 다스린 것은　　　　　　　使能爲政

하늘을 본받아 그렇게 했던 것이다.　　　　　　　而取法於天.

비록 하늘은 가난한 자와 부유한 자, 귀한 자와 천한 자,　雖天亦不辯貧富貴賤

먼 자와 가까운 자, 측근자와 소원한 자를 차별하지는 않지만　遠邇親疏

어진 이는 들어 높이고　　　　　　　　　　　　賢者擧而尙之

어질지 못한 자는 억누르고 내친다.　　　　　　　不肖者抑而廢之.

묵자墨子/상현尙賢 상

옛 성왕들이 정사를 다스릴 때는　　　　　　　　故古者聖王之爲政

덕 있는 자를 벼슬자리에 앉히고 어진 이를 숭상했다.　列德而尙賢

비록 농업이나 상공업에 종사하는 천한 사람이라도　雖在農與工肆之人

능력이 있으면 그들을 등용했다.　　　　　　　　有能則擧之.

…따라서 관리라 해서 언제까지나 귀한 것이 아니고　…故官無常貴

백성이라 해서 언제까지나 천하지는 않았다.　　　而民無終賤.

묵자墨子/상동尙同 상

옛 성왕들이 다섯 가지 형벌을 만든 것은　　　　古者聖王爲五刑

민중을 다스리고자 함이다.　　　　　　　　　　請以治其民

비유컨대 실을 감는 데는 실패가 있고　　　　　　譬若絲縷之有紀

그물에는 벼리가 있는 것처럼　　　　　　　　　罔罟之有綱

이것은 천하 백성들이   所以連收天下之百姓
지도자와 화동하지 않는 것을 이끌어 수렴하려는 수단이다.   不尙同其上者也.

　묵자의 주장은 당시 지배 계층에게는 상상도 할 수 없는 혁명적인 것이었다. 지금도 『묵자』를 읽는 이들이 필자에게 혹시 거짓말이 아니냐고 물을 정도로 묵자는 진보적이다.
　맹자는 평등론을 주장하는 묵가들을 부모도 모르는 금수라고 비난했다. 그는 부모와 자식이 평등하다는 것을 상상도 할 수 없었기 때문이다.

맹자孟子/진심盡心 상

맹자는 비난했다.   孟子曰
양자는 위아주의爲我主義이므로   楊子取爲我
털 하나를 뽑으면 천하가 이롭다 해도 하지 않는다.   拔一毛而利天下 不爲也
묵자는 겸애주의兼愛主義이므로   墨子兼愛
머리끝에서 발끝까지 닳아 없어지더라도   摩頂致踵
천하가 이롭다면 한다.   而利天下爲之.

맹자孟子/등문공滕文公 하

양자의 위아주의는 군주가 없으며   楊氏爲我 是無君也
묵자의 겸애주의는 부모가 없다.   墨氏兼愛 是無父也
부모가 없고 군주가 없으면 금수일 뿐이다.   無父無君是禽獸也
그러나 양묵楊墨의 도道가 천하에 가득하여 식을 줄 모르니   楊墨之道不息
공자의 도는 드러나지 않는다.   孔子之道不著
이들은 거짓 언술로 백성을 속이고 인의仁義를 막는다.   是邪說誣民充塞仁義也
인의가 막히면 짐승을 몰아 사람을 잡아먹을 것이며   仁義充塞 則率獸食人
끝내는 사람이 서로를 잡아먹을 것이다.   人將相食

나는 이처럼 선왕의 도가 막힐까 두려워   吾爲此懼 閑先聖之道

양묵을 추방하여   距楊墨

거짓된 사설이 일어나지 않도록 막으려 한다.   放淫辭邪說者不得作.

한편 예법가禮法家인 순자는 묵자의 평등론(兼)은 국가와 사회의 존립을 위한 관건을 모르는 것이라고 비판했다. 그는 사회에 상하의 차별(別)이 없으면 집단생활을 할 수 없고 국가의 존립이 불가능하다고 생각했다.

순자荀子/비십이지자非十二之子

천하를 통일하고   不知一天下

나라와 가문을 세우는 성패의 관건을 모르고   建國家之權[3]稱.[4]

공적과 실용을 숭상하고 검약을 장려하며   上功用大儉約

차등을 가볍게 본다.   而僈[5]差等.

그래서 분별과 차이를 용납하여 군주와 신하를 분별하기에는   曾不足以容辨異 縣[6]君臣.

부족한 것이 묵자와 송견의 학설이다.   是墨翟宋鈃.

순자荀子/왕제王制

귀천을 동등하게 하면 두루 나누지 못하고   分均則不偏[7]

세력이 똑같으면 통일할 수 없고   埶[8]齊則不一

무리들이 평등하면 부릴 수 없다.   衆齊則不使.

3_ 權(권)=稱也, 方便也.

4_ 稱(칭)=銓也.

5_ 僈(만)=輕也.

6_ 縣(현)=繫也, 稱也.

7_ 偏(편)=徧.

8_ 埶(예)=勢.

천하와 봉국을 보전하려면 반드시 상하 차등이 있어야 하니　　有天有地而上下有差

현명한 임금이 일어나서 나라에 차등의 제도를 세운 것이다.　　明王始立而處國有制.

대저 둘 다 귀하면 서로 섬길 수 없고　　夫兩貴之 不能相事

둘 다 천하면 서로 부릴 수 없는 것이 자연의 이치인 것이다.　　兩賤之 不能相使 是天數也.

힘은 소만 못하고, 달리기는 말만 못하지만　　力不若牛 走不若馬

사람이 소와 말을 부릴 수 있는 것은 무엇 때문인가?　　而牛馬爲用 何也.

사람은 집단을 이룰 수 있지만　　曰 人能群

소와 말은 집단을 이룰 수 없기 때문이다.　　彼不能群也.

사람은 무엇으로 집단을 이룰 수 있는가?　　人何以能群

명분이 있기 때문이다.　　曰 分[9]

명분은 무엇으로 행할 수 있는가?　　分何以能行

의義가 있기 때문이다.　　曰 義.

순자荀子/부국富國

묵자가 크게는 천하를 소유하고　　墨子大有天下

작게는 한 나라를 차지한다면　　小有一國

관리와 부리는 사람을 적게 하고, 관직도 줄이고　　將少人徒 省官職

오로지 공적을 숭상하고, 수고롭게 노동을 하며　　上功勞苦

백성과 함께 평등하게 사업에 종사하며　　與百姓均事業

성과는 똑같이 분배할 것이니　　齊功勞

이렇게 되면 위엄이 없어질 것이며　　若是則不威

형벌을 시행할 수 없을 것이다.　　不威則賞罰不行.

9_ 分(분)=名分也. 명분은 신분의 명칭에 따라 직분을 차별하는 것.

묵자는 백성이 주권자라고 선언하고, 천하의 의義를 통일하기 위해 천자를 선출했다고 말한다. 이것은 17세기 홉스 Thomas Hobbes(1588~1679)의 국가계약설을 상기시킨다. 국가계약설이란 만인 대 만인의 투쟁 상태인 자연 상태를 종식시키기 위해 주권을 양도하여 국가를 세웠다는 것으로 묵자의 국가설과 일치한다. 더구나 홉스가 17세기에 전제군주를 옹호한 것을 생각하면 그보다도 2천 년 전의 묵자가 천자 선출론을 말한 것은 얼마나 진보적이었나를 실감하게 한다.

묵자墨子/상동尙同 하

옛날 하느님이 처음으로 인민을 낳아	古者天之始生民
통치자가 없을 때에는 인민들이 주권자였다.	未有政長也 百姓爲人.
그러나 진실로 인민이 주권자가 되면	若苟百姓爲人
…이에 모두가 자기의 '의'는 옳다고 하고	…此皆是其義
남의 '의'는 그르다 함으로써	而非人之義
심하게는 전쟁이 일어나고 적게는 분쟁이 일어났다.	是以厚者有斗 而薄者有爭.
그리하여 천하 인민이 하고자 하는 것을	是故天下之欲
천하의 의리에 화동 일치시키고자	同一天下之義也
어진 이를 선출하여 천자로 삼았던 것이다.	是故選擇賢者 立爲天子.

기원전 5세기의 묵자에게서 18세기의 루소 Jean-Jacques Rousseau(1712~1778)가 말한 사회계약설의 소박한 원형을 볼 수 있다는 것은 놀라운 일이다. 이것은 공자의 왕권 천명론에 비하면 하늘과 땅 차이만큼 진보적인 것이다.

묵자墨子/경經 상/상

군주는 백성들의 일반적인 계약이다.   君. 臣萌通約也.

묵자墨子/상동尙同 중

임금으로 옹립되어 나라를 다스리는 경우	上唯毋立而爲政乎國家
인민을 위한 통치권자라면 다음과 같이 말해야 할 것이다.	爲民正長 曰.
'모든 인민이 상을 주는 것이 옳다고 하면	人可賞
나는 그에게 상을 줄 것이다!	吾將賞之
그러나 만약 상하가 뜻을 달리하면	若苟上下 不同義
위에서 상을 준 사람을 인민들은 도리어 비난할 것이니	上之所賞則衆之所非.
…선한 행실을 권면할 수는 없는 것이다.'	…未足以勸乎.
…또 다음과 같이 말해야 할 것이다.	…曰
'인민들이 벌을 내려야 옳다고 하면	人可罰
나는 그에게 벌을 내릴 것이다!	吾將罰之.
그러나 만약 상하의 뜻이 화동 일치하지 않으면	若苟上下不同義
위에서 벌을 준 사람을 인민들은 도리어 칭찬할 것이니	上之所罰 則衆之所譽.
…벌로써 악을 저지하지 못할 것이다.'	…未足以沮乎.
…그러므로 옛 성왕은	…故古者聖王
나라의 의리를 통일, 화동케 하고자	唯而審以尙同
정치의 수장으로 선출됐던 것이다.	以爲正長.
이로써 상하의 마음이 뚫리어 소통하기를 기대했다.	是故上下情請爲通.

언론과 신분 이동

묵자는 하느님의 뜻에 대동大同할 것을 주장했으나, 한편 가치의 다양성을 인정한 열린 민주주의자였다. 그는 동同과 이異를 상보적인 것으로 보았고, 큰 합동(대동)은 작은 다름

(小異)들이 한 무리로 모이는 것이라고 말했다. 그러므로 그는 언로를 열 것과 신분의 이동을 보장할 것을 주장했다.

묵자墨子/상동尙同 중

천자는 정령을 펴고 교화를 실시한다.	天子爲發政施敎
이르기를 무릇 착한 것을 보고 들으면	曰 凡聞見善者
반드시 윗사람에게 고하도록 하며	必以告其上.
착하지 못한 것을 보고 들어도	聞見不善者
역시 반드시 윗사람에게 고하도록 하며	亦必以告其上.
윗사람이 옳으면 반드시 옳다고 말하고	上之所是 必亦是之
윗사람이 그르면 그르다고 말하도록 했다.	上之所非 必亦非之.
또한 아랫사람들이 착하면 그것을 널리 천거하고	己有善 傍荐之.
윗사람에게 허물이 있으면	上有過
그것을 감시하고 간하여 바로잡았다.	規[10]諫之.[11]

묵자墨子/경經 상/상

비판. 악한 행실을 밝히는 것이다.	誹. 明惡也.

묵자墨子/경經 하/하

비판을 그르다 함은 모순이다.	非誹者 詩
그른 것이 아닌 것에 대해 말하는 것이다.	說在不非.

10_ 規(규)=만물을 둥글게 만드는 도구다. 법으로써 사람을 바르게 하는 것도 규라고 말한다. 規者所以圜萬物也 又以法 正人曰規(淮南子/時則訓).

11_ 지금까지는 이 글을 전제주의의 불고지죄를 말한 것으로 해석해 왔으나 이는 잘못이다.

묵자墨子/상현尚賢 상

옛 성왕들이 정사를 다스릴 때는	故古者聖王之爲政
덕 있는 자를 벼슬자리에 앉히고 어진 이를 숭상했다.	列德而尚賢
비록 농업이나 상공업에 종사하는 천한 사람이라도	雖在農與工肆之人
능력이 있으면 그들을 등용했다.	有能則擧之
…따라서 관리라 해서 언제까지나 귀한 것이 아니고	…故官無常貴
백성이라 해서 언제까지나 천하지는 않았다.	而民無終賤

묵자墨子/경설經說 하/하

자리의 높고 낮음을 취하는 것은	取高下
선善·불선不善에 따라 헤아려야 한다.	以善不善爲度
산과 못처럼 항상 높고 항상 낮은 것이 아니다.	不若山澤
아래에 처했다 해도 윗사람보다 선하면	處下善於處上
아랫사람을 윗자리로 청해야 한다.	下所請上也.

중앙집권 관료제

당시 시대적 요구인 신분의 사회적 이동과 국가의 중앙집권화 및 관료제화를 유가들은 반대했으나 묵가들은 환영했다. '천하 도의道義의 통일'을 말하는 '상동尚同'은 중앙집권을 의미한다고 해석된다. 이것은 법가들도 주장한 것으로 결국 진나라의 천하통일에 의해 실현됐다. 이에 대해 일부 학자들은 묵가를 국가주의로 폄하하기도 하지만 이는 잘못이다. 고대나 중세의 신분제 사회에서는 왕권王權의 강화는 신권臣權의 약화를 의미하며 이는 훈구 세력과 토호 세력의 전횡을 막는 유일한 길이었다. 그러므로 보수파는 신권의 강화를 주장하였고, 개혁파는 왕권의 강화를 바랐던 것이다.

또한 고대 성왕들처럼 사민四民 중에서 유사儒士 이외에 농공상農工商도 높이 등용할 것을 요구한 것은 자신들 공민工民 계급의 이익을 반영한 것으로 이는 관료제를 지지한 이유다.

　기원전 3세기에 맹자는 여전히 관직의 세습을 찬성했으나 순자는 묵가의 '어진 이를 높이고 능한 이를 채용하라'는 상현사능尙賢使能을 수용하여 세습을 반대했다. 그러나 묵가의 평등주의적인 겸애와 상현사능도 2,300년 후 19세기의 민주주의를 말하는 것은 아니다. 아마 그것은 2천 년이 지나서 서양 15~16세기 르네상스 시기의 상인 계급들이 절대왕정을 환영한 것과 비교될 수 있을 것이다.

묵자墨子/상동尙同 상

오직 천자만이 능히 천하의 도리를 화동 일치시킬 수 있으며	天子唯能壹同天下之義
이로써 천하가 다스려지는 것이다.	是以天下治也.
그러나 천하 백성들이 모두 위로 천자와 화동했다 하더라도	天下之百姓 皆上同於天子
하느님을 숭상하고 화동하지 않으면	而不上同於天
아직 재앙을 물리칠 수는 없는 것이다.	則菑猶未去也.
지금 하늘에 폭풍이 불고	今若天飄風
홍수가 그치지 않는 것은	苦雨 溱溱而至者
하늘이 벌을 내리는 것이므로	此天之所以罰
이는 백성들이 하느님을 숭상하고 화동하지 않기 때문이다.	百姓之不上同於天者也.

묵자墨子/상동尙同 중

옛 성왕은 천하의 의리를 통일, 화동할 수 있기에	故古者聖王 唯而審以尙同
정치의 수장으로 선출됐던 것이다.	以爲正長
따라서 상하의 마음이 뚫리어 소통했으므로	是故上下情請爲通
윗사람이 은밀한 사업으로 인민에게 이익을 끼쳐주면	上有隱事遺利
인민들도 그것을 알고 윗사람을 이롭게 했으며	下得而利之.
아랫사람들에게 원한이 자라고 폐해가 쌓이면	下有蓄怨積害
위에서는 그것을 알고 제거해 준다.	上得而除之.

이로써 수만 리 밖에서

선한 일을 행한 사람이 있으면

···천자는 그것을 알고 그에게 상을 내리며

또 수만 리 밖에서 악을 행한 자가 있으면

···천자는 그것을 알고 벌을 내린다.

그래서 온 천하 인민들이

모두 두려워 떨며

음란하고 포악한 행동을 감히 할 수 없고

말하기를 '천자의 눈과 귀는 신령스럽다'고 한다.

성왕은 말씀하여 이르기를

'그것은 신령스런 것이 아니며

다만 인민의 귀와 눈을 부려

천자의 보고 듣는 것을 돕게 한 것뿐'이라고 한다.

···그래서 상은 어진 자에게 돌아가고

벌은 포악한 자에게 돌아가서

죄 없는 사람을 죽이는 일이 없고

죄 지은 사람을 놓치는 일이 없었다.

이것은 곧 화동을 숭상한 결과인 것이다.

是以數千萬里之外

有爲善者

···天子得而賞之

數千里之外 有爲不善者

···天子得而罰之.

是以擧天下之人

皆恐懼振動惕栗

不敢爲淫暴

曰天子之視聽也神.

先王之言曰.

非神也.

夫唯能使人之耳目

助己視聽

···是以賞當賢

罰當暴

不殺不辜

不失有罪

則此尙同之功也.

특히 묵자의 공동체운동은 생명 존중인 '애愛'와 공동체 정신인 '겸兼(평등한 아
우름)'을 하나로 묶어놓은 것이 특징이다. 묵자는 자신의 사상을 '천하에 남이
란 없다(天下無人)'는 한 마디로 요약한다. 이 말은 온 세계와 인류가 서로 남이 아니
고 한 가족이라는 뜻이다. 특히 그는 노동자를 중심으로 공동체를 조직하여 몸소 노동을 했으며, 생명
죽임의 전쟁을 생명 살림 공동체의 가장 큰 적으로 규정하고 평생 동안 전쟁 반대 운동을 전개했다.

대동사회

**『예기』의 대동사회와
그 수난**

대동사회大同社會는 『예기』 「예운禮運」편에 나오는 유토피아
를 말한다. 후한後漢의 정현鄭玄(127~200)은 예운禮運이란 뜻
을 오제五帝(黃帝, 顓頊, 帝嚳, 堯, 舜)가 삼왕三王(禹, 湯, 文·武)
으로 시대가 변함에 따른 '제도의 변천운동'이라고 해석했다. 그러므로 이 글은 사회
구성체가 대동사회에서 소강사회小康社會로 발전한다는 역사발전 단계설을 말하고 있
어 주목되는 기록이다. 『예기』라는 책의 내력은 복잡하다. 주周의 봉건제도에 관한 제
도와 의식을 설명한 『예경禮經』이 있었으나 진시황秦始皇(BC 259~210)의 분서갱유를
거치면서 거의 일실됐는데, 전한前漢의 낙학자絡學者요, 목록학자目錄學者인 유향劉向
(BC 77~AD 6)이 전국시대로부터 전한 초까지 백가들의 『예경』에 관한 글 131편을 모

아 『예기』라는 이름으로 편찬한 것이다. 그 후 이것을 대덕戴德이 85편으로 정리한 것을 『대대예기大戴禮記』라 하고, 대성戴聖이 49편으로 정리한 것을 『소대예기小戴禮記』라 한다. 오늘날 전해지는 『예기』는 『소대예기』다.

그리고 『예기』의 대동大同사상이 누구 작품인지는 정설이 없다. 「예운」편의 필자에 대해서도 자유子游 문인설, 순자설, 전국 말 또는 진한秦漢 때 어느 유학자의 글일 것이라는 설 등 정설이 없다. 필자는 예치주의를 주장한 순자의 글이라 본다.

'유토피아Utopia'란 영국의 토머스 모어Thomas More(1477~1535)가 상상한 이상적인 섬의 이름에서 유래된 것이다. 유토피아는 그리스어의 ou-(없다)와 toppos(장소)의 합성어라 한다. 대동사회도 소강사회도 하나의 유토피아일 것이다. 과연 유토피아는 장구한 인류사에 어떤 의미를 갖는 것인가?

대동大同이라는 말의 일반적인 뜻은 대동소이大同小異, 대동단결大同團結, 태평성세太平盛世라는 의미로 쓰인다. 이 중에서 태평성세라는 의미의 어원은 『예기』 「예운」편에 최초로 보이는 이상사회로서의 '대동'이다. 대동의 동同은 평平과 화和의 뜻이며, 대동사회는 평등·평화사회를 의미한다.

『예기』에서의 대동사회는 '천하위공天下爲公' 즉 천하는 어느 가문의 사물私物이 아니고 만민의 공물公物이라는 강령을 기본 테제로 한다. 그런데 바로 이러한 '천하위공'을 『예기』로부터 약 2천 년이 지난 16세기 말에 조선의 정여립鄭汝立(1546~1589)이 혁명 구호로 내걸었다가 죽임을 당함으로써 조선에도 널리 알려지게 되었다.

그러나 이보다 앞서 『예기』 이후 '대동' 사상을 말함으로써 수난을 당한 사람은 순자와 동시대인 진秦의 여불위呂不韋(?~BC 236)가 최초일 것이다. 여불위는 진시황이 천하를 통일하는 데 주도적인 역할을 한 진의 재상으로 대부호이기도 했다. 그는 집안에는 가동家僮이 만 명이나 되었고, 문하에 빈객이 3천 명이었다고 한다. 이때는 대동사상 즉 상동尙同과 겸애兼愛를 주장하는 묵가들이 아직 활동하고 있던 시대였다. 여불위는 유가·묵가·명가·법가 등 빈객들의 도움으로 기원전 239년 『여씨춘추呂氏春秋』를 펴냈는데, 그는 이 책에서 "대동大同이란 천지 만물이 일신동체一身同體라는 뜻이며, 천하는 한 사람의 것이 아니라 천하 만인의 것이다"라고 설명했다. 이러한 사상적 경향으로 여불위는 진시황과 충돌했고 급기야 진시황 11년 촉으로 귀양을 가던 중 음독 자살했다.

여씨춘추呂氏春秋/권13/유시람有始覽/유시有始

천지 만물은 한 사람의 몸과 같다.	天地萬物一人之身也
이것을 일러 '대동'이라 말한다.	此之謂大同.

여씨춘추呂氏春秋/권1/맹춘기孟春紀/귀공貴公

옛 선왕들의 천하를 다스림은	昔先聖王之治天下也
반드시 모두 함께하는 공평을 앞세웠다.	必先公.
공평하면 천하가 평등하고, 평등하면 공평하다.	公則天下平矣 平得於公.[1]
…천하는 한 사람의 천하가 아니라	…天下非一人之天下也
천하 모든 사람의 천하다.	天下之天下也.

그러나 전국시대의 병서兵書 『육도六韜』의 기록에 의하면 '천하위공'이란 말은 여불위보다 앞서 태공太公 망望이 주周 문왕에게 한 말이라고 한다.

육도六韜/무도武韜/발계發啓

문왕이 풍酆에 있을 때 태공을 불러 말했다.	文王在酆 召太公曰
문왕이 말했다. "오! 상商나라 걸의 학정이 극에 달했으니	嗚呼 商王虐極
죄 없는 사람을 죄를 주어 죽이고 있는데	罪殺不辜
공께서는 오히려 짐을 책하고 민民을 걱정합니다."	公尙脇[2]子憂民.
태공이 말했다.	太公曰

1_ 公(공)=平分也, 無私也, 共也.

2_ 脇(협)=斂也, 責也.

"…인人과 더불어 아픔을 같이하고 서로 보호해 주며   …與人同病相救[3]

마음을 함께하고 성공을 함께하며   同情相成

싫은 것을 함께하고 도움을 함께하며   同惡相助

좋은 것도 함께하고 성취함도 함께해야 합니다.   同好相趨.

그러면 병사가 없어도 이길 수 있고   故無甲兵而勝

성을 허무는 기계가 없어도 공격할 수 있고   無衝機而攻

해자와 참호가 없어도 지킬 수 있습니다.   無溝塹而守.

큰 지혜는 지략을 쓰지 않고, 큰 꾀는 꾀를 부리지 않습니다.   大智不智 大謀不謀

큰 용기는 용기를 뽐내지 않고, 큰 이로움은 이롭지 않습니다.   大勇不勇 大利不利.

천하에 이로운 것은 천하 모든 사람이 문을 열고 맞으며   利天下者天下啓之

천하에 해로운 것은 천하 모든 사람이 문을 닫고 막습니다.   害天下者天下閉之.

천하는 한 사람의 천하가 아니라   天下者非一人之天下

천하 만민의 천하입니다.   乃天下之天下也.

천하를 취하는 것은 들짐승을 사냥하는 것과 같으니   取天下者 若逐野獸

천하의 모든 사람이   而天下皆

고기를 나누어 갖고 싶은 마음을 가집니다.   有分肉之心.

같은 배를 타고 물을 건너는 것과 같아서   若同舟而濟

물을 건너면 다 함께 이롭고   濟則皆同其利

실패하면 다 함께 해를 당합니다.   敗則皆同其害.

그런즉 모두에게 열려 있고   然則皆有以啓之

닫고 막는 일이 없어야 합니다."   無有以閉之.

여불위 이후 최초로 '천하위공天下爲公'의 대동사상을 주장한 사람은 조선의 정여립이었다. 물론 그때도 조선 봉건제도의 모순이 심화되어 위기에 처한 시기였으며 대

3_ 救(구)=止也, 護也.

동을 말한 정여립도 죽임을 당했다. 그는 임꺽정 민란(1559~1562)이 있은 후 30년 뒤인 1589년 대동계大同契⁴를 조직하고 대동사회를 주장했다가 역모로 몰려 죽임을 당한 것이다.

중국 학자들이 '대동大同'이란 말에 관심을 다시 갖게 된 것은 정여립보다 한 세대쯤 뒤늦은 1630년경이며, 그 사정 또한 조선과 비슷하다. 1628년에 일어나 1644년 명나라를 붕괴시킨 원인이 되었던 이자성李自成(1606~1645), 장헌충張献忠(1606~1646) 등의 농민 봉기군은 '대동'이란 개념을 직접 사용하지는 않았지만 균전均田과 면부免賦를 혁명 구호로 내걸고 봉건 토지 소유 제도의 혁파를 주장했으며, 이에 영향을 받은 황종희黃宗羲(1610~1695), 왕부지王夫之(1619~1692) 등 진보적인 사상가들이 군주제를 완전히 부인하지는 못했으나 천하는 한 개인의 사유물이 아니라 모든 사람의 세상이 되어야 한다고 주장함으로써 '군주君主의 사私'와 '천하天下의 공公'을 구분하기 시작했다.

중국에서 대동사회에 대한 이상을 직접 고무하기 시작한 것은 청나라 말기에 홍수전洪秀全(1814~1864), 캉유웨이康有爲(1858~1927), 쑨원 등 반봉건 투쟁의 혁명가들이었다. 특히 농민혁명의 영수인 홍수전은 기독교의 평등사상과 대동사상을 결합하여 '천하가 한 가족처럼 다 함께 형통하고 태평한 태평천국太平天國'의 건설을 외치며 이것이 바로 '천하위공天下爲公의 대동사회'라고 선전했다.

특히 그가 주장하는 '경제 평균주의'가 바로 대동사회의 '대도大道'라고 말했던 것이다. 이처럼 대동이라는 말은 원래부터 봉건제도의 모순이 심화되어 토지겸병과 민중수탈로 민생이 피폐하고 민심이 흉흉하여 새로운 변혁이 요청될 때마다 나타나는 반봉건 혁명의 구호였다.

4_ 鄕約이라고도 불리는 洞契 또는 洞約은 정여립이 활동할 당시는 농민 등 하층민들은 가입할 수 없는 士族들의 결사체였다. 그러므로 농민을 위주로 하는 반상의 구별 없는 정여립의 대동계는 선구적인 것이었다. 그러나 정여립이 죽은 3년 후에 일어난 임진왜란(1592~1596) 이후부터 시작하여 병자호란(1636) 이후에는 전후 복구를 위하여 하층민들의 村契가 조직되기 시작했고 이것과 기존의 사족들의 洞契(鄕約)가 지연을 기반으로 결합하여 대동계 또는 향약계라는 이름으로 조직되기도 했다. 지금도 그 흔적이 전해지고 있는 마을들이 있다.

그 후 중국에서 대동이라는 말을 사회사상적 개념으로 다시 거론한 것은 청나라 말기 근대화를 위한 개량주의적 혁명운동을 영도한 캉유웨이의 변법자강變法自强의 기본 방향을 제시한 『대동서大同書』가 최초였다. 캉유웨이는 1913년 잡지 《불인不忍》에 발표한 〈인류공리人類公理〉(1919년 『대동서』로 단행본 출간)에서, 『예기』의 '대동사회大同社會→소강사회小康社會'로의 역사발전 단계설을 기초로 하고, 『춘추공양전春秋公羊傳』의 '소전문세所傳聞世→소문세所聞世→소견세所見世'라는 공양삼세설公羊三世說을 덧붙여, 이를 다시 '거란세據亂世→승평세升平世→태평세太平世'라는 새로운 역사진화설을 주장했던 것이다. 그는 당시 중국의 현실을 봉건적인 '거란세'로 규정하고 '승평세'는 자본주의적 자유주의 사회에, 태평세는 사회주의 사회에 해당되는 것으로 보았으며 특히 대동사회를 태평성세로 규정하고 지평至平·지공至公·지인至仁·지치至治의 일체 평등의 무계급·무사유無私有의 평등사회로 묘사하고 있다. 즉 캉유웨이의 역사발전 단계설은 『예기』와는 반대로 '소강사회→대동사회'로 발전한다고 본 것이다.

『예기』의 대동사회(요순시대)

	예기禮記/예운禮運	
대도(大道)	대도大道가 행해지니	大道之行也
민주 평등	천하는 만민의 것이 되었고 어질고 유능한 자가 선출됨으로써 신의 있고 화목하게 되었다.	天下爲公 選賢與能. 講信修睦.
공동체 (天下無人)	자기 부모만 사랑하지 않고 자기 자식만 자애하지 않는다.	故人不獨親其親 不獨子其子.
복지사회	늙은이는 수명을 다하고	使老有所終

복지사회	젊은이는 재능을 다하고 어린이는 무럭무럭 자랐으며 홀아비 과부 고아 늙은이 병자도 모두 편히 부양받았다. 남자는 직분이 있고 여자는 시집을 갈 수 있었다.	壯有所用 幼有所長 鰥寡孤廢疾者 皆有所養 男有分 女有歸.
공유제	재물의 낭비를 싫어하지만 자기만을 위해 소유하지 않으며, 노동하지 않는 것을 미워했으나 반드시 자기만을 위하지 않는다.	貨惡其棄於地也 不必藏於己 力惡其不出於身也 不必爲己.
평화세상	간특한 모의가 통하지 않고 도둑 변란 약탈이 없으니 대문을 닫지 않고 살았다. 이것을 일러 '대동大同'이라 말한다.	是故謀閉而不興 盜竊亂賊而不作 故外戶而不閉 是謂大同.

안생생 사회

위에 예시한 『예기』의 대동사회에 대한 기록과 묵자의 천하무인天下無人의 안생생 사회에 관한 어록을 비교해 보면 너무도 같다는 것을 쉽게 알 수 있다. 「예운」편의 "천하는 만민의 것"이란 말은 묵자의 '천하에 남은 없다(天下無人)' '백성이 주권자(百姓爲主)'라는 주장과 일치하며, 「예운」편의 "재물을 땅에 버리는 낭비를 싫어하지만 결코 자기만을 위하여 소유하지 않는다"는 말은 묵자의 절용節用, 절장節葬, 사유제 반대와 일치하며 「예운」편의 "몸소 노동하지 않는 것을 부끄러워했으나 반드시 자기만을 위하지 않는다"는 말은 묵자의 노동주의와 일치한다. 특히 이러한 절장, 반전, 노동 사상은 다른 사상가에게서는 발견할 수 없는 오로지 묵자만의 특징이다. 그러므로 필자는 『예기』의 '대동사회'는 유가의 사상이 아니라 묵자의 이상사회인 '안생생安生生 사회'를 설명한 것이라고 본다.

그렇다면 『예기』는 유가들의 예론禮論을 기록한 책인데 왜 대동사회를 기록했을까? 그것은 묵가들이 주장하는 대동사회를 선양하려는 것이 아니라 그 비현실성을 비판함으로써 이와 대립되는 유가들의 '소강사회'의 당위성을 설명하기 위한 것이라고 보아야 한다.

묵자는 평등공동체를 지향한 공화주의자였다. 그의 이상사회는 대동사회였다. 그의 '천하무인天下無人'은 천하 만민은 모두 남이 아니라 한 형제요 동포라는 뜻으로 공동체 사회를 표현한 말이다. 묵자의 '상동尙同'은 대동大同을 숭상한다는 뜻이다. 묵자의 '안생생'은 '안락한 살림살이'라는 뜻으로 대동사회를 경제적으로 표현한 말이다.

묵자의 안생생 사회

겸애	**묵자墨子/천지天志 하** 하늘의 뜻을 순종하는 자는 두루 평등(兼)하고 하늘의 뜻을 배반하는 자는 차별(別)한다. 평등을 도道로 하는 것은 의로운 정치요, 차별을 도로 하는 것은 폭력의 정치다.	順天之意者兼也 反天之意者別也. 兼之爲道也義正 別之爲道也力正.
민주평등	**묵자墨子/경經 상/상** 군주. 백성들이 총의로 약속한 것이다. **묵자墨子/상동尙同 하** 옛날 하느님이 처음으로 인민을 낳아 통치자가 없을 때에는 인민들이 주권자였다.	君. 臣萌通約也. 古者天之始生民 未有政長也 百姓爲人.

민주평등	그러나 진실로 인민이 주권자가 되면 …모두가 자기의 '의'는 옳다고 하고 남의 '의'는 그르다 함으로써 심하게는 전쟁이 일어나고 적게는 분쟁이 일어났다. 그리하여 천하 인민은 천하의 의리를 화동 일치시키고자 어진 이를 선출하여 천자로 삼았던 것이다.	若苟百姓爲人 …此皆是其義 而非人之義 是以厚者有斗 而薄者有爭. 是故天下 之欲同一天下之義也 是故選擇賢者 立爲天子.
공동체	**묵자墨子/대취大取** 천하에 남이란 없다! **묵자墨子/겸애兼愛 중** 두루 평등하게 서로 사랑하고 서로 이롭게 하는 방법은 어떻게 해야 하는가? …남의 나라 보기를 제 나라같이 보고 남의 가문 보기를 제 가문같이 보고 남 보기를 제 몸같이 보라. **묵자墨子/겸애兼愛 하** 귀 밝은 장님과 눈 밝은 귀머거리가 협동하면 장님도 볼 수 있고 귀머거리도 들을 수 있다. …그러므로 처자가 없는 늙은이도 부양받을 수 있어 수명을 다할 수 있고 부모가 없는 어리고 약한 고아들도 의지하여 살 곳이 있어 장성할 수 있는 것이다.	天下無人. 然則兼相愛 交相利之法 將奈何哉. …視人之國 若視其國. 視人之家 若視其家 視人之身 若視其身. 是以聰耳明目 相與視聽乎. …是以老而無妻子者 有所侍養以終其壽 幼弱孤童之無父母者 有所放依 以長其身.

	묵자墨子/절용節用 중	
	무릇 천하의 공인工人들은	凡天下群百工
	…각각 제 기술에 따라 일을 하라.	…使各從事其所能.
	그리하여 백성들의 수요가 충분하게 공급되면	曰. 凡足以奉給民用
	거기서 그쳐라!	則止.
	묵자墨子/상현尙賢 하	
	어질게 되는 길은 무엇인가?	爲賢之道將奈何
복지사회	그것은 힘이 있으면 부지런히 인민을 돕고	曰 有力者疾以助人
	재물이 있으면 힘써 인민에게 나누어 주고	有財者勉以分人
	도리가 있으면 권면하여 가르치는 것이다.	有道者勸以敎人.
	이리 되면 배고픈 자는 먹을 것을 얻을 것이요,	若此則飢者得食
	헐벗은 자는 옷을 얻을 것이요,	寒則得衣
	피로한 자는 쉴 것이요,	勞者得息
	어지러운 것은 다스려질 것이다.	亂則得治
	이것을 '안락한 생명 살림'이라고 한다.	此安生生.
	묵자墨子/대취大取	
	성인은 재물을 자기 집에 저장하지 않는다.	聖人不爲其室臧之
	사유私有를 반대하기 때문이다.	故非於臧.
	…사재私財를 저장하는 것은	…臧之
공유	자기 자신을 사랑하는 것이지만	愛己
절용	자기와 인민을 동시에 사랑하는 것이 아니다.	非爲愛己之人也.
	…재산을 감춰두려는 소유욕을 줄이지 않는다면	…非殺臧也
	아무리 도둑을 줄이려 해도 줄일 방법이 없다.	專殺盜非殺盜也.
	묵자墨子/절용節用 상	
	성왕의 정치는 정령을 펴 산업을 일으키고	聖王爲政 其發令興事

공유 절용	백성들로 하여 재화를 풍족하게 사용토록 하되 비실용적 것을 생산하는 일이 없게 했다. 그리하여 재화를 소비하는 데 낭비가 없으므로 백성의 노동력이 지치지 않으면서도 이익은 더욱 커지는 것이다.	便民用財也 無不加用而爲者 是故用財不費 民德不勞 其興利多矣.
평화	**묵자墨子/법의法儀** 하늘은 반드시 사람들이 서로 사랑하고 서로 이롭게 하기를 바라며, 서로 미워하고 해치는 것을 바라지 않는다. **묵자墨子/비공非攻 하** 큰 나라가 의롭지 않으면 협동하여 그것을 걱정해 주고 큰 나라가 작은 나라를 공격하면 협동하여 작은 나라를 구원해 주어라. …공격과 전쟁을 하는 노력과 비용으로 나라를 다스린다면 생산은 배로 커질 것이다.	天必欲人之相愛 相利. 而不欲人之相惡相賊也. 大國之不義也 則同憂之. 大國之攻小國也 則同救之 …易攻伐 以治我國 攻必倍.

**대도는 노장인가,
묵가인가?**

「예운」편은 대동사회의 이념을 '대도大道'라고 말한다. 그렇다면 과연 대도는 누구의 사상을 말하는 것인가? 유가들은 공자의 인의를 말하는 것으로 해석해 왔다. 그 근거로 『예기』의 같은 글에서 공자가 "요순의 대도를 행하는 것과 대도가 사라진 삼대의 영걸에는 미치지 못하지만 뜻은 가지고 있다"고 말하고 있는 점을 들고 있다.

예기禮記/예운禮運, 공자가어孔子家語/예운禮運

지난날 공자가 노나라 사제蠟祭[5]에 빈객으로 참여했다.	昔者仲尼與於蠟賓.
일을 마치고 나와 누대에 올라 쉴 때	事畢 出遊於觀之上
한숨을 쉬며 탄식했다.	喟然而嘆
공자가 탄식한 것은 속으로 노나라를 개탄한 것이다.[6]	仲尼之嘆 蓋嘆魯也
언언이 옆에서 모시고 있다가 물었다.	言偃在側曰
"군자께서는 어찌 탄식합니까?"	君子何嘆
공자가 말했다. "대도大道를 행하는 것은	孔子曰 大道之行也
나는 삼대三代의 영걸에는 미치지 못하지만	與三代之英 丘未之逮也
나도 뜻만은 가지고 있다."	而有志焉.

그러나 「예운」편의 이 구절은 신빙성이 떨어진다. 후인이 덧붙인 연문일 것이다.

첫째, 글의 문맥을 '요순의 대도大道'과 '삼대三代 영걸의 예치禮治'를 병렬한 것으로 해석하면, 공자는 요순의 대동大同과 삼대의 소강小康을 동시에 지향했다는 말이 된다. 이것은 대동과 소강을 다른 것으로 구분한 「예운」편 전체의 취지와 모순된다.

둘째, 삼대의 영걸이 대도를 행했다는 뜻으로 읽으면 이 또한 모순된다. 왜냐하면 같은 『예기』의 글에서 밝힌 대로 대도는 요순의 통치 이념이고 삼대의 통치 이념이 아니기 때문이다. 다시 말하면 '대도'를 행한 것은 요순이고, 삼대의 영걸은 대도가 쇠미해져 '예치'를 행했다고 설명하고 있기 때문이다.

셋째, 이 구절은 앞뒤가 맞지 않는 어색한 글이다. 공자가 노나라를 개탄한 이유는 사제蠟祭와 체제禘祭는 왕만이 지낼 수 있고 제후는 지낼 수 없는 대제大祭인데 노나라에서 거행했기 때문이다. 그런데 공자의 답변은 엉뚱하게 '대도'와 '삼대의 영걸'을 말하고 있다. 그러나 사제와 체제는 주례周禮(夏禮 殷禮를 종합했음)의 문제이지 대도나

5_ 蠟祭(사제)=年終祭名. 夏曰淸祀. 殷曰嘉平. 周曰蠟. 秦於臘(中華大字典). 蠟=관직 명칭. 掩骼埋胔 此官之職也.

6_ 蠟帝는 聖人인 天子만이 지낼 수 있는 제사인데, 제후국인 노나라에서 거행했기 때문이다.

대동사회와는 직접적인 관련이 없는 문제다.

사제蜡祭

예기禮記/교특생郊特牲

천자는 대사제大蜡祭를 올려 팔신八神을 제사한다.	天子大蜡八
이기伊耆씨는 사蜡씨로부터 비롯됐다.	伊耆氏 始爲蜡.
사씨는 원래 (은나라 七族 중에 一族인) 색索씨이다.	蜡也者索也.
만물이 귀근복명歸根復命하는 폐장지월閉藏之月인 섣달에	歲十二月 合聚萬物
팔신八神[7]의 공적과 귀근을 송영하는 제사를 올린다.	而索饗之也.
사제란 신농씨를 주신으로	蜡之祭也 主先嗇
농사를 담당하는 후직을 제사하고	而祭司嗇也.
아울러 백곡의 신들을 제사하여	祭百種
농사의 공로를 보답하는 것이다.	以報嗇也.

체제禘祭

논어論語/팔일八佾 10

공자가 말했다.	子曰
"주공周公을 합제하는 천제天祭인 체제에서 내가	禘[8]自
강신의 예가 끝나자마자 퇴장한 것은	旣灌[9] 而往者
그것을 더 이상 보고 싶지 않았기 때문이다."[10]	吾不欲觀之矣.

7_ 『集說』에 따르면 八神은 다음과 같다. ① 先嗇(神農氏), ② 司嗇(后稷의 官吏), ③ 農(田畯), ④ 郵(田畯의 幕舍) 表(標識) 畷(農路), ⑤ 猫(쥐를 잡는 고양이) 虎(멧돼지를 잡는 호랑이), ⑥ 坊(堤防), ⑦ 水庸(水路), ⑧ 곤충(農害虫).

8_ 禘(체)=天子가 天祭에 자기 시조를 合祀하는 大祭이다.

9_ 灌(관)=降神禮.

10_ 공자가 퇴장한 이유는 이렇다. 天帝를 合祀하는 禘祭는 천자만이 지낼 수 있다. 그런데 노나라는 그 시조인 주공이 聖人으로 대접받았고 천자의 허락이 있었으므로 天祭를 지내고 있었다. 그러나 공자는 이런 특례는 주공 스스로 정

예기禮記/제법祭法

제법에 따르면 유우有虞씨는	祭法 有虞氏
체제禘祭에 황제黃帝를 배사配祀하고	禘[11]黃帝
교제郊祭에 제곡을 배사하고	而郊[12]嚳
조제祖祭에 전욱을 배사하고	祖[13]顓頊
종제宗祭에 요임금를 배사했다.	而宗[14]堯.
하후夏候씨는 체제에 황제를 배사하고	夏候氏 亦禘黃帝
교제에 곤鯤(우임금의 父)을 배사하고	而郊鯤
조제에 전욱을 배사하고	祖顓頊
종제에 우임금을 배사했다.	而宗禹.
은나라는 체제에 제곡을 배사하고	殷人 禘嚳
교제에 명冥(탕의 선조)을 배사하고	而郊冥
조제에 설契(탕의 시조)을 배사하고	祖契
종제에 탕임금을 배사했다.	而宗湯.
주나라는 체제에 제곡을 배사하고	周人 禘嚳
교제에 후직(무왕의 시조)을 배사하고	而郊稷
조제에 문왕을 배사하고	祖文王

비한 주례를 어기는 것이고 天子에 대한 무례라고 생각한 것이다. 구체적으로 말하면 주나라는 天祭인 禘祭에 帝嚳을 배사하는 것이 禮法인데 주나라의 제후국인 노나라에서 周公을 배사하는 天祭를 지냈기 때문이다.

11_ 禘(체)=圓丘에서 天帝를 제사함.
12_ 郊(교)=方丘에서 地神를 제사함.
13_ 祖(조)=明堂에서 五帝(五行의 神)를 제사함.
14_ 宗(종)=明堂에서 五帝(五行의 神)를 제사함.

종제에 무왕를 배사했다.   而宗武王.

한대漢代의 석량石梁 왕씨王氏는 대동사회와 소강사회론은 공자의 말이 아니라고 주장했다. 노자의 대동사회를 찬양하기 위해 공자의 소강사회를 비판하는 노장老莊의 글이 우연히 『예기』에 끼어들었다는 것이다. 즉 '대동'은 노자의 이상정치요, '소강小康'은 공자의 이상정치로 보았다.

예기禮記/예운禮運 주해註解

석량 왕씨는 말하기를	石梁王氏曰
"오제五帝의 치세를 대동大同이라 하고	以五帝之世爲大同
삼대(우·탕·문·무·성왕·주공)의 치세를 소강小康이라 한 것은	以禹湯文武成王周公爲小康
노자의 의견으로 조술한 것"이라 했다.	有老氏意而注
또 노자는 그것을 사실로 인정하고 또 부연하기를	又引以實之 且謂
"예禮라는 것은	禮
충忠과 신信이 쇠한 후에 지어낸 것"이라고 말했다.	爲忠信之薄
이것은 모두 유가를 비난하는 자들의 말이다.	皆非儒者語
공자의 말이라 한 것은	所謂孔子曰
기록자가 지어낸 말일 뿐이다.	記者爲之辭[15]也.

그런데 주목해야 할 것은 공자와 유가들이 '성인聖人'이라고 일컫는 우·탕·문·무·주공을 「예운」편에서는 '삼대의 영걸英傑'이라고 지칭했다는 점이다. 묵가도 주공을 제외한 이들 제왕들을 성인으로 호칭하고 있다. 그런데 왜 여기서는 '성인'이라 하지 않고 '영걸'이라고 표기했는가? 의문이 간다. 이런 점으로 볼 때 이 글은 유가나 묵가의 글이 아니고 도가의 글이라고 볼 수도 있다. 그렇다면 대도는 노장의 무위

15_ 辭(사)=不受, 不從也.

자연의 도라고 말할 수도 있을 것이다.

그러나 장자는 분명히 노자의 글을 해석하면서 황제와 요순 시대를 인의仁義의 차별 시대로 규정 반대하고 황제 이전의 신농 시대를 찬양 지향하고 있다. 그렇다면 노장의 '무위無爲'는 신농씨 시대를 지향하는 것이므로, 요순시대를 지향하는 '대도'와는 다른 것이다. 그러므로 대동사회의 지도 이념인 대도大道는 묵자의 겸애사상이라고 해석한 것이다.

그러므로 나는 노장은 신농 시대의 원시 공산사회를 지향했고, 묵자는 요순시대의 대동사회를 지향했고, 공자는 삼대의 소강사회를 지향했다고 본다.

소강사회

『예기』의 소강사회

공자가 지향하는 이상사회는 소강사회다. 소강사회도 물론 공동체를 지향하지만 대동사회와는 달리 평등 공동체가 아니라 혈연을 중심으로 하는 가부장적 차별 공동체라는 점에서 다르다. 묵자와 노장이 소망하는 대동사회의 통치 이념은 겸애兼愛 또는 대도大道인 데 반해, 유가들이 소망하는 소강사회의 통치 이념은 인예仁禮다.

『예기』「예운」편은 대동사회를 주장한 것이 아니라 대동사회가 소강사회로 대체될 수밖에 없는 필연성과 당위성을 설명하고 있다. 아래와 같은 『예기』의 기록을 보면 소강사회는 '천하가 한 가문의 소유(天下爲家)'인 봉건사회이며 공자와 유가들이 지향하는 예치사회禮治社會임을 쉽게 알 수 있다.

『예기』의 소강사회(우·탕·문·무 시대)

예치禮治	예기禮記/예운禮運 오늘날은 대도大道가 쇠미해지니	今大道旣隱
신분세습	천하는 가문의 사유물이 되었다.	天下爲家.
공동체 ↓ 가족주의	저마다 자기 부모만을 사랑하고 자기 자식만을 어여삐 여기며 재물과 노동은 자기만을 위한 것이 되었다.	各親其親 各子其子 貨力爲己.
평등사회 ↓ 신분사회	대인大人은 세습을 예禮로 삼았으며 성곽과 못을 만들어 굳게 지키고 예의禮義를 만들어 기강을 세웠다. 이로써 군신이 바르고, 부자父子가 돈독하고 형제가 화목하고, 부부가 화락했다.	大人世及以爲禮 城郭溝池以爲固 禮義以爲紀. 以正君臣 以篤父子 以睦兄弟 以和夫婦.
공유제 ↓ 사유제	용감하고 지혜 있는 자를 어질다 칭송하니 모두가 자기만을 위하여 공을 세우려 했다. 예로써 제도를 설정하고 정전제井田制가 수립됐다.	以賢勇知 以功爲己. 以設制度 以立田里.
평화 ↓ 전쟁 ↓ 군주제	이에 세상에는 간특한 모의가 일어나니 전쟁이 일어났다. 우·탕·문·무와 성왕과 주공 등이 이 어지러움을 수습했으므로 천자로 선출됐다.	故謀用是作 而兵由此起. 禹湯文武成王周公 由此其選也.

평화 ↓ 전쟁 ↓ 군주제	이들 여섯 군자들은 몸소 예를 실천하고 예로써 다스렸다. 즉 마땅함을 드러내고(義), 믿음을 쌓고(信) 허물을 밝히고(知) 어진 마음을 본받아(仁) 겸양토록(禮) 가르쳐 백성들에게 오상五常의 도道를 보여준 것이다. 만약 이러한 도를 어기는 자가 세력을 가지면 모두에게 큰 재앙이 될 것이므로 제거했다. 이것을 일러 소강이라 말한다.	此六君子者 未有不勤於禮者也. 以著其宜 以考其信 著有過 刑仁講讓 示民有常 如有不由此者在勢者去 衆以爲殃 是謂小康.

공자의 혈연적 천하일가론

① 종법은 왕법의 기본

고대부터 지금까지 중국의 정치 도덕 등 모든 사상의 핵심은 나라를 한 가문처럼 만든다는 데 있다. 즉 가족을 나라의 축소된 모습으로 생각하는 것이 특징이다. 그러므로 유가들의 이상사회는 대종족 공동체였으며, 이것은 종법 질서인 '주례周禮'를 대강령으로 하는 소강사회였다.

다만 전국 말에 한비 등 법가들은 가문을 정치 도덕의 표준으로 삼는 것을 반대했다. 그들은 각 개인은 가문의 성원으로 국가에 참여하는 것이 아니라 곧바로 국가의 공민이 되어야 한다는 것이다. 그러므로 각 개인은 가문의 효孝를 기초로 하는 도덕이 아니라 국가권력을 기초로 하는 법에 복종해야 한다. 따라서 군주는 백성의 부모가 아니라 백성의 지배자일 뿐이다.

이것은 중대한 문제를 제기한다. 법가들에 의하면 천자天子는 어느 일족의 족장이나 또는 어느 가문의 종장宗長으로서 천명天命을 받아 다른 종족과 가문들까지 통치하는 대종장大宗長이 된 것이 아니라, 천하 만민의 지배자로서 절대군주가 되어야 한다. 그러기 위해서는 주례의 종법宗法 위에 군주가 제정한 법이 우선해야 한다.

그러나 법가들의 생각은 이단적인 생각일 뿐이다. 최근까지도 국가가 가문 또는 가족의 연장 또는 확대판이라고 생각하는 사상은 변하지 않았다. 중국 최후의 왕조인 청나라의 교육헌장인 〈강희성유康熙聖諭〉16조는 효를 강조할 뿐, 충이라는 글자는 보이지 않는다. 이것은 바로 군사부는 일체이며 따라서 효는 만법의 근원임을 말하는 것이며, 씨족국가 공동체의 이상인 소강사회를 지향한다는 것을 의미하는 것이다.

② 효와 제정

그러므로 그들에게 무엇보다 조상숭배가 통치의 근간이 된다. 따라서 조상제사는 만법의 기본이다. 『시경』의 〈송訟〉은 제사를 지낼 때 부르는 노래인데, 그중에서 〈상송商頌〉은 상나라의 성탕成湯을 제사할 때의 노래라고 하니 제사에 음악이 연주된 것은 늦어도 상나라까지 거슬러 올라간다. 후세에 불교가 전래되고 도교가 일어났지만 조상숭배는 배척하기는커녕 더욱 일반화됐다. 이처럼 조상제사가 중요한 통치행위임을 모르고 조선에 전래된 천주교가 이를 거부한 것은 권력투쟁으로 규정되어 탄압을 자초한 것이다.

조선에서 나라를 '종묘사직'이라 한 것은 이것 때문이다. 종묘는 군주의 조상을 모시는 묘당이며, 사직은 토지신을 제사하는 곳이다. 고대에는 왕위를 물려받거나 전쟁을 하거나 순수를 행하고 큰 상을 내릴 때는 종묘에 보고하여 재가를 받는 형식을 취했으며, 죄인을 죽이거나 벌을 내릴 때는 사직신社稷神에게 보고하여 재가를 받았다(『서경』「우서」「요전堯典」,「대우모大禹謨」). 심지어 전쟁을 할 때도 종묘의 위패를 수레에 싣고 다니면서 상벌을 재가받았다(『서경』「하서夏書」「감서甘誓」).

공자의 삼정과 유교의 삼강

공자의 기본 테제는 주周나라 예를 부흥시키자는 '복례復禮'였다. '복례'는 춘추시대의 혼란기를 수습하기 위한 공자의 정책 대안이었다. 그것은 무너지고 있던 노예제적 봉건제도를 끝까지 지키자는 주장으로, 왕도王道가 무너진 패도覇道의 시대를 되돌려 다시 왕도를 회복하자는 것이었다.

복례의 내용은 국가를 가문 공동체처럼 만들자는 것이다. 이에 대한 강령은 부부별 夫婦別, 부자친父子親, 군신엄君臣嚴 등 세 가지를 바르게 하자는 '삼정三正'이다. 한비 는 이것을 신사군臣事君, 자사부子事父, 처사부妻事夫의 '삼사三事'로 바꾸었고(『한비자 韓非子』「충효忠孝」), 동중서는 다시 이것을 군위신강君爲臣綱, 부위자강父爲子綱, 부위처 강夫爲妻綱의 '삼강三綱'으로 더욱 강화했던 것이다(『춘추번로』「기의基義」).

동중서는 왕권천명설王權天命說을 확장하여 주례의 종법 질서까지를 천명으로 규정 하고 이를 교리로 삼아 공자의 경학經學을 종교화하여 유교로 만들었다. 그리고 주희 는 외면적인 천명을 내면적인 천성으로 내면화하고 이데올로기화했다. 그러므로 국 가 질서를 종법 질서로 보는 소강사회는 그들이 이상향으로 지향하는 봉건제인 것이 다. 그러므로 그들의 최고 기본 규범은 변함없이 효였다.

춘추번로春秋繁露/권12/기의基義

인의仁義와 제도의 이치는 모두 하늘에서 취한 것이다.	仁義制度之數 盡取之天.
왕도의 삼강이란 것도 하늘에서 찾을 수 있다.	王道之三綱 可求于天.

춘추번로春秋繁露/권10/심찰명호深察名號

천명을 받은 군주란 천天의 뜻이 주어진 것이라는 뜻이다.	受命之君 天意之所予也.
그러므로 천자라 부르는 것이니	故號爲天子
마땅히 하늘 보기를 아비처럼 보아야 한다.	宜視天如父
그러므로 하늘을 섬기는 것도 효로써 하는 것이 도리다.	事天以孝道也.

주역周易/서괘序卦 하

천지가 있은 연후에 만물이 있고	有天地然後有萬物
만물이 있은 연후에 남녀가 있고	有萬物然後有男女
남녀가 있은 연후에 부부가 있고	有男女然後有夫婦

부부가 있은 연후에 부자가 있고   有夫婦然後有父子

부자가 있은 연후에 군신이 있고   有父子然後有君臣

군신이 있은 연후에 상하가 있고   有君臣然後有上下

상하가 있은 연후에 예의가 있어 행하고 펼 수 있는 것이다.   有上下然後 有禮義有所措.

서양의 공동체론

① 하느님 공동체

모세의 '출애굽'은 이스라엘의 평등 공동체를 실현하기 위한 것이고, 이것은 땅 위에 하느님이 통치하는 공동체 즉 이스라엘을 세우는 것이다. 이스라엘은 개인적으로는 각자의 항산恒産 즉 기업基業을 보장한다. 그것은 '하느님의 소유所有'와 '경작자의 사유'로 표현된다(「레위기」25장 23절,「민수기」26장 52~53절,「신명기」15장 4절·27장 17절). 유대교는 출애굽의 해방 사건과 그때 야훼와의 계약으로부터 시작됐다. 그리고 이러한 구약의 계약법은 이스라엘 공동체와 가난한 자의 해방을 위한 권리장전이었다(「출애굽」20장 21~23절·22장 20절·23장 9~12절,「레위기」25장 35~43절,「신명기」14장 28~29절·23장 15~17절·24장 14~22절·25장 26절·26장 12~15절).

예수가 온 것은 '출로마'를 위한 것이며, 그 방법은 모세의 해방전쟁과는 달리 오히려 자기 몸을 바치는 것과 복음을 전하는 것이었다. 복음이란 때가 되었으니 회개하여 하느님 나라(天國)를 재건하라는 것과 그 천국의 주인은 가난한 자임을 선포하는 것이었다(「마태」5장 1~12절,「누가」4장 18~19절·6장 21절). 그러므로 기독교의 본령은 '예수 믿고 천당 가자'는 내세주의가 아니고 예수가 가르쳐준 기도문처럼 '몸소 이 땅에 오시어 하느님 나라를 세워 주시옵기'를 기원하고 그것을 실천하기 위해 살아야 한다는 데에 있다(「마태」6장 9~13절,「마가」1장 14~15절).

묵자나 예수가 강조한 이웃 사랑은 이기적이며 자애적인 사랑이나 모태母胎 회귀적인 근친애가 아니라 공동체적 사랑(兼愛)과 형제애다. 그래서 묵자는 하느님의 뜻인 겸애와 공자의 체애體愛를 구분했던 것이다. 이러한 겸애는 이미 가지고 있는 이드id 적인 것이 아니라 그것을 벗어나 새롭게 창조되는 공동체적 사랑이며, 모태를 벗어나 새로운 관계를 맺으려는 욕구를 창조적으로 충족시키는 행위다.

② 자주 관리 민주·평등사회

모세의 이스라엘 공동체나 예수의 하느님 공동체는 구체적인 것은 아니지만 노동자의 휴식과 자연의 휴식을 위한 안식일과 안식년 제도(「출애굽」 23장 10~12절, 「신명기」 15장 1~3절), 경작권의 원상복귀를 위한 '희년禧年' 제도(「레위기」 25장 24~28절) 등의 해방정신은 묵자의 안생생安生生 공동체 정신과 일치하며, 예수의 가난한 자의 주권, 갇힌 자의 해방, 눌린 자의 자유(「누가」 4장 18~19절), 섬김의 정치(「마태」 23장 11~12절, 20장 28절) 등의 해방정신은 모두 묵자의 천하무인天下無人과 백성위주百姓爲主의 정신과 일치한다.

특히 하느님 공동체는 하느님 이외에는 그 누구도 아버지나 지도자나 스승이 될 수 없는 자주 관리 공동체를 지향한다는(「마태」 23장 8~10절) 점에서는 아나키즘의 국가관과 일치한다. 즉 자주 관리는 스스로가 스스로를 재판한다는 것이다.

③ 공유·공산·공생사회

이스라엘 공동체를 경제 구조적인 측면에서 보면 다음과 같다.

첫째, 하느님의 소유와 경작권의 사유私有를 근간으로 한다(「레위기」 25장 23절, 「민수기」 26장 52~53절, 「신명기」 15장 4절·27장 17절).

둘째, 무이식無利殖을 원칙으로 하는 개인적 생산구조다(「출애굽」 22장 24절, 「레위기」 25장 35~37절, 「신명기」 23장 20~21절).

셋째, 경작권의 원상복귀를 위한 희년 제도가 특징이다(「레위기」 25장 24~28절),

넷째, 노동자 및 자연의 휴식을 위한 안식일과 안식년 제도(「출애굽」 23장 10~12, 「신명기」 15장 1~3절) 등 독특한 경쟁 제한과 환경 친화적 공동체다. 예수의 하느님 나라 공동체도 이스라엘 공동체 전통을 이어받았으나 그 특징은 완전고용과 필요에 따른 분배를 강조한다.

예수의 경제사상은 한마디로 사회주의적이다. 포도원과 품꾼에 대한 천국 비유 (「마태」 20장 1~16절)는 기독교 사회주의의 강령적 기본 정신을 밝히고 있다. 이 비유는 자본주의 원칙을 말한 것이 아니라 하느님이 주권자인 하느님 나라의 경제 원리를 말한 것이다. 이 비유는 다음과 같이 정리할 수 있다.

> ① 공동체의 경제 원리 : 포도원은 하느님 소유이며, 점유권 사용권은 품꾼들의 총유總有다.
> ② 완전고용 원칙 : 모든 사람에게 일자리가 주어진다.
> ③ 노동의 매매 금지 원칙 : 노동은 시장논리에 의해 매매될 수 없다.
> ④ 필요 분배 : 품삯은 성과급, 시간급 등 상품의 요소 비용인 임금이 아니라 생활급이다.

④ 완전고용 복지사회

첫째, 이스라엘 공동체의 계약법은 모두 가난한 자의 주권을 위한 것이다(「출애굽」 20장 21~23절·22장 20절·23장 9~12절, 「레위기」 25장 35~43절, 「신명기」 14장 28~29절·23장 16~17절·24장 10~22절·25장 26절·26장 12~15절).

둘째, 예수의 하느님 나라 공동체도 마찬가지다. 예수는 아예 가난한 자가 천국의 주인이라고 선포한다(「마태」 5장 1~12절, 「누가」 4장 18~19·6장 21절).

셋째, 앞의 비유에서 언급한 바와 같이 완전고용 복지사회였다. 완전고용이 없이는 주권도 주인도 허울뿐이다.

⑤ 전쟁 없는 평화사회

이스라엘 공동체의 경우는 동족 중에서 왕을 세우되 군마를 많이 기르지 말라고 가르치고(「신명기」 17장 15~16절), 예수도 용서와 화해를 말하고(「마태」 6장 20절) 악한 자를 대적치 말며 원수를 사랑하라고 가르쳤다. 평화는 하느님 공동체의 기본 조건이요, 가장 중요한 조건이다. 전쟁은 하느님의 두루 평등한 사랑에 반하는 것이다. 그러나 모세와 예수는 그들의 하느님 야훼가 전쟁신이었으므로 제도적인 전쟁 반대를 적극적으로 주장하지 않는다(「누가」 6장 29절, 「마태」 5장 39~44절). 이런 점이 이스라엘 공동체의 치명적인 약점이다.

스파르타의 국가사회주의

라케다이몬Lakedaimon의 수도인 스파르타Sparta는 인류 역사상 최초의 국가사회주의(National Socialism) 체제였다고 한다. 플루타르코스Plutarchos(46?~120?)의 『영웅전Bioi Paralleloi』에 의하면 스파르타의 법률을 만들어 시행한 사람을 리쿠르고스Lykurgos라고 한다. 원래 스파르타 사람들은 라코니아Laconia 지방을 점령하고 원주민들을 농노(헬롯이라 불리었음)로 만들고, 예속된 농노와 함께 토지를 균등하게 분할 배당했다. 시민들이 배당받은 분할지는 상속되고 기증은 가능하나 매매는 금지됐다. 시민들은 이들 배당지에서 거둬들인 곡식과 술과 과실로 안정적으로 살 수 있도록 했으며 그중에서 일정량을 거출하여 국가를 운영했다.

국가의 요구는 어느 시민이든 궁핍해도 안 되고 또한 부해도 안 된다는 것이며, 식사도 공동으로 하는 검소한 생활이 요구되었다. 그리고 사치를 방지하기 위해 금은의 소유와 주화를 금지하고 쇠로만 주화하여 화폐가치를 하락시켰다. 다만 이것은 지배계급인 시민들만의 민주정치인 국가사회주의였다.

시민들은 손수 경작하는 것이 금지됐는데 그것은 노동이 사람을 타락시킨다고 생각했고 군인으로서 자유로운 상태가 필요했기 때문이다. 시민들의 유일한 업무는 전쟁이며 모든 시민이 군인이었고, 시민의 아내는 건강한 아이를 많이 낳는 것이 임무였다. 병약한 아이는 족장의 검사를 받아 우물에 던져버렸다.

그러므로 남녀를 불문하고 모든 시민들은 강인한 체력 단련이 필수적이었다. 따라서 결혼을 했어도 아이가 없는 여인은 다른 남자를 찾을 수 있고, 늙은 남편은 젊은 아내에게 젊은 남자를 만나 아이를 낳도록 할 것이며, 다른 사람의 아내를 사랑하면 그 남편에게 간청하여 아이를 얻을 수 있도록 하는 것이 정당하다. 그래서 집정관(리쿠르고스)은 아이들이 어떤 사람의 사유가 아니라 전체의 복리를 위해 공동 소유로 할 것을 요구했다.

그들의 정치제도는 독특하다. 왕은 2명이 있는데 각각 다른 가문에서 세습됐다. 왕은 30인으로 구성되는 원로원의 성원이 된다. 왕 이외의 원로는 60세 이상이어야 하며 총선거에 의해 귀족 가문에서 선출됐다. 원로원은 범죄 소송을 심리하고 시민대회 안건을 결정했다.

시민대회는 시민 전체로 구성되며 원로원이 제출한 안건의 가부를 결정했다. 다만 대회는 스스로 어떤 안건을 발의하지는 못하지만 그 어떤 법률도 대회를 거치지 않으면 효력이 없다. 법률은 대회의 승인을 거쳐 원로들과 장관들이 공포한 후에 효력이 발생한다.

왕 2명, 원로원 28명 이외에 5명의 민선 장관이 있었다. 이 장관들은 시민대회에서 선출됐는데 아리스토텔레스에 의하면 추첨에 의해 선출됐다고 한다. 이 장관들은 최고 민사재판소를 구성하며 왕에 대해서도 사법권을 가지고 있었다.

전쟁이나 정벌 등 전시에는 1명의 왕이 군대를 지휘했는데 2명의 장관이 출정에 동반하여 왕의 행동을 감시했다. 왕과 장관의 관계는 매달 원로원에서 왕이 헌법을 준수할 것을 서약하고 동시에 장관들은 왕들이 서약을 지키는 한에는 왕을 지지할 것을 서약한다.

스파르타는 오랫동안 지상에서 가장 강한 나라로 패권을 유지했으며, 고상한 국가제도로 그리스인들의 경외와 찬탄을 받았으며, 플라톤의 국가론에서도 철학적인 이상국가로 표현됐다. 그러나 기원전 371년 테베Thebai 사람들에게 패배함으로써 종말을 고했다.

스파르타 몰락 이후 세대인 아리스토텔레스는 스승인 플라톤과는 정반대로 스파르타의 제도를 혹평했다. 그들의 고립주의와 개별주의는 범凡헬라주의에 적이 되었고, 여자의 권한 증대는 의도와는 반대로 오히려 인구를 감소시켰으며, 용기는 전쟁에서만 필요할 뿐 일상생활에서는 쓸모없는 것이었고, 법이 엄격하면 할수록 부패하기 쉽고, 가난한 민선 장관은 뇌물에 약했으며, 빈부의 차이를 해소하고, 은화와 금화를 금지함으로써 사치를 해소했으나, 결과는 대외적인 상업이 불가능해지고 가난뱅이의 나라가 되어 이른바 '무익한 학문'은 폐지됐고, 나라는 결국 멸망했다.

플라톤의 공산주의

플라톤은 부유한 귀족 가문 출신으로 아테네의 멸망이 민주주의 때문이라고 보았다. 그의 스승 소크라테스도 왕당파로 지목되어 민주당파에 의해 고발당했고 재판관들의 투표, 즉 민주주의에 의해 사형을 당했다. 그래서 그는 이상국가의 모습을 스파르타의 공산주의적인 전체주의에서 찾았다.

선善과 실재實在는 무시간적이며, 정적이고 가장 완전한 것이어야 한다. 따라서 최상의 국가는 하늘을 가장 근사하게 본뜬 것이어야 한다. 또한 통치자도 영원한 선을 가장 잘 아는 철인哲人, 즉 철학자여야 한다. 다만 통치자가 속이는 것은 '오로지 충성된 기만'이며 피치자가 운명으로 받아들이도록 하기 위한 것이므로 이것은 의사가 환자를 위해 약을 주는 것과 같다.

첫째, 그의 이상국가는 정의로운(just) 국가다. 그에 의하면 시민은 평민 계급(common people), 군인 계급(soldiers), 수호 계급(guardians)으로 나누어지고 수호자 계급만이 정권을 담당토록 한다. 신이 인간을 세 가지 종류로 창조했는데 금으로 만든 인간은 수호자가 되기에 적합하고, 은으로 만든 인간은 군인이 되기에 적합하고, 동이나 쇠로 만든 인간은 수공업에 적합하다. 정의는 모든 사람이 각각 자기의 일을 하고 분주한 사람이 없게 됨으로써 이루어진다. 즉 상공인, 군인, 수호자들이 각각 자기 일을 하고 다른 계급의 일을 간섭하지 않을 때 국가는 정의로운 것이다. 이처럼 플라톤의 정의는 유교의 성삼품설과 비슷하고 평등과는 아무런 관련이 없다.

둘째, 경제생활은 스파르타식 공산주의여야 한다. 이 나라에서는 부유와 빈곤은 존재하지 않는다. 수호자들은 군대처럼 작은 집에서 살며 간소한 음식으로 공동 식사를 해야 하며 절대 필수적인 한도 이상의 재산 소유는 인정되지 않는다. 금과 은의 사용은 금지된다. 친구들은 부인이나 자녀들까지 모든 것을 공유해야 한다.

셋째, 다만 교육은 차별이 있어야 한다. 계급에 따라 교육에 차별이 있어야 정의로운 것이다. 지배계급은 생활의 근심으로부터 해방되어 여가를 가져야 한다. 수호자계급은 지혜 있는 철인哲人이어야 한다. 철학자는 지혜를 사랑하는 자다. 철인은 수학을 떠나서는 참다운 지혜를 알 수 없다. 남녀는 완전 평등하며, 소녀들은 소년들과 똑같이 산술과 기하, 천문학, 음악(harmony), 체육을 배워야 한다.

지혜로운 자에게 권력을 주어야 한다는 것은 지혜가 곧 선이라는 공리에 기초하고 있다. 그러나 지혜가 악이 될 수 있다는 것을 예상하지 못했다.

이른바 철인정치라고 말하는 플라톤의 스파르타식 공산주의는 공자의 혈연적 공동체주의인 천하일가天下一家 사상과는 전혀 다르고, 오히려 겸애兼愛, 공유共有, 절용節用은 묵자의 공동체주의와 비슷한 점이 있다. 그러나 플라톤의 신분차별은 신분과 노예를 반대한 묵자의 평등주의와는 배치된다. 여기서 알 수 있듯이 묵자야말로 인류 최초, 최고의 평등·평화주의자였던 것이다.

아리스토텔레스의
입헌군주제

① 국가 유기체론

아리스토텔레스에 의하면 국가는 사회 중에서 최고의 사회다. 인간사회가 최고로 발전되면 그것이 곧 국가가 된다. 국가의 목표는 지고선至高善이다. 법이 없으면 사람은 동물 가운데 가장 악한 동물이다. 그리고 법은 국가에 의존하여 존재한다. 국가는 다만 교역과 범죄의 방지를 위한 하나의 권력에 불과한 것이 아니라 지고선을 실현해야 한다. 이는 순자와 너무도 비슷하다. 그는 이처럼 국가를 찬양했지만 국가의 목표를 실현해야 할 정부는 불신했다. 그러므로 그의 국가론도 플라톤의 유토피아는 반대했지만 여전히 이상국가론에 머물러 있는 것이다.

국가는 가족보다 뒤에 만들어진 것이지만 그 본질상 가족보다 앞서는 하나의 유기체다. 사람의 몸에 붙어 있는 팔다리처럼 개인은 한 국가의 부분인 한에서 그 목적을 달성할 수 있다는 것이다.

국가 유기체론은 평등을 믿지 않는다. 소크라테스와 플라톤에게도 노예제도란 편리하고 정당한 것이었다. 태어날 때부터 어떤 사람은 종이 되도록 분류됐고 또 어떤 사람은 통치자가 되도록 분류되어 있다. 노예는 자연적으로 열등하다. 그들은 타인의 소유물이 되어야 마땅한 본성을 지녔기에 종이 된다.

다만 그리스 사람은 노예가 되어서는 안 된다. 정신이 결핍된 더 열등한 인종들이 노예가 되어야 한다. 길들인 동물은 사람들의 지배 밑에서 더 행복하게 산다. 천성이 열등한 인종들은 우월한 사람들에게 통치됨으로써 행복하게 살 수 있다.

그리고 본성상 통치받도록 되어 있는 자들이 복종하려 하지 않을 때 그들에 대한 전쟁은 정의로운 것이다. 그리고 정의로운 전쟁에서 정복당한 자를 노예로 삼는 것도 정의롭다. 자연의 의도에 대한 유일한 증거는 전쟁의 결과로 증명될 뿐이다. 어느 때나 승자는 바르고 패자는 그르다는 것은 전쟁에 대한 대단히 만족스런 이론이었다.

② 공산주의 반대

아리스토텔레스는 스승인 플라톤의 유토피아와 공산주의를 반대했다. 그러므로 개인들의 사유재산제를 옹호했다. 그는 '많은 사람에게 공유되어 있으면 그 누구의 보살핌도 받지 못하는 것처럼, 만일 아이들이 많은 사람에게 공유된다면 그들은 누구에게도 도움을 받지 못할 것'이라고 말한다. 그리고 '만일 여자들이 공동 소유라면 누가 집을 다스릴 것인가?'라고 반문한다. 그는 가족제도와 사유재산을 폐지해야 한다는 플라톤의 제안을 반대한다.

정치학 politika

플라톤의 공산주의는 게으른 사람들을 노엽게 만들 것이며, 이웃 간에 새로운 다툼을 일으킬 것이다. 각 사람이 각각 자기 자신의 일을 염려하는 것이 좋을 것이다. 그러므로 재산은 사적인 것이어야 한다. 다만 사

람들은 사유재산을 자비로운 마음으로 나누어 쓸 줄 알도록 훈련되어
야 할 것이다. 자비와 관용은 덕이며 사유재산이 없는 곳에서는 그것이
불가능하다.

③ 입헌군주제

그는 인류 역사상 처음으로 국가와 정부를 구분하고 정부 형태를 분류했다. 그는
세 가지 좋은 정체와 나쁜 정체를 다음과 같이 제시한다.

좋은 정체	군주정체(Monarchy)	귀족정체(Aristocracy)	입헌정체(Polity)
↕	↕	↕	↕
나쁜 정체	폭군정체(Tyranny)	과두정체(Oligarchy)	민주정체(Democracy)

여기서 군주정체와 폭군정체는 윤리적인 차이일 뿐이다. 그러나 귀족정체와 과두
정체는 윤리적 차이 이외에도 정치 주체를 구별한다. 귀족정체는 덕 있는 사람 즉 귀
족에 의한 통치이며, 과두정체는 부한 사람 즉 과두에 의한 통치다. 과두정체는 부자
들이 빈자들을 전연 고려하지 않지만 입헌정체는 부자들이 통치하되 빈자들을 고려
한 통치다. 반면 민주정체는 빈자들이 부자들의 이익을 전연 고려하지 않는 통치다.

그의 기본 입장은 사회 전체의 선을 목적으로 할 때는 좋은 정부이고, 정부 자체를
위해서만 노력할 때는 좋지 못한 정부라는 것이다. 이런 기준에서 그는 플라톤의 공
산전체주의를 반대하고 입헌군주정체를 지지한다.

좋은 정체 중에서 가장 좋은 것은 군주정체이지만, 그것이 부패하면 가장 나쁜 폭
군정체가 될 수 있는 위험이 있으므로 선택할 수 없다.

좋은 정체 중에서 두 번째로 좋은 것은 귀족정체이지만, 그것이 부패하면 두 번째
로 나쁜 과두정체가 될 위험성이 있으므로 선택할 수 없다.

좋은 정체 중에서 입헌정체는 꼴찌이지만, 그것이 부패해도 가장 덜 나쁜 민주정체

로 타락할 것이므로 위험성이 가장 적다. 그래서 입헌정체를 지지한다는 것이다.

그는 정체가 아무리 좋아도 정부가 부패하면 나쁜 정체로 타락한다고 믿었다. 이것은 정부란 부패하기 마련이며 나쁘게 되기 쉽다는 현실을 직시했기 때문이다.

그런데 의문이 하나 있다. 그는 왜 민주정체를 나쁜 정체로 보았을까? 그것은 그리스인의 민주주의에 대한 개념은 오늘날의 개념과는 다르기 때문이다. 그들은 선거를 오늘날처럼 민주주의의 전부라고 보지 않고 부정적으로 보았다.

아리스토텔레스에 의하면 통치자를 선거하는 것은 과두정치이며, 추첨에 의하여 저들을 임명하는 것이 민주주의다. 민주주의는 자유인들에게 모든 점에서 동등해야 한다는 신념에서 나온 것이고, 과두정치는 잘난 사람들의 요구에 부응하는 것이며, 선거는 그것을 보장해 주는 방식이라고 인식한 것이다. 그래서 과두정치는 저들의 기대에 맞지 않으면 언제나 혁명을 일으킨다는 것이다.

그러므로 혁명을 방지하기 위해서는 첫째 교육에 있어서 정부의 선전이 중요하고, 둘째 사소한 일이라도 법에 대한 존경이 요구되며, 셋째 법률이나 행정에서의 정의 즉 비율에 의한 평등과 각자가 자신의 분배를 즐거워하게 하는 일이 필요하다고 생각했다.

그러나 '비율에 의한 평등'은 실제로는 곤란하다. 이것이 참정의라면 비율은 덕의 비율이어야 하지만 덕은 측정하기가 곤란하다. 결국 덕의 비율은 부富의 비율로 전락하고 말 것이기 때문이다.

④ 작은 국가론

국가는 대소 간에 자급자족할 만큼 충분한 크기를 가져야 한다. 그렇지 않으면 존립할 수 없기 때문이다. 또한 국가는 시민들이 서로서로 그 성격을 알 수 있을 만큼 충분히 작아야 한다. 그렇지 않으면 선거에 있어서나 소송에 있어서나 바르게 결정할 수 없기 때문이다. 따라서 국토의 넓이도 어떤 언덕 위에서 바라볼 때 전체가 다 보일 만큼 작아야 한다. 그러나 참다운 독립이란 어떤 나라 또는 어떤 동맹이 자신의 노력으로 외부로부터의 모든 침략에 대해 물리칠 수 있을 만큼 충분히 강할 때에만 가능한 것이다.

이 점에서 아리스토텔레스의 작은 국가론을 모순되는 것 같다. 그러나 이러한 생각은 노자에서도 마찬가지다. 노자는 닭 울음소리를 서로 들을 수 있는 과민소국寡民小國을 지양했기 때문이다. 그러나 공자나 유가들의 생각은 나라를 가족과 가문의 연합으로 보았기 때문에 국가의 크기는 문제가 되지 않았다. 또한 묵자의 경우에도 군주를 비롯한 모든 관료가 민의 뜻에 의해 선출되는 것이므로 국가의 크기가 문제로 등장하지는 않는다.

⑤ 신분차별과 사유제산제

생을 유지하기 위하여 노동하는 사람을 시민으로 인정해서는 안 된다. 반면 시민들은 직공이나 상인의 생활을 해서는 안 된다. 그것은 불명예스럽고 덕과 맞지 않는다. 왜냐하면 시민들은 여가를 필요로 하기 때문이다. 시민들은 사유재산을 가지고 있어야 하고 사유재산의 농토에 딸린 농부는 이민족 출신의 노예여야 한다.

그러므로 시민은 그가 참여해야 할 정부의 정체에 맞도록 교육받아야 하며, 노예들은 필요한 기술을 배워야 한다. 그러나 그것은 교육이 아니다. 시민 교육의 본래 목적은 덕(Virtue)에 있는 것이지 유용성에 있는 것이 아니다. 그가 말하는 교육은 공자가 말하는 교육과 비슷한 것으로, 오늘날 우리가 생각하는 참다운 교육이 아니라 훈육이라고 말해야 옳다.

예를 들면 시민들은 체육 기술이나, 돈을 벌 수 있게 만드는 기술을 배워서는 안 된다. 체조, 그림, 음악을 배우되 그것을 직업으로 하는 전문적인 것이 아니라 교양으로 적당히 해야 한다.

아리스토텔레스 시대는 이처럼 문화와 권력이 분리되어 있었다. 권력은 군인의 손에 있었고 문화는 무력한 그리스인의 손에 있었다. 이와 같은 상황은 대체로 문예부흥 시기까지 계속된다. 그 이후부터 군인은 퇴조하기 시작하고 그리스인들이 가졌던 정치적 견해가 점점 일반화되는 계몽기를 거쳐 근대의 모태로 발전한다.

마르크스 공산사회

마르크스와 엥겔스Friedrich Engels(1820~1895)는 사회주의란 자본주의 발전 법칙의 결과물이므로 이에 대한 상세한 묘사나 정의는 시도하지 않았다. 마르크스가 공산사회에 대해 언급한 것은 초기의 『경제학철학수고Ökonomisch-philosophische Manuskripte aus dem Jahre 1844』와 후기의 『독일이데올로기Die deutsche Ideologie』에서 뿐이다. 전자는 추상적이고 개념적 풀이였으며 후자는 역사 법칙에 따른 필연적 도래를 말한 것뿐이다.

그들의 이상국가는 지주나 자본가가 아니라 노동자가 해방된 사회다. 그러므로 그들이 생각하는 공산주의는 사유재산과 인간의 자기 소외의 완전한 폐기이며, 인간 본성인 유적類的 본질本質(Gattungswesen)[16]의 회복을 의미한다. 그것은 진정한 인간 존재 양식인 유적 존재의 복귀이며. 이전까지의 발전에서 비롯된 모든 부富를 공공화公共化시키는 물질 수단의 복귀다. 사유재산을 지양한다는 것은 능력에 따라 노동하고 필요에 따라 공급받는 사회를 말한다. 이로써 소외가 적극적으로 지양되고 인간적 생활을 획득하는 것이며, 인간이 종교, 가족, 국가 등 상부구조의 속박과 소외에서 실질적으로 해방되어 인간적이고 사회적인 존재로 귀환하는 것을 의미한다.

그러나 그는 공산주의 사회의 인간상에 대해서 소외의 극복이라는 소극적인 설명 이외에는 구체적이고 적극적인 내용을 말하지 않는다. 다만 유적 본질의 회복이라는 명제에서 어렴풋이 본질론을 추측할 수 있을 뿐이다. 즉 자본주의 국가에서는 개인이 사회의 밖에 있었으나 공산주의에서는 사회와 개인이 일치한다는 것이다. 지금까지 노동자는 사회의 주체가 아니라 사회 밖의 생산 수단에 지나지 않았으나 공산주의에서는 사회의 주체로 참여한다는 의미에서는 긍정적이다. 그러나 개인은 사회 안에서

16_ 이 개념은 헤겔 좌파인 포이어바흐(Ludwig Feuerbach, 1804~1872)와 마르크스 인성론의 중요한 개념이다. 포이어바흐는 인간은 동물과는 달리 내적 생활과 외적 생활을 이중적으로 영위하는 것으로 본다. 내적 생활은 자기의 類나 본질에 관계하는 생활이다. 인간의 사유는 자기와의 대화이며, 사유와 대화는 類的 機能이다. 인간은 이러한 유적 기능이 있음으로써 자기와 타인, 그리고 민족, 인류, 세계 등 자신의 류 개념과 그의 본질을 사유의 대상으로 삼을 수 있다. 마르크스가 말한 '유적 존재' 혹은 '유적 본질' 이라는 개념은 '인간의 원래적 상황' 인 인간 특유의 공공성(Allgemeinheit)이 실현되는 공동체 안에서 개체와 류(Gattung)가 통일된 類的 生活(Gattungsleben)을 사는 인간 존재 즉 인간이 소외되지 않고 그 본성을 구현하는 類的 存在가 되는 것을 말한다.

만 비로소 자유롭고 사회 안에서만 자신을 발견할 수 있다는 주장은 스파르타적인 국가사회주의로 전락할 근거를 제공한다.

　인간을 '사회관계의 총체'로 규정하는 것은 개인이 사회 안에서 소멸하고 사회에 의해서 말살될 수 있는 위험이 있다. 관계를 너무 강조하면 본질이 소멸하고 본질을 너무 강조하면 현상을 무시한 공론에 빠진다. 양이 질로 전화된다는 변증법적 발전론에도 불구하고 사회와 개인의 완전한 일치를 희망하는 것은 공상적인 모험일 것이다.

　마르크스의 다음과 같은 어록을 참고하면 이를 짐작할 수 있을 것이다.

경제학철학수고 Ökonomisch-philosophische Manuskripte aus dem Jahre 1844

사회를 개인과 대립하는 추상물로 다시금 고정하는 것은 피해야 한다.
개인은 사회적 존재이므로 개인 생명의 발현이 곧 사회적 생명의 발현
인 것이다.

독일이데올로기 Die deutsche Ideologie

물질적 힘에 대한 지배력을 재정립하고 노동 분업을 폐지하며, 이것은
공동체 없이는 불가능하다. 진정한 공동체에서 각 개인은 그들의 관계
속에서 그리고 그 관계를 통해서 자유를 획득한다.

정치경제학 비판을 위하여 Zur Kritik der politischen Ökonomie

인간의 존재를 결정하는 것은 그들의 의식이 아니라 반대로 사회적 존
재가 그들의 의식을 결정한다. 인류는 스스로 완성할 수 있는 임무들 이
외에 어떤 것도 요구하지 않는다.

① 개인 중심 공동체

생시몽Comte de Saint-Simon(1760~1825)은 국왕을 중심으로 삼고 나라 전체의 산업을 공동체화하려고 했으나, 푸리에 Charles Fourier(1772~1837)는 철두철미하게 국가권력에 등을 돌리고 권력이 없는 소규모 생활 공동체를 건설하는 것으로부터 출발해야 한다고 생각했다. 푸리에의 이른바 '팔랑주Phalange'는 지역사회라는 관점에서 보면 '코뮌'이며, 조직체로서 보면 '협동조합'이라고 말할 수도 있다.

푸리에는 일단 모범적인 팔랑주가 건설되면 세상 사람들은 이것을 모방하고 스스로 받아들일 것이라고 믿었다. 이와 같이 위로부터 국가권력에 의지하지 않고 밑으로부터 스스로의 생산과 소비의 공동체 사회를 건설하여 국가사회를 그것들의 연합체로 만들려는 발상은 오늘날 공동체운동의 중요한 성격이 되었다.

푸리에는 문명사회의 산업은 행복의 기초일 뿐 행복을 만들 수는 없다고 생각했다. 그러므로 그는 인민에게 행복을 가져다주는 새로운 '산업 공동체'를 구상한다. 그는 기존의 산업 체제가 인민에게 불행을 가져다주는 원인을 산업의 분산 및 세분화와 상업의 허위성에서 발견했다. 그러므로 산업을 이러한 악에서 해방시켜 '협동사회적 산업', '즐거운 산업'으로 전환시켜 정의와 진리 그리고 동시에 부를 실현하고자 했다.

팔랑주는 정치 조직이 아니며 1,620명에 의해서 만들어진 자율적인 산업 공동체이며, 국가는 이들 팔랑주의 연합이 되어야 한다는 것이다. 그는 어떠한 정치적 강제도 존재하지 않는 연합국가를 지향한다. 이와 같은 공동체운동은 유토피아의 전사들에 의해 면면히 역사에 지속되고 있다.

② 집단 중심 공동체와 그 비판

그러나 급진주의자들은 이러한 푸리에의 '개인주의적 공동체'를 자본주의와 마찬가지로 자유주의라고 비난한다. 러시아의 크로폿킨Pyotr Kropotkin(1842~1921)의 '집단주의적 공동체론'에서는 사회를 국가와 동일시하는 것은 거부하지만, 국가와 정부를 부인하는 개인주의적 공동체론에 대해 인간의 사회성마저 부정하고 공동체와 사회적 협동을 부인하는 것이라고 비판했다.

그는 "직업으로서의 일거리는 한 집단이 다른 집단의 노동 또는 자본으로부터 이득을 얻기 위해서가 아니라 공동체의 안녕과 번영을 위해 공동체적인 차원에서 제공되어야 한다"고 말했다. 그는 생산 수단에 대한 모든 통제력을 사적 개인에게 주는 자본주의적 개인주의와 반대로 중앙의 계획에 따라 생산을 통제하는 사회주의적 집단주의 모두를 거부하고 화폐를 폐지한 공동 소유, 공동 생산, 공동 소비의 새로운 경제 체제를 제안했다.

그러나 이러한 급진적 공동체는 소규모 농업 공동체 이외에는 적용되기 어렵다. 농업사회에서는 단체라고는 정치권력 집단인 국가 이외에는 없다. 그러나 공업사회에서는 국가권력 이외에 '기업'이라는 단체가 거대화되어 새로운 리바이어던이 된다. 즉 산업사회에서는 지역 단체 외에 혈연 단체와 기업 단체가 제각각 권력을 공유하고 있는데 지역 단체나 혈연 단체는 해체되어 가고 기업 단체만이 거대화되어 간다. 다시 말하면 현대사회는 기업공화국이라는 뜻이다. '기업'이라는 단체는 생산 기관이지만 공업과 상업뿐만 아니라 이것을 효율적으로 이동시키기 위해 기업을 구성하는 자본만을 주권자로 삼고 노동을 지배하려 하고 나아가 사회를 기업 효율성을 위해 봉사하도록 규제하려 한다. 예컨대 요즘 우리 사회에서 유행하는 '기업 하기 좋은 나라 만들기' 캠페인이 바로 그 사례다. 이는 기업을 구성하는 자본과 노동 가운데 자본만의 자유를 위한 담론이다. 즉 자본의 자유를 위해서는 노동의 자유는 희생되어야 한다는 뜻을 내포하고 있다. 더 나아가 자본의 자유를 위해서는 가정과 문화까지도 시장논리에 복무해야 한다는 뜻을 함의하고 있다. 그러므로 '기업 하기 좋은 나라'는 '노동하기 좋은 나라'와 '사람 살기 좋은 나라'와는 대립된다.

마찬가지로 사회주의적 집단주의는 공동체만이 생산 수단을 소유할 수 있어 자본주의의 기업 소유·생산 방식과 마찬가지로 개인을 소외시킨다. 또한 개인이 자유롭게 집단을 조직·해체·분리할 수 있는 개방성이 결여됨으로써 또다시 갈등·폭력·권위로 해결하는 국가주의로 전락할 수밖에 없다. 이처럼 국가 단위의 사회구성체를 단일한 구조로 공동체화하려는 노력은 도리어 전체주의를 불러올 함정이 내포되어 있는 것이다.

마르크스는 권력의 문제를 도외시한 채 시민사회 또는 산업사회를 공동체화하려는 생시몽, 오언Robert Owen(1771~1858), 푸리에, 프루동Pierre-Joseph Proudhon(1809~1865) 등 아나키스트들과 사민주의자들의 공동체 노선을 공상적 사회주의 또는 계급혁명의 방해꾼으로 비난했다. 사실 공동체를 지향하는 아나키즘의 이데올로기는 고전적 우주론의 정의관과 근대적인 자연권 사상에 바탕을 둔 자유주의적 정의관이 결합되어 있다. 그러므로 이러한 공동체론은 보수주의적 입장과 급진주의적 입장이 혼합되어 있으며 혁명론자들은 그중 보수주의 요소를 공격한다.

그러나 이 같은 종합 이외의 다른 방법은 한쪽을 배제한 피의 혁명뿐인 것은 현실론이기 전에 역사적 사실 아닌가? 비극적이었지만 찬연한 민중적 자치 공동체인 파리 코뮌과 스페인 내전 때 성공적인 지역 공동체의 실험을 비롯하여 수많은 새로운 사회 건설 운동은 아나키즘의 영향 아래 시도된 것들이다. 또한 몽상주의자들이라고 비난받은 아나키스트들에 의하여 공동체적인 이상향에 대한 사회상과 방법론적 원칙들이 실천적으로 제시됐음을 부인할 수 없다.

공동체의 조건과 인류의 회심

공동체의 조건

① 살림살이 공동체

인류의 이상은 역사 이래 오늘날까지 생명을 살리는 살림 공동체를 꾸리는 것이었다. 묵자의 '천하무인天下無人'과 '안생생安生生'의 대동사회大同社會, 노자의 소국과민小國寡民의 속屬 공동체, 도가의 신선 세계와 무릉도원, 유가의 예치禮治의 소강사회小康社會(『예기』「예운」), 유대교의 이스라엘 공동체, 예수의 하느님 나라, 오언·푸리에·생시몽 등의 공상적 사회주의, 프루동·바쿠닌Mikhail Bakunin (1814~1876) 등의 아나키즘, 독일의 진정 사회주의자들의 공산사회, 사회학의 시조인 콩트의 인류종교人類宗教(격률은 '사랑을 원리로, 질서를 기초로, 진보를 목표로') 등은 모두 공동체를 지향한다.

다만 유가들의 봉건적이며 가족적인 소강사회를 제외한다면 모두 평등·해방 공동체라는 점에서 공통된다. 이스라엘 공동체는 민족 공동체였으나 예수의 하느님 나라는 인류적 공동체라는 점, 도가 및 아나키스트들의 공동체는 무위자연 내지 생태적 공동체(Okotopia)를 지향한다는 점, 공상적 사회주의와 과학적 사회주의는 다 같이 인간의 유적 본질의 구현을 목표로 하며, 전자가 개별 생명운동이라면 후자는 집단 생명운동이라는 특색이 각각 다르지만 이들 공동체운동은 모두 생명운동이라는 점에서는 같다고 할 것이다.

특히 묵자의 공동체운동은 생명 존중인 '애愛'와 공동체 정신인 '겸兼(평등한 아우름)'을 하나로 묶어놓은 것이 특징이다. 묵자는 자신의 사상을 '천하에 남이란 없다(天下無人)'는 한 마디로 요약한다. 이 말은 온 세계와 인류가 서로 남이 아니고 한 가족이라는 뜻이다. 특히 그는 노동자를 중심으로 공동체를 조직하여 몸소 노동을 했으며, 생명 죽임의 전쟁을 생명 살림 공동체의 가장 큰 적으로 규정하고 평생 동안 전쟁 반대 운동을 전개했다.

이처럼 인류가 지향했던 생명 공동체는 개별 생명을 살리는 '사랑의 공동체'며, 전쟁과 억압이 없는 '평화 공동체'며, 서로의 생명에 이로운 '살림 공동체(生活共同體)'며, 자유와 평등이 조화되는 '자주 관리 공동체'며, 노예와 소외가 없는 인류적 '해방 공동체'다.

② 공동체 연합국가

오늘날 대부분의 공동체론자들은 푸리에와 비슷한 개인주의적 공동체를 지향한다. 그러나 그들은 국가의 사회적 기능을 거부하지 않는다. 다만 그들은 절대권력과 국가 지배를 폐지하고 사회적 개인과 자유로운 공동체를 통하여 국가를 개인의 자유와 평등과 평화를 담보할 수 있는 기능으로서 다시 개편하고자 하는 것이다.

그들은 자본주의적 소유 개념 아래서는 인간과 자연을 존중하고 배려하는 것을 기대할 수 없다고 보기 때문이다. 현실적으로도 공동체와 시장경제는 양립할 수 없다. 그러므로 그들은 사회를 개인으로 환원하는 자본주의는 물론이거니와 개인을 사회로 환원하는 사회주의도 모두 거부하고 사적 개인과 공적 개인이 중첩·조화될 수 있는 '공동체 연합국가'를 지향하는 것이다.

공동체는 누구에게나 자기 일에 타인을 복종시키거나 예속 상태에 묶어둘 기회를 제거하는 다원주의적인 개방성이 요구된다. 그러므로 공동체는 그 성원이면 누구나 생산 수단에 자유롭게 접근할 수 있고 경제생활의 통제에 동등하게 참여하는 공동 생산과, 생산과 소비가 결합된 자유로운 노동을 특징으로 한다.

그러므로 규모가 커져 거대 단체가 되면 이것을 실현할 수 없다. 기술의 발달은 자본의 집중을 가져오고 거대 자본은 거대 공장이 되고 거대 공장은 도시화를 요구하고 거대 도시는 프로그램화를 불러오고 이러한 프로그램화는 인간을 소외시키고 자연을 파괴한다.

규모가 커지면 반드시 중앙화되지 않을 수 없으며, 중앙화되면 생산자와 소비자 사이에 무책임한 과도過度 소비나 또는 불공평에 의한 결핍이 발생한다. 그러므로 공동체로 인하여 중앙화되어 개인이 소외되거나 환경을 파괴하지 않도록 기초 공동체는 모든 성원이 서로를 알 수 있을 정도의 소규모로 결정되어야 할 것이다.

이러한 자주 관리의 소규모 공동체의 연합사회는 생산을 협동적으로 조직하고 권력을 탈중앙화함으로써, 과학적 탐구를 권력이 독점할 수 없도록 하여 사회화함으로써, 기술은 자본의 경제적 이익을 위해서가 아니라 노동의 구원을 위해서만 사용됨으로써 기술의 남용과 오용을 막아 환경 문제를 야기하지 않도록 해야 할 것이다. 예컨대 이러한 사회에서는 핵무기와 생화학 무기 등 대량 살상 무기를 생산하지 않을 것이다.

개인이 유적 존재로 되는 자주 관리의 공동체 사회는 필요와 이익이 상호 의존적인 것이 되고, 필요의 충족을 분업과 경쟁에 의해서가 아니라 협업과 연대를 통해서 이루어진다. 그러므로 공동체적 인간은 유적 본질이 실현됨으로써 이기주의적 경쟁과 탐욕이 조절될 것이다. 또한 과도한 소비를 부추기는 잉여생산이 불필요하므로 이윤의 극대화를 위한 생산의 극대화와 지속적인 규모의 확대가 제한됨으로써 생태계를 파괴하지도 않을 것이다.

③ 공동체 의사결정 구조

공동체 연합은 그 대표성과 의사결정 구조가 기존의 국가와는 전혀 다르다. 전자는 참여와 연대를 기초로 하는 자주 관리의 의사결정 구조인 데 비하여 후자는 대의제代 議制다. 이미 말한 것처럼 원래 대의제는 과두정치의 제도일 뿐 민주주의 제도가 아니 다. 대의제에서 선발된 대표는 그 이름이 무엇이건 간에 구성원에 기속되지 않고 독자 적 의사결정을 하는 권력 주체가 된다. 하지만 자주 관리의 대표는 독자적 결정권이 없고 공동체의 위임 사항을 전달하는 공동체 구성원에 기속되는 대리인에 불과하다.

공동체의 자주 관리를 법리론으로 설명하면 자연인과 기초 공동체 이외에 기업·사 회·국가는 인격이 없다. 즉 국가나 사회나 기업은 사적 개인의 권리를 양도받을 인격 이 없다고 생각하는 것이다. 사회는 개인들의 '관계'에 불과하며, 국가는 공동체들의 연합일 뿐이기 때문이다. 그러므로 국가와 사회는 자기 목적을 가지지 않는다. 따라 서 국가에 대한 충성이란 개념은 존재할 수 없다. 소유관계도 '국가 소유(國有)' 또는 '공공단체 소유(公有)'란 있을 수 없고 개인들의 사유私有·공유共有·총유總有가 있을 뿐이다. 이 점에서 공동체와 국가사회주의는 전혀 다른 것임을 알 수 있다.

대의제도는 개인과 사회를 환원 가능한 것으로 간주하는 것이므로 구체적으로 평 등한 사회적 개인을 보장해 주지 않으며 소외를 해결하는 방법이 못 된다. 대의제는 루소의 사회계약설에 따라 사회를 조직하기 위하여 개인의 권리를 양도할 것을 요구 한다. 반면 자주 관리는 인간을 사적 개인과 공적 개인으로 분리하지 않고 그것들이 중첩되고 조화된 유적 존재로 파악함으로써 개인의 사적 권리와 공적 권리를 분리하 여 양도할 수 없으며, 권리의 양도는 생명의 분열이므로 자유와 양립할 수 없는 것으 로 간주된다. 그러므로 오늘날 대통령제 혹은 내각제에 대한 논란은 공동체론의 입장 에서는 아무런 의미가 없는 것이다. 다만 그것은 지배적인 과두의 수를 늘리느냐 줄 이느냐의 문제일 뿐이다.

① 모성애 반성

이상 살펴본 바와 같이 인류는 역사 이래 생명을 살리는 생활 공동체를 소망해 왔다. 그런데 왜 지금까지 생명운동 또는 공동체운동이 역사의 중심적 담론이 되지 못했을까? 왜 인류는 지금까지 공동체에 대한 일반이론조차도 마련하지 못했을까? 왜 우리는 지금까지 공동체들의 연대도 이루어내지 못했을까?

그것은 인류가 모성애·근친애를 인류의 본성이라고 믿고 공동체적 이웃 사랑은 불가능한 것이라고 체념했기 때문이 아닐까? 지금까지도 인류는 '이웃 사랑'이란 담론의 참의미를 모르고 있는 것이 사실인 것 같다. 그 원인은 인간의 본성이 그런 것이 아니라 지배적인 담론들이 모성애를 신성시하도록 우리를 물들였기 때문이라는 견해도 있을 수 있다. 그런 견해를 최초로 발견한 사람은 2,500년 전 반전 평화운동가인 묵자였다. 그리고 400여 년 후에 예수가 나타나 이웃 사랑과 평화를 말했다. 그리고 2천 년이 흘렀지만 아직도 인류는 이웃 사랑을 가슴으로 느끼지 못하고 있다.

묵자와 예수는 인류 최초로 이웃을 내 몸처럼 사랑하라고 가르쳤다. 이 말은 지금까지 근친애만이 유일하고 위대한 사랑이라고 길들여진 인류의 몽매함을 깨우쳐준 성스러운 말씀인 것이다.

그런데 근친애와 이웃 사랑은 하나의 사랑인가? 아니면 대립적인 것인가? 공자는 근친애가 확장되면 이웃 사랑이 된다고 보았으나 묵자는 근친애와 이웃 사랑은 대립된다고 보았다. 묵자의 말이 옳다면 모성애가 공동체를 저해하는 원인이라는 말이 된다. 과연 모성애가 인류가 서로 싸우고 죽이는 전쟁의 원인이란 말인가?

모성애는 자기 자식을 사랑하는 인간의 자연적인 본능이다. 물론 동물적인 모성애는 생명이 존재하기 위한 불가결한 조건이며 고귀한 것이다. 그러나 '모성애'는 인간의 유적 본질이 아니다. 오로지 남의 자식을 자기 자식처럼 사랑하는 '인류애'만이 인간만이 가질 수 있는 문화적인 고귀함이다. 그러므로 근친애와 인류애를 조화·병합하는 것만이 문화인의 조건이 될 것이다.

모성애는 근친애의 원천이다. 근친애는 자기애, 가족애, 혈통애, 민족애로 발전된다. 그러나 모성애와 근친애는 인간만의 특징은 아니다. 동물들도 다 가지고 있는 특성일 뿐이다. 다만 다른 동물들은 문화가 없고 사회를 꾸리지 않아도 자연대로 살 수 있으므로 모성애만으로도 충분하다. 그러나 인간은 다른 동물과는 달리 태생적으로 연약한 존재이므로 자연대로 살아갈 수 없다. 그러므로 동물적인 모성애는 인간적인 인류애로 승화되어야 하는 것이다.

인간의 생명은 모태의 탯줄을 끊어야 탄생된다. 그러므로 인간의 인간 됨은 어머니 품을 떠나야 한다. 그래서 새로운 관계를 맺어야 한다. 그 때문에 생명은 복제가 아니라 창조라고 말하는 것이다.

마찬가지로 인간은 자연으로 돌아갈 수 없다. 인간은 다른 동물과는 달리 노동을 해야 살아갈 수 있는 존재이며, 그 노동은 혼자 할 수 없으므로 협업이 필요하고 그래서 공동체 또는 사회가 필요한 동물이다. 이때 인간이 자연에 노동을 가해 자연을 변화시키는 것을 문화라고 한다. 그래서 인간만이 문화를 가진 동물이라고 말하는 것이다.

그러므로 인간은 사회와 문화를 떠나서 자연으로 돌아갈 수는 없다. 노장의 자연으로 돌아가자는 무위자연설은 인간의 모태 회귀본능을 자극하여 향수를 느끼게 하지만 그것은 역설일 뿐이다. 그러므로 노장의 문화 거부는 퇴영적인 것이며, 다만 기존 문화에 대한 저항의 몸짓으로 우리를 일깨워 주는 반어임을 유념해야 한다. 그들이 말하는 무위無爲의 '위爲'라는 글자는 당시에는 위僞의 뜻으로도 쓰였다. 그러므로 무위는 문화에 대한 전면적 거부가 아니라, 인간을 살리는 문화가 아니라 인간을 구속하는 거짓(僞) 문화의 구속에서 벗어나려는 자유정신으로 이해해야 할 것이다.

근친애도 모태 회귀적인 퇴영적인 것이지만 그것이 생산적 전향적으로 승화되면 형제애가 된다. 모태의 품을 떠나 너와 이웃과의 관계를 맺기 위해서는 이웃 사랑이 요구된다. 근친애만으로는 혈연 공동체 이외에 평등 공동체를 형성할 수 없다. 그래서 묵자는 체애體愛를 버리고 겸애兼愛를 주장했고 예수는 이웃 사랑을 말한 것이라고 이해해야 한다.

봉건군주도 전제군주도 독재자도 살인자도 강도도 사랑을 말한다. 그러나 그들이 말하는 사랑은 근친애 즉 체애일 뿐 겸애나 이웃 사랑이 아니다. 그들은 자기 자신과 자기 가족과 자기 단체와 자기 민족을 사랑하라고 말한다. 그들은 그것을 위해 살인도 하고 전쟁으로 집단 살인도 한다. 그리고 그것을 충(忠)이며 진리라고 믿는다. 또한 그것에 대해 미사여구를 동원하여 이성이 가르친 선(善)이라고 이념화한다.

이에 대항하여 묵자와 예수는 네 이웃을, 이방인을, 떠돌이를 네 몸처럼 사랑하라고 가르쳤다. 이것은 이성이 가르치는 것이 아니라 감동과 사랑이 가르치는 것이라고 말했다.

이에 나는 묵자와 예수의 가르침을 따라 근친애 즉 자기애·가족애·민족애를 초월하지 않고는 생명운동·공동체운동은 되지 않는다고 말하고자 한다. 이것은 또한 이성의 겸손, 이성적 문명의 지양 없이는 공동체적 삶은 이루어지지 않는다는 것을 의미하기도 한다. 그러므로 공동체운동은 문명 개조 운동, 신문명운동이 되어야 하는 것이다.

② 존재 단위로서의 인간 반성

오늘날 우리의 인간관은 개인을 그 유일한 존재 단위로서 이해하는 타성에 젖어 있다. 한 개인은 유기적 조직을 지닌 하나의 통일된 의식 주체를 형성하고 있으므로 하나의 소우주(小宇宙)로서의 존재 단위인 것은 분명하다. 그러나 개인은 홀로 자족적이며 독립적인 존재가 될 수 없으므로 유일한 존재 단위일 수 없는 것 또한 사실이다. 크게 보면 개인을 구성 요소로 하는 '인류'도 고차적인 존재 단위로서의 성격을 지니고 있다. 개인은 인류와의 관계에서 보면 많은 점에서 세포들과 유사하다. 세포는 아무리 중요해도 유기체의 존재 단위가 될 수 없다. 그렇다면 개인을 인간 단위로 삼기보다는 인류를 인간 단위로 삼는 것이 더욱 타당할지도 모른다.

더 나아가 '인류'라는 존재 단위도 자족적이며 독립적인 존재는 아님이 분명하다. 만일 지구상에 인류 이외에 다른 생명체가 없다면 인류는 단 며칠도 생존할 수 없기 때문이다. 그리고 이러한 생태적 긴밀성만이 아니라 계통적 일체성도 존재한다. 인류는 계통적 연원으로 볼 때, 분명히 여타 생물종들과 한 뿌리에서 나온 하나의 줄기로서 하나의 지구 생명이라는 커다란 실체의 어느 한 부분으로 존재할 뿐이다. 이러한 계통적 생태학적 발생학적 연유로 인하여 오늘날의 인간은 하나의 생물 종으로서의 인류뿐 아니라 한 개체로서의 인간에 있어서도 그 자체가 우주적 경험의 소산인 것이 사실이다.

다만 인위적인 집단인 국가, 민족, 계급, 민중 등도 사회적 실체인 것만은 부정할 수 없다. 그러나 그것들은 생명체가 아니며, 인간의 편의에 따라 변하는 것이고 또한 변해야 하는 것들이므로 새로운 모습으로 가꾸어나가야 할 대상일 뿐이다. 그러므로 그것들을 위해 인간의 생명을 손상해도 좋은 것은 아니다. 따라서 그것들은 인간의 상위 존재 단위의 생명체로 인정하는 집단주의는 반생명적인 것이다. 이러한 집단들은 생명을 살리기 위해 필요한 발명품들이지만 그것을 위해 인간의 생명을 훼손하는 것은 우상숭배나 다름 없기 때문이다. 우상은 우상일 뿐 생명체가 아니다. 우상을 위해 생명을 희생물로 바치는 어리석은 희생제의犧牲祭儀의 역사는 박물관의 유물로 그쳐야 할 것이다.

③ 생물학적 존재로서의 반성

스탠리 밀러Stanley Miller(1930~2007)는 1956년 시험관에서 무기물로부터 아미노산을 합성했고, 1965년 슈피겔만Sol Spiegelman(1914~1983)은 생명 물질인 RNA 핵산을 인공 합성해 냈다. 이와 같은 생물학의 실험 결과에 의하면 인간의 조상인 원시 생명체는 수십억 년 전에 원시 바다에서 우연히 무기물로부터 유기물이 자연 합성되어 진화한 것이라는 결론에 도달한다.

이러한 현대생물학의 견해는 생명은 물성物性 이외에 다른 것이 아니며, 인간은 '하느님의 아들'이 아니라 '지구의 아들' 또는 '바다의 아들'이라는 것이다. 더 정확히 말하면 인간의 조상은 하느님이 아니라 물고기라는 것이다. 이것은 생명은 하나의 물질 기계라는 인간 우월주의에 대한 혁명적 도전이 아닐 수 없다.

최근에는 급기야 양과 송아지를 복제해 냈다. 조만간 인간은 스스로를 창조해 낼 수 있게 될 것이다. 오늘날 과학기술은 복제 인간뿐 아니라, 코끼리 인간, 사자 인간, 말 인간도 생산할 수 있을 것이다. 우리는 멀지 않은 장래에 생물학자에게 우리가 원하는 아이를 주문 생산하여 부모가 될 수 있을 것이다. 불원간 인간을 대량 생산하는 '인간 공장'이 등장할지도 모른다. 그리고 인간을 식용으로 잡아먹기 위해 대량 생산·사육할지도 모른다.

현생 인간들은 바야흐로 오늘날 인류를 돌이킬 수 없는 방향으로 이끌어가고 있는지도 모른다. 과연 새로운 인공 인간들이 코끼리처럼 힘세고 소처럼 건강하고 양처럼 선량한 것이어서 지구에 평화가 올지도 모르며, 아니면 늑대처럼 포악하고 여우처럼 간사하고 뱀처럼 간특하고 두더지처럼 엉큼하여 더욱 치열한 전쟁이 벌어질지도 모른다. 그러나 그보다도 우리는 우수한 종자만이 살아남는 자연적인 도태를 인위적인 도태로 앞당기기 위한 잔인한 인간청소 작업을 먼저 걱정해야 할 것이다. 어찌 되든 유전자 정보의 혁명은 인류의 운명에 전율할 결과를 초래할 것이 분명하다.

인간은 이제 이러한 물질 생명관 앞에서 자신의 우연성과 그 의미를 다시 물어야 할 절박한 시점에 와 있다. 어느 생물학자의 말처럼 인간은 마침내 광대무변의 우주 속에서 단지 홀로 남게 되었다. 우리의 운명이나 미래는 어느 곳에도 씌어 있지 않다고 생각하면 암울하기도 하다. 이제 우리는 하늘에 있는 왕국과 땅속에 있는 암흑 중에서 어느 하나를 스스로 선택해야 하는 기로에 서 있다는 사실을 자각하지 못하고 있다는 발견에 전율을 느낀다. 인간은 신성을 잃은 지 오래일 뿐만 아니라 더 나아가 우주 진화의 필연성과 목적성마저 부정당하고 단순한 물질 기계로 격하됐다. 이제 우리는 과연 무엇을 추구할 것인가?

그러나 인간이 물질 기계라는 것을 인정한다고 해서 그 물질에서 나오는 정신을 낮게 취급해도 된다는 의미는 아닐 것이다. 오히려 모든 생물이 물질 기계라면 다른 생물과는 달리 인간만이 가진 독특한 정신 활동이 인간 됨의 특성이며 특권일 것이다. 신성은 좋고 물성은 나쁘다는 선입견은 신성과 물성을 정신과 재물로 환원시킨 결과일 뿐이다. 그러나 인간 정신이 신성이냐 물성이냐에 따라 저절로 그것의 선악이 결정되는 것은 아니다. 또한 물질이 먼저냐 정신이 먼저냐의 문제는 정신이 중요한가 물질이 중요한가라는 문제와는 다른 것임을 반성해야 한다.

고생물학자 굴드Stephen Gould(1941~2002)는 "솔직하고도 유일한 대안은 우리와 침팬지 사이에 유형적으로 엄격한 계속성이 있음을 시인하는 길밖에 없다"고 말한다. 그래서 "우리가 잃는 것은 낡아 빠진 영성의 개념이고 얻는 것은 우리들이 자연과 하나라는 한층 겸허하지만 우리들을 고양시키는 비전이다"라고 주장한다.

어찌 되었든 우리는 이성의 자만에서 깨어나야 하며 스스로 자만의 특권을 포기하고 생물계의 일원으로서 갖가지 생물과의 공존의 바탕에서 우주적 생명을 우리 미래의 출발점으로 삼아 주체적 생명을 발현시켜야 할 것이다.

④ 생태계적 존재로서의 반성

생명의 모태는 신이 만들어낸 어떤 특정의 인공물이 아니라 우주 자연임이 분명하다. 그러므로 인간은 근원적으로 지구 생태계와 분리하여 생각할 수 없는 존재임을 인정해야 한다. 따라서 인간의 존재론적 성격은 불가피하게 생태계적 존재 양상 속에서만 이해될 수 있는 것이다.

그런데 현대 문명은 생명의 모태인 자연과 지구를 죽이고 있는 것이 현실이다. 인간은 현재 60억 인구를 열 번도 넘게 죽일 수 있는 핵무기를 보유하고 있으면서도 서로 경쟁적으로 더 많이 생산하여 계속 쌓아가고 있다. 그 핵무기를 만드는 것은 물론 자본이지만 그 하수인은 여전히 인간이다. 현대인은 자본이라는 물신物神의 노예가 되거나 역사 법칙을 신봉하는 교조적인 이념의 노예가 되어 동류를 죽이는 야수만도 못한 동물이 되어버렸다는 엄연한 사실을 반성해야 한다.

인간은 그동안 생태계를 마치 정복의 대상으로 생각하여 최대한의 수탈을 자행해 왔다. 특히 과학기술의 발전으로 인간의 능력이 신장되면서 생태계는 우리의 존립이 위태로울 정도로 파괴되고 있다. 현대 문명이 이대로 계속된다면 자기 증식만을 아는 암세포와 같은 자본이라는 물신이 자신의 공장을 늘리기 위해 전 지구와 우주를 파괴할 것이 분명하다. 그러나 인류의 진정한 행복을 위해서 그처럼 많은 공장이 반드시 필요한 것이 아님을 깨닫지 못하고, 인간은 물신의 열렬한 신도가 되어 자신의 징표인 생산 활동의 주인 자리를 물신에게 넘겨주고 생산 수단과 소비 도구로 전락하고 말았다. 오늘날 인간은 자본의 거대한 프로그램이 조작하는 대로 움직이는 자동인형

(Golem)이 되어 자신의 주체성을 거세당한 채, 욕구와 환락과 갈증의 노예가 되어 자신의 모태인 지구를 계속 파괴하고 그것을 행복으로 천국으로 착각하고 있다. 인간이 생태계적 자아를 인식하고 이에 알맞은 행동 규범을 설정하지 못한다면, 오늘날 인류와 지구 생태계가 직면한 암적 파멸을 피할 수 없다는 것은 불을 보듯 뻔한데도 우리는 애써 눈을 감으려 한다.

우리는 눈을 떠야 한다. 인류가 앞으로 생존을 보존하기 위해서는 무엇보다 에너지와 자원을 최소한도로 소비하면서 문화생활을 유지하는 새로운 문명이 탄생되어야 하며, 이를 위해서는 지금까지의 에너지 과잉 소비 문명을 크게 수정해야 한다. 석유도, 원자력 광물도 유한한 자원일 뿐이므로 곧 고갈될 것이다. 그러므로 자본주의는 인간주의로 지양되어야 하며 전체주의적 집단주의는 소규모의 주체적 생명 공동체의 연합으로 지양되어야 마땅하다.

가장 시급한 것은 인류의 정신문화는 물질문화에 끌려가는 것이 아니라 그것을 조절할 수 있어야 한다는 것을 각성해야 한다. 우리는 우리들의 생명 공동체 운동에서 새로운 사회와 문명의 싹을 발견할 수 있을 것으로 믿으며 이를 위해 2,500년 전 묵자의 '절용 문화 혁명론'은 우리에게 큰 귀감이 될 것으로 확신한다.

⑤ 진정한 인간다운 사회

흔히 우리는 자본주의 사회 또는 산업사회를 민주사회라고 착각하고 있다. 근대사회의 특성에 대해 마르크스는 봉건사회가 자본주의 사회로, 콩트는 농업사회가 산업사회로, 토크빌Tocqueville(1805~1859)은 귀족사회가 민주사회로 발전한 것으로 보았다. 그러나 우리는 자유와 함께 평등의 가치가 존중되는 사회를 민주사회라고 말한다. 자유는 생명의 목적이고 평등은 자유의 수단이다. 인간은 자유 속에서 평등을 원한다. 그러므로 사회주의든 국가 독점 자본주의든 평등을 위해 자유를 양보하라는 전체주의를 받아들일 수 없으며, 마찬가지로 자유주의든 자본주의든 자유를 위해 평등을 양보하라는 개인주의를 받아들일 수 없다. 그러므로 민주주의란 자유와 평등의 상호 모순과 갈등을 해소하고 조화하기 위한 삶의 틀이어야 한다.

그러나 시민들은 자유를 그 자체로서가 아니라 물질적 복지를 추구하기 위한 수단으로 선호하기 때문에 자유가 번영을 위협하는 상황이 발생하면 자유를 기꺼이 희생하는 이른바 '자유로부터 도피' 하는 경향이 발생한다. 이러한 경향으로 오늘날 여론의 정치는 다수의 횡포와 중우정치로 타락하고 있다. 현대 사회는 공권력에 의한 강압적인 자유 탄압과 같은 '혁명적 독재'가 다시 살아나고 있으며, 한편으로는 인민의 자발적 동의에 의한 '민주적 독재'가 기승을 부리며 평등과 질서라는 가치를 위해 자유의 자발적인 포기를 유혹함으로써 민주주의가 위협당하고 있다.

그러므로 오늘날 민주주의에 대한 위협을 극복하는 방법은 주체화, 공동체화, 연합국가화만이 대안인지도 모른다. 공동체 연합의 국가는 인간의 노예 됨을 거부하고 자유로운 유적 본질을 실현하는 국가 조직의 대안이다. 공동체는 상호 모순·충돌하는 자유와 평등을 양립 가능하게 하는 인류가 경험한 유일한 삶의 틀이다. 지금 작은 목소리로 움트고 있는 공동체운동은 자발적인 결사를 촉진하고 직장 민주주의, 학교 민주주의, 지방자치를 촉발하고, 국가의 민주적 정치 문화의 요람이 될 수 있을 것으로 희망을 걸어본다.

묵자는 기원전 5세기에 경제 이론을 말한 인류사 최초의 경제학자였다. 묵자의 '가격론'은 최근의 이론과도 배치되지 않는 정교한 것이어서 2,500년 전의 것이라고는 상상하기 힘들다. 그래서인지 지금까지도 학계에서는 그것을 '가격론'으로 해석하는 학자도 관심도 드물었다. 그리고 정밀한 가격론으로 미루어볼 때 가격론 외에도 전해지지 않았을 뿐 많은 경제학적 성과가 있었을 것으로 추측된다.

묵자는 경제학의 시조

**상인은 3,500년 전
상나라 사람을 칭한다**

고대에는 경제의 제도와 이론에 있어서도 서양보다 동양이 앞섰다고 볼 수 있다. 장사치를 '상인商人'이라고 부르는데, 그것은 지금부터 3,500년 전의 '상商나라 사람'에서 유래된 것이다. 서양의 화폐제도는 리디아에서 기원전 700년 직전에 발명됐다고 한다. 그러나 동양에서는 서양보다 1천여 년 앞서 화폐가 사용됐다. 상나라(BC 1766~1400 이전) 상인商人들의 상업이 성행하면서 발명됐고 조개(貝)를 사용했다. 화폐에 대한 기록은 서주西周(BC 1122~771) 말기에 보인다. 청동기 '거백환'이라는 제기祭器(遽伯還簋)를 만들고 그 명문에 "조개 14붕의 거금을 들여 만들었다"고 기록하고 있다. 기원전 992년에는 오형五刑을 벌금형으로 대속代贖하는 이른바 여형呂刑이 공포됐다. 청동제 화폐는 동주東周(BC 770~256) 때에 만든 듯하다.

이처럼 옛날부터 중국인은 경제에 밝은 민족이었다. 그러나 유사 계급이 득세하면서 경제를 담당하는 농공상農工商이 천대를 받았다. 공민工民 출신인 묵자가 나타나 유사들에게 대항하며 경제를 중시하고 이들을 대변한 것도 그 때문이다. 특히 유사들이 농사만을 중시하고 비교적 진보적인 공상工商 계층을 천시한 것은 동양의 근대화가 늦어진 제일 큰 원인이라고 보아야 할 것이다.

서경書經/주서周書/주고酒誥

매 땅의 사람들이여! 너희 재상들의 뜻을 받들어	妹土 嗣爾股肱
곡식 가꾸는 일에 힘쓰고	純其藝黍稷奔走
아비와 어른을 섬기고	事厥考厥長
수레와 소를 끌고 멀리 장사를 나가며	肇牽車牛遠服賈
부모에게 효도하고 봉양하라.	用孝養厥父母
너희 부모가 기쁜 마음으로	厥父母慶
정결하고 풍성한 음식과 술을 드시도록 하라.	自洗腆致用酒.
관리들과 관장들과 모든 관백과 군자들이여!	庶士有正 越庶伯君子
그대들이 노인들과 군주에게 크게 음식을 드린 연후에	爾大克羞耇惟君
너희들도 배부르게 먹고 취할 수 있을 것이다.	爾乃飲食醉飽.

식량은 나라의 보배

묵자는 공자와는 달리 경제를 중시한 실사구시의 사상가였다. 즉 통치와 도덕률보다도 정치·사회·문화의 구조적인 제도를 중시하고, 허무보다는 현실을, 명분보다는 인민의 경제적 이익을 중시한 특이한 사상가였다.

묵자墨子/경주耕柱

옛날 우임금 하후씨 계啓가	昔者夏后開
백익伯益의 아들 비렴費廉을 시켜	使蜚廉[1]
산과 내에서 금을 캐도록 하여	折金於山川
곤오昆吾에서 솥을 만들었다.	而陶鑄鼎於昆
그리고 백익에게 닭을 잡게 하여	是使翁難雉乙[2]
그 피로 신령한 거북을 잡아다가 점을 치게 했다.	卜於白若之龜
그때 축문을 읽고 빌었다. "솥은 세 발이 바르옵니다.	日 鼎成三足而方
청컨대 인민들이 밥을 지을 수 없거든	不炊
신께서 이 솥으로 끓여주시고	而自烹
제가 채우지 않거든 신께서 이 솥으로 저장해 주시고	不舉[3]而自臧
제가 자리를 어진 자에게 물려주지 않거든	不遷
신께서 이 솥을 옮겨주소서!	而自行.
이에 곤오昆吾의 제단에서 제사를 드리오니	以祭於昆吾之虛
흠향하소서!"	上鄕.

묵자墨子/비악非樂 상

백성들에게는 세 가지 환난이 있다.	民有三患
굶주린 자(飢者)가 먹을 수 없고	飢者不得食
헐벗은 자(寒者)가 입을 수 없고	寒者不得衣
고달픈 자(勞者)가 쉴 수 없는 것이다.	勞者不得息.

1_ 蜚廉(비렴)=伯益의 子.
2_ 難雉乙(난치을)=人名, 혹은 殺雉己의 錯簡. 難=斮의 錯簡.
3_ 舉(거)=用力.

묵자墨子/칠환七患

풍년이 든 때에는 인민들이 어질고 착하지만	時年歲善 則民仁且良
흉년이 들면 인민들은 인색하고 포악해지는 것이다.	時年歲凶 則民吝且惡.
어찌 인민들이 항심恒心을 가질 수 있겠는가?	夫民何常此之有.
따라서 식량은 나라의 보물이다.	食者 國之寶也
…나라에 삼 년 치의 양식이 비축되지 못하면	…國無三年之食者
나라는 이미 자기 나라가 아니며	國非其國也.
집안에 삼 년 치의 양식이 비축되지 못하면	家無三年之食者
자식은 이미 자기 자식이 아니다.	子非其子也.

묵자의 가격론은 서양보다 2천 년 앞선다

묵자는 기원전 5세기에 경제 이론을 말한 인류사 최초의 경제학자였다. 묵자의 '가격론'은 최근의 이론과도 배치되지 않는 정교한 것이어서 2,500년 전의 것이라고는 상상하기 힘들다. 그래서인지 지금까지도 학계에서는 그것을 '가격론'으로 해석하는 학자도 관심도 드물었다. 그리고 정밀한 가격론과 절용론으로 미루어볼 때 가격론 외에도 전해지지 않았을 뿐 많은 경제학적 성과가 있었을 것으로 추측된다. 어찌 되었든 가격론 하나만 가지고도 그가 얼마나 위대한 경제학자였는가를 충분히 짐작할 수 있다. 서양의 최초의 경제학자라고 말할 수 있는 사람은 중농주의 경제학자인 프랑스의 케네François Quesnay(1694~1774)일 것이다. 그는 「소작인론Fermiers」(1756), 「곡물론Grains」(1757), 『경제표Tableau économique』(1758)를 저술했다. 그러나 애덤 스미스Adam Smith(1723~1790)를 경제학의 아버지라고 한다. 그는 1776년 『국부론The Wealth of Nations』을 저술하여 최초로 경제를 과학적 학문으로 정립했기 때문이다. 그것을 고전적 국민경제학이라고 하며 그 주요 내용을 세 가지로 요약할 수 있다.

첫째, 부의 창조자는 노동이며 그것이 사유재산의 본질임을 최초로 발견했다.

둘째, 생산자들의 자기를 위한 이익 활동이 '보이지 않는 손'에 의해 사회의 이익을 증진시킨다는 '예정조화설'을 주장함으로써 자본주의 경제의 이론적 기초를 제공했다.

셋째, 가격론을 정립했다. 시장가격은 수요와 공급에 의해 결정되며 자연가격을 향해 끊임없이 변동된다. 자연가격은 임금(노동계급의 비용)＋이윤(자본계급의 이자와 위험 비용)＋지대(지주계급의 임대료)다.

이처럼 서양에서 처음으로 가격론을 말한 사람은 애덤 스미스이며 묵자보다 약 2,200년 후의 일이다. 그리고 미시적으로 가격론을 이론화한 사람은 리카도David Ricardo(1772~1823)였다. 그는 1817년『정치경제학과 과세의 원리Principles of Political Economy and Taxation』를 발표했고, 생산물의 가치는 그것에 투하된 노동의 양에 의해 결정된다는 '노동가치설'을 주장했다. 이로 볼 때 묵자의 가격론이 얼마나 선구적인 것인가를 알 수 있을 것이다.

묵자의 가격론

묵자墨子/경經·경설經說 하/상

① 물건을 사는 것은 값이 비싸지 않은 때다.　　　　　　　　　　買無貴.
가격이 오르고 내림을 말한다.　　　　　　　　　　　　　　　說在仮其買.

② 매매 가격은　　　　　　　　　　　　　　　　　　　　　　買
돈과 물건이 서로의 값을 매기는 것을 의미한다.　　　　　　刀⁴糴相爲賈.
돈의 값이 떨어지면 물건이 귀하지 않고⁵　　　　　　　　　刀輕則 糴不貴
돈의 값이 올라가면 물건이 교역되지 않는다.⁶　　　　　　　刀重則 糴不易.

4_ 刀(도)=兵也, 錢也.
5_ 돈을 기피하고 물건을 선호하므로 물가가 상승되고 물건 공급이 많아지기 때문이다.
6_ 물건을 기피하고 돈을 선호하므로 물건 값이 하락되고 공급이 줄어들기 때문이다.

③ 돈의 가치가 변하지 않더라도 물건 값이 변할 수 있다.　　王刀無變 糴有變.

풍년 또는 흉년에 따라 물건 공급이 변화되고　　歲變糴

그것이 화폐가치를 변화시키는 것이다.[7]　　則歲變刀.

마치 자전子錢[8]을 팔고 모전母錢[9]을 사는 것과 같다.　　若鬻子.

④ 가격이 마땅하면 매매가 이루어진다.　　賈宜則讐.

이것은 수요와 공급이 합치된 것을 의미한다.　　說在盡.[10]

⑤ 가격이란 수요와 공급의 합치를 의미한다.　　賈 盡也者

합치됐다는 것은 팔고 사지 않을 이유가 제거된 것이다.　　盡 去其所以不讐也

거래하지 않을 이유가 제거되면　　其所以不讐去

거래가 이루어지고 값이 정해진다.　　則讐 正賈也.

가격이 마땅한가, 아닌가는　　宜不宜

거래에 응할 것인지 여부를 결정한다.　　正欲不欲

마치 망한 나라에서　　若敗邦

집을 팔고 딸자식을 시집보내는 것과 같다.　　鬻室嫁子.

절용론

묵자가 말하는 절용節用은 우리가 일반적으로 아는 절용과는 그 함의가 다르다. 묵자는 "옛사람이 아는 절약은 오늘날 내가 깨달은 절용은 아니다"라고 우리에게 주의를 주고 있다. 근본적으로 묵자는 백성이 굶어 죽고 얼어 죽는 것은 인人(지배계급)의 낭비 문화 때문으로 보았다. 그가 말

7_ 풍년에는 물건 값이 내리고 돈 값이 올라간다. 반대로 흉년에는 물가가 오르고 돈 값이 떨어진다.

8_ 軟貨, 예를 들어 동전.

9_ 硬貨, 예를 들어 금화.

10_ 盡(진)=모두 盉의 錯簡.

한 절용은 절검節儉을 말하는 것이 아니라, '절도 있는 소비'라는 특별한 의미를 내포하고 있다.

첫째, 인민의 이용후생에 보탬이 되지 않는 것은 생산하지 말라는 것이다. 그것은 백성의 노동과 자원을 지배계급의 우월성과 자기 과시를 위해 낭비하는 것이다.

둘째, 재화는 그 본래의 목적대로 소비되어야 한다는 것이다. 집이나 옷은 몸을 보호하기 위한 것인데 그것을 초과하여 귀족의 치장으로 사용하거나, 칼과 창은 맹수를 물리치기 위함인데 사람을 죽이는 데 사용하는 것은 목적을 일탈한 소비라는 것이다. 나는 이것을 '초과 소비'라고 명명한다(초과 소비는 9장 '사회·문화사상'에서 재론한다).

셋째, 후한 장례로 노비와 재물을 땅에 묻거나, 오랜 상례로 노동 시간을 빼앗거나, 호화로운 음악으로 재물을 낭비하고 노동을 저해하거나, 전쟁으로 많은 물자를 파괴하는 등의 초과 소비 문화를 절용 문화로 바꾸어야 한다는 것이다.

묵자墨子/대취大取

또한 옛 성인이 아는 절용과	昔之知嗇[11]
오늘날 묵자가 말한 절용은 다르다.	非今日之知嗇也.

묵자墨子/절용節用 상

성왕의 정치는 정령을 펴 산업을 일으키고	聖王爲政 其發令興事
백성들로 하여금 재화를 풍족하게 사용토록 하되	使民用財也
이용후생에 보탬이 되지 않는 것은 결코 하지 않았다.	無不加用而爲者
그리하여 재화를 소비하는 데 낭비가 없으므로	是故用財不費
백성의 노동력이 지치지 않으면서도	民德不勞
이익은 더욱 커지는 것이다.	其興利多矣.
옷을 생산하는 것은 무엇 때문인가?	其爲衣裳 何以爲

11_ 嗇(색)=多入而少出.

겨울에 추위를 막고 여름에 더위를 막기 위함이다.	冬以圉寒 夏以圉暑.
그러므로 옷을 생산하는 도리는	凡爲衣裳之道
겨울에는 따뜻하게 해주고	冬加溫
여름에는 시원하게 해주는 것으로 그치고,	夏加凊者 芉粗
이용후생에 보탬이 되지 않는 낭비는 버린다.	不加者去之.
또 집을 만드는 것은 무엇을 위한 것인가?	其爲宮室 何以爲
겨울에 바람과 추위를 막고 여름에 더위와 비를 막고	冬以圉風寒 夏以圉暑雨.
도적을 막을 수 있도록 견고하면 그것으로 그친다.	有圉盜賊 加固者 芉粗
그 외에 이용후생에 보탬이 되지 않는 낭비는 버린다.	不加者去之.

묵자墨子/절용節用 중

옛 성왕들은 절용의 법을 제정하고 이르기를	制爲節用之法 曰
'무릇 천하의 공인工人들은 수레와 가죽옷을 만들고,	凡天下群百工 輪車鞼匏
그릇을 굽고, 쇠를 다루고, 나무를 깎고	陶冶梓匠
각각 제 기술에 따라 일을 하라.	使各從事其所能.
그리하여 백성들의 수요가 충분하게 공급되면	曰. 凡足以奉給民用
거기서 그치라'고 했다.	則止.
이처럼 백성들의 이용후생에 보탬이 되지 않는 것은	諸加費不加於民利者
성왕들은 하지 않았다.	聖王弗爲.

이처럼 묵가들의 상징은 절검한 생활, 검소한 장례, 호사스런 음악과 궁궐 반대 등 절용운동이다. 회남 왕 유안은 묵가들의 이러한 기풍을 우임금의 절장節葬과 절용의 기풍을 이어받은 것이라고 말했다.

회남자淮南子/요략要略

묵자는 본래 유사儒士의 직업을 배우고	墨子學儒者之業

공자의 학술을 이어받았으나	受孔子之術
그들의 예가 번잡하다고 생각했고	以爲其禮煩擾
후한 장례와 재물의 낭비로 백성을 가난하게 하고	而不悅厚葬 靡財而貧民
생명을 상하고 생업을 해치는 것을 좋지 않게 생각하여	復傷生而害事
주례周禮를 버리고 하례夏禮를 수용했다.	故背周道而用夏政.
우임금 때 천하에 대홍수가 일어나자	禹之時 天下大水
몸소 백성을 위해 삼태기를 들고 앞장섰으며	禹身執蘽垂以爲民先
그로부터 재물을 절용하고	故絕財
간소한 장례와 간소한 복장의 기풍이 생긴 것이다.	薄葬閑服生焉.

그러나 순자는 신흥 관료와 자본가의 입장을 지지했으므로 묵자의 절용론을 비판한다. 실용에 눈이 가려 문화를 모른다는 것이다. 절용을 주장하는 묵자의 정책이 나라를 더욱 가난하게 할 뿐이라고 주장한다. 그는 문화적 소비가 생산을 더욱 확대할 것으로 본 것이다.

순자荀子/해폐解蔽

| 묵자는 이용후생에 가려 문화를 모른다. | 墨子蔽於用 而不知文. |

순자荀子/부국富國

묵자는	墨子之言
자나 깨나 천하를 위하여 부족한 것을 근심했다.	昭昭然爲天下憂不足.
대저 천지가 만물을 지음에는 본래 여유가 있게 했으며	夫天地之生萬物也 固有餘.
사람을 먹이는 데 부족함이 없었다.	足以食人矣.
무릇 여유가 부족한 것은	夫有餘不足
천하의 일반적인 걱정이 아니라	非天下之公患也.
묵자 혼자만의 근심이며 지나친 생각이다.	特墨子之私憂過計也.

천하의 공통된 걱정거리는 그것을 어지럽히고 해치는 일이다.　天下公患 亂傷之也.

만약 이렇게 되면 만물이 모두 마땅함을 잃어　　　　　　若是則 萬物失宜

일의 변화에 대응하지 못하고 천시를 잃고　　　　　　事變失應 上失天時

지리와 인화를 잃게 되어　　　　　　　　　　　　　下失地利 中失人和

온 세상이 불타 버린 듯 궁핍하게 될 것이다.　　　　天下熬然 若燒若焦.

그러므로 묵자의 주장을 성실히 이행한다면　　　　　故墨術誠行

천하는 검소한 것을 숭상할 것이므로 가난해질 것이며　則天下尚儉而彌貧

전쟁을 비난하면서도 날마다 다툴 것이며　　　　　　非鬪而日爭

죽도록 고생해도 더욱 공은 없을 것이다.　　　　　　勞苦頓萃 而愈無功.

내 생각에 묵자의 비악非樂은　　　　　　　　　　　我以墨子之非樂也

천하를 혼란시키는 것이며　　　　　　　　　　　　則使天下亂

묵자의 절용론은 천하를 가난하게 만드는 것이니　　　墨子之節用也 則使天下貧.

그를 타도하자는 것은 아니지만 비난을 면치 못할 것이다.　非將墮之也 說不免焉.

　장자도 묵자의 절용론을 비판했다. 인간의 본성을 억제하고 절용을 내세워 음악과
장례와 문화를 비난하는 묵자의 도는 사람을 기쁘게 하는 것이 아니므로 사람의 인정
에 반하며, 천하에 아무도 행하기 어려운 것이므로 왕도라고 할 수는 없다는 것이다.

장자莊子/잡편雜篇/천하天下

삶은 고달프고 죽음은 박하게 하니　　　　　　　　其生也勤 其死也薄

묵자의 도는 크게 각박한 것이다.　　　　　　　　其道大觳

사람들을 근심스럽고 슬프게 하는 것이니　　　　　使人憂 使人悲

묵가의 도는 행하기가 어렵다.　　　　　　　　　其行難爲也

이처럼 천하 인심에 반하니 천하가 감당할 수 없다.　反天下之心 天下不堪

비록 묵자 홀로 실행한다 해도　　　　　　　　　　　墨子雖能獨任
왕도와는 거리가 먼 것이다.　　　　　　　　　　　其去王也遠矣.

　그러나 순자와 장자는 묵자를 곡해했다. 묵자의 절용론은 결코 절약을 강조하지 않
는다. 그는 재화의 용도에 맞도록 절도 있게 소비하는 절용을 주장할 뿐 절약을 강조
하지 않는다. 그는 오히려 풍족한 재화의 공급을 주장했다. 또한 묵자의 절용론은 금
욕을 주장하는 것이 아니다. 그는 금욕주의자가 아니다. 그는 모욕을 참아야 한다거
나 자기의 욕구를 억제하라고 가르친 적이 없다. 그는 평등하고 평화로운 대동사회
즉 안락하고 풍요로운 '안생생' 사회의 건설을 위해 자기 목숨을 버리는 자는 의롭다
고 찬양했다. 그러므로 그의 소비론은 인민의 풍요로운 소비생활을 중시하면서도 초
과 노동으로 수고롭지 않고 여유로운 생활을 보장하려는 것이었다.
　그러기에 사마담司馬談(?~BC 110)은 『사기』에서 묵가의 절검과 평등론을 반대하면
서도 산업과 절도 있는 소비를 강조한 부분은 폐할 수 없다고 말했다.

사기史記/태사공자서太史公自序

묵자의 절검은 준수하기 어렵다.　　　　　　　　　墨子儉而難遵
이처럼 그의 사업을 두루 따를 수는 없을지라도　　是以其事不可徧徇.
산업을 힘쓰고 소비를 절도 있게 하라는 그의 말은　然其彊本節用
폐할 수 없을 것이다.　　　　　　　　　　　　　　不可廢也.
…만약 묵자의 평등을 천하에 시행한다면　　　　　…使天下法若此
존비의 구별이 없어질 것이다.　　　　　　　　　　則尊卑無別也.

**상부구조의 토대는
재화의 소비관계**

어느 사상가나 백성의 생활을 외면하거나 배불리 먹기를 바
라지 않는 사람은 없다. 관자는 백성으로부터 거두어들이는
것에 법도를 정해야 한다고 말했고(『관자』「권수權修」), 공자

는 군사보다 곡식을 중시했고 부富를 바랐으나 균분을 주장했다(『논어』「계씨季氏」). 노자는 세금의 과함을 예기했고(『노자』 75장), 맹자는 예의보다 먼저 굶주림을 걱정했던 것이다(『맹자』「양혜왕梁惠王」상).

그러나 공자는 부를 바라면서도 이利를 천민賤民의 소관 사항이라고 보았으며, 특히 맹자는 선善과 이利를 대립시켜 이利를 추구하는 것을 악惡으로 규정하고 도척盜跖(도둑)의 도道라고 주장했다. 그는 너도 나도 이利를 추구하면 나라가 위태롭다고 생각했던 것이다.

그런데 묵자는 다르다. 그는 물질과 이利를 존귀하게 여기고 물질적 진보를 중시했다. 그는 놀랍게도 관념적인 의義를 인민의 경제적인 이利라고 규정했다. 또한 그는 초과 소비론과 소염론을 발견함으로써 전쟁을 포함한 문화를 '재화의 소비제도'로 파악한 것이다.

마르크스는 사회관계의 하부구조로서 물질의 생산관계를 주목했으나, 묵자는 거꾸로 생산관계를 규정하는 소비관계를 주목하며, 이 소비관계의 상부구조로서 인간의 의식 및 이데올로기를 주목했다.

마르크스는 노동 착취를 가능하게 하는 생산 양식의 기초는 사적 소유 제도이며, 이를 해소하는 것은 생산 양식의 기초인 생산력의 발전과 상부구조인 생산 양식 사이의 모순이라고 보았다. 반면 묵자는 노동 착취의 원인은 노동자들에게 초과 소비를 고귀한 것으로 생각하도록 물들인 사회통념을 기초로 하는 사회·문화제도라고 본 것이 특색이다.

그러나 묵자와 마르크스는 사회와 역사의 토대로서 물질의 역할을 중시했다는 점에서는 일치한다. 이처럼 묵자는 인류 최초로 사회제도가 바로 재화의 소비·유통관계라는 것을 발견한 유물론적 사상가였던 것이다.

그러나 이와는 의견을 달리하는 학자들도 있다. 중국의 궈모뤄郭沫若(1892~1978) 등 일부 학자들은 묵자는 물질의 시원적 존재로서 하느님을 인정하는 등 상부구조를 중요시했다는 점에서 우파로 간주하기도 한다. 그중에서도 특히 독일의 철학자 슈퇴리히Hans Störig(1915~)는 그의 철학사에서 전래 종교와 초자연적 힘에 대한 믿음을 기

준으로 하여 노자를 가장 좌익에, 공자를 중도에, 묵자를 가장 우익에 위치하는 사상
가로 분류하기도 한다

묵자墨子/노문魯問

농사를 지어 천하 인민을 먹이려고 생각해 보았으나	翟慮 耕而食天下之人矣
그것은 결국 잘된다 해도	盛然後
기껏 한 농부가 경작한 만큼밖에 되지 않을 것이니	當一農之耕.
…천하의 굶주린 이들을 배부르게 할 수 없음은	…其不能飽天下之飢者
뻔한 사실이다.	卽可睹矣.
…그래서 나는 생각하기를 이보다는 선왕의 도리를 읽고	…翟以爲不若誦先王之道
그분들의 학설을 추구하고	而求其說
성인의 말씀을 밝히고 살펴	通聖人之言 而察其辭.
위로는 왕공대인을 설복하고	上說王公大人
아래로는 필부와 가난한 선비들을 설복시키기로 했다.	次匹夫徒步之士.
…내가 비록 농사를 지어	…故翟以爲
굶주린 자를 먹여주지 못한다 해도	雖不耕而食飢
…공적은 굶주린 자를 먹여주는 것보다 더 나을 것이다.	…功賢於耕而食之
…가령 천하가 농사짓는 법을 모른다고 가정하면	…籍設而天下不知耕
그것을 사람들에게 가르치는 것과	教人耕
사람들에게 가르치지 않고 손수 홀로 농사를 짓는 것은	與不教人耕而獨耕者
그 공적이 어느 것이 크다고 생각하는가?	其功孰多.

묵자墨子/경주耕柱

비유를 들면 담장을 쌓는 것과 같다.	譬若築牆然
흙을 잘 다지는 사람은 흙을 다지고	能築者築
흙을 잘 운반하는 사람은 흙을 나르게 하고	能實壞者實壞

흙을 잘 파는 사람은 삽질을 시켜	能欣者欣
제각기 능한 일로 협동해야 담장을 쌓을 수 있다.	然後牆成也.
의로운 일을 행하는 것도 이와 같아서	爲義猶是也
변론을 잘하는 사람은 변론을 하고	能談辯者談辯
글을 잘 설하는 자는 글을 설하게 하고	能說書者說書
일을 잘 처리하는 자는 일을 관리토록 하여	能從事者從事
제각기 능한 일을 해내면 의로운 일이 이루어진다.	然後義事成也.

묵자墨子/비악非樂 상

왕공대인들은 아침 일찍부터 늦게 퇴근하기까지	王公大人 蚤朝晏退
판결을 하고 정사를 다스리는 것이 직분이다.	聽獄治政 此其分事也.
사군자는 있는 힘을 다하고	士君子 竭股肱之力
지혜를 다 바쳐 안으로 관부를 다스리고	亶其思慮之智 內治官府
밖으로 관문과 시장, 산림과 택량의 이익을 거두어	外收斂關市山林澤梁之利
창고와 곳간을 채우는 것이 그들의 직분이다.	以實倉稟府庫 此其分事也.
농부들은 아침 일찍 들에 나가 저녁에 들어오기까지	農夫蚤出暮入
밭 갈고 씨 뿌려 곡식을 많이 거두는 것이	耕稼樹藝 多聚叔粟
그들이 맡은 직분이다.	此其分事也
부인들은 아침 일찍 일어나 밤에 잠들 때까지	婦人夙興夜寐
실을 뽑고 길쌈하며 삼과 누에고치와 칡과 모시를 다듬어	紡績織紝 多治麻絲葛緒
베와 비단을 짜는 것이	絪布緣
그들이 맡은 직분이다.	此其分事也.

묵자는 진보주의 시조

신분 세습과
사적 소유 반대

또한 묵자는 주대周代에 확립된 봉건제도의 근간인 녹위祿位
의 세습제도를 반대했다. 그는 신분과 재산의 상속은 '자기
노력에 의하지 않은 부귀(無故富貴)'로서 하느님의 뜻에 반하
는 것이라고 생각했다.

그리고 그는 재산의 사적 소유를 반대하고 공동 소유를 주장했다. 그는 사유제도가
있는 한 도둑을 없앨 수 없다는 민중적이고 혁명적인 말을 하기도 했다. 묵자는 인류
역사에서 처음으로 재산 상속과 사유제를 반대했다는 것만으로도 그는 위대한 인간
해방의 시조라 할 것이다.

묵자墨子/상현尙賢 중

비록 하늘은 가난한 자와 부유한 자, 귀한 자와 천한 자,	雖天亦不辯貧富貴賤
먼 자와 가까운 자, 측근자와 소원한 자를 차별하지 않지만	遠邇親疏
어진 이는 들어 높이고	賢者擧而尙之
어질지 못한 자는 억누르고 내친다.	不肖者抑而廢之.

묵자墨子/경설經說 하/하

자리의 높고 낮음을 취하는 것은	取高下
선善·불선不善에 따라 헤아려야 한다.	以善不善爲度
산과 못처럼 항상 높고 항상 낮은 것이 아니다.	不若山澤.
아래에 처했다 해도 윗사람보다 선하면	處下善於處上
아랫사람을 윗자리로 청해야 한다.	下所請上也.

묵자墨子/대취大取

성인은 재물을 자기 집에 저장하지 않는다.　　　　　聖人不爲其室臧之
그러므로 사유私有를 비난한다.　　　　　　　　　　故非於臧
성인은 아들로서 부모에 대한 섬김을 다할 수도 없다.　聖人不得爲子之事.
성인의 법은 어버이가 죽으면 잊는 것이　　　　　　聖人之法 死亡親
천하를 위하는 것이다.　　　　　　　　　　　　　爲天下也.

사재私財를 저장하는 것은 자기 자신을 사랑하는 것이지만　臧之愛己
자기와 인민을 동시에 사랑하는 것이 아니다.　　　　非爲愛己之人也.

재산을 감추어두려는 소유욕을 줄이지 않는다면　　　非殺臧也
아무리 도둑을 줄이려 해도 줄일 방법이 없다.　　　專殺盜非殺盜也.

예기禮記/예운禮運

재물을 땅에 버리는 낭비를 싫어하지만　　　　　　貨惡其棄於地也
결코 자기만을 위하여 소유하지 않으며　　　　　　不必藏於己
노동하지 않는 것을 부끄러워했으나　　　　　　　力惡其不出於身也
반드시 자기만을 위하지 않는다.　　　　　　　　不必爲己.

　오늘날 일부에서 재산 상속을 거부하자는 운동을 펼친다거나 상속 재산에 무거운 세금을 부과하자는 주장은 있어도, 신분의 세습과 재산 상속을 하느님의 뜻에 어긋나는 것으로 규정하고 반대한 사상가는 묵자 말고는 없을 것이다. 묵자 이후 2천 년이 지나서야 청淸 초 실학자인 습재習齋 안원顔元(1635~1704)이 토지의 공개념을 말했을 뿐이다.

지금은 만인이 생산한 것을 한 사람에게 바치고 있다.	今萬人之産 而給一人.
천지의 농토는	天地間田
의당 천지간의 인간들이 혜택을 공유해야 한다.	宜天地間人共享之.

   그리고 서양에서는 19세기에 와서야 프루동이 "소유는 도적질이다(la propriété c'est le vol)"라고 주장했고, 이것을 이어받은 마르크스는 "사적 소유는 인간 소외의 원인이며 결과다"라는 명제로 발전시켰던 것이다. 마르크스는 파리 체제 기간 중에 엥겔스와 공저한『신성가족Die heilige Famlie, order die Kritik der kritischen Kritik』(1845)에서 프루동의 사유재산 개념을 발전시켜 유산계급과 무산계급의 변증법적인 투쟁을 선언했다. 이와 같이 소유의 악마성이 밝혀지기까지 2,300년이 걸렸다는 것을 생각할 때 묵자의 민중성과 독창성이 얼마나 혁명적이었던가를 짐작하게 한다.

완전고용과 균분

   묵자는 완전고용, 필요공급, 절용, 초과 소비, 균분을 주장한 인류 최초로 사회 문제에 관심을 가진 사상가였다. 묵자가 위민제산爲民制産을 주장한 것은 관자의 영향이지만 관자와는 달리 균분均分을 강조했다. 그가 말한 균분은 민의 생존권, 그리고 토지 공유제와 공동 생산을 포함한다. 다만 그의 균분은 소득의 평균을 의미하는 것은 아니다. 그럼에도 순자는 묵자의 균분에 대해 공적을 무시한 평균주의라고 비난했다.

묵자墨子**/절용**節用 **상**

성왕의 정치는 정령을 펴 산업을 일으키고	聖王爲政 其發令興事
백성들로 하여금 재화를 풍족하게 사용토록 하되	便民用財也
이용후생에 보탬이 되지 않는 것을 결코 하지 않았다.	無不加用而爲者
그리하여 재화를 소비하는 데 낭비가 없으므로	是故用財不費

백성의 노동력이 지치지 않으면서도 　　　　　　　　民德不勞

이익은 더욱 커지는 것이다. 　　　　　　　　　　其興利多矣.

묵자墨子/대취大取

인민을 이롭게 한 것은 그 인민을 위한 것이다. 　　利人也 爲其人也.

사람을 부유하게 한 것은 그 사람을 위한 것이 아니다. 　富人 非爲其人也

그를 부하게 함으로써 인민을 부유하게 하고 　　　有爲也以富人.

인민을 부유하게 함으로써 인민을 다스리고 　　　富人也治[12]人

또 귀신을 위하는 것이다. 　　　　　　　　　　有爲鬼焉.

순자荀子/부국富國

묵자가 공적을 숭상하고 수고롭게 노동을 하며 　　墨子上功勞苦

백성과 함께 평등하게 사업에 종사하며 　　　　　與百姓均事業

성과를 똑같이 분배할 것이니 　　　　　　　　齊功勞

이렇게 되면 위엄이 없어질 것이며 　　　　　　若是則不威

위엄이 없으면 형벌을 시행할 수 없을 것이다. 　　不威則賞罰不行.

그러므로 묵자의 주장을 성실히 실행한다면 　　故墨術誠行

천하는 검약을 숭상하여 더욱 가난해질 것이며 　則天下尙儉而彌貧

전쟁을 비난하면서도 날마다 다투게 될 것이며 　非鬪而日爭

죽도록 고생해도 더욱 공은 없을 것이다. 　　　勞苦頓萃 而愈無功.

12_ 治(치)=正也.

사회·문화사상

묵자는 인간을 물들여진 의식에 따라 재화를 소비하는 소비자로 파악했고 전쟁, 사치스런 의복, 호화로운 음악, 후한 장례 등 사회제도와 문화를 재화의 소비 양식으로 파악했다. 묵자는 민중들이 지배자들의 이데올로기에 물들어 재화를 그 본래 목적을 초과하여 소비하는 비실용적이고 무가치한 낭비를 오히려 고귀한 문화라고 착각하도록 만드는 인류학적 문화 전승의 비밀을 발견한 최초의 사상가였던 것이다.

묵자의 노동 해방 사상

**인간만이
노동하는 동물이다**

묵자는 그 어느 사상가보다 소외된 민중을 생각하는 민중적 사상가였다. 그는 배고픈 자가 밥을 얻고, 헐벗은 자가 옷을 얻고, 피곤한 자가 쉴 곳을 얻고, 전쟁과 어지러운 세상의 평화를 위해 자기를 희생하며 몸소 투쟁했다.

묵자墨子/비악非樂 상

백성들에게는 세 가지 환난이 있다.	民有三患
굶주린 자(飢者)가 먹을 수 없고	飢者不得食
헐벗은 자(寒者)가 입을 수 없고	寒者不得衣

고달픈 자(勞者)가 쉴 수 없는 것이다.   勞者不得息.

　그러나 그가 위대한 것은 노동의 의미와 중요성을 발견한 인류 최초의 사상가였다는 점이다. 그에게 인간의 인간 된 징표는 노동이었다. 다른 모든 동물들과는 달리 인간만이 노동을 하고 노동을 해야만 살아갈 수 있는 동물이라는 것은 노동은 인간의 특권이며 동시에 존재 조건이라는 것을 의미한다. 그러므로 그는 노력 없는 부귀를 반대했다. 묵자를 '좌파의 시조'라고 하는 이유가 바로 여기에 있다.

묵자墨子/비악非樂 상

뿔 달린 사슴, 날아다니는 새들 같은 금수와	今之禽獸麋鹿蜚鳥
벌, 나비 같은 벌레들은	貞蟲
그들의 깃털로 옷을 삼고	因其羽毛 以爲衣裘
그들의 발굽으로 신을 삼고	因其蹄蚤 以爲絝屨
그들의 물풀로 음식을 삼는다.	因其水草以爲飮食.
그러므로 수놈은 밭 갈거나 씨 뿌리지 않고	故唯使雄不耕稼樹藝
암놈은 실을 잣거나 길쌈하지 않는다.	雌亦不紡績織絍
먹고 입을 것을 걱정하지 않아도	衣食之財
하늘이 이미 마련해 주었던 것이다.	固已具矣.
그러나 사람은 이들 짐승과는 달리	今人與此異者也
노동에 의지해야만 살아갈 수 있고	賴其力者生
노동하지 않으면 살아갈 수 없는 존재다.	不賴其力者不生.

노예변증법

　묵가들은 대개 종묘지기와 노동을 하는 천민 출신들이었다(『한서漢書』「예문지藝文志」). 그러므로 묵가들은 생산 노동을 천시하고 싫어하는 유가들을 거지와 같은 존재라고 혹독하게 비난한다. 또한 묵자는

노동을 하지 않는 노예 소유자들은 스스로는 살아갈 수 없고 노예에 의지해야만 살아
갈 수 있는 존재임을 밝혀냈다.

묵자墨子/귀의貴義

묵자가 남쪽 초나라에서 유세할 때	子墨子南游於楚
혜왕惠王을 뵙고 글을 올리려 했으나	見楚献書惠王
혜왕은 늙었음을 핑계로 사양하고	献惠王以老辭
대부 목하穆賀로 하여금 대신 묵자를 만나보게 했다.	使穆賀見子墨子.
묵자가 목하에게 유세하니	子墨子說穆賀.
목하가 크게 기뻐하며 묵자에게 말했다.	穆賀大說 謂子墨子曰.
"선생의 말씀은 진실로 훌륭하지만	子之言則成善矣.
우리 군왕은 천하 대왕이신지라	而君王 天下之大王也
아마도 천한 사람의 말이라 하여	毋乃曰 賤人之所爲
채용하지 않을 것 같습니다."	而不用乎.
묵자가 말했다.	子墨子曰.
"예! 그렇습니다만 실행함이 좋을 것입니다.	唯 其可行
그것은 약藥을 얻는 것과 같습니다.	譬若藥然
약은 한낱 풀뿌리에 불과하지만	草之本
천자가 그것을 먹고 병이 나을 수 있다면	天子食之 以順其疾
어찌 한 개의 풀뿌리라 하여 먹지 않겠습니까?	豈曰 一草之本 而不食哉.
지금 농부들이 영주에게 세를 바치고	今農夫入其稅於大人
영주는 그것으로 술과 젯밥을 만들어	大人爲酒醴粢盛
하느님과 귀신에게 제사를 올립니다.	以祭上帝鬼神
그런데 어찌 천한 사람이 만든 것이라고 하여	豈曰 賤人之所爲
귀신이 흠향하지 않겠습니까?"	而不享哉.

묵자墨子/비유非儒 하

또한 유가들은 예와 음악을 번거롭게 꾸며 | 且夫繁飾禮樂

인민을 방탕하게 만들며, | 以淫人

오랜 복상과 거짓 슬픔으로 죽은 부모를 속이고 | 久喪僞哀以謾親.

운명을 내세우며 게으르고 가난하면서도 고고한 척하며 | 立命緩貧 而高浩居

생산 활동을 천시하고 오만하고 안일을 탐한다. | 倍本棄事而安怠傲

먹고 마시는 것은 탐내면서도 노동은 싫어하여 | 貪於飮食 惰於作務

헐벗고 굶주려 굶어 죽고 얼어 죽어도 | 陷於飢寒 危於凍餒

거기서 벗어날 길이 없다(노예변증법). | 無以違之.

이것은 거지와 같으니 | 是若乞人

들쥐처럼 훔쳐 감추고, 숫양처럼 눈을 번뜩이고 | 鼸鼠藏 而羝羊視

멧돼지처럼 달려든다. | 賁彘起.

군자들이 비웃으면 성을 내면서 | 君子笑之 怒曰

'보잘 것 없는 놈들이 | 散人

어찌 나 같은 어진 유가를 알아보겠는가?' 라고 호통친다. | 焉知良儒.

여름에는 보리나 벼를 구걸하다가 | 夫夏乞麥禾

추수가 다 끝나면 큰 상갓집을 찾아다니고 | 五穀旣收 大喪是隨

식구들까지 모두 데리고 가서 제사 음식을 실컷 얻어먹는다. | 子姓皆從得厭飮食

초상이 길면 길수록 몇 집의 초상을 치르면 | 畢治數喪

한 해의 호구지책은 충분하다. | 足以至矣.

남의 집을 빌어 살찌고 | 因人之家 以爲翠

남의 밭을 의지하여 술 취하는 자들이다. | 恃人之野 以爲尊.

장자는 묵가를 노동을 숭상하는 우임금의 기풍을 계승한 노동주의로 정의한다. 순자는 묵자의 도를 '노동자의 도道'라고 비판했다.

장자莊子/잡편雜篇/천하天下

묵자가 도에 대해 이르기를	墨子稱道 曰
"옛날 우임금이 홍수를 막기 위해	昔者禹之湮洪水
손수 삼태기와 따비를 잡고	禹親自操橐耜
천하의 하천을 모아 바다로 흐르게 하는 공사를 했는데	而九雜天下之川
정강이와 장딴지에 털이 다 닳았으며	腓無胈 脛無毛
소낙비에 목욕하고 사나운 바람에 빗질하며	沐甚雨櫛疾風
만국을 안정시켰다"고 했다.	置萬國
우임금은 위대한 성인인데도	禹大聖也
이처럼 천하를 위해 육체노동을 했다.	而形勞天下也如此.
묵자는 후세의 묵가들에게	使後世之墨者
털가죽과 갈옷을 입고 나막신과 짚신을 신고	多以裘褐爲衣 以跂蹻爲服
밤낮으로 쉬지 않고	日夜不休
스스로 수고하는 것을 도리로 삼도록 했다.	以自苦爲極
그리고 또 이르기를 "이처럼 할 수 없다면	曰 不能如此
우임금의 도가 아니며 묵가가 될 수 없다"고 했다.	非禹之道也 不足爲墨.

순자荀子/왕패王霸

노예를 소유한 지배자들은 관리를 부려 일을 하는 자들이고	今人主者 以官人爲能者也
서민은 스스로의 능력으로 일을 하는 자들이다.	匹夫者 以自能爲能者也.
노예 소유자들은 사람을 부려 일을 하지만	人主得使人爲之
서민들은 일을 떠넘길 사람이 없기 때문이다.	匹夫則無所移之

만약 천자나 제후가	大有天下小有一國
반드시 스스로 일을 해야 한다면	必自爲之然後可
정신적 육체적 수고가 너무나 심할 것이다.	則勞苦耗領莫甚焉
그런 경우라면 비록 노예일지라도	如是則雖臧獲
농사짓는 일을 천자의 지위와 바꾸려고 하지 않을 것이다.	不肯與天子易蓻業
이처럼 천하를 돌보고 사해를 가지런히 하는 일을	以是縣天下一四海
어찌 스스로 할 수 있단 말인가?	何故必自爲之
그렇게 하려는 것은 노동자의 도리요,	爲之者役夫之道也
묵자의 학설이다.	墨子之說也.

노예 해방, 노동 해방

이처럼 묵자는 노동을 중시했지만 근면을 강조한 적은 없다. 묵자는 재화의 부족을 기술 부족과 노동자의 게으름으로 돌리지 않았다. 헐벗고 굶주리는 이유는 모두 사회의 잘못된 제도와 문화에 있다고 본 것이다.

그러나 묵자가 게으름을 찬양한 적은 없다. 그는 전쟁과 낭비 등 재화의 목적을 초과하는 '초과 소비'로 인하여 노동이 착취되는 만큼의 초과 노동을 하면서도 헐벗고 굶주린다고 비판했다. 이처럼 묵자의 소망은 강제되지 않는 한가한 노동, 자기 자신의 창조를 위한 노동을 하며 풍요로운 생활을 할 수 있는 압제와 착취가 없는 이상사회를 이루는 것이었다. 2,500년 전의 이러한 묵자의 노동·경제관은 시대를 초월하여 오늘날에도 성인의 귀중한 교훈이 아닐 수 없다.

노동은 원래 자신의 정신적 육체적 충족을 위해 정신적 육체석 관계 속에서 자연을 자기 지배 아래 두려는 의식적 활동이다. 즉 개체의 특수한 삶과 자연의 보편적 생명과의 대립과 상호작용에 기초한 의식적 투쟁인 것이다. 그러므로 노동은 삶의 목표를 충족시켜 주는 물질 수단의 산출만으로 그치는 것이 아니라 동시에 물질적 생명 살이 그 자체의 산출이다.

그런데 마르크스의 눈에 비친 현실의 노동은 물질적 생산관계에 자본이라는 사적 소유가 끼어들어 자본과 노동이 분리되는 공장 형태의 자본제적 생산 양식으로 변화됨으로써, '생산관계'가 자연 대 인간의 관계가 아니라 인간 대 인간의 투쟁관계로 변질되어 '역사적 관계'로 전환되는 현상이었다. 즉 소유제도라는 역사적 사회적 관계가 생산관계를 규정함으로써, 생산자의 노동은 자기를 위한 것이 아니고 자본이라는 물신物神을 위한 것이 된다는 것을 발견한 것이다. 결국 소유는 다름 아닌 타인의 노동력에 대한 지배였던 것이다. 자본이 지배하는 공장제 생산관계는 인간과 자연의 관계가 아니라 자본 대 인간의 투쟁과 착취 관계였던 것이다.

그러므로 노동을 신성시하는 모든 좌파 사상가의 궁극적 이상은 노동이 신분관계 또는 토지·자본 등 소유관계로 인하여 또는 그 어떤 타자에게 지배되는 일이 없는 자기 생명의 자유로운 발로여야 하고 자기 능력의 자유로운 발전이어야 하며, 누구에게도 착취받지 않는 자기를 위한 것이 되어 자기 행복을 위해 향유되어야 한다는 것이다.

이러한 소외되지 않은 노동만이 신성한 것이며 인간만의 특권이다. 그러나 자기를 위한 것이 아니고, 부리는 주인을 위한 소와 말 같은 짐승들의 사역은 노동이 아니다. 묵자와 마르크스가 주목했던 것은 이처럼 소와 말처럼 인간이 사역되는 소외된 노동과 이것을 지지하는 사회제도라는 괴물이었던 것이다. 그래서 묵자와 마르크스는 똑같이 이런 제도를 타파하기 위해 투쟁했다는 점에서 좌파의 시조이며 노동자의 성인으로 불러야 마땅할 것이다.

소와 말처럼 자기를 위한 것이 아니고 주인을 위한 사역은 진정한 노동이 아닌 것처럼 노예가 주인을 위해 사역하는 것은 인간의 노동이 아니다. 이때 노예는 인간이 아니라 말과 소처럼 주인의 소유물일 뿐이다.

그러함에도 인류는 수천 년 동안 노예제도를 당연한 것으로 여겨왔다. 성인이라 불리는 공자가 흠모했던 주나라 제도는 노예제 사회였다. 링컨 대통령이 노예 해방을 선포하기 전까지 미국은 노예 노동에 의지하여 나라를 건설했다. 우리나라는 18세기에 와서야 실학자들에 의해 노예 문제가 거론되기 시작했다. 이 얼마나 뿌리 깊은 악법인가?

　그런데 묵자는 지금으로부터 2,500년 전에 노예제도를 반대했다. 이 또한 얼마나 선구자적인 주장인가? 그럼에도 불구하고 우리나라 학자들은 묵자를 모르거나 알려 고도 하지 않는다. 이 또한 얼마나 한심한 일인가?

묵자墨子/대취大取

그들이 노비를 사랑하는 것은 애인愛人이지만	愛獲之愛人也
그것은 노비의 이로움을 고려해서 생긴 것이다.	生於慮獲之利.
노예의 이로움을 고려하지 않고	非慮臧之利也.
남자 노예를 사랑했다면 진정한 애인이며	而愛臧之愛人也
여자 노비를 사랑했다면 진정한 애인이다.	乃愛獲之愛人也.
묵자는 노예에 대한 사랑을 버려 천하가 이롭다 해도	去其愛而天下利
그 사랑을 버릴 수 없었던 것이다.	弗能去也.

초과 소비론

재화의 본래 목적을 초과한 소비　묵자는 소비를 재화의 본래 목적대로 사용함으로써 인간의 이용후생을 위한 합목적적 소비와 반대로 재화의 본래 목적을 초과하여 사용함으로써 인간을 이롭게 하지 않는 파괴적인 소비로 구별한다. 나는 파괴적인 소비를 '초과 소비' 라 명명했다.

　묵자의 '절용節用' 은 유가들의 '절검節儉' 과는 다른 것이다. 순자를 포함한 유가들의 절용은 도덕적 의무로서 절검이거나 부국의 방책으로서 절약을 의미할 뿐이다(『순자』「부국富國」).

그러나 묵자의 '절용'은 절검의 의미와 함께 물질적 재화는 그 본래의 목적인 인민의 이용후생에 사용되어야 한다는 '절도 있는 소비'라는 의미를 내포하는 독특한 개념이다.

그러므로 묵자의 '초과 소비'는 미국의 경제학자인 소스타인 베블런Thorstein Veblen(1857~1929)이 『유한계급론The Theory of the Leisure Class』(1899)에서 말한 '과시 소비'와 비슷하지만 그 함축하는 의미는 약간 다른 것이다.

묵자墨子/절용節用 상

갑옷과 방패, 창과 칼, 활과 화살을 만든 것은	其爲甲盾五兵
무엇을 위한 것인가?	何以爲
이것으로 외적의 침입과 도적을 막기 위함이다.	以圉寇亂盜賊.
…무릇 이러한 병기를 만드는 도리는	…凡爲甲盾五兵之道
가볍고 이용이 편리하며	加輕以利
견고하여 부러지지 않게 하면 그것으로 그친다.	堅而難折者 芊䖝.
그 외에 이용후생에 보탬이 되지 않는 낭비는 버린다.	不加者去之.
또 배와 수레를 만드는 것은 무엇을 하기 위함인가?	其爲舟車何以爲.
수레로 육지를 달리고, 배로 냇물과 골짜기를 건너	車以行陵陸 舟以行川谷
사방을 통행하는 데 편리하게 하고자 함이다.	以通四方之利.
무릇 배와 수레를 생산하는 도리는	凡爲舟車之道
가볍고 편리하게 이용하는 것으로 그치고	加輕以利者 芊䖝.
그 외에 이용후생에 보탬이 되지 않는 낭비는 버린다.	不加者去之.
무릇 이러한 재화의 생산은	凡其爲此物也
생활에 유익한 것이 아니면 만들지 말아야 한다.	無不加用而爲者.

묵자는 인간을 물들여진 의식에 따라 재화를 소비하는 소비자로 파악했고 전쟁, 사치스런 의복, 호화로운 음악, 후한 장례 등 사회제도와 문화를 재화의 소비 양식으로

파악했다. 묵자는 민중들이 지배자들의 이데올로기에 물들어 재화를 그 본래 목적을 초과하여 소비하는 비실용적이고 무가치한 낭비를 오히려 고귀한 문화라고 착각하도록 만드는 인류학적 문화 전승의 비밀을 발견한 최초의 사상가였던 것이다.

그는 전쟁, 호화로운 장례, 사치스런 음악·궁궐·의복 등과 같은 초과 소비는 지배자의 압제와 착취를 지지하는 낭비 문화이며, 이러한 반노동의 낭비 문화를 노동자의 이익을 위한 절용 문화로 개혁하는 문화혁명을 주장한 것이다.

묵자가 말하는 절용 문화는 모든 민중은 능력껏 노동을 하되 민중의 이용후생에 필요한 범위에서 그치고, 초과 소비를 위한 초과 노동을 하지 않으며, 노동 생산물을 무용한 곳에 낭비하지 않는 문화를 말한다. 이러한 후생이 아닌 낭비가 오히려 아름답고 고귀한 것으로 받아들여지는 것은 문화라는 이름으로 인민의 마음을 물들였기 때문이라고 묵자는 폭로한다.

문화란 '자연에 노동을 가하여 꾸미고(文) 변화(化)시키는 것'이다. 그런데 그 문화가 인민에게 이로운 것이 아니라 도리어 인민을 억압하고 착취하는 도구가 된다면 자연은 파괴되고 노동은 헛되이 되는 것이므로 인민을 배반한 것이다. 묵자가 음악을 비난한 이유는 악기가 본래 목적인 인민을 즐겁게 하고 인민의 노동을 위한 것이 아니고 지배자의 과시와 압제 수단으로 전락되는 초과 소비가 되었기 때문이었다.

이러한 묵자의 문화혁명론은 2,500년이 지난 오늘날 소비 조작 사회에서 앙리 르페브르Henri Lefebvre(1901~1991)의 주체적인 삶을 탈환하기 위한 '일상성의 단절'과 '영구 문화혁명론'과 맥을 같이하는 것이며, 이것으로 인해 다시 주목을 받고 있다.

묵자墨子/사과辭過

성인이 의복을 만든 것은	故聖人之爲衣服
신체를 쾌적하고 피부를 따뜻하게 하는 데 만족했으며	適身體 和肌膚而足矣
귀와 눈을 현란하게 하여	非榮耳目
어리석은 백성에게 과시하기 위한 것은 아니었다.	而觀愚民也.
…오늘날 군주들에 이르자	…當今之主

의복을 입는 것이 이들 성왕과 달라졌다.	其爲衣服則與此異矣.
…더욱 화려한 옷을 만들고자 백성들을 가렴주구하고	…必厚作斂於百姓
백성들이 입고 먹을 재물을 강탈하여	暴奪民衣食之財
이것으로 수를 놓아	以爲錦繡
문채를 곱게 하여 지나치게 화려한 옷을 만들고	文采靡曼之衣
금을 녹여 고리를 만들고 진주와 구슬을 단다.	鑄金以爲鉤 珠玉以爲佩.
…이것은 더욱 따뜻하고자 하는 마음이 아니다.	…此非云益煖之情也.
재물을 없애고 노동을 소모시켜	單財勞力
필경 실용과는 반대되는 쓸모없는 짓을 하는 것이다.	畢歸之於無用也.
…이로써 부한 자는 사치에 빠지고	…是以富貴者奢侈
고아나 과부는 헐벗고 굶주린다.	孤寡者凍餒.

절약을 주장한 정치가는 많다. 그러나 사회와 문화를 재화의 소비제도로 파악한 것은 인류사에 묵자가 처음이다. 즉 상부구조를 재화의 소비관계로 파악한 것이다. 이 점에서 상부구조를 생산관계의 반영으로 파악하는 마르크스주의 유물사관의 선구자라고 말할 수도 있을 것이다.

묵자 시대의 생산은 농업이 위주였고, 공업은 수공업적 생산 양식이었으므로 근대 자본제적 생산 양식과는 달랐다. 수공업적 생산 양식은 자본과 노동이 분리되지 않으므로 생산관계는 인간 대 인간의 대립인 역사적 관계가 아니라 인간 대 자연의 관계였다. 그러나 묵자는 농민 출신 아니라 공민 출신이다. 그러므로 노동이 자기들의 주인인 귀족들에게 착취되는 것을 직접 체험했다.

그렇기에 묵자는 인간이 자신을 위해 사용가치를 생산하는 것이 아니라 지배자들의 무용한 초과 소비를 위해 상품을 생산하는 소외된 '노동자'를 발견할 수 있었을 것이다. 이것은 혁명적인 발견이다. 묵자 이후 2,400년이 지나서야 마르크스에 의해 자신의 생명 활동과 자기실현이 아니라 자본을 위해 교환가치를 생산하는 노동의 소외가 발견될 수 있었다.

그러나 묵자는 인간사회를 노동관계 내지 상품 생산관계로 환원하지 않았으며, 오히려 인간사회를 생산 양식이 아니라 지배 양식으로 파악했다. 그는 마르크스와는 반대로 '지배 양식'이 '생산 양식'을 결정하고 그 지배 양식의 토대는 소비관계라고 보았던 것이다.

묵자 당시의 토지의 사적 소유는 노동 착취에 따른 잉여가치의 축적으로 발생한 것이 아니라, 전쟁을 통한 승리자의 신분적 지배관계로 생긴 것이었다. 즉 축적 구조가 달랐던 것이다. 그리고 그것은 지배자들의 담론인 예악禮樂이라고 하는 제도와 문화로 지지됐다. 따라서 묵자는 노동 착취의 원인은 생산관계가 아니고 신분차별의 문화이며, 그 문화와 이데올로기의 토대는 소비관계라고 본 것이다. 이것이 묵자의 이른바 '초과 소비' 이론이다.

이때의 '문화관계文化關係'란 기본적으로는 자연 대 인간 관계인 생산관계의 결과물인 재화를 분배하고 소비하는 '교통관계交通關係'였으며, 내용적으로는 인간과 상품, 인간과 인간이 정보를 주고받는 상호 '규정관계規定關係'였던 것이다. 이처럼 묵자는 정치·사회·문화 등 상부구조의 토대를 재화의 소비관계에서 찾는다는 점에서, 생산관계를 상부구조의 토대로 보는 마르크스와 구별된다.

그러나 인간의 삶이 기본적으로 노동관계라는 점과 그 소외된 노동관계를 인간 대 인간의 착취관계로 보는 것은 동일하다. 묵자가 재화의 소비와 문화에 대하여 비판이론을 집중시킨 것은 오히려 오늘날 마르크스의 생산관계로부터 일터 밖의 일상적인 삶과 문화로 관심을 옮긴 서구 마르크스주의자들과 더욱 가깝다. 2,500년 전 묵자의 '초과 소비론'은 보드리야르Jean Baudrillard(1929~2007)가 지적한 것처럼 오늘날 소비는 파괴가 되어버렸다는 '소비사회론'과 르페브르의 '소비 조작의 관료사회론'과 비슷한 맥락이다. 또한 묵자의 문화혁명론은 오늘날 르페브르의 주체적인 삶을 탈환하기 위한 '일상성의 단절'과 '영구 문화혁명론'과 비슷한 것이다.

2,500년 전에 소비 이론이라니? 놀라움과 함께 의심이 들 것이다. 그 당시는 생산력이 미개했고 굶주림의 시대가 아니었던가? 그렇다. 묵자의 최대 관심사도 얼어 죽고, 굶어 죽는 사람들이었다. 그러나 그가 본 것은 엄청난 재화를 쏟아붓는 전쟁이었

으며, 지배자들의 창고에서 썩어나는 재화였다. 거기서 그는 재화의 잘못된 소비를 발견한 것이다. 그러나 인류는 2,500년 동안 묵자의 말에 귀를 기울이지 않았다. 이제야 지구가 쓰레기로 썩어가고 파괴될 지경에 이르자 초과 소비를 생각하게 되었다.

마르크스는 생산력, 생산관계, 상부구조의 도식에 따라서 상부구조의 이데올로기는 경제적 토대의 반영이며 계급적 소유관계를 옹호하는 관념으로 파악했다. 따라서 이데올로기의 변혁을 위해서는 사적 소유 제도를 없애야 한다고 생각한 것이다.

그러나 마르크스의 이데올로기의 토대 구속성은 애매한 곳이 많다. 예컨대 가톨릭과 프로테스탄트 또는 불교가 동시에 공존하는 사회의 경우에 그것을 구속하는 토대인 생산관계는 무엇인지, 또는 각각 다른 토대가 어떻게 공존하는지를 설명할 수 없다. 또한 아직 존재하지 않는 미래의 사회주의라는 이데올로기는 어떤 토대에 의해 결정되는지 분명하지 않다.

또한 마르크스는 역동적인 프롤레타리아의 혁명을 주장하면서도 한편으로는 그의 토대 결정론에 의한 혁명의 필연성을 주장하는 자가당착에 빠진다.

이와는 달리 서구 좌파는 인간 의식의 자발성과 실천적 의의를 높이 평가하고 유물론적 객관주의를 반대한다는 점에서 오히려 묵자의 문화혁명론에 가깝다고 볼 수 있을 것이다. 카를 만하임Karl Mannheim(1893~1947)은 사상이나 관념이 사회경제적 토대에 의하여 규정된다는 유물사관을 지식사회학으로 발전시켰으나, 마르크스의 계급주의적 접근을 포기하고 이데올로기를 사회구조의 기초로 보았다. 마르크스가 총체성을 프롤레타리아에게 부여한 대신에 만하임은 인텔리겐치아에서 진리의 주체를 구하려 한다는 점에서 마르크스와 다르다. 묵자는 하느님의 겸애와 교리를 실천하는 민중에게 총체성을 부여한다는 점과 소비문화를 토대로 본다는 점에서 만하임과 너무도 유사하다.

근대 산업혁명은 인간을 해방하리라 기대했지만, 인간의 자유 대신 소유와 자본의 자유만이 보장되는 공장제 생산제도를 탄생시켰으며, 이로써 근대 자유주의는 불행하게도 자본가는 자유롭고 노동자는 자유롭지 못한 사회로 전락하고 말았다.

인간의 삶이 생산 양식에서는 자본으로부터 소외되고 소비 양식에서는 문화로부터의 소외되는 근대 사회는 오늘날 인간 대 정보의 정보 양식이 삶의 지배 양식이 되었으며 보이지 않는 정보로부터 인간이 소외되는 이른바 정보화 사회가 되었다.

이러한 정보화 사회는 생산 양식보다도 소비 양식과 문화 양식이 사회관계를 지배하는 사회다. 그러므로 현대 사회에 대한 새로운 비판이론이 요구된다면 마르크스와 더불어 소비와 문화에 주목한 묵자의 비판이론을 주목할 필요가 있을 것이다.

이상에서 살펴본 바와 같이 묵자의 노동관 내지 경제관은 혁명적이고 선각자적인 것이며 오늘날에도 유효한 것이다.

묵자墨子/경설經說 하/하

나는 나를 부린다.	我使我
내가 나를 부리지 못하면 남이 나를 물들여 부린다.	我不使亦使我.

호사스런 음악과 장례 반대

묵자는 당시 유가들의 예악禮樂을 반대했다. 그러므로 당연히 유가들의 음악을 반대한다. 이것을 묵자의 비악론非樂論이라고 말한다. 당시 통치의 두 수레바퀴는 예禮와 악樂이었다. 예는 나누어 차별하고 악은 화합하는 역할을 한다고 생각했다. 물론 예와 악은 지배계급인 인人에게만 해당된다. 인에게는 법이 적용되지 않고 예만 적용되며, 피지배계급인 사민四民에게는 법만 적용되는데 2,500가지의 죄목에 구속을 받았다. 당시 악은 이처럼 지배계급들의 화합과 쾌락과 신분 과시를 위한 것이었다. 묵자가 민중에게 이로운 음악이라면 어찌 비난하겠느냐고 반문한 것은 바로 그 때문이다.

묵자墨子/공맹公孟

공맹자가 말했다.

"나라가 어지러우면 다스리고

나라가 다스려지면 예악禮樂을 만들고

나라가 가난하면 생업에 종사하고

나라가 부해지면 예악을 만드는 것입니다."

묵자가 말했다.

"나라가 태평한 것은 힘써 판결하고 다스렸기 때문이며

정치에 힘쓰지 않았다면 나라의 다스려짐도 없는 것입니다.

나라가 부유한 것은 생업에 종사했기에 부유해진 것이며

일을 열심히 하지 않으면 나라의 부유함도 없는 것입니다.

…지금 그대는 나라가 다스려지면 예악을 만들고

나라가 어지러워지면 다스린다고 말하지만

이는 비유컨대 목마르게 되자 그제야 샘을 파고

죽고 나서야 의사를 찾는 것과 같은 것입니다.

옛날 삼대 폭군인 걸·주·유·려는

음악을 성대하게 하면서 인민을 돌보지 않아

결국 제 몸이 찢기는 죽음의 형벌을 당했던 것이며

나라는 망하고 후사도 끊겼으니

모두 유가들의 이런 도리를 따랐기 때문입니다."

公孟子曰.

國亂則治之

國治則爲禮樂

國貧則從事.

國富則爲禮樂.

子墨子曰.

國之治也 聽治故治也

治之廢 則國之治亦廢.

國之富也 從事故富也

從事廢 則國之富亦廢

…今子曰 國治則爲禮樂

亂則治之

是譬猶噎 而穿井也

死而求醫也.

古者三代暴王 桀紂幽厲

蘭爲聲樂 不顧其民

是以身爲刑僇

國爲虛戻者

皆從此道也.

묵자墨子/비악非樂 상

음악을 비난하는 까닭은

…위를 상고해 볼 때 성왕의 법도에 맞지 않고

아래를 살펴볼 때 인민의 이익에 맞지 않기 때문이다.

所以非樂者

…上考之 不中聖王之事

下度之 不中萬民之利.

배는 물에서 쓰고, 수레는 땅에서 쓰므로	舟用之水 車用之陸
군자들은 걷지 않아 발을 쉴 수 있게 되고	君子息其足焉
소인들은 어깨와 등을 쉴 수 있다.	小人休其肩背焉.
그러므로 사람들은 필요한 재물을 그들에게 바쳐도	故萬民出財齎而予之
감히 원망하거나 한탄하지 않았다.	不敢以爲戚恨者
왜냐하면 도리어 인민의 이익에 부합됐기 때문이다.	何也 以其反中民之利也.
그런즉 악기가 도리어 인민의 이익에 맞다면	然則樂器反中民之利
나는 수레와 배처럼 감히 음악을 비난하지 않겠다.	亦若此 卽我弗敢非也.

묵자는 같은 이유로 유가들의 호화롭고 낭비적인 장례제도를 반대했다. 이것을 묵자의 박장론薄葬論이라고 말한다. 당시 이러한 장례 문제는 지배 이데올로기의 문제였다. 그러므로 유가·묵가의 장례 논쟁은 이념 논쟁이었다. 그래서 유묵儒墨뿐만 아니라 제자백가들도 모두 장례 논쟁에 끼어들었을 정도로 심각한 논쟁이었다. 특히 제도와 문화를 재화의 소비 양식으로 파악하는 묵가들은 장례제도를 재화의 초과 소비 문화로 간주했고 이것이 당시의 지배 체제 내지 착취구조를 지탱하는 것이라고 보았다.

묵자墨子/공맹公孟

공맹자가 말했다.	公孟子曰.
"삼년상은 어린아이가 부모를 사모하는 것을 본뜬 것입니다."	三年之喪 學吾之慕父母
묵자가 말했다.	子墨子曰.
"대저 어린아이의 지혜로는	夫嬰兒子之知
오직 부모만을 사모할 뿐이며	獨慕父母而已
부모가 좋아하지 않는데도 울면서 그치지 않습니다.	父母不可得也 然號而不止
이것은 무엇 때문입니까?	此其故何也
어린이는 지극히 어리석기 때문입니다.	卽愚之至也.
그러므로 유가들의 지혜를	然則儒者之知

어찌 어린아이의 지혜보다 더 어질다고 하겠습니까?" 豈有以賢於嬰兒子哉.

묵자墨子/절장節葬 하

반대로 유가들의 주장을 본받고 그들의 계책을 쓴 결과, 意亦使法其言 用其謀

후한 장례와 오랜 상례라는 것이 厚葬久喪.

실은 가난한 자를 부하게 하거나, 인민을 많아지게 하거나 實不可以富貧衆寡

위태로움을 안정시키거나, 혼란을 다스리는 방책이 아니라면 定危理亂乎

이것은 어짊이 아니고 의로움이 아니고 此非仁非義

효자로서 할 일이 아닐 것이다. 非孝子之事也.

만약 왕공대인들이 상을 당했다면 此存乎王公大人有喪者

겉 관은 반드시 여러 겹으로 할 것이고 曰棺槨必重

매장은 반드시 깊게 할 것이며, 수의는 반드시 많이 입히고 葬埋必厚 衣衾必多

무늬와 수를 화려하게 할 것이며, 봉분은 크게 할 것이다. 文繡必繁 丘隴必巨.

그리고 금과 옥과 구슬로 시체를 덮을 것이고 然後金玉珠璣比乎身

비단 천과 비단 실로 시체를 싸고 묶을 것이며 綸組節約

수레와 말을 무덤에 묻을 것이다. 車馬藏乎壙

또 장막과 천막, 솥과 그릇, 又必多爲屋幕 鼎鼓

탁자와 자리, 항아리와 접시, 几梴壺濫

창과 칼, 깃털과 깃발, 상아와 가죽갑옷 등을 戈劍羽旄齒革

무덤에 묻거나 침능에 버리고야 만족할 것이다. 寢而埋之滿意

죽은 자를 이사 가는 것처럼 보내야 한다고 말하면서 若送從.

천자와 제후가 죽으면 순장을 하되 曰 天子諸侯殺殉

많으면 수백 명, 적으면 수십 명을 생매장한다. 衆者數百 寡者數十

장군과 대부의 순장은 將軍大夫殺殉

많으면 수십 명 적으면 몇 사람을 생매장한다. 衆者數十 寡者數人.

필부·천인에게 죽은 자가 있으면	存乎匹夫賤人死者
가산이 모두 고갈될 것이며,	殆竭家室
만약 제후가 상을 당했다면	存乎諸候死者
나라의 창고가 텅 비게 될 것이다.	虛府庫.
…이와 같이 후한 장례를 계산해 보면	…計厚葬
거두어들인 재물을 너무 많이 묻어버리고,	爲多埋賦財者也.
오랜 상례를 계산해 보면	計久喪
너무 오랫동안 생업에 종사하는 것을 막는다.	爲久禁從事者也.
결국 생전에 이룬 재물을 무덤에 묻어버리고,	財以成者 扶而埋之
뒤에 남은 후생들에게	後得生者
오랫동안 생산 활동을 금지한다.	而久禁之.
이렇게 하면서 부유하기를 바라는 것은	以此求富
농사를 금하면서 수확을 바라는 것과 같다.	此譬猶禁耕而求穫也

그러나 장자는 묵가들은 천하에 좋은 사람들이며 '재사才士'들이지만, 세상의 인정
과 거리가 너무 먼 것이라 비평했다.

장자莊子/잡편雜篇/천하天下

후세를 위해 사치하지 않고, 만물을 낭비하지 않고	不侈於後世 不靡於萬物
예와 법도를 화려하게 하지 않고	不暉於數度
먹줄처럼 스스로를 바로잡아 세상의 필요에 대비했다.	以繩墨自矯 而備世之急.
옛 도술에 이런 것이 있었는데	古之道術 有在於是者
묵자와 금골리禽滑釐는 그런 기풍을 듣고 설복당했다.	墨子禽滑釐 聞其風而說之.
일을 할 뿐 즐기지 않는 것을 '절용'이라 말하고	作爲非樂 命之曰節用.
살아생전에 노래하지 않고 죽어도 복服을 입지 않았다.	生不歌 死無服.
묵자는 두루 사랑하고 평등하며 이롭게 한다고 주장하며	墨子汎愛兼利

전쟁을 반대했다.

그의 도道는 노엽게 하지 않고 배우기를 좋아하고

널리 펴 차등이 없는 것을 좋아했다.

그래서 선왕의 도와 같지 않고 옛 예악을 훼손했다.

묵자의 도를 일부러 파괴하려는 것은 아니다.

그렇지만 노래할 때 노래하지 않고, 곡할 때 곡하지 않고

즐거울 때 음악을 않는 것이 과연 인정에 맞는 법도인가?

그들은 살아서는 근면하라고 하고 죽어서는 야박하니

그들의 도는 크게 각박한 것이다.

사람을 걱정하게 하고 슬프게 하는 것이니

실행하기 어려운 것이며

성인의 도라고 할 수 없을 것이다.

또한 천하의 인심에 반하고 천하가 감당할 수 없으니

왕도와는 거리가 먼 것이다.

…그렇지만 묵자는 참으로 천하의 호인이며

장차 다시는 만날 수 없는 사람일 것이다.

과연 비록 몸이 고목이 되어도 그치지 않았으니

재사才士로구나!

而非鬪

其道不怒 又好學

而博不異

不與先王同 毁古之禮樂.

未敗墨子道

雖然 歌而非歌 哭而非哭

樂而非樂 是果類乎.

其生也勤 其死也薄

其道大觳.[1]

使人憂 使人悲

其行難爲也

恐其不可以爲聖人之道

反天下之心 天下不堪

其去王也遠矣.

…雖然 墨子眞天下之好也

將求之不得也.

雖枯不舍也

才士也夫.

1_ 觳(곡)=觳薄.

그의 반전운동은 전쟁이 일어나면 침략받는 나라를 방어해 주는 것으로 만족한

것은 아니다. 그는 전쟁을 문화·사회적으로 관찰했으므로 전쟁을 없애기 위해

의식 개혁 운동과 함께 적극적으로 유세했다. 그는 놀랍게도 전쟁으로 인한 재화의

낭비와 노동 손실을 지적하고, 전쟁 비용으로 적국에게 경제 원조를 해서 적국의 인민을 도와주는 것

이 하느님의 뜻이며 평화의 길이라고 주장했다.

전쟁은 무엇인가?

인류의 원죄인가?

인류 역사는 전쟁사가 그 전부일 정도로 전쟁 영웅을 찬양
하고 전쟁을 하나의 제도로서 공인해 왔다. 피카소Pablo
Picasso (1881~1973)의 유명한 그림인 〈게르니카Guernica〉는
스페인 내전 당시(1937) 피레네 산맥의 작은 도시 게르니카의 비극을 그린 작품이다.
그리고 보면 인류의 재앙인 전쟁은 인류가 떨쳐 버릴 수 없는 원죄인지도 모른다.

인공위성에서 지구를 내려다보면 산과 바다 외에는 만리장성이 보인다고 한다. 그
런데 최근 중국의 발표로는 장성의 총길이가 7,865km가 된다고 하니 만리장성이 아
니라 이만리장성이라고 불러야 할 것 같다. 이 장성은 이전부터 있었던 것을 진시황
이 연결하기 시작하여 명나라 영락제永樂帝(재위 1402~1424)까지 무려 2천 년 동안 쌓

은 것이다. 이것은 유목민족의 침략에 대비하여 농경민족인 한족이 수천만 명의 인력을 동원하여 쌓은 전쟁사의 기념비적 유물이다.

우리나라의 팔만대장경은 몽골 침략에 저항한 고려 인민들의 피와 땀의 결정체였다. 경판이 81,258장이며 책으로는 6,589권 5천만 자에 달하는 방대한 것이다.

『구약성경』의 에덴동산 추방 사건도 전쟁의 역사다. 후빙기인 기원전 4000년경 동쪽에서 바그다드 지방으로 이주해 온 수메르족의 후손인 아담과 이브가 기원전 3100년경 티그리스·유프라테스 상류의 비손강에 둘러싸인 하월라 지방과 기혼강이 둘러싼 구수온 지방 즉 지금의 아르메니아 고원의 서남쪽 지역에 에덴동산을 건설했으나, 원주민인 아카드인들의 저항을 받고 거기서 쫓겨난 사건이다.

창세기/3장/23~24절

여호와 하나님이 에덴동산에서 그들을 쫓아내고 그들의 터전이었던 토
지를 갈게 하시니라. 에덴동산 동편에 그룹들과 화염검을 두어 생명나
무의 길을 지키게 하시니라.

전쟁의 신들

기독교의 신이 된 유대 민족의 부족신 야훼는 인종청소를 명하는 잔인한 전쟁신이었다. 모세도 전쟁 영웅이었다.

신명기/20장/1~4절

원수를 치러 싸움터에 나갔다가 적군이 너보다 많더라도 두려워하지
말라. 너희를 애급 땅에서 구해주신 야훼께서 너희 편에 서주신다.
싸움이 어우러지기 전에 사제는 나서서 군인들에게 이렇게 말하여라!
너 이스라엘은 들어라! 야훼께서 너희와 함께 진격하시어 너희 원수를
쳐주시고 너희에게 승리를 안겨주실 것이다.

신명기/20장/10~14절

어떤 성에 접근하여 치고자 할 때는 먼저 화평하자고 외쳐라!

만약 그들이 화평하기로 하여 성문을 열거든 너희는 안에 있는 백성을
모두 노예로 삼아 부려라!

만일 그들이 너희와 화평할 생각이 없어서 싸움을 걸거든 성을 포위 공
격해라!

너희 신 야훼께서 그 성을 너희 손에 붙이실 터이니 거기에 있는 남자를
모두 칼로 쳐 죽여라!

여자들과 아이들과 가축들과 그 밖의 성안에 있는 모든 것을 전리품으
로 차지해도 된다.

플루타르코스의 『영웅전』뿐만 아니라 우리들의 위인전은 대체로 전쟁 영웅들이다.
이로부터 인류는 전쟁이야말로 가장 선하고 명예로운 것으로 인식하게 되었다. 더구
나 해방은 전쟁이 가져다주는 것으로 믿게 되었다. 앞서 말했듯 호메로스의 신들도
모두 전쟁의 신들이다(이 책 4장의 '서양의 신' 참조).

전쟁 찬양론

『논어』의 「팔일八佾」편은 천자의 무악舞樂에 대한 글이다. 무
악에는 문무文舞와 무무武舞가 있는데 무무는 전쟁을 찬양하
는 춤이다.

좌전左傳/은공隱公5년(BC 718)

구월에 중자仲子의 사당이 완공되어   九月 考仲子之宮.

무악舞樂을 연주하고자   將萬[1]焉

1_ 萬(만)=文舞와 武舞를 총칭함. 文舞=왼손에 피리 오른손에 꿩 꼬리를 들고 추는 蕭舞. 武舞=왼손에 朱干 오른손에

대부 중중衆仲에게 춤추는 사람의 수를 물었다.	公問羽數²於衆仲.
중중이 대답했다.	對曰
"천자는 팔 일佾, 제후는 육 일,	天子用八. 諸侯用六.
대부는 사 일, 사士는 이 일입니다."	大夫四 士二.
공은 그의 말을 따랐다.	公從之
이때 처음으로	於是
서른여섯 명의 춤을 추었으니 육 일이 시행되기 시작했다.	初獻六羽 始用六佾.

　공자는 전쟁을 좋아하지 않았으나 천자의 전쟁은 인정했다. 맹자도 마찬가지였다. 그들은 전쟁을 천자가 제후를 징계하는 정치 행위로 보았다. 유명한 병가兵家인 손자 孫子(孫武)도 전쟁을 정치 행위로 보았다.

논어論語/위영공衛靈公 1

위衛나라 영공靈公이 공자에게 진법을 물었다.	衛靈公問陳於孔子
공자가 대답했다. "일찍이 제사 지내는 일은 들었으나	對曰 俎豆之事則嘗聞之矣
군사에 관한 일은 배운 바가 없습니다."	軍旅之事未之學也.
공자는 그 이튿날 위나라를 떠났다.	明日遂行.

논어論語/계씨季氏 2

천하에 도가 있으면	天下有道
예악과 정벌이 천자로부터 나오고	則禮樂征伐 自天子出.
천하에 도가 없으면	天下無道
예악과 정벌이 제후로부터 나온다.	則禮樂征伐 自諸侯出.

　玉戚을 들고 추는 干舞.

2_ 羽數(우수)=꿩 깃털을 들고 춤추는 사람의 수.

천하에 도가 있으면 정치가 대부에게 있지 않고	天下有道則 政不在大夫
천하에 도가 있으면 서민들이 정치를 논의하지 않는다.	天下有道則 庶人不議.

맹자孟子/진심盡心 하

춘추시대에는 의로운 전쟁이 없었다.	春秋無義戰
저 전쟁이 이 전쟁보다는 선하다고는 말할 수 있을 것이다.	彼善於此則有之矣.
정벌은 위에서 아래를 정벌하는 것이다.	征者上伐下也.
적대하는 제후국들끼리는 서로 정벌하지 못하는 것이다.	敵國不相征也.

손자孫子/시계始計

전쟁은 국가의 대사다.	兵者國之大事
생사의 문제이며 존망의 길이기 때문이다.	死生之地 存亡之道.
전쟁은 속이는 도道다.	兵者詭道也.

손자孫子/모공謀攻

무릇 용병의 법은 나라를 온전하게 하는 것이 최상이며	凡用兵之法 全國爲上
나라를 파괴하는 것은 그다음이다.	破國次之
군대를 온전하게 하는 것이 최상이며	全軍爲上
군대를 파괴하는 것은 그다음이다.	破軍次之.
그러므로 백 번 싸워 백 번 이기는 것은	是故 百戰百勝者
최선이 아니며	非善之善者也
싸우지 않고 이기는 것이	不戰而屈人之兵
최선이다.	善之善者也.
그러므로 최상의 병법은 모의를 깨는 것이며	故上兵伐謀
다음은 외교전으로 교린을 깨는 것이며	其次伐交
그다음은 병사를 깨는 것이며	其次伐兵

최하는 성을 공략하는 것이다.   其下攻城.

헤라클레이토스는 다음과 같이 전쟁을 예찬했다.

서양철학사 A History of Western Philosophy

헤라클레이토스는 말한다. "모든 가축은 매질을 함으로써 목장으로 몰
아갈 수 있다. 나귀는 금보다 짚을 좋아한다." 그는 역시 전쟁의 힘을 믿
는다. "전쟁은 만물의 아버지요, 왕이다. 전쟁이 어떤 것은 신으로 만들
었고, 또 어떤 것은 사람으로, 또 어떤 것은 노예로, 또 어떤 것은 자유인
으로 만들었다. … 전쟁은 보편적인 것이며 싸움이 정의라는 것을, 모든
것이 싸움으로 인하여 된다는 것을 알아야 한다."

아리스토텔레스는 그리스인들 간의 전쟁을 반대했다. 그러나 노예와 야만인에 대
한 전쟁은 정당한 것이었다. 그에 의하면 국가가 추구하는 행복은 전쟁을 통하여 얻
을 수 있을지 모르나 전쟁 그 자체가 행복이 되어서는 안 된다. 한 국가의 행복은 평
화로운 활동이어야 한다는 것이다. 그러나 예외가 있으니 즉 '그 본성상 노예인 자
들'을 정복하는 일은 바르고 정당하다고 주장한다. 이것은 결국 야만인들에 대한 전
쟁은 선행이나 그리스인들에 대한 전쟁은 악행이라는 것이다.

『구약성경』은 "살인하지 말라! 동족 중에서 왕을 세우되 군마를 많이 기르지 말
라!"고 가르치기도 하지만(「신명기」 17장 15~16절), 앞서 언급한 것처럼 잔인한 전쟁신
야훼를 믿는 유대족의 역사서다. 예수도 용서와 화해를 말하고(「마태」 6장 20절), "악
한 자를 대적치 말며 원수를 사랑하라"고 가쳤지만 성경은 제도로서의 전쟁에 대해
서는 침묵했다(「누가」 6장 29절, 「마태」 5장 39~44절).

클라우제비츠Carl von Clausewitz(1780~1831)는 그의 『전쟁론Vom Kriege』에서 "정치
는 칼 없는 전쟁이요, 전쟁은 칼을 가진 정치"라고 말했다. 이것은 오늘날 국제법과

똑같은 내용이다. 오늘날 국제간에는 일반적인 국제법이 있고 개별 국가 간의 조약도 있으나 그것을 보장하는 힘으로서 전쟁이 공인되어 있다. UN도 전쟁을 인정한다.

묵자의 반전 평화운동

묵자의 전쟁론   묵자는 인류사에 최초로 전쟁에 대해 고찰하고 반전운동을 전개한 사상가였다. 그는 전쟁을 도덕적 정치적으로 고찰할 뿐만 아니라 사회·문화·경제적으로 고찰한다. 그는 전쟁을 노예주들이 노예를 얻기 위한 살인 행위라고 규정했다.

① 전쟁은 반천륜 반인륜

묵자는 군주와 국가, 도리와 진리 등 그 어떤 보편적 이념보다도 인간의 생명과 민중의 이익을 더 중시한 사상가였다. 묵자는 스스로 자기 사상을 '천하에 남이란 없다(天下無人)'는 한 마디로 요약했다. 그는 '네 이웃을 내 몸같이 사랑하라!'고 가르칠 뿐만 아니라, 한 걸음 더 나아가 '남의 나라를 내 나라처럼 사랑하라!'고 가르쳤다. 이 말은 인류 역사상 묵자 이외에는 아무도 주장하지 못한 성스러운 말이다.

또한 그는 전쟁은 하느님의 뜻을 어기는 반인륜적 죄악으로 단죄했다. 하느님의 뜻은 겸애와 교리다. 그러므로 전쟁은 하느님의 백성을 살해하는 하느님에 대한 반역이라는 것이다.

묵자墨子/대취大取

한 사람을 죽여 천하가 보존됐다 해도   殺一人以存天下
살인은 천하를 이롭게 하는 것이라고 말할 수 없다.   非殺一人以利天下也.

그러나 자기를 죽여 천하가 보전됐다면   殺己以存天下
자기를 죽인 것은 천하를 이롭게 한 것이라고 말할 수 있다.   是殺己以利天下.

묵자墨子/겸애兼愛 중

두루 평등하게 서로 사랑하고   然則兼相愛
서로 이롭게 하는 방법은 어떻게 해야 하는가?   交相利之法 將奈何哉.
묵자의 말은   子墨子言
남의 나라 보기를 제 나라같이 보고   視人之國 若視其國.
남의 가문 보기를 제 가문같이 보고   視人之家 若視其家
남 보기를 제 몸같이 보라고 한다.   視人之身 若視其身.

묵자墨子/법의法儀

천하의 크고 작은 모든 나라는   今天下 無小大國
모두 하느님의 고을이다.   皆天之邑也.
사람은 어린이나 어른이나 귀하거나 천하거나   人無幼長貴賤
모두 똑같은 하느님의 신하다.   皆天之臣也.
…이것으로 하느님의 바람을 알 수 있으니   …是以知天欲
서로 사랑하고 서로 이롭게 하기를 바라고   人相愛相利
서로 미워하고 해치는 것을 바라지 않는 것이다.   而不欲人相惡相賊也.

묵자墨子/천지天志 중

하늘의 뜻은   天之意
큰 나라가 작은 나라를 공격하고   不欲大國之攻小國也
큰 가문이 작은 가문을 어지럽히고   大家之亂小家也
강자가 약자를 겁탈하고 다수가 소수를 폭압하고   强之暴寡
지혜로운 자가 어리석은 자를 속이고   詐之謀愚

귀한 자가 천한 자를 업신여기는 것을 바라지 않는다.	貴之傲賤
이것은 하늘이 원하지 않는 것들이다.	此天之所不欲也.
여기에 그치지 않고 더 나아가	不止此而已
하늘은 사람들에게 힘을 가진 자는 서로 도와주고	欲人之有力相營
도리를 가진 자는 서로 가르쳐 인도하고	有道相教
재물을 가진 자는 서로 나누어 주기를 바란다.	有財相分也.

② 전쟁은 정치제도

묵자에 의하면 전쟁은 노예를 만들어내는 정치제도라는 것이다. 일찍이 묵자와 거의 동시대인 헤라클레이토스가 지적한 대로 전쟁은 노예를 사냥하기 위한 것이었다. 당시 자유인들은 노동을 천시했으므로 헤겔이 지적한 대로 노예변증법에 의해 노예의 노동에 의존하지 않으면 살아갈 수 없는 불구화된 계급이었다. 그러므로 그들이 살아가려면 노예 노동을 확보하는 것이 필수적이었다. 마치 육식 맹수들이 다른 동물을 잡아먹지 못하면 굶어 죽을 수밖에 없는 것과 마찬가지다. 이처럼 지배자들은 노예를 지배했지만 노동을 하지 않음으로써 불구화되어 노예 없이는 굶어 죽을 수밖에 없는 처지로 내몰려 결국 노예의 지배를 받을 수밖에 없게 된다. 이것을 노예변증법이라고 말한다.

묵자墨子/경설經說 하/하

전쟁은 민중을 물들여 시킨 것이며	殷戈 亦使殷
의롭지 못한 것도 민중을 물들여 시킨 것이다.	不義亦使殷.[3]

③ 전쟁은 재화의 초과 소비

전쟁은 재화를 그 본래 목적대로 사용하는 것이 아니라 본래 목적과는 달리 파괴하

3_ 使(사)=여기서는 所染을 말함. 殷(전)=殷, 즉 衆의 誤.

는 것이다. 호화로운 궁궐, 사치스런 의복, 재물을 묻고 사람까지 묻는 호사스런 장례도 초과 소비이지만 전쟁이야말로 파괴적인 초과 소비의 전형적인 사례다. 이런 초과 소비를 아름답고 좋은 것으로 여기도록 만드는 지배 문화는 지배 체제를 지탱해 준다.

묵자墨子/비공非攻 하

그러나 오늘날 왕공대인과 천하의 제후들은	今王公大人天下之諸侯
…견고한 갑옷과 예리한 병기로 군사를 무장시켜	…於此爲堅甲利兵
죄 없는 나라를 공격하고 정벌하고자 진격한다.	以往攻伐無罪之國.
남의 나라 변경을 침략하여	入其國家邊境
농사지은 곡식을 짓밟고 나무를 베며	芟刈其禾稼 斬其樹木
성곽을 무너뜨리고 도랑과 연못을 메우며	墮其城郭 以湮其溝池
가축을 빼앗고 죽이며 종묘와 사당을 불 지르고 허물며	攘殺其牲牷 燔潰其祖廟
인민을 쳐 죽이고 어린이와 늙은이를 짓밟는다.	刭殺其萬民 覆其老弱.
…끝내 쳐들어가 전투를 독려하며 말한다.	…卒進而極乎鬪
'목숨을 바쳐 죽는 것이 가장 훌륭하고	曰 死命爲上
많은 사람을 죽이는 것은 그다음 공훈이고	多殺次之
부상을 입고 병신이 되는 것은 하급 공훈이다.'	身傷者爲下.
대열을 이탈하거나 뒤돌아 달아나는 자는	又況失列北橈乎哉
죽을죄이니 용서치 않겠다며 병사들을 협박한다.	罪死無赦 以譚其衆.
…과연 이 전쟁이 하늘을 이롭게 하는 것인가?	…意將以爲利天乎.
대저 하느님의 백성을 취하여 하느님의 도읍을 침공하고	夫取天之人 以攻天之邑
하느님의 백성을 찔러 죽이는 것이니	此刺殺天民
…하느님의 이익에 맞지 않다.	…則此上不中天之利矣.
아니면 귀신을 이롭게 하는 짓인가?	意將以爲利鬼乎
대저 하늘의 인민을 죽이고,	夫殺天之人
귀신의 제주祭主를 공격하여 멸망시키며	滅鬼神之主

선왕의 사당을 폐지하여 없애는 것이니	廢滅先王
···귀신의 이익에도 맞지 않는 것이다.	···則此中不中鬼之利矣.
아니면 인민에게 이로운 것인가?	意將以爲利人乎.
대저 사람을 죽이는 것이	夫殺之人
사람에게 이롭다는 것은 야박하다.	爲利人也博矣
또 전쟁의 낭비를 계산해 보면	又計其費
이것이야말로 삶의 근본을 해치는 것으로	此爲害生之本
천하 인민의 재물과 이용을 고갈시킴이	竭天下百姓之財用
다 셀 수조차 없다.	不可勝數也.
그러므로 전쟁은 인민의 이익에 맞지 않는 것이다.	則此下不中人之利矣.

④ 전쟁은 식인종의 문화

전쟁은 엄청난 재화를 파괴하는데도 그것을 장엄한 아름다움으로 생각하게 만든다. 그것은 지배자들이 여러 성인의 말로 찬양하여 사람들의 마음을 물들이고 그것이 관습으로 굳어져서 재화의 낭비가 아름다움으로 둔갑한 것이다.

그리고 한 사람을 죽이는 것은 죄악이지만 전쟁으로 많은 사람을 죽이는 것은 상을 받아야 마땅하다고 주장하고 훈장을 주며 의식화시킨다. 그래서 결국 전쟁은 집단 살인 행위인데도 도리어 선이며 정의가 되었고, 명예로운 행위로 둔갑했다는 것이다.

이상을 종합하면 묵자의 반전론의 요점은 인류의 죄악인 전쟁을 막는 유일한 방법은 초과 소비의 문화를 절용의 문화로 의식혁명 내지 문화혁명이 요구된다는 것이다.

묵자墨子/노문魯問

노양 문군이 묵자에게 말했다.	魯陽文君語子墨子曰.
"초나라 남쪽에 사람을 잡아먹는 나라가 있습니다.	楚之南 有啖人之國者
맏아들을 낳으면 잡아먹으면서	其國之長子生. 則解而食之
다음에 낳을 아우를 위해 좋은 의식儀式이라고 말합니다.	謂之宜弟

그리고 맛이 좋으면 그것을 임금에게 바치고	美則以遺其君
임금은 그 아비에게 상을 줍니다.	君喜則賞其父
이 어찌 나쁜 풍속이 아니겠습니까?"	豈不惡俗哉.
묵자가 말했다.	子墨子曰.
"중국의 풍속도 이것과 같습니다.	雖中國之俗 亦猶是也
전쟁에서 그 아비를 죽인 후에	殺其父
그 아들에게 상을 주는 것이 중국의 풍속인데	而賞其子
과연 이것이	何以異
식인종의 풍속과 무엇이 다릅니까?	食其子而賞其父者哉.
진실로 어질고 의롭지 않은 자가	苟不用仁義
어찌 제 자식을 잡아먹는 식인종을 비난할 수 있겠습니까?"	何以非夷人食其子也.

묵자墨子/비공非攻 상

여기 한 사람이 남의 과수원에 들어가	今有一人 入人園圃
복숭아와 자두를 훔쳤다면	竊其桃李.
모든 사람들은 그를 비난할 것이며	眾聞則非之.
위에서 정사를 다스리는 사람은 그를 잡아 처벌할 것이다.	上爲政者 得則罰之.
왜 그럴까?	此何也.
그것은 남을 해쳐 자기를 이롭게 했기 때문이다.	以虧人自利也.
…그런데 죄 없는 사람을 죽이는 지경에 이르거나,	…至殺不辜人也
그의 옷을 벗겨 가고 창과 칼을 빼앗았다면	扡其衣裘 取戈劍者
그 불의는	其不義
소나 말을 훔친 것보다도 더욱 심할 것이다.	又甚入人欄廏 取人牛馬.
이것은 왜 그런가?	此何故也.
이것은 남을 해친 정도가 더욱 크기 때문이다.	以其虧人愈多.
남을 해침이 크면 클수록	苟虧人愈多

어질지 못함도 더욱 심할 것이고	其不仁茲甚矣
죄 또한 더 무거워야 할 것이다.	罪益厚.
이러한 이치에 대해 천하의 군자들은	當此 天下之君子
모두 알고 그것을 비난하며 그것을 불의라고 말한다.	皆知而非之 謂之不義.
그런데 이제 더 크게 남의 나라를 공격하는 것에 이르면	今至大爲攻國
비난할 줄도 모르고	則弗知非
따르고 기리며 도리어 의롭다고 말한다.	從而譽之 謂之義.
이것을 볼 때 오늘날 천하의 군자들은 과연	此可謂知
의와 불의를 분별하여 알고 있다고 말할 수 있겠는가?	義與不義之別乎.
지금 여기 한 사람이 있는데	今有人于此
검은 것을 조금 보고는 검다고 말하고	少見黑 曰黑
검은 것을 많이 보고는 희다고 말한다면	多見黑 曰白
이런 사람은	則以此人
흑백을 분별할 줄 모른다고 해야 할 것이다.	不知白黑之辯矣
또 쓴 것을 조금 맛보고는 쓰다고 말하고	少嘗苦 曰苦
쓴 것을 많이 맛보고는 달다고 한다면	多嘗苦 曰甘
이런 사람은 반드시	則必以此人
쓴맛과 단맛을 분별할 줄 모른다고 해야 할 것이다.	爲不知甘苦之辯矣.
지금 작은 불의를 보고는 그것을 비난하다가	今小爲非 則知而非之
정작 남의 나라를 공격하는 더 큰 불의를 보고는	大爲非攻國
비난하기는커녕	則不知非
도리어 칭송하고 좇으며 의로움이라 말하고 있다.	從而譽之 謂之義.
이들이 정말 정의와 불의를 분별한다고 말할 수 있겠는가?	此可謂知義與不義之辯乎.
이것으로 볼 때 오늘날 천하의 군자들은	是以知天下之君子也
정의와 불의를 분별하지 못하고	辯義與不義之

혼란에 빠져 있음을 알 수 있다. 亂也.

반전운동　　　　　공자는 관료 출신으로 귀족주의적이다. 벼슬에서 쫓겨난 후
에는 13년 동안 벼슬을 구하려 천하를 주유했다. 그러나 묵
자는 땅을 떼어 주겠다는 제후들의 제의도 거절하고 민중의 편에 서서 죽음을 무릅쓰
고 반전운동을 한 투쟁가였다.

　묵자는 전쟁이 일어나려 하면 제자들을 공격받는 나라로 미리 보내 방어에 임하게
하고 자신은 침략하려는 나라로 달려가서 왕을 만나 담판했다. '만약 공격한다 해도
300명의 제자들이 나의 우수한 방어 무기를 가지고 지키고 있으므로 절대 이길 수 없
을 것'이라 설득했다. 그래서 묵자는 송宋나라를 공격하려던 초楚나라를 설득하여 전
쟁을 사전에 막았으며, 초나라가 정鄭나라를 공격하려는 것을 막았고, 노魯나라를 공
격하려던 제齊나라를 저지시킨 일도 있었다.

묵자墨子/공수公輸

공수반公輸盤이 초나라를 위하여	公輸盤爲楚
성을 공격할 수 있는 무기인 운제雲梯가 완성되자	造雲梯之械成
송나라를 공격하려고 했다.	將以攻宋.
묵자가 그 소식을 듣고	子墨子聞之
제나라를 출발하여 열흘 낮, 열흘 밤을 걸어서	起於齊 行十日十夜
초나라 도읍에 도착하여 공수반을 만났다.	而至于郢 見公輸盤
…묵자가 말했다.	…子墨子曰.
"…나는 북방에서 선생이 성을 공격하는 운제雲梯를 만들어	…吾從北方 聞子爲梯
송나라를 공격하려 한다는 소문을 들었습니다.	將以攻宋.
…아무 죄도 없는 송나라를 공격한다는 것은	…宋無罪而攻之
어진 일이라고 할 수 없습니다.	不可謂仁.

그것을 알고 있으면서 간하지 않는 것 또한 | 知而不爭

충성이라고 말할 수 없습니다. | 不可謂忠.

간하여 뜻을 이루지 못하는 것 또한 | 爭而不得

최선을 다했다고 할 수 없습니다." | 不可謂强.

공수반은 설복됐다. | 公輸盤 服.

…묵자가 초나라왕을 알현하고 말했다. | …子墨子見王 曰.

"…저는 대왕께서 송나라를 공격하면 의리만 손상할 뿐 | …臣見大王之必傷義

송나라를 차지할 수 없다는 것을 보여드릴 수 있습니다." | 而不得宋.

초왕이 말했다. "좋은 말씀이오. | 王曰 善哉

그렇지만 공수반이 이미 나를 위해 운제를 만들었으니 | 雖然 公輸盤爲我爲云梯

반드시 송나라를 취하고 말 것이오!" | 必取宋

그래서 묵자는 공수반을 만났다. | 於是見公輸盤

묵자는 모의 전쟁을 위해 허리띠를 풀어 성을 만들고 | 子墨子解帶爲城

죽간으로 방어하는 기계를 만들었다. | 以牒爲械

공수반은 공격 무기를 바꾸어가면서 아홉 번이나 공격했으나 | 公輸盤九設攻城之機變

묵자는 아홉 번 모두 그것을 막아냈다. | 子墨子九距之.

…드디어 공수반은 굴복하며 이렇게 말했다. | …公輸盤詘而 曰

"나는 선생께 대항할 수 있는 방법을 알고 있지만 | 吾知所以距子矣.

말하지 않겠습니다." | 吾不言.

묵자가 말했다. | 子墨子亦曰.

"나 역시 선생의 숨은 계책을 알고 있지만 | 吾知子之所以距我

얘기하지 않겠습니다." | 吾不言.

초나라왕은 궁금하여 그 까닭을 물었다. | 楚王問其故.

묵자가 말했다. | 子墨子曰

"공수반의 숨은 계책이란 저를 죽이는 것입니다. | 公輸子之意 不過欲殺臣.

…그러나 저의 제자인 | …然臣之弟子

금골희禽滑釐 등 삼백 명이   禽滑釐等三百人

이미 저의 방어무기를 가지고   已持臣守圉之器

송나라 성 위에서 초나라의 침략을 기다리고 있습니다. 在宋城上 而待楚寇矣.

비록 저를 죽인다 해도 그들을 다 없앨 수는 없습니다." 雖殺臣 不能絕也.

초나라 왕이 말했다.   楚王曰

"좋소. 나는 송나라를 공격하지 않겠소."   善哉. 吾請無攻宋矣.[4]

 묵자의 반전운동은 전쟁이 일어나면 침략받는 나라를 방어해 주는 것으로 만족한 것은 아니다. 그는 전쟁을 문화·사회적으로 관찰했으므로 전쟁을 없애기 위해 의식개혁 운동과 함께 적극적으로 유세했다. 그는 놀랍게도 전쟁으로 인한 재화의 낭비와 노동 손실을 지적하고, 전쟁 비용으로 적국에게 경제 원조를 해서 적국의 인민을 도와주는 것이 하느님의 뜻이며 평화의 길이라고 주장했다.

묵자墨子/비공非攻 하

큰 나라가 의롭지 않으면 협동하여 그것을 걱정해 주고 大國之不義也 則同憂之.

큰 나라가 작은 나라를 공격하면   大國之攻小國也

협동하여 작은 나라를 구원해 주며   則同救之

작은 나라의 성곽이 온전치 못하면   小國城郭之不全也

그것을 보수해 주고   必使修之

곡식이 모자라면 그것을 나누어 주고   布粟之絕則委之

옷감이 부족하면 그것을 나누어 주어야 할 것이다. 幣帛不足則共之.

…공격과 전쟁을 하는 노력과 비용으로 나라를 다스린다면 …易攻伐以治我國

생산은 배로 커질 것이며   攻必倍.

군대를 동원하는 막대한 비용으로   量我師舉之弗

4_ 『여씨춘추』, 「愛類」편에서도 같은 내용이 있음.

제후들의 곤란을 구해 안정시켜 주면	以爭諸侯之斃
이로써 얻어지는 이익은 참으로 클 것이다.	則必可得而序利焉.

묵자墨子/노문魯問

노나라 도공悼公이 묵자에게 말했다.	魯君 謂子墨子曰.
"나는 제나라가 우리를 공격할까 걱정입니다.	吾恐齊之攻我也
구제할 방도가 없겠습니까?"	可救乎.
묵자가 말했다.	子墨子曰.
"…내가 주군에게 원하는 것은	…吾願主君之
위로 하느님을 존숭하고 귀신을 섬기며	上者尊天事[5]鬼
아래로는 인민을 사랑하고 이롭게 하여	下者愛利百姓
물산을 풍부하게 하며 외교 사령을 겸손하게 하여	厚爲皮幣 卑辭令
사방의 제후들과 예로써 두루 사귀면	亟[6]徧禮四鄰諸侯
온 인민들이 일어나 제나라의 침략을 방어하리니	敺國而以事齊
귀하의 걱정은 구제될 수 있습니다."	患可救也.

이처럼 묵자는 인류 최초의 위대한 반전 평화운동가였다. 그러나 묵가들은 탄압을 받아 자취를 감추었고 그의 책은 2천 년 동안 금서가 되었다. 왜냐하면 지배계급은 전쟁 반대를 용납할 수 없었기 때문이다. 묵자는 송나라를 위해 초나라의 침략을 막아주었는데도 송나라 사람들은 그를 고마워하기는커녕 냉대를 했다고 한다. 그러나 그는 그것으로 전쟁 반대 운동을 중지하지 않았다. 그리고 그의 제자들은 목숨을 버리면서 신념을 굽히지 않았다. 오늘날도 전쟁과 전쟁 영웅은 상찬을 받고 평화운동가는 이단자로 냉대를 받는다. 그러나 반전 평화운동은 결코 중단되지 않을 것이다.

5_ 事(사)=爭의 古字.
6_ 亟(극)=疾也.

묵자墨子/공수公輸

묵자는 송나라를 위해   子墨子

초나라의 공격을 중지시키고 돌아가는 길에   歸

송나라를 지나게 되었는데 마침 비가 내려서   過宋 天雨

그곳 마을 문 안에서 비를 피하고자 했다.   庇其閭中

그러나 마을 문지기가 그를 들여보내 주지 않았다.   守閭者不內也.

그래서 옛말에 이르기를   故曰

'사람들은 다스림이 신묘한 이의 공은 모르고   治於神者 衆人不知其功

싸움에 밝은 이의 공로는 알아준다'고 말하는 것이다.   爭於明者 衆人知之.

원전 읽기

第一篇 親士 친사

군주에게는 반드시 군왕의 뜻에 거슬리는
간쟁으로 나라와 사직을 보전하는 신하가 있어야 한다.

이 글은 묵자의 글이라기보다 후인이 덧붙인 것으로 보인다. 묵자는 친사(親士)가 아니라 친민(親民)이기 때문이다.
특히 2절의 글은 노장의 글이지 묵가의 글은 아니다. 묵자는 은둔자가 아니라 노동가요, 혁명가였기 때문이다.

1

나라를 다스리는 데 선비를 우대하지 않으면	入國¹ 而不存²其士
나라를 잃을 것이며	則亡國矣.
어진 이를 찾아 쓰는 일을 소홀히 하면	見賢而不急
임금을 소홀히 할 것이다.	則緩³其君矣
어진 자가 아니면 붙잡지 않고	非賢無急⁴
선비가 아니면 더불어 나라를 염려할 수 없다.	非士無與慮國
어진 이를 소홀히 하고 선비를 외면하고도	緩賢忘士
나라를 보존한 자는 일찍이 없었다.	而能以其國存者 未曾有也.
진晉나라 문공文公은 국외로 망명했으나 천하의 맹주가 되었고	昔者文公出走而正⁵天下
제齊나라 환공桓公은 나라를 쫓겨났으나 제후의 패자가 되었다.	桓公去國而霸諸候.
월越왕 구천句踐은	越王句踐
오吳왕 부차夫差에게 항복하는 모욕을 당했으나	遇吳王之醜
오히려 중원의 현군들을 두려워 떨게 했다.	而尙攝⁶中國之賢君

1_ 入國(입국)=入은 受也, 取也, 聽也. 따라서 誤字가 아니라면 '나라를 받다', '영지를 받다'가 된다. 국내 학자들은
　'어느 나라에 들어가 보다'로 解하고 있으나 잘못이다. 또는 入을 乂의 誤로 보아 治로 解한다. 따른다.

2_ 存(존)=찾아본다. 存恤(위문하고 찾아본다)의 뜻. '存在한다'로 解하는 이도 있으나 本節의 뜻과는 다르다.

3_ 緩(완)=다음 문장의 緩賢과 같이 소홀히 하다. 앞의 不急, 無急과 같은 뜻이다. 또는 援의 뜻으로 解하기도 한다.

4_ 非賢無急(비현무급)=어진 이가 아니면 가까이하지 않는다. 急=及也.

5_ 正(정)=畢沅은 正을 征으로 읽는다. 王念孫은 『爾雅』에서 正을 長이라고 한 것을 따라 盟主로 解한다. 다음의 霸諸
　候와 對文이므로 왕염손을 따른다.

이 세 사람이 명성을 얻고	三子之能達名成
천하에 공적을 이룬 것은	功於天下也
모두 자기 나라에서 오히려 큰 치욕을 당했기 때문이다.	皆於其國抑而大醜也.
가장 훌륭한 것은 실패가 없는 것이지만	太上無敗
그다음은 실패가 있었지만 이것을 딛고 이루는 것이다.	其次敗而有以成
이것을 일러 인재 등용을 잘하여 인민을 잘 부린다고 한다.	此之謂用民.
나는 이런 말을 들었다.	吾聞之曰
'편안한 거처가 없어서 편안한 마음이 없는 것이 아니고	非無安居也 我無安心也
풍족한 재물이 없어서 유족한 마음이 없는 것이 아니다.'	非無足財也 我無足心也.
그러므로 군자는 자신이 어려워도 남들을 편하게 해주며	是故君子自難而易彼
소인들은 자신은 편하고 남을 어렵게 만든다.	衆人自易而難彼.
군자는 벼슬에 나아가도 그 뜻을 굽히지 않고	君子進不敗其志[7]
물러나서는 그 충정을 다하며	內究其情[8]
비록 민중들과 섞여 있어도 원망하는 마음이 없다.	雖雜庸民 終無怨心.
그에게는 신념이 있기 때문이다.	彼有自信者也.
그러므로 스스로 어려운 일을 하려는 자는	是故爲其所難者
기필코 소기의 목적을 달성하지만,	必得其所欲焉
제 욕심만을 채우려 하는 자는	未聞爲其所欲
반드시 그가 싫어하는 결과를 면할 수 없는 것이다.	而免其所惡者也.
따라서 간사한 신하는 군주를 해치고	是故偪臣[9]傷君

6_ 攝(섭)=懾과 通用하여 두려워 떨다(孫詒讓). 필원은 습이라고 했다.

7_ 進不敗其志(진불패기지)=부귀공명에 나아가도 뜻을 꺾지 않는다.

8_ 內究其情(내구기정)=內는 伪의 誤로 보아 退의 뜻이다(俞樾). 물러나면 그 실정을 궁구한다. 혹은 情은 마음, 究는 서로 증오하는 것, 內는 退로 읽기도 한다.

9_ 偪臣(핍신)=본뜻은 군왕의 權臣. 그러나 다음의 弗弗之臣과 通하지 않는다. 손이양은 偪을 佞의 誤로 읽어 '간사한 신하'로 解한다. 따른다.

아첨하는 아랫사람은 윗사람을 해친다.

그래서 군주에게는 반드시 군왕의 뜻에 거슬리는

간쟁으로 나라와 사직을 보전하는 신하가 있어야 하고,

윗사람에게는 정정당당히 곧은 말을 하는 부하가 있어

의논을 나누며 진지하게 논쟁하고 서로 경계해 주고

송사하고 논단해야만

오랫동안 나라를 보전할 수 있는 것이다.

신하가 그의 벼슬과 녹을 소중히 여겨 간쟁하지 않으면

가까운 신하는 벙어리가 되고

멀리 있는 신하는 입을 봉해 버릴 것이니

백성의 마음에 원망이 쌓이는 것이다.

아첨하는 자들이 곁에 있어 좋은 의론이 막혀버리면

나라가 위태로운 것이다.

걸주桀紂는 천하에 선비를 얻지 못하여

제 몸이 죽고 천하를 잃어버린 것이 아닌가?

옛말에 이르기를 나라에 보물을 바치는 것은

나라에 어진 이를 천거하고

諂下傷上

君必有

弗弗之臣[10]

上必有諤諤之下[11]

分議者延延[12]

而支苟者[13]諤諤

焉可以長生保國.

臣下重其爵位而不言

近臣則暗

遠臣則唫

怨結於民心.

諂諛在側 善議障塞

則國危矣.

桀紂不以其無天下之士邪

殺其身而喪天下.

故曰 歸國寶[14]

不若獻賢

10_ 弗弗之臣(불불지신)= '간쟁하는 충신'으로 解한다. 손이양은 弗은 咈 즉, 違라 했다. 임금의 명을 어기는 신하로 解한다. 국내 학자들도 모두 따르고 있다. 그러나 뜻은 비슷하나 맞지 않다. 『荀子』「臣道」편에 '故諫爭輔拂之人 社稷之臣也'라 한 것처럼 弗은 拂의 誤다. 즉 拂臣은 특별한 造語이며 『순자』에 따르면 '有能抗君之命'하고 '竊君之重'하고 '反君之事'하여 이로써 '以安國之危'하고 '除君之辱'함으로써 '功伐足以成國之大利'하는 신하를 뜻한다.

11_ 諤諤之下(액액지하)= '곧은 말을 하는 신하'로 본다(洪頤煊). 따른다. 諤諤=諤諤과 같다. 곧은 말을 하여 다투어 변론하는 모양.

12_ 延延(연연)=진지하게 논쟁을 벌이는 모습.

13_ 支苟者(지구자)=손이양은 交儆의 誤라 했다. 이 경우 敬은 儆과 通用되므로 서로서로 경계하여 충고하는 사람. 이에 따른다.

14_ 歸國寶(귀국보)=나라의 보물을 살찌게 먹여주는 일을 말한다. 歸= '보내준다'로 解하는 것이 보통이나 잘못이다. 饋와 通하여 '먹일 궤'로 읽어야 한다(歸孔子豚 : 論語/陽貨).

선비를 등용시키는 것만 못하다고 하는 것이다.　　　　而進士.

2

지금 여기에 다섯 개의 송곳이 있다면　　　　　　　　今有五錐

이들 중에서 가장 뾰족한 것이 먼저 꺾일 것이며,　　此其銛銛¹⁵者必先挫

다섯 개의 칼이 있다면　　　　　　　　　　　　有五刀

이들 중에서 가장 날카로운 것이 먼저 무디어질 것이다.　　此其錯錯¹⁶者必先靡¹⁷

이와 마찬가지로 맛있는 샘물이 먼저 마르고　　　　是以甘井近竭

곧은 나무가 먼저 베이고　　　　　　　　　　招木¹⁸近伐

신령스런 거북이 먼저 불에 태워지고　　　　　　靈龜¹⁹近灼

신령스런 뱀이 먼저 햇볕에 말려진다.　　　　　　神蛇近暴²⁰

그러므로 은殷나라의 충신 비간比干이 죽음을 당한 것은　　是故比干之殪

폭군 주紂에게 맞서 강직했기 때문이고,　　　　　其抗也²¹

진秦나라의 용사 맹분孟賁이 피살된 것은 그가 용맹한 탓이요,　　孟賁之殺 其勇也

월越나라 미녀 서시西施가 물에 빠져 죽은 것은　　　西施之沈

그가 아름다웠기 때문이요,　　　　　　　　　　其美也

병법가인 오기吳起가 몸이 찢겨 죽은 것은　　　　吳起之裂

그가 공을 이루었기 때문이다.　　　　　　　　其事也.

그러므로 저들은　　　　　　　　　　　　　故彼人者

15_ 銛銛(섬섬)=날카로운 모양.

16_ 錯錯(착착)=날이 선 모양.

17_ 靡(미)=날이 무디어지는 것. 礱의 假借字. 礱는 磨의 古字.

18_ 招木(초목)=곧게 높이 자란 나무, 喬木.

19_ 靈龜(령구)=신령스런 거북. 거북 껍질을 불에 태워 점을 친다.

20_ 神蛇近暴(신사근포)=신령스러운 뱀을 가뭄이 들 때 볕에 말려 비가 오기를 비는 풍습. 近=先의 誤(유월).

21_ 抗也(항야)=맞서는 것, 정의를 고집해서 대항하는 것, 抗直.

그들의 장점 때문에 죽지 않을 수 없었던 것이니	寡不死其所長.
옛말에도 이르기를 너무 성한 것은 지키기 어렵다고 했다.	故曰 太盛難守[22]也
그러나 아무리 어진 군자라 해도	故雖有賢君
공적이 없는 신하를 사랑할 리 없고	不愛無功之臣
아무리 자애로운 아비라 할지라도	雖有慈父
무익한 자식을 사랑하지는 않을 것이다.	不愛無益之子.
그런고로 직무를 감당치 못하면서	是故不勝其任
그러한 지위에 앉으려 하는 자는	而處其位
그런 지위에 있어서는 안 될 인물이며,	非此位之人也.
벼슬을 감당치 못할 자가 그런 녹을 받으려 하는 자는	不勝其爵而處其祿
그 녹의 주인 될 자격이 없는 자다.	非此祿之主也.
좋은 활은 당기기는 어렵지만 높이 날아 깊이 박히며,	良弓難張 然可以及高入深
좋은 말은 타기는 힘들지만	良馬難乘
무거운 짐을 싣고 멀리 달릴 수 있으며,	然可以任重致遠
훌륭한 인재는 명령을 내려 부리기는 힘들어도	良才難令
군주를 존엄하게 만들 수 있는 것이다.	然可以致君見尊.
그런 까닭에 양쯔강과 황허강은	是故江河
작은 시냇물을 싫어하지 않으므로 자기를 가득 채워	不惡小谷之滿已也
그렇게 크게 될 수 있고,	故能大.
성인은	聖人者
수고를 사양하지 않고 사물의 도리에 어긋남이 없으므로	事無辭也 物[23]無違[24]也.
천하를 감싸는 큰 그릇이 될 수 있는 것이다.	故能爲天下器.

22_ 太盛難守(태성난수)=이 글은 『莊子』에나 나올 듯한 내용으로 묵자의 주장과 다르다.

23_ 物(물)=類也(是其生也 與吾同物 : 左傳). 따라서 '사물의 도리'를 뜻한다. 물건으로 解하는 것이 보통이나 취하지 않는다.

24_ 違(위)=어기다, 어긋나다.

따라서 양쯔강과 황허강의 물은	是故江河之水
한 근원에서 나온 물이 아니며,	非一源之水也
천 냥의 값진 가죽옷은	千鎰²⁵之裘
한 마리의 여우 가죽이 아니다.	非一狐之白也
대저 어찌 도리가 같은 자를 취하지 않고	夫惡有同方不取
자기에게 동조하는 신하만을 기용한다면	而取同己者乎²⁶
널리 아우르는 임금의 도리가 아니다.	蓋非兼王之道也.
그러므로 하늘과 땅은 환히 빛나는 것에 있지 않고	是故天地不昭昭
큰물은 지나치게 맑은 것에 있지 않고	大水不潦潦²⁷
큰불은 지나치게 밝은 것에 있지 않고	大火不燎燎
임금의 덕은 높은 것에 있는 것이 아니다.	王德不堯堯²⁸
그래서 천인의 우두머리가 되려면	若乃千人之長也
화살처럼 곧고 숫돌처럼 공평한 것만으로는	其直如矢 其平如砥
만물을 덮기에 부족한 것이다.	不足以覆萬物.
그러기에 골짜기가 좁으면 곧 마르고	是故溪陝者速涸
흐름이 얕으면 속히 마르며	逝淺者²⁹速竭
메마른 땅은 오곡이 자라지 않는다.	墝埆³⁰者其地不育
왕자의 후한 은택이 궁중을 벗어나지 못하면	王者淳澤³¹不出宮中
온 나라를 적실 수 없는 것이다.	則不能流國矣

25_ 鎰(일)=『國語』에서 賈逵 註는 '二十四兩'이라 하고 『漢書』 「食貨志」에서 孟康 註는 '二十兩'이라 했다.

26_ 夫惡有同方不取 而取同己者乎(부오유동방부취 이취동기자호)=原文은 夫惡有同方取不 取同而己者乎였으나 유월
　　의 주장에 따라 고쳤음. 方=道.

27_ 大水不潦潦(대수불료료)=불빛이 밝은 것. 여기서는 在가 빠졌다고 본다.

28_ 堯堯(요요)=嶤嶤와 같아 지극히 높은 것. 堯=높은 것.

29_ 逝淺者(서천자)=흐름이 얕은 것. 逝=游의 誤.

30_ 墝埆(요각)=메마른 땅. 필원은 磽确으로 고쳐 읽고 盤石이라 解한다. 땅.

31_ 淳澤(순택)=후한 은택. 淳=淳의 古字. 淳=厚也.

第二篇 **修身** 수신

군자의 도는 가난할 때는 청렴을 보여주고, 부할 때는 의로움을 보여주고
살았을 때는 사랑을 보여주고, 죽었을 때는 슬픔을 보여주는 것이다.

1

전쟁을 함에는 비록 진법陳法이 긴요하지만	君子[1]戰雖有陳
용기가 근본이며	而勇爲本焉
상례는 예가 필요하지만 슬퍼하는 마음이 근본이며	喪雖有禮 而哀爲本焉
선비는 학문이 필요하지만 행실을 근본으로 삼는다.	士雖有學 而行爲本焉.
그러므로 근본을 안정되게 세우지 않고	是故置本[2]不安者
지엽 말단을 풍성하게 하려고 힘쓰지 말아야 한다.	無務豐末
가까운 사람들과 친하지 않으면서	近者不親
먼 사람이 찾아오기를 힘쓰지 말며,	無務求遠
친척들도 의부하지 않으면서	親戚不附
밖의 사람들과 사귀려 애쓰지 말아야 한다.	無務外交
하던 일이 밑도 끝도 없을 때면	事無終始
다른 여러 일에 손대지 말아야 한다.	無務多業[3]
사물을 헤아리는 데 어두우면서	擧物[4]而闇
널리 듣는 것에 힘쓰지 말아야 한다.	無務博聞.
옛 성왕들은 천하를 다스림에	是故先王之治天下也

1_ 君子(군자)=衍文이라는 說(兪民)을 따른다.
2_ 置本(치본)=근본을 세운다. 置=植.
3_ 多業(다업)=잡다한 일. 業=事也.
4_ 擧物(거물)=사물을 헤아려 다룬다는 뜻. 擧=稱也, 用也.

반드시 가까운 이웃을 잘 살폈으므로 멀리서 찾아온 것이다.　　　必察邇來遠.

군자란 가까운 것을 잘 살피고 닦은 사람이며　　　君子察邇而邇修者也.

남의 공경치 못한 행실을 보거나 비난받는 것을 보면　　　見不修行見毀

돌이켜 자신을 반성하는 사람이다.　　　而反之身者也.

이로써 원망을 사지 않고 행실을 공경하게 한다.　　　此以怨省而行修矣.

사악한 모함을 귀에 담지 않고　　　譖慝之言 無入之耳

남을 중상하는 말을 입에 담지 않고　　　批扞⁵之聲 無出之口

남을 해치려는 저의를 마음에 두지 않으므로　　　殺傷人之孩⁶ 無存之心

비록 헐뜯는 백성이 있어도 의지할 곳이 없다.　　　雖有詆訐⁷之民 無所依矣

그러므로 참된 군자는 힘써 일하여 날마다 분발하고　　　故君子力事日彊

이상理想을 향하여 날마다 정진하며　　　願欲日逾⁸

정중하고 공경한 품행을 날마다 닦아나간다.　　　設壯⁹日盛

군자의 도는 가난할 때는 청렴을 보여주고　　　君子之道也 貧則見廉

부할 때는 의로움을 보여주고　　　富則見義

살았을 때는 사랑을 보여주고　　　生則見愛

죽었을 때는 슬픔을 보여주는 것이다.　　　死則見哀

이 네 가지 행실은 헛된 거짓으로 되는 것이 아니며　　　四行者不可虛假

자기 자신을 먼저 반성해야 한다.　　　反之身者也.

마음에 두는 것만으로는 사랑을 다할 수 없으며　　　藏於心者 無以竭愛

몸을 움직이는 것만으로는 공경을 다할 수 없으며　　　動於身者 無以竭恭

입으로 얘기하는 것만으로 가르침을 다할 수 없는 것이니　　　出於口者 無以竭馴

5_ 批扞(비한)=남을 공격하는 것. 批=擊. 扞=忮也.

6_ 孩(해)=荄와 通(필원). 底意의 뜻.

7_ 詆訐(저알)=필원은 陰私를 치는 것이라고 했다. 따라서 숨은 잘못을 공격함.

8_ 日逾(일유)=지금까지는 過也, 甚也로 解했으나 뜻이 不通이다. 日進으로 解한다.

9_ 設壯(설장)=飾莊의 뜻. 몸차림(필원) 또는 莊敬(공경스럽고 정중한 품행).

팔다리에 사무치고 살갗에 스며

머리가 희어 빠질 때까지 버리지 않아야

성인이라 할 수 있다.

뜻이 굳건하지 못하면 지혜를 통달할 수 없으며

말이 진실하지 못하면 행실이 과감할 수 없다.

재물을 가지고도 남에게 나누어 줄 수 없는 자는

더불어 벗을 삼을 만하지 못하고

도리를 지켜 독실하지 못하며

사물을 분별함이 넓지 못하고

시비를 분별함이 밝지 못한 자는

더불어 교류할 만한 자가 못 된다.

근본이 견고하지 못한 자는 지엽 말단도 반드시 위태롭고

용감하나 닦지 않으면 끝내는 반드시 나태할 것이다.

근원이 흐리면 반드시 흐름도 맑지 못하고

행실이 신실하지 못하면 명성도 반드시 사라질 것이다.

명성은 우연히 생기는 것이 아니고

영예란 스스로 자라는 것이 아니며

공적을 쌓아야만 명성도 이루는 것이다.

그러므로 명예란 헛된 거짓으로 되는 것이 아니며

자기 자신을 반성해야 한다.

말만 힘쓰고 행함이 게으르면

暢^{10}之四支 接^{11}之肌膚

華髮隳顚^{12} 而猶弗舍者

其唯聖人乎.

志不彊者智不達

言不信者行不果.

據財不能以分人者

不足與友

守道不篤

徧物^{13}不博

辯是非不察者

不足與游.

本不固者末必幾^{14}

雄而不修者 其後必惰

原濁者流不淸

行不信者名必耗

名不徒生

而譽不自長.

功成名遂.

名譽不可虛假

反之身者也.

務言而緩行

10_ 暢(창)=창달하다.

11_ 接(접)=몸에 배어들다.

12_ 華髮隳顚(화발휴전)=흰머리가 빠져버린 것.

13_ 徧物(편물)=辯物. 사물을 분별하는 것(유월).

14_ 幾(기)=「이아」에서는 危라 풀이했다.

아무리 말을 잘해도 들어주지 않을 것이며

능력이 많다 해도 공로를 자랑하면

비록 노력해도 함께 도모하려 하지 않을 것이다.

지혜로운 자는 반드시 변론을 하되 번거롭지 않고

능력이 많아도 공을 자랑하지 않는다.

이로써 명예가 천하에 드날리게 되는 것이다.

말은 많기를 힘쓰지 말고 지혜롭기를 힘쓰고

행동은 꾸미기를 힘쓰지 말고 살피기를 힘써야 한다.

지혜로워도 살피지 않으면 몸에 게으름이 생겨

바른 길에서 어긋날 것이다.

착함도 마음에서 우러나지 않는 것은 오래 머물지 않고

행실도 몸에 밴 것이 아니면 굳건할 수 없다.

명성은 쉽게 이루어지는 것이 아니며

명예는 꾀로써 이룰 수 있는 것이 아니다.

군자란 몸소 행하기를 힘쓰는 사람이다.

자기 이익만을 생각하고 명예를 잊기를 소홀히 하면서

천하에 선비가 된 사람은

일찍이 없었다.

雖辯必不聽.

多力而伐功

雖勞必不圖.

慧者心辯[15]而不繁說

多力而不伐功

此以名譽揚天下.

言無務爲多 而務爲智

無務爲文 而務爲察.

故彼智[16]無察 在身而情[17]

反其路者[18]也

善無主於心者不留

行莫辯[19]於身者不立

名不可簡而成也

譽不可巧而立也.

君子以身戴行者[20]也

思利尋[21]焉 忘名忽焉

可以爲士於天下者

未嘗有也.

15_ 心辯(심변)=必辯의 誤인 듯.

16_ 彼智(피지)=張純一은 彼無智로 읽으나 따르지 않는다.

17_ 情(정)=惰의 誤.

18_ 反其路者(반기로자)=反正道者로 읽는다. 필원은 路를 勞務로 읽지만 따르지 않는다.

19_ 辯(변)=徧의 뜻.

20_ 以身戴行者(이신대행자)=몸소 실천하는 것. 戴=載와 通用(손이양).

21_ 尋(심)=重이라는 說이 있음. 그러나 深長의 뜻으로 解함.

第三篇 **所染** 소염

유독 실을 물들이는 것만 그런 것이 아니고 나라도 물들여지는 것이니 신중해야 할 일이다.
행실과 도리와 성품은 물들여지는 것이다.
그러므로 훌륭한 군주가 되려면 인물을 가려 쓰는 데 노력해야 한다.

1

묵자가 실을 물들이는 것을 보고 탄식하며 말했다.	子墨子見染絲者 而歎曰
파란 물감을 물들이면 파래지고	染於蒼則蒼
노란 물감으로 물들이면 노래진다.	染於黃則黃
넣는 물감이 변하면 그 색깔도 변한다.	所入者變 其色亦變.
다섯 가지 물감을 넣으면 다섯 가지 색이 된다.	五入必而已 則爲五色矣.
그러니 물들이는 것을 신중하게 하지 않을 수 없다.	故染不可不愼也.
유독 실을 물들이는 것만 그런 것이 아니고	非獨染絲然也
나라도 물들여지는 것이니 신중해야 할 일이다.	國亦有染.
순舜임금은 허유許由[1]·백양伯陽에게 물들었고	舜染於許由伯陽
우禹임금은 고요皐陶[2]·백익伯益[3]에게 물들었으며	禹染於皐陶伯益
탕湯임금은 이윤伊尹[4]·중훼仲虺[5]에게 물들었고	湯染於伊尹仲虺
무왕武王은 태공망太公望[6]·주공周公[7]에게 물들었다.	武王染於太公周公

1_ 요임금으로부터 천자의 자리를 부탁받았으나 거절한 현인.
2_ 우임금 시대의 명신
3_ 우임금 시대의 명신, 우임금은 왕위를 백익에게 물려주었으나 3년 뒤 백익이 우임금의 아들 啓에게 되돌려 주었다고
   한다(史記).
4_ 탕임금 시대의 재상.
5_ 탕임금의 左相.
6_ 太公望 呂尙. 문왕의 재상.
7_ 무왕의 아우. 이름은 旦.

이들 네 명의 임금은 물든 것이 합당했으므로	此四王者 所染當
천하에 군림하여 천자가 되고	故王天下 立爲天子
공명이 천지를 덮었다.	功名蔽天地.
그래서 천하의 어진 사람이나 높은 사람을 거론할 때는	舉天下之仁義顯人
반드시 이들 네 분 성왕들을 일컫는다.	必稱此四王者.
하夏나라 걸왕桀王은 간신干辛[8]・추치推哆[9]에게 물들었고	夏桀染於干辛推哆
은殷나라 주왕紂王는 숭후崇侯[10]・악래惡來[11]에게 물들었으며	殷紂染於崇侯惡來
주周나라 려왕厲王은 장보長父[12]・이공夷公에게 물들었고	厲王染於虢公長父榮夷終[13]
유왕幽王[14]는 부공傅公 이夷와 제공祭公 곡穀에게 물들었다.	幽王染於傅公夷蔡公穀[15]
이들 네 임금은 물든 것이 합당치 못하여	此四王者 所染不當.
나라를 망치고 몸은 죽어 천하의 치욕을 당했다.	故國殘身死. 爲天下僇.
그래서 지금도 천하의 불의와 욕된 인간을 거론할 때는	舉天下不義辱人
반드시 이들 네 폭군을 일컫는다.	必稱此四王者.
제齊나라 환공桓公[16]은	齊桓
관중管仲[17]・포숙鮑叔[18]에게 물들었고	染於管仲鮑叔
진晉나라 문공文公[19]은	晉文

8_ 羊辛이라고도 함. 걸왕 때의 姦臣.

9_ 推侈 또는 雅侈로 쓰며 힘이 장사인 걸왕의 姦臣.

10_ 候爵인 숭나라의 제후로서 주왕의 姦臣.

11_ 非廉의 아들로 힘이 장사인 주왕의 姦臣.

12_ 虢나라의 제후. 虞公으로도 쓴다.

13_ 榮夷終(영이종)=榮나라 夷公. 필원의 一本에는 終이 公으로 됨.

14_ 西周의 마지막 임금. 褒姒라는 여인에게 혹하여 정치를 돌보지 않다가 犬戎에게 망하여 죽음. 그 뒤 아들 平王이 洛 邑으로 옮겨 東周를 세웠음.

15_ 蔡公穀(채공곡)=祭나라 제후 穀. 蔡로 되었으나 蘇時學은 『呂氏春秋』의 祭公敦을 같은 인물로 본다. 史蹟이 상세 치 않음.

16_ 이름은 小白. 春秋五覇 중 한 사람.

17_ 환공의 패업을 이룩한 재상. 이름은 夷吾. 敬仲이라고도 함.

18_ 鮑叔牙라 부르며 관중을 재상으로 추천한 친구. 管鮑之交로 유명하다.

구범舅犯[20]·고언高偃[21]에게 물들었으며 染於舅犯高偃

초楚나라 장왕莊王[22]은 楚莊

손숙오孫叔敖[23]·심윤沉尹[24]에게 물들었고 染於孫叔沈尹

오吳왕 합려闔閭[25]는 吳闔閭

오자서伍子胥·문지의文之義에게 물들었고 染於伍員[26]文義[27]

월越왕 구천句踐[28]은 범려范蠡[29]·문종文種에게 물들었다. 越句踐染於范蠡大夫種.[30]

이 다섯 군주는 물든 것이 합당하여 此五君者所染當

제후의 패자가 되어 공명을 후세에 남기게 되었다. 故霸諸侯 功名傳於後世.

이와는 달리 진나라 범길야范吉射[31]는 範吉射

장유삭長柳朔[32]·왕성王胜에게 물들었고 染於長柳朔王胜

진나라 중항인中行寅[33]은 中行寅

적진籍秦[34]·고강高彊[35]에게 물들었으며 染於籍秦高彊

19_ 이름은 重耳. 獻公의 次子. 태자 申生에게 쫓기어 국외로 망명했다가 귀국하여 왕위에 올라 패업을 이룸. 통뼈로 유명함.

20_ 문공의 장인이며 이름은 狐偃, 자는 子犯. 문공의 패업을 이룩한 공신.

21_ 왕염손은 진나라 대부, 敦偃이라 한다. 卜偃으로도 부른다.

22_ 이름은 侶. 穆王의 아들. 춘추오패 중 한 사람.

23_ 蕮賈의 아들이라 하여 蕮敖라고도 부름 楚의 재상.

24_ 초나라 장왕 때의 슈尹.

25_ 부차의 父. 춘추오패의 한 사람. 伍員의 도움이 컸다.

26_ 伍員(오원)=초나라 사람으로 이름은 子胥. 아버지와 형이 楚 平王에게 죽자 吳나라로 망명하여 원수를 갚았다.

27_ 文義(문의)=文之義라고 기록됨. 吳王 闔閭의 명신.

28_ 臥薪嘗膽 끝에 부차를 쳐부수고 원수를 갚았음.

29_ 초나라 사람. 자는 小伯. 월왕 구천을 20여 년 섬겨 오왕 부차를 이기는 데 원동력이 된 병법가. 그러나 승리 뒤에는 자취를 감추었다.

30_ 大夫種(대부종)=범려와 더불어 구천을 섬겨 부차를 이겼으나 후에 구천에게 죽음. 이름은 文終.

31_ 晉의 여섯 실권자의 한 사람. 高誘는 范獻子의 아들인 昭子를 칭한다고 한다.

32_ 長柳는 성, 朔은 이름. 범길야의 家臣.

33_ 中行은 성, 寅은 이름. 晉의 귀족. 고유는 중항인을 中行穆子의 아들인 荀子라고 주장한다.

34_ 중항인의 가신.

오왕 부차夫差[36]는 왕손락王孫雒[37]·백비伯嚭에게 물들었고 　　　　吳夫差染於王孫雒太宰嚭[38]

진나라 지백요智伯搖[39]는 지국智國·장무張武에게 물들었으며 　　　　智伯搖染於智國張武

위魏나라의 중산상中山尙[40]은 　　　　中山尙

위의魏義·언장偃長에게 물들었고 　　　　染於魏義偃長

송宋나라 강왕康王[41]은 　　　　宋康

당앙唐鞅[42]·전불례佃不禮에게 물들었다. 　　　　染於唐鞅佃不禮.

이 여섯 군주는 물든 것이 합당치 못하여 　　　　此六君者 所染不當

나라와 가문은 망하고 몸은 처형됐으며 　　　　故國家殘亡 身爲刑戮

종묘는 파멸되고, 후손은 끊어졌다. 　　　　宗廟破滅 絶無後類[43]

또한 군신은 흩어지고, 백성들은 유랑하게 되었던 것이다. 　　　　君臣離散 民人流亡

지금도 천하에 탐욕스럽고 포학하며 　　　　擧天下之貪暴

가혹한 정치로 어지럽게 한 자를 거론할 때는 　　　　苛擾者

으레 이들 여섯 군주를 일컫는다. 　　　　必稱此六君也.

2

무릇 군주가 나라를 편안케 할 수 있는 방도는 무엇인가? 　　　　凡君之所以安者 何也

진실로 도리를 행하는 것이다. 　　　　以其行理也.

35_ 중항인의 가신.

36_ 오왕 합려의 아들. 처음에는 월왕 구천을 이겼으나 오자서를 죽이고는 구천에 패해 죽음.

37_ 吳의 대부.

38_ 太宰嚭(태재비)=伯嚭. 부차의 간신.

39_ 晉의 귀족. 『여씨춘추』에는 搖를 瑤로 쓰고 있다.

40_ 魏의 귀족으로 中山에 봉한 尙을 칭함.

41_ 偃이 망하여 齊의 湣王에 의해 康이라는 시호를 받음.

42_ 강왕 때의 惡臣(呂氏春秋/淫辭).

43_ 後類(후류)=後孫. 楊注는 類를 種이라 했다.

행실과 도리와 성품은 물들여지는 것이다.　　　　　　行理性[44]於染當.[45]

그러므로 훌륭한 군주가 되려면　　　　　　　　　故善爲君者

인물을 가려 쓰는 데 노력해야 하며　　　　　　　勞於論人[46]

관리를 잘 선택하면 다스리는 일은 쉽다.　　　　　而佚於治官.

그러나 군주 노릇을 잘못하는 자들은　　　　　　不能爲君者

몸을 상하고 정신을 피로케 하며　　　　　　　　傷形費神

마음으로 근심하고 뜻을 수고롭게 하건만　　　　愁心勞意

나라는 더욱 위태롭고 몸은 더욱 욕되게 된다.　　然國逾危 身逾辱.

앞에서 말한 여섯 군주들도　　　　　　　　　　此六君者

나라를 소중히 하고 제 몸을 아끼지 않은 것은 아니다.　非不重其國愛其身也

다만 그들은 요점을 몰랐기 때문이다.　　　　　以不知要故也.

요점을 몰랐다는 것은　　　　　　　　　　　　不知要者

물들이는 것이 부당했다는 것을 말한다.　　　　所染不當也.

또한 유독 나라의 경우에만 그런 것이 아니고　　非獨國有染也

선비에게도 물들이는 문제가 있다.　　　　　　士亦有染.

그의 벗들이 모두 인의仁義를 좋아하고　　　　　其友皆好仁義

순박하며 삼가고 법도를 공경한다면,　　　　　淳謹畏令

가문은 날로 번창하고 몸은 날로 편안하며　　　則家日益 身日安

명성은 날로 영화롭고 관리가 되어도 도리를 얻을 것이다.　名日榮 處官得其理矣

유가인 단간목段干木,[47] 묵가인 금골희禽滑釐,　　則段干木 禽子[48]

은나라의 공신 부열傅說[49] 같은 사람들이 이들이다.　傅說之徒 是也.

44_ 性(성)=손이양은 生으로 씀이 옳다고 했다. 『여씨춘추』에도 生으로 되어 있으나 따르지 않는다.

45_ 當(당)=應也, 蔽也.

46_ 論人(륜인)=사람을 선택한다.

47_ 段干은 성, 木은 이름. 공자의 제자 子夏에게 배움. 晉의 현인.

48_ 禽子(금자)=묵자의 제자, 禽滑釐. 금골희의 성 밑에 子를 붙여 높인 것으로 보아 금골희의 후인이 썼음을 알 수 있다.

반대로 그의 벗들이 모두 오만하고 뽐내기를 좋아하며

제 멋대로 파당을 지어 사욕을 차리면,

가문은 날로 쇠해지고 몸은 날로 위태로우며

명성은 날로 욕되고 관리가 되어도 도리를 잃을 것이다.

초나라의 역신 자서子西,[52] 제나라의 역신 역아易牙[53]와

수조豎刁의 무리들이 이들이다.

『시경詩經』에 이르기를

"반드시 가려서 적시고 반드시 삼가서 적신다"라고 한 것은

이것을 일러 말한 것이다.

其友皆好矜奮[50]

創作比周[51]

則家日損 身日危

名日辱 處官失其理矣.

則子西 易牙

豎刁之徒 是也.

詩曰[54]

必擇所堪 必謹所堪[55]者

此之謂也.

49_ 은나라 高宗의 이진 신하.

50_ 矜奮(긍분)=뽐내다.

51_ 去比周(비주)=私黨을 이루는 것. 比=偏也(君子周而不比 : 論語/爲政). 周=구부러지다. 唐風杕杜.

52_ 초나라 平王의 서자. 재상을 지냈으나 자기가 불러들인 白公勝에게 죽음.

53_ 齊의 桓公의 신하. 환공의 환심을 사려고 제 자식을 죽여 그 요리를 바친 간신. 환공을 가까이하려고 거세하여 환관
     이 된 豎刁와 함께 후에 반란하여 환공 이하 많은 사람을 죽게 했음.

54_ 詩曰(시왈)=여기에 인용된 시는 현존의 『시경』에는 없음.

55_ 堪(감)=왕염손은 湛으로 보았다. 湛=물감을 담그는 것.

예부터 이르기를 '하느님을 법도로 삼는 것보다 더 좋은 것은 없다'고 한다. 하느님의 도는 넓고 사사로움이 없으며 베풂은 크지만 덕이라 자랑하지 않고 밝음은 영원하여 쇠함이 없다.

1

묵자가 말했다.	子墨子曰
천하의 모든 사람이 일을 함에는 본받을 표준이 있어야 한다.	天下從事者 不可以無法儀
본받을 표준이 없이도 일을 잘 이룬 사례는	無法儀而其事能成者
있을 수 없다.	無有也.
비록 선비가 장군이나 재상이 되어도 따라야 할 법도가 있고,	雖至士之爲將相者 皆有法.
모든 공인이 일을 함에도	雖至百工¹從事者
모두 본이 되는 법도가 있다.	亦皆有法.
모든 공인들은 곱자가 있어 모를 만들고	百工 爲方以矩
그림쇠가 있어 원을 만들며	爲圓以規
먹줄을 표준으로 곧게 하고	直以繩
매달린 추를 표준으로 수직을 세우며	正以縣²
물을 표준으로 수평을 만든다.	平以水.³
정교한 공인이나 혹은 미숙한 공인이나 할 것 없이	無巧工 不巧工
모두 이러한 다섯 가지 표준을 법도로 한다.	皆以此五者爲法.
정교한 공인은 그 표준에 잘 맞게 할 것이나	巧者能中之

1_ 百工(백공)=각종 공인. 당시 四民(士農工商)의 하나인 工民 계급을 칭함.

2_ 正以縣(정이현)=수직은 추를 매달아 만든다. 立者中縣(周禮/冬官考工記/輿人).

3_ 平以水(평이수)=다음 구절이 '五者爲法'이라 했으므로 손이양이 삽입한 것임.

미숙한 공인은 잘 맞지는 않을지라도	不巧者雖不能中
표준을 비슷하게나마 본떠서 일을 하면	放依⁴以從事
법도를 표준으로 하지 않은 것보다는 나을 것이다.	猶逾己.⁵
그러므로 모든 공인들이 일을 함에는	故百工從事
모두 본받을 법도가 있어야 한다.	皆有法所度.
작게는 나라를 다스리고, 크게는 천하를 다스림에 있어	今大者治天下 其次治大國
법도가 없다면	而無法所度
이것은 공인들의 사리분별만도 못한 것이다.	此不若百工辯⁶也

2

그러면 무엇으로 다스리는 법도를 삼아야 옳은가?	然則奚以爲治法而可.
만약 모든 사람이 그의 부모를 법도로 삼으면 어떨까?	當⁷皆法其父母 奚若.⁸
천하에 부모는 많지만	天下之爲父母者衆
어진 자는 드물다.	而仁者寡.
따라서 부모를 법도로 삼는다면	若皆法其父母
이 법도는 어질지 못할 것이며	此法不仁也.
어질지 못한 법도는 법도로 삼을 수 없다.	法不仁 不可以爲法.
그러면 모든 사람이 스승을 법도로 삼으면 어떨까?	當皆法其學⁹ 奚若.
천하에 스승은 많지만	天下之爲學者衆

4_ 放依(방의)=放儀의 잘못. 혹은 放은 效의 잘못이라 한다. 표준이 되는 規나 矩를 본받다.

5_ 猶逾己(유유기)=더 낫다. 오히려 그만두는 것이 낫다.

6_ 辯(변)=治也. 그러나 明辯으로 해석한다. 사리분별.

7_ 當(당)=嘗의 잘못. 試也(손이양), 儻也(王引之).

8_ 奚若(해약)=何如(필원).

9_ 學(학)=師, 效. 여기서는 이론, 사상, 이념을 뜻한다.

어진 자는 드물다.[10]	而仁者寡.
만약 어질지 못한 스승을 법도로 삼는다면	若皆法其學
이 법도는 어질지 못할 것이니	此法不仁也.
어질지 못한 법도는 법도로 삼을 수 없다.	法不仁 不可以爲法.
그러면 모든 사람들이 그들의 군주를 법도로 삼으면 어떨까?	當皆法其君 奚若.
천하에 군주는 많지만	天下之爲君者衆
어진 자는 드물다.[11]	而仁者寡.
만약 어질지 못한 군주를 법도로 삼는다면	若皆法其君
이 법도는 어질지 못할 것이니	此法不仁也.
어질지 못한 법도는 법도로 삼을 수 없다.	法不仁 不可以爲法.
그러므로 부모와 스승과 군주는	故父母學君三者
다스리는 법도로 삼을 수 없는 것이다.	莫可以爲治法.

3

그러면 무엇으로 다스리는 법도로 삼아야 옳은가?	然則奚以爲治法而可.
예부터 이르기를	故曰
'하느님을 법도로 삼는 것보다 더 좋은 것은 없다'고 한다.	莫若法天.
하느님의 도는 넓고 사사로움이 없으며	天之行廣而無私.[12]
베풂은 크지만 덕이라 자랑하지 않고	其施厚而不德.[13]

10_ 學者仁者寡. 첫째, 사상이나 이론은 현실이 아니다. 둘째, 사상이나 이론은 두루 평등하지 않다. 學以無我爲極. 有我之見在者不得爲學 祇知有我蓋不知兼故(손이양).

11_ 君者仁者寡. 군주는 차별하고, 無兼하고, 好攻伐하므로 仁者가 없다고 한 것이다.

12_ 天之行(천지행)=하느님의 도리. 行=道儀.

13_ 不德(부덕)=덕을 자랑치 않는다. 乾始 能以美利 利天下 不言所利 大矣哉(周易/乾卦/文言). 天之無恩 而大恩生(陰符經). 上德不德(老子/三十八章).

밝음은 영원하여 쇠함이 없다.

그러므로 성왕은 하늘을 법도로 삼았다.

하늘을 법도로 삼는다면 모든 행실과 다스림은

반드시 하늘을 표준으로 헤아릴 것이다.

그래서 하늘이 바라면 그것을 하고

하늘이 바라지 않으면 금지했다.

그러면 하늘은 무엇을 바라고 무엇을 싫어하는가?

하늘은 반드시 사람들이 서로 사랑하고

서로 이롭게 하기를 바라며,

서로 미워하고 서로 해치는 것을 바라지 않는다.

무엇으로써 하느님은

사람들이 서로 사랑하고 이롭게 하기를 바라고,

서로 미워하고 해치는 것을 바라지 않음을 알 수 있는가?

하느님은 그들을 두루 평등하게 사랑하고

두루 평등하게 이롭게 해주기 때문이다.

그렇다면 하늘이 사람을 평등하게 사랑하고

이롭게 해주는 것을 어떻게 알 수 있는가?

하느님은 사람을 두루 보전하고

두루 평등하게 먹여주기 때문이다.

其明久而不衰.

故聖王法之.

旣以天爲法 動作有爲[14]

必度於天.

天之所欲則爲之.

天所不欲則止.

然而天何欲何惡者也.

天必欲人之相愛

相利.

而不欲人之相惡相賊也.

奚以知

天之欲人之相愛相利.

而不欲人之相惡相賊也.

以其兼而愛之.

兼而利之也.

奚以知天兼而愛之

兼而利之也.

以其兼而有之

兼而食之也.

4

천하의 크고 작은 모든 나라는

모두 하느님의 고을이다.

今天下 無小大國

皆天之邑也.

14_ 動作有爲(동작유위)=만들어낸 것. 有所作爲.

사람은 어린이나 어른이나 귀하거나 천하거나	人無幼長貴賤
모두 똑같은 하느님의 신하다.	皆天之臣也.[15]
그러므로 누구를 막론하고 양과 소를 치고	此以莫不犓[16]羊
개와 돼지를 기르며	豢[17]犬豬
기장과 피(黍稷)로 술을 빚고 젯밥을 마련하여	潔爲酒醴粢盛
하늘을 섬기고 공경한다.	以敬事天.
이것은 하늘이 두루 평등하게 그들을 보전해 주고	此不爲兼而有之
두루 평등하게 그들을 먹여주기 때문이 아닌가?	兼而食之邪.
하느님은 진실로 사람을 두루 평등하게 보전해 주시고	天苟兼而有之
먹여주는 것이다.	食之
대저 어찌 말할 수 있겠는가?	夫奚說
하느님은 사람들이 서로 사랑하고	以不欲人之相愛
이롭게 하는 것을 바라지 않는다고!	相利也.
그러므로 사람을 사랑하고 이롭게 하는 자는	故曰 愛人利人者
하늘이 반드시 복을 내리고	天必福之
사람을 미워하고 해치는 자는 반드시 재앙을 내린다.	惡人賊人者 天必禍之.
또한 이르기를 무고한 자를 죽이면	曰 殺不辜者
상서롭지 않은 재앙을 받는다고 했으니,	得不祥焉.
대저 사람이 서로 죽이면	夫奚說人爲其相殺
어찌 하늘이 재앙을 내리지 않는다고 말할 수 있겠는가?	而天不與禍乎.
이것으로 하느님의 바람을 알 수 있으니	是以知天欲
서로 사랑하고 서로 이롭게 하기를 바라고	人相愛相利

15_ 皆天之臣也(개천지신야)=臣은 백성, 民의 뜻이다. 옛날에는 관리나 백성이 모두 임금에게 신이라 했다. 여기서 중
　　요한 것은 天이 천하 만민을 주재하는 인격신이라는 점을 주목해야 한다.

16_ 犓(추)=풀을 먹임.

17_ 豢(환)=곡식을 먹여 기름.

서로 미워하고 해치는 것을 바라지 않는 것이다.

옛날 우禹·탕湯·문文·무武 성왕聖王들은

천하 인민들을 평등하게 두루 사랑했으며

인민들을 이끌고 하늘을 존숭했고 귀신을 섬겼다.

그들은 인민을 이롭게 함이 매우 컸으므로

하늘은 복을 내려 그를 세워 천자로 삼았고,

천하 제후들은 모두가 그들을 공경하고 섬겼다.

이와는 달리 폭군인 걸桀·주紂·유幽·려厲 등은

천하 백성들을 두루 미워했고

그들을 이끌고 하늘을 욕하며 귀신을 업신여겼다.

그들은 인민을 해침이 매우 컸으므로

하늘은 재앙을 내려 나라와 가문을 잃게 하고

몸은 죽어 천하의 치욕거리가 되었으며

후세 자손들은 지금까지도 폭군이라고 험담한다.

그러므로 착하지 못한 일을 하여 재앙을 받은 자는

걸·주·유·려 등의 폭군이요,

인민을 사랑하고 이롭게 하여 복을 받은 자는

우·탕·문·무 등의 성왕이다.

이와 같이 사람을 사랑하고 이롭게 하여

복을 얻은 자도 있고

사람을 미워하고 해쳐 재앙을 얻은 자도 있는 것이다.

而不欲人相惡相賊也.

昔之聖王禹湯文武

兼愛天下之百姓

率以尊天事鬼

其利人多

故天福之 使立爲天子

天下諸侯 皆賓事之.

暴王桀紂幽厲

兼惡天下之百姓

率以詬天侮鬼.

其賊人多

故天禍之 使遂失其國家

身死爲僇於天下.

後世子孫毀之 至今不息.

故爲不善以得禍者

桀紂幽厲是也

愛人利人以得福者

禹湯文武是也.

愛人利人

以得福者有矣

惡人賊人以得禍者亦有矣.

第五篇

七患 칠환

무릇 오곡이란 인민들이 살아가야 할 양식이요, 임금이 인민을 기를 수 있는 수단이다. 옛 인민들은 시절을 닷하지 않고 철에 따라 재물의 생산에 힘쓰며 산업을 튼튼히 한 다음 재물을 소비했으므로 재물이 풍족했던 것이다.

1

묵자는 이르기를 나라에는 일곱 가지 환난이 있다고 했다.	子墨子曰. 國有七患.
일곱 가지 환난이란 무엇인가?	七患者何.
첫째, 성곽과 해자는 보살피지 않으면서	城郭溝池¹不可守²
궁궐을 짓고 치장하는 것이다.	而治宮室 一患也.
둘째, 적국이 국경을 침범해 와도	邊國至境
사방 이웃 나라들이 구원해 주지 않는 것이다.	四鄰莫救 二患也.
셋째, 인민들의 노동력을	先盡民力
인민의 이용후생이 아닌 일에 고갈시키는데,	無用之功
무능한 자들에게 상을 주어 부하게 하며	賞賜無能之人
인민들의 노동력을 무용한 일에 고갈시키고	民力盡於無用
손님을 접대하는 데 재물을 헛되게 탕진하는 것이다.	財寶虛於待客 三患也.
넷째, 벼슬아치들은 제 녹만 지키려 하고	仕者持³祿
벼슬하지 않은 선비들은 파당 짓기를 좋아하고	游者愛佼⁴
임금은 법을 앞세워 신하를 다스리고	君修法討臣
신하는 임금이 무서워 거슬러 간하지 못하는 것이다.	臣懾而不敢拂⁵ 四患也.

1_ 溝池(구지)=해자, 성 주위에 둘러 판 못.
2_ 守(수)=보살피다.
3_ 持(지)=守.
4_ 愛佼(애교)=養交.

다섯째, 임금이 스스로를 성스럽고 지혜롭다 생각하여 | 君自以爲聖智
신하들에게 일을 물어보지 않으며, | 而不問事
스스로를 안전하고 강하다고 생각하여 | 自以爲安强
지키고 대비하지 않으며 | 而無守備
이웃 나라들의 음모를 경계하지 않는 것이다. | 四鄰謀之不知戒 五患也.
여섯째, 신임하는 자들은 충성스럽지 못하고 | 所信者不忠
충성스러운 자들은 신임하지 않는 것이다. | 所忠者不信 六患也.
일곱째, 가축과 곡식은 인민을 먹이기에 부족하고 | 畜種⁶菽粟 不足以食之
대신들은 나라를 경영하기에 부족하며 | 大臣不足以事之⁷
상하가 화동和同하지 않아 상을 내려도 기쁘게 할 수 없고 | 賞賜不能喜
벌을 주어도 두렵게 할 수 없는 것이다. | 誅罰不能威 七患也.
이러한 일곱 가지 환난이 나라에 있으면 | 以七患居國
사직은 반드시 보존할 수 없고 | 必無社稷
아무리 성을 쌓고 지킨다 해도 | 以七患守城
적이 쳐들어오면 나라는 무너질 것이다. | 敵至國傾
그러므로 이러한 일곱 가지 환난을 당하면 | 七患之所當
나라에 반드시 재앙이 있을 것이다. | 國必有殃.

2

무릇 오곡이란 인민들이 살아가야 할 양식이요, | 凡五穀者 民之所仰⁸也

5_ 拂(불)=咈, 違의 뜻. 어기다. 그러나 여기서는 특별한 의미가 있다. 즉 임금의 뜻에 반하여 나라를 구하는 것을 말한다(有能抗君之命 反君之事 以安國之危 謂之拂 : 荀子/臣道).
6_ 畜種(축종)=六畜五穀의 뜻.
7_ 事之(사)=부리는 것, 任使也.
8_ 所仰(소앙)=백성이 살아갈 재화. 仰=衣賴也.

임금이 인민을 기를 수 있는 수단이다.	君之所以爲養也.
그러므로 인민들이 오곡을 소중하게 여기지 않으면	故民無仰
임금은 자신과 인민을 부양할 수 없고	則君無養
인민이 먹을 것이 없으면 임금은 인민을 다스릴 수 없다.	民無食 則不可事[9]
따라서 식량은 생산에 힘쓰지 않을 수 없고	故食不可不務也
토지는 힘써 경작하지 않을 수 없으며	地不可不力也
재용은 절검하지 않을 수 없는 것이다.	用不可不節也.
오곡을 다 수확해야 오미五味를 군주에게 진상할 수 있으니	五穀盡收 則五味盡御於主
오곡을 다 수확하지 못하면 오미를 진상할 수 없다.	不盡收則不盡御
오곡 중에서 한 가지 곡식을 추수하지 못했을 때를	一穀不收
근饉이라 하고	謂之饉
두 가지 곡식을 추수하지 못했을 때를 한旱이라 하며	二穀不收謂之旱
세 가지 곡식을 추수하지 못했을 때를 흉凶이라 하고	三穀不收謂之凶
네 가지 곡식을 추수하지 못했을 때를 궤饋라 하며	四穀不收謂之饋
오곡을 모두 추수하지 못했을 때를 기饑라 말한다.	五穀不收謂之饑.
근이 든 해는 대부 이하 벼슬아치들은	歲饉 則仕者大夫以下
모두 녹을 오분의 일을 줄이고	皆損祿五分之一
한이 든 해는 오분의 이를 줄이고	旱則損五分之二
흉이 든 해에는 오분의 삼을 줄이고	凶則損五分之三
궤가 든 해에는 오분의 사를 줄이고	饋則損五分之四
기가 든 해에는 아예 녹은 없고	饑則盡無祿
관곡을 내려 먹여주기만 하는 것이다.	稟食[10]而已矣.
그리고 나라에 흉과 기가 든 해에는	故凶飢存乎國人

9_ 不可事(불가사)=다스릴 수 없다, 不可爲.

10_ 稟食(늠식)=정부의 보조쌀, 賜穀.

군주는 고기 요리를 치우고	君徹鼎食[11]
대부는 종과 북을 치우며, 선비들은 학교에 가지 않는다.	大夫徹縣[12] 士不入學
또 군주는 조복을 새로 짓지 않고	君朝之衣不革制[13]
제후의 손님이나 사신들도	諸侯之客 四鄰之使
식사를 성대하게 대접하지 않으며	雍食[14]而不盛
수레에는 참마를 붙이지 않고, 길의 풀을 깎지 않으며	徹驂騑 塗不芸[15]
말에게 곡식을 먹이지 않으며	馬不食粟
비첩에게 비단옷을 입히지 않는다.	婢妾不衣帛
이런 조치들은 식량의 부족을 깨우치고자 함이다.	此告不足之至也.
아들을 업고 물을 긷다가	今有負其子而汲者
우물에 자기 아들을 빠뜨렸다면	隊其子于井中
그 어미는 반드시 따라 들어가서 건지려 할 것이다.	其母必從而道之[16]
나라에 흉년이 들어 인민들이 굶주려 길에서 아사한다면	今歲凶民飢道餓
아들을 물에 빠뜨린 어미의 마음보다 더 아플 것이다.	此疚重於墜其子[17]
그러니 어찌 식량 생산을 살피지 않겠는가?	其可無察邪.

3

| 그러므로 풍년이 든 때에는 인민들이 어질고 착하지만 | 故時年歲善 則民仁且良 |

11_ 鼎食(정식)=諸侯의 음식. 양+돼지+倫膚+물고기+포(禮記/曲禮). 倫膚는 돼지의 가죽과 뼈로 만든 요리.

12_ 大夫徹縣(대부철현)=鍾鼓를 방 안에 거는 것. 大夫는 까닭 없이 종을 철거하지 않는 것이다(禮記/曲禮). 縣=懸.

13_ 不革制(불혁제)=새로 짓지 않음. 革=고치는 것.

14_ 雍食(옹식)=饔飧(옹손)으로 읽는다. 饔=폐백을 드리고 난 다음의 禮. 飧=객이 이르렀을 때의 禮.

15_ 徹驂騑 塗不芸(철참비 도불운)=수레에 곁 말을 없애고, 宮中의 도로에 풀을 깎지 않는 것. 마차를 끄는 네 필 말 중에서 멍에를 멘 가운데 두 필을 服이라 하고 예비용인 곁 말을 驂騑라 한다.

16_ 道之(도지)=물에 빠진 아이를 구한다는 뜻. 道=援也.

17_ 此疚重於墜其子(차구중어추기자)=판본은 重其子此疚於隊로 되어 있으나, 왕인지에 따라 바로잡았다.

흉년이 들면 인민들은 인색하고 포악해지는 것이다. 時年歲凶 則民吝且惡.

어찌 인민들이 항심恒心을 가질 수 있겠는가? 夫民何常此之有.

또 일하는 자가 부지런해도 먹는 자가 많으면 爲者疾[18]食者衆

풍년도 소용없다. 則歲無豐

옛말에 '재물이 부족하면 때를 따랐는지 반성하고 故曰 財不足則反之時

식량이 부족하면 씀씀이를 반성하라'고 했다. 食不足則反之用

그러므로 옛 인민들은 故先民

시절을 탓하지 않고 철에 따라 재물의 생산에 힘쓰며 以時生財

산업을 튼튼히 한 다음 재물을 소비했으므로 固本而用財[19]

재물이 풍족했던 것이다. 則財足.

비록 옛 성왕일지라도 故雖上世之聖王

어찌 능히 오곡을 항상 풍성하게 거두기만 하고 豈能使五谷常收

홍수와 가뭄이 이르지 않도록 할 수 있었겠는가? 而旱水不至哉

그러나 헐벗고 굶주린 인민이 없었던 것은 然而無凍餓之民者

어떤 이유에서인가? 何也.

철에 따라 생산을 힘쓰고 其力時急

스스로를 부양하는 데는 절검했기 때문이다. 而自養儉也.

옛글 「하서夏書」에 따르면 우임금 때는 칠 년 홍수가 있었고 故夏書曰. 禹七年水

「상서殷書」에 따르면 탕임금 때에는 오 년 가뭄이 있었다. 殷書曰 湯五年旱

이토록 그들은 극심한 흉년과 기근을 겪었지만 此其離凶餓[20]甚矣

그래도 인민들은 헐벗고 굶주리는 자가 없었으니 然而民不凍餓者

어인 까닭인가? 何也.

18_ 爲者疾(위자질)=농사짓는 자가 적음. 疾=寡로 함이 옳음. 혹은 疾을 빠름, 부지런함으로 解해도 뜻이 통한다.

19_ 固本而用財(고본이용재)=근본을 튼튼히 한 연후에야 재물을 소비한다. 즉 산업 기반을 공고히 하는 데 먼저 투자하고 나머지를 소비한다는 뜻.

20_ 其離凶餓(기리흉아)=其罹凶餓의 誤. 그들은 굶주림을 당한다.

재물의 생산은 많았고 소비는 절검했기 때문이다.　　　其生財密 其用之節也.

4

그러므로 창고에 곡식을 비축하지 않으면　　　故倉無備粟

흉년과 기근을 대비할 수 없으며,　　　不可以待凶飢

창고에 병장기를 비축하지 않으면　　　庫無備兵

비록 의로운 자라도 불의를 물리칠 수 없고,　　　雖有義不能征無義

성곽을 튼튼하게 대비하지 않으면　　　城郭不備全

스스로를 지킬 수 없으며,　　　不可以自守

마음에 대비하는 사려가 없으면　　　心無備慮

갑작스런 변고에 대응할 수 없다.　　　不可以應卒²¹

경기慶己²²같이 용맹한 자라도　　　是若慶忌

준비하는 마음이 없이는　　　無去之心²³

경솔하게 나아갈 수 없다.　　　不能輕出

폭군 걸은 탕임금을 대비하지 않았기에 쫓겨났고　　　夫桀無待湯之備故放

폭군 주는 무왕을 대비하지 않았기에　　　紂無待武之備

죽임을 당했던 것이다.　　　故殺

걸과 주는 귀하기로는 천자요,　　　桀紂貴爲天子

부하기로는 천하를 소유했으나　　　富有天下

모두 사방 백 리의 조그만 나라에 멸망했는데　　　然而皆滅亡於百里之君者

그 이유는 무엇인가?　　　何也.

21_ 卒(졸)=蒼卒.

22_ 오나라 僚王의 아들로 매우 용맹했으나 망명 중에 公子 光의 꼬임에 죽었다.

23_ 無去之心(무거지심)=無去備之心 혹은 無去備心의 錯簡으로 읽는다.

그것은 부귀가 아무리 커도 대비가 없었기 때문이다.	有富貴而不爲備也.
그러므로 대비는 나라를 지탱하는 신위인 것이다.	故備者 國之重²⁴也
따라서 식량은 나라의 보물이요,	食者 國之寶也
병장기는 나라의 발톱이요,	兵者 國之爪也
성곽은 스스로를 지키는 수단이다.	城者 所以自守也.
이 세 가지는 나라가 갖추어야 할 조건들이다.	此三者 國之具²⁵也
옛사람들은 말했다.	故曰
생산 실적이 없는 자에게 지나친 상을 주며	以其極賞 以賜無功
나라의 창고를 비워 수레와 말을 갖추고	虛其府庫 以備車馬
옷과 갖옷은 기괴하고 사치하며	衣裘奇怪
노동자를 혹사하여 궁실을 치장하고 음악과 놀이를 즐기다가	苦其役徒 以治宮室觀²⁶樂
죽어서는 관곽을 두텁게 하고 많은 수의를 입히며	死又厚爲棺槨 多爲衣裘
살아서는 높은 누각과 정자를 치장하다가	生時治臺榭
죽어서는 또 분묘를 치장한다.	死又修墳墓.
그러므로 밖으로는 인민들이 노동을 착취당하고	故民苦於外
안으로는 나라의 창고가 바닥난다.	府庫單²⁷於內
지배자들은 환락에 싫증 낼 줄 모르고	上不厭其樂
인민은 혹독한 노동을 견디지 못한다.	下不堪其苦
그 결과 나라는 침략을 당하여 찢기고	故國離寇敵²⁸則傷
인민들은 흉년을 만나 굶어 죽는다.	民見凶飢則亡.
이것도 모두 대비를 갖추지 못한 죄인 것이다.	此皆備不具之罪也.

24_ 重(중)=神位를 말한다. 또는 愼也.

25_ 具(구)=備也, 要也. 設備의 뜻. 여기서는 필요한 조건을 말한 것이다. 나라가 존재하기 위한 설비.

26_ 觀(관)=놀이, 구경거리.

27_ 單(단)=殫의 誤. 殫=바닥나다, 다하다.

28_ 離寇敵(리구적)=적의 침공을 당하다. 離=罹와 通하여 걸리다, 맞닥뜨리다.

그러기에 성인들은 식량은 나라의 보물이라고 말했던 것이다.　　　且夫食者聖人之所寶也.

옛글인 「주서周書」에서는　　　故周書曰

"나라에 삼 년 치의 양식이 비축되지 못하면　　　國無三年之食者

나라는 이미 자기 나라가 아니며　　　國非其國也.

집안에 삼 년 치의 양식이 비축되지 못하면　　　家無三年之食者

자식은 이미 자기 자식이 아니다" 라고 했다.　　　子非其子也

이것은 이른바 나라의 대비를 강조한 말이다.　　　此之謂國備.

第六篇 辭過 사과

성왕들은 몸소 절제하여 백성들을 교화했으므로
천하 인민의 마음을 얻어 잘 다스렸던 것이며 재물과 이용후생의 소비가 풍족했던 것이다.

1

묵자가 말했다.	子墨子曰
궁궐과 집을 지을 줄 몰랐던 옛날에 백성들은	古之民 未知爲宮室時
언덕에 굴을 파고 살았는데	就陵阜 而居穴而處
낮고 습기가 차서 백성들이 상했다.	下潤濕傷民
이에 성왕은 궁궐과 집을 짓도록 했는데	故聖王作爲宮室.
집을 짓는 법은 다음과 같았다.	爲宮室¹之法 曰
집의 높이는 습기를 피하는 것으로 만족했고	室高足以辟潤濕
벽은 바람과 추위를 막는 것으로 만족했고	邊足以圉²風寒
지붕은 눈, 비, 서리, 이슬을 대비하는 것으로 만족했고	上足以待雪霜雨露
담장의 높이는 남녀의 예의를 분별하는 것으로 만족했다.	宮牆之高 足以別男女之禮
오로지 이 정도로 그쳐	謹此則止.
무릇 재물과 노력을 소비해도	凡費財勞力
더욱 편리해지지 않는 것은 하지 않도록 했다.	不加利者 不爲也.
상도에 따른 부역으로 성곽을 수리한다면	以其常役³ 修其城郭
백성들은 수고롭지만 근심하거나 비방하지 않으며,	則民勞而不傷

1_ 宮室(궁실)=궁정과 집.

2_ 圉(어)=막아내다.

3_ 以其常役(이기상역)=원본에는 빠졌으나 손이양에 따라 보충했음. 常=정상적인.

상도에 따라 세금을 거두어들이면

백성들은 재산을 바치는 것을 고통스러워하지 않는다.

백성이 고통스러워하는 것은 이것이 아니다.

백성은 호사스러운 공사를 위한 가혹한 세금을 두려워한다.

그러므로 성왕이 궁궐과 집을 짓게 한 것은

삶의 편리를 위한 것이었지

관상하고 즐기기 위한 것이 아니었다.[6]

또한 의복과 허리띠와 신발을 만든 것은

몸을 편리하게 하고자 함이지

남들보다 별나게 하려는 것이 아니었다.[7]

그래서 성왕들은 몸소 절제하여 백성들을 교화했으므로

천하 인민의 마음을 얻어 잘 다스렸던 것이며

재물과 이용후생의 소비가 풍족했던 것이다.

그러나 오늘날 군주들은

궁궐과 집을 짓는 것이 성왕들과 다르다.

반드시 호사스럽게 짓기 위해

백성들로부터 가혹하게 거두어들이고

백성들이 입고 먹을 재물을 강탈하여

궁실과 누각을 웅장하고

보기 좋게 하려고

以其常正[4] 收其租税

則民費而不病.

民所苦者 非此也

苦於厚作[5]斂於百姓.

是故聖王作爲宮室

便於生

不以爲觀樂也.

作爲衣服帶履

便於身

不以爲辟怪也.

故節於身 誨於民

是以天下之民 可得[8]而治

財用可得而足.

當今之主

其爲宮室 則與此異矣.

必厚作

斂於百姓

暴奪民衣食之財

以爲宮室臺榭[9]

曲直之望[10]

4_ 常正(상정)=정상적으로 조세를 거둠. 正=조세를 거두는 것. 征과 通用.

5_ 作(작)=중국 학계는 衍文이거나 籍로 읽지만 따르지 않는다. 造로 解한다(作新大邑 : 書經/康誥).

6_ 인간을 차별하고, 지배자의 우월성을 과시하기 위한 낭비 즉 과시 소비를 말한 것이다.

7_ 인간을 차별하는 신분을 나타내거나 과시하기 위함이 아니다.

8_ 得(득)=상득할, 與人相合.

9_ 臺榭(대사)=높은 누대.

10_ 曲直之望(곡직지망)=보기 좋게 꾸미는 것. 조망이 좋은 정자라는 설이 있음.

색칠과 조각을 하여 장식을 한다.	靑黃刻鏤之飾.
궁실의 건조가 이와 같으므로	爲宮室若此
좌우 신하들도 그것을 본받는다.	故左右皆法象之.
이로써 재물이 부족하여 흉년과 기근에 대비하지 못하고	是以其財不足 以待凶饑
고아와 과부들을 구휼할 수 없다.	振孤寡
따라서 나라는 가난하고 백성은 다스리기 힘들게 된다.	故國貧而民難治也.
군주가 진실로 천하를 다스려 태평하기를 바라고	君實欲天下之治
어지러운 것을 싫어한다면	而惡其亂也
마땅히 궁궐과 집을 짓는 데 절제해야 할 것이다.	當[11]爲宮室 不可不節.

2

옛날 백성들이 의복을 만들 줄 몰랐을 때는	古之民 未知爲衣服時
짐승 가죽을 입고 마른 풀로 띠를 둘렀으므로	衣皮帶茭[12]
겨울에는 가볍지 않고 따스하지 않았고	冬則不輕而溫
여름에는 가볍지 않고 시원하지 않았다.	夏則不輕而淸.
성왕은 이것이 사람의 마음에 들지 않다고 생각하여	聖王以爲不中人之情.
부인들을 가르쳐 누에고치실과 삼실을 다듬고	故作誨婦人治絲麻
이것으로 비단과 베를 짜서 백성을 위해 옷을 만들도록 했으며	梱[13]布絹 以爲民衣.
의복에 대한 법도를 마련했다.	爲衣服之法
겨울에는 명주·비단을 사용함으로써	冬則練帛[14]之中[15]

11_ 當(당)=왕인지는 則과 같다 했다.

12_ 茭(교)=마른 꼴풀.

13_ 梱(곤)=옷감을 짜는 것. 緄과 通함.

14_ 練帛(련백)=비단. 練=繪와 通함.

15_ 中(중)=用의 잘못.

가볍고 따뜻하게 할 수 있었고　足以爲輕且暖

여름에는 가는 칡베(細葛布)를 써서　夏則絺綌[16]之中

가볍고 시원하게 할 수 있었다.　足以爲輕且淸

이것만으로 그치게 했으므로　謹此則止.

성인이 의복을 만든 것은　故聖人之爲衣服

신체를 쾌적하고 피부를 따뜻하게 하는 데 만족했으며　適身體 和[17]肌膚而足矣

귀와 눈을 현란하게 하여　非榮耳目

어리석은 백성에게 과시하기 위한 것은 아니었다.　而觀愚民也.

이때는 견고한 수레와 훌륭한 말도　當是之時 堅車良馬

고귀한 것으로 느끼지 않았고　不知貴也

조각이나 문채도 좋은 것으로 생각하지 않았다.　刻鏤文采 不知喜也.

왜냐하면 물들여진 도리가 그러했기 때문이다.　何則其所道之然.

그러므로 백성들이 입고 먹는 재물은　故民衣食之財

가문에서 가뭄·홍수·기근에 충분히 대처할 수 있었다.　家足以待旱水凶飢者

왜냐하면 재물은 스스로를 부양하는 수단이었을 뿐　何也. 得其所以自養之情

(신분을 과시하는 등) 다른 것을 생각하지 않았기 때문이다.　而不感於外也.

이로써 백성은 검소하여 쉽게 다스려졌고　是以其民儉而易治

군주는 재물을 사용함에 절제가 있어 풍족했다.[18]　其君用財節而易贍也

창고마다 물건이 가득하여　府庫實滿

흉년과 변고를 대비하는 데 충분했으며,　足以待不然.

군대를 동원치 않으니 병사와 백성이 수고롭지 않아도　兵革不頓[19] 士民不勞

복종치 않는 자들을 정복하기에 충분했다.　足以征不服

16_ 絺綌(치격)=가늘고 굵은 갈포.

17_ 和(화)=溫也.

18_ 수렵·기마민족이 아닌 漢족의 초기 부족 공산사회를 말하고 있는 듯하다.

19_ 頓(돈)=깨지다, 무너지다.

그래서 패왕의 위업을 천하에 펼 수 있었던 것이다.　故霸王之業 可行於天下矣.

오늘날 군주들에 이르자　當今之主

의복을 입는 것이 이들 성왕과 달라졌다.　其爲衣服則與此異矣.

겨울에 가볍고 따뜻하며　冬則輕暖

여름에 가볍고 시원한 것은 모두 이미 갖추어졌다.　夏則輕淸 皆已具矣.

그런데도 더욱 화려한 옷을 만들고자 백성들을 가렴주구하고　必厚作斂[20]於百姓

백성들이 입고 먹을 재물을 강탈하여　暴奪民衣食之財

이것으로 수를 놓아　以爲錦繡

문채를 곱게 하여 지나치게 화려한 옷을 만들고　文采靡曼[21]之衣

금을 녹여 고리를 만들고 진주와 구슬을 단다.　鑄金以爲鉤 珠玉以爲佩

여공女工들은 무늬와 채색으로 수놓고　女工作文采

남공男工들은 수고롭게 조각을 하여 옷을 만든다.　男工作刻鏤 以爲身服

이것은 더욱 따뜻하고자 하는 마음이 아니다.　此非云益煖之情也.

재물을 없애고 노동을 소모시켜　單[22]財勞力

필경 실용과는 반대되는 쓸모없는 짓을 하는 것이다.　畢歸之於無用也

이것으로 볼 때 그들이 의복을 만드는 것은　以此觀之 其爲衣服

의복의 본래 목적인 신체를 보호하기 위한 것이 아니고　非爲身體

(권력을) 과시하고 보기 좋게 하려는 데 있는 것이다.　皆爲觀好.

이로써 그들 백성들은 방탕하고 괴벽스러워져　是以其民淫僻

다스리기 어렵게 되고　而難治

그들 군주들은 사치에 빠져 간언하기 어렵게 된다.　其君奢侈而難諫也.

그리하여 사치한 군주가　夫以奢侈之君

20_ 作斂(작렴)=왕염손은 籍斂이라고 함.

21_ 靡曼(미만)=너무 화려한 것, 살이 곱고 아름다운 피부.

22_ 單(단)=허비하다, 소모해 버리다. 殫과 通함.

방탕하고 괴벽해진 백성을 제어해야 하므로 御好淫僻之民

나라가 어지럽지 않기를 바란다 해도 불가능하다. 欲國無亂 不可得也

군주가 천하의 태평을 바라고 어지러움을 싫어한다면 君實欲天下之治而惡其亂

마땅히 의복 만드는 것을 절제하지 않으면 안 되는 것이다. 當爲衣服 不可不節.

3

옛날 백성들이 음식을 조리할 줄 몰랐을 때는 古之民 未知爲飮食時

날 음식을 먹고 뿔뿔이 흩어져 살았다. 素食[23]而分處[24]

그래서 성인은 씨 뿌리고 경작하는 법을 가르쳐 故聖人作 誨男耕稼樹藝

백성들을 위한 음식으로 삼게 했다. 以爲民食

그것을 음식으로 삼아 기운을 돋우고 허기를 채워 其爲食也 足以增氣充虛

몸을 튼튼히 하고 배를 만족시키고자 했을 뿐이다. 彊體適腹而已矣.

그러므로 모두가 재물을 소비하는 것을 절약하고 故其用財節

스스로를 부양하는 데 검소했으므로 其自養儉

백성들은 부유했고 나라는 잘 다스려졌다. 民富國治.

그러나 오늘날은 그렇지 않다. 今則不然

음식을 호사스럽게 하고자 백성들을 가렴주구하여 厚作斂於百姓

맛있고 아름다운 음식을 만들고 以爲美食

소와 양과 돼지를 찌고 물고기와 자라를 구워 芻豢[25]蒸炙魚鼈.

대국의 군주는 백 개의 그릇에 담고 大國累百器[26]

소국의 군주는 열 개의 그릇에 담아 小國累十器

23_ 素食(소식)＝요리하지 않은 날 것을 먹다.

24_ 分處(분처)＝나누어 거처하다. 집단 공동체 생활을 하지 못한 원시시대를 말한다.

25_ 芻豢(추환)＝소와 양같이 풀을 먹는 짐승, 개나 돼지같이 곡식을 먹는 짐승.

26_ 累百器(누백기)＝수백 그릇. 累＝여럿, 多貌.

사방 열 자의 상에 가득 벌려놓는다.	前列方丈.[27]
눈은 그 음식들을 다 볼 수도 없고	目不能徧視
손은 다 잡을 수도 없으며 입은 다 맛볼 수도 없다.	手不能徧操 口不能徧味.
그 많은 음식은 겨울에는 얼고 여름에는 쉬어버렸다.	冬則凍冰 夏則飾饐.[28]
군주가 음식을 이와 같이 낭비했으므로	人君爲飮食如此
좌우 신하들도 그것을 본받았다.	故左右象之
이로써 부한 자는 사치에 빠지고	是以富貴者奢侈
고아나 과부는 헐벗고 굶주린다.	孤寡者凍餒.
이러고도 어지럽지 않기를 바라는 것은 불가능하다.	雖欲無亂不可得也.
군주가 진실로 천하를 다스려 어지럽지 않기를 바란다면	君實欲天下治而惡其亂
마땅히 음식을 절제하지 않으면 안 되는 것이다.	當爲食飮 不可不節.

4

옛날 백성들은 배와 수레를 만들 줄 몰랐을 때는	古之民 未知爲舟車時
무거운 짐을 옮기지 못했고 먼 길을 갈 수 없었다.	重任不移 遠道不至.
그래서 성왕은 배와 수레를 만드는 법을 가르쳐	故聖王作爲舟車
백성들이 일하는 데 편리하도록 했다.	以便民之事.
그들이 배와 수레를 만들 때는	其爲舟車也
완전하고 견고하며 무게가 가볍고 쓰기에 편리하여	完固輕利[29]
가히 무거운 짐을 싣고 멀리 갈 수 있으며	可以任重致遠.
재물은 적게 들고 이로움은 많게 했다.	其爲用財少 而爲利多

27_ 方丈(방장)=사방 一丈의 床을 말함. 一丈은 十尺(十分爲寸 十寸爲尺 十尺爲丈 : 漢書律歷志).

28_ 飾饐(식애)=음식이 쉬는 것. 飾=餲의 잘못.

29_ 完固輕利(완고경리)=완전하고, 견고하고, 가볍고, 편리한 것.

이에 백성들이 즐거워하고 이롭게 썼으므로

법령으로 몰아붙이지 않아도 행해졌고

백성들의 노동을 수고롭지 않게 하면서도

이용에 충분한 것으로 그쳤다.

그러므로 백성들은 군주에게 귀의했던 것이다.

그러나 오늘날 군주들이 수레와 배를 만드는 것은

옛 성왕들과 다르다.

완전하고 견고하며 가볍고 편리한 점은

이미 모두 갖추어졌으나

반드시 호사스럽게 하고자 백성들을 가렴주구하여

배와 수레를 호화롭게 장식한다.

수레는 무늬와 채색으로 꾸미고

배는 조각과 장식물로 꾸민다.

여자들은 길쌈을 집어치우고 문채를 꾸며야 하므로

백성들은 헐벗는다.

남자들은 농사를 집어치우고 조각을 꾸며야 하므로

백성들은 굶주린다.

군주가 배와 수레를 이렇게 꾸미므로

좌우 신하들과 가진 자들은 그것을 본받고

이로써 백성들에게 굶주림과 헐벗음이 겹쳐 닥친다.

그래서 그들은 간사하게 되고

간사함이 많아지면 형벌이 심해지고

형벌이 심하면 나라는 어지러워진다.

是以民樂而利之.

法令不急而行[30]

民不勞

而止足用

故民歸之.

當今之主 其爲舟車

與此異矣.

完固輕利

皆已具矣

必厚作斂於百姓

以飾舟車.

飾車以文采

飾舟以刻鏤.

女子廢其紡織 而脩文采

故民寒.

男子離其耕稼而脩刻鏤

故民饑

人君爲舟車若此

故左右象之.

是以其民飢寒並至.

故爲奸邪

奸邪多則刑罰深[31]

刑罰深則國亂.

30_ 不急而行(불급이행)=몰아붙이지 않고도 행한다.

31_ 深(심)=深刻함. 즉 '혹독하다'의 뜻.

군주들이 진실로 천하가 다스려지기를 바라고	君實欲天下之治
어지러워지는 것을 싫어한다면	而惡其亂
마땅히 배와 수레를 만드는 데 절제가 있어야 한다.	當爲舟車 不可不節.

5

무릇 하늘과 땅 사이를 두르고	凡回³²於天地之間
사해의 만물을 감싸는 하늘과 땅의 마음인	包於四海之內 天壤之情³³
음양의 조화가 없는 곳이 없으니	陰陽之和 莫不有也.
아무리 지극한 성인도 바꿀 수 없다.	雖至聖不能更也.
무엇으로 그것을 아는가? 성인들이 전해 주었기 때문이다.	何以知其然 聖人有傳.
하늘과 땅으로 말하면 곧 위아래라 하며	天地也則曰上下
사시四時로 말하면 음양이라 하고	四時也則曰陰陽
사람의 감정을 말하면 남녀라 하고	人情也則曰男女
금수에 있어서는 암수라 하는 것이니	禽獸也則曰牡牝雄雌也.
진실로 하늘과 땅의 마음은	眞天壤之情
비록 옛 성왕이라 해도 변경할 수 없다.	雖有先王 不能更也.
비록 옛날 지극한 성왕이라 해도	雖上世至聖
반드시 처첩이 있었으나 행실을 그르치지 않았기에	必蓄私³⁴不以傷行
백성들은 원망이 없었고	故民無怨.
궁궐에 구속된 궁녀를 두지 않았으므로	宮無拘女
천하에는 홀아비가 없었다.	故天下無寡夫.

32_ 回(회)=손이양은 同으로 본다. 그러나 둘레(周圍), 돌림(遶), 두른다로 해석한다.
33_ 情(정)=精으로 읽고 정기로 해석함. '실정'으로 譯하는 이도 있으나 뜻이 不通이다.
34_ 蓄私(축사)=노예 상태의 처첩. 손이양은 妾媵私人을 칭한다 했음. 다음 문장에서는 拘女와 동의어로 쓰이고 있다.

안으로는 궁녀가 없고 밖으로는 홀아비가 없었으므로

천하에 백성이 증가했다.

그러나 오늘에 와서는 처첩을 두되

큰 나라는 구속된 궁녀가 수천 명이요,

작은 나라는 수백 명에 이른다.

이로써 천하에 남자는 처가 없는 홀아비가 많고

여자는 남편 없는 노예가 많아졌다.

남녀가 혼인할 때를 놓쳐 백성들은 줄어들고 있다.

군주가 진실로 백성이 많아지기를 바라고

줄어드는 것을 싫어한다면

마땅히 처첩을 두는 것을 절제하지 않으면 안 된다.

무릇 이 다섯 가지를

성인들은 검소하게 절제하는 것이요,

소인들은 크게 방탕하는 것이다.

절제하면 창성할 것이요, 방탕하면 망할 것이다.

따라서 이 다섯 가지는 절제하지 않으며 안 된다.

부부가 절제하면 천지가 조화롭고

비바람이 절제하면 오곡이 익고

의복을 절제하면 살갗이 따뜻할 것이다.

內無拘女 外無寡夫

故天下之民衆.

當今之君 其蓄私也

大國拘女累千

小國累百.

是以天下之男多寡無妻

女多拘女無夫.

男女失時 故民少.

君實欲民之衆

而惡其寡

當蓄私不可不節.

凡此五者

聖人之所儉節也

小人之所淫佚也.

儉節則昌 淫佚則亡.

此五者 不可不節.

夫婦節而天地和

風雨節而五穀熟

衣服節而肌膚和.

성왕의 도리는 번잡하고 지나친 것을 간소하고 적게 함에 있다.
성왕에게 음악이 있었으나 간소했으니 번잡한 것에 비하면 없는 것이나 마찬가지다.

본편의 내용에는 삼변(三辯)이 없다. 아마도 「삼변」은 모두 일실되고, 「비악」편의 잔문이 여기에 긴 듯하다.

1

정번程繁[1]이 묵자에게 물었다.

"선생께서 말씀하시기를

'성왕은 음악을 즐기지 않았다'고 하셨으나

옛날 제후들은 정사를 처리하는 데 권태로우면

종과 북을 연주하여 음악을 즐기며 쉬었고,

사대부들은 다스리는 일에 권태로우면

생황과 거문고를 연주하여 음악을 즐기며 쉬었으며,

농부들은 봄에는 밭 갈고, 여름에는 김매고

가을에는 거두고, 겨울에는 저장하면서

병과 장구를 두드려 음악을 즐기며 쉬었습니다.

지금 선생님의 '성왕은 음악을 즐기지 않았다'는 말씀은

비유하면 말을 수레에 매어놓고 풀어주지 않는 것과 같고

활을 당겨놓고 풀어주지 않는 것과 같으니

아마도 혈기를 부리지 않는 사람이라도

불가능한 일이 아니겠습니까?"

程繁問於子墨子曰

夫子曰

聖王不爲樂

昔諸侯倦於聽治

息於鍾鼓之樂.

士大夫倦於聽治

息於竽瑟之樂.

農夫春耕夏耘

秋斂冬藏

息於聆[2]缶之樂.

今夫子曰 聖王不爲樂

此譬之猶馬駕而不脫

弓張而不弛.

無乃非[3] 有血氣者之

所不能至邪.

1_ 필원과 손이양은 모두 程子라 한다. 程子는 묵자의 제자이며 세공 기술자라는 설도 있다.

2_ 聆(령)=瓴 자가 변한 것으로 귀 달린 병.『淮南子』「精神」편에서 '叩盆拊瓴 相和而歌'라고 한 것과 같다. 장군으로 譯한다.

3_ 無乃非(무내비)=아니라고 할 수 없다. 강한 긍정.

묵자가 대답했다.

"옛날 요임금과 순임금은 띠풀 집에서 살면서도

물론 예를 지키고 음악을 했다.

탕임금은 폭군 걸을 쳐 바다 밖으로 몰아내고

천하를 통일하여 스스로 천자가 되어 왕업을 이루고

공을 세운 다음 큰 후환이 없게 되자

선왕의 음악을 이어받아

스스로 음악을 만들고 이름을 호護라 했으며,

순임금의 음악인 구소九韶를 정비했다.

또 무왕은 은나라를 이기고 폭군 주를 죽인 다음

천하를 통일하고 스스로 천자가 되어 왕업을 이루고

공을 세운 다음 큰 후환이 없게 되자

선왕들의 음악을 이어받아

스스로 음악을 만들어 이름을 상象이라 했다.

또 주周나라 성왕成王은 선왕들의 음악을 이어받아

스스로 음악을 짓고 그 이름을 추우騶虞라 했다.

그러나 이들의 치적을 살펴보면 음악이 많은 주나라 성왕은

무왕만은 못하고,

무왕의 치적은 탕왕만은 못하고,

탕왕의 치적은 요순만은 못했던 것이다.

子墨子曰

昔者堯舜有茅茨者[4]

且以爲禮 且以爲樂.

湯放桀於大水

環天下 自立以爲王

事成功立 無大後患

因[5]先王之樂

又自作樂 命曰護[6]

又脩[7]九招[8]

武王勝殷殺紂

環天下 自立以爲王

事成功立 無大後患

因先王之樂

又自作樂 命曰象[9]

周成王因先王之樂

又自作樂 命曰騶虞[10]

周成王之治天下也

不若武王.

武王之治天下也 不若成湯

成湯之治天下也 不若堯舜.

4_ 有茅茨者(유모자자)= '띠풀과 납가세풀로 이은 집에서 산다'로 解한다.

5_ 因(인)=襲也, 隨也.

6_ 護(호)=백성을 보호한다는 뜻. 湯이 지은 악곡 명칭.

7_ 脩(수)=바르게 공경하여 닦는다.

8_ 九招(구소)=舜의 음악. 招=韶의 誤.『書經』「皐陶謨」에서 '簫韶九成'이라고 한 것이 그 증거다.

9_ 象(상)=무왕이 紂를 치던 일을 상징한 樂舞라고 한다.

10_ 騶虞(추우)=『詩經』「召南」편에〈騶虞〉가 있다. 성왕 때의 작품이라고 한다.

그러므로 음악이 번잡할수록 그 치적은 더욱 적었던 것이다.　　　故其樂逾繁者 其治逾寡

이로써 볼 때　　　　　　　　　　　　　　　　　　　　　　自此觀之

음악이란 천하를 다스리는 수단은 아닌 것이다."　　　　樂非所以治天下也.

2

정번이 다시 물었다.　　　　　　　　　　　　　　　　　程繁日

"선생께서는 성왕聖王은 음악이 없었다고 하셨지만,　　　子日 聖王無樂

지금 말씀하신 대로 그들 역시 음악을 했습니다.　　　　此亦樂已.

선생의 '성왕은 음악이 없다'는 말씀은 무슨 뜻인지요?"　若之何[11]其謂 聖王無樂也.

묵자가 대답했다.　　　　　　　　　　　　　　　　　　子墨子日

"성왕의 도리는　　　　　　　　　　　　　　　　　　聖王之命也

번잡하고 지나친 것을 간소하고 적게 함에 있다.　　　　多寡之[12]

사람들을 먹여주는 것은 이로운 것이므로　　　　　　　食之利也

굶주린 후에 먹여주는 것도 지혜로운 것만은 사실이다.　以知飢而食之者智也

그러나 이것은 지혜가 없다고도 말할 수 있다.　　　　因[13]爲無智矣

지금 성왕에게 음악이 있었으나 간소했으니　　　　　今聖有樂而少

번잡한 것에 비하면 없는 것이나 마찬가지라고 말한 것이다."　此亦無也.

11_ 若之何(약지하)=若何之. 그것을 무엇이라고 할 것인가?

12_ 聖王之命也 多寡之(성왕지명야 다과지)=손이양은 命을 슈이라고 했다. 그리고 多者寡之일 것이라 한다. 그러나 命은 道다(維天之命 : 詩經). 多는 아름답다, 뛰어나다, 過하다의 뜻이 있다. 따라서 성왕의 도는 지나치는 것을 간소화시킨다. 「사과」편은 전쟁, 호화 장례, 호화 음악, 사치, 낭비 등을 초과 소비(過)로 규정하고 이를 사절한다(辭)는 뜻이다. 즉 '본래 목적을 넘어 지나친 재화의 소비를 사양하는 것'이 묵자의 道다.

13_ 因(인)=固로 解하는 이도 있다. 그러나 본뜻인 由로 解한다.

第八篇 尚賢 상현 上

임금이 인민을 부릴 수 있는 수단은 어진 이를 숭상하는 한 가지 방법뿐이며 인민들이
임금을 섬길 수 있는 수단은 오로지 의를 행하는 한 가지 방법뿐이다.

1

묵자가 말했다.	子墨子[1]言曰.
오늘날 왕공대인들이	今者王公大人[2]
나라와 가문의 정사를 다스릴 때는	爲政於國家者
모두 나라와 가문을 부유하게 하고	皆欲國家之富
인민이 번창하고 법과 정치(刑治)로 다스려지기를 바란다.	人民之衆 刑政之治.
그런데도 부유해지기는커녕 가난해지며	然而不得富而得貧
번창하기는커녕 줄어들고	不得衆而得寡
다스려지기는커녕 어지러워질 뿐이니	不得治而得亂
본래의 소망은 놓치고 싫어하는 결과를 얻은 셈이다.	則是本失其所欲 得其所惡.
그 까닭은 무엇인가?	是其故何也.
묵자가 말했다.	子墨子言曰.
그것은 나라를 다스리는 왕공대인들이	是在王公大人
나라와 가문을 다스리는 정사가	爲政於國家者
어진 이를 높이지 않고	不能以尙賢
능한 이를 부려 정사를 펴지 않기 때문이다.	事能[3]爲政也.

1_ 子墨子(자묵자)=公羊春秋隱公十一年條 何休의 注에 子를 姓氏 위에 놓은 것은 자기 스승임을 나타낸 것이라고 했
고, 『列子』 「天瑞」편의 張惠言의 注에도 같은 내용이 있다.

2_ 王公大人(왕공대인)=王과 三公과 大人. 大人은 諸侯를 말한다(禮記/鄭注).

3_ 事能(사능)=유능한 이를 부린다. 事=使와 같다.

그러므로 나라에 어질고 훌륭한 선비를 많이 보유하면 　是故國有賢良之士衆

그 나라는 잘 다스려지게 될 것이요, 　則國家之治厚

반대로 나라에 어질고 훌륭한 선비가 적으면 　賢良之士寡

그 나라는 잘 다스려지지 않을 것이다. 　則國家之治薄.

그러므로 위정자가 힘쓸 일은 　故大人之務

오직 현명한 인재를 많아지게 하는 일이다. 　將在於衆賢而已.

그렇다면 현명한 인재가 많아지게 하는 정책은 　曰 然則衆賢之術

장차 무엇을 해야 하는가? 　將奈何哉.

묵자가 말했다. 　子墨子言曰

비유해서 말하면 　譬若

나라에 훌륭한 궁수와 기수를 많이 양성하려면 　欲衆其國之善射御之士者

반드시 그런 능력이 있는 자를 부유하고 고귀하게 해주며 　必將富之貴之

그들을 공경하고 명예롭게 해주어야 한다. 　敬之譽之

그런 연후에 비로소 나라는 훌륭한 궁수와 기수를 　然后國之善射御之士[4]

확보할 수 있고 많게 할 수 있는 것이다. 　將可得而衆也[5]

하물며 현명하고 훌륭한 선비들은 　況又有賢良之士

덕망과 행실이 돈독하고, 언사와 담론이 분별 있으며 　厚乎德行 辯乎言談

도리와 정책이 박식한 사람들이므로 더욱 그렇지 않겠는가? 　博乎道術者乎.

이들이야말로 정말 국가의 보배요, 　此固國家之珍

사직의 보좌이니 　而社稷之佐也

반드시 그들을 부하고 고귀하게 해주고 　亦必且富之貴之

공경하고 영예롭게 해주어야 한다. 　敬之譽之

그렇게 권장한 연후에야 나라는 훌륭한 선비를 　然後后之良士

4_ 射御之士(사어지사)=활 쏘고 말 달리는 선비.

5_ 將可得而衆也(장가득이중야)=이에 인민이 많아질 수 있다. 將=乃(이에)의 뜻(왕인지).

확보할 수 있고 또 많아지게 할 수 있는 것이다.　　　　　亦將可得而衆也.

2

그런 까닭에 옛 성왕들이 정사를 다스릴 때는　　　　　是故古者聖王之爲政也

다음과 같이 언명했다.　　　　　言曰.

'의롭지 않은 자는 부유해선 안 되며　　　　　不義不富

의롭지 않은 자는 고귀해서도 안 되며　　　　　不義不貴

의롭지 않은 자는 사랑하지 않을 것이며　　　　　不義不親

의롭지 않은 자는 가까이하지 않을 것이다!'　　　　　不義不近.

이로써 나라의 부하고 귀한 사람들은 소문을 듣고　　　　　是以國之富貴人聞之

모두 물러가 의논하고 이르기를　　　　　皆退而謀曰.

'처음부터 우리가 믿은 것은 부유함과 고귀한 신분이다.　　　　　始我所恃者 富貴也

그런데 지금 임금께서는　　　　　今上

의로우면 가난하고 천한 것을 차별치 않고 등용한다.　　　　　舉義不闢貧賤.

그런즉 우리도　　　　　然則我

이제 의로움을 행하지 않으면 안 되겠'고 말한다.　　　　　不可不爲義.

또 임금의 친척들도 그 소문을 듣고　　　　　親者聞之

물러가 대책을 의논하고 말하기를　　　　　亦退而謀曰.

'애당초 우리가 믿었던 것은 임금의 친척이라는 것인데　　　　　始我所恃者 親也.

이제는 임금께서는　　　　　今上

아무 인연도 없는 사람도 의로우면 차별 없이 등용하니　　　　　舉義不闢疏

우리도 의로움을 행하지 않으면 안 되겠'고 결심한다.　　　　　然則我不可不爲義.

또 임금의 측근들도 그 소문을 듣고　　　　　近者聞之

물러가서 대책을 궁리하며 이르기를　　　　　亦退而謀 曰.

'애당초 우리가 믿었던 것은 임금의 측근이라는 것이었다.　　　　　始我所恃者 近也.

그런데 이제 임금은	今上
소원한 사람도 차별 않고 의로우면 등용한다고 하니	擧義不避遠
이제는 우리도	然則我
반드시 의로운 사람이 되어야 하겠다'고 말한다.	不可不爲義.
그리고 임금과 소원했던 사람들도 그 소문을 듣고	遠者聞之
역시 물러가서 의논한 후 이르기를	亦退而謀曰.
'우리들은 처음부터 임금과 멀었기에 믿을 것이 없었다.	始我以遠 爲無恃
그러나 이제는 임금께서	今上
의로우면 차별 없이 평등하게 등용한다고 하니	擧義不避遠
우리도 의義를 행하지 않으면 안 되겠다'고 말한다.	然則我不可不爲義.
도성에서 멀리 떨어진 시골구석의 신하들과	逮至遠鄙郊外⁶之臣
궁정의 관리들은 물론이고 도성 안의 백성들과	門庭⁷庶子⁸ 國中⁹之衆
변방의 비천한 백성들까지도 소문을 듣고	四鄙之萌人¹⁰ 聞之
다투어 의로움을 행하게 된다.	皆競爲義.
그렇게 되는 이유는 무엇일까?	是其故何也.
임금이 인민을 부릴 수 있는 수단은	曰 上之所以使下者
어진 이를 숭상하는 한 가지 방법뿐이며	一物¹¹也
인민들이 임금을 섬길 수 있는 수단은	下之所以事上者
오로지 의를 행하는 한 가지 방법뿐이기 때문이다.	一術¹²也.

6_ 逮至遠鄙郊外(체지원비교외)=도읍으로부터 멀리 떨어진 지방에 이르기까지.

7_ 庭(문)=宮中.

8_ 庶子(서자)=宿衛之官, 궁정 안의 수비 군사를 지칭한다.

9_ 國中(국중)=城郭中(閭禮/鄕大夫에서 鄭注). 봉건시대에 城中人 지배 귀족들이다.

10_ 四鄙之萌人(사비지맹인)=농민, 천민을 지칭. 鄙=성 밖을 말하며 농노들이 사는 곳.

11_ 一物(일물)=物은 事也, 相度也(헤아릴). 따라서 '尙賢 한 가지 일'의 뜻이다. 국내 학자들은 한 가지 물건이라 解하나 뜻이 통하지 않는다.

12_ 一術(일술)=術은 方策, 道 또는 心術(心之所由)을 말한다. 의로운 일을 하는 한 가지 방책을 말함.

비유컨대 부자가 높은 담장과 깊은 궁궐을 지었는데	譬之富者 有高牆深宮
집과 담장을 모두 세우고 나서	牆立旣
다만 한 개의 문만을 만들어놓은 것과 같다.	謹止¹³爲鑿一門
그리고 도둑이 들면	有盜人入
도둑이 들어온 유일한 문을 닫고 수색할 것이니	闔其自入而求¹⁴之
도둑은 도망할 곳이 없게 되는 것이다.	盜其無自出.
그 까닭은 무엇인가? 곧 요점을 알았기 때문이다.	是其故何也. 則上得要也.

3

그러므로 옛 성왕들이 정사를 다스릴 때는	故古者聖王之爲政
덕 있는 자를 벼슬자리에 앉히고 어진 이를 숭상했다.	列德¹⁵而尙賢
비록 농업이나 상공업에 종사하는 천한 사람이라도	雖在農與工肆之人
능력이 있으면 그들을 등용했고	有能則擧之
벼슬을 높여주고, 녹을 무겁게 주어	高子之爵 重子之祿
그에게 정사를 맡기되 명령을 결단하도록 권한을 위임했다.	任之以事 斷子之令¹⁶
이르기를 작위가 높지 않으면 백성이 공경하지 않고	曰 爵位不高 則民弗敬
녹이 후하지 않으면 백성이 믿지 않고	蓄祿不厚 則民不信
정령이 한결같고 단호하지 않으면	政令不斷
백성이 두려워하지 않기 때문이라고 했다.	則民不畏.
이 세 가지를 어진 사람에게 주는 것은	擧三者授之賢者
어진 사람에 대한 은사가 아니고	非爲賢賜也

13_ 止(지)=다만, 단지의 뜻. 舊本에 上으로 되었으나 손이양에 따라 고침.

14_ 求(구)=찾다, 索也(是自求禍也 : 孟子/公孫丑 上).

15_ 列德(열덕)=덕에 따라 벼슬을 준다. 列=벼슬을 주다(班列), 반열에 들게 하다(位序).

16_ 斷子之令(단여지령)=子之斷令의 錯簡. 명령을 결단하는 권한을 주다. 斷=결단하다.

정사를 성공시키고자 한 때문이다.	欲其事之成
그러므로 이들 성왕의 시대에는	故當是時
덕에 따라 벼슬을 주고 관직에 따라 정사를 복무하며	以德就列 以官服事
노력에 따라 상을 정했고, 공적을 헤아려 녹을 분별했다.	以勞殿[17]賞 量功而分祿.
따라서 관리라 해서 언제까지나 귀한 것이 아니고	故官無常貴
백성이라 해서 언제까지나 천하지는 않았다.	而民無終賤
유능하면 곧 등용되며 무능하면 곧 쫓겨났다.	有能則舉之 無能則下之
'공정한 의로움을 일으키고 사사로운 원한을 없애라'는 말은	舉公義 辟私怨[18]
이것을 이르는 것이었다.	此若言之謂也.
그러므로 옛날 요임금은	故古者堯
순임금을 복택服澤의 북쪽 호숫가에서 찾아내어 등용했고	舉舜於服澤之陽[19]
그에게 정사를 맡기니 천하가 평정됐다.	授之政 天下平.
우임금은 백익(益)을 음방陰方에서 찾아내어 등용했고	禹舉益於陰方[20]之中
그에게 정사를 맡기니 구주를 개척해 비로소 중국을 완성했다.	授之政 九州[21]成
또 탕임금은 이윤을 푸줏간에서 찾아내어 등용했고	湯舉伊尹於庖廚[22]之中
그에게 정사를 맡기니 천하를 차지하게 됐다.	授之政 其謀得.
또 문왕은 굉요閎夭와 태전泰顚[23]을	文王舉閎夭泰顚
사냥꾼과 어부 가운데서 찾아내어 등용했고	於罝[24]罔[25]之中

17_ 殿(전)=수여하다. 與와 같다.

18_ 辟私怨(피사원)=사사로운 원한을 제거한다. 辟=除也.

19_ 服澤之陽(복택지양)=服澤은 地名. 지명에서 陽은 산의 남쪽, 강의 북쪽을 뜻한다.

20_ 陰方(음방)=未詳. 『孟子』「萬章」 상편에는 '益避禹之子於箕山之陰'이라 했다. 그리고 註에는 箕山之陰은 嵩山 아래 깊은 골짜기라 했다. 이곳이 陰方인지는 알 수 없다.

21_ 九州(구주)=禹가 中國을 통일하여 九州로 나눈 것. 중국의 강역이 획정됨.

22_ 庖廚(포주)=부엌, 요리방.

23_ 굉요와 태전은 周 문왕의 어진 신하. 史積은 未詳.

24_ 罝(저)=짐승 잡는 그물.

25_ 罔(망)=고기 잡는 그물.

그에게 정사를 맡기니 서쪽 나라들이 복속해 왔다.

그러므로 이 당시에는

비록 높은 벼슬과 후한 녹을 받은 신하라 할지라도

공경하고 조심하여 베풀지 않는 이가 없었고,

비록 농사를 짓고 상공업에 종사하는 사람이라도

다투어 권면하여 덕을 숭상치 않는 이가 없었다.

그러므로 선비란

재상을 보살피고 후사를 잇게 해주는 정사의 도구다.

그러므로 선비를 얻으면 계책이 막히지 않고

몸소 수고롭지 않아도 이름을 세우고 치적을 이루며

아름다움이 빛나고 악함이 생기지 않는 것은

모두가 선비를 얻었기 때문이다.

그래서 묵자가 말했다.

뜻을 이루었을 때는

현명한 선비를 등용하지 않을 수 없거니와

뜻을 얻지 못했을 때에도

역시 현명한 선비를 등용치 않으면 안 되는 것이다.

만약 요·순·우·탕의 도를 근본을 좇아 이어나가려 한다면

장차 현명한 사람을 숭상하지 않고는 될 수 없는 일이다.

대저 현명한 선비를 숭상하는 것은 정치의 근본이다.

授之政 西土服.

故當是時

雖在於厚祿尊位之臣

莫不敬懼而施[26]

雖在農與工肆之人

莫不競勸而尙德.

故士者

所以爲輔相承嗣[27]也

故得士則謀不困

體不勞名立而功成

美章而惡不生

則由得士也.

是故子墨子言曰.

得意

賢士不可不擧

不得意

賢士不可不擧.

尙欲祖述[28]堯舜禹湯之道

將不可以不尙賢

夫尙賢者 政之本也.

26_ 施(시)=不施. 不 자의 탈락으로 보고 施를 邪로 보는 이도 있고 惕으로 보는 이도 있으나 글자대로 施安國利民之事
　　로 解한다.

27_ 承嗣(승사)=丞司와 같은 뜻. 천자나 제후의 계승자.

28_ 祖述(조술)=근본을 밝힘, 근본을 이어나감. 郊法也.

第九篇 尚賢 상현 中

옛날 성왕들은 오직 어진 사람(賢)을 등용하여 부리고 벼슬을 나누어 주고 귀하게 해주었고 땅을 떼어 봉해 주면서 종신토록 버리지 않았다.

1

묵자가 말했다.	子墨子言曰.
지금 왕공대인들이 인민의 우두머리가 되고	今王公大人之君人民[1]
사직의 주인이 되어 국가를 다스릴 때는	主社稷 治國家
누구나 끝까지 보전하고 잃지 않으려 하면서도	欲修保而勿失
어째서 어진 이를 숭상하는 것이	故不察尚賢
정치의 근본임을 살피지 않는가?	爲政之本也.
어째서 어진 이를 숭상하는 것이	何以知尚賢
정치의 근본임을 알 수 있는가?	之爲政本也.
귀하고 지혜로운 사람을 써서	曰 自[2]貴且智者
어리석고 천한 사람들을 다스리면 곧 다스려지고	爲政乎愚且賤者則治
반면 어리석고 천한 사람들을 써서	自愚賤者
귀하고 지혜로운 자를 다스리면 곧 어지러워진다.	爲政乎貴且智者則亂
이로써 '상현尚賢'이 정사를 다스리는 근본임을 알 수 있다.	是以知尚賢之爲政本也.
옛날 성왕들은 어진 사람을 매우 숭상하고	故古者聖王 甚尊尚賢
능력 있는 사람을 임명하여 부렸으니	而任使能

1_ 君人民(군인민)= '인민을 통치하는 자'를 뜻한다. 君=영지, 위력, 무리를 갖춘 사람(有地者曰君, 慶賞刑威曰君, 從之成群曰君)을 칭한다. 또는 부인이 남편을 君이라고 한다.

2_ 自(자)=由, 用의 뜻.

부모와 형제라도 사사로움이 없었고	不黨父兄
부귀하다고 치우치지 않았으며	不偏貴富
아첨하는 자를 편애하지 않고	不嬖³顔色⁴
오직 어진 자라면 누구든지 등용하여 높여주며	賢者擧而上之
부유하고 고귀하게 해주어 관장으로 삼았다.	富而貴之 以爲官長
한편 어질지 못한 자는 누구든지 등용을 막고	不肖者 抑而廢之⁵
그만두게 하여 가난하고 천하게 하여,	貧而賤之
보졸의 임무를 맡겼다.	以爲徒役⁶
이리하여 백성들은 모두 상 받기를 힘쓰고	是以民皆勸其賞
벌 받기를 두려워하여	畏其罰
서로 이끌어 어진 사람이 되려고 했으므로	相率而爲賢者
어진 자는 많아지고 어질지 못한 자는 적어졌다.	以賢者衆 而不肖者寡
이것을 일러 어진 이를 숭상하는 정책이라고 말한다.	此謂進賢⁷
이런 연후에 성인은 그의 말을 듣고 그의 행실을 보아	然後 聖人聽其言 迹其行
그들의 능력을 살펴 신중하게 벼슬을 주었다.	察其所能而愼予官
이것을 일러 능한 자를 쓰는 정책이라고 말한다.	此謂事能.
그러므로 가히 나라를 다스릴 수 있는 자로 하여금	故可使治國者
나라를 다스리게 하고	使治國
장관으로 부릴 만한 사람으로 하여금 장관으로 삼고	可使長官者使長官
고을을 다스릴 만한 사람으로 하여금 고을을 다스리게 했으니	可使治邑者使治邑

3_ 嬖(폐)=편애하는 것.

4_ 顔色(안색)=아첨하는 것.

5_ 抑而廢之(억이폐지)=막고 끌어내린다.

6_ 徒役(도역)=묵자가 私的 所有와 노예제도를 지지했다고 왜곡하는 학자들은 徒役을 노예의 사역으로 보지만 이는 잘
  못이다. 역자는 步卒의 戍役으로 解한다. 徒=원뜻은 보행, 걷는 것을 말한다. 步卒, 隸(冢宰胥十有二人. 徒百有二十
  人 : 周禮/天官)와 胥는 任長을 말하고, 徒는 使役을 하는 자다. 役=戍邊也, 使役也.

7_ 進賢(진현)=어진 이를 숭상한다. 進=尙으로 고쳐 읽는다.

무릇 나라와 관부와 고을과 마을을 다스리는 사람들은　凡所使治國家官府邑里

모두 나라의 어진 사람이었던 것이다.　此皆國之賢者也.

이들 어진 사람이 나라를 다스리면　賢者之治國也

아침 일찍 조정에 나가 늦게 퇴근하며　蚤朝晏退

옥사를 판결하고 정사를 다스리니　聽獄治政

나라는 태평하고 형벌과 법도는 바르게 되었다.　是以國家治而刑法政.

어진 자가 관장이 되면 밤늦게 자고 아침 일찍 일어나　賢者之長官也 夜寢夙興

관문, 시장, 산림, 택량澤梁의 이익을 거두어들여　收斂關市山林澤梁之利

관부를 충실하게 함으로써　以實官府

관청의 창고는 충실하고 재물은 허비되지 않았다.　是以官府實而財不散.

어진 자가 마을을 다스리면　賢者之治邑也

아침 일찍 일어나 늦게 들어가고　蚤出暮入

밭 갈고 김매고 과수와 채소를 가꾸고 콩과 조를 거두니　耕稼樹藝聚菽粟

이로써 곡식은 많아지고 백성은 식량이 풍족하다.　是以菽粟多而民足乎食.

그러므로 국가가 다스려지면 형벌과 법도가 바르고　故國家治則刑法正

관부가 충실해지면 만민이 부유하게 되는 것이다.　官府實則萬民富.

이렇게 되면 임금은 젯밥과 단술을 정결하게 마련하여　上有以絜爲酒醴粢盛[8]

하늘과 귀신에게 제사를 올린다.　以祭祀天鬼

밖으로는 갓옷과 비단을 가지고　外有[9]以爲皮幣[10]

사방 이웃 제후나라들과 교류와 교역을 하고　與四鄰諸侯交接

안으로는 굶주린 자을 먹여주고 피로한 자를 쉬게 해주어　內有以食飢息勞

만민을 기르고 부양해 주고　將養其萬民

8_ 粢盛(자성)=기장으로 지은 젯밥. 당시는 젯밥을 쌀이 아닌 기장으로 했음. 기장과 쌀은 인도 지방에서 중국으로 들어
　　왔으나, 기장이 일찍 들어왔기 때문이다. 粢=기장. 盛=젯밥.

9_ 外有(외유)=衍文.

10_ 皮幣(피폐)=가죽과 비단. 제후들 사이의 공물.

천하의 어진 사람들을 품어 보살펴 준다.

이런고로 위에서는 하늘과 귀신이 그를 부유하게 하고

밖에서는 제후들이 그를 편들어 주며

안에서는 만민이 그를 사랑하고

어진 사람들이 그에게 귀의해 온다.

이로써 일을 도모하면 곧 뜻을 이루고

일을 일으키면 곧 성공하며

들어와 지키면 견고하고, 나가 주벌하면 강하다.

그러므로 옛날 삼대 성왕이신

요·순·우·탕·문·무 같은 임금들이

천하를 다스리고 제후들을 바로잡았던 것은

바로 이러한 상현尙賢의 법도 때문이다.

外有以懷天下之賢人.

是故上者天鬼富之

外者諸侯與[11]之

內者萬民親之

賢人歸之

以此謀事則得

擧事則成

入守則固 出誅則强.

故唯昔三代聖王

堯舜禹湯文武

之所以王天下 正諸侯者

此亦其法已.

2

이미 말한 대로 이 같은 법도가 있지만

그것을 실행할 수 있는 방책을 알지 못하면

일은 성공할 수 없으므로

반드시 세 가지 근본을 세워야 한다.

세 가지 근본이란 무엇인가?

첫째, 작위가 높지 않으면 백성은 공경하지 않고

둘째, 받는 녹이 많지 않으면 백성들이 믿지 않고

旣日[12]若[13]法

未知所以行之術

則事猶若未成

是以必爲置三本.

何謂三本

曰 爵位不高 則民不敬也

蓄祿不厚 則民不信也.

11_ 與(여)=親善.

12_ 日(왈)=有의 誤.

13_ 若(약)=此와 같은 뜻.

셋째, 정령이 한결같고 단호하지 않으면	政令不斷[14]
백성은 두려워하지 않는다는 것이다.	則民不畏也.
그러므로 옛 성왕들은 작위를 높이 주었고	故古聖王高予之爵
녹을 크게 주었으며 그들에게 일을 맡기되	重予之祿 任之以事
명령을 단호하게 결단할 수 있게 했다.	斷予之命
이것이 어찌 신하들을 위한 은사이겠는가?	夫豈爲其臣賜哉.
그것은 정사를 성공시키기 위한 것이다.	欲其事之成也.
『시경』「대아大雅」의 「상유桑柔」편에 이르기를	詩曰
"너희들의 근심을 같이 근심하는	告女憂恤[15]
그대에게 벼슬을 내려주었네.	誨女予爵[16]
뜨거운 것을 잡았던 손을	孰能執熱
누구든지 찬물에 식히지 않겠는가?" 노래한 것은	鮮不用濯.[17]
이것을 말한 것이다.	則此語.
옛날 군주와 제후들은 불가불	古者國君諸侯之不可不
훌륭한 후계자를 정하여 보좌하게 했다.	以執善承[18]嗣[19]輔佐也
비유하자면	譬之
뜨거운 것을 잡았으면 그것을 찬물에 담가야 하는 것과 같다.	猶執熱之有濯也
장차 그 손을 낫게 해야 하기 때문이다.	將休[20]其手焉
옛날 성왕들은	古者聖王

14_ 斷(단)=단호하다, 한결같다.

15_ 告女憂恤(고여우휼)=인민의 근심들을 같이 걱정한다, 인민의 아픔을 같이한다. 女=『서경』에서는 爾로 되어 있다. 恤=憂와 같다.

16_ 誨女予爵(회녀여작)=벼슬을 올바로 질서 있게 한다. 『시경』에는 誨爾序爵으로 되어 있다.

17_ 鮮不用濯(선불용탁)=식히지 않겠는가? 鮮=『시경』에는 逝로 되어 있음. 逝=助詞. 濯=洗也.

18_ 承(승)=繼也, 佐也, 차례(丞과 通함).

19_ 嗣(사)=續也, 後詞.

20_ 休(휴)=善也. 그러나 어색하다. 沐이 아닌가 한다. 沐=추기다, 적시다. 다스리다(治也)의 뜻도 있다.

오직 어진 사람(賢)을 등용하여 부리고

벼슬을 나누어 주고 귀하게 해주었고

땅을 떼어 봉해 주면서 종신토록 버리지 않았다.

한편 어진 사람은 오직 명군明君을 찾아 그를 섬겼으며

힘을 다하여 군주를 섬기는 일에

종신토록 게으르지 않았다.

만약 아름답고 훌륭한 일이 있으면 임금께 돌리니

이로써 아름답고 훌륭한 것은 모두 임금에게 있고

원망하고 비방받는 일은 신하에게 있으며

안녕과 즐거움은 군주에게 있고

근심과 걱정은 신하에게 있었던 것이다.

그러므로 옛 성왕들이 정사를 다스림은 이와 같았던 것이다.

唯毋[21]得賢人而使之

般爵[22]以貴之

裂地以封之 終身不厭.

賢人唯毋得明君而事之

竭四肢之力 以任君之事

終身不倦.

若有美善 則歸之上.[23]

是以美善在上

而所怨謗在下

寧樂在君

憂戚在臣.

故古者聖王之爲政若此.

3

오늘의 왕공대인들도 역시 옛 성왕들을 본받아

어진 이를 숭상하고 능한 이를 부려 정사를 펴려고 하지만

작위는 높게 주면서도 녹은 작위를 따르지 못한다.

작위는 높고 녹이 없으면 백성들은 믿지 않는다.

이르기를 '저들은 나를 충심으로 사랑하는 것이 아니고

잠시 빌려 이용하려고 채용한 것뿐'이라고 생각한다.

今王公大人 亦欲效人

以尚賢使能爲政

高子之爵[24] 而祿不從也

夫高爵而無祿 民不信也

曰 此非中實[25]愛我也

假[26]藉[27]而用我也.

21_ 毋(무)=뜻이 없는 助詞.

22_ 般爵(반작)=벼슬을 나누어 주다. 般=頒과 通.

23_ 歸之上(귀지상)=윗사람에게 돌린다는 뜻이다. 歸=돌려보낼 귀, 먹일 궤(饋也).

24_ 高子之爵(고여지작)=벼슬을 높게 주다. 子=주는 것.

25_ 中實(중실)=衷心으로, 진실로.

이런 방법으로 잠시 빌려 이용되는 백성들이 　　　　　　上夫仮藉之民

어찌 임금을 사랑하겠는가? 　　　　　　　　　　　將豈能親其上哉

그러므로 옛 성왕들의 말씀에 이르기를 　　　　　　故先王言曰

'권력을 탐내는 지도자는 　　　　　　　　　　　　貪於政者

남들과 일을 나누어 더불어 하지 못하고 　　　　　不能分人以事

재물을 아끼는 지도자는 　　　　　　　　　　　　厚於貨者

남에게 녹을 나누어 주지 못한다'고 한 것이다. 　　不能分人以祿

일을 더불어 하지 못하고 녹을 나누지 않는다면 　事則不與[28] 祿則不分

묻건대 천하의 어진 사람들이 　　　　　　　　　請問天下之賢人

어찌하여 　　　　　　　　　　　　　　　　　　將何

왕공대인들의 곁에 스스로 모여들겠는가? 　　　自至乎王公大人之側哉

만약 어진 사람이 모여들지 않으면 　　　　　　若苟賢者不至王公大人之側

어질지 못한 자들이 좌우에 모여들게 된다. 　　　則此不肖者在左右也

이같이 어질지 못한 자들이 좌우에 모여들면 　　不肖者在左右

상은 어진 이에게 돌아가지 않고 　　　　　　　則其所譽不當賢

벌은 포악한 사람에게 돌아가지 않을 것이다. 　　而所罰不當暴

만약 왕공대인들이 이들을 존귀하게 해주어 　　王公大人尊此

나라의 정치를 맡긴다면 　　　　　　　　　　以爲政乎國家

상은 반드시 어진 이에게 돌아가지 않고 　　　則賞亦必不當賢

벌을 포악한 사람에게 내리지 않을 것이니 　　而罰亦必不當暴

만약 상을 현자에게, 벌을 악인에게 내리지 못하면 　若苟賞不當賢 而罰不當暴

어진 이를 권면하지 못하고 　　　　　　　　　則是爲賢者不勸

26_ 假(가)=잠시, 여가, 여기에서는 임시로.

27_ 藉(자)=빌리다, 빙자하다.

28_ 與(여)=참여하다, 주다.

포악한 자들을 막지 못할 것이다.

이로써 안으로는 부모에게 자애롭고 효도하지 않을 것이며

밖으로 향리에서는 어른을 공경하고 아우에게 자애롭지 않으며

일상의 처신에 절제가 없고 출입에 법도가 없으며

남녀는 분별이 없고 관부를 맡기면 도적질하고

성을 지키게 하면 배반하고

임금이 난리를 만나면 죽음을 무릅쓰지 않고

임금이 피난 가면 따르지 않을 것이다.

또 옥사를 판결하는 일은 사실과 도리에 어긋나고

재물을 나누는 일은 고르지 않고

더불어 꾀하는 일마다 뜻을 얻지 못하고

일으키는 일마다 이루지 못하고

들어와 지키면 견고하지 못하고

나가 주벌하면 강하지 못할 것이다.

그러므로 삼대 폭군인

걸·주·유·려가

나라와 가문을 잃고

사직을 뒤엎은 까닭이 바로 여기에 있었다.

왜냐하면 그들은 모두 작은 일에는 밝았으나

큰일에는 어두웠기 때문이다.

而爲暴者不沮矣.

是以入則不慈孝父母

出則不長弟鄕里29

居處無節 出入無度

男女無別. 使治官府則盜竊

守城則倍畔30

君有難則不死

出亡則不從.

使斷獄則不中

分財則不均.

與謀事不得

擧事不成

入守不固

出誅不彊

故雖昔者三代暴王

桀紂幽厲之

所以失措其國家31

傾覆其社稷者 已此故也.32

何則 皆以明小物

而不明大物也.

29_ 長弟鄕里(장제향리)=於자를 붙여 長弟於鄕里로 읽는다. 長=윗분을 존경하다. 弟=悌로서 아랫사람을 아껴주는 것.

30_ 倍畔(배반)=背叛과 뜻이 같다.

31_ 失措其國家(실조기국가)=글자대로 하면 조치를 잘못했다가 된다. 이는 어색하다. 왕인지는 措를 損의 誤라 했다. 이에 따른다. '자기 나라를 잃다'의 뜻.

32_ 已此故也(이차고야)=이것이 까닭이다, 여기에 까닭이 있다. 已=以와 通用.

4

지금 왕공대인들은	今王公大人
한 벌의 의복을 만들 수 없어	有一衣裳不能制也
반드시 훌륭한 재단사의 힘을 빌리고	必藉[33]良工.
한 마리의 소와 양을 잡을 수 없어	有一牛羊不能殺也
반드시 훌륭한 백정의 손을 빌리고 있다.	必藉良宰
그러므로 이 두 가지 일에 대해서만은	故當若之二物者
왕공대인들도 어진 이를 숭상하고	王公大人 皆知以尙賢
능한 이를 부려 다스려야 한다는 것을 알고 있는 셈이다.	使能爲政也.
그러나 국가의 혼란이나 사직의 위험에 당해서는	逮至其國家之亂社稷之危
능한 이를 부려 그것을 다스릴 줄 모르고 있다.	則不知使能以治之
그래서 친척이므로 그들을 등용하여 쓰고	親戚則使之
일도 하지 않고 부귀한 상속자들이나	無故富貴[34]
얼굴이 예쁘고 아첨하는 자들을 부린다.	面目佼好 則使之.
대저 일도 하지 않고 부유하고 고귀하게 되며	夫無故富貴
얼굴이 예쁘다고 그들을 부린다면	面目佼好 則使之
어찌 지혜롭고 슬기롭다 할 것인가?	豈必智且有慧哉.
그들에게 국가를 다스리게 한다면	若使之治國家 則此使
지혜롭지 못한 자를 골라 나라를 다스리게 한 것이니	不智慧者治國家也.
나라가 어지러운 것은 당연한 결과가 아닌가?	國家之亂 旣可得而知已.

33_ 藉(자)=빙자하다, 의지하다, 빌리다.

34_ 無故富貴(무고부귀)=故를 事(知幽明之故 : 周易/繫辭 上)로 읽으면 '일도 하지 않고 부귀한 자'로 해석된다. 故를 까닭(故者, 承上起下之語)으로 읽으면 '까닭 없이 부귀한 자'로 해석된다. 故를 巧로 읽으면 '정도가 아닌 꾀로 부귀한 자'로 해석된다. 결국 자기 노력도 없이 상속받았거나 부정한 꾀로 부귀한 자를 칭한다. 손이양은 故를 功의 誤로 보아 공적 없는 富貴라고 했다. 그러나 功은 生産 實績과 관계없는 전쟁의 功도 포함되므로 따르지 않는다. 유월은 無는 衍文, 故는 舊也로 보아 '본래부터 부귀한 자'로 보았다. 운명론적이어서 따르지 않는다.

대저 왕공대인들이	且夫王公大人
용모를 사랑하여 그들을 부리면	有所愛其色而使
마음은 이미 그들의 지혜를 살필 수 없게 되고	其心不察其知
무조건 그들에게 애정을 주게 된다.	而與³⁵其愛.
그러므로 백 명도 다스릴 수 없는 자를	是故不能治百人者
천 명을 다스리는 자리에 앉히고	使處乎千人之官
천 명도 다스릴 수 없는 자를	不能治千人者
만 명을 다스리는 자리에 앉히게 된다.	使處乎萬人之官
이렇게 된 까닭은 무엇인가?	此其故何也
이르기를 관직에 앉으면	曰 處若官者
벼슬이 높아지고 녹이 크기 때문이라 한다.	爵高而祿厚
그러나 외모를 사랑하여 그들을 부린다면	故愛其色而使之焉.
천 명도 다스릴 수 없는 자를	夫不能治千人者
만 명을 다스리는 자리에 앉히는 것이니	使處乎萬人之官
이것은 열 배가 넘는 관직을 주는 것이다.	則此官什倍也.
대저 다스리는 법도는	夫治之法
오랜 세월 길러야 이룰 수 있는 것이다.	將日至者也³⁶
하루 종일 다스린다 해도 하루가 열흘로 늘어날 수도 없고	日以治之 日不什脩³⁷
지혜로써 그것을 다스린다 해도	知以治之
지혜가 열 배로 늘어날 수도 없는 일인데도	知不什益

35_ 與(여)=좋아한다, 편들다.

36_ 將日至者也(장일지자야)= '매일 기르고 행해야 도달한다'는 뜻이다. 어떤 이는 '하루하루 알게 되는 것'으로, 어떤 이는 '날마다 처리할 일이 밀리는 것'으로 解하고 있으나 너무나 엉뚱하다. 將=行也(奉將天罰 : 書經), 養也(不遑將 父 : 詩經).

37_ 日不什脩(일불십수)= '하루를 열흘로 키울 수 없다'는 뜻. 日不脩十으로 보아 '하루에 열 배를 다스릴 수 없다' 또는 脩를 長으로 解하여 '하루가 열 배로 늘어나지 않는다'로 解할 수도 있다. 脩=治也, 長也, 大也.

열 배의 관직을 주었으니

곧 열 개 중에서 한 개만 다스리고 아홉 개는 버린 것이다.

비록 그가 밤낮을 가리지 않고 관직을 수행한다 해도

다스려질 수 없는 것이다.

이렇게 된 까닭은 무엇인가?

왕공대인들이 어진 이를 높이고

능한 이를 부려 정사를 다스려야 함을 알지 못했기 때문이다.

어짊을 높이고 능함을 부려 정사를 펴서 다스린 사례는

저들이 했던 말로 설명한 것이고

어진 자를 낮추어 정사를 펴서 어지럽힌 사례는

내가 했던 말로 설명한 것이다.

지금 왕공대인들이 진실된 마음으로

나라와 가문을 다스려

오래 보존하여 잃지 않고자 한다면

어찌 '상현尙賢'이야말로 정치의 근본임을 살피지 않는가?

而子官什倍

則此治一而棄其九矣.

雖日夜相接以治若[38]官

官猶若不治.

此其故何也

則王公大人 不明乎以尙賢

使能爲政也.

故以尙賢使能爲政而治者

若夫言之謂也.

以下賢爲政而亂者

若吾言之謂也.

今王公大人 中誠

將欲治其國家

欲修保而勿失

胡不察尙賢爲政之本也.

5

어진 자를 높여주는 것이 정치의 근본이라 함은

어찌 묵자 혼자만의 말이겠는가?

이것은 성왕의 '도'이며, 옛 임금들의 글과

오랜 옛날부터 전해 오는 말이다.

옛 책에서는 다음과 같이 말했다.

'성군과 철인을 찾아서

且以尙賢爲政之本者

亦豈獨子墨子之言哉.

此聖王之道 先王之書

距年之言也.

傳曰.

求聖君哲人

38_ 若(약)=此也.

너의 모자람을 채우라!'

『서경書經』에서는 다음과 같이 말했다.

"마침내 위대한 성인을 찾아

그와 더불어 힘을 다하고 마음을 합쳐

천하를 다스렸다!"

이는 곧 성인은 반드시 어진 사람을 숭상하고

능한 이를 부려 정치를 했음을 말해 주고 있다.

그러므로 옛 성왕들은 오직 잘 살펴

어진 이를 숭상하고 능한 이를 부림으로써 정치를 했을 뿐

기이한 방책은 아무것도 없었지만

천하는 모두 각각 이로움을 얻었다.

옛날 순임금은 역산歷山에서 밭을 갈고

황허 기슭에서 그릇을 굽고, 뇌택雷澤에서 고기잡이를 했는데,

요임금은 그를 복택호服澤湖 북쪽에서 찾아내어 등용함으로써

결국 천자로 선출되어

천하의 정사를 맡아

만민을 다스리게 되었다.

이윤은 유신씨有莘氏 가문의 딸을 모시는 가복이었으며

以裨輔[39]而身

湯誓[40]曰

聿[41]求元聖[42]

與之勠力同心

以治天下.

則此言聖之不失[43]以尙賢

使能爲政也.

故古者聖王 唯能審

以尙賢使能爲政

無異物雜焉

天下皆得其利.

古者舜耕歷山[44]

陶河瀕 漁雷澤.

堯得之服澤之陽

擧以爲天子[45]

與接[46]天下之政

治天下之民

伊摯[47] 有莘氏[48]女之私臣[49]

39_ 裨輔(비보)=보좌·보필하는 것.

40_ 湯誓(탕서)=지금의 『서경』「商書」「湯誓」편에는 그런 내용이 없다. 僞古文의 「商書」「湯誥」편에 이런 글이 보인다.

41_ 聿(률)=마침내, 드디어.

42_ 元聖(원성)=으뜸 되는 위대한 성인.

43_ 聖之不失(성지불실)= '성인을 잃어서는 안 된다'로 譯해 왔으나 잘못이다. '성인은 잊지 않는다'는 뜻이다. 主部가 聖人이다. 失=忘也(子思懼夫愈久而愈失其眞也 : 中庸章句/序).

44_ 歷山(력산)=산둥성 지난(諸南)시 千佛山을 지칭함. 舜耕山이라고도 부른다.

45_ 擧以爲天子(거이위천자)=보통은 '모두가 천자로 삼는다'로 解하나 큰 잘못이다. 순자는 禪讓이란 있을 수 없다고 했거니와(荀子/正論) 평등주의자인 묵자가 禪讓을 말했겠는가? '선출되어 천자가 될 수 있었다'로 解한다.

46_ 接(접)=承也(잇는다). 持로 읽고 '관장하다'로 解한다.

몸소 백정 노릇을 했으나,

탕임금이 그를 발견하여 자기의 재상으로 등용했고

천하 정사를 도맡아 만민을 다스리게 했다.

부열傅說[50]은 갈옷을 입고 새끼줄을 두르고

부암傅巖의 성을 쌓는 인부였는데

은나라 고종인 무정武丁이 그를 찾아내어 등용하여

삼공으로 삼았으므로

천하 정사를 맡아 만민을 다스리게 되었다.

이들은 무슨 연유로

처음에는 천했는데 마침내 고귀하게 되었고

처음에는 가난했는데 마침내 부유해질 수 있었는가?

곧 이것은 왕공대인들이 현명하여

어진 이를 숭상하고 능한 이를 부려

정사를 다스렸기 때문이다.

이로써 백성이 굶주려도 양식을 얻지 못하고

헐벗어도 옷을 얻지 못하며, 피로해도 쉴 수 없고

어지러워도 다스릴 수 없던 불행한 일이 사라졌던 것이다.

옛날 성왕들이 잘 살펴

어진 이를 찾아 숭상하고 능한 이를 부려 정치를 한 것은

하늘을 본받아 그렇게 했던 것이다.

親爲庖人.

湯得之 擧以爲已相

與接天下之政 治天下之民.

傅說 被褐帶索庸

築乎傅岩

武丁得之

擧以爲三公

與接天下之政 治天下之民.

此何故

始賤卒而貴

始貧卒而富.

則王公大人明乎

以尙賢使能

爲政.

是以民無飢而不得食

寒而不得衣 勞而不得息

亂而不得治者.

故古聖王 以審

以尙賢使能爲政

而取法於天.

47_ 摯(지)=伊尹의 이름.

48_ 有莘氏(유신씨)=지금의 산둥성 차오(曹)현 서북쪽에 위치했던 옛 나라 이름. 有侁氏라고도 한다. 東夷族일 가능성이 높다.

49_ 女之私臣(녀지사신)=이윤은 有莘氏의 딸이 湯임금의 妻로 시집올 때 데려온 몸종이라고 한다. 혹자는 탕임금이 이윤을 얻기 위해 유신씨 딸과 혼인했다고도 말한다. 유월은 私臣을 家門의 臣下로 보았다(仕於公日臣 仕於家日僕─禮記/禮運). 필원과 왕인지는 私臣은 僕이며, 僕은 媵(딸이 시집갈 때 따라가는 몸종)이라고 해석한다.

50_ 殷의 高宗(武丁)의 재상.

비록 하늘은 가난한 자와 부유한 자, 귀한 자와 천한 자, 　　　雖天亦不辯貧富貴賤

먼 자와 가까운 자, 측근자와 소원한 자를 차별하지는 않지만 　　遠邇親疏

어진 이는 들어 높이고 　　　　　　　　　　　　　　　　賢者擧而尙之

어질지 못한 자는 억누르고 내친다. 　　　　　　　　　　不肖者抑而廢之.

그러면 부귀한 자로서 어진 일을 하여 　　　　　　　　　然則富貴爲賢

상을 받은 이는 누구인가? 　　　　　　　　　　　　　以得其賞者誰也.

이르기를 옛날 삼대 성왕이신 　　　　　　　　　　　　曰 若昔者三代聖王

요·순·우·탕·문·무 같은 임금들이 그들이다. 　　　　　　堯舜禹湯文武者 是也.

그들이 상을 받은 까닭은 무엇인가? 　　　　　　　　　所以得其賞 何也

이르기를 그들이 천하에 시행한 정치는 　　　　　　　　曰. 其爲政乎天下也

두루 평등하게 인민을 사랑하여 그들을 이롭게 했고 　　　兼而愛之 從而利之

또한 천하 만민을 이끌고 　　　　　　　　　　　　　　又率天下之萬民

하느님을 숭상하고 귀신을 섬김으로써 　　　　　　　　以尙尊天事鬼

인민을 사랑하고 이롭게 한 것이다. 　　　　　　　　　愛利萬民.

그러므로 하늘과 귀신은 그들에게 상을 주고 　　　　　　是故天鬼賞之

그들을 세워 천자天子로 삼고 백성의 부모가 되게 했다. 　　立爲天子 以爲民父母

만백성들은 그들을 따르고 기리면서 　　　　　　　　　萬民從而譽之

오늘날까지도 '성왕'이라고 부른다. 　　　　　　　　　曰 聖王. 至今不已.

곧 이들이 부귀한 자로서 어진 일을 하여 　　　　　　　則此富貴爲賢

하느님의 상을 받은 사람이다. 　　　　　　　　　　　以得其賞者也.

그러면 부유하고 고귀한 자가 포악하여 　　　　　　　　然則富貴爲暴

벌을 받은 자는 누군인가? 　　　　　　　　　　　　　以得其罰者 誰也.

옛날 삼대 폭군인 　　　　　　　　　　　　　　　　　曰. 若昔者三代暴王

걸·주·유·려 같은 자들이 이들이다. 　　　　　　　　　桀紂幽厲者 是也.

어떻게 그러함을 알 수 있는가? 　　　　　　　　　　　何以知其然也 曰.

그들이 천하에 시행한 정치는 　　　　　　　　　　　　其爲政乎天下也

두루 증오하고 백성을 끌어다 해쳤다.

또한 천하 인민을 이끌고

하늘을 욕하고 귀신을 모욕하며 인민을 해치고 업신여겼다.

그러므로 하늘과 귀신은 그들을 벌하여

죽음의 형벌을 받게 하고

자손들은 흩어지고 집안은 멸망하여

후사가 끊어지게 했다.

그래서 인민은 그들을 비난하여

지금까지도 '폭군'이라고 부르고 있다.

이들이 바로 부귀한 자로서 포악하게 다스려

하늘의 벌을 받은 자들이다.

그러면 친척이면서 착하지 못하여

벌을 받은 자는 누군가?

옛날 우임금의 아버지로 숭백崇伯이었던 곤鯀이다.

그는 황제 전욱顓頊의 아들로서

황제의 덕과 공을 저버렸기 때문에

끝내 우산羽山의 들판으로 유형을 당하여

따뜻한 햇볕을 받지 못하고 죽었다.

그들은 하느님께서도 사랑하지 않았으니

곧 이들이 친척이면서 착하지 못하여

벌을 받은 자다.

兼而憎之 從而賊之

又率天下之民

以訽天侮鬼 賊傲萬民.

是故天鬼罰之

使身死而爲刑戮

子孫離散 家室喪滅

絶無後世

萬民從而非之

曰. 暴王. 至今不已.

則此富貴爲暴

而以得其罰者也.

然則親而不善

以得其罰者 誰也.

曰. 若昔者伯鯀[51]

帝之元子

廢帝之德庸

旣乃刑之于羽山[52]之郊

乃熱照無有及也

帝亦不愛.

則此親而不善

以得其罰者也.

51_ 伯鯀(백곤)=禹의 父, 黃帝 顓頊의 아들. 순임금이 崇伯에 봉했으나 홍수를 다스리지 못한 죄로 벌을 받았다.

52_ 羽山(우산)=산둥성 린이(臨沂)현. 『山海經』에서는 祝其縣 서남쪽에 있는 산이라고 한다.

6

그러면 하늘이 부린 유능한 자는 누구인가?	然則天之所使能者 誰也
그것은 옛날 우禹, 직稷, 고요皐陶 같은 이들이다.	曰若昔者禹稷皐陶是也.
어떻게 그것을 아는가?	何以知其然也.
옛 선왕의 글인 『서경』의 「여형呂刑」편에 이르기를	先王之書 呂刑[53]道之曰
"황제께서 백성들에게 물어보시니	皇帝淸問下民
묘족苗族에 대해 불평하며 말하기를	有辭[54]有苗曰
'무리의 우두머리와 관리들이 밝은 상도常道가 없어	群后之肆在下[55] 明明不常.
홀아비와 과부들을 돌보아주지 않는다'고 했다.	鰥寡不蓋
이에 순임금께서 덕으로 위엄을 나타내어 굴복시키고	德威維威[56]
밝은 덕으로 벼리를 밝혀주시고	德明維明.
세 분에게 명하여 백성을 구휼하게 했다.	乃名[57]三后 恤功於民
백이伯夷는 법을 내려 백성을 형벌로 밝히고	伯夷降典 哲民維刑[58]
우禹는 물과 땅을 다스리고	禹平水土
산과 강물을 정리하는 일을 주관하도록 명하고	主名[59]山川
후직后稷은 씨 뿌리고 심는 법을 백성들에게 가르쳐	稷降播種
좋은 곡식을 생산하게 했다.	農殖嘉穀
이 세 사람이 이룬 공덕으로 백성들은 풍족하게 됐다"고 했다.	三后成功 維假於民[60]

53_ 呂刑(여형)=『서경』「周書」의 편명. 呂侯의 형벌에 관한 글.

54_ 有辭(유사)=불평하는 말이 많다.

55_ 群后之肆在下(군후지사재하)='군주가 아래 백성들에게 대하다' 또는 '군주에서 백성까지'로 解한다. 肆=『서경』에는 逮로 되어 있다.

56_ 德威維威(덕위유위)=보통은 덕으로 위엄을 나타내니 두려워했다. 그러나 維는 벼리, 즉 기강이다. '덕이 위엄 있고 기강이 섰다'는 뜻이다. 威=『서경』에는 畏로 되어 있다.

57_ 名(명)=『서경』에는 命으로 되어 있다.

58_ 哲民維刑(철민유형)=『서경』에는 折民惟刑으로 되어 있다. 뜻은 같다.

59_ 主名(주명)=主命으로 읽는다. 주관하도록 명했다.

60_ 維假於民(유가어민)=백성들을 풍성하게 해주었다. 假=『서경』에는 殷으로 되어 있다. 殷=많다, 성하다, 크다.

곧 이것은 세 성인들이

옥사를 다스리는 목적이 위세를 부리는 것이 아니고

백성을 부유하게 하는 것으로 그치는 것임을 말한다.

공경하고 두려워하여

말을 삼가고 행실을 신중히 하며

사려를 정성스럽게 하여

천하의 숨은 인재를 찾아 이롭게 해주며

위로는 하늘을 섬기니 하늘도 그들의 덕을 가상히 여기고

아래로 인민에게 베풀어주시니

인민은 그 이로움을 입어 평생토록 끝이 없었다.

그러므로 성왕의 말씀에서 이르기를

이 도리는

천하의 큰일에 써도 부족함이 없고

작은 일에 써도 막힘이 없으며

그것을 공경하여 쓰면 만민이 그 이로움을 입어

종신토록 끝이 없을 것이다.

또 『시경』「주송周頌」에서 일러 말하기를

"성인의 덕은

하늘이 높고 땅이 넓은 것 같아

천하를 밝게 비춘다.

또 땅이 단단하고 산이 우뚝한 것과 같아

則此言三聖人者

典獄非訖于威[61]

惟訖于富

敬忌

謹其言慎其行

精其思慮

索天下之隱士遺利

以上事天 則天鄉[62]其德

下施之萬民

萬民被其利 終身無已.

故先王之言曰.

此道[63]也

大用之天下則不窕[64]

小用之則不困

修用之則萬民被其利

終身無已.

周頌道之曰.

聖人之德

若天之高 若地之普.

其有昭於天下也

若地之固 若山之承[65]

61_ 典獄非訖于威(전옥비흘우위)=이하 3구절은 판본에는 없는 것으로, 같은 내용을 기술하고 있는 『서경』「주서」「여
형」편에서 옮겨 보충한 것이다. 訖=畢也.

62_ 鄉(향)=享, 즉 흠향하다, 감응하다, 가상히 여기다.

63_ 此道(차도)=『서경』「주서」「여형」편에서 밝힌 天牧說.

64_ 不窕(부조)=가늘지 않다, 넉넉하다.

갈라지지 않고 무너지지 않는다.	不坼[66]不崩
해가 빛나고 달이 밝은 것 같아	若日之光 若月之明
천지와 더불어 한가지로 영원하도다!" 라고 했다.	與天地同常.
이것은 성인의 덕은 빛나고 밝으며 넓고 크고 단단하여	則此言聖人之德 章明博大
길이 영원하다는 것을 말한 것이다.	埴固以脩久也[67]
그러므로 성인의 덕은	故聖人之德
천지를 통합하는 것이다.	葢總[68] 乎天地者也
오늘날 왕공대인들이	今王公大人
천하를 다스리고 제후들을 바로잡으려면	欲王天下 正諸侯
대체 덕과 의로움이 없다면 무엇으로 하겠는가?	夫無德義 將何以哉.
아니면 위세와 강압으로 떨게 하겠다는 것인가?	其說將必挾震威彊
오늘날 왕공대인들이	今王公大人
위압과 강압으로 떨게 하려고 하는 것은	將焉取挾震威彊哉.
백성을 죽음으로 모는 것이다.	傾者[69]民之死也.
그러나 백성이란 살기를 바라고 죽음을 싫어한다.	民生爲甚欲 死爲甚憎
백성이 바라는 것을 얻을 수 없고	所欲不得
싫어하는 것만을 거듭 닥치게 하고서도	而所憎屢至.
자고이래로	自古及今
일찍이 능히 천하를 지배하고	未有嘗能有以此王天下
제후를 다스린 일은 없었다.	正諸侯者也.
오늘날 정치가(大人)로서 천하를 지배하고	今大人欲王天下

65_ 若山之承(약산지승)=산이 높이 솟아 있는 것 같다. 承=丞과 通한다.

66_ 坼(탁)=쪼개지다, 갈라지다.

67_ 埴固以脩久也(식고이수구야)=진흙처럼 굳어 오래간다. 埴=진흙덩이. 脩=長也.

68_ 葢總(개총)='뒤덮고 있다'고 解하고 있으나 취하지 않는다. 葢는 蓋가 아니고 盍, 즉 盇은 합한다는 뜻이다.

69_ 者(자)=諸로 助詞다.

제후를 다스리고자 하는 자가

천하를 얻어 마음대로 부리고

후세까지 명성을 얻고자 한다면

어찌 '상현尚賢'이야말로 정치의 근본임을 살피지 않는가?

이것은 성인들도 독실하게 행한 일이다.

正諸侯

將欲使意得乎天下

名成乎後世

故不察尚賢爲政之本也

此聖人之厚行也.

第十篇

尚賢 상현 下

어질게 되는 길은 무엇인가? 그것은 힘이 있으면 부지런히 인민을 돕고 재물이 있으면
힘써 인민에게 나누어 주고 도리가 있으면 권면하여 가르치는 것이다.

1

묵자가 말했다.

천하의 왕공대인들은

모두 자기 나라가 부유해지고

인민이 모여들며 법과 정치가 다스려지기를 바란다.

그러나 부유해지지 않고 가난해지며

인민이 모여들지 않고 떠나며

다스려지지 않고 어지러워지는 것은

어진 이를 숭상할 줄 모르면서

자기 나라와 백성들을 다스리기 때문이다.

오늘날 왕공대인들은

어진 이를 숭상하는 것이 정치의 근본임을 모르고 있다.

만약 왕공대인들이

'상현'이 정치의 근본임을 모른다면

그 사례를 제시하여 보여주지 않겠는가?

지금 여기에 한 제후가 있어

子墨子言曰.

天下之王公大人

皆欲其國家之富也

人民之衆也 刑法之治也.

(然而不得富而得貧)

(不得衆而得寡)

(不得治而得亂)[1]

不識以尙賢

爲政其國家百姓

王公大人

本失[2]尙賢爲政之本也.

若苟王公大人

本失尙賢爲政之本也

則不能毋[3]擧[4]物示之乎.

今若有一諸侯於此

1_ 이 文句는 탈락됐을 것으로 본다.

2_ 本失(본실)=未知로 된 판본도 있다. 따른다.

3_ 毋(무)=뜻 없는 語助詞.

4_ 擧(거)=제시하다, 事也, 즉 擧例. 사례를 제시하다.

나라를 다스리는 정령을 발표하길   爲政其國家也 曰

'무릇 우리나라는 활 잘 쏘고 말 잘 타는 선비에게   凡我國能射御之士

상을 주고 높이 등용하겠으며   我將賞貴之

활쏘기와 말 타기를 잘할 수 없는 선비는   不能射御之士

죄를 물어 천하게 만들 것이다!'라고 한다면   我將罪賤之.

나라의 선비들이 이 정령을 듣고   問于若國之士

누가 좋아하고 누가 경계하겠는가?   孰喜孰懼.

내 생각으로는   我以爲

반드시 활 잘 쏘고 말 잘 타는 선비는 좋아하고   必能射御之士喜

그렇지 못한 선비는 경계할 것이다.   不能射御之士懼.

또 시험 삼아 그들을 유혹하는 정령을 발표하길   我賞因而誘之矣[5] 曰

'무릇 우리나라에서는   凡我國

충직하고 성실한 선비는 후한 상으로 높이 등용하겠으며   之忠信之士 我將賞貴之

충직하지 못하고 성실하지 못한 선비는   不忠信之士

죄를 물어 천하게 만들겠다!'고 한다면   我將罪賤之

만약 선비들이 이 말을 듣고   問于若國之士

누가 기뻐하고 누가 경계하겠는가?   孰喜孰懼.

내 생각으로는 충직하고 성실한 선비들은 기뻐하고   我以爲必忠信之士喜

충직하지 못하고 성실하지 못한 선비들은 경계할 것이다.   不忠不信之士懼.

이제 어진 이를 숭상하는 정책으로   今惟毋以尙賢

나라와 백성을 다스린다면   爲政其國家百姓

나라에 착한 것을 권면하고 악한 것을 저지할 수 있는 것이다.   使國爲善者勸 爲暴者沮.

크게는 천하를 이와 같이 다스린다면   大以爲政于天下

천하로 하여금 착한 것을 권면하고   使天下之爲善者勸

5_ 我賞因而誘之矣(아상인이유지의)=한 발 더 진전시킨다. 賞=嘗. 誘=進으로 읽는다.

악한 것을 저지할 수 있을 것이다.

그렇다면 우리가

옛날 요·순·우·탕·문·무왕의 도리를 귀하게 여기는 이유는

무슨 까닭인가?

그것은 그들이 정령을 펴고 백성을 다스린 것이

천하에 선한 것을 권면할 수 있었고

악한 것을 저지할 수 있었기 때문이다.

그러므로 어진 이를 숭상하는 것은

요·순·우·탕·문·무왕의 도리와 같은 것이다.

爲暴者沮.

然昔吾

所以貴堯舜禹湯文武之道者

何故以哉.

以其唯毋臨衆發政而治民

使天下之爲善者可而勸也

爲暴者可而沮也.

然則此尙賢者也

與堯舜禹湯文武之道同矣.

2

오늘날 천하의 군자들은

평상시 말로는 어진 이를 숭상한다고 한다.

그러나 실제 정령을 내리고 인민을 다스릴 때는

어진 이를 숭상하고 능한 이를 부릴 줄을 모른다.

나는 이로써 천하의 사군자士君子들은

작은 것은 잘 알지만 정작 큰일은 모른다는 것을 알았다.

무엇으로 그런 줄 아는가?

지금 왕공대인들은

한 마리의 소나 양도 잡을 수 없으므로

반드시 좋은 요리사를 찾는다.

또 자기는 한낱 치마저고리도 재단할 수 없으므로

반드시 솜씨 있는 바느질꾼을 찾는다.

而今天下之士君子

居處言語[6]皆尙賢

逮至其臨衆發政而治民

莫知尙賢而使能.

我以此知天下之士君子

明於小而 不明於大也.

何以知其然乎.

今王公大人

有一牛羊之財不能殺

必索良宰

有一衣裳之財不能制

必索良工.

6_ 居處言語(거처언어)=평상시 말하는 것.

당연히 왕공대인들도 이 일에 대해서는	當王公大人之於此也
비록 골육을 나눈 부모 자식이나	雖有骨肉之親
자기 노력 없이 상속으로 부귀하게 된 자나	無故富貴[7]
용모가 예쁜 자라도	面目美好者
그들은 능력이 없는 줄을 잘 알고	實知其不能也
그들에게 일을 맡기지 않는다.	不使之也.
이것은 무엇 때문인가?	是何故.
그것은 그의 재물이 잘못해서 망가질까 걱정하기 때문이다.	恐其敗財也.
당연히 왕공대인들도 이에 대해서는	當王公大人之於此也
어진 이를 숭상하고 능한 이를 부리는 도리를 잊지 않는다.	則不失尚賢而使能.
또 왕공대인들은	王公大人
스스로는 한 마리 병든 말도 치료할 수 없으므로	有一罷馬不能治
반드시 좋은 수의사를 찾는다.	必索良醫
또 한낱 부서진 활도 고칠 수 없으므로	有一危[8]弓不能張[9]
반드시 유능한 기술자를 찾는다.	必索良工.
이런 때에는 왕공대인들도	當王公大人之於此也
비록 골육을 나눈 부모 자식이나	雖有骨肉之親
자기 노력 없이 부귀하게 된 자나 용모가 예쁜 자라도	無故富貴 面目美好者
그들은 능력이 없는 줄을 잘 알고	實知其不能也
반드시 그들에게 일을 맡기지 않는다.	必不使.
이것은 무엇 때문인가?	是何故.
그것은 그의 재물이 잘못해서 망가질까 걱정하기 때문이다.	恐其敗財也.

7_ 無故富貴(무고부귀)=일도 하지 않고 부귀한 자. 故=事也.

8_ 危(위)=결함이 있다, 고장 나다.

9_ 張(장)=풀다, 해체하다(開也).

왕공대인들도 당연히 이에 대해서는　　　　　　　　　當王公大人之於此也

어진 이를 숭상하고 능한 이를 부리는 도리를 잊지 않는다.　則不失尙賢而使能.

그런데 이보다 훨씬 중요한 나라 일에 대해서는 그렇지 않다.　逮至其國家則不然

왕공대인들은 자기 친척이나　　　　　　　　　　　　　　王公大人 骨肉之親

노력도 없이 부하고 귀하게 된 상속자나　　　　　　　　　無故富貴

용모가 잘생긴 자들을　　　　　　　　　　　　　　　　　面目美好者

국사를 담당하는 관직에 등용하는 것은　　　　　　　　　則擧之.

그들이 자기 나라를 사랑하는 것이　　　　　　　　　　　則王公大人之親其國家也

제 부서진 활이나 병든 말이나　　　　　　　　　　　　　不若親其一危弓 罷馬

치마저고리나 소와 양을 사랑하는 것보다 못하다는 증거다.　衣裳牛羊之財與.

나는 이것을 볼 때 천하의 선비와 군자들이　　　　　　　　我以此知天下之士君子

모두 작은 것은 잘 알지만　　　　　　　　　　　　　　　皆明於小

큰일에 대해서는 참으로 어둡다는 것을 알 수 있다.　　　　而不明於大也.

비유컨대 마치 벙어리를 외국에 사신으로 보내고　　　　　此譬猶瘖者而使爲行人[10]

귀머거리를 악사로 삼는 것과 같다.　　　　　　　　　　聾者而使爲樂師.

그러므로 옛날 성왕들이 천하를 다스릴 때는　　　　　　　是故古之聖王之治天下也

그들이 부하게 해주거나 귀하게 해준 사람은　　　　　　　其所富 其所貴

반드시 왕공대인들의 친척도 아니었고　　　　　　　　　未必王公大人骨肉之親

일도 하지 않고 부귀해진 사람도 아니었고　　　　　　　　無故富貴

용모가 잘생긴 사람들도 아니었다.　　　　　　　　　　　面目美好者也.

3

그러므로 옛날 순임금은　　　　　　　　　　　　　　　是故昔者舜

10_ 瘖者而使爲行人(음자이사위항인)＝벙어리를 외교관으로 임명하다. 行人＝外交官.

역산에서 밭을 갈고 황허 기슭에서 그릇을 굽고 　耕於歷山 陶於河瀕

뇌택에서 고기를 잡고 항산에서 숯을 구웠다. 　漁於雷澤 灰[11]於常陽

요임금이 복택의 북쪽에서 그를 찾아 급기야 천자로 삼고 　堯得之服澤之陽 立爲天子.

천하의 정사를 맡겨 　使接天下之政

천하 인민을 다스렸다. 　而治天下之民.

옛날 이윤은 유신씨의 딸이 시집올 때 데려온 종복으로 　昔伊尹爲莘氏女師僕[12]

요리사 일을 시켰는데 　使爲庖人

탕임금이 그를 알아보고 등용하여 삼공으로 삼아 　湯得而擧之 立爲三公

천하 정사를 맡겨 　使接天下之政

천하 인민을 다스렸다. 　治天下之民.

옛날 부열은 북해의 섬에서 살 때 　昔者傳說居北海之洲

감옥의 흙일꾼이 되어 갈옷을 입고 새끼를 두르고 　圜土[13]之上[14] 衣褐帶索

부암의 성을 쌓고 있었는데 　庸築於傅岩之城.

은나라 무정 임금이 찾아 등용하여 삼공으로 삼고 　武丁得而擧之 立爲三公

천하의 정사를 맡겨 　使之接天下之政

천하 인민을 다스렸다. 　而治天下之民.

그러므로 옛날 요임금이 순을 등용하고 　是故昔者堯之擧舜也

탕임금이 이윤을 등용하고 　湯之擧伊尹也

은나라 고종이 부열을 등용한 것이 　武丁之擧傳說也

어찌 친척이었거나, 부귀한 상속자였거나 　豈以爲骨肉之親 無故富貴

얼굴이 잘생겼기 때문이었던가? 　面目美好者哉.

그것은 오직 그들의 말을 본받고 　惟法其言

11_ 灰(회)=石灰로 解하는 이도 있다. 그러나 炭(숯)을 말한다.

12_ 莘氏女師僕(신씨여사복)=有莘氏女 私臣의 誤인 듯. 중편 참조.

13_ 圜土(환토)=牢獄, 혹은 獄城이라고 한다.

14_ 上(상)=中이 맞다고 하지만 혹자는 성 쌓는 인부이므로 上이 맞다고 한다.

그들의 계획을 채용하며 그들의 도리를 실천하여	用其謀 行其道
위로는 하느님을 이롭게 하고	上可而利天
가운데로 귀신을 이롭게 하며	中可而利鬼
아래로는 인민을 이롭게 하고자	下可而利人
그들을 추대하여 높여준 것이다.	是故推¹⁵而上之.

4

옛날 성왕들은 어진 이를 숭상하는 도리를 극진히 했고	古者聖王 旣¹⁶審¹⁷尙賢
장차 후세들도 이로써 정사를 다스리기를 바랐다.	欲以爲政
그래서 책으로 기록해 놓았고	故書之竹帛
그것도 부족하여 쟁반이나 대야에 새겨놓아	琢之盤盂
후손들에게 전해 주려고 했다.	傳以遺後世子孫.
선왕의 책인 「여형」¹⁸이 바로 그런 책인데	於先王之書 呂刑之書然
그 책에서 왕이 말했다. "오너라! 나라와 땅을 가진 자들이여!	王曰. 於來 有國有土¹⁹
그대들에게 송사하는 법을 일러주겠노라!	告女訟刑²⁰
첫째, 지금 그대들이 인민을 편안하게 하려면	在今而安百姓
어찌 법을 집행하는 어진 인재를 선출하지 않느냐?	女何擇言人²¹
둘째, 어찌 좋은 법을 공경하지 않느냐?	何敬不刑.
셋째, 어찌 어질고 악한 사실의 경중을 헤아리지 않느냐?	何度不及²²

15_ 推(추)=擇也.

16_ 旣(기)=盡也.

17_ 審(심)=신중을 기한다, 잘 살핀다, 愼重.

18_ 『서경』「주서」「여형」편은 天牧說을 주장한 내용으로 묵자가 자주 인용하며 중요시했다.

19_ 有國有土(유국유토)=국가를 보유한 諸侯國君과 식읍을 封地로 받은 경대부들.

20_ 告女訟刑(고여송형)=『서경』의 원문은 祥刑으로 되어 있다. 혹은 訟을 公의 誤로 보기도 한다.

21_ 何擇言人(하택언인)=누구를 선택하겠는가? 어진 사람(人)이 아닌가? 言=否의 誤(왕인지). 따른다.

능히 훌륭한 인재를 뽑고, 법을 공경하여 다스린다면

가히 요·순·우·탕·문·무왕들의 도리에 도달한 것이다.

왜냐하면 어진 이를 숭상하면

반드시 거기에 도달할 수 있기 때문이다."

선왕의 책 속에서 노인이 말했다.

"성스럽고 용감하고 지혜로운 이여!

나를 도우소서!"

이 말은 성왕들이 천하를 다스릴 때는

반드시 어진 이를 선출하여

여러 관리들로 하여금 보좌케 했음을 말한 것이다.

能擇人而敬爲刑

堯舜禹湯文武之道可及也.

是何也. 則以尙賢

及之.

于先王之書 豎年之言然

曰. 晞夫聖武知人[23]

以屛輔[24]而身

此言先王之治天下也

必選擇賢者

以爲其群屬[25]輔佐.

5

또 말하기를 '오늘날 천하의 사군자士君子들이

모두 부귀를 바라고 빈천을 싫어한다'고 한다.

그러면 그대는 어떤 방법으로

부귀를 얻고 빈천을 피하겠는가?

이르기를 '어진 것밖에는 더 좋은 길은 없다'고 한다.

曰 今也天下之士君子

皆欲富貴而惡貧賤

然 女何爲

而得富貴而辟貧賤

曰. 莫若爲賢.

22_ 何度不及(하도불급)=及을 '도에 미친다'로 解하여 '도리에 이르지 못함이 아니겠느냐'로 解함이 보통이지만 뜻이 通하지 않는다. 따라서 及은 罪에 連累된 것을 뜻한다(長惡不俊從自反也 : 左傳). 즉 '사실관계를 밝혀야 한다'는 뜻이다. 법제도의 조건은, 첫째가 법의 집행자며(人), 둘째가 훌륭한 법률이며(刑), 셋째가 사실 규명(分)이다. 그러나 본편 전체의 뜻과는 거리가 멀다. 그러므로 分의 誤로 보아 몫의 분배 또는 직분으로 본다. 중국에서는 及을 分의 誤로 보나 사실관계의 분별보다도 名分, 職分, 등급 등으로 본다. 『서경』에 대한 孔子解도 '輕重을 가리는 것'이라 했다. '무엇을 헤아리겠는가? 분수가 아니겠는가?'의 뜻이다.

23_ 晞夫聖武知人(희부성무지인)=성스럽고 용감하고 지혜로운 사람을 찾는다. 武=손이양은 武人이라 본다. 晞=希.

24_ 屛輔(병보)=감싸고 보좌함.

25_ 群屬(군속)=여러 官屬.

그러면 어질게 되는 길은 무엇인가?	爲賢之道將奈何
그것은 힘이 있으면 부지런히 인민을 돕고	曰 有力者疾以助人
재물이 있으면 힘써 인민에게 나누어 주고	有財者勉以分人
도리가 있으면 권면하여 가르치는 것이다.	有道者勸以敎人.
이렇게 되면 배고픈 자는 먹을 것을 얻을 것이요,	若此則飢者得食
헐벗은 자는 옷을 얻을 것이요,	寒則得衣
피로한 자는 쉴 것이요,	勞者得息²⁶
어지러운 것은 다스려질 것이다.	亂則得治
이것을 '안락한 생명 살림' 또는 '자유로운 살림살이'라고 한다.	此安²⁷生²⁸生
그러나 오늘날 왕공대인들은	今王公大人
그가 부하게 해주고 귀하게 해주는 사람은	其所富 其所貴
모두 왕공대인들의 혈연의 친척이나	皆王公大人骨肉之親
일도 하지 않고 부귀해진 자들이며 얼굴이 예쁜 자들이다.	無故富貴 面目美好者也.
그러나 그들이 어찌 반드시 지혜로울 것인가?	焉故必知哉.²⁹
만약 지혜롭지 않은 이들에게 국가를 다스리도록 맡긴다면	若不知使治其國家
국가가 어지러울 것은 불문가지일 것이다.	則其國家之亂 可得而知也.

6

지금 천하의 군자들은	今天下之士君子

26_ 勞者得息(노자득식)=이 구절은 판본에는 없다. 중편을 참조하여 보충함.

27_ 安(안)=어찌 또는 乃로 解하는 것이 보통이나 따르지 않는다. 평안하고 자유로운 또는 편안하고 자연적이라는 뜻으로 읽고 '자유로운 생명 살림'으로 해석한다. 佚樂의 뜻이나 寧定의 뜻과 동시에 安安, 즉 自然의 성품을 말하기도 한다.

28_ 生(생)=性也. 人間의 자연적인 성품, 인간 본래의 자유로움을 말한다. 즉, 大同世界 또는 공동체적 삶을 뜻한다.

29_ 焉故必知哉(언고필지재)=어찌 지혜롭겠는가? 지혜롭지 않다. 焉故=何故.

모두 부귀를 바라고 빈천을 싫어한다.

그러면 그대들은 어떻게 부귀를 얻고

빈천을 피할 것인가?

이르기를

'그 길은 왕공대인들의 친척이 되거나

상속을 받아 아무 공적도 없이 부귀한 자가 되거나

용모가 잘생긴 것보다 더 좋은 방법이 없다'고 한다.

그러나 왕공대인의 친척도

공적도 없이 부귀한 자도

얼굴이 아름다운 자도

배움이 있고 능한 사람이 아니다.

지혜와 분별력과

덕과 행실이 돈독하지 않은 그들을 사용한다면

우임금이나 탕임금처럼

훌륭한 인재도 뜻을 얻을 수 없게 되고

반면 왕공대인들의 친척이면

앉은뱅이나 벙어리나 귀머거리나 장님이거나

또는 걸주같이 포악해도 부귀를 잃지 않을 것이다.

그래서 상은 어진 사람에게 돌아가지 않고

벌은 악한 사람에게 내리지 않게 되므로

상을 받는 자는 노력과 공적이 없는 자이며

皆欲富貴而惡貧賤

然女何爲而得富貴

而辟貧賤哉.

曰

莫若爲王公大人骨肉之親

無故富貴

面目美好者.

王公大人骨肉之親

無故富貴

面目美好者

此非可學能[30]者也

使不知辯

德行之厚

若禹湯文武

不可得[31]也.

王公大人骨肉之親

躄瘖聾暴

爲桀紂 不加失也.[32]

是故以賞不當賢

罰不當暴

其所賞者 己無故矣[33]

30_ 學能(학능)=學而能의 而 자가 탈락됨.

31_ 得(득)=뜻을 얻다, 임용되다.

32_ 不加失也(불가실야)=不可得也의 反對.

33_ 己無故矣(기무고의)=故는 功이라 하는 것이 보통이다. 그러나 故는 事로 보아 아무 일도 하지 않는 자, 즉 생산 실적 (功)이 없는 자.

벌을 받는 자는 죄가 없는 자일 것이다.

이 결과 백성들은

모두 마음은 방자하고 몸은 게을러지며

착한 일 하는 것을 싫어하고 협동심을 버리게 되어

서로 돕고 위로하지 않으며

재물이 남아 썩어도 서로 나누어 주지 않으며

도리를 숨겨 서로 교화하지 않게 된다.

이같이 되면 굶주린 자는 먹을 것을 얻지 못하고

헐벗은 자는 옷을 얻을 수 없고

피로한 사람은 쉴 수 없으며

어지러움을 다스릴 수 없게 된다.

그러므로 옛 요임금에겐 순이 있었고,

순임금에겐 우가 있었고, 우임금에겐 고요가 있었고,

탕임금에겐 이윤이 있었고,

무왕에겐 굉요, 태전,

남궁괄南宮括, 산의생散宜生이 있어

그들을 등용하여 천하를 평화롭게 하고

인민을 편안하고 풍족하게 했던 것이다.

그리하여 가까운 사람들은 편안했고

멀리 있는 사람들은 그에게로 귀의했던 것이다.

해와 달이 비치고 배와 수레가 닿고

비와 이슬이 내리고 곡식을 먹고 사는 고장이라면

其所罰者 亦無罪.

是以使百姓

皆攸心解體[34]

沮以爲善 垂其股肱之力

而不相勞來也

腐臭餘財 而不相分資也

隱匿良道 而不相敎誨也.

若此 則飢者不得食

寒者不得衣

勞者不得息

亂者不得治.

是故昔者 堯有舜

舜有禹 禹有皐陶

湯有小臣

武王有閎夭泰顚

南宮括散宜生

而天下和

庶民阜.[35]

是以近者安之

遠者歸之

日月之所照 舟車之所及

雨露之所漸 粒食之所餐

34_ 攸心解體(유심해체)=散心解體로 보고 人心이 흩어지다로 解하는 이도 있다. 그러나 悠心懈體, 즉 마음을 방자하게
하고 몸을 게으르게 한다는 뜻.

35_ 庶民阜(서민부)=온 인민이 풍성했다. 阜=풍성하다, 肥也, 盛也, 多也.

모두 이 소문을 듣고   得此

모두가 권면하여 그들을 기리지 않는 이가 없었다.   莫不勸譽.

오늘날 천하의 왕공대인과 사군자들이   且今天下之王公大人士君子

역시 진실로 어질고 의로운 사람이 되려고 하며   中實將欲爲仁義

훌륭한 선비가 되기를 바라고   求爲上士

위로 성왕의 도에 합당하려고 하며   上欲中聖王之道

아래로 나라와 백성들의 이익에 합당하려고 한다면   下欲中國家百姓之利

어진 이를 숭상해야 한다는 말씀을   故尙賢之爲說

반드시 살피지 않으면 안 된다.   而不可不察此者也.

어진 이를 숭상하는 것은   尙賢者

하늘과 귀신과 백성들의 이익이요,   天鬼百姓之利

정사의 근본인 것이다.   而政事之本也.

第十一篇 **尚同** 상동上

천하가 다스려진 까닭이 무엇인가 살펴보면 천자가 능히 천하의 뜻을 하나로 통일할 수
있었기 때문이다. 그러나 천하 백성들이 모두 위로 천자와 화동했다 하더라도 하느님을
숭상하고 화동하지 않으면 아직 재앙을 물리칠 수는 없는 것이다.

1

묵자가 말했다.	子墨子言曰
옛날 인민이 처음 태어나 법과 정치가 없었을 때는	古者民始生 未有刑政之時
말하는 의리가 사람마다 달랐다.	蓋其語 人異義[1]
한 사람이 있으면 한 가지 의리가 있고	是以一人則一義
두 사람이 있으면 두 가지 의리가 있고	二人則二義
열 사람이면 열 가지 의리가 있었으니	十人則十義.
사람이 많아지자	其人茲衆
주장하는 의리도 많아졌다.	其所謂義者亦茲衆.
그리고 사람들은 자기가 주장하는 의리는 옳다 하고	是以人是其義
남의 의리는 그르다고 하며 서로를 비난하게 됐다.	以非人之義 故交相非也.
그리하여 안으로 부자·형제 사이에도	是以內者父子兄弟
서로 원망하고 미워하니 흩어져 화합할 수 없고	作怨惡 散不能相和合.
밖으로 천하의 백성들은	天下之百姓
물과 불과 독약으로 서로 해쳤다.	皆以水火毒藥相虧害.
여력이 있어도 서로 돕지 않고	至有餘力 不能以相勞[2]

1_ 未有刑政之時 蓋其語 人異義(미유형정지시 개기어 인이의)=유월은 本文을 未有政長之時 蓋其語曰 天下之人異義
였을 것이라 하며 중편을 例로 들었다. 그러나 刑政과 政長은 內容이 같다. 法과 政治는 君長이 없으면 불가능하기
때문이다. 지금까지는 '말에 뜻이 달랐다'고 解하고 있으나 잘못이다. '그들은 저마다 다른 주장을 말했다'로 解해야
할 것이다. 그 주장은 자기의 이익 또는 계급적 이익을 주장하는 것이다. 묵자는 義는 利라고 정의하기 때문이다.

재물이 남아 썩어도 서로 나누지 않으며　　　　　　腐朽餘財 不以相分

훌륭한 도리를 숨기고 서로 교화教化하지 않으니　　隱匿良道 不以相敎.

천하는 어지러워 마치 짐승과 같았다.　　　　　　天下之亂 若禽獸然.

대저 이렇게 천하가 혼란한 원인은　　　　　　　夫明虖[3]天下之所以亂者

통치하는 지도자가 없이 살았기 때문이다.　　　　生於無正長[4]

이런 연유로 천하의 어질고 착한 이를 골라 뽑아　是故選[5]天下之賢可者[6]

그를 세워 천자로 삼았다.　　　　　　　　　　立以爲天子

그러나 천자 혼자 힘만으로는 부족했으므로　　　天子立 以其力爲未足

또 천하의 어질고 착한 이를 뽑아　　　　　　　又選擇天下之賢可者

그를 세워 삼공으로 세웠다.　　　　　　　　　置立之以爲三公[7]

그러나 천자와 삼공으로도　　　　　　　　　　天子三公旣以立

천하는 광대하여　　　　　　　　　　　　　　以天下爲博大

먼 곳 백성들의　　　　　　　　　　　　　　遠國異土之民

시비와 이해의 분별을　　　　　　　　　　　　是非利害之辯

하나하나 밝힐 수가 없었다.　　　　　　　　　不可一二而明知

그래서 여러 나라로 구획하여 나누고　　　　　故畫分萬國[8]

제후국을 세우고 군주를 두었다.　　　　　　　立諸侯國君.

또한 제후국에 군주를 세웠다 해도　　　　　　諸侯國君旣已立

2_ 相勞(상로)=『맹자』「滕文公」편의 趙注에는 井田을 같이하는 집끼리 서로 도와 일해 주는 것이라 했다. 勞=勤也. 勞動은 力이라 쓴다.

3_ 虖(호)=乎의 假借字인 듯하다.

4_ 正長(정장)=左右將軍, 大夫, 鄕長을 말한다. 여기서는 통치자로 본다. 正=政.

5_ 選(선)=選以의 생략. 국내 학자들은 모두 選을 인민의 선출로 보지 않고 하느님의 선택, 즉 天命으로 보아 왜곡시키고 있다.

6_ 賢可者(현가자)=어질고 착한 자 또는 어진 자 중에서 적당한 자.

7_ 三公(삼공)=周官制의 大師·大傳·大保를 말한다.

8_ 畫分萬國(획분만국)=경계를 획정하여 나눈다(필원). 畫=界.

그들만의 힘으로는 부족했으므로　　　　　　　　　　以其力焉未足

또 그 나라의 어진 이를 선출하여　　　　　　　　　又選擇其國之賢可者

대부와 관장 등 관료를 세웠던 것이다.　　　　　置立之以爲正長.

2

대부와 관장이 정해지면　　　　　　　　　　　　　　正長旣已具

천자는 천하 백성들에게 정령을 편다.　　　　　天子發政[9] 於天下之百姓

'착한 일이나 착하지 못한 일을 보고 들었을 때는　言曰聞善而不善

모두 윗사람에게 고하도록 하라!'　　　　　　　　皆以告其上.

이렇게 되면 윗사람이 옳은 길로 가면 모두 옳다고 말하고　上之所是 必皆是之

윗사람이 그른 길로 가면 모두 그르다고 말할 것이다.　所非 必皆非之

이로써 윗사람에 허물이 있으면 이를 간하여 바로잡고　上有過則規諫之

아랫사람이 착한 일을 하면 그를 널리 천거하며　下有善則傍薦[10]之

윗사람은 화동和同하고 아랫사람은 사벽되지 않을 것이다.　上同而不下比者[11]

9_ 天子發政(천자발정)=天子發政 言曰이 어디까지인가? 나는 皆以告其上까지로 보았으나, 어떤 이는 傍薦之까지 묶기도 하고, 어떤 이는 훨씬 길게 잡아 而百姓所毀也까지를 묶는다. 이러한 차이는 묵자 사상을 민주적으로 보느냐, 전제적으로 보느냐의 갈림길이 된다. 가장 길게 잡는 김학주 교수는 묵자 사상을 어떻게 해서라도 비합리적이며 원시적인 것으로 비하시키고자, 한문의 문법이나 어법까지 바꾸는 것도 불사한다. 즉, 천자가 정령을 펴 선언하기를 '윗사람이 옳다고 하면 민중도 따라서 그것을 옳다고 해야 한다. 윗사람끼리만 함께하면서 아랫사람끼리 어울리지 않는 사람은 윗사람도 상을 주고 아랫사람도 칭찬할 사람이라는 정령을 발표한다'고 번역하고 있다.

　　그러나 「상동」편은 첫째로 言論을 여는 것, 즉 선하고 악한 일은 모두 윗사람에게 고하고 윗사람의 잘못을 간하여 바로잡고 아랫사람의 착함을 널리 천거하라는 내용이며, 둘째로 臣民을 和同一致시키는 것, 즉 윗사람이 옳다고 하는 것을 백성들도 옳다고 동의하고 윗사람이 상을 주는 것을 백성들도 수긍하도록 민의를 하나로 모으는 것이며, 셋째로 공동체의 평등과 단결을 이루는 방법, 즉 위로 화동하고 아래로 편벽되지 말 것을 강조하고 있다. 한마디로 묵자의 정치사상은 공동체적이며 민주적이다. 이러한 해석만이 어법에 맞을 뿐 아니라 전체를 조화롭게 이해할 수 있다. 앞으로 기존 국역의 왜곡을 일일이 다 적시하지는 못하겠지만 핵심적인 요점에서 왜곡되거나 반대로 해석한 것은 반드시 지적하고 잘못을 밝힐 것이다.

10_ 傍薦(방천)=찾아내 추천한다. 손이양은 傍이 訪과 通用된다고 한다.

11_ 上同而不下比者(상동이불하비자)=위로는 和同하고 아래로는 편벽되지 않는 것. 上同=尙同(화동을 숭상함)과 취지

따라서 상을 내리면 아랫사람들은 그들을 칭찬한다.	此上之所賞 而下之所譽也.
만약 착하고 착하지 못한 것을 듣고도	意若聞善而不善
윗사람에게 고할 수 없으면	不以告其上
윗사람이 옳아도 옳다고 말하지 않고	上之所是弗能是
윗사람이 그르다 해도 그르다고 말할 수 없을 것이다.	上之所非弗能非
또한 윗사람에게 허물이 있어도 간하여 바로잡을 수 없고	上有過弗規諫
아랫사람이 착해도 천거되지 않으므로	下有善弗傍薦
아래로는 사벽되고 위로는 화동할 수 없다.	下比不能上同者
그렇게 되면 윗사람이 벌을 내려도	此上之所罰
인민은 도리어 그것을 칭찬할 것이다.	而百姓所毁也.
윗사람이 이처럼 상벌을 내리는 일은	上以此爲賞罰
극히 밝고 빈틈이 없게 함으로써 신뢰를 쌓아야 한다.	甚明察以審信[12]
또한 어진 사람이 마을의 이장으로 선출되면	是故里長者里之仁人也[13]
마을 사람들에게 정령을 내려 말할 것이다.	里長發政里之百姓 言曰
'착한 일을 듣거나 착하지 못한 일을 듣거나	聞善而不善
반드시 윗사람인 향장에게 고하라!'	必以告其鄉長
그리되면 향장이 옳은 일이 있으면 모두 옳다 말하고	鄉長之所是 必皆是之
향장이 그르면 반드시 모두 그르다고 할 것이다.	鄉長之所非 必皆非之.
그래서 그들의 착하지 못한 말을 버리고	去若[14]不善言
향장의 착한 말을 배울 것이며,	學鄉長之善言

는 같으나 용례는 다르다. 比=私되고 掩蓋를 뜻함.

12_ 審信(심신)=믿음으로 결속함, 믿게 만듦. 審=束也, 묶는다. 대부분 '살핀다'로 解하는 것이 보통이나 취하지 않는
다.

13_ 里長者里之仁人也(리장자이리지인야)=이 句는 앞의 문장과 맞지 않고, 중편의 문장과도 맞지 않는다. 일부가 탈락
됐다. 따라서 가장 간단하게 選 자를 붙여 '里長者 選里人之人也'로 읽는다. 以下鄉長 부분도 마찬가지다.

14_ 若(약)=너, 그대.

그들의 착하지 못한 행동을 버리고	去若不善行
향장의 착한 행동을 배울 것이다.	學鄕長之善行
그런즉 이런 고을을 무슨 학설로 어지럽힐 수 있겠는가?	則鄕何說以亂哉.
고을이 다스려진 원인이 무엇인가 살펴보면	察鄕之所治者何也
향장이 고을의 의리를 하나로 화동 일치시켰기 때문이다.	鄕長唯能壹同[15]鄕之義
이로써 고을이 다스려진 것이다.	是以鄕治也.
또 향장이 어진 사람으로 선출되면	鄕長者 鄕之仁人也
향장은 고을 사람들에게 정령을 내려 말할 것이다.	鄕長發政鄕之百姓 言曰
'착한 일과 착하지 못한 일을	聞善而不善者
보고 들은 대로 군주에게 고하라!'	必以告國君
이로써 군주가 옳은 것은 반드시 모두 옳다고 말할 것이며	國君之所是 必皆是之
군주가 그른 것은 반드시 모두 그르다고 말할 것이다.	國君之所非 必皆非之
그래서 그들의 착하지 못한 말을 버리고	去若不善言
군주의 착한 말을 배울 것이며,	學國君之善言
그들의 착하지 못한 행동을 버리고	去若不善行
군주의 착한 행동을 배울 것이다.	學國君之善行
그런즉 무슨 학설로 이 나라를 어지럽힐 수 있겠는가?	則國何說以亂哉
이처럼 나라가 다스려지는 원인은 무엇인가?	察國之所以治者何也
그것은 군주가	國君
나라의 도리를 하나로 화동 일치시켰기 때문이다.	唯能壹同國之義
이로써 나라가 다스려진 것이다.	是以國治也.
또한 군주가 나라의 어진 자로 선출되면	國君者 國之仁人也
백성들에게 정령을 발하여 말할 것이다.	國君發政國之百姓 言曰
'착한 일이나 착하지 못한 일을 보고 듣거든	聞善而不善

15_ 壹同(일동)=하나로 和同함. 통일.

반드시 나의 윗사람인 천자天子에게 고하라!'　　　　　　必以告天子

이로써 천자의 옳은 것은 모두가 옳다고 말하고　　　　天子之所是皆是之

천자가 그른 것은 모두 그르다고 말할 것이며　　　　　天子之所非 皆非之

그들의 착하지 못한 말을 버리고　　　　　　　　　　去若不善言

천자의 착한 말을 배우며　　　　　　　　　　　　　學天子之善言

그들의 착하지 못한 행실을 버리고　　　　　　　　　去若不善行

천자의 착한 행동을 배우게 되리니　　　　　　　　　學天子之善行

천하의 어떤 학설로 어지럽게 할 것인가?　　　　　　則天下何說以亂哉

천하가 다스려진 까닭이 무엇인가 살펴보면　　　　　察天下之所以治者何也

천자가 능히 천하의 뜻을 하나로 통일할 수 있었기 때문이다.　天子唯能壹同天下之義

이로써 천하가 다스려진 것이다.　　　　　　　　　　是以天下治也.

그러나 천하 백성들이 모두 위로 천자와 화동했다 하더라도　天下之百姓 皆上同於天子

하느님을 숭상하고 화동하지 않으면　　　　　　　　而不上同於天

아직 재앙을 물리칠 수는 없는 것이다.　　　　　　　則菑猶未去也.

지금 하늘에 폭풍이 불고　　　　　　　　　　　　　今若天飄風

홍수가 그치지 않는 것은　　　　　　　　　　苦雨[16] 潦潦[17]而至者

하늘이 벌을 내리는 것이므로　　　　　　　　　　　此天之所以罰

이는 백성들이 하느님을 숭상하고 화동하지 않기 때문이다.　百姓之不上同於天者也.

그래서 묵자가 말했다.　　　　　　　　　　　　　　是故子墨子言曰

옛 성왕들이 다섯 가지 형벌을 만든 것은　　　　　　古者聖王爲五刑

민중을 다스리고자 함이다.　　　　　　　　　　　　請以治其民

비유컨대 실을 감는 데는 실패가 있고　　　　　　　譬若絲縷之有紀

그물에는 벼리가 있는 것처럼　　　　　　　　　　　罔罟之有綱

이것은 천하 백성들이

지도자와 화동하지 않는 것을 이끌어 수렴하려는 수단이다.

所連收¹⁸天下之百姓

不尙同其上者也.

18_ 連收(련수)=잇고 수렴시킨다, 이끌어 수렴시킨다. 連=續也, 牽也.

지금 천하에 왕공대인과 선비와 군자들이 자기 나라를 부하게 하며
인민들이 모여들어 많아지게 하고 법과 정사를 옳게 다스려 사직을 안정코자 한다면
마땅히 화동을 숭상하는 일을 살피지 않을 수 없다.

1

묵자가 말했다.	子墨子曰
지금 민중이 처음 생겼을 옛날로 돌아가	方今之時 復古之民始生
법을 집행하는 통치자가 없었을 때를 생각해 보자.	未有正長之時
그들이 주장하는 의리는 천하 인민이 각자 다를 것이다.	蓋其語曰 天下之人異義[1]
즉 한 사람이면 한 가지 주장, 열 사람이면 열 가지 주장,	是以一人一義 十人十義
백 사람이면 백 가지 주장이 있었을 것이다.	百人百義
사람이 많아지면	其人數茲衆
이른바 의리도 많아질 것이다.	其所謂義者亦茲衆.
그래서 사람들은 자기의 주장은 옳다고 여기고	是以人是其義
남의 주장은 그르다고 하며	而非人之義
서로가 상대방을 그르다고 비난할 것이다.	故相交非也
안으로는 부모와 자식, 형과 아우가 서로 원수처럼	內之父子兄弟作怨讎
모두 갈라져 화동和同하여 통합할 수 없고	皆有離散之心 不能相和合.
여력이 있어도 버릴지언정 서로 돕지 않고	至乎舍餘力不以相勞
좋은 도리가 있어도 숨기고 서로 교화하지 않고	隱匿良道 不以相敎
재물이 남아돌아 썩힐지언정 서로 나누지 않고	腐朽餘財 不以相分.

1_ 義(의)=묵자에게 義는 곧 利이므로 여기서 義는 자기의 이익 또는 계급적 이익을 의미한다. 그러므로 중편에서도 상
편처럼 의리, 주장 등으로 번역한다.

천하는 어지러워 마치 짐승과 같았을 것이다.

임금과 신하, 윗사람과 아랫사람,

어른과 어린이 사이에 법도가 없고

부모와 자식, 형과 동생 사이에 예의가 없을 것이니

천하는 어지러웠을 것이다.

이것으로 볼 때 천하에 인민을 통치하는 우두머리가 없다면

천하의 의리를 하나로 화동할 수 없으므로

천하가 어지러울 것은 자명한 일이다.

그래서 인민들은 천하에 어질고 훌륭하고

성스럽고 지혜롭고 분별 있는 사람들을 선택하여

그를 세워 천자로 삼고

천하의 의리를 하나로 화동시키는 일을 맡도록 했다.

천자를 세웠으나

오직 한 분의 귀와 눈으로 보고 들은 실정만으로는

천하의 의리를 하나로 화동시키는 것은 부족하므로

천자를 도울 만한 현명하고 양순하며

성스러운 지식과 분별 있고 지혜로운 사람을 선택하여

삼공三公으로 삼아

천하의 의리를 하나로 화동하는 일에 함께 종사토록 했다.

천자와 삼공을 세웠으나

천하는 넓고 커서

산림 속에 사는 사람들과 먼 고장 인민들까지

하나로 화동시킬 수 없었다.

그러므로 천하를 여럿으로 나누어

天下之亂也 至如禽獸然.

無君臣上下

長幼之節

父子兄弟之禮

是以天下亂焉.

明乎民之無正長

以一同天下之義

而天下亂也.

是故選擇[2]天下賢良

聖知辯慧之人

立以爲天子

使從事乎一同天下之義.

天子既以立矣

以爲唯其耳目之情

不能獨一同天下之義

是故選擇天下贊閱賢良

聖知辯慧之人

置以爲三公

與從事乎一同天下之義

天子三公既已立矣

以爲天下博大

山林遠土之民

不可得而一也

是故靡分天下

2_ 選擇(선택)=가려 뽑는다, 선출한다. 인민이 선거로 뽑는 것을 말한다.

제후 나라를 세우고 거기에 군주를 두어	設以爲萬諸侯國君
나라의 의리를 하나로 화동시키는 일에 종사케 했다.	使從事乎一同其國之義.
나라에 군주를 세웠으나 또 생각하기를	國君旣已立矣 又以爲
그의 눈과 귀로 들은 실정만으로는	唯其耳目之情
나라의 의리를 하나로 화동시킬 수 없으므로	不能一同其國之義
그 나라의 어진 이를 선출하여	是故擇其國之賢者
군주를 돕도록 공경과 대부로 삼아	置以爲左右將軍大夫
먼 고을과 마을의 우두머리가 되게 하여	以遠[3]至乎鄕里之長
나라의 의리를 하나로 화동하는 일을 함께 종사케 했다.	與從是乎一同其國之義.
천자와 군주들과	天子諸侯之君
인민들의 우두머리가 정해지면	民之正長 旣已定矣
천자는 정령을 펴고 교화를 실시한다.	天子爲發政施教
이르기를 무릇 착한 것을 보고 들으면	曰. 凡聞見善者
반드시 윗사람에게 고하도록 하며	必以告其上.
착하지 못한 것을 보고 들어도	聞見不善者
역시 반드시 윗사람에게 고하도록 하며	亦必以告其上.
윗사람이 옳으면 반드시 옳다고 말하고	上之所是 必亦是之[4]
윗사람이 그르면 그르다고 말하도록 했다.	上之所非 必亦非之.
또한 아랫사람들이 착하면 그것을 널리 천거하고	己有善 傍荐之.[5]
윗사람에게 허물이 있으면 그것을 감시하고 간하여 바로잡아	上有過 規諫之.

3_ 遠(원)=逮의 誤.

4_ 上之所是 亦必是之(상지소시 필역시지)=지금까지 국내 학자들은 '임금이 옳다고 하면 인민은 반드시 그것을 옳다고 해야 한다'라고 解하여, 묵자가 마치 전제주의인 양 왜곡했다. 그러나 이 글은 '임금이 옳은 것은 옳다 말하고, 그른 것은 그르다고 말할 수 있어야 한다'는 뜻으로 '言論을 보장해야 한다'는 뜻이다.

5_ 己有善 傍荐之(기유선 방천지)= '자기에게 좋은 계책이 있으면 임금에게 상달한다'로 解하는 것이 보통이나, 下有善 으로 고쳐 읽고 荐을 薦으로 읽는다. 己=왕염손은 民의 誤로 본다.

윗사람을 따라 의리를 화동시키고

아랫사람들이 파당을 지어 편벽된 마음이 없도록 했다.

그리하여 윗사람이 상을 내리면

인민은 그것을 듣고 영예로 기리게 되는 것이다.

반면 만약 선을 보고 듣고도 윗사람에게 고하지 않고

착하지 않은 것을 보고 듣고도 윗사람에게 고할 수 없으면

윗사람의 옳은 것을 옳다고 말하지 않고

윗사람의 그른 것을 그르다고 말할 수 없으며

아랫사람에게 착한 일이 있어도 천거하지 않고

윗사람에게 허물이 있어도 감시하고 간하여 바로잡지 않으며

아랫사람들과 파당을 지어 윗사람을 그르다 말할 것이며

윗사람이 죄를 물어 벌을 주어도

인민들은 벌 받은 자를 그르다고 비난하지 않을 것이다.

그러므로 옛 성왕들은 형벌로 다스리고 상으로 기리는 일을

참으로 밝고 빈틈없이 해서 신뢰를 쌓았던 것이다.

이로써 온 천하 인민들이

모두 윗사람의 상과 기림을 바라고

행여 윗사람의 꾸지람과 벌을 두려워했던 것이다.

또한 이장里長은 천자의 다스림을 순종하여

그 마을의 의리를 하나로 화동시킨다.

마을의 관장은 의리를 통일시킨 후에는

그 마을의 인민을 통솔하여

향장을 숭상하고 화동케 하고

尙同義其上[6]

而毋有下比之心.

上得則賞之

萬民聞則譽之.

意若聞見善 不以告其上

聞見不善 亦不以告其上.

上之所是 不能是

上之所非 不能非.

已有善 不能傍薦之

上有過 不能規諫之.

下此而非其上者

上得則誅罰之

萬民聞則非毁之.

故古者聖王之爲刑政賞譽也

甚明察以審信.

是以擧天下人

皆欲得上之賞譽

而畏上之毁[7]罰

是故里長順天子政

而一同其里之義.

里長旣同其里之義

率其里之萬民

以尙同乎鄕長

6_ 尙同義其上(상동의기상)=윗사람을 숭상 화동한다. 義=乎의 誤.

7_ 毁(훼)=毁는 誅의 誤.

이르기를 '무릇 마을 인민들은   曰. 凡里之萬民

모두 향장을 숭상하고 화동하여   皆尙同乎鄉長

감히 파당을 지어 편벽되지 않고   而不敢下比

향장이 옳은 것은 반드시 옳다 말하며   鄉長之所是 必亦是之

향장이 그른 것은 반드시 그르다고 말하라'고 한다.   鄉長之所非 必亦非之.

이로써 그들의 착하지 않은 말을 버리고   去而不善言

향장의 착한 말을 배우며   學鄉長之善言

그들의 착하지 못한 행실을 버리고   去而不善行

향장의 착한 행실을 배우게 된다.   學鄉長之善行.

향장은 원래 고을의 어진 자이므로   鄉長固鄉之賢者也.

온 향민들이 향장을 본뜬다면   舉鄉人以法鄉長

그런 고을을 누가 무슨 말로 어지럽게 하겠는가?   夫鄉何說而不治哉.

향장이 그의 고을을 다스린 수단을 살펴보면   察鄉長之所以治鄉者

무슨 까닭이 있었으니, 이르기를   何故之以也[8] 曰.

오직 고을의 의리를 하나로 일치 화동한 것뿐이다.   唯以其能一同其鄉之義

이로써 고을이 다스려진 것이다.   是以鄉治.

향장이 그 고을을 다스려   鄉長治其鄉

이미 잘 다스려진 뒤에는   而鄉既已治矣

또 고을의 인민을 거느리고   有率其鄉萬民

군주를 숭상 화동한다.   以尙同乎國君

그리고 이르기를 '모든 고을 인민들이   曰. 凡鄉之萬民

모두 위로 제후인 군주에 화동하여   皆上同乎國君

감히 파당을 지어 편벽되지 않고   而不敢下比

군주가 옳은 것이 있으면 반드시 옳다고 말하고   國君之所是 必亦是之

8_ 何故之以也(하고지이야)=무슨 까닭인가 하면 바로 이것이다. 以=是(以告者過也 : 論語/憲問).

군주가 그른 것이 있으면 반드시 그르다고 말하라'고 한다. 　國君之所非 必亦非之

그리하여 그들의 착하지 않은 말을 버리고 　去而不善言

군주의 착한 말을 배우며 　學國君之善言

그들의 착하지 못한 행실을 버리고 　去而不善行

군주의 착한 행실을 배우게 된다. 　學國君之善行

진실로 나라의 어진 자를 군주로 선출하여 　國君固國之賢者也.

온 나라 사람들이 군주를 본뜨게 되면 　擧國人以法國君

이런 나라를 누가 무슨 말로 어지럽힐 것인가? 　夫國何說而不治哉.

군주가 나라를 다스린 수단을 살펴보면 　察國君之所以治國

나라를 다스린 무엇인가 까닭이 있다. 　而國治者 何故之以也

이르기를 　曰.

그것은 오직 그가 나라의 의리를 하나로 화동했기 때문이다. 　唯以其能一同其國之義

이로써 나라가 다스려진 것이다. 　是以國治.

군주가 그의 나라를 다스려 나라가 이미 잘 다스려지면 　國君治其國 而國旣已治矣

온 나라 인민을 거느리고 　有率其國之萬民

천자를 숭상하고 화동케 한다. 　以尙同乎天子

그리고 이르기를 '무릇 나라의 인민들은 　曰. 凡國之萬民

모두 천자를 숭상하고 화동하여 　皆上同乎天子

감히 파당을 지어 편벽되지 않고 　而不敢下比

천자가 옳은 것이 있으면 옳다 말하고 　天子之所是 必亦是之

천자가 그른 것이 있으면 그르다고 말하라'고 한다. 　天子之所非 必亦非之

그리하면 그들의 착하지 못한 말을 버리고 　去而不善言

천자의 착한 말을 배우며 　學天子之善言

그들의 착하지 못한 행실을 버리고 　去而不善行

천자의 착한 행실을 배우게 된다. 　學天子之善行.

천자는 원래 천하에 어진 사람을 선출했으므로 　天子者 固天下之仁人也

천하 인민이 천자를 본뜬다면

천하를 누가 무슨 말로 어지럽게 하겠는가?

천자가 천하를 다스린 수단을 살펴보면

무슨 까닭이 있을 것이다.

이르기를 오직 그가 천하의 의리를 하나로 화동했기 때문이다.

이로써 천하가 다스려졌던 것이다.

舉天下之萬民 以法天子

夫天下何說而不治哉.

察天子之所以治天下者

何故之以也.

曰. 唯以其能一同天下之義

是以天下治.

2

대저 천자를 숭상하고 화동 일치했다 해도

하느님을 숭상하여 화동 일치하지 못했다면

아직 하늘의 재앙을 그치게 할 수는 없을 것이다.

그래서 하늘이 추위와 더위를 내림이 계절에 맞지 않고

눈과 서리와 비와 이슬이 때에 맞지 않으며

오곡이 영글지 않고, 가축이 자라지 않고

전염병이 돌고

태풍과 홍수가 거듭 닥치는 것은

하늘이 내리는 벌이다.

이로써 인민들이

하느님께 화동하지 않은 것을 벌한 것이다.

그러므로 옛날 성왕들은

하느님과 귀신이 바라는 뜻을 밝히고

夫旣尙同乎天子

而未上同乎天者

則天災將猶未止也.

故當⁹ 若天降寒熱不節

雪霜雨露不時

五谷不孰 六畜不遂

疾菑戾疫¹⁰

飄風苦雨 荐臻¹¹而至者

此天之降罰也.

以將罰下人之

不尙同乎天者也.

故古者聖王

明天鬼之所欲

9_ 故當(고당)=故則. 當=則과 通用.

10_ 戾疫(려역)=손이양은 癘疫 즉 염병이라 했고, 필원은 沴疫 즉 해로운 병이라 했다.

11_ 荐臻(천진)= '거듭'이라는 말이다. 荐=薦. 薦=重의 뜻. 臻=仍으로서, '거듭'의 뜻.

하느님과 귀신이 싫어하는 것을 피함으로써

천하의 이로움을 일으키고 천하의 해를 제거하려 했다.

그래서 천하 인민을 거느리고

목욕재계한 다음 정결한 단술과 젯밥을 마련하여

하느님과 귀신에게 제사를 올리며 진실로 귀신을 섬겼다.

단술과 젯밥은 깨끗하지 않으면 안 되고

희생을 바치는 짐승은 살찌지 않으면 안 되고

구슬과 비단은 규격에 맞지 않으면 안 된다.

또 봄, 가을의 제사는 때를 잃어서는 안 되며

옥사의 판결은 적중하지 않으면 안 되며

재물의 분배는 균등하지 않으면 안 되며

생활과 거처는 태만하면 안 된다.

이르기를 '그들 통치자의 다스림이 이와 같았으므로

위로는 하느님과 귀신은

그를 통치자로 삼으면 심히 후덕할 것이라 여기고

아래 인민들은

그가 통치자가 되면 편의와 이익이 될 것'이라 한다.

하느님과 귀신의 바람인 겸애와 교리를 힘써 행하면

하느님과 귀신의 복을 받을 것이며

而避天鬼之所憎

以求興天下之利除天下之害

是以率天下之萬民

齊戒沐浴 潔爲酒醴粢盛

以祭祀天鬼 其事鬼神也

酒醴粢盛 不敢不蠲潔[12]

犧牲 不敢不腯肥

圭璧幣帛 不敢不中度量

春秋祭祀 不敢失時幾[13]

聽獄 不敢不中

分財不敢不均

居處不敢怠慢.

曰. 其爲正長若此

是故上者天鬼

有厚乎其爲正長也[14]

下者萬民

有便利乎其爲正長也.[15]

天鬼之所深厚而能强從事焉

則天鬼之福可得世

12_ 蠲潔(견결)=깨끗하다. 『周禮』 「宮人」에서 鄭註는 蠲을 絜이라 했다.

13_ 時幾(시기)=時期와 通用된 듯하다.

14_ 上者天鬼有厚乎其爲正長也(상자천귀유후호기위정장야)=지금까지는 '위로는 하늘과 귀신이 그 임금님을 깊이 좋아했고' 또는 '위로는 하늘과 귀신이 그가 정치하는 우두머리 노릇을 하는 데 대해 후히 도와준다'고 譯하고 있다. 그러나 乎를 介詞가 아니고 詞綴로서 형용사 뒤에 붙인다(周監於二代 郁郁乎文哉 : 論語/八佾). 따라서 '위로 하늘과 귀신이 중하게 여기는 그를(그것을) 정치의 우두머리로(으뜸으로) 삼았다'의 뜻이다.

15_ 下者萬民有便利乎其爲正長也(하자만민유편리호기위정장야)= '아래로 만민이 유익하다고 생각하는 그를(그것을) 정치의 우두머리로 삼았다'는 뜻. 지금까지 국역은 '만민이 지도자에게 편리를 주었다'로 解하나 잘못이다.

만민의 편의와 이익을 위해	萬民之所便利
힘써 종사하면	而能强從事焉
인민의 사랑을 받을 것이다.	則萬民之親可得也.
성왕들이 하는 정치는 이와 같았던 것이다.	其爲政若此
이로써 일을 꾀하면 뜻을 얻고, 일을 일으키면 이루었고	是以謀事得 擧事成
안에서 지키면 견고하고, 밖을 주벌하면 이겼던 것이다.	入守固 出誅勝者
무슨 까닭이 있어 그런 것인가?	何故之以也.
이르기를 오직 화동 일치하는 정치를 했기 때문이다.	曰 唯以尙同爲政者也.
옛 성왕들의 정사를 다스림은 이와 같았던 것이다.	故古者聖王之爲政若此.

3

오늘날 천하 인민들은 말한다.	今天下之人曰.
'지금 시대에도 천하의 통치자는	方今之時 天下之正長
아직 없어진 것이 아닌데	猶未廢乎天下也
천하가 어지러운 것은	而天下之所以亂者
무슨 까닭이 있는 것인가?'	何故之以也.
묵자는 말했다.	子墨子曰.
오늘날의 통치 지도자는	方今之時之以正長
근본적으로 옛날과는 다르다.	則本與古者異矣
비유하면 묘족의 오형五刑이 그런 사례다.	譬之若有苗[16]之以五刑然.
옛날 성왕들은 다섯 가지 형벌을 제정하여	昔者聖王 制爲五刑
이것으로 천하를 다스렸다.	以治天下
그런데 묘족도 오형을 제정하기는 했으나	逮至有苗之制五刑

16_ 有苗(유묘)=후베이성과 후난성에 살던 민족, 三苗라 칭한다. 혹은 九黎國이라 한다.

천하는 어지러웠다.

그렇다고 어찌 오형이 좋지 않다고 말할 수 있겠는가?

다만 오형을 운용하는 것이 좋지 않았을 뿐이다.

선왕의 글인 『서경』「주서」의 「여형」편에서 이르기를

"묘족의 백성은 법과 정치를 모르고 형벌로만 제어하고자

오직 다섯 가지 잔악한 형벌을 만들어놓고

이것을 법이라 했다"고 했다.

그런즉 이것은 형벌을 선하게 쓰면 백성을 다스리고

선하게 쓰지 못하면 다섯 가지 죽임이 된다는 것을 말해 준다.

그런즉 형벌이 어찌 불선이라고 하겠는가?

다만 그것을 선하지 않게 사용했기 때문에

다섯 가지 포악한 것이 되어버린 것이다.

그러므로 옛 성왕의 책인

『서경』「열명說命」편에서 이르기를

"입은 좋은 것을 말하기도 하지만 전쟁을 부를 수도 있다.

곧 착하게 쓰는 입에서는 좋은 것이 나오지만

착하게 쓰지 않는 입은

참소와 해침과 도적과 적군을 부르는 것이다"라고 지적했다.

그런즉 어찌 입을 좋지 못한 것이라고 말할 수 있겠는가?

다만 입의 사용이 좋지 못했기에

참소와 해침과 도적과 적군을 불러온 것뿐이다.

以亂天下

則此豈刑不善哉.

用刑則不善也.

是以先王之書 呂刑之道 曰

苗民否用練 折則刑[17]

唯作五殺之刑

曰法

則此言善用刑者 以治民

不善用刑者 以爲五殺

則此豈刑不善哉.

用刑則不善

故遂以爲五殺.

是以先王之書

術令[18]之道曰

惟口出好 興戎.[19]

則此言善用口者出好

不善用口者

以爲讒賊寇戎.

則此豈口不善哉.

用口則不善也

故遂以爲讒賊[20]寇戎.

17_ 否用練 折則刑(부용련 절즉형)=「서경」에는 '否用靈制以刑 惟作五虐之刑 曰法殺戮無辜'로 되어 있다. 뜻은 其治民
　　不用政令 專制御之以嚴刑, 즉 '정치와 법이 없이 형벌만 가혹했다'는 뜻. 靈=令으로 된 것도 있으며 善의 뜻이다.
　　또는 命으로 읽는 이도 있다. 折=制.

18_ 術令(술령)=「서경」에는 이런 편이 없다. 「說命」편을 말한 듯하다.

19_ 戎(융)=전쟁.

4

그러므로 옛날 통치자를 선출한 것은	故古者之置正長也
장차 인민을 다스리고자 한 것이니	將以治民也.
비유컨대 마치 실타래에 벼리가 있고	譬之若絲縷之有紀
그물에 벼리가 있는 것처럼	而罔罟之有綱也.
그로 하여금 천하의 음란하고 난폭한 자들을 제지·선도하여	將以運役[21]天下淫暴
의義를 하나로 화동 일치시키고자 한 것이다.	而一同其義也.
이에 옛 성왕의 책은	是以 先王之書
먼 옛날의 도를 일러준다.	相年[22]之道曰
대저 나라를 세울 도읍을 개설하여	夫建國設都
임금과 군주와 삼공들을 둔 것은	乃作后王君公
교만을 부리라는 것이 아니며	否[23]用泰[24]也
경대부와 장수와 고을 수령들을 둔 것은	輕大夫師長
놀고먹으며 편히 지내라는 것이 아니고	否用佚也.
천하 인민이 고루 잘살도록 직분을 분별해 다스리고자 함이다.	維辯[25]使治天下均
곧 이 말은 옛날에 하느님과 귀신이	則此語古者上帝鬼神
나라와 도읍을 건설케 하고	之建設國都
통치의 우두머리를 옹립케 했던 것은	立正長也
그들에게 높은 작위와 후한 녹으로	非高其爵 厚其祿
부귀를 누리며 놀고 지내라는 조치가 아니었고	富貴佚而錯之也.

20_ 讒賊(참적)=모함하고 해치는 것.

21_ 運役(운역)=상편에서는 連收로 되어 있다. 遏煆의 誤로 보아 '막다', '제지하다'의 뜻.

22_ 相年(상년)=먼 옛날. 拒年의 誤.

23_ 否(부)=非의 뜻.

24_ 泰(태)=교만한 것.

25_ 辯(변)=辨.

장차 온 백성을 위하여 이로움을 일으키고 해로움을 없애며

가난하고 외로운 사람은 부유하고 고귀하게 하며

위태로운 것은 평안하게 하고

혼란과 어지러움을 다스리고자 임금을 선출케 했다는 뜻이다.

옛 성왕들의 정치는 이처럼 하느님의 뜻을 따라 행했던 것이다.

그러나 오늘날 왕공대인들이 법과 정사를 다스리는 것은

이 같은 뜻을 배반하고 있는 것이다.

그들의 정치는 윗사람의 비위를 잘 맞추는 총신들에게 맡기고

종친과 부모형제와 친구들을 보좌에 앉히거나

고을의 수령으로 삼는다.

그러나 백성들은 위에 앉은 수령들이

인민을 바르게 다스리지 못할 것을 잘 알고 있다.

그래서 모두가

파당을 지어 제 이익만 찾고 위에 고하지 않고 숨기며

윗사람들과 화동하는 것을 수긍하지 않는다.

이런고로 위와 아래는 주장하는 도리가 화동 일치할 수 없다.

만약 이같이 상하가 도리를 화동 일치하지 못하면

위에서 내리는 상훈과 기림은

아랫사람의 착한 행실을 권면할 수 없고

형벌은 아랫사람들의 포악한 행실을 막을 수 없을 것이다.

무엇으로 그것을 알 수 있는가?

將以爲萬民興利除害

富貴貧寡[26]

安危

治亂也.

故古者聖王之爲若此.

今王公大人之爲刑政

則反此.

政以爲便譬[27]

宗於[28]父兄故舊 以爲左右

置以爲正長.

民知上置正長

之非正以治民也

是以皆

比周隱匿[29]

而莫肯尙同其上.

是故上下不同義.

若苟上下不同義

賞譽不足以勸善

而刑罰

不足以沮暴

何以知其然也.

26_ 寡(과)=외로운 사람.

27_ 政以爲便譬(정이위편비)=正長以爲便辟의 誤. 즉 아부하는 자를 정치 지도자로 삼는다. 또는 便辟以爲政의 도치,
즉 아부하는 자로써 다스린다. 便辟=아부하는 것.

28_ 宗於(종어)=宗族의 誤.

29_ 隱匿(은닉)=선악을 윗사람에게 고하지 않고 숨기는 것, 언로가 막히는 것을 말한다.

임금으로 옹립되어

나라를 다스리는 경우

인민을 위한 통치권자라면 다음과 같이 말해야 할 것이다.

'모든 인민이 상을 주는 것이 옳다고 하면

나는 그에게 상을 줄 것이다!

그러나 만약 상하가 뜻을 달리한다면

위에서 상을 준 사람을 인민들은 도리어 비난할 것이다.'

즉 상을 받은 사람이 인민 속에 살면서 비난을 사면

이들이 비록 윗사람의 상을 받았다 해도

선한 행실을 권면할 수 없는 것이다.

또 지도자로 옹립되어 국가를 다스리고

인민을 위한 통치자라면 다음과 같이 말해야 할 것이다.

'인민들이 벌을 내려야 옳다고 하면

나는 그에게 벌을 내릴 것이다!

그러나 만약 상하의 뜻이 화동 일치하지 않으면

위에서 벌을 준 사람을 인민들은 도리어 칭찬할 것이다.'

이들 벌을 받은 사람이 인민과 함께 살면서

도리어 인민으로부터 칭찬을 받는다면

비록 지도자가 형벌을 시행해도

벌로써 악을 저지하지 못할 것이다.

만약 임금이 되어 나라와 가문을 다스리고

인민을 위한다는 통치자가

상훈과 명예로써 착한 행실을 권면하지 못하고

형벌로써 악한 행실을 막을 수 없다면

曰. 上唯毌[30]立

而爲政乎國家

爲民正長 曰.

人可賞

吾將賞之

若苟上下 不同義

上之所賞則衆之所非.

曰人衆與處於衆得非

則是雖使得之上賞

未足以勸乎.

上唯毌立 而爲政乎國家

爲民正長 曰

人可罰

吾將罰之.

若苟上下不同義

上之所罰 則衆之所譽.

曰. 人衆與處

於衆得譽

則是雖使得上之罰

未足以沮乎.

若立而爲政乎國家

爲民正長

賞譽不足以勸善

而刑罰不沮暴

30_ 毌(무)=아무 뜻이 없음.

이것은 앞에서 내가 말한 것처럼

인민이 처음으로 집단생활을 시작할 때와 같이

통치권자가 없는 것과 같지 않은가?

통치권자가 있는 것이나 없는 것이나 한가지라면

이것은 인민을 다스리고 통일하는 도리가 아니다.

則是不與³¹鄉³²吾本言

民始生

未有正長之時 同乎.

若有正長 與無正長之時同

則此非所以治民 一衆之道.

5

그러므로 옛 성왕은 나라의 의리를 통일, 화동할 수 있기에

정치의 수장으로 선출됐던 것이다.

이로써 상하의 마음이 뚫리어 소통했으므로

윗사람이 은밀한 사업으로 인민에게 이익을 끼쳐주면

인민들도 그것을 알고 윗사람을 이롭게 했으며,

아랫사람들에게 원한이 자라고 폐해가 쌓이면

위에서는 그것을 알고 제거해 준다.

이로써 수만 리 밖에서

선한 일을 행한 사람이 있으면

집안사람조차 모르고 마을에서도 두루 알지 못하나

천자는 그것을 알고 그에게 상을 내리며

또 수만 리 밖에서 악을 행한 자가 있으면

故古者聖王 唯而審以尙同

以爲正長³³

是故上下情³⁴請³⁵爲通

上有隱事遺利

下得而利之.

下有蓄怨積害

上得而除之.

是以數千萬里之外

有爲善者

其室人未遍知 鄉里未遍聞

天子得而賞之

數千里之外 有爲不善者

31_ 不與(불여)=不如.

32_ 鄉(향)=앞서, 전에. 曏과 通用.

33_ 唯而審以尙同 以爲正長(유이심이상동 이위정장)= '오직 상동을 잘 살필 수 있으므로 통치자가 되었다'는 뜻. 그러나 이 두 句는 錯簡이 있다고 보고 唯而以尙同爲政으로 解하기도 한다. 而=能의 誤로 본다.

34_ 情(정)=실정.

35_ 請(청)=衍文.

집안사람들도 모르고 마을에서도 두루 알지 못하지만   其室人未遍知 鄕里未遍聞

천자는 그것을 알고 벌을 내린다.   天子得而罰之.

그래서 온 천하 인민들이   是以擧天下之人

모두 두려워 떨며   皆恐懼振動[36]惕栗

음란하고 포악한 행동을 감히 할 수 없고   不敢爲淫暴

말하기를 '천자의 눈과 귀는 신령스럽다'고 한다.   曰天子之視聽也神.

성왕은 말씀하여 이르기를   先王之言曰.

'그것은 신령스런 것이 아니다.   非神也.

다만 인민의 귀와 눈을 부려   夫唯能使人之耳目

천자의 보고 듣는 것을 돕게 했고   助己視聽

인민들의 입술로 하여금 천자의 말을 돕게 하고   使人之吻 助己言談

인민들의 마음으로 하여금 임금의 사려를 돕게 하고   使人之心 助己思慮

인민의 팔다리를 부려   使人之股肱

임금의 동작을 돕게 했을 뿐이다'라고 한다.   助己動作.

보고 듣는 것을 돕는 자가 많으면   助之[37]視聽者衆

인민의 목소리를 더욱 멀리 보고 들을 수 있으며   則其所聞見者遠矣.

말하는 것을 돕는 자가 많으면   助之言談者衆

천자의 덕음德音(정령)의 어루만짐이 널리 퍼질 것이며   則其德音之所撫循者博矣

사려를 돕는 자가 많으면   助之思慮者衆

천자의 판단과 헤아림이 민첩할 것이며   則其談謀度速得矣.

동작은 돕는 자가 많으면   助之動作者衆

천자가 산업을 빨리 이룩할 것이다.   卽其擧事速成矣.

그러므로 옛날 성인들이   故古者聖人之

36_ 振動(진동)=九拜의 하나, 두 손을 마주치는 拜禮. 여기서는 전율한다는 뜻이다.

37_ 助之(조지)=助己의 誤.

사업을 이루고 치적을 쌓아

후세까지 이름을 남긴 것은

다른 까닭이나 다른 물건이 있어서가 아니고

오직 능히 인민들의 의리를 화동 일치하는 것으로써

정사를 다스렸기 때문이다.

성왕의 글인

『시경』「주송」의 「전견戰見」편에서 이르기를

"천자를 찾아뵙고 그분의 법도를 구하네!"라 한 것은

이것을 말한 것이다.

옛날 나라의 군주들과 제후들은 봄·가을로

천자의 궁정을 찾아가 조빙을 하고

천자의 엄한 가르침을 받고 물러나

나라를 다스리고 정치를 행하니

감히 복종치 않는 일이 없었다.

이때는 감히

천자의 가르침을 어지럽히는 일은 결코 없었다.

『시경』「소아小雅」의 「황황자화皇皇者華」편에서는

"내 말은 갈기 검은 흰 말, 여섯 고삐 윤기 나고

所以濟[38]事[39]成功[40]

垂名于后世者

無他故異物焉

曰. 唯能以尙同

爲政者也.

是以先王之書

周頌之道之曰.

載來見闢王 聿[41]求厥章[42]

則此語.

古者國君諸侯之以春秋

來朝聘[43]天子之廷

受天子之嚴敎

退而治國 政之所加

莫敢不賓.

當此之時

本無有敢紛天子之敎者.

詩曰

我馬維駱 六轡沃若[44]

38_ 濟(제)=일을 이룸(事遂).

39_ 事(사)=산업, 사업.

40_ 功(공)=治積, 利用, 노동의 결과(勞之積) 등 3가지 용법이 있는데 여기서는 治積으로 譯했다.

41_ 聿(율)=마침내, 드디어 등의 뜻이 있으나 여기서는 語氣詞로 쓰였으며 아무 뜻이 없다.

42_ 章(음)=憲章. 여기서는 예의 법도를 뜻함.

43_ 朝聘(조빙)=中國과 通交하는 것. 중국의 통치 제도는 周代 以前은 五服으로 구분했고 주대에는 九服으로 구분했다. 『순자』「正論」편의 기록에 의하면 王畿 五百里의 畿內인 甸服은 祭(日祭)에, 畿外 五百里의 候服은 月祀에, 候服을 둘러싸는 五百里의 賓服은 時享에, 文敎로 위무하는 蠻夷들인 要服은 歲貢 때마다, 울타리가 되는 戎狄들인 荒服은 終王 때에 天子를 朝聘했다고 한다.

44_ 沃若(옥약)=윤기 나는 모양.

달리고 달려와서, 두루 묻고 헤아리네!"라 했고
또 노래하기를
"내 말은 검푸른 얼룩말, 여섯 고삐 가지런하고
달리고 달려와서, 두루 묻고 꾀하네!"라 한 것은
곧 이것을 말한 것이다.
옛날 나라의 군주들과 제후들은
보고 들은 착한 일과 악한 일들을
모두 달려가 천자에게 고했다.
그래서 상은 어진 자에게 돌아가고
벌은 포악한 자에게 돌아가서
죄 없는 사람을 죽이는 일이 없고
죄 지은 사람을 놓치는 일이 없었다.
이것은 곧 화동을 숭상한 결과인 것이다.
그러므로 묵자가 말했다.
지금 천하에 왕공대인과 선비와 군자들이
자기 나라를 부하게 하며
인민들이 모여들어 많아지게 하고
법과 정사를 옳게 다스려 사직을 안정코자 한다면
마땅히 화동을 숭상하는 일을 살피지 않을 수 없다.
이것이야말로 정치의 근본인 것이다.

載馳載驅 周爰[45]咨度[46]
又曰.
我馬維騏 六轡若絲
載弛載驅 周爰咨謀
卽此語也.
古者國君諸侯
之聞見善與不善也
皆馳驅以告天子
是以賞當賢
罰當暴
不殺不辜
不失有罪
則此尙同之功也.
是故子墨子曰
今天下之王公大人士君子
請將欲富其國家
衆其人民
治其刑政 定其社稷
當若尙同之不可不察
此之本也.

45_ 爰(원)=爰은 助詞.
46_ 咨度(자도)=묻고 헤아리는 것.

第十三篇 尙同 상동 下

위로는 성왕의 도리에 합당하기를 바라고 아래로는 나라와 인민의 이익에 합당하기를
바란다면 마땅히 화동 일치를 숭상하라는 말을 살피지 않을 수 없다.
화동을 숭상하는 것은 정치의 근본이며 다스림의 요체인 것이다.

1

묵자가 말했다.	子墨子言曰.
지혜 있는 사람은 일을 함에 있어서	知者之事
반드시 국가와 인민이 다스려지는 까닭을 헤아려	必計國家百姓所以治者
그것을 행하고	而爲之
어지러워지는 까닭을 헤아려	必計國家百姓之所以亂者
그것을 피한다.	而辟¹之
그러면 국가와 인민을 다스릴 수 있는 방법은	然計國家百姓之所以治者
무엇인가?	何也.
윗사람이 정치를 함에 있어	上之爲政
아랫사람의 실정을 파악하면 다스려지고	得下之情²則治
인민의 실정을 모르면 어지러워진다.	不得下之情則亂.
왜 그런가 하면 통치자가	何以知其然也
위에서 인민의 실정을 안다는 것은	上之爲政 得下之情
곧 인민들의 착하고 착하지 않은 것을 밝힌다는 것이며	則是明於民之善非也.
만약 인민의 선악을 밝게 안다면	若苟明於民之善非也
곧 착한 사람을 찾아 상을 주고	則得善人而賞之

1_ 辟(피)=避也.

2_ 情(정)=사정, 실정.

포악한 사람을 찾아 벌을 줄 수 있기 때문이다.   得暴人而罰之也.

착한 사람이 상을 받고 포악한 사람이 벌을 받는다면   善人賞而暴人罰

이것만으로 나라는 반드시 다스려지는 것이다.   則國必治.

윗사람이 정치를 한다면서 인민의 실정을 모른다면   上之爲政也 不得下之情

이는 곧 인민이 착하고 그른 것을 밝히지 못하고   則是不明于民之善非也.

인민의 선악에 밝지 못하면   若苟不明于民之善非

착한 사람이 상을 받지 못하고   則是不得善人而賞之

포악한 사람이 벌을 받지 않게 된다.   不得暴人而罰之.

선한 사람이 상을 받지 못하고   善人不賞

포악한 사람이 벌을 받지 않는   而暴人不罰

이와 같은 정치를 편다면   爲政若此

나라와 인민은 반드시 어지러울 것이다.   國衆必亂.

그러므로 상과 벌이 인민의 실정에 맞지 않는가를   故賞不得下之情

살피지 않으면 안 된다.   而不可不察者也.

그러면 인민의 실정을 파악하는 길은 무엇인가?   然計得下之情 將奈何可.

일찍이 묵자가 말했다.   故子墨子曰

오직 화동을 숭상하여 인민의 의리를 통일하는 것으로써   唯能以尙同一義

정사를 다스려야만 가능하다.   爲政然後可矣.

2

인민의 의를 하나로 화동 일치시키면   何以知尙同一義之治

천하를 다스릴 수 있다는 것을 어떻게 아는가?   而爲政於天下也

그것을 알기 위해 어찌   然胡不審稽[3]

3_ 審稽(심계)=考察.

옛날에 정사를 다스린 시초의 논설을 고찰해 보지 않는가?	古之始爲政之說乎.
옛날 하느님이 처음으로 인민을 낳아	古者天之始生民
통치자가 없을 때에는 인민들이 주권자였다.	未有政長也 百姓爲人.
그러나 진실로 인민이 주권자가 되면	若苟百姓爲人[4]
한 사람이 하나의 의리를, 열 사람이 열 의리를 주장하고	是一人一義 十人十義
백 사람은 백 가지 의리, 천 사람은 천 가지 의리를 주장하고	百人百義 千人千義
사람이 많아져 셀 수 없게 되면	逮至人之衆 不可勝計也.
이른바 의리라는 것도 역시 셀 수 없이 많아질 것이다.	則其所謂義者 亦不可勝計
이에 모두가 자기의 '의'는 옳다고 하고	此皆是其義
남의 '의'는 그르다 함으로써	而非人之義
심하게는 전쟁이 일어나고 적게는 분쟁이 일어났다.	是以厚者有斗 而薄者有爭.
그리하여 천하 인민은	是故天下
천하의 의리를 화동 일치시키고자	之欲同一天下之義也
어진 이를 선출하여 천자로 삼았던 것이다.	是故選擇賢者 立爲天子.
그러나 천자 혼자 힘만으로는	天子以其知力
천하를 다스리기에 부족하여	爲未足獨治天下
천자 밑에 다음으로 어진 이를 선출하여 삼공으로 삼았다.	是以選擇其次[5] 立爲三公.
삼공 또한 힘과 지혜가 부쳐	三公又以其知力
홀로 천자를 보좌하기엔 부족했으므로	爲未足獨左右天子也
천하를 여러 나라로 나누어 제후를 세웠다.	是以分國建諸侯.
제후 또한 자기의 지혜와 힘이 부쳐	諸侯又以其知力
홀로 자기 나라 경내를 다스리기에는 부족했으므로	爲未足獨治其四境之內也

4_ 人(인)=人은 ﹅의 誤. ﹅는 主의 古字. 主는 主君 또는 宰也, 宗也. 그러나 지금까지는 人을 自己로 解하는 억지를 부려 묵자의 人民主權論을 부정하고 전제주의자로 왜곡시켰다.

5_ 選擇其次(선택기차)=그다음 사람을 골라. 지금까지는 인민의 선출이 아니고 윗사람이 선택하는 것, 즉 임명으로 解한다. 選擇=골라 선출하다.

그다음 어진 이를 골라 뽑아 경대부와 재상으로 삼았다.　　是以選擇其次 立爲卿之宰[6]

경대부와 재상도 그들만의 지혜와 힘으로는　　卿之宰又以其知力

군주를 보좌하기에 부족하게 되자　　爲未足獨左右[7]其君也

그다음 어진 이를 골라　　是以選擇其次

그들을 세워 향장과 가군家君으로 삼았다.　　立而爲鄕長家君[8]

이런 까닭으로 옛날 천자가　　是故古者天子之

삼공과 제후와 경대부와 재상과　　立三公諸侯卿之宰

향장과 가군을 세운 것은　　鄕長家君

달리 그들을 부귀하게 하여 놀고먹으라고 고른 것이 아니다.　　非特富貴游佚而擇之也.

오직 천자를 도와 정사를 다스리기 위한 것이다.　　將使助治亂刑政也

그러므로 옛날 나라를 세우고 도읍을 건설하여　　故古者建國設都

왕후장상을 세우고　　乃立后王君公

장관과 장군 등의 벼슬을 준 것은　　奉[9]以卿士師長

그들을 기쁘고 빼어나게 하려는 것이 아니고　　此非欲用說[10]也

오로지 분별하여　　唯辯[11]

하느님의 백성을 다스리는 일꾼으로 부리기 위한 것이다.　　而使助[12]治天明[13]也.

6_ 卿之宰(경지재)=경대부와 재상. 之=與.

7_ 左右(좌우)=보좌하다.

8_ 家君(가군)=춘추시대에는 각 경대부에게 종족들을 먹여 살리도록 봉급 대신 邑을 封해 주어 조세징수권을 주었는데, 家란 경대부에게 봉해준 食邑을 말하며, 그 邑의 首長을 家君이라 함. 고을의 통치자. 그것이 세월이 가며 상속되고, 서로 쟁탈·병합되어 묵자 당시는 큰 자본가 토호로 발전하여 제후를 능가하는 家君이 많았다. 그런 큰 가문은 전국시대에는 제후를 능가하는 실권자이기도 했다. 지금까지 家君과 家者를 똑같이 解하여 本篇의 뜻을 정반대로 왜곡시켜 왔다.

9_ 奉(봉)=수여하다, 장관·장군의 벼슬을 주다, 授也.

10_ 說(열)=悅 자의 誤. 또는 佚, 즉 逸 자의 誤로 본다.

11_ 辯(변)=辨也.

12_ 使助(조)=일꾼으로 삼는다. 助=일꾼, 左也. 衍文이라 하여 빼버리는 이가 많으나 잘못이다.

13_ 天明(천명)=하느님의 백성, 天民. 어떤 이는 天之明道 또는 天治理民 등으로 解하는 이도 있다. 오로지 분수를 분별하고 일꾼으로 삼아 하느님의 백성을 다스리고자 함이라는 뜻.

그러나 오늘날은 어찌 된 일인지   今此何

윗사람은 아랫사람을 다스리지 못하고   爲人上而不能治其下

아랫사람은 윗사람을 섬기지 않으며   爲人下而不能事其上

위아래가 서로 죽이고 해치니 무슨 까닭인가?   則是上下相賊也 何故以然

그것은 의리가 같지 않기 때문이다.   則義不同也[14]

만약 진실로 각자의 의리가 다르면 파당(黨)이 생기며   若苟義不同者有黨[15]

위에서 어떤 사람이 착하다 하여 그에게 상을 주면   上以若人爲善將賞之

그가 비록 위에서는 상을 받았지만   若人唯使得上之賞

아래서는 인민들로부터 비난을 받을 것이니   而辟百姓之毀

착한 일을 하여 받은 상이   是以爲善者

반드시 착함을 권면할 수 없을 것이다.   必未可使勸

또한 위에서 어떤 사람이 포악하다 하여 벌을 내리면   上以若人爲暴 將罰之

비록 그 사람이 위에서는 벌을 받았지만   若人唯使得上之罰

아래에서는 반대로 인민들이 명예롭게 생각하니   而懷百姓之譽

벌이 악한 것을 저지할 수 없게 된다.   是以爲暴者 必未可使沮

이와 같이 윗사람의 상과 기림이 선을 권면하지 못하고   故計上之賞譽 不足以勸善

윗사람의 벌과 비난이   計其毀罰

포악을 저지하지 못하는 것을 생각해 보면   不足以沮暴.

그 까닭은 상하의 의리가 같지 않기 때문이다.   此何故以然 則義不同也.

3

그러면 천하 인민의 의리를 화동 일치시키려면   然則欲同一天下之義

14_ 義不同也(의부동야)=계급적 이익이 같지 않다. 義=利也(墨子/經說 下).

15_ 有黨(유당)=黨은 偏私로 解하는 것이 보통이나 파당, 당파로 본다.

장차 어찌해야 좋을까?

묵자는 말했다.

어째서 시험 삼아 가군으로 하여금

가문에 다음과 같은 법령을 반포해 보지 않는가?

만약 가문의 사람을 사랑하고 이롭게 한 자를 보거든

반드시 고하고

가문의 백성을 미워하고 해치는 자를 보거든

이 또한 반드시 고하라!

만일 가문을 사랑하고 이롭게 한 자를 발견하고 고한 자는

역시 가문을 사랑하고 이롭게 한 것이나 마찬가지이니

윗사람이 이들에게도 역시 상을 내리면

백성들은 소문을 듣고 상 받은 자를 칭찬할 것이다.

만일 가문을 미워하고 해친 자를 보고도 고하지 않으면

역시 가문을 미워하고 해친 것과 마찬가지이므로

윗사람이 이를 파악하여 벌을 주면

백성들은 소문을 듣고 벌 받은 자를 비난할 것이다.

이리하여 모든 가문의 사람들은

모두 자기 가장으로부터 상과 칭찬을 받으려 하고

꾸중과 벌을 피하려고 할 것이다.

이로써 선한 일이 있으면 그것을 말하고

악한 일이 있으면 역시 그것을 말할 수 있으므로

將奈何可.

故子墨子言曰.

然胡不賞使[16]家君

試用發憲布令其家

曰. 若見愛利家者[17]

必以告

若見惡賊家者

亦必以告.

若見愛利家以告

亦猶愛利家者也.

上得且賞之

衆聞則譽之.

若見惡賊家不以告

亦猶惡賊家者也.

上得且罰之

衆聞則非之.

是以遍若家之人[18]

皆欲得其長上[19]之賞譽

闢其毀罰.

是以善言之

不善言之.[20]

16_ 然胡不賞使(연호불상사)=然何不嘗使로 읽는다.

17_ 家者(가자)=家民, 즉 고을의 피지배자. 지금까지 家君과 家者를 똑같이 解하여 本篇의 뜻을 정반대로 왜곡시켜 왔다.

18_ 遍若家之人(편약가지인)=모든 가문의 사람들.

19_ 長上(장상)=家君, 여기서는 통치자 일반.

20_ 是以善言之 不善言之(시이선언지 불선언지)=是以 唯善能言之 唯不善能言之로 읽는다. 之=家君.

가군은 선한 자를 알아내어 상을 줄 수 있고
악한 자를 알아내어 벌을 내릴 수 있게 되는 것이다.
이처럼 선한 자가 상을 받고 포악한 자가 벌을 받으면
가문은 반드시 다스려지는 것이다.
그런즉 가문이 다스려지는 까닭이 무엇인가 살펴보면
오직 의리를 화동 일치하는 것으로 정사를 폈기 때문이다.
그러면 가문이 이미 다스려진 것으로
나라의 도리를 다한 것인가?
그것만으로는 아직 아니다.
나라에는 많은 가문이 있다.
이들 가문들이 모두 저마다 제 가문은 옳고
남의 가문은 그르다고 한다면
전란과 분쟁이 벌어질 것이다.
그러므로 다시 가군으로 하여금 가문의 의리를 통합하여
나라의 군주에게 화동 일치시켜야 한다.
나라의 군주도
역시 나라의 인민에게 법령을 펴고 말할 것이다.
'만일 나라를 사랑하고 이롭게 하는 자를 보거든
반드시 고하고
만일 나라 백성을 미워하고 해치는 자를 보거든
이것 역시 반드시 고하라!'
만약 국민을 사랑하고 이롭게 한 것을 고하는 자도
역시 국민을 사랑하고 이롭게 한 것과 마찬가지이므로
윗사람이 그들에게도 상을 내리면
인민들은 그 소식을 듣고 그를 칭찬할 것이다.
만약 나라 인민을 해치는 자를 보고도 고하지 않는 것은

家君得善人而賞之
得暴人而罰之.
善人之賞 而暴人之罰
則家必治矣.
然計若家之所以治者 何也
唯以尙同一義爲政故也.
家旣已治
國之道盡此已邪
則未也.
國之爲家數也甚多
此皆是其家
而非人之家
是以厚者有亂 而薄者有爭.
故又使家君 總其家之義
以尙同於國君.
國君
亦爲發憲布令於國之衆 曰.
若見愛利國者
必以告
若見惡賊國者
亦必以告.
若見愛利國以告者
亦猶愛利國者也.
上得且賞之
衆聞則譽之.
若見惡賊國 不以告者

나라 인민을 해친 것이나 마찬가지이므로

윗사람이 이것을 파악하여 벌을 주면

소문을 들은 인민들도 그를 비난할 것이다.

이렇게 함으로써 온 나라 인민들이

모두 통치자로부터 상과 칭찬을 받으려 하고

비난과 벌을 피하려 할 것이다.

그 결과 인민들은 착한 것을 보면 그것을 말하고

착하지 못한 일을 보아도 그것을 말할 수 있어

이로써 군주는 착한 이를 찾아 상을 줄 수 있고

포악한 자를 찾아 벌을 줄 수 있다.

이리하여 착한 자가 상을 받고 포악한 자가 벌을 받게 되면

나라는 반드시 다스려진다.

이처럼 나라가 다스려지는 까닭이 무엇인가를 살펴보면

오로지 의리를 화동 일치시켜 정사를 폈기 때문이다.

그러면 나라가 이미 다스려진 것으로

천하 인민에 대한 도리가 다 끝난 것인가?

아직 이것만으로는 부족하다.

천하에 나라는 많다.

그런데 이들 나라들이 제 나라는 옳고

남의 나라는 그르다고 한다면

이로써 싸움과 분쟁은 끊이지 않을 것이다.

그러므로 또 군주는 나라의 의리를 선별하여

천자에게 화동 일치시켜 숭상토록 해야 한다.

천자도 역시

천하 인민에게 법령을 발하여 말할 것이다.

'만일 천하 인민을 사랑하고 이롭게 하는 자를 보거든

亦猶惡賊國者也

上得且罰之

衆聞則非之

是以遍若國之人

皆欲得其長上之賞譽

避其毁罰.

是以民見善者言之

見不善者言之

國君得善人而賞之

得暴人而罰之

善人賞而暴人罰

則國必治矣.

然計若國之所以治者何也

唯能以尙同一義爲政故也.

國旣已治矣

天下之道 盡此已邪

則未也.

天下之爲國數也甚多

此皆是其國

而非人之國

是以厚者有戰 而薄者有爭.

故又使國君選其國之義

以尙同於天子.

天子亦

爲發憲布令於天下之衆 曰.

若見愛利天下者

반드시 고하고

만일 천하 인민을 미워하고 해치는 자를 보거든

이것 역시 반드시 고하라!'

천하 인민을 사랑하고 이롭게 한 것을 보고 고한 자는

역시 천하 인민을 사랑하고 이롭게 한 것과 마찬가지이므로

윗사람이 이것을 파악하여 상을 주면

인민은 소문을 듣고 상 받은 자를 칭찬할 것이다.

또 천하 인민을 미워하고 해롭게 한 것을 고하지 않은 자는

역시 천하 인민을 미워하고 해친 자와 같으므로

위에서 이것을 파악하여 벌을 주면

인민은 소문을 듣고 벌 받은 자를 비난하게 된다.

이로써 천하 인민은 두루

통치자로부터 상을 받고 칭찬을 받기를 바라고

꾸중과 벌을 피하려 한다.

그 결과 착한 일이나 착하지 못한 일들이 모두 고해지므로

천자는 선한 자와 악한 자를 모두 알 수 있게 되어

그들에게 상을 내리고 벌을 내릴 수 있다.

이리하여 착한 자가 상을 받고 포악한 자가 벌을 받게 되면

천하는 반드시 다스려진다.

그러니 천하가 다스려지는 까닭이 무엇인가를 살펴보면

오직 의리를 화동 일치하는 것으로써 정사를 폈기 때문이다.

천하가 이미 다스려졌으면

천자는 또 천하의 의리를 통합하여

하느님을 숭상하고 화동 일치시켜야 한다.

그러므로 마땅히 화동 일치를 주의·주장으로 삼으면

크게는 천자가 능히 천하를 다스릴 수 있고

必以告

若見惡賊天下者

亦以告.

若見愛利天下以告者

亦猶愛利天下者也

上得則賞之

衆聞則譽之

若見惡賊天下不以告者

亦猶惡賊天下者也

上得且罰之

衆聞則非之.

是以遍天下之人

皆欲得其長上之賞譽

避其毀罰

是以見善不善者告之

天子得善人而賞之

得暴人而罰之

善人賞而暴人罰

天下必治矣.

然計天下之所以治者何也

唯而以尙同一義爲政故也.

天下旣已治

天子又總天下之義

以尙同于天

故當尙同之爲說也[21]

上用之天子 可以治天下矣

가운데로는 제후가 제 나라를 다스릴 수 있고	中用之諸侯 可而治其國矣
작게는 가군이 제 가문을 다스릴 수 있는 것이다.	小用之家君 可而治其家矣
이처럼 화동은 큰 것이므로 천하를 다스리는 큰일에 써도	是故大用之治天下
가늘지 않고	而不窕²²
한 나라, 한 가문을 다스리는 작은 일에 써도	小用之 治一國一家
거추장스럽지 않으니	而不橫²³者
이런 것을 '도'라고 말하는 것이다.	若道之謂也.

4

그러므로 말하기를	故曰.
'천하의 나라들을 다스리는 것을 한 가문처럼 다스리고	治天下之國 若治一家
천하 인민을 부리는 것을 한 사내처럼 부린다'고 했다.	使天下之民 若使一夫.
이것은 유독 묵자만이 그것을 주장하고	意獨子墨子有此
옛 성왕들은 그렇지 않았는가?	而先王無此其有邪.
그렇지 않다.	則亦然也.
성왕들은 모두가 화동 일치를 숭상하여 정치를 했으므로	聖王皆以尙同爲政
천하가 다스려진 것이다.	故天下治
무엇으로 그것을 알 수 있는가?	何以知其然也
선왕의 글인	於先王之書也
『서경』「주서」의「태서泰誓」편에서 그렇게 말하고 있다.	大誓之言然 曰
"백성들이여! 간교한 짓을 보거든 곧 알려야 한다.	小人見奸巧

21_ 當尙同之爲說也(당상동지위설야)=尙同을 표상으로 주의 주장을 삼다. 當=象也. 說=主義 主張.

22_ 不窕(부조)=가득 차지 않다, 또는 가늘지 않다.

23_ 不橫(불횡)=막히지 않는다, 또는 거추장스럽지 않다.

만약 듣고도 말하지 않는 자는 그 죄가 같을 것이다!"

이것은 간악한 짓을 보고도 고하지 않는 자는

그 죄가 간악한 자와 똑같다는 것을 말한 것이다.

그러므로 옛날 성왕들이 천하를 다스림에 있어

언론을 선택하는 일을

보좌하는 자들은 모두 어진 사람이며

또한 밖에서 보좌하는 사람들도

그를 도와 민정民情을 보고 듣는 자가 많았다.

그러므로 인민들에게 일을 도모케 하지만

인민들보다 앞서 그것을 알고

인민들에게 일을 일으키게 하지만

인민들보다 먼저 그것을 이루는 것이므로

영광과 명성은 인민들 위에 드러났다.

오로지 인민들의 언론을 펴게 하고

그 인민의 뜻에 따라 정사를 처리함으로써

이같이 이롭게 되는 것이다.

乃聞不言也 發罪鈞[24]

此言見淫闢不以告者

其罪亦猶淫闢者也.

故古之聖王治天下也

其所差論[25]

以自左右羽翼者 皆良

外爲之人[26]

助之視聽者衆.

故與人謀事

先人得之[27]

與人擧事

先人成之

光譽令聞[28] 先人發之

唯信身[29]

而從事

故利若此.

24_ 發罪鈞(발죄균)=그 죄가 같다. 發=厥의 誤. 鈞=均의 誤.

25_ 差論(차론)=왕염손은 差와 論 두 글자 모두 擇의 뜻이라 하고, 그 근거로서 『이아』에서 旣差我馬의 差는 擇이며, 「소염」편의 勞於論人에 대한 『여씨춘추』의 高注에서 論은 擇과 비슷하다고 했음을 예로 들고 있다. 그러나 본문의 흐름으로 볼 때 論은 善, 不善을 告하는 議論 또는 論告라 해야 한다. 따라서 '여론 또는 言論에 따라 선택하는 일'로 譯한다.

26_ 外爲之人(외위지인)=未詳. 그러나 앞의 보좌하는 자와 대칭으로 밖에서 그를 보좌하는 신하들로 해석한다.

27_ 與人謀事 先人得之(여인모사 선인득지)=지금까지는 '남들과 더불어 일을 꾀하면 남들보다 먼저 뜻을 이룬다'고 해석하고 있으나, 위 문장과 뜻이 연결되지 않는다. 與='□□에게, □□에 의하여'로 解해야 한다(遂與勾踐禽 : 戰國策/秦策五).

28_ 光譽令聞(광예영문)=영예와 명성. 光=廣으로 보는 이도 있다. 令=善.

29_ 信身(신신)='진실함 몸'으로 解하거나, 身을 臣의 誤로 보고 '신하를 믿고'로 解하고 있으나 석연치 않다. 信=伸. 身=칙지나 교지(擬秦授皆給以符謂之告身 : 唐書). 그러나 身을 民의 誤로 보면 더욱 뜻이 명확하다.

옛날 속담에는

'한 눈으로 보는 것은

두 눈으로 보는 것만 못하고

한 귀로 듣는 것은

두 귀로 듣는 것만 못하며

한 손으로 잡는 것은

두 손으로 잡는 것만 굳세지 못하다'고 했다.

대저 오로지 인민의 언론을 펴 정사를 다스리므로

이같이 이롭게 되는 것이다.

그러므로 옛날 성왕들이 천하를 다스린 것은

천 리 밖에 어진 사람이 있으면

고을 사람들은

아직 잘 모르고 있으나

성왕께서는 그들을 찾아 상을 내리며,

천 리 밖에 포악한 자가 있으면

그 고을 사람들은 아직 잘 모르나

성왕께서는 그들을 찾아 벌을 내렸던 것이다.

그러나 비록 성왕이

귀가 밝고 눈이 밝다 해도

어찌 한 사람이 보는 것으로

천 리 밖을 꿰뚫어 볼 수 있으며

한 사람이 듣는 것으로 천 리 밖을 들을 수 있겠는가?

성왕은 몸소 가서 보는 것도 아니며

몸소 나아가 듣는 것도 아니다.

그런데 쳐들어오는 침략자, 난을 일으키는 반역자

도둑질하는 자, 남을 해치는 자들이

古者有語焉 曰.

一目之視也

不若二目之視也

一耳之聽也

不若二耳之聽也

一手之操也

不若二手之强也.

夫唯能信身而從事

故利若此.

是故古之聖王之治天下也

千里之外 有賢人焉

其鄕里之人

皆未之均聞見也

聖王得而賞之

千里之內 有暴人焉

其鄕里 未之均聞見也

聖王得而罰之.

故唯毋以聖王

爲聽耳明目與

豈能一視

而通見千里之外哉.

一聽而通聞千里之外哉.

聖王不往而視也

不就而聽也.

然而使天下之爲寇亂

盜賊者

천하를 두로 다녀보아도

다시 발붙일 곳이 없는 것은 무엇 때문인가?

그것은 화동和同을 숭상하는 것으로

정치를 훌륭하게 하기 때문이다.

그래서 묵자가 말했다.

무릇 백성들로 하여금 화동하여 숭상케 하려면

반드시 백성을 지극히 사랑하지 않고는

백성을 자기 몸처럼 부릴 수 없다.

반드시 힘써 사랑함으로써 그들을 부리고

신뢰를 주어 민심을 얻고

부귀로써 앞서 이끌고

형벌을 밝혀 뒤를 따르게 했다.

이와 같이 정치를 한다면

비록 나에게 화동하지 않으려 해도 하지 않을 수 없다.

그러므로 묵자는 말했다.

오늘날 천하의 왕공대인과 사군자들이

마음속으로 진정 어질고 의롭기를 바라고

훌륭한 선비가 되기를 바라며

위로는 성왕의 도리에 합당하기를 바라고

아래로는 나라와 인민의 이익에 합당하기를 바란다면

마땅히 화동 일치를 숭상하라는 말을

살피지 않을 수 없다.

周流天下

無所重足者[30] 何也.

其以尙同

爲政善也.

是故子墨子曰.

凡使民尙同者

愛民不[31]疾

民無可使 曰

必疾愛而使之

致信而持之

富貴以道其前

明罰以率其後[32]

爲政若此

唯欲毋與我同 將不可得也.

是以子墨子曰

今天下王公大人士君子

中情將欲爲仁義

求爲上士

上欲中聖王之道

下欲中國家百姓之利.

故當尙同之說

而不可不察

30_ 無所重足者(무소중족자)=본뜻은 '다시는 교언영색할 곳이 없다'는 뜻임. 足=足恭, 즉 巧言令色.

31_ 不(부)=不는 必의 誤라 하나(손이양) 그대로 두어야 다음 문장과 연결된다.

32_ 明罰以率其後(명벌이솔기후)= '죄를 밝게 함으로써 후세를 따르게 한다'는 뜻. 罰=罪. 率=律.

화동을 숭상하는 것은 정치의 근본이며   尙同爲政之本
다스림의 요체인 것이다.   而治要也.

第十四篇 兼愛 겸애 上

천하를 다스리는 성인으로서 어찌 미움을 금지하고 사랑을 권면하지 않겠는가?
천하가 두루 평등하게 서로 사랑하면 다스려지고
서로 차별하고 미워하면 어지러운 것이다.

1

성인이란 천하를 다스리는 것을	聖人以治天下
직책으로 하는 사람이다.	爲事者也.
그러므로 반드시 어지러움이 일어나는 원인을 알아야만	必知亂之所自起
능히 천하를 다스릴 수 있고	焉¹能治之
그것을 모르면 다스릴 수 없다.	不知亂之所自起 則不能治.
비유컨대 의사가 사람의 질병을 치료하는 것과 같다.	譬之如醫之攻²人之疾者然.
즉 질병의 원인을 알면 치료가 가능하지만	必知疾之所自起 焉能攻之
원인을 모르면 치료가 불가능한 것과 같은 이치다.	不知疾之所自起 則弗能攻.
혼란을 다스리는 것도 어찌 이와 같지 않겠는가?	治亂者何獨不然.
혼란의 원인을 알면 능히 다스릴 수 있지만	必知亂之所自起 焉能治之
원인을 모르면 다스릴 수 없다.	不知亂之所自起 則弗能治.
성인은 천하를 다스리는 의사와 같으므로	聖人以治天下爲事³者也
혼란이 일어나는 원인을 살피지 않을 수가 없는 것이다.	不可不察亂之所自起.

1_ 焉(언)=乃也(왕인지).

2_ 攻(공)=治也.

3_ 事(사)=職也, 祀也, 營也.

2

혼란이 일어나는 원인을 살펴보면	當察亂何自起.
그 이유는 서로 사랑하지 않기 때문이다.	起不相愛.
신하와 자식이	臣子之
임금과 어버이에게 효도하지 않는 것이	不孝君父
이른바 어지러움이다.	所謂亂也.
자식이 자기만 사랑하고 아버지를 사랑하지는 않는다면	子自愛 不愛父
아버지를 덜어서 자기를 이롭게 할 것이다.	故虧父而自利
아우가 자기 자신만 사랑하고 형을 사랑하지 않는다면	弟自愛 不愛兄
형을 덜어서 자기를 이롭게 할 것이다.	故虧兄而自利
신하가 자기만 사랑하고 임금을 사랑하지 않는다면	臣自愛 不愛君
임금을 덜어서 자기의 이익을 꾀할 것이다.	故虧君而自利.
이것이 이른바 어지러움이다.	此所謂亂也
마찬가지로 아버지가 자식을 사랑하지 않고	雖父之不慈子
형이 아우를 사랑하지 않고	兄之不慈弟
임금이 신하를 사랑하지 않는다면	君之不慈臣
이 또한 천하가 어지러운 원인이다.	此亦天下之所謂亂也.
아버지가 자기는 사랑하지만 자식을 사랑하지 않는다면	父自愛也 不愛子
자식을 덜어서 스스로를 이롭게 할 것이다.	故虧子而自利
형이 자기는 사랑하지만 아우를 사랑하지 않는다면	兄自愛也 不愛弟
아우를 덜어서 스스로를 이롭게 할 것이다.	故虧弟而自利.
군주가 자기는 사랑하지만 신하를 사랑하지 않는다면	君自愛也 不愛臣
신하를 덜어서 자기를 이롭게 할 것이다.	故虧臣而自利
이것은 무엇 때문인가?	是何也.
모두가 서로서로 사랑하지 않기 때문이다.	皆起不相愛.
천하에 남을 해치고 도적질하는 자도 마찬가지다.	雖至天下之爲盜賊者亦然.

도적은 제 집안을 사랑하면서도	盜愛其室[4]
남의 집안은 사랑하지 않으므로	不愛其異室
남의 집안을 훔쳐서 제 집안을 이롭게 하고	故竊異室以利其室.
남을 해치는 자는 제 몸은 사랑하지만 남을 사랑하지 않으므로	賊愛其身不愛人
남을 해쳐 자기를 이롭게 하는 것이다.	故賊人以利其身.
이것은 무엇 때문인가?	此何也.
서로서로 사랑하지 않기 때문에 일어나는 일이다.	皆起 不相愛.
또한 대부들이 서로 남의 가문을 어지럽히고	雖至大夫之相亂家
제후들이 서로 남의 나라를 침공하는 것도 마찬가지다.	諸侯之相攻國者 亦然.
대부들은 자기 가문은 사랑하나 남의 가문은 사랑하지 않는다.	大夫各愛其家[5] 不愛異家
그러므로 남의 가문을 어지럽혀 제 가문을 이롭게 한다.	故亂異家以利其家
제후들은 제 나라는 사랑하지만 남의 나라는 사랑하지 않는다.	諸侯各愛其國 不愛異國
그러므로 남의 나라를 침공하여 제 나라를 이롭게 한다.	故攻異國以利其國.
천하를 어지럽히는 물건은 여기에 있는 것이니	天下之亂物 其此而已矣.
왜 이런 일이 일어나는가를 살펴보면	察此何自起
모두가 서로 사랑하지 않기 때문이다.	皆起不相愛.

3

천하가 모두 두루 평등하게 서로 사랑하되	若使天下兼相愛
남을 제 몸같이 사랑한다면 불효자가 있겠는가?	愛人若愛其身 有不孝者乎.
부모, 형제, 임금 보기를 제 몸같이 한다면	視父兄與君若其身

4_ 其室(기실)=자기 집안을 말한다.

5_ 其家(기가)=자기 가문을 말한다. 당시에는 가문이 제후를 능가하기도 했다. BC 453년에 晉을 삼분한 韓家, 魏家, 趙家는 50년 동안 제후로 봉함을 받지 못했다.

어찌 효도하지 않고 자애롭지 않겠는가?

아우, 자식, 신하 보기를 제 몸같이 한다면

어찌 자애롭지 않겠는가?

그렇게 된다면 불효하고 자애롭지 않는 자가 없을 것이다.

도적도 마찬가지다.

남의 집안을 제 집같이 본다면 누가 훔치겠는가?

남의 몸을 제 몸같이 여긴다면 어찌 남을 해치겠는가?

그렇게 되면 도적도 없어질 것이다.

마찬가지로 대부들이 서로 남의 가문을 어지럽히고

제후들이 서로 남의 나라를 침공하는 것도

남의 가문을 제 가문같이 여긴다면 누가 어지럽히겠는가?

남의 나라를 제 나라같이 여긴다면 누가 침공하겠는가?

그러므로 대부들이 남의 가문을 어지럽히고

제후들이 남의 나라를 침공하는 일도 없어질 것이다.

만약 천하가 두루 평등하게 서로 사랑한다면

나라끼리는 전쟁이 없고

가문끼리는 서로 어지럽히는 일이 없고

남의 집안을 훔치고 빼앗는 도적도 없을 것이며

임금과 신하, 아버지와 아들이

모두 효도하고 자애로울 것이니

이렇게 되면 천하는 다스려질 것이다.

그러므로 천하를 다스리는 성인으로서

어찌 미움을 금지하고 사랑을 권면하지 않겠는가?

따라서 천하가 두루 평등하게 서로 사랑하면 다스려지고

惡施不孝. 猶有不慈者乎.

視弟子與臣若其身

惡施不慈.

故不孝不慈亡有.[6]

猶有盜賊乎.

故視人之室若其室 誰竊.

視人身若其身 誰賊.

故盜賊亡有.

猶有大夫之相亂家

諸侯之相攻國者乎.

視人家若其家 誰亂.

視人國若其國 誰攻.

故大夫之相亂家

諸侯之相攻國者 亡有.

若使天下兼相愛

國與國不相攻

家與家不相亂

盜賊無有

君臣父子

皆能孝慈

若此則天下治.

故聖人以治天下爲事者

惡得不禁惡而勸愛.

故天下兼相愛則治

6_ 亡有(망유)=있을 수 없다. 亡=無와 같다.

서로 차별하고 미워하면 어지러운 것이다. 交相惡則亂.

그러므로 묵자가 故子墨子曰

남을 사랑하라고 권면하지 않을 수 없는 것은 이 때문이다. 不可以不勸愛人者此也.

第十五篇 兼愛 겸애 中

천하의 군자들이 진실로 천하가 부유하기를 바라고 가난을 싫어한다면
또한 천하의 태평을 바라고 혼란을 싫어한다면
마땅히 두루 평등하게 서로 사랑하고 이롭게 해야 한다.

1

묵자가 말했다.	子墨子言曰
어진 이가 직분으로 삼는 것은	仁人之所以爲事者
천하의 이익을 일으키고	必興天下之利
천하의 폐해를 제거하는 것을	除去天下之害
직분으로 삼는다.	以此爲事者也.
그러면 천하의 이로움은 무엇이고	然則天下之利何也.
천하의 해로움은 무엇인가?	天下之害何也.
묵자가 말했다.	子墨子言曰
지금 만약 나라끼리 서로 침공하고	今若國之與國之相攻
가문끼리 서로 빼앗으며	家之與家之相篡
사람끼리 서로 해치고	人之與人之相賊
임금과 신하가 서로 은혜롭고 충직하지 못하며	君臣不惠忠
어버이와 자식이 서로 자애롭고 효성스럽지 못하고	父子不慈孝
형과 아우가 서로 화목하고 고르지 못하면	兄弟不和調
이것이 천하의 해로움이라고 할 것이다.	此則天下之害也.
그러면 이러한 해로움은 무엇 때문에 생기는 것인가?	然則察此害亦何用生哉.
서로 사랑하기 때문에 생기는 것인가?	以不¹相愛生邪.

1_ 不(불)=여기서는 衍文이다(유월).

묵자가 말했다.

서로 사랑하지 않기 때문에 생긴다.

오늘날 제후들은 유독 제 나라만 사랑하고

남의 나라는 사랑하지 않으므로

거리낌 없이 제 나라를 온통 들어

남의 나라를 침공한다.

오늘날 가문의 경대부들은 오직 제 가문만을 사랑하고

남의 가문은 사랑하지 않으므로

거리낌 없이 제 가문을 온통 들어

남의 가문을 빼앗는다.

오늘날 사람들은 오직 저 자신만을 사랑하고

남을 사랑하지 않으므로

거리낌 없이 제 자신을 온통 들어

남을 해친다.

그러므로 제후들은 서로 사랑하지 않으므로 서로 전쟁하고

가문의 경대부는 서로 사랑하지 않으므로 서로 빼앗고

사람들은 서로 사랑하지 않으므로 반드시 서로 해친다.

군신 간에 서로 사랑하지 않으므로 은혜롭고 충직하지 못하고

부자간에 서로 사랑하지 않으므로 자애롭고 효성스럽지 못하고

형제간에 서로 사랑하지 않으므로 화목하지 못한 것이다.

천하의 사람들이 모두 서로 사랑하지 않는다면

강한 자는 반드시 약한 자를 위세로 누르고

부한 자는 반드시 가난한 자를 모멸하고

고귀한 자는 천한 자를 업신여기고

지혜로운 자는 반드시 어리석은 자를 속일 것이다.

무릇 천하에 재앙과 찬탈과 원망과 한탄이

子墨子言曰

以不相愛生.

今諸侯獨知愛其國

不愛人之國

是以不憚擧其國

以攻人之國.

今家主獨知愛其家

而不愛人之家

是以不憚擧其家

以篡人之家.

今人獨知愛其身

不愛人之身

是以不憚擧其身

以賊人之身.

是故諸侯不相愛 則必野戰

家主不相愛 則必相篡.

人與人不相愛 則必相賊

君臣不相愛 則不惠忠

父子不相愛 則不慈孝

兄弟不相愛 則不和調.

天下之人 皆不相愛

強必執弱

富必侮貧

貴必敖賤

詐必欺愚.

凡天下禍篡怨恨

일어나는 원인은	其所以起者
서로 사랑하지 않는 데서 생기는 것이다.	以不相愛生也.
그래서 모든 어진 사람은 그것을 그르다고 하는 것이다.	是以行者非之.
이미 그르다고 했으면 어떻게 바꿀 것인가?	旣以非之 何以易之.
묵자는 모든 사람이 두루 평등하게 서로 사랑하며	子墨子言曰 以兼相愛
서로 이롭게 하는 법도로 바꾸라고 말한다.	交相利之法易之.
그러면 두루 평등하게 서로 사랑하고	然則兼相愛
서로 이롭게 하는 방법은 어떻게 해야 하는가?	交相利之法 將奈何哉.

2

묵자의 말은	子墨子言
남의 나라 보기를 제 나라같이 보고	視人之國 若視其國.
남의 가문 보기를 제 가문같이 보고	視人之家 若視其家
남 보기를 제 몸같이 보라고 한다.	視人之身 若視其身.
이렇게 하면 제후들은 서로 사랑하여 싸우지 않을 것이며	是故諸侯相愛 則不野戰
대부들은 집안끼리 서로 사랑하여 서로 빼앗지 않을 것이며	家主相愛 則不相簒
사람들은 서로 사랑하여 서로 해치고 도적질하지 않을 것이다.	人與人相愛 則不相賊
임금과 신하는 서로 사랑하므로 서로 은혜롭고 충직할 것이며	君臣相愛 則惠忠
부모와 자식은 서로 사랑하므로 자애롭고 효성스러울 것이며	父子相愛 則慈孝
형과 아우는 서로 사랑하므로 화목하고 고를 것이며	兄弟相愛 則和調.
천하 인민이 모두 서로 사랑하므로	天下之人皆相愛.
강한 자는 약한 자를 억누르지 않고	强不執²弱
다수는 소수를 겁탈하지 않고	衆不劫寡

2_ 執(집)=塞也. 여기서는 勢와 통용.

부자는 가난뱅이를 능멸하지 않고　　　　　　　　　　富不侮貧

귀한 사람은 천한 사람을 업신여기지 않고　　　　　　貴不敖賤

지혜로운 자는 어리석은 자를 속이지 않을 것이다.　　詐不欺愚

무릇 천하의 재앙과 찬탈과 원망과 한탄이　　　　　　凡天下禍纂怨恨

일어나지 않게 하려면 서로 사랑하는 길뿐이다.　　　可使毋起者 以相愛生也

그래서 어진 사람은 겸애兼愛를 기리는 것이다.　　　是以仁者譽之.

3

그러나 오늘날 천하의 선비와 군자들은 이르기를　　　然而今天下之士 君子曰

'물론 모두가 평등하다는 것(兼)은 좋은 일이지만　　　然 乃若兼則善矣.

그것을 실행하기란 어려운 일이며　　　　　　　　　雖然 天下之難物³

힘든 일'이라고 말한다.　　　　　　　　　　　　　　於故⁴也.

묵자가 말했다.　　　　　　　　　　　　　　　　　　子墨子言曰

천하의 선비와 군자들은　　　　　　　　　　　　　　天下之士君子

평등의 이로움을 깨닫지 못하고 어려운 까닭만 변명한다.　特不識其利 辯其故⁵也.

지금 만약 성을 공격하거나 들에서 전투를 할 때　　　今若夫攻城野戰

목숨을 버리고 명성을 좇는 것도　　　　　　　　　　殺身爲名

천하에 어려운 일이지만　　　　　　　　　　　　　　此天下百姓之所皆難也.

다만 임금이 그것을 좋아하기 때문에　　　　　　　　若君說之

병사들은 그 어려운 일을 모두 능히 해낸다.　　　　　則士衆能爲之.

하물며 두루 평등하게 서로 사랑하고　　　　　　　　況於兼相愛

3_ 物(물)=事也. 손이양은 迂事(어려운 일)로 解하나 중복된다.

4_ 於故(어고)=두 자가 衍文이라는 주장도 있다. 故=固爲之. '짐짓', '일부러 하려면'으로 解한다.

5_ 辯其故(변기고)=辯其害故로 읽는다. 辯=明也.

서로 이롭게 하는 것이 이것보다 어려운 일인가?

더구나 남을 사랑하면 남도 따라서 반드시 나를 사랑할 것이며

남을 이롭게 하면 남도 따라서 반드시 나를 이롭게 할 것이며

남을 미워하면 남도 따라서 반드시 나를 미워할 것이며

남을 해치면 남도 따라서 반드시 나를 해칠 것이니

여기에 무슨 어려움이 있다는 말인가?

그 이유는 다만 윗사람들이 그것으로 다스리지 않고

선비들도 그것을 행하지 않기 때문일 뿐이다.

옛날 진晉 문공은 선비들의 험한 옷을 좋아했기에

문공의 신하들은 모두 암양의 가죽옷을 입었고

가죽 혁대에 칼을 차고 상복에 쓰는 거친 두건을 쓰고

조정에 들어가 임금을 배알하고 조회에 참석했다.

이렇게 된 까닭은 무엇인가?

임금이 그것을 좋아했기 때문에 신하들이 그렇게 한 것이다.

또 옛날 초나라 영왕靈王은 가는 허리를 좋아했기 때문에

영왕의 신하들은 모두 하루 한 끼 식사로 절식했고

숨을 들여 마신 후 혁대를 졸라매고

담장을 잡고서야 겨우 일어날 수 있었다.

이렇게 일 년이 지나자

조정에는 누렇게 뜨고 깡마른 얼굴만이 가득했다.

이렇게 된 것은 무엇 때문인가?

임금이 그것을 좋아했기 때문에 신하들이 그렇게 한 것이다.

交相利 則與此異.

夫愛人者 人必從而愛之

利人者 人必從而利之

惡人者 人必從而惡之

害人者 人必從而害之.

此何難之有.

特上弗以爲政

士不以爲行故也

昔者晉文公好士之惡衣

故文公之臣 皆牂羊之裘[6]

韋[7]以帶劍 練帛[8]之冠

入以見於君 出以踐於朝.

是其故何也.

君說之 故臣爲之也.

昔者 楚靈王好士細要[9]

故靈王之臣 皆以一飯爲節

脇息然後帶

扶牆然後起

比期年

朝有黧黑之色

是其故何也.

君說之 故臣能爲之也

6_ 牂羊之裘(장양지구)=털이나 나쁜 암양의 가죽으로 만든 갖옷.

7_ 韋(위)=가공한 가죽, 여기서는 韋帶. 부드러운 가죽으로 만든 띠.

8_ 練帛(련백)=大帛(거친 비단).

9_ 細要(세요)=細腰(가는 허리).

옛날 월나라 왕 구천은 선비들이 용감한 것을 좋아했다.

그는 신하들을 훈련시키고자

슬며시 사람을 시켜 배에다 불을 질러놓고

병사들에게 짐짓 말하기를

"저 배 속에 월나라 보물이 모두 들어 있다"고 하며

친히 북을 치면서 병사들이 뛰어들도록 했다.

병사들은 북소리를 듣자 앞을 다투어 어지럽게 달려가

불에 뛰어들어 죽는 자가 좌우로 백여 명이 넘었다.

그제야 월나라 왕은 징을 쳐 그들을 물러나게 했다.

그러므로 묵자가 말했다.

절식을 하고 나쁜 옷을 입고

목숨을 바쳐 이름을 얻는 일은

천하의 백성 누구나 어렵게 여기는 일이다.

그러나 만약 임금이 그것을 좋아하면

사람들은 곧 그것을 할 수 있는 것이다.

하물며 두루 평등하게 서로 사랑하고 서로 이롭게 하는 일이

이것보다 더 어려운 일인가?

남을 사랑하면 남도 역시 나를 사랑할 것이며

남을 이롭게 하면 남도 역시 나를 이롭게 할 것이며

남을 미워하면 남도 나를 미워할 것이며

남을 해치면 남도 역시 나를 해칠 것이다.

그런데 이것이 어째서 어렵단 말인가?

昔越王句踐 好士之勇

敎馴其臣

和合之[10] 焚舟失火.

試其士曰

越國之寶盡在此

越王親自鼓[11] 其士而進之

士聞鼓音 破碎[12]亂行

蹈火而死者 左右百人有餘.

越王擊金[13]而退之.

是故子墨子言曰

乃若夫少食惡衣

殺身而爲名

此天下百姓之所皆難也.

若苟君說之

則衆能爲之.

況兼相愛 交相利

與此異矣.

夫愛人者 人亦從而愛之.

利人者 人亦從而利之

惡人者 人亦從而惡之

害人者 人亦從而害之.

此何難之有焉.

10_ 和合之(화합지)=私令人(사사로이 영을 내린다)의 誤(손이양).

11_ 鼓(고)=북, 진격 신호.

12_ 破碎(파쇄)=행렬을 무너뜨리고 앞을 다투어 몰려감.

13_ 金(금)=징, 후퇴 신호.

다만 임금이 그러한 법도로 정치를 하지 않고 　　　　　　　　特士不以爲政

선비들이 그것을 행하지 않기 때문이다. 　　　　　　　　　而士不以爲行故也.

4

그러나 오늘날 군자들은 말한다. 　　　　　　　　　　　然而今天下之士君子曰

'옳은 일이다. 두루 평등하면(兼) 좋은 것이다. 　　　　　　然乃若兼則善矣.

그렇지만 실행할 수 없는 일이다. 　　　　　　　　　　雖然 不可行之物也.

타이산泰山을 끼고 황허를 뛰어넘는 것과 같은 것이다.' 　　譬若挈太山 越河濟也.

묵자가 말했다. 　　　　　　　　　　　　　　　　子墨子言

이것은 비유가 될 수 없다. 　　　　　　　　　　　　是非其譬也.

대저 타이산을 끼고 황허를 뛰어넘는다는 것은 　　　　夫挈太山而越河濟也

빠르고 엄청난 힘이 있다 해도 　　　　　　　　　　可謂畢劫[14]有力矣

자고이래로 그것을 행한 사람이 없었다. 　　　　　　自古及今 未有能行之者也.

하물며 평등하게 서로 사랑하고 서로를 이롭게 하는 것과는 　況乎兼相愛 交相利

다른 것이다. 　　　　　　　　　　　　　　　　則與此異.

그러나 평등한 사랑은 옛 성왕들께서 이미 실행했던 것이다. 　古者聖王行之

어떻게 그것을 알 수 있는가? 　　　　　　　　　　何以知其然.

옛날 우임금이 천하를 다스릴 때 　　　　　　　　古者禹治天下

서쪽으로는 서하西河와 헤이수이黑水에 수문을 만들어 　西爲西河漁竇[15]

산시陝西성의 현포(弦蒲澤)의 물을 빼고 　　　　　以泄渠孫皇[16]之水

북쪽으로는 원수(原)와 고수(泒)를 막아 　　　　北爲防原泒

14_ 畢劫(필겁)=疾劫의 誤(손이양). 잽싸고 강력해야. 그러나 泐의 誤인 듯.

15_ 漁竇(어두)=地名으로 龍門 또는 黑水라 한다. 漁=渭水. 竇=穴決(水門을 열다)의 뜻. 물굽이로 解하는 이도 있다.

16_ 渠孫皇(거손황)=弦蒲澤, 雍州에 있는 큰 호수 이름(손이양). 또는 渠와 孫과 皇은 모두 西河의 黑水 유역의 물 이름
　　이라 한다.

소여기昭餘祁와 호타하嘑池 호수로 흘러들게 했으니

저주산을 적시고 용문산까지 물길을 뚫어

연나라, 대나라, 호족(西胡), 맥족(東夷族)과

서하의 백성들을 이롭게 했다.

동쪽으로는 대륙호의 물을 빼고 맹저孟諸호를 막고

황허의 아홉 가닥 지류를 쪼개고

동쪽 땅의 물을 조절하여 황허로 흐르게 하여

기주冀州의 백성들을 이롭게 했다.

남으로는

양쯔강과 한수이漢水, 화이수이淮水, 루수이汝水를 다스려

동쪽으로 흘러 오호五湖 지방으로 흐르게 했다.

이로써 초나라 오나라 월나라 백성들뿐 아니라

남쪽 오랑캐까지 이롭게 했다.

이것은 우임금의 일을 말한 것으로

우리가 지금 말하는 겸兼을 실행한 것이다.

옛날 주나라 문왕이 서쪽 땅을 다스림에

해와 달같이

온 천하 사방을 밝게 비추시니

注后之邸[17] 嘑池之竇[18]

洒[19]爲底柱[20] 鑿爲龍門

以利燕代胡貉[21]

與西河之民.

東方漏之陸 防蓋諸之澤[22]

灑爲九澮

以楗[23]東土之水

以利冀州之民.

南爲

江漢淮汝

東流之注五湖之處

以利荊[24]楚干越

與南夷之民.

此言禹之事

吾今行兼矣.

昔者文王之治西土

若日若月

乍光于四方 于西土.

17_ 后之邸(후지저)=昭餘祁, 즉 幷州의 호수 이름(손이양).

18_ 嘑池之竇(호지지두)=필원은 虖沱河의 誤라 한다.

19_ 洒(세)=洗也.

20_ 底柱(저주)=山名.

21_ 胡貉(호맥)=동이족인 胡族과 貊族. 당시 황허 북쪽은 거의 동이족이 지배했음.

22_ 東方漏之陸 防蓋諸之澤(동방루지륙 방개제지택)=東治漏大陸 防孟諸之澤으로 읽고, '동으로 大陸湖의 물을 빼고 孟諸湖에 방축을 쌓다'로 解한다.

23_ 楗(건)=문지방, 물의 흐름을 안정시킴. '막다'는 뜻도 있음.

24_ 荊(형)=吳의 誤.

큰 나라는 작은 나라를 모멸하지 않고	不爲大國侮小國
모든 사람이 외로운 홀아비나 과부를 모멸하지 않고	不爲衆庶侮鰥寡
포악한 자와 권세가들이 남의 곡식과 가축을 탈취하지 않았다.	不爲暴勢奪穡人黍稷狗彘.
하늘도 문왕의 자애로움을 돌봐 주셨다.	天屑[25]臨文王慈
이로써 자식이 없는 늙은이도	是以老而無子者
부양을 받아 수명대로 잘 살 수 있고	有所侍養 以終其壽
과부와 외톨이, 형제가 없는 외로운 자도	連獨[26]無兄弟者
남들과 섞여 잘 살 수 있고	有所雜於生人之閒
부모를 잃은 고아도	少失其父母者
의지할 곳이 있어 잘 성장할 수 있었다.	有所放依[27]而長.
이것은 문왕의 일을 말한 것으로	此文王之事
내가 말한 두루 평등함(兼)을 실천한 것이다.	則吾今行兼矣.
옛날 주나라 무왕은	昔者武王
타이산의 고구려 신굴神窟에 제사를 올리고 고했다.	將事太山隧[28] 傳曰
"신령스러운 타이산이여! 삼가 주나라 발發이 제사를 올립니다.	泰山有道 曾孫周王有事
하늘제사는 주왕에 의해 더럽혀졌으나	大事既獲[29]

25_ 屑(설)=수고로움, 조촐함. 그러나 『墨子閒詁』에서는 돌아본다, 밝혀준다.

26_ 連獨(련독)=과부와 외톨이, 矜獨.

27_ 放依(방의)=‘의지하여 살 곳’으로 解한다. 放=사육한다, 놓아먹인다.

28_ 太山隧(태산수)=神隧(高句麗國左有大穴曰神隧 : 正字通). 그러나 중국 학자들은 隧를 떼어 아래 句의 傳에 붙여 隧傳으로 읽는다.

29_ 大事既獲(대사기획)=보통 大事를 ‘이미 이루었다’로 解한다. 그것은 『서경』에서 發(武王)이 상나라를 정벌하고자(將有大正于商) 皇天后土에 告한 내용으로 본 것이다. 그러나 『서서』 「주서」 「武成」편에서는 ‘予小子既獲仁人하여 敢祇承上帝’라 하여 이미 어진 이를 얻었다. 즉 伊尹을 얻었다고 했다. 따라서 묵자의 이 글은 『서경』의 기록과는 다르다고 보아야 한다. 獲은 실심할(因迫失志貌), 더럽힐(不隕獲於貧賤. : 禮記)의 뜻. 大事는 제사 지내는 일, 즉 ‘임금의 일인 큰 제사를 올리는 임금의 정치가 더럽혀졌으니’로 解하여 紂를 비난하고 무왕은 사양하는 마음(伯夷叔齊에게 사양했음)을 나타낸 것으로 본다. 이 편의 글은 兼을 나타내는 글이므로 이런 解가 타당할 것이다. 그러나 맹자 등은 무왕을 성인의 표준(效則)으로 했으므로 무왕을 미화했으며 『서경』에는 무왕의 사양하는 마음이 전혀 없다. 무왕의 혁명 당시는 반대 세력도 만만치 않았으며, 인민의 지지도 미약했다 한다. 그러나 이윤을 얻어 민심은 돌렸으

어진 사람이 일어났으니 중국과

남만과 동이의 백성들을 구제하려 합니다.

비록 주나라에 친척이 있다 하나

어진 분에게는 미치지 못할 것입니다.

만방에 죄가 있다면 오직 저의 허물입니다."

이것은 무왕의 일을 말한 것인데

나는 지금 그의 겸애를 행하고자 하는 것이다.

그러므로 묵자가 말했다.

오늘날 천하의 군자들이

진실로 천하가 부유하기를 바라고 가난을 싫어한다면

또한 천하의 태평을 바라고 혼란을 싫어한다면

마땅히 두루 평등하게 서로 사랑하고 이롭게 해야 한다.

이것이 성왕의 법이며 천하를 다스리는 '도'이니

반드시 힘쓰지 않으면 안 된다.

仁人尙作 以祗³⁰商夏

蠻夷醜貉.

雖有周親

不若仁人.

萬方有罪 維子一人.

此言武王之事

吾今行兼矣.

是故子墨子言曰

今天下之君子

忠實欲天下之富 而惡其貧

欲天下之治 而惡其亂

當兼相愛 交相利.

此聖王之法 天下之治道也

不可不務爲也.

나, 동이족인 고죽군의 아들 백이숙제 등은 끝까지 협력을 거부했다. 나는 묵자도 고죽군의 후손으로 본다. 묵자는
우임금을 效則으로 했으며, 무왕의 전쟁을 비난했다.

30_ 祗(지)=공경의 뜻. 그러나 손이양은 振과 통용된다며 '救한다'로 解한다. 따른다.

第十六篇 兼愛 겸애 下

천하에 남을 이롭게 하고 사랑하는 것은 차별주의인가? 평등주의인가? 반드시 평등주의라고 말할 것이다. 그런즉 서로를 평등하게 아우르는 것이 과연 천하에 큰 이로움을 주는 것이 아닌가? 그러므로 묵자는 겸愛이 옳은 것(是)이라고 말한 것이다.

1

묵자가 말했다.	子墨子言曰
어진 사람이 할 일은	仁人之事者
천하의 이익을 일으키고	必務求興天下之利
천하의 해를 없애는 것이다.	除天下之害.
그러면 오늘날	然當今之時
천하의 가장 큰 해는 무엇인가?	天下之害孰爲大.
큰 나라가 작은 나라를 공격하고	曰 若大國之攻小國也
큰 가문이 작은 가문을 어지럽히며	大家之亂小家也
강자가 약자를 겁탈하고, 다수가 소수를 폭압하며	强之劫弱 衆之暴寡
지혜로운 자가 어리석은 자를 속이고	詐之謀愚
귀한 자가 천한 자를 능멸하는 것이 천하의 큰 폐해다.	貴之敖賤 此天下之害也.
또한 임금 된 자가 은혜롭지 않고	又與[1]爲人君者之不惠也
신하 된 자가 충성스럽지 않고	臣者之不忠也
아비 된 자가 자애롭지 않고	父者之不慈也
자식 된 자가 효성스럽지 않은 것이	子者之不孝也
또한 천하의 큰 폐해다.	此又天下之害也.
또한 오늘날 사람이 사람을 천하게 여겨	又與今人之賤人

1_ 又與(우여)=또 □□ 같다. 又如와 같은 뜻.

무기와 독약과

물과 불을 가지고 서로 해치는 것이

또한 천하의 큰 폐해다.

이러한 여러 폐해가 생기는 근본 원인은

어디서 생기는 것일까?

남을 사랑하고 남을 이롭게 하는 데서 생기는 것일까?

결코 그렇지 않다.

남을 미워하고 해치는 데서 생긴다고 해야 할 것이다.

공자의 말대로 명칭을 나누어 분명히 해보자.

천하에 남을 미워하고 남을 해치는 자들은

평등주의(兼)인가, 차별주의(別)인가?

반드시 그들은 사람을 차별해야 한다고 말할 것이다.

그러므로 사람을 서로 차별하는 자들이야말로

결과적으로 천하에 큰 해독을 끼치는 자들일 것이다.

그러므로 묵자는

서로 차별하는 것을 비난했다.

執其兵刃毒藥

水火以交相虧賊

此又天下之害也.

姑嘗²本原若衆害之所自生.

此胡自生.

此自愛人 利人生與.

卽必曰非然也

必曰從惡人賊人生.

分名³乎

天下惡人而賊人者

兼與別與.

卽必曰 別也.

然卽之交別者

果生天下之大害者與.

是故子墨子曰

別非也.

2

남을 그르다고 하는 사람은

반드시 그것을 대신할 수 있는 옳은 것이 있어야 한다.

만약 남을 비난하면서 그 대안이 없다면

비유컨대 물로써 물을 그치게 하고

非人者

必有以易之.

若非人而無以易之

譬之猶以水救水.

2_ 姑嘗(고상)=잠시, 시험 삼아.

3_ 分名(분명)=분별하여 명칭을 붙이다.

불로써 불을 끄려 하는 것과 같은 것이니 　　　　以火救火也

그들의 주장도 옳다고 할 수 없을 것이다. 　　　其說 將必無可焉.

그래서 묵자는 　　　　　　　　　　　是故子墨子曰

차별(別)을 평등(兼)으로 바꿀 것을 주장한다. 　　兼以易別.

그러면 차별을 평등으로 바꾸는 　　　　　然卽兼之可以易別之故

이유는 무엇인가? 　　　　　　　　　何也.

만약 남의 나라를 　　　　　　　　　曰 藉⁴爲人之國

자기 나라처럼 평등하게 위한다면 　　　　若爲其國

대체 누가 제 나라를 온통 들어 　　　　　夫雖獨擧其國

남의 나라를 공격하겠는가? 　　　　　　以攻人之國者哉

남의 나라 위함을 자기 나라 위함처럼 하기 때문이다. 　爲彼者由爲己也.

남의 도읍을 제 도읍 위하듯 한다면 　　　　爲人之都 若爲其都

대체 누가 제 도읍을 온통 들어 　　　　　夫誰獨擧其都

남의 도읍을 정벌하겠는가? 　　　　　　以伐人之都者哉.

평등주의자는 남을 위함도 자기 위함과 같기 때문이다. 　爲彼猶爲己也.

남의 가문을 위하기를 제 가문같이 한다면 　　爲人之家 若爲其家

대저 누가 제 가문을 온통 들어 　　　　　夫誰獨擧其家

남의 가문을 어지럽게 하겠는가? 　　　　以亂人之家者哉.

이들은 남을 위함이 자기 위함과 같기 때문이다. 　爲彼猶爲己也.

그런즉 나라와 도읍이 서로 공격하지 않고 　　然卽國都不相攻伐

사람과 가문끼리 서로 해치고 어지럽히지 않는다면 　人家不相亂賊.

이것은 천하에 해로운가, 이로운가? 　　　此天下之害與. 天下之利與.

반드시 천하에 이롭다고 말할 것이다. 　　　卽必曰天下之利也.

그러면 근원적으로 　　　　　　　　姑嘗本原

4_ 藉(자)=만약.

다 함께 이로움이 생겨나는 것은 어디서 나오는가?　　　若衆利之所自生. 此胡自生.

남을 미워하고 해치는 데서 생기는가?　　　此自惡人賊人生與.

반드시 아닐 것이다.　　　卽必曰 非然也.

분명히 겸애兼愛와 교리交利에서 생겨난다고 말할 것이다.　　　必曰 從愛人 利人生.

명칭을 분명하게 나눈다면　　　分名乎.

천하에 남을 이롭게 하고 사랑하는 것은　　　天下愛人而利人者

차별주의인가? 평등주의인가?　　　別與兼與.

반드시 평등주의라고 말할 것이다.　　　卽必曰 兼也.

그런즉 서로를 평등하게 아우르는 것이　　　然卽之交兼者

과연 천하에 큰 이로움을 주는 것이 아닌가?　　　果生天下之大利者與.

그러므로 묵자는　　　是故子墨子曰

겸兼이 옳은 것(是)이라고 말한 것이다.　　　兼是也.

3

또한 앞서 내가 말하기를　　　且鄕吾本言曰

'어진 사람의 할 일은　　　仁人之事者

반드시 천하에 이익을 일으키고　　　必務求興天下之利

해악을 제거하는 것'이라 했다.　　　除天下之害.

지금 내 말의 본뜻, 평등주의가 낳는 것은　　　今吾本原兼之所生

천하의 큰 이로움이요,　　　天下之大利者也.

차별주의가 낳는 것은　　　吾本原別之所生

천하의 큰 해로움이라는 뜻이다.　　　天下之大害者也.

그래서 묵자가 이르기를　　　是故子墨子曰

'차별은 그른 것이요, 평등은 옳은 것'이라고 한 것도　　　別非而兼是也

이러한 도리에서 나온 것이다.　　　出乎若方[5]也.

지금 우리가 장차 천하의 이로움을 일으키고	今吾將正求興天下之利
그것을 옳게 취하려면	而取之
오직 평등하게 아우르는 길만이 바른 길이다.	以兼爲正.[6]
이로써 귀 밝은 장님과 눈 밝은 귀머거리가 협동하면	是以聰耳明目
장님도 볼 수 있고 귀머거리도 들을 수 있으며	相與視聽乎.[7]
팔 없는 사람과 다리 없는 사람이 서로 협동하면	是以股肱畢强
모두 동작을 온전하게 할 수 있을 것이다.	相爲動宰乎.[8]
그리고 자기가 가진 도道를 널리 펴서	而[9]有道肆[10]
서로서로 가르쳐주면 모두 깨우칠 수 있을 것이다.	相教誨.
이러한 평등사상이 있음으로써 처자가 없는 늙은이도	是以老而無妻子者
부양받을 수 있어 수명을 다할 수 있고	有所侍養以終其壽
부모가 없는 어리고 약한 고아들도	幼弱孤童之無父母者
의지하여 살 곳이 있어 장성할 수 있는 것이다.	有所放依 以長其身.
오로지 두루 아우름으로 정사를 펴는 것은	今唯毋[11]以兼爲正
바로 이처럼 서로에게 두루 이롭기 때문이다.	卽若其利.
그런데도 천하의 선비들이 이런 이치를 모르고	不識天下之士
모두 겸兼의 도를 듣고도 비난하는 것은	所以皆聞兼而非者

5_ 方(방)=道也.

6_ 以兼爲正(이겸위정)=兼으로써만이 正이 될 수 있다.

7_ 是以聰耳明目 相與視聽乎(시이총이명목 상위시청호)=이 문장을 어떤 이는 '그래서 귀를 밝게 뜨고 눈을 뜨고서 서로 보고 들어야 한다'로 譯하지만 뜻이 通하지 않는다. 是=여기서는 兼. 乎= '가벼운 소망이다, ㅁㅁ해야 한다'의 뜻.

8_ 是以股肱畢强 相爲動宰乎(시이고굉필강 상위동재호)=어떤 이는 '그래서 팔다리를 잽싸고 강하게 서로 움직여야 한다'로 解하여 이 구절이 이 편의 핵심 내용인데도 무슨 뜻인지 모르게 해놓는다. 畢=盡也, 竟也. 宰=주재하다.

9_ 而(이)=連詞나 助詞가 아니고 代詞로서, '너희들'이라는 뜻.

10_ 肆(사)='부지런히 힘써'로 解하고 있으나 잘못이다. 원래 陳也, 展也의 뜻이며, 여기에서는 자기 재주를 널리 편다는 뜻이다.

11_ 毋(무)=語氣詞로서 아무 뜻이 없다(古者聖王 唯毋得賢人 而使之. 賢人唯毋得明君 而事之. : 墨子/尙賢中). 따라서 직역으로 解한다.

그 까닭이 무엇인가?

其故何也.

4

그러나 천하의 선비들 가운데

아직도 평등한 아우름을 비난하는 말이 그치지 않는다.

그들은 말하기를 '겸兼은 좋은 것이나

하지만 어찌 실제로 쓸 수 있겠는가?'라고 한다.

묵자는 말했다.

쓸모가 없다면 옳지 않은 것이니 나 역시 비난할 것이다.

그러나 어찌 좋은 것이라면 쓸모가 없겠는가?

그러면 두 선비가 있어 벼슬을 했는데

그들의 주장을 개진토록 해보자.

한 선비는 차별하는 것을 고집하고

한 선비는 평등하게 아우르는 것을 고집한다.

차별을 고집하는 선비는 말할 것이다.

'내가 어찌 내 벗을 위함이

내 몸을 위함과 같이 할 수 있겠는가?

내가 어떻게 벗의 부모를 위하여

내 부모를 위함과 같이 모실 수 있겠는가?'

이들은 물러나 벗을 돌보기를 굶주려도 먹여주지 않고

헐벗고 추위에 떨어도 입혀주지 않고, 병들어도 돌보지 않고

죽어도 장사를 치러주지 않을 것이다.

然而天下之士

非兼者之言 猶未止也

曰 卽善矣.

雖然 豈可用哉.

子墨子曰

用而不可 雖我亦將非之.

且焉有善而不可用者.

姑嘗兩而進[12]之

設[13]以爲二士

使其一士者執別

使其一士者執兼.

是故別士之言曰

吾豈能爲吾友之身

若爲吾身

爲吾友之親

若爲吾親.

是故退睹其友 飢卽不食

寒卽不衣 疾病不侍養

死喪不葬埋.

12_ 進(진)=仕也, 效也.

13_ 設(설)=施陳也, 假也. 舊本에는 誰로 되었으나 왕인지가 고침.

차별하는 사람의 주장은 이와 같고

행동도 이와 같을 것이다.

그러나 평등하게 아우르는 선비의 말은 그렇지 않고

행동도 그렇지 않을 것이다.

'내가 들은 바로는 천하에 높은 선비가 되려면

반드시 벗을 위하기를 제 몸같이 하고

벗의 부모를 위하기를 제 부모같이 해야 하며

그런 연후에야 천하에 고귀한 선비가 될 수 있다고 한다.'

이 선비는 물러나 그의 벗을 돌보기를

굶주리면 먹여주고, 추위에 떨면 입혀주고

병들면 보살피고, 죽으면 장사 지내줄 것이다.

평등하게 아우르는 선비의 말은 이와 같고

행동도 이와 같을 것이다.

이들 두 선비는

이처럼 말도 서로 다르고 행동도 다를 것이다.

시험 삼아 두 선비의

말이 반드시 진실하고 행동이 반드시 결과가 있어

언행이 부절과 같이 합치되어

실천되지 않는 것이 없다고 가정하면

감히 물어보자.

지금 그대가 평원과 광야에서

갑옷을 입고 투구를 쓰고 전장에 나가 있어

죽고 사는 것을 알 수 없는 처지라 하자.

또는 임금의 대부가 되어 멀리

파촉巴蜀과 월越나라 혹은 제齊나라, 형荊나라에 사신으로 가서

돌아오지 못할지도 모르는 처지라 하자.

別士之言若此

行若此.

兼士之言不然

行亦不然.

曰 吾聞爲高士於天下者

必爲其友之身 若爲其身.

爲其友之親 若爲其親

然後可以爲高士於天下.

是故退睹其友

飢則食之 寒則衣之

疾病侍養之 死喪葬埋之.

兼士之言若此

行若此.

若之二士者

言相非而行相反與

當使若二士者

言必信 行必果

使言行之合 猶合符節也

無言而不行也.

然卽敢問

今有平原廣野於此

被甲嬰胄 將往戰

死生之權 未可識也

又有君大夫之遠

使於巴越齊荊

往來及否 未可識也.

그럼 그대에게 물어보자.   然卽敢問

장차 어느 친구를 따를 것인지 궁금하다.   不識將惡從也.

제 집안의 부모와 친척을 모시고   家室奉承親戚

처자식을 이끌고 그들을 부탁하려 할 때   提挈妻子而寄托之

평등주의 친구에게 맡기는 것이 옳을 것인가?   不識於兼之有是乎.

아니면 차별주의 친구에게 맡기는 것이 옳을 것인가?   於別之有是乎.

내 생각으로는 평등주의자에게 맡길 것이다.   我以爲當其於此也

천하에 어리석은 필부라 할지라도   天下無愚夫愚婦

비록 그 자신은 평등주의를 비난했을지라도   雖非兼者

반드시 평등주의 군주를 따르는 것이 옳을 것이다.   必從兼君是也

말로는 평등을 비난했지만   言而非兼

행동은 평등을 선택할 것이다.   擇卽取兼

즉 이것은 말과 행동이 어긋난 것이다.   卽此言行拂也.

그런데도 알 수 없는 것은 천하의 선비들이   不識天下之士

이러한 평등사상을 듣고도 그것을 비난하니   所以皆聞兼 而非之者

그 까닭은 무엇인가?   其故何也.

5

그러나 천하의 선비들 중에는   然而天下之士

평등한 아우름을 비난하는 말이 그치지 않는다.   非兼者之言 猶未止也

혹시 선비를 선택한다고 하면 가한 일이나   日 意可以擇士

그런 식으로 임금을 선출하는 것은 불가하지 않은가?   而不可以擇君乎.

시험 삼아 벼슬한 두 선비와 두 군주의 말을 들어보자.   姑嘗兩而進之 設以爲二君

그중 한 임금은 평등한 아우름을 고집하고   使其一君者執兼

한 임금은 나누어 차별하는 것을 고집한다고 가정해 보자. 使其一君者執別

차별주의자인 임금은 다음과 같이 말할 것이다.   是故別君之言曰

 '내 어찌 만백성의 몸을 위함이   吾惡能爲吾萬民之身

내 몸같이 위할 수 있겠는가?   若爲吾身

이것은 태반이 천하의 인정이 아니다.   此泰非天下之情也.

사람이 땅 위에 살아 있는 시간이 얼마 되지 않고   人之生乎地上之無幾何也

빠르게 달리는 수레가 벽 틈새를 지나는 것과 같은 것을!'   譬之猶馹馳而過隙也.

이런 까닭에 물러나 그의 백성을 돌봄이   是故退睹其民

굶주려도 먹여주지 않고, 헐벗어도 입혀주지 않고   飢卽不食 寒卽不衣

병들어도 돌보지 않고, 죽어도 장례를 치러주지 않을 것이다.   疾病不侍養 死喪不葬埋.

차별하는 임금의 말은 이러하고 행동 또한 이러할 것이다.   別君之言若此 行若此.

반면 평등하게 아우르는 임금의 말은 그렇지 않으며   兼君之言不然.

행동도 그렇지 않을 것이다.   行亦不然.

 '내가 듣건대 천하에 밝은 임금이 되려면   曰 吾聞爲明君於天下者

반드시 만백성의 몸을 먼저 생각하고   必先萬民之身

뒤에 제 몸을 생각한다고 한다.   後爲其身

그렇게 한 연후에야 천하에 명군이라 할 것이다.'   然後可以爲明君於天下.

이들은 물러나 백성을 돌보기를   是故退睹其萬民

굶주리면 먹여주고, 헐벗으면 입혀주고   飢卽食之 寒卽衣之

병이 나면 보살펴 주고, 죽으면 장례를 치러줄 것이다.   疾病侍養之 死喪葬埋之.

평등주의자인 임금의 말은 이와 같고   兼君之言若此

행동도 이와 같을 것이다.   行若此.

그런즉 이들 두 임금을 비교해 보면   然卽交若之二君者

이같이 말과 행동이 상반될 것이다.   言相非而行相反

만일 이들 두 임금들은   與常[14]使若二君者

14_ 常(상)=嘗의 誤.

말이 진실하고 행동이 반드시 결과가 있어	言必信 行必果
언행이 부절과 같이 합치되어	使言行之合 猶合符節也
실천되지 않는 것이 없다고 가정하고 감히 물어보자.	無言而不行也 然卽敢問.
지금 세상에는 전염병이 나돌고	今歲有癘疫[15]
백성들은 노역과 고통에 시달리고 헐벗고 굶주려	萬民多有勸[16]苦凍餒
도랑에 굴러 죽는 자가 허다한 형편인데	轉死溝壑中者 旣已衆矣.
두 임금 중에서 누구를 선택하고	不識將擇之二君者
누구를 따를 것인지 묻지 않을 수 없다.	將何從也.
나는 마땅히 평등주의 임금을 따르리라 생각한다.	我以爲當其於此也[17]
천하에 어리석은 필부라 해도	天下無愚夫愚婦
비록 평등주의를 비난했을지라도	雖非兼者
반드시 평등주의 임금을 선택하는 게 옳을 것이다.	必從兼君是也.
말로는 평등주의를 비난했으나	言而非兼
선택은 그것을 취했으니 언행이 어긋난 것이다.	擇卽取兼 此言行拂也.
그런데도 천하의 선비들이 평등주의를	不識天下所以皆聞兼
비난하는 것은 그 이유를 알 수 없다.	而非之者 其故何也.

6

그러나 천하의 선비들 중에는	然而天下之士
겸兼을 비난하는 말이 아직도 그치지 않는다.	非兼者之言也 猶未止也
이르기를 '평등한 아우름은 어질고 의로운 것이지만	曰 兼卽仁矣義矣

15_ 癘疫(려역)=전염병.
16_ 勸(권)=본뜻이 권면하다(力行, 從也)이나, 勤의 誤字로 읽는다.
17_ 我以爲當其於此也(아이위당기어차야)=지금까지 '내 생각으로는 이런 처지에 있어서'로 解하여 부사구로 譯하나 잘못이다. '나는 이것(別)보다는 그것(兼)을 선택하리라 생각한다'로 解한다. 當=選의 뜻.

어찌 실행 가능한 일인가?

그 불가능함을 비유를 들어 말한다면

그것은 마치 타이산을 끼고

양쯔강이나 황허를 건너뛰는 것과 같은 것이다.

그러므로 두루 평등한 아우름은 꼭 소망스러운 것이지만

대저 어찌 이룰 수 있는 일이겠는가?' 라고 한다.

묵자는 이에 대해 말한다.

타이산을 옆구리에 끼고 강을 건너뛰는 것은

자고이래로 사람이 태어나서

한 번도 없었던 일이다.

그러나 평등한 아우름과 서로를 이롭게 하는 일은

옛날 요·순·우·탕·문·무 여섯 성왕들이

이미 실행했던 일이다.

어찌 성왕들이 몸소 실행한 것을 아는가?

묵자는 말한다.

나는 그 성왕들과 동시대에 살지도 않았고

친히 그분들의 말씀을 듣고 본 것은 아니지만

책과 돌과 쇠와 쟁반과 대야 등에

쓰여 있고 새겨져 있는 것들을 통해

후세에 전해진 것으로 그것을 알았다.

『서경』「주서」의 「태서」편에 이르기를

"문왕은 해와 같이, 달과 같이 혼연히 비추어

천하사방과 서방까지 빛났다"고 했다.

곧 이것은 문왕이

雖然豈可爲哉.

吾譬兼之不可爲也

猶挈泰山

以超江河也.

故兼者直願之也

夫豈可爲之物哉.

子墨子曰

夫挈泰山以超江河

自古之及今 生民而來

未嘗有也.

今若夫兼相愛 交相利

此自先聖六王者

親行之.

何知先聖六王之親行之也.

子墨子曰

吾非與之并世同時

親聞其聲 見其色也.

以其所書於竹帛. 鏤於金石

琢於盤盂

傳遺後世子孫者知之.

泰誓曰

文王若日若月乍[18]照

光於四方 於西土.

卽此言文王之

18_ 乍(사)=作의 古字로 쓰기도 하며, 여기서는 '갑자기, 홀연히' 등 부사로 쓰였다.

천하를 두루 평등하게 사랑하심이 넓고 커서

그것을 마치 해와 달이

천하를 사사로움 없이 두루 평등하게 비춤과 같다고 한 것이다.

이것이 곧 문왕의 평등한 아우름(兼)이었던 것이다.

묵자의 이른바 평등주의(兼)도

이 같은 문왕에게서 본받은 것이다.

「태서」편 뿐만 아니고

「우서虞書」의 「대우모大禹謨」편에도

이 같은 말을 하고 있다.

우임금은 이르길

"인민들이여! 내 말을 들으라!

내가 감히 난리를 일으키려 함이 아니라

준동하는 묘苗족에게 하느님의 벌을 내리려는 것이다.

이제 나는 여러 군주들과 힘을 합해

묘족을 징벌할 것이다"라고 훈시했다.

우임금이 묘족을 징벌한 것은

부귀와 복록을 더 얻으려는 것이 아니고

귀와 눈을 즐겁게 하고자 함도 아니며

오직 천하의 이익을 일으키고

천하의 재해를 없애고자 한 것이다.

이것이 바로 우임금의 평등한 아우름이었다.

묵자의 이른바 평등주의도

이 같은 우임금을 본받은 것이다.

兼愛天下之博大也

譬之日月.

兼照天下之無有私也.

卽此文王兼也.

雖子墨子之所謂兼者

於文王取法焉.

且不唯泰誓爲然

雖禹誓

卽亦猶是也.

禹曰

濟濟有衆 咸聽朕言

非惟小子 敢行稱亂[19]

蠢[20]茲有苗 用天之罰

若予旣率爾群對諸群

以征有苗.

禹之征有苗也

非以求以重富貴 干福祿

樂耳目也

以求興天下之利

除天下之害

卽此禹兼也.

雖子墨子之所謂兼者

於禹取法焉.

19_ 稱亂(칭란)=擧亂.

20_ 蠢(준)=不遜한 것(爾雅釋訓).

또한 「대우모」편만이 그런 것이 아니고　　　　　　　　　且不唯禹誓爲然

「상서」의 「탕서湯誓」편도　　　　　　　　　　　　　雖湯說

역시 같은 말을 하고 있다.　　　　　　　　　　　即亦猶是也.

탕임금은 이르기를 "소자 이履가　　　　　　　　　湯曰 惟子小子履

감히 검은 황소를 잡아 제물로 바치고 하느님께 아룁니다.　　敢用玄牡[21] 告於上天后

지금 하늘에서는 큰 가뭄이 내리는데　　　　　　　日. 今天大旱

이것은 곧 짐의 죄입니다.　　　　　　　　　　即當朕身履

하늘과 땅에 지은 죄를 알지 못하오나　　　　　　未知得罪於上下.

좋은 일은 감히 감추지 못하고　　　　　　　　　有善不敢蔽

나쁜 죄는 감히 사할 수 없는 것이니　　　　　　有罪不敢赦

간택하심은 하느님 마음에 달려 있습니다.　　　　簡[22]在帝心.

만방에 죄가 있으면 짐을 벌하시고　　　　　　　萬方有罪 即當朕身

짐에게 죄가 있다 해도　　　　　　　　　　　朕身有罪

만백성에게 미치지 않게 하소서!"라고 했다.　　　無及萬方.

이같이 말한 탕임금은 천자라는 존귀한 몸이요,　　即此言湯貴爲天子

천하를 소유한 부유한 몸인데도　　　　　　　　富有天下

백성을 위하여 자신의 희생을 꺼리지 않고　　　　然且不憚以身爲犧牲

하느님과 귀신에게 제 몸을 바쳤던 것이다.　　　以詞說于上帝鬼神

곧 이것이 탕임금의 '평등한 아우름(兼)'이다.　　即此湯兼也.

묵자의 이른바 두루 평등한 아우름도　　　　　　雖子墨子之所謂兼者

이와 같은 탕임금을 본받은 것이다.　　　　　　於湯取法焉.

또 「대우모」·「탕서」뿐만 아니고　　　　　　　　且不惟禹誓與湯說爲然

「주서」의 「홍범洪範」편에도 역시 같은 기록이 있다.　　周詩即亦猶是也.

21_ 玄牡(현모)=검은 황소. 은나라에서는 제물로서 검은 황소를 높게 쳐주었다.
22_ 簡(간)=選也, 分別할.

이르기를 "왕도는 넓고 넓어라! 치우치지 않고 기울지도 않네! 周詩曰 王道蕩蕩 不偏不黨

왕도는 공평무사하여 치우치지 않고 기울지도 않네! 王道平平 不黨不偏.

곧기는 화살 같고 평평하기는 반석과 같네! 其直若矢 其易²³若厎.²⁴

군자의 가야 할 길이요, 소인이 본받아야 할 도리다"라고 했다. 君子所履 小人所視.

이것은 내 말이거나 내 도리를 말한 것이 아니고 若吾言非語道之謂也

옛 문왕과 무왕의 정치를 말한 것이다. 古者文武爲正

옛날 문왕의 정치는 고르게 나누고 均分

어진 이에게 상을 주고 포악한 자에게 벌을 주고 賞賢罰暴.

친척이나 측근에게 사사로움이 없었으니 勿有親戚弟兄之所阿

이것이 곧 문왕과 무왕의 평등한 아우름(兼)이다. 卽此文武兼也.

묵자가 말하는 평등주의도 雖子墨子之所謂兼者

문왕과 무왕을 본받은 것이다. 於文武取法焉.

알 수 없는 것은 천하의 사람들이 不識天下之人

이러한 평등한 아우름을 듣고도 비난한다면 所以皆聞兼而非之者

그 까닭이 무엇일까? 其故何也.

7

그러나 천하에 평등한 아우름(兼)을 비난하는 말은 然而天下之非兼者之言

아직 그치지 않는다. 猶未止 曰

'만일 어버이에게 이롭지 않고 해롭다면 意²⁵不忠²⁶親之利而害

효도라고 할 수 있는가?'라고 비난한다. 爲孝乎.

23_ 易(이)=易는 평평하다.

24_ 厎(지)=砥와 通하고, 반석(砥)으로 解함.

25_ 意(의)=만일 □□한다면, 抑.

26_ 忠(충)=中과 通用.

이에 묵자는 말한다.　　　　　　　　　　　　　　　　子墨子曰

잠시 근원을 상고하여　　　　　　　　　　　　　　　姑嘗本原之

효자로서 어버이를 위하는 방법에 대해서 헤아려보자.　孝子之爲親度者

나는 모를 일이다.　　　　　　　　　　　　　　　　　吾不識

효자로서 어버이를 위하는 방도는　　　　　　　　　　孝子之爲親度者

남이 자기 어버이를 사랑하고 이롭게 하기를 바라겠는가?　亦欲人愛利其親與.

남이 자기 어버이를 미워하고 해롭게 하기를 바라겠는가?　意欲人之惡賊其親與.

논리적으로 본다 해도　　　　　　　　　　　　　　　以說[27]觀之

남이 제 어버이를 사랑하고 이롭게 하기를 바랄 것이다.　卽欲人之愛利其親也

그렇다면 우리가 어찌 해야만 남이 제 부모를 사랑하겠는가?　然卽 吾惡先從事卽得此.

내가 먼저 남의 어버이를 사랑하고 이롭게 하고　　　　若我先從事乎愛利人之親

다음에 남이 내 부모를 사랑하고 이롭게 하기를 바랄 것인가?　然後人報我愛利吾親乎.

아니면 내가 먼저 남의 부모를 미워하고 해치고　　　　意我先從事乎惡之親

다음에 남이 내 부모를 사랑하고 이롭게 하기를 바라겠는가?　然後人報我以愛利吾親乎.

만약 효자라면 반드시 내가 먼저 남의 부모를 사랑하고　卽必吾先從事乎愛利人之親

다음에 남도 내 부모를 사랑하기를 바랄 것이다.　　　然後人報我以愛利吾親也.

그러므로 효자는 서로 남의 부모에게 효자 노릇을 하는 것이　然卽之交孝子者

부득이한 것이다.　　　　　　　　　　　　　　　　　果不得已乎.

그러면 남의 부모를 먼저 사랑하고 이롭게 한 자가 없었는가?　毋先從事愛利人之親者與

아니면 천하의 효자는 어리석어　　　　　　　　　　意以天下之孝子爲遇[28]

올바로 하지 못한 것인가?　　　　　　　　　　　　而不足以爲正乎.

잠시 본원으로 돌아가　　　　　　　　　　　　　　姑嘗本原之

선왕의 글인 『시경』「대아」편의 가르침을 살펴보자.　　先王之所書 大雅之所道 曰

27_ 說(세)=달래다(誘). 여기서는 論理의 뜻.

28_ 遇(우)=愚의 誤로 본다. 필원은 偶로 보아 우연으로 보았고, 어떤 이는 過로 보기도 한다.

"말은 메아리가 없을 수 없고

덕은 보답이 없을 수 없다네.

내가 복숭아를 던져주면

그는 자두로 갚는다네!"

곧 이 말은 남을 사랑하는 자는 사랑을 받고

남을 미워하는 자는 미움을 받는다는 것을 이르는 말이다.

모를 일은 천하의 선비들이

이러한 평등한 아우름(兼)을 듣고도 비난하는 것은

그 까닭이 무엇일까?

無言而不讐.

無德而不報.

投我以桃.

報之以李.

卽此言 愛人者必見愛也.

而惡人者必見惡也.

不識天下之士

所以皆聞兼而非之者

其故何也.

8

아니면 그들은 어려워서 실행할 수 없다고 생각하는 것일까?

일찍이 이보다 어려운 일도 실행한 사람들이 있다.

옛날 초나라 영왕은 가는 허리를 좋아했다.

그래서 영왕 때 초나라 선비들은

밥을 하루 한 끼밖에 먹지 않아

지팡이를 짚고서야 일어날 수 있고

담장을 붙잡아야 걸어 다닐 수 있었다고 한다.

식사를 절약한다는 것은 실행하기 어려운 일이다.

그러나 그렇게 해야만 임금이 기뻐했던 것이다.

세상을 바꾸지 않고 백성의 습속을 바꾸어놓은 것이다.

意以爲難而不可爲邪.

嘗有難此而可爲者.

昔荊靈王好小要

當靈王之身 荊國之士

飯不逾乎一固²⁹

據³⁰而後興

扶垣而后行.

故約食爲其難爲³¹也.

然後爲而靈王說之

未踰³²於世 而民可移也

29_ 一固(일고)=一升. 여기서는 한 끼. 固=匜의 誤.

30_ 據(거)=짚다, 杖也.

31_ 爲(위)=행위, 行也.

32_ 踰(유)=渝의 誤.

사람들은 그 윗사람을 지향하여 추구하기 때문이다.

옛날 월 왕 구천은 용감한 것을 좋아했다.

그래서 그의 신하들을 삼 년 동안 가르쳤으나

그들의 용기가 아직 흡족하지 않다고 생각하여

배에 불을 질러 화재를 일으키고 북을 치며 전진을 명하니

군사들은 대열 앞에 넘어지며

물과 불에 쓸려 죽는 자가 부지기수였다.

그제야 북을 그치고 후퇴시켰다.

월나라 군사들도 두려웠을 것이다.

그처럼 몸을 태우는 어려운 일을 한 까닭은

그렇게 하는 것을 임금이 좋아했기 때문이다.

세상은 변하지 않아도 민속은 바꿀 수가 있는 것이다.

사람들은 윗사람이 지향하는 것을 따르기 때문이다.

또 옛날 진晉나라 문공은 험한 옷을 좋아했다.

그래서 문공 시절에 진나라 선비들은

거친 베로 옷을 짓고 양가죽 옷을 걸치고

거친 비단 의관을 쓰고 거친 신을 신고 들어와서는

왕을 알현하고 조회에 참석했다.

그처럼 거친 옷차림은 어려운 일이지만 그렇게 한 것은

진나라 임금인 문공이 좋아했기 때문이다.

卽³³求以鄕³⁴其上也.

昔者越王句踐好勇

敎其士臣三年

以其知爲 未足以知之也³⁵

焚³⁶舟失火 鼓而進之

其士偃前列

伏水火而死 有不可勝數.

當此之時 不鼓而退也.

越國之士可謂顫³⁷矣.

故焚身爲其難爲也

然后爲之越王說之.

未逾于世 而民可移也

卽求以鄕上也.

昔者晉文公好苴服

當文公之時 晉國之士

大布³⁸之衣 牂羊之裘

練帛之冠 且苴之屨

入見文公 出以踐之朝.

故苴服爲其難爲也

然后爲而文公說之.

33_ 卽(즉)=바로.

34_ 鄕(향)=지향하다. 向과 통용.

35_ 以其知爲 未足以知之也(이기지위 미족이지지야)=월 왕이 아는 바로는(以其知) 용기(之)를 아직 모른다고 생각(爲)한다. 其=越王을 칭함. 爲=思也(子曰 吾以汝爲死矣 : 史記/孔子世家).

36_ 焚(분)=손이양은 內로 보았다. 그러나 글자대로 解한다.

37_ 顫(전)=두려워하다.

38_ 大布(대포)=거친 천(左傳/閔二年杜注).

이렇게 세상은 바뀌지 않아도 사람의 습속은 바꿀 수가 있다.
사람은 윗사람이 지향하는 것을 따르기 때문이다.
이처럼 음식을 절제하고 몸을 불태우고 험한 옷을 입는 것은
천하에 어려운 일이다.
그러나 모두가 그렇게 한 것은 위에서 좋아하기 때문이다.
따라서 세상은 바꿀 수 없어도 사람의 습속은 바꿀 수 있다.
그것은 무엇 때문인가?
사람은 그들의 윗사람이 지향하는 것을 따르기 때문이다.
이제 평등한 사랑과 서로 이롭게 하는 것은
그것이 모두에게 이로울 뿐 아니라 쉽게 할 수 있다는 것을
더 이상 말할 필요가 없을 것이다.
내 생각으로는
그것을 기뻐하는 임금이 없었을 뿐이다.
진실로 임금이 그것을 좋아하고
상과 명예로 권면하고 형벌로써 두렵게 하면
모든 사람이 평등하게 서로 사랑하고
이롭게 하는 도리를 행할 것이다.
이것은 불이 위로 오르고
물이 아래로 흐르는 것과 같은 이치로
천하에 막을 자가 없을 것이다.

未逾于世 而民可移也
卽求以鄕其上也.
是故約食 焚舟 苴服
此天下之至難爲也
然後爲而上說之
未逾於世 而民可移也
何故也.
卽求以鄕其上也.
今若夫兼相愛 交相利
此其有利且易爲也
不可勝計也.
我以爲
則無有上說之者而已矣.
苟有上說之者
勸之以賞譽 威之以刑罰
我以爲人之于就兼相愛
交相利也
譬之猶火之就上
水之就下也
不可防止於天下.

9

겸겸(兼兼平等하게 아우르는 것)은 성왕의 도리며
왕공대인이 편안할 수 있는 수단이며
만민의 의식주가 풍족할 수 있는 수단이다.

故兼者聖王之道也
王公大人之所以安也
萬民衣食之所以足也.

그러므로 임금이 평등하게 아우르는 것을

힘써 행하면

임금은 반드시 은혜롭고, 신하는 반드시 충직하며

어버이는 반드시 자애롭고, 자식은 반드시 효도하며

형은 반드시 우애하고, 아우는 반드시 공손할 것이다.

그러므로 군주는

은혜로운 군주, 충직한 신하, 자애로운 아비,

효성스러운 아들, 우애하는 형제가 되게 하기 위해서

마땅히 평등하게 아우르는 도를 따라 행해야 하는 것이다.

이것이 성왕의 도리며

만민에게 크게 이로운 길이다.

故君子[39]莫若審兼

而務行之.

爲人君必惠 爲人臣必忠

爲人父必慈 爲人子必孝

爲人兄必友 爲人弟必悌.

故君子

莫若欲爲惠君忠臣慈父

孝子友[40]兄悌[41]弟

當若兼之不可不行也.

此聖王之道

而萬民之大利也.

39_ 君子(군자)=君者의 誤일 것임.

40_ 友(우)=友愛.

41_ 悌(제)=공손함, 愷悌.

작은 불의를 보고는 그것을 비난하다가 남의 나라를 공격하는 더 큰 불의를 보고는
비난하기는커녕 도리어 칭송하고 좋으며 의로움이라 말하고 있다.
이들이 정말 정의와 불의를 분별한다고 말할 수 있겠는가?

1

여기 한 사람이 남의 과수원에 들어가	今有一人 入人園圃
복숭아와 자두를 훔쳤다면	竊其桃李.
모든 사람들은 그를 비난할 것이며	衆聞則非之.
위에서 정사를 다스리는 사람은 그를 잡아 처벌할 것이다.	上爲政者 得則罰之.
왜 그럴까?	此何也.
그것은 남을 해쳐 자기를 이롭게 했기 때문이다.	以虧人自利也.
또 어떤 사람이 남의 개나 닭이나 돼지를 훔쳤다면	至攘人犬豕雞豚¹者
그 의롭지 못함이	其不義又甚
남의 복숭아를 훔친 것보다 더욱 심하다.	入人園圃竊桃李.
왜 그럴까?	是何故也.
그것은 남을 해친 정도가 더욱 크기 때문이다	以虧人愈多
어질지 못함도 더욱 심할 것이며 따라서 그 죄 또한 더 크다.	其不仁玆甚² 罪益厚
또 만약 남의 마구간에 들어가	至入人欄廐
남의 말이나 소를 훔쳤다면 그 불인不仁·불의不義는	取人馬牛者 其不仁義
개나 닭을 훔친 것보다도 더욱 심하다.	又甚攘人犬豕雞豚
왜 그럴까?	此何故也.

1_ 豚(돈)=小豕라고 하지만 보통은 구분하지 않고 쓴다.

2_ 玆甚(자심)=더욱 심하다, 滋甚.

그것은 남을 해친 정도가 더욱 크기 때문이다.   以其虧人愈多.

남을 해침이 크면 클수록   苟虧人愈多

그 불인도 더욱 심하고 죄 또한 더욱 무거울 것이다.   其不仁玆甚 罪益厚.

그런데 죄 없는 사람을 죽이는 지경에 이르거나   至殺不辜人[3]也

그의 옷을 벗겨 가고 창과 칼을 빼앗았다면   扡其衣裘 取戈劍者

그 불의는   其不義

소나 말을 훔친 것보다도 더욱 심할 것이다.   又甚入人欄廐 取人牛馬.

이것은 왜 그런가?   此何故也.

이것은 남을 해친 정도가 더욱 크기 때문이다.   以其虧人愈多.

남을 해침이 크면 클수록   苟虧人愈多

어질지 못함도 더욱 심할 것이고   其不仁玆甚矣

죄 또한 더 무거워야 할 것이다.   罪益厚.

2

이러한 이치에 대해 천하의 군자들은   當此[4] 天下之君子

모두 알고 그것을 비난하며 그것을 불의라고 말한다.   皆知而非之 謂之不義.

그런데 이제 더 크게 남의 나라를 공격하는 것에 이르면   今至大爲攻國

비난할 줄도 모르고   則弗知非

따르고 기리며 도리어 의롭다고 말한다.   從而譽之 謂之義.

이것을 볼 때 오늘날 천하의 군자들은 과연   此可謂知

의와 불의를 분별하여 알고 있다고 말할 수 있겠는가?   義與不義之別乎.

한 사람을 죽였으면 그것은 불의이며   殺一人 謂之不義.

3_ 不辜人(불고인)=무고한 자.

4_ 當此(당차)=이와 같은 일(왕인지). 그러나 '이에 대해서는'으로 解함.

반드시 한 번 죽을죄를 지었다고 말한다.	必有一死罪矣.
이런 식으로 말해 나간다면	若以此說往[5]
열 사람을 죽였으면 열 배 무거운 불의이며	殺十人 十重不義
반드시 열 번 죽을죄를 지었고,	必有十死罪矣
백 사람을 죽였으면 백 배 무거운 불의이며	殺百人百重不義
백 번 죽어 마땅한 죄를 지었다고 해야 한다.	必有百死罪矣.
이 같은 이치에 대해 천하의 군자들은	當此 天下之君子
다 알고 비난하면서 불의라고 말하고 있다.	皆知而非之 謂之不義.
그런데 지금 더 크게 불의를 행하여	今至大爲不義
남의 나라를 공격하면 그 잘못을 알지 못하고	攻國則弗知非
오히려 그것을 따르고 기리며 의롭다고 칭송한다면	從而譽之 謂之義
진정으로 불의를 모른다고 해야 할 것이다.	情[6]不知其不義也
그렇기에 전쟁 찬양의 글을 후세에 전하고 있는 것이다.	故書其言 以遺後世.
만약 그것이 불의라는 것을 알았다면	若知其不義也
무엇이 좋다고 그러한 불의한 일을 기록하여	夫奚說[7] 書其不義
후세에까지 남기려 했겠는가?	以遺後世哉.

3

지금 여기 한 사람이 있는데	今有人于此
검은 것을 조금 보고는 검다고 말하고	少見黑 曰黑
검은 것을 많이 보고는 희다고 말한다면	多見黑 曰白

5_ 往(왕)= 推의 誤.

6_ 情(정)=왕인지는 誠과 通用이라 한다.

7_ 奚說(해설)=손이양은 '무슨 말로 설명할 수 있기에', 필원은 '무슨 즐거움이 있어서'로 解한다. 필원을 따른다.

이런 사람은

흑백을 분별할 줄 모른다고 해야 할 것이다.

또 쓴 것을 조금 맛보고는 쓰다고 말하고

쓴 것을 많이 맛보고는 달다고 한다면

이런 사람은 반드시

쓴맛과 단맛의 분별을 모른다고 해야 할 것이다.

지금 작은 불의를 보고는 그것을 비난하다가

정작 남의 나라를 공격하는 더 큰 불의를 보고는

비난하기는커녕

도리어 칭송하고 좇으며 의로움이라 말하고 있다.

이들이 정말 정의와 불의를 분별한다고 말할 수 있겠는가?

이것으로 볼 때 오늘날 천하의 군자들은

정의와 불의를 분별하지 못하고

혼란에 빠져 있음을 알 수 있다.

則以此人

不知白黑之辯[8]矣

少嘗苦 曰苦

多嘗苦 曰甘

則必以此人

爲不知甘苦之辯矣.

今小爲非 則知而非之

大爲非攻國

則不知非

從而譽之 謂之義.

此可謂知義與不義之辯乎.

是以知天下之君子也[9]

辯義

與不義之亂也.

8_ 辯(변)=분별, 辨과 通用.

9_ 也(야)=손이양은 衍文으로 보았다.

第十八篇 非攻 비공 中

오늘날 하늘 같은 백성을 다 죽여가며 상하 인민들에게 혹독한 고통을 주면서
빈 땅과 성을 쟁탈하는 것은 부족한 것을 버리고 남는 것을 더 보태자는 것이니
이 같은 정치는 나라가 힘쓸 일이 아니다.

1

묵자가 말했다.	子墨子言曰
옛날 왕공대인들이 나라를 다스릴 때는	古者王公大人爲政於國家者
진실로 칭송해야 할 정의와 비난해야 할 불의를	情欲
잘 살펴 분별하여	毁譽之審
상과 벌을 합당하게 했으므로 법과 행정에 잘못이 없었다.	賞罰之當 刑政之不過失.
그러므로 묵자가 말했다.	是故子墨子曰
옛 속담에 이르기를	古者有語
'계획이 실패하거든 옛일을 살펴 앞일을 알고	謀而不得 則以往知來
드러난 것을 살펴 숨겨진 것을 알아야 한다'고 했다.	以見知隱.
계획이 이와 같다면 가히 지혜로워 성공할 것이다.	謀若此 可得而知矣¹
지금 군사를 일으키려 한다면	今師徒²唯毋興起
겨울에는 추위가 무섭고 여름에는 더위가 두렵다.	冬行³恐寒 夏行恐暑
그래서 겨울과 여름에는 군사를 일으키지 않는다.	此不以冬夏爲者也.
그렇다고 봄에 군사를 동원하면	春則
백성들이 밭 갈고 씨 뿌리는 농사를 망치고	廢民耕稼樹藝

1_ 可得而知矣(가득이지의)=可知而得矣의 誤.
2_ 師徒(사도)=군사의 무리.
3_ 行(행)=출동, 군사 행동을 뜻함.

가을에 동원하자니 백성들의 추수를 망친다.

그래서 봄과 가을에는 군사를 일으키지 않는다.

만약 백성들이 한 철을 망치면

굶주리고 헐벗어 얼어 죽고 굶어 죽는 자가

얼마나 많을지 헤아릴 수 없을 것이다.

시험 삼아 군사 동원의 손실을 계산해 보자.

화살, 깃발, 장막, 갑옷, 방패, 큰 방패, 수레, 칼집 등

가지고 가서 망가지고 썩어버리는 손실은

얼마나 많은지 셀 수조차 없을 것이다.

또 창과 칼, 전차 등의 병기들은

줄지어 나갔다가 망가져 버리는 손실이

얼마나 많을지 셀 수 없을 것이다.

또 동원되는 소와 말들이 야위고 죽는 손실도

셀 수 없이 많을 것이며

원정길이 멀고

식량 보급이 끊어지거나 연계되지 않아

길에서 굶어 죽는 백성도 셀 수 없이 많을 것이다.

또한 거처가 불편하고

식사가 불규칙하여 굶었다가 포식하는 등 조섭을 못 하여

길에서 병들어 죽는 자는

또 얼마나 많을 것인가?

또 퇴각할 때 사상자는 얼마며

秋則 廢民穫斂

此不以春秋爲者也.

今唯毋廢一時

則百姓飢寒凍餒而死者

不可勝數.

今嘗計軍上[4]

竹箭羽旄幄幕 甲盾撥[5]劫[6]

往而靡弊腑冷[7] 不反者

不可勝數.

又與子戟戈劍乘車

比列往 碎折靡弊 而不反者

不可勝數.

與其牛馬 肥而往 瘠而反

往死亡 而不反者 不可勝數.

與其涂道之脩遠

糧食輟絶而不繼

百姓死者 不可勝數也.

與其居處之不安

食飯之不時 飢飽之不節

百姓之道疾病而死者

不可勝數.

喪師多[8] 不可勝數

4_ 上(상)=숭상하는 것, 尙也. 그러나 손이양은 生의 誤로 본다.

5_ 撥(발)=橃의 誤. 즉 큰 방패.

6_ 劫(겁)=손이양은 刦의 誤로 보고 刜로 解하여 '칼자루'라 한다. 그러나 석연치 않다.

7_ 腑冷(부랭)=필원은 腐爛의 誤로 보아 '썩어버림'이라 한다.

진격할 때의 사상자는 얼마나 많을 것인가?

그 많은 주검의 귀신들은 제사 지내줄 후사까지 잃은 일

또한 셀 수 없이 많을 것이다.

나라의 명령으로

백성들의 빼앗긴 재물과 망친 이익은

직접 전장에서 잃은 것만큼이나 많을 것이다.

그렇다면 이러한 희생을 무릅쓰고 왜 전쟁을 하는 것인가?

그것은 정복과 승리의 명성을 탐하고

전리품으로 땅을 빼앗으려고 하는 것이다.

묵자가 말했다.

그 승리의 명성을 따져보면 참으로 쓸모없는 것이며

땅을 빼앗는 비용을 계산해 보면

도리어 손실이 많을 것이다.

喪師盡[9] 不可勝計

則是鬼神之喪其主[10]後[11]

亦不可勝數.

國家發政

奪民之用 廢民之利

若此甚衆

然而何爲爲之

曰我貪伐勝之名

及得地之利 故爲之.

子墨子言曰

計其所自勝 無所可用也

計其所得

反不如所喪者之多.

2

지금 삼십 리 넓이의 성과

칠십 리 넓이의 외성이 있는 도읍을 공격한다고 하자.

이것을 공격하는 데 정예 부대를 쓰지 않고

사상자를 내지 않고 거저 점령할 수는 없다.

今攻三里之城

七里之郭

攻此[12]不用銳

且無殺而徒得[13]此然也[14]

8_ 喪師多(상사다)=喪師退者의 誤인 듯.

9_ 喪師盡(상사진)=喪師進者의 誤인 듯.

10_ 主(주)=祭主.

11_ 後(후)=後嗣.

12_ 攻此(공차)=衍文이라는 주장, 故非 또는 固非라는 설이 있으나 글자대로 解한다.

13_ 徒得(도득)=徒取.

14_ 此然也(차연야)=此然邪.

많으면 필시 수만 명

적어도 수천 명의 병사를 죽여야 할 것이다.

최소한 그 정도의 희생을 치른 뒤라야 삼십 리의 성과

칠십 리의 외성을 점령할 수 있는 것이다.

오늘날 만승의 나라 정도면 빈 성이 수천이지만

들어가 살 사람이 없고,

수만의 넓은 땅은 개척하여 이용할 사람이 없는 실정이다.

그러므로 토지는 남아돌고

하늘 백성은 부족한 형편이다.

그런데도 오늘날 하늘 같은 백성을 다 죽여가며

상하 인민들에게 혹독한 고통을 주면서

빈 땅과 성을 쟁탈하는 것은

부족한 것을 버리고

남는 것을 더 보태자는 것이니

이 같은 정치는 나라가 힘쓸 일이 아니다.

전쟁을 옹호하는 자들은 또 다음과 같이 주장한다.

'남쪽의 형荊나라와 오吳나라

북쪽의 제齊나라와 진晉나라를 보면

처음 봉토를 받았을 때는

국토가 수백 리에 불과했고

인구는

수십만에 지나지 않았다.

殺人多必數於萬

寡必數於千

然後三里之城

七里之郭 且可得也.

今萬乘之國 虛城數於千

不勝而入

廣衍[15]數於萬 不勝而辟[16]

然則土地者 所有餘也

天民者 所不足也.

今盡天民之死

嚴下上[17]之患

以爭虛城

則是棄所不足

而重所有餘也.

爲政若此 非國之務者也.

飾攻戰者言曰

南則荊吳之王

北則齊晉之君

始封於天下之時

其土之方 未至有數百里也

人徒之衆

未至有數十萬人也

15_ 廣衍(광연)=쓸모없이 남아도는 넓은 땅.

16_ 辟(벽)=개척하여 이용함. 闢과 통용.

17_ 下上(하상)=土地의 誤로 보는 이가 있으나 무리이다. 上之嚴下患으로 읽고 '위에서 엄혹한 고난을 내려주다'로 譯
했다.

그러나 전쟁을 통하여

영토는 넓어져 수천 리에 이르고

인구는 불어나 수백만에 이르렀다.

그러니 전쟁을 안 할 수가 없는 것이다.'

묵자가 말했다.

비록 네댓 나라가 이익을 얻었다 해서

그 전쟁을 옳은 도리라고 말할 수 없다.

비유컨대 의사가 병자를 치료하는 것과 같다.

지금 여기에 의사가 있는데 약을 조제하여

천하의 병자에게 약을 주었다고 가정해 보자.

만 명이 이 약을 먹고

네댓 명만이 치료됐다면

그 의사는 옳은 약을 쓴 것이라고 말할 수 없다.

효자라면 부모에게 먹이지 않을 것이며

충신이라면 임금에게 먹이지 않을 것이다.

옛날 천하에 나라를 봉해 받은 사람들 중에

지난 일을 귀로 듣고

요즘 일을 눈으로 보라!

공격 전쟁으로 망한 나라가 셀 수 없이 많을 것이다.

어찌 그런 줄 아는가?

동쪽에 거莒나라(지금의 山東 莒州)가 있었는데

아주 작은 나라로서 큰 나라 사이에 끼어 있었다.

그런데도 큰 나라를 공경하여 섬기지 않았고

큰 나라도 역시 따라서 사랑하고 이롭게 해주지 않았다.

以攻戰之故

土地之博 至有數千里也

人徒之衆 至有數百萬人.

故當攻戰而不可爲也.

子墨子言曰.

雖四五國 則得利焉

猶謂之非行道也.

譬若醫之藥人之有病者然.

今有醫于此 和合其祝藥之

于天下之有病者而藥之.

萬人食此

若醫[18]四五人得利焉

猶謂之非行藥也.

故孝子不以食其親

忠臣不以食其君.

古者封國於天下

尙者以耳之所聞

近者以目之所見

以攻戰亡者 不可勝數.

何以知其然也.

東方有莒之國者

其爲國甚小 閒於大國之間

不敬事於大.

大國亦弗從之而愛利

18_ 醫(의)=療也, 救也.

그래서 동쪽으로는

월越나라가 영토를 깎고

서쪽에서는 제나라가 점령해 들어가

거나라가 제나라와 월나라 사이에서 망한 원인은

결국 전쟁이었다.

또 남쪽의 진陳나라와 채蔡나라가

오나라와 월나라 사이에서 망한 원인도

역시 전쟁 때문이었다.

또 북쪽에 적사국翟組國과 부저하국不箸何國이 있었으나

연燕나라와 대代나라

만주(胡)와 조선(貊) 사이에서 망한 원인도

역시 전쟁 때문이다.

고로 묵자는 말했다.

오늘날 왕공대인들이

진정 얻기를 바라고 잃는 것을 싫어하며

편안하기를 바라고 위태로움을 싫어한다면

당연히 침략 전쟁을 비난하지 않을 수 없을 것이다.

是以東者

越人夾[19]削其壤地

西者齊人兼而有之

計莒之所以亡於齊越之間者

以是攻戰也.

雖南者陳蔡

其所以亡於吳越之間者

亦以攻戰.

雖北者且不一屠何[20]

其所以亡於燕代

胡貊之間者

亦以攻戰也.

是故子墨子言曰

今者王公大人

情欲得而惡失

欲安而惡危

故當攻戰 而不可不非.

3

또 공격 전쟁 옹호자들은 이에 대해 변명하며 말한다.

'저들은 자기 군대를 잘 쓰지 못했기 때문에 망한 것이다.

만약 내가 군사를 쓴다면

飾攻戰者之言曰

彼不能收用彼衆 是故亡.

我能收用我衆

19_ 夾(협)=兼也.

20_ 且不一屠何(차부일도하)=組與不箸何로 고쳐 읽고, 동이족 중의 한 부족국가인 翟組國과 不箸何國으로 해석한다.

이 공격 전쟁에서

천하에 누가 감히 굴복하지 않겠는가?'

묵자가 말했다.

그대가 비록 군사를 잘 모집하여 부린다 해도

어찌 옛날 오나라의 합려와 같겠는가?

합려는 칠 년 동안이나 군사를 조련하여

갑옷을 입고 병장기를 무장하고

삼백 리를 행군한 연후에야 숙영할 정도였다.

그는 군사를 이끌고 주림注林에서 머물다가

명애冥隘의 험로를 진군하여 백거柏擧에서 싸워

초楚나라를 뚫고 송宋나라와 노魯나라를 조공케 했다.

그가 죽고 아들 부차 대에 이르러서는

북쪽으로 제나라를 공격하여 원수이汶水에 진을 치고

애릉艾陵에서 전투를 하여 제나라를 크게 이겨

제나라 군사를 타이산으로 도망치게 했으며

동쪽으로 월나라를 공격하여

삼강三江과 오호五胡를 건너 후이지산으로 도망치게 했다.

그래서 구이九夷의 나라들도 모두 복종하게 되었다.

그러나 물러나 전쟁고아들에게 상을 내리지 않고

백성들에게 은덕을 베풀지 않으며

以此攻戰

於天下誰敢不賓服哉.

子墨子言曰

子雖能收用子之衆

子豈若古者吳闔閭哉.

古者吳闔閭教士七年

奉甲執兵

奔三百里而舍焉

次²¹注林²²

出於冥隘之徑 戰於柏擧

中楚國而朝宋與及魯.

至夫差之身

北而攻齊 舍²³於汶上²⁴

戰於艾陵 大敗齊人

而葆²⁵之大山²⁶

東而攻越

濟三江五湖 而葆之會稽.

九夷之國莫不賓服.

於是退不能賞孤

施舍²⁷群萌.²⁸

21_ 次(차)=머물다, 진을 치다.

22_ 注林(주림)=地名.

23_ 舍(사)=야영하다, 쉬다.

24_ 汶上(문상)=汶水 위쪽.

25_ 葆(보)=물러나 지킨다, 退保시킴, 保와 通用.

26_ 大山(대산)=泰山.

27_ 舍(사)=子와 通用.

스스로의 힘만 믿고 공적을 자랑하며	自恃其力 伐其功
지혜를 뽐내고 교화를 태만히 했다.	譽其志 怠敎
게다가 지친 백성들을 동원하여 고소대姑蘇臺를 짓기 시작하여	遂築姑蘇之臺
칠 년이 넘도록 완성하지 못했다.	七年不成.
이 지경에 이르자 오나라의 백성은 지치고 민심이 떠나갔다.	及若此 則吳有離罷²⁹之心
월 왕 구천이 오나라의 민심 이반을 틈타	越王句踐 視吳上下不相得
군사를 동원하여 원수를 갚고자	收其衆 以復其讐.
북쪽 외성으로 쳐들어가 큰 배들을 탈취하고	入北郭 徙³⁰大內³¹
왕궁을 포위하니 도리어 오나라는 멸망하고 말았다.	圍王宮 而吳國以亡.
또한 옛날 진晉나라에는 여섯 장군이 있었는데	昔者晉有六將軍
맹장 지백智佰이 제일 강했다.	而智伯莫爲强焉
그는 영토가 넓고 인구가 많은 것을 계산하고	計其土地之博 人徒之衆
제후에 항거하여 영웅의 명성을 얻고자	欲以抗諸候 以爲英名
다른 가문들을 공격하는 일이 잦았다.	攻戰之速.
그래서 용맹스런 군사를 뽑아 조직하고	故差³²論³³其爪牙之士
수군과 전차 부대를 편성하여	比列其車舟之衆
첫 번째로 중행中行씨를 공격하여 점령했다.	以攻中行氏而有之
자기 계획대로 된 것을 만족하게 여기고	以其謀爲旣已足矣
또 자범玆范씨를 공격하여 쳐부줬다.	又攻玆範氏而大敗之
세 가문을 합병하고서도 이것으로 그치지 않고	幷三家以爲一家而不止

28_ 萌(맹)=氓.

29_ 罷(파)=疲와 通用.

30_ 徙(사)=取也.

31_ 內(내)=舟也.

32_ 差(차)=가리다, 부리다.

33_ 論(론)=차례, 질서, 倫也.

조씨 가문(趙襄子)을 진양晉陽에서 포위했다.

이 지경에 이르자

한韓씨와 위魏씨 가문이 서로 만나 대책을 강구하며 말했다.

"옛말에 입술이 없으면 이가 시리다고 했다.

지금 조씨가 아침에 망하면 우리는 저녁에 망할 것이요,

조씨가 저녁에 망하면 우리는 아침에 망할 것이다."

『시경』에서 말한 것과 같이 고기가 물에서 헤엄치지 못하면

뭍에서야 어떻게 하겠는가?

그래서 세 가문은 한마음으로 힘을 합쳐

대문을 열고 길을 청소하듯 반격군을 일으켜

밖에서는 원군인 한씨 위씨가, 안에서는 조씨 가문이

지백을 공격하니 그는 패퇴했다.[36]

그러므로 묵자가 말했다.

옛말에 이르기를 '군자는 물을 거울로 삼지 않고

사람을 거울로 삼는다'고 했다.

물을 거울로 삼으면 얼굴 모습을 볼 수 있으나

사람을 거울로 삼으면 (역사를 거울로 삼으면)

사람의 길흉을 알 수 있는 것이다.

오늘날 전쟁을 이롭다고 생각하는 사람들은

어찌하여

又圍趙襄子於晉陽.

及若此

則韓魏亦相從而謀 曰

古者有語 脣亡則齒寒

趙氏朝亡 我夕從之

趙氏夕亡 我朝從之.

詩曰 魚水不務[34]

陸將何及乎.

是以三家之君 一心戮力

辟門除道[35] 奉甲興士

韓魏自外 趙氏自內

擊智伯 大敗之

是故子墨子言曰

古者有語曰 君子不鏡於水

而鏡於人[37]

鏡於水 見面之容

鏡於人

則知吉與凶.

今以攻戰爲利

則盍[38]

34_ 務(무)=騖와 通用.

35_ 辟門除道(벽문제도)=대문을 열고 길을 청소하다. 開門淸道. 辟=闢과 通用.

36_ 晉나라는 기원전 453년에 韓氏, 魏氏, 趙氏에 의해 분할되어 멸망했고, 50년 후인 기원전 403년에 이들 세 가문은
    제후로 봉해진다.

37_ 鏡於人(경어인)=사람을 거울로 삼다, 역사를 거울로 삼는다.

38_ 盍(합)=何不의 誤.

지백의 일을 거울로 삼지 않는가?　　　　　　　嘗鑒之於智伯之事乎

사람과 역사를 거울로 삼으면 자기가 일으키려는 전쟁이　　此其爲

길한 것이 아니고 흉한 것임을　　　　　　　　　　不吉而凶

알 수 있을 것이다.　　　　　　　　　　　　　　既可得而知矣.

第十九篇 非攻 비공 下

충심으로 천하의 이로움을 일으키고 폐해를 제거하려 한다면
마땅히 잦은 침략 전쟁은 실로 커다란 해독임을 알아야 한다.

1

묵자가 말했다.   子墨子言曰

지금 천하에서 명예롭고 의롭다고   今天下之所譽善[1]者

말하는 것은 무엇인가?   其說將何哉.

위로는 하느님의 이익에 맞고   爲其上中天之利

가운데로는 귀신의 이익에 맞고   而中中[2]鬼之利

아래로는 사람의 이익과 부합되기 때문에   而下中人之利

그것을 기리는 것인가?   故譽之與.

아니면 그 반대로   意亡[3]

위로는 하느님의 이익에 맞지 않고   非爲其上中天之利

가운데로는 귀신의 이익에 맞지 않고   而中中鬼之利

아래로는 사람의 이익과 부합되지 않기 때문에   而下中人之利

그것을 기리는 것인가?   故譽之與.

비록 낮고 어리석은 사람일지라도 반드시 말할 것이다.   雖使下愚之人必曰

'위로 하느님의 이익에 맞고   將爲其上中天之利

가운데로 귀신의 이익에 맞고   而中中鬼之利

1_ 善(선)=義로 본다.

2_ 中中(중중)=첫 번째 中은 '가운데로는', 다음 中은 '맞는다'.

3_ 意亡(의망)=抑無. '그렇지 않으면'으로 解함.

아래로 사람의 이익에 합당하기 때문에 / 而下中人之利

그것을 칭송할 것이다.' / 故譽之.

오늘날까지 천하가 한가지로 의롭다고 하는 것은 / 今天下之所同意者

성왕의 법도다. / 聖王之法[4]也

오늘날 천하 제후들은 거의 대부분 / 今天下之諸侯 將猶多[5]

모두가 전쟁과 병탄에 힘쓰면서 / 皆免[6]攻伐并兼

이것을 의로운 이름으로 기리지만 / 則是有譽義之名

그 진실을 살피지 못하고 있다. / 而不察其實也.

비유컨대 눈먼 봉사도 / 此譬猶盲者之

남들과 똑같이 검고 희다는 이름을 말할 수 있지만 / 與人同命白墨之名

사실은 그 물건의 색깔을 분별할 수 없는 것과 같다. / 而不能分其物也

그런 사람을 어찌 분별이 있다고 말할 수 있겠는가? / 則豈謂有別哉.

그러므로 옛날의 지혜 있는 사람은 / 是故古之知者之

천하를 위하여 헤아리되 / 爲天下度[7]也

반드시 먼저 의로운 것이 무엇인지 신중히 살피고 / 必愼慮其義

연후에 그것을 실행했던 것이다. / 而後爲之行.

이같이 행하면 막힘이 없이 모든 이들에게 통하고 / 是以動則不疑[8] 速通[9]

자기가 바라는 바를 이루어 얻게 되고 / 成得其所欲

하늘과 귀신과 인민의 이익에 부합될 것이다. / 而順天鬼百姓之利

이것이 선지자의 '도'인 것이다. / 則知者之道也.

4_ 聖王之法(성왕지법)=당시 法은 오늘날 實定法과는 달리 바로 공통의 가치 척도 즉 儀였다.

5_ 將猶多(장유다)=大槪, 대부분 거의가. 將=殆.

6_ 免(면)=勉의 誤.

7_ 度(도)=도모함.

8_ 疑(의)=손이양은 戻也로 본다.

9_ 速通(속통)=遠邇로 고쳐 읽기도 한다.

그러므로 옛날 어진 이가 천하를 얻으면	是故古之仁人 有天下者
반드시 나라를 키우려는 담론인 전쟁론을 반대하고	必反[10]大國之說[11]
천하를 하나로 화목하게 하니	一天下之和
사해 만민이 통합됐던 것이다.	總四海之內焉.
이에 천하 만민을 이끌고 농사에 힘쓰고	牽天下之百姓以農[12]
신하들은 하느님과 산천 귀신을 섬기니	臣事[13]上帝山川鬼神
인민을 이롭게 함이 크고 생산 실적도 증대됐다.	利人多 功[14]故[15]又大
이에 하늘은 그들을 상찬하고	是以天賞之
귀신은 그들을 부유케 하며 인민은 그들을 칭송하니	鬼富之 人譽之
귀하기로는 천자로 삼고, 부하기로는 천하를 소유케 하며	使貴爲天子 富有天下
명성은 천지에 가득 차서 지금까지 폐하지 않는다.	名參乎天地 至今不廢.
이것이 곧 선지자의 '도'이며	此則知者之道也
옛 임금들이 천하를 소유할 수 있었던 까닭이다.	先王之所以有天下者也.

2

그러나 오늘날 왕공대인과	今王公大人
천하의 제후들은 그렇지 않다.	天下之諸侯 則不然
그들은 모두	將必皆
군대를 조직하고	差[16]論[17]其爪牙之士

10_ 反(반)=손이양은 交로 바꿔 읽는다. 그러나 글자대로 읽는다.

11_ 大國之說(대국지설)=나라가 커지는 담론 즉 전쟁론을 지칭한다. 說=주장.

12_ 農(농)=勉.

13_ 臣事(신사)=앞의 以農과 묶어 '힘써 섬김'으로 解하는 이도 있다. 그러나 以農 두 글자는 원래대로 위에 붙여 읽는다.

14_ 功(공)=生産 실적.

15_ 故(고)=이로 인하여.

군함과 전차 부대를 편성하여

견고한 갑옷과 예리한 병기로 무장시켜

죄 없는 나라를 공격하고 정벌하고자 진격한다.

남의 나라 변경을 침략하여

농사지은 곡식을 짓밟고 나무를 베며

성곽을 무너뜨리고 도랑과 연못을 메우며

가축을 빼앗고 죽이며 종묘와 사당을 불 지르고 허물며

인민을 쳐 죽이고 어린이와 늙은이를 짓밟고

그들의 귀중한 보물들을 빼앗는다.

끝내 쳐들어가 전투를 독려하며 말한다.

'목숨을 바쳐 죽는 것이 가장 훌륭하고

많은 사람을 죽이는 것은 그다음 공훈이고

부상을 입고 병신이 되는 것은 하급 공훈이다.'

대열을 이탈하거나 뒤돌아 달아나는 자는

죽을죄이니 용서치 않겠다며 병사들을 협박한다.

그들은 남의 나라를 병탄하고 남의 군대를 박멸하며

만민을 강탈하고 학대함으로써

성인의 유업을 어지럽힌다.

比[18]列其舟車之卒伍

於此爲堅甲利兵

以往攻伐無罪之國.

入其國家邊境

芟刈其禾稼 斬其樹木

墮其城郭 以湮[19]其溝池

攘殺其牲牷 燔潰[20]其祖廟

劋殺[21]其萬民 覆其老弱

遷其重器.

卒進而極[22]乎鬪

曰 死命爲上

多殺次之

身傷者爲下.

又況失列北橈[23]乎哉

罪死無赦 以譚其衆.

夫無兼國覆軍

賊虐萬民

以亂聖人之緒

16_ 差(차)=擇也.

17_ 論(론)=倫也. '조직한다'로 譯했다.

18_ 比(비)=原文은 皆이나 손이양에 따라 고쳤다.

19_ 湮(인)=沒也, 塞也.

20_ 燔潰(번궤)=불태우고 무너뜨리다.

21_ 劋殺(경살)=찔러 죽임. 刺殺의 誤라는 說이 있음.

22_ 極(극)=急也. 원문은 柱였으나 戴震의 說에 따라 고친 것. 그러나 대마루(極)이나 기둥(柱)이나 모두 '지지한다'는 뜻은 같다.

23_ 北橈(배요)=뒤돌아 달아나는 것.

아니면 과연 하늘을 이롭게 하는 것인가?

대저 하느님의 백성을 취하여 하느님의 도읍을 침공하고

하느님의 백성을 찔러 죽이고 신위神位를 박살 내며,

사직을 뒤엎고 제물로 바칠 가축들을 빼앗고 죽이는 것은

반드시 하느님의 이익에 맞지 않는다.

아니면 귀신을 이롭게 하는 짓인가?

대저 하늘의 인민을 죽이고

귀신의 제주祭主를 공격하여 멸망시키며

선왕의 사당을 폐지하여 없애고

만민을 해치고 학대하여 백성들을 흩어지게 하는 것은

귀신의 이익에도 맞지 않는 것이다.

아니면 인민에게 이로운 것인가?

대저 사람을 죽이는 것이

사람에게 이롭다는 것은 야박하다.

또 전쟁의 낭비를 계산해 보면

이것이야말로 삶의 근본을 해치는 것으로

천하 인민의 재물과 이용을 고갈시킴이

다 셀 수조차 없다.

그러므로 전쟁은 인민의 이익에 맞지 않는 것이다.

意將以爲利天乎.

夫取天之人 以攻天之邑

此刺殺天民 剝振[24]神之位

傾覆社稷 攘殺其犧牲

則此上不中天之利矣.

意將以爲利鬼乎

夫殺天之人

滅鬼神之主[25]

廢滅先王[26]

賊虐萬民 百姓離散

則此中不中鬼之利矣.

意將以爲利人乎.

夫殺之人

爲利人也博[27]矣

又計其費

此爲害生之本

竭天下百姓之財用

不可勝數也.

則此下不中人之利矣.

24_ 剝振(박백)=原文은 剝振으로 되었으나 왕인지의 說에 따라 고친 것. 모두 裂也, 즉 '박살 내다'라는 뜻.

25_ 主(주)=祭主.

26_ 廢滅先王(폐멸선왕)=밑에 之祀가 빠진 듯하다.

27_ 博(박)=얇음. 유월은 博은 薄의 誤라 했다. 悖의 誤로 解하기도 한다. '얕은 수작'으로 譯함.

3

대저 군대라는 것은 서로에게 이롭지 않은 것이다.	今夫師者之相爲不利者也
이르기를 장수가 용맹치 않고 군사가 분격하지 않고	日 將不勇 士不分[28]
병기가 예리하지 않고 교련이 익숙하지 않고	兵不利 教不習
군사가 통솔되지 않고 백성들이 화합하지 않고	師不衆 率不和[29]
위세가 서지 않고 포위가 오래가지 않고	威不圉[30] 害[31]之不久
전투가 신속하지 않고 결속이 강하지 않고	爭之不疾 係[32]之不强
두령의 결심이 견고하지 않으면	植[33]心不堅
우방국의 제후들이 의심하고 머뭇거린다.	與國諸侯疑.
우방 제후들이 머뭇거리면	與國諸侯疑
적은 도모할 생각을 일으키고 아군은 의기소침해진다.	則敵生慮[34] 而意羸[35]矣
그렇다고 이러한 조건들을 모두 갖추어	偏[36]具此[37]物
전쟁을 한다면	而致從事焉
국가는 그 본업을 잃게 되고	則是國家失卒[38]
백성들은 힘쓰던 생업을 바꾸어야 한다.	而百姓易務也.
지금 이러한 말을 듣지 않고 공격 전쟁을 좋아하는 나라가	今不嘗觀其說 好攻伐之國

28_ 分(분)=奮과 相通됨. 忿의 誤字.

29_ 師不衆 率不和(사부중 솔불화)=舊本은 師不衆 率不利和. 여러 판본에서 고쳤다. 衆과 率이 뒤바뀌었다. 즉 師不率 衆不和. 利=衍文.

30_ 圉(어)=막는다는 뜻이나 固의 誤로 본다. 즉 견고하다, 굳세다.

31_ 害(해)=圉의 誤.

32_ 孫(손)=係의 誤. 係=매어두는 것, 단결심.

33_ 植(치)=두목. 그러나 立으로 解한다.

34_ 慮(려)=謀思.

35_ 而意羸(이의리)=我意羸로 읽는다.

36_ 偏(편)=두루, 徧과 通用.

37_ 此(차)=위와 같은 여러 가지 조건.

38_ 卒(졸)=本의 誤.

만약 조그맣게 군사를 일으킨다 해도 若使中興師[39]

군자君子는 수백 명, 서인庶人은 또 수천 명, 君子數百 庶人也必且數千

졸개는 수십만 명을 동원해야만 徒倍十萬

출정을 할 수 있으며 然後足以師而動矣.

전쟁 기간은 많으면 수년, 빨라야 수개월이 걸린다. 久者數歲 速者數月

이 동안에 임금은 정치를 돌볼 겨를이 없고 是上不暇聽治

관리들은 관부를 다스릴 겨를이 없으며 士不暇治其官府

농부들은 농사지을 겨를이 없고 農夫不暇稼穡

부인들은 길쌈할 겨를이 없을 것인즉 婦人不暇紡績織紝

국가는 근본을 잃고 則是國家失本

백성은 생업을 바꾸어야 하는 것이다. 而百姓易務也.

그리고 또한 수레가 부서지거나 말이 죽고 然而又與其車馬之罷斃也

장막과 포장 등 삼군의 용품과 幔幕帷蓋[40] 三軍之用

갑옷, 무기 등의 군수품들은 甲兵之備

오분의 일만 남아도 五分而得其一

많이 남는 셈일 것이며 則猶爲序疏[41]矣

또 길에서 망실되는 것도 셀 수 없이 많을 것이다. 然而又與其散亡道路

그리고 또 멀리 행군해야 되므로 道路遼遠

양식의 보급이 이어지지 않고 음식을 제때에 먹지 못하니 糧食不繼 食飮不時

부역자들은 이로 인하여 厮役[42]以此

굶주림과 추위에 떨다가 얼어 죽고 굶어 죽으며 飢寒凍餒

병들어 도랑에서 죽어가는 자도 疾病而轉死溝壑中者

39_ 若使中興師(약사중흥사)=曹耀湘은 中은 不大也. 그러나 若使國中興師로 읽는다. 國=바로 위 글의 衍文을 옮긴다.

40_ 幔幕帷蓋(만막유개)=장막과 포장.

41_ 序疏(서소)=厚餘의 誤(손이양), 많이 남는 것이다.

42_ 厮役(측역)=廝役의 誤. 廝=使賤의 뜻. 부역자.

셀 수 없이 많을 것이다.

이러한 전쟁이야말로 인민에게 이로울 것이 없으며

천하에 끼치는 해독은 너무도 큰 것이다.

그런데도 왕공대인들은 즐겨 전쟁을 일으키니

이것은 천하 인민을 해치고 멸망시키는 것을 즐기는 것으로

어찌 인류의 도리에 어긋난 짓이 아니겠는가?

지금 천하에 호전적인 나라로

제齊나라, 진晉나라, 초楚나라, 월越나라가 있는데

만약 이 네 나라가 천하에 야망을 달성한다면

이들이 모두 열 배로 백성이 늘어난다 해도

이들이 빼앗은 땅을 다 경작하지 못할 것이다.

이는 인민은 부족하고 땅은 남아돌기 때문이다.

그런데도 지금 또 남아도는 땅을 빼앗기 위해

부족한 인명을 서로 죽이고 있으니

부족한 것을 덜어 없애고 남는 것을 더욱 보태는 것이다.

不可勝計也.

此其爲不利於人也

天下之害厚矣.

而王公大人 樂而行之

則此樂賊滅天下之萬民也

豈不悖哉.

今天下好戰之國

齊晉楚越

若使此四國者 得意於天下

此皆十倍其國之衆

而未能食其地[43]也

是人不足而地有餘也.

今又以爭地之故

而反相賊也

然則是虧不足 而重有餘也.

4

오늘날 공격 전쟁을 좋아하는 군주들은

그들의 담론을 비호하며 묵자를 비난한다.

'전쟁을 불의라고 하지만 이롭지 않다고 할 수 있는가?

옛날 우임금은 묘족을 정벌했고 탕임금은 걸왕을 정벌했으며

무왕은 주왕을 정벌했지만

今遝[44] 夫好攻伐之君

又飾其說以非子墨子曰

以攻伐之爲不義 非利物與.

昔者禹征有苗 湯伐桀

武王伐紂

43_ 食其地(식기지)= '빼앗은 땅을 개척한다'는 뜻. 食=殖의 誤.

44_ 遝(답)= ㅁㅁ에 이르러서는. 逮와 通.

이들을 모두 성왕이라고 한다.

이것을 무슨 말로 설명해야 하는가?'

묵자가 말했다.

그들의 주장은 우리가 말하는 법도를 잘 살피지 못했고

옛일을 잘 밝히지 못했다.

옛 성왕들은 이른바 공격 전쟁이라고 말할 수 없고

죄를 문책하는 주벌誅罰이라고 말해야 한다.

옛날 삼묘三苗족들이 크게 난리를 일으키자

하늘은 그들을 주벌할 것을 명령하셨다.

밤에 해의 요괴가 나타나고 사흘 동안 핏빛 비가 내렸으며

용이 묘당에서 나타나고 개가 저자에서 곡을 했다.

여름에 얼음이 얼고 땅이 갈라져 샘이 솟고

오곡이 때를 잃으니 백성들이 크게 진동했다.

이에 순임금(高陽氏)이 현궁에서 명을 내리니

우禹는 친히 하늘의 명을 받들고

묘족을 주벌했다.

그러자 우레와 번개가 진동하고

사람의 얼굴에 새의 몸을 가진 신이 나타나서

옥홀(珪)을 받들고 시종했다.

이에 묘족의 장수가 화살에 맞으니

此皆立爲聖王

是何故也.

子墨子曰

子未察吾言之類[45]

未明其故者也

彼非所謂攻

謂誅也.

昔者三苗大亂

天命殛[46]之

日妖宵出[47] 雨血三朝

龍生于廟犬哭乎市.

夏水 地坼及泉

五穀變化 民乃大振.

高陽乃命玄宮

禹親把天之瑞令[48]

以征有苗.

雷電誖振[49]

有神人面鳥身

若瑾以侍[50]

扼矢有苗之將[51]

45_ 類(류)=法度.

46_ 殛(극)=귀양 보냄(誅責), 죽일.

47_ 日妖宵出(일요소출)=손이양은 日妖를 有妖라 했다. 그러나 '해의 요괴가 밤에 나타나다'로 解했다. 다음 문장의 婦妖와 균형이 맞는다.

48_ 瑞令(서령)=瑞卩의 錯簡. 옥으로 만든 符節. 信標. 卩→節.

49_ 雷電誖振(뇌전패진)=原文은 四電誘祗였으나 손이양에 따라 고친 것임. 誖振=勃震과 通用된다.

50_ 若瑾以侍(약근이시)=若以謹持(矢扼有苗之將)로 읽는 이도 있다. 그러나 손이양은 若瑾은 奉珪의 誤로 보았다.

묘족의 군사들은 크게 어지러워 마침내 미약해졌다.	苗師大亂 後乃逐幾.[52]
우임금은 묘족을 이기고 나서 이내	禹旣已克有三苗[53]
구주의 산천을 정리하여 치수사업을 끝내고	焉磨爲山川[54]
공물의 등급을 상하로 분별하고 구주를 밝게 제어했으니	別物上下[55] 卿制大極[56]
신들과 인민들이 어긋남이 없었고	而神民不違
천하가 안정됐다.	天下乃靜
이것이 우임금의 묘족에 대한 주벌이었던 것이다.	則此禹之所以征有苗也.
또한 하나라 걸왕 때에도 하늘은 엄한 명령을 내렸다.	至乎夏王桀 天有酷命
해와 달이 때를 잃고 추위와 더위가 뒤섞여 닥치고	日月不時 寒暑雜至
오곡이 말라 죽고 귀신이 울부짖고	五穀焦死 鬼呼國
십여 일 동안 밤마다 학이 울었다.	鶴鳴十夕餘.
이에 하늘은 표궁鑣宮에서 탕임금에게 명하여	天乃命湯於鑣宮
하나라의 천명을 이어받도록 했다.	用受夏之大命

51_ 扼矢有苗之將(액시유묘지장)=扼失有苗之祚로 解하기도 한다. 將=原文은 祥으로 되었으나 손이양에 따라 고쳤다. 扼=捉握의 뜻이나 여기서는 '화살에 맞다'로 解함. 그러나 未詳.

52_ 後乃逐幾(후내수기)=幾를 微로 보아 '후에 결국 쇠미해졌다'로 解하는 손이양에 따라 譯했다.

53_ 克有三苗(극유삼묘)=삼묘족을 이겼다. 그러나 『서경』의 기록은 다르다. 『서경』에 의하면 순임금이 우를 시켜 묘족을 치라 했으나 30일 동안이나 전투를 해도 성과가 없자(三旬苗民逆命) 益이 조언하기를 德만이 하늘을 감동시키고 (惟德動天) 지성만이 귀신을 감동시킬 것이라(至誠感神) 하니 군사를 철수시켰다(班師振旅, 振=군사를 거둔다). 부득이 순임금이 文德을 펴니 70일 만에 묘족들이 감응했다고 한다(帝乃誕敷文德 舞干羽于兩階 七旬有苗格, 格=감응할 격). 中國 民族은 일찍이 농업 정착민으로 사냥 민족인 기마족의 침입을 받으면 곡식과 비단을 주어 달래서 돌려보내는 것을 정책으로 삼았으며 이것을 그들 역사책에서는 文德으로 이겼다고 기록하는 것이다. 그 후 진시황에 이르러 기마족(東夷·北狄)에 대항하여 무력으로 맞아 싸웠으나 진시황도 결국 패배하여 망한다. 중국은 지면서 이기는 법을 터득한 민족이다.

54_ 焉磨爲山川(언마위산천)=禹의 치수사업으로 최초로 황허 이남을 중국 영토로 확정했다. 焉=於是, 乃. 磨=歷과 通用된다고 한다(왕인지).

55_ 別物上下(별물상하)=貢物을 분별하여 상하로 등급을 매긴 우임금의 공적.

56_ 卿制大極(경제대극)=손이양은 鄕制四極이라 하고, 필원은 卿을 章이라 하고 大는 四라 했다. 즉 '우임금이 구주를 밝게 제어하다'라는 뜻이다. 이는 구주 개척을 말한 것으로 이때부터 중국의 전통적인 영토인 황허와 양쯔강 유역이 통일됐다.

탕임금은 감히 명을 받들어 군사를 거느리고	湯焉敢奉率其衆
하나라 지경으로 향했다.	是以鄉有夏之境
하느님은 보이지 않게 벼락을 내려	帝乃使陰暴[57]
하나라 성을 허물어버렸다.	毀有夏之城
그리고 잠깐 있다가 한 신이 나타나 고했다.	少少有神來告曰
"하나라의 덕이 크게 어지러우니 가서 성을 공격하라!	夏德大亂 往攻之
내가 반드시 너로 하여금 크게 이기게 하리라.	予必使汝大堪[58]之
나는 이미 하느님으로부터 명을 받았노라!	予旣受命於天
하느님은 또 불의 신에게 명하시어	天命融[59]隆[60]火
하나라 서북쪽 성의 모퉁이에 불을 내리게 했노라!"	于夏之城間西北之隅.
탕임금은 이에 하나라 걸을 등진 백성들을 이끌고	湯奉桀衆
하나라를 쳐서 이겼다.	以克有
그러고는 모든 제후들을 박薄 땅에 모이게 하고	屬諸侯於薄
하늘의 명을 온 천하에 밝히니	薦章天命 通于四方
천하의 제후가 복종치 않는 이가 없었다.	而天下諸候 莫敢不賓服
이것이 탕임금이 걸왕을 주벌한 경과다.	則此湯之所以誅桀也.
또 상나라(후에 殷이라 했음) 주왕에 이르자	遝至乎商王紂
하늘은 그의 덕을 비호해 주지 않았다.	天不序[61]其德
제사는 때를 놓치고, 밤낮으로 술에 취하고	祀用失時 兼夜中[62]
십일 동안 박 땅에 흙비가 내리고	十日雨土于薄

57_ 帝乃使陰暴(제내사음폭)=은밀하게 벼락을 치다. 손이양은 陰暴을 降暴의 誤로 보나 그냥 두어야 글이 좋다. 帝=하느님(天帝), 어떤 이는 陰을 降으로 보고 雷神의 이름으로 解하기도 한다.

58_ 堪(감)=勝과 通.

59_ 融(융)=祝融. 즉 火神의 이름.

60_ 隆(륭)=雷神豐隆.

61_ 序(서)='순응하다'로 解하는 이도 있으나 무리다. 序는 庌의 誤다. 庌는 庇와 뜻이 같다. 유월은 𠩄의 誤로 읽는다.

62_ 兼夜中(겸야중)=飮兼夜中으로 읽는다. 『帝王世紀』의 '紂爲長夜之飮 七日七夜'를 말한 것으로 보인다.

구정九鼎이 자리를 옮겨 앉고   九鼎遷止[63]

요사한 여자 귀신이 밤에 나타나고   婦妖宵出

귀신들이 밤에 울고, 여자가 남자로 변하고   有鬼宵吟 有女爲男

하늘에서는 붉은 비가 내리고, 국도에 가시덤불이 자라고   天雨肉 棘生乎國道

임금은 스스로 더욱 방종했다.   王況自縱也.

이에 붉은 새가 옥홀을 물고   赤鳥銜珪

주나라 기산(岐)의 사당에 내려와 말했다.   降周之岐社

"하늘이 주나라 문왕에게 명하여   日 天命周文王

은나라를 치고 대신 다스리라고 하셨다!"   伐殷有國.

이때 어진 태전이 귀순해 왔고   泰顚來賓

황허에서는 하도가 나왔고   河出綠圖[64]

땅속에서는 신마神馬 승황乘黃이 나타났다.   地出乘黃[65]

무왕이 문왕을 잇자 꿈에 삼신三神이 나타나 말했다.   武王踐功.[66] 夢見三神日

"내가 이미 주왕을 술 속에 빠뜨려 놓았으니   予旣沈漬殷紂于酒德矣.

가서 그를 공격하라.   往攻之

나는 반드시 네가 크게 이기게 하리라!"   予必使汝大堪之.

무왕은 마침내 미치광이 주왕을 쳤다.   武王乃攻狂夫.

상나라가 주나라로 돌아오자   反商之周[67]

하늘은 그에게 황조黃鳥의 깃발을 내렸다.   天賜武王 黃鳥之旗.

무왕은 은나라를 이겨 하느님의 명을 이루고 나서   王旣已克殷

63_ 九鼎遷止(구주천지)=우임금이 九州에서 金을 모아 만든 足이 아홉 개 달린 솥. 이것이 천자의 통치권을 상징함. 즉, '만민을 먹여 살린다'는 뜻임.

64_ 河出綠圖(하출녹도)=그림으로 解하는 이도 있으나 잘못이다. 易의 原型인 河圖를 稱한다. 즉 伏羲氏의 易은 河圖를 따라 만든 것이며 文王의 易은 洛書에 따라 만들어진 것이라 한다.

65_ 乘黃(승황)=神馬의 이름. 여우와 비슷하고 등에 뿔이 있는데 이것을 타면 2천 년을 산다고 한다(山海經).

66_ 武王踐功(무왕천공)='무왕이 임금이 되었다'는 뜻. 功=阼(섬돌 조)의 誤.

67_ 反商之周(반상지주)=상나라가 주나라에 편입됐다. 之=作.

모든 신들을 나누어 제사 지내도록 했고   成帝之來[68] 分主諸神

주왕의 선왕들도 제사를 지내고   祀紂先王[69]

사방 오랑캐 나라들과도 우호적인 교류를 트니   通維四夷[70]

천하에 복종치 않는 이가 없었다.   而天下莫不賓

이에 탕임금의 왕업은 무왕에 의해 계승됐던 것이다.   焉襲湯之緒.

이것이 무왕이 주왕을 주벌한 까닭인 것이다.   此卽武王之所以誅紂也.

이제까지 세 성왕의 옛일을 살펴보면   若以此三聖王者觀之

그것은 공격 전쟁이 아니라 이른바 주벌이었던 것이다.   則非所謂攻也 所謂誅也.

5

또 전쟁을 좋아하는 군주는 자기의 주장을 비호하며   則夫好攻伐之君 又飾其說

묵자를 비난한다.   以非子墨子曰.

'묵자가 공벌을 불의라고 하지만   子以攻伐爲不義

그것을 이로운 것이 아니라고 말할 수 있는가?   非利物與.

옛날 초나라 웅려熊麗[71]는   昔者楚熊麗

저산睢山 사이에 처음으로 봉해졌고   始討[72]此睢山[73]之間

월나라 예휴繄虧[74]는 유거有遽[75]로부터 나와   越王繄虧 出自有遽[75]

월 땅에 나라를 세웠으며   始邦于越

68_ 成帝之來(성제지래)= '하느님이 내린 명령을 이룬다'로 解함. 來=賚의 誤(필원).

69_ 祀紂先王(사주선왕)= '선왕께 좋은 술로 제사했다'는 뜻. 紂=酎의 誤.

70_ 通維四夷(통유사이)= '사방의 오랑캐와 우호 관계가 열리다'로 譯한다. 通=뚫리다. 維=繫也, 連結也.

71_ 초나라 왕실의 조상. 『사기』 「楚世家」에서는 鬻熊의 아들을 熊麗라 함. 周 成王 때 封해졌다고 한다.

72_ 討(토)= 封의 誤.

73_ 睢山(저산)=楚의 조상의 故鄕, 오늘날의 허베이성 바오캉현(保康縣)의 서남쪽 징산(荊山)의 主山이라 한다.

74_ 越 왕실의 祖上. 처음으로 王이 된 句踐의 아버지 允帝. 또는 그 조상인 無餘라는 說이 있다.

75_ 有遽(유거)=熊渠를 稱하는 듯하다.

당숙唐叔[76]과 여상呂尙[77]이 제나라와 진나라에 봉해졌을 때 / 唐叔與呂尙邦齊晉

땅은 둘 다 수백 리에 불과했다. / 此皆地方數百里

그러나 지금은 다른 나라를 병탄했기 때문에 / 今以并國之.

천하를 넷으로 나누어 차지하게 되었다. / 故四分天下而有之

이것은 무슨 까닭이라고 설명할 것인가?' / 是故何也.

묵자가 말했다. / 子墨子曰

그대들은 우리들의 법도를 잘 알지 못하고 / 子未察吾言之類

옛일을 잘 밝히지 못하고 있다. / 未明其故者也.

옛날 천자께서 처음 봉했던 제후들은 / 古者天子之始封諸侯也

만여 명이 넘었으나 지금은 병합됐으므로 / 萬有餘 今以并國之故

만여 나라가 거의 멸망하고 유독 네 나라만이 존립한 것은 / 萬國有餘皆滅 而四國獨立

비유컨대 의사가 병을 치료하고자 / 此譬猶醫之

만여 명에게 약을 먹였으나 / 藥萬有餘人

모두 죽고 네 명만이 치료된 것과 같다. / 而四人愈也.

이런 약을 투여한 의사는 좋은 의사라 할 수 없다. / 則不可謂良醫矣.

6

또 침략전쟁을 좋아하는 군주들은 / 則夫好攻伐[78]之君

그들의 주장을 비호하여 말한다. / 又飾其說曰.

'나는 금과 옥을 자녀들에게 주기 위해서도 아니고 / 我非以金玉子女

국토가 모자라서 전쟁을 하는 것도 아니다. / 壤地爲不足也

76_ 晉에 봉해졌던 武王의 아들. 즉 成王의 동생인 叔虞. 또는 처음 唐에 봉했기 때문에 唐虞라고도 한다.

77_ 太公 望. 武王이 그를 齊에 봉함.

78_ 攻伐(공벌)=誅罰과 구별하고자 전쟁을 攻伐이라 표기하고 있음.

천하에 의로운 이름을 세워	我欲以義名立於天下
덕으로써 제후들을 책망하는 것이다.'	以德求[79]諸候也
묵자가 이에 대해 말했다.	子墨子日.
지금 그대들이 능히 의로써 천하에 이름을 세워	今若有能以義名立于天下
덕으로써 제후들을 책망하는 것이라면	以德求諸侯者
전쟁을 할 것도 없이 천하가 복종하도록	天下之服
기다려도 될 일이 아닌가?	可立而待也.
그럼에도 천하에 전쟁이 있어온 지 오래됐으니	夫天下處攻伐久矣
비유컨대	譬若
아이들이 말타기 놀이처럼 할수록 모두가 피로할 뿐이다.	傅子之爲馬然.[80]
지금 만약 그대들이 능히 믿음으로 교류하여	今若有能信效
먼저 천하 제휴들을 이롭게 하려 한다면	先利天下諸候者
큰 나라가 의롭지 않으면 협동하여 그것을 걱정해 주고	大國之不義也 則同憂之.
큰 나라가 작은 나라를 공격하면	大國之攻小國也
협동하여 작은 나라를 구원해 주며	則同救之
작은 나라의 성곽이 온전치 못하면	小國城郭之不全也
그것을 보수해 주고	必使修之
곡식이 모자라면 그것을 나누어 주고	布粟之絕[81]則委之
옷감이 부족하면 나누어 주어야 할 것이다.	幣帛不足則共之.
이와 같이 큰 나라와 교류한다면	以此效大國
큰 나라의 군주들은 기뻐할 것이고	則大國之君說

79_ 求(구)=咎也.

80_ 傅子之爲馬然(부자지위마연)=왕인지는 傅子는 僮子의 誤라고 한다. '아이들의 말타기 놀이'로 解하는 통설을 따른다. 그러나 僮子를 童子柱로 읽고, 馬를 屋四角(처마 끝)으로 읽으면 '동자 기둥을 서까래로 쓴다'는 뜻이 된다. 이렇게 解하면 전쟁 비용을 백성의 이용후생을 위하여 써야 한다는 뜻이 된다. 「경주」편에도 같은 말이 있다.

81_ 之絕(지절)=乏絕의 誤.

이와 같이 작은 나라와 교류한다면	以此效小國
작은 나라의 군주들은 기뻐할 것이다.	則小國之君說
남들이 전쟁으로 피로할 때 나는 편안할 것이니	人勞我逸
나의 군비와 병력은 더욱 강하게 될 것이며	則我甲兵强.
관대하게 은혜를 베풀고 급박한 자를 평안케 해주면	寬以惠 緩易急
백성들은 반드시 귀의할 것이다.	民必移⁸²
공격과 전쟁을 하는 노력과 비용으로 나라를 다스린다면	易攻伐以治我國
생산은 배로 커질 것이며	攻必倍.
내가 군대를 동원하는 막대한 비용으로	量我師擧之弗
제후들의 곤란을 구해 안정시켜 주면	以諍⁸³諸侯之斃
이로써 얻어지는 이익은 참으로 클 것이다.	則必可得而序利⁸⁴焉.
그리로 올바름으로 독려하고 의義로써 명성을 세우며	督以正 義其名
인민들에게 힘써 관대하고 우리 군사들을 신뢰하여	必務寬吾衆 信吾師
이로써 제후들의 군사를 대한다면	以此授諸侯之師
천하에 적수가 없을 것이다.	則天下無敵矣.
그러한 평화주의는 천하를 이롭게 함이	其爲利天下
헤아릴 수 없이 클 것이다.	不可勝數也.
이것이야말로 천하에 이로운 것인데도	此天下之利
왕공대인들은 그것을 쓸 줄 모르고 있으니	而王公大人 不知而用
이것은 가히	則此可謂
천하를 이롭게 하는 막중한 임무를 모른다고 해야 할 것이다.	不知利天下之巨務矣.
그러므로 묵자가 말했다.	是故子墨子曰

82_ 移(이)=歸依하는 것.

83_ 諍(쟁)=靜. 즉 靖과 同意. 안정시키다. 보통은 爭으로 바꾸어놓았으나 잘못이다.

84_ 序利(서리)=厚利의 誤(왕인지).

오늘날 천하의 왕공대인과 사군자들이

충심으로 천하의 이로움을 일으키고

폐해를 제거하려 한다면

마땅히 잦은 침략 전쟁은

실로 커다란 해독임을 알아야 한다.

이제 어짊과 의로움을 행하고 훌륭한 선비가 되고자 하며

위로는 성왕의 도에 맞고

아래로는 나라와 백성의 이익에 맞도록 하고자 한다면

마땅히 전쟁을 반대하는 평화주의에 대해

깊이 살피지 않으면 안 된다는 소이가 여기에 있다.

今且天下之王公大人士君子

中情將欲求興天下之利

除天下之害

當若繁爲攻伐

此實天下之巨害也.

今欲爲仁義 求爲上士

尙欲中聖王之道

下欲中國家百姓之利

故當若非攻之爲說

而將不可不察者 此也.

第二十篇 **節用** 절용 **上**

성왕의 정치는 정령을 펴 산업을 일으키고 백성들로 하여금 재화를 풍족하게 사용토록
하되 이용후생에 보탬이 되지 않는 것을 결코 하지 않았다.

1

성인이 한 나라를 다스리면	聖人爲政一國
그 나라의 부富는 두 배가 될 수 있다.	一國可倍也.
또 천하를 다스리면	大之爲政天下
천하의 부를 두 배로 할 수 있다.	天下可倍也.
그것이 두 배가 된다는 것은	其倍之
전쟁으로 밖에서 땅을 빼앗는 것이 아니고	非外取地也
그 나라 안에서 나라 살림의 낭비를 없앰으로써	因其國家 去其無用之費
그 나라의 살림을 두 배로 만들 수 있다는 말이다.	足以倍之.
성왕의 정치는 정령을 펴 산업을 일으키고	聖王爲政 其發令興事[1]
백성들로 하여금 재화를 풍족하게 사용토록 하되	使民用財[2]也
이용후생에 보탬이 되지 않는 것을 결코 하지 않았다.	無不加用而爲者
그리하여 재화를 소비하는 데 낭비가 없으므로	是故用財不費[3]
백성의 노동력이 지치지 않으면서도	民德不勞[4]

1_ 興事(흥사)=사업을 일으키다.
2_ 用財(용재)=재화를 유통시키다(通也), 재화를 이용하다, 재화를 쓰다(可施行也).
3_ 費(비)=소모함, 허비함.
4_ 民德不勞(민덕불로)=德을 得으로 보아 生産 活動으로 보는 이가 있으나(손이양) 그렇게 되면 '백성의 생활에 수고로
   움이 없다'는 뜻이 되므로 묵자 사상과는 배치된다. 여기서 德은 본래 갖춘 능력, 백성의 힘과 노동력 등 생산력을 말
   한다. 勞=고단하다, 피로하게 한다, 지치다로 譯한다.

558 ◎ 원전 읽기

이익은 더욱 커지는 것이다.

옷을 생산하는 것은 무엇 때문인가?

겨울에 추위를 막고 여름에 더위를 막기 위함이다.

그러므로 옷을 생산하는 도리는

겨울에는 따뜻하게 해주고

여름에는 시원하게 해주는 것으로 그치고

이용후생에 보탬이 되지 않는 낭비는 버린다.

또 집을 만드는 것은 무엇을 위한 것인가?

겨울에 바람과 추위를 막고 여름에 더위와 비를 막고

도적을 막을 수 있도록 견고하면 그것으로 그친다.

그 외에 이용후생에 보탬이 되지 않는 낭비는 버린다.

또 갑옷과 방패, 창과 칼, 활과 화살을 만든 것은

무엇을 위한 것인가?

이것으로 외적의 침입과 도적을 막기 위함이다.

만약 도적이 들고 외적이 침입하면

이러한 방어 무기가 있어야만 이겨낼 수 있기 때문에

성인이 이것을 만들어냈던 것이다.

무릇 이러한 병기를 만드는 도리는

가볍고 이용이 편리하며

견고하여 부러지지 않게 하면 그것으로 그친다.

그 외에 이용후생에 보탬이 되지 않는 낭비는 버린다.

또 배와 수레를 만드는 것은 무엇을 하기 위함인가?

其興利多矣.

其爲衣裳 何以爲

冬以圉寒 夏以圉暑.

凡爲衣裳之道

冬加溫

夏加淸者 芊組[5]

不加者去之[6]

其爲宮室 何以爲

冬以圉風寒 夏以圉暑雨.

有圉盜賊 加固者芊組

不加者去之.

其爲甲盾五兵

何以爲

以圉寇亂盜賊.

若有寇亂盜賊

有甲盾五兵者勝 無者不勝.

是故聖人作爲甲盾五兵.

凡爲甲盾五兵之道

加輕以利

堅而難折者 芊組.

不加者去之.

其爲舟車何以爲.

5_ 芊組(천저)=홍이훤은 則止의 誤라 한다. 則止가 鮮且로 錯簡되고 다시 芊組로 錯簡됐다는 것이다. 그러나 유월은 鮮且의 誤며 且는 組의 借字라 한다. 홍이훤을 따른다. 芊=草盛貌. 組=不詳.

6_ 不加者去之(불가자거지)=不加用者 去之로 읽는다.

수레로 육지를 달리고, 배로 냇물과 골짜기를 건너 車以行陵陸 舟以行川谷
사방을 통행하는 데 편리하게 하고자 함이다. 以通四方之利.
무릇 배와 수레를 생산하는 도리는 凡爲舟車之道
가볍고 편리하게 이용하는 것으로 그치고 加輕以利者 芊組.
그 외에 이용후생에 보탬이 되지 않는 낭비는 버린다. 不加者去之.
무릇 이러한 재화의 생산은 凡其爲此物也
생활에 유익한 것이 아니면 만들지 말아야 한다. 無不加用而爲者.
그러므로 재물의 낭비가 없고 백성들의 노동이 지치지 않고 是故用財不費 民德不勞
이익을 일으킴이 많고 컸던 것이다. 其興利多矣.
따라서 왕공과 귀족들이 有去大人
옥, 새와 짐승, 개와 말 등을 수집하는 일을 버리고 之好聚珠玉鳥獸犬馬
그 대신 옷과 집, 以益衣裳宮室
갑옷과 방패, 창과 칼, 배와 수레 등을 더 만들면 甲盾五兵舟車之數
몇 배로 늘어날 것이다. 於數倍乎
이렇게 하면 국부를 두 배로 늘리는 일은 어렵지 않을 것이다. 若則不難.

2

그러면 두 배로 늘리기가 어려운 것은 무엇인가? 故孰爲難倍
오로지 사람을 두 배로 늘리는 것이 어렵다. 唯人爲難倍.
그러나 사람도 두 배로 늘릴 수 있다. 然人有可倍也.
옛 성왕들은 법을 만들어 이르기를 昔者聖王爲法 曰.
'남자는 만 스무 살이 되면 丈夫年二十
감히 장가들지 않는 자가 없고 毋敢不處家[7]

7_ 處家(처가)=장가가다, 成家.

여자는 만 열다섯 살이 되면

시집가지 않는 자가 없도록 하라'고 했다.

이것이 성왕의 법이다.

그러나 성왕들이 죽자 백성들은 제멋대로 하여

일찍 장가드는 자는

스무 살에 장가를 가지만

만혼하는 자는

마흔 살에야 장가를 가게 되므로

이것을 가감해 보면

성왕의 법보다 십 년이 뒤지게 된다.

만약 삼 년마다 아이를 하나씩 낳는다면

십 년이면 두세 명의 아이를 낳을 수 있다는 계산이다.

이로써 성왕의 법은 누구나 제때에 장가들게 하여

인구를 두 배로 늘릴 수 있었던 것이다.

다만 그렇게 하지 않을 뿐이다.

오늘날 천하의 위정자들은

다분히 인구가 줄어드는 정책을 시행한다.

백성들의 노동을 착취하고 무거운 세금을 징수함으로써

백성들은 재물이 부족하여

얼어 죽고 굶어 죽는 자가 셀 수 없이 많다.

女子年十五

毋敢不事人.[8]

此聖王之法也.

聖王旣沒 于民次也.[9]

其欲蚤處家者

有所二十年處家

其欲晚處家者

有所四十年處家.

以其蚤與其晚相踐[10]

後聖王之法十年

若純[11]三年而字[12]

子生可以二三計矣

此不爲使民蚤處家

而可以倍與.

且不然已.[13]

今天下爲政者

其所以寡人之道多.

其使民勞 其籍斂[14]厚

民財不足

凍餓死者 不可勝數也.

8_ 事人(사인)=남편을 섬기다, 시집가다.

9_ 次也(차야)=恣也.

10_ 相踐(상천)=평균을 내는 것. 踐=翦으로 除의 뜻이다.

11_ 純(순)=모두 다. 皆와 同.

12_ 字(자)=젖을 먹여 기름, 養也, 乳也.

13_ 且不然已(차부연이)=손이양은 且不惟此爲然已의 錯簡이라 했다.

14_ 籍斂(자렴)=세금을 거두다, 稅斂.

또한 귀족들은 전쟁을 좋아하여
이웃 나라를 공벌한다.
오래 걸리면 일 년이 넘고 짧아야 몇 달이 걸리므로
남녀가 오랫동안 이별해야 한다.
이것들이 바로 인구를 줄이는 정책들이다.
거처가 불안하고 먹고 마시는 것이 때를 놓쳐
병들어 죽는 자들과
불도가니를 들고 진격하여 성을 공격하거나
들판에서 싸우다가 죽는 자는 얼마나 많은가?
이런 악폐는 오늘날 위정자들이
인구를 줄어들게 하는 도리로써
시책을 폈기 때문에 일어난 현상이 아닌가?
성인의 정치는 결코 그렇지 않았으니
이러한 악폐는 성인이 정사를 다스림에 있어
인구를 증가시키는 도리로써
시책을 폈기 때문에 일어난 것은 결코 아니다.
그러므로 묵자는 이르기를
쓸모없는 낭비를 없애는 것은
성왕의 도리이며 천하에 커다란 이익이라고 한 것이다.

且大人惟毋興師
以攻伐鄰國
久者終年 速者數月
男女久不相見
此所以寡人之道也
與居處不安 飮食不時
作疾病死者.
有與侵就 援橐[15]攻城
野戰死者 不可勝數.
此不令爲政者
所以寡人之道
數術[16]而起與
聖人爲政特無此.
此非聖人爲政.
其所以衆人之道
亦數術而起與.
故子墨子曰.
去無用之費
聖王之道 天下之大利也.

15_ 橐(탁)=불로 성을 공격하는 무기.
16_ 數術(수술)=施策으로 解한다. 數續으로 읽고 '수가 늘어나는 것'으로 해석하기도 하지만 뜻이 不通이다.

第二十一篇 **節用** 절용 中

무릇 천하의 공인工人들은 수레와 가죽옷을 만들고 그릇을 굽고, 쇠를 다루고
나무를 깎고 각각 제 기술에 따라 일을 하라.
그리하여 백성들의 수요가 충분하게 공급되면 거기서 그치라.

1

묵자가 말했다.	子墨子言曰.
옛날 영명한 임금이신 성인들이	古者明王聖人
천하를 다스리고 제후들을 바로잡은 방법은	所以王天下 正諸侯者
저들이 그들의 백성을 사랑하여 삼가 충직했고	彼其愛民謹忠
백성을 이롭게 하여 삼가 돈독했으므로	利民謹厚.
충성과 믿음이 서로 이어졌으며	忠信相連
무엇보다 그들에게 이익을 주었던 것이다.	又示¹之以利
이로써 백성들은 평생토록 싫어하지 않았고	是以終身不厭
죽어서도 잊지 못했던 것이다.	歿世而不卷²
옛날 영명한 임금이신 성인들이	古者明王聖人
진실로 천하에 왕 노릇을 하고	其所以王天下
제후들을 다스렸던 방법은 이것이었다.	正諸侯者此也.
그러므로 옛 성왕들은	是故古者聖王
절용의 법을 제정하고 이르기를	制爲節用之法 曰
'무릇 천하의 공인工人들은 수레와 가죽옷을 만들고,	凡天下群百工 輪車鞼匏³

1_ 示(시)=바치다, 보이다, 教也, 呈也.

2_ 卷(권)=倦과 通用.

3_ 輪車鞼匏(윤거궤포)=수레 만드는 공인과 가죽 다루는 공인. 匏=鞄와 通用.

그릇을 굽고, 쇠를 다루고, 나무를 깎고
각각 제 기술에 따라 일을 하라.
그리하여 백성들의 수요가 충분하게 공급되면
거기서 그치라'고 했다.
이처럼 백성들의 이용후생에 보탬이 되지 않는 것은
성왕들은 하지 않았다.
또 옛 성왕들은
먹고 마시는 법을 만들어
족히 허기를 채우고 기운을 북돋우고
체력을 튼튼히 하고
눈과 귀가 총명할 수 있으면 그것으로 그치게 했다.
그러므로 갖가지 맛과 향기를 갖춘 사치한 음식을 먹거나
먼 나라의
진귀하고 특이하고 괴상한 식품들은 들여오지 않았다.
어떻게 그것을 알 수 있는가?
옛날 요임금이 천하를 다스릴 때
남으로는 교지까지, 북으로는 유주(幽都)까지
동쪽과 서쪽으로는 해가 떠서 지는 데까지
복종하지 않는 자가 없었으나
재물을 매우 아껴서
밥은 기장과 피를 한꺼번에 두 가지를 먹지 않았고

陶[4]冶[5]梓匠[6]
使各從事其所能.
曰. 凡足以奉給民用
則止.
諸加費不加於民利者
聖王弗爲.
古者聖王
制爲飲食之法 曰.
足以充虛繼[7]氣
强股肱
耳目聰明 則止.
不極五味之調 芬香之和
不致遠國
珍怪異物.
何以知其然.
古者堯治天下
南撫交阯[8] 北降幽都
東西至日所出入
莫不賓服.
逮至其厚愛
黍稷不二

4_ 陶(도)=질그릇 만드는 공인.
5_ 冶(야)=쇠를 다루는 공인.
6_ 梓匠(재장)=목수, 즉 가구를 만드는 공인.
7_ 繼(계)=增.
8_ 交阯(교지)=지금의 베트남.

고깃국과 고기를 겹치지 않았으며	羹胾不重⁹
밥은 토류에 담고 국은 토형에 담았으며	飯於土塯¹⁰ 啜於土鉶
술은 국자로 손수 떠서 마셨다고 한다.	斗¹¹以酌¹²
또 고개를 올리고 내리며, 몸을 굽혔다 폈다 하며	俛仰周旋¹³
위의를 갖추는 예절 등등	威儀之禮
인민의 이용에 보탬이 되지 않는 모든 낭비는	諸加費不加於民利者
하지 않았다.	聖王弗爲
또 옛 성왕들은 의복에 관한 법을 만들었다.	古者聖王制爲衣服之法
겨울에는 짙은 보라나 회색으로 하여	日. 冬服紺緅之衣¹⁴
가볍고 따뜻하게 했으며	輕且暖
여름에는 갈포 옷을 입어 가볍고 시원하면	夏服絺綌之衣¹⁵ 輕且淸
그것으로 그치고,	則止.
인민들의 이익에 보탬이 되지 않는 낭비를	諸加費 不加於民利者
성왕들은 금지시켰다.	聖王弗爲.
또 옛 성왕들은	古者聖人
독한 날짐승과 사나운 들짐승들이 인민을 해치자	爲猛禽狡獸 暴人害民
이에 백성들에게 무기를 만들도록 가르치며 이르기를	於是敎民以兵行日帶¹⁶
'칼은 찌르면 들어가고 치면 끊어지며	劍 爲刺則入 擊則斷

9_ 黍稷不二 羹胾不重(서직불이 갱자부중)=곡식은 두 가지를 놓지 않고, 고기는 두 가지를 중복시키지 않았다.

10_ 土塯(토류)=왕염손은 토기 밥그릇이라 했다. 塯=瓦器.

11_ 斗(두)=국자.

12_ 酌(작)=떠 마시는 것.

13_ 俛仰周旋(면앙주서)=위엄 있는 행동을 표현한 것. 俛=머리 숙이는 것. 仰=머리를 드는 것. 周=구부리는 것. 旋=돌아서는 것.

14_ 紺緅之衣(감추지의)=보랏빛과 잿빛의 옷.

15_ 絺綌之衣(치격지의)=가는 칡베 옷.

16_ 兵行日帶(병행왈대)=兵舟甲車로 고쳐 읽는다.

옆에서 쳐도 부러지지 않게 하라!

이것이 칼의 이로움이다.

갑옷은 그것을 입으면 가볍고 편리하여

움직이면 막아주고 몸에 순응토록 하라!

이것이 갑옷의 이로움이다.

수레는 무거운 것을 싣고 멀리 달릴 수 있고

타면 편안하고 끌면 편리하며

안전하여 사람을 상하지 않고 편리하여 빨리 달리게 하라!

이것이 수레의 이로움이다'라고 말했다.

옛 성왕들은

큰 강이나 넓은 골짜기의 물을 건널 수 없었으므로

이에 배와 노를 만들었으며

물을 건너기에 편리하고 충분하면 그것으로 그쳤다.

그러므로 비록 삼공과 제후의 배라 할지라도

배와 노를 사치하게 꾸미지 않았고

뱃사공을 이상한 옷으로 꾸미지 않았다.

이것이 배의 이로움이다.

또 옛 성왕들은 절제한 장례법을 만들고 이르기를

'수의는 세 벌로 하여 살이 썩기에 충분하고

관은 세 치 두께로 하여 뼈가 썩기에 충분하며

묘혈의 깊이는 샘물과 빗물이 들지 않고

냄새가 새지 않기에 충분하면 그것으로 그쳐야 한다.

旁擊而不折.

此劍之利也.

甲爲衣則輕且利

動則兵[17]且從[18]

此甲之利也.

車爲服重致遠

乘之則安 引之則利.

安以不傷人 利以速至.

此車之利也.

古者聖王

爲大川廣谷之不可濟

於是制爲舟楫

足以將之[19]則止

雖上者三公諸侯至

舟楫不易[20]

津人不飾

此舟之利也.

古者聖王制爲節葬之法 曰.

衣三領 足以朽肉

棺三寸 足以朽骸.

堀穴深不通于泉

流[21]不發洩 則止.

17_ 兵(병)=弁의 誤. 弁=變의 假借字.

18_ 從(종)=隨也, 順也.

19_ 將之(장지)=그곳을 건너간다.

20_ 不易(불역)=꾸미지 않다. 易=治也.

장례를 치른 후에는

살아 있는 사람이 상을 오래 지내지 않게 하여

오랫동안 슬퍼하지 않도록 해야 한다'고 말했다.

옛날 사람이 처음 살았을 때는

집이 없었던 시대라

언덕에 굴을 파고 살았다.

성왕께서 생각하기를 이 같은 굴혈 생활은

겨울에는 바람과 추위를 피할 수 있지만

여름에는 습기와 훈증으로

백성들의 기운을 해칠까 걱정되어

집을 지어 백성을 편리하게 했다.

집 짓는 법은 어떻게 했는가?

묵자가 말했다.

곁은 바람과 추위를 막을 수 있도록 하고

위로는 눈과 서리, 비와 이슬을 막을 수 있도록 하며

가운데는 정결히 하여 제사를 지낼 수 있게 하고

담장은 남녀를 족히 분별할 수 있으면

그것으로 그쳐야 한다.

따라서 백성의 이용후생에 보탬이 되지 않는 초과 소비는

성왕들께서는 결코 하지 않았다.

死者旣葬

生者毋久喪

用哀.

古者人之始生

未有宮室之時

因陵丘堀穴而處焉.

聖王慮之 以爲堀穴

冬日可以避風寒

逮夏 下潤濕 上熏蒸

恐傷民之氣.

于是作爲宮室而利民.

然則爲宮室之法 將奈何哉.

子墨子言曰

其旁可以圉風寒

上可以圉雪霜雨露

其中蠲[22]潔 可以祭祀

宮牆足以爲男女之別

則止.

諸加費不加于民利者

聖王弗爲.

21_ 流(류)=氣의 잘못인 듯(필원).

22_ 蠲(견)=깨끗하다.

第二十五篇

節葬 절장 下

후한 장례와 오랜 상례라는 것이 실은 가난한 자를 부하게 하거나
인민을 많아지게 하거나 위태로움을 안정시키거나 혼란을 다스리는 방책이 아니라면,
이것은 어짊이 아니고 의로움이 아니고 효자로서 할 일이 아니다.

1

묵자가 말했다.	子墨子言曰
어진 사람이 천하를 위하여 도모하는 것은	仁者之爲天下度也
비유하자면 다른 것이 아니라	辟之無以異乎
효자가 어버이를 위하여 도모하는 것과 같다.	孝子之爲親度也.
오늘날 효자가 어버이를 위하여 도모하는 것은	今孝子之爲親度也
무엇인가?	將奈何哉.
어버이가 가난하면 부유하게 하려고 노력하며	曰 親貧則從事乎富之
집안이 적으면 많게 하려고 노력하고	人民寡則從事乎衆之
집안이 어지러우면 다스려 태평하게 하는 것이다.	衆亂則從事乎治之.
이 일을 함에 힘이 부족했거나	當其於此也. 亦有力不足
재물이 풍족하지 않았거나 지혜롭게 알지 못했는지	財不贍 智不知
염려해야 효를 다한 것이다.	然後已矣
감히 힘을 아껴두고	無敢舍餘力
계책을 감추고, 남모르게 재물을 남겨두는 것은	隱謀遺利
부모를 위하는 행위가 아니다.	而不爲親爲之者矣.
만약 이 세 가지 일에 힘쓴다면	若三務者
효자가 어버이를 위하여 도모할 수 있는 일은	孝子之爲親度也
다했다 해도 과언이 아니다.	旣若此矣.
또 어진 사람이 천하를 위해 도모하는 것도	雖仁者之爲天下度

이와 똑같은 것이다.

즉 가난한 백성들을 부유하게 하고

인민이 적으면 많게 하고

민중이 어지러우면 다스려 태평하게 해야 한다.

이 일을 함에 힘이 부족했거나

재물이 풍족하지 않았거나 지혜롭게 알지 못했는지

염려해야 천하를 위해 도모한 것이다.

감히 힘을 아껴두고

계책을 감추고 남모르게 재물을 남겨두는 것은

천하를 위하는 행위가 아니다.

만약 이 세 가지 일에 힘쓴다면

인자가 천하를 위하여 도모할 수 있는 일은

다했다 해도 과언이 아니다.

오늘날 옛 삼대 성왕들께서 돌아가시자

천하는 의로움을 잃어버려

후세 군자들 중 혹자는 후한 장례와 오랜 상례(후장구상)가

어짊이요, 의로움이며,

효자의 일이라고 생각한다.

또 혹자는 후한 장례와 오랜 상례는

어짊도 아니고, 의로움도 아니며

효자가 할 일이 아니라고 생각한다.

이들 두 군자는 말마다 서로 비난하고

행동마다 상반된다.

모두 이르기를 '나는 위로 요·순·

우·탕·문·무 등 성왕들의 도리를 조술했다'고 한다.

그러나 두 군자는 말마다 서로 비난하고

亦猶此也

曰 天下貧則從事乎富之

人民寡則從事乎衆之

衆而亂則從事乎治之.

當其於此 亦有力不足

財不贍 智不知

然後已矣.

無敢舍餘力.

隱謀遺利.

而不爲天下爲之者矣.

若三務者.

此仁者之爲天下度也.

旣若此矣.

今逮至昔者三代聖王旣沒

天下失義.

後世之君子 或以厚葬久喪

以爲仁也 義也

孝子之事也

或以厚葬久喪

以爲非仁義

非孝子之事也.

曰二子者 言則相非

行卽相反.

皆曰 吾上祖述堯舜

禹湯文武之道者也.

而言卽相非

행동마다 상반된다.

이렇게 되니 후세의 군자들은

모두 두 군자 중 누구의 말이 옳은지 의심했다.

만약 정말 두 사람의 말을 의심한다면

시험 삼아 그들이 주장한 대로

국가와 인민을 다스려보고

후한 장례와 오랜 상례법이

앞서 말한 세 가지 이익에 합당한지를 살펴보아야 한다.

만약 그들의 주장을 본받고 그들의 정책을 시행하여

후하게 장사 지내고 오랫동안 상례를 하는 것이

실제로 가난한 자를 부하게 해주고

줄어든 백성들을 모여들게 하며

위태로운 세상을 안정되게 하고

어지러운 세상을 태평하게 할 수 있다면

이것은 분명히 어짊이요, 의로움이요,

효자가 할 일이 분명할 것이다.

그러므로 인민을 위하여 도모하는 군자라면

그런 정책을 권면하지 않을 수 없을 것이며,

천하의 이익을 일으키려는 인자라면

제도와 법도를 설치하여

백성들로 하여금 그것을 기리게 하고

종신토록 중단되지 않도록 해야 할 것이다.

行卽相反

於此乎 後世之君子

皆疑惑乎二子者言也.

若苟疑惑乎之二子者言

然則姑嘗傳[1]

而爲政乎國家萬民

而觀之 計厚葬久喪

奚當此三利者哉.

意若使法其言 用其謀

厚葬久喪

實可以富貧

衆寡

定危

治亂乎

此仁也 義也

孝子之事

爲人謀者

不可不勸也

仁者將興天下之利[2]

設置[3]

而使民譽之

終勿廢也.

1_ 傳(전)=말을 돌리다, 또는 敷(펴다)로 읽는다. 轉과 通用.

2_ 將興天下之利(장흥천하지리)=판본은 '將興之天下'로 됨. 앞의 글들을 참조하여 산정했다.

3_ 設置(설치)=판본에는 '讙賈'로 됨. 손이양에 따라 바꾸었음. 制度와 法度를 세운다는 뜻이다. 어떤 이는 讙賈로 읽고, 喧賈로 解하여 '선양한다'로 본다.

반대로 그들의 주장을 본받고 그들의 계책을 쓴 결과

후한 장례와 오랜 상례라는 것이

실은 가난한 자를 부하게 하거나 인민을 많아지게 하거나

위태로움을 안정시키거나 혼란을 다스리는 방책이 아니라면,

이것은 어짊이 아니고 의로움이 아니고

효자로서 할 일이 아닐 것이다.

따라서 인민을 위하여 계획을 세우는 자라면

그런 짓을 저지하지 않을 수 없을 것이며,

천하의 해로움을 제거하려는 어진 사람이라면

서로 그러한 법도를 폐지하고

백성들로 하여금 그것을 비난하게 하며

종신토록 하지 못하게 할 것이다.

그러므로 천하의 이로움을 일으키고

해로운 것을 제거한다면

나라와 백성이 다스려지지 않게 하려 해도

자고이래 그런 일은 없다.

어떻게 그것을 알 수 있는가?

오늘날 천하의 선비와 군자들은 오히려 대부분

후한 장례와 오랜 상례가 합당한지

그 옳고 그름, 이롭고 해로움에 대해 의심하고 있다.

意亦使法其言 用其謀

厚葬久喪.

實不可以富貧衆寡

定危理亂乎

此非仁非義

非孝子之事也.

爲人謀者

不可不沮也

仁者將除天下之害[4]

相廢[5]

而使人非之

終身勿爲也.

是故興天下之利

除天下之害

令國家百姓之不治也

自古及今 未嘗之有也.

何以知其然也.

今天下之士君子 將猶多

疑惑厚葬久喪之

爲中是非利害也.

4_ 將除天下之害(장제천하지해)=판본은 '將除之天下'로 됨.

5_ 相廢(상폐)= '서로들 厚葬久喪의 법도를 폐한다'는 뜻.

2

그러므로 묵자가 말했다.	故子墨子言曰
그런즉 두 가지 주장을 잠시 검증하기 위하여	然則姑嘗稽之
오직 후장구상을 주장하는 자들의 말을 본받아	今雖毋法執厚葬久喪者言
나라를 다스린다고 생각해 보자.	以爲事乎國家
만약 왕공대인들에게 상을 당했다면	此存乎王公大人有喪者
겉관은 반드시 여러 겹으로 할 것이고[6]	曰棺槨必重
매장은 반드시 깊게 할 것이며, 수의는 반드시 많이 입히고	葬埋必厚 衣衾必多
무늬와 수를 화려하게 할 것이며, 봉분은 크게 할 것이다.	文繡必繁 丘隴必巨.
그리고 금과 옥과 구슬로 시체를 덮을 것이고	然後金玉珠璣[7]比乎身
비단 천과 비단 실로 시체를 싸고 묶을 것이며	綸組節約[8]
수레와 말을 무덤에 묻을 것이다.	車馬藏乎壙[9]
또 장막과 천막, 솥과 그릇,	又必多爲屋幕[10] 鼎鼓[11]
탁자와 자리, 항아리와 접시,	几梴壺濫[12]
창과 칼, 깃털과 깃발, 상아와 가죽갑옷 등을	戈劍羽旄齒革[13]
무덤에 묻거나 능침陵寢에 버리고야 만족할 것이다.	寢[14]而埋之滿意
죽은 자를 이사 가는 것처럼 보내야 한다고 말하면서	若逡從.[15]

6_ 天子는 열 겹, 諸侯는 다섯 겹, 大夫는 세 겹, 士는 두 겹(荀子/禮論).

7_ 金玉珠璣(금옥주기)=금과 옥, 둥근 구슬과 모난 구슬.

8_ 綸組節約(륜조절약)=비단 천과 실로 시체를 감아 묶다.

9_ 車馬藏乎壙(거마장어광)=수레와 말을 무덤에 묻다.

10_ 屋幕(옥막)=장막, 幄幕.

11_ 鼎鼓(정고)=솥, 그릇. 鼓=敦의 誤. 敦=고대의 식기.

12_ 几梴壺濫(궤정호람)=탁자와 자리와 항아리와 접시(혹은 대야). 梴=筵.

13_ 戈劍羽旄齒革(과검우모치혁)=창, 칼, 깃발, 상아, 가죽(갑옷과 방패).

14_ 寢(침)=陵寢. 여기서는 무덤 또는 종묘의 뒤 건물을 지칭한 것이고, 거기에는 死者의 衣冠, 几杖 등을 안치한다. 종묘나 무덤의 앞 건물은 廟라 하며 거기에는 位牌, 木主 등을 安置한다.

15_ 若逡從(약송종)=逡死若徒로 고쳐 읽는다. 「공맹」편의 '逡死若徒', 「순자」의 '具生器以適墓 衆徒道也'의 예와 같다.

천자와 제후가 죽으면 순장을 하되 　　　　　　　　 曰 天子諸侯殺殉

많으면 수백 명, 적으면 수십 명을 생매장한다. 　　　　衆者數百 寡者數十

장군과 대부의 순장은 　　　　　　　　　　　　　 將軍大夫殺殉

많으면 수십 명 적으면 몇 사람을 생매장한다. 　　　衆者數十 寡者數人.

필부 천인에게 죽은 자가 있으면 　　　　　　　　 存乎匹夫賤人死者

가산이 모두 고갈될 것이며, 　　　　　　　　　　 殆竭家室

만약 제후가 상을 당했다면 　　　　　　　　　　 存乎諸侯死者

나라의 창고가 텅 비게 될 것이다. 　　　　　　　 虛府庫.

상복을 입는 것은 어떠한가? 　　　　　　　　　　 處喪之法 將奈何哉

곡은 때도 없이 소리 내어 흐느끼고 　　　　　　 曰 哭泣不秩[16]聲翁

거친 삼베옷과 삼베 띠를 머리와 허리에 두르고 　縗絰

눈물을 줄줄 흘리며 　　　　　　　　　　　　　 垂涕[17]

무덤 옆 움막에 살며, 거적 위에 눕고 흙더미를 베고 處倚廬 寢苫枕凷.[18]

억지로 먹지 않고 굶주리며 　　　　　　　　　　 又相率强不食而爲飢

얇은 옷을 입고 추위에 떨어 얼굴이 앙상하게 야위고 薄衣而爲寒 使面目陷陬

안색은 시꺼멓게 뜨고, 귀와 눈은 가물거리고 　　 顔色黧黑 耳目不聰明

팔다리는 힘이 빠져 움직일 수 없도록 한다. 　　　 手足不勁强 不可用也.

또 훌륭한 선비가 상을 치르면 　　　　　　　　 又曰 上士之操喪也

반드시 부축을 받아야 일어설 수 있고 　　　　　 必扶而能起

지팡이를 짚어야만 걸을 수 있다. 　　　　　　　 杖而能行.

그렇게 하면서 삼 년을 바쳐야 한다. 　　　　　　 以此共[19]三年.

만약 이 같은 말과 도리를 본받아 행하고자 　　　 若法若言 行若道

16_ 不秩(부질)=때도 없이, 不迭.

17_ 縗絰垂涕(최질수체)=뒤바뀌었다. 縗=삼년상 때의 거친 상복. 絰=삼으로 만든 머리띠와 허리띠.

18_ 苫凷(점괴)=거적자리와 흙덩이(壤).

19_ 共(공)=흔히 期의 誤로 읽지만 供으로 解한다.

왕공대인들에게 이대로 시키면	使王公大人行此
아침 일찍 조회하고 늦게 퇴근하면서	則必不能蚤朝晏退
정사를 돌볼 수 없을 것이며,	聽獄治政.
사대부들에게 이대로 시키면	使士大夫行此
오관과 육부를 다스릴 수 없을 것이니	則必不能治 五官六府[20]
풀과 나무를 불태워 개간할 수 없고	辟草木[21]
창고를 곡식으로 채우지 못할 것이다.	實倉廩
만약 농부들에게 이대로 행하게 한다면	使農夫行此
반드시 아침 일찍 들에 나가 밤늦게까지	則必不能蚤出夜入
밭 갈고 씨 뿌리지 못할 것이며,	耕稼樹藝
직공과 기술자들이 이같이 행한다면	使百工行此
배와 수레, 기계와 그릇을 만들 수 없을 것이며	則必不能修舟車 爲器皿矣
부녀자들이 이렇게 행한다면	使婦人行此
반드시 아침 일찍 일어나 밤늦게까지	則必不能夙興夜寐
실을 잣고 길쌈을 하지 못할 것이다.	紡績織紝 細布縿
이와 같이 후한 장례를 계산해 보면	計厚葬
거두어들인 재물을 너무 많이 묻어버리고,	爲多埋賦財者也.
오랜 상례를 계산해 보면	計久喪
너무 오랫동안 생업에 종사하는 것을 막는다.	爲久禁從事者也.
결국 생전에 이룬 재물을 무덤에 묻어버리고	財以成者[22] 扶而埋之[23]
뒤에 남은 후생들에게	後得生者

20_ 五官六府(오관육부)=이 句 위에 '使大夫行此 則必不能治'를 손이양에 따라 증보했다. 五官=司徒, 司馬, 司空, 司士, 司冠. 六府=司土, 司木, 司水, 司草, 司器, 司貨(禮記/曲禮).

21_ 辟草木(벽초목)=草木을 불태워 개척하는 것. 辟=闢과 通用.

22_ 財以成者(재이성자)=이미 이루어놓은 재물. 以=已와 通用.

23_ 扶而埋之(부이매지)=한데 끼워 묻어버린다. 扶=挾의 誤(유월). 앞의 '寢而埋之'의 寢도 扶로 고쳐 읽는 학자가 있다.

오랫동안 생산 활동을 금지할 것이다.	而久禁之.
이렇게 하면서 부유하기를 바라는 것은	以此求富
농사를 금하면서 수확을 바라는 것과 같으니	此譬猶禁耕而求穫也.
부유하게 된다는 미신 같은 주장은 기대할 수 없다.	富之說無可得焉.
그러므로 국가가 부유하기를 바라는 것은	是故求以富國家
더더욱 불가능한 것이다.	而旣已不可矣.

3

그러면 인민의 증가에 대한 바람은 혹시 가능할까?	欲以衆人民 意者可邪.
그런 주장 또한 불가능할 것이다.	其說又不可矣.
지금 오직 후한 장례와 오랜 상례를 주장하는 사람이	今唯無^{24}以厚葬久喪者
정사를 다스린다면	爲政
군주가 죽으면 삼년상^{25}을 치르고	君死 喪之三年
부모가 죽으면 삼년상을 치르고	父母死 喪之三年
처와 장자가 죽으면 삼년상을 치를 것이다.	妻與後子死者 喪之三年
이 다섯 경우만 최고의 상례인 삼년상을 치른다(禮記/喪服).	五者 喪之三年
그리고 백부, 숙부, 형제, 서자는 이 년	然後伯父叔父兄弟孽子期^{26}
종조조부모, 종조부모, 종조곤제從祖昆弟 등 친족은 오 개월	戚族人五月^{27}
고모, 누이, 조카, 외삼촌 등은 삼 개월 복상한다.	姑姊甥舅 皆有月數^{28}

24_ 無(무)=毋와 같이 아무런 뜻이 없는 語氣詞.

25_ 斬衰(참최)를 말함. 즉 再期之喪이므로 실재로는 二十五個月 상복을 입는다.

26_ 期(기)=齋衰(재최)를 말함. 期喪(일주기 상)이므로 十三個月 복상한다. 이년상이라고도 말한다.

27_ 五月(오월)=小功(소공)을 말함. 二時喪 즉 2계절 복상한다는 뜻이다.

28_ 月數(월삭)=細麻(세마)를 말한 것이다. 一時喪 즉 1계절 복상한다. 數=빠를 삭. 수월(수개월)로 고쳐 읽는 이도 있
   으나 따르지 않는다.

   *禮記/喪服小記 : 再期之喪三年也(斬衰=25개월) 期之喪二年也(齊衰=13개월) 九月七月之喪三時也(大功=9개월

그런즉 몸을 상하고 야위게 하는 것이 법도다.

얼굴은 야위고 눈은 움푹 들어가고

안색은 검게 뜨고 눈과 귀는 가물거리고

수족은 힘이 빠져 움직일 수조차 없게 된다.

게다가 높은 선비들은 상을 치르면

반드시 부축해야만 일어설 수 있고

지팡이를 짚어야만 걸을 수 있을 정도로

삼 년 동안을 공경해야 한다고 말한다.

만약 그들의 말을 본받고 그들의 도리를 실행한다면

진실로 굶주리고 야위어 그렇게 될 것이다.

그러므로 백성들은 겨울에 추위를 견디지 못하고

여름에 더위를 참지 못하여

병들어 죽는 자가 헤아릴 수 없이 많게 된다.

또 이것은 남녀 간의 접촉을 불가능하게 만든다.

이러한 방법으로 인민이 많아지기를 바란다는 것은

마치 사람들로 하여금 칼 위에 엎어지라고 하면서

오래 살기를 비는 것과 같은 것이니

많아진다는 주장은 설득력이 없다.

그러므로 후장구상으로 인민을 많게 한다는 것은

이미 불가능한 이야기다.

則毀瘠必有制矣.

使面目陷䐉

顏色黧黑 耳目不聰明

手足不勁強 不可用也.

又曰 上士操喪也

必扶而能起

杖而能行

以此共三年.

若法若言 行若道

苟其飢約 又若此矣.

是故百姓冬不忍寒

夏不忍暑

作疾病死者 不可勝計也.

此其爲敗男女之交多矣.

以此求衆

譬猶使人負劍

而求其壽也.

衆之說無可得焉.

是故求以衆人民

而旣以不可矣.

4

그러면 그것으로 법과 정치를 다스리는 것은 혹시 가능할까?　欲以治刑政 意者可乎.

또는 7개월) 五月之喪二時也(小功=5개월) 三月之喪一時也(緦麻=3개월).

그런 주장 또한 불가능한 일이다.

지금 오직 후장과 구상으로 정치를 한다면

국가는 반드시 가난하고, 인민은 반드시 줄어들며

법과 정치는 반드시 어지러울 것이다.

만약 그들의 말을 본받고 그들의 도리를 행한다면

윗사람은 정사를 돌볼 수 없고

아랫사람은 일에 종사할 수 없을 것이다.

윗사람이 정사를 돌볼 수 없으면

법과 정치는 반드시 어지럽고,

아랫사람이 일을 할 수 없으면

먹고 입을 재물이 반드시 부족할 것이다.

만약 진실로 재물이 부족하다면

아우가 형을 찾아도 아무것도 줄 수 없을 것이니

아우는 형을 공경치 않고 도리어 원망할 것이며,

자식이 부모를 찾아도 줄 것이 없을 것이니

아들은 아비에게 효도치 않고 도리어 원망할 것이며,

신하 된 자가 임금을 찾아도 줄 것이 없을 것이니

신하는 충성치 않고 반드시 배반할 것이다.

이로써 편벽되고 음란하고 사악해진 백성들은

나가면 입을 것이 없고, 들어온들 먹을 것이 없으니

안으로 불만이 쌓이고

음란하고 포악해지는 것을 막을 수가 없을 것이다.

그러므로 도적들은 많고 다스리는 자는 적을 것이다.

도적은 많아지고 다스리는 자를 적게 하면서

其說又不可矣.

今唯無以厚葬久喪者爲政

國家必貧 人民必寡

刑政必亂.

若法若言 行若道

使爲上者行此 則不能聽治

使爲下者行此 則不能從事.

上不聽治

刑政必亂

下不從事

衣食之財必不足.

若苟不足

爲人弟者求其兄而不得

不弟弟必將怨其兄矣.

爲人子者求其親而不得

不孝子必是怨其親矣.

爲人臣者求之君而不得

不忠臣必且亂其上矣.

是以僻淫邪行之民

出則無衣也 入則無食也.

內續奚吾[29]

並爲淫暴 而不可勝禁也.

是故盜賊衆而治者寡.

夫衆盜賊而寡治者

29_ 內續奚吾(내속해오)=內積奚后의 誤. 뜻은 內積謏詬(왕인지). 안으로 불평이 쌓이다.

태평하기를 바란다는 것은	以此求治
마치 사람들을 여러 번 거절하여 돌려보내면서	譬猶使人三睘[30]
자기를 등지지 말라는 것과 같은 것이니	而毋負已也.
후장과 구상으로 다스릴 수 있다는 주장은 설득력이 없다.	治之說無可得焉.
그러므로 후장구상으로 법과 정치를 다스린다는 것은	是故求以治刑政
이미 불가능함을 알 수 있다.	而旣已不可矣.

5

후장구상으로 대국이 소국을 공격하는 것을 막으려 한다면	欲以禁止大國之攻小國也
혹시 가능하겠는가?	意者[31]可邪
그런 주장은 불가능한 것이다.	其說又不可矣.
옛날 성왕들이 돌아가신 뒤로	是故昔者聖王旣沒
천하에는 '정의'가 사라져	天下失義
제후들은 무력으로 정벌하기만 힘썼다.	諸侯力征.
남쪽에는 초나라와 월나라 임금과	南有楚越之王
북으로는 제나라와 진晉나라 군주가 있어	而北有齊晉之君
모두 군대를 길러	此皆砥礪其卒伍
남의 나라를 공격 병탄하는 것을 천하의 정치로 삼았다.	以攻伐并兼 爲政於天下.
무릇 큰 나라가	是故凡大國之所
작은 나라를 공격하지 못하게 하는 방법은	以不攻小國者
나라에 비축을 많이 하고 성곽을 정비하며	積委多[32] 城郭修

30_ 三睘(삼경)=睘을 轉으로 보아 '세 번 돌다'로 解하는 이도 있다. 왕인지는 還으로 읽고 '되돌려 보내다'로 解한다.
31_ 意者(의자)=意亦과 같은 뜻이다. '혹시', '어쩌면'으로 번역한다. 의문구에는 '아니면'으로 번역한다.
32_ 積委多(적위다)=크고 작은 많은 재물을 축적한다는 뜻.

상하가 고르게 화합하여

큰 나라가 공격하는 것을 꺼리게 만드는 길뿐이다.

나라에 비축이 없고 성곽의 방비가 허술하고

상하가 고르고 화합하지 못하다면

큰 나라는 반드시 공격해 올 것이다.

지금 오로지 후한 장례와 오랜 상례로 정치를 하면

나라는 반드시 가난하고 인민은 반드시 줄어들고

법과 정치는 반드시 문란할 것이다.

만약 구차하고 가난하면 비축할 수 없고

인민이 적어지면 성곽과 해자도 빈약하고

형정刑政이 문란하면 나가 싸워 이길 수 없고

들어와 지켜도 견고하지 않을 것이다.

후장구상으로 대국이 소국을 공격하는 것을 막는 것은

불가능한 것이 기정사실이다.

上下調和.

是故大國不耆³³攻之.

無積委 城郭不修

上下不調和

是故大國耆攻之.

今惟毋以厚葬久喪者爲政

國家必貧 人民必寡

刑政必亂.

若苟貧 是無以爲積委也

若苟寡 是城郭溝渠者寡也

若苟亂 是出戰不克

入守不固.

此求禁止大國之攻小國也

而旣已不可矣.

6

후장구상으로

하느님과 귀신의 복을 빌면

혹시 가능할 것인가?

그런 주장은 불가한 일이다.

欲以³⁴

干³⁵上帝³⁶鬼神³⁷之福

意者可邪

其說又不可矣.

33_ 耆(기)=좋아하다, 즐기다, 嗜同.

34_ 以(이)=賓語는 厚葬久喪이다.

35_ 干(간)=求也(子長干祿 : 論語).

36_ 上帝(상제)=하느님.

37_ 鬼神(귀신)=鬼와 神. 鬼=神이 되지 못하고 떠도는 靈을 말한다.

지금 오직 후장구상으로 정치를 한다면
나라와 집안은 반드시 가난하고 인민은 반드시 줄어들며
법과 정치는 반드시 어지러울 것이다.
만약 진실로 가난하면
젯밥과 단술이 정결하지 못하고,
만약 인민이 줄어들면
하느님과 귀신을 섬기는 자들이 줄어들 것이며
어지러우면 제사를 때에 알맞게 올리지 못할 것이다.
또 이것은 하느님과 귀신을 섬기는 것을 금지하는 것이므로
정치가 이와 같다면
하느님과 귀신께서 소문을 들으시고 이르기를
'나는 이런 자를 지켜줄 것인가? 없앨 것인가?
어느 것이 나을까?
이런 자를 지켜주기보다는
없애는 것이 더 좋겠다'고 말할 것이다.
그런즉 하느님과 귀신은 그들에게 죄를 내리고
재앙과 벌을 내려 그들을 버릴 것이다.
이 어찌 당연한 결과가 아니겠는가?

今唯無以厚葬久喪者爲政
國家必貧 人民必寡
刑政必亂.
若苟貧
是粢盛[38]酒醴不淨潔也
若苟寡
是事上帝鬼神者寡也.
若苟亂 是祭祀不時度也.
今又禁止事上帝鬼神
爲政若此
上帝鬼神始得聞[39] 曰
我有是人也 與無是人也
孰愈
曰 我有是人也
與無是人也 無擇也[40]
則惟上帝鬼神降之罪
厲[41]之禍罰而棄之
則豈不亦乃其所[42]哉.

38_ 粢盛(자성)=祭飯과 祭物.

39_ 始得聞(시득문)=판본에는 '始得從上撫之'로 됨. 從=相聽也. 上撫之=뜻이 不通이라 삭제했다.

40_ 無擇也(무택야)=가릴 필요조차 없다, 분별할 것도 없다. 즉 없애는 쪽으로 선택한다는 뜻.

41_ 厲(려)=作也, 病也. 바로 앞 문장의 降과 같은 뜻으로 해석한다.

42_ 乃其所(내기소)=固其宜의 뜻. 是其所應得.

7

| 그러므로 옛 성왕들은 장례법과 매장법을 제정했다. | 故古聖王制爲葬埋之法 |

그러므로 옛 성왕들은 장례법과 매장법을 제정했다. 故古聖王制爲葬埋之法

관은 세 치로 하여 시체를 썩히기에 충분하고 日 棺三寸 足以朽體

수의는 세 벌로 하여 더러운 것을 덮기에 충분하고, 衣衾三領. 足以覆惡.

매장은 아래로는 지하수에 닿지 않도록 깊지 않고 以及其葬也 下冊及泉

위로는 냄새가 새지 않도록 얕지 않고, 上冊通臭

무덤은 밭이랑의 세 배 정도로 그쳤다. 壟若參耕之畝[43]則止矣

죽은 자를 이미 장사 지냈으면 死則旣已葬矣

산 자는 반드시 곡을 오래하지 않고 속히 직무에 종사하며 生者必無久哭 而疾而從事

사람마다 능력을 다하여 서로를 이롭게 해야 한다. 人爲其所能 以交相利也.

이것이 성왕의 법이다. 此聖王之法也.

오늘날 후장구상을 고집하는 자는 이르기를 今執厚葬久喪者之言曰

'후장과 구상이 厚葬久喪

비록 가난한 자를 부하게 하거나 적은 인민을 많게 하거나 雖使不可以富貧衆寡

위태로움을 안정시키고 혼란을 다스릴 수는 없어도 定危治亂

이것은 성왕의 법도'라고 주장한다. 然此聖王之道也.

묵자는 그렇지 않다고 말한다. 子墨子曰 不然.

옛날 요임금은 북쪽으로 여덟 오랑캐를 교화시키고 昔者堯北敎乎八狄

오던 길에 죽어 공산蛩山의 북쪽에 장사 지냈는데, 道死 葬蛩山之陰[44]

수의와 이불은 세 벌이었고 衣衾三領

단단하지 않은 곡목으로 관을 썼으며 穀木[45]之棺

43_ 參耕之畝(삼경지묘)=손이양은 參耦耕之畝로 읽었다. 五寸이 一伐, 三伐이 一耦이므로 묘지의 면적은 약 4~5척(尺)이 된다.

44_ 道死 葬蛩山之陰(도사 장공산지음)=요임금이 北狄과 전투 중 길에서 죽었다. 장지는 鞏山 혹은 崇山, 穀林이라고도 한다. 陰=북쪽.

45_ 穀木(곡목)=나무 이름. 단단하지 않고 좋지 않은 나무. 天子의 관은 梓나무로 한다.

칡덩굴로 관을 묶었고	葛以緘之.
하관 이후에 곡을 했으며	旣犯[46]而後哭
구덩이에 평평하게 묻었을 뿐 봉분이 없었고	滿坎無封
장사를 지낸 후에는 소와 말이 그곳을 밟고 지나다녔다.	已葬而牛馬乘之[47]
순임금은 서쪽 오랑캐(七戎)를 교화하고	舜西敎乎七戎
돌아오던 중 죽어 남쪽 기시紀市에 장사 지냈는데	道死 葬南己之市[48]
수의는 세 벌이었고	衣衾三領
곡목으로 관을 했고, 칡덩굴로 관을 묶어	榖木之棺 葛以緘之
장사 지낸 후에는 시장 사람들이 묘지를 밟고 지나다녔다.	已葬而市人乘之.
우임금은 동쪽의 오랑캐(九夷)를 교화시키고	禹東敎乎九夷
돌아오는 길에 죽어 후이지산會稽山에 장사 지냈는데,	道死 葬會稽之山
수의는 세 벌이었고	衣衾三領
세 치의 오동나무 관을 쓰고 칡덩굴로 묶었고	桐棺三寸 葛以緘之
염하는 베(斂布)는 서로 같지 않았고	絞之不合[49]
묘실로 통하는 무덤길(隧)을 파지 않았고	道[50]之不坮
묘혈의 깊이는 아래로 지하수에 닿지 않았고	掘地之深 下毋及泉
위로 냄새가 새지 않도록	上毋通臭
장사 지낸 후에 남은 흙을 위에 덮었고	旣葬收餘壞其上
무덤의 넓이는 밭이랑의 세 배 정도에서 그쳤다.	壠若參耕之畝則止矣.
만약 이들 세 분 성왕의 예를 볼 때	若以此若三聖王者觀之

46_ 犯(범)=판본에는 氾으로 되어 있으나 犯의 錯簡이며, 窆(폄)의 借音으로 하관의 뜻이 있다.

47_ 牛馬乘之(우마승지)=요임금의 묘 위를 목동들이 지나다녔다.

48_ 南己之市(남기지시)=帝王世紀元 舜南征 崩於鳴條 年百歲 殯於瓦棺 葬於蒼梧九疑山之陽 是爲蒼陵. 謂之 '紀市'. 남쪽 紀市를 뜻하고 지금은 營道縣이라 한다.

49_ 絞之不合(교지불합)=염하는 베가 서로 맞지 않았다. 絞를 交로 읽고 '관과 관 뚜껑이 맞지 않는다'로 解하는 이도 있다. 그러나 絞는 小斂布를 말한다.

50_ 道(도)=여기서는 隧(묘실로 들어가는 터널)를 말한다. 隧葬은 주나라 天子만이 할 수 있었다.

후한 장례와 오랜 상례의 법은

결코 성왕의 법도가 아니었던 것이다.

세 분 임금들은 모두 귀하기로는 천자요,

부유하기로는 천하를 소유했는데

어찌 재물이 부족했겠는가?

그런데 이와 같은 장례법을 썼던 것이다.

오늘날 왕공대인들이 장사 지내고 매장하는 것은

이와는 다르다.

반드시 관곽 즉 겉관과 속관을 이중으로 쓰고

가죽 피대로 세 번이나 묶고, 벽옥을 다 갖추어 넣고

창과 칼, 솥과 그릇, 항아리와 접시 등을 넣고

수를 놓은 흰 비단 수의가 만 벌이요,

수레와 말과 여자 악사까지 갖추고

반드시 묘실로 통하는 지하도로(隧)를 개설하고

무덤은 산과 언덕처럼 높게 한다.

이를 위하여 인민들의 생업을 중지시키고

인민들의 재물을 허비함이 얼마인지 알 수 없으니

재물을 무용한 곳에 초과 소비함이 이와 같은 것이다.

이런고로 묵자는 말한다.

앞서 내가 처음 말한 대로

則厚葬久喪

果非聖王之道.

故三王者 皆貴爲天子

富有天下

豈憂財用之不足哉.

以爲如此葬埋之法.

今王公大人之爲葬埋

則異於此.

必大棺中棺

革闠三操⁵¹ 璧玉旣具

戈劍鼎鼓壺濫

文繡素練 大鞅萬領⁵²

輿馬女樂皆具

曰 必捶途差通⁵³

壟雖凡山陵.

此爲輟民之事

靡民之財 不可勝計也

其爲毋用若此矣.

是故子墨子曰

鄕者吾本言曰

51_ 革闠三操(혁궤삼조)=가죽 피대로 세 겹 단단히 묶다. 葛以緘之와 대비하여 화려해졌다는 뜻이다. 革闠=革鞹 즉 곱게 그림을 그린 가죽 피대. 三操=三罺.

52_ 大鞅萬領(대앙만령)=大鞅은 말의 목을 거는 피혁을 말하고, 萬領은 不詳이라 한다. 그러나 衣衾萬領의 誤로 읽는 이도 있다. 따른다.

53_ 捶途差通(수도차통)=묘실로 들어가는 지하도로인 隧를 넓게 낸다는 뜻. 晉侯朝王 請隧(左傳/僖公二十五年). 途=판본에는 垵로 됨. 差通=羨通의 錯簡.

만약 그들의 말을 따라 그들의 계책을 써서	意亦使法其言 用其謀
후한 장례와 오랜 상례로	計厚葬久喪
가난한 자를 부하게 하고 줄어든 인민을 많게 하며	請可以富貧衆寡
위태로운 것을 안정시키고 혼란을 다스릴 수 있다면	定危治亂乎
이것은 어진 것이요, 의로운 것이며	則仁也 義也
효자로서 해야 할 일이므로	孝子之事也.
사람들을 위하여 계책을 세우려는 사람들로서는	爲人謀者
권장하지 않을 수 없는 일이다.	不可不勸也.
그러나 만약 그들의 말을 본받아 그들의 계책을 따라	意亦使法其言 用其謀
사람들이 후한 장례와 오랜 복상을 하여	若人厚葬久喪
실은 가난한 자를 부하게 하거나 줄어든 인민을 많게 하거나	實不可以富貧衆寡
위태로운 것을 안정시키고 혼란을 다스릴 수 없다면	定危治亂乎
이것은 어진 일이 아니요, 의로운 일이 아니며	則非仁也 非義也
효자로서 할 일이 아니므로	非孝子之事也.
사람들을 위해 일을 꾀하는 자는	爲人謀者
그런 장례법을 막지 않을 수 없는 것이다.	不可不沮也.
그러므로 나라와 가문을 부하게 하려 해도	是故求以富國家
더욱 가난해지고	甚得貧焉
인민을 많게 하려고 해도 더욱 적어지며	欲以衆人民 甚得寡焉
법과 정사를 태평하게 다스리고자 해도 더욱 어지러워지고	欲以治刑政 甚得亂政
대국이 소국을 공격하는 것을 금지시키려 해도	求以禁止大國之攻小國也
이미 불가능한 일이며	而旣已不可矣.
하느님과 귀신의 복을 간구해도	欲以干上帝鬼神之福
오히려 재앙을 얻을 것이다.	又得禍焉
이것은 위로 요·순·우·탕·문·무의 도리로 보면	上稽之堯舜禹湯文武之道
정반대로 가는 것이며,	而政逆之

아래로 걸·주·유·려의 일로 보면 　　　　　　　　下稽之桀紂幽厲之事

부절이 맞듯이 닮았다. 　　　　　　　　　　猶合節也.

이로 볼 때 후한 장례와 오랜 상례법은 　　　　若以此觀 則厚葬久喪

성왕의 도리가 아닌 것이다. 　　　　　　　　其非聖王之道也.

8

오늘날 후장구상을 고집하는 사람들은 말한다. 　　今執厚葬久喪者言日

'만약 후장구상이 과연 성왕의 도가 아니라면 　　厚葬久喪 果非聖王之道

대체 중국의 군자들이 　　　　　　　　　　夫胡說中國之君子

그러한 법도를 그치지 않고 　　　　　　　　爲而不已

지키는 것을 무엇으로 설명해야 하는가?' 　　　操而不擇[54]哉.

묵자가 말했다. 　　　　　　　　　　　　子墨子日

이것은 사람들이 그들의 습관을 편리하게 생각하고 　此所謂便其習

자기들의 풍속을 옳은 것으로 여기기 때문이다. 　而義其俗者也.

옛날 월나라의 동쪽에 　　　　　　　　　　昔者越之東

개술국輆沭國이라는 나라가 있었는데, 　　　　有輆沭[55]之國者

그들은 맏아들을 낳으면 쪼개 먹으면서 　　　其長子生 則解而食之

다음 태어날 동생을 위하는 의식이라고 말하며 　謂之宜弟.[56]

할아버지가 죽으면 할머니를 짊어지고 가서 버리면서 　其大父死 負其大母而棄之

말하기를 귀신의 처와는 같이 살 수 없다고 한다. 　日 鬼妻不可與居處.

이것이 윗사람에게는 정치요, 아랫사람에게는 풍속이 되어 　此上以爲政 下以爲俗

54_ 操而不擇(조이불택)=붙들고 놓지 않는다. 擇=釋의 誤.

55_ 輆沭(개술)=나라 이름. 軫沐이라 된 판본도 있다. 전해 오기는 浙江省 동쪽에 있다 함. 그러나 「노문」편에는 같은 이야기가 啖人國 이야기로 기록되어 있다.

56_ 宜弟(의제)=佑弟.

그치지 않고 지켜지면 버리지 못하게 된다.

이것을 어찌 진실로 어질고 의로운 도리라고 하겠는가?

이것은 다만 습관을 편리하게 여기고

풍속을 의롭게 여긴 때문이다.

초나라 남쪽에는 담인국啖人國이라는 나라가 있는데

그들은 부모나 친척이 죽으면 그 살은 도려내서 버리고

뼈만을 매장해야 효자가 될 수 있다고 한다.

진秦나라 서쪽에 의거국儀渠國이라는 나라가 있는데

그들은 부모나 친척이 죽으면 장작불로 화장을 하는데

연기가 오르는 것을 하늘나라에 오른다고 말하고

그렇게 해야만 효자가 될 수 있다고 한다.

이것을 윗사람은 정치로 삼고 아랫사람은 풍속으로 삼아

그치지 않고 행하므로 붙잡고 버리지 못하는 것이다.

곧 이것을 어찌 진실로 어질고 의로운 도리라고 하겠는가?

이것은 이른바 그들의 익힌 습관을 편리하게 여기고

그들의 풍속을 의롭다고 여겼을 뿐이다.

이들 세 나라를 보면

역시 각박한 것 같고

중국의 군자들을 보면

역시 너무 후한 것 같다.

그러므로 너무 후하고 너무 박한 것을 버리면

장례는 절도가 있을 것이다.

爲而不已 操而不擇.

則此豈實仁義之道哉.

此所謂便其習

而義其俗者也.

楚之南有啖人國者

其親戚死 朽[57]其肉而棄之

然後埋其骨 乃成爲孝子.

秦之西有儀渠[58]之國者

其親戚死 聚柴薪而焚之

燻上 謂之登遐

然後成爲孝子

此上以爲政 下以爲俗

爲而不已 操而不擇

則此豈實仁義之道哉.

此所謂便其習

而義其俗者也.

若以此若三國者觀之

則亦猶薄矣.

若以中國之君子觀之

則亦猶厚矣

如彼則大厚 如此則大薄

然則葬埋之有節矣.

57_ 朽(후)=『大平廣記』에서는 剟로 됨. 따른다.

58_ 儀渠(의거)=西戎의 한 종족. 甘肅省慶陽 涇川一帶에 산다.

9

옷과 음식은 사람의 삶에 이로운 것이다.

그러나 여기에는 절도를 지키는 것을 숭상한다.

장례와 상례는 사람의 죽음을 이롭게 하는 것이다.

그런데 어찌 여기에는 유독 절도가 없어야 한단 말인가?

묵자는 장례법과 매장법을 제정하고 말했다.

관은 세 치 두께로 하여 뼈를 썩히기에 족하고

수의는 세 벌로 하여 살을 썩히기에 족하며

묘혈을 파는 깊이는 아래로 습기를 막고

위로 냄새가 새어나가지 않게 하고

봉분은 그 장소를 다시 찾기에 충분하면 거기서 그친다.

또 갈 때나 올 때에 곡을 하지만

돌아와서는 입고 먹는 재물을 생산하는 일에 종사해야 하며,

제사는 생산 활동에 지장이 없는 편리한 시간에 모서

어버이에게 효도를 해야 한다.

그래서 이르기를 묵자의 장례법은

삶과 죽음 모두를 이롭게 하는 것이라고 말한다.

그러므로 묵자는 말한다.

오늘날 천하의 선비와 군자들이

진실로 어짊과 의로움을 다하고 훌륭한 선비가 되고

위로는 성왕의 법도에 맞고

아래로는 나라와 백성의 이익에 맞도록 하려면

故衣食者 人之生利也

然且猶尙有節

葬埋者人之死利也

夫何獨無節於此乎

子墨子制爲葬埋之法 曰

棺三寸足以朽骨

衣三領足以朽肉

掘地之深 下無菹漏[59]

氣無發 洩於上

壟足以期[60]其所則止矣.

哭往哭來

反從事乎衣食之財

佴[61]乎祭祀

以致孝於親.

故曰 子墨子之法

不失死生之利者此也.

故子墨子言曰

今天下之士君子

中請將欲爲仁義 求爲上士

上欲中聖王之道

下欲中國家百姓之利

59_ 菹漏(저루)=沮濕의 誤.

60_ 期(기)=示의 誤.

61_ 佴(이)=助也, 副也.

마땅히 절제된 장례법으로 정치를 해야 한다는 것을
바르게 알지 않으면 안 된다.

故當若節喪之爲政
而不可不察此者也.

천하 백성을 이끌고 의로움을 힘쓰면 곧 내가 하늘이 바라는 것을 하는 것이다.

하늘은 무엇을 바라고 무엇을 싫어하는가? 하늘은 의로움을 바라고 불의를 싫어한다.
그래서 천하 백성을 이끌고 의로움을 힘쓰면 곧 내가 하늘이 바라는 것을 하는 것이다.

1

묵자가 말했다.

오늘날 천하의 선비와 군자들(관장을 지칭함)은

작은 것은 알면서 정작 큰 것은 모르고 있다.

무엇으로 그것을 알 수 있는가?

그들이 가정에서 처신하는 것을 보면 알 수 있다.

만약 집안에서 가장에게 죄를 진 자는

오히려 이웃집으로 도피할 수 있지만

그들의 부모와 형제들이 알고

하나같이 서로 경계하여 말하기를

'그런 행동은 삼가야 한다.

어찌 한 집안에 살면서 가장에게 죄를 짓는 것을

옳다 하겠는가?'라고 말할 것이다.

그들은 유독 집안에서만 그렇게 하는 것이 아니고

나라에서 처신할 때도 역시 그렇게 할 것이다.

나라에 살면서 그 나라에 죄를 진 자는

子墨子言曰

今天下之士君子

知小而不知大.

何以知之

以其處家¹者知之.

若處家 得罪於家長

猶有鄰家所避逃之.

然且親戚兄弟所知識²

共相儆戒 皆曰

不可不戒矣 不可不慎矣.

惡有處家而得罪於家長

而可爲³也.

非獨處家者爲然

雖處國亦然.

處國得罪於國君

1_ 處家(처가)=處身于家.

2_ 所知識(소지식)=그를 알고 있는 사람, 아는 바로는, 그들의 의식 구조로는.

3_ 可爲(가위)=다닐 수 있다, 살아갈 수 있다. 可行.

오히려 도피할 이웃 나라가 있지만

부모와 형제들이 알고

다 같이 서로 경계하며 말하기를

'그런 것은 경계하고 삼가야 할 일이다.

누가 한 나라에 살면서 그 나라 군주에게 죄를 짓는 것을

옳다고 하겠는가?'라고 말할 것이다.

이들은 도피할 수 있는데도

오히려 서로 경계하기를 이와 같이 엄하게 하거늘

장차 도피할 수도 없는 처지라면 서로 경계하기를

더욱 엄하게 해야 옳지 않겠는가?

속담에 이런 말이 있다.

'아! 하늘이 내려다보는 청천백일하에 죄를 지으면

장차 어찌 도망갈 곳이 있으랴?'

이르기를 도망갈 곳이 없다고 말할 것이다.

대저 하늘에 대해서는 깊은 숲과 골짜기나

아무리 아무도 없는 궁벽한 곳이라 해도

하늘의 밝음은 그것을 다 드러낼 것이다.

그런데도 천하의 선비와 군자들은

하늘에 대해서는 뜻밖에도 서로 경계할 줄 모른다.

이것이 바로 내가 천하의 선비와 군자들이

猶有鄰國所避逃之.

然且親戚兄弟所知識

共相儆戒 皆曰

不可不戒矣 不可不愼矣.

誰亦有處國得罪於國君

而可爲也.

此有所避逃之者也

相儆戒猶若此其厚[4]

況無所避逃之者 相儆戒

豈不愈厚然後可哉.[5]

且語言有之[6]曰

焉而晏日[7] 焉而[8]得罪

將惡所避逃之

曰 無所避逃之.

夫天不可爲[9]林谷

幽閒無人

明必見之.

然而 天下之士君子之

於天也 忽然不知以相儆戒.

此我所以知天下士君子

4_ 其厚(기후)=그들은 정중하게. 厚=重也.

5_ 豈不愈厚然後可哉(기불유후연후가재)=어찌 더욱 정중하게 하지 않을 수 있겠는가?

6_ 且語言有之(차어언유지)=또 옛 속담에서 말하기를. 語=속담, 古語. 言=衍文.

7_ 晏日(안일)=靑天白日下. 사람들이 다 보는 데서.

8_ 焉而(언이)=衍文. 또는 于是. 그리하여, 그래서, 그러나 여기서는 語氣詞로 본다.

9_ 不可爲(불가위)=의존할 수 없다, 의지할 수 없다. 爲=依恃也.

작은 것은 알면서 큰 것은 모른다고 단정하는 까닭이다.　　知小而不知大也.

2

그렇다면 하늘은 무엇을 바라고 무엇을 싫어하는가?　　然則天亦何欲何惡

하늘은 의로움을 바라고 불의를 싫어한다.　　天欲義而惡不義.

그래서 천하 백성을 이끌고　　然則率天下之百姓

의로움을 힘쓰면　　以從事於義

곧 내가 하늘이 바라는 것을 하는 것이다.　　則我乃爲天之所欲也.

내가 하늘이 바라는 것을 하면　　我爲天之所欲

하늘도 역시 내가 바라는 것을 해주신다.　　天亦爲我所欲.

그러면 나는 무엇을 바라고 무엇을 싫어하는가?　　然則我何欲何惡.

나는 복록을 바라고 재앙을 싫어한다.　　我欲福祿而惡祟.[10]

만약 내가 하늘이 바라는 것을 하지 않고　　若我不爲天之所欲

하늘이 바라지 않는 것을 한다면　　而爲天之所不欲

나는 천하의 백성을 이끌고　　然則 我率天下之百姓

하늘의 재앙과 벌을 받을 짓을 하는 셈이다.　　以從事於禍祟中也.

그러면 무엇으로 하늘이 의로움을 바라고　　然則何以知天之欲義

불의를 싫어하는 줄을 알 수 있는가?　　而惡不義.

그것은 천하에　　曰 天下

의로움을 얻으면 살고 의로움이 없으면 죽으며　　有義則生 無義則死

의로움을 얻으면 부하고 의로움이 없으면 가난하며　　有義則富 無義則貧

의로움을 얻으면 다스려 태평하고　　有義則治

의로움이 없으면 어지럽기 때문이다.　　無義則亂.

10_ 祟(수)=귀신이 사람에게 내리는 재앙.

그런즉 하늘은 살리기를 바라고 죽이는 것을 싫어하며   然則天欲其生而惡其死
부하기를 바라고 가난한 것을 싫어하며   欲其富而惡其貧
태평하기를 바라고 어지러운 것을 싫어한다.   欲其治而惡其亂
이것이 내가 하늘이 의로움을 바라고   此我所以知天欲義
불의를 싫어한다는 것을 알게 된 까닭이다.   而惡不義也.

3

대저 의로움이란 바른 것이니   曰[11] 且夫義者政也.[12]
아랫사람이 윗사람을 바르게 할 수 없고   無從下之政上
반드시 윗사람이 아랫사람을 바르게 한다.   必從上之政下.[13]
그러므로 서민은 직분에 힘써 일을 하되   是故 庶人竭力從事
스스로 제 위치와 차례를 찾아 바르게 할 수 없고   未得次[14]已而爲政
선비가 있어 그들을 바르게 한다.   有士政之.
또 선비는 제 직분을 따라 힘써 일하되   士竭力從事
스스로 제 위치와 차례를 찾아 바르게 할 수 없고   未得次已而爲政
경대부가 있어 그들을 바르게 한다.   有將軍大夫政之.
또 이들 경대부들은 직분에 따라 힘써 일하지만   將軍大夫竭力從事
스스로 제 위치와 차례를 바르게 할 수 없고   未得次已而爲政
삼공과 제후가 있어 그들을 바르게 한다.   有三公諸候政之.
삼공과 제후들은 힘써 정치를 하지만   三公諸候竭力聽治
스스로 제 위치와 차례를 찾아 바르게 할 수 없고   未得次已而爲政

11_ 曰(왈)=衍文이라고도 한다, 말들 한다. 즉 의문의 여지 없이 동의하는 명제를 표시한다.

12_ 政也(정야)=바로잡다, 바른 길이다. 政=正, 즉 正道.

13_ 政下(정하)=아랫사람을 바르게 한다.

14_ 次(차)=필원은 恣라 했다. 그러나 질서, '차례 짓는다'로 해석한다.

내가 이롭게 하는 것을 평등하게 이롭게 했으니

인민을 사랑함이 넓고

인민을 이롭게 함이 크다'고 여기셨다.

그래서 그들은 귀하기로는 천자가 되었고

부하기로는 천하를 소유했으며

만세토록 자손들은 대를 이어

그 착함을 전승하여 선양하고 천하에 널리 폈으니

오늘날까지도 그들을 칭송하여 성왕이라고 부른다.

그러면 걸·주·유·려가

죄를 받은 이유는 무엇인가?

묵자가 말하기를 그들이 한 일은 위로 하늘을 욕하고

가운데로 귀신을 속이고 아래로 백성을 해친 것이다.

그러므로 하늘은 생각하기를

'이들은 내가 사랑하라고 한 것을 차별하고 미워했으며

내가 이롭게 하라고 한 것을 서로 해치고,

사람을 미워함이 넓고

사람을 해침이 크다'고 여기셨다.

그러므로 그들의 수명을 다하지 못하도록 하고

그들이 대를 잇지 못하게 했으니

오늘날까지도 그들을 비난하여 폭군이라고 부른다.

我所利 兼而利之

愛人者 此爲博焉

利人者 此焉厚焉.

故使貴爲天子

富有天下

業²²萬世子孫

傳稱²³其善 方施²⁴天下

至今稱之 謂之聖王.

然則桀紂幽厲

得其罰何以也.

子墨子言曰 其事 上詬天

中誣鬼神 下賊人.

故天意曰

此之我所愛 別而惡之

我所利 交而賊之.

惡人者此爲之博也

賤²⁵人者此爲之厚也.

故使不得終其壽

不歿其世²⁶

至今毁之 謂之暴王.

21_ 此之我所愛(차지아소애)=이들은 하느님께서 사랑하는 것을. 之=于의 誤.

22_ 業(업)=葉의 誤. 葉=世代(昔在中葉有震且業: 詩經/商頌/長發).

23_ 傳稱(전칭)=대대로 전하고 선양하다. 稱=저울에 달아 경중을 말하는 것.

24_ 方施(방시)=널리 펴다. 方=넓다.

25_ 賤(천)=賊의 誤.

26_ 不歿其世(불몰기세)=不得沒其世의 誤. 沒=終也.

5

그러면 무엇으로 알 수 있는가?	然則何以知
하늘이 천하 인민을 사랑한다는 것을.	天之愛天下之百姓.
하늘은 인민을 평등하게 비춰주기 때문이다.	以其兼而明之.
무엇으로 하늘이 두루 평등하게 비춰주는 것을 아는가?	何以知其兼而明之.
하늘은 인민을 평등하게 두루 보존해 주기 때문이다.	以其兼而有之.[27]
무엇으로 하늘이 인민을 두루 보존해 줌을 아는가?	何以知其兼而有之.
하늘은 인민을 평등하게 두루 먹여주기 때문이다.	以其兼而食焉.[28]
무엇으로 하늘이 평등하게 두루 먹여주는 것을 아는가?	何以知其兼而食焉.
온 세상에 곡식을 먹는 인민들은 누구나	四海之內 粒食之民
소와 양을 치고 개와 돼지를 기르고	莫不犓牛羊 豢犬彘
젯밥과 술을 깨끗하게 마련하여	潔爲粢盛酒醴
하느님(上帝)과 귀신에게 제사를 올리기 때문이다.	以祭祀上帝鬼神.
하늘은 고을과 인민을 보존해 주시는데	天有邑人
어찌 사랑하지 않겠는가!	何用[29]弗愛也.
그러므로 나는 말한다.	且吾言
한 사람의 죄 없는 사람을 죽인 자는	殺一不辜者
반드시 하나의 재앙을 받아야 한다.	必有一不祥.
죄 없는 사람을 죽이는 자는 누구인가? 그것은 사람이다.	殺不辜者誰也. 則人也.
그에게 재앙을 주는 자는 누구인가? 그것은 하늘이다.	予之不祥者誰也. 則天也.
만약 하늘이 천하 인민을 사랑하지 않는다면	若以天爲不愛天下之百姓
무엇 때문에 사람이 사람을 서로 죽이는데	則何故以人與人相殺

27_ 兼而有之(겸이유지)=두루 보존하다.

28_ 兼而食焉(겸이사언)=두루 먹여주다.

29_ 何用(하용)=어찌하여, 固何.

하늘이 재앙을 내린다고 하겠는가?

이것이 내가

하늘이 천하 인민을 사랑함을 아는 까닭이다.

而天子之不祥.

此我所以知

天之愛天下之百姓也.

6

하늘의 뜻을 따르는 것은 의로운 정치요,

하늘의 뜻을 거역하는 것은 폭력의 정치다.

그러면 의로운 정치는 어떻게 하는가?

묵자가 말했다.

대국이 소국을 공격하지 않고

큰 가문이 작은 가문을 찬탈하지 않고

강한 자가 약한 자를 겁탈하지 않고

귀한 자가 천한 자를 업신여기지 않고

다수가 소수를 학대하지 않고

지혜로운 자가 어리석은 자를 속이지 않는 것이다.

이것은 위로는 하늘을 이롭게 하고

가운데로는 귀신을 이롭게 하고

아래로는 사람을 이롭게 한다.

이 세 가지가 이로우면 천하에 이롭지 않은 것이 없다.

그러므로 천하에 아름다운 이름을 붙여

順天意者[30] 義政也

反天意者[31] 力政也.

然義政將奈何哉.

子墨子言曰

處大國[32]不攻小國

處大家不簒小家

强者不劫弱

貴者不傲賤

多者不賊寡

詐者不欺愚.[33]

此必上利於天

中利於鬼

下利於人.

三利無所不利.

故擧天下美名加之

30_ 順天意者(순천의자)=하느님의 마음을 순종한다. 즉 인민의 뜻에 복종한다.

31_ 反天意者(반천의자)=폭력으로 통치하는 것. 인민의 뜻을 배반한 정치.

32_ 處大國(처대국)=대국의 처지로서.

33_ 多者不賊寡 詐者不欺愚(다자부적과 사자불기우)=이것은 多詐者不欺愚이나 錯簡이 있는 것으로 보아 수정함. 詐= 智也.

'성왕'이라고 부른다.

폭력의 정치는 이것과 달라

말은 하늘을 비난하고 행실은 하늘을 거슬러

말을 거꾸로 달리듯 대국이 소국을 공격하고

큰 가문의 대인은 작은 가문을 빼앗고

강자는 약자를 겁탈하고

고귀한 자는 천한 자를 업신여기고

다수는 소수를 학대하고

지혜 있는 자는 어리석은 자를 속인다.

이것은 위로는 하늘을 이롭게 하지 않고

가운데로는 귀신을 이롭게 하지 않고

아래로는 사람을 이롭게 하지 않으니

이 세 가지가 이롭지 않으면 천하에 이로운 것이 없다.

그래서 천하의 더러운 이름을 온통 그에게 더하여

그를 '폭군'이라고 부른다.

謂之聖王.

力政者則與此異

言非此 行反此

猶倖³⁴馳也. 處大國攻小國

處大家簒小家

強者劫弱

貴者傲賤

多者賊寡

詐者欺愚.

此上不利於天

中不利於鬼

下不利於人.

三不利 無所利.

故擧天下惡 名加之

謂之暴王.

7

묵자가 말했다.

내가 하늘의 뜻을 가지고 있다는 것은

비유컨대 바퀴 만드는 사람이 그림쇠를 가지고 있고

목수(匠人)가 곱자를 가지고 있는 것과 같다.

바퀴를 만드는 사람과 목수는 그림쇠와 곱자를 가지고

子墨子言曰

我有天志

譬若輪人³⁵之有規

匠人之有矩.

輪匠執其規矩

34_ 倖(행)=舊本은 偝로 됨. 이를 따른다. 偝=背也.

35_ 輪人(륜인)=수레바퀴를 만드는 사람.

천하의 모와 원을 재면서 말하기를
맞으면 옳다고 하고 맞지 않으면 그르다고 한다.
지금 천하의 선비와 군자들의 책은
다 기록할 수 없을 만큼 많고
사군자의 이론은 셀 수 없을 만큼 많다.
위로는 제후를 설복하고 아래로는 선비를 설복하지만
그것은 어짊과 이로움에 너무도 어긋난다.
무엇으로 그것을 아는가?
나는 하늘의 밝은 법도를 가지고 그것을 재기 때문이다.

以度天下之方員 曰
中[36]者是也不中者非也.
今天下之士君子之書
不可勝載
言語[37]不可盡計.[38]
上說諸侯 下說列士.[39]
其於仁義 則大相遠也.
何以知之
曰 我得天下之明法以度之.

36_ 中(중)=合也.

37_ 言語(언어)=學說, 理論.

38_ 計(계)=記로 解하기도 한다.

39_ 下說列士(하세열사)=뭇 선비들을 설복하다, 설득하다.

第二十七篇

天志 천지 中

하느님은 온 천하 인민을 평등하게 두루 사랑하므로 만물을 서로 자라게 하시어
천하 인민을 이롭게 하시며 털끝 하나라도 하느님이 하신 일이 아닌 것이 없다.

1

묵자가 말했다.	子墨子言曰
이제 천하의 군자가 어질고 의로운 자가 되려고 하면	今天下之君子 欲爲仁義者
의로움이 나오는 곳을 살피지 않으면 안 된다.	則不可不察 義之所從出.
이미 말했듯이	旣曰
의가 나오는 곳을 살피지 않으면 안 된다고 하는데	不可以不察 義之所從出
과연 의로움은 어디서 나오는가?	然則 義何從出.
묵자가 말했다.	子墨子曰
의로움은 어리석고 천한 자로부터 나오지 않고	義不從愚且賤者出.
반드시 고귀하고 지혜로운 자로부터 나온다.	必自貴且知者出.
무엇으로	何以知
의로움은 어리석고 천한 자에게서 나오지 않고	義之不從愚且賤者出
반드시 고귀하고 지혜로운 자에게서 나오는 것을 아는가?	而必自貴且知者出也.
의로운 자는 정사를 잘 다스리기 때문이다.	曰 義者善政也.
무엇으로 그것을 알 수 있는가?	何以知 義之爲善政也.
천하가 의로우면 다스려지고 의롭지 않으면 어지럽다.	曰 天下有義則治 無義則亂.
이로써 의로우면 바르게 다스려지는 것임을 알 수 있다.	是以知 義之爲善政也.
대저 어리석고 천한 자는	夫愚且賤者
고귀하고 지혜로운 자를 바르게 다스릴 수 없고	不得爲政乎貴且知者
고귀하고 지혜로운 자만이	貴且知者然後

어리석고 천한 자를 다스릴 수 있다.

이로써 나는 의로움이

어리석고 천한 자에게서가 아니라

반드시 지혜롭고 고귀한 자로부터 나오는 것임을 알았다.

그러면 누가 고귀하며 누가 지혜로운가?

하늘만이 고귀하고 하늘만이 지혜로울 뿐이다.

그러므로 의로움은 결국 하늘로부터 나오는 것이다.

오늘날 천하 인민은

천자는 제후보다 고귀하고

제후는 대부보다 고귀하다는 것을

분명하게 알고 있지만

하늘이 천자보다 고귀하고

지혜롭다는 것을 알지 못한다.

묵자가 말했다.

내가 하늘이 천자보다 고귀하고 지혜로운 것을

알게 된 까닭이 있으니,

천자가 착한 일을 하면 하늘은 그에게 상을 줄 수 있고

천자가 포악하면 하늘은 그에게 벌을 내릴 수 있으며,

천자가 질병과 재앙에 걸리면

반드시 목욕재계하고

젯밥과 술을 깨끗이 마련하여 하늘 귀신에게 제사하며,

이에 하늘은 그것을 능히 제거해 주지만

하늘이

得爲政乎愚且賤者

此吾所以知義之

不從愚且賤者出

而必自貴且知者出也.

然則 孰爲貴 孰爲知.

曰 天爲貴天爲知而已矣.

然則 義果自天出矣.

今天下之人 曰

當若[1] 天子之貴於諸侯

諸侯之貴於大夫

礭明[2]知之

然未知天之貴

且知於天子也.

子墨子曰

吾所以知天貴且知

於天子者有矣.

曰 天子爲善 天能賞之

天子爲暴 天能罰之

天子有疾病禍祟

必齊戒沐浴

潔爲酒醴粢盛 以祭祀天鬼

則天能除去之.

然吾未知 天之

1_ 當若(당약)=ㅁ ㅁ에 대해서는.

2_ 礭明(확명)=분명하게.

천자에게 복을 비는 일은 없기 때문이다.

이것으로 나는 하늘이

천자보다 고귀하고 지혜롭다는 것을 알았다.

이것뿐만이 아니다.

또 선왕들의 책에서는

하늘의 밝고 영원한 도를 훈도하시어 알게 하셨으니

이르기를 '밝은 벼리이신 하느님

권세로 이 땅에 임하소서!'라고 했는데

하늘이 천자보다 고귀하고 지혜롭다는 것을 말하는 것이니,

하늘보다 귀하고 지혜로운 것이 또 있음을 알지 못한다.

그래서 하늘만이 고귀하고 하늘만이 지혜롭다고 말한다.

그러므로 의로움은 결국 하늘로부터 나오는 것이다.

이런고로 묵자가 말했다.

오늘날 천하의 군자들이

진실로 도를 지키고 백성을 이롭게 하고자 한다면

어짊과 의로움의 뿌리인 하늘의 뜻을 본받고 살펴

삼가 따르지 않으면 안 되는 것이다.

祈福於天子也.

此吾所以知 天之

貴且知於天子者

不止此而已矣

又以先王之書

馴天明不解[3]之道也知之.

曰 明哲維[4]天

臨君[5]下土.

則此語天之貴且知於天子.

不知亦有 貴且知於天者乎.

曰 天爲貴 天爲知而已矣.

然則 義果自天出矣.

是故子墨子曰

今天下之君子

中實[6]將欲遵道利民

本察仁義之本 天之意

不可不愼[7]也.

2

이미 하늘의 뜻을

既以天之意

3_ 不解(불해)=不懈로 읽는다.

4_ 維(명철유=천)=語助辭로 보기도 한다. 여기서는 벼리의 의미.

5_ 君(군)=權也(春秋繁露/深察名號).

6_ 中實(중실)=마음이 진실로.

7_ 不愼(불신)=따르지 않다, 不順也.

따르지 않으면 안 된다고 생각했다면

하늘은 무엇을 바라고 무엇을 미워하는가?

묵자가 말했다.

하늘의 뜻은

큰 나라가 작은 나라를 공격하고

큰 가문이 작은 가문을 어지럽히고

강자가 약자를 겁탈하고 다수가 소수를 폭압하고

지혜로운 자가 어리석은 자를 속이고

귀한 자가 천한 자를 업신여기는 것을 바라지 않는다.

이것은 하늘이 원하지 않는 것들이다.

여기에 그치지 않고 더 나아가

하늘은 사람들에게 힘을 가진 자는 서로 도와주고

도리를 가진 자는 서로 가르쳐 인도하고

재물을 가진 자는 서로 나누어 주고

또한 윗사람은 힘써 다스리고

아랫사람은 힘써 일을 하기를 바란다.

윗사람이 힘써 다스리면 나라와 가문이 태평하고

아랫사람이 힘써 일하면 재물이 넉넉할 것이다.

만약 국가가 태평하고 재물이 넉넉하면

안으로는 단술과 젯밥을 깨끗하게 마련하여

하늘과 귀신에게 제사를 올리고

밖으로는 구슬과 옥 같은 존귀한 물건들을 가지고

以爲不可不愼已

然則天之將何欲何憎.

子墨子曰

天之意

不欲大國之攻小國也

大家之亂小家也

强之暴寡[8]

詐之謀愚

貴之傲賤

此天之所不欲也.

不止此而已

欲人之有力相營

有道相教

有財相分也

又欲上之强聽治也

下之强從事也.

上强聽治 則國家治矣

下强從事 則財用足矣.

若國家治 財用足

則內有以[9]潔爲酒醴粢盛

以祭祀天鬼

外有以爲環璧珠玉

8_ 强之暴寡(강지폭과)=强之劫弱 衆之暴寡이 탈락됨.

9_ 內有以(내유이)=안으로 능력껏.

10_ 聘撓(빙요)=초빙하고 접대함. 撓=接의 誤.

사방 이웃 나라들과 교류하면	以聘撓[10]四鄰.
제후들은 원한이 생기지 않고	諸侯之冤不興矣
변경에는 전쟁이 일어나지 않을 것이다.	邊境兵甲不作矣
또 안으로는 굶주린 자를 먹여주고 피로한 자를 쉬게 하여	內有以食飢息勞
만인을 지켜주고 부양해 주면	持養其萬民
군신 상하가 은혜롭고 충직하며	則君臣上下惠忠
부자 형제가 자애롭고 효성스러울 것이다.	父子弟兄慈孝.
그러므로 오직 하느님의 뜻을 밝히고 순종하며	故唯毋明乎順天之意
받들어 천하에 널리 편다면	奉而光[11]施之天下
형벌과 정치가 다스려지고 만인은 화목하며	則刑政治 萬民和
국가는 부유하고 재화와 이용후생은 풍족하며	國家富 財用足
백성들은 모두가 따뜻한 옷을 입고 배부르게 먹으며	百姓皆得 煖衣飽食
편리하고 안녕하여 근심이 없을 것이다.	便[12]寧無憂.
이런고로 묵자가 말했다.	是故子墨子曰
오늘날 천하의 군자들이	今天下之君子
진실로 도리를 지키고 백성을 이롭게 하려면	中實將欲遵道利民
인의仁義의 근본인 하늘의 뜻을 살펴 본받고	本察仁義之本天之意
따르지 않으면 안 되는 것이다.	不可不愼也.

3

대저 천자가 천하를 소유한 것은	且夫天子之有天下也

11_ 光(광)=廣과 通用.
12_ 便(편)=安也.
13_ 辟(벽)=譬(비)와 같은 뜻.

비유컨대 나라의 군주인 제후가
봉토의 사방 경계 내를 소유한 것과 다름없다.
지금 자기 나라의 영토 안의 모든 것을 소유하고 있는 군주가
어찌 자기 나라 신하와 백성들이
서로 이롭게 하는 것을 바라지 않겠는가?
지금 만약 큰 도읍이 작은 도읍을 공격하고
큰 가문이 작은 가문을 어지럽혀
이것으로 상과 영예를 얻으려 한다면
군주는 그런 것이 이루어지지 않도록 할 것이며
오히려 반대로 죄를 묻는 징벌을 내릴 것이다.
하늘이 천하를 소유함도
이것과 다를 것이 없다.
지금 만약 큰 나라가 작은 나라를 치고
큰 도읍이 작은 도읍을 쳐서
이것으로 하늘의 복록을 구하려고 한다면
하느님은 복록을 끝내 받지 못하게 하고
반드시 벌을 내릴 것이다.
그처럼 하늘이 바라는 것은 하지 않고
하늘이 바라지 않는 것을 하면
하늘도 역시 사람이 바라는 것을 해주지 않고
사람이 바라지 않는 것을 해줄 것이다.

辟[13]之無以異乎國君諸侯之
有四境之內也
今國君諸侯之有四境之內也
夫豈欲其臣國[14]萬民之
相爲不利哉.
今若處大國則攻小國
處大家則亂小家
欲以此求賞譽
終不可得
誅罰必至矣.
夫天子有天下也
將無已異此.[15]
今若處大國則攻小國
處大都[16]則伐小都
欲以此求福祿于天
福祿終不得
而禍祟必至矣.
然有所[17]不爲天之所欲
而爲天之所不欲
則夫天亦且[18]不爲人之所欲
而爲人之所不欲矣.

14_ 臣國(신국)=臣邑. 國=古文은 或. 城과 通.

15_ 將無已異此(장무이이차)=則無以異此. 將=則. 已=以와 通.

16_ 都(도)=城邑. 卿大夫의 封邑.

17_ 所(소)=衍文.

18_ 亦且(역차)=亦將.

사람이 바라지 않는 것은 무엇인가?

질병과 재앙이다.

만약 자신은 하늘이 바라는 것을 하지 않고

하늘이 바라지 않는 것을 한다면

이것은 천하 만민을 이끌고

재앙을 받을 일을 하는 것이다.

그러므로 옛 성왕들은

하늘과 귀신이 좋아하는 것을 밝게 깨달아

하늘과 귀신이 싫어하는 것을 피함으로써

천하의 이로움을 찾아 일으키고

천하의 해로움을 제거했던 것이다.

이로써 하늘은 춥고 더운 것이

절도가 있어 사시가 조화롭고

햇볕과 그늘과 비와 이슬은 때를 따라 내린다.

이에 오곡은 여물고 가축이 자라며

질병과 재난, 역병과 흉년이 오지 않는다.

이런고로 묵자는 말했다.

오늘날 천하의 군자들이

진실로 도를 지키고 백성의 생업을 이롭게 하려면

어짊과 의로움의 뿌리를 살펴

하늘의 뜻을 따라야 한다.

人之所不欲者何也.

曰. 疾病禍祟也.

若己不爲天之所欲

而爲天之所不欲

是率天下之萬民

以從事乎禍祟之中也.

故古者聖王

明知天鬼之所福[19]

而辟天鬼之所憎.

以求興天下之利

而除天下之害.

是以天之爲寒熱也

節四時調

陰陽雨露也

時五谷孰 六畜遂[20]

疾災 戾疫[21]凶飢則不至.

是故子墨子曰

今天下之君子

中實將欲遵道利民

本察仁義之本

天意不可不慎也.

19_ 福(복)=여기서 福은 吉凶禍福의 福이 아니다. 『周禮』의 '飮福'은 祭祠胙肉을 뜻하고, 『禮記』「祭統」에서는 '福者 備也. 備者百順之名也. 無所不順者謂之備. 言內盡於己 而外順於道也'라고 했다. 따라서 여기의 福은 인간에게는 道理이며 天鬼에게는 福이 되는 것, 즉 天鬼가 좋아하는 것을 말한다.

20_ 遂(수)=번성하다.

21_ 戾疫(려역)=癘疫 즉 역병.

4

대저 천하에는 어질지 못하고 상서롭지 못한 것이 있는데
곧 자식이 제 아비를 섬기지 않고
아우가 형을 섬기지 않으며
신하가 군주를 섬기지 않는 것이 그것이다.
그러므로 천하의 군자들은
그들을 일러 상서롭지 못한 자라고 말한다.
그러나 지금 하늘은 천하를 평등하게 아울러 그들을 사랑하고
만물을 서로서로 자라게 하여 이롭게 하고 있다.
털끝 하나라도 하늘의 하심이 아닌 것은 없으며
백성들은 그것을 얻어 이롭게 하는 것인즉
참으로 크다 할 것이다.
그런데도 유독 하느님께 보답할 줄 모르고
그것이 어질지 않고 상서롭지 못한 일인 줄을 모르고 있다.
이래서 나는 요즘 군자들은 작은 일에는 밝으면서
큰일에는 밝지 않다고 말하는 것이다.
또한 나는 하늘이
백성을 사랑하심이 돈후한 까닭을 알고 있다.
하늘은 일월성신을 갈마들게 하여
밝게 비추어 인도하고
사시를 마련하여
춘하추동으로 질서를 삼고

且夫天下蓋有不仁不祥者
曰 當若子之不事父
弟之不事兄
臣之不事君也.
故天下之君子
與謂之不詳者.
今夫天兼天下而愛之
撽遂[22]萬物以利之
若豪之末 非天之所爲也[23]
而民得而利之
則可謂否[24]矣
然獨無報夫天
而不知其爲不仁不祥也.
此吾所謂君子明細
而不明大也.
且吾所以知天之
愛民之厚者有矣.
曰 以磨[25]爲 日月星辰
以昭道之
制爲四時
春秋冬夏以紀綱之

22_ 撽遂(교수)=持成 즉, 育成. 여기서는 交成. 서로 성장케 한다. 撽=邀와 通.
23_ 非天之所爲也(비천지소위야)=非 앞에 莫 자가 탈락됨.
24_ 否(부)=丕의 誤. 丕=大也, 또는 后의 誤(유월). 后=厚와 通함.
25_ 磨(마)=轉의 뜻으로 解한다.

눈과 서리와 비와 이슬을 내려	雷[26]降雪霜雨露
오곡과 삼실을 자라게 하여	以長遂五谷麻絲
백성들이 그것을 얻어 재화로 이용하기 때문이다.	使民得而財利之
또한 산천과 계곡을 펼쳐놓으시고	列爲山川溪谷
만사를 주관하시어	播賦[27]百事
백성들의 선악을 다 살피시며	以臨司民之善否
왕공과 후백을 세워	爲王公侯伯
그들로 하여금 어진 자는 상을 주고	使之賞賢
포악한 자에게는 벌을 주도록 하고	而罰暴
쇠와 나무와 새와 짐승들을 내려주셔서	賊[28]金木鳥獸
오곡과 삼실을 가꾸어	從事乎五欲麻絲
백성들이 먹고 입는 재화로 삼게 하시기 때문이다.	以爲民衣食之財.
자고이래로 이러한 베풂이 없던 적이 없었다.	自古及今 未嘗不有此也.
지금 여기에 한 사람이 있어	今有人于此
제 자식을 지극히 사랑하여	驩若愛其子
온 힘을 다하고 온 정성을 기울여 그를 이롭게 한다.	竭力單務[29]以利之
그런데 그 아들이 장성하여 제 아비에게 보답하지 않는다면	其子長 而無報子求父[30]
천하의 군자들은	故天下之君子
그를 어질지 못하고 상서롭지 못한 자라고 말할 것이다.	與謂之[31]不仁不祥.
이처럼 하느님은 온 천하 인민을 평등하게 두루 사랑하므로	今夫天兼天下而愛之

26_ 雷(뇌)=隕也.

27_ 播賦(파부)=布敷로 解한다.

28_ 賊(적)=賊은 賊斂(손이양). 그러나 여기서는 敷의 뜻이다.

29_ 單務(단무)=盡事.

30_ 無報子求父(무보자구부)= 無報于其父. 子=于의 誤. 求=其의 誤.

31_ 與謂之(여위지)=擧謂之, 그를 지명하여 이른다.

만물을 서로 자라게 하시어 천하 인민을 이롭게 하시며　撥遂萬物以利之
털끝 하나라도 하느님이 하신 일이 아닌 것이 없다.　若豪之未 非天之所爲
그리하여 백성들은 이것을 받아 이롭게 하는 것인즉　而民得而利之
그 은혜가 어찌 크다 하지 않겠는가!　則可謂否矣.
그런데도 유독 하늘에 보답하지 않고　然獨無報夫天
그것이 어질지 못한 일임을 깨닫지 못한다면　而不知其爲不仁
상서롭지 못한 일이다.　不祥也.
이에 나는 요즘 군자들이 작은 일은 알면서도　此吾所謂君子·明細
큰일을 모른다고 말하는 것이다.　而不明大也.

5

또 내가　且吾所以知
하늘이 백성을 사랑함이 크다는 것을 깨닫게 된 까닭은　天愛民之厚者
이뿐만이 아니다.　不止此而足矣.[32]
죄 없는 사람을 죽이면 하늘은 재앙을 내리는데　曰 殺不辜者 天子不祥.
죄 없는 자는 누구냐 하면 바로 사람이며　不辜者誰也. 曰 人也.
재앙을 내리는 자는 바로 하늘이다.　子之不祥者誰也. 曰天也.
만약 하늘이 사람을 사랑하는 것이 돈독하지 않다면　若天不愛民之厚
하늘은 무고한 사람을 죽인 것을 웃고 넘길 일이지　夫胡說人殺不辜
어찌 그들에게 재앙을 줄 것인가?　而天子之不祥哉.
이것이 내가　此吾之所以知
하늘이 백성을 돈독히 사랑함을 알게 된 까닭이다.　天之愛民之厚也.
또 내가　且吾所以知

32_ 不止此而足矣(부지차이족의)=여기에서 그칠 뿐이다. 足=已也.

하늘이 백성을 사랑함이 크다는 것을 알게 된 까닭은
이뿐만이 아니다.

사람을 사랑하고 이롭게 하여 하늘의 뜻을 순종함으로써

하늘의 상을 받은 자가 있고

사람을 증오하여 하늘의 뜻을 배반함으로써

하늘의 벌을 받은 자가 있기 때문이다.

남을 사랑하고 이롭게 하고 하늘의 뜻을 순종하여

하늘의 상을 받은 자는 누구인가?

옛날 삼대 성왕이신

요·순·우·탕·문·무 임금이 이들이다.

이들이 종사한 일은 무엇인가?

이들이 종사한 일은 '평등(兼)'이었고, '차별(別)'이 아니었다.

평등주의자의 처신은

큰 나라가 작은 나라를 공격하지 않고

큰 가문이 작은 가문을 어지럽히지 않고

강자가 약자를 겁탈하지 않고

다수가 소수를 폭압하지 않고

지혜로운 자가 어리석은 자를 속이지 않고

고귀한 자가 비천한 자를 업신여기지 않는 것이다.

그렇게 함으로써 위로는 하늘에 이롭고

가운데로는 귀신에 이롭고 아래로는 사람에게 이로워

세 가지 모두가 이로우니 이롭지 않는 것이 없다.

이것을 일러 하늘의 덕(天德)이라 말하고

천하의 아름다운 이름을 모아 그들에게 붙여주고

이르기를 어질다 말하고 의롭다 말하는 것이니

이들은 사람을 사랑하고 이롭게 하고

天之愛民之厚者

不止此而已矣.

日愛人利人 順天之意

得天之賞者有之

憎人賊人 反天之意

得天之罰者亦有矣.

夫愛人利人 順天之意

得天之賞者誰也.

日 若昔三代聖王

堯舜禹湯文武者是也.

堯舜禹湯文武 焉所從事.

日 從事兼 不從事別.

兼者處

大國不攻小國

處大家不亂小家

強不劫弱

衆不暴寡

詐不謀愚

貴不傲賤.

觀其事 上利乎天

中利乎鬼 下利乎人.

三利無所不利

是謂天德

聚斂天下之美名 而加之焉

日此仁也義也

愛人利人

하늘의 뜻을 순종하여 하늘의 상을 받은 자다.

그뿐만이 아니다.

대나무 쪽과 비단에 글로 써두고 쇠와 돌에 새겨두고

쟁반과 대야 같은 그릇에 조각하여

후세 자손들에게 전하여 남긴다.

무엇 때문에 그렇게 하는가?

곧 이렇게 함으로써 사람을 사랑하고 이롭게 하고

하늘의 뜻을 순종함으로써

하늘의 상을 받은 자들을 알게 하는 것이다.

『시경』「대아」「황의皇矣」편에서는 이렇게 노래한다.

"하느님께서 문왕에게 일렀다.

'그대는 밝은 덕을 품었으나

겉으로 드러내지 않으며

매와 회초리를 들지 않아도

모르는 사이에도 나의 도리를 따르는구나!'"

하느님은 그가 천도를 따르는 것을 착하게 여기시어

은殷나라를 온통 들어 그에게 상으로 주었고

귀하기로는 천자가 되게 했으며

부하기로는 천하를 소유케 했으니

그의 명성과 영예는 오늘도 그치지 않고 있다.

그러므로 사람을 사랑하고 이롭게 하여

하느님의 뜻을 순종하면 하느님의 상을 받는다는 것을

順天之意 得天之賞者也.

不止此而已

書于竹帛 鏤之金石來

琢之槃盂

傳遺後世子孫.

曰 將何以爲.

將以識夫愛人利人

順天之意

得天之賞者也.

皇矣 道之曰.

帝謂文王

予懷明德

不大聲以色[33]

不長夏以革.[34]

不識不知 順帝之則

帝善其順法則也

故舉殷以賞之

使貴爲天子

富有天下

名譽至今不息.

故天愛人利人

順天之意 得天之賞者也

33_ 大聲以色(대성이색)=虛張聲色.

34_ 不長夏以革(부장하이혁)=「鄭箋」은 夏를 諸夏 즉 不長諸夏以變更王法者로 解한다. 그러나 뜻이 견강부회다. 朱熹
　　는 『詩經注』에서 未詳이라 했다. 夏는 夏楚, 서당의 회초리, 革은 鞭으로 본다. 나는 항상 회초리를 들지 않는다.

가히 알 수 있는 것이다.

사람을 미워하고 해침으로써

하늘의 뜻을 거역하여

하늘의 벌을 받은 자는 누구인가?

그것은 옛 삼대 폭군인

걸·주·유·려가 이들이다.

이들 폭군들은 어떤 일을 했는가?

그들이 종사한 일은 '차별(別)'이었으며

'평등(兼)'이 아니었다.

사람을 차별하는 자의 처신은

대국이 소국을 공격하고

큰 가문이 작은 가문을 어지럽히고

강한 자가 약자를 겁탈하고 다수가 소수를 폭압하고

지혜로운 자가 어리석은 자를 속이고

고귀한 자가 비천한 자를 업신여긴다.

그 같은 일은

위로는 하늘에 이롭지 않고

가운데로는 귀신에게 이롭지 않고

아래로는 사람에게 이롭지 않으니

이 세 가지가 이롭지 않으면 이로울 것이 없는 것이다.

이들을 일러 '하늘의 원수(天賊)'라고 말하고

천하의 더러운 이름을 모아 그들에게 붙여주고

이들은 어질지 않고 의롭지 않다고 말한다.

사람을 미워하고 사람을 해쳐 하늘의 뜻을 거역함으로써

即可得留[35]而已.

夫憎人賊人

反天之意

得天之罰者 誰也.

曰 若昔者三代暴王

桀紂幽厲者 是也.

桀紂幽厲 焉所從事.

曰 從事別

不從事兼.

別者

處大國則攻小國

處大家則亂小家

强劫弱 衆暴寡

詐謀愚

貴傲賤.

觀其事

上不利乎天

中不利乎鬼

下不利乎人.

三不利 無所利

是謂天賊

聚斂天下之醜名 而加之焉

曰 此非仁也 非義也

憎人賊人 反天之意

35_ 留(류)=賊의 誤인 듯.

하늘의 벌을 받은 자는 이것으로 그치지 않고

또 그들의 악한 일을 대쪽이나 비단에 글로 적어두고

쇠와 돌에 새겨두며, 쟁반과 대야 등의 그릇에 조각하여

후세 자손들에게 전하여 물려준다.

즉 이렇게 함으로써

사람을 미워하고 사람을 해쳐

하늘의 뜻을 거역하면

하늘의 벌을 받는다는 것을 알려준다.

『서경』「주서」「태서」에서는 그것을 일러준다.

"폭군 주왕은 책상다리하고 앉아 교만을 부리며

하느님 섬기는 것을 거부하고

그의 조상신들과 하늘과 땅들의 신들을 버려두고

제사하지 않으면서 말하기를

'나는 하늘의 운명을 받고 있다'고 떠들면서

천하에 포악한 일을 뉘우치지 않았다.

이에 하늘도 역시 주왕을 버리고 보호하지 않았다."

이렇게 하늘이 주紂를 버린 것은

하늘의 뜻을 거역했기 때문이다.

그러므로 사람을 미워하고 해친 자는

하늘의 뜻을 배반한 것이므로

하늘의 벌을 받는 것임을 알 수 있다.

得天之罰者也. 不止此而已

又書其事于竹帛

鏤之金石 琢之盤盂

傳遺后世子孫.

曰 將何以爲.

將以識夫憎人賊人

反天之意

得天之罰者也.

大誓[36]之道之 曰

紂越厥夷居[37]

不肯事上帝

棄厥先神祇

不祀 乃曰

吾有命

毋廖偶務天下[38]

天亦從棄紂而不葆.

察天以縱棄紂而不葆者

反天之意也.

故夫憎人賊人

反天之意.

得天之罰者 既可得而知也.

36_ 大誓(대서)=『서경』「泰書」편을 말한다.

37_ 越厥夷居(월궐이거)=자만함을 뛰어넘어 날뛴다. 夷居=거만하다.

38_ 无廖偶務天下(무료비무천하)=「비명」 중편에서는 '无廖其務'로 되었고, 『서경』「태서」편에는 '乃曰 吾有民有命 罔
微其悔'라 했다. 여기서는 无繆罪屬于天, 즉 '자기는 하늘에 아무 죄가 없다'로 解한다.

6

이런고로 묵자가 하늘의 뜻을 가진 것은	是故子墨子之有天之[39]
비유하자면 바퀴 만드는 사람이 그림쇠를 갖고	辟之無以異乎輪人之有規
목수들이 곱자를 가지고 있는 것과 같다.	匠人之有矩也.
지금 바퀴 만드는 사람이 그림쇠를 잡고	今夫輪人操其規
천하의 원과	將以量度天下之埼
원이 아닌 것을 재어보고	與不圜也.
그림쇠에 맞으면 둥글다고 말하고	曰 中吾規者 謂之圜
그림쇠에 맞지 않으면 둥글지 않다고 말한다.	不中吾規者 謂之不圜.
이로써 둥근 것과 둥글지 않은 것을	是以圜與不圜
모두 잘 알 수 있는 것이다.	皆可得而知也.
이렇게 될 수 있는 까닭은	此其故何.
원에 대한 법도, 즉 본받을 원이 분명하기 때문이다.	則圜法明也.
목수들이 곱자를 가지고	匠人亦操其矩
천하의 모나고	將以量度天下之方
모나지 않는 것을 재어보고	與不方也.
곱자에 맞으면 모났다고 말하고	曰 中吾矩者 謂之方
곱자에 맞지 않으면 모나지 않았다고 말한다.	不中吾矩者 謂之不方.
이로써 모나고 모나지 않은 것을	是以方與不方
모두가 잘 알 수 있는 것이다.	皆可得而知之.
이렇게 될 수 있는 까닭은	此其故何.
모에 대한 법도, 즉 본받을 직각이 분명하기 때문이다.	則方法明也.
그러므로 묵자가 하늘의 뜻을 품고 있다는 것은	故子墨子之有天之也
이와 같이 위로는	上將以

39_ 之(지)=志의 誤.

천하 왕공대인들의

법과 정치를 판단하고

아래로는 천하 인민의

학문과 담론을 헤아릴 수가 있는 것이다.

그들의 행실이 하늘의 뜻을 순종하면

마음과 행실이 착하다고 말하고

하늘의 뜻을 배반한 것은

착하지 못한 마음과 행실이라고 말한다.

그들의 언사를 살펴보고 하늘의 뜻을 순종한 것은

착한 언사라고 말하며

하늘의 뜻을 배반한 것은 착하지 않은 언사라고 말한다.

또한 그들의 법과 정사를 살펴보고

하늘의 뜻을 순종한 것은 착한 법과 정치라고 말하며

하늘의 뜻을 배반한 것은

착하지 않은 법과 정치라고 말하는 것이다.

그러므로 하늘의 뜻을 펴는 것으로 법도를 삼고

하늘의 뜻을 세우는 것으로 표준을 삼아

장차 천하의

왕공, 대인, 경대부가

어진 자인지 어질지 못한 자인지 재고 헤아리는 것이다.

비유컨대 흑백을 분별하는 것과 같은 것이다.

이런고로 묵자가 말했다.

이제 천하의 왕공대인과 선비와 군자들이

度天下之王公大人

爲刑政[40]也

下將以 量天下之萬民

爲文學[41]出言談也.

觀其行 順天之意

謂之善意行

反天之意

謂之不善意行.

觀其言談 順天之意

謂之善言談

反天之意 謂之不善言談.

觀其刑政

順天之意 謂之善刑政

反天之意

謂之不善刑政.

故置此以爲法

立此以爲儀

將以量度天下之

王公大人卿大夫之

仁與不仁.

譬之猶分黑白也.

是故子墨子曰

今天下之王公大人士君子

40_ 刑政(형정)=법과 정사.

41_ 文學(문학)=文理, 天下萬物의 條理 즉, 文化.

진실로 장차 도리를 따르고 백성을 이롭게 하고 中實將欲遵道利民

어짊과 의로움의 근본을 살펴보려면 本察仁義之本

하늘의 뜻을 따르지 않으면 안 되는 것이다. 天之意 不可不順也.

하늘의 뜻을 따르는 것은 順天之意者

의로운 것을 본받는 것이다. 義之法也.

第二十八篇 **天志** 천지 **下**

하늘의 뜻을 순종하는 자는 두루 평등(兼)하고 하늘의 뜻을 배반하는 자는 차별(別)한다.
평등을 도道로 하는 것은 의로운 정치요, 차별을 도로 하는 것은 폭력의 정치다.

1

묵자가 말했다.

천하가 어지러운 까닭은

무엇 때문이라고 말할 수 있을까?

이것은 천하의 선비와 군자들이

모두 작은 것에는 밝으나 큰 것에는 밝지 못하기 때문이다.

무엇으로

그런 줄을 아는가?

하늘의 뜻을 밝히지 못하기 때문이다.

무엇으로 그런 줄을 알 수 있는가?

사람들이 가문에서 처신하는 것을 보면 그것을 알 수 있다.

지금 사람들이 가문에서 처신하면서 죄를 지으면

다른 가문이 있어 도피처가 될 수 있다.

그러나 아버지로서는 자식을 훈계하고

형으로서는 동생을 훈계하며 말한다.

'경계하고 삼가라!

사람이 남의 가문에서 처신을 경계하고 삼가지 않는다면

남의 나라에서 어찌 처신하겠는가.'

만약 사람이 나라에서 처신하다가 죄를 지으면

그래도 다른 나라가 있어

子墨子言曰

天下之所以亂者

其說將何哉.

則是天下士君子

皆明於小 而不明於大.

何以

知其明於小 不明於大也.

以其不明於天之意也.

何以知其不明於天之意也.

以處人之家者知之.

今人處若家得罪.

將猶有異家 所以避逃之者

然且父以戒子

兄以戒弟 曰

戒之愼之.

處人之家 不戒不愼之

而有處人之國者乎.

今人處若國得罪

將猶有異國

도피처가 될 수 있다.

그러나 또한 부모는 자식을 훈계하고

형은 아우를 훈계하며 말할 것이다.

'경계하고 삼가라!

남의 나라에서 처신하려면 삼가지 않으면 안 된다.'

사람은 모두 천하에서 처신하고 하늘을 섬기는데

하늘에 죄를 지으면

도피할 곳이 없다.

그런데도 아무도 서로 경계할 줄 모른다.

나는 이것으로 사람들이

큰 사물에 대해서는 알지 못한다는 것을 알 수 있다.

이런 까닭에 묵자는 말했다.

경계하고 삼가라!

반드시 하늘이 바라는 것을 하고

하늘이 싫어하는 것을 버려라!

그러면 하늘이 바라는 것은 무엇이고

싫어하는 것은 무엇인가?

하늘은 의義를 바라고 불의를 싫어한다.

무엇으로 그것을 아는가?

의로움은 바르게 하는 것이기 때문이다.

무엇으로 의가 바르게 하는 것임을 알 수 있는가?

천하에 의가 있으면 다스려지고

의가 없으면 어지럽기 때문이다.

나는 이것으로 의가 바르게 하는 것임을 알 수 있다.

그러나 바름은 아래로부터 위를 바르게 할 수 없고

반드시 위로부터 아래를 바르게 한다.

所以避逃之者矣

然且父以戒子

兄以戒弟曰

戒之愼之.

處人之國者 不可不戒愼也.

今人皆處天下而事天

得罪於天

將無所以避逃之者矣

然而莫知以相極戒也.

吾以此

知大物則不知者也.

是故子墨子言曰

戒之愼之.

必爲天之所欲

而去天之所惡.

曰 天之所欲者何也

所惡者何也.

天欲義而惡其不義者也.

何以知其然也.

曰 義者正也.

何以知義之爲正也.

天下有義則治

無義則亂.

我以此知義之爲正也.

然而正者 無自下正上者

必自上正下.

이런고로 인민은 스스로를 다스려 바르게 될 수 없고

선비가 있어야 그들을 바르게 한다.

또한 선비는 스스로를 다스려 바르게 될 수 없고

대부가 있어 그들을 바르게 한다.

또한 대부는 스스로를 다스려 바르게 할 수 없고

제후가 그들을 바르게 한다.

또한 제후들을 스스로를 다스려 바르게 할 수 없고

삼공三公이 있어 그들을 바르게 한다.

삼공은 스스로를 다스려 바르게 할 수 없고

천자가 있어 그를 바르게 한다.

천자 또한 스스로 바르게 될 수 없고

하늘이 그를 바르게 한다.

오늘날 천하의 선비와 군자들은

모두가 천자가 천하를 바르게 한다는 것을 잘 알지만

하늘이 천자를 바르게 한다는 것은 모르고 있다.

이런고로 옛 성인은

이것을 분명하게 밝혀 사람들에게 설명했다.

천자가 착함이 있으면 하늘은 그에게 상을 내릴 것이며

천자가 허물이 있으면 하늘은 그에게 벌을 내릴 것이다.

천자의 상벌이 합당치 않고 감옥을 다스림이 합당치 못하고

천하에 질병과 재앙이 내리고 서리와 이슬이 때를 잃으면

천자는 반드시 소와 양과 개와 돼지를 잡고

젯밥과 단술을 깨끗이 마련하여 하늘에 제사를 지내며

하늘의 뜻에 맞는 복을 빈다.

是故庶人不得次已而爲正

有士正之

士不得次[1]已而爲正

有大夫正之

大夫不得次已而爲正

有諸侯正之

諸侯不得次已而爲正

有三公正之

三公不得次已而爲正

有天子正之

天子不得次已而爲政

有天正之.

今天下之士君子

皆明於天子之正天下也

而不明於天之正天子也.

是故古者聖人

明以此說人 曰

天子有善 天能賞之

天子有過 天能罰之.

天子賞罰不當 聽獄不中

天下疾病禍祟 霜露不時

天子必且犓豢其牛羊犬彘

絜爲粢盛酒醴以禱祠

祈福於天.

1_ 次(차)=列也. 恣로 읽기도 한다.

나는 아직까지 하늘이   我未嘗聞 天之
천자에게 복[2]을 빌었다는 말을 들어본 적이 없다.   禱祈富於天子也.
나는 이것으로 하늘이   吾以此知 天之
천자보다 높고 귀하다는 것을 알 수 있다.   重且貴於天子也.
그러므로 의로움이란   是故義者
어리석고 천한 것으로부터 나오는 것이 아니고   不自愚且賤者出
반드시 고귀하고 지혜로운 것으로부터 나온다.   必自貴且知者出.
그러면 누가 지혜롭고 누가 고귀한가?   曰 誰爲知
하늘이 궁극적인 고귀함이요 지혜다.   天爲知
그러므로 의로움은 과연 하늘에서 나오는 것이다.   然則義果自天出也.

2

오늘날 천하의 선비와 군자들이 진실로 의롭고자 한다면   今天下之士君子之欲爲義者
하늘의 뜻을 따르지 않으면 안 될 것이다.   則不可不順天之意矣.
하늘의 뜻을 순종하는 것은 어찌 해야 하는가?   曰 順天之意何若.
천하 인민을 평등하게 사랑하는 것이다(兼愛).   曰 兼愛天下之人.
무엇으로 하늘이 천하 인민을 '겸애' 함을 아는가?   何以知兼愛天下之人也.
하늘은 인민을 평등하게 두루 먹여주기 때문이다.   以兼而食之也.
무엇으로 두루 평등하게 먹여주는 것을 알 수 있는가?   何以知其兼而食之也.
옛날부터 오늘까지   自古及今
멀리 신령스럽고 독특한 동이족의 나라까지도   無有遠靈孤夷[3]之國

2_ 여기서 말하는 복은 하늘의 마음에 들 수 있도록 도리를 행한다는 뜻이다. 재물과 영화를 비는 것이 아니다.

3_ 遠靈孤夷(원령고이)=중국의 고증학자와 이를 따르는 한국 학자들은 모두 靈을 零으로 읽고, '멀리 떨어져 영락한 오
   랑캐'로 解하나 이는 억지다. 멀리 신령스럽고 특별한 동이족으로 解함이 옳다. 왜냐하면 「천지」편의 모든 사상은 동
   이족에게서 나왔기 때문이다.

모두 소와 양과 개와 돼지를 기르고

젯밥[4]과 단술을 깨끗하게 마련하여

하느님과 산천 귀신들에게 제사를 올리며 공경한다.

이로써 하늘은 두루 평등하게 먹여주는 것을 알 수 있다.

진실로 평등하게 두루 먹여준다면

반드시 그들을 평등하게 사랑하는 것이다.

비유컨대 초나라나 월나라 군주도 마찬가지다.

지금 초나라 왕이 초나라 백성을 모두 먹여준다면

초나라 인민을 사랑한 것이다.

월나라 왕이 월나라 백성을 두루 먹여준다면

그는 월나라 인민을 사랑한 것이다.

지금도 하늘은 천하 만민을 먹여주고 있으므로

나는 이로써

천하 인민을 '두루 사랑한다(兼愛)'는 것을 안다.

또 하늘이 백성을 사랑하는 것은

물자를 다하는 것으로 끝나지 않는다.

지금 천하에 곡식을 먹고 사는 민중이라면

한 사람의 무고한 인민을 죽이면 반드시 재앙을 받는다.

그러면 누가 무고한 사람을 죽이는가?

그것은 사람이다.

누가 그들에게 재앙을 주는가?

그것은 하늘이다.

만약 하늘이 진실로 평등하게 인민을 사랑하지 않는다면

무엇 때문에 사람이 사람을 죽였는데

皆犓豢其牛羊犬彘

絜爲粢盛酒醴

以敬祭祀上帝山川鬼神.

以此知兼而食之也.

苟兼而食焉

必兼而愛之.

譬之若楚越之君

今是楚王食於楚之四境之內

故愛楚之人

越王食於越

故愛越之人.

今天兼天下而食焉

我以此知

其兼愛天下之人也.

且天之愛百姓也

不盡物而止矣.

今天下之國 粒食之民.

殺一不辜者 必有一不祥

曰 誰殺不辜.

曰人也.

孰予之不祥.

曰天也.

若天之中實 不愛此民也

何故而人有殺不辜

4_ 기장과 피. 이때는 아직도 쌀을 젯밥으로 쓰지 않았음.

하늘이 재앙을 내린다고 말하겠는가!

그러므로 하늘이 백성을 사랑하는 것은 크고

또한 두루 평등한 것임을

이미 알 수 있는 것이다.

또 하늘이 백성을 사랑하심을 무엇으로 아는가?

어진 현자들로 하여금 선한 자에게 반드시 상을 주고

포악한 자에게 벌을 준다는 것을 보고 알 수 있다.

현자들이 착함을 상 주고 포악함을 벌주는 것을

어떻게 알 수 있는가?

옛 삼대 성왕들을 보면 그것을 알 수 있다.

옛 성왕이신

요·순·우·탕·문·무왕은

천하를 평등하게 사랑하고

종사한 일마다 인민을 이롭게 했고

인민들의 뜻을 교화시켜

그들을 이끌고 하느님과 산천 귀신들을 공경했다.

이에 하느님은 자신이 사랑하는 것을 그들도 사랑하고

자신이 이롭게 하는 것을 그들도 이롭게 한다고 여겨

이러한 어진 자들에게 상을 더해 주고

그들로 하여금 높은 자리에 앉게 하여

천자로 삼고 법도로 본받게 했으니

그들을 이른바 성인이라고 말한다.

이것으로 선한 자에게 상을 주는 증거를 알 수 있다.

반면 옛 삼대 폭군인

걸·주·유·려는 천하를 두루 미워했으니

그들이 일마다 인민을 해치고 인민의 뜻을 이탈시켜

而天子之不祥哉.

且天之愛百姓厚矣.

天之愛百姓徧矣

旣可得而知也.

何以知天之愛百姓也.

吾以賢者之必賞善

罰暴也.

何以知

賢者之必賞善罰暴也.

吾以昔者三代之聖王知之.

故昔也三代之聖王

堯舜禹湯文武

之兼愛之天下也

從而利之

移其百姓之意焉

率以敬上帝山川鬼神.

天以爲從其所愛 而愛之

從其所利 而利之

於是加其賞焉

使之處上位

立爲天子以法也

名之曰聖人.

以此知其賞善之證.

是故昔也三代之暴王

桀紂幽厲之兼惡天下也

從而賊之 移其百姓之意焉

그들을 이끌고 하느님과 산천 귀신들을 욕되게 한 것이다.　　奉以詬侮上帝山川鬼神.

이에 하느님은 그들이 그가 사랑한 것을 미워하고　　天以爲不從其所愛而惡之

그가 이롭게 하는 것을 해치는 것을 아시고　　不從其所利而賊之

그들에게 벌을 주어　　於是加其罰焉

그들로 하여금 아비와 자식이 흩어지게 하고　　使之父子離散

나라가 멸망하고 사직을 잃게 했으며　　國家滅亡 擅失社稷

그 우환이 제 몸에까지 미치게 했던 것이다.　　憂以及其身.

이로써 천하의 인민들은　　是以天下之庶民

마을마다 그들을 비방했으며　　屬而毁之

만세 자손까지 대를 이어　　業萬世子孫繼嗣

그들을 비방하는 자가 그치지 않았으니　　毁之賁不之廢也

그들을 이른바 폭군이라고 부른다.　　名之曰暴王

이로써 포악한 자에게 벌을 내린 증좌를 알 수 있다.　　以此知其罰暴之證.

3

지금 천하의 선비와 군자로서 의롭고자 한다면　　今天下之士君子 欲爲義者

반드시 하늘의 뜻을 따르지 않으면 안 된다.　　則不可不順天之意矣.

하늘의 뜻을 순종하는 자는 두루 평등(兼)하고　　曰 順天之意者兼也

하늘의 뜻을 배반하는 자는 차별(別)한다.　　反天之意者別也.

평등을 도道로 하는 것은 의로운 정치요,　　兼之爲道也義正

차별을 도로 하는 것은 폭력의 정치다.　　別之爲道也力正

그러면 의로운 정치란 어떻게 하는가?　　曰 義正者何若.

큰 나라는 작은 나라를 공격하지 않고　　曰 大不攻小也

강자는 약자를 모욕하지 않으며, 다수는 소수를 해치지 않고　　强不侮弱也 衆不賊寡也

지혜로운 자는 어리석은 자를 속이지 않으며　　詐不欺愚也

귀한 자는 천한 자를 업신여기지 않고

부한 자는 가난한 자에게 교만하지 않으며

젊은 사람은 노약자를 약탈하지 않는 것이다.

이로써 천하의 모든 나라가 전쟁을 하여

물과 불과 독약과 병기로 서로 해치지 않도록 한다.

이로써 위로 하늘을 이롭게 하고

가운데로 귀신을 이롭게 하며 아래로 백성을 이롭게 한다.

이렇게 세 가지가 이로우면 이롭지 않은 것이 없으니

이를 일러 '하느님의 덕(天德)'이라고 한다.

그러므로 무릇 이렇게 정사를 펴는 자는 성스럽고 지혜로우며

어질고 의로우며, 충직하고 은혜로우며

자애롭고 효성스럽다.

이런고로 천하의 아름다운 이름을 모두 모아

그에게 더해 준다.

이렇게 하는 까닭은 무엇인가?

그것은 곧 하늘의 뜻을 순종했기 때문이다.

그러면 폭력의 정치란 어떤 것인가?

그것은 큰 나라가 작은 나라를 공격하고

강자가 약자를 모욕하며, 다수가 소수를 해치고

지혜 있는 자가 어리석은 자를 속이며

귀한 자가 천한 자를 업신여기고

부한 자가 가난한 자에게 교만하며

젊은이가 늙은이를 겁탈하는 것이다.

이로써 천하의 모든 나라가 전쟁을 하여

물과 불과 독약과 병기로

서로 해친다.

貴不傲賤也

富不驕貧也

壯不奪老也.

是以天下之庶國

莫以水火毒藥兵刃以相害也.

若事上利天

中利鬼 下利人.

三利而無所不利

是謂天德.

故凡從事此者 聖知也

仁義也忠惠也

慈孝也

是故聚斂天下之善名

而加之.

是其故何也.

則順天之意也.

曰 力正者何若.

曰 大則攻小也

强則侮弱也 衆則賊寡也

詐則欺愚也

貴則傲賤也

富則驕貧也

壯則奪老也.

是以天下之庶國

方以水火毒藥兵刃

以相賊害也.

이렇게 하는 것은 하늘에 이롭지 않고　　　　　若事上不利天

가운데로는 귀신에게 이롭지 않고　　　　　　中不利鬼

아래로는 사람에게 이롭지 않으니　　　　　　下不利人

이 세 가지가 이롭지 않다면 이로운 것이 없을 것이니　三不利而無所利

이를 일러 '하느님의 적(天賊)'이라고 부른다.　　是謂天賊.

그러므로 무릇 종사하는 일이 이와 같은 자는　故凡從事此者

반란하고 전란을 일으키며, 도적질하고 해치며　寇亂也 盜賊也

어질지 못하고 의롭지 못하며, 충직하지 않고 은혜롭지 못하며　不仁不義 不忠不惠

자애롭지 않고 효성스럽지 못하다.　　　　　不慈不孝

이런고로 천하의 더러운 이름은 모아　　　　是故聚斂天下之惡名

그에게 붙여준다.　　　　　　　　　　　　而加之.

이렇게 하는 것은 무슨 까닭인가?　　　　　是其故何也.

그것은 하늘의 뜻을 배반했기 때문이다.　　則反天之意也.

4

그러므로 묵자는 하늘의 뜻을 세워놓고　　　故子墨子置立天志

그것을 표준이 되는 법도로 삼았다.　　　　以爲儀法

이것은 바퀴 만드는 사람이 그림쇠를 가지고 있고　若輪人之有規

목수가 곱자를 가지고 있는 것과 같다.　　　匠人之有矩也.

지금 바퀴를 만드는 공인은 그림쇠로,　　　今輪人以規

목수는 곱자로　　　　　　　　　　　　匠人以矩

모난 것과 둥근 것을 분별한다.　　　　　以此知方圓之別矣.

이와 같이 묵자는 하늘의 뜻을 세워놓고　　是故子墨子置立天之

표준과 법도로 삼는다.　　　　　　　　以爲儀法.

나는 이러한 하늘의 뜻을 법도로 비추어볼 때　吾以此知

천하의 선비와 군자들이
의로움에서 멀리 떠난 것을 알 수 있다.
무엇으로 천하의 선비와 군자들이
의로움에서 멀어졌다는 것을 알 수 있는가?
지금 큰 나라의 군주들이 항상 떠들기를
'대국이 소국을 공격하지 않는다면
무엇으로 대국이 될 수 있겠는가?'라고 말한다.
이러한 논거로써 병사를 정비하고
수군과 전차병을 벌여놓고
죄 없는 나라를 공격한다.
그들은 남의 나라 변경을 침입하여
벼와 곡식을 베고 나무를 자르고
성곽을 헐고 해자와 연못을 메우고
그들 조상의 묘당을 불사르고 가축들을 죽이고 빼앗는다.
백성들이 대적하면 여지없이 죽이고
대적치 않는 자는 잡아서 끌고 가서
남자들은 하인과 노예로 삼고
부인들은 방아 찧고 술 따르는 노비로 삼는다.

天下之士君子之
去義遠也.
何以知 天下之士君子
之去義遠也.
今氏[5]大國之君 寬者然曰[6]
吾處大國而不攻小國
吾何以爲大哉.
是以差論蚤牙[7]之士
比列其舟車之卒伍
以攻罰無罪之國.
入其溝境[8]
刈其禾稼 斬其樹木
殘其城郭 以御[9]其溝池
焚燒其祖廟 攘殺其犧牷.
民之格者[10] 則勁拔[11]之
不格者 則係纍而歸
丈夫以爲僕圉[12]胥靡[13]
婦人以爲春酋[14]

5_ 今氏(금씨)=今是의 誤.

6_ 寬者然曰(관자연왈)=寬然曰의 誤. 寬은 囂의 假借字(손이양).

7_ 蚤牙(조아)=瓜牙의 誤.

8_ 溝境(구경)=邊境의 誤.

9_ 御(어)=抑의 誤. 埋也(왕인지).

10_ 格者(격자)=대항하는 자.

11_ 拔(발)=殺의 誤(손이양).

12_ 僕圉(복어)=하인, 僕御.

13_ 胥靡(서미)=노예.

그러면서 공격 전쟁을 좋아하는 군주는　　　　　則夫好攻伐之君

이것이 인의仁義가 아님을 깨닫지 못하고　　　　不知此爲不仁義

사방 이웃 제후들에게　　　　　　　　　　　以告四鄰諸侯曰

'나는 나라를 공격하고 적군을 무찌르고　　　　吾攻國覆軍

장수 몇 명을 죽였노라!' 하며 자랑한다.　　　　殺將若干人矣.

그러면 이웃 나라의 군주들도　　　　　　　其鄰國之君

역시 이것이 불의요, 불인不仁임을 알지 못하고　亦不知此爲不仁義也

폐백을 갖추고 경축 사절을 파견하고　　　　有具其皮幣 發其綒處[15]

사람을 보내 축하하도록 한다.　　　　　　使人向賀焉.

그래서 공격 전쟁을 좋아하는 군주들은　　　則夫好攻伐之君

더욱 전쟁이 불의요 불인임을 깨닫지 못하게 된다.　有重不知此爲不仁不義也.

또 그런 불의한 전쟁을 대쪽이나 비단에 적어　　有書之竹帛

창고에 보관함으로써　　　　　　　　　藏之府庫

그들 후손들이　　　　　　　　　　　爲人後子者

그들 선조의 의롭지 못한 행실을 본받게 한다.　必且欲順其先君之行

그래서 그들은 말할 것이다.　　　　　　曰

'어찌하여 우리 창고를 열고　　　　　　何不當發吾府庫

선조들의 전쟁 법도를 보는 것이 합당하지 않겠는가?'　視吾先君之法美[16]

그리고 그들은 반드시 '문왕과 무왕의 정치는　必不曰[17] 文武之爲正者

이와 같았구나!' 라고 말하지 않고　　　　　若此矣.

14_ 舂酋(용추)=방아 찧고 심부름하는 아이, 하녀.

15_ 發其綒處(발기인처)=綒處는 未詳이라 한다. 보졸과 전차(徒遽)라 하는 손이양의 해석도 뜻이 不通이다. 어떤 이는 總處라 하여 재물저장소라 하나 역시 不通이다. 여기서는 綒佩, 즉 감복하여 마음에 새겨둔다는 뜻. 따라서 '경축 사절을 보내다'로 解한다.

16_ 法美(법미)=法義의 誤.

17_ 必不曰(필불왈)=必又曰의 誤라 하는 이가 있으나 큰 잘못이다. 그대로 읽는다.

'나는 남의 나라를 공격하여 적군을 무찌르고
장수들을 죽이겠노라!'라고 말할 것이다.
그런즉 공격 전쟁을 좋아하는 군주는
이것이 의롭지도 어질지도 못한 것임을 알지 못하고
이웃 나라의 군주도
똑같이 전쟁의 불의를 모르게 된다.
이렇게 하여 공격 전쟁은 세세토록 그치지 않는 것이다.
그래서 내가 이른바 큰일은 모른다고 말하는 것이다.
그러면 작은 일을 잘 아는 자들은 어떤가?
지금 여기에 한 사람이 있어 남의 농장에 침입하여
남의 복숭아, 자두, 참외, 생강 등을 훔쳤다면
윗사람은 그를 잡아다가 처벌할 것이며
인민은 그 얘기를 듣고 그를 비난할 것이다.
이는 무엇 때문인가?
그는 노동을 하지 않고 그 과실을 획득했고
자기의 소유가 아닌데도 그것을 갈취했기 때문이다.
그러니 하물며 남의 담장을 넘어가
남의 자녀를 납치한 자는 더하지 않겠는가?
또 남의 창고를 뚫고
금은과 비단을 훔친 자나
남의 담장을 넘어가
남의 소와 말을 훔친 자는 어떠하겠는가?

曰吾攻國覆軍
殺將若干人矣.
則夫好攻伐之君
不知此爲不仁不義也
其鄰國之君
不知此爲不仁不義也.
是以攻伐世世而不已者
此吾所謂大物則不知也.
所謂小物則知之者 何若.
今有人於此 入人之場園
取人之桃李瓜薑者
上得且罰之
衆聞則非之
是何也.
曰 不與其勞獲其實
已非其有所取之故.
而況有逾於人之牆垣
担格[18]人之子女者乎.
與角[19]人之府庫
竊人之金玉蚤綵[20]者乎.
與逾人之欄牢
竊人之牛馬者乎.

18_ 担格(저격)=납치하다.
19_ 角(각)=穴의 誤(유월). 穿으로 읽는다
20_ 蚤綵(조류)=蚤絮의 誤. 천과 비단(왕인지).

그리고 하물며

한 사람의 무고한 사람을 죽인 자는 더욱 심하지 않겠는가?

이것이 지금 왕공대인들의 정치인 것이다.

한 사람의 무고한 사람을 죽인 것으로부터

남의 담장을 넘어가

남의 자녀를 납치한 자,

또 남의 창고를 뚫고

금은과 비단을 훔친 자,

남의 담장을 넘어가

소와 말을 훔친 자,

남의 농장에 침입하여

복숭아, 자두, 참외, 생강을 훔친 자에 이르기까지

오늘날 왕공대인들이 이들에게 벌을 주는 것은

옛날 요·순·우·탕·문·무의

정치와 다를 바가 없는 것이다.

그러나 지금 천하 제후가

모두 침략과 공벌과 겸병을 일삼고 있는데

이것은 한 사람의 무고한 사람을 죽이는 것보다

수천만 배 더한 것이며,

또 이것은 남의 담장을 넘어가서

남의 자녀를 납치하고,

남의 창고를 뚫고

금은과 비단을 훔치는 짓을 수천만 번 저지르는 것이며,

또 남의 담장을 넘어가 남의 소와 말을 훔치고

남의 농장에 들어가

남의 복숭아, 자두, 참외, 생강을 훔치는 것을

而況

有殺一不辜人乎.

今王公大人之爲政也

自殺一不辜人者

逾人之牆垣

担格人之子女者

與角人之府庫

竊人之金玉蚤絫者

與逾人之欄牢

竊人之牛馬者

與入人之場園

竊人之桃李瓜者薑者

今王公大人之加罰此也

雖古之堯舜禹湯文武之

爲政 亦無以異此矣.

今天下之諸侯

將猶皆侵凌攻伐兼幷

此爲殺一不辜人者

數千萬矣

此爲逾人之牆垣

格人之子女者

與角人府庫

竊人金玉蚤絫者 數千萬矣.

逾人之欄牢 竊人之牛馬者

與入人之場園

竊人之桃李瓜薑者

수천만 번 한 것이 된다.

그런데도 그것을 의롭다고 말한다.

그러므로 묵자가 말했다.

이것은 의로움을 어지럽히는 것인즉

어찌 검은 것과 흰 것,

달고 쓴 것을 분별치 못하는 것과 다르겠는가?

지금 여기에 한 사람이 있는데

검은 것을 조금 보여주면 검다고 말하고

검은 것을 많이 보여주면 희다고 말한다면

그는 반드시 보는 눈이 혼란스러워

흑백의 분별을 모르는 자라고 말해야 할 것이다.

또 여기에 한 사람이 있는데

그에게 단것을 조금 맛보게 하면 달다고 말하고

많이 맛보게 하면 쓰다고 말한다면

그는 반드시 '내 입은 어지러워졌다.

그래서 단맛 쓴맛의 분별을 모른다'고 말해야 할 것이다.

오늘날 왕공대인의 정치는

어떤 자가 남을 죽이면 그것을 금하지만

이것은 벼룩이 뛰는 정도이며

사람들을 많이 죽이는 것은

아름답고 의로운 것이라고 말하고 있다.

이것이 어찌 검은 것과 흰 것,

數千萬矣.

而自曰義也.

故子墨子言曰

是賁義[21]者

則豈有以異 是賁墨白

甘苦之辯者哉.

今有人於此

少而示之黑 謂之黑

多示之黑 謂白.

必曰吾目亂

不知黑白之別.

今有人於此

能少當之甘謂甘

多嘗謂苦.

必曰吾口亂

不知其甘苦之味

今王公大人之政也

或殺人 其國家禁之

此蚤越.[22]

有能多殺其鄰國之人

因以爲文義[23]

此豈有異賁黑白

21_ 賁義(분의)=芬義 또는 蔡義의 誤.

22_ 此蚤越(차조월)=未詳이라 한다. 직역한다. 벼룩이 뛰는 것. 어떤 이는 以斧鉞이라 한다.

23_ 以爲文義(이위문의)=大義라 생각한다. 文=大의 誤.

달고 쓴 것의 분별을 모르는 것과 다르겠는가?

그러므로 묵자는

하늘의 뜻을 세워놓고 이것을 표준과 법도로 했다.

그러나 유독 묵자만이

하늘을 법도로 삼은 것은 아니다.

즉 옛 성왕의 글인

『시경』「대아」「황의」편에서도 그렇게 했다.

하느님께서 문왕에게 이르셨다.

"나는 그대의 밝은 덕을 좋아하나니

겉으로는 자랑하지 않고 매와 회초리를 들지도 않지만

부지불식간에 하느님의 도리를 따르는구나!"

이것은 문왕이 하느님의 뜻을 법도로 삼고

하느님의 법도에 순종했음을 일러주는 것이다.

오늘날도 마찬가지로 천하의 선비와 군자들이

진실로 어짊과 의로움을 행하고

훌륭한 선비를 구하여

위로 성왕의 도리에 맞고

아래로 국가와 백성의 이로움에 합당하게 하려면

마땅히 하느님의 뜻을 따르고 살피지 않으면 안 되는 것이다.

하늘의 뜻은 의로움의 표준인 것이다.

甘苦之別者哉.

故子墨子

置天之以爲儀法.

非獨子墨子

以天之志爲法也

于先王之書

大夏²⁴之道之然

帝謂文王

予懷明德

毋大聲以色 毋長夏以革.

不識不知 順帝之則.

此語文王之以天志爲法也

而順帝之則也.

且今天下之士君子

中實將欲爲仁義

求爲上士

上欲中聖王之道

下欲中國家百姓之利者

當天志而不可不察也.

天志者 義之經也.

24_ 大夏(대하)=『서경』「대아」의 「皇矣」편.

第三十一篇 **明鬼** 명귀 **下**

옛 성왕은 반드시 귀신은 어짊에 상을 내리고 포악에 벌을 내린다고 생각했다.
이런고로 상은 시조신 앞에서 내리고 죽음의 벌은 토지신 앞에서 내렸던 것이다.

1

묵자가 말했다.	子墨子言曰
옛 삼대 성왕이 돌아가신 이후로는	逮至昔三代聖王旣沒
천하는 의로움을 잃고	天下失義
제후들은 하느님을 배반하는 힘의 정치를 하게 되었다.	諸侯力正.[1]
그래서 임금과 신하	是以存夫爲人君臣
위와 아래가 은혜롭고 충성되지 못하고	上下者之不惠忠也.
아비와 자식이 자애롭고 효성스럽지 못하며	父子弟兄之不慈孝
형과 아우가 우애·공경·충정·선량하지 않게 되었다.	弟長貞良也[2]
또한 지도자는 정사를 다스림에 힘쓰지 않고	正長之不强于聽治
서민들은 종사하는 일에 힘쓰지 않게 되었다.	賤人之不强于從事也
이로써 민중은 음란하고 난폭하며 침략하고 도적질하며	民之爲淫暴寇亂盜賊
무기와 독약과 물과 불을 들고	以兵刃毒藥水火
백주에 대로에서 죄 없는 사람을 가로막고	退[3]無罪人乎道路
무리를 이끌고 수레와 말과 옷을 약탈하는 등	牽徑[4]奪人車馬衣裘

1_ 力正(역정)=하느님의 뜻을 배반한 폭력 정치. 反對는 義政. 즉, 차별 정치는 폭력의 정치요, 평등 정치는 의로운 정치
  다(兼之爲道也 義正. 別之爲道也 力正. : 墨子/天志 下). 正=필원은 征과 같다고 하나 따르지 않는다.
2_ 弟長貞良也(제장정량야)=弟長은 悌尊, 貞良은 忠貞 善良.
3_ 退(퇴)=가로막다. 迣의 誤.
4_ 牽徑(솔경)=術徑의 誤. 術은 車道, 徑은 步道(손이양). 그러나 바로 위의 道路와 중복된다. 그러므로 牽徒로 보아 뒤

제 이익만 차리는 일이 한꺼번에 일어나기 시작했다.	以自利者 幷作由此始[5]
이같이 천하가 어지러운 것은	是以天下亂.
그 원인이 무엇인가?	此其故何以然也
그것은 모두 귀신이	則皆以疑惑鬼神之
있는지 없는지에 대한 분별에 의혹이 생겨	有與無之別
귀신이 능히 어진 이에게 상을 주고	不明乎鬼神之能賞賢
포악한 자를 벌준다는 사실을 분명히 깨닫지 못하기 때문이다.	而罰暴也.
지금 만약 천하 인민이	今若使天下之人
모두가 귀신이 어진 자에게 상을 주고	偕[6]若[7]信鬼神之能賞賢
포악한 자에게 벌을 준다는 것을 믿는다면	而罰暴也
천하가 어찌 어지러워지겠는가?	則夫天下豈亂哉
지금 귀신이 없다고 주장하는 사람들은	今執無鬼者曰
귀신이란 본래부터 있을 수 없는 것이라고	鬼神者固無有.
아침저녁으로 천하에 가르쳐	旦暮以爲敎誨乎天下
천하 인민이 의심을 품게 하여	疑天下之衆
천하 인민으로 하여금	使天下之衆
귀신의 유무에 대한 분별을 혼란스럽게 했다.	皆疑惑乎鬼神有無之別
그래서 천하가 어지러워진 것이다.	是以天下亂.
그러므로 묵자가 말했다.	是故子墨子曰
오늘날 천하의 왕공대인과 선비와 군자들이	今天下之王公大人士君子
진실로 천하의 이로움을 일으키고	實將欲求興天下之利

句의 奪人 앞에 두어야 한다. 무리를 지어 남을 약탈한다.

5_ 幷作由此始(병작유차시)=어떤 이는 幷由此作으로 고쳐야 한다고 한다. 그러나 幷作은 上句에 붙이고 由此時는 下句에 붙이면 뜻이 통한다.

6_ 偕(해)=都.

7_ 若(약)=衍文.

해로움을 없애려 한다면　　　　　　　　　除天下之害

마땅히 귀신이 있는지 없는지에 대한 분별을　　故當鬼神之有與無之別

분명하게 밝히지 않으면 안 된다.　　　　　將不可以不明察此者也.

2

이처럼 귀신의 유무의 분별에 대해　　　　　旣以鬼神有無之別

살피지 않으면 안 된다고 생각한다.　　　　以爲不可不察已

그런즉 내가 이것을 밝게 살피기 위해　　　然則吾爲明察此

귀신을 설명하려면 장차 어찌해야 좋겠는가?　其說將奈何而可.

묵자가 말했다.　　　　　　　　　　　子墨子曰

이것은 아마도 천하에　　　　　　　　是與天下之

있고 없음을 밝혀 알 수 있는 방법으로는　　所以察知有與無之道者

반드시 여러 사람의 눈과 귀로 보고 들은 것을 근거로　必以衆之耳目之實

있고 없음을 판단하는 표준으로 삼아야 할 것이다.　知有與亡爲儀者也.

누군가 실제로 그것을 보고 들었다면 반드시 있다고 생각하고　請惑聞之見之[8] 則必以爲有

보고 들은 일이 없다면 반드시 없다고 생각해야 한다.　莫聞莫見 則必以爲無

그렇다면 어찌 한 고을이나 한 마을에 들어가　若是 何不嘗入一鄕一里

귀신을 보고 들었는지를 물어보지 않는가?　而問之.

옛날부터 오늘날까지 사람이 생긴 이래로　自古以及今 生民以來者

일찍이 귀신이라는 물체를 본 일이 있고　亦有嘗見鬼神之物

귀신의 소리를 들은 일이 있다면　　　　聞鬼神之聲

어찌 귀신이 없다고 하겠는가?　　　　則鬼神何謂無乎.

반대로 그것을 들은 일도 없고 본 일도 없다면　若莫聞莫見

8_ 請惑聞之見之(청혹문지견지)=실제로 누가 그것을 듣고 보았다. 請惑=情或의 誤.

어찌 귀신이 있다고 하겠는가?

지금 귀신이 없다고 주장하는 사람은 물을 것이다.

'대저 천하에

귀신이란 물건을 보고 들은 자가 누구인가?'

묵자가 말했다.

천하에

귀신이란 물건을 보고 들은 자는

셀 수 없이 많다.

여러 사람이 함께 보았고

여러 사람이 똑같이 들은 일은

옛날 두백杜伯의 경우가 있다.

주나라 선왕宣王은 신하인 두백을 아무 죄도 없이 죽였다.

그때 두백은 말했다.

"임금께서 나를 죽이지만 나는 죄가 없고

만약 죽은 자가 아무 지각이 없다면 그뿐이지만

만약 죽어도 지각이 있다면

삼 년이 지나기 전에

반드시 임금께서 나의 무고를 알도록 하겠소."

그로부터 삼 년 뒤에 선왕은 여러 제후를 모아

포전圃田에서 사냥을 했다.

수백 채의 수레와 수천 명의 종자를 거느리고

구경꾼들이 들에 가득했다.

則鬼神可謂有乎.

今執無鬼者言曰

夫天下亦孰爲

聞見鬼神之物哉

子墨子言曰

夫天下之

爲聞見鬼神之物者.

不可勝計也.

若以衆之所同見

與衆之所同聞

則若昔者杜伯[9]是也.

周宣王殺其臣杜伯而不辜.

杜伯曰

吾君殺我而不辜

若以死者爲無知 則止矣

若死而有知

不出三年

必使吾君知之.

其三年 周宣王合諸侯

而田[10]於圃田[11]

車數百乘 從數千人

滿野.

9_ 杜伯(두백)=杜나라의 백작. 杜國은 지금의 산시성 西安 동남쪽.

10_ 田(전)=佃也.

11_ 圃田(포전)=허난성 中牟縣 서쪽에 있는 湖澤 명칭.

한낮이 되었을 때 삼 년 전에 죽었던 두백이

백마가 끄는 흰 수레를 타고

붉은 의관과 붉은 활에 붉은 화살을 메고

선왕을 추격하여 수레 위에 있는 선왕을 쏘아

선왕은 심장이 뚫리고 척추가 부러져

활 전대 위에 엎드려 수레 속에서 죽었다.

이때 주나라 사람들과 종자들은 보지 않은 사람이 없었고

멀리 있는 사람들은 그 얘기를 듣지 않은 이가 없었다.

또 그 사실은 주나라 역사에 기록되어 있다.

임금 된 자는 이로써 그 신하를 가르치고

아비 된 자는 자식을 경계하며 말했다.

'경계하고 삼가라!

무릇 죄 없는 자를 죽이면 그 재앙을 받는다.

귀신이 내리는 벌은 이같이 어김없고 참혹한 것이다.'

이 책에서 말한 것을 보면

귀신이 있다는 것을 어찌 의심하겠는가?

이 책에만 그런 얘기가 쓰여 있는 것이 아니다.

옛날 진秦나라 목공穆公이

한낮에 묘당에 있었는데

귀신이 문으로 들어와 왼편에 앉았다.

사람 얼굴에 몸은 새와 같고, 소복에 검은 선을 두르고

日中 杜伯

乘白馬素車

朱衣冠 執朱弓 挾朱矢

追周宣王 射之車上

中心[12] 折脊

殪車中 伏弢而死.[13]

當是之時 周人從者莫不見

遠者莫不聞

著在周之春秋.[14]

爲君者以敎其臣

爲父者 以譏其子

曰 戒之愼之

凡殺不辜者 其得不詳.

鬼神之誅 若此之憯遬[15]也

以若書之說觀之

則鬼神之有 豈可疑哉.

非惟若書之說爲然也

昔者鄭穆公[16]

當晝日中 處乎廟

有神入門而左

人面鳥身 素服三絕[17]

12_ 中心(중심)=심장을 맞히다.

13_ 伏弢而死(복도이사)=활집 위에 엎어져 죽었다.

14_ 著在周之春秋(저재주지춘추)=주나라 역사에 기록됐다. 春秋=歷史.

15_ 憯遬(참속)=어김없이 참혹하다. 遬=速과 通.

16_ 鄭穆公(정목공)=秦 穆公(재위 BC 660~621)의 誤.

얼굴이 바르고 단정했다. 　　　　　　　　　面狀正方.

목공이 그를 보고 두려워 도망치려 하자 　　　穆公見之 乃恐懼奔.

귀신이 말했다. "두려워 마시오! 　　　　　　　神曰 無懼.

하느님께서 당신의 밝은 덕을 가상히 여겨 　　帝享女明德

나에게 당신의 수명을 십구 년 연장해 주도록 했고 　使予錫女壽 十年有九

또한 국가를 번창하게 하고 　　　　　　　　使若國家蕃昌

자손을 번성케 하며 멸망치 않도록 했소." 　　子孫茂 毋失鄭.[18]

목공은 두 번 절하고 머리를 조아리며 물었다. 　穆公再拜稽首曰

"신께서는 누구십니까?" 　　　　　　　　　敢問神名.

귀신이 대답했다. "나는 구망句芒이라 합니다." 　曰 予爲句芒

만약 목공이 몸소 본 사실을 표준으로 하면 　若以鄭穆公之所身見爲儀

귀신은 있는 것이며 어찌 의심할 수 있겠는가? 　則鬼神之有 豈可疑哉.

이 책의 얘기만이 그런 것이 아니다. 　　　　非惟若書之說爲然也

옛날 연燕나라 간공簡公이 　　　　　　　昔者燕簡公

그의 신하 장자의莊子儀를 아무 죄도 없이 죽였다. 殺其臣莊子儀而不辜.

그때 장자의가 말했다. 　　　　　　　　　莊子儀曰

"임금께서 나를 죽이지만 나는 죄가 없고 　　吾君王殺我而不辜

죽은 사람이 지각이 없다면 그만이지만 　　　死人毋知 亦已

죽은 사람도 지각이 있다면 삼 년이 지나지 않아서 死人有知 不出三年

반드시 임금께 그것을 깨닫도록 하겠소!" 　　必使吾君知之

일 년 뒤에 연나라는 조택祖澤에서 큰 제사가 있었다. 期年 燕將馳祖.[19]

연나라의 조택 제사는 제나라의 사직社稷단 제사, 燕之有祖 當齊之有社稷

17_ 三絕(삼절)＝玄純의 誤. 일종의 검은색의 옷 테두리.

18_ 毋失鄭(무실정)＝진나라를 잃지 않게 하다. 鄭＝秦의 誤.

19_ 馳祖(치조)＝祖는 祖澤이라는 地名으로, 연나라 사람이 토지신에게 제사하는 곳.

송나라의 상림桑林의 제사,

초나라의 운몽雲夢의 제사에 해당되는 것으로

여기에는 남녀들이 모두 모여 구경했다.

한낮이 되자

연나라 간공이 조택으로 오는 도중에

죽었던 장자의가 붉은 지팡이를 들어 그를 치자

수레 위에서 죽었다.

이때 연나라 사람들과 종자들 중 보지 않은 이가 없었다.

또 먼 곳의 사람들도 그 소문을 듣지 않은 이가 없었다.

그 사실을 연나라 역사에 기록하고 있으며

제후들은 그 얘기를 전하면서 말했다.

'무릇 무고한 사람을 죽인 자는 반드시 재앙을 당하고

귀신의 벌은 이처럼 어김없이 참혹하다.'

이 책에서 말한 것으로 보면

귀신이 있음을 어찌 의심할 수 있겠는가?

이 책의 얘기만이 그런 것이 아니다.

송나라 문군文君 포鮑[21]의 시대에

축관 야고夜姑라는 사람이 있었는데

마침 사당에서 제사를 올리고 있었다.

신神이 옮겨 붙은 시동尸童이 창을 들고 나타나서 말했다.

"야고여! 바친 구슬은 규격에 차지 않고

宋之有桑林

楚之有云夢也.

此男女之所屬而觀也

日中

燕簡公方將馳於祖塗[20]

莊子儀荷朱杖而擊之

殪之車上.

當是時 燕人從者莫不見

遠者莫不聞

著在燕之春秋.

諸侯傳而語之曰

凡殺不辜者 其得不祥.

鬼神之誅 若此其憯遬也.

以若書之說觀之

則鬼神之有 豈可疑哉.

非惟若書之說爲然也

昔者宋文君鮑之時

有臣曰 祝觀辜[22]

固嘗從事於厲[23]

祩子[24]杖揖出 與言曰

觀辜 是何圭璧之不滿度量

20_ 馳于祖塗(치어조도)=祖澤을 가는 도중. 塗=途와 通(宋春稱).

21_ 재위 BC 610~589년. 鮑는 이름.

22_ 祝觀辜(축관고)=祝射姑의 誤. 축관인 야고라는 신하.

23_ 厲(려)=神祠, 廟也(王爲群姓立七祀 曰泰厲. 諸侯爲國立五祀 曰公厲. 大夫立三祀 曰族厲. :禮記/祭法).

24_ 祩子(주자)=祝子, 제사 지낼 때 귀신을 대신하는 시동.

단술과 젯밥은 정결하지 않으며

희생은 살찌지 않고 또한 순수하지 않으니

춘하추동 제물의 법칙이 때를 잃었다.

이것은 그대가 한 것인가? 아니면 포가 한 것인가?"

야고가 대답했다.

"포는 어리고 약해서 강보 속에 있습니다.

포가 어찌 알겠습니까?

소신 야고가 주관하여 한 것입니다."

그러자 신이 붙은 시동이 창을 들어 그를 치니

그는 제단 위에서 죽었다.

그때 송나라 사람과 종자들은 보지 않은 이가 없었고

먼 지방 사람들도 소문을 듣지 않은 이가 없었다.

또 그 사실을 송나라 역사에 기록하여

제후들이 그 일을 전하면서 말한다.

'제사를 경건하고 삼가지 않으면

귀신의 벌이 내리는데 그것은 이처럼 어김없이 혹독하다.'

이 책의 얘기로 볼 때

귀신의 존재를 어찌 의심하겠는가?

또 이 책의 얘기만이 그런 것이 아니다.

옛날 제齊나라 장공莊公의 신하에

왕리국王里國이란 사람과 중리요中里徼라는 사람이 있었는데

이 두 사람은 삼 년이나 소송을 했으나

酒醴粢盛之不淨潔也.

犧牲之不全肥

春秋冬夏選失時[25]

豈女爲之與. 意鮑爲之與

觀辜曰

鮑幼弱 在荷繦[26]之中

鮑何與識焉.

官臣觀辜特爲之.

祩子擧揖而槀之[27]

殪之壇上.

當是時 宋人從者莫不見

遠者莫不聞

著在宋之春秋.

諸侯傳而語之 曰

諸不敬愼祭祀者

鬼神之誅至 若此其憯遬也.

以若書之說觀之

鬼神之有豈可疑哉.

非惟若書之說爲然也

昔者齊莊君[28]之臣

有所謂王里國 中里徼者.

此二子者 訟三年

25_ 選失時(선실시)=재물이 때를 잃었다. 選=獻 또는 饌肴.

26_ 荷繦(하강)=강보에 싸여 있다. 襁褓.

27_ 擧揖而槀之(거읍이고지)=擧楫而敲之.

28_ 齊莊君(제장군)=齊 靈公의 아들인 光(재위 BC 553~548).

누가 범인인지 옥사가 판결 나지 않았다. 　　　　　　　而獄不斷.

제나라 장공은 이들 두 사람을 아울러 죽이자니 　　齊君由謙殺之[29]

이 중 한 사람은 죄 없는 사람일 것이니 두렵고 　　恐不辜

오히려 그들 둘을 모두 석방하자니 　　　　　　　猶謙釋之[30]

그중 한 사람의 죄인을 놓아주는 것이 싫었다. 　　恐失有罪.

이에 그들로 하여금 한 마리 양을 바치고 　　　　乃使之人共一羊

제나라 신사에서 맹세토록 했다. 　　　　　　　盟齊之神社.

두 사람은 얼른 승낙하고 양을 잡아 피를 마시고 　二子許諾. 於是泩泹[31]到羊

신사에 뿌린 다음 맹세를 했다. 　　　　　　　而漉其血.

왕리국은 맹세의 글을 읽고 무사히 마쳤으나 　　讀王里國之辭 旣已終矣.

그다음 중리요가 맹세의 글을 읽는데 절반도 못 읽어 讀中里徼之辭 未半也

죽었던 양이 일어나 그를 들이받아 다리를 부러뜨렸다. 羊起而觸之 折其脚

귀신이 나타나 그를 치니 　　　　　　　　　祧神之 而橐之[32]

그는 맹세한 장소에서 그냥 죽었다. 　　　　　祧之盟所.

이때 제나라 사람과 종자들은 보지 않은 이가 없었고 當是時 齊人從者莫不見

먼 곳의 사람들은 그 소문을 듣지 않은 이가 없었다. 遠者莫不聞

그 일은 제나라 역사에 기록되어 　　　　　　著在齊之春秋.

제후들은 그 일을 전해 주면서 말한다. 　　　　諸侯傳而語之曰

'신에게 맹세하면서 그 진실을 말하지 않으면 　　請品先不以其請者[33]

귀신이 벌을 내리는 것은 이와 같이 빠르고 참혹하다.' 鬼神之誅至 若此其憯遬也.

29_ 由謙殺之(유겸살지)=둘 다 죽이려 한다. 欲兼殺之.

30_ 猶謙釋之(유겸석지)=둘 다 석방하려 한다. 欲兼釋之.

31_ 泩泹(출혈)=出血의 誤. 어떤 이는 掘坎의 誤라고 말한다. 여기서는 '피를 마신다'로 解한다.

32_ 祧神之 而橐之(조신지 이고지)=여기서는 '신위가 움직여 그를 때렸다'로 解해 둔다. 왜냐하면 지금까지 여러 說이
　　있으나 未詳이다. 祧神=廟堂에서 제사 지내지 않는 조상신을 말한다(禮記/祭法). 之=出의 誤.

33_ 請品先不以其請者(청품선불이기청자)=諸盟失 不以其情者. 맹세가 사실이 아닌 자를 말한다.

이 책의 얘기로 본다면   以若書之說觀之

귀신의 존재를 어찌 의심하겠는가?   鬼神之有 豈可疑哉.

이런고로 묵자가 말했다.   是故子墨子言曰

비록 깊은 계곡과 숲 속,   雖有深溪博林

사람이 없는 으슥한 곳이라도   幽澗毋人之所

행실을 삼가지 않으면 안 된다.   施行不可以不董[34]

거기에도 귀신이 나타나 지켜보고 있다.   見有鬼神視之.

3

오늘날 귀신이 없다고 주장하는 사람들은 말한다.   今執無鬼者曰

'여러 사람이 보고 들었다는 사실만으로   夫衆人耳目之請[35]

어찌 의심을 떨쳐버릴 수 있겠는가?   豈足以斷疑哉.

어찌하여 천하에 고상한 군자가 되려는 자가   奈何其欲爲高君子於天下

여러 사람이 보고 들은 사실이라 하여 그대로 믿는가?'   而有復信衆之耳目之請哉.

묵자가 말했다.   子墨子曰

만약 많은 사람의 눈과 귀로 보고 들은 실상만으로는   若以衆之耳目之請

족히 믿을 수 없고   以爲不足信也

의심을 떨쳐버릴 수 없다고 할지라도   不以斷疑

옛날 삼대 성왕이신   不識若昔者三代聖王

요·순·우·탕·문·무왕을   堯舜禹湯文武者

법도로 삼는 것까지 모른다고 하겠는가?   足以爲法乎.

그러므로 여기에 대하여 중간 이상의 사람들은   故于此乎 自中人以上

34_ 董(동)=謹의 誤.

35_ 請(청)=情(실상)과 通.

모두 이르기를 옛 삼대 성왕만은　　　　　　皆曰 若昔者三代聖王

법도로 삼을 만하다고 말할 것이다.　　　　足以爲法矣.

만약 진실로 옛 삼대 성왕들이　　　　　　若苟昔者三代聖王

족히 본받을 만하다고 생각한다면　　　　足以爲法 然則

위로 성왕들에 대한 일들을 살펴보기로 하자!　姑嘗上觀聖王之事.

옛날 무왕이 은나라를 공격하여 주왕을 벌주고　昔者武王之攻殷誅紂也

제후들에게 은나라 때 제사를 나누어 지내도록 하고 이르기를　使諸侯分其祭[36] 曰

"동성同姓의 친족인 제후들은　　　　　　使親者

종묘에서 지내는 내사內祀를 맡고　　　　受內祀[37]

동성 아닌 제후는　　　　　　　　　　　疏者

산천 사방의 신에게 지내는 외사外祀를 맡으라" 명했다.　受外祀.[38]

그러므로 무왕은 반드시 귀신이 있다고 믿은 것이다.　故武王必以鬼神爲有

그래서 은나라를 공격하여 주왕을 벌주고 난 후　是故攻殷伐紂

제후들로 하여금　　　　　　　　　　　使諸侯

은나라 때 제사를 각기 나누어 지내도록 했던 것이다.　分其祭

만약 귀신이 없다고 생각했다면　　　　　若鬼神無有

무왕이 어째서 제사를 나누어 맡겼겠는가?　則武王何祭分哉.

무왕만이 그렇게 했던 것이 아니다.　　　　非惟武王之事爲然也

옛날의 성왕들이 상을 주는 것은　　　　故聖王 其賞也

반드시 조상의 묘당에서 했고　　　　　　必於祖[39]

죽이는 처벌은 토지신을 제사하는 사직단에서 했다.　其僇也必於社.

36_ 分其祭(분기제)=殷나라가 지내던 제사를 나누어 지내게 했다.

37_ 親者受內祀(친자수내사)=宗親인 제후는 종묘의 조상제사를 맡는다.

38_ 疏者受外祀(소자수외사)=宗親이 아닌 제후는 토지와 산천에 지내는 제사를 맡았다.

39_ 祖(조)=祖廟, 王은 七廟 一壇 一墠을 세운다(禮記/祭法). 즉 考廟, 王考廟, 皇考廟, 顯考廟, 祖考廟, 遠廟(二廟). 祖는 조상신을 뜻한다.

상을 묘당에서 준 것은 어째서인가?

상을 내리는 분별이 공평함을 조상신에게 재가받는 것이며

죽이는 형벌을 사직단에서 시행한 것은 어째서인가?

형벌이 합당한 것임을 토지신에게 재가받기 위함이다.

이 책의 기록만이 그러한 것을 말한 것은 아니다.

옛날 우虞나라의 순임금, 하夏나라의 우임금,

상商나라의 탕임금, 주周나라의 문왕·무왕 등 삼대 성왕들은

처음 나라를 세우고 도읍을 건설할 때는

반드시 나라에 바른 제단을 쌓고 종묘를 설치했으며

나무가 크고 무성한 곳을 골라

땅의 신을 제사하는 총사(토지신을 제사하는 곳)를 세웠다.

또한 나라의 부형父兄 중

자애롭고 효성스럽고 곧고 훌륭한 사람을 골라

축종祝宗(제사 지내는 책임자)으로 삼았고

육축 가운데서 제일 살찌고 털빛이 순수한 것을 골라

희생물로 삼았으며

서옥과 둥근 옥, 지신제에 쓰이는 종옥, 반쪽 둥근 옥 등은

재물의 정도에 알맞게 하는 것을 법도로 삼았고

오곡은 신성하고 누렇게 익은 것을 골라

단술과 젯밥을 만들었다.

그러나 단술과 젯밥은 흉풍에 따라 상하가 있었다.

賞于祖者何也.

告分之均也

僇於社[40]者何也.

告聽[41]之中[42]也.

非惟若書之說爲然也

且惟昔者虞夏

商周 三代之聖王

其始建國營都日

必擇國之正壇 置以爲宗廟

必擇木之修茂者

立以爲菆位[43]

必擇國之父兄

慈孝貞良者

以爲祝宗[44]

必擇六畜之勝腯肥倅毛

以爲犧牲

圭璧琮璜

稱財爲度

必擇五穀之芳黃

以爲酒醴粢盛

故酒醴粢盛與歲上下也.

40_ 僇於社(륙어사)=죽이는 것(戮)은 사직단(社)에서 한다.

41_ 聽(청)=형벌의 처리.

42_ 中(중)=合當.

43_ 菆位(추위)=叢社, 土地神을 제사함.

44_ 祝宗(축종)=大祝과 宗伯, 종묘에 제사하는 관리.

옛 성왕들이 천하를 다스릴 때는　　　　　　　　　故古聖王治天下也

반드시 귀신을 먼저(先) 하고　　　　　　　　　　　必先鬼神

사람을 뒤로(後)했다는 것이 바로 이것이다.　　　　而後人者此也

그래서 말하기를 관청(官府)에서는　　　　　　　　故曰 官府選效[45]

반드시 먼저 제기와 제복을 골라 갖추어　　　　　必先祭器祭服

창고에 저장하고　　　　　　　　　　　　　　　　畢藏于府

축관(祝宗)과 유사有司를 갖추어 묘당에 세우며　　祝宗有司 畢立于朝

희생물을 다른 짐승과 섞이지 않도록 해야 한다.　犧牲不與昔聚群[46]

옛 성왕의 정치는 이와 같았던 것이다.　　　　　故古者聖王之爲政若此.

4

이와 같이 옛 성왕들은 반드시 귀신이 있다고 믿었고　　古者聖王必以鬼神爲有[47]

귀신을 위하여 크게 힘썼다.　　　　　　　　　　　　　其務鬼神厚矣.

또 후세 자손들이 이것을 깨닫지 못할까 염려해서　　　又恐後世子孫不能知也

대쪽과 비단에 기록하여　　　　　　　　　　　　　　故書之竹帛

후세 자손들에게 전하여 물려주었던 것이다.　　　　　傳遺後世子孫.

어떤 이는 그렇게 해도 그것이 썩고 좀먹어 절멸되어　　咸恐[48]其腐蠹絕滅

후세 자손들이 기억하지 못할까 두려워서　　　　　　後世子孫 不得而記

쟁반과 그릇에 조각을 하고 쇠와 돌에 새겼다.　　　　故琢之盤盂 鏤之金石

그것만으로는 부족하여 여러 곳에 거듭 새겨놓았으니　以重之

후세 자손들이 귀신을 공경하여 따르지 않아　　　　　有恐後世子孫 不能敬若

45_ 選效(선효)=비치하다. 僎效. 두 글자 모두 具의 뜻.

46_ 不與昔聚群(불여석취군)=희생물이 다른 짐승과 섞이지 않게 하는 것. 昔=錯.

47_ 爲有(위유)=판본에는 有가 탈락됨. 無有(없다)의 對.

48_ 咸恐(함공)=惑恐의 誤.

복을 받지 못할까 염려했기 때문이다.

그러므로 성왕의 책과 성인들의 말씀뿐만 아니라

한 자의 비단과 한 편의 글마다

귀신이 있음을 자주 말했고

거듭거듭 강조했던 것이다.

그 까닭은 성왕들이 귀신 섬기기를 힘썼기 때문이다.

오늘날 귀신이 없다고 주장하는 자들이

귀신이란 본래 없다고 말하는 것은

성왕이 힘쓴 것을 배반하는 것이다.

성왕이 힘쓴 것을 배반하는 것은

곧 군자의 도리를 다하는 소이가 아니다.

지금 귀신이 없다는 자들은 물을 것이다.

'그러한 성왕의 책이 어디 있느냐?

진실로 어떤 글과 어떤 책에서

귀신이 있다고 자주 말했고

거듭거듭 강조했느냐?

그런 책이 어디 있느냐?'

묵자가 말했다.

『시경』·『서경』에 그런 글이 있다.

「대아」의 「문왕文王」편에서는 이렇게 노래한다.

"고귀하신 문왕이시여! 그 덕이 하늘에까지 빛납니다.

주나라는 옛날 제후국이지만 그 정령과 벼리(維)는 새로워

以取羊[49]

故先王之書

聖人一尺之帛[50] 一篇之書

語數鬼神之有也

重有重之.

此其故何. 則聖王務之.

今執無鬼者曰

鬼神者固無有.

則此反聖王之務.

反聖王之務

則非所以爲君子之道也.

今執無鬼者之言曰

先王之書

愼無[51]一尺之帛 一篇之書

語數鬼神之有

重有重之

亦何書之有哉.

子墨子曰

周書大雅有之.

大雅文王篇曰

文王在上 于昭于天.

周雖舊邦 其命維新

49_ 敬若以取羊(경군이취양)=敬若以取祥, 공경하고 순종하여 복을 받다.

50_ 聖人一尺之帛(성인일척지백)=聖人之言一尺之帛의 誤. 之言의 두 자 누락.

51_ 愼無(신무)=聖人之言의 誤.

주나라가 크게 드날리니 천명을 받으심은 시운이어라! 有周不顯 帝命不時[52]

문왕께서 죽어 하늘에 올라 하느님의 좌우에 앉으시니 文王陟降[53] 在帝左右

아름다운 문왕이시여! 빛나는 명성 끝이 없어라." 穆穆文王 令問不已.

만약 귀신이 존재하지 않는다면 문왕은 이미 죽었는데 若鬼神無有 則文王旣死

어떻게 하느님의 좌우에 있을 수가 있는가? 彼豈能在帝之左右哉.

이것으로 나는 주나라 책에서 귀신을 기록하고 있음을 안다. 此吾所以知周書之鬼也.

또 주나라 책에서만 유독 귀신을 얘기하고 且周書獨鬼

상나라 책에서는 귀신이 없다고 한다면 而商書不鬼

주나라 책만을 표준으로 삼기는 미흡할 것이다. 則未足以爲法也.

그러면 시험 삼아 상나라의 책을 살펴보자. 然則姑嘗上觀乎商書

"아! 옛 하나라에 曰 鳴呼. 古者有夏

재앙이 닥치기 전에는 方未有禍之時

모든 짐승과 벌레들과 날아다니는 새들까지도 百獸貞蟲[54] 允及飛鳥[55]

저마다 화목하게 따랐거늘 莫不比方[56]

하물며 사람의 얼굴을 하고 어찌 딴마음을 먹을 것인가? 矧佳[57]人面 故敢異心.

또한 산천 귀신들도 역시 평안했으니 山川鬼神 亦莫敢不寧.

모두가 한결같이 공경스럽고 성실하여 若能共允[58]

천하는 화합되고 국토는 보전됐다." 佳天下之合 下土之葆.

이와 같이 산천 귀신까지 察山川鬼神之

52_ 有周不顯 帝命不時(유주불현 제명불시)=不 자는 <u>丕</u>의 錯簡. 또한 古代에 흔히 있는 發語詞. '주나라는 빛나고 하늘의 명이 때에 맞았다'는 뜻임.

53_ 陟降(척강)=陟=升. 그러나 陟降은 죽었다는 뜻이다.

54_ 貞蟲(정충)=기어 다니는 벌레. 征虫.

55_ 允及飛鳥(윤급비조)=날아가는 새까지도. 允=與.

56_ 比方(비방)=和常. 바른 것을 좇다, 잘 따른다는 뜻.

57_ 矧佳(신추)=하물며. 佳=惟.

58_ 共允(공윤)=共誠, 모두 성실하다.

평안할 수 있었던 것은

우임금의 정책을 잘 따랐기 때문이다.

이것이 내가 상나라 책에서 귀신을 알게 된 까닭이다.

또 상나라 책에서만 유독 귀신을 말하고

하나라 책에서는 귀신을 부정했다면

법도로 삼기에 부족할 것이다.

그러므로 잠시 시험 삼아 하나라 책을 살펴보자.

『서경』의 「감서甘誓」편에는 이렇게 말한다.

"우왕은 감 지방에서 대회전을 앞두고

좌우 육군六軍[61]의 장수들에게 명하여 즉결심판권을 내리고

중앙의 군사들에게 다음과 같이 훈시를 했다.

'지금 유호씨有扈氏는 오행을 멸시하고 업신여기며

하늘과 땅과 사람의 올바른 길을 태만히 하고 버리니

하늘은 유호씨의 명을 끊어버리려 한다.'

다시 말을 이었다.

'오늘 안으로 나는 유호씨와

하루에 목숨을 다투는 싸움을 할 것이다.

경대부(六軍과 長官)와 서민들이여!

나는 땅이나 보옥이 탐나서 싸우는 것이 아니며

하늘의 벌을 삼가 대행하려는 것이다.

所以莫敢不寧者

以佐禹謀也.

此吾所以知商書之鬼也.

且商書獨鬼

而夏書不鬼

則未足以爲法也.

然則姑嘗上觀乎夏書

禹誓[59]曰

大戰於甘[60]

王乃命左右六人 下聽

誓於中軍.

曰 有扈氏[62] 威侮五行[63]

怠棄三正[64]

天用勦絕其命

有曰

日中 今予與有扈氏

爭一日之命

且 爾卿大夫庶人.

予非爾田野葆士[65]之欲也

予共[66]行天之罰也

59_ 禹誓(우서)=『서경』「夏書」의 「甘誓」편을 말함. 여기서는 주인공이 禹인가 그의 아들 啓王인가 설이 나뉨.

60_ 甘(감)=산시성 戶縣의 서쪽 지명.

61_ 주나라 軍編制로는 임금이 통솔하는 여섯 개 軍團. 一個軍은 12,500명.

62_ 有扈氏(유호씨)=옛 나라 이름. 지금의 산시성 후현.

63_ 五行(오행)=仁, 義, 禮, 智, 信의 五常.

64_ 三正(삼정)=天道, 地道, 人道.

65_ 葆士(보토)=葆玉의 誤. 寶玉.

왼편 사람들이 왼편에서 공격하지 않고　　　　　　　左不共[67]于左

오른편 사람들이 오른편에서 공격하지 않는다면　　　右不共于右

그대들은 내 명령을 받들지 않는 것이요,　　　　　若不共命.

수레 몰이가 올바로 몰지 않으면　　　　　　　　御非爾馬之政

그것도 내 명령을 받들지 않는 것이다.　　　　　若不共命.

이에 따라 시조신의 묘당에서 상을 내리고　　　　是以賞于祖

토지신 앞에서 죽일 것이다.'　　　　　　　　　而僇[68]于社.

조상의 묘당에서 상을 주는 까닭은 무엇인가?　　賞于祖者何也.

분별과 명령이 공평함을 고하는 것이다.　　　　言分命之均也.

사신社神 앞에서 죽이는 것은 무엇인가?　　　　僇于社者何也.

옥사가 합당함을 고하고자 함이다."　　　　　　言聽獄之事也.[69]

이처럼 옛 성왕은 반드시 귀신은　　　　　　　故古聖王必以鬼神也

어짊에 상을 내리고 포악에 벌을 내린다고 생각했다.　爲賞賢而罰暴

이런고로 상은 시조신 앞에서 내리고　　　　　　是故賞必于祖

죽음의 벌은 토지신 앞에서 내렸던 것이다.　　　而僇必于社.

이것이 내가 「하서」의 귀신을 알게 된 까닭이다.　此吾所以知夏書之鬼也.

이처럼 일찍이 「하서」, 「상서」, 「주서」에서　　故尙者夏書 其次商周之書

모두가 귀신이 존재함을 자주 언급하고　　　　語數鬼神之有也

거듭거듭 중요하게 강조한 것은 어인 까닭인가?　重有重之. 此其故何也.

그것은 성왕들이 그것에 많은 힘을 썼다는 증거다.　則聖王務之.

이러한 책들로 볼 때　　　　　　　　　　　以若書之說觀之

귀신이 있다는 것을 어찌 의심하겠는가?　　　則鬼神之有 豈可疑哉.

66_ 共(공)=恭의 誤.

67_ 共(공)=攻의 錯簡.

68_ 僇(륙)=辱也. 戮과 通用.

69_ 聽獄之事也(청옥지사야)=판결이 합당하다. 事=中의 誤.

5

옛 기록에서 이르기를 "길일인 정묘에

토지신(社)과 방위신(方)과 수명의 신(歲)과

조상신(祖)과 부친 혼령(考)에 두루 대신 빌게 했더니

임금의 수명이 연장됐다"라고 했다.

만약 귀신이 없다면

저들이 어찌 수명을 연장받을 수 있었겠는가?

그러므로 묵자가 말했다.

일찍이 귀신이 능히 어진 자에게 상을 주고

포악한 자에게 벌을 준다는 신앙을

나라와 인민에게 펴는 근본 취지는

그것이 실로 나라를 다스리고

만민을 이롭게 하는 도리이기 때문이다.

만약 귀신이 보고 있지 않다고 생각하면

이런 관리들이 관청을 다스리면 청렴하지 않고

남자와 여자가 유별하지 않으며

백성이 음란하고 포악하여 침략과 혼란을 일삼고

도적질하고 해치며 병장기와 독약과 물과 불로

무고한 백성들의 길을 가로막고

마차와 의복을 강탈하는 등

제 이익만 챙길 것이다.

於古曰 吉日丁卯[70]

周代祝社方歲

於社者考[71]

以延年壽

若無鬼神

彼豈有所延年壽哉.

是故子墨子曰

嘗若鬼神之能賞賢

如罰暴也

蓋本施之國家 施之萬民

實所以治國家

利萬民之道也.

若以爲不然[72]

是以吏治官府之不絜廉

男女之爲無別者(鬼神見之).

民之爲淫暴寇亂

盜賊 以兵刃毒藥水火

退無罪人乎道路

奪人車馬衣裘

裘以自利者

70_ 於古曰 吉日丁卯(어고왈 길일정묘)=古者 於吉日丁卯의 錯簡.

71_ 周代祝社方歲於社者考(주대축사방세우사자고)=周代祝 於社 方 歲 祖 考, 즉 두루 社신과 方신, 歲신과 조상신과
  아버지 혼령에게 대신 빌었다.

72_ 若以爲不然(약이위불연)=아래에 있던 '鬼神見之' 구절을 붙여 읽고, '만약 귀신이 보고 있지 않다고 생각하면'으로
  解한다.

반면 귀신이 있어 지켜본다고 생각하고　　　　　　　有鬼神見之.

이로써 관리들이 관청을 다스리면　　　　　　　　　是以吏治官府

감히 청렴결백하게 다스리지 않을 수 없고　　　　　不敢不絜廉

착한 것을 보면 상을 주지 않을 수 없으며　　　　　見善不敢不賞

포악한 자를 보면 감히 죄를 묻지 않을 수 없고,　　見暴不敢不罪

백성들이 음란하고 포악하며　　　　　　　　　　　民之爲淫暴

침략하고 어지럽히며 도적질하고 해치며　　　　　寇亂盜賊

무기를 들고 독약과 물과 불로　　　　　　　　　　以兵刃毒藥水火

죄 없는 사람의 길을 막고　　　　　　　　　　　　退無罪人乎道路

강도질을 하며 제 이익만을 차리는 짓은　　　　　奪車馬衣裘 以自利者

이로 말미암아 그치게 될 것이다.　　　　　　　　由此止

이와 같이 아무리 궁벽한 곳에 버려져 있어도　　　是以莫放幽閒

귀신은 밝게 드러낸다는 것을 의심치 않도록　　　擬乎鬼神之明顯

한결같이 인민에게 밝혀, 하늘의 주벌을 두려워하면　明有一人畏上誅罰[73]

이로써 천하를 다스렸던 것이다.　　　　　　　　是以天下治.

6

그러므로 귀신의 밝음은 숨길 수 없다.　　　　　　故鬼神之明 不可爲幽

아무리 넓은 호수나 숲 속이나 깊은 골짜기라도　　間廣澤 山林深谷

귀신은 반드시 그것을 안다.　　　　　　　　　　鬼神之明必知之.

귀신의 벌은　　　　　　　　　　　　　　　　　　鬼神之罰

73_ 是以莫放幽閒 擬乎鬼神之明顯 明有一人畏上誅罰(시이막방유간 의호귀신지명현 명유일인외상주벌)=이상 21자는
　　손이양의 『묵자한고』에 따라 不詳이라 하여 삭제해 왔으나 매우 중요한 내용이다. '이와 같이 사람은 귀신의 눈을
　　피해 어디에도 숨을 수 없다. 귀신이 다 보고 있다. 그러므로 하느님의 벌주심(심판)을 두려워한다'는 뜻이다.

부귀와, 다수의 힘과

용기와 완력, 강한 군대, 갑옷, 병기도 어찌할 수 없으니

귀신의 벌은 반드시 그것들을 이긴다.

그렇지 않다고 생각하는 사람이 있었으니

옛날 하나라 걸왕은 귀하기로는 천자요,

부하기로는 천하를 소유했지만

위로 하늘과 귀신을 모욕하고 업신여겼으며

아래로 천하 인민을 해치고 살육하면서

상제님을 대신한 양 속이고 하느님의 도를 훼패했으니

그 원인은 귀신을 부인한 데 있었던 것이다.

하느님은 이에 탕임금으로 하여금

이를 밝혀 벌을 내리도록 했던 것이다.

탕임금은 겨우 아홉 량의 전차로

새처럼 진을 치고 기러기처럼 진격하여

한걸음에 대찬산大贊山을 점령하고

걸왕의 군사를 물리쳐 성 밖까지 진격하여,

천하의 용사인 추치推哆와 대희大戲[78]를 사로잡았다.

하나라 임금인 걸은 고귀한 천자였고

천하를 소유한 부자였으며,

거느린 천하의 용장인 추치와 대희는

코뿔소와 호랑이를 산 채로 찢고

不可爲富貴衆强

勇力强武 堅甲利兵

鬼神之罰必勝之.

若以爲不然

昔者夏王桀 貴爲天子

富有天下

上詬天侮鬼

下殃傲[74]天下之萬民

伴代上帝 危上帝行.[75]

故於此乎

天乃使湯

至明罰焉.

湯以車九兩

鳥陳雁行.

湯乘大贊[76]

犯逐夏衆 人之郊遂[77]

王乎禽推哆大戲.

故昔夏王桀 貴爲天子

富有天下

有勇力之人 推哆大戲

生列兕虎

74_ 殃傲(앙오)=殃殺의 誤.

75_ 伴代上帝 危上帝行(양대상재 위상제행)=판본은 '祥上帝伐 元山帝行'으로 됨. 不詳이라 장춘이에 따라 고쳤다.

76_ 大贊(대찬)=山名.

77_ 犯逐夏衆 人之郊遂(범수하중 인지교수)=판본은 '犯逐下衆 人之蟜遂'로 됨. 손이양에 따라 고쳤음.

78_ 桀王의 장수들.

손가락으로 사람을 죽이는 장사였으며,　　　　　　　　　指畫殺人

인민이 많기로는 억조창생으로 천하에 그득했으나　　　　人民之衆兆億 侯盈厥澤陵

이것으로도 귀신의 벌(誅罰)을 막을 수 없었던 것이다.　　然不能以此圉鬼神之誅.

이것이 내가 말한 귀신의 벌이니　　　　　　　　　　　此吾所謂鬼神之罰

부귀와 다수의 힘과 완력과 강한 병사,　　　　　　　　不可爲富貴衆强 勇力强武

견고한 갑옷과 날카로운 병기도 어찌할 수 없는 것이다.　堅甲利兵者 此也.

또 이뿐만이 아니다.　　　　　　　　　　　　　　　　且不惟此爲然

옛날 은나라 주왕도 귀하기로는 천자요,　　　　　　　昔者殷王紂 貴爲天子

부하기로는 천하를 소유했으나　　　　　　　　　　　富有天下

위로 하늘을 욕되게 하고 귀신을 모욕했으며　　　　　上詬天侮鬼

아래로는 천하 인민을 해치고 죽였으며　　　　　　　下殃傲天下之萬民

늙은이는 돌보지 않고, 아이들까지 해치고 죽이고　　　播棄黎老[79] 賊誅孩子

죄 없는 사람을 불로 지지고, 임신부의 배를 가르니　　楚毒[80]無罪 刳剔孕婦

벗들과 홀아비와 과부들은 울부짖으며 호소할 곳이 없었다.　庶舊鰥寡 號咷無告也.

이 지경이 되자 하늘은 무왕으로 하여금　　　　　　　故於此乎 天乃使武王

벌을 밝히도록 했던 것이다.　　　　　　　　　　　　至明罰焉.

무왕이 전차 백 량과　　　　　　　　　　　　　　　武王以擇車百兩

용감한 군사 사백 명을 선발하여　　　　　　　　　　虎賁之卒四百人

먼저 여러 제후들의 군사를 열병한 후　　　　　　　　先庶國節窺戎.[81]

은나라 군사와 목야에서 싸워　　　　　　　　　　　與殷人戰乎牧之野

은나라의 장수 비중費中과 악래惡來[82]를 사로잡자　　王乎禽費中惡來

79_ 播棄黎老(파기려로)=遍棄著老. 노인을 버리다.

80_ 楚毒(초독)=焚炙, 불로 지진다. 포락의 형벌.

81_ 先庶國節窺戎(선서국절규융)=國節은 각 제후들을 가리킨다. 節은 부절, 窺戎은 觀兵하다. '먼저, 뭇 제후들은 열병을 한다'는 뜻.

82_ 紂王의 장수들(姦臣임).

은나라 군사들은 창을 돌리고 달아나 흩어졌다.

무왕은 궁정 안으로 쳐들어가

만 년의 가래나무를 베어버리고 숨은 주왕을 잡아

붉은 고리에 매달고 흰 깃발을 다니

천하 제후들 자신이 그를 죽였다고 생각했다.

폭군 주왕도 고귀한 천자였고

천하를 소유한 부자였으며

그가 거느린 천하의 용사인

비중, 악래, 숭후호崇侯虎[85] 등의 장수는

손가락으로 사람을 죽이는 자들이었으며,

인민이 많기로는 억조창생으로 천하에 그득했으나

이런 것들로는 귀신의 벌(誅罰)을 막을 수 없었다.

이것이 내가 말한 귀신의 벌이니

부귀나 다수의 힘이나 힘센 완력, 강한 군대,

병기나 방패로도 막을 수 없는 것이다.

『금애禽艾』라는 책에는 이렇게 쓰여 있다.

"덕을 얻는 데는 작은 것이 없고

종묘를 멸망시키는 데는 큰 것이 없다."

이는 귀신이 상을 내리는 데는

아무리 작아도 반드시 상을 내리고

귀신이 벌을 내리는 데는

아무리 커도 반드시 벌을 준다는 것을 말한 것이다.

衆畔百走.[83]

武王逐奔入宮

萬年梓株[84]折 紂而出

擊之赤環 載之白旗

以爲天下諸侯僇.

故昔者殷王紂 貴爲天子

富有天下

有勇力之人

費中惡來崇侯虎

指寡殺人

人民之衆兆億 侯盈厥澤陵

然不能以此圉鬼神之誅.

此吾所謂鬼神之罰

不可爲富貴衆强 勇力强武

賢甲利兵者 此也.

且禽艾之道之曰

得璣[86]無小

滅宗無大

則此言鬼神之所賞

無小必賞之

鬼神之所罰

無大必罰之.

83_ 衆畔百走(중반백주)=衆叛皆走. 군사들이 반기를 들고 모두 달아나다.

84_ 萬年梓株(만년재주)=만년의 가래나무. 손이양은 未詳이라 했다. 紂를 효수한 나무가 아닌가 한다.

85_ 紂王의 장수(姦臣임).

86_ 得璣(득기)=璣는 渾天儀, 즉 천체 관측기. 여기서는 祺, 즉 吉祥福利라 解한다.

7

오늘날 귀신이 없다고 주장하는 사람들은 이르기를 今執無鬼者曰

'만약 어버이의 이익에 맞지 않으면 意不忠[87]親之利

효자에게도 해롭다'고 말한다. 而害爲孝子乎.

묵자가 말했다. 子墨子曰

옛날이나 지금이나 귀신이란 다른 것이 아니다. 古之今之爲鬼 非他也

하늘에 귀신이 있고, 산과 물에 귀신이 있고 有天鬼 亦有山水鬼神者

사람이 죽으면 귀신이 된다. 亦有人死而爲鬼者.

지금 자식이 그 아비보다 먼저 죽고 今有子先其父死

아우가 형보다 먼저 죽는 일은 있으나, 弟先其兄死者矣

비록 그렇다고 해도 意雖使然

천하에 사물의 도리를 말할 때는 然而天下之陳物[88]曰

먼저 난 것이 먼저 죽는다고 말해야 한다. 先生者先死.

그렇다면 먼저 죽는 것은 아버지가 아니면 어머니요, 若是則 先死者非父則母

형이 아니면 형수일 것이다. 非兄而姒也.

이제 이분들에게 단술과 젯밥을 정결히 장만하여 今絜爲酒醴粢盛

공경하여 삼가 제사를 지낸다고 하자. 以敬愼祭祀.

만약 귀신이 진정 존재한다면 若使鬼神請有

이것은 그의 부모나 형과 형수가 是得其父母姒兄

먹고 마실 것이니 而飮食之也

어찌 큰 이로움이 아니겠는가? 豈非厚利哉.

만약 귀신이 진정 없다면, 이것은 若使鬼神請亡 是乃

단술과 젯밥을 만드는 데 費其所爲酒醴粢盛之財耳.

87_ 意不忠(의불충)=抑不中. 즉 맞지 않다. 抑=그렇다면, 그렇지 않으면.
88_ 陳物(진물)=사고를 말한다. 어떤 이는 常理로 본다. 物=事故.

재물이 소비됐으나

이는 더러운 시궁창에 부어 소비해 버리는 것과는 달라

집안의 종족들과 밖의 향리 사람들이

다 같이 그것을 마시고 먹으니

비록 귀신이 없다 해도

이것은 오히려 많은 사람을 모아 즐겁게 화합하고

향리 사람들과 친애하게 되는 것이다.

지금 귀신이 없다고 주장하는 사람은 이렇게도 말한다.

'귀신이란 본래 존재하지 않는다.

그러므로 나는 단술과

젯밥과 희생물 같은 재물을 바치지 않는다.

그 단술과 젯밥과 희생물 같은 재물이

아까워서 그런 것이 아니다.

도대체 이로써 얻는 것이 무엇인가?'

그러나 이것은 위로는 성왕들의 글에 어긋나고

안으로는 백성의 효도하는 행실에 반하는 것이다.

그리고 이것은 천하의 높은 관리들을 위한 것도

높은 관리의 도리를 행하는 방법도 아니다.

이런고로 묵자가 말했다.

지금 우리가 제사를 지내는 것은

재물을 곧바로 더러운 시궁창에 버리는 것이 아니라,

위로 귀신을 복되게 하고

自夫費之

非特注之汚壑而棄之也

內者宗族 外者鄕里

皆得如具飮食之.

雖使鬼神請亡

此猶可以合驩聚衆

取親于鄕里.

今執無鬼者言曰

鬼神者固請無有

是以不共其酒醴

粢盛犧牲之財

吾非乃今愛其酒醴

粢盛犧牲之財乎

其所得者 以[89]將何哉

此上逆聖王之書

內逆民人敎子之行

而爲上士于天下

此非所以爲上士之道.

是故子墨子曰

今吾爲祭祀也

非直注之汚壑而棄之也.

上以交鬼之福[90]

89_ 以(이)=판본은 臣으로 되어 있었으나 장천이에 따라 고쳤음.

90_ 上以交鬼之福(상이교귀지복)=交는 徼와 음이 같다. 徼는 邀와 通. 求取의 마음을 표시한다. 그러나 여기서는 '귀신에게 복이 된다'의 뜻이다. 交는 글자대로 '바치다'로 解한다.

아래로 많은 사람을 모아 즐겁게 화합하며   下以合驩聚衆

향리 사람들과 친애하는 것이다.   取親乎鄕里.

만약 귀신이 정말 존재한다면   若神有

이것으로 부모 형제들과 서로 만나고   則是得吾父母弟兄

그분들께 잡수시게 하는 것이니   而食之也

이야말로 어찌 천하에 이로운 일이 아니겠는가?   則此豈非天下利事也哉.

그러므로 묵자가 말했다.   是故子墨子曰

오늘날 천하의 왕공대인들과 선비와 군자들이   今天下之王公大人士君子

진실로 천하의 이로움을 구하고   中實將欲求興天下之利

해로움을 제거하고자 한다면   除天下之害

마땅히 귀신이 있다고 해야 하며   當若鬼神之有也

귀신을 높이고 귀신의 도리를 밝혀야 한다.   將不可不尊明[91]也

이것이 성왕의 도리다.   聖王之道也.

91_ 尊明(존명)=遵明이라고도 풀이하지만, 여기서는 글자대로 '높여 밝힌다'의 뜻.

일찍이 인민들의 세금을 많이 거두어 여러 악기들을 만들고 이것을 연주했어도
이로써 천하의 이익을 부흥시키고 천하의 해독을 물리치는 데 도움이 되지 않았다.

1

묵자가 말했다.	子墨子言曰
인자仁者의 정사는	仁者之事
반드시 천하의 이익을 찾아 일으키고	必務求興天下之利
천하에 해로운 것을 없애기 위해 힘쓴다.	除天下之害
이것을 천하의 법도로 삼고	將以爲法乎天下.
인민에게 이로운 것은 즉시 행하고	利人乎 卽爲
해로운 것은 즉시 그친다.	不利人乎 卽止.
인자의 천하를 위한 헤아림은	且夫仁者之爲天下度也
눈에 아름답고	非爲其目之所美
귀에 즐겁고 입에 달고	耳之所樂 口之所甘
몸에 편안한 것을 추구하지 않는다.	身體之所安.
이로써 백성들이 입고 먹는 재물을 축내고 빼앗는 일을	以此虧奪民衣食之財
인자는 결코 하지 않는다.	仁者弗爲也.
그러므로 묵자가 음악을 비난하는 까닭은	是故子墨子之所以非樂者
큰 종과 북, 가야금과 비파, 크고 작은 생황들이	非以大鍾鳴鼓琴瑟竽笙之
그 소리가 즐겁지 않아서가 아니다.	聲以爲不樂也
또한 조각한 무늬와 색깔이	非以刻鏤華文章之色
곱지 않아서가 아니며,	以爲不美也
굽고 찐 가축의 고기 맛이	非以犓豢[1]煎炙之味

달지 않아서가 아니다.

높은 누대와 큰 정자와 아늑한 집이

편안하지 않아서가 아니다.

비록 몸은 편안함을 알고 입은 단것을 알고

눈은 그것이 아름다운 것을 알고

귀는 그것이 즐거운 것을 알고 있으나,

위를 상고해 볼 때 성왕의 법도에 맞지 않고

아래를 살펴볼 때 인민의 이익에 맞지 않기 때문이다.

그래서 묵자가 음악을 비난한 것이다.

以爲不甘也

非以高台厚榭²邃野³之居

以爲不安也.

雖身知其安也 口知其甘也

目知其美也

耳知其樂也

然上考之 不中聖王之事

下度之 不中萬民之利

是故子墨子曰 爲樂非也.

2

지금 천하의 왕공대인들은

오로지 악기를 만들고 연주하는 것이

나라를 위하는 일이라고 생각한다.

그러나 그것은 빗물을 퍼서 만드는 것이 아니고

흙을 퍼서 만드는 것이 아니다.

반드시 인민들로부터 많은 세금을 거두어야만

큰 종과 북과 가야금과 비파와

큰 생황과 작은 생황이 소리를 낼 수 있다.

옛날 성왕들은

今王公大人

雖毋⁴造爲樂器

以爲事乎國家

非直掊潦水

折壤坦⁵而爲之也

將必厚措斂乎萬民

以爲大鍾鳴鼓琴瑟

竽笙之聲.

古者聖王

1_ 犓豢(추환)=동물의 고기. 풀을 먹는 동물과 곡식을 먹는 동물.

2_ 榭(사)=정자.

3_ 邃野(수야)=넓고 아늑한 집. 邃字의 誤.

4_ 毋(무)=아무 뜻이 없는 語氣詞

5_ 壤坦(양탄)=땅의 흙. 坦=壇의 假借字.

인민들로부터 많은 세금을 거두어

그것으로 배와 수레를 만들었는데

그것을 어디에 쓰려고 만들었는가?

배는 물에서 쓰고, 수레는 땅에서 쓰므로

군자들은 걷지 않아 발을 쉴 수 있게 되고

소인들은 어깨와 등을 쉴 수 있었다.

그러므로 사람들은 필요한 재물을 그들에게 바쳐도

감히 원망하거나 한탄하지 않았다.

왜냐하면 도리어 인민의 이익에 부합됐기 때문이다.

그런즉 악기가 도리어 인민의 이익에 맞는다면

나는 수레와 배처럼 감히 음악을 비난하지 않겠다.

만약 악기를 합당하게 쓴다면

마치 성왕들이 배와 수레를 만든 것처럼

음악을 감히 비난할 수 없는 것이다.

亦嘗厚措斂乎萬民

以爲舟車 旣以成矣

曰 吾將惡許[6]用之

曰 舟用之水 車用之陸

君子息其足焉

小人休其肩背焉.

故萬民出財齎[7]而予之

不敢以爲戚恨者

何也 以其反中民之利也.

然則樂器反中民之利

亦若此 卽我弗敢非也

然則當用樂器

譬之若聖王之爲舟車也

卽我弗敢非也.

3

백성들에게는 세 가지 환난이 있다.

굶주린 자(飢者)가 먹을 수 없고

헐벗은 자(寒者)가 입을 수 없고

고달픈 자(勞者)가 쉴 수 없는 것

이 세 가지가 백성의 큰 근심거리다.

그런데 그것을 만드는 시간에 큰 종을 치고

民有三患

飢者不得食

寒者不得衣

勞者不得息.

三者民之巨患也.

然卽當爲之撞鍾

6_ 惡許(오허)=어디에.

7_ 財齎(재재)=財物.

북을 두드리며 가야금과 비파를 타고　　　　　　　　　　擊鳴鼓彈琴瑟

생황을 불면서 방패와 도끼를 흔들고 춤을 춘다면　　　　吹竽笙而揚干戚[8]

인민들이 입고 먹을 재물은 언제 얻을 수 있겠는가?　　　民衣食之財 將安可得乎

나는 반드시 그럴 수 없다고 생각한다.　　　　　　　　　卽我以爲未必然也.

이것은 고사하고라도　　　　　　　　　　　　　　　　意舍此[9]

오늘날 큰 나라는 작은 나라를 공격하고　　　　　　　今有大國卽攻小國

큰 가문은 작은 가문을 치고　　　　　　　　　　　　有大家卽伐小家

강자는 약자를 겁탈하고, 다수는 소수를 폭압하고　　强劫弱 衆暴寡

영리한 자는 어리석은 자를 속이고　　　　　　　　　詐欺愚

귀한 자는 천한 자를 업신여기고　　　　　　　　　　貴傲賤

외적과 도적떼들이 한꺼번에 일어나고 있지만　　　　寇亂盜賊并興

막을 길이 없다.　　　　　　　　　　　　　　　　　不可禁止也.

그런즉 큰 종을 치고 북을 두드리며　　　　　　　　然卽當爲之撞巨鍾 擊鳴鼓

가야금과 비파를 타고 생황을 불며　　　　　　　　彈琴瑟 吹竽笙

도끼와 방패를 들고 춤을 춘다고 해서　　　　　　　而揚干戚

이러한 천하의 어지러움을　　　　　　　　　　　　天下之亂也

장차 어찌 다스릴 수 있겠는가?　　　　　　　　　　將安可得而治與.

나는 반드시 그럴 수 없다고 생각한다.　　　　　　　卽我未必然也.

그래서 묵자가 말했다.　　　　　　　　　　　　　　是故子墨子日

일찍이 인민들의 세금을 많이 거두어　　　　　　　姑嘗厚措斂乎萬民

여러 악기들을 만들고　　　　　　　　　　　　　　以爲大鍾鳴鼓

이것을 연주했어도　　　　　　　　　　　　　　　琴瑟竽笙之聲

이로써 천하의 이익을 부흥시키고　　　　　　　　以求興天下之利

8_ 揚干戚(양간척)=방패와 도끼를 흔들다. 춤을 춘다는 뜻.

9_ 意舍此(의사차)=만일 이것을 버린다 해도. 意=抑.

천하의 해독을 물리치는 데 도움이 되지 않았다.　　　　　除天下之害　而無補也

그러므로 묵자가 말했다.　　　　　　　　　　　　　　　是故子墨子曰

오늘날 음악은 비난받아야 마땅하다.　　　　　　　　　爲樂非也.

4

오늘날 왕공대인들은　　　　　　　　　　　　　　　　今王公大人

높은 다락과 호사스러운 정자 위에서 바라보면　　　　唯毋處高台厚榭之上而視之

큰 종들이 솥을 엎어놓은 것같이 많지만,　　　　　　鍾猶是延鼎[10]也

그것을 치지 않으면 어떻게 음악을 할 수 있겠는가?　弗撞擊　將何樂得焉哉

그들은 반드시 그것을 치라고 말할 것이다.　　　　　其說將必撞擊之.

그러나 종을 치는 데는　　　　　　　　　　　　　　惟勿[11]撞擊

늙은이나 우둔한 사람을 시킬 수 없다.　　　　　　　將必不使老與遲者[12]

그들은 이목이 총명치 않고　　　　　　　　　　　　老與遲者　耳目不聰明

팔다리가 강하지 못하고　　　　　　　　　　　　　股肱不畢强

목소리가 부드럽지 않고, 음정을 맞추지 못하기 때문이다.　聲不和調　明不轉朴[13]

그래서 반드시 한창 젊은 나이로　　　　　　　　　　將必使當年[14]

이목이 총명하고　　　　　　　　　　　　　　　　　因其耳目之聰明

팔다리가 강하고　　　　　　　　　　　　　　　　　股肱之畢强

목소리가 조화롭고　　　　　　　　　　　　　　　　聲之和調

음정이 잘 맞는 이를 골라서 시킬 수밖에 없다.　　　眉[15]之轉朴

10_ 延鼎(연정)=솥을 엎어놓은 것.

11_ 惟勿(유물)=唯毋.

12_ 遲者(지자)=반응이 둔한 사람.

13_ 明不轉朴(명불전박)=음을 잘 내지 못하는 것. 明=音의 誤. 朴=抌(손벽 치다)의 誤.

14_ 當年(당년)=젊은 나이.

그러나 장부들에게 시키자니 　　　　　　使丈夫爲之

밭 갈고 씨 뿌리며 농사지을 때를 놓치게 하고, 　　廢丈夫耕稼樹藝之時

부인들에게 시키자니 　　　　　　　　　使婦人爲之

실 뽑고 길쌈하는 일을 그만두게 만든다. 　　　廢婦人紡績織絍之事.

오늘날 왕공대인들이 오로지 음악을 연주키 위하여 　今王公大人 唯毋爲樂

인민들이 입고 먹을 재물을 축내고 빼앗는 것이 　　虧奪民衣食之財以拊樂[16]

이처럼 큰 것이다. 　　　　　　　　　　如此多也.

그래서 묵자가 말했다. 　　　　　　　　是故子墨子曰

오늘날 음악은 비난받아야 마땅하다. 　　　　爲樂非也.

5

지금 큰 종과 북과 가야금과 비파와 　　　　今大鍾鳴鼓 琴瑟

크고 작은 생황들의 소리를 다 갖추어놓고 　　　竽笙之聲 既已具矣

왕공대인들이 수연하게 연주하며 홀로 들으면 　大人鏽然[17]奏而獨聽之

무슨 즐거움을 얻을 수 있겠는가? 　　　　　將何樂得焉哉.

그들은 반드시 천한 사람이 아니면 　　　　　其說將必與賤人

군자들과 듣는 것을 좋아할 것이다. 　　　　不與君子

군자들과 들으면 그들의 정사를 그만두게 할 것이요, 與君子聽之 廢君子聽治

천인들과 들으면 그들의 생업을 그만두게 할 것이다. 與賤人聽之 廢賤人之從事.

오늘날 왕공대인들이 오로지 음악을 위하여 　今王公大人惟毋爲樂

인민들이 입고 먹는 재물을 빼앗는 것이 　　　虧奪民之衣食之財以拊樂

15_ 眉(미)=音의 誤.

16_ 以拊樂(이부악)=음악을 연주하기 위하여. 그러나 중복되는 衍文이다. 拊=擊也.

17_ 鏽然(수연)=악기들이 소리를 내는 모양.

이와 같이 많은 것이다.

그래서 묵자는 말했다.

오늘날 음악은 비난받아야 한다.

옛날 제나라 강공康公은 춤과 음악을 일으켰는데

춤추는 사람은 험한 옷을 입어서는 안 되고,

험한 음식을 먹어서도 안 된다.

그래서 이르기를 음식이 좋지 않으면

얼굴과 안색이 볼품없고

의복이 아름답지 않으면

신체의 거동과 자태가 볼품없다고 한다.

그러므로 음식은 기장과 고기를 먹어야 하고

옷은 수놓은 좋은 옷을 입어야 한다고 말한다.

이들은 언제나 입고 먹는 재물의 생산은 종사하지 않으면서

항상 남의 것을 제 것인 양 입고 먹는다.

그래서 묵자가 말했다.

오늘날 왕공대인들은 오직 음악을 위하여

인민들이 입고 먹을 재물을 축내고 빼앗는 것이

이처럼 많다.

그러므로 묵자가 말했다.

오늘날 음악은 비난받아야 마땅하다.

如此多也.

是故子墨子曰

爲樂非也.

昔者齊康公興樂萬[18]

萬人不可衣短褐[19]

不可食糠糟.

曰 食飲不美

面目顏色不足視也

衣服不美

身體從容不足觀也

是以食必粱肉

衣必文繡.

此常不從事乎衣食之財

而掌食[20]乎人者也.

是故子墨子曰

今王公大人 惟毋爲樂

虧奪民衣食之財以拊樂

如此多也.

是故子墨子曰

爲樂非也.

18_ 興樂萬(흥악만)=作萬舞之樂의 錯簡. 萬이라는 舞曲을 지었다. 혹은 萬은 舞의 誤라는 說도 있다.

19_ 短褐(단갈)=짧고 거친 옷.

20_ 掌食(장식)=常食으로 고쳐 읽고 있으나, 글자대로 읽어야 뜻이 명확해진다. 掌은 主權也 즉 '제 것인 양 제 맘대로 먹는다'는 뜻.

6

사람은 본래 뿔 달린 사슴, 날아다니는 새들 같은 금수와
벌, 나비 같은 벌레와는 다르다.
이것들은
그들의 깃털로 옷을 삼고
그들의 발굽으로 신을 삼고
그들의 물풀로 음식을 삼는다.
그러므로 수놈은 밭 갈거나 씨 뿌리지 않고
암놈은 실을 잣거나 길쌈하지 않는다.
입고 먹을 것을 걱정하지 않아도
하늘이 이미 마련해 주었던 것이다.
그러나 사람은 이들 짐승과는 달리
노동에 의지해야만 살아갈 수 있고
노동하지 않으면 살아갈 수 없는 존재다.
군자가 정사에 힘쓰지 않으면 질서가 어지럽고,
인민이 힘써 일하지 않으면 재용이 부족하다.
이제 천하 사군자들이
내 말을 그르다고 한다면
천하의 나누어 맡은 직분(分業)을 잠시 헤아려보고
음악의 폐해를 살펴보기로 하자.

今人固與禽獸麋鹿蜚[21]鳥
貞蟲[22]異者也.
今之禽獸麋鹿蜚鳥貞蟲
因其羽毛 以爲衣裘
因其蹄蚤[23] 以爲絝屨
因其水草以爲飮食.
故唯使雄不耕稼樹藝
雌亦不紡績織紝
衣食之財
固已具矣.
今人與此異者也
賴其力[24]者生
不賴其力者不生.
君子不强聽治 卽刑政亂
賤人不强從事 卽財用不足.
今天下之士君子
以吾言不然
然卽姑嘗數天下分事
而觀樂之害.

21_ 蜚(비)=飛也.

22_ 貞蟲(정충)=나나니벌.

23_ 蚤(조)=발톱. 爪와 通.

24_ 力(력)=勞也(欲爲陛下所者甚衆顧力不能耳 : 史記/淮陰侯傳). 『爾雅釋詁』에서는 '勞動也'라 했으며, 또 『예기』
「禮運」편에서는 '力惡其不出於身也 不必爲己'라 했다. 그러나 지금까지는 '힘쓰리라', '힘' 등으로 解함으로써 勞
動임을 부인해 왔다.

왕공대인들은 아침 일찍부터 늦게 퇴근하기까지 王公大人 蚤朝晏退

판결을 하고 정사를 다스리는 것이 직분이다. 聽獄治政 此其分事也.

사군자는 있는 힘을 다하고 士君子 竭股肱之力

지혜를 다 바쳐 안으로 관부를 다스리고 亶其思慮之智 內治官府

밖으로 관문과 시장, 산림과 택량의 이익을 거두어 外收斂關市山林澤梁之利

창고와 곳간을 채우는 것이 그들의 직분이다. 以實倉廩府庫 此其分事也.

농부들은 아침 일찍 들에 나가 저녁에 들어오기까지 農夫蚤出暮入

밭 갈고 씨 뿌려 곡식을 많이 거두는 것이 耕稼樹藝 多聚叔粟[25]

그들이 맡은 직분이다. 此其分事也

부인들은 아침 일찍 일어나 밤에 잠들 때까지 婦人夙興夜寐

실을 뽑고 길쌈하며 삼과 누에고치와 칡과 모시를 다듬어 紡績織紝 多治麻絲葛緒

베와 비단을 짜는 것이 綑布縿[26]

그들이 맡은 직분이다. 此其分事也.

그런데 지금 왕공대인들이 今惟毋在乎王公大人

오로지 음악만을 즐겨 듣는다면 說樂而聽之

반드시 아침에 조회하고 늦게 퇴근하며 卽必不能蚤朝晏退

옥사를 판결하고 정사를 다스리는 일을 할 수 없게 되고 聽獄治政

그 결과 나라는 어지럽고 사직은 위태로울 것이다. 是故國家亂而社稷危矣.

지금 또 선비와 군자들이 今惟毋在乎士君子

오로지 음악을 즐겨 듣는다면 說樂而聽之

있는 힘을 다하고 卽必不能竭股肱之力

25_ 叔粟(숙속)=왕염손은 叔은 菽(콩)과 通用된 것으로 읽는다. 粟=좁쌀. 그러나 당시에는 기장 외에도 쌀이 재배됐으
므로 여기서는 속곡식과 겉곡식을 총칭한 것으로 읽고 그냥 '곡식'으로 번역했다.

26_ 麻絲葛緒 綑布縿(마사갈서 곤포삼)=麻絲=삼실. 葛緒=칡실. 綑=織也. 布縿=布縷 즉 布帛. 또는 絲는 누에, 緒는
紵(모시)로 본다. 과연 그 당시(BC 500) 누에고치나 모시베가 있었을까? 「사과」편에서 '婦人治絲麻'의 글이 보이는
것으로 볼 때 당시에도 누에고치와 모시로 비단을 짠 것 같다.

지혜를 다 바쳐

안으로 관부를 다스리고

밖으로 관문과 시장, 산림과 택량의 이익을 거두어

창고와 곳간을 채우는 일을 할 수 없을 것이다.

그 결과 나라의 재정은 부실할 것이다.

지금 또 농부들이

오로지 음악만을 즐겨 듣는다면

아침 일찍 들에 나가 저녁에 들어오며

밭 갈고 씨 뿌려 곡식을 많이 거두지 못할 것이다.

그 결과 식량이 부족할 것이다.

지금 또 부인들이

오로지 음악만을 즐겨 듣는다면

아침 일찍 일어나 밤에 늦게까지

실을 뽑고 길쌈하며 삼과 누에고치와 칡과 모시를 다듬어

베와 비단을 짜지 못할 것이다.

그 결과 베 짜는 사업이 일어나지 못할 것이다.

과연 무엇 때문에 대인들이 정사를 폐하게 만들고

천인들이 종사하는 직분을 버리게 한 것인가?

그것은 바로 음악이다.

그래서 묵자는 말했다.

오늘날 음악은 비난받아 마땅하다.

亶[27]其思慮之智

內治官府

外收斂關市山林澤梁之利

以實倉稟府庫

是故倉稟府庫 不實.

今惟毋在乎農夫

說樂而聽之

卽必不能蚤出暮入

耕稼樹藝 多聚叔粟

是故叔粟不足.

今惟毋在乎婦人

說樂而聽之

卽不必能夙興夜寐

紡績織絍 多治麻絲葛緒

綑布縿

是故布縿不興.

曰 孰爲廢大人之聽治

賤人之從事

曰 樂也.

是故子墨子曰

爲樂非也.

27_ 亶(단)=오로지, 진실로. 殫과 通. 다하는 것(손이양).

7

무엇으로 그런 줄을 아는가?

옛 탕임금의 형법인

탕형湯刑에 그 증거가 있다.

이르기를 집안에서 항상 춤을 추는 것을 '무풍巫風'이라 말하고

이에 대한 형벌로

관리들은 비단실 두 묶음을 바치게 하고

소인들은 가볍게 하여 두 배의 거친 실을 바치게 했다.

또 탕형에 이르기를

"오호라! 춤과 노래가 양양하니

그들의 소문이 하늘까지 들려

상제께서 돕지 않으시니

천하를 잃게 됐다.

옳지 않게 여기시어 온갖 재앙을 내릴 것이니

가문도 반드시 무너져 잃게 되리라!"고 했다.

살펴보면 천하를 잃게 된 까닭은

헛되이 음악을 꾸몄기 때문이다.

何以知其然也.

曰 先王之書

湯之官刑[28]有之

曰 其恒舞于宮 是謂巫風

其刑

君子出絲二衛[29]

小人否[30] 似二伯黃徑[31]

乃言曰

嗚乎舞佯佯[32]

黃言孔章[33]

上帝弗常

九有以亡

上帝不順 降之百殃

其家必壞喪.

察九有之所以亡者

徒從飾樂也.

28_ 湯之官刑(탕지관형)=『左傳』「昭公6년」조에는 湯刑이 나오나 지금은 전해지지 않는다.

29_ 衛(위)=수량의 단위. 손이양은 衛를 術, 術은 遂와 通用되며, 遂는 槶 즉 수의라고 말한다. 그러나 衛는 衡의 誤이며 『이아』에서 衡은 十斤이라 했으니 二衛는 二十斤을 말할 것이다. 또는 緯로 보는데 緯는 束이다. 束은 五匹이라 한다.

30_ 小人否(소인부)=손이양은 否를 無刑 즉 '벌하지 않는다'로 解한다. 또는 倍로 解하면 '소인은 배로 벌한다'는 뜻이다. 혹은 흠으로 解하기도 한다. 글자대로 '소인은 다르다'로 譯한다.

31_ 似二伯黃徑(사이백황경)=未詳. 손이양은 脫誤가 있을 것이라고 한다. 그 이유로 『僞古文』「伊訓」에서 이것을 인용했는데 이 부분만 인용치 않았던 점으로 볼 때 불상이기 때문에 그랬을 것이라 한다. 혹은 黃徑을 經典으로 보고 떼어 다음 句節로 옮기기도 한다. 그대로 두고 黃徑을 '거친 실'로 譯하기로 한다.

32_ 舞佯佯(무양양)=舞洋洋. 여럿이 춤추는 모양.

33_ 黃言孔章(황언공장)='그 말이 크게 밝다'로 解한다. 또는 '거친 말이 크게 들렸다'로 解할 수 있다. 黃=其의 誤.

또 『서경』「무관武觀」편에 이르기를　　　　　　　　　　於武觀[34]曰

"계啓의 아들 태강太康이 음탕하고 향락하여　　　啓乃[35]淫溢康樂

마시고 먹는 것이 야만스럽고　　　　　　　　　野于飮食

풍악이 울리고, 피리와 경쇠가 어우러지며,　　　將將銘莧磬以力[36]

술에 취해 넋을 잃고　　　　　　　　　　　　湛[37]濁于酒 渝食于野[38]

할 일 없이 춤을 추니 하늘까지 들리어　　　　萬[39]舞翼翼[40] 章聞于天

하느님께서 신탁을 내리지 않고 그를 버렸다!"고 했다.　天用弗式[41]

그러므로 음악은 위로는 하늘과 귀신의 법이 아니며　故上者天鬼弗式

아래로는 인민의 이익이 아니다.　　　　　　　下者萬民弗利

그래서 묵자가 말했다.　　　　　　　　　　　是故子墨子曰

지금 천하의 군자들이　　　　　　　　　　　今天下士君子

진실로 천하의 이익을 일으키고　　　　　　　請將欲求興天下之利

천하의 해를 제거하려 한다면　　　　　　　　除天下之害

음악을 생업으로 삼는 일을　　　　　　　　　當在樂之爲物[42]

금지하지 않을 수 없는 것이다.　　　　　　　將不可不禁而止也.

34_ 武觀(무관)=五觀. 『서경』의 篇名, 지금은 없어짐. 또 夏王 啓의 다섯째 아들 武를 觀에 封해서 武觀이라 한다고 한다.

35_ 啓乃(계내)=啓子의 誤. 禹의 손자이며 啓의 아들인 太康을 말함.

36_ 將將銘莧磬以力(장장명현경이력)=손이양은 將將鍠鍠莧磬以方으로 고쳐 읽어야 한다고 한다. 將將은 소리의 형용이요, 鍠鍠은 和를 이루는 소리를 형용한다. 方=『주례』「鄕射禮」의 鄭注에서 倂이라 했으니 관악기와 현악기가 倂作한다는 뜻이다. 가장 정확한 註로 믿는다.

37_ 湛(침)=沈과 通用. 즉 沈湎于酒.

38_ 渝食于野(투식우야)=衍文이라 하기도 한다. 渝=偸의 뜻이니 구차하다는 뜻이다.

39_ 萬(만)=춤의 이름.

40_ 翼翼(익익)=한가한 모습.

41_ 天用弗式(천용불식)=하늘이 돌봐주지 않는다는 뜻. 式=天文 또는 信託을 말함, 머리를 굽혀준다. 法으로 解하기도 하지만 뜻이 명확하게 표현되지 않는다. 戒로 된 판본도 있다.

42_ 當在樂之爲物(당재악지위물)= '음악을 일로 삼는 주장' 또는 '음악을 주장하여 사업으로 삼는 것'이라는 뜻. 當=주장하다, 主의 뜻이다. 가볍게 如로 解하여 음악이라는 것 또는 음악 같은 것으로 解하고 있으나 미흡하다. 物=事也.

세상이 바뀌거나 인민이 달라진 것이 아닌데 걸·주가 다스리자 천하가 어지러웠고
탕·무가 다스리자 천하가 태평했으니 어찌 운명이 있다고 말할 수 있겠는가?

1

묵자가 말했다.	子墨子曰
옛날 왕공대인들이 나라를 다스리며 바란 것은	古者王公大人 爲政國家者
모두 나라가 부해지고 인민들이 많아지며	皆欲國家之富 人民之衆
형벌이 바르게 다스려지는 것이었다.	刑政之治.
그러나 나라는 가난하고	然而不得富而得貧
인민은 줄어들며	不得衆而得寡
형벌은 어지러워져	不得治而得亂
원하는 것을 잃고 원치 않는 것을 얻은 것은	則是本失其所欲 得其所惡
무엇 때문인가?	是故何也.
묵자가 말했다.	子墨子言曰
그것은 운명론으로	執有命者
사람들을 물들였기 때문이다.	以襍[1]於民間者衆.
운명론자는 말한다.	執有命者之言曰
'부유하거나 가난한 것도 운명이며	命富則富 命貧則貧
인민이 많아지거나 줄어드는 것도 운명이며	命衆則衆 命寡則寡
나라가 다스려지는 것도 혼란한 것도 운명이다.	命治則治 命亂則亂
또 장수할 운명이면 오래 살 것이며	命壽則壽

1_ 以襍(이잡)=合, 雜. 그러나 「소염」편의 바로 그 染의 誤로 읽는다.

요절할 운명이면 일찍 죽을 것이니

命夭則命

아무리 힘이 세고 굳센들 아무 소용이 없는 것이다.'

力雖强勁 何益哉.

이것으로 위로는 왕공대인들을 설복하고

以上說王公大人

아래로는 백성들의 일할 의욕을 저하시킨다.

下以駆百姓之從事.

그러므로 운명론자는 어질지 못한 것이다.

故執有命者 不仁.

따라서 이러한 운명론을

故當執有命者之言

분명하게 밝혀야 한다.

不可不明辯.

묵자는 이것을 분별하기 위해서는

然則明辯此之說 將奈何哉.

먼저 말에 반드시 판단기준을 세워야 한다고 말한다.

子墨子言曰 必立儀.

말을 함에 판단기준이 없으면

言而毋儀

마치 질그릇 만드는 돌림대 위에

譬猶運鈞²之上

해가 뜨고 지는 방향을 표시해 놓는 것과 같아서

而立朝夕³者也.

옳고 그르고, 이롭고 해로운 것의 분별을

是非利害之辨

밝게 가려낼 수가 없는 것이다.

不可得而明之知也.

따라서 말에는 반드시 세 가지 표준이 있어야 한다.

故言必有三表.⁴

세 가지 표준이란 무엇인가?

何謂三表.

묵자가 말했다.

子墨子言曰

즉 근원(本)과, 원인(原)과

有本⁵之者 有原⁶之者

실용(用)이 그것이다.

有用⁷之者.

무엇에 근원을 둘 것인가?

於何本之.

2_ 鈞(균)= 녹로, 흙으로 그릇을 만들 때 쓰는 돌림대.

3_ 立朝夕(입조석)=아침에 해가 뜨는 곳과 해가 지는 곳을 명기해 놓는다. 立=定也, 明也, 設定也,

4_ 表(표)=儀, 표준, 기준(손이양). 그러나 홍이훤은 法의 誤로 읽는다.

5_ 本(본)=본뜰 원형. 즉, 명사로는 根本이라는 뜻이다.

6_ 原(원)=原因, 基因, 추구할. 명사로는 根原이라는 뜻이다.

7_ 用(용)=利用, 명사로는 實用이라 譯한다.

옛날 성왕들의 사적에 근원을 두어야 한다.

무엇에 기인하여 추구할 것인가?

백성들의 귀와 눈으로 보고 들은 사실에 기인하여 추구한다.

무엇으로 실용적인가를 판단할 것인가?

실제 정사와 형벌을 펴서

나라와 인민들에게 이로운가를 살펴보아야 한다.

이것을 말에 있어서 세 가지 표준이라고 말한다.

上本之于古者聖王之事.

於何原之

下原察百姓耳目之實.

於何用之

發以爲刑政

觀其中國家百姓人民之利.

此所謂言有三表也.

2

그런데 오늘날 천하의 선비와 군자들 중에는

운명이 반드시 있다고 주장하는 자들이 있다.

그렇다면 어찌 성왕들의 일을 살펴보지 않는가?

옛날 걸왕이 어지럽혔던 것을

탕임금이 물려받아 그것을 다스렸고

주왕이 어지럽힌 세상을

무왕이 물려받아 그것을 다스렸던 것이다.

이것은 세상이 바뀌거나 인민이 달라진 것이 아닌데

걸·주가 다스리자 천하가 어지러웠고

탕·무가 다스리자 천하가 태평했으니

어찌 운명이 있다고 말할 수 있겠는가?

그런데도 지금 천하의 선비들이

혹시 운명이 있다고 주장하고 있다면

어찌 선왕들의 책을 살펴보지 않는가?

然而今天下之士君子

或以命爲有.

蓋嘗[8]尙觀於聖王之事

古者桀之所亂

湯受而治之

紂之所亂

武王受而治之

此世未易 民未渝

在於桀紂則天下亂

在於湯武則天下治

豈可謂有命哉.

然而今天下之士君子

或以命爲有.

蓋嘗尙觀於先王之書.

8_ 蓋嘗(개상)=何不嘗의 誤.

선왕들의 책에는 이른바 국가에서 반포하여
인민들에게 펴 실시한 헌장이 있다.
일찍이 이들 선왕의 헌장에서
'복은 청할 수 없는 것이고, 화는 피할 수 없는 것이며
공경이란 무익한 것이고,
포악해도 해로울 것이 없다'고 말한 적이 있었던가?
또한 옥사를 판결하여 죄를 다스리는 형법(刑)이 있다.
이들 선왕의 형법에 일찍이
'복은 청할 수도 없고, 재앙은 피할 수도 없으며
공경해도 소용없고,
포악해도 해로울 것이 없다'고 말한 적이 있었는가?
또한 이른바 군대를 정비하고
장병을 진퇴시키는 훈시(誓)가 있다.
이러한 선왕의 훈시에서 일찍이
'복은 청할 수도 없고, 재앙은 피할 수도 없으며
공경한들 소용이 없고,
포악해도 해가 없다'고 말한 적이 있었는가?
그러므로 묵자가 말했다.
내가 천하의 수많은 훌륭한 책을
다 헤아릴 수는 없었으나
대체로 분류하면
헌憲과 형刑과 서誓 세 가지가 있다.

先王之書 所以出國家布
施百姓者 憲[9]也
先王之憲亦嘗有曰
福不可請[10] 而禍不可諱
敬無益
暴無傷者乎.
所以聽獄制罪者 刑也.
先王之刑亦嘗有曰
福不可請 禍不可諱
敬無益
暴無傷者乎.
所以整設師旅
進退師徒者 誓也
先王之誓 亦嘗有曰
福不可請 禍不可諱
敬無益
暴無傷者乎.
是故子墨子言曰
吾當未鹽[11]數 天下之良書
不可盡計數
大方[12]論數
而五者[13]是也

9_ 憲(헌)=法典.
10_ 請(청)=違의 誤. 違=避와 뜻이 通한다.
11_ 鹽(염)=盡의 誤. 또는 假의 假借字로 보기도 한다.
12_ 大方(대방)=대체로, 大法.

지금 운명론자의 말은 이러한 책들에서

찾아볼 수 없으니

운명론은 그릇된 것이므로 배척한 것이 아닌가?

이제 운명론자의 말을 채용한다면

이는 천하의 의義를 제거하자는 것이다.

천하의 의를 제거하려는 자들은

운명론을 퍼뜨려

백성들이 실망하도록 유세한다.

백성들이 실망하도록 유세하는 것은

어진 사람을 없애버리자는 수작이다.

그러면 의로운 사람을 윗자리에 앉히려는 노력은

무엇 때문이란 말인가?

의로운 사람이 임금으로 선출되면

천하는 반드시 다스려지고

하느님과 산천 귀신들도 제주祭主를 얻고

인민은 큰 이익을 얻을 것이다.

무엇으로 그것을 알 수 있는가?

묵자가 말했다.

今雖毋求執有命者之言

不必得

不亦可錯[14]乎

今用執有命者之言

是覆天下之義

覆天下之義者

是立命者也.[15]

百姓之誶也.[16]

說百姓之誶者

是滅天下之人[17]也

然則所爲[18]欲義[19]在上者

何也

曰 義人在上

天下必治.

上帝山川鬼神必有幹主[20]

萬民被其大利.

何以知之.

子墨子曰

13_ 五者(오자)=三者의 誤.

14_ 錯(착)=廢로 읽고 放棄로 解한다.

15_ 立命者也(립명자야)=衍文. 百 자 앞에 說 자가 있었을 것이라 한다.

16_ 百姓之誶也(백성지수야)= 誶는 悴로 읽을 것이며, 悴는 憂'라 했다(유월). 그러나 뜻이 不通이다. 그러므로 悴를 실
망하다, 체념하다로 解한다. '백성을 체념토록 설득한다'는 뜻.

17_ 人(인)=仁人을 말한다.

18_ 所爲(소위)=所謂의 誤.

19_ 義(의)=義人으로 읽는다.

20_ 幹主(간주)= '자기를 제사 지내줄 祭主'라는 뜻. 幹=祭의 誤.

옛날 탕임금은 박(毫)이라는 땅에 봉해졌는데　　　　　古者湯封於毫

긴 쪽을 잘라 짧은 곳을 이으면 땅은 사방 백 리 정도이나　　絶長繼短 方地百里.

그 백성들과 더불어 두루 평등하게 사랑하고　　　　　與其百姓兼相愛

서로 이롭게 하고, 남는 것을 서로 나누어 주었다.　　交相利 移則分[21]

또 백성들을 거느리고　　　　　　　　　　　　牽其百姓

위로는 하느님을 숭상하고 귀신을 섬겼다.　　　以上尊天事鬼

이로써 하늘과 귀신이 그를 부유하게 했고　　　是以天鬼富之

제후들이 그를 편들며 백성들이 그를 사랑했고　　諸侯與之 百姓親之

어진 선비들은 그에게 귀복했으므로　　　　　賢士歸之

그가 죽기 전에 천하의 왕이 되어　　　　　未殁其世而王天下

제후들을 다스리게 되었던 것이다.　　　　　政諸侯[22]

또 옛날 문왕이 기산(岐周)에 봉해졌을 때　　昔者文王封於岐周

그 영토는 사방 백 리 정도였으나　　　絶長繼短[23] 方地百里.

백성들을 두루 평등하게 사랑하고　　　與其百姓兼相愛

서로 이롭게 하며 여유를 서로 나누었으니,　　交相利 則[24]

이로써 가까운 백성들은 그의 정치를 편안하게 여기고　　是以近者安其政

먼 곳 백성들은 그의 덕에 귀복했다.　　　　遠者歸其德.

그래서 문왕의 소문을 들은 자는　　　　　　聞文王者

모두 일어나 그에게 달려갔고,　　　　　　皆起而趨之.

지치고 못나고 팔다리가 성치 못한 사람들은 달려가지 못하고　　罷不肖股肱不利者

21_ 移則分(이즉분)=移는 侈와 通用. 홍이훤은 移에 대하여 『예기』 鄭注에서 羡로 읽었음을 근거로 '남는 것을 서로 나눈다'는 뜻으로 解한다.

22_ 政諸侯(정제후)=손이양은 政을 正이라 했고, 正은 正長이니 제후의 우두머리라고 했으나 기교가 지나치다. 그냥 '제후를 다스린다'로 解한다.

23_ 絶長繼短(절장계단)=긴 것은 잘라 작은 것을 이어 가지런히 한다. 여기서는 사각형을 만든다. 絶長補短 繼長績短이라고도 한다.

24_ 交相利 則(교상리 즉)=則 자 하나가 떨어져 있는데 이것은 위의 문장으로 볼 때 多則分이 脫落됐을 것으로 읽는다.

자기 나라에서 소원하여 이르기를　　　　　處而願之日

'어찌하면 문왕의 나라가 나에게 미치게 할까?　　奈何乎使文王之地及我

그러면 나도 그 은혜를 입을 터이니　　　　吾則吾利[25]

어찌 문왕의 백성이 되지 않겠는가?'라고 했다.　豈不亦猶文王之民也哉[26]

그리하여 하느님과 귀신은 그를 부유하게 했고,　是以天鬼富之

제후들은 그를 편들었으며, 인민들은 그를 사랑했고,　諸侯與之[27] 百姓親之

어진 선비들은 그에게 귀복했으니,　　　　賢士歸之

그는 죽기 전에 천하의 임금이 되어　　　未殁其世 王天下

제후들을 다스리게 됐던 것이다.　　　　政諸侯.

내가 아까 말한 것처럼　　　　　　鄕者言曰

의로운 사람이 임금이 되면 천하가 반드시 태평하고,　義人在上 天下必治

하느님과 귀신들도 반드시 제사할 종주를 얻고　上帝山川鬼神 必有幹主.

인민은 큰 이익을 얻게 된다는 것을　　　萬民被其大利

이로써 알 수 있는 것이다.　　　　　吾用此知之.

3

그러므로 옛 성왕들은 법을 공포하고 영을 내려　是故古之聖王 發憲出令

상벌로써 어짊을 권면하고 포악함을 억제했다.　設以爲賞罰以勸賢沮暴.

이로써 집에 들어와서는　　　　　是以入則

부모와 자식이 효도하고 자애로우며,　　孝慈於親戚[28]

밖에 나가면　　　　　　　　出則

25_ 吾則吾利(오즉오리)=則吾被其利의 誤로 읽는다.

26_ 豈不亦猶文王之民也哉(개불역유문왕지민야재)=어찌 문왕의 백성이 되지 못했을까? 猶=爲가 되어야 맞는다.

27_ 諸侯與之(제후여지)= '제후들이 문왕을 편들다'는 뜻. 與=편들다, 여당이 되다.

28_ 親戚(친척)=父母.

향리의 어른을 공경하고 아랫사람을 너그럽게 대하며,

관직에 나가면 처신을 지켜 법도가 있고,

들고 남이 절도가 있으며 남녀가 분별이 있었던 것이다.

그러므로 관부를 다스리게 하면 도둑질하지 않고

성을 지키게 하면 반란하지 않고

임금에게 어려움이 닥치면 목숨을 바치고

임금이 망명할 때는 따라갔던 것이다.

이러한 사람은 임금으로부터 상을 받고

인민들로부터 칭송을 받았던 것이다.

그러나 운명론자들은 이르기를

'임금이 상을 준 것은 운명이 원래 상을 받게 되어 있었으며

그들이 어질기 때문에 상을 받은 것이 아니다'라고 할 것이다.

이렇게 되면 집에 들어와서는

부모와 자식은 자애롭지 않고 효성스럽지 않으며,

밖에 나가면

마을 어른을 공경하지 않고 아랫사람에게 관대하지 않으며,

관직에 나가면 법도를 어기는 처신을 하고,

출입에 절도가 없고 남녀가 분별이 없을 것이다.

그러므로 그들에게 관부를 맡기면 도적질하고

성을 지키게 하면 모반하고

임금에게 어려움이 있으면 목숨을 바치지 않고

임금이 도망갈 때는 따르지 않을 것이다.

임금은 이들에게 벌을 줄 것이며

인민들은 욕하고 비난할 것이다.

弟長於鄕里

坐處[29]有度

出入有節 男女有辨.

是故使治官府 則不盜竊

守城則不崩叛.

君有難則死

出亡則送.

此上之所賞

而百姓之所譽也.

執有命者之言曰

上之所賞 命固且賞

非賢故賞也.

是故入則

不慈孝於親戚

出則

不弟長於鄕里.

坐處不度

出入無節 男女無辨.

是故治官府則盜竊

守城則崩叛

君有難則不死

出亡則不送.

此上之所罰

百姓之所非毁也.

29_ 座處(좌처)=앉은 자리, 그러나 여기서는 행동거지 즉 처신을 지킨다. 座=守也.

그러나 이에 대해서 운명론자들은 이르기를　執有命者言曰

'그들이 임금으로부터 벌을 받은 것은　上之所罰

운명이 이미 벌을 받도록 정해져 있었을 뿐이며　命固且罰

포악했기 때문이 아니다'라고 말할 것이다.　不暴故罰也.

따라서 운명론자들이 임금이 되면 의롭지 않을 것이고　以此爲君則不義

신하가 되면 불충할 것이며　爲臣則不忠

아비가 되면 자애롭지 않을 것이고　爲父則不慈

자식이 되면 효도하지 않을 것이며　爲子則不孝

형이 되면 관대하지 않을 것이고　爲兄則不良

아우가 되면 공경하지 않을 것이다.　爲弟則不弟

그런데도 군이 운명론을 고집하는 것은　而强執此者

이로써 다만 흉포한 담론이 생기게 하는 것이니　此特凶言之所自生

포악한 자들의 도리일 뿐이다.　而暴人之道也.

그러면 무엇으로 운명론이　然則何以知命之

포악한 자의 도리임을 알 수 있는가?　爲暴人之道.

옛날 가난한 백성이 있어 먹고 마시기를 탐하면서도　昔上世之窮民 貪於飮食

일하기를 게을리했다.　惰於從事

그래서 입고 먹을 재물이 부족하여　是以衣食之財不足

배고픔과 추위에 떨며 굶어 죽고 얼어 죽을 지경이 되었다.　而飢寒凍餒之憂至.

무지한 그들은 이르기를 자신이 무능력하고　不知曰 我罷不肖

부지런히 일하지 않았다고 말하지 않고　從事不疾

'나는 이미 가난하게 될 운명이었다'고 말할 것이다.　必曰 我命固且貧.

옛날 포악한 임금들은　昔上世暴王

눈과 귀의 음란함과　不忍其耳目之淫

마음과 뜻의 편벽됨을 참지 못하고　心涂之辟[30]

부모에게 순종하지 않고　不順其親戚

끝내는 국가를 멸망시키고 사직을 무너뜨렸다.

그들은 '내가 무능하고 정치를 잘못했다'고는 말하지 않고

반드시 말하길

'내 운명이 본래 나라를 잃도록 되어 있었다'고 할 것이다.

『서경』「중훼지고仲虺之告」에서 이르기를

"내가 듣건대 하나라 사람들은 하늘의 명(天命)을 속여

인민들에게 명령을 펴니 하느님은 그들의 악함을 쳐서

그들의 군사들을 잃게 했다"고 말했다.

이것은 탕임금이

걸왕의 운명론을 비난하려고 한 말이다.

또 『서경』「태서」편에서 이르기를

"폭군 주는 잔혹한 짓을 하며

하느님과 귀신을 섬기려 하지 않고

선조와 하늘과 땅의 신에게 제사를 드리지 않고,

'나는 백성을 소유하라는 천명을 받았다'고 큰소리치며

힘써 노력하는 자들을 업신여겼다.

이에 하늘도 역시 그를 버리고 보호해 주지 않았다"고 했다.

이 말은 무왕이

주왕의 운명론을 비난한 것이다.

逐以亡失國家 傾覆社稷.

不知曰 我罷不肖 爲政不善.

必曰

吾命固失之.

於仲虺之告曰

我聞于夏人矯天命

布命于下 帝伐之惡

龔喪厥師[31]

此言湯之

所以非桀之執有命也.

於太誓曰

紂夷[32]處[33]

不肯事上帝鬼神

禍厥先神禔[34] 不祀

乃曰 吾民有命[35]

無廖排漏[36]

天亦縱棄之 而弗葆.

此言武王

所以非紂之執有命也.

30_ 心涂之辟(심도지벽)=마음과 뜻이 편벽되다. 涂=志의 誤.

31_ 龔喪厥師(공상궐사)=그의 군사를 잃게 했다. 龔=用과 通用. 그리하여(필원).

32_ 夷(이)=傷也.

33_ 處(처)=虐의 誤.

34_ 禍厥先神禔(화궐선신제)='先祖와 天神과 地神을 버린다'는 뜻. 禍=棄의 誤.

35_ 吾民有命(오민유명)=民 자가 衍文이라 하기도 하고, 吾有民有命이라 읽기도 한다. '나는 천명을 받았다' 또는 '나는 백성과 천명을 받았다'는 뜻.

36_ 無廖排漏(무료배루)=毋廖其務의 誤(손이양). 힘쓰는 것을 욕한다. 毋=發語詞. 아무 뜻이 없다.

지금 운명론자의 말을 따른다면

위에서는 정사를 다스리지 않고

아래서는 일을 하지 않을 것이다.

위에서 정사를 다스리지 않으니 형벌이 어지러울 것이고

아래서 일을 하지 않으니 재물이 부족할 것이다.

위로는 젯밥과 단술을 바칠 수 없어

하느님과 귀신에게 제사를 드릴 수 없고

아래로는 천하의 어질고 옳은 선비를 부릴 수 없으며,

밖으로는 제후의 빈객을 접대할 수 없고

안으로는 배고프고 헐벗은 자를 먹이고 입히지 못하며,

늙은이와 어린이를 부양할 수 없을 것이다.

그러므로 운명론은 위로는 하늘에 이롭지 않고

가운데로는 귀신에게 이롭지 않고

아래로는 인민에게도 이롭지 않은 것이니,

이것을 굳이 고집하는 것은

다만 흉악한 의론이 생기는 원인이 되며,

포악한 자의 도리일 뿐이다.

그러므로 묵자가 말했다.

오늘날 천하의 선비와 군자들이

진실로 천하가 부하기를 바라고 가난한 것을 싫어하며

천하가 태평하기를 바라고 어지러운 것을 싫어한다면

운명론자의 말을 비난하지 않을 수 없다.

이처럼 운명론은 천하에 커다란 재앙인 것이다.

今用執有命者之言

則上不聽治

下不從事.

上不聽治 則刑政亂

下不從事 則財用不足.

上無以供粢盛酒醴

祭祀上帝鬼神.

下無以降綏[37]天下賢可之士

外無以應待 諸侯之賓客

內無以食飢衣寒

將養老弱.

故命 上不利於天

中不利於鬼

下不利於人.

而强執此者

此特凶言之所自生

而暴人之道也.

是故子墨子言曰

今天下之士君子

忠實欲天下之富而惡其貧

欲天下之治而惡其亂

執有命者之言 不可不非.

此天下之大害也.

37_ 降綏(강수)=길러주고 편안하게 해주는 것. 和安定.

第三十六篇 非命 비명 中

삼가라! 천명天命은 없다! 오직 나는 사람을 높이고 말을 지어내지 않는다.
운명은 하늘에서 내리는 것이 아니고 스스로 얻는 것이다.

1

묵자가 말했다.	子墨子言曰
무릇 담론과 학문이 도리가 되려면	凡出言談由¹文學之爲道也
먼저 표준이 되는 법칙을 세워놓지 않으면 안 된다.	則不可而不先立義法²
만약 말에 표준이 없다면	若言而無義
마치 아침에 해 뜨는 방향과 저녁에 해 지는 방향을	譬猶立朝夕³
돌아가는 둥근 돌림판 위에 표시해 놓는 것과 같으니	於員鈞之上也.
아무리 재능 있는 자라도 바르게 분별할 수 없을 것이다.	則雖有巧工 必不能得正焉.
그래서 오늘날 천하의 사실과 거짓을	然今天下之情僞
분별할 수 없게 되었으니	未可得而識也.
말에는 반드시 세 가지 법칙을 갖추어야 한다.	故使言有三法.
세 가지 법칙이란 무엇인가?	三法者何也.
첫째, 표본(本)이 있어야 하고	有本之者
둘째, 근원(原)이 있어야 하고	有原之者
셋째, 실용(用)이 있어야 한다.	有用之者.
그러면 무엇을 표본으로 할 것인가?	於其本之也.⁴

1_ 由(유)=行也.
2_ 先立義法(先立義法)=「비악」 상편에서는 '必立儀'라 했고, 하편은 '先立儀'라 했다. '먼저 본받을 표준을 세우라'는
   뜻으로 解한다. 立=設定, 明也.
3_ 朝夕(조석)=동쪽과 서쪽.

하늘과 귀신의 뜻과

성왕의 정사에 맞는지를 고찰하는 것이다.

무엇을 근원으로 할 것인가?

선왕들의 글로써 증험하는 것이다.

실용이란 어찌하는 것인가?

형벌과 정사에 발현하여

국가와 백성과 인민의 이익에 맞는지를 보는 것이다.

이것이 담론의 세 가지 법칙이다.

지금 천하의 선비와 군자들은

혹은 운명이 있다고 말하고 혹은 없다고 말한다.

내가 운명이 있고 없는가를 알 수 있는 방법은

사람들이 보고 들은 사실을 근거로 해서만 알 수 있다.

사람들이 운명을 보고 들었다면 운명이 있다고 할 것이며,

보고 들은 일이 없다면 없다고 해야 할 것이다.

그러면 왜 인민들이 보고 들은 실상을 고찰하지 않는가?

옛날부터 지금까지 사람이 생겨난 이래

일찍이 운명이라는 것을 본 적이 있는가?

또 운명의 목소리를 들어본 사람이 있었던가?

자고이래로 그런 사람은 없다.

만약 인민들은 못나고 어리석어

그들이 보고 들은 것을 본받기에는 부족하다고 한다면,

어찌하여

제후들이 전하는 말이나 유행하는 말을 고찰하지 않는가?

옛날부터 오늘까지 사람이 생겨난 이래

考之天鬼之志

聖王之事.

於其原之也.

徵以先王之書

用之奈何.

發而爲刑政

觀其中國家百姓人民之利.

此言之三法也.

今天下之士君子

或以命爲有 或以命爲亡

我所以知命之有與亡者

以衆人耳目之情 知有與亡.

有聞之 有見之 謂之有

莫之聞 莫之見 謂之亡.

然胡不嘗考之百姓之情

自古以及今 生民以來者

亦嘗見命之物

聞命之聲者乎.

則未嘗有也.

若以百姓爲愚不肖

耳目之情不足因而爲法

然則胡不嘗考之

諸候之傳言流語乎.

自古以及今生民以來者

4_ 於其本之也(어기지본야)=何以本之耶로 읽는다. 무엇으로 표본을 삼을 것인가?

운명의 목소리를 들은 일이 있거나   亦嘗有聞命之聲

운명의 실체를 본 적이 없었던 것이다.   見命之體者乎 則未嘗有也.

그리고 어찌 성왕들의 사적을 고찰하지 않는가?   然胡不嘗考之聖王之事

옛 성왕들은 (운명에 맡기지 않고)   古之聖王

효자를 천거하여 어버이를 섬기도록 권면했고   舉孝子而勸之事親

어질고 훌륭한 사람을 높여 착한 일을 권면했고   尊賢良而勸之爲善

법을 반포하여 교화하고 깨우쳤으며   發憲布令以教誨

상벌을 밝게 하여 착한 일을 권면하고 악을 막았던 것이다.   明賞罰以勸沮.

이같이 했기 때문에 어지러움을 다스릴 수 있었고   若此則亂者可使治

위태로운 것을 안정시킬 수 있었던 것이다.   而危者可使安矣.

그대는 그렇지 않다고 생각하는가?   若以爲不然

옛날 폭군 걸이 어지럽힌 것을 탕임금이 다스렸고   昔者桀之所亂 湯治之

폭군 주가 어지럽힌 것을 무왕이 다스렸던 것은   紂之所亂 武王治之.

세상이 변하고 인민이 바뀐 것이 아니고   此世不渝而民不改

지도자가 정사를 변경했고, 인민이 교화를 바꾼 것이다.   上變政而民易教.

탕임금과 무왕에게 맡기면 잘 다스려질 천하가   其在湯武則治

폭군인 걸주에게 맡기면 어지러워졌으니   其在桀紂則亂.

안정과 위험, 다스림과 어지러움은   安危治亂

지도자의 정치에 달려 있음을 알 수 있다.   在上之發政也.

어찌 운명이 있다고 말할 수 있겠는가?   則豈可謂有命哉.

2

그러나 운명이 있다고 말하는 자들은   夫曰有命云者

역시 그렇지 않다고 반박한다.   亦不然矣.

운명론자들은 이렇게 말한다.   今夫有命者言曰.

'운명론은 후세에 만들어진 것이 아니다.

옛날 삼대 성왕 때부터 전해져 온 것이다.

그런데도 선생은 어찌 운명론을 반대하는가?'

내가 말해 주겠다.

대저 당신들은 운명론자들이 누구인 줄 모르고 있다.

(운명론자들은) 옛날 삼대 성왕과 착한 사람들인가?

아니다. 삼대 폭군들과 못난 자들이다.

무엇으로 그것을 아는가?

옛날 삼대 때는 처음에는 열사와 훌륭한 대부들이

말을 삼가고 지혜로운 행실로

위로는 그들의 통치자를 바르게 간하며

아래로는 그들의 인민을 교화하여 도리에 순종케 했다.

그러므로 위로는 그들의 군주로부터 상을 받고

아래로는 인민들의 칭송을 받았다.

그리하여 이들의 명성은 그치지 않고

지금까지도 전해 오는 것이니

천하 인민들은 모두 그들의 노력이라고 말할 뿐

결코 운명 때문이라고 말하지는 않는다.

그러나 뒤에 가서는 삼대 폭군이 나타나

그들은 귀와 눈의 음탕한 욕망을 바로잡지 못하고

그들의 마음과 뜻의 편벽됨을 삼가지 못하여,

밖으로 말을 달려

我非作之後世也

自昔三代有若言 以傳流矣

今胡先生非之[5]

曰

夫有命者 不志[6]

昔也三代之聖善人與

意亡[7] 昔三代之暴不肖人也

何以知之.

初之列士桀大夫

愼言知行

此上有以規諫其君長

下有以敎順其百姓

故上得其君長之賞

下得其百姓之譽

列士桀大夫 聲聞不廢

流傳至今

而天下皆曰 其力也.

必不能曰 我見命焉[8]

是故昔者三代之暴王

不繆其耳目之淫

不愼其心志之辟

外之敺騁

5_ 胡先生非之(호선생비지)=구판본은 '今故先生對之'로 되어 있다.

6_ 不志(부지)=모른다, 不議.

7_ 意亡(의망)=아니면, 아니다.

8_ 必不能曰 我見命焉(필불능왈 아견명언)=不曰 其命焉으로 고쳐 읽는다.

그물과 주살로 짐승과 새들을 사냥하는 것을 즐기고　　　田⁹獵畢¹⁰弋¹¹

안으로는 술과 음악에 빠져　　　內沉於酒樂

국가와 백성의 정사를 돌보지 않고,　　　而不顧其國家百姓之政

인민에게 이롭지 않은 사업을 번거롭게 하여　　　繁爲無用

인민들에게 흉포하게 하니　　　暴逆百姓

인민들은 임금을 사랑하지 않게 되었다.　　　使下不親其上.

결국에 나라는 텅 비어 인민은 흩어지고 후사는 끊겼으며　　　是故國爲虛¹²厲¹³

자신은 형틀에 매달려 죽게 되었던 것이다.　　　身在刑僇之中

그러나 이 폭군들은 자신이 어리석어서　　　不肎曰 我罷不肖

정치를 잘못했다고는 말하지 않고　　　我爲刑政不善.

반드시 운명 때문에 망했다고 말했다.　　　必曰 我命故且亡.

또 옛날 삼대의 곤궁한 인민들도　　　雖昔也三代之窮民

이와 마찬가지다.　　　亦由此也.

안으로는 그들의 부모를 잘 섬기지 않았고　　　內之不能善事其親戚

밖으로는 그들의 임금을 잘 섬기지 못했으며,　　　外不能善事其君長

공손하고 검소한 것을 싫어하고　　　惡恭儉

편안하고 게으른 것을 좋아했으며,　　　好簡易

먹고 마시기만을 탐내고 일하는 데는 게을러　　　貪飮食 而惰從事

입고 먹을 재물이 부족하여　　　衣食之財不足

굶어 죽고 얼어 죽는 것을 걱정하게 되었다.　　　使身至有飢寒凍餒之憂

그러나 그들은 자신이 무능하고　　　必不能曰 我罷不肖

9_ 田(전)=畋(사냥).

10_ 畢(필)=짐승 잡는 그물.

11_ 弋(익)=주살.

12_ 虛(허)=사람이 없는 것.

13_ 厲(려)=후사가 없는 것.

일을 게을리 했다고는 말하지 않고

반드시 '내 팔자가 곤궁한 운명'이라고 말했다.

옛날 삼대의 백성들을 속임이

이와 같았으니

운명이 있다고 번거롭게 꾸며서

어리석고 질박한 사람들을 가르친 지 오래됐다.

그래서 성왕들은 이것을 걱정하여

대나무쪽이나 비단에 써놓았고

쇠와 돌에 새겨놓기도 했던 것이다.

그러한 선왕의 책 『서경』의 「중훼지고」에는 이렇게 써놓았다.

"내가 듣건대 하나라 임금은

천명天命을 핑계로 인민들을 속여서 정령을 폈으므로

하느님은 그를 미워하여 신탁을 내려 군사를 잃게 했다."

이것은 하나라 걸왕이 운명론에 사로잡힌 것을

탕임금과 중훼가 함께 비난한 것이다.

또 선왕의 글인

『서경』「태서」편에도 그렇게 말했다.

"폭군 주는 포악하여

하느님 섬기기를 거부하고

선조와 하늘과 땅의 신들을 버리고 제사하지 않고

我從事不疾

必曰 我命固且窮.

雖昔也三代之僞民

亦猶此也.

繁飾有命

以敎衆愚朴人 久矣.

聖王之患此也

故書之竹帛

琢之金石.

於先王之書 仲虺之告 曰

我聞有夏

人矯天命[14] 布命于下

帝式是惡 用喪闕師[15]

此語夏王桀之執有命也

湯與仲虺共非之.

先王之書

太誓之言然 曰

紂夷之居[16]

而不肯事上帝

棄闕其先神 而不祀也.

14_ 矯天命(교천명)=천명이라고 속여서(詐也), 또는 핑계 대고(妄托).

15_ 帝式是惡 用喪闕師(제식시오 용상궐사)=학자들은 天帝之憎惡 用喪厥師로 고쳐 읽는다. 그러나 그대로 읽어야 뜻
이 더 분명하다. 式=占文 즉 神託의 뜻. 칙으로 읽고 惡로 解하기도 한다. 師=보통 군사로 解하나 衆人으로 解한다
(殷之未喪師 克配上帝 : 詩經).

16_ 紂夷之居(주이지거)=상편의 '紂夷處'와 뜻이 같다. 夷居=倨傲. 夷=悅也. 居=하는 일 없이 거만함. 그러나 상편처
럼 虐의 誤로 읽는다.

나는 인민을 소유하도록 천명을 받았다고 말하면서

도리어 힘써 노력하는 사람을 업신여겼다.

이에 하느님도 그를 버리고 돌보지 않았다."

이것은 폭군 주가 운명론에 사로잡힌 것을

무왕이 크게 훈시하여 비난한 것이다.

또 삼대의 『백국춘추百國春秋』라는 책에서도 말했다.

"너희는 하늘의 운명이 있다는 것을 숭상치 말라!"

이처럼 삼대 백국도 역시 운명은 없다고 말한 것이다.

소공이 운명론을 비난한 것도 역시 마찬가지다.

"삼가라! 천명天命은 없다!

오직 나는 사람을 높이고 말을 지어내지 않는다.

운명은 하늘에서 내리는 것이 아니고 스스로 얻는 것이다."

또 상商과 하夏의 시서詩書에서도 이르기를

"운명이란 폭군이 지어낸 것"이라고 했다.

오늘날 천하의 선비와 군자들이

시비이해의 원인을 분별하고자 한다면

마땅히 하늘이 운명으로 정해 놓았다는 숙명론은

강력히 배격하지 않으면 안 된다.

운명론은 천하에 커다란 해독이기 때문이다.

그래서 묵자는 이것을 비난한 것이다.

日 我民有命

毋僇其務.

天不亦棄 縱而不葆

此言紂之執有命也

武王以太誓非之.

有於三代百國[17]有之 日

女毋崇天之有命也

三大百國 亦言命之無也.

於召公之非執命亦然[18] 日

敬哉 無天命.

惟予二人而無造言[19]

不自天降 自我得之[20]

在於商夏之詩書曰

命者暴王作之.

且今天下之士君子

將欲辯是非利害之故

當天[21]有命者

不可不疾非也

執有命者 此天下之厚害也.

是故子·墨子非也.

17_ 有於三代百國(유어삼대백국)=상편에 따라 又於三代百國春秋의 誤로 읽는다.

18_ 非執命亦然(비집명역연)=구판본은 '執令於然'으로 되어 있다. 손이양에 따라 교정했음. 어떤 이는 執令은 古書의
이름이라고 하기도 하고 '명령을 내려 말한다'로 解하기도 한다.

19_ 惟子二人(유여이인)=지금까지는 未詳이라고 했다. 그러나 글대로 解하면 뜻이 통한다. 즉 오직 나는 인민을 높이고
말을 지어내지 않는다. 二=上의 古文.

20_ 不自天降 自我得之(부자천강 자아득지)=구판본은 '不自降天之哉得之'로 된 것을 손이양에 따라 교정했음.

21_ 天(천)=夫의 誤.

第
三
十
七
篇

非命 비명 下

운명론으로 천하를 다스린다면 위로 하늘과 귀신을 섬기려 해도 감응하지 않고
아래로 인민을 부양하려 해도 이롭지 않고
반드시 뿔뿔이 흩어지고 일용할 재화를 얻지 못할 것이다.

1

묵자가 말했다.	子墨子言曰
무릇 담론을 하려면	凡出言談
반드시 먼저 표준을 세우고 말하지 않으면 안 된다.	則不可而不先立儀而言.
만약 표준을 세우지 않고 말하는 것은	若不先立儀而言
비유컨대 돌아가는 돌림대 위에	譬之猶運鈞之上
동서남북을 표시해 놓는 것과 같다.	而立朝夕焉.
내가 그 표시를 보고 해 뜨는 방향을 분별한다고 해도	我以爲 雖有朝夕之辯
돌림대는 항상 돌아가기 때문에 반드시 끝내	必將終
확정할 수가 없을 것이다.	未可得而從定也.
그러므로 말에는 세 가지 법칙이 있어야 한다.	是故言有三法.
무엇을 세 가지 표준(三法)이라 하는가 하면	何謂三法 曰
첫째, 고증(考)됨이 있어야 하고	有考之者
둘째, 근원(原)이 있어야 하고	有原之者
셋째, 실용(用)이 있어야 한다.	有用之者.
어디에서 고증할 것인가?	惡乎考之
옛 성인이신 위대한 왕의 사적으로 고증한다.	考先聖大王之事
무엇을 근원으로 삼을 것인가?	惡乎原之
사람들이 보고 들은 실정을 살펴야 한다.	察衆之耳目之請[1]
어찌해야 실용인가?	惡乎用之

나라에 정사를 다스리는 데 발현하여

인민에게 이로움을 살펴 그 실용성을 판단한다.

이것을 일러 말의 세 가지 법칙이라 한다.

옛날 삼대 성왕인 우·탕·문·무왕이

천하를 다스릴 때는

반드시 효자를 등용함으로써 부모 섬김을 권면하고

어질고 훌륭한 사람을 높여줌으로써

인민들이 착한 일을 하도록 교화했던 것이다.

그러므로 정령을 발하고 교화를 펴

선한 자에게는 상을 주고 포악한 자에게는 벌을 내렸다.

이와 같이 한다면 비록 천하가 어지럽다 해도

곧 다스려질 수 있을 것이며

사직이 위태롭다 해도

곧 안정될 수 있을 것이다.

그대는 그렇지 않다고 생각하는가?

옛날 걸이 어지럽혔으나 탕이 그것을 다스렸고

주가 어지럽혔으나 무왕이 그것을 다스렸는데,

당시는 세상이 변한 것도 인민이 바뀐 것도 아니며

위에서 정치를 변경했고 민중이 풍속을 바꾼 것뿐이다.

걸·주가 있었기 때문에 천하가 어지러웠고

탕·무가 있었기 때문에 천하가 태평했다.

그러므로 천하가 태평했던 것은 탕·무의 노력이며

發而爲政乎國

察萬民而觀之[2]

此謂三法也.

故昔者三代聖王 禹湯文武

方爲政乎天下之時 曰

必務擧孝子 而勸之事親

尊賢良之人

而敎之爲善.

是故出政施敎

賞善罰暴.

且以爲若此 則天下之亂也.

將屬[3]可得而治也

社稷之危也

將屬可得而定也.

若以爲不然.

昔桀之所亂 湯治之

紂之所亂 武王治之.

當此之時 世不渝而民不易

上變政而民改俗

存乎桀紂而天下亂

存乎湯武而天下治.

天下之治也 湯武之力也

1_ 耳目之請(이목지청)=실지로 보고 들은 것. 請=情과 通.

2_ 察萬民而觀之(찰만민이관지)=錯簡이 있다. 상편 중편은 모두 '觀其中國家百姓人民之利'로 되어 있다. 이에 따른다. 혹자는 察을 國 자로 바꾸고, 앞글에 붙여 읽기도 하지만 따르지 않는다.

3_ 屬(속)=衍文. 適과 通. 適=맞다, 달렸다.

세상이 어지러웠던 것은 걸·주의 죄인 것이다.

이것으로 볼 때 대저 안위와 치란은

통치자의 정치에 달려 있는 것이지

어찌 운명이라고 말할 수 있겠는가?

옛날 우·탕·문·무왕이

천하를 다스릴 때는

반드시 굶주린 자는 먹여주고 헐벗은 자는 입혀주고

수고로운 자는 쉬게 하고 어지러운 것은 다스렸으므로

드디어 천하에 빛나는 명예와 훌륭한 명성을 얻었으니

이를 어찌 운명이라고 말하겠는가?

이것은 그들의 노력의 결과인 것이다.

지금도 어질고 현명한 사람들은 어진 이를 존경하고

인민에게 이로운 도리와 정책을 시행하기를 좋아하므로,

위로 임금과 대신들의 상을 받고

아래로는 인민들의 칭송을 받은 것이다.

그 결과 천하에 빛나는 명예와 훌륭한 명성을 얻는 것이니

이것을 어찌 운명이라고 하겠는가?

그것은 오직 그들의 노력의 결과인 것이다.

그런데 지금 사람들은 과연 운명을 말하는 자들이

과연 옛날 삼대 성왕과 착한 사람들인지,

아니면 옛날 삼대 폭군이나 선하지 못한 자들인지 모른다.

앞서 살펴보고 설명한 대로

天下之亂也 桀紂之罪也.

若以此觀之 夫安危治亂

存乎上之爲政也

則夫豈可謂有命哉.

故昔者禹湯文武

方爲政乎天下之時 曰

必使飢者得食 寒者得衣

勞者得息 亂者得治

遂得光譽令聞於天下

夫豈可以爲命哉.

故以爲其力也.

今賢良之人 尊賢

而好功[4]道術[5]

故上得其王公大人之賞

下得其萬民之譽.

遂得光譽令問於天下

亦豈以爲其命哉

又以爲力也.[6]

然今夫有命者 不識

昔也三代之聖善人與.

意亡 昔三代之暴不肖人與.

若以說觀之

4_ 功(공)=손이양은 攻으로 고쳐 읽어 治로 解하나 따르지 않는다. 묵자는 '功은 곧 利民'이라고 정의했다(經說 上).

5_ 道術(도술)=道理와 方法.

6_ 又以爲力也(우이위력야)=故以爲其力也. 노력의 결과인 것이다.

그것은 결코 삼대 성왕이나 선인이 아니고　　　　　　則必非昔三代聖善人也

반드시 폭군들이나 못난 자들의 주장인 것이다.　　　必暴不肖人也.

옛날 운명론을 주장했던　　　　　　　　　　　　　然今以命爲有者

삼대 폭군인 걸·주·유·려 같은 자들은　　　　　　昔三代暴王桀紂幽厲

귀하기는 천자요, 부하기는 천하를 소유했으나　　貴爲天子富有天下

어진 이를 숭상하지 않고　　　　　　　　　　　於此乎不尙賢

귀와 눈의 욕심을 바로잡지 못하여　　　　　　　而不矯其耳目之欲[7]

자기 마음과 뜻의 편벽됨을 따라　　　　　　　　而從其心意之辟

밖으로는 말을 달려 사냥하기를 좋아하고　　　　外之毆騁田獵畢弋

안으로는 술과 음악에 젖어　　　　　　　　　　內湛於酒樂

나라와 백성의 정사는 돌보지 않고　　　　　　　而不顧其國家百姓之政

무용한 것을 번거롭게 하여 사치와 낭비에 빠지고　繁爲無用

백성을 배반하여 포악한 짓을 했으므로　　　　　暴逆百姓[8]

마침내 종묘사직마저 잃고 말았다.　　　　　　　遂失其宗廟

그러나 그들은 그렇게 된 것은 자신이 무능하고 못나서　其言不曰 吾罷不肖

정사에 힘쓰지 않은 탓이라고 말하지는 않고　　吾聽治不强.

'내 운명이 본래 나라를 잃게 되어 있었다'고 말한다.　必曰 吾命固將失之.

옛날 삼대의 지치고 못난 인민들도　　　　　　　雖昔也三代罷不肖之民

역시 마찬가지였다.　　　　　　　　　　　　　亦猶此也.

그들은 제 친척과 군장을 잘 섬기지 못하고　　　不能善事親戚君長

공경스럽고 검소한 것을 싫어하며　　　　　　　甚惡恭儉

태만하고 소홀한 것을 좋아하고,　　　　　　　　而好簡易[9]

7_ 於此乎不尙賢 而不矯耳目之欲(어차호불상현 이불교이목지욕)=구판본은 '於此乎 而不矯其耳目之欲'으로 되어 있다.

8_ 繁爲無用 暴逆百姓(번위무용 폭역백성)=전쟁을 일삼고 백성을 폭압했다는 뜻. 無用=묵자만의 독특한 용어로 인민의
이익에 도움이 안 되는 것으로 財貨의 본래적 용도를 떠난 초과 소비를 말함. 「사과」편 참조. 逆=배반하다.

9_ 好簡易(호간이)=태만하고 소홀하기 일쑤다.

먹고 마시는 것만을 탐하며 일하는 것은 게을러	貪飲食而惰從事
먹고 입을 재물이 부족하여	衣食之財不足
굶어 죽고 얼어 죽을 지경에 빠졌는데도	是以身有陷乎飢寒凍餒之憂
그들은 이것은 자신이 무능하고 못나서	其言不曰 吾罷不肖
열심히 일하지 않은 탓이라고 말하지 않고	吾從事不强
운명 때문이라고 변명한다.	又曰 吾命固將窮.
옛날 삼대 폭군이 인민들을 그렇게 속인 것이므로	昔三代僞民
그와 같이 되었던 것이다.	亦猶此也.

2

그러므로 운명론은 옛날 폭군이 지어낸 것이며	昔暴王作之
곤궁한 인민이 그것을 따른 것이다.	窮人術之.
이것은 인민을 현혹시키고 소박한 인민을 우롱한 것이다.	此皆疑衆遲樸[10]
옛 성왕들은 이것을 미리 걱정했다.	先聖王之患之也 固在前矣
그래서 그것을 책으로 기록하고 쇠와 돌에 새기기도 하고	是以書之竹帛 鏤之金石
쟁반과 대야에 조각하여 후세 자손들에게 전해 주었다.	琢之盤盂 傳遺後世子孫
어떤 책에 그런 글이 남아 있는가?	曰 何書焉存[11]
우임금의 「총덕總德」편에서 다음과 같이 말했다.	禹之總德[12]有之 曰
"진실로 하느님의 뜻을 따르지 않으면	允不著惟天
인민이 너를 보호하지 않을 것이며,	民不而葆[13]

10_ 疑衆遲樸(의중지박)=인민을 현혹시키고 질박한 인민을 우롱하는 것이다. 遲=愚也.

11_ 何書焉存(하서언존)=손이양은 猶存于下書로 읽는다. 별 뜻이 없다.

12_ 總德(총덕)=『서경』의 없어진 篇名이라 한다.

13_ 允不著惟天 民不而葆(윤부저유천 민불이보)=誠哉不顯于天 恃命而民不能保也로 읽거나, 혹은 而를 你의 誤로 보
아 誠哉不顯于天 民不保你로 읽는다. 즉 '하느님께 성실함을 보이지 않으면 아무리 운명에 의지해도 인민이 보호하

흉한 마음으로 방종하면 하느님이 벌을 내릴 것이다.　　　既放凶心 天加之咎

그러므로 덕을 삼가지 않는다면　　　不愼厥德

하늘의 운명인들 어찌 보호할 수 있겠는가?"　　　天命焉葆.

『서경』「중훼지고」에는 다음과 같이 말했다.　　　仲虺之誥曰

"내가 듣건대 하나라 임금이 천명天命을 속였으므로　　　我聞有夏人矯天命

하느님은 백성들에게 그를 미워한다는 신탁을 내려　　　于下天式是憎[14]

그의 군사를 잃게 했다."　　　用爽厥師.

그는 없는 것을 있다고 했으므로 속였다고 말한 것이다.　　　彼用無爲有 故謂矯

만약 운명이 있는 것을 있다고 말했다면　　　若有而謂有

어찌 속였다고 말했겠는가?　　　夫豈爲矯哉.

이것은 옛날 걸이 운명이 있다고 속인 것을　　　昔者桀執有命而行

탕임금이 중훼의 말로써 비난한 것이다.　　　湯爲仲虺之告以非之.

『서경』「태서」편의 말은　　　太誓之言也

태자 발發(武王)에 대한 기록인데 다음과 같이 말했다.　　　於太子發[15] 曰

"오! 군자들이여!　　　惡乎君子

하느님은 높은 덕이 있어 그 행함이 참으로 밝다.　　　天有顯德 其行甚章

멀지 않은 은나라의 폭군을 거울로 삼아라!　　　爲鑒不遠 在彼殷王

그는 사람에겐 운명이 있다 말하고　　　謂人有命

공경은 행할 수 없다고 말하고　　　謂敬不可行

제사는 무익하다고 말하며　　　謂祭無益

포악해도 해를 받지 않는다고 말했다.　　　謂暴無傷

지 않는다'는 뜻. 혹자는 允不著 惟天命不能保로 읽고 '진실하지 않으면 天命도 보호할 수 없다'는 뜻으로 解하기도
　　하나 따르지 않는다.

14_ 于下天式是憎(우하천식시증)= '하늘이 백성들에게 그를 미워한다는 신탁을 내렸다'는 뜻이다. 손이양은 布命于下
　　天式是憎로 고쳐 읽지만 따르지 않는다. 式=天文 信託의 뜻.

15_ 于太子發(우태자발)=구판본은 '于去發'로 되어 있음. 發=武王의 이름.

이에 하느님은 은나라를 돕지 않아 멸망케 했다.　　　　　上帝不佑 九州以亡[16]

하느님은 따르지 않는 주紂에게 망국의 벌을 내림으로써　上帝不順 祝降其喪[17]

우리 주나라가 은나라를 물려받았다.”　　　　　　　　　惟我有周 受之大帝[18]

이 글은 옛날 주왕이 운명이 있다고 주장하므로　　　　昔紂執有命而行

무왕이 「태서」를 지어 고발하여 비난한 것이다.　　　　武王爲太誓 去發以非之.

그대들은 어찌하여　　　　　　　　　　　　　　　　日 子胡不尙考[19]之乎

옛날 상商·주周·우虞·하夏나라의 역사를 상고하지 않는가?　商周虞夏之記

그것들을 다 살펴보아도 모두 운명은 없다고 했는데　　從十簡之篇 以尙皆無之

그대들은 어찌하여 운명론을 주장하는가?　　　　　　將何若者也.

그러므로 묵자가 말했다.　　　　　　　　　　　　　是故子墨子曰

지금 천하의 군자들이 학문을 하고　　　　　　　　　今天下之君子之爲文學

담론을 주장하려면　　　　　　　　　　　　　　　　出言談也.

오직 목구멍과 혀를 수고롭게 하여　　　　　　　　　非將勤勞其喉舌

입술을 날카롭게 하는 것으로는 안 되고　　　　　　　而利其唇呡也.

진실로 국가와 고을과　　　　　　　　　　　　　　中實將欲爲其國家邑里

인민의 법과 정사를 위하는 것이어야 한다.　　　　　萬民刑政者也.

지금 임금과 대신들이　　　　　　　　　　　　　　今也王公大人之

일찍이 출근하여 밤늦게 퇴근하면서　　　　　　　　所以蚤朝晏退

옥사를 판결하고 정사를 다스려　　　　　　　　　　聽獄治政

하루 종일 공평하고 고르게 직분을 다해　　　　　　終朝均分[20]

16_ 上帝不佑 九州以亡(상제불우 구주이망)=구판본은 '上帝不常 九有以亡'로 되어 있다. '하느님께서 구주를 도와주
　　지 않으시어 멸망했다'는 뜻.

17_ 上帝不順 祝降其喪(상제불순 축강기상)=順은 佑也. 祝은 斷也. 喪은 죽음으로 읽고, '하느님이 돕지 않아 죽음의
　　벌을 내렸다'는 뜻으로 解하지만 따르지 않는다. 上帝不順을 上帝於不順으로 읽으면 뜻이 명확해진다. 不順者는 紂
　　를 지칭한다.

18_ 受之大帝(수지대제)= '주나라가 殷나라를 받았다'는 뜻. 帝=商의 誤.

19_ 子胡不尙考(자호불상고)=子何不上考의 뜻.

잠시도 쉬지 않는 것은 무슨 까닭인가?

그들은 힘써 노력하면 반드시 다스려지고

힘써 노력하지 않으면 반드시 어지러워지며,

힘써 노력하면 안녕하지만

힘써 노력하지 않으면 반드시 위태롭다고 믿기 때문에

감히 게으름을 피우지 않는 것이다.

오늘날 공경대부들이

있는 힘을 다하고

지혜를 다하여

안으로 관부를 다스리고

밖으로 관문과 시장과 산림과 택량의 이익을 거두어들여

국고를 채우며 감히 게으르지 않는 것은

무슨 까닭인가?

저들은 운명을 믿지 않고 힘써 노력하면 귀해지고

힘써 노력하지 않으면 반드시 천해지며,

힘써 노력하면 반드시 영화롭고

그렇지 않으면 반드시 치욕스럽다는 것을 믿기 때문에

감히 게으름을 피우지 않는 것이다.

지금 농부들이 아침에 들에 나가 밤늦도록

힘써 밭 갈고 씨 뿌리고 김매어 곡식을 많이 거두려고

감히 게으름을 피우지 않는 것은 무엇 때문인가?

그들의 생각은 노력하면 반드시 부유해지고

노력하지 않으면 반드시 가난하며,

힘써 일해야만 배부르고

而不敢怠倦者 何也

曰 彼以爲强必治

不强必亂

强必寧

不强必危.

故不敢怠倦.

今也卿大夫之

所以竭股肱之力

殫其思慮之知

內治官府

外斂關市山林澤梁之利

以實官府 而不敢怠倦者

何也

曰 彼以爲 强必貴

不强必賤

强必榮

不强必辱.

故不敢怠倦.

今也農夫之所以蚤出暮入

强乎耕稼樹藝 多聚叔粟

而不敢怠倦者 何也

曰 彼以爲 强必富

不强必貧

强必飽

20_ 均分(균분)=고르게 직분을 나누어 주다.

힘써 일하지 않으면 반드시 굶주린다고 믿기 때문에

감히 게으름을 피우지 않는 것이다.

지금 또한 부인들이 새벽에 일어나 밤늦도록

힘써 실을 잣고 길쌈을 하여

삼실과 칡실을 만들고 베와 비단을 짜며

감히 게으르지 않은 것은 어째서인가?

그들도 운명을 믿지 않고 힘써 노력하면 부유해지고

힘써 노력하지 않으면 반드시 가난해지며,

힘써 일해야만 따뜻하게 입을 수 있고

힘써 일하지 않으면 헐벗는다는 것을 믿기 때문에

감히 게으름을 피우지 않는 것이다.

지금 왕공대인들이

실제로 운명을 믿고 행한다면

분쟁을 판결하고 정사를 다스리는 것을 게을리할 것이며,

또 공경대부들이 운명을 믿는다면

반드시 관부를 다스리는 것을 게을리할 것이며,

농부들이 운명을 믿는다면

반드시 농사일을 게을리할 것이며,

부인들이 운명을 믿는다면

길쌈하는 일을 반드시 게을리할 것이다.

왕공대인들이 정치를 게을리하고

공경대부들이 관부를 다스리는 것을 게을리한다면

내 생각으로는 천하는 반드시 어지러울 것이며,

농부들이 농사일을 게을리하고

不强必飢

故不敢怠倦.

今也婦人之所以夙興夜寐

强乎紡績織絍

多治麻絲葛緒 捆布縿

而不敢怠倦者 何也

曰 彼以爲 强必富

不强必貧

强必煖

不强必寒

故不敢怠倦.

今雖毋在乎王公大人

賁若信[21] 有命而致行之

則必怠乎聽獄治政矣.

卿大夫

必怠乎治官府矣.

農夫

必怠乎耕稼樹藝矣.

婦人

必怠乎紡績織絍矣.

王公大人怠乎聽獄治政

卿大夫怠乎治官府

則我以爲天下必亂矣.

農夫怠乎耕稼樹藝

21_ 賁若信(분약신)=실제로 운명론을 믿는다면. 賁=實의 誤인 듯.

부인네들이 길쌈을 게을리한다면
내 생각으로는 천하에는 반드시 입고 먹을 재물이
부족할 것이다.
만약 그러한 운명론으로 천하를 다스린다면
위로 하늘과 귀신을 섬기려 해도 감응하지 않고
아래로 인민을 부양하려 해도 이롭지 않고
반드시 뿔뿔이 흩어지고 일용할 재화를 얻지 못할 것이다.
따라서 들어와 성을 지켜도 굳건하지 못하고
나가 싸워도 이기지 못할 것이다.
옛날 삼대의 폭군인
걸·주·유·려 같은 자들이
국가를 상실하고
사직을 망친 것도 모두 이 때문이다.
그러므로 묵자가 말했다.
지금 천하의 선비와 군자들이
진정으로 천하의 이로움을 일으키고
해독을 제거하려면
마땅히 운명론자들의 주장을
힘써 배격하고 비난해야 할 것이다.
운명론은 폭군이 지어낸 것이며
궁박한 자들이 계승한 것일 뿐 어진 사람의 말이 아니다.
그러므로 이제 인의를 행하려는 사람이라면
잘 살피고 힘써 비난할 것이 바로 이 운명론이다.

婦人怠乎紡績織絍
則我以爲天下衣食之財
將必不足矣.
若以爲政乎天下
上以事天鬼 天鬼不使[22]
下以持養百姓 百姓不利
必離散 不可得用也.
是以入守則不固
出誅則不勝.
故雖昔者三代暴王
桀紂幽厲之
所以共扗[23]其國家
傾覆其社稷者 此也.
是故子墨子言曰
今天下之士君子
中實將欲求興天下之利
除天下之害
當若有命者之言
不可不强非也.
曰 命者暴王所作
窮人所術 非仁者之言也.
今之爲仁義者
將不可不察而强非者此也.

22_ 天鬼不使(천귀불사)=天鬼가 감응하지 않는다. 使=從의 誤.
23_ 共扗(공운)=실추 또는 멸망하다. 共=失의 誤.

第三十九篇 **非儒** 비유 下

유가들은 운명을 내세우며 게으르고 가난하면서도 고고한 척하며 생산 활동을 천시하고 오만하고 안일을 탐한다. 먹고 마시는 것은 탐내면서도 노동은 싫어하여 헐벗고 굶주려 굶어 죽고 얼어 죽어도 거기서 벗어날 길이 없다.

1

유가들은 '친척을 사랑하는 것도 차등이 있고	儒者曰 親親有術[1]
어진 사람을 높이는 데도 차등이 있어야 한다'고 말한다.	尊賢有等.
즉 친親·소疎와 존尊·비卑의 차등이 있음을 말한다.	言親疏尊卑之異也.
그들의 예법에 따르면	其禮曰
죽은 이의 상례는 부모와 처와 장자는 삼 년	喪父母三年 妻後子[2]三年
백부·숙부·형제·서자는 일 년	伯父叔父弟兄庶子[3]期[4]
가까운 친척은 오 개월의 복을 입는다.	戚族人[5]五月
만약 가깝고 먼 것으로 복상의 기간을 정한다면	若以親疏爲歲月之數
가까운 사람은 길고 소원한 사람은 짧아야 하는데	則親者多而疏者少矣.
부모와 처자식이 같은 것은 모순이며,	是妻後子與父同也.
만약 높고 낮은 것으로 복상의 기간을 정한다면	若以尊卑爲歲月數
처와 자식을 부모와 똑같이 하고	則是尊其妻子 與父母同
백부와 종갓집 형을 자식(庶子)보다 낮게 한 것은	而親伯父宗兄而卑子也[6]

1_ 親親有術(친친유술)=앞의 親은 사랑하여 친하게 지내는 것. 뒤의 親은 친척을 말함. 術은 殺과 同音으로 通用됨(왕인지). 즉 차등을 둔다는 뜻. 遞減의 뜻.

2_ 後子(후자)=長子. 후사를 잇는 아들.

3_ 庶子(서자)=次子 이하의 아들들.

4_ 期(기)=13개월의 복상(장례와 한 번의 상례).

5_ 戚族人(척족인)=가까운 친척(왕염손).

6_ 親伯父宗兄而卑子也(친백부종형이비자야)=왕인지는 親伯父宗兄 卑而庶子也의 誤라 했다. 즉 백부와 종형을 아들

모순이 크지 않은가?

그들의 부모가 죽으면 시신을 삼 일 동안 염하지 않고

영혼을 다시 불러들인다고 지붕에 올라가 소리쳐 부르고

우물 속을 살피고, 쥐구멍을 쑤시고, 빨래통을 뒤집어 보면서

죽은 이를 찾는 것은

죽은 사람이 살아 있다고 생각하는 것인지 어리석기 짝이 없고

죽었음을 알면서도 그렇게 한다면

거짓도 이만저만이 아니다.

또 혼인 예식을 보면 신랑이 신부를 몸소 맞이하되

검은 예복을 입고 마부가 되어

스스로 말고삐를 잡고 신부에게 수레고삐를 넘겨주면서

마치 부모를 수레에 모시는 것같이 맞이하며

혼례 의식을 제사를 지내듯 위의를 갖춘다.

이것은 상하가 거꾸로 되고 부모에게 패역하는 것이다.

부모를 끌어내려 처자식을 본받게 하고

逆孰大焉.

其親死 列屍弗斂.[7]

登屋[8]

窺井 挑鼠穴 探滌器[9]

而求其人矣.

以爲實在 則愚甚矣.

如其亡也 必求焉

僞亦大矣.

取妻身迎

祇裞[10]爲僕

秉轡授綏[11]

如迎嚴親[12]

昏禮威儀 如承祭祀

顚覆上下 悖逆父母

父母下則妻子[13]

보다 낮게 본다는 뜻.

7_ 列屍弗斂(열시불염)=죽은 지 3일 만에 斂하므로 3일 동안은 시체를 늘어놓고 있는 것.

8_ 登屋(등옥)=復을 행하는 것. 復이란 동쪽 추녀로부터 지붕에 올라가서 그 중앙에 서서 북쪽을 향해 옷을 흔들면서 '아! 아무개야! 돌아오라(復)'고 말하는 것이다. 이것이 復의 의식인데 이것을 말한 듯하다.

9_ 窺井 挑鼠穴 探滌器(규정 도서혈 탐척기)=이것은 상례에 없는 것으로 풍습인 듯하다. 挑=쑤시는 것. 滌器=빨래를 할 때 쓰는 그릇.

10_ 祇裞(지단)=정식 예복. 裞=正幅의 정복. 왕염손은 絻의 誤라 한다.

11_ 綏(수)=마차에 오를 때 잡는 수레고삐.

12_ 如迎嚴親(어영엄친)=아버지를 모시듯 맞이함.

*『예기』 「昏儀」: 昏禮者 將合二姓之好 上以事宗廟 而下以繼後世也. 故君子重之. 是以昏禮 納采(남자 집에서 기러기를 보내는 것) 問名(納采의 吉凶을 점치고자 신부어머니의 이름을 묻는 것) 納吉(점친 결과가 吉함을 通告한다) 納徵(혼인의 증거로 幣帛을 보내는 것) 請期(혼인 날짜를 정하는 것). 主人 筵几於廟 而拜迎於門外 入揖讓而升聽命 於廟 所以敬愼重正昏禮也. 父親醮子而命之迎 男先於女也. 子承命以迎. 主人 筵几於廟 而拜迎於門外 壻執雁入 揖 讓升堂 再拜奠雁 蓋親受之於父母也. 降出 御婦車 而壻授綏 御輪三周 先俟于門外 婦至 壻揖婦以入.

처자식을 높여 부모를 초라하게 하면서

처를 맞이하는 것을 '효'라고 하겠는가?

유가들은 변명하기를

'처를 정중하게 맞이하는 것은 제사를 받들기 때문이며

자식은 장차 종묘를 지킬 것이므로

소중하게 하는 것'이라고 말한다.

이에 대답하라면 이것은 거짓말이다.

종갓집 형은 선조의 종묘를 수십 년 지켰는데도

일주기 상으로 마치고,

형수와 제수는 선조의 제사를 받들다가 죽어도

복을 입지 않으면서

처와 자식은 삼년상을 복상하는 것이

종묘와 제사를 받들기 때문이라고 변명할 수 없지 않은가?

대저 처자식을 우대함으로써 이미 크게 잘못됐는데

다시 부모를 중하게 한다는 핑계를 대고

지극히 사사로운 처자식을 후대하고자

지극히 소중한 부모를 가볍게 하고 있으니

妻子上 侵[14]事親

若此迎妻[15]可謂孝乎.

儒者日

迎妻之奉祭祀

子將守宗廟[16]

故重之.

應之日 此誣言也.

其宗兄守其先宗廟數十年

死喪之期

兄弟之妻 奉其先之祭祀

弗散.[17]

則喪妻子三年.

必非以守宗廟奉祭祀也.

夫憂[18]妻子 以大負絫.[19]

有日[20] 所以重親也.

爲欲厚所至私[21]

輕所至重[22]

13_ 父母下則妻子(부모하칙처자)=부모를 내려 처자를 본받게 했다는 뜻임. 父母는 판본에는 탈락됐으나 손이양에 따라
　　보충했음. 則=본받을 칙.

14_ 侵(침)=용모를 초라하게 하다(貌不揚). 貌侵而禮弱(漢書).

15_ 若此迎妻(약차영처)=판본은 '儒者日' 밑에 붙어 있으나 위치를 옮겼음.

16_ 宗廟(종묘)=上古에는 민간인의 사당도 宗廟라 했다.

17_ 弗散(불산)=弗服의 誤.

18_ 憂(우)=厚의 古字.

19_ 絫(류)=累의 誤.

20_ 有日(유왈)=又日의 誤.

21_ 至私(지사)=지극히 사사로운 것. 처자를 지칭.

22_ 至重(지중)=지극히 귀중한 것. 부모를 지칭.

어찌 큰 간사함이 아니겠는가?   豈非大姦也哉.

2

또한 유가들은 운명론을 고집하며 말하기를   有强執有命以說議曰
'오래 살고 일찍 죽는 것, 부유하고 가난한 것   壽夭貧富
편안하고 위태한 것, 태평하고 어지러운 것   安危治亂
이것들은 본래부터 하늘이 정한 운명이어서   固有天命
덜하거나 더할 수 없는 것이며   不可損益.
곤궁하고 영달하며, 상을 받고 벌을 받으며   窮達賞罰
행·불행도 이미 정해져 있는 것이므로   幸否 有極[23]
사람의 지혜나 힘으로는 어찌할 수 없다'고 한다.   人之知力 不能爲焉
그러나 관리들이 이것을 믿으면 맡은 직분에 태만하고   群吏信之 則怠於分職
서민들이 이것을 믿으면 종사하는 일을 태만히 할 것이다.   庶人信之 則怠于從事
관리들이 다스리지 않으니 어지럽고   吏不治則亂
농사를 게을리하니 가난할 것이다.   農事緩則貧
가난과 어지러움은 정치의 근본에 어긋나는 것이다.   貧且亂 倍[24]政之本
그러니 유가들이 도라고 가르치는 것은   而儒者以爲道教.
천하 인민을 해치고 있다.   是賊天下之人者也.

3

또한 그들은 예와 음악을 번거롭게 꾸며   且夫繁飾禮樂

23_ 極(극)=법도, 여기서는 정해진 운명.
24_ 倍(배)=原本에는 없는 자로 손이양에 따라 추가시킨 것임. 背와 通함.

인민을 방탕하게 만들며,　　　　　　　　　　　　　以淫人

오랜 복상과 거짓 슬픔으로 죽은 부모를 속이고　　久喪僞哀以謾親.

운명을 내세우며 게으르고 가난하면서도 고고한 척하며　立命緩貧 而高浩居[25]

생산 활동을 천시하고 오만하고 안일을 탐한다.　　倍本[26]棄事而安怠傲

먹고 마시는 것은 탐내면서도 노동은 싫어하여　　貪於飲食 惰於作務

헐벗고 굶주려 굶어 죽고 얼어 죽어도　　　　　　陷於飢寒 危於凍餒

거기서 벗어날 길이 없다(노예변증법).　　　　　　無以遷之.[27]

이것은 거지와 같으니　　　　　　　　　　　　　是若乞人[28]

들쥐처럼 훔쳐 감추고, 숫양처럼 눈을 번뜩이고　　䑕鼠藏 而羝羊視

멧돼지처럼 달려든다.　　　　　　　　　　　　　賁彘起.

군자들이 비웃으면 성을 내면서　　　　　　　　君子笑之 怒曰

'보잘것없는 놈들이　　　　　　　　　　　　　　散人[29]

어찌 나 같은 어진 유가를 알아보겠는가?'라고 호통친다.　焉知良儒.

여름에는 보리나 벼를 구걸하다가　　　　　　　夫夏乞麥禾

추수가 다 끝나면 큰 상갓집을 찾아다니고　　　五穀旣收 大喪是隨

식구들까지 모두 데리고 가서 제사 음식을 실컷 얻어먹는다.　子姓[30]皆從得厭飲食

초상이 길면 길수록 몇 집의 초상을 치르면　　畢治數喪

한 해의 호구지책은 충분하다.　　　　　　　　足以至矣.

남의 집을 빌어 살찌고　　　　　　　　　　　　因人之家 以爲翠[31]

남의 밭을 의지하여 술 취하는 자들이다.　　　恃人之野 以爲尊[32]

25_ 浩居(호거)=傲倨. 잘난 체 거만한 것(필원), 또는 사치하고 거만한 것.

26_ 倍本(배본)=背本. 농업을 등지다, 생산 활동을 천시함.

27_ 遷之(위지)=離也, 背也. 가난에서 벗어나다.

28_ 乞人(걸인)=原本은 人气로 되어 있으나 손이양에 따라 바꾸었음. 乞丐와 字形이 같다.

29_ 散人(산인)=못난 사람.

30_ 子姓(자성)=子孫.

31_ 翠(취)=살찌다.

이들은 부잣집에 초상이 나면 슬퍼하기는커녕   富人有喪

크게 기뻐하며 이르기를   乃大說喜曰

'이것이야말로 내가 먹고 입는 업業'이라 말한다.   此衣食之端也.

4

유가들은 '군자는 반드시 옛 의복을 입고   儒者曰 君子必古服

옛사람의 말을 해야만 어진 사람'이라고 말한다.   古言然後仁.

이에 대해서 대답하겠다.   應之曰.

이른바 옛 의복이나 옛말들은   所謂古之言服者

모두가 일찍이 옛날에는 새것이었다.   皆嘗新矣.

이처럼 옛사람들의 말과 의복은   而古人言之服之

그때는 새것이었으므로 군자가 아니라고 해야 한다.   則非君子也.

그들 말대로라면 군자의 의복이 아닌 것을 입고   然則必服非君子之服

군자의 말이 아닌 것을 말해야만 어진 자가 된다는 말인가?   言非君子之言 而後仁乎.

또 유가들이 이르기를   又曰

'군자는 옛것을 따를 뿐 새로 짓지 않는다'고 말한다.   君子循而不作.[33]

이에 대답하겠다.   應之曰

옛날 예羿[34]는 처음으로 활을 만들었고   古者羿作弓

여仔[35]는 갑옷을 만들었고   仔作甲

해중奚仲[36]은 수레를 만들었고   奚仲作車

32_ 尊(존)=술에 취하다.

33_ 循而不作(순이부작)=述而不作. 즉 循은 述. 옛 도를 따르고 새로 짓지 않음.

34_ 요임금 때 해가 열 개 있어 혼란이 일자 활을 만들어 아홉 개를 쏘아 떨어뜨렸다는 전설상의 명궁.

35_ 하나라 小康의 아들. 갑옷을 만들었다고 함.

36_ 하나라 사람으로 수레를 만들었다고 함. 『여씨춘추』에서 高注는 黃帝의 자손으로 성씨는 任이라 한다.

공수(巧垂)는 처음으로 배를 만들었다.　　　　　　　巧垂^{37}作舟.

그러면 오늘날 공인들이　　　　　　　　　　　　　　然則今之

그들을 따라서 활과 갑옷과 수레와 배를 만들면　　　鮑函^{38}車匠

모두 군자가 될 것이나　　　　　　　　　　　　　　皆君子也

처음 이것을 만들었던 예와 여와 해중과 공수는 새로 지었으니　而羿仔奚仲巧垂

소인인가? 이것은 너무도 큰 모순이다.　　　　　　皆小人邪.

또 오늘날 인민이 따르는 옛것은　　　　　　　　　且其所循

반드시 누군가가 옛날 새로 지어낸 것이므로　　　　人必或作之

옛것을 따르는 자는 곧 소인의 도를 따르는 것이다.　然則其所循 皆小人道也.

5

그들은 또 이르기를　　　　　　　　　　　　　　　又曰

'군자란 전쟁에서 이겼으면 도망하는 적을 추격하지 않고　君子勝不逐奔

궁지에 몰린 적을 쏘지 않으며　　　　　　　　　　揜函^{39}弗射

시체를 싣고 후퇴하는 수레를 끌어준다'고 말한다.　施則助之胥車.^{40}

그 말에 대답하겠다.　　　　　　　　　　　　　　應之曰

만약 양측 모두 어진 사람이라면　　　　　　　　　若皆仁人也

처음부터 서로 싸울 리가 없었을 것이다.　　　　　則無說而相與.

어진 사람끼리라면 그들이 취하고 버리고　　　　　仁人以其取舍

37_ 巧垂(교수)=요임금 때 大木工. 「공수」편도 같은 사람 이야기다. 工倕로 쓰는 예도 많다. 공수라 譯한다.

38_ 鮑函(포함)=鞄函. 즉 부드러운 가죽을 만들고 단단한 갑옷을 짓는 자.

39_ 揜函(엄함)=掩函, 掩甲, 투구를 벗다. 즉 적대 행위를 하지 않고 항복하는 것. 또는 곤경의 빠진 것. 揜=困迫과 비슷함(禮記/表記 鄭注). 函=亟의 誤 또는 亡의 誤인 듯(손이양).

40_ 施則助之胥車(시즉조지서거)=未詳이라 한다. 『晉語』에서 註解하기를 施는 陳其尸也라 했다. 施는 旋의 誤로 보아 反也 즉 후퇴하는 것으로 읽을 수도 있다. '시체를 싣고 후퇴하는 적의 수레를 끌어준다'고 譯한다. 胥車=수송 차량. 胥=끌어준다.

옳고 그른 도리를 서로 일러주면,

이유 없는 쪽은 이유가 있는 쪽을 따르고

알지 못한 쪽은 아는 쪽을 따르게 될 것이다.

명분이 없으면 반드시 굴복하고

선한 것을 보면 반드시 개과천선할 것이니

무슨 까닭으로 서로 싸우겠는가?

그러나 만약 두 포악한 자가 싸우는 경우에는

이긴 자가 도망하는 상대를 추격하지 않고

곤궁에 처한 자를 쏘지 않으며

퇴각하는 자들의 후퇴를 도와주는 등

이긴 자가 비록 성의를 다해 준다고 해도

군자가 될 수는 없을 것이다.

또 포악한 나라가 있어

성인이 세상을 위하여 이들의 해독을 제거하고자

군사를 일으켜 주벌한다고 하자.

이때 승리한 장수가 유가들의 정책을 따라

사졸들에게 명하기를

'도망가는 포악한 적을 몰지 말고

궁지에 몰린 포악한 적을 쏘지 말고

후퇴하는 포악한 적의 수송을 도와주라'고 한다면

난폭한 자는 살아나고

천하의 해독은 제거되지 않을 것이다.

이것은 결국 포악한 무리들로 하여금 부모를 죽이고

세상을 크게 해치라고 권면하는 것과 같으니

是非之理相告

無故從有故也

弗知從有知也.

無辭必服

見善必遷

何故相與.[41]

若兩暴交爭

其勝者欲不逐奔

揜函弗射

施則助之胥車

雖盡能

猶且不得爲君子也.

意暴殘之國也

聖將爲世除害

興師誅罰

勝將因用儒術

令士卒曰.

毋逐奔

揜函勿射

施則助之胥車

暴亂之人也得活

天下害不除.

是爲群殘父母

而深賊世也

41_ 相與(상여)=相敵의 뜻이다.

이보다 큰 불의가 어디 있겠는가?   不義莫大焉.

6

또 유가들은 이르기를   又日
'군자는 종과 같아서   君子若鍾
치면 울고 치지 않으면 고요해야 한다'고 말한다.   擊之則鳴 弗擊不鳴.
이에 대하여 말하겠다.   應之日
대저 어진 사람은 임금을 섬기되 충성을 다하고   夫仁人事上竭忠
부모를 섬기되 힘써 효도한다.   事親務孝
선을 행하면 칭송하고 허물이 있으면 간한다.   得善則美 有過則諫.
이것이 신하와 자식의 도리다.   此爲人臣之道也.
그런데 치면 울고 치지 않으면 울지 않는다면,   今擊之則鳴 弗擊不鳴
지혜를 숨기고 힘을 아끼며   隱知豫力[42]
옳거나 그르거나 두루 따르고   曲直周旋[43]
조용히 있다가 묻는 말에만 대답할 것이다.   恬漠[44] 待問而後對.
비록 군자와 부모에게 크게 이로운 것이 있어도   雖有君親之大利
묻지 않으면 말하지 않고,   弗問不言.
적이 쳐들어오고 내란이 일어나고 도적이 일어나   若將有大寇亂盜賊將作
마치 쇠뇌와 그물이 발사되려는 순간인데   若機辟[45]將發也
남들은 모르고 나 홀로 알고 있으나   他人不知 已獨知之.

42_ 隱知豫力(은지예력)=이 句 다음 章의 衍文. '曲直周族' 4자를 붙여 읽는다. 지혜를 숨기고 힘을 아끼는 자. 즉 유가
      를 비난한 것임. 隱=舍의 假借다. 舍는 止息也(손이양). 豫=儲와 같다(유월).
43_ 曲直周旋(곡직주선)=판본에는 다음 장에 붙어 있는 것을 이곳으로 옮긴 것이다.
44_ 恬漠(염막)=두 글자 모두 고요하다는 뜻. 漠=靜.
45_ 機辟(기벽)=쇠뇌와 새그물. 辟=檗(벽=덮치기 그물)과 通用.

비록 임금과 부모에게 큰 재앙이 닥쳐온다 해도 雖其君親之大害[46]

묻지 않으면 말하지 않을 것이다. 不問不言.

이런 군자는 큰 난리를 일으키는 도적일 것이며, 是夫 大亂之賊也.

신하로서는 충성스럽지 못하고 以是爲人臣不忠

자식으로서는 효성스럽지 못하며 爲子不孝

형을 섬기되 공경하고 우애하지 못하고 事兄不弟

남을 대함에 정직하고 선량하지 못한 자일 것이다. 交遇人不貞良.[47]

대저 군이 뒷전으로 빠지기만 하며 아무 말도 않다가 夫執後不言之

조정에 이권이 있거나 자기에게 편리한 일이면 朝物[48]見利使[49]己

남에게 뒤질세라 떠들어댄다. 雖恐後言.

군주가 묻는다 해도 자기에게 이롭지 않으면 君若言而未有利焉

높이 팔짱을 끼고 눈을 내리깔고 심각한 체 깊이 헤아리다가 則高拱下視 會噎爲深[50]

'그런 것은 미처 배우지 못했습니다'라고 말한다. 曰 唯其未之學也.[51]

이들은 급할 때 쓰려면 用誰急[52]

군주를 버리고 멀리 도망가는 자들이다. 遺行遠矣.

46_ 之大害(지대해)=판본은 皆在로 되어 있었으나 뜻이 不通이다. 그래서 皆在는 떼어내 다음 '仁義者' 句 앞에 붙이고, 그 대신 之大害를 보충한 것이다.

47_ 貞良(정량)=정직하고 선량하다.

48_ 物(물)=忽의 誤.

49_ 使(사)=便으로 읽는다(소시학).

50_ 會噎爲深(회열위심)= '벙어리가 된 듯, 심각한 체하다'의 뜻. 會=噲, 『說文』에서 噲는 咽이라 했다. 噎=목이 메다, 窒也.

51_ 唯其未之學也(유기미지학야)= '아무것도 모른다'의 뜻. 其=某로 읽는다(손이양)

52_ 用誰急(용수급)=誰를 雖로, 用을 以로 읽는다(손이양). 즉 君以雖急으로 읽는다.

7

대저 도리와 정책, 학문과 사업이란 한마디로	夫一道術學業
어짊과 의로움이다.	皆在仁義也[53]
크게는 사람을 다스리고 작게는 벼슬을 감당하며	大以治人 小以任官
멀리는 그것을 인민에게 널리 베풀고	遠施周偏
가깝게는 그것으로 몸을 다스린다.	近以修身.
의롭지 않는 곳에 처하지 않고 도리가 아니면 행하지 않으며	不義不處 非理不行.
오로지 천하의 이익을 일으키고	務興天下之利[54]
인민에게 이로우면 행하며 이롭지 않으면 금지한다.	利人則爲 不利則止[55]
이것이 군자의 도다.	此君子之道也.
이런 관점에서 공자孔子의 행실을 보면	以所聞孔某[56]之行
근본이 이것과는 서로 반하거나 어긋난다.	則本與此相反謬也.
제나라 경공景公이 안자晏子에게 물었다.	齊景公問晏子曰
"공자의 사람됨이 어떠하오?"	孔子爲人何如
안자는 대답하지 않았다.	晏子不對
경공이 다시 물었으나 안자는 그래도 대답하지 않았다.	公又復問 不對.
경공이 재차 물어 이르기를	景公曰
"공자에 대해서 나에게 말하는 사람이 많은데	以孔某語寡人者衆矣
모두가 어진 사람이라고 하오.	俱以賢人也.
지금 과인이 그대에게 두 번이나 물어도	今寡人問之

53_ 皆在仁義也(개재인의야)=판본에는 皆在 두 글자가 없었으나 앞 章에서 옮겨 붙였다.

54_ 務興天下之利(무흥천하지리)=판본에는 '曲直周旋' 네 글자가 더 붙어 있었으나 衍文이다. 앞 章의 '隱知豫力' 句 뒤로 옮겼다.

55_ 利人則爲 不利則止(리인칙위 불리칙지)=판본은 '利則止'로만 되어 있으나 탈락이 심해 뜻이 불통이다. 그래서 보충했다. 「비악」 상편에도 같은 내용이 있다.

56_ 孔某(공모)=原文은 孔子였으나 후인이 고쳤다고 한다.

대답하지 않는 것은 어인 일이오?"   而子不對何也.

안자는 그때서야 말했다.   晏子對曰

"저는 불초한 사람으로   嬰不肖

어진 사람을 알아보는 데는 부족합니다.   不足以知賢人.

그러나 제가 듣기로는   雖然嬰聞

이른바 어진 사람이란 남의 나라에 들어가면   所謂賢人者 入人之國

반드시 그 나라의 군신 간에 친애하며 화합하도록 힘쓰고   必務合其君臣之親

상하의 원한을 없앤다고 합니다.   而弭其上下之怨.

그러나 공자가 초나라에 갔을 때   孔某之荊

백공白公[57]의 반란 음모를 알고도   知白公之謀

석걸石乞을 시켜 백공을 받들게 함으로써   而奉之以石乞

군주가 죽을 뻔했으나 도리어 백공이 죽었습니다.   君身几滅 而白公僇.

제가 듣건대   嬰聞

어진 사람은 윗사람을 대함에 거짓말을 하지 않고   賢人得上不虛

아랫사람을 대함에는 헐뜯는 일이 없으며   得下不危[58]

언론은 군주에게 간하여 인민을 이롭게 하고   言聽於君必利人

교화를 아래 백성에게 펴서   教行下

반드시 군주를 이롭게 한다고 합니다.   必利上.

이런 까닭에 말은 분명하여 알아듣기 쉽고   是以言明而易知也

57_ 楚나라 平王의 孫. 이름은 勝. 그는 石乞과 함께 惠王 때(BC 478년 7월) 亂을 일으켰다가 실패하여 죽었다. 그러나 공자는 BC 478년 4월에 이미 죽었으므로, 이 『묵자』의 기록은 잘못이라 주장하는 학자도 있다. 그러나 『열자』의 「說符」편과 「여씨춘추」 「精通」편, 「회남자」의 「道應訓」편에는 모두 백공과 공자의 問答이 나온다. 이것은 위의 주장과 다르다. 아니면 이 기록들이 모두 묵자의 주장을 옮긴 것인가? 알 수 없는 일이다.

58_ 得上不虛 得下不危(득상불허 득하불위)= '임금에게 인민을 이롭게 말하고 백성에게는 임금을 이롭게 말하는 것'이라 했다(尹桐陽). 어떤 이는 '군주에게 임용되어 자기의 이름이 헛되지 않게 하고, 민심을 얻어 임금에게 위해가 없게 한다'라고 解하는 이도 있다. 그러나 아래 句와 맞지 않는다. 윗사람에게 거짓이 없고, 아랫사람에게 헐뜯는 일이 없다는 뜻이다. 虛=空虛하다. 危=不正也, 欲毁害之也.

행실은 분명하여 따르기 쉬우며

의를 행하여 백성들을 밝히고

사려 깊은 계책으로 군신 간을 소통시킵니다.

그러나 지금 공자는

그의 숨은 사려와 은밀한 꾀로 역적을 받들고

생각을 짜내고 지혜를 다하여 사악한 짓을 행하여

아랫사람을 권면하여 윗사람에게 반란케 하고

신하들을 가르쳐 제 군주를 죽이도록 했으니

이것은 어진 사람의 행실이 아닙니다.

남의 나라에 들어가 남의 나라의 도적에 가담했으니

의로운 법도가 아닙니다.

남이 충성스럽지 않은 것을 알면서

그를 부추겨 반란을 일으키도록 했으니

어질고 의로운 행동이 아닙니다.

남의 나라로 도망쳐서 뒷구멍으로 모의를 꾀하고

남을 피해 뒷공론을 하는 것은

떳떳하게 의를 행하여 백성들을 밝히는 도리가 아니며

사려 깊은 계책으로

군신 간에 소통하게 하는 도리가 아닙니다.

소신 영뿥은 공자가

반란을 일으킨 백공과 다를 바가 있는지 모르겠습니다.

그래서 대답하지 않았던 것입니다."

行明而易從也.

行義可明乎民

謀慮可通乎君臣.

今孔某

深慮同謀 以奉賊

勞思盡知 以行邪.

勸下亂上

敎臣殺君

非賢人之行也.

入人之國 而與人之賊

非義之類也.

知人不忠

趣之爲亂[59]

非仁義之也.[60]

逃人而後謀

避人而後言

行義不可明於民

謀慮

不可通於君臣.

嬰不知孔某之

有異於白公也.

是以不對.

59_ 趣之爲亂(취지위란)=부추겨 난리를 일으키다. 趣=促也.

60_ 非仁義之也(비인의지야)=之義 즉 之儀로 고쳐 읽는 이(차오야오샹), 仁之類로 고쳐 읽는 이(王景義), 仁之徒로 읽
는 이(葉玉麟) 등 각각이다. 그러나 묵자에게 있어 仁은 體愛 즉, 개별적인 사랑을 실천하는 일이다. 그러므로 앞 句
의 類와 대칭되는 行 즉 非仁之行也로 읽는다.

경공이 말했다.

"오! 나를 깨우쳐준 바가 크오!

그대가 아니었다면 나는 종신토록

공자가 백공과 같다는 것을 모를 뻔했소."

景公曰

嗚呼旣[61]寡人者衆矣

非夫子 則吾終身

不知孔某之與白公同也.

8

공자가 제나라로 가서 경공을 알현했다.

경공은 그를 이계尼谿의 땅에 봉하려고

안자에게 상의했다.

안자는 반대하며 말했다.

"대저 유가들이란

사치하고 거만하여 인민들을 사랑하지 않는 자들이니

아래 백성들을 교화할 수 없으며,

음악을 좋아하여 사람들을 음탕하고 게으르게 하며

인민을 친애하고 다스리게 할 수 없고,

운명론을 주장하며 일을 태만히 하므로

직분을 지키게 할 수 없으며,

상례를 숭상하여 오랫동안 복상하므로

백성들을 자애롭게 사랑할 수 없고,

높은 관을 쓰고 점잖은 체 위엄을 부리므로

孔某之齊 見景公.

景公說 欲封之以尼谿.

以告晏子.

晏子曰 不可.

夫儒

浩居而自順者也[62]

不可以教下.

好樂而淫人

不可使親治.

立命而怠事

不可使守職.

宗喪循哀[63]

不可使慈民.

機服勉容[64]

61_ 旣(황)=깨우쳐주다, 賜與. 어떤 이는 況으로 읽는다.

62_ 浩居而自順(호거이자순)=『史記』에는 '倨傲自順', 『家語』에는 '浩裾自不親', 『大戴禮記』에서는 '自順而不讓' 또는 '有道而自順'이라 했다. '거만하게 자기주장만 따른다'로 解하는 것이 보통이나, '不可而教下'라는 아래 句와 어긋난다. 그러므로 『가어』에 따르되 浩는 鏡也, 裾는 親也로 解한다.

63_ 宗喪循哀(종상순애)=宗喪循哀 而不止로 읽는다. 循=逢也.

백성을 인도할 수 없습니다.	不可使導衆.
또 공자는 용모를 성대하게 하고	孔某盛容
꾸미는 것을 공경하여 세상을 속이고	修飾以蠱世[65]
악기와 노래와 춤으로 무리를 모으며	弦歌鼓舞 以聚徒
오르고 내리는 예를 번거롭게 하여 위의를 보이고	繁登降之禮 以示儀
허리를 굽히고 엄숙하게 걷는 예절을 힘써	務趨翔之節[66]
백성들에게 보여주고 있습니다.	以觀衆.
그들의 유학은 아무리 박학해도	儒學
세상살이를 의논하는 것이 아니며	不可使議世[67]
노심초사하여 백성들을 돕자는 것이 아니며	勞思不可以補民
죽을 때까지 그들의 학문을 다할 수도 없으며	絫壽不能盡其學
건장한 장년이라도 그들의 예를 다 행할 수 없으며	當年[68]不能行其禮
재물이 많아도 그들의 음악을 다 충족치 못할 것입니다.	積財不能贍其樂
결국 그들은 사설을 번거롭게 꾸며 세상과 임금을 속이고	繁飾邪術 以營[69]世君.[70]
성대하게 음악을 꾸며	盛爲聲樂
어리석은 백성을 게으르고 음탕하게 하고 있으니	以淫遇民.
그들의 도는 세상에 내세울 것이 못 되고	其道不可以期世[71]

64_ 機服勉容(기복면용)=색다르게 높은 관을 쓰다. '면용'은 '공손한 모습'이라 하는 이도 있으나 '위엄을 부린다'는 뜻이다. 機=異 또는 危.

65_ 蠱世(고세)=惑世, 세상을 미혹시키다. 혹자는 欺世, '세상을 속이다'로 읽기도 한다.

66_ 趨翔之節(추상지절)=즉 예의에 맞게 허리를 굽히고 빨리 걷는 것이다. 그러나 翔은 趨와는 반대로 '머뭇거리다, 배회하다'의 뜻.

67_ 儒學不可使議世(유학불가사의세)=지금껏 博學不可使議世로 고쳐 읽어왔다. 그러나 原文대로 解한다. 議=의논하다.

68_ 當年(당년)=壯年.

69_ 營(영)=迷惑시키다.

70_ 世君(세군)=당시의 군주라 하나 '세상과 군주'로 解한다.

71_ 期世(기세)=期의 古文은 弍, 그러므로 示의 誤로 본다. 『晏子春秋』에도 示世로 되어 있다.

그들의 학문은 대중을 인도할 수 없습니다.	其學不可以導衆.
지금 주군께서는 그를 봉해 주어	今君封之
제나라 풍속을 선도하고자 하지만	以利[72]齊俗
그것은 나라를 이끌고 백성을 선도하는 방책이 아닙니다."	非所以導國先衆.
경공은 좋은 말이라고 수긍했으므로	公曰 善
공자에 대해 예의를 깍듯이 차렸으나	於是厚其禮
이계에 봉하는 계획은 보류했으며	留其封
공경스럽게 만나주었지만 그의 도에 대해 묻지도 않았다.	敬見而不問其道.
이에 공자는 경공과 안자에 대하여 분노와 원한을 품고	孔某乃恚怒於景公與晏子
치이자피鴟夷子皮[73]를 제나라 전상田常의 문하에 심어놓고	乃樹[74]鴟夷子皮於田常之門
남곽혜자南郭惠子에게 자기의 원수 갚을 계획을 고하고	告南郭惠子以所欲爲
노나라로 돌아갔다.	歸於魯.
얼마 뒤에 제나라가 노나라를 치려 한다는 정보를 듣고	有頃 間齊將伐魯
공자는 제자인 자공子貢에게 이르기를	告子貢 曰
"사賜야! 큰일을 일으킬 때는 바로 지금이다"라고 말하며	賜乎 擧大事於今之時矣
그를 제나라로 파견하여	乃遣子貢之齊
남곽혜자를 통하여 전상을 만나	因南郭惠子以見田常
오나라를 치도록 권하는 한편	勸之伐吳
제나라의 권문세가인 고高씨, 국國씨, 포鮑씨, 안晏씨 등에게	以敎高國鮑晏
전상의 반란을 방해하지 않도록 설득하고	使毋得害田常之亂.

72_ 利(이)=移也.
73_ 범려의 별명. BC 5세기경 楚의 재상. 字는 少白. 越王 勾踐을 도와 吳王 부차를 멸망시키고 會稽의 치욕을 씻었다. 그 후 '치이자피'로 변성명하여 齊에 망명하여 平公의 宰相이 되었다. 또한 그는 陶에 숨어 살면서 큰 부호가 되어 陶朱公이라고 불리며, 옛날 魯나라의 부호였던 猗頓과 더불어 부자의 별칭이 되었다. 다만 齊나라 재상이 되었다는 부분에 대해서는 반론이 있다. 묵자의 주장과는 달리 그가 齊나라로 갔을 때는 공자도 안자도 경공도 죽었을 때라고 주장하는 학자도 있다. 어쨌든 이 편의 내용은 역사적 사실과는 맞지 않는 부분이 있다는 주장이 있음을 유의해야 한다.
74_ 樹(수)=소개하다, 安排하다.

또 월나라를 권하여 오나라를 치도록 했다.

이 계략은 적중하여 삼 년 안에

제나라와 오나라는 파탄의 지경에 빠지게 되었고

전사자의 시체를 셀 수조차 없었다.

이것은 공자가 책임져야 할 음모였던 것이다.

勸越伐吳.

三年之內

齊吳破國之難

伏屍不可以術數

孔某之謀也.

9

공자는 노나라 사구司寇가 되었을 때

노나라 공실을 배반하고 권세가인 계손季孫씨를 받들었다.

공자가 노나라 재상을 대리하고 있을 때

계손이 군주를 버리고 도망칠 때

마을의 관리와 다투게 되었는데

이때 공자는 빗장을 들어 문을 열고 계손씨를 도망치게 했다.

또 공자가 진陳나라와 채蔡나라 사이에서 쫓기고 있을 때

싸라기도 없는 명아주국물로 열흘을 견디어야 했다.

제자인 자로子路가 돼지고기를 구하여 삶아주자

공자는 그 고기를 어디에서 훔쳤는지 묻지도 않고 먹었다.

또 남의 옷을 빼앗아 술을 사다 주자

공자는 술이 어디서 났는지도 묻지 않고 마셨다.

孔某爲魯司寇

舍公家而奉季孫.

季孫相魯君[75]

而走

季孫與邑人爭門

關決植.[76]

孔某窮於蔡陳之間

藜羹不糂[77]十日

子路爲享豚

孔某不問肉之所由來而食

褫人衣以酤酒

孔某不問酒之所由來而飮.

75_ 季孫相魯君(계손상노군)=季孫은 후기에 노나라 정권을 장악한 귀족. 글자대로라면 '계손이 노군을 도왔다'의 뜻이다. 그러나 季孫 두 자는 衍文이고 相은 공자가 대리로 노군의 재상 노릇을 했다는 뜻으로 읽는 것이 역사적 사실에 맞는다. 『사기』 「孔子世家」에 따르면 공자는 19세에 계씨 가문의 委吏로 취직하여 21세에 乘田吏, 51세에 中都宰, 53세에 公空의 司空이 되었고, 54세에 大司寇가 되었고, 56세에 宰相을 대행했다고 한다.

　*『사기』 「공자세가」: 定公九年 由司空爲大司寇. 定公十年春 孔子攝相事 定公十四年 由大司寇 行攝相事.

76_ 關決植(관결식)=舉關決植으로 고쳐 읽는다. 植=관문의 빗장.

77_ 藜羹不糂(여갱불삼)=명아주국물에 싸라기 한 톨 보이지 않는다. 糂=싸라기.

그러고 나서 노나라 애공哀公이 공자를 맞아들이니 　哀公迎孔子

그는 방석이 반듯하지 않으면 앉지 않았고 　席不端弗坐

고기를 바르게 썰지 않았다고 먹지 않았다. 　割不正弗食

자로가 딱하여 물었다. 　子路進 請曰

"진나라와 채나라 사이에서 고생할 때와 왜 그토록 다릅니까?" 　何其與陳蔡反也.

공자가 대답했다. 　孔某曰

"오너라! 내 너에게 말해 주리라. 　來吾語女

그때는 그대와 구차하게라도 살아남는 것이 급했지만 　曩與女爲苟生

지금은 그대와 진실로 의로움을 행하는 것이 급하다. 　今與女爲苟義.

누구나 굶주리고 곤궁할 때는 속여서라도 빼앗아 　夫飢約則不辭妄取

자기 몸을 살리기 위해 사양치 않는 법이며, 　以活身.

살찌고 배부르면 거짓된 행동으로 자기를 꾸미는 것이다." 　嬴飽則僞行以自飾

이 얼마나 더럽고 사악하며 거짓된 위선인가? 　汚邪詐僞 孰大於此.

공자가 문하의 제자들과 한가롭게 앉아 말했다. 　孔某與其門弟子閒坐 曰

"순임금은 제 아비만 보면 안절부절못했으나 　夫舜見瞽叟 就然[78]

이때는 천하가 위태로웠다. 　此時天下圾乎.

주공 단은 훌륭한 사람이 아니지 않았을까? 　周公旦非其人也邪

어째서 자기 가실을 버리고 객지에 의탁해 살았을까?" 　何爲舍其家室 而託寓也.

공자의 소행과 심술이 이 지경이었으니 　孔某所行. 心術所至也.

그를 따르는 제자들도 모두 공자를 본받았다. 　其徒屬弟子 皆效孔某.

자공과 계로(子路의 別稱)는 공리孔悝를 도와 　子貢季路輔孔悝

위나라에서 반란을 일으켰고(子路는 사형을 당했음), 　亂乎衛

양화陽貨[79]는 노나라에서 반란을 일으켰으며, 　陽貨亂乎魯

78_ 就然(취연)=蹴然의 誤. 불안해하는 모양, 공경하는 태도.

79_ 季孫氏의 家臣, 季桓子를 감금하고 陽關을 점유하여 국정을 장악했다가 후에 季孫, 孟孫, 叔孫氏 三家가 연합한 귀

불힐(弗肸)[80]은 중모中牟에서 반란을 일으켰으며　　　　佛肸以中牟叛

칠조漆雕[81]씨는 사형을 당했으니　　　　　　　　　　漆雕刑殘

어지러움이 이보다 크겠는가?　　　　　　　　　　　亂莫大焉.

대저 제자란 그 스승을 본받아 살아가는 후생들이니　夫爲弟子後生其師

반드시 스승의 말을 공경하고 그의 행실을 본받아　　必修其言 法其行

힘이 모자랄세라 지혜가 못 미칠세라 힘써 뒤따르는 것이다.　力不足 知弗及而後已.

지금 공자의 행실이 이와 같은 것을 보면　　　　　今孔某之行如此

유가의 선비들을 의심하지 않을 수 없다.　　　　　儒士則可以疑矣.

족세력에 쫓겨 제나라로 도망쳤다. 지금까지는 양화(또는 陽虎)는 공자의 제자가 아니라고도 했다. 그러나 『論語』「陽貨」편의 皇疏에서는 古史를 인용하여 양화는 역시 공자의 제자였음을 고증하고 있다.

80＿ 晉나라 中牟의 長官이었으며 范中行의 부하였으므로, 반란은 趙簡子가 범중행의 晉君을 공격함으로써 실패했음. 공자의 제자가 아니라는 주장도 있다.

81＿ 이름은 開. 『孔叢』에는 漆雕開形殘이라 했다. 그러나 이 책은 위서라 한다. 공자의 제자에는 분명 漆雕哆와 漆雕馬이 있으나 이들과 동일인인지는 고증이 불가능하다.

經경 · 經說경설 上

「경」상은 제40편, 「경」하가 제41편, 「경설」상이 제42편, 「경설」하가 제43편에 해당한다. 하지만 「경」과 「경설」은 같이 읽어야 하므로 여기서는 편의를 위해 「경」상과 「경설」상, 「경」하와 「경설」하를 함께 묶어 싣는다. 또한 여기서는 상열(上列)과 하열(下列)로 구분하여 싣고 있는데 이것 역시 원래의 판본에는 없는 구분이다. 다만 그렇게 읽어야 뜻이 통하므로 구분하기로 한다. 하나의 주제어에 대한 「경」과 「경설」을 함께 묶어두었는데, 「경」과 「경설」은 색으로 구분한다. 「경」은 붉은색이고, 「경설」은 검정색이다.

上列

■1 故 [조건]

조건. 그것을 얻으면 이루어지는 것이다.	故. 所得而後成也.
필요조건(小故).	故. 小故
그것이 있다 해도 반드시 그렇게 되는 것은 아니지만	有之不必然
그것이 없으면 반드시 그렇게 되지 않는다.	無之必不然.
충분조건(大故).	大故
그것이 있으면 반드시 그렇게 되고	有之必然
그것이 없으면 반드시 그렇게 되지 않는다.	無之必無然.
어떤 것이 나타나면 그것이 나타나는 것과 같다.	若見之成見也.

■2 體 [개체]

개체. 전체를 나눈 것이다.	體. 分於兼也.
개체라는 것은 비롯된 싹이다.	體. 體也 若有端[1]

마치 둘 중에 하나와 같고[2]

길이에 있어서 점과 같은 것이다.[3]

若二之一.

一尺之端也.

③ 知 [지각]

지각은 재료다.

지각한 것은 앎의 원인이다.

그러므로 반드시 그것이 있어야만 알 수 있다.

마치 눈이 밝은 것과 같다.

知. 材也.[4]

知也者 所以智也

而必知.

若明.[5]

④ 慮 [사고]

사고는 찾는 것이다.

사고하는 것은

지각으로 찾아내는 것이다.

지각이 없다면 결코 찾을 수 없다.

마치 사팔뜨기와 같다.

慮. 求也.

慮. 慮也[6]者

以其知有求也.

而不必得之

若睨.[7]

⑤ 知 [지능]

지능은 느껴서 접수하는 능력이다.

지능이라는 것은

知. 接[8]也

知. 知也者

1_ 端(단)=萌也, 始也, 點也.

2_ 二者一之兼　一者二之體.

3_ 尺者端之兼　端者尺之體.

4_ 材也(재야)=寸能, 材具, 또는 本能이라 하는 이도 있다.

5_ 明(명)=目之明을 비유한 것. 目精也, 夜明, 눈이 밝다, 날이 새다.

6_ 慮也(려야)=謀思也, 度也.

7_ 睨(예)=사팔뜨기, 참을 볼 수 없다.

8_ 接(접)=感受也.

지각으로 물체를 느껴 그것의 모양을 본뜨는 것이다.   以其知過物而能貌之

마치 보는 것 같다.   若見.

■6■ 恕 [인식]

인식. 밝히는 것이다.   恕.[9] 明也.

인식이란   恕. 知也者

지각으로써 사물을 차례 지어   以其知論物

그 지각한 것을 나타내는 것이다.   而其知之也著

문리를 밝히는 것과 같다.   若明.

■7■ 仁 [어짊]

어짊. 개별적인 사랑이다.   仁. 體[10]愛也.

어짊은 자기를 사랑하는 것(自己愛)이지만   仁. 愛己者

자기를 이용하기 위한 것은 아니다.   非爲用己也

말을 사랑하는 것과는 다르다.   不若愛馬.

■8■ 義 [의로움]

의義는 이利다.   義. 利也.

의義는 뜻으로써 천하를 아름답게 하고   義. 志以天下爲芬[11]

힘껏 이롭게 하는 것이다.   而能能利之[12]

9_ 恕(지)=지혜, 智同. 恕로 된 판본도 있다.

10_ 體(체)=兼의 구성부분인 개체. 앞의 (2) 體 참조. 體愛는 兼愛의 對. 「대취」편에서 ‘愛人不外己’라 했다. 즉 仁도 그 본질은 愛이며, 단지 兼愛가 아니고 體愛라는 점에서 다르다. 보통은 體를 包로 解하고 仁을 道로 解해 왔다(君子體仁足以長人 : 易文言).

11_ 芬(분)=美·和·香美.

12_ 能能利之(능능리지)=能善利之也로 읽기도 한다. 그러나 글자대로 해석한다.

반드시 재화일 필요는 없다.　　　　　　　　　　不必用.[13]

9 禮 [예의]

예禮. 공경하는 것이다.　　　　　　　　　　　　禮. 敬也.

예란 귀한 자는 공정하고, 천한 자는 분수 있게 하지만　禮. 貴者公 賤者名[14]

다 함께 서로 공경하는 것은 소홀하고　　　　　　而俱有敬 僈[15]

차등을 지어 나누고 차례 짓는다.　　　　　　　　焉等異論也.

10 行 [실천]

실천. 새로 지어 이루는 것이다.　　　　　　　　　行. 爲也.

실천이란 지어내어 이룬 것이 명성을 위한 게 아니면　行. 所爲不善名[16]

실천이요,　　　　　　　　　　　　　　　　　　行也

명성을 위한 것이면 거짓이다.　　　　　　　　　所爲[17]善名 巧也

마치 도둑질하는 것과 같다.　　　　　　　　　　若爲盜.

11 實 [성실]

성실. 꽃과 열매가 무성한 것이다.　　　　　　　　實. 榮[18]也.

성실이란 하늘의 지기志氣가 밖으로 나타난 것이다.　實. 若志氣[19]之見也.

남을 자기처럼 대한다.　　　　　　　　　　　　使人如己

외모를 꾸미는 것과는 다르다.　　　　　　　　　不若金聲玉服.[20]

13_ 用(용)=財用也, 利也.

14_ 名(명)=分數(직분에 따를 책임)로 解한다(必也正名乎 : 論語/子路). 稱名 또는 信審으로 解하기도 한다.

15_ 僈(만)=輕也, 疎也.

16_ 不善名(불선명)=不善於取名也.

17_ 爲(위)=有所變化日爲 作爲成也. 그러나 儒家들은 述而不作이므로 옛것을 본받는 것이 行이다.

18_ 榮(영)=盛也, 秀也.

19_ 若志氣(약지기)=天志氣로 읽는다.

12 忠 [충성]

충성. 이롭게 하고자 힘써 간쟁諫爭하는 것이다.

충성이란 약자를 이롭게 하지 않으면 탄핵하며

족히 귀인貴人을 받들어 평안하게 한다.

忠. 以爲利而强低[21]也.

忠. 不利弱子 亥[22]

足將入止容.[23]

13 孝 [효도]

효도. 부모를 이롭게 하는 것이다.

효도란 부모가 화평하도록

능력껏 이롭게 해주는 것이다.

반드시 알아주는 것은 아니다.

孝. 利親也.

孝. 以親爲芬[24]

而能能利親

不必得.

14 信 [신실]

신실. 말이 뜻한 것과 합치한 것이다.

신실이란 그의 말이 이치에 맞는 것과는 다르다.

마치 사람들로 하여금

성 위에 황금을 놓고 보여주며 가져가도록 하는 것과 같다.

信. 言合於意也.

信. 不以其言之當也.

使人

視城得金.

15 佴 [따름]

따름. 스스로 우러나는 것이다.

佴[25] 自作[26]也.

20_ 金聲玉服(금성옥복)=외모를 꾸미는 것.

21_ 强低(강저)=强君으로 읽는 이, 强謙(低)으로 읽는 이, 强距로 읽는 이도 있다. 强距로 읽고 力爭, 强諫으로 解한다.

22_ 弱子 亥(약자 해)=弱孩로 읽어 '약한 아들에게 이롭지 않다'로 해석하는 이도 있다. 亥=劾으로 읽는다.

23_ 足將入止容(족장입지용)=혹자는 止容을 至受로 읽고 '중용되어 들어간다'로 解한다. 入=人의 誤. 止容=心安也. 將=奉也.

24_ 芬(분)=和也.

25_ 佴(이)=「설문」은 伙也, 즉 比也, 助也. 「이아」는 貳, 즉 副貳 어느 것도 뜻이 不通이다. 본편 下列 (22) 佴에도 이 글자가 나오지만 뜻이 不通이며 중복될 리도 없다. 따라서 徇의 잘못으로 본다. '따른다'라는 뜻. 譚戒甫는 狂의 誤로 본다.

따름. 인민들의 편이 되면 인민들도 무리 지어 따를 것이다.   佢. 與人遇人衆惰.[27]

16 詽 [편협]

편협. 소심한 것이다.   詽.[28] 作㸧[29]也.

편협은 자기만을 위하는 것이다.   詽. 爲是[30]

자기를 위하므로 상대를 기쁘게 하는 것은 하지 않는다.   爲是之台[31]彼也 弗爲也.

17 廉 [청렴]

청렴. 잘못을 다스리는 것이다.   廉.[32] 作[33]非也.

청렴이란 자기의 행실을 생각하고   廉. 惟[34]己爲之

부끄러움을 깨닫는 것이다.   知其愧恥也.

18 令 [절도]

절도. 제멋대로 하지 않는 것이다.   令.[35] 不爲所作[36]也.

절도란 몸소 실천하지 않으면 안 된다.   令. 非身弗行.

26_ 作(작)=興起也.

27_ 惰(순)=高亨은『墨經校銓』에서 遁으로 읽었다. 필자는 循으로 읽는다.

28_ 詽(연)=狷 또는 涓(小流)으로 읽어왔다. 狷也 有所不爲也(論語/子路). 小心狷介不散行也(國語/晉語). 조심하는 것. 疑猶像也. 여기서는『논어』의 '狷者有所不爲'로 보고 편협, 고집의 뜻으로 解한다(탄제푸).

29_ 㸧(겸)=謙公, 敬也. 致恭, 讓, 양보, 自足.

30_ 是(시)=直也, 此也, 己也.

31_ 台(이)=悅也. 怡의 잘못.

32_ 廉(렴)=청렴하다, 淸也, 儉也.

33_ 作(작)=治也.

34_ 惟(유)=思惟也.

35_ 令(령)=卩의 잘못. 卩=瑞信, 符節, 節로 읽는다. 그러나 명령으로 解하기도 한다(탄제푸).

36_ 所作(소작)=멋대로 하다, 창졸간에 지어내다, 욕심대로 하다. 作=人이 乍하는 것.

19 任 [책임]

책임. 선비가 자기를 덜어서 다스림을 더해 주는 것이다.

책임이란 몸소 싫은 것을 하여

인민의 급박한 것을 이루어주는 것이다.

任.[37] 士損已而益所爲也.

任. 爲身之所惡

以成人之所急.

20 勇 [용기]

용기. 뜻을 감행하는 도구다.

용기. 뜻하는 이것을 감행함으로써 도리를 얻는 것이다.

뜻이 아닌 저것을 감행하지 않음으로써 해를 입는 것이다.

勇. 志之所以敢也.

勇. 以其敢於是也 命[38]之

不以其不敢[39]於彼也 害之.

21 力 [힘]

힘. 형체가 움직이는 원인이다.

힘이란 무게가 떨어지는 것을 말한다.

무게를 들어 올리는 운동이다.

力.[40] 刑之所以奮[41]也.

力. 重之謂下

與[42]重奮也.

22 生 [생명]

생명. 육체와 지각이 거처하는 곳이다.

생명이란 형체와 지각을 충만하게 하는 것이다.

생명은 공간적인 우주와 지각이 분리될 수 없다.

生. 刑與知處也.[43]

生. 盈之

生商[44] 不可必[45]也.

37_ 任(임)=任俠. 책임이라 解함.

38_ 命(명)=名也, 道也.

39_ 不以其不敢(불이기불감)=앞의 不자는 衍文으로 본다.

40_ 力(력)=勞動 즉 '일(work)'로 읽을 수도 있다. 여기서는 '힘(energy)'으로 解한다.

41_ 奮(분)=動也.

42_ 與(여)=擧의 誤라 한다. 그러나 그대로 두어도 뜻이 통한다.

43_ 處也(처야)=居也, 留也, 歸也, 制也.

44_ 商(상)=章也. 즉 생명의 불꽃이 꺼지지 않는 것, 혹은 常으로 해석하거나, 끝에 붙이고 若商으로 읽는 이도 있다.

23 夢 [꿈]

꿈. 자면서 사실이라고 생각한 것이다.

꿈이란 지각이 잠들어 지능이 없는 것이다.

夢. 臥[46]而以爲然也.

夢. 臥知[47] 無知[48]也.

24 平 [평정]

평정平正. 마음에 욕심과 미움이 없다.

평정이란 맑고 고요한 물과 같다.

平.[49] 知無欲惡也.

平. 惔[50]然.

25 利 [이로움]

이로움. 얻으면 기쁜 것이다.

이로운 것. 이것을 얻어 기쁘다면 이것이 이로운 것이다.

해로운 것은 이것과 반대다.

利. 所得而喜也.

利. 得是而喜 則是利也.

其害也 非是也.

26 害 [해로움]

해로움. 얻으면 싫은 것이다.

해로운 것. 이것을 얻어서 싫으면 이것이 해로운 것이다.

이로운 것은 이것과 반대다.

害. 所得而惡也.

害. 得是而惡 則是害也.

其利也 非是也.

27 治 [다스림]

다스림. 일의 마땅함을 추구하는 것이다.

治. 求得[51]也.

45_ 必(필)=分極也.

46_ 臥(와)=寢也.

47_ 知(지)=知材.

48_ 知(지)=知接.

49_ 平(평)=正也.

50_ 惔(담)=恬也.

51_ 得(득)=事之宜也. 상득할(與人契合). 契合이란 의기투합. 어떤 이는 '平을 얻는 것' 즉 欲과 惡가 없는 것을 구하는

다스림. 내가 내 직분을 다스리는 것이다.　　　　　　治. 吾事治矣.

귀인이 사해를 보존하고 다스리는 것이다.　　　　人⁵²有⁵³治南北.

28 譽 [칭송]

칭송. 선행을 밝히는 것이다.　　　　　　　　　譽. 明美也.

칭송이란 행실을 판별 심사하여　　　　　　　　譽. 必⁵⁴其行也

그 선행을 밝혀 인민들에게 그것을 독책督責하려는 것이다.　其言之忻⁵⁵ 使人督⁵⁶之.

29 誹 [비판]

비판. 악한 행실을 밝히는 것이다.　　　　　　　誹. 明惡也.

비판이란 행실을 판별 심사하여 불선不善을 밝혀　　　誹. 必其行也 其言之忻⁵⁷

(인민들에게 악한 행실을 막고자 하는 것이다).　　　(使人閉之).

30 擧 [일컬음]

일컬음. 사실을 본뜨는 것이다.　　　　　　　　擧.⁵⁸ 擬實⁵⁹也.

일컬음이란 문자나 이름으로 알려　　　　　　　擧. 告以文名⁶⁰

것이라 한다.

52_ 人(인)=貴人 즉 지도자.

53_ 有(유)=保存也, 相親也.

54_ 必(필)=分極也(설문), 期心也, 審也. 지금까지는 必을 述部로 읽지 않고 '반드시'라는 부사로 해석해 왔다.

55_ 言之忻(언지흔)=善行을 선전 계몽한다는 뜻. 言=宣也. 忻=開也, 欣也.
　　*「司馬法」: 善者 忻民之善 閉民之惡.

56_ 督(독)=篤也. 혹자는 察視也. 篤也=厚也.

57_ 言之忻(언지흔)=忻은 欣也. 앞의 (28)의 譽와 同文이다. 칭송과 비판은 反對가 되어야 할 법한데 同文이니, 誤脫이 있다고 본다. 그래서 忻을 不忻으로 고쳐 읽는다. 梁啓超는 必은 非, 忻은 怍(작=慚也)으로 읽는다. 다만 앞서 말한 「사마법」를 따라 끝에 使人閉之를 보충하여 해석한다.

58_ 擧(거)=거론하다, 槪括하다.

59_ 擬實(의실)=忖度事實. 사실을 가늠한다, 사실을 본뜨다, 사실을 추측하다, 견주다.

60_ 文名(문명)=이것은 묵자의 名實論을 말한 것이다. 이 책 해설편 4장의 '인식론' 및 5장의 '명실론'을 참조할 것.

그 사실의 조건들을 본뜨는 것이다.　　　　　　　　舉⁶¹彼實故⁶²也.

31 言【말】

말. 사물을 모사한 것을 호출하는 것이다.　　　　　言. 出舉⁶³也.

말하는 것은 입으로　　　　　　　　　　　　　言. 言也者 諸口能

이름을 호출하는 것이다.　　　　　　　　　　　出名者也

이름이란 호랑이를 그려놓고　　　　　　　　　名若畫虎也

'호랑이'라고 말하는 것과 같다.　　　　　　　謂言猶石致⁶⁴也.

32 且【가령】

가령. 그러리라고 말하는 것이다.　　　　　　且.⁶⁵ 言然也.

가령이라 말하면 장차를 말하기도 하고 옛일을 말하기도 하고　　且. 自前曰且 自後曰且

방금 일을 말하기도 한다.　　　　　　　　　　方然亦且

마치 '혹시'라고 말하는 것과 같다.　　　　　若石者⁶⁶也.

33 君【군주】

군주. 백성들의 일반적인 계약이다.　　　　　君. 臣萌通約⁶⁷也.

군주란 무리가 선출하여 이름을 붙인 것이다.　　君. 以若⁶⁸名者也.

61_ 舉(거)=擬의 誤.

62_ 故(고)=본편 첫머리에서 말한 필요조건과 충분조건.

63_ 舉(거)=前述한 擬實을 말함. 故의 誤로 보기도 한다.

64_ 石致(석치)=石緻로 해석함이 보통임. 손이양은 由名致로 해석한다. 그러나 名虎의 誤인 듯.

65_ 且(차)=판본은 已로 되어 있으나 교정했음. 已와 혼동된다. 未定之辭. 借日之事 此也, 將也. 모두 且로 쓴다.

66_ 石者(석자)=衍文이라는 것이 通說이다. 그러나 或是로 고쳐 읽는다.

67_ 臣萌通約(신맹통약)=사회계약설을 말한 것이다. 臣萌=臣民. 通=總.

68_ 若(약)=君의 錯簡. 『설문』에서는 君은 '尊也'. 『廣雅釋言』에서는 君은 '羣也'. 「주서」 「太子晉解」에서는 '(逸)侯能
成羣 謂之君'. 『순자』 「王制」편에서는 '君者善羣也'. 『白虎通義』에서는 '君者 羣也'. 『韓詩外傳』에서는 '君者何也
曰羣也'. 그러나 順으로 解하는 이도 있다.

34 功 [공적]

공적. 인민을 이롭게 한 것이다.	功.[69] 利民也.
공적이란 때를 기다리지 않는다.	功. 不待時[70]
겨울에 여름 갈옷을, 여름에 겨울 갖옷을 짓는 것과 같다.	若衣裘.

35 賞罰 [상과 벌][71]

상. 윗사람이 아랫사람의 인민을	賞. 上報下之
이롭게 한 실적에 따라 갚는 것이다.	功[72]也
벌. 윗사람이 아랫사람의 인민을	罰. 上報下之
해친 정도에 따라 갚는 것이다.	罪[73]也.

36 罪 [죄]

죄. 인민을 해치지 말라는 금령을 범한 것이다.	罪. 犯禁[74]也.
죄는 금령에 있는 것이 아니고	罪. 罪不在禁
무고한 자를 해치려 하기 때문에 죄를 준다.	惟害無罪 殆姑.[75]

37 同 [화동일치]

| 화동. 서로 다른 것들이 한길로 동반하는 것이다. | 同. 異而俱於之一也.[76] |

69_ 功(공)=『설문』에서는 '功 以勞定國也 衆力工聲'. 여기서는 사업의 실적을 말한다.

70_ 不待時(부대시)=손이양은 不은 必의 잘못이라 한다. 그러나 미리 여름에 갖옷을 짓고 겨울에 갈옷을 지어 대비함이 民利다. 왜냐하면 유가들처럼 명성의 기회를 엿보는 것이 아니다. 글자대로 解한다.

71_ 賞罰은 별도 항목으로 되어 있으나, 「경」만 있고 「경설」이 없으므로 한 항목으로 묶는다.

72_ 功(공)=利民也.

73_ 罪(죄)=犯害人之禁令也. 功의 반대.

74_ 禁(금)='害人之禁令.

75_ 殆姑(태고)=隸鈷 즉 及辜의 誤, 죄를 준다는 뜻. 『주례』「夏官」에는 '以救無辜代有罪'. 辜=罪也.

76_ 之一也(지일야)=是一 또는 此一이라 해석하는 이는 모두 代詞다.

화동은 두 사람이 함께 보고

이것이 기둥이라고 말하는 것이다.

하나의 군주를 섬기는 것과 같다.

同. 二人而俱⁷⁷見

是楹也

若事君.

38 宇宙 [우주]

시간이란, 다른 시간까지 두루 가득 찬 것이요,

공간(宇)이란 다른 장소까지 두루 가득 찬 것이다.

시간이란 옛날부터 지금, 아침부터 저녁까지요,

공간이란 동서남북 상하를 말한다.

久.⁷⁸ 彌異時也

宇. 彌異所也.

久. 古今旦莫⁷⁹

宇. 東西家南北.

39 窮 [궁극]

궁극. 공간에 끝이 있어 자로 잴 수 있는 것이다.

궁극이란 공간이 자로 잴 수 있으면 끝이 있고

잴 수 없으면 끝이 없는 것이다.

窮. 或有前⁸⁰ 不容尺也.

窮. 或不容尺⁸¹ 有窮.

莫不容尺 無窮也.

40 盡 [다함]

다함. 만물이 다 그렇지 않은 것이 없다.

다함이란 다만 운동을 정지시킨 것이다.

盡.⁸² 莫不然也.

盡. 但止動.⁸³

77_ 俱(구)=偕, 함께한다. 伴也.

78_ 久(구)=宙(시간으로서의 우주)와 같은 뜻.

　*『尸子』下 : 天地四方 曰宇. 往古來今 曰宙.

　*『회남자』「齊俗訓」: 往古來今 謂之宙. 四方上下 謂之宇.

79_ 旦莫(단막)=但暮의 잘못.

80_ 或有前(혹유전)=『설문』에는 或을 邦이라 했다. 고어에는 或을 域의 뜻으로 썼다. 域有前端의 뜻.

81_ 不容尺(불용척)=容은 감싸는 것, 尺을 모두 수용하지 못한다. 그러므로 자로 잴 수 있다.

82_ 盡(진)=『설문』은 '器中空也'. 「이아」는 '止也'. 『玉篇』은 '終也'. 『集韻』은 '悉也'. 『世說新語』는 '空也'라 했다. 사람에게 盡은 죽음이다.

41 始 [비롯됨]

비롯됨. 마주친 시간이다.

비롯됨. 시간이란 유有의 시간과 무유無有의 시간이 있다.

비롯됨은 존재하지 않는 무유의 시간과 마주침이다.

始. 當時[84]也.

始. 時或有久[85] 或無久[86]

始當無久.

42 化 [교화]

교화. 속성이 바뀌는 것이다.

교화란 두꺼비가 메추라기로 되는 것과 같다.

化. 徵[87]易也.

化. 若蛙爲鶉.[88]

43 損 [덜다]

덜다. 한쪽이 떨어져 나가는 것이다.

덞. 한쪽이란 아우른 것 중에서 하나의 개체다.

그 개체가 어떤 것은 떨어지고 어떤 것은 남는다.

남은 것을 일러 덜어졌다고 한다.

損. 偏[89]去也.

損. 偏也者 兼之體也.

其體或去或存.

謂其存者損.

44 益 [더하다][90]

더함. 밖에서 보태어 크게 되는 것이다.

益. 大.[91]

83_ 但止動(단지동)=『周易』에서는 '夫乾 其靜也專 其動也直 是以大生焉 夫坤 其靜也翕 其動也闢 是以廣生焉'. 直=伸也. 즉 天地가 모두 動·靜이 있는바 動이 止한다는 것은 天은 專하며 地는 翕함을 말한다. 이것이 盡이라는 것이다.

84_ 當時(당시)=當은 田相値也, 遇也, 敵也, 즉 마주친 때, 시간을 만난 것.

85_ 有久(유구)=有久는 상식으로 느끼는 시간. 久=宙를 말하며 古今旦暮를 말함. 有의 시간은 현재.

86_ 無久(무구)=無有의 시간은 과거와 미래.

87_ 徵(징)=徵驗(屬性 表識 등), 成也.

88_ 蛙爲鶉(와위순)=『회남자』「제속훈」에 나오는 말. 異種으로 진화하는 것을 말한다.

89_ 偏(편)=一偏, 아우른 것 중에서 하나의 개체. 개체에서 속성이 떨어져 나가면 損이 아니고 化다.

90_ 「경」만 남았고 「경설」은 일실됐다.

91_ 大(대)=『주역』에서 益卦를 말하기를 '或益之自外來'라 했다. 그러므로 大來也의 誤脫인 듯.

45 儇 [지혜]

지혜. 다 함께 공경하는 것이다.

儇. 俱祇.[92]

지혜란 인민을 따뜻하게 구제하는 것이다.

儇. 昫民[93]也.

46 庫 [곳집]

곳집. 채워진 물건을 바꾸면 변하는 것이다.

庫.[94] 易也.

곳집. 구획된 공간은 같으나

庫. 區穴[95]若

그 속은 항상 같은 것이 아니다(다만 빈 굴은 항상 같다).

斯貌常.[96]

47 動 [운동]

운동. 공간이 이동하는 것이다.

動. 或從[97]也.

운동. 기울어 이동하는 것이다.

動. 偏祭[98]從

마치 문고리가 잠금을 벗어나는 것과 같다.

若戶樞[99]免瑟.[100]

92_ 儇 俱祇(현 구지)=지혜를 다 함께 공경함. 儇=慧利也. 祇=敬也. 儇=손이양은 環, 즉 가락지로 해석하고, 탄제푸는 圓의 接點으로 해석한다.

93_ 昫民(구민)=『회남자』注에는 '温邺也'. 『설문』에는 昫를 '日出 温也'라 함.

94_ 庫(고)=兵車藏也, 舍也, 宇宙(萬物의 곳집). 藏識 즉 마음속의 識性, 장혜언은 庫는 藏이라 한다. 그래야만 易과 맞다. 혹자는 庫=軍으로 읽기도 한다.

95_ 區穴(구혈)=區宇(구획된 공간)로 읽는다. 지금까지는 區穴을 虛穴로 읽어왔다. 『管子』「宙合」편에서는 '區者 虛也'라 한 것을 따른 것이다.

96_ 斯貌常(사모상)=不其의 錯簡. 其貌不常으로 읽는다.

97_ 或從(혹종)=域移(공간 이동)로 읽는다.

98_ 偏祭(편제)=偏際로 읽는다.

99_ 戶樞(호추)=문고리.

100_ 免瑟(면슬)=엄밀함을 벗어나다. 혹자는 兎瑟(토끼와 비파) 혹자는 兎蝨(토끼와 이)로 해석한다. 瑟=嚴密之貌(瑟兮 僩兮 : 詩經).

下列

1 止 [정지]

정지. 시간의 문제다.	止. 以久也.
정지. 무유無有의 시간은 그침이 없다는 것은	止. 無久[1]之不止
소는 말이 아닌 것과 마찬가지이며,	當牛非馬
화살이 기둥을 지난 것과 같다.	若矢過楹
유有의 시간이 그침이 없다는 것은	有久[2]之不止
말은 말이 아니라는 말과 마찬가지이며,	當馬非馬.
마치 사람이 다리를 건너는 것과 같다.	若人過梁.

2 必 [필연]

필연. 기각됨이 없는 것이다.	必.[3] 不已[4]也.
필연. 한 번은 그렇고 한 번은 그렇지 않다면	必.[5] 一然者 一不然者
그것은 필연이 아니다.	必不必也
옳고 그름은 필연이다.	是非必也.

3 平 [평면]

평면. 높이가 같은 것이다.	平. 同高也.
평면은 축대의 높이가 같은 것을 말한다.	平. 謂台執者也
사다리의 평행과 같다.	若弟兄.[6]

1_ 無久(무구)=우리가 보고 듣지 못하는 시간, 즉 찰나 같은 시간 또는 영겁. 과거와 미래.

2_ 有久(유구)=상식으로 느끼는 시간. 또는 현재

3_ 必(필)=『설문』에서 分極也, 즉 分極是非, 定辭也, 期必專也.

4_ 已(이)=過事語辭, 畢也, 去也, 棄也, 退也.

5_ 판본에는 뒤에 '謂台執者也 若弟兄'가 오나 다음 (3) 平으로 옮긴다.

４ 同長 [같은길이]

같은 길이. 딱 맞게 서로 같이 끝나는 것이다.

같은 길이. 두 기둥은 길이가 같다.

그러므로 바른 것이다.

同長. 以缶相盡也.

同長. 楗與柱[7]之同長也

正.[8]

５ 中 [중심]

중심. 같은 거리의 한 점이다.

중심. 이로부터 양단 또는 주변까지 거리는 서로 같다.

中. 同長也.[9]

中. 自是往[10] 相若也.

６ 厚 [부피]

부피. 존재는 부피가 있다(입체).

부피. 없는 것도 있다(선, 평면).

厚.[11] 有所大也.

厚. 惟[12]無所大.[13]

７ 日中 [일중]

일중. 해가 중심에 올 때는 정남쪽이다.

日中. 正南也.

８ 直 [바른것]

바른 것. 참여하여 징험되어야 한다.

直.[14] 參[15]也.

6_ 謂台執者也 若弟兄(위태집자야 약제형)=이 句는 앞의 (2) 必에서 옮긴 것이다. 台執(태집)=臺處로 읽는다. 弟兄=梯
  行의 誤.

7_ 楗與柱(건여주)=舊本은 捷與狂. 楗과 柱는 같은 길이의 물건이라 한다. 여기서는 두 기둥으로 解解 둔다.

8_ 正(정)=딱 맞는 것, 當也.

9_ 同長也(동장야)=同長之一点也의 뜻.

10_ 往(왕)=去也.

11_ 厚(후)='기하학적 입체'로 보는 이, 또는 「경」과 「경설」이 모순된다는 학자 등 定說이 없다.

12_ 惟(유)=有也.

13_ 大(대)=重也, 肥也. 여기서는 厚大의 뜻으로 읽는다.

14_ 直(직)=正見也, 準當也, 謂繩墨得中也. 어떤 이는 직각으로 본다.

9 圜 [원]

원. 하나의 중심에서 같은 거리다.   圜. 一中同長也.

원. 그림쇠로 그리면 겹친다.   圜. 規寫交[16]也.

10 方 [사각형]

사각형. 기둥과 모서리 네 개가 모인 것이다.   方. 柱隅四讙[17]也.

사각형. 곱자로 재어보면 합치된 것이다.   方. 矩見[18]交也.

11 倍 [가르다]

갈라짐. 본래는 하나인데 인위적으로 둘로 나눈 것이다.   倍.[19] 爲二[20]也.

갈라짐. 두 자와 한 자는 다만 한 개를 버린 것이다.   倍. 二尺與尺 但去一.

12 端 [점]

점. 개체가 공간이 없는 것이다.   端.[21] 體之無序[22]

겸兼을 극단까지 나누고 나누었기 때문이다.   而最前者[23]也.

점. 이것은 합동될 수 없다.   端. 是無同[24]也.

15_ 參(참)=참여하다, 驗也. 혹자는 직각은 삼선이라 하여 셋으로 본다. 또 혹자는 參星 즉 白虎星으로 본다.

16_ 交(교)=교차하다, 合也, 共也. 舊本은 攴.

17_ 讙(환)=懽의 誤로 읽는다. 懽=合也. 손이양은 雜으로, 高亨은 帀으로 읽는다.

18_ 見(견)=以目察之.

19_ 倍(배)=『설문』에는 '反也', '같은 양을 보태는 것' 두 가지 뜻이 있다. 背也로 해석한다(倍也離俗 : 淮南子/人間 訓).

20_ 爲二(위이)=爲를 차오야오상은 作爲, 즉 人爲로 해석한다. 본래 物은 兩이있는데 人爲로 나누었다는 뜻. 古文으로 는 弍는 둘. 二는 上 자였다. 『주역』「繫辭」에서 弍를 '分而爲二以象兩'이라 했다.

21_ 端(단)=古文은 耑. 萌, 始, 緖. 량치차오는 點이라 해석한다. 따른다.

22_ 序(서)=字의 잘못. 宇=공간.

23_ 最前者(최전자)=齊斷한다는 뜻. 最=極也. 前=剪과 통용.

24_ 無同(무동)=無同處로 보고, '한곳에 두 점이 없다'로 解하는 이도 있다.

13 有閒 [틈새]

틈새. 유가의 중용(中)이다.

틈새. 둘 사이에 끼여 있다는 말이다.

有閒.²⁵ 中也.²⁶

有閒. 謂夾之者也.

14 閒 [중용]

틈(중용). 양쪽에 모두 미치지 못한다.

틈이란 낀 것을 말한다.

자(尺)는 앞은 구역이고 뒤는 점(눈금)이다.

점(눈금)에 낄 수는 없다.

구역 중간에 그치면 눈금과 눈금의 틈새이므로

아무리 급급해도 미치는 점이 똑같을 수 없다.

閒. 不及旁²⁷也.

閒. 謂夾者也.

尺 前於區穴²⁸ 而後於端.

不夾於端

與區內

及及 非齊²⁹之及也.

15 間虛 [빈 틈새]

빈 틈새. 삼베 올과 같다.

빈 틈새. 삼베 올과 올 사이가 비어 있는 것 같다.

두 나무 사이에는 나무가 없다는 것을 말한다.

間虛. 若纑也.³⁰

間虛. 若纑也者

兩木之間 謂其無木者也.

16 盈 [충만]

충만. 존재가 없는 곳이란 없다는 것이다.

충만. 충만하지 않으면 부피가 없다.

盈. 莫不有也.

盈. 無盈無厚.

25_ 閒(한)=隙也. 俗字는 間.

26_ 中也(중야)=儒家가 말하는 중이다. 하지만 두 물건만 존재하고 中은 虛處일 뿐이다.

27_ 旁(방)=兩旁.

28_ 區穴(구혈)=區는 小室 조그만 구멍, 물건을 저장키 위한 구멍. 尺을 거는 구멍. 그러나 여기서는 區內로 읽고 자의 눈금과 눈금 사이를 구역이라 한 것임.

29_ 非齊(비제)=일정하지 않다. '유교의 中庸이란 가상일 뿐, 실제로 중간이란 없다'는 뜻이다.

30_ 판본에는 '纑. 閒虛也. 纑 閒虛也者 兩木之間 爲無木者也.'로 된 것을 뜻이 통하게 교정했음.

돌(石)도 공간에 충만하지 않으면 감지할 수 없다.   於石無所往[31] 而不得

감지하는 것이 둘로 나뉘기도 하다.   得二.[32]

▣ 堅白 [단단하고 흰 것]

단단하고 흰 것. 서로 외면하지 않는다.   堅白. 不相外[33]也.

단단하고 흰 것의 처소가 다르면 서로 채울 수 없고   堅白.[34] 堅異處不相盈

서로 배타하며 이것들은 서로 외면한다.   相非 是相外也.

▣ 攖 [포용]

포용. 서로 합치되는 것이다.   攖.[35] 相得[36]也.

포용. 길이와 길이가 포용하면   攖. 尺與尺

서로 이어질 뿐 소진되지 않는다.   俱不盡[37]

점과 점이 포용하면 모두 소진되어 버린다.   端與端 俱[38]盡

길이와 점이 포용하면 점은 소진되고 길이는 소진되지 않는다.   尺與端 或盡 或不盡.

단단한 것과 흰 것이 포용하면 포괄하여 서로를 소진시킨다.   堅白之攖 相盡

개체끼리 포괄하면 서로 소진되지 않는다.   體攖 不相盡.[39]

31_ 往(왕)=住로 읽고, 立으로 해석한다. 즉 '공간을 차지한다'는 뜻. 往을 『설문』에서는 '之也. 凡以物致人'이라 풀이했다.

32_ 得二(득이)=예컨대 단단한 觸感과 희다는 目感. 得=안다, 잡다. 二=나뉜 것.

33_ 外(외)=외면하다, 棄也.

34_ 堅白(견백)=舊本에는 白 자가 탈락되어 있으나 보충한 것이다.

35_ 攖(영)=觸, 結, 亂, 융합의 뜻.

36_ 相得(상득)=與人契合, 즉 合을 뜻함.

37_ 盡(진)=器中空也, 竭也, 終也, 空也.

38_ 俱(구)=舊本은 但 혹은 佢로 되어 있음. 장혜언의 설에 따라 고쳤음.

39_ 不相盡(불상진)=점과 선의 결합은 점은 죽고 선은 산다. 個體끼리 포용하면 서로 죽지 않아야 한다. 그것이 兼이다. 겸애 공동체는 개체와 공동체가 서로를 소외시키지 않는다.

19 仳 [무리]

무리. 서로 포용하는 것이 있고

포용하지 않는 것이 있다.

무리. 양쪽에 공통되는 싹이 있어야 가능하다.

仳.[40] 有以相攖

有不相攖也.

仳. 兩有端[41] 而後可.

20 次 [차례]

차례. 틈새(차별)가 없으나 포용되지 않고 병렬된다.

차례. 부피가 없는 연후에야 포용이 가능한 것이다.

次.[42] 無間而不攖.

次. 無厚而後可攖[43]也.

21 法 [법도]

법도. 선택하여 따름으로써 그렇게 된 것이다.

법도. 뜻과 규범과 헤아림, 세 가지를 갖추어야

가히 본받을 법도가 될 수 있다.

法.[44] 所若[45]而然也.

法. 意規員[46]三也俱

可以爲法.

22 佴 [습속]

습속. 그렇다고 하는 것이다.

습속. 그렇다고 하는 것은 인민들이 본받고 따른 것이다.

佴.[47] 所然也.

佴. 然也者 民若法也.

40_ 仳(비)=比(類也)와 通用, 필원은 似로 읽고, 기하학적 유사 형태로 해석한다.

41_ 有端(유단)=싹, 공통되는 단서.

42_ 次(차)=行列. 個體가 포용되지 않고 獨立하여 개체끼리 연합하는 모습.

43_ 攖(앵)=攖으로 읽는다. '서로 다가가서 결합한다'는 뜻

44_ 法(법)=法理. 模. 본받는 것.

45_ 若(약)=順也. 『설문』은 擇菜也.

46_ 意規員(의규원)=뜻·규범·헤아림 등 3가지 요건. 員=古文은 云, 『설문』은 物數也, 益也. 물건을 貝(화폐)로 헤아린 다는 것이 원뜻이며 그 물건을 화폐로 헤아림은 이익을 바라기 때문이다.

47_ 佴(이)=俗의 誤로 읽는다. 상편 상열 (15) 佴에도 나온다. 내용도 비슷하다. 따라서 佴는 誤字가 분명하다. 앞에서는 '信' 항 다음에, 여기서는 '法' 다음에 배열되어 있다는 점에 유의하여 '信에 依하여 따르는 것'과 '본받아(法) 따르 는 것'으로 나누어 解한다.

23 說 [유세]

유세는 밝히는 수단이다.   說. 所以明也.[48]

24 彼 [너]

너. 너와 내가 짝이 될 수 없다는 것은 잘못이다.   攸.[49] 不可兩不可也.

너. 무릇 소의 고삐는 소를 천시한 것이다.   彼. 凡牛樞[50]非[51]牛.

짝이 된다는 것은 천시함이 없는 것이다.   兩[52]也. 無以非也.

25 辯 [변론]

변론. 너와 논쟁하는 것이다. 변론을 감내해야 합당하다.   辯. 爭彼也. 辯勝 當也.[53]

변론. 한 사람은 '소'라 하고   辯. 或謂之牛.

한 사람은 '소'가 아니라 하면 이것이 논쟁이다.   謂之非牛. 是爭彼也.

이것은 두 사람이 모두 맞을 수는 없다.   是不俱當.

그렇다면 반드시 누구든 하나는 맞지 않다.   不俱當 必或不當.

그러나 이것이 개라고 하는 경우와는 다르다.   不若當犬.[54]

26 爲 [행위]

행위. 지혜가 막히면 욕심에 매달린다.   爲. 窮知而 縣於欲也.

행위. 손가락을 자르려고 할 때   爲. 欲斲[55]其指

48_ 「경설」 부분은 탈락 일실됐다.

49_ 攸(유)=彼의 誤로 읽는다(손이양, 장혜언). 물이 흐르는 모양, 글자 모양이 彼와 서로 誤記되기도 한다.

50_ 牛樞(우추)=소고삐로 해석한다. 樞=要也.

51_ 非(비)=『옥편』에서는 不是 또는 下也. 『廣韻』에 의하면 下는 賤이라 한다.

52_ 兩(양)=耦也. 이로써 萬民이 連繫되어 흩어지지 않는 것이다.

53_ 辯勝 當也(변승 당야)=변론을 감내하면 합당하다는 것은 20세기의 논리실증주의자들이 '검증 가능성' 또는 '반증 가능성'을 진리의 기준으로 삼는 것과 같은 맥락이다. 勝=堪也.

54_ 不若當犬(부약당견)=보통은 不當若犬으로 고쳐 읽는다. 따르지 않는다.

지혜가 그 해로움을 몰랐다면 이것은 지혜의 책임이다.　　智不知其害 是智之罪也.

만약 지혜가 신중했다면 그런 해로움을 놓칠 리 없다.　　若智之愼也 無遺於害也.

그런데 오히려 그것을 자르려 했다면 욕심에 걸린 것이다.　　而猶欲離之 則離之.

이것은 건육을 먹는 경우와 같다.　　是猶食脯也.

비린내가 이로운지 해로운지를 모르고　　騷[56]之利害 未可知也

욕심으로 비린내 나는 건육을 먹었다면　　欲而騷

이것은 의심으로써 욕심을 중지시키지 못한 것이다.　　是不以所疑止所欲也.

담장 밖으로 나가는 것이 이로운지 해로운지를 모르는데　　牆外之利害 未可知也.

달려 나가면 돈을 얻을 것이라고 하는데도 나가지 않았다면　　趨之而得刀[57] 則弗趨也.

이것은 의심이 욕심을 중지시킨 것이다.　　是以所以疑止所欲也.

행위란 지혜로 추구하기보다는　　觀爲窮知

욕구에 달렸다는 원리에 비추어볼 때　　而縣於欲之理

건육을 먹은 것은 지혜가 아니며　　離脯而非智也.

손가락을 자른 것도 마음이 어리석은 것이 아니다.　　離指而非愚也

할 것인가 말 것인가 서로 의심하는 것은　　所爲與不所爲 相疑也

욕심을 저울질한 것일 뿐 행위 동기로서의 마음이 아니다.　　非謀[58]也.

27 已 [이미]

이미. 이루어진 것과 없어진 것이 있다.　　已. 成 亡.

이미. 옷을 만들었으면 이미 이루어진 것이요,　　已. 爲衣 成也

병을 치료했으면 이미 병이 없어진 것이다.　　治病 亡也.

55_ 離=斷의 잘못, 斫과 通, 자른다. 혹자는 騷로 읽기도 한다.

56_ 騷(소)=냄새, 비린내. 臊의 誤.

57_ 趨之而得刀(추지이득도)=若有人言을 첨가해서 읽는다.

58_ 謀(모)=知謀. 『爾雅釋言』에서는 心也.

28 使 [가령]

가령(使). 이르는 것과 조건이 있다.

가령. 가령(使令)의 뜻이다.

이르는 것이란, 이른다고 반드시 이루어지는 것은 아니다.

조건이란, 숨어 있는 것으로

반드시 하는 일이 이루어질 것을 기대하는 것이다.

使. 謂 故.

使. 令[59]

謂[60] 謂也不必成.

故[61] 溼[62]也

必待所爲之成也.

29 名 [명사]

명사. 달명達名과 유명類名과 사명私名이 있다.

명사. 사물이라는 말은 달명이다.

사실에는 많은 것을 꾸며 명명하는 것을 필요로 한다.

말(馬)이라고 말하면 유명이다.

사물의 형체가 같은 것들은

반드시 유명으로 호명한다.

노예라고 말하면 사명이다.

이 명칭은 이 사물을 부르는 것으로 한정된다.

공통된 이름도 있다. 성씨가 붙는 경우와 같다.

名. 達[63]類[64]私.[65]

名. 物 達也

有實 必待文多[66]也命之

馬 類也.

若實[67]也者

必以是名也命之.

臧 私也.

是名也. 止於是實也聲出口.

俱有名. 若姓字儷.[68]

59_ 令(령)=가령, 하여금.

60_ 謂(위)=告也.

61_ 故(고)=까닭, 大故(충분조건), 小故(필요조건).

62_ 溼(습)=顯의 誤라 하는 것이 보통이다. 그러나 『설문』에서는 '幽溼也', 『이아』에는 '陂下者曰溼'이라 했다. 따라서 '숨어 있는 것'이란 뜻이다.

63_ 達(달)=大共通名詞.

64_ 類(류)=같은 종류를 나타내는 명사.

65_ 私(사)=一人의 名稱.

66_ 文多(문다)=많은 것을 꾸민다. 손이양은 文名으로 고쳐 읽었으나 따르지 않는다.

67_ 若實(약실)=實의 형체가 같은 것.

68_ 儷(려)=麗 또는 離와 通用.

30 謂 [일컬음]

일컬음. 이移, 거擧, 가加 세 가지가 있다.

일컬음. '강아지는 개다'라고 말하는 것이 이언(移言)이며

'개가 짖는다'고 말하는 것이 거언(擧言)이며

'개를 꾸짖다'라고 하면 가언(加言)이다.

謂. 移⁶⁹擧⁷⁰加.⁷¹

謂. 狗犬移也.

狗犬⁷²擧也

叱狗 加也.

31 知 [지혜]

지혜. 듣는 것, 말하는 것, 보는 것,

명사, 사실, 명사와 사실의 합치, 실천 등이다.

지혜. 전하여 받는 것이 '들음'이요,

장소에 장애되지 않는 것이 '말씀'이요,

친히 보는 것이 '경험'이요,

일컫는 수단이 '명사'요,

일컫는 대상이 '사실'이요,

사실과 명사가 맞는 것이 '합치'요,

뜻을 실행하는 것을 '실천'이라 한다.

知.⁷³ 聞 說 親

名 實 合 爲.

知. 傳受之 聞也

方不廧⁷⁴ 說也

身觀焉 親⁷⁵也

所以謂 名也.

所謂實也.

名實耦⁷⁶ 合也

志行 爲⁷⁷也.

69_ 移(이)=侈(넓히다)로 읽는다. 옮겨 넓히는 것.

70_ 擧(거)=들어내다, 거론하다의 뜻.

71_ 加(가)=첨가하다의 뜻.

72_ 狗犬(구견)=狗吠의 誤.

73_ 知(지)=지식, 여기의 知는 爲까지 포함되므로 '지혜'라고 해둔다.

74_ 方不廧(방부장)=언어는 공간의 장애가 없다. 方=域, 즉 공간. 廧=障.

75_ 親(친)=본뜻은 愛. 視의 잘못으로 본다. 또는 몸소.

76_ 耦(우)=遇也, 匹也, 合致也.

77_ 爲(위)=실험하여 이룩되는 것.

32 聞 【듣는 것】

듣는 것. 전傳과 친親이 있다.　　　　　　　　　　　　　　　聞. 傳 親.

듣는 것. 누가 일러주어 듣는 것은 전문傳聞이며　　　　　　聞. 或告之 傳也.

몸소 듣는 것은 친문親聞이다.　　　　　　　　　　　　　　身觀[78]焉 親也.

33 見 【보는 것】

보는 것. 부분으로 보는 것과 전체로 보는 것이 있다.　　　　見. 體 盡.[79]

보는 것. 특별한 것부터 보는 것은 부분으로 보는 것이며(귀납법)　見. 時[80]者體也

위에서부터 나누어 보는 것은 전체로 보는 것이다(연역법).　　二[81]者 盡也.

34 合 【합치】

합치. 명실名實의 합치는 정正, 의宜, 필必이다.　　　　　　合. 正宜必.

합치. 무기를 들고 서 있는 병사의 군건함,　　　　　　　　合. 兵立[82]

반복해도 맞는 실험정신, 정교한 장인정신은 바르다(正).　反中[83] 志工[84] 正也.

사심과 자의가 없는 노예의 선한 행위는 마땅하다(宜).　　臧[85]之爲 宜也.

저것이 아니면 반드시 존재할 수 없으면 필연이다(必).　　非彼必不有[86] 必也.

성인이라도 함부로 필연이라 하지 않는 것이니　　　　　聖者用而勿必

필연이라 하면 가히 의심할 수 없는 것이다.　　　　　　必也者 可勿疑.

78_ 觀(관)=聞의 잘못. 글자대로 해석한다.

79_ 盡(진)=悉也.

80_ 時(시)=時는 特의 誤(손이양). 奇를 말한다. 귀납적으로 보는 것.

81_ 二(이)=전체를 나눈 것. 연역적으로 보는 것.

82_ 兵立(병립)=正立의 잘못. 正은 '하나에 그침', 즉 '한결같이 굳건하다'의 뜻.

83_ 反中(반중)=反復하여 맞추다. 실험하여 증명되다.

84_ 志工(지공)=匠人의 마음으로, 또는 工은 功과 通. 실적으로 지향하다.

85_ 臧(장)=役夫之道. 自意가 개입되지 않게 한다. 善也.

86_ 非彼必不有(비피필부유)=저것이 없으면 반드시 있을 수 없다. 즉 필요조건을 말함.

35 權 [저울]

저울. 욕심이 바르게 된 것은 이익을 저울질한 것이요,

미움이 바르게 된 것은 손해를 저울질한 것이다.

저울. 저울질하는 것은 양쪽에 치우치지 말아야 한다.

權. 欲正權利

且惡正權害.

權. 權者⁸⁷ 兩而勿偏.

36 爲 [됨]

되다. 존存, 망亡, 역易, 탕蕩, 치治, 화化 등이다.

되다. 갑옷과 성곽은 보존함(存)이요, 병은 죽음(亡)이요,

팔고 사는 것은 교역(易)이요,

소모하여 없애는 것은 탕진(蕩)이요,

(하늘의 兼愛를) 따르고 (交利를) 키우는 것은

다스림(治)이요,

개구리가 맹꽁이로 변하는 것은 자연의 변화(化)다.

爲.⁸⁸ 存 亡 易 蕩 治 化.

爲. 早⁸⁹台 存也 病 亡也.

買賣 易也.

霄⁹⁰盡 蕩也

順長

治也

搰黽⁹¹ 化也.

37 同 [같음]

같음. 중동重同, 체동體同, 합동合同, 유동類同이 있다.

같음. 이름은 둘이지만 실물이 하나이면 중동重同이라 하며

전체에서 소외되지 않는 개체들은 체동體同이라 하며

同. 重 體 合 類.

同. 二名一實 重同也

不外於兼⁹² 體同也

87_ 權者(권자)=저울질. 차오야오샹은 '사람의 欲·惡는 利害로부터 생기므로, 먼저 利害를 바르게 달아(正權) 欲과 惡을 평정시킨다'고 말하며, 장혜언은 '사람이란 본래 利를 탐하고 害를 싫어하는 마음이 있으므로 자기의 利로 남을 害한다. 따라서 利害 충돌은 欲·惡부터 생기므로 먼저 사람의 欲·惡를 바르게 해야 한다'고 말한다. 차오야오샹의 說은 사물의 헤아림이 먼저요, 장혜언의 설은 마음의 다스림이 먼저다.

88_ 爲(위)=행동. 「이아」는 作造, 治也. 앞의 (26) 爲의 '행위'이지만 여기서는 '됨'으로 해석함.

89_ 早(조)=甲으로 읽는다. 造의 誤로 읽는 이도 있다.

90_ 霄(소)=消의 誤.

91_ 搰黽(와민)=개구리와 맹꽁이. 黽=舊本에는 買로 되어 있으나 교정했다.

92_ 不外於兼(부외어겸)=개체가 전체(兼)에서 떨어지지 않는다.

거실에서 공간을 공유하면 합동合同이라 하며   俱處於室 合同也.

같은 점이 있는 종류이면 유동類同이라 한다.   有以同[93] 類同也.

③8 異 [다름]

다름. 이실二實, 불체不體, 불합不合, 불류不類가 있다.   異. 二[94] 不體 不合 不類.

다름. 둘로 분리되면 반드시 다른 두 실체(二實)다.   異. 二必異 二也.

족속(공동체)으로 결합하지 못하면 불체다.   不連屬[95] 不體也.

같은 장소가 아니면 불합이다.   不同所 不合也.

같은 부분이 없으면 종류로 묶을 수 없는 불류다.   不有同 不類也.

③9 同異交得 [동이상보]

같음과 다름(同異)은 상보相補한다.   同異交得.[96]

유무有無처럼 모순이 아니다.   放有無.[97]

동이同異의 상보를 말한다.   同異交得.

집안의 복은 어진 아내가 있고 없음에 달렸다고 하면   於福家良恕[98]有無也

이것은 다소多少를 헤아렸을 뿐이다.   比度多少也.

93_ 有以同(유이동)=일부분이 같은 점이 있다.

94_ 二(이)=二實로 읽는다. 둘로 갈라진 실은 다르다.

95_ 屬(속)=族也, 聚也. 三鄕爲屬. 혹은 十縣爲屬.

96_ 同異交得(동이교득)=同과 異는 서로 相得한다. 서로 붙잡는다. 相補的이다. 同과 異는 모순관계가 아니라는 뜻. 이 글은 지금까지 未詳이라 했거나 뜻이 통하지 않았었다. 그러나 이 글은 不能不害 天下無人 등 묵자의 兼愛·交利 사상의 철학적 근거를 논증하고 있는 중요한 글이다. 너와 나는 다르지만 서로 모순관계가 아니라 相補관계임을 말하고 있다.

97_ 放有無(방유무)=有와 無는 모순관계지만 서로 의존한다는 뜻. 放=依也. 『주례』 「天官」의 註에서 ‘放猶依’라 했고 「법의」편에는 ‘放儀以從事’라 썼다. 그러나 『설문』은 ‘逐也’, 『이아』는 ‘棄也’, 『增韻』은 ‘捨也’, 『옥편』은 ‘散也’라 했다. 어떤 이는 彷으로 解한다.

98_ 良恕(량서)=良妻로 읽는다. 恕의 古文은 忞(仁也)로 妻와 모양이 비슷하다. 손이양은 良智로 본다. 본문이 모두 사물을 예로 들고 있으므로 良妻로 해석해도 될 것이다. 어떤 이는 恕는 글자대로 읽고 위의 句를 旅逼家良으로 읽는다.

박쥐 떼를 벗어나 정원으로 돌아온 것은 거취의 문제다.　　　免蚳還園[99] 去就也

봉황새를 그려 넣은 베개에 오동나무를 쓴 것은　　　鳥折用桐[100]

견실한가 무른가의 문제이며,　　　堅柔也

칼이 갑옷을 허물하는 것은 죽고 사는 문제다.　　　劍尤早[101] 死生也

집안의 자식과 어미는 어른과 아이의 문제이며,　　　處室子 子母 長少也

짝을 이루면 더욱 선명해지는 것은 검은색과 흰색이다.　　　兩絕勝[102] 白黑也.

중앙은 사방이 있은 연후에야 가능한 문제이며　　　中央 旁也[103]

공적을 논하고 상을 내리며 학문의 성실 여부는　　　論行行行學實[104]

시비의 문제다.　　　是非也.

삼가고 정숙한 것은 착한가 아닌가의 문제이며,　　　難宿成未也[105]

형과 아우가 우애함은 동반자냐 적수냐의 문제다.　　　兄弟俱適也[106]

몸은 살았으나 정신이 나갔다면 살았느냐 죽었느냐의 문제이며　　　身處志往 存亡也

신령이 여자로 변했다면 생시냐 사후냐의 문제다.　　　霍爲姓 故也.[107]

물건 값이 적당하다면 값이 비싼가 싼가의 문제일 뿐이다.　　　賈宜 貴賤也.

99_ 免蚳還園(면인환원)= '박쥐를 피해 정원으로 돌아온다'는 뜻. 손이양은 '뱀, 지렁이가 꿈틀거리다'로 읽는다. 蚳=蚓의 잘못.

100_ 鳥折用桐(조절용동)=鳳枕用桐으로 읽는다. 손이양은 '인형을 무덤에 묻는다'로 解한다. 탄제푸는 鳥飛龜動으로 읽는다.

101_ 劍尤早(검우조)=劍尤甲으로 읽는다. 칼은 갑옷을 탓한다. 손이양은 劍戈甲으로 읽는다.

102_ 兩絕勝(량절승)= 짝을 이루면 絕勝이라는 뜻. 그러나 탄제푸는 絕을 糸爭 두 글자로 읽는다. 그러나 뜻이 不通이다.

103_ 中央 旁也(중앙 방야)=中央 四方也로 해석해 왔다. 따른다.

104_ 論行行行學實(논행행행학실)= 論功行賞學實로 읽는다. 손이양은 論行學實로 읽었다.

105_ 難宿成未也(난숙성미야)= 謹宿盛未也로 읽는다. 宿=肅. 盛=嘉로 읽고 '삼가고 정숙한 것은 착한가 아닌가의 문제'라는 뜻이다. 지금까지 未詳이라 했다.

106_ 俱適也(구적야)=俱敵也의 誤다. 동반자의 적수인가?

107_ 霍爲姓 故也(곽위성 고야)=靈爲女 生故也로 읽는다. '신령이 여자가 된 것은 생시냐 죽음이냐의 문제'라는 뜻.

40 聞 [듣는 것]

듣는 것. 귀의 총명함이다.

듣는 것. 들은 것을 따라 그 뜻을 안다.

그것은 마음이 밝은 것이다.

聞.[108] 耳之聰也.

聞. 循[109]所聞 而得其意

心之察[110]也.

41 言 [말]

말. 입의 편리함이다.

말. 말로써 자기의 뜻을 나타낸다.

마음이 분별한 것이다.

言. 口之利[111]也.

言.[112] 執[113]所言 而意得見

心之辯也.

42 諾 [응답]

응답. 한결같지는 않지만 마땅하게 써야 한다.

응답. 서로 따르는 것(起), 서로 어긋나는 것(負),

서로 알지 못하는 것(惑),

반드시 그런 것은 아니지만 그렇다고 하는 것(吐),

다 옳은 것은 아니지만 일단 긍정하는 것(止) 등이다.

즉 서로 따름(相從), 서로 어긋남(相去), 알지 못함(無知),

諾.[114] 不一 利用.[115]

諾. 起 負

惑

吐

止也[116]

相從 相去[117] 無知[118]

108_ 聞(문)=무엇을 듣는가의 문제다. 「경설」에는 標題인 聞 자가 없었으나 역자가 보충한 것이다.

109_ 循(순)=順也.

110_ 察(찰)=明也.

111_ 利(리)=便也. 分別之能.

112_ 言(언)=「경설」의 言 자는 역자가 보충한 것.

113_ 執(집)=處也, 捕也.

114_ 諾(낙)=반응, 應也.

115_ 不一 利用(불일 리용)=일치하지 않지만 마땅하게 쓴다. 보통은 不一을 五로 읽는다. 따르지 않는다. 利=宜也.

116_ 起負或吐止(기부혹토지)=판본은 '超員成土止'로 된 것을 교정함. 負=背也. 止=不妄動, 靜也, 息也.

117_ 相去(상거)=背에 해당하다. 去=相違也.

118_ 無知(무지)=舊本은 先知로 되었으나 고친 것이다. 깨닫지 못한 것, 즉 或에 해당함.

서로 시인함(是), 서로 긍정함(可) 등 다섯 가지다.	是[119] 可[120] 五也.
이 다섯 가지 응낙을 바르게 하면	正五諾[121]
남들도 똑같이 내가 말한 것을 깨닫도록 유세한 것이다.	若人於知有說[122]
이 다섯 가지 응낙을 그르게 하면	過五諾
남들이 배반하도록 정직하지 못했고 유세하지 못한 것이다.	若負 無直無說
또 이 다섯 가지 응낙을 쓰려면	用五諾
자연스럽게 장단長短, 전후前後,	若自然矣 長短前后
경중輕重, 완급緩急이 있어야 한다.	輕重 緩急.[123]

43 服 [심복]

심복. 고집스럽기도 하고 머뭇거리기도 한다.	服.[124] 執 諛.
심복. 고집을 심복시키는 것은 어렵고	服. 執[125] 難成
머뭇거림은 힘쓰면 심복시킬 수 있다.	諛[126] 務成之.

44 巧 [기술]

기술. 실제 활용하여 그 조건을 찾는다.	巧.[127] 轉則求其故.
기술. 활용하고 연구하여 그 조건을 찾아 지킨다.	巧. 轉九[128] 則求執之.

119_ 是(시)=吐와 對하는 뜻이다. 雖然而 非必然, 즉 반드시 그런 것은 아니지만 일단 그렇다고 하는 것을 吐라고 말한다.

120_ 可(가)=止와 對하는 뜻이다. 此然而彼不盡然, 즉 두루 통하지는 않지만 일단 긍정하는 것을 止라고 본다.

121_ 五諾(오낙)=다섯 가지 응낙. 「소취」편의 '是易然', '是而不然', '不是而然', '或一周而一不周', '或一是而一非'의 言의 五則과 비슷하다.

122_ 若人於知有說(약인어지유설)=若人於所已知事理로 해석한다. 若=舊本엔 皆로 됨.

123_ 緩急(완급)=板本은 援(원)으로 되어 있으나 교정했음.

124_ 服(복)=心服. 어떤 이는 服을 「경」의 제목으로 보지 않고 執과 諛와 세 자를 同列에 두기도 한다.

125_ 執(집)=습속, 막히다, 잡다.

126_ 諛(유)=伺, 즉 엿보다, 머뭇거리다.

127_ 巧(교)=能也, 善也. 『설문』에는 技也. 工人이 規矩를 들고 있는 모습.

128_ 轉九(전구)=轉究로 읽는다. 실제 사용해 보며 궁구한다.

45 法同 [법이 같다]

법이 같은 것. 관점이 같은 것을 본받은 것이다.　　　　　法同. 則[129]觀其同.

법이 같은 것. 법을 밝혀 같은 관점을 취한 것이다.　　　　法同. 法法[130]取同觀.

46 法異 [법이 다르다]

법이 다른 것. 관점이 다른 것을 본받은 것이다.　　　　　法異. 則觀其異.[131]

법이 다른 것. 이것을 취하고 저것을 버릴 때　　　　　　法異. 取此釋彼[132]

그 조건을 따져 마땅한지를 보는 것이다.　　　　　　　　問[133]故 觀宜

저것이 그러한 것을 거론하며　　　　　　　　　　　　彼擧然者[134]

이것도 그러리라고 생각하려면　　　　　　　　　　　　以爲此其然也.

그렇지 않은 것도 거론하여 그것을 묻고 따져야 한다.　　則擧不然者 而問之.

47 止 [머묾]

머묾. 머물 곳에 따라 길(도리)이 나뉜다.　　　　　　　止.[135] 因以別道.[136]

머묾. 사람은 본래 검은 것이라고 생각하여　　　　　　止. 以人之有黑者

검지 않은 사람도 흑인으로 머물고,　　　　　　　　　有不黑者也 止黑人.

사람은 본래 남을 사랑하는 것이라고 생각하여　　　　與以有愛於人

남을 사랑하지 않던 사람도 애인으로 머문다면　　　　有不愛於人 止愛人.

이는 누가 마땅한 머묾인가?　　　　　　　　　　　　是孰宜止.

129_ 則(칙)=본받다.

130_ 法法(법법)=法을 밝힘. 法=明也, 見也, 老也.

131_ 異(이)=판본은 宜로 된 것을 교정했음.

132_ 釋彼(석피)=저것을 버리다. 판본은 擇彼로 된 것을 교정했음.

133_ 問(문)=심문하다.

134_ 판본에는 이하 구절이 아래 (47) 止에 붙어 있으나 이리로 옮겼다.

135_ 止(지)=머물다. 不妄動, 客止, 留也, 居也.

136_ 別道(별도)=道를 분별하다, 離也, 道를 떠나다. 別=辨也.

48 正 【바른 것】

바른 것. 어긋남이 없는 것이다.

正. 無非.[137]

바른 것. 성인이 그것을 비난한다 해도

正. 若聖人有非

옳은 것을 배반할 수 없다.

而不非.[138]

137_ 非(비)=違也, 離也.

138_ 若聖人有非 而不非(약성인유비 이불비)=通說은 若聖人이 句末에 있어야 한다고 한다. 따르지 않는다. 지금까지는 '성인은 비난할 일이 있어도 비난하지 않는다'로 해석해 왔으나 이는 묵자의 사상은 아니다. 그러므로 有非而不非를 붙여 읽지 않고 有非를 앞 구에 붙여 若聖人有非로 읽는다.

經경·經說경설 下

上列

■1 止 [지양]

지양. 길 가는 사람을 무리 짓는 것이다.	止.[1] 類以行人
화동和同에 달려 있음을 말한다.	說在同.
지양. 그는 이것이 그렇기 때문에	止. 彼以此其然也[2]
이것도 그렇다고 말한다.	說是其然也.
나는 이것이 그렇지 않기 때문에	我以此其不然也
이것도 그렇다는 것을 의심한다.	疑是其然也.
이것이 그러하므로 이것도 반드시 그렇다면	此然 是必然
함께 무리로 지양된 것이다.	則俱.[3]

■2 類 [유추][4]

| 유추가 어렵다는 것은 이름에 크고 작음이 있음을 말한다. | 推類[5]之難 說在之大小. |

1_ 止(지)=歸宿. 正立(테제), 反立(안티테제)에 대한 新立(진테제)을 말함. 또는 止楊.

2_ 彼以此其然也(피이차기연야)=저들은 이것이 그렇기 때문에. 彼=다음 문장의 我와 대칭. 以='때문에'의 뜻. 此=다음 구의 是와 대칭.

3_ 此然 是必然 則俱(차연 시필연 칙구)=이 일곱 자는 다음 (2) 類에 붙어 있었던 것을 이 자리에 옮긴 것임. 俱=皆也, 즉 彼와 我 모두를 말하며 아래에 止 자가 탈락된 듯하다.

4_ 오탈이 많은 것 같다.

발이 넷이면 짐승이라 말하지만 네발은 소도 있고 말도 있다.	四足謂獸 四足牛馬
그러나 소와 말은 다르다.	牛與馬異
이름에는 크고 작은 다름이 있기 때문이다.	名異大小也.
마치 고라니와 사슴과 같다.	若爲麋.

3 物盡同名 [사물은 모두 같은 이름이 있다]

사물에는 모두 똑같은 이름이 있다.	物盡同名
둘로 갈라짐을 싸운다고 말하고	二與鬪[6]
가슴을 사랑이라 말하고, 먹는 것을 식언한다고 말하고	肝與愛[7] 食與招[8]
아무 색도 없는 것을 흰색이라 말하고	素與白[9]
고운 것을 빛깔 난다고 말하고	麗與暴[10]
짚신도 삼신도 신발이라고 말한다.	屨與履.[11]
사물에는 같은 이름이 있다.	物盡同名
함께 싸우는 것이 둘로 갈라진 것은 아니다.	俱鬪不俱二
그러나 갈라진 것을 대립 투쟁이라 말한다.	二與鬪也.
가슴을 준다고 사랑은 아닌데도 가슴을 사랑이라고 말한다.	匈肺不愛 肺與愛也[12]
귤나무를 탱자나무로, 띠풀을 띠뿌리라고 말하며	橘枳茅茹[13]

5_ 推類(추류)=범주로 추론하다.

6_ 二與鬪(이여투)=나뉘는 것과 대립·투쟁하는 것.

7_ 肝與愛(간여애)=마음과 사랑. 원래 판본은 '愛' 한 글자만 있으나 보충함.

8_ 招(초)=拐의 誤. 두 글자가 모두 속인다는 뜻. 拐=誘也.

9_ 素與白(소여백)=원래 판본은 '白與視'로 된 것을 교정함.

10_ 麗與暴(려여폭)=고운 빛깔과 햇빛.

11_ 屨與履(구여리)=원래 판본은 '夫與履'로 된 것을 교정했음. 『揚子方言』에는 履는 絲로 만든 것. 屝는 삼으로 만든 것이라 한다. 屨는 거친 삼으로 만든 것이다.

12_ 匈肺不愛 肺與愛也(흉폐불애 폐여애야)=원래 판본은 '包肝肺子愛也'로 되어 있으나 교정함.

13_ 橘枳茅茹(귤지모여)=원래 판본은 '橘茅'로 되어 있으나 교정함. 『이아』에 '江南爲橘 江北爲枳'. 『주역』「泰卦」에 '拔茅茹'. 茅=띠. 茹=띠뿌리.

먹는 것을 식언한다고 말한다.　　　　　　　　　　　　食與拐也[14]

색깔이 없는 말을 흰색이라고 말하지만　　　　　　　　白馬多白

흰 말은 나타난 색깔이 없는데도 흰색이라고 말한다.　白馬不多視[15] 白與視也.

고운 것은 반드시 빛깔은 아니고　　　　　　　　　　爲麗不必曝

빛깔은 반드시 고운 것은 아닌데도　　　　　　　　　爲曝不必麗[16]

고운 것을 빛깔이라고 말한다.　　　　　　　　　　　麗與曝也.[17]

짚신을 삼아 삼신으로 팔 수는 없으나　　　　　　　　爲屨以買衣爲屨[18]

짚신이나 삼신이나 신발이다.　　　　　　　　　　　　屨與屨也.[19]

４　一 [일치]

화동 일치. 치우친 것을 버린 것이다.　　　　　　　　一.[20] 偏棄之.

화동 일치. 하나와 하나가 합치면 그 하나는 없어진다.　一. 一與一 亡[21]

합쳐지지 않고 하나로 남은 것은 편견을 버리지 못한 것이다.　不與[22]一在 偏去未.

５　謂 [일컬음]

일컬음. 말하는 것이 진실로 옳다는 것은　　　　　　　謂而固是也[23]

14_ 食與拐也(식여괴야)=원래 판본은 '食與招也'로 되어 있으나 교정함.

15_ 白馬不多視(백마부다시)=원래 판본은 '視馬不多視'로 되어 있으나 교정함.

16_ 爲麗不必曝 爲曝不必麗(위려불필폭 위폭불필려)=원 판본에는 '爲麗不必 麗不必'로 되었으나 교정함.

17_ 뒤에 '爲非以人是不爲非 若爲夫以勇不爲夫' 두 구절이 있으나 뒤의 (13) 擧一로 옮김.

18_ 爲屨以買衣爲屨(위구이매의위구)='爲屨以貴不爲屨' 또는 買를 그냥 두어도 뜻이 통한다. 그러나 以苴로 읽는 것은 동의할 수 없다. 즉 베신을 만들어 삼신으로 팔 수 없다. 베신을 만들어 귀인에게 삼신으로 팔 수 없다는 뜻.

19_ 屨與屨也(리여구야)=원래 판본은 '夫與屨也'로 되었으나 교정했음.

20_ 一(일)=『설문』에서는 '惟初大始道立於一', 『주역』에서는 '天一地二', 『노자』에서는 '道生一 一生二', 『중용』에서는 '誠'으로 쓰인다. 이 같은 해석들은 모두 관념론자들의 생각이다. 여기서 一은 경험적인 것이며 同(廣韻), 均(唐書)의 뜻이다. 一致로 해석한다.

21_ 一與一 亡(일여일 망)=一과 一을 합하면 二가 되는 것이 아니고 없어진다. 一이 나뉘면 二가 된다. 太極生兩儀, 즉 하나에서 음양 둘이 생긴다. 이것이 동양의 사고방식이다. 與=黨與也, 和也.

22_ 不與(불여)=합해지지 않았음.

근거가 있음을 말한다.

說在因.[24]

사실을 꾸며야 말할 수 있고

有文實也 而後謂之

꾸밈이 없는 사실은 말할 수 없으므로

無文實也 則無謂也.

사실을 드러낼 수 없다.

不若敷與美[25]

옳다고 말하면 이것은 진실이며

謂是 則是固美也.

그르다고 말하면 이것은 사실이 아니며

謂非 則是非美.

말하지 못하는 것은 의심하는 것이다.

無謂則報[26]也.

6 二 [나뉨]

나뉨. 편향된 것을 버릴 수 없으면 둘로 나뉜다.

不可偏去而二

보이는 것과 보이지 않는 것,

說在見與不見[27]

하나와 둘, 넓이와 길이에 대해 말하는 것이다.

一與二 廣與修.[28]

나뉨. 보이는 것과 보이지 않는 것은 떨어지고

見不見離

하나가 둘로 나뉘면 서로 채울 수 없다.

一二不相盈.

넓이와 길이, 단단하고 흰 것을 말한다.

廣修 堅白.

7 不能不害 [능하지 못함은 해로운 것이 아니다]

능하지 못함은 해로운 것이 아니다.

不能而不害

맡은 일이 각각 다르기 때문이다.

說在害.[29]

23_ 固是也(고시야)=이와 같다(如此止). 진실로 사실과 같다. 是=寔也.

24_ 因(인)=依也, 托也, 由也. 因實이 생략된 것임.

25_ 敷與美(부여미)=사실을 말하다. 敷=陳也. 美=實의 誤.

26_ 報(보)=疑의 誤.

27_ 見與不見(견여불견)=원래 판본은 不見이 붙어 俱 자로 되었으나 떼어내 교정했음. 장천이는 見與不見俱로 읽는다. 뜻은 같다.

28_ 一與二 廣與修(일여이 광여수)=『노자』에 '道生一 一生二'라 했다. 二는 一이 갈라진 것. 廣與修=넓이와 길이, 넓고 길다.

무거운 것은 들어도 바느질을 잘못하는 것은 不舉重 不與箴[30]

힘으로 당할 일이 아니기 때문이다. 非力之任也.

한 움큼 움켜쥔 것이 짝수냐 홀수냐 하는 것은 爲握者之觭倍[31]

지혜로 될 일이 아니다. 非智之任也.

마치 귀와 눈처럼 각각 맡은 일이 다른 것이다. 若耳目.

8 異類不比 [종류가 다르면 비교할 수 없다]

다른 종류는 비교할 수 없다. 異類不吡[32]

헤아림이 다른 것에 대해 말하는 것이다. 說在量.

다른 종류. 큰 나무와 겨울밤은 어느 것이 긴가? 異. 木與夜孰長.

지혜와 좁쌀은 어느 것이 많은가? 智與粟孰多.

벼슬, 친척, 행실, 가격 중에서 어느 것이 제일 귀한가? 爵. 親. 行. 賈. 四者孰貴.

기린과 학은 어느 것이 높은가? 麋與霍[33]孰高

쓰르라미 소리와 거문고 소리는 어느 것이 더 슬픈가? 蚓[34]與瑟孰瑟.

9 偏 [편향]

편향을 버린다는 것은 (일치가 이루어지므로) 덜고 더함이 없다. 偏去莫加少

말의 허물에 대해 말하는 것이다. 說在故.[35]

편향. 모두가 일치된다면 변하고 고칠 것이 없다. 偏[36] 俱一無變.

29_ 害(해)=異任의 錯簡으로 본다.

30_ 箴(잠)=鍼의 잘못.

31_ 觭倍(기배)=뜻은 뿔이 위아래로 엇갈린 天地角. 혹은 顚踣, 奇偶로 解하기도 한다. 轉倍. 두 배로 변한다. 觭=본래 판본은 顏로 되었으나 교정함.

32_ 吡(필)=비교, 比也.

33_ 霍(곽)=鶴의 잘못.

34_ 蚓(인)=蜻의 錯簡으로 읽는다.

35_ 故(고)=허물, 辜也. 손이양은 古로 본다.

⑩ 假 [거짓]

거짓. 반드시 사실과 어긋난다.	假[37] 必誖[38]
사실이 아닌 것에 대해 말하는 것이다.	說在不然.
거짓. 반드시 그른 것이기에 거짓이다.	假 必非也而後假.
개가 학의 이름을 빌린 것이다.	狗假霍也[39]
원숭이를 학이라고 말하는 것과 같다.	猶氏霍也.

⑪ 物 [사물의 인식]

물物. 그러한 것과	物之所以然[40]
그것을 아는 것과	與所以知之
남들에게 알린 것 등 이 세 가지는 반드시 같지 않다.	與所以使人知之 不必同
병들어 아픈 것에 대해 말한다.	說在病.
사물. 누가 상해를 당했다면 그러한 것이며	物 或傷之 然也.
그것을 보았다면 안 것이며	見之 智也.
그것을 남에게 고했으면 알린 것이다.	告之 使智也.

⑫ 疑 [의혹]

의혹. 선택, 순환,	疑[41] 說在逢[42]循[43]

36_ 偏(편)=편향. 손이양은 一之分이라 한다. 偏去는 一이 되고, 不偏去는 二이지만 偏 자체가 二는 아니다. 그러므로 손이양은 잘못이다.

37_ 假(가)=不然을 虛擬하는 말이라 했다. 따른다. 事實이 아닌 것을 사실인 것처럼 의제하는 것(관념론 비판). 손이양은 非眞이라 했다.

38_ 誖(패)=손이양은 亂也. 그러나 正의 反인 非로 읽는다.

39_ 狗假霍也(구가곽야)=개가 鶴의 이름을 빌리다. 위에 若이 있는 것으로 해석한다.

40_ 物之所以然(물지소이연)=「경」하편에서는 經文에 제목을 떼어 쓰지 않는 경우가 많다. 所以然=그렇게 된 원인, 그러나 여기서는 원인을 강조하지 않는다. 따라서 그러한 것.

41_ 疑(의)=머뭇거림, 不定也.

42_ 逢(봉)=선택.

우연, 착오에 대해 말하는 것이다.

의혹. 쑥대를 투구로 쓰면 병사가 살고

소를 위한 띠집이 여름에 시원했다면

이것을 어떻게 쓰느냐의 선택이다.

들면 가볍고 놓으면 무거운 것은

화살에 달렸을 뿐 힘에 달린 것이 아니며,

훌륭한 조각은 돌에 달렸을 뿐 기술 때문이 아니라 한다면

이것은 원인과 결과가 서로 돌아가는 순환론에 빠진다.

싸움을 그치고 술을 마셨는데

딱 정오가 되었다면

이것은 지혜라 할 수 없고 우연이다.

지혜롭다거나 이미 그렇게 되었다고 생각한다면

이것은 착오다.

遇[44]過.[45]

疑 蓬爲務則士.

爲牛廬者夏寒[46]

逢也.

擧之則輕 廢之則重

若羿 非有力也

沛從削[47] 若石[48]非巧也

循也.

鬪者之敝也 以飮酒

若以日中[49]

是不可智也 偶也.

智與 以已爲然也與

過也.

13 擧一 [한쪽만 거론함]

한 모퉁이를 들어 말한 경우

擧一[50]

43_ 循(순)=因果를 돌려 말하는 순환논법.

44_ 遇(우)=우연, 不期而會也 또는 合 偶也.

45_ 過(과)=착오.

46_ 爲務則士 爲牛廬者夏寒(위무칙사 위우려자하한)=爲蓬則士生 爲廬者夏寒으로 고쳐 읽는다. 蓬=塋로 읽어도 좋다.
　廬=寄也. 春夏居, 秋冬去하는 움막.

47_ 沛從削(패종삭)=沛然削으로 읽는다. 훌륭한 조각품. 손이양이나 장혜언이나 沛를 柿(대팻밥)으로 읽는다. 따르지 않
는다.

48_ 若羿 若石(약우 약석)=원래 판본에는 '若石羿'로 되었으나 이를 둘로 나누어 若羿는 '非有力也' 앞에 놓았다. 지금
까지는 모두 不詳이라 했다. 이렇게 되면 뜻이 분명해진다. 若=順也.

49_ 若以日中(약이일중)=손이양은 若市로 고쳐 읽지만 따르지 않는다.

50_ 擧一(거일)=원래 판본은 '與一'로 되었으나 교정했음. 『논어』 「述而」편의 '擧一隅'와 같다. 탄제푸는 擧를 合與로
읽고 合力으로 解한다. 이는 言의 문제가 아니라 力學으로 본 것이다.

혹자는 반대편 모퉁이를 들어 이를 부정한다.　　　　　　或復否[51]

준거로 삼는 자, 즉 어떤 자로 재느냐의 문제다.　　　　　說在矩.[52]

그른 것도 다른 사람에게는 그르지 않을 수도 있다.　　　爲非以人是不爲非

사내는 용감하지만 용사만이 사내인 것은 아니다.　　　若爲夫以勇不爲夫.[53]

14　一體 [물物은 하나다]

만물. 일체다.　　　　　　　　　　　　　　　　　歐物[54]一體也.

모두 하나로 통일하여 이것이라 부르는 것을 말한다.　　說在俱一惟是[55]

만물. 모두를 하나로 묶는 것은　　　　　　　　　　俱 俱一

소와 말을 네발 달린 짐승이라 하는 것과 같다.　　　若牛馬四足

이것은 우마牛馬에 해당하는 말이다.　　　　　　　惟是 當牛馬[56]

그러나 소를 헤아리고 말을 헤아리면 우마는 둘로 나뉜다.　數牛數馬 則牛馬二.

또 우마로 헤아리면 우마는 하나로 통일된다.　　　　數牛馬[57] 則牛馬一.

마치 손가락을 세는 것처럼 손가락은 다섯이나 손은 하나다.　若數指 指五而五一.[58]

15　宇徒 [우주는 이동한다]

대우주. 우주(宇) 공간은 이동 변화한다.　　　　　長宇 宇或徒[59]

51_ 或復否(혹복부)=혹자는 도리어 否定한다. 復=反.

52_ 矩(구)=원래 판본은 '拒'로 되었으나 교정함.

53_ 爲非以人是不爲非 若爲夫以勇不爲夫(위비이인시불위비 약위부이용불위부)=원래 이 두 구절은 앞의 (3) 物盡同名
　　에 붙어 있었으나 옮김.

54_ 歐物(구물)=區物의 잘못. 萬物이라 해석한다. 區=類也, 分也, 匿也, 有所藏也.

55_ 惟是(유시)=唯是. 惟=主部와 述部에 끼여 판단을 분명히 할 뿐 譯하지 않아도 된다.

56_ 惟是 當牛馬(유시 당우마)=이것이라 할 때는 牛馬를 하나로 부른 경우에 해당한다.

57_ 數牛馬(수우마)=牛馬를 하나로 셈한다.

58_ 指五而五一(지오이오일)=指之五而五指一手.

59_ 宇或徒(우혹사)=상편 상열 (38) 宇宙에 '久彌異時也 宇彌異所也'라 했다. 宇宙는 時間과 空間의 두 要素로 구성되
　　어 있다는 뜻이다. 或=邦也, 域과 通. 徒=出居異鄕, 化也. 아인슈타인의 場의 이론에 따르면 場은 옮겨 가며 그 場

시간(宙)에 대하여 말한 것이다.

說在久.[60]

대우주 공간(大宇)은 이동하지만 역시 공간(宇)에 처해 있다.

長宇徙 而有處宇

우宇는 남과 북이며 아침에도 있고 또 저녁에도 있다.

宇南北在旦有在莫[61]

공간(宇)의 이동이 시간(宙)이다.

宇徙久.[62]

16 無久與宇 [공간과 시간이 없는 것]

시간과 공간이 없는 것. 단단하다, 희다는 것들이다.

無久與宙 堅白

존재의 인과에 대하여 말한 것이다.

說在因.[63]

시공이 없는 것. 단단하다는 촉각이 희다는 시각을 만나면

無[64] 堅得白[65]

공간이 없으므로 반드시 배타하지 않고 서로를 채워준다

必相盈[66]也.

17 推之 [미루어 말함]

그런 것과 그렇지 않은 사실판단에 대해 살핀다.

在[67]諸其所然 未者然.[68]

이것으로 그것을 살피는 것에 대하여 말하는 것이다.

說在於是推之.

요임금이 잘 다스렸다고 하는 것은

在堯善治

오늘날에 옛날을 살핀 것이다.

自今在諸古也.

에 따라 모든 時間은 相對的이다.

60_ 說在久(설재구)=원래 판본은 '說在長宇久'로 되었으나 '長宇' 두 글자를 서두로 옮겼다. 久=時間.

61_ 有在莫(유재막)=有在暮. 有=又也.

62_ 宇徙久(우사구)=공간의 이동이 시간이다. 場이 다르면 시간도 다르다.

63_ 因(인)=보통은 依也라 해석한다. 즉 堅白은 서로 의지한다고 해석했으나 뜻이 없다. 글자대로 인연, 즉 物의 인과법
    칙을 뜻한다. 物은 존재이므로 因이 있지만, 堅·白은 物이 아니므로 因이 없다는 뜻이다.

64_ 無(무)=無久與宇의 誤脫.

65_ 堅得白(견득백)=堅相得白. 堅과 白이 서로 겹친 경우.

66_ 相盈(상영)=공간이 없으므로 서로 채워준다. 그러나 공간이 있는 것은 서로 외면한다(상편 하열 (17) 堅白 참조).
    또한 둘로 나뉘면 서로 채우지 않는다(본편 상열 (6) 二 참조).

67_ 在(재)=察也, 居也, 存也의 뜻도 있다.

68_ 未者然(미자연)=其未然의 잘못. 차오야오샹은 若未然으로 읽는다.

옛날로 오늘날을 살핀다면　　　　　　　　　　　　　　自古在之今

요임금은 잘 다스릴 수 없을 것이다.　　　　　　　　　則堯不能治也.

18 景不徙 [그림자는 이동하지 않는다]

그림자는 이동하지 않는다.　　　　　　　　　　　　　　景. 不徙[69]

그림자가 바뀌어져 만들어지는 것에 대해 말한 것이다.　　說在改爲.

그림자. 빛이 들어오면 그림자는 없어진다.　　　　　　　景. 光至景亡.

그림자가 있다면 그것은 언제나 새로 생긴 것이다.　　　若在盡古息.[70]

19 景二 [그림자와 반그림자]

그림자는 둘로 나뉜다. 빛이 겹치는 것을 말한다.　　　景二 說在重.[71]

그림자. 두 빛과 한 빛이 한 물건을 동시에 비추면　　二光夾一光[72]

두 빛은 한 빛을 아우르므로 한 빛 쪽에 그림자가 생긴다.　一光者景也.

20 景到 [그림자의 도착]

그림자가 거꾸로 됨.　　　　　　　　　　　　　　　　景到

빛이 교차되는 한 점과 그림자 사이에 거리가 있기 때문이다.　在午[73]有端 與景長[74]

피사체를 비친 빛이 모이는 교차점에 대하여 말한 것이다.　　說在端.

69_ 不徙(불사)=공간적인 實體가 아니므로 옮길 수 없다. 그러나 뜻을 모르는 왕염손은 不을 衍文으로 삭제한다.

70_ 若在盡古息(야재진고식)=若在 盡古息. 두 句로 나누어 읽는다(유월). 따른다. 盡=終也. 盡古=영원히. 息.=生으로 解
　　한다.

71_ 重(중)=兩光也.

72_ 二光夾一光(이광협일광)=두 빛과 한 빛이 겹치면 한 빛이 비추는 쪽에 그림자가 생긴다. 두 빛과 한 빛이 동서에서
　　비추면 한 빛은 두 빛을 당할 수 없으므로 한 빛은 그림자가 된다. 두 빛 쪽은 반그림자가 생기지만 잘 보이지 않는
　　다. 夾=끼다, 兼也.

73_ 午(우)=光線의 交点.

74_ 有端 與景長(유단 여경장)=구멍과 그림자가 서로 거리가 있는 것. 端=點. 여기서는 빛이 통과하는 작은 구멍을 말
　　한다.

그림자. 사람을 비춘 광선은	景光之人
화살처럼 직진하여 한 점에서 엇갈리므로	照[75]若射
사람의 아랫부분을 비춘 빛은 높이 올라가고	下者之人也高
사람의 윗부분을 비춘 빛은 아래로 내려간다.	高者之人也下.
그래서 발은 아래 빛을 가렸는데 그림자는 위에 생기고	足蔽下光 故成景於上
머리는 위 빛을 가렸는데 그림자는 아래쪽에 생긴다.	首蔽上光 故成景於下
그림자의 크기는 피사체의 빛과 그 빛이 모여 엇갈려 교차되는	在遠近
구멍까지의 거리의 원근에 반비례한다.	有端與光
그래서 그림자는 구멍을 지나 장애물 안에 생긴다.	故景障[76]內也.

㉑ 景迎日 [그림자는 햇빛을 맞는다]

그림자는 햇빛을 맞으므로 항상 반대편에 선다.	景迎日[77]
즉 햇빛에 묶여 있는 포로임을 말한다.	說在搏.[78]
그림자. 햇빛이 사람을 반사한 것이다.	景 日之光反燭人
그림자는 햇빛과 사람 사이의 틈새에 있는 가상이다.	則景在日與人之間.[79]

㉒ 景之小大 [그림자의 크고 작음]

그림자는 작아지고 커진다.	景之小大.
비스듬한가, 바른가, 먼가, 가까운가에 달려 있음을 말한다.	說在杝[80]正遠近.
그림자. 나무가 비스듬하면 그림자는 짧고 짙다.	景. 木杝 景短大[81]

75_ 照(조)=光線.

76_ 障(장)=장애물. 여기서는 午, 즉 點이 있는 안쪽.

77_ 迎日(영일)=햇빛을 맞이하다. 빛의 반대편에 그림자가 생긴다.

78_ 搏(단)=손이양은 轉으로 해석한다. 따르지 않는다. 捕也. 捕=獲과 通하여 햇빛의 노예. 햇빛에 사로잡혀 있다.

79_ 間(간)=틈새. 어떤 공간을 차지한 실물이 아니고 틈새에 불과하여 공허한 것이다. 본편 (13) 擧一, (14) 一體 참조.

80_ 杝(이)=斜也.

81_ 短大(단대)=짧고 짙다.

나무가 바르면 그림자는 커지고 옅어진다.　　　　　　　　木正 景長小[82]

빛이 나무보다 작으면 그림자는 나무보다 커지고　　　　光小於木 則景大於木

빛의 크고 작은 것만이 아니고 나무와 거리에 따라 달라진다.　非獨小也 遠近.[83]

23 臨鑑 [거울에 다가섬][84]

거울 앞에 다가서면 그림자가 나타난다.　　　　　　　　臨鑑而立 景到[85]

그림자가 크기도 하고 작기도 하다.　　　　　　　　　　多而若[86]少

이것은 거울과 초점과의 작은 구역에 달려 있음을 말한다.　說在寡區.[87]

바른 거울에 비치면 그림자는 하나다.　　　　　　　　　臨正鑑 景寡[88]

그림자의 모습이 밝고 어둡고　　　　　　　　　　　　　貌能白黑[89]

멀고 가깝고 비뚤어지고 바른 것은　　　　　　　　　　　遠近枇正

빛과 거울에 따라 달라진다.　　　　　　　　　　　　　　異於光鑑.

그림자는 피사체가 다가가면 같이 다가오고　　　　　　　景當俱就

멀어지면 같이 멀어져 따르되 언제나 반대로 움직인다.　去亦當俱 俱用北[90]

거울의 취향은　　　　　　　　　　　　　　　　　　　　鑑者之臭[91]

82_ 長小(장소)=길고 옅다.

83_ 非獨小也 遠近(비독소야 원근)=脫文이 있다. '非獨大小也 在因光木距離遠近也'의 뜻이다. 비단 大小만이 아니라 光과 木 사이의 거리의 원근에 달려 있음을 말한 것이다.

84_ 이 章의 해석은 천태만상이나 뜻이 통하는 것이 거의 없었다. 특히 손이양의 校註는 너무 괴팍하고 억지가 많다. 鑒에 대해서는 通說은 窪鏡으로 해석하고 있다. 그러나 뒤의 (24) 鑑位에는 분명하게 鑑窪라 적고 오목거울을 설명하고 있으므로, 여기에서는 거울 일반을 말하고 있는 것 같다.

85_ 景到(경도)=오목거울로 해석하는 이들은 到를 倒로 고쳐 읽지만 여기서는 至也로 解한다. 景=像也.

86_ 若(약)=不定之辭.

87_ 寡區(과구)=초점과 球心과의 작은 구역을 말한다. 寡=少也, 罕也. 區=少貌 또는 少室. 구역.

88_ 寡(과)=單獨也.

89_ 貌能白黑(모능백흑)=모양이 밝고 어둡고. 能=熊也.

90_ 俱用北(구용배)=거울 속의 像과 피사체는 서로 따르지만 항상 반대로 움직인다는 뜻. 比=北로 고쳐 읽기도 하고(손이양) 背로 읽기도 한다.

91_ 臭(취)=氣也, 香也. 그러나 장혜언은 未詳이라 하고 손이양은 具, 즉 俱로 읽고 어떤 이는 區 또는 偶로 읽고, 어떤

거울에 비치면 무엇이든 비추어주지 않는 것이 없는 성품이며,　　於鑒無所不鑑

그림자의 취향은 제 뜻대로 헤아림이 없고　　　　　　　　景之臭 無數[92]

반드시 거울의 과녁을 통과한다는 성품에 있다.　　　　　而必過正[93]

그러므로 거울과 피사체는 같은 곳에 같이 있지만　　　　故同處 其體俱[94]

그림자는 거울에 따라 분분하다.　　　　　　　　　　　然鑑分.[95]

24 **鑑位** [오목거울]

오목거울. 그림자는 한 경우는 실물보다 작고 거꾸로 보이며　鑑位[96] 景一小而易[97]

다른 경우는 실물보다 크고 바르게 보인다.　　　　　　　一大而正

피사체의 광채가 초점 안이냐 밖이냐에 달려 있음을 말한다.　說在中[98]之外內.

피사체의 광채가 초점의 안에 있는 경우는　　　　　　　鑑中之內

초점(弧心)에 가까울수록　　　　　　　　　　　　　鑑者[99]近中

비치는 게 더욱 커져 그림자도 크며,　　　　　　　　　則所鑑[100]大景亦大

초점에 멀어질수록 비치는 것이 작아져 그림자는 작아진다.　遠中 則所鑑小景亦小

그리고 그림자는 반드시 바르다.　　　　　　　　　　而必正.

(그림으로 그리면) 초점에서 시작하여　　　　　　　　起於中

경면을 향하여 피사체의 위, 아래 끝을 연결하여　　　　緣正[101]

　　이는 貌로 해석하기도 한다.

92_ 無數(무수)=아무런 책임이나 생각도 없이. '수없이 많다'로 해석하는 이도 있다. 數=計也, 責也.

93_ 必過正(필과정)=지금까지는 未詳이라 했다. 正=鑑의 正中. 과녁.

94_ 故同處 其體俱(고동처 기체구)=같은 곳에 피사체가 함께 있다. 故其體俱同處의 전도.

95_ 然鑑分(연감분)=그러나 거울은 紛紛하다. 分은 紛과 通用.

96_ 鑑位(감위)=오목거울. 位=窪 또는 低. 필원은 立이라 했다.

97_ 易(역)=바뀌다. 正의 反對. 倒立을 말한다.

98_ 中(중)=焦點 또는 거울의 弧心. 거울의 중심이라 하는 이도 있다.

99_ 鑑者(감자)=피사체.

100_ 所鑑(소감)=반사되는 것. 거울이 비치는 빛.

101_ 緣正(연정)=바르게 연결하다. 피사체의 점을 바르게 연결하다.

직선을 그린다.

둘째, 피사체의 광채가 초점 밖에 있는 경우는

피사체의 광채가 초점에 가까울수록

비치는 것이 크고 그림자도 커지며

초점에서 멀어질수록 비치는 것이 작아져 그림자도 작아지고

반드시 거꾸로 보인다.

(그림으로 그리면) 초점에 접하도록

거꾸로 연결하여 직선을 그린다.

而長其直[102]也

中之外

鑑者近中

則所鑑大景亦大

遠中 則所鑑小景亦小

而必易

合於中

緣易[103] 而長其直也.

25 鑑圖 [볼록거울]

볼록거울. 그림자는 하나는 크고 하나는 작으나

반드시 바르다.

빛이 거울의 초점을 통과하지 않기에 그림자가 바르다.

볼록거울. 피사체가 가까우면

비치는 것이 커지고 그림자도 커진다.

그것이 멀어지면 비치는 것이 작아지고 그림자도 작다.

그리고 반드시 그림자는 바르다.

반대로 그림자가 초점(弧心)을 지나면 거꾸로 된다.

鑑圖[104] 景一大一小

而必正.

說在不過正.[105]

鑑 鑑者近

則所鑑大 景亦大

其遠 所鑑小 景亦小

而必正

景過正 故招.[106]

102_ 長其直(장기직)=직선으로 연장한다.

103_ 緣易(연역)=거꾸로 연결한다.

104_ 鑑圖(감포)=볼록거울.

105_ 說在不過正(설재불과정)= '不過正' 세 글자는 판본에 없는 것을 보충했다. 거울 중심 과녁(弧心)을 통과하지 않기 때문에 그림자가 바르다.

106_ 招(초)=倒의 假字.

26 負 [짐]

짐을 지워도 기울지 않는다.	貞[107]而不撓
무게를 감당하는 것에 대해 말한다.	說在勝.[108]
짐. 저울대가 무게를 더해도	負 衡木加重焉
기울지 않는 것은	而不撓[109]
중심이 무게를 감당해 내기 때문이다.	極[110]勝重也
우물 긷는 길고桔槹는 한쪽에 돌을 매달아 놓았으므로	右校交繩[111]
무게를 더하지 않아도 기운다.	無加焉而撓
그것은 중심이 무게를 감당하지 못하기 때문이다.	極不勝重也.

27 衡 [저울]

저울은 반드시 바르다.	平[112]而必正
저울추와 무게가 서로 맞았음을 말한다.	說在得.[113]
저울. 한쪽 편에 무게를 더하면 반드시 그쪽이 내려간다.	衡. 加重於其一旁 必捶.
저울추와 무게가 같다면 저울대는 평형을 이루어 서로를 단다.	權重相若也 相衡[114]
저울의 중심점에서 물건을 매다는 뿌리 쪽은 짧고	則本[115]短
저울추를 매다는 눈금 쪽은 길다.	標[116]長

107_ 貞(정)=負로 고쳐 읽는다.

108_ 在勝(재승)=勝任也, 得其中則不傾也.

109_ 不撓(불요)=기울지 않는다. 撓=傾也.

110_ 極(극)=손이양은 橫木이라 하나 잘못이다. 大中(중심)이다.

111_ 右校交繩(우교교승)=장천이는 槓杆(지렛대)으로 본다. 차오야오샹은 右校를 偏荷, 交繩을 새끼로 묶는 것. 여기서는 石校交繩으로 읽고 桔槹를 설명한 것으로 해석한다.

112_ 平(평)=衡, 저울. 판본은 '天'으로 되어 있으나 교정함.

113_ 得(득)=得衡. 權과 物의 경중이 서로 합치한다.

114_ 相衡(상형)=權과 重이 서로를 단다.

115_ 本(본)=물건을 매다는 쪽.

116_ 標(표)=저울추를 매다는 쪽.

그래서 양쪽에 같은 무게를 더하면   兩加焉 重相若

눈금 쪽이 반드시 내려간다.   則標必下

눈금 쪽은 저울추가 달린 곳이다.   標得權也.

28 挈 [끌어올림]

끌어올리는 힘과 끌어내리는 힘은 상반된다.   挈與枝板[117]

길고에 대하여 말한다.   說在薄.[118]

끌어올리는 일은 힘이 들지만   挈 有力也

끌어내리는 일은 힘이 들지 않아도 그치지 않는다.   引無力也 不止[119]

끌어올리는 힘은 인력에 의하여 그친다.   所挈之止於施[120]也

줄에 매달린 인력이 끌어올리는 힘을 억제하기 때문이다.   繩制[121]挈之也

추를 더욱 무겁게 다는 것과 같다.   若以錐[122]刺[123]之

끌어올림. 길고의 추가 매달린 긴 곳은 무거워 내려가고   挈 長重者下

두레박을 매단 짧은 쪽은 가벼워 올라온다.   短輕者上

올라오는 쪽은 더욱 세력을 얻고   上者愈得

내려가는 쪽은 더욱 세력을 잃어   下下者愈亡

저울추와 두레박줄의 인력이 상당하면 길고는 그칠 것이다.   繩直權重相若 則止矣.

끌어내림. 끌어올리려는 추를 매단 쪽은 무게를 잃게 하고   收[124] 上者愈喪

내리려는 두레박줄에 인력을 더한다.   下者愈得

117_ 挈與枝板(설여자판)=挈與收反의 잘못, 挈=끌어올림. 收=끌어내림.

118_ 薄(박)=가볍다. 㮼의 잘못.

119_ 引無力也 不止(인무력야 부지)=인력은 힘쓰지 않아도 그침이 없다.

120_ 施(시)=引力의 잘못. 어떤 이는 施權의 잘못이라 하나 뜻이 不通이다.

121_ 制(제)=掣로 읽는다. 掣=挈也, 挽也, 揭也, 曳也.

122_ 錐(추)=鑄. 저울추.

123_ 刺(자)=잡아당기다(陳平乃刺船而去 : 史記).

124_ 收(수)=물을 긷다(井收勿幕 : 易經). 여기서는 '끌어내림'.

올리려는 저울추의 무게를 이기면　　　　　　　　　　　上者權重盡[125]

드디어 두레박을 끌어내린다.　　　　　　　　　　　　　則遂挈.

(즉 저울은 평평해야 하고 길고는 기울어야 한다)

29 倚 [경사면의 힘의 작용]

경사면은 힘이 바르게 작용하지 않는다.　　　　　　　　倚[126]者不可正

미끄러짐에 대해 말하는 것이다.　　　　　　　　　　　說在剃.[127]

경사. 어긋나려는 힘, 맞서려는 힘,　　　　　　　　　　倚. 倍[128]拒[129]

끌어당기는 힘, 달아나려는 힘이 작용하므로　　　　　　堅[130]鉳[131]

경사는 힘이 바르게 작용하지 않는다.　　　　　　　　　倚焉則不正[132]

뒤의 두 바퀴는 높고　　　　　　　　　　　　　　　　兩輪高

앞의 두 바퀴는 낮게 하여 수레를 만들면 미끄럼차가 된다.　兩輪爲輲[133] 車梯也.

이것은 앞을 무겁게 하고 반달형으로 만곡彎曲되게 만든다.　重其前 弦其前[134]

짐수레차도 앞은 반달형으로 만곡시키고　　　　　　　載[135]弦其前

125_ 上者權重盡(상자권중진)=글자의 誤脫이 있다. 우선 '上者權 重盡則遂'로 띄어 읽는다. '올라간 쪽(추를 단 쪽)'이
　　　끌어내리는 힘이 다하면 다시 끌어올린다'로 해석한다. 鄒伯奇는 升重之法으로, 高葆光은 滑車로, 吳毓江은 지렛
　　　대 원리로 해석한다.

126_ 倚(의)=依也, 科也, 傾仄也. 경사면에서 힘의 작용에 관한 글로 해석했다. 그리하여 뜻이 통하도록 시도해 보았다.
　　　그러나 지금까지는 무슨 뜻인지 알 수 없는 글로 남아 있었다. 이제 핵심 내용은 드러났으나 만족할 수는 없다. 앞
　　　으로 연구가 필요할 것이다. 본 장에 대해서 孫仲客은 斜面에서 끌어올리는 내용으로, 우위장은 斜面의 이론으로,
　　　탄제푸는 機械的斜面의 이론으로, 가오바오광은 複式滑車로 해석했다.

127_ 剃(체)=梯의 잘못. 梯=升降의 階級也. 그러나 梯는 모 없을 제(突梯滑稽如脂如韋：楚辭). 無隅角者를 突梯라 한
　　　다. '미끄러짐'을 뜻한다.

128_ 倍(배)=背也. 어긋나려는 힘.

129_ 拒(거)=맞서는 힘.

130_ 堅(견)=掔也, 牽也. 끄는 힘, 끌어당기는 힘.

131_ 鉳(천)=달아나려는 힘.

132_ 不正(부정)=不平也, 평온하지 않다.

133_ 輲(천)=상여차. 뜻이 不通이다. 輕의 誤로 읽는다. 앞이 낮은 수레.

134_ 弦其前(현기전)=그 앞을 반달형으로 彎曲시킨다.

또다시 바퀴통을 만곡시킨 후

무게중심이 앞에 놓이게 한다.

이것들은 마찰이 적으므로 끌면 미끄러지게 된다.

무릇 중력은 위로 끌리지 않고 아래로 휘어지지 않고

옆으로 삐쳐 나가지도 않고 곧장 수직으로 작용한다.

경사면의 미끄러짐이 혹시 그것을 방해한다 해도

거기에 달아나려는 힘을 얻지 않는 한

중력은 수직으로 작용한다.

지금 평지에 돌을 놓았다면

중력은 달아나거나 기울지 않는다.

먹줄로 수레를 끌면 먹줄만 풀어질 뿐 움직이지 않는다.

이는 배 안에서 횡목을 끌면 배가 움직이는 것과 같다.

載[136]弦其軲[137]

而縣重於其前

是梯 挈且挈[138]則行

凡重 上弗挈 下弗收[139]

旁弗劫[140] 則下直

柂或害之也[141]

流 梯[142]者不得流[143]

直也

今也廢石於平地

重不下無躰[144]也

若夫繩之引軲也

是猶自舟中引橫[145]也.

30 堆 [돌무덤][146]

돌무덤은 반드시 옛것이다.

堆之必往[147]

135_ 載(재)=짐수레.

136_ 載(재)=再의 誤.

137_ 軲(고)=수레바퀴. 통(轂의 異文).

138_ 挈且挈(설차설)=끌고 또 끌린다.

139_ 下弗收(하불수)=멀리 휘어 떨어진다. 收=攸의 잘못.

140_ 劫(겁)=강제로 밀어낸다.

141_ 柂或害之也(이혹해지야)=미끄럼이 낙하를 방해해 곧게 떨어지지 않게 한다. 혹은 柂를 㭿의 잘못으로 보아 질곡 관성으로 해석하기도 한다. 따르지 않는다. 미끄러지는 힘, 柂=斜面也.

142_ 梯(제)=誤. 梯를 성을 공격하는 雲梯로 보는 이도 있으나 무리한 해석이다.

143_ 流(류)=달아나려는 힘.

144_ 躰(방)=欲行也. 손이양은 踦로 읽는다. 踦=一足, 傾倒也. 비슷한 뜻이다.

145_ 橫(횡)=橫木.

146_ 본 장에 대해 지금까지는 기둥을 세우는 방법을 설명한 글로 해석해 왔으나 뜻이 통하지 않고 말이 되지 않았다. 쩌우보치는 轉重의 법칙으로, 탄제푸는 建築의 기술로, 가오바오광은 挈收引柱의 뜻으로 해석했다. 나는 '돌무덤'으

버려진 돌멩이에 대해 말하는 것이다.	說在廢材.[148]
돌무덤. 아우르고 쌓인 돌멩이들이지만	堆 姘石絫石耳[149]
사당을 지탱하는 것은 이러한 돌무덤이다.	夾[150]寁[151]者法[152]也
주춧돌을 땅에 놓으려면	方石[153]去地尺[154]
아래는 돌멩이를 다지고	關石[155]於其下
위에서 밧줄에 매단 주춧돌을 적당한 곳에 이르게 내린다.	縣絲於其上 使適至方石
그래야만 기둥이 가라앉지 않는다.	不下柱也[156]
밧줄로 묶어 내린 주춧돌로 사용된 돌은	膠絲[157]去石[158]
기둥을 받치는 끌어올리려는 힘이지만	挈[159]也
밧줄이 끊어져 추로 사용된 돌은 반대로 끌어내리는 힘이다.	絲絕[160]引也
돌은 변화가 없으나 용도가 바뀌어	未變而石易
끌어내리는 힘이 된 것이다.	收也.[161]

로 해석했으며 마르크스의 실천적 인식론에 의거해, 돌의 용도에 따라 이름이 바뀌는 것으로 해석했지만 고증이 더 요구된다.

147_ 堆之必往(퇴지필왕)=탄제푸는 堆之必柱로 읽는다. 장췬이는 堆之必住로 읽는다. 그러나 모두 뜻이 不通이므로 推를 堆石, 즉 돌무덤 또는 돌장승으로 해석한다.

148_ 廢材(폐재)=置材로 보았다. 放材(인재를 내치다)의 뜻도 있다.

149_ 姘石絫石耳(병석루석이)=비틀거리는 돌이나 겹쳐진 돌일 뿐이다. 姘=并의 잘못으로 보는 이도 있다. 絫=累의 古字.

150_ 夾(협)=左右持也.

151_ 寁(침)=寢, 즉 사당을 말한다.

152_ 法(법)=柱의 誤라 한다(손이양). 그러나 堆의 잘못이라고 본다.

153_ 方石(방석)=주춧돌.

154_ 尺(척)=上 또는 下의 誤.

155_ 關石(관석)=잡석을 다지다. 주춧돌 밑에 잡석을 깔다.

156_ 不下柱也(불하주야)=不下를 위에 붙여 '주춧돌이 내려앉지 않는다'로 解하기도 하지만, '기둥을 내려앉지 않게 한다'로 解한다.

157_ 膠絲(교사)=밧줄을 묶다.

158_ 去石(거석)=去方石, 즉 주춧돌을 놓다.

159_ 挈(설)=끌다. 본편 (28) 挈에서와 같이 '끌어올리는 힘'으로 解했다.

160_ 絲絕(사절)=매단 돌이 무거워 밧줄이 끊어지는 것. 그것은 추와 같아서 끌어내리는 힘이 된다.

161_ 未變而石易收也(미변이석역수야)=未變은 주춧돌을 추로 사용해도 돌 자체는 변화가 없다는 뜻. 石易은 돌의 용도

31 買 [매매]

물건을 사는 것은 비싼 것이 없다.	買無貴[162]
가격이 오르고 내림을 말한다.	說在仮其買.[163]
매매. 돈과 쌀이 서로 값을 매기는 것이다.	買 刀糴相爲買
돈값이 내리면 쌀을 사는 것이 귀하지 않고	刀輕則糴不貴[164]
돈값이 오르면 쌀을 사는 것이 쉽지가 않다.	刀重則糴不易.[165]
돈은 변동이 없어도 쌀값은 변동될 수 있다.	王刀無變 糴有變.
흉년·풍년에 따라 (공급의 사정으로) 쌀값은 변하고	歲變糴
이에 따라 돈값도 변하게 된다.	則歲變刀
마치 동전(子錢)을 팔고 금화(母錢)로 바꾸는 것과 같다.	若鬻子.[166]

32 賈 [가격]

가격이 적절하면 판다.	賈宜則讎[167]
수요와 공급이 합치한 것을 말한 것이다.	說在盡.[168]
가격. 공급과 수요가 합치한 것이다.	賈 盡也者

가 바뀌면 挈力이던 것이 바뀌어 그 반대인 收力으로 작용한다는 뜻. 收=끌어내리는 힘〔본편 (28) 挈 참조〕.

162_ 買無貴(매무귀)=사는 것은 물건이 귀할 때가 아니다. 샀다는 것은 값이 비싸지 않다. 無=勿也. 貴=높다(位高尊), 귀하다(物不賤).

163_ 仮其買(가기가)=反價. 값이 轉變하는 것. 反騰. 反落.

164_ 刀輕則糴不貴(도경칙적불귀)=돈이 흔하면 쌀값이 오르고 공급이 늘어난다는 뜻.

165_ 刀重則糴不易(도중칙적불역)=돈이 귀하면 쌀값이 떨어지고 공급이 줄어든다는 뜻.

166_ 若鬻子(약죽자)=鬻은 賣也. 鬻子之憫斯(詩經/豳風/鴟鴞). 여기서는 '어린 아들'로 해석하는 것이 보통이다. 따르지 않는다. 子는 二十文의 동전을 뜻한다. 『국어』 「周語」 註에서 '重曰母 輕曰子'라 해서 錢에는 子錢과 母錢이 있었다. 또 「주어」 하편에 의하면 景王21년(BC 524년)에 大錢의 鑄造를 諫하면서 말하기를 '民患輕(子錢) 則爲作重幣(母錢)以行之. 於是乎有母權子而行 民皆得焉. 若不堪重(母錢) 則多作輕(子錢)而行之 亦不廢重(母錢) 於是乎有子權母而行, 小大利之'라 했다. 즉 母錢과 子錢을 상호 流通시키자는 의견이었다. 따라서 여기서의 子錢을 팔아버리고 母錢을 取한다는 뜻일 것이다.

167_ 讎(수)=팔다. 售의 古文.

168_ 盡(진)=손이양은 盡을 適足(적절한 것)으로 解한다. 그러나 盍(합)의 잘못으로 보아야 한다. 수요와 공급의 합치.

수요·공급의 합치는 팔지 않는 원인이 제거된 것이다.	盡 去[169]其以不讐也
팔지 않을 원인이 제거되면 팔리며	其所以不讐去 則讐.
팔린다는 것은 가격이 결정된 것이다.	正[170]賈也
가격의 적정 여부가	宜不宜
사고팔려는 욕구 즉 수요와 공급을 정한다.	正欲不欲
마치 망한 나라에서	若敗邦
집을 팔고 딸자식을 시집보내는 것과 같다.	鬻室嫁子.[171]

33 無說 [설명되지 않는 것]

이해할 수 없으면 두렵다.	無說[172]而懼
마음의 중심이 서지 않았음을 말한다.	說在弗心.[173]
자식이 군대에 있으면 죽고 사는 것을 기약할 수 없다.	子在軍 不必其死生
마찬가지로 전쟁의 소문을 들으면	聞戰
역시 생사를 기약할 수 없다.	亦不必其生
그러나 앞의 경우는 두렵지 않고 뒤의 경우는 두려워한다.	前也不懼 今也懼.

34 或 [구역]

구역. 땅 이름은 우연히 옛날에 지어진 것이다.	或[174] 過名也
사실에 대하여 말하고자 하는 것이다.	說在實.
구역. 즉 남방이라고 일러준 곳을 실제 남쪽이 아니다.	或 知[175]是之非此[176]也

169_ 去(거)=棄也, 距也, 除也의 뜻. 즉 수요 공급의 합치는 時間, 空間, 價格 등 팔리지 않는 원인이 제거된 것.
170_ 正(정)=定也.
171_ 子(자)=女子.
172_ 說(설)=解也, 釋也.
173_ 弗心(불심)=손이양은 不必로 고쳐 읽는다. 期約할 수 없다. 그러나 心으로 해석해야 뜻이 분명하다. 心=中心이다.
174_ 或(혹)=손이양은 域이라 하고 차오야오샹은 惑으로 해석한다. 그러나 惑은 뜻이 너무 넓다. 區域의 뜻으로 읽는다.
175_ 知(지)=諭也.

남방에 있다고 일러주었으나 실제는 남방에 있는 것이 아니다.　　　有知是之 不在此也

그러나 이곳을 그냥 남방이라 부른다.　　　然而謂此南北

옛날에 우연히 자기를 중심으로 그렇게 부른 것이다.　　　過而以己爲然

처음에 이것을 남방이라 불렀기 때문에　　　始也謂此南方

지금도 남방이라 부를 뿐이다.　　　故今也 謂此南方.[177]

35 智 [지혜]

지혜는 그것이 부정될 수 있음을 아는 것이다(열려 있는 지식).　　　知[178] 知之否之

따라서 완전무결하다고 생각하면 잘못이다.　　　足[179]用[180]也誖[181]

그칠 줄 모르는 것에 대해 말한 것이다.　　　說在無以[182]也.

지혜란 변론할 수 있어야 한다.　　　智論之[183]

지혜는 그칠 곳이 없는 것이 아니다.　　　非智無以也.

36 辯 [변론]

변론. 변론하여 이기는 자가 없다고 한다면　　　謂辯[184]無勝

이것은 반드시 부당한 것이다.　　　必不當.

176_ 此(차)=실제 멈춘 곳.

177_ 故今也 謂此南方(고금야 위차남방)=남방의 남쪽 사람들도 자기에게는 북쪽의 땅인데도 남들이 부르는 대로 남방
이라 부른다. 南方을 北方으로 고쳐 읽는 이도 있으나 글의 의미를 모르는 소치다. 그대로 둔다.

178_ 知(지)=智, 즉 識으로 본다.

179_ 足(족)=無欠.

180_ 用 (용)=『광운』은 通也. 여기서는 넉넉하다는 뜻.

181_ 誖(패)=事實에 어긋나고 道理에 逆함.

182_ 以(이)=차오야오샹은 用으로 해석한다. 그러나 以는 已와 通用된다(無以則王乎 : 孟子/梁惠王). 여기서는 止로 해
석한다. 止=그치다, 머물다. 즉 마음이 머물 곳(在止於至善 : 大學/經文一章), 예절(人而無止 : 詩經/鄘風/相鼠)을
뜻한다.

183_ 論之(논지)=辯論.

184_ 辯(변)=論爭하여 시비 진위를 가리는 것.

변론은 선택을 위한 것임을 말한다.   說在辯.[185]

변론. 이른바 같지 않다고 말하면   謂 所謂[186]非同也

다르다는 것이다.   則異也.

같다고 함은 한 사람이 그것을 '개(狗)'라고 하는데   同則 或謂之狗.

또 한 사람도 그것을 '개(犬)'라고 하는 것을 말한다.   其或謂之犬也.

다르다고 함은 한 사람이 그것을 '소'라고 하는데   異則 或謂之牛

다른 사람은 '말'이라고 하는 것을 말한다.   或謂之馬也.

모두 이기는 자가 없다면 이것은 변론한 것이 아니다.   俱無勝 是不辯也.

변론이란 한 사람이 옳다고 말하고   辯也者 或謂之是

다른 사람은 그르다고 할 때 합당한 사람이 이기는 것이다.   或謂之非 當者勝也.

37 讓 [사양]

사양하지 않는 것은 옳지 않다.   無[187]不讓也不可

이것은 투기를 말한다.   說在始.[188]

사양이 없는 자는 주정뱅이요,   無讓者酒[189]

사양하지 못하는 것은 질투 때문이다.   未讓始也.

그러나 사양할 수 없는 경우는   不可讓也

성문이 위태롭거나 착한 것이 위태로울 때다.   若殆於城門 與於臧[190]也.

185_ 辯(변)=辨也.

186_ 謂 所謂(위 소위)= '辯 所謂'의 誤.

187_ 無(무)=뜻이 없는 發語詞.

188_ 始(시)=손이양은 殆로 본다. 妬의 誤로 解한다.

189_ 酒(주)=酊으로 읽는다.

190_ 臧(장)=노예로 解하나, 그렇다면 墨家의 글이 아니다. 臧은 善이다.

38 有知焉·不知焉 [견·백]

하나의 존재에 대하여	於一.[191]
아는 것도 있고 모르는 것도 있다.	有知焉 有不知焉
존재에 대하여 말한다.	說在存.
'돌'이라 말하면 하나지만	於石一也.
'단단하고 흰 돌이다'라고 하면 둘로 나뉜다.	堅白二也
그러나 돌에 머물러 있을 뿐이다.	而在[192]石
그러므로 아는 것도 있고 모르는 것도 있는 것이다.	故有智焉 有不智焉可也[193]
또한 말하고자 하는 것을 전달할 수 없고	且所欲相[194] 不傳
만약 명백하게 가르쳐주지 못하고	意若未校[195]
아는 것과 모르는 것을 비교하지 못한다면	其所智是也 所不智是也
이것은 알고 이것은 모른다고 말하여	則是智[196] 是之不智也
어찌 하나로 다스릴 수 있겠는가?	惡得爲一.
그래서 아는 것도 있고 모르는 것도 있다고 말하는 것이다.	謂而有智焉 有不智焉.

39 指 [지시]

지각한 것과 지각하지 못한 것, 둘로 나누어 지시한다 해도	有指[197]於二[198]
실체가 나뉜 것이 아니므로 서로 떨어져 도망칠 수 없다.	而不可逃[199]

191_ 於一(어일)=하나의 存在, 萬物之本也.

192_ 在(재)=ㅁㅁ에 몸담고 있다, ㅁㅁ에 달려 있다.

193_ 可也(가야)=衍文이라는 학자도 있다.

194_ 且所欲相(차소욕상)=且所欲言之相也로 해석한다. 이 구절 이하는 아래 (39) 指에 붙어 있는 것을 탄제푸의 의견에 따라 옮긴 것이다.

195_ 校(교)=報也, 比校.

196_ 則是智(즉시지)=是之知也로 읽고 之는 所로 해석한다.

197_ 指(지)=擧是物以告人. 즉 지시, 가리키다.

198_ 二(이)=지각한 것과 지각하지 못한 것.

199_ 不可逃(불가도)=서로 제거할 수 없다. 즉 堅과 白은 서로를 피하지 않는다. 逃=去也, 避也.

나뉘어 뒤섞인 것에 대해 말하는 것이다. 說在以二絫.[200]

지시하는 것. 그대가 이것을 지각하고 有指 子智是

또 내가 앞서 거론한 것을 지각했다면 有智是吾所先擧[201]

이것은 이명일실二名一實의 중동重同이다. 是重[202]

그대가 이것을 지각했으나 則子知是

내가 앞서 거론한 것을 지각하지 못했다면 而不知吾所先擧

이것은 일명일실一名一實이다. 是一.

그래서 지각한 것도 있고 謂有知焉

지각하지 못한 것도 있다고 말하는 것이다. 有不知焉也

만약 그것을 지각했다면 지각한 것을 지시할 수 있으며 若知之則 當指之[203]知

나에게 알려주면 나도 그것을 알 수 있다. 告我則 我智之.

그런데 견·백을 아울러 지시하려면 두 가지로 말해야 하며 兼指之以二也

또 저울이 그것을 지시하려면 셋으로 나눠 말해야 한다. 衡指之 參[204]直[205]之也

만약 반드시 내가 거론한 것 하나만을 지시하고 若曰 必獨指吾所擧

또 내가 거론하지 않은 것은 지시하지 말라고 말한다면 毋擧吾所不擧

이 둘로 나뉜 것을 진실로 하나로 지시할 수는 없는 것이다. 則二者固不能獨[206]指.

40 弗能指 [지시할 수 없는 것]

알면서도 지시할 수 없는 것. 所知而弗能指

200_ 絫(루)=다음 글로 볼 때 參의 誤다(손이양). 參=섞이다, 參錯也.

201_ 有智是吾所先擧(유지시오소선거)=손이양 이래 모두 先을 无의 誤로 보았다. 그러나 그대로 두어야 한다. '우리들이 앞서 거론한 것'. 所=先擧를 동명사화한 것. 有=又也.

202_ 重(중)=二名一實, 즉 重同을 말한 것. 상편 하열 (37) 同 참조. 同에는 重·體·合·類의 네 가지 同이 있다.

203_ 之(지)=所와 같은 뜻.

204_ 參(삼)=以參으로 읽는다.

205_ 直(직)=『설문』에서는 正見也. 그러나 指의 誤로 읽는다.

206_ 獨(독)=單也.

어리석은 사람, 도망간 신하,	說在春也[207] 逃臣
신하의 충성심, 잃어버린 물건 등을 말하는 것이다.	狗犬[208] 遺者.
어리석은 사람은	所春也
습관에 물들여져 완고하므로 지시할 수 없게 된다.	其埶固[209]不可指也
도망간 신하는 모두 나쁜 놈이라고 욕하므로	逃臣
그의 참된 처신을 알 수 없다.	不知其處[210]
충성심은 헛된 명성을 좇지 않으므로	狗犬
그의 참된 공적을 알 수 없다.	不知其名[211]也
잃어버린 물건은 훌륭하다고 여기므로 헤아릴 수 없다.	遺者 巧弗能兩也.[212]

41 重【존재가 아닌 지각은 겹친다】

개(狗)는 알지만 짖는 개(犬)는 모른다고 하면 잘못이다.	知狗 而自謂不知犬過也[213]

207_ 春也(춘야)=惷 또는 蠢의 잘못으로 해석함이 보통이다(손이양). 손이양은 春을 꿈틀거리는 것이라 하고 也를 따로 떼어 它로 보고 뱀이라 해석한다. 손이양은 여러 곳에서 也를 뱀이라 한다. 그러나 春 자 그대로 해석해도 뜻은 通한다. 그러나 다음 문장인 '所春' '其埶固' 등과 일치하지 않는다. 따라서 春을 惷, 즉 愚而亂也의 뜻으로 解한다.

208_ 狗犬(구견)=지금까지는 명칭으로 해석해 왔으나 뜻이 不通이었다. 그러나 狗吠로 읽는다. 狗吠는 충성심, 신하의 충성심을 말한다.

209_ 埶固(예고)=舊本은 埶가 執으로 되어 있다. 埶固는 물들여진 관습으로 굳어 있는 것을 말한다. 지금까지는 勢로 해석해 왔다. 그러나 「대취」(3)을 보면 埶은 습관이다. 固는 완고한 고집을 말한다(非敢爲佞也 疾固也 : 論語/憲問, 公曰 寡人固不固焉得聞此言也 : 禮記/哀公問).

210_ 不知其處(부지기처)=도망간 신하의 과거 행적은 모두 나쁜 것이 되어버리므로 역적이 되었으니까 바르게 지시할 수 없다. 지금까지는 '도망간 신하의 주소지를 모른다'로 해석해 왔다. 處=처신, 分別.

211_ 不知其名(부지기명)=충신은 헛된 명성을 모르므로 그의 공적을 알 수 없다. 지금까지는 '명칭을 모른다'로 해석해 왔다. 名=헛된 名望, 헛된 名聲, 또는 功績.

212_ 巧弗能兩也(교불능량야)=손이양은 兩을 网으로 고쳐 읽고 '잃어버린 것을 그물로 건질 수 없다'로 해석한다. 손이양은 묵자를 바보로 취급하고 있는 곳이 한두 군데가 아니고 거의 전체를 왜곡하고 있으며 국내 학자들도 그를 따르고 있다. 그러나 글자대로 읽어야 한다. 兩은 匹 또는 量의 뜻이다. 즉 '巧하기로는 짝이 될 만한 것이 없다, 잃어버린 물건은 항상 좋고 크기만 하므로 바르게 헤아릴 수 없다'는 뜻이다. 그러나 '巧하기도 하고 弗하기도 해서 능히 둘로 나뉜다'로 해석할 수도 있으나, 앞 문장이 모두 不可가 있으므로 '不能'으로 붙여 해석하기로 한다.

213_ 狗犬(구견)=二名一實, 즉 重同을 말한다. 그러므로 狗吠로 읽거나 개와 멍멍이로 譯해야 오히려 뜻이 잘 通한다. '검은 개다', '짖어대는 개다'라고 할 때 두 지각은 도망치지 않는다. 본편 (39) 指의 '有指於二 而不可逃' 참조. 지

명칭의 중복에 대해 말하는 것이다.

說在重.

지각. (검은) 개를 알고

智 智狗

또한 짖는 개라고 알았다면 그것은 잘못이 아니다.

重智犬則過

명칭이 겹치는 것은 잘못이 아니다.

不[214]重則不過.

42 通 [지시는 통通해야 한다]

뜻을 통한 후에야 대답할 수 있다.

通意後對

무엇을 말하는지 모르는 경우를 말하는 것이다.

說在不知其誰謂也.

통창함. 묻는 자가 '나그네를 아는가?'라고 했을 때

通 問者曰 子知羈[215]乎

대답하기를 '나그네는 무엇을 말하는가?'

應之曰 羈何謂也

그가 말하기를 '여행하는 사람이다'라고 설명했다면

彼曰 羈旅[216]

그것을 안 것이다.

則智之.

만약 나그네가 무엇이냐고 묻지도 않고

若不問 羈何謂

곧장 모른다고 대답하면 잘못이다.

徑應以弗智則過.

또한 응답은 물을 때에 반드시 대답하는 것이다.

且應 必應問之時

대답은 같지만 대답은 깊은 것도 얕은 것도 있다.

若應 長應有深淺.

금까지는 狗, 犬也로 解해 왔다.

214_ 不(부)=위 句의 過 위에 붙는다. 탄제푸는 위 구에 붙여 不重知犬則過로 읽는다.

215_ 羈(기)=판본은 羈로 되었으나 탄제푸에 따라 교정했다. 필원은 노새로 읽는다.

216_ 羈旅(기려)=여행자. 판본은 羈施로 되었으나 교정했다.

下列

■1 主異 [주어가 다르다]

있는 곳과 있는 것,	所存與存者[1]
'어느 곳인가? 누구인가?'라는 말은 다르다.	於存與孰存
이것은 주어가 다른 것에 대해 말하는 것이다.	說在所主異.[2]
방과 집은 있는 곳이요, 그대는 있는 것이다.	室堂所存也 其子存者也.
있는 것을 주어로 하여 방과 집을 물을 때는	據在者[3] 而問室堂
'그는 어디에 있는가?'라고 말한다.	惡可[4]存也
방과 집을 주어로 하여 있는 것을 물을 때는	主室堂 而問存者
'거기에 누가 있는가?'라고 말한다.	孰存也.
하나는 있는 것을 주어로 하여 있는 곳을 묻고	是一主存者 以問所存
하나는 있는 곳을 주어로 하여 있는 것을 물은 것이다.	一主所存 以問存者.

■2 五合 [오행五行은 오합五合이다]

오행五行은 항상 이기는 것은 아니다.	五行毋常勝
오행은 서로 사이좋기 때문이다.	說在宜.[5]
오행은 서로 결합한다(상생상극설 부정).	五合
물은 불을 토한다. 물이 붙어 타기 때문이다.	水土火 火離然[6]

1_ 所存與存者(소존여자)=원래 판본은 '所存與者'로 되었으나 교정했음.

2_ 說在所主異(설재소주리)=원래 판본은 '馴異說'로 되었으나 장천이에 따라 교정했음.

3_ 據在者(거재자)=主存者의 뜻.

4_ 可(가)=所의 잘못.

5_ 說在宜(설재의)=宜를 多로 고쳐 읽는 이가 많다. 본편 (3) 無欲惡의 說在宜와 중복되기 때문이라고 한다. 그러나 중복되어야 마땅하다. 따라서 그대로 둔다. 이것은 중대한 의미를 갖는다. 多로 바꾸는 것은 '많은 것이 적은 것을 이긴다'는 뜻으로 오행상승설을 지지하는 문장이 된다. 따라서 '無常勝'도 無를 부이 아니라 毋로 읽어야 한다. 그러나 묵자는 인류 최초로 인식론을 말한 과학자이므로 오행설을 부정하지는 않지만 무조건 옳다고 보지는 않는다.

불은 쇠를 녹인다. 불이 성한 것이다.　　　　　　　　　火鑠金 火多也

쇠는 나무를 쓰러뜨린다. 쇠가 성한 탓이다.　　　　　金靡炭[7] 金多也

나무는 흙을 썩힌다. 나무가 성한 탓이다.　　　　　　合之府水[8]

흙은 물을 흐르게 한다. 흙이 성한 탓이다.　　　　　　木離木[9]

만약 사슴과 물고기 등 자연의 이치를 안다면　　　　若識麋與魚之數[10]

오직 서로 이로울 뿐이다.　　　　　　　　　　　　　惟所利.

③ 無欲惡 [욕심과 증오를 없앰]

욕심과 증오가 없음.　　　　　　　　　　　　　　　無欲惡

욕심과 증오는 더하고 덜고자 하는 마음일 뿐이다.　　欲惡之爲[11]益損也

마땅한 것에 대해 말하는 것이다.　　　　　　　　　說在宜.

욕심과 증오를 없애라.　　　　　　　　　　　　　　無欲惡[12]

생명을 상하고 목숨을 덜면서　　　　　　　　　　　傷生損壽

쾌락과 젊음에 맡긴다면 이것이 무슨 사랑인가?　　　說以少連[13] 是誰愛也[14]

재물에 미혹된 사람은　　　　　　　　　　　　　　嘗多粟或者

어찌 욕망이 생명을 상하지 않겠는가?　　　　　　　欲不有能傷也[15]

6_ 水土火 火離然(수토화 화리연)=水吐火 水離然으로 고쳐 읽는다. '水離然'은 '水가 붙어 탄다'는 뜻이다. 보통은 오행 상생상극설에 세뇌되어 '물이 붙어 탄다'는 말이 어색하게 들리지만, 『주역』의 離卦(☲)를 보면 陽(불) 속에 陰(물)이 들어 있는 모습이다. 이처럼 물(水)이 타는 것이 불(火)이다.

7_ 金靡炭(금미탄)=쇠나 나무를 쓰러뜨리다. 靡=쓰러뜨리다. 炭=木의 誤.

8_ 合之府水(합지부수)='木府土 木多也'의 錯簡으로 본다. 府=腐의 잘못.

9_ 木離木(목리목)='土離水 土多也'의 錯簡으로 본다. 흙은 물을 지나게 한다. 離=歷也.

10_ 數(수)=理致.

11_ 爲(위)=所以也, 緣也. 상편 상열 (24) 주에서 '淡然은 知無欲惡也'라 한 것과 상통한다.

12_ 無欲惡(무욕오)=無欲惡 欲惡之爲益損也로 보충하여 읽는다. 無만으로 제목이 될 수 없기 때문이다.

13_ 說以少連(설이소련)=「논어」「微子」편의 '少連降志辱身'과 『가어』「子貢問」편에 공자가 少連이 禮에 通達했음을 칭찬한 것을 들어 少連이 옛 賢人이라 한다. 그러나 뜻이 不通이다. 여기서는 說은 悅로 보고, 連은 牽也로 보고 '소년들이 즐거움에 이끌린다'는 뜻으로 해석한다.

14_ 是誰愛也(시수애야)=묵자의 테제인 兼愛가 아님을 비판한 것이다.

만약 남에게 술을 사준다면

이것 또한 남을 배려하고 이롭게 한 것이므로 사랑이지만

비록 사랑이라 할지라도 다스림이 될 수는 없다.

若酒之於人也.

且恕[16]人利人 愛也

則唯[17]恕弗治也.

4 損 [덜다]

덜어주는 것은 해로운 것이 아니다.

損而不害.

여유 있는 것에 대해 말하는 것이다.

說在餘.[18]

덜어줌. 배부른 자가 남는 것을 더는 것이다.

損 飽者去餘

알맞게 충족하는 것은 만인에게 해롭지 않다.

適足不害[19]

해로운 것은 배부른 것이다.

能害飽

부상한 사슴의 넓적다리에 살이 찌면 도망가기에 불편할 뿐

若傷麋之

그 고기는 제사상에도 오르지 못하는 것과 같다.

無脾也[20]

또 덜어서 이익이 되는 것은 지혜다.

且有損而後益 智[21]者

즉 학질을 앓고 나면 면역이 생기는 것과 같다.

若瘧病 之之於瘧也.[22]

5 火不見 [빛은 보지 못한다]

인식은 오관五官으로 되는 것이 아니다.

知[23]而不以五路

15_ 欲不有能傷也(욕불유능상야)=有欲不能傷也로 有가 錯簡된 것임.

16_ 恕(지)=智也, 恕也. 恕=『설문』에는 仁也.

17_ 唯(유)=雖.

18_ 餘(여)=배부르다, 남다, 益也. 손이양은 饒라 했다.

19_ 不害(불해)=不害於人으로 읽는다.

20_ 若傷麋之無脾也(약상미지무비야)=살찐 넓적다리는 제사상에도 올리지 못하고 달리는 데 지장만 준다. '脾肉之嘆'
    이란 넓적다리에 살이 쪄서 말을 타지 못해 기회를 놓친다는 말이다. 傷=衍文. 脾=髀也.

21_ 智(지)=혹자는 衍文이라 한다. 따르지 않는다.

22_ 若瘧病之之於瘧也(약학병지지어학야)=학질에 걸린 사람은 학질에 면역이 생기므로 損이 도리어 益이 된다는 말이
    다. 之之=人之. 於=爲也, 厚也. 瘧=본래 판본에는 痮으로 되었으나 교정했다.

23_ 知(지)=智. 인식 작용. 六感, 즉 意를 말한다. 본편 (16) 意也, (17) 意未可知의 '意未可知' 참조.

시간에 대해 말하는 것이다.   說在久.[24]

인식.   智.

눈으로 본다고 하지만 눈은 빛으로 보는 것이다. 以目見 而目以火[25]見

그러나 정작 빛은 볼 수 없다.   而火不見.

오로지 오관만으로 시간을 인식한다는 것은 옳지 않다. 惟以五路智久不當

눈으로 보는 것은 빛으로 보는 것과 같다.   以目見 若以火見.

6 火熱 [빛과 열]

불은 뜨겁다.   火熱[26]

빛이 모여 쌓인 것을 말한다.   說在頓.[27]

빛. 불이 뜨겁다고 말하는 것은   火 謂火熱也

빛이 뜨겁다는 것은 아니다.   非以火之熱[28]

즉 찰나에 햇빛을 보는 경우와 같다.   我有若視日.[29]

7 知其所以不知 [앎은 모르는 것이 있음을 아는 것]

앎. 모르는 것이 있음을 아는 것이다.   知其所以不知[30]

24_ 久(구)=宙也. 時間. 宇(空間)와 對되는 개념. 혹자는 습관의 쌓임으로 해석하는 이도 있다.

25_ 火(화)=光也.

26_ 火熱(화열)=원래 판본에는 '必熱'로 되었으나 교정했다. 손이양은 火不熱의 誤라 한다. 이 문장은 詭辯이다.

27_ 頓(돈)=손이양은 睹의 잘못이라 한다. 따르지 않는다. 頓은 글자 그대로 貯也. '모아 쌓인 것'의 뜻이다. 빛은 파동인가, 입자인가? 현대 물리학의 결론은 光波임과 동시에 光子인 粒子라고 생각한다. 이 글에서는 粒子라고 생각한 것 같다.

28_ 非以火之熱(비이화지열)=빛 때문에 더운 것은 아니다. 이때의 빛(火)은 적외선을 몰랐을 때이므로 가시광선을 말한다. 다만 당시 堅白이 같은가 다른가의 논쟁이 있었을 때이므로 시각적인 빛과 촉각으로 느끼는 열은 다른 것이라고 생각했던 것 같다. 당시로는 큰 발견이다.

29_ 我有若視日(아유약시일)=若俄有視日의 錯簡. 빛을 보는 찰나는 열을 느끼지 않지만, 빛이 쌓여야만 열을 느낀다는 뜻이다.

30_ 知其所以不知(지기소이부지)=所以, 때문에, 원인, 수단, 도구. '知는 不知의 도구'라는 뜻이다.

명사의 취사선택에 대해 말하는 것이다.	說在以名取.[31]
앎. 아는 것과 모르는 것을 섞어놓고 묻는다면	智. 雜所智與所不智 而問之
반드시 말하기를 '이것은 알고	則必曰 是所智也
이것은 모른다'고 말할 것이다.	是所不智也.
이와 같이 취하고 버리는 것을 다 할 수 있다면	取去俱能之[32]
이것은 두 가지 모두를 안 것이다.	是兩智之也.

8 無 [없다는 것]

무無. 없다는 것은 유有를 반드시 기다리지 않는다.	無不必待有
일컫는 대상에 대해 말하는 것이다.	說在所謂.[33]
무. 만약 말(馬)이 없다고 말했다면	無 若無馬[34]
이때의 '무'는 처음에는 말(馬)이 있었으나,	則有之
후에 없는 것이다. 이때는 무는 유를 기다린다.	而後無.
무가 태초에 하늘이 함몰된 창조 이전을 말한다면	無[35] 若天陷
도리어 처음부터 없는 것이다. 즉 무극無極을 말한다.	則無之 而[36]無.

9 攉慮 [의식을 제거하면 유무有無는 하나다]

생각을 뽑아버리면 헤아림도 없다.	攉[37]慮不疑[38]
유무有無가 하나로 합일되는 것에 대해 말한 것이다.	說在有無合.[39]

31_ 說在以名取(설재이명취)=名詞로써 거론하는 것.

32_ 取去俱能之(취거구능지)=取하고 버리고 다 할 수 있다. 눈먼 봉사는 이름은 잘 알지만 取去를 할 수 없다.

33_ 所謂(소위)=이르는 대상물, 실체.

34_ 馬(마)=구판본에는 焉으로 되어 있었으나 차오야오샹, 손이양을 따라 교정했다.

35_ 無(무)=有와 대칭되는 無有라는 뜻도 있으나, 여기서는 처음부터 존재치 않는 것, 즉 太極以前의 無를 지칭한다.

36_ 而(이)=도리어, 마침내의 뜻. 전환의 뜻이 있다.

37_ 攉(탁)=拔也, 拔去也. 탄제푸는 引也로 解한다.

38_ 疑(의)=度也, 戾也.

헤아림을 제거하면 사실을 일컬을 수 없다.　　　　　　擢疑 無謂也

저장한 곡식들은 지금은 죽었다.　　　　　　　　　　臧也[40]今死

그러나 봄이 오면 아름다운 문채를 나타낼 것이다.　　而春也得文[41]

그러므로 죽음은 문채가 죽었다고 해야 옳을 것이다.　文死也可.

10　宜 [마땅한 명제]

'장차 그럴 것이다'라는 명제는 항상 마땅한 것은 아니지만　且然[42] 不可正[43]

실용에 방해가 되는 것은 아니다.　　　　　　　　　而不害用工[44]

마땅한 명제에 대하여 말하는 것이다.　　　　　　　說在宜.

'가령'이라고 말했는데 과연 이와 같았다(名).　　　　且 猶是也.

'장차 그럴 것이다'라고 말했는데 반드시 사실이 그러했다(實).　且然 必然.

'장차 이룩되리라'라고 말했는데 반드시 사실이 이룩됐다(事).　且已[45] 必已.

이러한 것들은 가상한 것이 검증한 결과 이룩된 것이다(合).　且用工而後已者

이처럼 명제는 반드시 검증 이후에야 마땅한 것이 된다(宣明).　必用工而後已.[46]

39_ 說在有無合(설재유무합)= '有無의 合'이란 구분 분별이 없다는 뜻. 즉 有無는 실체가 아니고 관념일 뿐이다. 그러므로 관념이 없다면 유무는 있을 수 없다. 그러나 탄제푸는 본편 (8) 無의 '說在所謂'와 바꿔 읽는다.

40_ 臧也(장야)=저장한 곡식 또는 草名(장풀)으로 해석한다. 혹자는 葬也로 해석하기도 하고, 노예로 해석하기도 한다. 그러나 뜻이 不通이다.

41_ 春也得文(춘야득문)=봄이 되면 죽어 썩은 씨앗이 문채로 살아난다. 그러나 伍非百과 탄제푸는 春(용)으로 고쳐 읽고 하인이라 해석한다. 그리하면 뜻이 불통이다.

42_ 且然(차연)=이 문장은 지금까지 解가 不可能하다고 포기했었다. 어떤 이는 '장차 일이 잘될 듯하면 일을 중지하지 말라'는 내용으로 解하고 있으나 너무나 엉뚱하다. 且=가령(未定之辭), 此也, 將也. 여기서는 此로 해석하되 변증법의 테제로 본다.

43_ 不可正(부가정)=테제는 반드시 옳은 것은 아니다. 지금까지는 正을 止로 보고 一以止로 읽고 '바로잡다'로 해석했으나 따르지 않는다.

44_ 用工(용공)=검증을 뜻한다. 用=소비. 工=功, 생산을 뜻한다.

45_ 已(이)=止也, 畢也, 成也. 즉 止揚된다는 뜻. 여기서 철학적인 용어를 피하고 명확하게 '이루다'의 뜻으로 해석한다.

46_ 이 문장은 誤脫이 심해 정설이 없으나 辨證法을 말하고 있는 것은 분명하다.

11 均 [균등]

고른 것은 끊어지지 않는다.	均之絕不[47]
균등한 것에 대하여 말하는 것이다.	說在所均.
균등. 머리칼이 균등하게 매달린 것과 같다.	均 髮均縣
그러나 가볍다가 무거워지면 끊어진다. 고르지 않기 때문이다.	輕重而髮絕[48] 不均也.
고르게 하면 끊어질 리가 없는 것이다.	均其絕也莫絕.[49]

12 堯之義 [요임금의 의로움]

요임금이 의로운 것은 지금도 명성으로 살아 있으나	堯之義也, 生於今[50]
옛날 일이므로 때가 다르다.	而處於古 而異時
의로운 것도 명名과 실實이 있음을 말한 것이다.	說在所義二.[51]
요임금은 야위었다.	堯霍[52]
그러나 어떤 이는 사람을 명성名聲으로 보고	或以名視人
어떤 이는 사람을 실체로 본다.	或以實視人
요임금은 황제였다고 말한다면	舉堯寔帝也[53]
이것은 사람을 이름으로 본 것이며	是以名視人也
요임금은 야위었었다고 말한다면	指是臛也.

47_ 絕不(절불)=不絕의 잘못.

48_ 輕重而髮絕(경중이발절)=지금까지는 모두 무게중심으로 이해하고 물리적 平衡으로 해석해 뜻이 통하지 않았다. 그러나 이 글에서 均과 輕重은 물리가 아니라 정치적 평등과 貴賤을 유추한 것이다. 『열자』「湯問」편에도 같은 취지의 글이 있다. '均. 天下之至理也. 連於形物亦然. 均髮均縣 輕重而髮絕 髮不均也. 均也. 其絕也莫絕. 人以爲不然 自有知其然者也.'

49_ 均其絕也莫絕(균기절야막절)=『열자』「탕문」편의 '均也, 其絕也, 莫絕'과 같은 뜻이다.

50_ 生於今(생어금)=聲於今의 誤.

51_ 所義二(소의이)=뜻이 名·實 두 가지로 나뉜다.

52_ 堯霍(요곽)=아래 문단에는 臛으로 되어 있다. 臛은 고깃국 또는 爃이다. 뜻이 不通이다. 여기서는 모두 臞로 읽는다. 『文子』「自然」편에서 '神農形悴 堯瘦腰'라 했으므로 따른다.

53_ 舉堯寔帝也(거요식제야)=판본에는 '舉友富商也'로 되었으나 장천이의 의견에 따라 교정했다.

이것은 실물로 본 것이다.   是以實視人也.

요임금이 의롭다는 것은 오늘날에 있어서는 명성이며   堯之義也 是聲也於今

의를 실제로 행한 것은 옛날 옛적의 일이다.   所義之實處於古.

마치 성문과 창고의 거리가 먼 것과 같다.   若殆於城門與於臧也.[54]

▉13▉ 狗犬 [짖는개는개다]

짖는 개는 개다.   狗犬[55]也

그러나 '짖는 개(狗)를 죽인 것은   而殺狗

개(犬)를 죽인 것은 아니다'라고 하면 옳지 않다.   非殺犬也 不可[56]

하나의 물건에 이름(名)이 중복되는 '중명重名'을 말한 것이다.   說在重.

짖는 개는 개다.   狗 狗犬也.

짖는 개를 죽인 것은 개를 죽인 것이라고 말한다면 옳다.   謂之殺犬可

한 몸에 두 개의 종기와 같다.   若兩脆.[57]

▉14▉ 使 [행위는물든것]

민중을 의롭게 한다.   使殷美[58]

부리는 것에 대해 말하는 것이다.   說在使.

54_ 若殆於城門與於臧也(약태어성문여어장야)=성문과 창고의 거리가 먼 것과 같다. 혹자는 본편 (34) 喪子의 「경설」
     부분으로 옮겨야 한다고 주장한다. 殆=迨의 誤. 臧=창고, 藏.

55_ 狗犬(구견)=狗吠로 읽는다. 원래 『설문』에서는 狗를 犬句聲이라 했다.

56_ 而殺狗非殺犬也 不可(이살구비살견야 불가)=舊本에는 '謂之殺犬可'로 되어 있다. 손이양의 의견에 따라 교정했음.
     「소취」편에서 '是而不然', 즉 '도둑을 죽인 것은 사람을 죽인 것은 아니다'와 같은 내용이다.

57_ 脆(괴)=큰 종기. 어떤 이는 傀의 誤로 보고 塊와 같은 뜻이라 하여 獨居之貌라 한다. 그러나 그대로 두고 한 뿌리의
     두 종기로 解한다. 어떤 이는 髀로 읽는다. 뜻은 같다.

58_ 使殷美(사은미)='衆을 義롭게 한다'로 해석한다. 殷=衆也. 盛樂의 뜻이다. 美=義와 자주 錯簡된다. 그러나 지금까
     지 使役義, 使殷義, 使啓殷義 등으로 고쳐 읽는 이들이 있었다(啓는 前軍, 殷은 後軍). 그러나 뜻이 不通이다. 학자
     들은 不詳이라 하면서도 각자 작문하다시피 여러 해석을 시도했으나 뜻이 不通하거나 아무 의미 없는 글로 만들었
     을 뿐이다. 그러나 이것을 글자 그대로 解하면 「소염」편을 설명한 중요한 글이 된다.

부림(使)이란 명령으로 남을 시키는 것이다.　　　　　　使 令使他⁵⁹

나는 나를 부린다.　　　　　　　　　　　　　　　　　我使我

내가 나를 부리지 못하면 남이 나를 물들여 부린다.　　我不使 亦使我

전쟁은 민중을 물들여 시킨 것이며　　　　　　　　　殷戈 亦使殷⁶⁰

의롭지 못한 것도 민중을 물들여 시킨 것이다.　　　　不美亦使殷.⁶¹

15 具 [구비 조건]

초나라는 크다. 그러나 초나라 소택은 얕다.　　　　　荊之大 其沆⁶²淺也

구비한 조건에 대해 말하는 것이다.　　　　　　　　　說在具.⁶³

초나라 소택은 초나라가 구비한 것 중의 하나다.　　　荊沆 荊之貝也.

그러므로 소택이 얕다고 초나라가 얕은 것은 아니다.　則沆淺 非荊淺也

이二가 변하면 일一이 된다는 말과 같다.　　　　　　若易二之一.⁶⁴

16 意也 [마음의 무지]

기둥을 둥글다고 생각하는 것은　　　　　　　　　　以楹爲摶⁶⁵

지각이 없이 생각한 것뿐이다.　　　　　　　　　　　於以爲無知⁶⁶也

59_ 他(타)=판본은 也로 되었으나 교정했음.

60_ 殷戈 亦使殷(전과 역사전)=전쟁은 대중을 물들이고 가르쳐 시킨 것이다. 戈=전쟁. 어떤 이는 戈를 義로 보기도 하
　　지만 뜻이 不通이다. 亦=示(所染의 뜻). 殷=股, 즉 衆의 誤. 손이양은 假로 본다.

61_ 不美亦使殷(불미역사전)=不義示使衆으로 읽는다. '불의를 하는 것도 大衆을 가르쳐, 즉 물들여(所染) 시킨 것'이라
　　는 뜻이다.

62_ 沆(항)=大澤也.

63_ 具(구)=구비, 판비하다, 갖추다. 탄제푸는 貝로 보고 화폐로 解하나 억지 같다.

64_ 若易二之一(약역이지일)=舊本은 '若易五之一'로 되었고, 若五與之一比로 해석했다. 그러나 五와 一을 비교하는
　　것은 의미가 없다. 易=變也, 換也, 象也. 之=變也, 出也, 遺也. 직역하면 '五가 변하여 一을 남긴다'는 뜻이 된다.
　　그러나 뜻이 不通이다. 따라서 五를 二의 誤로 본다. 一은 '偏棄之[經/下篇/上列 (4)]'를 말한다. 二는 '不可偏去
　　[經/下篇/上列 (6)]'를 말한다. 즉 一은 全體며, 二는 나뉜 部分을 뜻한다. 다시 말하면 一은 太極, 二는 陰陽을 뜻
　　한다. 易에서 음양 二氣가 하나의 태극으로 바뀐다는 말과 같다.

65_ 摶(단)=圓也.

마음에 대해 말하는 것이다.　　　　　　　　　　　　說在意.[67]

기둥이 둥근 것은 그것을 그렇게 본 것이다.　　　　　以楹之搏也 見之

마음으로 생각하는 것은 바뀌지 않는다.　　　　　　其於意也不易

지각이 없이 마음으로만 보면　　　　　　　　　　　先[68]智意相[69]也

마치 기둥을 회초리보다 가볍다고 생각하는 것과 같다.　若楹輕於秋[70]

마음은 넓은 바다처럼 귀속할 곳이 없기 때문이다.　　其於意也洋然.[71]

17　意未可知 [마음은 지각할 수 없다]

마음은 지각할 수 없다.　　　　　　　　　　　　　意未可知

마음이 바르게 쓰이려면 지각의 대상을 만나야 함을 말한다.　說在可用過仵.[72]

다지기, 망치, 송곳 등은　　　　　　　　　　　　段椎錐[73]

신발을 만드는 데 갖추어야 할 유용한 도구들이다.　　俱事於履可用也.

신발을 만들기 위해서는 신발이 망치를 만나야 하고　成繪履過椎

망치가 자기의 역할을 이루려면 신발을 만나야 하는 것은　與成椎過繪履

짝을 만난다는 점에서는 동일하다.　　　　　　　　同過仵也.

66_ 無知(무지)=지각이 없음. 기둥이 둥근 것은 規로 재보아야 알 수 있을 뿐 눈으로는 알 수 없다. 이것이 묵자의 과학적 지혜다.

67_ 意(의)=心之所發也. 志之發心所響. 즉 의향.

68_ 先(선)=先은 旡의 誤.

69_ 相(상)=想으로 解하나 相 자 그대로 視의 뜻이다.

70_ 秋(추)=萩의 錯簡. 秋毫로 읽기도 한다.

71_ 洋然(양연)=바다와 같이 양양하다. 혹자는 詳으로 解한다.

72_ 可用過仵(가용과오)=可用은 可施行也, 功用, 器用의 뜻. 過仵는 說에서는 過件으로 표기됐으나 過仵로 읽는다. 過=遇의 誤. 作=짝. 그러나 필원은 午, 즉 交又, 손이양과 장혜언은 悟, 즉 逆으로 解한다. 혹자는 過와 用을 대립시켜 논리적 역설로 解한다. 따르지 않는다.

73_ 段椎錐(단추추)=모두 신발 만드는 도구. 段=다지는 것. 推=두드리는 것. 錐=송곳.

18 建位 [서 있는 위치]

하나는 둘보다 적다.	一少於二
그러나 하나를 좌로 단위를 옮기면 열이므로 다섯보다 많다.	而多於五.
주판에서는 위치에 따라 다르다는 것을 말하는 것이다.	說在建位.[74]
하나. 주판에서는 다섯은 하나가 되고 하나는 다섯이 된다.	一. 五有一焉 一有五焉.
따라서 주판에서는 열은 둘이 되기도 한다.	十二焉.[75]

19 端 [원자]

원자原子. 반으로 나눌 수 없고, 쪼갤 수 없는 것은	非半弗斲[76]
움직이지 않는 것이다(부피가 없을 때까지 쪼갠 것).	則不動
원자에 대하여 말하는 것이다.	說在端.[77]
쪼개서 절반이 될 수 없는 것.	非斲半
계속 쪼개 나가면 처음 비롯됨을 얻는다.	進前取也[78]
끝까지 쪼개 나가면 중심이 남을 것이며	前[79]則中
이것은 다시 반으로 나눌 수 없는 것이다.	無爲半[80]
점과 같은 것이다.	猶端也
끝까지 쪼갠 후에야 얻는 것이므로 점 자체가 중심이다.	前後取[81] 則端中也.

74_ 建位(건위)=옛 주산은 위에 二, 아래에 五였다. 따라서 上一當五, 左一而當十, 즉 右十而當左一이다. 建=立. 位= 珠算의 位置.

75_ 十二焉(십이언)='十은 二다'라는 말은 주판 單位인 위 칸에 두 개가 있는 것을 말한다. 혹자는 一二焉으로 고쳐 읽 어야 한다고 말한다. 그들의 뜻은 '一은 二位, 즉 單位와 進位 두 가지 위치가 있다'는 뜻이다.

76_ 斲(작)=쪼개다, 깨뜨리다, 破也. 판본에는 斳으로 되어 있으나 이는 斲의 正字다.

77_ 端(단)=상편 하열 (12) 端에 설명되어 있다. 넓이가 없는 最前者라 한다. 原子, 點.

78_ 進前取也(진전취야)=쪼개는 것을 끝까지 계속하여 취한 것, 즉 最前者를 말한다. 前=進也, 先也. 『설문』에서는 齋 斷也.

79_ 前(전)=最前, 즉 끝까지 잘라낸 것.

80_ 中無爲半(중무위반)=더 이상 잘라낼 수 없으면 중심이며 반으로 나눌 수 없는 것이다. 中=중심.

81_ 前後取(전후취)=이것은 剪而後取의 뜻. '쪼갠 후에 얻어지는 것', 그러나 학자들은 '앞뒤에서 취한다'로 해석하는

쪼개면 반드시 반으로 나뉘는 것인데 　　　　　　　斯必半

아마도 반쪽으로 나뉠 수 없으면 쪼갤 수도 없는 것이다. 　毋與非半[82] 不可斯也.

20 不可無 [무無는 불가하다]

무無로 되는 것. 존재하는 것은 제거할 수 없다. 　　　　可無[83]也 有之而不可去.

불에 타버린 것에 대하여 말하는 것이다. 　　　　　　說在嘗然.[84]

무로 되는 것. 주어진 것을 없앤 것은 곧 그만큼 준 것이다. 　可無也. 亡給則當給[85]

그러므로 무로 될 수 없는 것이다. 　　　　　　　　不可無也.

시간은 잴 수 있는 유궁有窮이요 잴 수 없는 무궁無窮이다. 　久 有窮無窮[86]

재는 자(尺)보다 작은 것을 유궁有窮이라 하고 　　　　或不容尺有窮

재는 자보다 큰 것은 잴 수 없으므로 무궁無窮이라 한다. 　莫不容尺無窮.[87]

것이 보통이다.

82_ 毋與非半(무여비반)=반으로 쪼갤 수 없는 것. 더 이상 쪼갤 수 없는 原子를 지칭한 듯. 오늘날 과학에서도 原子를 쪼갤 수 없으며, 쪼개면 분열되어 버린다. 원자 이하의 물질이라고 하는 素粒子는 아직도 물질인지 정신인지 판명되지 않고 있다. 毋與=毋及.

83_ 可無(가무)=묵자는 無를 둘로 나눈다. 하나는 有를 기다리는 無 즉 無有이며 둘째는 有를 기다리지 않는 太初의 無, 즉 無極이다(본편 (8) 無 참조). 그러나 여기서는 '없어져버리는 것' 즉 無로 되는 것을 말하고 있다.

84_ 嘗然(상연)=일찍 불사른 것. 그러나 지금까지는 常然으로 고쳐 읽고 '항상 그러한 것'으로 해석해 왔다. 嘗=일찍, 시험할. 然=燒也.

85_ 亡給則當給(망급즉당급)=의미는 亡給이면 곧 當給이 있다는 뜻. 없어진 공급만큼 곧 그만치 공급된 것'이라는 내용이다. 물질불멸설을 말한다. 지금까지 학자들은 已給則常給으로 또는 已然則常然으로 해석해 왔으나 뜻이 통하지 않는다. 亡給=舊本에서는 已給으로 되었으나 교정했음. 已와 亡은 古文에서는 자형이 비슷하다. 當=『설문』에 田相値也라 했으므로 値의 뜻이다.

86_ 久有窮無窮(구유궁무궁)=이 구절 이하는 하편 상열 (15) 字徙로 옮겨 읽는 것이 좋을 듯하다. 탄제푸는 본편 (22) 宇로 옮겨 읽는다.

87_ 或不容尺有窮 莫不容尺無窮(혹부용척유궁 막부용척무궁)=상편 상열 (39) 窮에서 옮긴 것이다. 즉 잴 수 있는 것은 有窮이며 尺으로 잴 수 없는 것은 無窮인데, 時間도 有窮無窮이 있다면 그것은 宇가 옮기므로(아인슈타인의 場을 상상하라) 시간을 재는 尺이 달라지므로 有窮이 있을 수 있다.

21 正丸 [둥근 천체]

바르게 둥근 것은(천체) 매달 수 없다.

둥근 원구에 대하여 말한다.

바르게 둥근 것(천체).

멈추는 곳이 없으며 중심은 돌지 않는다.

둥글기 때문이다.

正篇[88] 不可擔[89]

說在搏.

正丸

無所處[90] 而不中縣[91]

搏也.

22 宇 [공간]

공간. 가까운 곳으로 나아갈 수 있을 뿐이다.

존재를 펴는 곳에 대하여 말하는 것이다.

공간. 존재는 공간을 떨쳐 버릴 수 없다.

앞으로 나아간다 해도

시간에 따라 가까운 곳에서 먼 곳으로 갈 수 있을 뿐이다.

宇. 進無近[92]

說在敷.[93]

宇. 區宇[94]不可偏擧[95]也

進行者

先敷近 後敷遠.

23 久 [시간]

행동의 순서가 시간이다.

선후先後에 대하여 말하는 것이다.

行循[96]以久

說在先後.

88_ 正篇(정천)=舊本은 正而로 되었으나 탄제푸의 의견에 따라 교정했음. '둥근 대바구니'이지만 천체의 둥근 것을 말한다고 해석한다. 따른다.

89_ 擔(담)=매다, 지다(所負)의 뜻. 그러나 손이양은 搖(흔들린다)의 變體라 읽는다. 따르지 않는다.

90_ 處(처)=止, 定.

91_ 縣(현)=轉의 뜻으로 읽는다.

92_ 進無近(진무근)=지금까지는 空間은 遠近이 없다로 해석해 왔다. 그러나 다음 글과 맞지 않는다. 無=毋로 語氣詞일 뿐 뜻이 없다.

93_ 敷(부)=펴다, 施也, 布也.

94_ 區宇(구우)=우주의 한 공간. 宇=상편 상열 (38) 宇宙 및 하편 상열 (15) 宇徙 참조.

95_ 偏擧(편거)=글자대로라면 치우치게 움직인다는 뜻. 偏=옛날에는 翩과 通用됐다. 擧=鳥飛.

96_ 循(순)=修의 誤라 한다(장혜언). 修=길이, 長也. 그러나 循은 차례.

운행. 길을 가는 데는   行 行者

먼저 가까운 곳에서 시작하여 먼 곳으로 간다.   必先近而後遠

멀고 가까운 것은 길이요, 먼저 하고 뒤에 하는 것은 시간이다.   遠近修也 先後久也

백성의 행실이 닦이려면 반드시 시간이 필요하다.   民行修[97] 必以久矣.

24 方 [꼴]

본이 같은 것들이 서로 더불어 함은   一法[98]者之相與[99]也

모양이 합치되기 때문이다.   盡貌[100]

마치 꼴이 서로 합치되는 것과 같다.   若方之相合也.

본받는 꼴에 대하여 말하는 것이다.   說在方.

꼴이 같으면 모양이 합치된다.   一方盡貌.

본받은 꼴은 같으나 물건은 다를 수 있다.   俱有法而異

어떤 것은 나무고 어떤 것은 돌이지만   或木或石

그것들의 꼴이 서로 합치되는 것을 방해하지 않는다.   不害其方之相合也.

모양이 같다는 것은 꼴이 같은 것이다.   盡貌猶[101]方[102]也.

사물은 모두 그런 것이다.   物俱然.

25 狂擧 [망언]

말이 어지러우면 사물의 다름을 깨닫는 것을 불가능하다.   狂擧[103] 不可以知異.

부당하게 고하는 것을 말한다.   說在有.[104]

97_ 民行修(민행수)=탄제푸는 '사람들이 길을 멀리 간다'로 해석한다.

98_ 一法(일법)=同法.

99_ 相與(상여)=서로 동료가 된다는 뜻. 장춴이는 相如로 해석한다.

100_ 盡貌(진모)=貌盡의 誤로 읽는다. 손이양은 盡類로 고쳐 읽고, 탄제푸는 政法으로 解한다. 따르지 않는다.

101_ 猶(유)=由.

102_ 方(방)=式, 矩의 뜻(方者中矩 : 周禮).

103_ 狂擧(광거)=妄說. 擧=言也. 상편 상열 (30) 擧를 참조할 것.

망언. 소와 말은 성질이 다르다.

그런데 소는 이빨이 있고 말은 꼬리가 있으므로

소는 말이 아니라고 말하는 것은 옳지 않다.

이것들은 둘 다 모두 가지고 있기 때문이다.

그것이 한쪽만 있거나 없는 경우라면

소와 말은 같은 종류가 아니라고 말할 수 있다.

또 소는 뿔이 있고, 말은 뿔이 없으므로

이것들은 종류가 같지 않은 것이다.

만약 소는 뿔이 있고 말은 뿔이 없음을 거론하며

이것들은 종류가 같다고 말하는 것은

말을 어지럽게 하는 것이다.

소는 이빨이 있고 말은 꼬리가 있다는 경우와 같다.

狂. 牛與馬惟[105]異

以牛有齒 馬有尾

說牛之非馬也 不可.

是俱有

不偏有 偏無

有日 牛之與馬不類.

用牛有角 馬無角

是類不同也.

若擧牛有角 馬無角

以爲是類之同也

是狂擧也.

猶牛有齒 馬有尾.

26 兼擧 [아울러 말하는 것]

'우마牛馬는 소가 아니다' 라는 말에 대해

옳다고 하거나 옳지 않다고 하거나 두 주장은 똑같다.

아울러 말하는 것에 대해 말하는 것이다.

우마라고 하면 어떤 것은 소가 아니므로

만일 '소가 아니다' 라고 말해도 옳은 말이다.

그런즉 어떤 것은 소가 아니고 어떤 것은 소이므로

'소가 분명하다'고 말하면 옳지 않다.

牛馬之非牛

不可[106]與可之同

說在兼.[107]

或非牛

而[108]非牛也可

則或非牛或牛

而牛也不可[109]

104_ 有(유)=『설문』에서는 '不宜有也'라 했다.

105_ 惟(유)=性의 잘못(유월). 혹은 唯雖의 뜻이라는 설도 있다.

106_ 不可(불가)=이 두 글자는 판본에서는 구절 앞에 붙어 있었으나 옮겨 교정했음.

107_ 兼(겸)=兼擧의 착오.

108_ 而(이)=故, 또는 만일.

그러므로 '우마는 소가 아니다'라고 말하는 것은	故曰 牛馬非牛也
다 옳은 것은 아니다.	未可.
마찬가지로 '우마는 소다'라고 말하는 것도	牛馬牛也
다 옳은 것은 아니다.	未可.
즉 어떤 것은 옳고 어떤 것은 옳지 않으므로	則或可或不可
만일 '우마는 소다'라고 말하는 것을	而曰牛馬牛也
'옳지 않다'고 말하는 것 역시 옳지 않다.	未可 亦不可.
또한 소는 둘로 나눌 수 없고 말도 둘로 나눌 수 없지만	且牛不二 馬不二
우마는 둘로 나눌 수 있다.	而牛馬二.
곧 소는 소가 아닐 수 없고 말은 말이 아닐 수 없으므로	則牛不非牛 馬不非馬
우마는 소도 아니고 말도 아니라고 말하는 것도 어렵다.	而牛馬非牛非馬 無[110]難.

27 彼此 [이것은 저것이다]

이것과 저것.	循此.[111]
'이것은 저것이다'와 '저것은 이것이다'는 같다.	循此與彼此[112] 同
다른 것에 대하여 말하는 것이다.	說在異.
이것과 저것. 명칭을 바르게 하면	彼此 正名者
'이것은 저것이다'는 '저것은 이것이다'라고 말하면 옳다.	彼此彼此[113] 可
'저것은 저것이다'는 저것에 그치고	彼彼止於彼
'이것은 이것이다'라고 하면 이것에 그칠 뿐	此此止於此.
'이것은 저것이다'라고는 할 수 없다.	彼此不可

109_ 而牛也不可(이우야불가)=판본에는 不 자가 문단의 맨 앞에 붙어 있었으나 옮김.

110_ 無(무)=无. 无=語氣辭. 아무 뜻이 없다.

111_ 循此(순차)=彼此의 誤로 읽는다. 이 문단은 도무지 解가 불가능하다.

112_ 循此與彼此(순차여피차)=此彼 與 彼此로 읽는다.

113_ 彼此彼此(피차피차)=此彼彼此로 읽는다.

'저것이 이것일 수 있다면

'이것은 저것이다' 하는 것도 역시 가능하다.

'저것은 이것이다'는 '저것은 이것이다'에 그친다.

그러나 만약 이처럼 저것이 이것이라고 할 수 있다면

저것은 역시 또한 이것이고, 이것 역시 또한 저것이다.

彼且¹¹⁴此也

彼此亦可¹¹⁵

彼此止於彼此.

若是而彼此也

則彼亦且此 此亦且彼也.

28 唱和 [동화]

가르쳐 인도하는 것과 배우고 따르는 것은

마음을 물들여 동화同和시키는 것이다.

인민을 이롭게 하는 것에 대하여 말하는 것이다.

가르쳐도 합하지 못하거나 충신忠信하지 못하면

쓸모없는 돌피와 같다.

배워도 합合하지 못하면 시키는 것을 다한 것이 아니며

가르쳐도 따르지 않으면 배우지 않는 것이나 같다.

지혜가 적어 배우지 못하면

반드시 인민을 이롭게 하는 공적이 적고,

따르려 해도 인도하지 않는 것은 가르치지 못한 것이며,

唱¹¹⁶和¹¹⁷

同串¹¹⁸心

說在功.¹¹⁹

唱無遇¹²⁰ 無所周¹²¹

若稗¹²²

和無遇 使也不得已.

唱而不和 是不學也.

智少而不學

必寡¹²³

和而不唱 是不敎也.

114_ 且(차)=가령.

115_ 彼此亦可(피차역가)=此彼亦可로 읽는다.

116_ 唱(창)=倡.『설문』에서는 導也, 敎也의 뜻.

117_ 和(화)=學也. 판본에는 串心이 患으로 잘못 표기되어 있다.

118_ 串(관)=習也.

119_ 功(공)=積也. 상편 상열 (34) 功에서는 '利民也'라 했다.

120_ 遇(우)=合也.

121_ 周(주)=偏也, 忠信也.

122_ 稗(패)=돌피, 소용없는 것.『설문』에 '禾別也'라 했다.

123_ 必寡(필과)=功必寡也.

지혜롭다 해도 가르치지 않으면　　　　　　　　智而不敎

인민을 이롭게 하는 공적은 자기에게서 그친다.　功適[124]息[125]

만약 남으로 하여금 남의 옷을 빼앗게 했으면　若使人奪人衣

죄의 무겁고 가벼운 차이일 뿐 똑같은 죄인이며,　罪或輕或重.

남으로 하여금 남에게 술을 대접했다면　　　　使人子人酒.

그것이 후하거나 박하거나 공덕이다.　　　　　或厚或薄.

29 聞 [들어 앎]

듣는 것. 모르는 것이 아는 것과 같다면　　　　聞 所不知若所知

이것은 둘 다 안 것이다.　　　　　　　　　　則兩知之

일러주는 것에 대하여 말하는 것이다.　　　　說在告.

듣는 것. 밖에 있는 것은 아는 것이고　　　　聞 在外者所知也

방 안에 있는 것은 모르는 것인데　　　　　　在室者所不知也.

어떤 이가 방 안의 물건의 색깔에 대해 말하기를　或曰 在室者之色

이것이 그 색깔이라고 했다면　　　　　　　　若是其色.

이는 모르는 것이 아는 것과 같다고 들은 것이다.　是聞所不知 若所知也.

검다 희다 한들 누가 이길 것인가?　　　　　猶白若黑也[126] 誰勝

이것이 그 색깔과 같다면　　　　　　　　　是若其色也.

만약 이것이 희다면 반드시 그것도 흴 것이다.　若白者必白

지금 밖의 물건의 색깔이 흰 것임을 알았으므로　今也智其色之若白也

보지는 못했으나 방 안의 물건도 흰 것임을 안 것이다.　故智其白也.

대저 명칭이란　　　　　　　　　　　　　夫名

124_ 適(적)=至也, 如也.

125_ 息(식)=止也, 體也, 寒也.

126_ 猶白若黑也(유백야흑야)=흰 것 같다, 검은 것 같다.

밝혀진 것으로써 알지 못한 것을 바르게 아는 것이며 以所明正所不知

모르는 것으로써 밝혀진 것을 의혹되게 하는 것이 아니다. 不以所不知疑所明

마치 잣대로써 모르는 것의 길이를 재는 것과 같다. 若以尺度所不智長

이 경우 밖에 있는 물건의 색깔은 친히 몸소 본 것이며 外親智也[127]

방 안의 물건 색깔을 알게 된 것은 室中

설명을 듣고 간접적으로 본 것이다. 說智也.[128]

30 誖 [어긋남]

말로 하는 것은 모두 어지럽다 하면 어긋난 말이다. 以言爲盡誖 誖[129]

말하는 것에 대하여 말하는 것이다. 說在其言.

말이란 본래 어지러운 것이라고 말하는 것은 잘못이다. 以言誖不可也

사람의 말이 옳은 것은 사실과 어긋나지 않기 때문에 出入之言[130]可 是不誖

옳다고 말하는 것이다. 則是有可也.

이 사람의 말이 옳지 않다 함은 之人之言不可

말은 타당하나 반드시 사실을 살피지 않은 탓이다. 以當必不審.

31 非名 [그릇된 명칭]

그릇된 명칭. 내가 이른 것을 남이 반응하게 하려면 惟[131]吾謂

그릇된 명사로는 불가능하다. 非名也則不可.

반응하는 것에 대해 말하는 것이다. 說在仮.[132]

127_ 外親智也(외친지야)=밖의 물건은 몸소 지각한 것. 상편 하열 (32) 聞은 '身觀焉親也'라 했다.

128_ 說智也(설지야)=설명을 듣고 지각한 것. 상편 하열 (31) 知는 '傳受之聞也 方不障說也'라 했다.

129_ 誖(패)=乖也, 사실과 어긋나다. 逆也, 도리에 어긋나다.

130_ 出入之言(출입지언)=다음의 之人之言과 같다(손이양). 之=是也.

131_ 惟(유)=옛 六經에서는 維唯三字가 通用되고 있다. 손이양은 唯, 즉 唯獨으로 解한다. 그러나 그대로 思也로 解한다. 어떤 이는 諾으로 解한다. 諾=應也, 思也와 뜻은 같다.

132_ 仮(가)=反也. 反=回還也.

내가 이른 것을 알았다면

'이것은 호랑이다'라고 하겠지만

'그것은 호랑이가 아니라 원숭이다'라고 한다면

마치 이것을 저것이라 이른 것이다.

이는 잘못 이른 것이므로

내가 이른 것을 생각하지 않는 것이다.

저들이 오히려 내가 이른 것을 생각했다면

내가 이른 것은 통한 것이다.

저들이 만약 내가 이른 것을 생각하지 않았다면

내가 이른 것은 통하지 못한 것이다.

惟謂

是霍[133]可

而猶之非夫霍也.

謂彼是是也.

不可謂者

毋惟乎其謂.

彼猶惟乎其謂.

則吾謂行.

彼若不惟其謂

則吾爲不行.

32 無窮不害兼 【무궁하다는 것은 겸애를 방해하지 않는다】

무궁하다는 것은 아우름(兼)을 방해하지 않는다.

가득한가 가득하지 않은가에 대해 말한 것이다.

무궁.

남방南方이 유궁(끝이 있음)하다면 다함(盡)이 있을 것이며

무궁(끝이 없음)하다면 다함이 없을 것이나

끝이 있는지 없는지는 알 수 없다.

그런즉 다함이 있는지 없는지도 알 수 없으며,

그 속에 사람이 가득한지 그렇지 않은지도 알 수 없다.

따라서 사람이 반드시 다함이 있는지 없는지도

알 수 없다.

無窮不害兼

說在盈否.

無[134]

南方有窮則可盡

無窮則不可盡.

有窮無窮 未可智

則可盡不可盡 未可智.

人之盈之否 未可智[135]

而必人之可盡不可盡

亦未可智

133_ 霍(곽)=손이양은 虎로 解한다. 어떤 이는 雀(학이 높이 나는 것)이라 한다.

134_ 無(무)=오탈이 있는 듯하다. 無窮으로 읽는다.

135_ 人之盈之否 未可智(인지영지부 미가지)=地球 또는 宇宙에 人間이 가득 찼는지 그렇지 않은지 알 수 없다.

그러므로 사람이 반드시 모두를 사랑할 수 없다는 말도   而必人之不可盡愛也

도리에 어긋난다.   誖.

만약 사람이 무궁한 우주에 가득 차지 않았다면   人若不盈無窮

사람은 유궁(끝이 있는 것)한 것이다.   則人有窮也.

따라서 유궁한 사람을 모두 사랑하는 것도 무난할 것이다.   盡愛有窮[136]無難

또한 만약 무궁한 우주에 사람이 가득 찼다면   盈無窮

무궁한 우주도 다함이 있는 것이다.   則無窮盡也

따라서 무궁한 사람을 모두 사랑하는 것도 무난할 것이다.   盡愛無窮[137]無難.

33 *愛之盡也無難* 【모두를 사랑하는 것은 불가능하지 않다】

사람의 수는 모르지만   不知其數

그것이 다함이 있는 것만은 알 수 있다.   而知其盡也

밝게 비추어주는 하느님에 대하여 말하는 것이다.   說在明者.[138]

그 수를 모르면서   不知[139]其數

백성들을 모두 사랑하는 것을 어떻게 아는가?   惡知愛民之盡也

어떤 사람이 그가 비추어준 것을 잊었지만   或者遺[140]乎其明也

사람들을 모두 비추었다면 그들을 모두 사랑한 것이다.   盡明人 則盡愛其所明.

만약 그 숫자를 모른다 해도   若不智其數

136_ 盡愛有窮(진애유궁)=판본은 '盡有窮'으로 되었으나 愛를 보충하여 교정했음.

137_ 盡愛無窮(진애무궁)=판본은 앞글과 똑같이 '盡有窮'으로 되었으나 대칭으로 교정했음. 지금까지는 이 문장의 참
뜻을 몰랐기 때문에 有窮과 無窮의 대칭을 놓치고 不詳이라 했다. 그러나 이 글은 兼愛를 부정하는 반대자들을 논
박한 글이다. 인민은 無窮한 것이니 두루 사랑한다는 兼愛는 불가능하다는 논박에 대해, 묵자는 무궁한 것도 모두
사랑할 수 있다고 반박한 글이다.

138_ 明者(명자)=손이양은 問과 明이 서로 같이 혼동되어 쓰였는데 모두 問으로 고쳐야 한다고 말한다. 그러나 나는 오
히려 明으로 통일해 표기했다. 만유를 비추어주는 하느님을 지칭한 것이다.

139_ 不知(부지)=판본은 '二不知'로 되었으나, 二는 衍文으로 보고 삭제했음.

140_ 遺(유)=亡也, 失也.

모두를 사랑했음을 아는 것은 불가능하지 않다.　　　　　而智愛之盡也 無難.

34　喪子 [잃어버린 아이][141]

그가 있는 곳을 몰라도　　　　　　　　　　　　　不知其所處

그를 사랑하는 것은 방해하지 못한다.　　　　　不害愛之.

잃어버린 아이를 사랑하는 것에 대해 말하는 것이다.　說在喪子者.

35　仁內義外非也 [인은 마음이요, 의는 행동이라는 말은 망언이다]

인仁은 마음(內)이요 의義는 행동(外)이라 하지만　　仁義之爲內外也[142]

이는 망언이다.　　　　　　　　　　　　　　　內.[143]

얼굴을 안과 밖으로 나누는 것에 대해 말한 것이다.　說在仵[144]顔.

어짊. 인仁은 애愛요, 의義는 이利다.　　　　　仁. 仁愛也 義利也.

사랑과 이로움은 나의 마음이요,　　　　　　　愛利此也.

사랑한 것과 이롭게 한 것은 너에 대한 행동이다.　所愛所利 彼也

사랑(愛)과 이로움(利)은 서로 안과 밖이 될 수 없으며　愛利不相爲內外

사랑한 것(所愛)과 이롭게 한 것(所利)도　　　　所愛所利

역시 서로 안과 밖이 될 수 없다.　　　　　　　亦不相爲外內.

유가들이 말하는 인내의외설仁內義外說은　　　其爲仁內也 義外也.

사랑하는 마음과 이로운 것을 말한 것에 불과하다.　舉愛與所利也[145]

141_ 「경설」 부분은 탈락되어 알 수 없다.

142_ 仁義之爲內外也(인의지위내외야)=이 말은 맹자가 묵자의 제자 告子와 토론하며 한 말이며, 『관자』 권10 「戒」편에
　　도 나와 있는 말로서 '仁從中出, 義從外作'을 지칭한 것이다. 爲=謂와 通用.

143_ 內(내)=因, 즉 罔(망)의 錯簡이다. 그러나 지금까지 학자들은 仁도 義도 모두 마음속(內)에 있다고 해석했다. 그렇
　　다면 묵자는 맹자와 똑같이 唯心主義者가 되므로 따를 수 없다.

144_ 仵(오)=偶敵也. 乘悟로 解하기도 한다. 그러나 仵의 錯簡으로 본다. 仵=分也.

145_ 舉愛與所利也(거애여소리야)=愛는 사랑하는 마음. 所利는 이로움을 받는 자. 따라서 仁內는 사랑을 말하고 義外
　　는 所利를 말한 것임.

이것은 망언이다.   是狂擧也

오른쪽 눈으로 들어가서 왼쪽 눈으로 나온다는 말과 같다.   若左目出 右目入.

36 學之無益也誖 [배움이 무익하다는 가르침은 모순이다]

배우는 것이 무익하다고 한다.   學之無益也.

비방에 대하여 말하는 것이다.   說在誹者.[146]

배움이 무익함을 알지 못한다고 생각하여   學也 以爲不知學之無益也.

그것을 가르쳐주는 것은 옳다.   故告之也 是[147]

그러나 배움이 무익하다는 것을 알게 하는 것도   使智學之無益也

가르치는 것이다.   是敎也.

배움이 무익하다고 생각하면서 가르치는 것은 모순이다.   以學爲無益也敎 誖.[148]

37 理之可誹 [도리에 옳은 비난]

비난의 옳고 그름은 많고 적음에 달려 있는 것이 아니다.   誹之可否 不以衆寡

옳은 비난에 대해 말하는 것이다.   說在可非.[149]

비난. 논란과 비난의 옳고 그름은   誹 論誹之可不可

그것이 바른 도리인가에 달려 있다.   以理[150]

도리상 옳은 비난은 아무리 비난이 많다 해도   理之可誹 雖多誹

그 비난은 옳은 것이다.   其誹是也.

반면 그것이 도리에 어긋난 비난이면   其理不可非

146_ 誹者(비자)=손이양은 誖의 잘못이라 보나 그대로 둔다.

147_ 是(시)=옳다. 非의 對. 이것이라고 解해 왔으나 이 글의 참뜻을 모른 탓이다.

148_ 誖(패)=논리상 모순이다.

149_ 可非(가비)=可誹로 읽는다. 지금까지 可否로 解해 왔으나 잘못이다.

150_ 理(리)=理政, 道理. 正也, 바르다. 『묵자』에는 非가 많다. 「非儒」, 「非命」, 「悲樂」, 「非攻」 등. 특히 공자에 대한
    비판은 혹독하다. 그래서 유가들은 묵자는 비방이 많다고 비난했다. 이에 묵자는 도리에 맞는 비판인가를 물어야
    한다고 강조한다.

아무리 작은 비난이라도 그른 것이다.　　　　　　　雖少誹非也.

오늘날에 비난이 많은 것은 옳지 않다 하지만　　　　今也謂多誹者不可

이것은 장점을 단점이라고 말하는 것과 같다.　　　　是猶以長論短.[151]

38 非誹者詩 [비판을 비난함은 모순이다]

비판을 그르다 함은 모순이다.　　　　　　　　　　非誹[152]者 詩

그른 것이 아닌 것에 대해 말하는 것이다.　　　　　說在弗非.

비판을 그르다 함은 자기에 대한 비판을 그르다 하는 것이다.　非誹 非己之誹也.

비판을 그르다 할 수 없으며　　　　　　　　　　　不非誹

그른 것을 옳다 하는 것이 도리어 그른 것이다.　　　非可非也[153]

옳지 않은 것을 그르다고 말하는 것은　　　　　　　不可非也

그른 비판이라고 할 수 없다.　　　　　　　　　　是不非誹也.

39 物算 [물건의 셈]

물건의 셈. 물건을 셈하려면 지나침이 없어야 한다.　　物算[154]不甚

이와 같다는 것에 대해 말하는 것이다.　　　　　　　說在若是.

물건이 더 길거나 더 짧다면 이것과 같지 않은 것이다.　物甚長甚短 非若是也[155]

이것보다 길지도 않고 짧지도 않다면　　　　　　　莫長於是 莫短於是

이것은 이것과 같으며 지나치지 않은 것이다.　　　　是之是也 莫甚於是.

151_ 以長論短(이장론단)=장점을 단점으로 논단한다는 뜻. 지금까지는 '길고 짧은 수량'으로 생각했으나 잘못이다.

152_ 非誹(비비)=이 문장의 핵심은 非와 誹를 구분하는 것이다. 이것을 혼동하여 지금까지는 아무 뜻도 없는 글로 왜곡
　　 시켜 왔다. 非=그르다, 비난을 그르다 한다. 誹=묵자는 明惡(악을 밝힘)이라 했다〔상편 상열 (29) 誹 참조〕.

153_ 非可非也(비가비야)= 非를 可라 함은 非다. 그러나 지금까지는 '비난은 비난받을 수 있다(可非)'로 해석해 왔다.

154_ 算(산)=판본은 甚으로 되어 있으나 교정했다. 손이양, 유월, 탄제푸 등은 箕로 읽는다.

155_ 非若是也(비약시야)=이것은 '非是也者'로 되어 끝에 붙어 있었으나, 고쳐서 옮겨놓은 것이다.

40 求上 [신분이동]

신분 이동.[157]

아랫사람을 찾아 윗자리로 오르기를 청한다.	取[157]下以求[158]上也
봉록에 대하여 말하는 것이다.	說在澤.[159]
자리의 높고 낮음을 취하는 것은	取高下
선善·불선不善에 따라 헤아려야 한다.	以善不善爲度
산과 못처럼 항상 높고 항상 낮은 것이 아니다.	不若山澤.
아래에 처했다 해도 윗사람보다 선하면	處下善於處上
아랫사람을 윗자리로 청해야 한다.	下所請上也.[160]

41 是不文 [옳은 것은 문채에 있지 않다]

옳은 것. 옳은 것과 사실은 같아야 한다.	是 是與是[161]同
옳은 것은 문장에 달려 있지 않음을 말하는 것이다.	說在不文.[162]
옳은 것. 이것이 옳다 함은 사실을 말하기 때문이다.	是 是則是 且寔焉[163]
오늘날에 옳은 것이란 사실을 문장으로 꾸민 것일 뿐	今是文於寔
사실과 같지 않다.	而不如寔[164]

156_ 원문은 탈락된 듯하다.

157_ 取(취)=索也, 受也.

158_ 求(구)=等也.

159_ 澤(택)=봉록과 같은 뜻. 澤宮(禮射儀, 澤者所以擇土也).

160_ 下所請上也(하소청상야)=지금까지는 請을 誠也로 읽고 '아래에 있어도 진실로 위가 된다'는 도가의 글처럼 해석해 왔다. 그러나 請=求也. 「경」의 求上과 「경설」의 請上은 같은 뜻이다.

161_ 是(시)=寔으로 읽는다. 寔=實과 通用된다. 지금까지 이 문장은 誤脫이 심하여 解가 불가능했다. 是와 寔이 구분되지 않았기 때문이다.

162_ 不文(불문)=舊本은 '不州'로 되었으나 장혜언의 의견에 따라 교정했다. 文=事實이 아닌 文字, 文理, 文飾을 말함.

163_ 且寔焉(차시언)=판본은 '且是焉'으로 되어 있으나 교정했음. '사실을 말한 것'의 뜻.

164_ 是文於寔 而不如寔(시문어시 이불여시)=판본은 '是文於是 而不於是'로 되어 있으나, 앞의 於是는 於寔으로, 뒤의 於是은 如寔으로 교정했음.

그러므로 옳은 것은 문장에 있지 않다.　　　　　　故是不文.

옳은 것은 문장에 있지 않다면　　　　　　　　　是不文

옳은 것은 도리어 글로 꾸미지 않은 것이다.　　　則是而不文焉.

오늘날에 옳은 것은 사실을 꾸미지 않았는데도　　今是不文於寔

사실과 같지 않다고 말한다.　　　　　　　　　而不如寔[165]

그러므로 문장으로 꾸미거나 꾸미지 않거나　　　故文與不文

옳은 것에 있어서는 마찬가지라고 말하는 것이다.　是同說[166]也.

165_ 是不文於寔 而不如寔(시부문어식 이불여식)=판본은 '是不文於是 而文於是'로 되었으나 교정했음.

166_ 文與不文 是同說(문여불문 시동열)=판본은 '文與是不文 同說'로 되었으나 是를 옮겨 교정했음.

한 사람을 죽여 천하가 보존됐다 해도 살인은 천하를 이롭게 하는 것이라고 말할 수 없다. 그러나 자기를 죽여 천하가 보전됐다면 자기를 죽인 것은 천하를 이롭게 한 것이라고 말할 수 있다.

1

하느님이 인민을 사랑하는 것은	天[1]之愛人也
성인이 인민을 사랑하는 것보다 두루 넓다.	薄[2]於聖人之愛人也
하느님이 인민을 이롭게 하는 것은	其利人也
성인이 인민을 이롭게 하는 것보다 더욱 크다.	厚於聖人之利人也.
대인이 소인을 사랑하는 것은	大人之愛小人也
소인이 대인을 사랑하는 것보다 두루 넓다.	薄於小人之愛大人也
대인이 소인을 이롭게 하는 것은	其利小人也
소인이 대인을 이롭게 하는 것보다 더욱 크다.	厚於小人之利大人也.
부모를 위해 장례를 하는 것은	以臧[3]爲其親也
그로써 죽은 부모를 사랑한 것이라고 생각하지만	而愛之
실제로 부모를 사랑한 것은 아니다.	非愛其親也.
부모를 후하게 장례한 것으로	以臧爲其親也
부모를 이롭게 한 것이라 생각하지만	而利之
사실은 그의 부모를 이롭게 한 것은 없다.	非利其親也.
즐겁게 함으로써 자식을 사랑했다고 생각하지만	以樂爲愛[4]其子

1_ 天(천)=舊本에는 大로 되어 있다.
2_ 薄(박)=大廣, 晋也. 溥의 誤.
3_ 臧(장)=葬, 藏과 通用.
4_ 愛(애)=舊本은 利로 되어 있음.

자식을 위하려는 욕심일 뿐   而爲其子欲之

사실은 자기 자식을 사랑한 것이 아니다.   非⁵愛其子也

즐겁게 함으로써 자식을 이롭게 했다고 생각하지만   以樂爲利其子

사실은 자식을 위해 이롭기를 바랐을 뿐   而爲其子求之

실제로 자기 자식을 이롭게 한 것은 없다.   非利其子也.

2

겸兼을 나눈 분체分體는 경중이 있기 마련이다.   於所體 輕重之中⁶

경중을 헤아리는 것을 저울이라고 한다.   而權輕重之謂權.

저울은 옳은 것도 아니고 그른 것도 아니다.   權非爲是也 亦非爲非也.

저울은 한편으로 치우치지 않고 중정中正할 뿐이다.   權正⁷也

손가락을 잘라서 팔뚝을 보존할 수 있었다면   斷指以存腕

이익 중에서 큰 것을 취했고   利之中取大

해害 중에서 작은 것을 취한 것이다.   害之中取小也.

해 중에서 작은 것을 취한 것은   害之中取小也

해를 취한 것이 아니고 이利를 취한 것이다.   非取害也 取利也.

그것을 취하는 것은 사람마다 결정할 일이다.   其所取者 人之所執⁸也

도둑을 만났을 때   遇盜人

손가락을 잘림으로써 목숨을 건졌다면 이로운 것이지만   而斷指以免身 利也.

5_ 非(비)=손이양은 衍文으로 읽고 解한다. 따르지 않는다.

6_ 於所體 輕重之中(어소체 경중지중)=舊本은 '輕重' 두 글자가 없다. 吳鈔本을 따라 보충했음. 體=兼이 分한 것. 中=
   的矢也. 應也, 要也, 得也의 뜻이 있다.

7_ 正(정)=원뜻은 하나를 지켜 그치는 것(一止). 方直, 不曲을 말함. 여기서는 得中을 말한 것으로 저울대처럼 한편으로
   치우치지 않는 것을 뜻한다.

8_ 所執(소집)=고집하는 것, 지키는 것, 守也(堯曰 允執厥中: 論語).

도둑을 만난 것은 해로운 일이다. | 其遇盜人 害也.

손가락을 잘린 것과 팔뚝을 잘린 것이 | 斷指與斷腕

천하에 이익이 같다면 선택의 여지가 없다. | 利於天下相若 無擇也.

또한 죽고 사는 것이 천하에 이익이 같다면 | 死生利若一

선택의 여지가 없다. | 無擇也[9]

한 사람을 죽여 천하가 보존됐다 해도 | 殺一人以存天下

살인은 천하를 이롭게 하는 것이라고 말할 수 없다. | 非殺一人以利天下也.

그러나 자기를 죽여 천하가 보전됐다면 | 殺己以存天下

자기를 죽인 것은 천하를 이롭게 한 것이라고 말할 수 있다. | 是殺己以利天下.

일을 하는 가운데 | 於事爲之中

이해의 경중을 헤아리는 것은 인간의 욕구라지만 | 而權輕重之謂求

욕구대로 하는 것이 옳은 것만은 아니다. | 求爲之 非也[10]

해로운 것 중에서 작은 것을 취하라는 것은 | 害之中取小

의를 위한 것이지 이익을 위한 것은 아니다. | 求爲義 非爲利也.

3

폭인이 되는 것은 천성이므로 옳다고 한다면 | 爲暴人 語天[11]之爲是也

천성이 폭인을 만들었으므로 | 而性[12]爲暴人

하늘이 옳지 않다는 것을 칭송하는 것이다. | 歌天之爲非也.

9_ 死生利若一 無擇也(사생이약일 무택야)=손이양은 '非無擇'이어야 한다고 한다. 따르지 않는다. 손가락과 팔이 이익
이 같아도, 死生의 이익이 같아도 두 경우 모두 선택의 여지 없이 팔을 택하고 生을 擇해야 할 것이기 때문이다.

10_ 求爲之 非也(구위지 비야)=추구하는 것을 하는 것은 옳은 것이 아니라는 뜻이다. 또는 욕심대로 하는 것은 그르다는
뜻이다. 非=非義의 뜻.

11_ 天(천)=天然, 自然.

12_ 而性(이성)=판본은 '而性' 두 글자를 위 문장에 붙여놓았으나 따르지 않는다. 性=天命(天命之謂性 : 中庸).

물들여진 습관이 이미 만들어져 있다면	諸陳執 旣有所爲
나는 그 습관대로 행동한다.	而我爲之
습관이 하는 대로	陳執[13]之所爲
따라서 나는 행동한 것이다.	因吾所爲也.
만약 물들여진 습관이 아직 만들어져 있지 않다면	若陳執未有所爲
내가 습관을 만들어낸다.	而我爲之陳執
그리고 그 습관에 의지하여 나는 행동한다.	陳執因吾所爲也.
폭인이 된 것은 내가 천성대로 된 것이라 해도	暴人爲 我爲天之
남에게는 옳은 것이 아니다.	以人非爲是也
천성은 스스로 바르게 되는 것이 아니고	而性不可正
바르게 물들어야만 바르게 되는 것이다.	而正之.[14]
이익 중에서 큰 것을 취하는 것은 부득이한 것이 아니다.	利之中取大 非不得已也.
해로운 것 중에서 작은 것을 취하는 것은 부득이한 것이다.	害之中取小 不得已也
아직 가지고 있지 않은 것 중에서 취하라면	所未有而取焉
이익 중에서 큰 것을 취할 것이며,	是利之中取大也
이미 가지고 있는 것 중에서 버려야 한다면	於所旣有而棄焉
해로운 것 중에서 작은 것을 취할 것이다.	是害之中取小也.

4

의로움이 크면 후하게 해주고	義可厚 厚之
의로움이 작으면 박하게 하는 것은	義可薄 薄之

13_ 陳執(진집)=진부한 고집 또는 쌓인 습관, 오랫동안 물들여져 습관이 된 것. 판본은 '陳執執'로 되어 있으나 錯簡으로 보고 고쳤다.

14_ 而性不可正而正之(이성불가정이정지)=판본은 두 구를 분리해 놓았지만 두 句를 붙여 읽는다. 묵자에 의하면 本性은 물든 것이다. 따라서 本性은 가변적이라는 뜻이다.

덕행에 차등을 두어 차례 짓는 것이라고 말한다.　謂倫列[15]德行[16]

임금과 노장老長과 부모는　君上 老長 親戚

모두 후하게 할 분이다.　此皆所厚也.

그러나 어른에게 후하게 한다고 해서　爲長厚

어린이에게 박하게 하지는 않는다.　不爲幼薄.

친애함이 크면 후하게 대하고　親厚厚

친애함이 작으면 박하게 대한다고 한다.　親薄薄.

그러나 친애하는 사람을 후대하는 것은 좋은 일이지만　親至

친애함이 적다고 박하게 하는 것은 좋은 일이 아니다.　薄不至

의리상 가까운 사람에게 후하게 한다는 것은　義厚親

평등하게 하는 것이 아니고　不稱行

좋아하는 사람에게 편파적으로 대하는 것이다.　而類行.[17]

5

천하를 위해 우임금을 후대한 것은 우임금을 위한 것이다.　爲天下厚禹 爲禹也.

천하를 위해 우임금을 후대하는 것은　爲天下厚愛禹

우임금이 인민을 사랑한 것을 위해 주는 것이다.　乃爲禹之人愛[18]也

우임금의 한 일을 후대하는 것은 천하에 이익이 되지만　厚禹之爲 加於天下

우임금을 후대하는 것은 천하에 이익이 되지 않는다.　而厚禹 不加於天下[19]

15_ 倫列(윤열)=차례를 짓다, 差等.

16_ 德行(덕행)=舊本에는 아래 句에 붙어 있으나 따르지 않는다. 붙여 읽는다. 그러나 맹자의 達尊三에 따라 德行은 德, 君上은 爵, 親戚은 齒로 解하는 이도 있다.

17_ 不稱行 而類行(불칭행 이류행)=합당한 행동(시행)이 아니고 좋아하는 사람에 따라 分類하여 시행하는 것이다. 즉, 파당적으로 차별하여 시행하는 것을 뜻한다. 稱=副也(들어맞다), 相等也. 類=比也, 分也(方以類聚：周易/繫辭 上).

18_ 人愛(인애)=愛人이 전도된 것(손이양).

19_ 厚禹之爲 加於天下 而厚禹 不加於天下(후우지위 가어천하 이후우 불가어천하)=이 문장은 유가들의 행위를 비난하

도둑의 도둑질을 미워하는 것은 천하에 보탬이 되지만   若惡盜之爲 加於天下
도둑을 미워하는 것은 천하에 보탬이 되지 않는다.   而惡盜 不加於天下.

6

인민을 사랑하는 것은 자기를 저버리는 것이 아니다.   愛人不外己
자기도 그 사랑하는 인민 속에 있는 것이다.   己在所愛之中.
자기가 사랑하는 속에 머물러 있다는 것은   己在所愛
그 사랑이 자기에게도 이로운 것이다.   愛加於己.
도리와 차서次序는 자기를 사랑하는 것이고   倫列之愛己
인민을 사랑하는 것이다.   愛人也.
성인은 질병을 싫어할 뿐 위난을 마다하지 않으며   聖人惡疾病 不惡危難.
자기 몸을 바르게 하여 흔들림이 없다.   正體[20]不動
그러므로 오직 인민을 위한 이익만을 바라며   欲人之利也
인민을 위한 고난도 마다하지 않는다.   非惡人之害也.[21]
성인은 재물을 자기 집에 저장하지 않는다.   聖人不爲其室臧之
그러므로 사유私有를 비난한다.   故非於臧[22]
성인은 아들로서 부모에 대한 섬김을 다할 수도 없다.   聖人不得爲子之事.
성인의 법은 어버이가 죽으면 잊고   聖人之法 死亡[23]親
천하를 위하는 것이 천하의 어버이를 후대하는 분별이다.   爲天下也. 厚親分也.

　는 내용이다. 유가들에게 禹는 천자이므로 차별적으로 후대받아야 하지만, 묵자에게 禹는 그의 행적을 칭송할 뿐이
　지 禹를 차별적으로 후대할 수 없다는 뜻이다. 加=益也.

20_ 體(정체)=個體, 즉 兼을 分한 것.

21_ 人之害也(인지해야)=人之或害於己也로 읽는다.

22_ 在於臧(재어장)=私財를 비난하다. 즉 사적 소유를 반대한다는 뜻. 在=非의 誤. 在의 本字인 扗와 非는 字形이 비슷
　하다. 臧=藏의 正文.

23_ 亡(망)=忘也.

이미 죽으면 곧 그를 잊고	以死亡之.
제 몸을 다하여 천하의 이익을 일으켜야 하기 때문이다.	體渴興利.
천하 인민에게 후하게 할 뿐 박하게 하지 않으니	有厚而毋薄
도리와 차서는	倫列之
이익을 일으키고 자기를 위하는 길이다.	興利爲己.

7

어경語經은 말이 지켜야 할 길이다.	語經[24] 語經也
백마白馬가 아니라도 말이다.	非白馬 馬焉[25]
망아지를 잡고 말이라고 변론을 구해도	執駒焉 說求之
변론이 그른 것은 없다.	無說非也.
고기가 큰 것을 '더없이 크다'고 말하면 그르다.	魚大之舞大[26] 非也[27]
사재私財를 저장하는 것은 자기 자신을 사랑하는 것이지만	臧之愛己
자기와 인민을 동시에 사랑하는 것이 아니다.	非爲愛己之人也.
남에게 후한 것은 자기를 버리는 것이 아니다.	厚人不外己.
사랑은 후하고 박한 것이 없다.	愛無厚薄
자기 자신만을 내세우면 어진 이가 아니다.	擧己[28] 非賢也
의는 이로운 것이며 불의는 해로운 것이다.	義 利. 不義 害.
뜻은 인민을 이롭게 한 공적으로 분별해야 한다.	志 功爲辯.[29]

24_ 語經(어경)=論理學을 말한다.

25_ 非白馬 馬焉(비백마 마언)=公孫龍의 白馬非馬論(흰 말은 말이 아니다)을 반박한 것이다. 白馬非馬論을 뒤집으면
      '흰 말이 아니면 말이다'라는 논리가 된다. 그러므로 궤변이라고 한다.

26_ 魚大之舞大(어대지무대)=장혜언은 漁大之無大의 誤라고 한다. 따른다. 魚가 極大하니 더할 것이 없다는 뜻.

27_ 판본에는 뒤에 '三物必具 然後足以生'가 붙어 있었으나 어울리지 않는다. 본편 (15)로 옮긴다.

28_ 擧己(거기)=謀己로 본다. 자기만 앞세운다. 이기주의를 뜻한다.

8

'진나라 말(馬)이 있다'고도 하고 그냥 '말이 있다'고도 한다.	有有於秦馬 有有³⁰於馬也
내가 아는 것은 이 모두가 말이라는 것뿐이다.	智來者之馬也³¹
무릇 도술을 배운 사람이 사람을 사랑하는 방법은	凡學³²愛人
삼천대천세계를 사랑하는 것이나	愛衆衆世³³
사바세계를 사랑하는 것이나 다 같다.	與愛寡世³⁴相若
묵자가 말한 두루 평등한 사랑도 이와 같다.	兼愛之有相若.
상세를 사랑하는 것이나 후세를 사랑하는 것이나	愛尙世³⁵與愛後世³⁶
금세를 사랑하는 것과 하나처럼 같다.	一若今之世.
사람의 귀신은 사람이 아니지만	人之鬼 非人也
형의 귀신은 형이라고 부른다.	兄之鬼 兄也
귀신이고 사람이고 간에³⁷	
천하가 두루 이로운 것은 모두 기뻐하는 것이다.	天下之利驩³⁸
성인은 사랑만 있을 뿐 이利는 없다고 하는 것은	聖人有愛而無利
유가들의 말이거나	倪日³⁹之言也

29_ 志 功爲辯(지 공위변)=利民을 위한 노동 생산의 결과로써 賢과 不肖를 辨別해야 한다는 뜻. 功='「경설」편에는 '利民'이라 했다. 志=之로 된 판본도 있다.

30_ 有有(유유)=앞의 有는 접두사 又로 읽는다. 例 有利有弊. 이점도 있고 단점도 있다.

31_ 智來者之馬也(지래자지마야)=我但知來 此者之爲馬而己矣의 뜻. 來=동사 뒤에 쓰여 결과를 나타낼 뿐이다.

32_ 學(학)=學校 또는 道術者를 지칭한다.

33_ 衆衆世(중중세)=부처의 三千大天世界.

34_ 寡世(과세)=娑婆世界와 같은 뜻.

35_ 尙世(상세)=과거.

36_ 後世(후세)=미래세계. 尙世와 금世를 합하여 '三世'라 칭함. 진정한 사랑은 공간적으로는 우주 공간의 모든 衆生을 사랑하고, 時間的으로는 과거·미래·현재의 중생을 사랑한다는 兼愛의 사상을 표현한 것. 석가모니가 BC 544년에 죽었으므로 그 무렵에 태어난 묵자가 인도의 말을 쓴 것은 주목된다.

37_ 원문은 탈락된 듯하다.

38_ 驩(환)=懽과 同.

39_ 倪日(현왈)=손이양은 倪日을 儒者로 읽는다. 따른다.

외계인과 신선이나 하는 말이다.　　　　　　　　　　乃客之言也[40]

천하에 남이란 없다!　　　　　　　　　　　　　　　天下無人[41]

이것이 묵자의 말이다. 오직 이것뿐이다.　　　　　　子墨子之言也 猶在耳.

9

부득이하여 하려고 하는 것은 욕심이 아니다.　　　　不得已而欲之 非欲之也.

도둑이 부득이 도둑질하는 것도 마찬가지다.

재산이 많으면서 나누어 주려 하지 않고,[42]

재산을 감추어두려는 소유욕을 줄이지 않는다면　　非殺臧[43]也

아무리 도둑을 줄이려 해도 줄일 방법이 없다.　　　專殺盜非殺盜也.

작은 가락지도 큰 가락지도 둥근 것은 같다.　　　　小圜之圜 與大圜之圜同

한 자를 못 미친 것이나　　　　　　　　　　　　　方至尺之不至也

천 리를 못 미친 것이나 못 미친 것은 다르지 않다.　與不至 千里之不至 不異.

이르지 못한 점은 같으나 멀고 가까운 것을 말하는 것이다.　其不至同者 遠近之謂也.

반쯤 구슬도 구슬이다.　　　　　　　　　　　　　是璜[44]也 是玉也

기둥이라는 의미는 나무라는 의미가 아니다.　　　　意楹 非意木也.

기둥의 나무라고 해야 할까?　　　　　　　　　　　意是楹之木也.

가리켜진 사람의 의미는 사람을 의미하지 않는다.　　意指之人也 非意人也.

사냥이라는 의미는 짐승을 잡는 것을 뜻한다.　　　　意獲也 乃意禽也.

40_ 客之言也(객지언야)=이 句節은 後人이 註를 달았다가 本文에 낀 것으로 의심하는 이도 있다. '外界人의 말' 정도로
　　解한다.

41_ 天下無人(천하무인)=너와 나는 하나다. 남이란 없다. 너와 내가 없다는 것이 묵자 사상의 핵심 강령이다.

42_ 판본에는 없으나 문장의 연결로 보면 원문은 탈락된 듯하다.

43_ 殺臧(살장)=사적 소유 제도를 완화시킨다는 뜻. 殺=減也. 臧=藏, 즉 私財也.

44_ 璜(황)=半璧.

뜻과 공적은 서로 따르지 않는다.   志功不可以相從也.

인민을 이롭게 한 것은 그 인민을 위한 것이다.   利人也 爲其人也.

사람을 부유하게 한 것은 그 사람을 위한 것이 아니다.   富人[45] 非爲其人也

그를 부하게 함으로써 인민을 부유하게 하고   有爲也以富人.

인민을 부유하게 함으로써 인민을 다스리고   富人也治人

또 귀신을 위하는 것이다.   有爲鬼焉.

10

상을 주고 영예롭게 한 것은 한 사람을 이롭게 한 것이다.   爲賞譽利一人

그러나 상과 영예는 모든 사람을 이롭게 하지는 못한다.   非爲賞譽利人也

역시 사람보다 귀한 것이 없는 경지는 이르지 못한 것이다.   亦不至無貴於人.

부모를 이해하는 것은 한 가지를 이롭게 한 것이지만   智親之一利

아직 효도라고는 할 수 없다.   未爲孝也

역시 자신을 위하지 않는 것이   亦不至於智不爲己之

부모를 이롭게 한다는 것을 아는 데는 이르지 못했다.   利於親也

이 세상에 도둑이 있다는 것을 알지만   智是世之有盜也

모두가 이 세상을 사랑한다.   盡愛是世.

그러나 집안에 도둑이 있는 것을 알면   智是室之有盜也

집안 모든 사람을 (의심하여) 사랑하지 않는다.   不盡是室也.[46]

45_ 富人(부인)=爵祿을 주어 부하게 만든 사람이다. 治人의 결과다. 賞을 받아 富하게 된 사람도 있다. 그러나 賞을 받은 사람은 반드시 등용된 것이므로 富人과 治人이 分化되어 간다.

46_ 不盡是室也(부진시실야)=이 집으로 끝나지 않는다. 어떤 이는 室을 實로 解하기도 하나 따르지 않는다. 어떤 이는 앞 구절 '盡愛'의 對로 보아 不盡惡로 보고 '이 방을 모두 미워하지 않는다'로 解하기도 한다. 정반대의 오역이다. 그대로 놓고 解하거나, 또는 모두 앞 句와 같이 不盡愛로 읽고 '이 방의 모두를 사랑하지 않는다'로 解해야 한다. 묵자가 '천하 군자들이 큰 것은 모르고 작은 것은 잘 안다'는 것을 비유로 설명한 것으로 본다.

그중 한 사람이 도둑인 것을 알지만   智其一人之盜也.

그 한 사람만을 미워하지 않는다.   不盡是一人

도둑은 오직 한 사람이며   雖其一人之盜

그 소재를 모를 뿐인데   苟不智其所在

모두를 미워하는 것은 용렬한 짓이다.   盡惡 其弱⁴⁷也.

11

성인들에게 급선무는   諸聖人所先⁴⁸

사람들로 하여금 명名과 실實이 일치하도록 하는 일이다.   爲人效⁴⁹名實

말名은 반드시 사실(實)이 아니며,   名不必實

사실(實)은 반드시 말(名)이 아니다.   實不必名.

만약 이 돌이 희다면(白)   苟是石也白

이 돌을 파손했을 때도 모두 흰 색이어야 한다.   敗⁵⁰是石也 盡與白同.

이 돌이 비록 클지라도   是石也唯大⁵¹

크게 같은 대동大同은 아니다.   不與大同

이것은 편의대로 그렇게 말했을 뿐이다.   是有便⁵²謂焉

형태의 모양으로 이름 붙이는 것은   以形貌命⁵³者

반드시 이것이 무엇인지를 알고   必智是之某也.

누구든지 무엇인지를 알아야 한다.   焉智某也⁵⁴

47_ 弱(약)=용렬한 자, 厄劣也.

48_ 先(선)=急也. 治人以此先務也. 먼저 힘써야 할 일.

49_ 效(효)=倣也, 呈也, 致也. 여기서는 一致로 解한다. 舊本은 欲으로 된 것을 손이양에 따라 교정함.

50_ 敗(패)=破損也.

51_ 唯大(유대)=雖大. 비록 크지만.

52_ 有便(유편)=便宜. 각자 편의대로.

53_ 命(명)=命名.

형태의 모양으로 이름 붙일 수 없는 것은   不可以形貌命者

비록 이것이 무엇인지를 모른다 해도   唯不智是之某也.

무엇이 옳은지는 안다.   智某可也.

'어디로 이사 가서 살라'고 명명命名할 때   諸以居運[55]命者

진실로 그곳으로 들어가면 모두 옳은 것이다.   苟人於其中者 皆是也.

그 장소를 놓쳐버리면 명명이 잘못됐기 때문이다.   去之 因非也.

이사 갈 곳을 말하기를   諸以居運命者

'향리, 제나라, 초나라'라고 했다면 모두 옳은 명명이다.   若鄕里齊荊者皆是.

형태로 이름 붙이는 자가   諸以形貌命者

'산, 언덕, 방, 종묘'라고 했다면 모두 옳은 명명이다.   若山丘室廟者 皆是也.

12

지각과 의식은 다른 것이다.   智與意[56]異

하나의 실實에 두 개의 이름이 있는 중동重同,   重同[57]

공간적으로 합하면 들어맞는 합동合同,   具同[58]

아우르면 한 무리지만 한 부분만 같은 체동體同,   連同[59]

종류가 같은 것(類同),   同類之同

54_ 焉智某也(언지모야)=命名者가 某라고 하면 受命者(焉)가 某라는 것을 안다는 뜻이다. 焉=대명사로 쓰이면 '누가', '어디로', '어떻게' 등 何也의 뜻이다. 접속사로 쓰이면 乃也의 뜻. 그래서, 비로소.

55_ 居運(거운)=居住 또는 運徒. 여기서는 이사 갈 곳.

56_ 智與意(지여의)=知覺과 意會. 밖에서 감각기관이 느끼는 것은 知, 마음에서 인식 작용이 느끼는 것을 意라고 한다. 知는 官이 外에서 感하는 것, 意는 識이 內에서 証하는 것이다. 어느 것을 인식의 기초로 하느냐에 따라 경험론과 관념론으로 나뉜다.

57_ 同(동)=「경설」편에서는 重同(二名一實), 體同(不外於兼), 合同(俱處於室), 類同(有以同)으로 나누었다.

58_ 具同(구동)=俱同, 즉 合同. 한 방에 같이 처해 있는 것. 『순자』「正名」편에는 '有異狀 而同所者'라 하나, 모양은 다르나 공간적으로 兼하는 것을 말한다.

59_ 連同(연동)=「경설」 상편의 體同. 예컨대 미국인, 아시아인. 連=屬也.

이름이 같은 것(名同),	同名之同.
뿌리가 같은 것(根同),	同根之同.
구역이 같은 것(丘同),	丘同[60]
붙는 것이 같은 것(附同),	鮒同[61]
명제가 같은 것(是同),	是之同[62]
사실이 같은 것(然同) 등	然之同[63]
명제가 옳기에 같다고 말하는 경우도 있고	有是之同
사실이 그렇기에 같다고 말하는 경우도 있다.	有然之同[64]
역으로 명제가 그르기에 다르다고 말하는 경우도 있고	有非之異
사실이 그렇지 않기에 다르다고 말하는 경우도 있다.	有不然之異[65]
다른 것이 있기에 무엇이 같다고 말할 수 있는 것이다.	有其異也. 爲其同也[66]
즉, 같다고 말하는 경우에도 다름이 상존한다.[67]	爲其同也 異[68]
(意와 知의 관계는) 첫째, 명제가 옳으면 사실도 그런 것,	一日 乃是而然[69]

60_ 丘同(구동)=區同. 같은 구역 안에 있는 것.

61_ 鮒同(부동)=附同, 附合. 즉 칼자루와 칼과 같이 한 물건이 된 것을 말함. 附=麗也.

62_ 是之同(시지동)=앞의 意 또는 識의 판단이 같다는 뜻. 是=直也. 直=正見, 바르게 보는 것. 價値 또는 名題를 말한다.

63_ 然之同(연지동)=同然之同으로 同 자를 增하여 읽기도 한다. 어떤 이는 실제는 같지 않으나 여론에 따라 같다고 하
   는 것이라고 解하나 따르지 않는다. 事實이 같은 것을 말한다. 즉 앞의 知覺이 같다는 뜻임.

64_ 有是之同 有然之同(유시지동 유연지동)=판본은 '是之同 同然之同'으로 되어 있음. 위 구절과 아래 구절이 중복되
   어 뜻이 연결이 되지 않아 산정한 것이다. 그래야만 同과 異가 대조를 이루게 된다.

65_ 有非之異 有不然之異(유비지이 유불연지이)=非는 不是이므로 有非之異는 有不是之異로 읽어야 아래 구절과 짝이
   맞는다. 어떤 판본은 '不是之非 不然之非'로 된 것도 있다. 異는 「경설」편에는 二實(二必異), 不合(不有同) 등 四異
   를 들고 있다.

66_ 有其異也 爲其同也(유기이야 위기동야)=「경설」 상편 상열에는 '同異而俱於之一也'라 했고, 「경설」 상편 하열에서
   는 '同異交得'이라 했다. 즉 同이 있으므로 異가 있을 수 있다는 뜻. 그래서 有無가 交得하는 것과 비슷하다. 放有無
   放是非 하면 만물은 하나다. 인간이 이름을 따로 붙여 구별할 뿐이라는 뜻이다.

67_ 환언하면 同異는 모순관계가 아니라 相補관계인 것이다.

68_ 爲其同也 異(위기동야 이)=異를 그대로 두고 解하면 '같다고 하는 것도 다르다'는 뜻이다. 異를 위 句의 有其異也로
   解하면 '같다고 할 수 있는 것은 다른 것이 있기 때문이다'가 된다.

69_ 是而然(시이연)=尹桐陽은 논리학의 동일률을 말한 것이라고 한다. 「소취」편에 例話가 있다. 거기에서 변론의 다섯

둘째, 명제는 옳으나 사실은 그렇지 않은 것,　　　　　二曰乃是而不然

셋째, 한 경우에는 두루 통하나　　　　　　　　　　三曰遷[70]

그것을 다른 경우에 적용하면 두루 통하지 않는 것,

넷째, 한 경우는 옳은데　　　　　　　　　　　　　四曰强.[71]

다른 경우에 적용하면 그른 것 등이 있다.

13

선생께서는 깊을 데는 역시 깊었고(兼愛)　　　　　子深其[72]深

얕을 것은 역시 얕았으며(節葬·非樂)　　　　　　　淺其淺

보탤 것은 역시 더했고(厚愛禹 健揭與利)　　　　　益其益

덜 것은 역시 덜었다(節用).　　　　　　　　　　　尊[73]其尊.

그러나 많은 사람이 무리 지어 따른 원인을 살펴보면　次[74]察由[75]比因

지극히 인민을 염려했으므로 숭배를 받았으며　　　　至優[76]指得[77]

다음으로 크게 명성을 얻은 단서를 찾아보면　　　　次察聲端

지혜를 찾는 논리학으로 만사의 실정을 알았기 때문이다.　名因 情得[78]

가지를 들고 있는데, 이곳 「대취」편에 없는 '不是而然'이 추가되어 있다. 그러나 「대취」편이 옳은 것인지 모른다. 是
는 앞서 말한 '是之同 然之同'의 是이다. 즉 가치 또는 명제가 옳은 것이며 然은 事實이 옳은 것을 말한다.

70_ 遷(천)=「소취」편의 '一周而一不周'.

71_ 强(강)=「소취」편의 '一是而一非也'.

72_ 其(기)=역시, 진실로 등 부사로 쓰인 것.

73_ 尊(존)=剗(減也)의 誤. 益의 對.

74_ 次(차)=至也.

75_ 由(유)=舊本에는 山으로 되어 있다. 아래 句 '次察聲端'과 비교할 때 衍文임.

76_ 至優(지우)=最優로 읽기도 하지만 따르지 않는다. 至懮로 고쳐 읽는다.

77_ 指得(지득)=指歸也(마음이 쏠리는 곳, 숭배하는 사람).

78_ 名因 情得(명인 정득)=名學(論理學) 때문에 그렇게 되었으며 사실을 알기에 그렇게 된 것이다. 두 句로 떼어 읽는
것을 따른다.

필부들은 수사학(논리학)을 싫어하지만

인민들은 그것으로 사실과 진실을 알 수 있는 것이다.

자기가 부딪힌 것에만 집착하여 미움과 욕심이 생기면

인민은 반드시 진실을 얻을 수 없는 것이다.

유가들이 말하는 성인이 기르고 강조한 것은

인仁일 뿐 이利와 애愛는 없었다.

이利와 애愛는 지혜로써 추구하고 염려하는 데서 생긴다.

성인의 염려는 오늘 묵자의 염려가 아니었다.

옛 성인의 애인愛人은

오늘날 묵자가 말하는 애인은 아니다.

그들이 노비를 사랑하는 것은 애인이지만

그것은 노비의 이로움을 고려해서 생긴 것이다.

노예의 이로움을 고려하지 않고

남자 노예를 사랑했다면 진정한 애인이며

여자 노비를 사랑했다면 진정한 애인이다.

묵자는 노예에 대한 사랑을 버려 천하가 이롭다 해도

그 사랑을 버릴 수 없었던 것이다.

또한 옛 성인이 아는 절용과

오늘날 묵자가 말한 절용은 다르다.

匹夫辭惡者

人有以其情得焉

諸所遭執而欲惡生者[79]

人不必以其情得焉.

聖人之拊潰[80]也

仁而無利愛.

利愛生於慮.[81]

昔者之慮也 非今日之慮也

昔者之愛人也

非今之愛人也.

愛獲之愛人也[82]

生於慮獲之利.

非慮臧之利也.

而愛臧之愛人也

乃愛獲之愛人也.

去其愛而天下利

弗能去也.

昔之知嗇

非今日之知嗇[83]也.

79_ 諸所遭執而欲惡生者(제소조집이욕악생자)=자기의 습관과 선입견으로 인하여 욕구와 증오가 생긴다. 諸=因. 遭=遭遇. 執=고집, 주견, 선입견.

80_ 拊潰(부육)=성인이 육성하고 강조하는 것. 拊=舊本에는 附로 됨. 潰=淯의 古字. 育과 같다.

81_ 生於慮(생어려)=「경설」편에는 '慮也者 以其知有求也'. 즉 利와 愛는 공동체적인 것이므로 지혜로써 찾아내는 것이고, 仁은 혈연적인 것이므로 自然的인 것이다.

82_ 愛獲之愛人也(애획지애인야)=노예를 사랑하는 것은 사람을 사랑하는 것이다. 獲=사냥해서 잡은 물건. 齊, 楚 등의 方言에 따르면 獲은 婢의 卑稱이며, 臧은 奴의 卑稱이다.

83_ 嗇(색)=옛 성인의 아낌은 吝嗇이고 묵자의 아낌은 辭過節用이다. 辭過는 戰爭 厚葬 등의 초과 소비를 사절하는 것

그들 유가들이 귀하기로는 천자가 되어	貴爲天子
인민을 이롭게 한다 해도	其利人
필부(기층 인민)에게는 후하게 하지 않는다.	不厚於匹夫.
자식들이 부모를 섬기는 데는	二子事親
풍년이 들거나 흉년이 들거나	或遇孰[84] 或遇凶
부모를 사랑하는 것이 똑같다.	其親也相若.
그러나 저들의 행실은 유익함도 보탬이 되는 것도 없다.	非彼其行益也[85]非加也
밖으로부터 농사의 흉풍은	外孰[86]
우리들에게는 이로움을 후하게 하지 않는다.	無能厚吾利者.
만일 노예가 죽으면 천하에 손해이므로	藉臧也死而天下害
우리가 특별히 노예를 부양하여 만 배가 되었다면	吾持養臧也萬倍
우리는 노예를 아낀 것이지만	吾愛臧也
사실은 노예를 위해 조금이라도 후하게 한 것이 없는 것이다.	不加厚.

14

키가 큰 사람은 큰 키에 있어서 같다.	長人之異[87]
키가 작은 사람은 작은 키에 있어서 같다.	短人之同
그래서 용모가 같으면 같다고 말한다.	其貌同者也. 故同
사람의 손가락과 머리는 다르다.	人之指[88]與人之首也 異

이요, 節用은 절도 있는 소비를 말한다. 그러므로 유가의 절약은 부자가 되기 위한 인색이요, 묵가의 절용은 노동의 가치인 재물을 본래의 목적대로 소비함으로써 전쟁, 장례, 음악 등 사치와 낭비를 없애는 것이다.

84_ 遇孰(우숙)=遇熟. 풍년이 들다.

85_ 非彼其行益也(비피기행익야)=非彼行有益也로 읽는다. 其=有와 비슷하다.

86_ 外孰(외예)=외부적인 농사, 즉 밖의 형편. 孰=藝, 種.

87_ 異(이)=同의 錯簡으로 본다.

88_ 人之指(인지지)=舊本은 '指之人'로 倒錯되어 있다.

사람의 개체는 한 모양이 아니다.   人之體 非一貌者也

그래서 다르다고 말한다.   故異.

칼집에 있는 칼과 빼어 든 칼은 다르다.   將⁸⁹劍與挺⁹⁰劍異

칼은 형태와 모양으로 이름을 붙였으므로   劍以形貌命者也.

형태가 일치하지 않으면 다르다고 말한다.   其形不一 故異.

버드나무의 나무와 복숭아나무의 나무는 같다.   楊木之木 與桃木之木也同.

수량으로 이름을 붙인 것이 아니고   諸非以擧量數命者

그 이름 붙인 근거를 없애면 모두 같다.   敗之盡是⁹¹也

그러므로 한 손가락은 한 사람이 아니지만   故一指 非一人也.

이것이 한 사람의 손가락이면 결국 이것은 한 사람이다.   是一人之指 乃是一人也.

모난 것이 한 면이라면 모난 것이 아니다.   方之一面 非方也.

나무의 면이 모두 네모진 경우에야 네모진 나무다.   方木之面 方木也.

15

대저 명제(辭)는 조건(故)으로 생기고   夫辭⁹² 以故⁹³生

89_ 將(장)=肝의 誤. 肝=扶也.

90_ 挺(정)=拔也.

91_ 敗之盡是(패지진시)=관념으로 이름 붙여진 것을 없애면 모두 같다. 두 사물이 物質的으로는 같다는 뜻임. 之=대명
사로 擧以命者.

92_ 辭(사)=辭는 命題 또는 範疇.

*묵자의 認識論은 첫째, 知覺을 재료와 도구로 한다(知材也). 둘째, 知覺이 物과 接하여 본뜬다(接也 以其知過物而
能貌之). 셋째, 기존의 축적된 지각(智)으로 物을 論하여 밝힌다(智 明也 以其論物而其知之也). 넷째, 이러한 視·
聞·說 등을 기초로 표현 수단인 名과 표현 대상인 實을 맞추어 합치고 뜻을 실행한다(知 聞 說 視. 名實爲合也. 傳受
之聞也. 方不障說也 身觀焉親也. 所以謂名 所謂實也. 名實耦合也 志行爲也).
이때 名實을 合하는 데는 세 가지가 갖추어져야 한다. 즉, 正과 宜와 必이 이것이다. 이것은 合의 三物이다. 正은 반
복하여 실험해도 맞는 것이며, 宜는 노예처럼 私가 없는 것이며, 必은 저것이 없으면 존재할 수 없는 것을 말한다(合
正 宜 必. 反中正也 臧之爲宜也 比彼必不有必也). 즉, 名과 實은 合해야 하며 그러기 위해서는 바르고(正), 마땅하
고(宜), 필연적 조건(必)이 있어야 하는 것이다.

조리(理)로 자라고 유추(類)로 편다.

이처럼 조건, 조리, 유추 등 삼물이 갖추어져야

명제의 논리가 바로 선다.

명제를 세웠으나

그것이 생긴 조건(충분조건과 필요조건)이 분명치 않다면

망령된 것이다.

사람들은 길이 없으면 다닐 수 없다.

아무리 노력을 해도 길이 분명치 않으면

막힐 것은 뻔한 노릇이다.

以理長[94] 以類行[95]者也

三物必具

然後足以生[96]

立辭

而不明於其所生

妄也.

今人非道無所行

唯有强股肱 而不明於道.

其困也 可立而待也.

그러면 辭란 어느 과정을 말하는 것인가? 이 글의 '夫辭' 두 글자는 손이양이 校增한 것이나 정확한 校正이다. 辭는 名實이 합한 후에 言하기 위해 방법을 말한 것이다. 言의 논리적 展開 방법을 말한다.

그러면 言은 무엇인가? 묵자는 「비명」편에서 다음과 같이 말한다. '言必有三表 於何本之 上本之於古者聖王之事 於何原之 下原察百姓 耳目之實 於何用之 廢以爲刑政 觀其中國家百姓人民之利 此所謂言有 三表也.'이 三物인 本·原·用은 言의 三表였다. 그런데 그 言은 是非利害之辯이었다. 즉 가치판단을 辯論함을 말했다. 또한 본편 (11)에서는 '爲人效名實'을 강조했고, (12)에서는 知와 意는 다른 것이라 말하며 계속해서 辭를 말하고 있다. 즉 辭는 知 (경험)와 意(관념)을 일치시키는 논리적 전개를 말하는 것이다. 즉, 가치판단인 言 이전에 논리판단인 辭를 거쳐야 함을 말하는 것이다.

또 「소취」편에서 辯論하기 위해서 반드시 거쳐야 할 단계를 말하고 있다. 1단계로 만물을 본떠 지각하고, 이름 즉 말을 論求하여 비교하고, 이로써 名을 붙여 實을 드러내고, 그다음으로 辭로써 意를 표현한다고 했다. '夫辯者 焉摹略萬物之然. 論求群言之比. 以名擧實 以辭抒意.' 여기서 바로 辭를 말한 것이다.

이처럼 묵자는 言과 辭와 辯을 구분하여 사용하고 있다. 따라서 言은 담론, 辭는 명제 또는 범주, 辯은 辯論으로 번역할 수 있을 것이다.

93_ 故(고)=원인, 조건. 前述한 名實合의 三物 중 必에 해당된다. 그것을 얻으면 반드시 이루어지는 것, 즉 조건을 말한다(故 所得而後成也 : 經說/上篇/上列).

  *필요조건(小故) : 이것이 있다고 반드시 이루어지는 것은 아니나 이것이 없으면 반드시 이루어지지 않는다(小故 有之不必然 無之必不然).

  *충분조건(大故) : 이것이 있으면 반드시 이루어지고, 이것이 없으면 반드시 이루어지지 않는다(大故 有之必然 無之必不然).

94_ 以理長(이리장)=道理, 論理에 맞아야 한다. 名들을 연결 조합한 辭를 만드는데 그때의 論理性을 말함. 理=條理. 長=滋長也.

95_ 以類行(이류행)=「소취」편의 以類取(귀납법), 以類子(연역법)를 말한다. 類=類推.

96_ 三物必具 然後足以生(삼물필구 연후족이생)=이 아홉 자는 본편 (7)에서 옮긴 것임(손이양). 生=辭가 생기는 것.

대저 명제는 유추해 나가는 것이므로

유추가 밝지 못하면

반드시 막히는 것이다.

그러므로 (권력이) 어지럽게 물들인 명제는

그 유추가 두려움을 고무하는 데 있다.

성인이란 천하를 위하는 사람이라 말했다면

그것은 미혹을 다스렸는지 아닌지로 유추한 것이다.

오래 살았건 요절했건

천하를 이롭게 하기는 마찬가지라고 말했다면

그것은 후인의 기림으로 유추한 것이다.

하루에 백만 명이 태어났다 해도

사랑은 더 보태지지 않는다고 말했다면

그것은 사랑과 미움으로 유추한 것이다.

후세를 사랑함은 후하고 박함은 있어도

그 사랑은 같은 것이라고 말했다면

그것은 뱀의 무늬로 유추한 것이다.

애정은 같으나

夫辭 以類行者也.

立辭而不明於其類

則必困矣.

故浸淫之辭[97]

其類在鼓栗[98]

聖人也 爲天下也

其類在追迷[99]

或壽或卒

其利天下也指若[100]

其類在譽石[101]

一日而百萬生

愛不加厚

其類在惡害.

愛二世有厚薄

而愛二世相若

其類在蛇文[102]

愛之相若

97_ 浸淫之辭(침음지사)=물들여진 논리 또는 학설. 음란한 이론으로 인민을 물들이는 것. 浸=漸染. 淫=亂也.

98_ 其類在鼓栗(기류재고율)=그들의 類는 鼓動시켜 두렵게 하는 데 있다. 『여씨춘추』「淫辭」편에는 宋王과 唐鞅의 대화가 보인다. '王이 아무리 不善者에게 罪를 주어도 아무도 두려워 않는다. 두렵게 하려거든 善, 不善을 分辨하지 않고 罪를 주면 모두 두려워할 것이다'라고 기록되어 있다. 辭가 음란하게 물들여지면, 세상에 원칙이 없어지고 두려운 세상이 된다는 뜻.

99_ 其類在追迷(기류재추미)=行人之迷失道 欲追而復之. '따라서 그들의 類는 미혹에 빠지게 한다'는 뜻. 追=逐也, 隨也.

100_ 指若(지약)=相若의 誤.

101_ 譽石(예석)=不可解. 손이양은 礜石. 즉 毒石 다시 말해 毒鼠로 解하고, 혹자는 譽后로 읽어 '後人을 기쁘게 했다'로 解하기도 하며, 礜石으로 읽고 '礜石이 배를 물들이는 것과 같다'로 解한다. 혹은 앞 句의 '指若'을 指以爲名으로 解하고 '譽石'은 그대로 解하는 이도 있다. 여기서는 譽后로 解한다.

102_ 蛇文(사문)=不詳. 뱀같이 간사한 꾸밈이라 解해 둔다.

그중에서 한 사람을 골라 죽여야 한다고 말한다면	擇而殺其一人
그것은 구덩이 속의 쥐로 유추한 것이다.	其類在阬下之鼠.
어짊이 크거나 작거나 그 후덕함은 같다고 말한다면	小仁與大仁 行厚相若
그것은 평소의 행실로 유추한 것이다.	其類在申凡[103]
이로운 것을 일으키고 해로운 것은 막아야 한다고 말했다면	興利除害也
그것은 물이 새는 항아리로 유추한 것이다.	其類在漏雍[104]
친척에게 후하게 하되 고르게 하지 않고	厚親 不稱[105]行
차별이 있어야 한다고 말한다면	而類[106]行
그것은 강물은 우물보다 높은 것으로 유추한 것이다.	其類在江上井
자기만을 위하지 않는 것은 배울 만하다고 말한다면	不爲己之可學也
그것은 자기를 잊고 사냥터를 달리는 것으로 유추한 것이다.	其類在獵走[107]
사람을 사랑하는 것은	愛人
명예를 위한 것이 아니라고 말한다면	非爲譽也
그것은 나그네를 맞이하는 정성으로 유추한 것이다.	其類在逆旅[108]
남의 부모를 자기 부모처럼 생각하라고 말한다면	愛人之親 若愛其親
그것은 관리의 공경함으로 유추한 것이다.	其類在官苟[109]
평등한 사랑은 한결같이 사랑하는 것이라고 말한다면	兼愛與一愛相若
그것은 자기 위험을 무릅쓰고 뱀을 죽인 일로 유추한 것이다.	其類在死蛇.[110]

103_ 申凡(신범)=직역하면 '모든 것을 편다'는 뜻이지만 不通이다. '일상생활'로 번역해 둔다. 申=伸. 凡=猶一切也.

104_ 漏雍(누옹)=항아리가 물이 샌다. 雍=甕同.

105_ 稱(칭)=相等也.

106_ 類(류)=여기서는 分也.

107_ 獵走(렵주)=자기를 잊고 사냥감을 쫓아간다.

108_ 逆旅(역여)=손님을 맞이한다. 객사에서 손님을 맞다.

109_ 苟(구)=公敬. 公同敬愛人之親.

110_ 死蛇(사사)=타인에게 禍가 미칠까 두려워 간사한 뱀을 죽였다.

어떤 것은 '명제가 옳으면 사실도 그런 것'이 있는가 하면 어떤 것은 '명제는 옳으면서 사실은
그렇지 않은 것'이 있고, 어떤 것은 '명제가 어떤 경우는 사실에 두루 통하고 다른 경우는 두루
통하지않는 것'이 있으며, 어떤 것은 '한 경우는 옳지만 다른 한 경우는 그른 것'이 있다.

1

대저 변론이란 그것으로	夫辯者
옳고 그른 것의 분별을 밝히고	將以明是非之分
다스림과 어지러움의 근본을 찾아내며	審治亂之紀[1]
같고 다른 것의 구별을 분명히 하고	明同異之處[2]
명사와 실체의 조리를 살피며,	察名實[3]之理
이해를 결정하고 혐의를 해결하는 것이다.	處利害 決嫌疑.
그래서 만물의 실상을 요약하여 본뜨고	焉摹略[4]萬物之然
여러 언술의 이동異同, 시비是非 등을 비교·논구하여	論求群言之比[5]
이름(名詞)으로써 실체를 드러내며	以名舉實
명제(辭)로써 뜻을 표현하고	以辭抒意
논설로써 조건을 밝혀내는 것이다.	以說出故[6]
유추類推를 취하기도 하며(歸納) 내려주기도 한다(演繹).	以類取 以類子[7]

1_ 紀(기)=維(벼리), 基(터), 法. 여기서는 근본으로 解한다.

2_ 處(처)=定也, 또는 分別을 말함.

3_ 名實(명실)=名詞와 實體.

4_ 摹略(모략)=본떠 要約한다.

5_ 比(비)=가지런하다, 齊也, 序. 말들의 가지런한 차례.

6_ 故(고)=「경설」 상편 상열의 필요충분조건을 참조할 것.

7_ 以類取 以類子(이류취 이류여)=직역하면 유추를 취하기도하고 내려주기도 한다. 귀납법(歸納法)과 연역법(演繹法)을
   말하는 것 같다.

이렇게 하여 자기에게 깨달음이 있어도   有諸己
자기만 옳고 남은 그르다고 비난하지 않고,   不非諸人
자기에게 깨달음이 없는 것을 남에게 탓하지 않는다.   無諸己不求諸人.

2

'혹은'이라고 말하는 것은 모두가 그렇지는 않은 것이다.   或也者 不盡也[8]

'가령'이라는 것은 지금은 그렇지 않은 것이다.   假者 今不然也.

'본뜨는 것(效)'은 학學·행行·치治의 방법이다.   效者 爲[9]之法也.

'본받은 것'은 배움·행실·다스림의 본받을 목적이다.   所效者[10] 所以爲之法也.

그래서 본뜬 것이 그 본에 맞으면 옳다고 말하고   故中效 則是也.

본뜬 것이 그 본에 맞지 않으면 그르다고 말한다.   不中效 則非也.

이것이 본받음 혹은 본뜸이다.   此效也.

비유(譬)라는 것은   譬喻也者

다른 물건을 들어 그것을 밝히는 것이다.   舉他[11]物 而以明之也.

제등齊等이라 함은   侔[12]也者

가깝고 합치되는 명제를 다 같이 쓰는 것이다.   比辭而俱行也[13]

원용(援)한다는 것은 '그대가 그렇다고 하는데   援也者 曰 子然

나 홀로 그렇지 않다고 하겠는가'라고 말하는 것이다.   我奚獨不可以然也.

추론(推)한다는 것은 그가 용납하지 않은 것이   推也者 以其所不取[14]之

8_ 或也者 不盡也(혹야자 부진야)=혹은 가끔 그럴 뿐 모두 그런 것은 아니다. 盡=皆也.

9_ 爲(위)=行也, 學也, 治也.

10_ 所效者(소효자)=본뜨는 것, 또는 본뜬 것. 效=본받는다, 형상한다.

11_ 也(야)=他의 誤.

12_ 侔(모)=齊等, 取也.

13_ 比辭而俱行也(비사이구행야)=가까운 명제를 똑같이 붙이는 것. 比=가지런한 것, 齊也, 親合也. 俱=함께, 동반할.
    行=用也, 列也.

그가 이미 용납한 것과 같은 것이라고 말하여	同於其所取者
미루어 뜻을 주는 것을 말한다.	子[15]之也
이는 '그대가 이미 일컬은 것과 같은데	是猶謂也者同也.
내가 일컬은 것을 어찌 다르다 하는가?'라고 말하는 것이다.	吾豈謂也者異也.

3

대저 사물은 같은 점이 있다 해도	夫物有以同
모두 그것을 같다고 말할 수는 없다.	而不牽[16]遂[17]同
명제가 같다고 해도	辭之侔也
이르러 그칠 곳이 있어야 한다.	有所至而止[18]
그것이 그런 것은 그렇게 된 까닭이 있는데	其然也有所以然也
그렇다는 것이 같다고 해서	其然也同
그렇게 된 까닭도 반드시 같은 것은 아니다.	其所以然不必同.
그가 그것을 용납한 것은 그것을 용납한 까닭이 있는데	其取之也 有所以取之
그가 용납한 것이 같다고 해서	其取之也同
그 용납한 까닭도 반드시 같은 것은 아니다.	其所以取之不必同.
그러므로 비유(辭)·제등(侔)·원용(援)·유추(推)하는 명제들은	是故闢侔援推之辭
그것을 널리 펴면 달라지고	行[19]而異
이것을 돌리면 궤변이 되고	轉[20]而危[21]

14_ 取(취)=찾은 것(索也), 안는 것(容納). 「대취」편의 類取, 類予와 같다.

15_ 子(여)=뜻을 주다. 그것이라고 뜻을 붙여준다.

16_ 牽(솔)=좇을, 用也.

17_ 遂(수)=이루다, 盡也, 也竟.

18_ 止(지)=舊本에는 正으로 되어 있지만 손이양에 따라 교정함.

19_ 行(행)=衍의 誤.

20_ 轉(전)=말을 돌리는 것.

멀면 목표를 잊어버려 그릇되고	遠而失[22]
빗나가면 근본에서 이탈하는 것이니	流[23]而離本
잘 살피지 않으면 안 되며	則不可不審也.
아무 때나 사용해서도 안 된다.	不可常用也.
그러므로 말이란 방법이 많고	故言多方
종류가 다르며, 까닭도 다른 것이니	殊類異故
곧 한편으로 치우쳐 보면 안 되는 것이다.	則不可偏觀也.

4

대저 사물에는	夫物
어떤 것은 '명제가 옳으면 사실도 그런 것'이 있는가 하면	或乃是[24]而然[25]
어떤 것은 '명제는 옳으면서 사실은 그렇지 않은 것'이 있고,	或是而不然.
어떤 것은 '명제가 어떤 경우는 사실에 두루 통하고	或一周[26]
다른 경우는 두루 통하지 않는 것'이 있으며,	而一不周.
어떤 것은 '한 경우는 옳지만	或一是
다른 한 경우는 그른 것'이 있다.	而一非也.
그러므로 명제는 어느 경우나 항상 써서는 안 된다.	不可常用也.
그러므로 말에는 방법이 많고	故言多方
종류가 다르고 까닭이 다르므로	殊類異故[27]

21_ 危(위)=詭와 通用.
22_ 遠而失(원이실)=논점에서 멀어지면 목표를 잊는다, 그릇되다.
23_ 流(류)=빗나가다.
24_ 是(시)=명제가 참인 것.
25_ 然(연)=事實이 그러한 것.
26_ 或一周(혹일주)=어떤 것은 일률적으로 두루 통한다. 명제가 사실과 두루 일치한 것을 말한다.

한편에 치우쳐 보면 안 되는 것이다.　　　　　則不可偏觀也.

흰 말은 말이다.　　　　　　　　　　　　　白馬 馬也.

흰 말을 탄 것은 말을 탄 것이다.　　　　乘白馬 乘馬也.

검은 말도 말이다.　　　　　　　　　　　驪馬 馬也.

검은 말을 탄 것도 말을 탄 것이다.　　　乘驪馬 乘馬也.

여자 노예는 사람이다.　　　　　　　　　獲 人也.

여자 노예를 사랑한 것은 사람을 사랑한 것이다.　愛獲 愛人也.

남자 노예도 사람이다.　　　　　　　　　臧 人也.

남자 노예를 사랑한 것도 사람을 사랑한 것이다.　愛臧 愛人也.

이런 것들이 바로 명제가 옳으면 사실도 그러한 경우다.　此乃是而然者也.

노예의 부모는 사람이다.　　　　　　　　獲之親 人也.

노예가 그 부모를 섬기는 것은 사람을 섬긴 것이 아니다.　獲事其親 非事人也.

그의 동생은 미인이다.　　　　　　　　　其弟 美人也.

동생을 사랑한 것은 미인을 사랑한 것이 아니다.　愛弟 非愛美人也.

수레는 나무다.　　　　　　　　　　　　車 木也.

수레를 탄 것은 나무를 탄 것이 아니다.　乘車 非乘木也.

배는 나무다.　　　　　　　　　　　　　船 木也.

배 안으로 들어간 것은 나무 안으로 들어간 것이 아니다.　人船 非人木也.

도적은 사람이다.　　　　　　　　　　　盜 人也.

도적이 많은 것은 사람이 많은 것은 아니며　多盜 非多人也.

도적이 없는 것은 사람이 없는 것이 아니다.　無盜 非無人也.

무엇으로 그것을 증명하는가?　　　　　　奚以明之.

27_ 殊類異故(수류이고)=위 단락과 중복되므로 왕인지는 이를 校刪했음.

도적이 많은 것을 미워하는 것은　　　　　　　　惡多盜

사람이 많은 것을 미워하는 것은 아니며　　　　非惡多人也.

도적이 없기를 바라는 것은　　　　　　　　　　欲無盜

사람이 없기를 바라는 것이 아니기 때문이다.　非欲無人也.

세상 사람들은 모두 이 같은 말을 옳다고 한다.　世相與共是之.

만약 그렇다면 다음과 같이 말할 수도 있다.　若 若是

도적은 비록 사람이지만　　　　　　　　　　　則雖盜人人也

도적을 사랑한 것은 사람을 사랑한 것은 아니다.　愛盜 非愛人也.

도적을 사랑하지 않는 것은　　　　　　　　　　不愛盜

사람을 사랑하지 않는 것은 아니다.　　　　　　非不愛人也

또한 도적을 죽인 것은 사람을 죽인 것은 아니다.　殺盜人 非殺人也

이렇게 말해도 아무런 난점이 없다.　　　　　　無難矣.

이러한 논리는 앞의 논리와 같은 종류이기 때문이다.　此與彼同類

그런데 세상에서는 뒤의 논리를 취하면 비난하지 않으면서　世有彼而不自非也.[28]

묵자의 앞의 논리를 취하면 그르다고 비난한다.　墨者有此而非之.

그것은 달리 까닭이 있는 것이 아니다.　　　　　無他故焉.

이것은 이른바　　　　　　　　　　　　　　　所謂

속으로는 굳어 있고 밖으로는 막혀 있기 때문이다.　內膠而外閉[29]

마음에 빈 구멍이 없으면　　　　　　　　　　　與心·毋空乎[30]

마음속이 굳어 이해하지 못한다.　　　　　　　內膠 而不解也.

28_ 世有彼而不自非也(세유피이부자비야)=세상 사람들이 앞의 판단(彼)을 取하면 그것을 비난하지 않는다. 有=取也.

29_ 內膠而外閉(내교이외폐)=마음이 사곡되고 밖으로 막혔기 때문이다. 또는 마음속이 막혀 있고, 밖으로 닫혀 있다는 뜻이다. 膠=사곡되다, 固也.

30_ 與心·毋空乎(여심무공호)=마음 구멍이 없다. 보통 사람은 여섯 개의 구멍이 있고 성인은 일곱 개의 구멍이 있어 생각하는 구멍이 한 개 더 있다고 생각한다(列子/仲尼). 장천이는 이 구절을 衍文으로 보고 없애버렸다. 그러나 이 구절은 인식론에서 아주 귀중한 자료가 된다. 與=助詞.

이런 것들이 바로 명제는 옳지만 사실은 그렇지 않은 경우다.　　　　此乃是而不然者也.

대저 '장차 책을 읽으려 한다'는 말은 글을 읽은 것은 아니다.　　夫且[31]讀書 非讀書也

그러나 '책 읽기를 좋아한다'고 말하면 글을 읽은 것이다.　　好讀書 讀書也.

'장차 닭을 싸우게 할 것이다'라는 말은 투계 놀음은 아니다.　　且鬪雞 非鬪雞也

'닭싸움을 좋아한다'고 하면 투계라 할 것이다.　　好鬪雞 鬪雞也.

'바야흐로 우물에 들어가려 한다'고 말하면　　　　　　　　且入井

우물에 들어간 것은 아니다.　　　　　　　　　　　　　　非入井也

그러나 '우물에 들어가려는 것을 그치게 했다'고 한다면　　　止且入井

우물에 들어가다 그친 것이다.　　　　　　　　　　　　　止入井也.

'가령 문을 나가려고 한다'는 말은 문을 나간 것은 아니다.　　且出門 非出門也

'문을 나가려는 것을 중지시켰다'고 하면　　　　　　　　　止且出門

문을 나가다 중지한 것이다.　　　　　　　　　　　　　　止出門也.

만약 이것이 옳다면　　　　　　　　　　　　　　　　　若若是

장차 요절할 것이라고 한 것은 요절한 것이 아니며　　　　且夭 非夭也

장수와 요절은 운명이라고 말하는 것은　　　　　　　　　壽 夭也.

운명이 아니며　　　　　　　　　　　　　　　　　　　有命 非命也

운명이 있다고 고집하는 것은 운명이 아니라고 말해도　　　非執有命 非命也

난점이 없을 것이다.　　　　　　　　　　　　　　　　無難矣.

앞의 명제와 뒤의 명제는 같은 종류인데　　　　　　　　此與彼 同類.

세상에서는 앞의 명제는 수용하며 그르다 하지 않고　　　　世有彼而不自非也

묵가들의 뒤의 명제는 모두 그르다고 비난한다.　　　　　墨者有此而衆非之

다른 까닭이 있어서가 아니다.　　　　　　　　　　　　無也故焉

이른바 그들의 마음이 안으로는 굳어 있고 밖으로는 닫혀 있어　　所謂內膠外閉

31_ 且(차)=가령, 바야흐로(將).

이른바 마음 구멍이 없기 때문에 이해하지 못하는 것이다.　　與心無空乎 而不解也.

그러나 묵자의 말은 '명제도 옳고 사실도 그러한 것'이다.　　此乃是而然者也.[32]

사람을 사랑한다는 것은　　愛人

모든 사람을 두루 사랑한 연후에야 사람을 사랑한 것이다.　　待周愛人而後爲愛人

그러나 사람을 사랑하지 않는다는 것은　　不愛人

모든 사람을 두루 사랑하지 않기를 기다릴 필요가 없다.　　不待周不愛人

한 사람을 사랑하지 않아도　　不周愛

사람을 사랑하지 않는 것이라고 말할 수 있다.　　因爲不愛人矣.

말을 탔다는 것은　　乘馬

모든 말을 두루 탄 연후에야 말을 탔다고 말하지 않는다.　　不待周乘馬 然後爲乘馬也.

어느 한 마리의 말이라도 탄 일이 있으면 말을 탔다고 말한다.　　有乘於馬[33] 因爲乘馬矣

그러나 말을 타지 않았다고 하려면　　逮至不乘馬

모든 말을 두루 타지 않은 연후에야　　待周不乘馬

말을 타지 않았다고 말할 수 있다.　　而後爲不乘馬.

이것은 한 경우는 두루 통하고　　此一周

다른 경우는 두루 통하지 않는 사례다.　　而一不周者也.

나라의 한곳에 거처하여 살면 '우리나라에 산다'고 말한다.　　居於國 則爲居國

그러나 나라에 집 한 채를 가지고 있다고 해서　　有一宅於國

나라를 가졌다고는 말하지 않는다.　　而不爲有國.

복숭아나무의 열매는 복숭아다.　　桃之實 桃也

그러나 가시나무의 열매는 가시가 아니다.　　棘之實 非棘也.

32_ 是而然者也(시이연자야)=胡適는 '不是而然者也'로 고쳐 읽어야 한다고 주장한다.

33_ 有乘於馬(유승어마)=말을 탄 적이 있다. 어느 말이건 한 번이라도 탄 적이 있다는 뜻이다.

사람의 병을 위문하는 것은 사람을 위문한 것이다.

그러나 사람의 병을 미워하는 것은

사람을 미워하는 것이 아니다.

사람의 귀신은 사람이 아니다.

그러나 형의 귀신은 형이라고 한다.

사람의 귀신을 제사 지내는 것은

사람을 제사 지내는 것이 아니다.

그러나 형의 귀신을 제사 지내는 것은

형을 제사 지낸다고 말한다.

그 말(馬)의 눈이 애꾸면

이 말은 애꾸라고 말한다.

그러나 말의 눈이 크다고 해서

말이 크다고는 말하지 않는다.

소의 털이 누렇다면 소가 누렇다고 하지만

소의 털이 많다고 소가 많다고는 하지 않는다.

한 마리의 말도 말이다. 두 마리의 말도 말이다.

그러나 말은 네 발이라고 말할 때는

한 마리의 네 발을 지칭할 뿐

두 마리 말은 네 발이라고 말하지는 않는다.

흰말은 말이다.

말은 간혹 흰 놈이 있다고 말할 때는

두 말 중에 혹시 흰말이 있다는 것이지

한 마리의 말이 혹시 흰말이라는 뜻은 아니다.

이는 한 경우는 옳고 한 경우는 그른 사례다.

問人之病 問人也.	
惡人之病	
非惡人也.	
人之鬼 非人也	
兄之鬼 兄也.	
祭人之鬼	
非祭人也	
祭兄之鬼	
乃祭兄也.	
之[34]馬之目眇	
則爲之馬眇	
之馬之目大	
而不謂之馬大.	
之牛之毛黃 則謂之牛黃	
之牛之毛衆 而不謂之牛衆.	
一馬 馬也. 二馬 馬也.	
馬四足者	
一馬而四足也.	
非兩馬而四足也.	
白馬 馬也	
馬或白者.	
二馬而或白也	
非一馬而或白.	
此乃一是而一非者也.	

34_ 之(지)=其.

第
四
十
六
篇

耕柱 경주

고귀한 보물이 백성을 이롭게 하는 것이라면 의(義)야말로 백성을 이롭게 하는 것이 분명하므로
천하의 귀한 보물은 의라고 말해야 할 것이다.

1

묵자가 경주자耕柱子[1]를 꾸짖자   子墨子怒耕柱子

경주자가 말했다.   耕柱子曰

"저에게는 남보다 좋은 점이 없습니까?"   我毋俞於人乎.

묵자가 말했다.   子墨子曰.

"내가 장차 타이항산太行山에 오르려고 하는데   我將上大行[2]

천리마나 혹은 황소 중에서 골라 타려 한다.   駕[3]驥與羊

어느 것을 몰고 가면 좋겠는가?"   子將誰歐.

경주자가 말했다. "그야 천리마를 끌고 가야지요!"   耕柱子曰. 將歐驥也.

묵자가 말했다. "왜 천리마를 몰고 가려는가?"   子墨子曰. 何故歐驥也.

경주자가 말했다.   耕柱子曰.

"천리마는 그 일을 맡을 수 있기 때문입니다."   驥足以責

묵자가 말했다.   子墨子曰.

"나도 역시 그대가 족히 맡을 수 있기를 바란다네!"   我亦以子爲足以責.[4]

1_ 묵자의 제자.
2_ 大行(대항)=太行山. 산시성과 허난성 경계에 있음.
3_ 駕(가)=멍에 멜. 임금이 탄 수레. 여기서는 마차를 타는 것.
4_ 責(책)=꾸짖을, 맡는다. 두 가지 뜻을 교묘히 이용하여 대답하고 있음.

2

무마자巫馬子[5]가 묵자에게 물었다.

"귀신과 성인은 누가 더 지혜롭습니까?"

묵자가 말했다.

"귀신의 밝음은 성인보다 지혜롭다.

이목이 총명한 자와 귀머거리 봉사를 비교하는 것과 같다.

옛날 우임금 하후씨 계啓가

백익의 아들 비렴費廉을 시켜

산과 내에서 금을 캐도록 하여

곤오昆吾에서 솥을 만들었다.

그리고 백익에게 닭을 잡게 하여

그 피로 신령한 거북을 잡아다가 점을 치게 했다.

그때 축문을 읽고 빌어 이르기를

'솥은 세 발이 바르옵니다.

청컨대 인민들이 밥을 지을 수 없거든

신께서 이 솥으로 끓여주시고

제가 채우지 않거든 신께서 이 솥으로 저장해 주시고

巫馬子謂子·墨子曰.

鬼神孰與聖人明智.

子·墨子曰.

鬼神之明智於聖人

猶聰耳明目 之與聾瞽也.

昔者夏后開[6]

使蜚廉[7]

折金[8]於山川

而陶鑄鼎於昆吾[9]

是使翁難雉乙[10]

卜於白若[11]之龜

曰

鼎成三足而方

不炊

而自烹

不舉而自臧[12]

5_ 不詳. 공자의 제자임은 분명하다.

6_ 開(개)=啓로 解한다.

7_ 蜚廉(비렴)=禹의 신하 백익의 아들 費廉.

8_ 折金(절금)=금을 캐다, 摘金.

9_ 昆吾(곤오)=古代 國名. 지금의 허난성 푸양(濮陽) 남쪽에 있었다고 한다.

10_ 使翁難雉乙(사옹난치을)=고증학자들은 啓使伯益殺雉己로 읽는다. 難雉乙을 人名으로 解하기도 하나 본뜻은 차이가 없다.

11_ 白若(백약)=백익으로 또는 百靈으로 解한다.

12_ 不舉而自臧(불거이자장)=이 句 외에 不炊而自行이 모두 九鼎의 三足을 상징하는 세 가지 기원, 즉 中國 王權의 기원을 말하고 있다. 『藝文類聚』에는 모두 而가 없다. 뜻은 같다. 지금까지는 신비스러운 기적을 설명하듯 自를 '저절로'로 解해 왔으나 이것은 묵자의 과학관과 근검 노력 사상과 상치된다. 自는 행위의 주체를 말하고 있다. 由의 뜻이

제가 자리를 어진 자에게 물려주지 않거든 不遷

신께서 이 솥을 옮겨주소서! 而自行.

이에 곤오의 제단에서 제사를 드리오니 以祭於昆吾之虛[13]

흠향하소서!'라고 했다. 上鄉[14]

빌기를 마치고 나니 점괘가 흠향했음을 알려주었다. 乙又言兆之由[15] 曰 饗矣.

흰 구름이 뭉게뭉게 피어올라 逢逢[16]白云

하나하나 동서남북으로 올라갔다. 一南一北 一西一東

구정이 만들어진 이후 삼국으로 옮겨졌다. 九鼎[17]旣成 適於三國

우임금의 하후씨가 그것을 잃자 夏后氏失之

탕임금의 은나라가 그것을 받았고, 殷人受之

은나라가 그것을 잃자 殷人失之

문왕의 주나라가 그것을 받았다. 周人受之.

하후로부터 은나라, 주나라까지 서로 이어받은 것이 夏后殷周之相受也

수백 년이 되었으니 數百歲矣.

성인이 어진 신하를 모으고 使聖人聚其良臣

훌륭한 재상들과 도모했으나 與其桀相而謀[18]

어찌 수백 년 후의 일을 능히 알겠는가? 豈能智數百歲之後哉.

그러나 귀신은 그것을 알았다. 而鬼神智之.

그러므로 귀신의 밝음은 是故曰 鬼神之明

다. 즉 由鼎, '이 솥으로 신께서 저장해 주소서!'의 뜻이다. 舉=舁, 즉 用力. '힘쓰다'의 뜻임.

13_ 虛(허)=墟也.

14_ 上鄉(상향)=上饗. 祭祝辭의 끝에 붙이는 말. 흠향하소서.

15_ 乙又言兆之由(을우언조지유)=舊本은 '人言兆之由로' 되었으며, 『예문유취』는 '乙又言兆之繇'로 되어 있다. 乙=已也. 兆=조짐. 繇=卦兆之占辭.

16_ 逢逢(봉봉)=蓬蓬. 盛貌.

17_ 九鼎(구정)=禹임금이 九州의 금을 모아 만든 전설적 황금 솥. 천자의 國權을 상징한다.

18_ 桀相而謀(걸상이모)=杰相. 탁월한 재상과 더불어 꾀한다.

성인보다 지혜로운 것이다.   智於聖人也.

마치 총명한 사람을 귀머거리 봉사와 비교하는 것과 같다."   猶聰耳明目之與聾瞽也.

3

제자인 치도오治徒娛와 현자석縣子碩[19]이   治徒娛 縣子碩

묵자에게 물었다.   問於子墨子曰.

"인민을 이롭게 하는 의를 실천하려면   爲義孰

무엇을 가장 힘써야 할까요?"   爲大務.

묵자가 말했다.   子墨子曰.

"비유를 들면 담장을 쌓는 것과 같다.   譬若築牆然

흙을 잘 다지는 사람은 흙을 다지고   能築者築[20]

흙을 잘 운반하는 사람은 흙을 나르게 하고   能實壤者實壤[21]

흙을 잘 파는 사람은 삽질을 시켜   能欣[22]者欣

제각기 능한 일로 협동해야 담장을 쌓을 수 있다.   然後牆成也.

의로운 일을 행하는 것도 이와 같아서   爲義猶是也

변론을 잘하는 사람은 변론을 하고   能談辯者談辯

글을 잘 설하는 자는 글을 설하게 하고   能說書者說書

일을 잘 처리하는 자는 일을 관리토록 하여   能從事者從事

제각기 능한 일을 해내면 의로운 일이 이루어진다."   然後義事成也.

19_ 두 사람 모두 묵자의 제자.

20_ 築(축)=흙을 다지는 것.

21_ 實壤(실양)=흙을 날라다 채워 넣는 일.

22_ 欣(흔)=睎의 뜻. 기구를 가지고 올바로 담이 쌓이도록 감독하는 것(왕인지), 그러나 㢱의 誤로 본다. 가래 또는 삽으로 흙을 퍼 올리는 일.

4

유가인 무마자가 묵자에게 물었다.

"선생은 천하를 두루 사랑했지만 이렇다 할 이익이 없습니다.

저는 천하를 사랑하지 않았지만

그렇다고 해로운 것도 없습니다.

결과는 똑같이 인민을 실제로 이롭게 한 것이 없는데

어찌 선생은 옳고 저는 그르다 합니까?"

묵자가 말했다.

"지금 집에 불이 났다고 하자.

한 사람은 물통을 들고 끼얹으려 하는데

한 사람은 횃불을 들고 던지려 한다.

결과는 나타난 것이 없지만

그대는 누구의 뜻이 귀하다고 생각하는가?"

무마자가 말했다.

"나는 물통을 들고 있는 사람의 뜻을 옳다고 생각하며

횃불을 던지려는 자의 고약한 마음을 그르다고 생각합니다."

묵자가 말했다.

"나도 역시 나의 두루 사랑함을 옳다고 생각하고

그대의 두루 사랑하지 않는 마음을 그르다고 생각한 것이다."

巫馬子謂子墨子 曰

子兼愛天下 未云²³利也

我不愛天下

未云賊也.

功²⁴皆未至

子何獨自是 而非我哉.

子墨子曰

今有燎者於此

一人奉水 將灌之

一人摻²⁵火 將益之

功皆未至

子何貴於二人.

巫馬子曰

我是彼奉水者之意

而非夫摻火者之意.

子墨子曰.

吾亦是吾意

而非子之意也.

23_ 云(운)=有也.

24_ 功(공)=「경설」 상편 상열 (34)에서는 利民也.

25_ 摻(삼)=執也(잡을). 操 자의 異文(필원).

5

묵자가 제자인 경주자를 초나라에 보내 벼슬살이를 하게 했다.

다른 제자들이 초나라의 경주자를 찾아갔을 때

식사는 변변치 않았고 후하게 대접하지 않았다.

제자들이 묵자에게 돌아와 말했다.

"경주자를 초나라에 보낸 것은 쓸모없는 일이었습니다.

우리들이 그를 찾아갔는데도

식사도 제대로 대접하지 않았고

손님을 후대하지도 않았습니다."

묵자가 말했다. "아직 알 수 없다!"

얼마 지나지 않아서 경주자는

묵자에게 돈 이백 냥을 보내면서 말했다.

"소생은 죄를 범하지 않았습니다.

여기 이백 냥을 드립니다.

이 돈은 불의한 돈이 아니오니 선생님께서 쓰시기 바랍니다."

묵자가 말했다. "과연 아직 알 수 없다."

子墨子游荊[26] 耕柱子於楚

二三子過之[27]

食之三升[28] 客之不厚

二三子復於子墨子 曰

耕柱子處楚無益矣

二三子過之

食之三升

客之不厚.

子墨子曰 未可智也.

毋幾何[29]

而遺十金於子墨子 曰

後生不敢死[30]

有十金於此

原夫子之用也.

子墨子曰 果未可智也.

6

무마자가 묵자에 대하여 말했다.

"선생께서는 의를 행하시고 계시지만

巫馬子謂子墨子 曰

子之爲義也

26_ 荊(형)=楚의 古名. 衍文.

27_ 過之(과지)=그에게 가다, 그곳으로 가다.

28_ 三升(삼승)=說宋銒尹文曰 請欲固置五升之 飯足矣(莊子/雜篇/天下).

29_ 毋幾何(무기하)=沒有多久. 얼마 있지 않아.

30_ 後生不敢死(후생불감사)=제자는 가히 죽을죄를 범하지 않았다. 즉 十金이 不義한 돈이 아니라는 뜻.

사람들은 돌아다보지도 않고　　　　　　　　　　人不見而助[31]

귀신들도 부하게 해주지도 않습니다.　　　　　　鬼而不見而富

그런데도 선생께선 계속 의를 행하시니　　　　　而[32]子爲之

미친병이 걸린 것 같습니다."　　　　　　　　　有狂疾

묵자가 말했다.　　　　　　　　　　　　　　　子墨子曰

"지금 그대에게 두 사람의 가신이 있는데　　　今使子有二臣於此

그중 한 사람은 그대가 볼 때는 일을 하고　　　其一人者 見子從事

보지 않으면 일을 하지 않는 데 반해　　　　　不見子則不從事.

또 한 사람은 그대가 볼 때도 일을 하고　　　　其一人者 見子亦從事

보지 않을 때도 일을 한다면　　　　　　　　　不見子亦從事

그대는 이들 두 신하 중에서 누구를 귀하게 여기겠는가?"　子誰貴於此二人

무마자가 말했다.　　　　　　　　　　　　　　巫馬子 曰

"내가 볼 때도 일하고　　　　　　　　　　　我貴其見我亦從事

보지 않을 때에도 일하는 사람을 귀하게 여길 것입니다."　不見我亦從事者

묵자가 말했다.　　　　　　　　　　　　　　　子墨子曰

"그렇다면 자네도 미친병에 걸린 사람을 귀하게 여기는군!"　然則 是子亦貴有狂疾也.

7

자하子夏의 제자들이 묵자에게 물었다.　　　子夏之徒 問於子墨子 曰

"군자들도 싸우는 일이 있습니까?"　　　　　君子有鬪乎.

묵자가 말했다.　　　　　　　　　　　　　　子墨子曰

"군자는 싸우는 일이 없다."　　　　　　　　君子無鬪

31_ 助(조)=原文은 耶로 되었으나 助의 誤인 듯.

32_ 而(이)=그대, 너.

자하의 제자들이 물었다.

"개나 돼지도 싸움이 있거늘

어찌 선비는 싸움이 없을까요?"

묵자가 말했다. "슬프다!

말로는 탕임금과 문왕을 들먹이면서

행동은 개와 돼지에게 비교하는가?

슬픈 일이로다."

子夏之徒曰

狗豨[33]猶有鬪

惡有士而無鬪矣.

子墨子曰 傷矣哉.

言則稱於湯文

行則譬於狗豨

傷矣哉.

8

무마자가 묵자에게 물었다.

"지금 사람을 버리고 옛 임금을 칭송하는 것은

해골을 칭송하는 것입니다.

마치 목수들처럼 죽은 나무만 알고

산 나무는 모르는 것과 같습니다."

묵자가 말했다.

"천하가 살아갈 수 있는 까닭은

선왕의 도리와 가르침 때문이다.

오늘날 선왕을 칭송하는 것은

천하 만민의 오늘의 삶을 영위하는 도구로서 칭송하는 것이다.

巫馬子謂子墨子 曰

舍今之人 而譽先王

是譽槁[34]骨也

譬若匠人然 智[35]槁木也

而不智生木.

子墨子曰

天下之所以生[36]者

以先王之道敎也

今譽先王

是譽天下之所以[37]生也

33_ 豨(희)=큰 돼지.

34_ 槁(고)=枯와 通. 말라 죽은 것.

35_ 智(지)=知와 通.

36_ 生(생)=生活.

37_ 所以(소이)=連詞로서 번역할 필요가 없으나 경우에 따라서는 '□□ 때문에', 또는 '□□하는 도구나 수단', '□□하는 원인 또는 목적'으로 解하는 경우도 있다.

그러므로 기려야 할 것을 기리지 않는 것은 도리가 아니다."　　　可譽而不譽 非仁也.

9

묵자가 말했다.　　　　　　　　　　　　　　　　　　子墨子曰

"초나라 형산荊山에서 화씨가 얻은 구슬과　　　　　　　和氏之璧[38]

양쯔강에서 뱀이 물어다 주었다는 수나라의 진주와　　隋侯之珠[39]

우임금이 만든 천자의 상징인 황금 솥은　　　　　　　三棘六異[40]

제후들이 귀하게 여기는 보물이다.　　　　　　　　　此諸侯之所謂良寶也.

그러나 그것들이 국가를 부유하게 하고 인민을 많아지게 하고　可以富國家 衆人民

형정刑政을 다스러지게 하고, 사직을 안존할 수 있겠는가?　治刑政 安社稷[41]乎

그렇지 않다.　　　　　　　　　　　　　　　　　　曰 不可.

이른바 귀중한 보물이라 하는 것은　　　　　　　　所謂貴良寶者

그것이 인민에게 이로운 것이어야 한다.　　　　　　爲其可以利也

그렇다면 화씨의 구슬, 수나라 진주,　　　　　　　而和氏之璧 隋侯之珠

황금 솥은 인민을 이롭게 하는 것이 아니므로　　　　三棘六異 不可以利人

천하의 보물이 아니다.　　　　　　　　　　　　是非天下之良寶也.

그러나 의로움으로 국가를 다스리면　　　　　　　今用義 爲政於國家

반드시 인민은 많아지고 형정은 다스려지고　　　　人民必衆 刑政必治

사직은 안정될 것이다.　　　　　　　　　　　　社稷必安.

38_ 和氏之璧(화씨지벽)=楚人 和氏가 厲王, 武王, 文王 등 삼대 임금에게 두 다리를 잘리면서 바친 유명한 구슬. 「韓非子」「和氏」편과 「회남자」 및 「사기」에 나온다.

39_ 隋侯之珠(수후지주)=隋나라 임금이 살려준 뱀으로부터 받았다는 구슬. 「회남자」 「覽冥訓」 참조.

40_ 三棘六異(삼극육이)=三鬲六翼(삼력육익)으로 주나라 왕실에 전해 오는 아홉 가지 銅器라는 說과, 세 발과 여섯 귀가 달린 솥으로 夏殷 이래 전해 오는 天子의 寶器인 九鼎을 말한다는 주장이 있다. 여기서는 「사기」의 三鬲六翼, 즉 九鼎을 말한다.

41_ 社稷(사직)=王朝를 칭한다. 社=土地神. 稷=곡식의 신.

고귀한 보물이 백성을 이롭게 하는 것이라면   所爲貴良寶者 可以利民也

의義야말로 백성을 이롭게 하는 것이 분명하므로   而義可以利人.

천하의 귀한 보물은 의라고 말해야 할 것이다."   故 日義天下之良寶也.

10

초楚나라 섭공인 자고子高[42]가 공자에게 정치를 물었다.   葉公子高問政於仲尼 日

"훌륭한 정치를 하려면 어떻게 해야 합니까?"   善爲政者 若之何[43]

공자가 말했다. "훌륭한 정치를 하는 자는   仲尼對日 善爲政者

먼 곳 사람들이 가까이하고, 옛것이 신선해진다."   遠者近之 而舊者新之[44]

묵자가 그 말을 전해 듣고 말했다.   子墨子聞之日

"섭공은 질문의 대답을 들은 것이 아니고   葉公子高 未得其問也.

공자는 그것에 대하여 대답하지 못했다.   仲尼亦未得 其所以對也.

섭공 자고가 어찌 공자의 대답한 말을 몰라서 물었겠는가?   葉公子高 豈不知善

섭공도 먼 곳 사람들을 가까이 오도록 하려 했고   爲政者之遠者近也

옛것을 신선하게 하여 훌륭한 정치를 하려고 했으나   而舊者新是哉[45]

그 좋은 방책을 공자에게서 구하려 했던 것이다.   間所以爲之若之何也[46]

공자는 질문자의 모르는 것을 대답해 주지 않고   不以人之所不智告人

질문자도 이미 알고 있는 것을 대답한 것이다.   以所智告之

그러므로 자고는 대답을 듣지 못했으며   故葉公子高 未得其問也

42_ 楚의 귀족. 葉 땅에 봉해짐.

43_ 若之何(약지하)=어떻게 하는가, 무엇 때문에, 加之何.

44_ 遠者近之 而舊者新之(원자근지 이구자신지)=『논어』「子路」편의 '葉公問政. 子日 近者說 遠者來'와 비슷한 말이다.

45_ 遠者近也 而舊者新是哉(원자근야 이구자신시재)=也와 是는 모두 之로 함이 옳음.

46_ 間所以爲之若之何也(문소이위지약지하야)= '間所以爲之若之何可也'로 可 자가 있어야 뜻이 통함. 즉 질문은 '그렇게 하기 위한 수단은 어떻게 하는 것이 가능한 길인가'를 물었던 것이다.

공자는 대답을 한 것이 아니다."

仲尼亦未得[47] 其所以對也.

11

묵자가 노양魯陽의 문군文君에게 말했다.

"큰 나라가 작은 나라를 공격하는 것은

비유컨대 어린아이가 죽마 놀이를 하는 것과 같습니다.

어린아이들의 죽마 놀이는 서로 피로하게 할 뿐입니다.

오늘날 큰 나라가 작은 나라를 공격하면

공격당하는 쪽 농부들은 농사를 지을 수 없고

부인들은 길쌈을 할 수 없고

오직 지키는 일만 할 것입니다.

또한 남을 공격하는 나라도 농부들은 농사를 지을 수 없고

부인들은 길쌈을 하지 못하며 공격하는 일만 할 것입니다.

그러므로 큰 나라가 작은 나라를 공격하는 것은

마치 어린아이들의 죽마 놀이와 같은 것입니다."

子墨子謂魯陽文君[48] 曰

大國之攻小國

譬猶童子之爲馬[49]也

童子之爲馬 足用而勞.

今大國之攻小國也

攻者 農夫不得耕

婦人不得織

以守爲事.

攻人者 亦農夫不得耕

婦人不得織 以攻爲事

故大國之攻小國也

譬猶童子之爲馬也.

12

묵자가 말했다.

"말은 족히 실천될 수 있는 것만이 숭상된다.

子墨子曰.

言足以復行[50]者常[51]之

47_ 得(득)=만족하고, 잘하고.

48_ 魯陽文君(노양문군)=司馬인 子期의 아들. 楚 平王의 손자를 가리킨다고 한다. 즉 楚나라의 魯陽公을 말한다.

49_ 爲馬(위마)=七歲有竹馬之歡. 竹馬 놀이를 하는 것. 또는 두 손으로 말같이 기어 다니는 것을 말한다고 한다.

50_ 復行(복행)=擧行.

51_ 常(상)=尙의 誤.

실행할 수 없는 말은 숭상하지 말아야 한다.

실행할 수 없는 말은

입만 더러워지는 망언이다."

不足以擧行者勿常.

不足以擧行而常之

是蕩口也.

13

묵자가 관금管黔[52]을 위나라로 보내

고석자高石子라고 부르게 하고 위군衛君을 섬기도록 했다.

위나라 제후는 녹을 후하게 주고 벼슬은 경대부를 주었다.

고석자는 세 차례나 위군을 뵙고 계책을 다 말했으나

그 말은 채용되지 못하고 실행되지 못했다.

이에 그는 위나라를 떠나 제나라로 돌아오고 말았다.

그는 묵자를 뵙고 말했다.

"위나라 제후는 선생님 때문에

나에게 후한 녹을 주고 경대부의 벼슬까지 내렸으나

저의 진언을 채용하지 않았습니다.

그래서 떠나왔습니다.

위군이 나를 미친놈이라고 욕할까 걱정입니다."

묵자가 말했다.

"떠난 것이 진실로 도리라면 욕을 먹는 것이 무슨 대수인가?

子墨子使管黔敖[53]

游高石子[54]於衛

衛君致祿甚厚. 設之於卿.

高石子三朝必盡言

而言無行者[55]

去而之齊

見子墨子曰

衛君以夫子之故

致祿甚厚 設我於卿

石三朝必盡言 而言無行

是以去之也

衛君無乃以石爲狂乎[56]

子墨子曰.

去之苟道 受狂何傷

52_ 묵자의 제자.

53_ 敖(오)=衍文.

54_ 游高石子(유고석자)=管黔의 衛에서의 호칭. 游=遊說하다, 벼슬하다.

55_ 言無行者(언무행자)=진언을 실행하지 않다. 자기의 의견을 채용치 않는다.

56_ 無乃以石爲狂乎(무내이석위광호)=정신 나간 놈이라고 할까 걱정이다. 無乃=ㅁㅁ할까 두렵다, ㅁㅁ할까 걱정이다.
   狂=분별없이 날뛰다. 石=人名.

옛날 주공이 관숙管叔을 비난하고　　　　　　　　　　古者周公旦非關叔[57]

삼공의 자리를 버리고 동쪽 상개로 물러났을 때　辭三公東處於商蓋[58]

사람들은 모두 경거망동이라고 말했으나　　　　　人皆謂之狂

후세에는 그의 덕을 칭송하고 명성을 드날려　　　後世稱其德 揚其名

오늘까지 그치지 않는다.　　　　　　　　　　　　至今不息.

또 내가 듣건대　　　　　　　　　　　　　　　　且翟聞之

의로움은 비난을 피하고 영예를 위한 것이 아니라 했다.　爲義非避毁就譽

그대가 위나라를 떠난 것이 진실로 도리라면　　去之苟道

위군이 비난한들 무슨 허물이 되겠는가?"　　　愛狂何傷.

고석자가 말했다.　　　　　　　　　　　　　　　高石子曰.

"제가 그곳을 떠나온 것이　　　　　　　　　　　石去之

어찌 감히 도리를 저버린 것이오리까?　　　　　焉敢不道也.

옛날 선생님께서 가르치시기를　　　　　　　　　昔者夫子有言曰.

'천하에 도가 없으면　　　　　　　　　　　　　　天下無道

어진 선비는 후한 자리에 머물지 않는다'고 하셨습니다.　仁士不處厚焉

만일 위군이 무도한데도 제가 그의 녹과 벼슬을 탐낸다면　今衛君無道 而貪其祿爵

이것은 제가 남의 곡식을 먹는 것과 같습니다."　則是我爲苟陷人長也[59]

묵자가 기뻐하며　　　　　　　　　　　　　　　　子墨子說

수제자 금골희를 불러 말했다.　　　　　　　　　而召子禽子[60]曰

"잠시 이 사람을 보라!　　　　　　　　　　　　　姑聽此乎.

57_ 非關叔(비관숙)=管叔을 내쫓다. 非=비난하다.

58_ 商蓋(상개)=商奄. 지금의 산동성 취푸(曲阜) 부근이라고 한다. 紂의 아들 武庚과 周公의 형제들인 管叔과 蔡叔이
　　공모하여 반란을 일으킨 곳.

59_ 是我爲苟陷人長也(시아위구함인장야)=남의 밥을 욕심내는 것과 같다는 뜻이다. 陷=啗의 誤. 啗吃이란 뜻. 長=糧
　　의 誤. 米粮. 남.

60_ 禽子(금자)=묵자의 가장 뛰어난 제자인 禽滑釐.

대저 의로움을 버리고 녹을 숭상한 자는　　　　　　　　夫倍義 而鄕祿者

내 일찍 들었으나　　　　　　　　　　　　　　　　　　我常聞之矣

녹을 버리고 의로움을 숭상한 자는　　　　　　　　　　倍祿而鄕義者

이 사람 고석자에게서 보았구나!"　　　　　　　　　　　於高石子焉見之也

또 묵자가 말했다.　　　　　　　　　　　　　　　　　　子墨子曰

"요즘 세속의 군자들은　　　　　　　　　　　　　　　　世欲之君子

가난한 것을 부자라고 말해 주면 성내지만　　　　　　貧而謂之富則怒

의롭지 않으면서도 의롭다고 말해 주면 좋아하니　　　無義而謂之有義則喜

이 어찌 잘못이 아니겠느냐?"　　　　　　　　　　　　豈不悖哉.

14

공맹자公孟子가 말했다.　　　　　　　　　　　　　　　　公孟子曰

"선인들이 한 것을 본받기만 하면 충분합니다."　　　　先人有則三而己矣[61]

묵자가 말했다.　　　　　　　　　　　　　　　　　　　子墨子曰

"그대가 본받으려는 선인들도 그대와 같다면　　　　　孰先人而曰[62]

그들도 선인들의 행동을 본받기만 하라고 말했을 것입니다.　有則之而己矣.

그러므로 그대는 그대가 본받으려는 선인들이　　　　子未智人之先

바로 그 누구의 후생이라는 사실을 모르고 있습니다."　有後生.

61_ 先人有則三而己矣(선인유즉삼이기의)=有는 爲, 則은 效·法也. 三은 『설문』에 '天地人之 道也'라고 했다. 而己矣는
　　'ㅁㅁ일 뿐이다'로 한정을 표현한다. 그러나 '선인들은 天地人의 도리를 본받을 뿐이다'가 되어 전체 문장과 괴리된
　　다. 그러므로 三을 之로 고쳐 '先人爲 則之而己矣'로 읽고, '선인들이 한 것을 본받기만 하면 충분하다'로 해석한다.
62_ 孰先人而曰(숙선인이왈)=그 선인들도 누구든지 역시 말했을 것이다.

15

묵자와 가까이하던 자가 마침내 배반하고서 변명했다.　　有反子墨子而反[63]者

"내가 왜 죄가 있단 말이냐?　　　　　　　　　　　　我豈有罪哉.

나는 남보다 뒤늦게 배반했을 뿐이다."　　　　　　　吾反後[64]

묵자가 말했다.　　　　　　　　　　　　　　　　　子墨子 曰

"이것은 마치 삼군이 모두 패배했는데　　　　　　　是猶三軍北

늦게 패퇴한 사람이 상을 요구하는 것과 같다."　　失後之人[65]求賞也.

16

유가인 공맹자가 말했다.　　　　　　　　　　　　公孟子曰

"군자는 창작하지 않고 계승할 뿐입니다."　　　　　君子不作 術[66]而已

묵자가 말했다.　　　　　　　　　　　　　　　　　子墨子曰

"그렇지 않습니다. 사람이 가장 군자답지 못한 것은　不然 人之其[67]不君子者

옛날의 좋은 것을 계승하지 못하고　　　　　　　　古之善者不述

오늘날 새로운 것을 창조하지 못하는 것입니다.　　今之善者不作.

그다음으로 군자답지 못한 것은　　　　　　　　　其次不君子者

옛날의 훌륭한 것을 계승하지도 못하면서　　　　　古之善者不述

자기가 좋아하는 것만을 지어내는 것입니다.　　　　己有善則作之

훌륭한 것이 자기로부터 나왔다고 자랑하기 위함입니다.　欲善之自己出也.

오늘날 계승만 하고 창조하지 못하는 것은　　　　　今述而不作

63_ 反(반)=友의 誤.

64_ 吾反後(오반후)=나의 背反은 남보다 뒤였다.

65_ 失後之人(실후지인)=落後된 사람.

66_ 術(술)=訹, 述과 通함. 이을, 쫓을, 밝힐. 『논어』 「술이」편의 '述而不作'의 '述'과 같은 뜻이다.

67_ 其(기)=甚也. 綦의 誤.

옛것을 계승하지 못하면서
새것만 창조해 낸다고 떠드는 것과 다를 바 없습니다.
나는 옛날의 좋은 것을 계승·발전시키고
오늘날 좋은 것은 새로 창조해 내야 한다고 생각합니다.
좋은 것이 더욱 많아지기를 바라기 때문입니다."

17

유가인 무마자가 묵자에게 말했다.
"저는 선생과는 의견이 다릅니다.
저는 두루 평등하게 사랑할 수 없습니다.
저는 월나라 사람보다 이웃 추나라 사람을 더 사랑하며
추나라 사람보다는 제 나라 노나라 사람을 더욱 사랑하며
노나라 사람보다는 제 마을 사람을 더욱 사랑하며
제 고장 사람보다는 제 집안사람을 더욱 사랑하며
제 집안사람보다는 제 부모를 더욱 사랑하며
제 부모보다는 제 자신을 더욱 사랑합니다.
제 자신을 제일 친근하게 여기기 때문입니다.
왜냐하면 제가 맞으면 아프지만
그들이 맞으면 저는 아프지 않습니다.
제가 어찌 아픈 저를 돕지 않고
아프지도 않은 그들을 도울 수 있겠습니까?

是無所異於不好述
而作者矣.
吾以爲古之善者則述之
今之善者則作之.
欲善之益多也.

巫馬子謂子墨子曰
我與子異
我不能兼愛
我愛鄒[68]人於越人
愛魯人於鄒人
愛我鄉人於魯人
愛我家人於鄉人
愛我親於我家人
愛我身於吾親
以爲近我也.
擊我則疾[69]
擊彼則不疾於我
我何故疾者之不拂[70]
而不疾者之拂.

68_ 鄒(추)=지금의 산동성 鄒縣.

69_ 疾(질)=아프다. 痛과 通.

70_ 拂(불)=떨칠, 씻어버릴, 拭除의 뜻이나 통하지 않는다. 弼과 通함으로 弼로 譯했다.

그러므로 저는 남을 희생시켜 저를 이롭게 할 수는 있어도
저를 희생하여 남을 이롭게 할 수는 없습니다."
묵자가 말했다.
"이 같은 그대의 뜻을 아무도 모르게 숨겨두겠는가?
아니면 사람들에게 알리겠는가?"
무마자가 말했다.
"제가 무엇 때문에 제 뜻을 숨기겠습니까?
저는 제 뜻을 모두에게 알리겠습니다."
묵자가 말했다.
"그렇다면 어떤 사람이 그대의 뜻에 동조하여 행동한다면
그 사람은 자기에게 이롭다면 그대를 죽이려 할 것이다.
열 사람이 그대의 뜻을 따른다면
열 사람이 그대를 죽이려 할 것이며,
천하가 모두 그대의 뜻을 따라 행동한다면
천하 인민이 모두 그대를 죽여서라도
자기들의 이익만을 도모할 것이다.
한편 어떤 사람이 그대의 뜻에 동조하지 않는다면
그들도 그대를 죽이려 할 것이다.
왜냐하면 그대는 이익을 위해서는 남을 죽이는
상서롭지 못한 말을 하는 자라고 생각할 것이기 때문이다.
열 사람이 그대의 뜻에 동조하지 않으면
열 사람이 그대를 죽이려 할 것이니,
그대를 불길한 말을 퍼뜨리는 자라고 여기기 때문이다.

故我[71]有殺彼以利我
無殺我以利彼.
子墨子曰
子之義將匿邪
意將以告人乎.
巫馬子曰
我何故匿我義
吾將以告人.
子墨子曰
然則一人說子[72]
一人欲殺子以利己
十人說子
十人欲殺子以利己
天下說子
天下欲殺子
以利己.
一人不說子
一人欲殺子
以子爲施
不祥言者也
十人不說子
十人欲殺子
以子爲施不祥言者也[73]

71_ 我(아)=義의 착오.
72_ 說子(열자)=그대를 좋아하여 따른다.

천하가 그대의 뜻에 동조하지 않는다면

천하 인민이 그대를 없애려 할 것이니,

그대를 불길한 말을 행하는 자라고 여기기 때문이다.

결국 그대의 뜻에 동조하는 자도 그대를 죽이려 할 것이고

반대하는 자도 그대를 죽이려 할 것이므로

이를 일러 '자기 목을 조르는 것은 자기 입'이라는 것이니

죽음이 늘 그대의 몸에 이를 것이다."

묵자가 다시 충고하여 말했다.

"그대의 말은 무슨 이익이 있겠는가?

이와 같이 천하에 아무런 이익도 없는 말을 하는 것을

입만 더럽히는 망언이라 한다네!"

天下不說子	
天下欲殺子	
以子爲施不祥言者也.	
說子亦欲殺子	
不說子亦欲殺子	
是所謂經[74]者口也.	
殺常之身者也.	
子墨子曰	
子之言 惡利也.	
若無所利而不言	
是蕩口[75]也.	

18

묵자가 초나라 노양 문군에게 물었다.

"여기 한 사람이 있는데

양과 소를 길러

요리사를 두고 맛있는 요리를 만들어

다 먹을 수 없을 만큼 많은데

남의 맛없는 비지떡을 보고는

눈알을 번득이며 그것을 도적질하면서

子墨子謂魯陽文君 曰
今有一人於此.
羊牛犓豢
維人[76]但割而和之
食之不可勝食也.
見人之作餅
則還然[77]竊之 曰

73_ 以子爲施不祥言者也(이자위시불상언자야)=그대가 상서롭지 못한 말을 퍼뜨리고 시행하려 한다고 생각하기 때문이
    다. 以=ㅁㅁ 때문에. 爲=생각하다. 施=퍼뜨리다, 시행하다.

74_ 經(경)=縊也. 목매어 죽음.

75_ 蕩口(탕구)=입만 아픈 것. 空言妄語.

76_ 維人(유인)=요리사. 饔人의 誤.

나에게 먹을 것을 더 달라고 말합니다   舍余⁷⁸食

그들은 고기 맛을 모르고 부족하다고 하는 것입니까?   不知日月⁷⁹安不足乎

도적질하는 버릇이 있어서 그러는 것입니까?"   其有竊疾乎.

문군이 말했다. "도적질하는 버릇 때문입니다."   魯陽文君曰 有竊疾也.

묵자가 말했다.   子墨子曰

"초나라 영토는 넓은 황무지가 많아   楚四竟⁸⁰之田 曠蕪

다 개간할 수조차 없습니다.   而不可勝辟⁸¹

또한 사람이 없는 빈 고을이 수천 곳이나 되지만   墟虚⁸²數千

백성들이 들어가 살지 않습니다.   不可勝入.

그런데도 조그만 송나라와 정나라의 한적한 고을을 보고   見宋鄭之閑邑⁸³

눈알을 번득이며 훔치려 하는데   則還然竊之

이는 부자가 가난한 자의 비지떡을 훔치는 것과 다릅니까?"   此與彼異乎.

노양 문군이 말했다.   魯陽文君曰

"그것과 같습니다.   是猶彼也

사실은 그것도 도적질하는 버릇 때문입니다."   實有竊疾也.

19

묵자가 말했다.   子墨子曰

77_ 還然(환연)=두리번거리는 것, 睘然.

78_ 舍余(사여)=나를 충족시켜라. 舍=舒.

79_ 日月(일월)=필원은 明으로, 손이양은 耳目으로 본다. 어떤 이는 甘旨의 誤라고 한다. 차오야오샹는 甘肥으로 본다.
　　譯者는 肥로 읽는다. 肥(비)=多肉也. 厚味也.

80_ 四竟(사경)=영토, 四境, 國內.

81_ 不可勝辟(불가승벽)=개간할 수조차 없다. 辟=闢.

82_ 墟虚(호허)=판본은 評靈으로 되어 있으나 손이양에 따라 교정함.

83_ 閑邑(한읍)=빈 고을, 空邑.

"계손季孫씨와 맹백孟伯의 후예들이

노나라 정치를 다스리는데 서로 믿지 못했다.

그래서 신사에 빌기를

'우리들이 서로 화목하게 해주시오!'라고 한다.

이것은 눈을 가리고 나서

신사에 빌기를

'우리가 서로 볼 수 있게 해주시오!'라고 하는 것과 같다.

이 어찌 거짓이 아니겠는가?"

季孫紹與孟伯常[84]

治魯國之政 不能相信

而祝於叢社[85]

曰苟使我和.

是猶弇其目

而祝於叢社也 曰

若使我皆視

豈不繆哉.

20

묵자가 이름난 용사인 제자 낙골희駱滑釐[86]에게 물었다.

"내가 듣자니 그대는 용사를 좋아한다지?"

낙골희가 답했다. "그렇습니다.

저는 어느 고을이건 용사가 있다는 소문을 들으면

기어코 그를 찾아내어 그와 겨루어 끝내 죽이고 맙니다."

묵자가 말했다.

"천하의 모든 사람들은 그가 좋아하는 것을 돕고

미워하는 것을 없애려 한다.

그런데 지금 그대는

고을에 그대가 좋아하는 용사가 나타나기만 하면

子墨子謂駱滑釐 曰

吾聞子好勇.

駱滑釐曰 然.

我聞其鄕有勇士焉

吾必從而殺之.

子墨子曰.

天下莫不欲與[87]其所好

度[88]其所惡

今子

聞其鄕有勇士焉

84_ 季孫紹·孟伯常(계손소·맹백상)=모두 人名. 魯大夫 季庚子之后와 孟武伯之后.

85_ 叢社(총사)=산림 속의 神社.

86_ 未詳. 勇士임은 분명함. 그러나 「공수」편에서 묵자가 제자 禽滑釐라고 한 사람과 같은 인물인지도 알 수 없다.

87_ 與(여)=助也. 왕인지는 興의 誤라고 한다.

88_ 度(도)=도모하다, 圖也. 왕인지는 廢의 誤라고 한다.

반드시 찾아내어 죽여버린다면
이것은 용사를 좋아하는 것이 아니고
오히려 용사를 미워하는 것이다."

必從而殺之
是非好勇也
是惡勇也.

第四十七篇 貴義 귀의

사람들이 말 한 마디로 다투며 서로를 죽이는 것은 무엇 때문인가?
이것은 의로움이 사람의 목숨보다도 귀중하기 때문이다.

1

묵자가 말했다.	子墨子曰.
천하에 의로움보다 더 귀한 것은 없다.	萬事莫貴於義.
지금 그대에게 이르기를	今謂人曰.
'고귀한 신분이 될 수 있는 관과 신발을 줄 것이니	子子冠履[1]
대신 그대의 손발을 자르라'고 한다면 그렇게 하겠는가?	而斷子之手足 子爲之乎.
반드시 그렇게 하지 않을 것이다.	必不爲.
왜냐하면 사람의 신분이 아무리 고귀하다 한들	何故 則冠履
손발보다는 귀하지 않기 때문이다.	不若手足之貴也.
또 이르기를 '그대에게 천하를 줄 것이니	又曰. 子子天下
그 대신 그대의 목숨을 버리라'고 한다면 그렇게 하겠는가?	而殺子之身 子爲之乎.
반드시 그렇게 하지 않을 것이다.	必不爲.
왜냐하면 아무리 천하를 얻어 임금이 되는 것이 귀하다 한들	何故 則天下
제 목숨보다는 귀하지 않기 때문이다.	不若身之貴也.
그런데 사람들이 말 한 마디로 다투며	爭一言
서로를 죽이는 것은 무엇 때문인가?	以相殺
이것은 의로움이 사람의 목숨보다도 귀중하기 때문이다.	是貴義於其身也.
그러므로	故曰.

1_ 冠履(관이)=귀족 신분을 표시하는 관과 신발.

천하만사에 의로움보다 귀한 것은 없다고 말하는 것이다.　　萬事莫貴於義也.

2

묵자가 노나라로부터 제나라에 들러　　　　　　　　　子墨子 自魯卽[2]齊

친구를 방문했더니 그 친구가 묵자에게 말했다.　　　過[3]故人. 謂子墨子曰.

"오늘날 천하에는 의를 행하는 사람이 없는데　　　今天下莫爲義

자네는 홀로 괴로움을 무릅쓰고 의로움을 행하고 있네.　子獨自若而爲義

이제는 자네도 그만두게나!"　　　　　　　　　　　子不若已.

묵자가 말했다.　　　　　　　　　　　　　　　　子墨子曰

"지금 여기에 한 사람이 있는데　　　　　　　　　今有人於此

자식이 열 명이나 되어　　　　　　　　　　　　　有子十人

한 사람이 농사를 지어 아홉 식구를 부양해야 할 처지라면　一人耕而九人處

그는 농사일을 더욱 힘쓰지 않으면 안 될 처지가 아닌가?　則耕者不可以不益急矣.

왜냐하면 식구는 많은데　　　　　　　　　　　　何故 則食者衆

농사꾼은 적기 때문이네.　　　　　　　　　　　　而耕者寡也.

오늘날 천하에는 의를 행하는 이가 없으니　　　　　今天下莫爲義

자네는 마땅히　　　　　　　　　　　　　　　　則子如[4]

나에게 더욱 힘써 의를 행하기를 권면해야 하거늘　　勸我者也

어째서 나를 말리는가?"　　　　　　　　　　　　何故止我.

2_ 卽(즉)=나아감.

3_ 過(과)=방문하는 것.

4_ 如(여)=마땅히(왕인지), 宜也.

3

묵자가 남쪽 초나라에서 유세할 때   子墨子南游於楚

혜왕惠王[5]을 뵙고 글을 올리려 했으나   見楚献書惠王

혜왕은 늙었음을 핑계로 사양하고   献惠王以老辭

대부 목하穆賀[6]로 하여금 대신 묵자를 만나보게 했다.   使穆賀見子墨子.

묵자가 목하에게 유세하니   子墨子說穆賀.

목하가 크게 기뻐하며 묵자에게 말했다.   穆賀大說 謂子墨子曰.

"선생의 말씀은 진실로 훌륭하지만   子之言則成善矣.

우리 군왕은 천하 대왕이신지라   而君王 天下之大王也

아마도 천한 사람의 말이라 하여   毋乃曰 賤人[7]之所爲

채용하지 않을 것 같습니다."   而不用乎.

묵자가 말했다.   子墨子曰.

"예! 그렇습니다만 실행함이 좋을 것입니다.   唯[8] 其可行

그것은 약藥을 얻는 것과 같습니다.   譬若藥然

약은 한낱 풀뿌리에 불과하지만   草之本

천자가 그것을 먹고 병이 나을 수 있다면   天子食之 以順[9]其疾

어찌 한 개의 풀뿌리라 하여 먹지 않겠습니까?   豈曰 一草之本 而不食哉.

지금 농부들이 영주에게 세를 바치고   今農夫入其稅於大人

영주는 그것으로 술과 젯밥을 만들어   大人爲酒醴粢盛

하느님과 귀신에게 제사를 올립니다.   以祭上帝鬼神

5_ 재위 BC 489~433.

6_ 楚의 大夫.

7_ 賤人(천인)=목하가 묵자를 지칭한 한 말이므로 묵자가 목수 출신임을 지적한 것 같다.

8_ 唯(유)=보통은 ㅁㅁ하기만 하면, ㅁㅁ할 수만 있다면. 그러나 여기 문장은 문답 형식인 구어체이다. 따라서 '예!'의 대답일 것이다.

9_ 順(순)=병이 낫는 것, 療.

그런데 어찌 천한 사람이 만든 것이라고 하여 豈日 賤人之所爲

귀신이 흠향하지 않겠습니까? 而不享[10]哉

그러므로 비록 내가 천한 사람이라 해도 故雖賤人也

농부와 약의 사례를 견주어 본다면 上比之農 下比之藥

어찌 한 개의 풀뿌리만도 못하다고 하겠습니까? 曾不若一草之本乎.

또한 대부께서도 且主君

역시 일찍이 탕임금 얘기를 들은 바 있겠지요? 亦嘗聞湯之說乎

옛날 탕임금이 이윤을 찾아가 만나려고 昔者湯將往見伊尹

팽씨의 아들로 하여금 수레를 몰게 했는데 令彭氏之子御.

가는 도중에 팽씨의 아들이 물었답니다. 彭氏之子 半道而問日

'임금께서는 어디를 가십니까?' 君將何之.

탕임금이 말했습니다. '이윤을 찾아가 만나보려고 하네.' 湯日 將往見伊尹.

팽씨 아들이 말했습니다. 彭氏之子日

'이윤은 천하의 천한 사람입니다. 伊尹天下之賤人也

만약 임금님께서 그를 만나보려 하신다면 若君欲見之

명령을 내려 그를 부르십시오. 亦令召問焉

그는 은혜롭게 따를 것입니다.' 彼受賜矣.

탕임금은 말했습니다. '네가 알 리 없겠지. 湯日. 非女所知也

지금 여기에 약이 있는데 今有藥此

그것을 먹으면 귀가 더욱 총명해지고 눈이 더욱 밝아진다면 食之 則耳加聰 目加明

나는 반드시 기뻐하며 그 약을 힘써 먹을 것이다. 則吾必說而强食之.

지금 이윤은 우리나라에 있어서 今夫伊尹之於我國也

훌륭한 의사와 좋은 약과 같은 분이다. 譬之良醫善藥也

그런데 너는 내가 이윤을 만나는 것을 바라지 않는구나! 而子不欲我見伊尹

10_ 享(향)=제사를 받는 것, 흠향함.

이는 네가 나의 선정을 바라지 않기 때문이다.' 　　　　是子不欲吾善也.

이에 탕임금은 팽씨 아들을 내쳐 　　　　因下彭氏之子[11]

수레를 몰지 못하게 했답니다. 　　　　不使御

탕임금은 진실로 그러했기 때문에 　　　　彼苟然[12]

후에 성왕이 될 수 있었던 것입니다." 　　　　然後可也.

4

묵자가 말했다. 　　　　子墨子曰.

무릇 말과 행동은 　　　　凡言凡動

하느님과 귀신과 인민에게 이로우면 행하고 　　　　利於天鬼百姓者爲之

무릇 말과 행동이 　　　　凡言凡動

하느님과 귀신과 인민에게 해로우면 버린다. 　　　　害於天鬼百姓者舍之.

무릇 언행은 삼대 성왕들인 　　　　凡言凡動 合於三代聖王

요·순·우·탕·문·무 등에 합치되면 행하고 　　　　堯舜禹湯文武者爲之.

무릇 언행은 삼대 폭군들인 　　　　凡言凡動 合於三代暴王

걸·주·유·려 등에 합치되면 버린다. 　　　　桀紂幽厲者舍之.

묵자가 말했다. 　　　　子墨子曰.

말은 실천될 수 있어야 귀하고 　　　　言足以遷行者常[13]之

실천되지 않는 말은 귀하게 여기지 않는다. 　　　　不足以遷行者勿常

실천될 수 없는 말을 숭상하는 것은 　　　　不足以遷行而常之

망언이다. 　　　　是蕩口[14]也

11_ 因下彭氏之子(인하팽씨지자)=마차에서 내리게 하고 수레를 몰지 못하게 했다. 因=이에, 곧. 下=내리게 하다.

12_ 苟然(구연)=진실로 그러함.

13_ 常(상)=尙의 誤. 尙=貴也.

14_ 蕩口(탕구)=방탕한 입, 妄言.

묵자가 말했다.　　　　　　　　　　　　　　　　　子墨子曰.

반드시 여섯 가지 치우침을 버려야 한다.　　　　　必去六辟[15]

침묵할 때는 생각하고　　　　　　　　　　　　　嘿則思

말을 하면 가르쳐 인도하며　　　　　　　　　　言則誨

움직이면 의로워야 한다.　　　　　　　　　　　動則義.

이 세 가지만을 번갈아 행하는 것이 성인이다.　　使三者代御 必爲聖人.

기쁨과 노여움, 슬픔과 즐거움,　　　　　　　　必去喜 去怒 去樂 去悲

사랑과 증오를 떨쳐버리면　　　　　　　　　　去愛 去惡[16]

가히 어질고 의로울 수 있다.　　　　　　　　　而用仁義.

손과 발, 입과 코, 귀와 눈,　　　　　　　　　　手足口鼻耳

이 여섯 가지가 의를 행하는 데 종사한다면　　　從事於義

반드시 성인이 될 것이다.　　　　　　　　　　必爲聖人.

5

묵자가 두세 명의 제자들에게 말했다.　　　　　子墨子謂二三子曰.

'의義'를 행함에 있어 능하지 못할지언정　　　　爲義 而不能

반드시 그 '도道'를 어기면 안 된다.　　　　　　必無排其道

비유를 들면 목수가 나무를 깎는 데 능하지 못할지언정　　譬若匠人之斲 而不能

그 먹줄을 어기지는 않는 것과 같다.　　　　　無排其繩[17]

묵자가 말했다.　　　　　　　　　　　　　　　子墨子曰.

세상의 군자들은　　　　　　　　　　　　　　世之君子

15_ 辟(벽)=傾也, 側也.

16_ 喜·怒·樂·悲·愛·惡는 六情. 기쁨과 노여움, 슬픔과 즐거움, 사랑과 증오.

17_ 繩(승)=먹줄.

한 마리의 개나 돼지를 잡으라고 하면

할 수 없다고 사양한다.

그러나 한 나라의 재상이 되라고 하면

능력이 없으면서도 하려고 한다.

어찌 도리에 어긋나지 않는가?

묵자가 말했다.

지금 장님이 말하기를 '은銀'은 흰색이라 말하고

검은 재는 검은색이라고 말했다면

아무리 눈 밝은 사람이라도

그 말을 바꿀 수는 없다.

그러나 흰 것과 검은 것을 함께 섞어놓고

장님에게 골라내라 한다면 장님은 알지 못할 것이다.

그러므로 내가 장님은 검고 흰 것을 모른다고 한 것은

그 명칭이 아니고 그 선택을 말한 것이다.

오늘날 천하 군자들이 말하는 '인仁'이라는 명칭은

우임금과 탕임금도 그것을 바꿀 수 없을 것이다.

그러나 어짊과 어질지 못한 것을 함께 섞어놓고

그것을 천하 군자들로 하여금 분별하여 선택하라 하면

알지 못할 것이다.

그러므로 내가

천하의 군자들이 어짊을 모른다고 말한 것은

그것의 명칭을 말하는 것이 아니고 선택을 말하는 것이다.

使之爲一犬一彘之宰

不能則辭之.

使爲一國之相

不能而爲之

豈不悖哉.

子墨子曰.

今瞽曰 鉅[18]者白也

黔[19]者黑也

雖明目者

無以易之.

兼白黑

使瞽取焉 不能知也.

故我曰 瞽不知白黑者

非以其名也 以其取也.

今天下之君子之名仁也

雖禹湯無以易之.

兼仁與不仁

而使天下之君子取焉

不能知也

故我曰.

天下之君子不知[20]仁者

非以其名也 亦以其取也.

18_ 鉅(거)=銀의 誤. 어떤 이는 鍠의 誤라고 한다.

19_ 黔(금)=검은 담뱃재, 그냥 검은 재로 解한다.

20_ 不知(부지)=공자와 유가들은 仁을 말할 뿐 그것을 분별하는 智는 소홀히 한다. 그래서 논리학, 인식론, 과학을 궤변이라 배격한다.

묵자가 말했다.

오늘날 선비들의 처신을 보면

장사치가 한 푼의 돈을 쓰는 신중함보다도 못하다.

상인들이 정작 한 푼의 돈을 써버리면

돈은 계속 있는 것이 아니므로

구차하게 값을 부르지 않고 좋은 물건을 고른다.

오늘날 선비들의 처신은 그렇지 못한 것 같다.

제 욕망대로 행동하여

심한 자는 형벌을 받고, 덜한 자는 더러운 비난을 받는다.

그래서 선비들의 처신이

장사치의 한 푼의 돈을 쓰는 신중함에도 미치지 못한다.

묵자가 말했다.

세상의 군자들은 '의'를 이룬다고 하면서도

몸을 수양하는 데 도와주려고 하면 성을 낸다.

이것은 담장을 쌓기를 원하면서도

남들이 담장 쌓는 것을 도우면 성을 내는 것과 같은 것이다.

어찌 도리에 어긋나지 않는가?

子墨子曰.

今士之用身

不若商人之用一布²¹之愼也

商人用一布

布不繼

不敢苟而讎焉 必擇良者.

今士之用身則不然

意之所欲則爲之

厚者入刑罰 薄者被毁醜²²

則士之用²³身

不若商人之用一布之愼也.

子墨子曰.

世之君子 欲其義之成

而助之修其身則慍

是猶欲其牆之成

而人助之築則慍也

豈不悖哉.

6

묵자가 말했다.

옛 성왕들은 그의 도를 후세에 전하려고

子墨子曰.

古之聖王 欲傳其道于後世

21_ 布(포)=여기서는 화폐를 말한다. 그 당시는 布를 화폐로 사용했음.

22_ 毁醜(훼추)=비난받다, 지탄받다.

23_ 用(용)=쓰다, 부리다, 처세하다.

대쪽이나 비단에 글을 쓰고 쇠와 돌에 새겨

후세 자손에게 물려주었고

후세 자손들이 그것을 본받기를 바랐다.

그러나 오늘날 성왕의 도가 행해지지 않는 것은

선왕의 이러한 전승을 버렸기 때문이다.

묵자가 남쪽으로 위衛나라를 유세할 때

수레 속에 많은 책을 싣고 있었다.

그것을 본 현당자弦唐子[24]는 이상히 여겨 물었다.

"선생님께서 공상과公尙過[25]에게 가르쳐 말할 때는

'곧고 굽은 것을 헤아릴 따름'이라고 하셨습니다.

그런데 지금은 많은 책을 싣고 계시니 어찌된 일입니까?"

묵자가 말했다.

"옛날 주공 단旦은 매일 아침이면 백 편의 글을 읽고

저녁엔 열 명의 검은 옷을 입은 선비들을 만났다.

그래서 주공 단은 천자를 보좌하는 재상이 되었고

그를 공경함이 오늘까지 지극한 것이다.

나는 위로 섬겨야 할 임금이 없고

아래로는 농사를 지어야 하는 어려움도 없으니

내 어찌 주공 단이 하던 일을 버리겠는가?

내가 듣건대 만물은 한 가지 이치로 돌아가지만

그것을 펴 밝힘에는 그릇됨이 있을 수 있고

是故書之竹帛 鏤之金石

傳遺後世子孫

欲後世子孫法之也.

今聞先王之道而不爲

是廢先王之傳也.

子墨子南游使衛

關中載書甚多.

弦唐子見而怪之. 曰

吾夫子敎公尙過曰

揣曲直而已

今夫子載書甚多 何有也.

子墨子曰

昔者周公旦 朝讀書百篇

夕見漆十士[26]

故周公旦佐相天子

其修至於今[27]

翟上無君上之事

下無耕農之難

吾安敢廢此

翟聞之 同歸之物

信有誤者[28]

24_ 묵자의 제자, 未詳.

25_ 묵자의 제자.

26_ 漆十士(칠십사)=七十士, 혹은 검은 옷의 선비.

27_ 今(금)=此의 誤. 뒤 句에 붙인다.

28_ 信有誤者(신유오자)=말로 하면 誤가 있다. 信=伸의 誤.

인민이 듣는 것도 일치하지 않으므로 　　然而民聽不鈞

그래서 책도 많아지는 것이다. 　　是以書多也.

이제 공상과의 마음이 　　今若過之心者

정미한 것까지 이치를 궁구했으니 　　數逆於精微[29]

만사가 한 가지로 돌아가는 진리의 요체를 이미 안 것이다. 　　同歸之物 旣已知其要矣.

그래서 나는 그에게 책으로 가르치지 않은 것이다. 　　是以不敎以書也.

그런데 무엇이 이상하다는 말인가?" 　　而子何怪焉.

7

묵자가 위나라 대부 공량환자公良桓子에 대해 말했다. 　　子墨子 謂公良桓子曰

"위나라는 작은 나라로서 제나라와 진나라 사이에 놓여 있으니 　　衛小國也 處於齊晉之間

마치 가난한 집안이 부잣집 사이에 있는 것 같다. 　　猶貧家之處於富家之間也.

가난한 집이 부잣집의 입고 먹는 것을 배워 소비가 많다면 　　貧家而學富家之衣食多用

금방 망할 것은 틀림없는 사실이다. 　　則速亡必矣.

지금 선생의 집을 살펴보니 　　今簡[30]子之家

장식한 수레가 수백 채나 되고 　　飾車數百乘

콩과 조를 먹는 말들이 수백 필이나 되며 　　馬食菽粟者數百匹

수놓은 비단 옷을 입은 부인들이 수백 명이다. 　　婦人衣文繡者數百人.

만약 이런 수레와 말들과 　　若取飾車食馬之費

비단 옷의 비용을 아껴 　　與繡衣之財

대신 선비를 기른다면 　　以畜士

29_ 數逆於精微(수역어정미)=數는 理로, 逆은 考究로 보아 '정미한 곳까지 理를 考究하다'로 解하는 것이 보통이다. 구
　　차하지만 따른다. 글자대로 解한다면, '마음이 정미한 면에서는 자주 어긋난다'는 뜻이 되어 앞뒤 문장이 연결되지
　　않기 때문이다.

30_ 簡(간)=살피는 것, 察.

반드시 천 명을 넘게 기를 것이다.

만약 환난을 당했을 때

수백 명의 선비들로

앞뒤를 호위하게 하는 것과

수백 명의 부인들을 앞뒤로 거느린 것은

어느 것이 안전하겠는가?

나는 선비를 기르는 것보다

더 값싼 안전책은 없다고 생각한다."

必千人有餘.

若有患難

則使百人

處於前 數百人於後

與婦人數百人處前後

孰安.

吾以爲 不若畜士之

安也.

8

묵자가 제자를 위나라에서 벼슬살이를 하게 했는데

그 제자가 가자마자 돌아왔다.

묵자가 말했다. "어째서 돌아왔는가?"

제자가 대답했다. "제게 한 말과 맞지 않았습니다.

제게 이만 냥을 대우해 주기로 했는데

일만 냥밖에 주지 않았습니다. 그래서 떠나왔습니다."

묵자가 말했다.

"네게 만약 이만 냥보다 더 많이 주었다면

그래도 너는 버리고 떠나올 것인가?"

제자가 답했다. "떠나지 않지요."

묵자가 말했다.

"그렇다면 맞지 않다고는 말할 수 없지 않은가?

子墨子仕人於衛

所仕者 至而反.

子墨子曰. 何故反.

對曰. 與我言而不當.

曰 待女以千盆[31]

授我五百盆 故去之也.

子墨子曰.

授子過千盆

則子去之乎

對曰. 不去.

子墨子曰.

然則 非爲其不審[32]也

31_ 盆(분)=鎰의 誤라 하여 金二十兩을 말한다. 또는 盆은 곡식을 재는 부피로 한 항아리라고 하는 이도 있다.

32_ 審(심)=當의 誤. 어떤 이는 實의 뜻이라고 한다.

부족하다고 말할 수는 있을지언정."

爲其寡也.

9

묵자가 말했다.

子墨子曰.

세속의 군자들은 의로운 선비 보기를

世俗之君子 視義士

곡식을 짊어진 짐꾼만큼도 대접하지 않는다.

不若視負粟者.

여기 한 사람이 곡식 자루를 지고 가는데

今有人於此

길가에서 쉬었다가 일어나지 못하는 것을

負粟息於路側 欲起而不能

군자들이 보았다면

君子見之

그가 어른이든 어린아이든, 귀하든 천하든

無長少貴賤

가리지 않고 반드시 그를 일으켜 세워줄 것이다.

必起之.

무엇 때문일까?

何故也.

그것은 의로운 일이기 때문이다.

曰. 義也.

오늘날 의를 행한다는 군자들이

今爲義之君子

선왕의 도리를 받들어 의로움을 말하지만

奉承先王之道 以語之

그것을 기뻐하지도, 행하지도 않을 뿐 아니라

縱[33]不說而行

도리어 그것을 비난하고 헐뜯는다.

又從而非毀[34]之[35]

그런즉 이들 세속적인 군자들이

則是世俗之君子之

의로운 선비 보기를

視[36]義士也

곡식을 짊어진 짐꾼만큼도 대접하지 않고 있는 것이다.

不若視負粟[37]者也.

33_ 縱(종)=ㅁㅁ할 뿐 아니라.

34_ 非毀(비훼)=헐뜯고 비난함.

35_ 之(지)=先王之道.

36_ 視(시)=대접하다(看待).

37_ 負粟(부속)=곡식 짐꾼.

10

묵자가 말했다.	子墨子曰
상인들은 사방으로 다니면서 장사를 하여	商人之四方
이익을 몇 배로 남긴다.	市賈倍徙[38]
비록 관문과 다리를 지나는 어려움과 도적의 위험이 있어도	雖有關梁之難 盜賊之危
그것을 무릅쓰고 반드시 장사를 하고 만다.	必爲之.
오늘날 선비들은 앉아서 의로움을 말하는 것만으로도	今士坐而言義
관문과 다리를 통과하는 어려움과 도적의 위험도 없이	無關梁之難[39] 盜賊之危
몇 곱의 이로움이 생기는지 헤아릴 수 없을 것이다.	此爲倍徙 不可勝計.
그런데도 선비들이 의로움을 행하지 않는 것은	然而不爲.
선비들의 이로움을 헤아리는 것이	則士之計利
장사치의 지혜만도 못하기 때문이다.	不若商人之察也.

11

묵자가 북쪽 제나라로 가려다 점쟁이를 만났다.	子墨子北之齊 遇日者[40]
점쟁이가 말했다.	日者日.
"살펴보니 오늘은 북방 흑룡에 살이 있습니다.	帝[41]以今日殺黑龍於北方
선생의 얼굴색을 보니 검어졌습니다.	而先生之色黑
북행을 그만두시지요!"	不可以北.
묵자는 듣지 않고 기어코 북행을 결행했다.	子墨子不聽 遂北.
그러나 치수淄水에 이르러 건너지 못하고 되돌아오고 말았다.	至淄水不遂[42] 而反[43]焉

38_ 倍徙(배사)=倍는 두 배. 徙는 蹻也. 넘을, 혹은 筵와 通하여 다섯 배. 原本은 信徒이나 필원에 따라 고침.

39_ 關梁之難(관양지난)=국경은 자유로이 왕래했으나 관세가 있다. 梁(다리)도 세금을 거두었다.

40_ 日者(일자)=占候卜筮.

41_ 帝(제)=諦也.

점쟁이가 말했다.

"내가 선생께 북행은 안 된다고 이르지 않았습니까?"

묵자가 말했다.

"강물이 넘쳐 남쪽 사람은 북행을 할 수 없었고

동시에 북쪽 사람은 남행을 할 수 없었다.

또한 얼굴색이 검은 자도 흰 자도

다 건너지 못한 것은 무슨 까닭인가?

또 살펴보니 갑甲·을乙일에는 청룡·동방에 살을 내리고

병丙·정丁일에는 적룡·남방에 살을 내리고

경庚·신辛일에는 백룡·서방에 살을 내리고

임壬·계癸일에는 흑룡·북방에 살을 내린다고 하는데

그대의 말을 따른다면

천하에 다니는 것을 금하는 꼴이 될 것이다.

이렇게 되면 사람의 마음이 얽매여

천하를 적막하게 할 것이다.

그대의 말은 쓸모없는 것이다."

日者曰

我謂先生不可以北.

子墨子曰.

南之人不得北

北之人不得南

其色有黑者 有白者

何故皆不遂也.

且帝以甲乙殺青龍於東方

以丙丁殺赤龍於南方

以庚辛殺白龍於西方

以壬癸殺黑龍於北方.

若用子之言

則是禁天下之行者也.

是圍⁴⁴心

而虛天下也

子之言不可用也.

12

묵자가 말했다.

내 말은 충분히 실용적인 것이다.

그럼에도 내 말을 버리고 다른 생각을 하는 것은

子墨子曰.

吾言足用矣.

舍吾言革思者

42_ 遂(수)=竟也.

43_ 反(반)=還·返也.

44_ 圍(위)=얽매다, 가두어 놓다. 因蔽.

마치 추숫감을 버려두고 이삭이나 좁쌀을 줍는 격이다.

다른 말로 내 말을 비난하는 것은

마치 달걀로 바위를 치는 격이다.

천하의 계란을 모두 던진다 해도

나의 말은 반석과 같아 깨지지 않을 것이다.

是猶舍穫 而攈粟[45]也

以他言非吾言者

是猶以卵投石也.

盡天下之卵

其石猶是[46]也 不可毁也.

45_ 攈粟(군속)=좁쌀을 줍다.

46_ 是(시)=곧다, 바르다는 뜻. 여기에서는 반석같이 꿈쩍 않는 것.

第四十八篇 公孟 공맹

대저 어린아이의 지혜로는 오직 부모만을 사모할 뿐이며 부모가 좋아하지 않는데도 울면서
그치지 않는다. 이것은 무엇 때문인가? 어린이는 지극히 어리석기 때문이다.
그러므로 유가들의 지혜를 어찌 어린아이의 지혜보다 더 어질다고 하겠는가?

1

이 내용의 글은 「비유」, 「노문」에도 나온다.

유가인 공맹자¹가 묵자에게 말했다.   公孟子 謂子墨子曰

"군자는 팔짱을 끼고 기다리다가   君子共已以待²

묻거든 대답하고 묻지 않으면 가만히 있어야 합니다.   問焉則言 不問焉則止.

비유컨대 종과 같아서   譬若鍾然

두드리면 울리고 두드리지 않으면 울지 않는 것입니다."   扣則鳴 不扣則不鳴.

묵자가 반박하며 말했다.   子墨子曰.

"그 말에는 세 가지 경우가 다릅니다.   是言有三物³焉

지금 당신은 한 가지만을 알고 있으나   子乃今知其一耳也

그것도 그 뜻을 잘 모르고 있습니다.   又未知其所謂也.

만약 대인이 나라와 가문을 다스림이 간악하여   若大人行淫暴⁴於國家

나서서 간언을 하면 불손하다고 꾸짖고   進而諫 則謂之不遜

좌우를 통하여 간언을 올리면   因左右而獻諫

쓸데없이 논의만 분분하게 한다고 비난한다면   則謂之言議

이런 경우 군자들은 머뭇거리는 것입니다.   此君子之所疑惑也.

1_ 曾子의 弟子라는 說이 있으나 未詳. 단 儒家임은 分明함.

2_ 共已以待(공이이대)=팔짱 끼고 기다린다. 共=拱手로 본다. 어떤 이는 恭으로 읽기도 한다.

3_ 三物(삼물)=세 가지 경우.

4_ 暴(폭)=가로챔, 橫取.

그러나 만약 대인들이 정사를 다스림에

장차 나라와 가문에 곤경을 초래하여

마치 쇠뇌가 발사되려는 찰나처럼 위급한 지경이라면

군자가 그것을 알았다면 반드시 간언을 해야 합니다.

이것이 결국 대인에게도 이익이 될 것입니다.

이것은 두드리지 않아도 울어야 하는 경우입니다.

또 만약 대인이 불의한 자의 괴이한 방책을 받아들여

교묘한 계책을 얻었다고 생각하고

군사를 일으켜

죄 없는 나라를 공격하여

토지를 넓히고 재물을 약탈하려고 할 때

나가면 반드시 치욕을 당할 것이며

공격을 당하는 자도 이로울 것이 없고

공격을 하는 자도 모두 이로울 것이 없어

양쪽 모두 이롭지 않을 것입니다.

이런 때는 두드리지 않아도 반드시 울어야 하는 것입니다.

이상 세 가지 경우가 있는데 그대는 이르기를

'군자란 무조건 팔짱을 끼고 기다리며

물으면 대답하고 묻지 않으면 입을 다물어

마치 종과 같이 두드리면 울고

두드리지 않으면 울지 않아야 한다'고 말합니다.

若大人爲政

將因於國家之難

譬若機[5]之將發也然

君子知之 必以諫

然而大人之利

若此者 雖不扣 必鳴者也.

若大人擧不義之異行

雖得大巧之經[6]

可行於軍旅之事

欲攻伐無罪之國[7]

以廣闢土地 籍稅[8]賦材[9]

出必見辱

所攻者不利

而攻者亦不利

是兩不利也.

若此者. 雖不扣 必鳴者也.

且子曰

君子共已待

問焉則言 不問焉則止

譬若鍾然 扣則鳴

不扣則不鳴.

5_ 機(기)=쇠뇌.

6_ 大巧之經(대교지경)=교묘한 계책.

7_ 이 구절 다음에 '有之也君得之 則必用之矣' 11자가 더 붙어 있으나 衍文으로 보고 삭제했음.

8_ 籍稅(적세)=거두다, 착취하다.

9_ 賦材(귀재)=貨材.

방금 그대는 두드리지도 않았는데 나에게 말했습니다.　　　今未有扣子而言
이것은 그대가 말한 '두드리지 않아도 운 것'에 해당하며　　是子之謂不扣而鳴邪.
그렇다면 그대는 군자가 아닌 것입니다."　　　　　　　是子之所謂非君子邪.

2

공맹자가 묵자의 행동에 대하여 말했다.　　　　　　　公孟子謂子墨子曰.
"진실로 선한 사람이라면 누가 알아주지 않겠는가?　　　實爲善人 孰不知[10]
마치 좋은 구슬처럼 가만히 숨어 나타나지 않아도　　　譬若良玉[11] 處而不出
광채가 넘쳐날 것입니다.　　　　　　　　　　　　有餘精[12]
또 마치 미녀처럼 가만히 숨어 밖에 나가지 않아도　　　譬若美女 處而不出
사람들은 다투어 그녀를 찾을 것입니다.　　　　　　人爭求之
그러나 도리어 나다니며 스스로 자랑하면　　　　　　行而自衒[13]
사람들이 모여들지 않습니다.　　　　　　　　　　人莫之取也[14]
지금 선생은 두루 사람들을 따라다니며 유세하고 있으니　今子徧從人而說之[15]
어찌 그것이 헛된 수고가 아니겠습니까?"　　　　　　何其勞也[16]
묵자가 말했다.　　　　　　　　　　　　　　　　子墨子曰.
"지금은 세상이 어지러워 미녀를 찾는 이가 많으며　　　今夫世亂 求美女者衆.
미녀가 비록 나가지 않아도 사람들은 그녀를 찾습니다.　美女雖不出 人多求之.
지금은 선한 자를 찾고 있으나 참으로 적으니　　　　　今求善者寡

10_ 實爲善人 孰不知(실위선인 숙부지)=진실로 선인이라면 누가 몰라주겠는가. 爲=是. 孰=誰也.

11_ 良玉(양옥)=손이양은 良巫로 고쳐 읽는다. 그러나 그대로 두고 解한다.

12_ 精(정)=精은 光澤. 손이양은 糈의 誤로 본다. 제사상의 쌀.

13_ 自衒(자현)=스스로 자랑하다. 衒=炫耀.

14_ 取也(취야)=聚也.

15_ 說之(설지)=그들에게 충고하다, 설득하다, 타이르다.

16_ 何其勞也(하기노야)=어찌 이같이 수고하랴? 수고할 것인가?

사람들에게 힘써 유세하지 않으면	不强說人
사람들은 선한 것을 모를 것입니다.	人莫之知也[17]
만약 여기에 별점을 잘 치는 두 선생이 있는데	且有二生於此 善星[18]
하나는 돌아다니며 남에게 점을 쳐주고	一行爲人筮者
한 사람은 집에 머물고 나가지 않는다면	一處而不出者
두 선생 중에	行爲人筮者 與處而不出者
누가 더 복채가 많겠습니까?"	其糈孰多.
공맹자가 대답했다.	公孟子曰.
"돌아다니며 사람들에게 점을 치는 이의 복채가 많을 겁니다."	行爲人筮者 其糈多.
묵자가 말했다.	子墨子曰.
"두 사람의 어짊과 의로움이 같다면	仁義鈞[19]
돌아다니며 사람들을 유세하는 자가	行說人者
선한 공적이 더 많을 것입니다.	其功善亦多.
어찌 돌아다니며 사람들을 유세하지 않겠습니까?"	何故不行說人也.

3

공맹자가 유가들의 두건을 쓰고	公孟子戴章甫[20]
홀을 띠에 꽂고 유가의 정장을 하고서	搢笏[21]儒服
묵자를 찾아뵙고 말했다.	而以見子墨子曰
"군자는 의복을 갖춘 후에 행세해야 합니까?	君子服然後行乎

17_ 人莫之知也(인막지지야)=人莫知之也. 之와 知가 바뀌었음.
18_ 星(선성)=占星者로 고쳐 읽는다.
19_ 鈞(균)=均의 誤.
20_ 章甫(장보)=은나라 때의 두건. 공자도 장보를 썼다.
21_ 搢笏(진홀)=士 이상들이 신분을 밝히는 홀을 띠에 꽂는 것.

행실을 갖춘 후에 의복을 갖추어야 합니까?"

묵자가 말했다.

"행실은 의복에 있지 않습니다."

공맹자가 말했다.

"무엇으로 그것을 알 수 있습니까?"

묵자가 말했다.

"옛날 제나라 환공은 높은 관을 쓰고 넓은 띠를 두르고
금으로 된 칼과 나무 방패를 들고 나라를 다스렸는데
나라는 다스려져 태평했습니다.

옛날 진나라 문공은 거친 옷과
암양 가죽 옷을 입고 가죽 띠에 칼을 차고
나라를 다스렸는데 나라는 다스려져 태평했습니다.

또 옛날 초나라 장왕은
해태 뿔의 왕관을 쓰고 색실로 수술을 늘어뜨리고
넓은 봉의繼衣를 입고 넓은 용포를 걸치고 나라를 다스렸는데
그 나라는 잘 다스려졌습니다.

옛날 월나라 왕 구천은 머리를 깎고 문신을 하고서
나라를 다스렸는데 나라는 잘 다스려졌습니다.

이들 네 군주는 모두 나라를 잘 다스려 패업을 누렸는데
그 입은 옷은 같지 않았지만 그 행함은 하나같았습니다.

其行然後服乎.

子墨子曰

行不在服.

公孟子曰

何以知其然也.

子墨子曰

昔者齊桓公 高冠博帶

金劍木盾 以治其國

其國治.

昔者晉文公 大布²²之衣

牂羊之裘 韋²³以帶劍

以治其國 其國治.

昔者楚莊王

鮮冠²⁴組纓

縫衣²⁵博袍 以治其國

其國治.

昔者越王句踐 剪髮文身

以治其國 其國治.

此四君者

其服不同 其行猶一也.

22_ 大布(대포)=거친 옷.

23_ 韋(위)=다린 가죽.

24_ 鮮冠(선관)=직역하면 '화려한 관'. 그러나 獬冠으로 解한다(楚文王愛服獬冠 : 淮南子). 어떤 이는 獬豸冠으로 解하
기도 한다. 해태(獬)는 神羊으로 曲直을 분별하는 전설상의 짐승. 獬豸(해치)는 소와 비슷한 神獸(獬豸飾刑官 : 庚
信의 詩).

25_ 縫衣(봉의)=큰 옷, 大衣.

나는 이로써

행실은 의복에 달려 있지 않음을 알게 되었습니다."

공맹자가 말했다. "훌륭하신 말씀입니다.

내가 듣건대 착한 일을 미루는 것은 착하지 않다고 했습니다.

청컨대 홀을 버리고 두건을 갈아 쓰고

다시 선생님을 뵙는 것이 옳은 것 같습니다."

묵자가 말했다.

"청컨대 그대로 뵙시다.

만약 내가 반드시 홀과 두건을 벗어야만

서로 만날 수 있다고 고집한다면

그것이 바로 행실이 의복에 달렸다는 틀린 생각입니다."

翟以是

知行之不在服也.

公孟子曰. 善.

吾聞之曰 宿善[26]者不祥

請舍忽易章甫

復見夫子可乎.

子墨子曰

請因[27]以相見也

若必將舍忽易章甫

而後相見

然則行果在服也.

4

공맹자가 말했다.

"군자는 반드시 옛 말씀과 옛 의복을 한 후에야

어질다고 할 수 있습니다."

묵자가 말했다.

"옛날 상나라(은나라) 주왕과 그의 집정관 비중은

천하의 폭인이며

기자와 미자는 천하의 성인입니다.

이들은 똑같은 옛말을 했으나

하나는 어질고 하나는 포악했습니다.

公孟子曰.

君子必古言服

然後仁.

子墨子曰.

昔者商王紂 卿士費仲

爲天下之暴人.

箕子微子 爲天下之聖人

此同言

而或仁不仁也.

26_ 宿善(숙선)=착한 것을 묻어두는 것.

27_ 因(인)=就也.

주나라 주공 단은 천하의 성인이며	周公旦爲天下之聖人
관숙은 천하의 폭인입니다.	關叔爲天下之暴人.
똑같은 의복을 입었으나 하나는 어질고 하나는 포악했습니다.	此同服 或仁或不仁.
그러므로 어짊은 옛 말씀이나 옛 의복에 달린 것이 아닙니다.	然則 不在古服與古言矣.
또한 그대 유가들은 주나라는 본받지만	且子法周
하나라(우왕)는 본받지 못했으니	而未法夏也
그대들의 옛것은 진정한 옛것이 아닙니다!"	子之古非古也.[28]

5

공맹자가 묵자에게 물었다.	公孟子謂子墨子曰
"옛 성왕의 차례 짓는 법은	昔者聖王之列也
최고의 성인은 천자가 되고	上聖立爲天子
그다음 성인은 경대부가 되게 했습니다.	其次立爲卿大夫.
지금 공자는 『시경』 · 『서경』을 잘 알고	今孔子博於詩書
예악에 밝으며 만사를 상세히 압니다.	察於禮樂 詳[29]於萬物
만약 공자가 성왕에 합당하다면	若使[30]孔子當聖王
어찌 공자가 천자가 되지 말라는 법이 있습니까?"	則豈不以孔子爲天子哉[31]
묵자가 말했다.	子墨子曰
"대저 지혜로움이란 반드시 하느님을 존중하고 귀신을 섬기며	夫知者 必尊天事鬼
인민을 사랑하고 소비 생활을 절도 있게 검약하는	愛人節用

28_ 子之古非古也(자지고비고야)=선생의 옛것이란 진정한 옛것(夏나라 것)이 아니다. 유가들이 周의 봉건제도를 숭상
한 데 비해, 묵자는 夏나라 禹임금의 공산사회를 동경했다.

29_ 詳(상)=다 알다, 悉也.

30_ 若使(약사)=만일 ㅁㅁ라면.

31_ 豈不以ㅁㅁ哉(개불이ㅁㅁ재)=어찌 ㅁㅁ이 아니겠는가? 완곡한 反問.

네 가지를 갖추어야 하는 것입니다.	合焉爲知矣.
지금 당신은 말하기를	今子曰
공자는 『시경』·『서경』에 해박하고	孔子博於詩書
예악에 밝으며 만사를 깊이 안다고 하면서	察於禮樂 詳於萬物
천자가 되어야 할 분이라고 했습니다.	而曰 可以爲天子.
이는 남의 장부를 보고	是數人之齒[32]
자기가 부자라고 착각하는 것입니다."	而以爲富.

6

공맹자가 말했다.	公孟子曰
"가난하고 부유하고, 오래 살고 일찍 죽는 것은	貧富壽夭
하늘이 빈틈없이 미리 정해 놓은 것이므로	齰然[33]在天
한 치도 덜고 보탤 수가 없는 것입니다."	不可損益
또 이른다.	又曰
"군자는 반드시 학문에 힘써야 합니다."	君子必學.
묵자가 말했다.	子墨子曰
"사람들에게 학문에 힘쓰라고 가르치면서	教人學
동시에 운명론을 가르치는 것은	而執有命.
마치 사람들에게 관을 쓰는 상투를 틀라고 명령하면서	是猶命人葆[34]
한편으로는 그의 관을 버리라고 말하는 것과 같습니다."	而去亓冠也.

32_ 齒(치)=나무에 칼로 이빨처럼 숫자를 기록함. 오늘날의 장부.
33_ 齰然(색연)=이빨이 물린 것. 빈틈없이 꽉 짜여 있는 것.
34_ 葆(보)=싸매는 것. 갓을 쓰기 위해 머리를 묶어 꼭지를 만든 상투.

7

공맹자가 묵자에게 말했다.　　　　　　　　　　　　　　　公孟子謂子·墨子曰

"의義와 불의에 따라　　　　　　　　　　　　　　　　　　有義不義

길하고 흉한 것은 아닙니다."　　　　　　　　　　　　　　無祥不祥[35]

묵자가 말했다.　　　　　　　　　　　　　　　　　　　　　子·墨子曰

"옛 성왕들은 모두 귀신은 신명스럽다고 여겼고　　　　　　古聖王 皆以鬼神爲神明

복과 재앙을 내린다고 믿었으며,　　　　　　　　　　　　　而爲禍福

길조와 흉조는 반드시 있다고 주장했습니다.　　　　　　　執有祥不祥

이로써 정사는 다스려지고 나라는 평안했던 것입니다.　　　是以政治而國安也.

그러나 걸주 같은 폭군이 나타난 이후에는　　　　　　　　自桀紂以下

모두 귀신은 신명스럽지 못하고　　　　　　　　　　　　　皆以鬼神爲不神明

재앙과 복을 내릴 수 없다고 하면서　　　　　　　　　　　不能爲禍福

길조와 흉조는 없다고 주장했습니다.　　　　　　　　　　執無祥不祥

이로써 정사는 문란하고 나라는 위태로웠던 것입니다.　　　是以政亂而國危也.

그러므로 선왕의 글에서 기자箕子가 말한 바 있으니　　　　故先王之書 其子[36]有之曰

'그들이 오만한 마음을 드러내니　　　　　　　　　　　　其傲也出於子

반드시 흉조가 있으리!'라고 했던 것입니다.　　　　　　　不祥[37]

이것은 선하지 못한 일을 하면 벌을 내리고　　　　　　　　此言爲不善之有罰

착한 일을 하면 상을 내린다는 말입니다."　　　　　　　　爲善之有賞.

35_ 無祥不祥(무상불상)=祥不祥은 없다. 길조와 흉조란 없다.

36_ 其子(기자)=舊本은 子亦. 戴望의 주장에 따라 箕子의 誤로 본다.

37_ 其傲也出於子 不祥(기오야출어자 불상)=탈락이 있을 것이다. 글자대로 억지로 읽으면 '오만함이 그대에게 나타나
면 상서롭지 못하다'는 뜻이다. 혹은 其傲心出, 於子不祥으로 읽고, '오만한 마음을 나타내면 그대에게 흉조가 있을
것이다'라고 解하기도 한다. 뜻은 비슷하다.

8

묵자가 공맹자에게 말했다.

"그대들의 상례법은

임금과 부모와 처와 자식이 죽으면

삼년상을 입고,

백부·숙부·형제는 이 년 동안 상복을 입고

그 외의 친족은 다섯 달 상복을 입고,

고모·장인·생질 등은

모두 석 달 상복을 입어야 한다고 합니다.

또한 그대들은 상을 입지 않는 동안에는

『시경』을 외우고 악기로 연주하고

『시경』을 노래하고 춤추어야 한다고 말합니다.

만약 그대들의 말을 따른다면

군주는 어느 날에 나라를 다스리고

서민들은 어느 날에 일에 종사하겠습니까?"

공맹자가 말했다.

"나라가 어지러우면 다스리고

나라가 다스려지면 예악禮樂을 만들고

나라가 가난하면 생업에 종사하고

나라가 부해지면 예악을 만드는 것입니다."

묵자가 말했다.

"나라가 태평한 것은 힘써 판결하고 다스렸기 때문이며,

子墨子謂公孟子曰

喪禮

君與父母妻後子[38]死

三年喪服

伯父叔父兄弟期[39]

族人五月

姑姊舅甥

皆有數月之喪.

或以不喪之間

誦詩三百 弦[40]詩三百

歌詩三百 舞詩三百.

若用子之言

則君子何日以聽治.

庶人何日以從事.

公孟子曰.

國亂則治之

國治則爲禮樂

國貧則從事.

國富則爲禮樂.

子墨子曰.

國之治也 聽治故治也

38_ 後子(후자)=후사를 이을 아들. 長子.

39_ 期(기)=一周年. 期喪은 13개월 服喪.

40_ 弦(현)=鼓琴瑟 등 악기를 말한다.

정치에 힘쓰지 않았다면 나라의 다스려짐도 없는 것입니다.　　治之廢 則國之治亦廢.
나라가 부유한 것은 생업에 종사했기에 부유해진 것이며　　國之富也 從事故富也
일을 열심히 하지 않으면 나라의 부유함도 없는 것입니다.　　從事廢 則國之富亦廢
그러므로 오로지 나라를 다스려지게 하려면　　故雖治國
쉬지 않고 열심히 노력해야만 가능한 것입니다.　　勸之無饜[41] 然後可也
지금 그대는 나라가 다스려지면 예악을 만들고　　今子曰 國治則爲禮樂
나라가 어지러워지면 다스린다고 말하지만　　亂則治之
이는 비유컨대 목마르게 되자 그제야 샘을 파고　　是譬猶噎[42] 而穿井也
죽고 나서야 의사를 찾는 것과 같은 것입니다.　　死而求醫也.
옛날 삼대 폭군인　　古者三代暴王
걸·주·유·려는 음악을 성대하게 하면서　　桀紂幽厲 薾[43]爲聲樂
인민을 돌보지 않아　　不顧其民
결국 제 몸이 찢기는 죽음의 형벌을 당했던 것이며　　是以身爲刑僇
나라는 망하고 후사도 끊겼으니　　國爲虛戾[44]者
모두 유가들의 이런 도리를 따랐기 때문입니다.”　　皆從此道也.

9

공맹자는 말한다. “귀신은 없습니다.”　　公孟子曰. 無鬼神.
또 이른다.　　又曰.
“군자는 제사 지내는 예절은 반드시 배워야 합니다.”　　君子·必學祭禮
묵자가 말했다.　　子墨子曰.

41_ 勸之無饜(근지무염)=부단히 권면하다, 만족하지 않고 부단히 힘쓰다.
42_ 噎(일)=渴.
43_ 薾(이)=화려하고 성대히 하다, 華盛.
44_ 虛戾(허려)=텅 비고 허무하며, 죽어서는 후사가 없는 것.

"귀신은 없다고 말하면서   執無鬼
귀신을 제사하는 예법을 배워야 한다고 주장하는 것은   而學祭禮
마치 손님은 없으나   是猶無客
손님 접대의 예절은 배워야 한다는 말과 같습니다.   而學客禮[45]也
또 이것은 물고기는 없으나   是猶無魚
어망을 만들라고 하는 것과 같이 모순된 말입니다."   而爲魚罟[46]也.

10

공맹자가 묵자에게 말했다.   公孟子謂子墨子曰.
"선생은 삼년상을 비난하는데   子以三年之喪爲非
그러면 삼 개월 상도 비난받아야 마땅합니다."   子之三月之喪 亦非也.
묵자가 말했다.   子墨子曰
"그대가 삼 년의 상복으로   子以三年之喪
나의 삼 개월 상복법을 비난하는 것은   非三日之喪.
마치 벌거벗은 자가   是猶倮[47]
옷자락을 걷어 올린 자의   謂撅[48]者
공손치 못함을 비난하는 것과 같습니다."   不恭也
공맹자가 묵자에게 말했다.   公孟子謂子墨子曰.
"지혜가 남보다 현명해야   知有賢於人[49]
가히 지혜로운 자라 말할 수 있지 않을까요?"   則可謂知乎.

45_ 客禮(객례)=빈객을 접대하는 예절.
46_ 罟(고)=魚罔.
47_ 倮(과)=裸體(나체).
48_ 撅(궤)=옷 걷을, 揭衣也.
49_ 知有賢於人(지유현어인)=지혜가 남보다 뛰어나다. 賢=勝也.

묵자가 말했다.

"어리석은 자의 지혜도 남보다 현명한 점이 있지만

어리석은 자를 어찌 지혜롭다 하겠습니까?"

공맹자가 말했다.

"삼년상은

어린아이가 부모를 사모하는 것을 본뜬 것입니다."

묵자가 말했다.

"대저 어린아이의 지혜로는

오직 부모만을 사모할 뿐이며

부모가 좋아하지 않는데도

울면서 그치지 않습니다.

이것은 무엇 때문입니까?

어린이는 지극히 어리석기 때문입니다.

그러므로 유가들의 지혜를

어찌 어린아이의 지혜보다 더 어질다고 하겠습니까?"

子墨子曰.

愚之知有以賢於人.

而愚豈可謂知矣哉.

公孟子曰.

三年之喪

學^{50}吾^{51}之慕父母

子墨子曰.

夫嬰兒子之知

獨慕父母而已

父母不可得也

然號而不止^{52}

此其故何也

卽愚之至也.

然則儒者之知

豈有以賢於嬰兒子哉.

11

묵자가 유가에게 물었다.

"무엇 때문에 음악을 합니까?"

대답하기를 "즐겁기 때문에 음악을 합니다!"라고 했다.

묵자가 말했다.

子墨子問於儒者 曰.

何故爲樂^{53}

曰. 樂以爲樂也.

子墨子曰.

50_ 學(학)=모방하다.

51_ 吾(오)=吾子 즉 小男小女.

52_ 然號而不止(연호이부지)=乃哭而不止.

53_ 爲樂(위악)=從事於音樂.

"그대는 아직 대답을 다하지 못했습니다.					子未我應也.

지금 내가 '무엇 때문에 집을 짓습니까?'라고 물었을 때					今我問曰. 何故爲室[54]

그 대답을 '겨울에는 추위를 피하고 여름에는 더위를 피하며					曰. 冬避寒焉 夏避暑焉

또 남녀를 분별하기 위함'이라고 했다면					且以爲男女之別也.

그대는 나의 질문에 만족한 대답을 한 셈입니다.					則子告我爲室之故矣.

그런데 '내가 무엇 때문에 음악을 합니까?'라고 물었는데					今我問曰. 何故爲樂

'음악을 즐기려고 음악을 한다'라고 대답하는 것은					曰 樂以爲樂也.

'집을 무엇 때문에 짓는가?'라는 질문에					是猶曰. 何故爲室

'집을 지으려고 집을 짓는다'라고 대답하는 것과 같습니다."					曰. 室以爲室也.

12

묵자가 정자程子[55]에게 말했다.					子墨子謂程子 曰

"유가들의 도는					儒之道

족히 천하를 해치는 네 가지 정치가 있다.					足以喪[56]天下者 四政焉

첫째, 유가들은 하느님을 밝지 않다고 말하고					儒以天爲不明

귀신을 신령스럽지 않다고 말한다.					以鬼爲不神

그래서 하늘과 귀신을 기쁘게 하지 않으니					天鬼不說

이것이 족히 천하를 해친다.					此足以喪天下.

둘째, 후한 장례와 오랜 상례이니					又厚葬久喪

관곽을 겹으로 하고 수의를 많이 하여					重爲棺槨 多爲衣衾

죽은 사람 보내는 것을 산 사람이 이사 가듯이 하여					送死若徙

54_ 爲室(위실)=집을 짓다.

55_ 程繁. 儒·墨을 다 닦은 學者라 한다.

56_ 喪(상)=亡也, 失位也. 그러나 喪亂 즉 災難 정도로 解해 둔다.

삼 년 동안 곡을 하며 복을 입어

상주는 부축해야 일어나고 지팡이를 짚어야 다닐 수 있으며

귀는 들리지 않고 눈은 보이지 않을 정도니

이것이 족히 천하를 해치는 것이다.

셋째, 노래와 악기와 춤을 추며 음악으로 생업을 삼으니

이것이 족히 천하를 해친다.

넷째, 운명이 있다고 하여 가난하고 부유한 것,

오래 살고 일찍 죽는 것, 다스려지고 어지러운 것 등이

모두 미리 정해진 것이므로

사람의 노력으로는 한 치도 덜고 더할 수 없다고 함으로써,

윗사람으로 하여금 운명을 믿게 하니

반드시 다스림에 힘쓰지 않고,

아랫사람에게 운명을 믿게 하니

반드시 열심히 일에 종사하지 않는다.

이것이 족히 천하를 해치고 있다."

정자가 말했다.

"선생님은 유가를 헐뜯는 것이 너무 심합니다."

묵자가 말했다.

"유가들에게 진실로 이러한 네 가지 정사가 없다면

내가 그렇게 말한 것은 헐뜯는 것이 될 것이나

지금 유가들은 이 같은 네 가지 정치를 펴고 있으니

내가 그렇게 말한 것은 헐뜯는 것이 아니고

들은 대로 말하는 것일 뿐이다."

정자가 말없이 나갔다.

묵자가 말했다. "미혹됐구나!"

정자가 되돌아와 묵자에게 다가가 말했다.

三年哭泣

扶後起 杖後行

耳無聞 目無見

此足以喪天下.

又弦歌鼓舞 習爲聲樂

此足以喪天下.

又以命爲有 貧富壽夭

治亂安危

有極矣.

不可損益也.

爲上者行之

必不聽治矣

爲下者行之

必不從事矣

此足以喪天下.

程子曰.

甚矣 先生之毁儒也.

子墨子曰.

儒固無此若四政者

而我言之 則是毁也.

今儒固有此四政者

而我言之 則非毁也

告聞也.

程子無辭而出.

子墨子曰. 迷之[57]

反後坐 進復曰

"방금 선생님의 말씀은   鄉者[58]先生之言

가히 잘못이 있다고 생각합니다.   有可間者[59]焉

선생님의 말씀대로라면   若先生之言

이것은 우임금을 기리지 않고   則是不譽禹

걸주 같은 폭군을 비난하지 않는 것입니다."   不毀桀紂也.

묵자가 말했다.   子墨子曰.

"그렇지 않다. 대저 속되게 익숙한 말로   不然 夫應孰辭[60]

의론을 평가한다면 그렇다고 할 것이다. 분발하라!   稱議而爲之 敏也[61]

크게 논박하면 방어도 크게 하고   厚攻[62]則厚吾[63]

작게 공박하면 방어도 작게 하는 것이다.   薄攻則薄吾

속되게 익숙한 말로만 의론을 평가하는 것은   應孰辭而稱議.

마치 개미에게 멍에를 메어 수레를 끌게 하는 것과 같다."   是猶荷轅而擊蛾也.[64]

13

묵자가 정자와 더불어 변론하다가   子墨子與程子辯

공자를 칭찬했다.   稱於孔子.[65]

57_ 迷之(미지)=還之 또는 追之의 誤라고 한다. 그러나 글자대로 惑으로 解한다.

58_ 鄉者(향자)=방금, 向者.

59_ 可間者(가간자)=비난할 수 있는 것. 間=非也.

60_ 夫應孰辭(부응숙사)=습관적인 언어로 대답한다. 孰=익숙한, 熟. 應=酬答.

61_ 稱議而爲之 敏也(칭의이위지 민야)= '의론을 평가하면 그렇게 된다'는 뜻. 稱=저울질한다. 敏=勉也. 그러나 지금까
      지는 議를 義로, 敏을 達로 解해 왔다.

62_ 攻(공)=논박한다.

63_ 吾(오)=御와 通(廣韻), 禦의 뜻. 그러나 지금까지는 吾를 나로 解하여 儒家와 타협한 것으로 왜곡시켜 왔다.

64_ 荷轅而擊蛾也(하원이격아야)=멍에를 메어 나비로 하여금 끌게 한다는 뜻. 轅=멍에. 擊=『증운』에서 抲라고 했다.
      抲=『설문』에 牽馬라 한다. 蛾=누에나비. 지금까지는 擊을 '치다'로, 蛾를 蟻로 보아 '개미를 치다'로 解하여 뜻이
      없는 글로 만들었다.

정자가 말했다.

"선생님은 유가를 비난하면서 어찌하여 공자를 칭찬합니까?"

묵자가 말했다.

"이는 그가 합당하면 바꿀 수 없기 때문이다.

새들은 덥고 가물면 높이 올라가고

물고기는 덥고 가물면 물 밑으로 내려간다.

이것에 대해서는 비록 우임금이나 탕임금의 지모로도

결코 바꿀 수 없는 것이다.

새와 물고기가 어리석다고 하지만

우임금이나 탕임금도 그것들을 따라 말할 수밖에 없는데

지금 내가 어찌하여 공자를 칭찬하지 않겠는가!"

程子曰.

非儒 何故稱于孔子也.

子墨子曰.

是亦當[66] 而不可易者也.

今鳥聞[67]熱旱之憂則高

魚聞熱旱之憂則下.

當此 雖禹湯爲之謀

必不能易矣.

鳥魚可謂愚矣

禹湯猶云因焉[68]

今翟曾[69]無稱於孔子乎.

14

묵자의 문하에

신체가 건장하고 머리가 영특한 자가 있어

묵자는 자기를 따라 배우게 하려고 했다.

묵자가 말했다.

"잠깐만 배우면 나는 그대를 관리로 출사시켜 주겠소!"

有游於子墨子之門者

身體强良 思慮徇通[70]

欲使隨而學.

子墨子曰.

姑學乎[71] 吾將仕子

65_ 稱於孔子(칭어공자)=공자의 말을 인용하다, 공자를 칭찬하다.

66_ 當(당)=도리에 맞다, 합당하다.

67_ 聞(문)=知也. 혹은 有의 誤로 본다. 뜻이 없는 글자다.

68_ 猶云因焉(유운인언)=왕염손은 云을 或으로 보고 '우임금도 오히려 간혹 그것을 따른다'고 解한다. 그러나 그대로 두고 解한다. '오히려 그것을 따라 그대로 말한다'로 解한다. 因=襲也.

69_ 曾(증)=어찌하여. 의문사.

70_ 徇通(순통)=敏捷하다. 佝通의 誤.

71_ 姑學乎(고학호)=잠시만 배우면.

좋은 말로 권유하여 배우게 되었고 일 년이 지나자

그는 묵자에게 출사시켜 줄 것을 요구했다.

묵자가 말했다.

"그대를 출사시키지 않겠다.

그대도 노나라 속담을 들었을 것이다.

노나라에 다섯 형제가 살았는데 그들 아버지가 죽었으나

큰아들은 술만 좋아하여 장사조차 지내려 하지 않았다.

그래서 넷째 아들이 형에게 말했다.

'형과 내가 힘을 합쳐 장사를 지냅시다.

그러면 그 값으로 형에게 술을 사겠소!'

좋은 말로 권유하여 장사를 지냈다.

장사가 끝나자 형이 아우에게 술을 사라고 요구했다.

넷째가 말했다. '나는 형에게 술을 살 수 없소.

형은 형의 아버지를, 나는 내 아버지를 장사 지냈을 뿐이오.

어찌 나 혼자만의 아버지이겠소?

형이 장사를 지내지 않았으면 사람들이 형을 비웃었을 것이오.

그래서 형을 권유하여 장사를 지낸 것이오.

지금 형은 의를 행했고, 나 역시 의를 행했을 뿐

어찌 나 혼자 의롭게 되었소?'

그대가 배우지 않았다면 사람들은 그대를 비웃었을 것이오.

그래서 나는 그대에게 배우기를 권유했을 뿐이오!"

勸於善言 而學其年

而責仕[72]於子墨子

子墨子曰.

不仕子.

子亦聞夫魯語乎

魯有昆弟[73]五人者 亓父死

亓長子嗜酒而不葬.

亓四弟曰.

子與我葬

當爲子沽酒[74]

勸於善言而葬.

已葬 而責酒於其四弟.

四弟曰. 吾末[75]子子酒矣

子葬子父 我葬吾父

豈獨吾父哉

子不葬 則人將笑子

故勸子葬也.

今子爲義 我亦爲義

豈獨我義也哉.

子不學 則人將笑子

故勸子於學.

72_ 責仕(책임)=出仕를 요구하다.

73_ 昆弟(곤제)=兄弟.

74_ 沽酒(고주)=술을 사주다.

75_ 末(말)=勿.

15

묵자의 문하를 따르는 자들에게
묵자가 말했다.
"너희들은 어찌하여 배우지 않는가?"
그들이 대답했다.
"우리 집안사람들은 배운 자가 없습니다."
묵자가 말했다.
"그렇지 않다.
대저 아름다워지기를 좋아하는 자가
어찌 우리 집안사람들은 미인을 좋아하지 않으므로
나도 미인이 되지 않겠다고 말하겠는가?
또 부귀를 바라는 자가
어찌 우리 집안사람들은 그것을 바라지 않으므로
나도 부귀를 바라지 않겠다고 말하겠는가?
아름다워지기를 좋아하고 부귀를 바라는 자는
남의 눈치를 보지 않고 오히려 그것을 위하여 힘쓸 것이다.
대저 의로운 일은 천하의 가장 큰 보배다.
어찌 남의 눈치를 보고 힘쓰지 않을 것인가?"

有游於子墨子之門者
子墨子曰.
盍[76]學乎
對曰.
吾族人無學者
子墨子曰.
不然
未[77]好美者
豈曰吾族人莫之好
故不好哉.
夫欲富貴者
豈曰我族人莫之欲
故不欲哉
好美欲富貴者
不視人 猶强爲之.
夫義 天下之大器[78]也
何以視人 不强爲之.

16

묵자 문하에 있는 사람이

有游於子墨子之門者

76_ 盍(합)=何不.

77_ 未(미)=夫의 誤.

78_ 大器(대기)=寶器.

묵자에게 말했다.

"선생께서는 귀신은 밝고 지혜롭게 시비를 가려

능히 화복을 내릴 수 있으므로

선한 자는 부하게 되고

포악한 자는 재앙을 받는다고 했습니다.

지금 나는 선생을 오랫동안 섬겼으나 복은 내리지 않았습니다.

혹시 선생의 말씀이 선하지 않거나,

귀신이 영명하지 않거나 둘 중 하나가 아니고는

내가 무엇 때문에 복을 받지 못했겠습니까?"

묵자가 말했다.

"그대가 복을 받지 못했다는 이유로

어찌 내 말이 선하지 않고

귀신이 어찌 영명하지 않다고 말하겠소.

그대도 들었는가?

죄인을 숨겨주는 것도 죄가 된다는 것을."

문하생이 답했다. "아직 듣지 못했습니다."

묵자가 말했다.

"그대보다 열 배나 어진 사람이 있다면

그대는 그 사람을 열 번 칭찬하고

그대 자신은 한 번만 칭찬할 수 있겠는가?"

謂子墨子曰.

先生 以鬼神爲明知

能爲禍福

爲善者富之

爲暴者禍之.

今吾事先生久矣 而福不至.

意者先生之言 有不善乎.

鬼神不明乎

我何故不得福也.

子墨子曰.

雖子不得福

吾言何遽[79]不善

而鬼神何遽不明

子亦聞乎

匿刑徒[80]之有刑乎.

對曰. 未之得聞也[81]

子墨子曰.

今有人於此 什子[82]

子能什譽之

而一自譽乎 [83]

79_ 何遽(하거)=두 글자 모두 何의 뜻. 複語.

80_ 匿刑徒(익형도)=죄인을 숨겨주다. 舊本은 匿徒之刑이었으나 校正함.

81_ 未之得聞也(미지득문야)=夫之得聞也의 誤인 듯.

82_ 什子(십자)=什倍於你.

83_ 一自譽乎(일자예호)=위의 十譽之와 對文으로 一譽自로 읽고 '열 번 또는 열 배로 그를 칭찬함'과 '한 번 또는 한 가
지만 자신을 칭찬함'으로 解한다. 지금까지는 無一自譽乎로 解解해 왔다.

문하생이 답했다. "그렇게 할 수 없습니다."

"또 여기에 그대보다 백배나 어진 사람이 있다면

그대는 종신토록 그의 선함을 칭찬하는 데

하나도 숨김이 없을 수 있겠는가?"

문하생이 답했다. "그렇게 할 수 없습니다."

묵자가 말했다.

"한 사람의 죄인을 숨겨도 오히려 죄가 되거늘

지금 그대는 선한 것을 숨기는 것이 그처럼 많으니

그 죄는 참으로 크다 하겠소.

어찌 복을 구한단 말인가?"

對曰. 不能.

有人於此 百子

子能終身譽亓善

而子無一乎[84]

對曰. 不能.

子墨子曰.

匿[85]一人者 猶有罪

今子所匿者 若此亓多

將有厚罪者也

何福之求.

17

묵자가 병이 났다.

제자인 질비跌鼻[86]가 찾아와서 문안했다.

"선생님께서는 귀신은 시비선악을 밝혀

능히 화복을 내릴 수 있으며,

선한 자에게는 상을 내리고,

선하지 못한 자에게는 벌을 내린다고 말했습니다.

지금 선생님은 성인이신데 어찌 병이 났습니까?

아니면 선생의 말씀이 선하지 않은 것입니까?

귀신이 밝지 못한 것입니까?"

子墨子有疾

跌鼻進而問曰

先生以鬼神爲明[87]

能爲禍福

爲善者賞之

爲不善者罰之.

今先生聖人也 何故有疾.

意者先生之言 有不善乎

鬼神不明知乎.

84_ 子無一乎(자무일호)=子無一匿乎로 고쳐 읽는다. 그러나 다른 이들은 子無一自譽乎로 고쳐 읽어왔다.

85_ 匿(익)=罪人을 숨기다.

86_ 묵자의 제자.

87_ 爲明(위명)=明은 밝힌다. 非是善惡을 밝힌다.

묵자가 말했다.

"비록 내가 병이 났다고 귀신이 어찌 밝지 못하다 하느냐?

사람이 병을 얻는 데는 여러 가지 원인이 있으니

추위와 더위로 병을 얻기도 하고

수고롭고 괴로워 병을 얻기도 한다.

백 개의 문이 있는데 한 개의 문을 닫았다고

어찌 도둑이 들어오지 않겠느냐?"

子墨子曰.

雖使我有病 何遽不明

人之所得於病者多方⁸⁸

有得之寒暑

有得之勞苦

百門而閉一門焉

則盜何遽無從入哉.⁸⁹

18

몇 사람의 제자들이 묵자에게

활쏘기를 배우겠다고 말했다.

묵자가 말했다. "불가하다.

대저 지혜로운 자는 자기 역량이 능히 해낼 수 있는가를

헤아려 일에 종사한다.

나라의 전사가 전쟁을 하면서 아울러 인민을 보호하는 건

할 수 있는 일이 아니다.

지금 그대들은 나라의 전사가 아니다.

어찌 능히 학문도 이루고 또 활쏘기도 잘할 수 있겠는가?"

二三子有復⁹⁰於子墨子

學射者⁹¹

子墨子曰. 不可.

夫知者 必量亓力所能至

而從事焉

國士戰且扶人⁹²

猶不可及也.

今子非國士也

豈能成學又成射哉.

88_ 多方(다방)=多方面의 原因이 있다.

89_ 入哉(입재)=본편 (16)의 '能爲禍福'에 붙어 있던 것을 이곳으로 옮겨 보정한 것임.

90_ 復(부)=告也.

91_ 學射者(학사자)=어떤 이는 學且 射者로 읽지만, 잘못이다. 그대로 두고 '활쏘기를 배운다'로 解한다.

92_ 扶人(부인)=인민들을 보호한다. 扶=助也, 護也, 附也.

19

두세 명의 제자들이 묵자에게 고하기를　　　　　　　　　　二三子復於子墨子曰.

"고자告子[93]는 선생님에 대하여　　　　　　　　　　　　告子曰

말은 의로우나 행실은 심히 악하다고 비난했습니다.　　　言義而行甚惡

그를 버리십시오!"라고 했다.　　　　　　　　　　　　　請棄之.

묵자가 말했다. "아니다.　　　　　　　　　　　　　　　子墨子曰. 不可

내 말은 칭찬하되 내 행동을 비난하는 것은 없는 것보다 낫다.　稱我言以毁我行 愈於亡.

어떤 사람이 말하기를　　　　　　　　　　　　　　　　　有人於此

'묵자는 어질지 못하다.　　　　　　　　　　　　　　　翟甚不仁

하느님을 존숭하고 귀신을 섬기며 인민을 사랑하라고 하지만　尊天事鬼愛人

그의 행동은 어질지 못하다'고 말한다면　　　　　　　　甚不仁

특히 이것은 없는 것보다 나은 일이다.　　　　　　　　獨愈於亡也

지금 고자의 말은 강변이지만　　　　　　　　　　　　今告子言談甚辯[94]

어짊과 의로움을 말한 것에 대해서는 나를 비난하지 않았고　言仁義而不吾毁

나의 행동만을 비난했으니　　　　　　　　　　　　　　告子毁[95]

도리어 없는 것보다는 나은 것이다."　　　　　　　　　猶愈於亡也.

20

몇 사람의 제자가 묵자에게 고하여 말했다.　　　　　　二三子復于子墨子曰.

"고자는 능히 인仁을 할 수 있다고 합니다."　　　　　　告子勝爲仁

묵자가 말했다.　　　　　　　　　　　　　　　　　　　子墨子曰.

93_ 묵자의 제자. 儒·墨을 함께 닦았던 인물이라고 한다. 『맹자』「告子」편에서 맹자와 논쟁한다.

94_ 甚辯(심변)=强辯.

95_ 告子毁(고자훼)=告子毁 墨子之行의 뜻.

"아직은 반드시 그런 것은 아니다.　　　　　　未必然也.

고자가 인仁을 하는 것은　　　　　　　　　告子爲仁

비유컨대 발돋움하고 키가 커졌다고 생각하고　譬猶跂以爲長⁹⁶

굽은 것을 도지개로 펴놓았으니 펴졌다고 생각하나　隱⁹⁷以爲廣⁹⁸

오래갈 수 없는 것과 같다."　　　　　　　不可久也.

21

고자가 묵자에게 말했다.　　　　　　　　告子謂子墨子曰.

"저는 능히 나라를 다스려 태평하게 할 수 있습니다."　我治國爲政.

묵자가 말했다.　　　　　　　　　　　子墨子曰.

"정치란 입으로 말한 것을 반드시 몸소 실천하는 것이다.　政者 口言之 身必行之.

지금 그대는 입으로는 말하지만 몸소 실천하지 않는다.　今子口言之 而身不行

이는 그대 자신조차 어지러운 것이다.　　　是子之身亂也.

그대는 그대 자신을 다스릴 수 없으면서　　子不能治子之身

어떻게 나라를 다스릴 수 있겠는가?　　　惡能治國政.

그대는 오히려 그대 자신의 어지러움을 다스려야 할 것이다."　子姑⁹⁹防子之身亂之矣.¹⁰⁰

96_ 跂以爲長(기이위장)=발돋움하여 키가 커졌다고 생각함.

97_ 隱(은)=필원은 偃의 誤로 본다. 그러나 檃의 誤로 보아 檃栝(도지개)로 解한다. 檃=굽은 것으로 바로잡는 것. 栝=각
　　을 바로잡는 것.

98_ 廣(광)=大也.

99_ 姑(고)=잠시, 잠깐 또는 故와 通用하여 '곧'의 뜻이다. 그러나 여기서는 뜻이 通하지 않는다. 固로 읽는다. 반드시,
　　당연히, 오히려의 뜻.

100_ 之矣(지의)=己矣로 읽는다.

第四十九篇

魯問 노문

천하의 필부와 가난한 선비들은 의로움을 아는 이가 적다.
그러므로 천하에 의로움을 가르치는 자는 그 공이 역시 큰 것이다.

1

노나라 도공悼公이 묵자에게 말했다.   魯君¹ 謂子墨子曰.

"나는 제나라가 우리를 공격할까 걱정입니다.   吾恐齊之攻我也

구제할 방도가 없겠습니까?"   可救乎.

묵자가 말했다.   子墨子曰.

"있습니다. 옛날 삼대 성왕들인   可. 昔者三代之聖王

우·탕·문·무 등은 사방 백 리의 작은 땅의 제후였으나   禹湯文武 百里之諸侯也.

충성된 간언을 기뻐하고 의를 행하여 천하를 얻었습니다.   說忠行義² 取天下

그러나 삼대 폭군들인 걸·주·유·려 등은   三代之暴王 桀紂幽厲

충성된 간언을 미워하고 포악한 행동으로 천하를 잃었습니다.   讐怨³行暴 失天下

그러므로 제가 주군에게 원하는 것은   吾願主君之

위로 하느님을 존숭하고 귀신을 섬기며   上者尊天事鬼

아래로는 인민을 사랑하고 이롭게 하여   下者愛利百姓

물산을 풍부하게 하며 외교사령을 겸손하게 하여   厚爲皮幣⁴ 卑辭令⁵

1_ 魯君(노군)=손이양은 魯 穆公일 것이라고 한다. 그러나 『예기』「壇弓」상편에 穆公이 묵자의 제자인 縣子를 불러 물
   었다고 했으니 이에 따르면 穆公은 子思의 末年이며 縣子와 동시대 사람이다. 그러나 공자가 죽은 것은 哀公 16년이
   며 이때 묵자는 40세 전후였는바 哀公은 27년 재위했고 悼公이 뒤를 이어 37년 재위했고, 元公이 뒤를 이어 21년 재
   위했고, 그 뒤를 이은 것이 穆公이다. 그렇다면 穆公이 즉위한 것은 공자가 죽은 69년 후의 일이다. 그렇다면 묵자는
   백 살이 넘는다. 그러므로 魯君은 悼公이거나 元公일 것이다.

2_ 說忠行義(열충행의)=說은 悅로 보아 충언을 좋아하고 義를 행한다.

3_ 讐怨(수원)=忠言을 미워하다. 怨=忠의 誤.

사방의 제후들과 예로써 두루 사귀면   亟^{6}徧^{7}禮^{8}四鄰諸侯

온 인민들이 일어나 제나라의 침략을 방어할 것이니   毆國而以事齊^9

걱정은 구제될 수 있습니다.   患可救也.

이러한 방법 이외에는 다른 방책이 없습니다."   非此 顧^{10}無可爲者.

2

제나라가 노나라를 공격하려 하자   齊將伐魯

묵자가 제나라 장군 항자우項子牛^{11}에게 말했다.   子墨子 謂項子牛曰

"노나라를 공격하는 것은 제나라의 큰 실수가 될 것이오.   伐魯 齊之大過也.

옛날 오나라 부차는 동쪽으로 월나라를 공격하여   昔者吳王東伐越

월 왕 구천을 패배시켜 회계 땅에서 겨우 목숨을 부지케 했고   棲諸會稽^{12}

서쪽으로 초나라를 공격하여   西伐楚

초나라는 소왕을 세워 쑤이현에서 겨우 목숨을 보전케 했으며   葆昭王於隨^{13}

북쪽으로 제나라를 공격하여   北伐齊

제나라 장군을 사로잡은 후 본국으로 개선했습니다.   取國子^{14}以歸於吳

4_ 皮幣(피폐)=毛皮와 布帛. 지금까지는 禮物이라 解하여 왔으나 物産으로 解한다.

5_ 卑辭令(비사령)=外交辭令은 謙恭하다.

6_ 亟(극)=速也.

7_ 徧(편)=周也.

8_ 禮(예)=禮交.

9_ 毆國而以事齊(구국이이사제)=이 句는 문법상 誤脫이 있다. 지금까지 제나라를 섬긴다고 잘못 解하는 이가 많다. 毆國而 以齊爲事로 읽고 '나라를 총동원하여 제나라의 침략을 막는다'로 解한다.

10_ 顧(고)=顧은 固와 通.

11_ 齊나라 將軍.

12_ 棲諸會稽(서제회계)=월 왕 句踐이 會稽로 쫓겨나 목숨을 붙였다. 棲=居. 諸=之於.

13_ 葆昭王於隨(보소왕어수)=夫差의 군대가 楚의 서울 郢을 함락시키자 楚人들은 平王의 아들 珍을 쑤이현에서 昭王으로 보위했다. 葆=保. 隨=후베이성 쑤이현.

14_ 取國子(취국자)=獲齊將軍 國子. 人名.

이에 제후들은 그 원수를 갚으려 했고   諸侯報其讎

인민들은 전쟁에 지치고 재화를 생산할 수 없었으므로   百姓苦其勞 而弗爲用

결국 나라를 망치고   是以國爲虛戾[15]

몸은 형벌을 받아 찢기게 되었습니다.   身爲形戮也.

옛날 지백씨는 자범씨와 중행씨[16]를 공격하여   昔者智伯 伐范氏與中行氏

세 가문의 땅을 합병했습니다.   兼三晉之地.

이에 다른 가문들이 그 원수를 갚으려 했고   諸侯報其讎

인민들은 전쟁에 지치고 재화는 생산될 수 없었으므로   百姓苦其勞 而弗爲用

이로써 나라는 망하게 되었고   是以國 爲虛戾

몸은 죄를 받아 찢겼습니다.   身爲刑戮也

그러므로 큰 나라가 작은 나라를 공격하는 것은   故大國之攻小國也

서로서로 원수가 되어 해치는 것이므로   是交相賊也

그 재앙이 반드시 자기 나라로 되돌아오는 것입니다."   禍必反於國.

3

묵자가 제나라 태왕인 전화田和를 알현하고 말했다.   子墨子見齊大王[17] 曰

"지금 여기에 칼이 하나 있어   今有刀於此

사람의 머리를 베어보았더니 싹둑 잘렸다고 한다면   試之人頭 倅然[18]斷之

가히 날카롭겠지요?"   可謂利乎.

태왕이 말했다. "그렇습니다."   大王曰 利.

묵자가 계속해서 말했다.   子墨子曰.

15_ 虛戾(허려)=虛는 居宅無人. 戾는 死而無後. 그냥 망쳤다고 譯한다.

16_ 지백·자범·중행씨는 모두 晉의 卿大夫. 당시 큰 家門들은 封侯의 실력을 능가했다.

17_ 大王(대왕)=齊나라 宣公의 재상이었던 田和가 나중에 簡公을 죽이고 스스로 諸侯가 됨. 그를 太王이라고 한다.

18_ 倅然(졸연)=싹둑 잘라지는 모양.

"여러 사람의 머리를 여러 번 시험했더니   多試之人頭
싹둑싹둑 잘라졌다면 예리하다고 칭찬하겠지요?"   倅然斷之 可謂利乎.
태왕이 말했다. "참으로 날카롭습니다."   大王曰. 利.
묵자가 다시 말했다.   子墨子曰.
"칼은 예리한 것이 증명됐습니다.   刀則利矣
그런데 사람을 죽인 응보는 누가 받겠습니까?"   孰將受其不祥[19]
태왕이 말했다.   大王 曰
"칼은 다만 그 예리한 것만 증명받았을 뿐이니   刀受其利
칼을 시험한 자가 하늘의 응보를 받아야 마땅합니다."   試者受其不祥.
묵자가 말했다.   子墨子曰.
"전쟁을 하여 남의 나라를 병탄하고 남의 군대를 뒤엎고 并國覆軍
인민들을 다치게 하고 죽인 것은   賊殺百姓
누가 하늘의 응보를 받겠습니까?"   孰將受其不祥.
태왕은 고개를 끄덕이면서 한참 생각하다가 말했다.   大王俯仰而思之 曰.
"내가 그에 대한 하늘의 응보를 받아야 하겠지요!"   我受其不祥.

4

초나라 노양의 문군이 정나라를 공격하려 했다.   魯陽文君將攻鄭
묵자가 그 말을 듣고 전쟁을 중지시켰다.   子墨子聞而止之.
묵자가 노양 문군에게 말했다.   謂陽文君曰.
"지금 노양 땅의 경계 안에서   今使魯四境之內
큰 도읍이 작은 도읍을 공격하고   大都攻其小都
큰 가문이 작은 가문을 공격하여   大家伐其小家

19_ 不祥(불상)=應報라고 譯했다. 본뜻은 상서롭지 못한 것. 즉 재앙을 말한다.

그 인민을 죽이고

소와 말, 개와 돼지, 베와 비단, 쌀과 조 등 재화를 약탈한다면

어떻게 하겠습니까?"

노양 문군이 말했다.

"노양 땅 사방 경계 안의 모든 도읍과 가문들은 내 신하들인데

지금 그들이 큰 도읍으로 작은 도읍을 공격하고

큰 가문이 작은 가문을 공격하여 재물을 약탈했다면

나는 반드시 그들에게 무거운 벌을 내릴 것입니다."

묵자가 말했다.

"대저 하늘이 천하를 두루 소유하고 있는 것은

임금이 자기 나라 사방을 소유한 것과 같습니다.

지금 군사를 일으켜 정나라를 공격한다면

하늘이 주벌을 내리지 않겠습니까?"

노양 문군이 말했다.

"선생은 어찌 나의 정나라 공벌을 막으려 하십니까?

내가 정나라를 공벌함은 하늘의 뜻을 따르려는 것입니다.

정나라 사람들은 삼 대에 걸쳐 그들의 군주를 죽였으므로

하늘이 벌을 내려 삼 년 동안 흉년이 들게 했으니

내가 나서서 하늘의 벌을 도우려는 것입니다."

묵자가 말했다.

"정나라 사람들이 삼 대에 걸쳐 제 아비를 죽였으므로

하늘이 주벌을 내려 삼 년 동안 흉년이 들게 했다면

殺其人民

取其牛馬狗豕布帛米粟貨財

則何若.

魯陽文君曰.

魯四境之內 皆寡人之臣也.

今大都攻其小都

大家伐其小家 奪之貨財

則寡人必將厚罰之.

子墨子曰.

夫天之兼有天下也

亦猶君之有四境之內也.

今擧兵將以攻鄭

天誅亓不至乎

魯陽文君 曰

先生何止我攻鄭也.

我攻鄭 順於天之志.

鄭人三世殺其君[20]

天加誅焉. 使三年不全.

我將助天誅也.

子墨子曰.

鄭人三世殺其父

而天加誅焉 使三年不全[21]

20_ 三世殺其君(삼세살기군)=『사기』「鄭世家」에 따르면 哀公 8년에 애공을 죽이고 그의 아우 丑을 임금으로 세운 것이
共公이며, 또 共公의 아들 幽公을 쳐 죽인다.

21_ 不全(부전)=흉년이 든 것. 不順.

이미 하늘의 주벌은 충분한 것이 아닙니까?	天誅足矣.
지금 또다시 군사를 일으켜 정나라를 공격하면서	今又擧兵 將以攻鄭
이것은 하늘의 뜻을 따르는 것이라고 말하는 것은	曰. 吾攻鄭也 順於天之志
비유컨대 마치 어떤 사람이 있는데	譬有人於此
그 아들이 제 멋대로 날뛰며 사람노릇을 못 하므로	其子强梁²²不材²³
제 아비가 회초리를 들고 아들놈의 볼기를 매질하자	故其父笞之.
이웃집 사람이 이것을 보고	其鄰家之父
큰 몽둥이를 들고 덩달아 덤벼들어 때리면서	擧木而擊之
이르기를 '내가 당신 아들을 때리는 것은	曰. 吾擊之也
당신의 뜻을 따르는 것'이라고 말하는 것과 같습니다.	順於其父之志.
어찌 도리에 어긋나는 일이 아니겠습니까?"	則豈不悖哉.

5

이 내용의 글은 「상현」, 「절장」, 「비공」 등 여러 곳에 나온다.

묵자가 노양 문군에게 말했다.	子墨子謂魯陽文君 曰
"이웃 나라를 공격하여 그 나라 인민을 죽이고	攻其鄰國 殺其民人
말과 소, 쌀과 조 등 재물을 약탈하고서	取其牛馬粟米²⁴貨財
그런 일을 대나무쪽이나 비단에 적어두고	則書之於竹帛
쇠와 돌에 새기고, 종과 솥에 명문으로 적어놓아	鏤之於金石 以爲銘於鍾鼎
후세 자손들에게 전하기를	傳遺後世子孫 曰

22_ 强梁(강량)=불량한 것. 깡패같이 흉폭한 것.

23_ 不材(부재)=不成器. 사람이 못되다.

24_ 粟米(속미)=쌀과 조. 일반적으로 곡식을 말하고 있으나 이 문장에서 처음으로 米 자가 나온다. 쌀농사는 농업혁명의 직접적인 동인이었으나, 과연 정확한 쌀농사의 보급 시기가 언제인가는 아직 고증되고 있지 않다. 어쨌든 농업혁명이 周의 봉건제도를 무너뜨리고 春秋戰國시대를 열었고 결국 秦이라는 절대왕정이 출현한다.

‘나보다 많이 죽이고 빼앗은 사람은 없다’고 자랑합니다.　　　　莫若我多[25]

마찬가지로 천한 사람들도 역시 그의 이웃 가문을 공격하여　　　今賤人也 亦攻其鄰家

그곳 인민들을 죽이고　　　　殺其人民

개와 돼지, 식량과 의복을 약탈하고서　　　取其狗豕食糧衣裘

그 일을 대쪽이나 비단에 적어놓고　　　亦書之竹帛

잣대나 그릇에 명문으로 새겨 넣어　　　以爲銘於席豆[26]

후세 자손에게 전하여 말하기를　　　以遺後世子孫 曰

‘나보다 더 많이 죽이고 빼앗은 사람은 없다’고 자랑한다면　　　曰莫若我多

과연 그것이 옳은 것입니까?”　　　亓可乎[27]

노양 문군이 말했다.　　　魯陽文君曰

“그렇습니다. 나는 선생의 말을 듣고 생각해 보니　　　然. 吾以子之言觀之

천하에 옳다고 생각했던 일들이　　　則天下之所謂可者

반드시 그렇지 않음을 알았습니다.”　　　未必然也.[28]

6

묵자가 노양 문군에게 말했다.　　　子墨子謂魯陽文君曰.

“세속의 군자들은 모두 작은 일은 알지만　　　世俗之君子 皆知小物

정작 큰일은 모릅니다.　　　而不知大物

지금 여기에 한 사람이 있어　　　今有人於此

개나 돼지 한 마리를 훔치면 어질지 않다고 말하면서도　　　竊一犬一彘 則謂之不仁.

한 나라와 한 고을을 훔친 것은 의롭다고 말한다면　　　竊一國一都 則以爲義.

25_ 莫若我多(막약아다)=戰果가 나보다 많은 자는 없다.

26_ 銘於席豆(명어석두)=자와 그릇에 명문을 새기다. 席=度의 誤. 度=丈尺也. 豆=古代食器.

27_ 亓可乎(기가호)=어찌 옳다고 하겠는가? 難道可以嗎. 亓=其의 古字.

28_ 未必然也(미필연야)=반드시 꼭 맞지 않다.

비유컨대 조그만 흰 것을 보고는 희다 말하고 　　　　譬猶小視白 則謂之白

큰 흰 것을 보고는 검다고 말하는 것과 같습니다. 　　大視白 則謂之黑.

그러므로 세속의 유가들은 　　　　　　　　　　　是故世俗之君子

작은 일은 알지만 큰일은 모른다고 하는 것은 　　知小物而不知大物者

이와 같은 말을 이르는 것입니다." 　　　　　　　此若言之謂也.

7

노양 문군이 묵자에게 말했다. 　　　　　　　　　　　魯陽文君語子墨子曰.

"초나라 남쪽에 사람을 잡아먹는 나라가 있습니다. 　楚之南 有啖人之國[29]者

맏아들을 낳으면 잡아먹으면서 　　　　　　　　其國之長子生. 則解而食之

다음에 낳을 아우를 위해 좋은 의식儀式이라고 말합니다. 　謂之宜弟[30]

그리고 맛이 좋으면 그것을 임금에게 바치고 　　美則以遺其君

임금은 그 아비에게 상을 줍니다. 　　　　　　君喜則賞其父

이 어찌 나쁜 풍속이 아니겠습니까?" 　　　　　豈不惡俗哉.

묵자가 말했다. 　　　　　　　　　　　　　　子墨子曰.

"중국의 풍속도 이것과 같습니다. 　　　　　　雖中國之俗 亦猶是也

전쟁에서 그 아비를 죽인 후에 　　　　　　　殺其父

그 아들에게 상을 주는 것이 중국의 풍속인데 　　而賞其子

과연 이것이 　　　　　　　　　　　　　　　何以異

식인종의 풍속과 무엇이 다릅니까? 　　　　　食其子而賞其父者哉.

진실로 어질고 의롭지 않은 자가 　　　　　　苟不用仁義[31]

29_ 啖人之國(담인지국)=어떤 이는 節葬篇의 啖人國인 輆沭國을 표시한 것이라고 하나 거기의 啖人國은 越나라 東쪽에 있다고 했고 이곳의 啖人國은 楚의 南이라 하므로 다른 나라일 것이다.

30_ 宜弟(의제)=‘동생을 위한 의식’이라는 뜻. ‘아우들에게 좋다’는 뜻으로 解하기도 한다. 宜=事也, 好也. 祭名의 뜻.

31_ 不用仁義(불용인의)= ‘인의가 아니라면’으로 解함. 不用=가벼운 뜻으로.

어찌 제 자식을 잡아먹는 식인종을 비난할 수 있겠습니까?"　何以非夷人食其子也.

8

노나라 군주의 애첩이 죽자　魯君之嬖人死

노군魯君은 그를 위해 애도사를 내렸다.　魯君爲之誄[32]

노나라 인민이 그를 좋아해서 그렇게 했다는 것이다.　魯人因說而用之[33]

묵자가 그 소식을 듣고 말했다.　子墨子聞之曰

"애도사는 죽은 사람의 높은 뜻을 말하는 것이다.　誄者 道死人之志也.

인민들이 그녀를 좋아해서 그렇게 했다고 하지만　今因說而用之

이것은 마치 쟁기가 먼저 소의 멍에를 따랐다는 것과 같다."　是猶 以來首從服也.[34]

9

노양 문군이 묵자에 일러 말했다.　魯陽文君謂子墨子 曰.

"나에게는 충신이라 자랑할 만한 자가 있는데　有語我以忠臣者.

내가 그에게 고개를 숙이라고 명령하면 숙이고　令之俯則俯

또 머리를 들라고 명령하면 머리를 듭니다.　令之仰則仰

또 가만히 두면 조용하고 부르면 곧 응합니다.　處則靜 呼則應

가히 충신이라 할 만하지요?"　可謂忠臣乎.

묵자가 말했다.　子墨子曰.

32_ 誄(뢰)=죽은 자에 대한 공적을 표창하고 애도하는 哀悼辭.

33_ 魯人因說而用之(노인고열이용지)=노나라 백성이 좋아해서 그렇게 했다. 어떤 이는 魯人과 위 句의 魯君이 바뀌어
　　야 한다고 한다. 說=悅.

34_ 以來首從服也(이래수종복야)=쟁기 자루로 소의 멍에를 따른다. 많은 사람이 각기 다른 解를 하고 있으나 모두 옳지
　　않다. 來=耒, 쟁기의 자루. 首=먼저, 始也. 服=멍에를 메는 것.

"고개를 숙이라 하면 숙이고 들라 하면 든다면   令之俯則俯 令之仰則仰

이것은 그림자와 같습니다.   是似景也

또 가만히 두면 조용하고 부르면 응한다면   處則靜 呼則應

이것은 산울림과 같습니다.   是似響也

군주께서는 그림자와 산울림으로 무엇을 얻겠습니까?   君將何得於景與響哉.

만약 저에게 충신을 말하라 한다면   若以翟之所謂忠臣者

윗사람에게 허물이 있으면 그것을 찾아 간하고   上有過 則微之[35]以諫

자기에게 착함이 있으면 윗사람에게 돌려   己有善 則訪之上[36]

감히 밖에 자랑하지 않고   而無敢以告外

사악한 자를 바로잡고 착한 자를 불러들이고   匡其邪[37] 而入其善

위로는 화동하여 일치하고   尙同

아래로는 편벽되지 않는 자를 충신이라 하겠습니다.   而無下比[38]

이로써 아름다움과 착한 것은 윗사람에게 돌리고   是以美善在上

원망과 불평은 아래에서 떠맡고   而怨讎在下

편안함과 즐거움은 위로 돌리고   安樂在上

근심과 걱정은 신하가 맡는 것입니다.   而憂戚在臣

이것이 제가 말하는 충신입니다."   此翟之所謂忠臣者也.

10

노나라 군주가 묵자에게 물었다.   魯君謂子墨子 曰

"나에게는 두 아들이 있는데   我有二子

35_ 微之(미지)=그들을 기찰하다. 微=使人微知賊處를 말한다.

36_ 訪之上(방지상)=윗사람에게서 찾는다. 즉 좋은 일은 높은 사람에게서 찾는다. 訪=찾아서 구한다.

37_ 匡其邪(광기사)=사악함을 바로잡는다.

38_ 下比(하비)=아랫사람들은 정실에 치우치다. 어떤 이는 '파당을 짓는다'로 解하나 따르지 않는다. 比=私也.

한 놈은 학문을 좋아하고　　　　　　　　　　　　一人者好學

한 놈은 남에게 재물을 나누어 주기를 좋아합니다.　一人者好分人財

누구를 태자로 삼는 것이 좋을까요?"　　　　　　孰以爲太子而可.

묵자가 말했다.　　　　　　　　　　　　　　　子墨子曰.

"알 수 없는 일입니다.　　　　　　　　　　　　未可知也

혹시 상과 영예를 위해 그렇게 했는지도 모릅니다.　或所爲賞與是也.

낚시꾼이 공손한 것은 고기가 고마워서가 아닙니다.　釣者之恭 非爲魚賜³⁹也

쥐에게 쥐 밥을 먹이는 것은　　　　　　　　　餌鼠以蠱⁴⁰

쥐를 사랑해서가 아닙니다.　　　　　　　　　非愛之也.

바라건대　　　　　　　　　　　　　　　　　吾願主君之

그 뜻과 실적이 합치됐는지를 관찰하시지요."　　合其志功而觀焉.

11

노나라 사람으로 묵자에게　　　　　　　　　魯人有因子墨子

그 아들을 배우게 한 자가 있었다.　　　　　　而學其子者

그런데 그 아들이 전쟁에 나가 죽었다.　　　　其子戰而死

이에 그 부모는 묵자를 힐난했다.　　　　　　其父讓⁴¹子墨子

묵자가 말했다.　　　　　　　　　　　　　子墨子曰.

"그대는 그대의 아들에게 배우기를 바랐습니다.　子欲學子之子

그래서 이제 학문을 마치고 전쟁에 나가서 죽었습니다.　今學成矣 戰而死

그런데 그대가 원망하는 것은　　　　　　　而子慍

39_ 賜(사)=줄, 고마울.

40_ 蠱(고)=독이 든 음식. 蠱와 뜻이 通함.

41_ 讓(양)=詰責하다.

마치 쌀장사가 쌀을 팔려고 하다가   而猶欲糶糴[42]

쌀이 팔리니까 원망하는 것과 같습니다.   讎[43]則慍也

이는 어찌 모순이 아니겠습니까?"   豈不費[44]哉.

12

노나라 남쪽 시골 마을에 오려吳慮라는 사람이 있었는데   魯之南鄙人 有吳慮者

겨울에는 질그릇을 굽고 여름에는 농사를 지으며   冬陶夏耕

스스로를 순임금과 견주었다.   自比於舜

묵자가 소문을 듣고 그를 찾았다.   子墨子聞而見之.

오려가 묵자에게 말했다.   吳慮謂子墨子曰.

"의로우면 그만이지 말이 어찌 필요하겠소!"   義耳義耳 焉用言之哉[45]

묵자가 말했다.   子墨子曰.

"선생이 말씀하신 의로움이란   子之所謂義者

힘이 자라는 대로 남을 위해 수고하고   亦有力以勞人

재산이 있으면 남에게 나누어 주는 것이지요?"   有財以分人乎.

오려가 말했다. "그렇소!"   吳慮曰 有.

묵자가 말했다.   子墨子曰

"저도 일찍이 그것을 계산해 보았습니다.   翟嘗計之矣.

제가 농사를 지어 천하 인민을 먹이려고 생각해 보았으나   翟慮 耕而食天下之人矣

그것은 결국 잘된다 해도   盛[46]然後

42_ 糶糴(적조)=쌀을 사고팔다. 糴=쌀을 사들이다. 糶=쌀을 팔다.

43_ 讎(수)=售의 誤.

44_ 費(비)=悖의 誤.

45_ 焉用言之哉(언용언지재)=어찌 말이 필요한가? 실천뿐이다.

46_ 盛(성)=풍성히 잘되었다.

기껏 한 농부의 경작한 만큼밖에 되지 않을 것이니

그것을 천하에 나누어 준다고 한들

한 사람에게 한 되 곡식도 안 될 것이며

설혹 한 되 곡식을 나누어 준다 해도

천하의 굶주린 이들을 배부르게 할 수 없음은

뻔한 사실입니다.

또 제가 베를 짜서 천하 인민을 입히려고 생각해 보았으나

잘되어야 한 부인이 짜는 몫일 뿐이니

그것을 천하에 나누어 주면

한 사람에게 한 자의 베도 돌아가지 않을 것입니다.

설혹 한 자의 천이 돌아간다 해도

그것으론 천하의 헐벗은 사람들을 따뜻하게 할 수 없음은

뻔한 일입니다.

또 제가 손수 견고한 갑옷을 입고 예리한 무기를 들고

제후의 환난을 구하려고도 생각해 보았으나

그것이 잘되어야 한 병사의 몫만큼은 이루겠지만

한 병사의 전과로 삼군을 막아낼 수 없다는 것은

뻔한 일입니다.

저는 생각하기를 이보다는 선왕의 도리를 읽고

그분들의 학설을 추구하고

성인의 말씀을 밝히고 살펴

위로는 왕공대인을 설복하고

當一農之耕.

分諸天下

不能人得一升粟.

籍而以爲得一升粟

其不能飽天下之飢者

卽可睹矣.

翟慮織而衣天下之人矣

盛然後 當一婦人之織

分諸天下

不能人得尺布.

籍[47]而以爲得尺布

其不能煖天下之寒者

旣可睹矣[48]

翟慮被堅執銳

救諸侯之患

盛然後 當一夫之戰.

一夫之戰 其不御三軍[49]

旣可睹矣.

翟以爲不若誦先王之道

而求其說

通聖人之言 而察其辭.

上說王公大人

47_ 籍(적)=설혹. 藉와 通.

48_ 可睹矣(가도의)=뻔한 일이다.

49_ 三軍(삼군)=天子는 六軍. 제후는 三軍을 둔다.

아래로는 필부와 가난한 선비들을 설복시키기로 했습니다.　次匹夫徒步之士.

그래서 왕공대인들이 제 말대로 하면　王公大人用吾言

나라는 반드시 다스려질 것이며　國必治.

필부와 가난한 선비들이 제 말대로 하면　匹夫徒步之士用吾言

행실이 공경해질 것입니다.　行必修.

그러므로 제가 비록 농사를 지어　故翟以爲

굶주린 자를 먹여주지 않고　雖不耕而食飢

베를 짜서 헐벗은 자를 입혀주지 않는다 해도　不織而衣寒

공적은 굶주린 자를 먹여주고　功賢於耕而食之

헐벗은 자를 입혀주는 자보다 더 나을 것입니다.　織而衣之者也.

따라서 저는 선생처럼 농사짓고 베를 짜지는 않지만　故翟以爲 雖不耕織乎

공적은 선생보다 더 크다고 생각합니다."　而功賢於耕織也.

오려가 묵자에게 말했다.　吳慮謂子墨子曰.

"의로우면 그만이지 어찌 말이 필요하겠소!"　義耳 義耳. 焉用言之哉.

묵자가 말했다.　子墨子曰.

"가령 천하가 농사짓는 법을 모른다고 가정하면　籍設而天下不知耕

그것을 사람들에게 가르치는 것과　敎人耕

사람들에게 가르치지 않고 손수 홀로 농사를 짓는 것과　與不敎人耕而獨耕者

그 공적은 어느 것이 크다고 생각합니까?"　其功孰多.

오려가 말했다.　吳慮曰.

"그것이야 농사짓는 법을 가르치는 것이　敎人耕者

그 공적이 많겠지요."　其功多.

묵자가 말했다.　子墨子曰.

"가령 의롭지 못한 나라를 주벌한다고 가정한다면　籍設而攻不義之國[50]

50_ 籍設而攻不義之國(자설이공불의지국)=이 구절은 후기 묵가들이 덧붙인 것 같다. 묵자의 반전사상과 맞지 않는다.

북을 울려 많은 군사가 나가 싸우게 하는 것과　　　　　　鼓而使衆進戰

북을 울리지 않고　　　　　　　　　　　　　　　　　　　與不鼓

홀로 나가 싸우는 것 중에　　　　　　　　　　　　　　　而使衆進戰而獨進戰者

어느 쪽이 공이 많겠습니까?”　　　　　　　　　　　　　其功孰多.

오려가 말했다.　　　　　　　　　　　　　　　　　　　　吳慮曰.

“북을 쳐 많은 군사가 진격하여 싸우는 것이　　　　　　鼓而進衆者

공을 많이 세우겠지요.”　　　　　　　　　　　　　　　　其功多.

묵자가 말했다.　　　　　　　　　　　　　　　　　　　　子墨子曰.

“천하의 필부와 가난한 선비들은　　　　　　　　　　　天下匹夫徒步之士

의로움을 아는 이가 적습니다.　　　　　　　　　　　　少知義

그러므로 천하에 의로움을 가르치는 자는　　　　　　　而教天下以義者

그 공이 역시 큰 것입니다.　　　　　　　　　　　　　　功亦多.

그런데 선생은 어찌하여 말하지 말라 하십니까?　　　　何故弗言也.

만약 나의 북소리를 듣고 의로운 길로 나아간다면　　　若得鼓而進于義

우리들의 의로운 말은 어찌 더욱 실천되지 않겠습니까?”　則吾義豈不益進哉.

13

묵자가 제자인 공상과를 월나라에 보내　　　　　　　　子墨子游公尚過於越

월 왕에게 유세하게 했다.　　　　　　　　　　　　　　公尚過說越王

공상과가 월 왕 구천에게 유세하니　　　　　　　　　　越王大說.

왕은 크게 기뻐하며 말했다.　　　　　　　　　　　　　公尚過曰

“선생이 진실로 묵자를 월나라로 오시게 하여　　　　　先生苟能使子墨子於越

나를 가르치게 한다면　　　　　　　　　　　　　　　　而教寡人.

藉設=만약 □□라면.

나는 옛 오나라 땅 오백 리를

묵자에게 봉해 드리겠습니다."

이 제의에 공상과는 크게 기뻐하며 승낙하고

수레 오십 필을 받아

묵자를 모셔 가려고 노나라로 돌아와 보고했다.

"저는 선생님께서 가르친 도를 월나라 왕에게 유세했는데

월 왕이 크게 기뻐하며 나에게 이르기를

'만약 선생님을 월나라로 오시게 하여

자신을 가르치게 한다면

옛 오나라 땅 오백 리를 떼어

선생님께 봉해 드리겠다'고 합니다."

묵자가 공상과에게 말했다.

"그대는 월 왕의 속마음을 어떻다고 보았는가?

만일 월 왕이 나의 말을 받아들여

나의 도道를 쓴다면 나는 가겠다.

그러나 나는 (평등사상에 따라) 밥은 양을 헤아려 먹고

옷은 몸을 헤아려 입어 절검할 것이며

여러 신하들과 평등하게 친애할 것이니

어찌 이러한 평등주의자에게 땅을 봉해 주겠는가?

반대로 월 왕이 나의 말을 듣지 않고

請裂故吳之地 方五百里

以封子墨子.

公尙過許諾

遂爲公尙過束[51]車五十乘[52]

以迎子墨子於魯 曰

吾以夫子之道 說越王

越王大說 謂過曰.

苟能使子墨子至於越

而敎寡人

請裂故吳之地 方五百里

以封子.

子墨子謂公尙過曰

子觀越王之志何若.

意越王將聽吾言

用我道 則翟將往.

量腹而食

度身而衣

自比[53]於群臣

奚能以封爲哉[54]

抑越不聽吾言

51_ 束(속)=수레를 매다, 縛也.

52_ 乘(승)=四頭馬車.

53_ 自比(자비)=다른 신하들과 평등하게 한 무리가 된다는 뜻(묵자의 평등사상 참조). 현대어는 남과 비교하는 것. 比=
齊의 뜻. 列로 읽기도 한다.

54_ 奚能以封爲哉(해능이봉위재)=여기의 以는 介詞로, 'ㅁㅁ로써, 의지하여, 근거하여' 등의 뜻이며 以의 賓語는 묵자
의 평등사상에 따른 처신을 말하지만 생략된 것이다. '어찌 그렇게 하여 봉건 영주가 되겠느냐'의 뜻임. 자기는 '되
지 않겠다'는 뜻과 '越王이 평등주의자가 된다면 어찌 나에게 봉토를 주겠느냐'의 뜻 모두 내포된 문장이다.

나의 도를 채용하지 않는데도 내가 그에게 간다면

이는 내가 의義를 팔아먹은 것이 된다.

기왕에 의를 팔려면 중원에서 팔 일이지

어찌 하필 월나라에 팔 것인가?"

不用吾道 而吾往焉

則是我以義糶也.

糶之糶[55] 亦於中國[56]耳

何必於越哉.

14

묵자가 위월魏越에게 각국을 유세토록 명하자 위월이 물었다.

"사방의 군주들을 만났을 때

가장 먼저 해야 할 말은 무엇입니까?"

묵자가 말했다.

"무릇 나라를 다스림에는

화급히 힘쓸 일을 선택하여 종사해야 한다.

즉, 나라가 혼란하면 그에게

어진 인재 등용(尙賢)과 화동 일치를 말해 주고(尙同),

나라가 가난하면

절도 있는 소비(節用)와 간소한 장례(節葬)를 권하고,

나라가 음악과 술에 탐닉해 있으면

음악을 절제하고(非樂) 운명론을 없애도록(非命) 하고

子墨子游魏越 曰[57]

旣得見四方之君子

子則將先語[58]

子墨子曰

凡入國[59]

必擇務而從事焉

國家昏亂

則語之尙賢尙同.

國家貧

則語之節用節葬.

國家憙音湛湎[60]

則語之非樂非命.

55_ 鈞之糶(균지조)=평등하게 판다. 鈞=均의 誤.

56_ 中國(중국)=中原.

57_ 游魏越 曰(유위월 왈)=魏越은 묵자의 제자라고 한다. 曰의 주체는 누군가? 魏越을 위에 붙여 '묵자가 위월에게 각국을 주유하라고 명한다', '그리고 말했다'라고도 解기기도 하고, 魏越을 아래에 붙여 '묵자가 주유할 때 위월이 묵자에게 말했다'로 解하기도 한다.

58_ 將先語(장선어)=先은 奚의 誤. 그러나 先의 뜻으로 하여 將奚先之意, 즉 먼저 강조해야 할 말은 무엇입니까?

59_ 入國(입국)=乂國의 誤. 乂=治也.

60_ 憙音湛湎(희의침면)=喜好聲樂 沈迷於酒. 음악과 술에 탐닉하다.

나라가 음란하고 예가 없으면 　　　　　　　　　　　　國家淫僻無禮

하느님을 섬기고(尊天) 귀신을 섬기도록(事鬼) 하고 　　　則語之尊天事鬼.

다른 나라를 속이고 약탈하고 침략하고 능욕하려 하거든 　國家務奪侵凌[61]

평등한 사랑(兼愛)과 서로를 이롭게 하는 도리(交利)와 　　卽語之兼愛

전쟁의 무익함(非攻)을 깨우쳐주도록 하라! 　　　　　　　非攻.

그래서 화급히 힘쓸 일을 선택하여 종사하라고 말한 것이다." 　故曰 擇務而從事焉.

15

묵자가 제자 조공자曹公子[62]를 　　　　　　　　　　子墨子士[63]曹公子

송나라에서 벼슬살이를 하도록 했다. 　　　　　　　　而於宋

그는 삼 년이 지나서 돌아와 묵자를 뵙고 말했다. 　　　三年而反. 睹子墨子曰.

"처음 제가 선생님 문하에 있을 때는 　　　　　　　始吾游於子之門

짧은 갈옷을 입고 　　　　　　　　　　　　　　　短褐[64]之衣

명아주와 콩잎 죽으로 살았는데 　　　　　　　　　藜藿之羹

그것도 아침을 때우면 저녁은 먹지 못했고 　　　　朝得之則夕弗得

귀신에게 제사도 지내지 못했습니다. 　　　　　　祭祀鬼神.

이제 선생님의 가르침 덕분으로 　　　　　　　　今而以夫子之敎

집안은 처음보다 여유가 생겼고 　　　　　　　　家厚於始也

집안에 여유가 생기자 제사도 지낼 수 있게 되었습니다. 　有家厚 謹祭祀鬼神.

그런데 사람들이 자꾸 죽고 　　　　　　　　　　然而人徒多死

가축은 번성하지 않으며 몸은 병이 깊어갑니다. 　　六畜不蕃 身湛於病.

61_ 務奪侵凌(무탈침릉)=이 네 가지는 兼愛가 아닌 別國之道이다. 務=侮와 通. 즉 欺侮. 奪=掠奪. 凌=凌辱.

62_ 묵자의 제자.

63_ 士(사)=仕. 舊本은 出로 되었다. 舊本대로 出을 글자대로 읽고 解해도 뜻은 통한다.

64_ 短褐(단갈)=천민이 입는 옷.

저는 선생님의 도가 쓸 만한 것인지 의심이 갑니다."	吾未知 夫子之道之可用也.
묵자가 말했다.	子墨子曰.
"그렇지 않다.	不然.
대저 귀신들이 사람에게 바라는 것은 많다.	夫鬼神之所欲於人者多
높은 벼슬과 녹을 받는 자는	欲人之處高爵祿
그것을 어진 사람에게 사양하고	則以讓賢也.
재물이 많은 자는 가난한 사람에게 나누어 주기를 바란다.	多財 則以分貧也.
대저 귀신이	夫鬼神
어찌 젯밥을 탐하여 기장을 뽑고 허파를 뽑기를 바라겠느냐?	豈唯擢黍拑肺[65]之爲欲哉
지금 그대는 높은 벼슬과 녹을 받으면서	今子處高爵祿
어진 사람에게 사양하지 않았으니	而不以讓賢
첫째 상서롭지 못한 일이요,	一不祥也.
재물이 많은데도 가난한 자에게 나누어 주지 않았으니	多財而不以分貧
두 번째 상서롭지 못한 일이다.	二不祥也.
지금 그대는 귀신을 섬김에 오직 제사만 지냈을 뿐이다.	今子事鬼神 唯祭而已矣.
그런데도 그대는 병이 어째서 자기에게 왔느냐고 탓한다.	而曰病何自至哉.
이것은 마치 백 개의 문 중에서 한 개의 문을 잠그고	是猶百門而閉一門焉
도적이 어째서 들었느냐고 탓하는 것과 같다.	曰盜何從入.
그러면서도 신령한 귀신에게 백 가지 복을 빈다면	若是而求福於有怪之鬼[66]
어찌 가당한 일이겠는가?"	豈可哉.
노나라 축관이 한 마리의 돼지를 놓고 제사를 지내면서	魯祝以一豚祭
귀신에게 백 가지 복을 빌었다는 소문을	而求百福於鬼神.

65_ 擢黍拑肺(탁서겸폐)=기장을 뽑고 허파를 빼내다. 擢=뽑다, 잡다. 拑=빼내다. 그러나 拑은 抯의 誤로 읽고 '젯밥을 탐내다'로 解하기도 한다.

66_ 有怪之鬼(유괴지귀)=有靈之鬼의 誤.

묵자가 듣고 말했다.

"이것은 안 된다.

남에게 베풂은 작으면서 많은 보답을 바란다면

남들은 그의 베풂을 겁내고 의심할 것이다.

지금 한 마리 돼지로 제사를 지내면서

귀신에게 백 가지 복을 구한다면

귀신은 그들이 부해져 소·양으로 제사를 지낼까 꺼릴 것이다.

옛날 성왕들은 귀신을 섬기고자 그저 제사를 올렸을 뿐이다.

만약 한 마리 돼지로 제사를 드리면서 백 가지 복을 빈다면

귀신으로서는 그가 부해지기보다

도리어 가난해지기를 바랄 것이다."

子墨子聞之曰

是不可.

今施人薄 而望人厚

則人唯恐其有賜於已也.

今以一豚祭

而求百福於鬼神

唯恐其以牛羊祀也.

古者聖王事鬼神 祭而已矣.

今以豚祭 而求百福

則其富

不如其貧也.

16

팽경생자彭輕生子[67]가 말했다.

"지난 일은 알 수 있지만 미래는 알 수 없습니다."

묵자가 말했다.

"가령 그대의 부모가 백 리 밖에서

환난을 당하고 계신데

하루 말미가 있어 그동안에 달려가면 살 수 있고

못 가면 죽게 되었다고 가정해 보자.

그런데 여기에 견고한 마차와 훌륭한 말이 있고

또 한편에는 걸음이 느린 말과 네 바퀴의 짐수레가 있는데

彭輕生子 曰

往者可知 來者不可知.

子墨子曰.

籍設而親在百里之外

則遇難焉.

期以一日也 及之則生

不及則死.

今有固車良馬於此

又有奴馬[68]四隅之輪於此

67_ 묵자의 제자인 듯.

68_ 奴馬(노마)=노둔한 말. 駑와 通.

그대에게 선택하라고 한다면 어떤 것을 타고 가겠는가?"

팽경생자가 답했다.

"좋은 말과 견고한 수레가 속히 도착할 수 있을 것입니다."

묵자가 말했다.

"그대는 어찌 미래未來를 모른다고 하는가?"

使子擇焉 子將何乘.

對日.

乘良馬固車 可以速至.

子墨子日

焉在矣來.

17

맹산孟山[69]이

초나라 평왕의 아들인 여閭[70]를 칭찬하며 말했다.

"옛날 백공白公[71]의 난 때 왕자 여를 잡아

도끼로 허리를 겨냥하고

창끝으로 가슴을 겨누고 왕이 될 것을 강요했습니다.

'왕이 되면 살 것이고 왕이 되지 않겠다면 죽이겠다!'

왕자 여는 대답하기를

'어찌 그토록 나를 모욕하는가?

내 아버지를 죽이고 나에게 초나라를 준다고 기뻐하겠느냐?

나는 천하를 얻는다 해도 불의한 짓은 하지 않겠다.

하물며 초나라를 준다고 불의를 하겠는가?' 라고 하며

끝내 죽어도 왕위를 받지 않았습니다.

참으로 왕자 여야말로 어진 분이 아니겠습니까?"

孟山

譽王子閭 日

昔白公之禍 執王子閭

斧鉞鉤要[72]

直兵當心[73] 謂之日

爲王則生 不爲王則死.

王子閭日.

何其侮我也

殺我親 而喜我以楚國

我得天下而不義 不爲也.

又況於楚國乎.

遂而不爲.

王子閭豈不仁哉.

69_ 묵자의 제자인 듯.

70_ 楚나라 平王인 아들 啓.

71_ 楚나라 平王의 손자. 白公의 父인 왕자 建이 鄭나라에서 죽음. 石乞과 함께 난을 일으키다 실패함.

72_ 鉤要(구요)=도끼를 허리에 겨냥하다. 鉤=牽也(끌다)의 뜻.

73_ 直兵當心(직병당심)=창같이 찌르는 무기로 심장을 겨누다.

묵자가 말했다.

"어렵기는 어려운 일이다. 그러나 어질다고만 말할 수 없다.

만약 왕이 무도했다면

어찌 왕위를 받아 잘 다스리지 않는가?

또 백공이 불의라고 생각했다면

어찌 일단 왕위를 받고

백공을 주벌한 다음 왕위를 되돌려주지 않는가?

그러므로 어려운 일은 어려운 일일 뿐

어질다고는 말할 수 없는 것이다."

子墨子曰.

難則難矣 然而未仁也.

若以王爲無道

則何故不受而治也

若以白公爲不義

何故不受王

誅白公然而反王[74]

故曰 難則難矣

然而未仁也.

18

묵자가 제자인 승작勝綽[75]으로 하여금

제나라 장군인 항자우를 섬기게 했다.

그런데 항자우가 세 번이나 노나라를 침략했고

그때마다 승작은 종군했다.

묵자가 그 얘기를 듣고

제자인 고손자高孫子를 파견하여 그를 퇴임시키도록 청했다.

"묵자께서 말씀하시기를 승작을 보낸 것은

그대의 교만을 그치게 하고

편벽됨을 바로잡아 주고자 했던 것입니다.

지금 승작은 후한 녹을 받게 되자

子墨子使勝綽

事項子牛.

項子牛三侵魯地

而勝綽三從.

子墨子聞之

使高孫子請而退之.

曰. 我使綽也

將以濟驕[76]

而正嬖[77]也

今綽也祿厚

74_ 反王(반왕)=임금 자리를 되돌려주다.

75_ 묵자의 제자.

76_ 濟驕(제교)=교만함을 구제하다.

77_ 正嬖(정벽)=편벽됨을 바로잡음, 正僻.

그대를 간사하게 속이고 있습니다.

그대가 노나라를 세 번 침략할 때마다 승작이 종군한 것은

말을 그치게 해야 할 가슴걸이를 채찍질한 것입니다.

내가 듣기로는 의로움을 말하면서도 행하지 않는 것은

잘 알면서도 고의로 죄를 범한 것과 같습니다.

승작은 그것을 모르는 것이 아니고

후한 녹이 그의 의로운 마음을 눌러 이긴 것입니다."

而謟[78]夫子

夫子三侵魯而綽三從

是鼓鞭於馬靳[79]也

翟聞之 言義而弗行

是犯明也. 明知故犯

綽非弗之知也

祿勝義也.

19

옛날 초나라와 월나라가 강에서 배를 타고 싸웠다.

초나라 수군은 물결을 따라 진격하고

물결을 거슬러 퇴각했으니

이로울 때 진격하고 불리할 때 후퇴하기가 어려웠다.

월나라 군사는 물결을 거슬러 진격하고

물결을 따라 퇴각했으니

이로울 때 진격했다가 불리할 때는 퇴각하는 것이 빨랐다.

월나라 군사는 이와 같이 물결의 흐름을 따랐으므로

초나라 군사를 여러 번 패배시켰다.

그러나 공수자公輸子가 노나라로부터 초나라에 들어가자

昔者楚人與越人 舟戰於江

楚人順流而進

迎流而退

見利而進 見不利其退難.

越人迎流而進

順流而退

見利而進 見不利則其退速.

越人因此若埶[80]

亟敗楚人[81]

公輸子 自魯南游楚

78_ 謟(흡)=속이다, 배반하다.

79_ 鼓鞭于馬靳(고편어마근)=말 가슴걸이를 채찍으로 때린다는 뜻. 이것을 말을 멈추게 하는 것이라고 譯하고 있으나 잘못이다. 이것은 말을 멈추게 하는 척 속이고 더욱 달리게 하는 것이다. 말을 멈추려면 가슴걸이를 끌어당겨야 한다. 馬靳=말 가슴걸이.

80_ 因此若埶(인차약예)=이러한 水勢에 따라 싸우므로. 若=順也. 埶=勢와 同字.

81_ 亟敗楚人(극패초인)=여러 번 楚人을 패퇴시켰다.

초나라에는 배 싸움의 병기가 만들어지기 시작했고 　　　焉始爲⁸²舟戰之器

구양鉤鑲이라는 병기도 만들어 비치했다. 　　　作爲鉤鑲之備

이것으로 퇴각하는 적의 배를 갈고리로 잡아끌고 　　　退者鉤之⁸³

후퇴하는 아군의 배를 향해 진격해 오는 적의 배를 밀어낸다. 　　　進者鑲⁸⁴之

그것은 갈고리의 장점을 이용하여 병기로 만든 것이다. 　　　量其鉤鑲之長 而制爲之兵.

초나라는 이 병기를 잘 썼고 　　　楚之兵節⁸⁵

월나라 군사는 이 병기를 쓰지 못했으므로 　　　越之兵不節

초나라 군사는 이 갈고리로 인하여 　　　楚人因此若埶

여러 번 월나라 군사를 패퇴시켰다. 　　　亟敗越人.

공수자는 그 무기의 훌륭함을 칭찬하며 　　　公輸子善其巧

묵자에게 말했다. 　　　以語子墨子曰.

"나는 배 싸움에서 구양을 씁니다. 　　　我舟戰有鉤鑲

선생이 말하는 정의에도 이 같은 무기가 있는지 모르겠소!" 　　　不知子之義亦有鉤鑲乎.

묵자가 말했다. 　　　子墨子曰.

"나의 정의의 갈고리는 　　　我義之鉤鑲

그대의 배 싸움의 갈고리보다 낫습니다. 　　　賢於子舟戰之鉤鑲

나는 정의로써 무기를 삼습니다. 　　　我鉤鑲⁸⁶

사랑으로써 끌고 공경으로써 서로 떨어뜨립니다. 　　　我鉤之以愛 鑲之以恭

사랑으로 끌지 않으면 서로 친애하지 않고 　　　弗鉤以愛則不親

공경으로 떨어지지 않으면 경망스런 교제가 됩니다. 　　　弗鑲以恭則速狎

82_ 焉始爲(언시위)=이에 비로소 만들다. 焉=於是.

83_ 退者鉤之(퇴자구지)=후퇴하는 자를 후퇴하지 못하도록 갈고리로 걸다. 鉤=올가미, 갈고리, 갈고리로 걸다, 끌어올 리다.

84_ 鑲(양)=끼워 넣다, 적선이 붙지 못하도록 하는 갈고리. 舊本은 모두 强으로 되어 있으나 교정했음. 손이양은 拒의 誤 로 읽는다.

85_ 節(절)=適의 뜻.

86_ 我鉤鑲(아구강)= '我以義 爲鉤鑲'의 錯簡으로 본다.

너무 허물없거나 친애가 없으면

둘 사이는 빨리 멀어질 것입니다.

그러므로 의義를 무기로 쓰면 서로 사랑하게 되며

서로 공경하게 되므로 서로에게 이로운 것입니다.

그러나 그대의 갈고리는 남을 멈추게 하므로

남들도 갈고리(鉤)로 그대를 멈추게 할 것이며

그대의 밀대(鑲)는 남들을 밀어내므로

남들도 밀대로 그대를 밀어낼 것입니다.

서로 갈고리로 끌어당기고 서로 밀대로써 밀어내므로

서로를 해치게 되는 것입니다.

그래서 나의 정의의 무기는

그대의 배 싸움의 무기보다 좋은 것입니다."

狎而不親

則速離[87]

故交相愛

交相恭 猶若相利也.

令子鉤而止人

人亦鉤而止子

子鑲而距人[88]

人亦鑲而距子

交相鉤 交相鑲

猶若相害也.

故我義之鉤鑲

賢於子舟戰之鉤鑲.

20

공수자가 대와 나무를 깎아 까치를 만들어

하늘에 날려 보냈는데 사흘 동안이나 내려오지 않았다.

공수자는 스스로 지극히 훌륭한 기술이라고 생각했다.

이때 묵자가 공수자에게 말했다.

"그대가 까치를 만든 것은

공인이 수레의 굴대 빗장을 만든 것보다는 못한 것입니다.

公輸子削竹木以爲鵲

成而飛之 三日不下.

公輸子自以爲至巧[89]

子墨子謂公輸子曰

子之爲鵲也

不如匠之爲車轄[90]

87_ 狎而不親則速離(압이부친즉속리)=업신여기고 사랑하지 않으면 속히 민심은 멀어진다. 狎=輕也, 近也, 習也. 離=敬也. 인민이 흩어진다, 德에서 멀어진다는 뜻.

88_ 距人(거인)=남들을 물리친다. 남들을 뿌리친다. 距=違也, 抗也. 拒와 通用.

89_ 巧(교)=能也, 善也, 技也. 拙의 反對.

90_ 車轄(거할)=수레의 굴레 끝에 끼워 수레바퀴가 빠지지 않게 하는 빗장. 즉 바퀴축의 핀을 말한다.

잠시 동안에 세 치의 나무를 깎아 굴대 빗장을 만들면	須臾 削三寸之木
오십 석의 무거운 짐을 싣고 견딜 수 있습니다.	而任五十石⁹¹之重
그러므로 사람의 공적이라 하는 것은	故所爲功
사람에게 이로운 것이어야 훌륭한 기술이라고 말하는 것이며	利於人 謂之巧
사람에게 이롭지 않은 것은 졸렬하다고 말하는 것입니다."	不利於人 謂之拙.

21

공수자가 묵자에게 말했다.	公輸子謂子墨子曰.
"내가 선생을 만나지 않았을 때는	吾未得見之時⁹²
나는 송나라를 쳐서 차지하려고 생각했습니다.	我欲得宋
그러나 선생을 만나본 후로는	自我得見之後
나에게 송나라를 준다 해도 의롭지 않다면	子我宋而不義
받지 않으려 합니다."	我不爲.
묵자가 말했다.	子墨子曰.
"내가 그대를 만나지 않았을 때는	翟之未得見之時也
그대가 송나라를 공격하려 했는데	子欲得宋
내가 그대를 만나본 후에는	自翟得見子之後
그대에게 송나라를 주어도 불의라면 받지 않게 되었습니다.	子子宋而不義 子弗爲.
그대가 그렇기 때문에 나로서는 그대에게 송나라를 줄 것이며	是我子子宋也⁹³
그대가 힘써 의를 행한다면	子務爲義
나는 또한 그대에게 천하를 주려 할 것입니다."	翟又將子子天下.

91_ 石(석)=120斤.

92_ 見之時(견지시)=見子之時로 읽는다.

93_ 是我子子宋也(시아여자송야)=이로써 나는 그대에게 송나라를 준다. 是=子의 義로움을 말한다. 子=與로 된 판본도
있다.

第五十篇 公輸 공수

나의 제자인 금골희 등 삼백 명이 이미 나의 방어 무기를 가지고 송나라 성 위에서 초나라의
침략을 기다리고 있다. 비록 나를 죽인다 해도 저들을 다 없앨 수는 없다.

1

공수반公輸盤[1]이 초나라를 위하여	公輸盤爲楚
성을 공격할 수 있는 무기인 운제雲梯가 완성되자	造雲梯[2]之械成
송나라를 공격하려고 했다.	將以攻宋.[3]
묵자가 그 소식을 듣고	子墨子聞之
제나라를 출발하여 열흘 낮, 열흘 밤을 걸어서	起於齊[4] 行十日十夜
초나라 도읍에 도착하여 공수반을 만났다.	而至于郢 見公輸盤
공수반이 말했다.	公輸盤曰.
"선생은 무엇 때문에 오셨습니까?"	夫子何命焉爲[5]
묵자가 말했다.	子墨子曰.
"북방에 나를 업신여기는 자가 있는데	北方有侮臣[6]
그대의 힘을 빌려 그자를 죽였으면 합니다."	願藉子殺之
그러나 공수반은 기쁜 얼굴이 아니었다.	公輸盤不說

1_ 「노문」편에서는 盤이 公輸子로 되었다. 동일인이다. 魯나라 昭公의 아들이라는 설이 있음. 공격용 무기 제조 기술자
   로 나온다.
2_ 雲梯(운제)=樓車. 성을 공격하는 무기.
3_ 攻宋(공송)= 宋나라 아니라 魯나라라는 說도 있음.
4_ 起於齊(기어제)=『여씨춘추』「愛類」편과 『文選』「廣絕交論」에서는 묵자가 魯나라 사람이라고 한다. 따라서 自魯往으
   로 고쳐야 한다고 주장한다(필원). 그러나 묵자는 宋나라 사람이라는 주장이 설득력 있다.
5_ 何命焉爲(하명언위)=何爲命焉의 誤. 爲=以也.
6_ 侮臣(모신)=나를 업신여기는 자. 欺侮我的人.

그러자 묵자가 말했다. "천금을 바치겠습니다."　　　　子墨子曰. 請獻十金.

공수반이 말했다.　　　　公輸盤曰.

"나는 의로운 사람이라 결코 사람을 죽이지 않습니다."　　　　吾義固不殺人.

묵자는 일어나서 공수반에게 두 번 절하고 말했다.　　　　子墨子起 再拜曰.

"청컨대 선생의 의에 대하여 말씀드리고자 합니다.　　　　請說之

나는 북방에서 선생이 성을 공격하는 운제를 만들어　　　　吾從北方 聞子爲梯

송나라를 공격하려 한다는 소문을 들었습니다.　　　　將以攻宋.

송나라가 무슨 죄가 있습니까?　　　　宋何罪之有.

초나라는 이미 여유 있는 땅을 보유하고 있으며　　　　荊國有餘於地

다만 백성이 부족합니다.　　　　而不足於民.

그런데 부족한 인민을 죽여 남아도는 토지를 쟁탈하는 것은　　　　殺所不足 而爭所有餘

지혜롭다 할 수 없습니다.　　　　不可謂智.

또한 아무 죄도 없는 송나라를 공격한다는 것은　　　　宋無罪而攻之

어진 일이라고 할 수 없습니다.　　　　不可謂仁.

그것을 알고 있으면서 간하지 않는 것 또한　　　　知而不爭

충성이라고 말할 수 없습니다.　　　　不可謂忠.

간하여 뜻을 이루지 못하는 것 또한　　　　爭而不得

최선을 다했다고 할 수 없습니다.　　　　不可謂强.

한 사람을 죽이지는 않지만, 많은 사람을 죽이는 것이　　　　義不殺少而殺衆

그대의 의로움이라면 사리분별을 안다고 할 수 없습니다."　　　　不可謂知類[7]

공수반은 설복됐다.　　　　公輸盤 服.

묵자가 말했다.　　　　子墨子曰.

"그렇다면 어째서 전쟁 계획을 중지하지 않습니까?"　　　　然乎 不已乎.

공수반이 말했다.　　　　公輸盤曰.

7_ 不可謂知類(불가위지류)=경중을 가릴 줄 모른다는 뜻. 知類=明知之輩로 解하기도 한다. 類=善也, 比也(견주다).

"안 됩니다.

나는 이미 임금에게 공격하도록 말씀드렸습니다."

묵자가 말했다.

"그러면 어째서 내가 임금을 알현토록 주선해 주지 않습니까?"

공수반이 말했다. "그렇게 하겠습니다."

묵자가 초나라 왕을 알현하고 말했다.

"지금 여기 한 사람이 있는데 그는 화려한 초헌을 버려두고

이웃집의 낡은 짐수레를 훔치려 하고

수놓은 비단 옷을 버려두고

이웃집의 천한 갈옷을 훔치려 하고

기장과 고기는 버려두고

이웃집의 술지게미와 겨를 훔치려 합니다.

이러한 사람들은 어떤 사람들입니까?"

초 왕이 말했다.

"그런 자들은 도적질하는 버릇이 있는 자들이오."

묵자가 말했다.

"초나라의 땅은 사방 오천 리나 되지만

송나라는 사방 오백 리에 불과합니다.

이것은 화려한 수레와 낡은 짐수레를 견주는 것 같습니다.

초나라의 운몽雲夢 지방에는

물소와 고라니와 사슴이 가득하고

양쯔강과 한수이에는 물고기 자라 악어들이

천하의 부를 이루고 있습니다.

그러나 송나라에는 꿩과 토끼,

두꺼비와 물고기도 없는 가난한 나라입니다.

이것은 기장과 고기를 겨와 술지게미에 비교하는 것 같습니다.

不可.

吾旣已言之王矣.

子墨子曰

胡不見我於王.

公輸盤曰 諾.

子墨子見王 曰.

今有人于此 舍其文軒

鄰有敝轝 而欲竊之.

舍其錦繡

鄰有短褐而欲竊之.

舍其粢肉

隣有糠糟而欲竊之

此爲何若人.

王曰

必爲竊疾矣.

子墨子曰

荊之地 方五千里

宋之地 方五百里

此猶文軒之與敝轝也.

荊有云夢

犀兕麋鹿滿之.

江漢之魚鱉黿鼉

爲天下富.

宋所謂無雉兎

鮒魚者也.

此猶粱肉之與糠糟也.

초나라에는 장송과 무늬 좋은 재나무,

편남나무, 예장나무가 있습니다.

그러나 송나라에는 건축에 쓸 큰 나무조차 없습니다.

이것은 수놓은 비단 옷과 천한 갈옷을 비교하는 것 같습니다.

저로서는 초나라 삼공들이 송나라를 공격하는 것도

이것과 똑같은 도리라고 생각됩니다.

저는 대왕께서 송나라를 공격하면 의리만 손상할 뿐

송나라를 차지할 수 없다는 것을 보여드릴 수 있습니다."

초 왕이 말했다. "좋은 말씀이오.

그렇지만 공수반이 이미 나를 위해 운제를 만들었으니

반드시 송나라를 취하고 말 것이오!"

그래서 묵자는 공수반을 만났다.

묵자는 모의 전쟁을 위해 허리띠를 풀어 성을 만들고

죽간으로 방어하는 기계를 만들었다.

공수반은 공격 무기를 바꾸어가면서 아홉 번이나 공격했으나

묵자는 아홉 번 모두 그것을 막아냈다.

공수반의 공격용 기계는 다했으나

묵자의 방어는 여유가 있었다.

드디어 공수반은 굴복하며 이렇게 말했다.

"나는 선생께 대항할 수 있는 방법을 알고 있지만

말하지 않겠습니다."

묵자가 말했다.

"나 역시 그대의 숨은 계책을 알고 있지만

荊有長松文梓

楩枏豫章

宋無長木

此猶錦繡之與短褐也.

臣以三事[8]之攻宋也

爲與此同類也.

臣見大王之必傷義

而不得宋.

王曰 善哉

雖然 公輸盤爲我爲云梯

必取宋

於是見公輸盤

子墨子解帶爲城

以牒爲械

公輸盤九設攻城之機變

子墨子九距之.

公輸盤之攻械盡

子墨子之守圉有餘.

公輸盤詘[9]而 曰

吾知所以距子矣.

吾不言.

子墨子亦曰.

吾知子之所以距我

8_ 三事(삼사)=三卿. 三公.

9_ 詘(굴)=굴복했다. 屈과 通用.

애기하지 않겠습니다."

초나라 왕은 궁금하여 그 까닭을 물었다.

묵자가 말했다.

"공수반의 숨은 계책이란 저를 죽이는 것입니다.

저를 죽여버리면 송나라를 지킬 사람이 없을 것이니

그때 공격할 수 있다는 속셈입니다.

그러나 제 제자인

금골회 등 삼백 명이

이미 저의 방어 무기를 가지고

송나라 성 위에서 초나라의 침략을 기다리고 있습니다.

비록 저를 죽인다 해도 저들을 다 없앨 수는 없습니다."

초나라 왕이 말했다.

"좋소. 나는 송나라를 공격하지 않겠소."

묵자는 이렇게 초나라의 공격을 중지시키고 돌아가는 길에

송나라를 지나게 되었는데 마침 비가 내려서

그곳 마을 문 안에서 비를 피하고자 했다.

그러나 마을 문지기가 그를 들여보내 주지 않았다.

그래서 옛말에 이르기를

'사람들은 다스림이 신묘한 이의 공은 모르고

싸움에 밝은 이의 공로는 알아준다'고 말하는 것이다.

吾不言.

楚王問其故.

子墨子曰

公輸子之意 不過欲殺臣.

殺臣 宋莫能守

可攻也.

然臣之弟子

禽滑釐等三百人

已持臣守圉之器

在宋城上 而待楚寇矣.

雖殺臣 不能絶也.

楚王曰

善哉. 吾請無攻宋矣.

子墨子歸

過宋 天雨

庇其閭中[10]

守閭者不內也.

故曰

治於神者 衆人不知其功

爭[11]於明者 衆人知之.

10_ 庇其閭中(비기려중)=마을 대문 안으로 들어가 비를 피하려고 했다. 庇=蔽也. 閭=마을의 大門.

11_ 爭(쟁)=爭辯이라 하는 것이 통례이다. 그러나 싸움 戰으로 解한다.

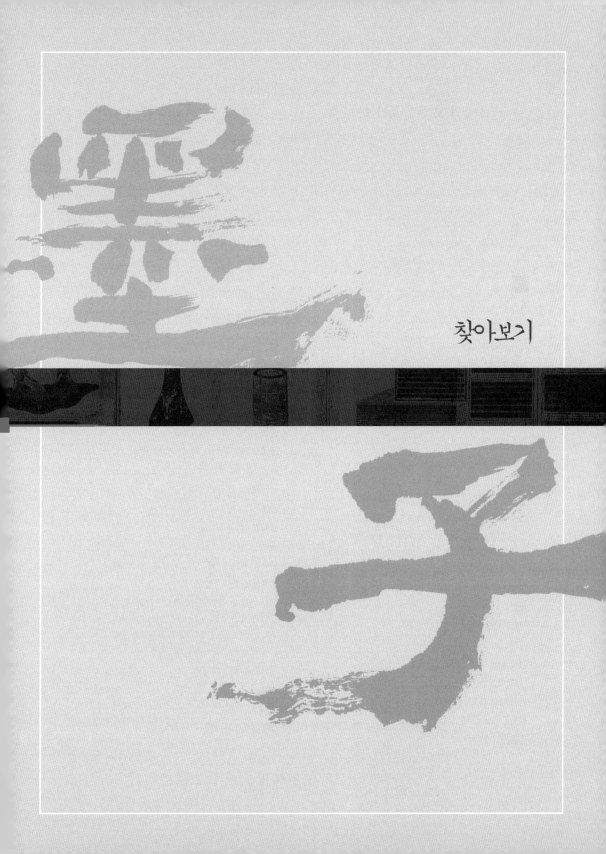

찾아보기

주요 용어 및 인명 찾아보기

원문 출전 찾아보기